2017

BEIJING EDUCATION YEARBOOK

北京教育年鉴

北京市教育委员会　编

图书在版编目（CIP）数据

北京教育年鉴．2017 / 北京市教育委员会编．— 北京：方志出版社，2018.3
ISBN 978-7-5144-3033-2

Ⅰ．①北… Ⅱ．①北… Ⅲ．①教育事业 — 北京 — 2017 — 年鉴 Ⅳ．① G527.1-54

中国版本图书馆 CIP 数据核字（2018）第 052649 号

北京教育年鉴（2017）

编　　者：北京市教育委员会
责任编辑：齐笑

出 版 人：冀祥德
出 版 者：方志出版社
地址　北京市朝阳区潘家园东里 9 号（国家方志馆 4 层）
邮编　100021
网址　http://www.fzph.org
发　　行：方志出版社图书经销中心
电话（010）67110500
经　　销：各地新华书店
印　　刷：北京强华印刷厂

开　　本：889×1194　1/16
印　　张：48.5
字　　数：1800 千字
版　　次：2018 年 3 月第 1 版　2018 年 3 月第 1 次印刷
印　　数：0001 ～ 2500 册

ISBN 978-7-5144-3033-2　**定价**：200.00 元

STAFF MEMBER | 工作人员

北京教育年鉴编纂委员会（2017）

主　任 刘宇辉

副主任 郑吉春　唐立军　叶茂林　李奕（常务）　黄侃　王定东　张永凯　冯洪荣　葛巨众　李壑（常务）

委　员（按姓氏笔画排序）

马千里　王东江（常务）　王永刚（常务）　王达品（常务）　王军　王建辉　王栋（常务）　王艳霞（常务）　卢向红　刘晓明（常务）　刘新军　杨江林（常务）　李丽辉　李艳春　沈聪伟　张小红（常务）　张凤华（常务）　张龙　张宪国　邵文杰（常务）　武怀海　周彤（常务）　姚林修（常务）　贺宏志　耿申（常务）　徐建姝（常务）　陶春梅　潘芳芳

《北京教育年鉴》（2017）工作人员名录

主　编 王永刚

副主编 华蕾

责任编辑（按姓氏笔画排序）

王永刚　华蕾　孙晓楠　邱小培　汪玥　张晓白　张晓兰　胡雨

特约编辑（按姓氏笔画排序）

1997

1997 年起，逐年编纂

2017

2016 年起，编纂《北京教育年鉴简本》；2017 年起，编纂《北京教育年鉴》网络版，网址：http://njzypt.jyzh.cn

EDITOR'S NOTE 编辑说明

一、《北京教育年鉴》是一部大型专业性资料工具书。在中共北京市委教育工委、北京市教委领导下，由北京教育年鉴编纂委员会办公室（北京教育年鉴编辑部）主持编纂。

二、本年鉴以文章和条目为基本体裁，条目为主，使用规范的语体文、记述体，直陈其事，文字力求言简意赅。文前配有彩色图片，文内配有彩色随文图片，文后附有主题词索引、单位名称索引和人名索引。

三、本年鉴从 1997 年开始逐年编纂。当年出版的年鉴，记述上一年内北京教育事业各个方面发生的新情况，为领导决策提供依据，为教育规划发展提供资料，为国内外各方面人士了解、研究北京教育事业提供最新的信息。

四、本年鉴除记述北京市属教育部门情况外，对北京行政区划内中央部委所属各级各类教育单位的情况也全面记述，力求反映北京教育事业全貌。

五、2017 卷年鉴按教育管理、教育教学、教育服务支撑三大系统布局结构，采用分类编纂法，设特载、北京教育总述、大事记、学前教育、基础教育、普通高等教育、职业与继续教育、民办教育、德育体育美育、综合管理、教育督导、科学研究、师资建设、学生管理、招生与考试、交流与合作、京津冀教育协同发展、各区教育、市教委直属单位、社会团体、文献、专文与纪实、调研报告、统计表、附录、北京教育新地图（2017）26 个类目。

六、2017 卷年鉴增设“特载”一级目，收录习近平总书记关心北京教育的内容。增设“勘误表”，对 2012 卷至 2016 卷年鉴中发现的错误进行更正。新增综合性条目，置于各类目“综述”二级栏目下，以“2016 年”为时间记述，反映各类目的综合改革情况。其他条目按时间顺序排列在综合性条目之后。

七、本年鉴附录部分通过图表记述北京行政区划内教育事业发展基本情况，便于读者查询相关信息。

八、本年鉴收录单位在收录时限内更名的，以原名称为正名，新名称用括号附在正名后。由于版面限制，年鉴中出现的国务院和北京市机构原则上使用规范简称，彩色插页和随文图片的说明使用各单位的规范简称，具体见附录“部分单位全称简称对照表”。

九、本年鉴收录北京各级教育行政部门主要负责人名录，所列均以 2016 年内任职为限，其中任免情况分别予以注明。

十、本年鉴收录的文章、条目和图片均由各级教育行政部门和各级各类教育单位专人提供，并经部门和单位主要负责人审核。北京市教育事业统计资料由北京市教委发展规划处提供。

十一、本年鉴记述货币名称中，人民币直书“元”，其他货币采用通用名称。

十二、本年鉴涉及各项年度数据以 2016 年 12 月 31 日为统计口径，其他非年度数据以统计部门或业务主管部门的统计口径为准。

十三、本年鉴反映 2016 年 1 月 1 日至 12 月 31 日期间情况 (部分内容依据实际情况时限向前略有延伸)。

Editor's Remarks

1.Beijing Education Yearbook is a large scale specialized reference book. Under the instructions of Education Commission of Beijing Municipal Committee of CPC and Beijing Municipal Education Committee, it is Compiling Committee of Beijing Education Yearbook (Beijing Education Yearbook Editorial Office) who is responsible for compiling this book.

2.With articles and entries as the basic literature type, this yearbook is mainly consists of entries. It uses narratives, making efforts to be brief and to the point. There are color pictures before and in the articles. There are index at the back of the article.

3.This Yearbook has been keeping published annually since 1997. Each yearbook records previous year's new incidents and events happened in Beijing educational system, which offers both references for decision making and information for educational planning and development. In addition, it also helps people from both home and abroad to understand and doing research about the status quo of Beijing education.

4.This Yearbook embodies the panorama of Beijing education situation, including not only those educational departments directly under Beijing Municipal, but also all level all kinds of educational sections of different districts under central education ministry.

5.The 2017 Education Yearbook was compiled by categories, which has Education Management, Education Schooling and Education Service three major sections. Specifically, this yearbook contains 26 categories, chronologically including special feature, generality of Beijing education, major events records, preschool education, elementary education, higher education, vocational and continuing education, private education, moral physical and aesthetic education, integrated management, education supervision, scientific research, teachers construction, students management, enrolling and testing, communication and cooperation, the collaborative development of education in Beijing-Tianjin-Hebei, districts education, institutions directly under Beijing municipal commission of education, social groups, reference, specialized articles and records, research report, statistical list, appendix ,Beijing Education New Map (2017).

6.The 2017 Education Yearbook added the special feature category which includes the consideration from the President Xi Jinping of Beijing education. The corrigendum was added for correcting the mistakes that had been found in 2012 to 2016 volumes. The new comprehensive entries were added under the secondary column 'overview' of all categories which based on the '2016' timelines to reflect the comprehensive reforms from all categories. Other entries were listed after the comprehensive entries in chronological order.

7.The Appendix Section uses chart to indicate the basic educational development of Beijing different districts for the readers' convenience.

8.In this Yearbook, those working units included which have changed their names during the editing period would still be referred to as their primitive names with the new names in the following brackets. Due to layout limitations, abbreviations are used in referring to party and government institutions in the yearbook. Abbreviations are used in refering to the name of the Institutions in captions of the colour pictures. Details could be found in the Appendix Full name & Abbreviation table of some institutions.

9.This Yearbook contains a namelist of chief leaders of Beijing Educational Administrative sections at various levels, all of whom held office in 2016 and the appointment and dismissal are noted separately.

10.All the articles, entries and pictures in this yearbook are provided by specialized staff from all types of educational administrative sections and examined carefully by their managers and people in charge. The Statistical Material of Beijing Education is provided by Development Planning Department of Beijing Municipal Education Committee.

11.In terms of the currency in this yearbook, RMB is referred to as Yuan and the common names are used in referring to other currencies.

12.Every annual statistic involved in this yearbook takes the statistical criteria of 31st December 2016 as standard and other non annual statistics take the ones from statistical or operating departments as standard.

13.This Yearbook describes educational happenings between 1st January 2016 and 31st December 2016. Some of its content may dated back a minor deal according to its practical circumstance.

改革创新 | REFORMATION AND INNOVATION

01 4月27日，北京市第二中学、首都师范大学附属中学、中国人民大学附属中学、北京理工大学附属中学4所学校通州校区正式揭牌 （新闻中心 提供）

02 5月6日，北京高校中国特色社会主义理论研究协同创新中心授牌仪式 （新闻中心 提供）

03 5月12日，京冀教育协同发展座谈会暨合作项目签约仪式 （新闻中心 提供）

04 10月14日，通州区政府与北京高校高精尖创新中心参与城市副中心建设全面合作签约仪式 （新闻中心 提供）

05 10月27日，在北京市第十二届全民终身学习活动周开幕式上，北京市社区教育指导中心成立(市教委相关处室 提供)

01

02

03

04

05

01 3月10日，市教委召开实施乡村教师支持计划动员部署会（新闻中心 提供）

02 4月7日，市教委召开"加大首都教育供给侧结构性改革"专题培训（程帅星 摄）

03 10月26日，市教委召开北京市"十三五"时期教育改革和发展规划专题报告会（新闻中心 提供）

04 11月16日，市教委召开北京市扩大优质教育资源改革工作总结推进会（市教委相关处室 提供）

01

02

03

01 3月25日，全国中小学校责任督学挂牌督导创新区实地核查北京市陈经纶中学分校 （新闻中心 提供）

02 6月3日，京津冀教育督导协作机制框架协议签字仪式 （新闻中心 提供）

03 10月25日，北京市中小学校责任督学挂牌督导创新区评估工作会 （蔡赫 摄）

04 12月1日，北京市人民政府教育督导委员会成立暨第十届督学聘任工作会议 （新闻中心 提供）

04

人才培养 | SCHOOL EDUCATION

学前教育

01 4月29日，怀柔区第三幼儿园举办亲子运动会
（怀柔区教委 提供）

02 5月9日，通州区新城东里幼儿园举办幼小衔接活动
（薛红梅 摄）

03 12月27日，石景山区师范学校附属幼儿园承办“萌芽杯”观摩研讨课
（苗淼 摄）

基础教育

01 4月1日，房山区燕山羊耳峪小学在平西抗日战争纪念馆开展清明节“缅怀革命先烈 弘扬革命精神”主题教育活动 （程龙 摄）

02 11月3日，市教委举办北京市中小学社会主义核心价值观教育成果展 （市教委相关处室 提供）

03 11月30日，市教委举办“弘扬宪法精神 构建法治校园”——“12·4”国家宪法日主题教育活动 （音像报刊总社 提供）

01 3月8日，东城区和平里第九小学举办“描绘美好画卷，感谢父母恩情书画名家进校园”活动（唐晨 摄）

02 6月1日，怀柔区喇叭沟门满族乡中心小学举办以“让快乐与数学同行，让智慧伴活动共生”为主题的首届数学节（怀柔区教委 提供）

03 12月2日，西城区阜成门第一小学开展“与名师面对面教学交流”活动（楼谨 摄）

01 1月，中学生参加初中开放性科学实践活动
（市教委相关处室 提供）

02 5月31日，北京汇文中学学生使用虚拟现实（VR）技术教学进行学习
（王苗 摄）

03 11月7日至8日，市教委举办2016年北京市中小学生冰雪运动普及与推广活动
（怀柔区教委 提供）

01 4月，北京高校国防教育协会组织2016年海洋大讲堂知识讲座（国防教育协会 提供）

02 5月31日，北京工商大学成立北京市首支大学生民兵队伍（工商大学 提供）

03 12月13日，市教委举办部长进校园：首都大学生形势政策报告会（蔡赫 摄）

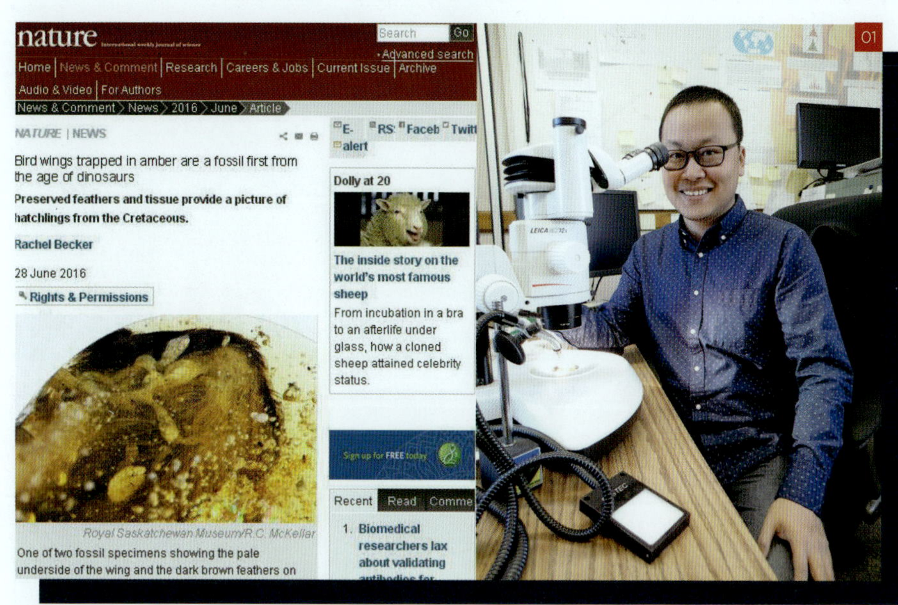

01 6月29日，中国地质大学（北京）邢立达领衔研究首次发现琥珀中的古鸟类 （地大 提供）

02 10月19日，清华大学研发成果——全新广谱肿瘤标志物获准用于临床 （清华 提供）

03 10月，北京理工大学参与研制航天员在轨飞行中心理支持与保障的虚拟现实（VR）设备，在“神舟11号”飞行任务中进行验证和应用 （徐思军 摄）

01 5月，北京交通运输职业学院胡格项目学生与德国专家讨论学习（交通运输职院 提供）

02 8月，北京市实验职业学校学生在药店实习，认真听取师傅传授工作经验（马聪荟 摄）

03 9月19日至21日，通州区漷县成人学校举办2016年家庭实用技能培训（张泉 摄）

01 3月26日，北京邮电大学世纪学院开展“北京市初中开放性科学实践活动” （世纪学院 提供）

02 5月，朝阳区教委举办民办幼儿园教师依法执教培训 （朝阳区教委 提供）

03 6月16日，北京现代音乐研修学院“千人摇滚乐队”挑战“世界最大规模摇滚乐队”吉尼斯世界纪录成功 （卞世超 摄）

人才强教 TEACHER TRAINING

01 5月25日，市教委举办市级骨干教师开放型教学实践活动（新闻中心 提供）

02 6月27日，市教委召开首都高校博士生（后），青年教师和辅导员到北京市挂职锻炼动员部署会（新闻中心 提供）

03 11月22日，市教委举办北京高校十佳辅导员优秀事迹首场报告会（蔡赫 摄）

01 3月3日，平谷区第三幼儿园开展教师技能比赛 （张艳波 摄）

02 10月，北京市总工会职工大学举办第九届教师教学基本功大赛 （王爱民 摄）

03 11月17日，燕山教委举办第三届“燕翔杯”青年教师优课大赛 （张军胜 摄）

01 2月28日，北京信息职业技术学院举办首期教师信息化教学能力培训班，教师在班上接受培训 （白舰 摄）

02 5月20日，中央民族大学理学院王文忠教授在给学生上课 （民大 提供）

03 12月，北京体育职业学院社会体育系教师进行冰雪专业相关岗位培训 （北京体职院 提供）

合作交流 | COOPERATION AND COMMUNICATION

01 7月23日至29日，2016年京港澳学生交流夏令营开营 （国际教育交流中心 提供）

02 8月14日至28日，国际教育交流中心组织实施“2016国际语言环境建设”项目，60名外籍教师为1200名师生举办全封闭英语夏令营 （郑静慧 摄）

03 10月28日，燕山向阳小学邀请台湾名师到校开展“超脑麦斯”创意思维数学课程培训活动 （陶玲 摄）

01 4月3日，大兴区少年宫举办第七届“飞舞的凤凰”中俄青少年国际文化艺术交流节 （白建超 摄）

02 10月9日，德国哈特中学部分师生22人到北京市第十五中学南口学校进行参观访问 （余涛 摄）

03 10月23日至11月1日，昌平职业学校代表团赴美国托马斯·爱迪生职业技术高中访问交流 （昌平职校 提供）

CONTENTS
目录

幼儿园选介

基础教育

综述

小学教育

中学教育

民族教育

特殊教育

小学选介

中学选介

民族教育学校选介

特殊教育学校选介

普通高等教育

综述

学位与研究生教育

本专科教育

普通高等学校

■ 北京大学

■ 中国人民大学

■ 清华大学

■ 北京交通大学

职业与继续教育

综述

职业教育

民办教育管理

民办高等学校

民办高等教育机构选介

民办中小学幼儿园选介

德育体育美育

综述

德育

■ 德育工作

■ 专门教育

体育卫生

■ 体育

综合管理

综述

政策法规

组织干部工作

宣传与思想政治教育工作

统一战线与群众工作

纪检与监察

发展规划

财务

审计

基本建设

后勤管理

校园安全工作

离退休干部与关心下一代工作

机关党建

语言文字工作

教育督导

综述

督导检查

督导调研

评估与监测

区教育督导

科学研究

综述

科研管理

科研成果

教育科学研究

教育教学研究

师资建设

综述

师资管理

高级中等学校招生

高中毕业会考

普通高等学校招生

研究生招生

成人高等学校招生

高等教育自学考试

社会考试

中外合作考试

交流与合作

综述

国际交流与合作

■ 中外合作办学

■ 友好往来

■ 一带一路

学前教育

基础教育

高等教育

职业与继续教育

各区教育

东城区

西城区

朝阳区

丰台区

石景山区

海淀区

门头沟区

房山区

通州区

顺义区

昌平区

大兴区

怀柔区

平谷区

密云区

延庆区

北京教育志编纂委员会办公室

北京市学生资助事务管理中心

北京教育新闻中心

北京学校后勤事务中心

社会团体

北京市教育学会

北京市高等教育学会

北京市职业技术教育学会

北京民办教育协会

北京市学前儿童保教工作者协会

北京老教育工作者总会

北京校外教育协会

北京高校国防教育协会

北京教育装备行业协会

北京市红十字会

北京市民族教育学会

文献

专文与纪实

调研报告

统计表

附录

基础教育

高等教育

部分单位全称简称对照表

北京教育新地图（2017）

索引

勘误

CONTENTS
目录

NURSERY EDUCATION

INTRODUCTION OF SELECTED KINDERGARTENS

ELEMENTARY EDUCATION

SUMMARY

INTRODUCTION OF SELECTED SECONDARY SCHOOLS

INTRODUCTION OF SELECTED ETHNIC SCHOOLS

INTRODUCTION OF SELECTED SPECIAL EDUCATION SCHOOLS

HIGHER EDUCATION

SUMMARY

DEGREE AND POSTGRADUATE EDUCATION

UNDERGRADUATE AND VOCATIONAL EDUCATION

INSTITUTES OF HIGHER EDUCATION

VOCATIONAL AND CONTINUING EDUCATION

SUMMARY

VOCATIONAL EDUCATION

CONTINUING EDUCATION

LEARNING CITY BUILDING

HIGHER VOCATIONAL SCHOOLS

PRIVATE EDUCATION MANAGEMENT

PRIVATE COLLEGES AND UNIVERSITIES

INTRODUCTION OF SELECTED PRIVATE HIGHER EDUCATION INSTITUTES

INTRODUCTION OF SELECTED PRIVATE KINDERGARTEN ,PRIMARY AND SECONDARY SCHOOLS

MORAL, PHYSICAL AND AESTHETIC EDUCATION

SUMMARY

PROPAGANDA AND IDEOLOGICAL EDUCATION

UNITED FRONT AND MASS WORK

DISCIPLINE INSPECTION AND SUPERVISION

DEVELOPMENT PLAN

FINANCIAL AFFAIRS

AUDITING AFFAIRS

FUNDAMENTAL CONSTRUCTION

LOGISTICS MANAGEMENT

SECURITY AND STABILITY WORK

THE RETIRED CADRES AND CARE FOR THE NEXT GENERATION

PARTY CONSTRUCTION IN ORGANS

CHINA-LANGUAGE WORK

CPC BEIJING MUNICIPAL COMMITTEE OF EDUCATION

BEIJING MUNICIPAL EDUCATION COMMISSION

CPC BEIJING MUNICIPAL COMMITTEE OF EDUCATION & BEIJING MUNICIPAL EDUCATION COMMISSION

CPC BEIJING MUNICIPAL COMMISSION FOR DISCIPLINE INSPECTION EDUCATION COMMITTEE

EDUCATION SUPERVISION

SCIENTIFIC RESEARCH

TEACHERS CONSTRUCTION

SUMMARY

TEACHING STAFF MANAGEMENT

TEACHING STAFF TRAINING

PROFESSIONAL TITLE EVALUATION AND QUALIFICATION ASSESSMENT

STUDENTS MANAGEMENT

SUMMARY

STUDENTSROLL MANAGEMENT

INNOVATIVE AND ENTREPRENEURSHIP

INSTITUTIONS DIRECTLY UNDER BEIJING MUNICIPAL EDUCATION COMMISSION

SOCIAL GROUPS

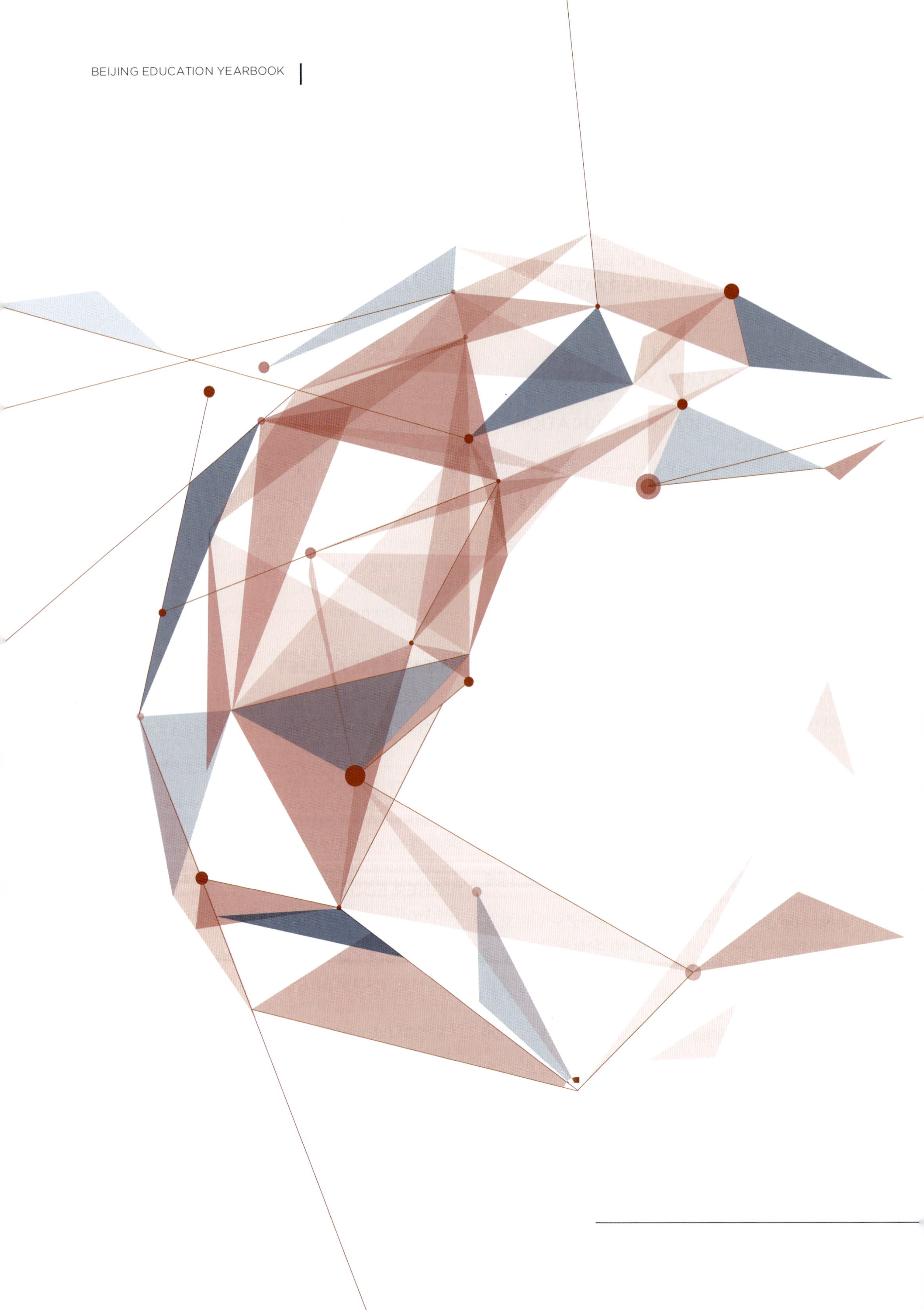

2017 | 特载

SPECIAL FEATURE

SPECIAL FEATURE

特载

习近平致清华大学建校 105 周年贺信

值此清华大学建校 105 周年之际，我向全体师生员工和广大校友，致以热烈的祝贺和诚挚的问候！

清华大学是我国高等教育的一面旗帜。105 年来，清华大学秉承自强不息、厚德载物的校训，开创了中西融汇、古今贯通、文理渗透的办学风格，形成了爱国奉献、追求卓越的精神和又红又专、全面发展的培养特色，培养了大批学术大师、兴业英才、治国人才，为国家、为民族作出了重要贡献。

办好高等教育，事关国家发展、事关民族未来。我国高等教育要紧紧围绕实现"两个一百年"奋斗目标、实现中华民族伟大复兴的中国梦，源源不断培养大批德才兼备的优秀人才。站在新的起点上，清华大学要坚持正确方向、坚持立德树人、坚持服务国家、坚持改革创新，面向世界、勇于进取，树立自信、保持特色，广育祖国和人民需要的各类人才，深度参与创新驱动发展战略实施，努力在创建世界一流大学方面走在前列，为国家发展、人民幸福、人类文明进步作出新的更大的贡献。

衷心祝愿清华大学的明天更加美好！

习近平

2016 年 4 月 22 日

（新华社北京 4 月 22 日电）

习近平在北京市八一学校考察时强调：全面贯彻落实党的教育方针 努力把我国基础教育越办越好

在第三十二个教师节来临之际，中共中央总书记、国家主席、中央军委主席习近平9日上午来到北京市八一学校，看望慰问师生，向全国广大教师和教育工作者致以节日祝贺和诚挚问候。

习近平强调，教育决定着人类的今天，也决定着人类的未来。基础教育在国民教育体系中处于基础性、先导性地位，必须把握好定位，全面贯彻落实党的教育方针，从多方面采取措施，努力把我国基础教育越办越好。广大教师要做学生锤炼品格的引路人，做学生学习知识的引路人，做学生创新思维的引路人，做学生奉献祖国的引路人。

八一学校位于北京市海淀区，由老一辈革命家聂荣臻元帅亲手创办的荣臻子弟学校发展而来，是一所历史悠久的名校。八一学校是习近平的母校，他小学和初中都在这里学习。

上午9时许，习近平在北京市委书记郭金龙、市长王安顺陪同下，首先来到学校图书馆楼，参观校史展、学校帮扶河北阜平学校成果展、国防教育展，了解学校发展变化、教学改革、结对帮扶等情况，称赞学校充满活力、特色鲜明、成果丰硕。在老校园照片前，习近平指着照片上一处处熟悉的建筑，追忆往事，如数家珍。看到自己小学的学籍档案、当年同老师同学的合影、1992年母校45周年校庆时自己的贺信和赠送的礼品，习近平动情地说，母校给予我很多知识熏陶和精神滋养，我怀念那一段难忘的岁月，也铭记着老师们的教诲，希望母校越来越好。

之后，习近平来到学校天工苑通用技术中心，走进科普实验室，听取学校与中国航天科技集团航天人才开发交流中心共同开发科普小卫星课程情况介绍，察看模型卫星和工程样星实物，同老师和学生交流。得知他们研制的中国首颗中学生科普小卫星计划于明年发射进行实测实验，习近平肯定通过科普活动激发学生想象力和创造力的做法，勉励同学们把科学爱好和科学实践从中学到大学连贯起来，不断取得更多成果。习近平指出，素质教育是教育的核心，教育要注重以人为本、因材施教，注重学用相长、知行合一，着力培养学生的创新精神和实践能力，促进学生德智体美全面发展。

高中部教师集体办公室，一些教师正在办公，习近平来到他们中间，同他们握手交谈，详细了解他们的工作、学习、生活情况和对教育改革的感受，祝他们教师节快乐。习近平表示，我们的教育改革要坚持文化自信，好的经验要坚持，不足的要补齐。看到学生们为老师制作的“敬师树”，习近平指出，教师是传播知识、传播思想、传播真理的工作，是塑造灵魂、塑造生命、塑造人的工作，理应受到尊敬，要在全社会弘扬尊师重教的良好风尚。

校园足球在八一学校拥有浓厚氛围。在学校体育场边，习近平观摩了小学生足球训练课。小球员们兴奋地跑过来，习近平关切询问他们训练和比赛情况，大家你一言我一语讲了自己的心得，几位小球员还展示了球技。习近平同大家合影，希望同学们把足球爱好保持和发展下去，在足球运动中感受集体力量、体验运动乐趣、强健身体素质，希望通过发展校园足球成长一批优秀足球运动员。

在另一块场地上，一位体育老师正带领一些女生上武术课，练习长拳基本动作。习近平驻足观看，祝她们越练越好。离开体育场，习近平边走边察看学校老建筑，重温自己当年的学习时光。10时许，习近平来到学校文化艺术中心，看望慰问来自北京市和八一学校的教师学生代表。见到当年的老教师，习近平十分高兴，同他们一一握手，回忆往事，感谢老师们当年的教诲，祝他们健康长寿。

随后，习近平同教师学生代表座谈。八一学校校长沈军、八一学校教师张亚红、首都经贸大学教授纪韶、八一学校学生牟迪铃和方亦昕先后发言，他们谈教育管理、谈教书育人、谈理想追求、谈学习生活，习近平不时插话交流，现场气氛活跃。

在听取大家发言后，习近平发表重要讲话。他指出，时代越是向前，知识和人才的重要性就愈发突出，教育的地位和作用就愈发凸显。我国正处于历史上发展最好的时期，但要实现“两个一百年”奋斗目标、实现中华民族伟大复兴的中国梦，必须更加重视教育，努力培养出更多更好能够满足党、国家、人民、时代需要的人才。

习近平强调，基础教育是立德树人的事业，要旗帜鲜明加强思想政治教育、品德教育，加强社会主义核心价值观教育，引导学生自尊自信自立自强。基础教育是提高民族素质的奠基工程，要遵循青少年成长特点和规律，扎实做好基础的文章。基础教育要树立强烈的人才观，大力推进素质教育，鼓励学校办出特色，鼓励教师教出风格。

习近平指出，教育公平是社会公平的重要基础，要不断促进教育发展成果更多更公平惠及全体人民，以教育公平促进社会公平正义。要加强对基础教育的支持力度，办好学前教育，均衡发展九年义务教育，基本普及高中阶段教育。要优化教育资源配置，逐步缩小区域、城乡、校际差距，特别是要加大对革命老区、民族地区、边远地区、贫困地区基础教育的投入力度，保障贫困地区办学经费，健全家庭困难学生资助体系。要推进教育精准脱贫，重点帮助贫困人口子女接受教育，阻断贫困代际传递，让每一个孩子都对自己有信心、对未来有希望。

习近平强调，基础教育是全社会的事业，需要学校、家庭、社会密切配合。学校要担负主体责任，对学生负责，对学生家庭负责。家长要尊重学校教育安排，尊敬老师创造发挥，配合学校搞好孩子的学习教育，同时要培育良好家风，给孩子以示范引导。各相关单位特别是宣传、文化、科技、体育机构要积极为学生了解社会、参与实践、锻炼提高提供条件。

习近平指出，一个人遇到好老师是人生的幸运，一个学校拥有好老师是学校的光荣，一个民族源源不断涌现出一批又一批好老师则是民族的希望。自古以来，中华民族就有尊师重教、崇智尚学的优良传统。党和国家事业发展需要一支宏大的师德高尚、业务精湛、结构合理、充满活力的高素质专业化教师队伍，需要一大批好老师。长期以来，广大教师为教育事业付出了辛劳、奉献了力量、贡献了才智，要在广大教师中、在全社会大力宣传和弘扬优秀教师的先进事迹和高尚品德。希望广大教师认清肩负的使命和责任，教育和引导学生热爱祖国、热爱人民、热爱中国共产党，教育和引导学生心中要有国家和民族、意识到肩负的责任，牢固树立为祖国服务、为人民服务的意识，立志成为党和人民需要的人才。各级党委和政府要满腔热情关心教师，让广大教师安心从教、热心从教、舒心从教、静心从教，让广大教师在岗位上有幸福感、事业上有成就感、社会上有荣誉感，让教师成为让人羡慕的职业。

习近平强调，中小学生是青少年的主体，是国家的未来和希望。中小学生要立志成才，必须勤奋学习、提高综合素质，努力做到修身立德、志存高远，勤学上进、追求卓越，强健体魄、健康身心，锤炼意志、砥砺坚韧。同学们都要自觉加强道德养成，从小就让社会主义核心价值观的种子在心中生根发芽，把国家、人民、民族装在心中，注重养成健康、乐观、向上的品格；都要乐于学习、勤于学习、善于学习，在求知境界上越来越高；都要把身心健康牢牢抓在手上，养成良好的生活习惯，经常参加劳动和体育锻炼，通过多种方式怡情养性；都要敢于面对各种困难和挫折，自觉培养不畏艰难、顽强奋进的意志品质。他希望同学们敞开胸怀拥抱自然，点点滴滴播撒阳光，经年累月铸就美好，努力做一个心灵纯洁、人格健全、品德高尚的人，努力做一个有文化修养、有人文关怀、有责任担当的人。

习近平指出，各级党委和政府要坚持把教育放在优先发展的战略位置，强化责任意识，及时研究解决教育改革发展的重大问题和群众关心的热点问题。要深化办学体制、管理体制、经费投入体制、考试招生及就业制度等方面的改革，深化学校内部管理制度、人事薪酬制度、教学管理制度等方面的改革，深化人才培养模式、教学内容及方式方法等方面的改革，使各级各类教育更加符合教育规律、更加符合人才成长规律。

考察结束时，学校师生来到校园道路两旁和大礼堂前，同总书记依依惜别，热烈的掌声和欢呼声此起彼伏。习近平同大家热情握手，向师生们挥手致意。

王沪宁、刘延东、栗战书和中央有关部门负责同志陪同考察。

（新华社北京9月9日电）

习近平致首届清华大学苏世民书院开学典礼的贺信

值此清华大学苏世民书院开学之际，我向清华大学以及苏世民书院首届新生致以诚挚的祝贺！

教育传承过去、造就现在、开创未来，是推动人类文明进步的重要力量。当今时代，世界各国人民的命运更加紧密地联系在一起，各国青年应该通过教育树立世界眼光、增强合作意识，共同开创人类社会美好未来。

中美教育交流为促进两国人民相互了解和友谊、推动中美关系发展发挥了积极作用。中美双方应该挖掘潜力、提高水平，使教育领域合作成为中美人文交流的先行者。

希望苏世民书院秉持宗旨、锐意创新，努力成为一个培养世界优秀人才的国际平台，为各国青年提供学习机会，使各国青年更好相互了解、开阔眼界、交流互鉴，携手为增进世界各国人民福祉作出积极努力。

祝苏世民书院各位同学学有所成、学尽其用。

中华人民共和国主席 习近平

2016 年 9 月 10 日

（《人民日报》9 月 11 日第 1 版）

习近平给北京市八一学校科普小卫星研制团队学生的回信

八一学校科普小卫星研制团队的同学们：

你们好！知道由你们设计研制的科普小卫星即将发射，我非常高兴。中学生设计研制科普卫星是一次很好的尝试，你们攀登科技高峰的热情和勇气让我感到欣慰。

你们在来信中表示，要让这颗小卫星发挥启明星一样的作用，不断激发自己科学探索的热情。希望你们保持对知识的渴望，保持对探索的兴趣，培育科学精神，刻苦学习，努力实践，带动更多青少年讲科学、爱科学、学科学、用科学，努力成长为祖国的栋梁之材，将来更好为实现中华民族伟大复兴的中国梦贡献力量。

新年即将到来，祝你们和全校师生新年好。

习近平

2016 年 12 月 24 日

（新华社北京 12 月 28 日电）

（本栏责任编辑 王永刚）

主动运筹，教育改革发展活力持续增强

巩固提高，持续推进基础教育全面发展

创新推动，优化高等教育发展层次

强化支撑，提升教育发展保障水平

推动教育功能疏解，促进教育协同发展

深化督导改革，助力首都教育改革发展

2017 | 北京教育总述

GENERALITY OF BEIJING EDUCATION

GENERALITY OF BEIJING EDUCATION

北京教育总述

94.50%

2016 年，小学就近入学比例达到 94.50%

90.68%

2016 年，初中就近入学比例达到 90.68%

49%

继续完善优质高中招生名额分配到区域内初中的做法，“名额分配”比例从 2014 年的 30% 提高至 2016 年的 49%，且进一步向一般初中倾斜

A GENERALITY OF EDUCATION IN BEIJING IN 2016

2016 年北京教育事业发展综述

2016 年是“十三五”规划的开局之年。北京市结合首都城市功能战略定位，深化教育供给侧结构改革，勇于担当，主动作为，党建工作扎实开展，教育事业稳步推进，各项工作稳中求进，成效明显，市民对教育的满意度进一步提升。全年教育工作坚持在不变中巩固提高、在变化中创新求进，按照既定的总体思路和市委教工委、市教委、市政府教育督导室年度工作要点，统筹谋划，积极推进，教育改革的综合效应已经显现。

主动运筹，教育改革发展活力持续增强

科学编制“十三五”教育规划。按照“政府主导、部门协作、科研支撑、社会参与”的工作方式，编制完成《北京市“十三五”时期教育改革和发展规划（2016—2020 年）》，于 9 月正式印发。“十三五”教育规划着重体现首都城市发展新定位和教育改革发展的新形势新要求，提出到 2020 年，形成公平、优质、创新、开放的首都教育体系和学习型城市，实现教育现代化的主要目标。

深化考试招生制度改革。发布《北京市深化考试招生制度改革实施方案》。北京市新中考方案计划于 2018 年实施。新中考方案在考试科目和分值设置上大胆改革，为考生提供多种选择，从而促进考生德智体美全面发展。新高考从 2020 年实行“3+3”模式，取消文理分科。2017 年起高一学生将开始实施普通高中学业水平考试，2020 年综合素质评价将纳入高校录取参考。继续完善优质高中招生名额分配到区域内初中的做法，“名额分配”比例从 2014 年的 30% 提高至 2016 年的 49%，且进一步向一般初中倾斜。在城六区开展“1+3”培养试验。加大对边远乡村学校支持力度，将城区 16 所优质高中的 425 个招生计划定向分配到远郊区 48 所边远乡村初中学校，为中考成绩达到 530 分的考生提供进入城区优质高中就读的机会。通过创新机制，强化统筹，把学生放在正中央，让学生体验到更多的实际获得感。

进一步完善入学规则。通过“资源优质”和“机会优质”

等改革组合拳，破解“小升初”、择校热、优质教育资源不均衡等诸多难题。出台《关于进一步做好2016年小升初就近入学工作的通知》，进一步规范特长生入学招生工作，明确规定2016年各区招收特长生比例总体要降到各区初中招生总人数的5%以内。建立一般公办初中进入优质高中机会查询系统，让学生及家长明确知晓升入优质高中机会，引导家长和学生转变择校观念，促进就近入学，使择校热的缓解在政策上得到保障。从入学结果统计数据看，义务教育阶段就近入学率逐年提高，2016年小学、初中就近入学比例分别达到94.50%、90.68%，彰显教育公平。

全面深化课程教学改革。组织600余名专家，全面清查全市中小学使用的教材内容，共清查教材4359册。完成春、秋两季12套40册地方教材审定工作。组织第三届首都原创课程资源征集评选活动，共评选8个类型资源共计2430项。深入推进初中开放性科学实践活动，分类征集455家单位的1992个活动项目，为18万名七、八年级学生提供服务。指导50所“遨游计划”实验学校和23所高中自主课程建设实验校积极开展研究。评选确定12所学校为首批北京市知识产权教育示范学校。实施课外活动计划，从15：30至17：00，在全市义务教育阶段学生中开展体育、艺术、科技等课外活动。将中小学生走进社会大课堂实践学习列入课时计划，时间不少于全部学时的10%。深入实施远郊区初中学生到城区学校游学项目，参与游学学校和学生从深山区扩大到浅山区。学农规模不断扩大，全年共计1.5万人次学生参与，项目实施成效得到国务院副总理刘延东批示肯定。

学生参加初中开放性科学实践活动

（市教委相关处室 供）

巩固提高，持续推进基础教育全面发展

加强社会主义核心价值观教育。坚持立德树人，编制社会主义核心价值观教育指导纲要，修订《北京市中小学生日常行为规范》。以爱国主义教育为主线，全面启动“我向国旗敬个礼”主题活动，27.27万名中小学生参加“四个一”活动。引导中小学生参与志愿服务，目前有近30万名学生实名注册成为“志愿北京”网络平台志愿者。通过实施“行知计划”“提升工程”和优秀传统文化大讲堂等活动，积极推进中华优秀传统文化教育。印发《关于加强和改进初中学生综合素质评价工作的实施意见（试行）》，在2016年秋季入学的初一学生中试用。

11月3日，北京市中小学社会主义核心价值观教育成果展

（新闻中心 供）

大力推进义务教育优质均衡发展。每年设立市级专项资金4400万元，支持和引导各区通过学区制、九年一贯对口招生、教育集团、教育集群、大校年级组制等方式促进义务教育优质均衡发展。通过深度合作、共享资源，扩优改革项目实施取得阶段性成效，26所高校、21家市区教科研部门、13家民办教育机构支持230余所学校，近20万名学生直接受益。

全面开展体育美育工作。落实市政府《关于加强学校美育工作的实施意见》，修订《北京市民族艺术进校园活动管理办法》，推进京剧及其他高雅艺术进校园。加快推进学校体育工作改革，施行以“小足球、小篮球、小排球”为主要内容的“小球计划”，在16个区的38所中小学开展新兴运动项目进校园、趣味体育课课练、身体素质达标操、全员运动会等试点项目，帮助学校建设“一校一品”和“1+X”特色体育课程。推广普及冰雪项目进校园，联动各区和学校等基层力量，跨年度、分层次开展全市中小学冬奥、冰雪等主题活动，加强课程建设，组建学校冰雪社团、开展冰雪活动延伸课堂平台，融合育人、促进冰雪运动普及。组织学生参加2015—2016年度全国青年冰壶联赛、第二届世界青年冬季奥运会冰壶项目等冰雪运动比赛。在全市校外教育机构开展“培育一批创新项目、建设一批特色项目、发展一批精品项目”活动，丰富校外活动供给内容，切实满足广大中小学生个性化需求。

推动民族教育、特殊教育多样化发展。开展第三批北京市民族团结教育示范学校评选，指导中小学校开展“民族团结教育嘉年华活动”，举办民族团结教育成果展，推动民族团结教育常态化。完成适龄未入学残疾儿童少年统计排查，开展融合教育推进月活动，总结融合教育发展“北京模式”，指导北京市盲人学校开展自闭症学部筹建准备工作，扎实推进特殊教育教研工作。

扩大普惠性学前教育资源供给。实施第二期学前教育三年行动计划，通过新建、改扩建等措施积极增加学前教育学位，缓解社会反映强烈的“入园难”问题。2016年新建、改扩建幼儿园达59所，增加学位1.5万个。建设学前教育社区服务中心，以优质学前教育机构为依托，主要接收 3～6 岁未入园儿童进行学前教育。建设学前教育社区办园点，更好地满足本区域学前教育的多样化需求。

创新推动，优化高等教育发展层次

实施高水平人才交叉培养计划。深化高水平人才交叉培养计划建设内涵，通过强化北京地区高校之间的合作、北京高校与海（境）外名校的合作、高校与科研院所和企事业单位的合作，实现专业学科的交叉融合和优质教育资源的充分共享。“双培计划”录取学生 1471 名，涉及高校 40 所，专业及专业方向 125 个；“外培计划”覆盖 21 所市属高校，60 余所海（境）外名校，共选派学生 543 人；“实培计划”遴选支持 395 项毕业设计（论文）项目、429 项毕业设计（创业）项目、300 项大创计划深化项目、6 个实验教学开放共享项目，推动优质实验教学资源共享。继续推进北京学院建设，25 名学生进入北京交通大学北京学院学习，北京航空航天大学北京学院新增“双培计划”交流学生 175 人，中国农业大学北京学院共招收来自农学院等院校学生 29 人，北京理工大学北京学院接收首都师范大学等 4 所市属学校学生 50 人。北京卓越艺术人才（美术、设计）培养高校联盟由中央美术学院牵头，清华大学、北京服装学院等 21 所高校，通过毕业展演、论坛讲座、公共教育等活动，搭建校际交流平台，助力创新创业教育，取得较好效果。

3 月 17 日，北京服装学院“外培计划”项目系列讲座

（服装学院 供）

实施高精尖创新中心建设计划。积极推进 8 个高精尖创新中心的宏观论证与领域论证，完成新一批高精尖创新中心的增补工作，高精尖创新中心共 21 个。组织北京林业大学、中央美术学院和北京建筑大学的高精尖创新中心，深入参与北京城市副中心建设，并与通州区签订全面合作协议。开展调研论证与整体规划，拟定“北京市属高校一流大学、一流学科和一流专业建设”工作方案。推进北京实验室、协同创新中心、北京市重点实验室等科研基地建设，完成首批 15 个北京高校协同创新中心中期评估工作。组织开展 2017 年度科研计划项目申报、评审和立项工作。完成 2016 年度北京地区博士、硕士学位授权学科和专业学位授权类别动态调整、独立学院学位授予资格评估工作。召开第四届北京市学位委员会第四次会议，提升学科与研究生培养水平。总结梳理市属高校特色教育资源库项目十年建设成果，推动首都高校哲学社会科学繁荣发展。

实施北京高校高质量就业创业计划。着力构建“一街三园”（一街：北京高校大学生创新创业服务中心；三园：软件园、良乡园、理工园）大学生创业体系，“一街三园”建成后，形成“中关村为核心，南北园互补”的空间布局，100 余家创业团队入驻市级创业园孵化。该项目作为 2016 年政府实事，多次迎接市政府检查，工作扎实，推动有力，得到市人大代表、政协委员的高度评价。按照《北京高校示范性创业中心建设标准》，评选出首批北京高校示范性创业中心 28 个，包括市属高校 8 个，通过政策导向，经费支持，推动高校大学生创业工作向纵深发展。至年底，共为北京高校的 23 万名毕业生办理就业手续，按照教育部就业率统计口径，毕业生总体就业率 97.2%，继续保持较高水平，稳居全国前列。

扩大贯通培养试验项目规模。贯彻落实市委市政府《关于加快发展现代职业教育的实施意见》，支持部分职业院校与示范高中、本科院校、国内外大企业合作，选择对接产业发展的优势专业招收初中毕业生，完成高中阶段基础文化课学习后，接受高等职业教育和本科专业教育。贯通培养试验范围进一步扩大，参与院校由 6 所增至 12 所，试验专业扩展至 40 余个，招生人数由 2048 人增至 4319 人。新增“3+2”中高职衔接办学工作试点项目 71 个，累计 153 个。继续加强中德职业教育合作，成立中德职业教育创新学习联盟；与纽约市教育局开展战略合作，与美国友好学校开展技能比赛等交流活动，促进中美职业教育的合作发展，推动职业教育交流与合作向更广更深的领域拓展。

9 月 19 日，北京财贸职业学院朝阳校区首批贯通培养试验项目学生

（北财院 供）

推进学习型城市建设。发布《北京市学习型城市建设行动计划（2016—2020 年）》，着力打造“十大工程”，全面提升学习型城市建设水平。加入全球学习型城市网络并参加第一届成员大会，作题为《信息技术助力学习型城市建设》主题发言。开展学习型城市建设成果展示及经验交流活动，完成西城、朝阳、海淀、房山等 8 个区的展示交流。依托“京学网”提供资源丰富的老年网络学习服务，依托各职业院校、社区学院开发老年教材及课程，12 所职业院校增设老年服务与管理专业。举办北京市第 12 届全民终身学习活动周，表彰 100 名“首都市民学习之星”。16 个区、部分委办

局、在京高等学校等单位同期举办 500 余场各类学习活动，掀起全民终身学习的热潮。

强化支撑，提升教育发展保障水平

加强干部教师队伍建设。全面落实中小学职称制度改革，将原来相互独立的中学、小学教师职称系列统一设置为中小学教师职称系列，在中小学（幼儿园）新设正高级教师职称，将民办教师纳入评价服务范围。完善高等学校职称改革的配套政策和流程，规范职业院校和成人学校职称制度，提高乡村学校教师高级职称的比例。下放教师职称评审权，将副高级及以下学术评议工作下放到各高等学校。出台加强和改进师范生培养与管理的意见，构建开放灵活的师范生培养体系。实施中小学教师开放型教学实践活动，为全市义务教育阶段教师提供个性化、多样化的教学实践服务。加强政策支持和保障，推动义务教育校长教师在区域、城乡、校际间合理有序流动。大力支持乡村教师队伍建设，出台系列措施办法，解决乡村学校教师结构性短缺问题，发放乡村教师岗位生活补助，并将实施范围拓展到乡村和镇区的中小学及幼儿园教师。2016 年市级财政重点支持 290 所乡村中小学校和 93 所山区镇区中小学校。

扎实推进教育基础设施建设任务。加快推进城乡中小学建设工程，全市规划的 233 所中小学建设项目，开工 201 个。加快推进市级统筹学校改造工程，3 所附中改造建设工程前期各项审批工作全部完成，2 所附中按时开学。深入实施市属高校三年建设规划，53 个项目开工建设。推进良乡、沙河高教园区基础设施建设和入驻高校建设。处置中小学、幼儿园“问题操场”工作，暂停 323 块在建和拟建塑胶操场项目，铲除检测不合格或监测合格但家长反映强烈的塑胶操场 45 块。

9 月 3 日，门头沟区大峪二小校园改建工程完工投入使用

（门头沟区教委 供）

统筹推进教育信息化建设。北京市 28 个试点单位全部通过教育部第一批教育信息化试点验收。对北京地区教育行业开展网络安全管理专项整治工作，确保北京地区教育行业网络安全的可管可控。完成“首都网络安全日”及“网络安全宣传周”等系列活动。落实教育部开展专项检查行动精神，在全市中小学校开展基础教育装备产品质量专项检查，全面加强基础教育装备安全与质量管理工作。建立开放性初中实践活动管理平台，支持初中开放性科学实践活动、综合社会实践活动、学农活动开展，充分满足学生个性化发展需求。建设中小学数字校园实验项目经验共享、数字化基础教育资源共享等市级教育信息化服务平台，推动信息技术与教育教学业务融合。

推动教育功能疏解，促进教育协同发展

聚焦非首都功能重点疏解项目。严格执行北京市新增产业禁限目录和人口调控政策，压缩招生规模，2016 年市属高校和普通中专共计划招生 9.8 万人，比 2013 年减少 6.5%；京外招生规模比 2013 年减少 1.2 万人，减少幅度达到 30.8%。加快北京城市学院、北京建筑大学和北京工商大学新校区建设，至秋季，累计疏解学生 1.6 万人。积极推进北京信息科技大学新校区征地拆迁、北京电影学院在怀柔建设新校区、北京第二外国语学院在平谷建设新校区等工作，研究推动北京吉利学院从北京迁址四川办学工作，推动教育系统疏解非首都功能任务落实。

加大城市副中心建设力度。加快编制北京城市副中心教育设施专项规划。通过集团化、一体化等办学方式，引进优质教育资源，北京二中、人大附中、首师大附中、理工附中 4 所名校已进驻通州办学，实现一体办学、一体招生，另有 10 多所名校、名园在积极筹备中。

促进京津冀教育协同发展。落实京冀两地教育协同发展对话与协作机制框架协议，积极推进市、区各级与津冀各地方开展教育合作，签署合作协议 21 个，推动实施合作项目 30 余个。组建京津冀地区 4 个高等教育联盟、3 个特色职教集团，景山学校在曹妃甸协同发展示范区分校于秋季顺利开学，北京五中、八一学校、史家胡同小学等校在廊坊、保定等地建设分校项目有序推进。

5 月 12 日，京冀教育协同发展座谈会暨合作项目签约仪式

（新闻中心 供）

扩大对外合作交流。研究制定《新时期北京教育对外开放工作规划》《北京市对接共建“一带一路”教育行动计划实施方案》。深化教育对外开放，与法国驻华大使馆、巴黎学区签署中法中学项目的合作协议，10 所中小学入选第三批中美“千校携手”项目，5 所中小学获批中美“千校携手”项目示范校。优化教育对外交流格局，共接待美国、英国、法国、阿根廷等国家和地区的访问团组 78 个 2005 人

次，与法国、白俄罗斯和秘鲁等 8 个外国教育部门和高校签署合作备忘录。举办 2016 京港澳学生交流夏令营、京澳中学生科技合作交流、海峡两岸青年学生北京长城夏令营、北京高校港澳台侨学生国情讲座等品牌活动，促进京港澳台青少年教育交流。

7 月 23 日，2016 京港澳学生交流夏令营开营

（国际教育交流中心 供）

扎实推进教育对口支援工作。积极统筹首都优质教育资源，做好教育对口支援新疆、西藏、青海、内蒙古、河南、湖北、河北、陕西和四川 9 个省、自治区的有关工作。通过培训受援地区干部教师、选派优秀干部教师挂职支教讲学、人员交流互访、学校结对帮扶、在京举办内地民族班和共享优质教育资源等多种形式，全年完成 66 个援助项目，受益教师 3500 人次、学生 2000 人次，促进对口支援地区教育事业发展。

深化督导改革，助力首都教育改革发展

教育督导改革重点任务深入落实。印发《关于深化教育督导改革的实施意见》，统筹推进各项重点改革任务落地实施。正式成立市政府教育督导委员会，制发《北京市教育督导报告发布管理暂行办法》，明确运行机制。出台关于委托第三方机构开展教育评估监测工作暂行办法及配套文件，第三方教育评估监测机制初步形成。全面加强督政工作，有效开展各级各类教育督学工作，建立全面覆盖各级各类教育的督导评估与质量监测体系，现代教育督导体系加快推进，教育督导“三位一体职能体系”（工作体系、政策标准体系、支持保障体系）日趋完善。研制《北京市义务教育优质均衡发展督导评价指标体系》《北京教育系统重大突发事件专项督导管理办法》《学校督导工作规程》等 20 余个制度文件，教育督导政策标准体系和评估监测制度标准得以完善。指导推进区校教育督导改革，门头沟和石景山区率先成立督导委员会，完成机构职责调整，教育督导工作运行更加高效。

5 月 3 日，市政府教育督导室督导小学生午餐情况

（新闻中心 供）

协调推进教育督导、评估与监测工作。开展对中小学重点领域办学情况的综合督导，综合研判全市中小学办学中存在的突出矛盾和问题，提出工作建议和限期整改要求。加大教育执法督导检查力度，完成各区深化基础教育综合改革情况督导调研，全市新建和改建居民区配套学校情况督导检查，市公园管理中心和金隅集团等市属部分行业企业履行法定教育职责情况督导，市中小学教师绩效奖励激励机制和乡村教师支持计划落实情况督导调研等任务。建立义务教育优质均衡发展常态化监测机制，整体把握综合差异系数情况。深入推进中小学校责任督学挂牌督导创新区评估认定工作。组织全市中小学校责任督学，专项督导中小学校培育和践行社会主义核心价值观工作，督导调研大兴等 4 个区、8 所中小学校基础教育学科教学改进情况。召开全市中小学诊断式督导实践探索研讨会，开展全市中等职业学校课堂教学现状调研工作。督导调研北京工业大学等 6 所市属高校的师德建设工作，联合调查北京大学等 20 所高校思想政治理论课教学情况。研究形成《北京市关于规范实施教育评估与质量监测的实施方案》，构建首都教育评估与监测工作框架体系。综合实施学前教育发展状况监测。统筹做好研究生论文抽检工作。完成 2016 年北京市教育工作满意度调查，为教育行政部门提供决策参考。

（刘转林）

A SUMMARY OF EDUCATION IN BEIJING IN 2016

2016 年北京教育事业发展简况

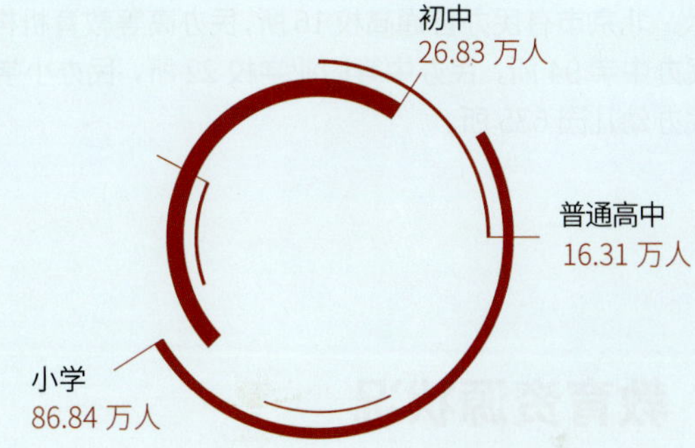

基本情况

基础教育

2016 年，北京市共有普通中学 646 所，其中：高中 305 所，初中 341 所；小学 984 所，幼儿园 1570 所，特殊教育学校 22 所，工读学校 6 所。

基础教育在校学生 129.98 万人，其中：普通高中 16.31 万人，普通高中在校生中本市户籍 15.12 万人，非本市户籍 1.20 万人；初中 26.83 万人，初中在校生中本市户籍 18.30 万人，非本市户籍 8.53 万人；小学 86.84 万人，小学在校生中本市户籍 53.63 万人，非本市户籍 33.21 万人。

幼儿园在园幼儿 41.69 万人，特殊教育学校在校生 6927 人，工读学校在校生 638 人。

中等职业教育

2016 年，北京市共有中等职业学校 121 所，其中：中等专业学校 31 所，成人中专 11 所，职业高中 50 所，技工学校 29 所。

中等职业学校在校学生 12.11 万人，其中：中等专业学校 4.39 万人，成人中专学校 2.70 万人，职业高中在校生 1.48 万人，技工学校 3.53 万人。

研究生教育

2016 年，北京市有 58 所普通高校和 81 个科研机构培养研究生，共有在学研究生 29.18 万人，比上年增加 0.80 万人。其中博士生 8.35 万人，比上年增加 0.35 万人；硕士生 20.83 万人，比上年增加 0.44 万人。招收研究生 9.74 万人，比上年增加 0.23 万人。在 58 所普通高校中，中央部委所属高校 37 所，研究生在校生 23.88 万人，招生 7.93 万人；21 所市属高校（含民办高校），研究生在校生 3.42 万人，招生 1.21 万人。

普通本专科教育

2016 年，北京市共有普通高等学校 91 所，普通本专科在校生 58.84 万人，比上年减少 0.5 万人；其中，市属普通高校 54 所（含民办高校），普通本专科在校生 27.51 万人，比上年减少 0.79 万人。全市普通高校本专科招生 15.47 万人，比上年减少 0.32 万人。

— 0.79 万人

普通本专科在校生 27.51 万人，比上年减少 0.79 万人

— 0.32 万人

全市普通高校本专科招生 15.47 万人，比上年减少 0.32 万人

成人教育

2016 年，北京市共有独立设置成人高校 19 所，成人高等学历教育在校生 17.18 万人（含普通高校举办的函授、业余、脱产班在校生 15.74 万人），招生 6.11 万人（含普通高校举办的函授、业余、脱产班招生 5.59 万人）。

培训机构 3579 所，注册学生 278.41 万人。

民办教育情况

北京市有民办普通高校16所,民办高等教育机构65所,民办中学94所,民办中等职业学校22所,民办小学61所,民办幼儿园635所。

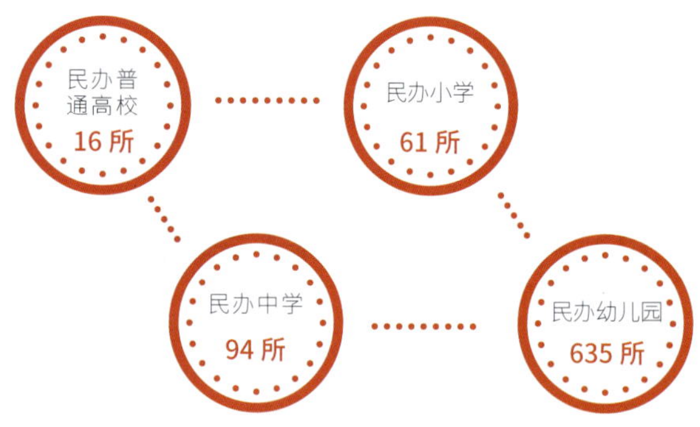

教育资源状况

北京市高等教育设施情况

单位:万平方米

		学校产权占地面积	学校产权校舍面积	学校产权教室面积	学校产权图书馆面积	学校产权实验实习场地面积	学校产权学生宿舍面积	学校产权在建校舍面积	非学校产权独立使用占地面积	非学校产权独立使用校舍面积
普通高校	计	4622	3860	339	149	552	842	266	1439	179
	市属	1597	1179	174	58	211	294	64	1131	132
成人高校		140	93	25	6	6	16	0	2	1
民办高等教育机构		26	50	11	2	4	18	0	105	106

北京市高等教育设备情况(学校产权)

		固定资产(万元)	教科仪器(万元)	图书(万册)	教学用计算机(台)	教室(间)	网络多媒体教室数(个)
普通高校	计	15487546	5459049	11165	434753	18229	12549
	市属	4531492	1680563	4092	204714	10607	6464
成人高校		299917	37046	226	10736	1067	725
民办高等教育机构		128818	21710	238	11911	783	77

备注:表中市属普通高校办学条件包含民办普通高校数据

北京市基础教育设施情况

单位：万平方米

	占地面积	校舍建筑面积	教室面积	实验室面积	图书室面积
普通中学	2412.68	1377.10	292.38	87.12	37.59
小学	1414.30	701.02	250.48	19.93	17.33

北京市基础教育设备情况

	固定资产（万元）	仪器设备（万元）	计算机（台）	图书（万册）	电子图书（万册）
普通中学	3294562.46	869281.20	293454	2930.93	483.34
小学	1856257.15	656696.69	243148	2761.25	352.67

师资队伍状况

北京市小学教职工 5.97 万人，其中专任教师 5.18 万人，生师比为 14.0：1；普通中学教职工 8.54 万人，其中专任教师 6.45 万人，生师比为 7.9∶1。普通高校教职工 13.85 万人，其中专任教师 6.61 万人。

（张桓）

（本栏责任编辑　张晓兰）

社会关注

防治中小学生欺凌和暴力

空气重污染，停课不停学

整治中小学“问题操场”

2017 | 大事记

MAJOR EVENT RECORDS

年度聚焦

- 北京市“十三五”时期教育改革和发展规划
- 北京市深化中高考招生制度改革
- 乡村教师支持计划
- 首都教育布局优化

MAJOR EVENT RECORDS 大事记

2016 年北京教育大事提要

JANUARY 01月

25日，市政府颁布《北京市乡村教师支持计划（2015—2020）实施办法》，加强乡村教师队伍建设。

FEBRUARY 02月

至6月，北京市应联合国教科文组织邀请加入全球学习型城市网络。

MARCH 03月

24日至25日，朝阳区、海淀区、顺义区、大兴区、怀柔区接受国务院督导委员会办公室开展国家级责任督学挂牌督导创新区核查。

APRIL 04月

29日，市政府办公厅印发《关于深化教育督导改革的实施意见》。

MAY 05月

24日，市教委颁布《北京市深化考试招生制度改革的实施方案》，新中考将于2018年实施，到2020年基本建立符合首都教育实际的现代教育考试招生制度。

JUNE 06月

1日，市教委、市财政局印发《北京市中小学教师开放型教学实践活动计划（2016—2020年）》，为义务教育阶段教师提供个性化、多样化的教学实践服务。

JULY | 07月

5日，市教委印发《关于加强和改进初中学生综合素质评价工作的实施意见（试行）》，坚持育人为本、过程积累、客观记录、有效应用的原则，全面评价学生发展情况。

AUGUST | 08月

17日，市教委公布第一批28个北京高校示范性创业中心名单。

SEPTEMBER | 09月

9日，《北京市"十三五"时期教育改革和发展规划》颁布，全面介绍未来五年北京教育主要任务、改革重点、保障措施和重大项目。

OCTOBER | 10月

20日，《北京市初中开放性科学实践活动项目管理办法》出台，学生参加活动累计分数，中考时计入物理、生物(化学)科目原始成绩。

NOVEMBER | 11月

3日，北京市中小学社会主义核心价值观教育成果展示交流活动举办，展示中小学社会主义核心价值观教育工作成果。

DECEMBER | 12月

26日，《北京市中小学生日常行为规范（2016年修订）》颁布实施，坚持以社会主义核心价值观为引领，注重传承中华优秀传统文化。

2016 年北京教育大事记

1月

8 日 在 2015 年度国家科学技术奖励大会上，北京高校 29 项成果（通用项目）以第一完成单位（人）获得国家科技奖。其中，4 所高校 7 个项目获得国家自然科学奖二等奖；6 所高校 9 个项目获得国家技术发明奖二等奖；7 所高校 13 个项目获得国家科学技术进步奖二等奖。该奖项由国务院颁发。

△ 市教委认定 34 个基地为 2015 年北京高等学校示范性校内创新实践基地建设单位。

△ 中国人民大学荣誉一级教授甘惜分因病逝世，享年 100 岁。甘惜分为新中国改革开放后第一批新闻学硕士生导师和博士生导师。

9 日 市委教工委、天津市委教工委和河北省委教工委共同主办首届京津冀大学生思想政治教育工作研讨会，并签署《京津冀大学生思想政治教育工作协作方案》。

16 日 市教委公布第 29 届北京市中小学生金银帆奖获奖名单，评出金帆奖 9 人、银帆奖 127 人。

22 日 市教委组织 7 所市属高校与英国伦敦艺术大学共同培养优秀学生的“外培计划”项目签约。7 所高校分别为北京工业大学、北方工业大学、北京建筑大学、北京服装学院、北京印刷学院、中国戏曲学院、北京电影学院。

25 日 市政府办公厅印发《北京市乡村教师支持计划（2015—2020）实施办法》。3 月 10 日，北京市召开实施乡村教师支持计划动员部署会。

25 日至 29 日 市教委、市体育局、北京奥运城市发展促进会共同主办 2016—2017 学年度北京市百万青少年“迎冬奥”系列活动冬奥小使者冰雪嘉年华活动。

26 日 北京高校 7 个中心入选 2015 年国家级实验教学示范中心。评选结果由教育部办公厅公布。

29 日 39 个实验教学中心入选 2015 年北京市高等学校实验教学示范中心。

至 10 月 市教委实施北京高校高水平人才交叉培养计划“实培计划”。共资助毕业设计（科研）类项目 353 项，毕业设计（创业）类项目 386 项，大学生创新创业训练计划深化项目 287 项，实验教学开放共享项目 6 项。

至 12 月 市教委举办北京市第 19 届学生艺术节，覆盖 16 个区及燕山地区 1600 余所中小学校 130 万名学生，形成“班级—学校—学区—区级—市级”五级无缝衔接联动体系。

2月

1 日 教育部公布 2015 年度高等学校科学研究优秀成果奖（科学技术）名单，北京高校（含附属医院）73 个项目以第一完成单位（人）获奖。

16 日 北京 27 所高校的 62 个本科专业通过 2015 年度教育部备案或批准设置，自 2016 年起开始招生。

19 日 在 2015 年度北京市科学技术奖励大会上，北京高校（含医学院附属医院）41 个项目以第一完成单位（人）获得北京市科学技术奖，其中，7 所高校 11 个项目获得科学技术奖一等奖、6 所高校 12 个项目获得二等奖、8 所高校 18 个项目获得三等奖。

至 6 月 北京市应联合国教科文组织邀请加入全球学习型城市网络。

3月

3 日 中组部海外高层次人才引进工作专项办公室公布国家第 12 批“千人计划”青年人才、创业人才入选人员名单，北京 11 所高校 77 人入选青年人才。

16 日 市委教工委召开北京教育系统老干部工作会。

22 日 尼泊尔总理卡德加・普拉萨德・夏尔马・奥利访问中国人民大学并发表题为《共建“一带一路”共创美好未来》演讲。

24 日至 25 日 国务院督导委员会办公室组织专家对朝阳、海淀、顺义、大兴、怀柔 5 个区进行国家级责任督学挂牌督导创新区核查，其中，朝阳、顺义、大兴、怀柔通过核查。

北京市第十九届学生艺术节合唱展演

（学生活动中心 供）

12月28日，东城区教委举办中小学生京剧专场演出
（东城区教委 供）

27日 第14届“北京青少年科技创新市长奖”颁奖，10人获奖。评选由市科协、市教委、市科委、市知识产权局联合主办。

29日 清华大学联合教育部、以色列高等教育委员会共同主办首届中以大学校长论坛。论坛由中国和以色列“7+7”研究型大学联盟发起。

31日 市教委印发《关于做好2016年高级中等学校考试招生工作的意见》。中考命题考核范围将更加宽泛，注重考察能力；优质高中“名额分配”比例达到49%；将首次实行考后知分填报志愿。

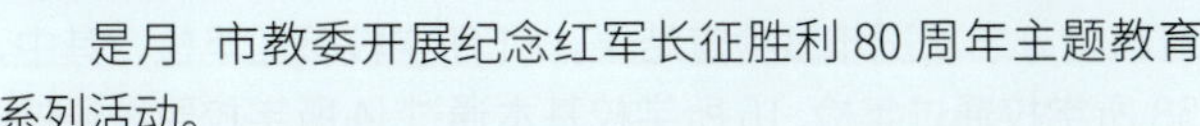
是月 市教委开展纪念红军长征胜利80周年主题教育系列活动。

4月

5日 市委教工委召开北京高校统战工作会议。

6日 市教委公布2015—2016学年度“北京市优秀学生”名单，12名学生当选。

△ 2016年北京教育系统关心下一代工作会议召开。

8日 2016北京市中小学生博物馆之春活动在房山区西周燕都遗址博物馆启动。启动仪式发布20条环首都游学路线。

△ 市委教工委召开北京教育系统党风廉政建设工作会议。

12日 G20全球顶尖中学组织2016年校长峰会（G20 Principal Summit）在京开幕。会议由中国人民大学附属中学、人大附中联合总校与香港汉基学校联合举办，会期7天。

15日 中共中央政治局常委、国务院总理李克强考察清华大学和北京大学，并在北京召开高等教育改革创新座谈会，53所在京部属、市属高校，以及民办高校和有关部门负责人参加会议。

17日 中国人民大学荣誉一级教授黄顺基因病逝世，享年91岁。黄顺基是学校哲学系自然辩证法（科学技术哲学）专业首批硕士生导师和博士生导师。

19日 新西兰总理约翰·基访问清华大学，并发表题为《创新与发展——新西兰和中国合作伙伴关系》演讲。

20日 教育部公布2015年度“长江学者奖励计划”入选名单，北京高校100人当选，其中，特聘教授40人、青年学者60人。

21日 市教委举办的第六届“书香燕京——北京市中小学阅读指导活动”启动。活动历时6个月。

22日 中共中央总书记、国家主席习近平致信祝贺清华大学建校105周年。

△ 市教委成立北京卓越艺术人才（美术、设计）培养高校联盟，由中央美术学院牵头，会员单位包括21所开设美术、设计等相关艺术专业的高校。

△ 市委教工委在中国农业大学举办首都大学生《习近平谈治国理政》读书研讨会暨“读书读经典”系列活动启动仪式。

23日 市教委主办的第二届北京市职业教育宣传月活动启动。

26日 中央政治局委员、北京市委书记郭金龙调研首都经济贸易大学，并与部分师生代表座谈。

27日 在市教委召开的推进北京城市副中心教育发展专题座谈会上，首都师范大学附属中学（通州校区）、北京市第二中学（通州校区）、中国人民大学附属中学（通州校区）、北京理工大学附属中学（通州校区）揭牌，4所学校正式进驻北京城市副中心办学。

△ 市委教工委、北京教育党校、北京市普教系统党建研究会召开2016年北京基础教育党建工作会暨“十二五”北京教育党校工作交流会。

28日 市教委、市人力社保局、市财政局联合印发《北京市中小学教师绩效奖励激励机制项目管理补充办法》。

△ 市教委主办的第11届（2016）北京阳光少年活动暨阳光少年文化、科普进校园活动启动。至年底，活动整合全市教育、科技、文化、文物、体育、环保等各方面校外活动场馆资源，120家单位参与。

29日 市政府办公厅印发《关于深化教育督导改革的实施意见》。

至5月 市教委举办北京市职业院校技能比赛，高职组设13个专业大类35个分赛项，中职组设12个专业大类78个分赛项、1个教师赛项。

5月

9日　市教委认定6个中心为第二批北京高校高精尖创新中心。7月20日，市教委增补2个高精尖创新中心。

12日　市教委印发《提升中职学生职业素养指导意见》。这是国内首个教育行政部门印发的关于提升中职学生职业素养的地方性文件。

14日　市教委、市体育局共同举办的首都高等学校第54届学生田径运动会开幕。比赛首次采用教育部高等院校学生信息网注册，防止参赛学校和运动员在报名资格上出现问题，并采用"人脸识别"技术，运动员"刷脸"检录。

16日　市委教工委、市教委举办的2016年北京大学生音乐节开幕。活动至11月24日结束，62所高校师生1.30万人参加42场展示活动，辐射观众4万人。

18日　中央美术学院研究生院挂牌成立，这是国内首家成立研究生院的美术院校。

20日　市教委印发《关于在全市中小学深入开展以节约粮食为重点的"三节"教育主题实践活动的通知》。31日，市委教工委、市教委举行"'零米粒'我们在行动"主题教育活动启动仪式。

△　市委教工委召开北京高校座谈会，学习贯彻习近平在哲学社会科学座谈会上的重要讲话精神。

24日　市教委印发《北京市深化考试招生制度改革的实施方案》，到2020年基本建立符合首都教育实际的现代教育考试招生制度，形成分类考试、综合评价、多元录取的考试招生模式。

26日　印度总统普拉纳布·慕克吉访问北京大学并发表题为《印中关系：加强民间合作的八个步骤》演讲。

27日　市教委、市人力社保局联合召开北京市高校毕业生就业创业工作推进会。

30日　市政府教育督导室印发《关于委托第三方机构开展教育评估监测工作暂行办法》。

至12月　市政府教育督导室、市教委开展校园欺凌专项治理工作。

5月14日至18日，首都高等学校第54届学生田径运动会（新闻中心　供）

6月

1日　市教委、市财政局印发《北京市中小学教师开放型教学实践活动计划（2016—2020年）》，通过构建北京市中小学教师开放型教学实践活动管理服务平台，为全市义务教育阶段教师提供个性化、多样化、可选择的教学实践服务。

3日　京津冀三地在京签署教育督导协作机制框架协议。

5日和7月13日　市委教工委分别在重庆市和江苏省社会主义学院建立"北京高校统战理论与实践教学基地"。

6日　北京市委副书记、市长王安顺到北京市第四中学和北京教育考试院检查高考工作。

△　市教委公布2015年度民办高校及其他民办高等教育机构办学状况年度检查结果。81所学校参加年检，其中，58所学校通过年检、16所学校基本通过、4所学校暂缓通过、3所学校不通过。

△　根据市教委《关于开展中小学体育教学质量提升计划启动年有关工作的通知》，2016年为中小学体育教学质量提升计划启动年。

7日　北京航空航天大学原党委书记，原国家教育委员会党组书记、主任朱开轩在北京逝世，享年84岁。

7日至8日　北京市2016年普通高等学校招生考试在17个考区举行。51619人参加考试，其中，参加普通高考统考的考生50645人、高职单考考生974人。6月23日，北京市招生考试委员会2016年第二次会议确定北京市普通高校招生各批次录取最低控制分数线。本科一批文科583分、理科548分；本科二批文科532分、理科494分；本科三批文科488分、理科438分；艺术类本科文科346分、理321分；专科（三科总分）文科150分、理科150分；体育教育、社会体育、休闲体育专业成绩70分，文化课成绩文科350分、理科350分；高职单招分数线150分；艺术高职分数线105分。7月6日至8月9日，北京市完成2016年普通高等学校招生录取工作。其中，统考统招部分实际录取45668人，统考录取率稳定在80%以上；高职单独考试实际录取299人。

8日　市政府办公厅印发《关于加强学校美育工作的实施意

见》。

8日至7月14日 市教委联合市质监局、市工商局、首都标准化委员会办公室在全市中小学开展基础教育装备产品质量专项检查工作。

12日 德国总理安哥拉·默克尔访问中国科学院大学并发表演讲。

16日 北京城市建设与管理职教集团成立大会暨京津冀协同发展背景下深化校企合作论坛在北京工业职业技术学院举行。

23日 市教委公布北京市民办普通高校及市教委审批的民办非学历高等教育机构2016年秋季招生政策。同时，2016年北京市具有招生资格的民办普通高校及非学历高等教育机构名单公布，共计76所。

6月23日，中关村二小举办“冰雪运动进校园”特色项目展示活动 （中关村二小 供）

24日至26日 北京市完成2016年高级中等学校统一招生文化课考试。76809名考生参加文化课考试。7月28日至30日，北京市完成2016年高级中等学校统一招生录取审批工作。全市参加统一招生学校实际录取40286人，完成计划的75.04%；名额分配录取考生12385人，完成计划的84.82%。

27日 教育部公布2016年全国青少年校园足球特色学校及试点县（区）名单，北京80所学校成为特色校，海淀区成为试点区。

30日 北京大学资深教授汪永铨在北京逝世，享年87岁。汪永铨是教育学家，中国高等教育学科开创者和奠基人之一。

是月 市教委开展中小学、幼儿园塑胶场地安全排查。16个区及燕山地区教育主管部门排查塑胶场地2950块，缓建塑胶场地323块。

7月

1日 首都医科大学附属北京儿童医院贾立群、北京工业大学教授彭永臻获“全国优秀共产党员”称号。北京市十一学校李希贵获“全国优秀党务工作者”称号。北京航空航天大学党委入选“全国先进基层党组织”。

5日 市教委印发《关于加强和改进初中学生综合素质评价工作的实施意见（试行）》，在秋季入学的七年级全体学生（含五四学制六年级学生）中适用并逐步滚动至全体初中学生。

8日 北京市召开深入推进中小学幼儿园节俭养德节约行动工作部署会议。

14日 教育部部长陈宝生到北京大学调研。

18日 北京5所高校入选教育部首批“全国创新创业典型经验高校”。

19日 88人当选第12届北京市高等学校教学名师。

8月

6日 教育部公布2016年全国职业院校技能大赛获奖名单，北京167名中职学生、242名高职学生参加，获得奖项166个，获奖总数创历史最佳。

17日 市教委公布第一批28个北京高校示范性创业中心名单。

31日 经市委教工委、市教委批准，北京市海淀区培智中心学校与北京市第三聋人学校合并，合并后学校更名为北京市健翔学校。

9月

1日 市教委、市编办、市人力社保局、市财政局联合印发《北京市关于加强和改进师范生培养与管理的意见》，自11月1日起施行。

6日 市教委印发《关于开展一校一品体育教学改革项目试点工作的通知》。

9日 中共中央总书记、国家主席习近平到北京市八一学校看望师生，向全国广大教师和教育工作者致以节日祝贺和诚挚问候。

△ 市教委、市发展改革委联合印发《北京市“十三五”时期教育改革和发展规划》，提出到2020年，形成公平、优质、创新、开放的首都教育体系和学习型城市，实现教育现代化的主要目标。

△ 市教委、市发展改革委、市财政局、市新闻出版广电局、市体育局、团市委联合印发《关于加快发展北京市校园足球工作的实施意见(2016—2020 年)》，明确发展北京市校园足球工作的指导思想和基本原则。

10 日　首届清华大学苏世民书院开学典礼在京举行。习近平致贺信，刘延东参加开学典礼。

12 日　全国中等职业学校首场《中等职业学校学生公约》签约活动在北京市外事学校举行。

21 日　清华大学举行本科荣誉学位新闻发布会暨首届学生开班仪式。首批招生 50 人，学习期满获得本科荣誉学位，同时获得本专业学士学位。

4 月 12 日，丰台一小教育集团举办首届足球联赛
（丰台一小　供）

24 日　市教委举办第三届北京市大学生创新创业教育成果展示与经验交流会。

28 日和 12 月 13 日　市委教工委分别在对外经济贸易大学和北京林业大学举办“部长进校园”首都大学生形势政策报告会。

29 日　北京市“老校长下乡”活动启动。活动由教育部关心下一代工作委员会提出，北京先行试点开展。

30 日　白俄罗斯共和国总统亚历山大・格里戈里耶维奇・卢卡申科访问北京大学并发表演讲。

10 月

9 日　葡萄牙总理安东尼奥・科斯塔访问清华大学并发表题为《葡萄牙语作为政治合作及经济繁荣的跨洲际空间》演讲。

13 日　乌拉圭总统塔瓦雷・巴斯克斯访问清华大学并发表题为《烟草消费对公众健康的影响》演讲。

14 日　北京林业大学林木分子设计育种高精尖创新中心、中央美术学院视觉艺术高精尖创新中心和北京建筑大学未来城市设计高精尖创新中心，分别与通州区签订全面合作协议，深入参与北京城市副中心建设工作。

20 日　市教委、市财政局联合印发《北京市初中开放性科学实践活动项目管理办法》。

21 日　市教委、天津市教委和河北省教育厅共同签署《京津冀高校毕业生就业创业协同创新框架协议》。

△ 北京高校 8 人获得何梁何利基金，分别来自清华大学、北京理工大学、北京航空航天大学、北京大学、北京交通大学、北京科技大学。

23 日　北京印刷学院、北京石油化工学院、北京建筑大学 3 所市属高校携手成立“京南大学联盟”。

26 日　市委教工委、市教委、市政府教育督导室召开北京教育系统“七五”普法工作启动大会。

27 日　北京市第 12 届全民终身学习活动周开幕，表彰 100 名“首都市民学习之星”。

△ 市教委与清华大学合作共建的北京市组织学习与城市治理创新研究中心以及依托北京开放大学建立的北京市社区教育指导中心授牌成立。

28 日　500 名学前教育工作者和 150 所幼儿园获得第三届北京市“辛勤育苗”学前教育工作先进个人和先进集体称号。评选由市教委、市人力社保局联合举办，每 5 年评选一次。

28 日至 30 日　市教委、市体育局共同举办 2016 年第 54 届北京市中学生田径运动会暨北京市中学生田径冠军赛。16 个区近 1000 名中学生参赛。

是月　市教委实施校园足球海外引智计划，聘请 10 名来自西班牙、荷兰、克罗地亚等足球先进国家的专家进入中小学执教，提升北京市校园足球教学与训练水平。

11 月

3 日　市委教工委、市教委举办北京市中小学社会主义核心价值观教育工作成果展示交流会。

4 日　北京大学、市教委和韩国高等教育财团联合主办的第 13 届北京论坛（2016）开幕。论坛以“文明的和谐与共同繁荣——互信・合作・共享”为主题，为期 3 天。

7 日　北京 11 所高校的 18 个专业通过工程教育专业认证。认证工作由中国工程教育专业认证协会和教育部高等教育教学评估中心联合完成。

△ 市政府教育督导室印发《北京市督学管理暂行办

法》。办法自发布之日起实施，同时废止2008年4月2日颁布的《北京市兼职督学聘任管理办法（暂行）》。

10日 长征11号运载火箭搭载中学生参与研制的科普卫星——“丰台少年一号暨少年梦想一号”在酒泉卫星发射中心成功发射升空。北京3所学校6名学生在专家指导下，参与小卫星课题研究。

△ 市委教工委公布首批北京高校思想政治理论课特级教授、特级教师名单，其中，特级教授36人、特级教师57人。聘期3年，自名单公布之日起计算。

2016年北京大学生音乐节

（学生活动中心 供）

△ 市教委印发《关于切实做好普通高等学校学生转学工作的实施意见》，规范北京高校学生转学工作。

16日 北京市扩大优质教育资源改革工作总结推进会召开，全面总结近三年来全市扩大优质教育资源改革的工作成效。项目启动以来，26所高校、21家市区教科研部门、13家民办教育机构支持230余所学校，市级投入资金近5亿元，近20万名学生直接受益。

18日 市教委同意北京城市建设学校（北京市建设职工大学）建制撤销，整体并入北京财贸职业学院。

△ 市教委、市财政局实施《北京市外国留学生“一带一路”奖学金项目管理办法（试行）》，市政府向“一带一路”沿线国家来京进行本科及以上全日制学历学习的留学生提供资助。

24日 市教委印发《北京市教育委员会空气重污染应急预案》（2016年修订）。

26日 市教委、市科委、市科协共同举办北京学生特色科技活动展示暨第34届北京学生科技节闭幕式。

30日 中国人民大学荣誉一级教授庄福龄因病逝世，享年88岁。庄福龄是中国新时期马克思主义哲学史学科建设的带头人和开拓者之一。

12月

1日 北京市人民政府教育督导委员会成立大会召开。会议宣布成立北京市人民政府教育督导委员会，任命副市长王宁为市政府教育督导委员会主任。

13日、16日、28日、29日 市委常委、市委教工委书记林克庆分别到高校和中小学调研。

15日 市教委召开北京市第三批中小学学校文化建设示范校创建活动总结暨“激发文化原力　提升办学品质”主题研讨交流会。

16日 36所学校入选第三批北京市民族团结教育示范学校。

21日 教育部公布全国首批深化创新创业教育改革示范高校名单，北京大学、清华大学、北京工业大学、北京航空航天大学、北京邮电大学5所高校入选。

24日至26日 北京地区2017年全国硕士研究生招生考试举行。北京市共设置57个考点，3584个考场，应试考生105685人。

26日 市教委印发《北京市中小学生日常行为规范（2016年修订）》。

28日11时23分 中学生参与研制的科普卫星“八一·少年行”在太原卫星发射中心搭载长征二号丁运载火箭发射升空。该卫星是北京市八一学校联合中国航天科技国际交流中心发起的“中学生科普卫星研制、应用及课程开发工程”发射的首颗卫星。12月24日，习近平给八一学校科普小卫星研制团队的学生回信。

29日 教育部公布2016年度“中国高等学校十大科技进展”获奖名单，北京高校5个项目入选。

（华蕾）

年度聚焦

北京市“十三五”时期教育改革和发展规划（2016—2020年）

9月9日，市教委、市发展改革委联合印发《北京市“十三五”时期教育改革和发展规划》，全面介绍未来五年北京教育主要任务、改革重点、保障措施和重大项目。

规划提出，到2020年，要建成公平、优质、创新、开放的首都教育和先进的学习型城市。教育事业发展全国领先、基本公共教育服务更加公平、优质教育供给显著增加、人才培养模式灵活多样、教育治理体系规范高效、教育辐射影响力持续提高。力争在“十三五”期间学前三年毛入园率巩固在95%，义务教育毛入学率不低于100%，高中阶段教育毛入学率超过99%，高等教育毛入学率超过60%，新增劳动力平均受教育年限超过15年，主要劳动年龄人口受过高等教育的比例超过48%，从业人员继续教育年参与率达到80%。确保公平和就近原则，科学划定每所义务教育学校片区范围，100%公办学校实现就近入学。逐步实施12年免费基础教育。

规划提出“十三五”时期的八项主要任务。要加强中小学生社会主义核心价值观教育，加强和改进大学生思想政治教育，加强体育美育工作，完善实践育人体系。多种形式扩大学前教育资源，构建以公办幼儿园和普惠性民办园为主体、公办民办并举的学前教育服务网络。加大教育资源整合力度，支持推进集团化办学、学区制改革、教育集群发展和九年一贯制办学探索，形成有效的配套管理机制。逐步压缩中等职业教育规模，稳定专科层次高等职业教育规模，积极发展本科层次职业教育，稳步扩大以职业需求为导向、以能力培养为重点、以产学结合为途径的专业学位研究生教育。加强统筹协调，进一步优化北京高等教育结构和布局，促进高等学校科学定位、强化优势、突出特色。建立不同类型学习成果的互认与衔接机制和转换认定制度，构建市民终身学习“立交桥”。制定非学历教育资格标准，依托学分银行平台，打通学历、非学历、职业资格证书之间的转换通道，实现学分互认。鼓励民办高等教育适应首都产业转型升级需要，向特色化、精品化、高水平方向发展，支持3～5所民办应用型大学建设。落实京津冀协同发展战略，服务首都城市战略定位，控制在京高等学校办学规模，逐步压缩中等职业教育和成人教育规模。推动在京部分普通高等学校本科教育有序迁出，老校区向研究生培养基地、研发创新基地和重要智库转型。

规划明确深化教育领域综合改革方向，提出要“深化管理体制改革，提升教育治理能力”“深化办学体制改革，激发学校发展活力”“深化教育督导改革，促进教育科学发展”“深化考试招生改革，引导学生健康发展”“深化人事制度改革，提升教师综合素质”。在考试招生制度改革中，提出义务教育阶段坚持免试就近入学，积极推行学区制和九年一贯制对口招生。完善优质高中招生名额统筹分配办法，推动实现每所初中校学生升入优质高中的机会基本均等。实施高中学业水平考试，完善综合素质评价办法，探索普通高等院校基于统一高考和高中学业水平考试成绩、参考综合素质评价的多元录取机制。调整统一高考科目，改革考试内容与形式，改进招生计划分配方式。

规划结合首都教育改革和发展中的重大问题，提出“十三五”期间重点实施项目20个。

（张晓兰）

北京市深化中高考招生制度改革

5月24日，市教委印发《北京市深化考试招生制度改革实施方案》。确定到2020年基本建立符合首都教育实际的现代教育考试招生制度的目标，并对于中高考招生制度改革提出具体方案。

推进高级中等学校考试招生改革。实行全科兼学、学生选考、折分计入的模式。从2018年起，中考科目和分值调整为：语文、数学、外语、历史、地理、思想品德、物理、生物（化学）、体育9门课程，满分580分（不含加减分）；语文、数学、外语试卷总分值均为100分，其中，英语试卷包括卷面成绩60分、听力和口语成绩40分（与统考笔试分离，学生有两次考试机会）；物理、生物（化学）、历史、思想品德原始分满分均为100分（分别含相应的开放性科学实践活动或综合社会实践活动10分），学生可选择其中3个科目参加考试，其中，物理、生物（化学）至少选择1门，所选3科成绩由高到低分别按照100%、80%、60%的系数折算为实际分数；体育成绩为40分，其中，现场考试30分、过程性考核10分。2016年，北京市新增“乡村计划”“1+3”培养试验和“校额到校”3类市级统筹招生计划，优质高中招生计划名额分配比例由上年40%左右提高到50%左右，招生政策向优质高中教育资源较短缺的区和一般初中倾斜，增加郊区及一般初中校学生升入优质高中机会；继续完善优质高中招生名额分配到区域内初中的做法，分配比例从2014年的30%提高至49%，让区域内学生享受小学、初中和高中优质教育资源与机会的总和趋于均衡。

建立高中学业水平考试制度。2017年秋季起，从普通高中起始年级开始实施高中学业水平考试。《普通高中课程方案（实验）》所设定的科目均列入高中学业水平考试范围，设置语文、数学、外语、思想政治、历史、地理、物理、化学、生物、体育与健康、艺术、信息技术、通用技术13门科目。实行合格性考试与等级性考试，学业水平考试成绩合格作为高中生毕业以及高中同等学力认定的主要依据，考试成绩作为高中学生升学的重要依据供招生高校使用；思想政治、历史、地理、物理、化学、生物6门科目设合格性和等级性考试，学生可选择3门科目参加相应等级性考试；语文、数学、外语3门科目仅设合格性考试，学生可用统一高考科目考试成绩作为相应科目合格性认定的依据；体育与健康、艺术、信息技术、通用技术4门科目仅设合格性考试，各区根据课程标准、教学要求和学生平时表现，综合测评并确定其合格性成绩。普通高中在校学生均须参加高中学业水平考试，高中阶段其他学校在校生和社会人员也可报名参加，成绩合格者可申请普通高中同等学力资格认定。

推进高等学校考试招生改革。改革高考志愿填报时间和投档方式，继续推行高考本科志愿和单考单招志愿填报时间从考前填报调整为考后知分填报，并将本科一、二、三批次志愿设置从平行志愿组方式调整为大平行方式，按照“分数优先、遵循志愿”的原则进行投档。2017 年起，将本科二批与本科三批合并为本科二批。待条件成熟，将本科一批与本科二批合并为本科普通批。自主招生等特殊类型招生将单独设置志愿，安排在本科提前批次录取结束后本科一批录取开始前进行。2020 年起，在市属高校探索开展综合评价招生改革试点，在市属高校中设立学业水平考试成绩、统一考试成绩、综合素质评价多维度综合评价招生方式。高校要提前公布相关事项，发挥招生委员会作用，实施第三方监督，建立考试录取申诉机制和招生问责制。改进本科招生计划分配方式，在市属本科一批院校设立农村专项招生计划，开展“高水平人才交叉培养计划”人才培养模式改革，招生计划向远郊区倾斜。

开展高考综合改革。2020 年起，统一高考科目调整为语文、数学、外语 3 门，不分文理科，每门科目满分 150 分，总分 450 分。2017 年起，英语听力分值 30 分，采用计算机化考试，与统考笔试分离，一年两次考试，取听力最高成绩与笔试成绩一同组成英语科目成绩计入总分。2021 年起，英语增加口语考试，口语加听力考试共计 50 分，英语科目总分值不变。2020 年起，参加本科院校招生录取的考生的高考成绩由语文、数学、外语 3 门统一高考成绩和考生选考的 3 门普通高中学业水平考试等级性考试科目成绩构成，每门选考科目满分 100 分，总分满分值 750 分，高校可从思想政治、历史、地理、物理、化学、生物 6 门普通高中学业水平等级性考试科目中，分专业（类）自主提出选考科目范围，但最多不超过 3 门，考生满足选考科目其中任何 1 门，即符合报考条件。2017 年起，少数民族考生加分范围调整为“从边疆、山区、牧区、少数民族聚居地区在高中教育阶段转学到本市的少数民族考生”，加 5 分，仅适用于北京市属高校招生录取。高级中等学校考试加分项目和分值，参照高考加分项目调整原则进行规范和调整。

（孙晓楠）

乡村教师支持计划

2016 年，北京市采取系列措施开展乡村教师支持计划。1 月 25 日，市政府制定并印发《北京市乡村教师支持计划（2015—2020）实施办法》。4 月至 6 月，市教委及其有关部门先后印发配套文件，包括《北京市乡村教师岗位生活补助发放办法》《北京市乡村教师特岗计划（2016—2020 年）》《北京市乡村教师素质提升计划》《北京市支持乡村学校发展若干意见》，全面启动乡村教师支持计划。

为缓解乡村教师不足的压力，按照《北京市乡村教师特岗计划（2016—2020 年）》要求，北京市每年面向北京地区全日制普通高等学校应届本科及以上学历毕业生、京外“211 工程”师范院校及全国 24 所省属师范院校师范专业应届本科及以上学历毕业生，招聘中小学音体美、史地政生等紧缺学科教师 300 人。2016 年实际招聘乡村教师 261 人。市教委同时制定《关于切实解决中小学校缺编问题的通知》，统一核定城乡村中小学教职工编制标准，实行教职工编制城乡、区域统筹和动态管理，盘活师资存量，提高使用效益。出台《北京市乡村教师岗位生活补助发放办法》，制定《北京市乡村教师岗位生活补助发放办法的补充办法》，建立市级财政对乡村教师岗位实施生活补助政策。北京按照每名乡村教师每月 2000 元的标准实行差别化的生活补助，提高乡村教师岗位的吸引力，稳定乡村骨干教师队伍。为切实帮助相关区解决落实乡村教师支持计划过程中的困难和问题，提高精准支持的针对性和实效性，结合相关区的实际情况，并将实施范围拓展到乡村和镇区的中小学及幼儿园教师。2016 年，市级财政重点支持 290 所乡村中小学校和 93 所山区镇区中小学校（即分布在市农委划分的 82 个山区乡镇的镇区中小学校）。同时调整加大市级统筹力度，市教委根据所有乡村和山区镇区中小学校距离北京城市中心的直线距离远近，把所有乡村和山区镇区学校划分为五大类，制定差别化的乡村和山区镇区教师岗位生活补助标准（分别为每人每月 1400 元、1800 元、2400 元、3200 元、4000 元），调控区域间的平衡；同时也要求各相关区以“距离本区公认的城区中心位置远近”为原则（或本区其他公认的差别化原则），研究制定统一的差别化岗位生活补助政策，调控校际间的平衡；要求各校要以“岗位和任教年限不同”等为原则，研究制定统一的差别化岗位生活补助政策调控校内平衡。市级财政补助资金下达到各相关区，其中，2016 年下半年市级财政补助资金 22464 万元。

北京市在职称（职务）评聘和骨干教师评选中向乡村学校倾斜，逐步提高乡村教师高级职务的比例。要求乡村小学副高职称比例不低于 10%，高级、中级职称合计不低于 75%；乡村中学副高职称比例不低于 30%，高级、中级职称合计不低于 80%。相关区不得挤占乡村学校职称指标，实现区内城乡中小学教师职称（职务）和岗位结构比例总体平衡。进一步完善北京市骨干教师的评选办法。设立乡村学校骨干教师专项指标，在北京市级骨干教师评选指标分配的基础上，为每一所乡村学校单配置一名市级骨干教师指标，并进一步完善乡村学校市级骨干教师评选办法，保证每一所乡村学校至少有一名市级骨干教师，以鼓励优秀教师从事乡村教育工作，提高乡村基础教育水平。同时，市委、市政府对在乡村学校从教 20 年以上的教师颁发荣誉证书，建立乡村教师荣誉制度。在“北京市人民教师奖”和北京市优秀教师、先进工作者以及各有关区开展的相应评选表彰工作中，向乡村教师倾斜。探索建立乡村教师物质奖励机制。鼓励和引导社会力量建立专项基金，对优秀乡村教师给予物质奖励。

加大乡村教师培训力度。在《北京市乡村教师素质提升计划》中，市政府把乡村教师素质提升纳入基本公共服务体系，保障经费投入，确保乡村教师培训时间和质量。计划到 2020 年前，对全体乡村教师进行不少于 360 学时的培训，全面提升乡村教师的综合素质。同时把乡村教师培训纳入基本公共服务体系，按照高于普通教师20%的标准上浮乡村教师培训经费保障水平，以满足其培训需求。

（张晓兰）

首都教育布局优化

2016年，市委、市政府审议通过《北京市推进部分教育功能疏解促进协同发展工作方案》，推动教育功能疏解，促进教育协同发展。市教委从多方面入手，积极优化调整首都教育布局。

多措并举疏解非首都功能。压缩市属高校和普通中专招生规模，共计划招生9.80万人（包括市属高校普通高等教育计划招生7.84万人），比2013年下降6.5%（京外招生人数比2013年下降30.8%）。推动市属高校疏解工作，推进承接地配套建设，中央财经大学沙河校区、北京师范大学沙河校区、北京建筑大学大兴新校区、北京城市学院顺义校区、北京工商大学良乡校区、北京电影学院怀柔新校区、北京信息科技大学昌平新校区等多项工程启动、开工、续建或投入使用，研究推动北京吉利学院从北京迁址四川办学工作。至12月，市教委继续推进沙河、良乡高教园配套建设，入驻高校新校区建设持续加快。北京城市学院、北京建筑大学、北京工商大学共迁出学生1.60万人。服务部属高校疏解工作，协助推进中国人民大学通州校区、中央民族大学丰台王佐校区、北京化工大学南口校区、北京第二外国语学院平谷新校区等规划和建设工作。引导中心城区职业教育向郊区疏解转移，推进职业院校转型发展。

支持城市副中心建设。推进高校发挥科研优势参与北京市城市副中心建设，北京林业大学“林木分子设计育种高精尖创新中心”、中央美术学院“视觉艺术高精尖创新中心”、北京建筑大学“未来城市设计高精尖创新中心”分别与通州区签约合作。加大市级教育资源统筹力度，首都师范大学附属中学（通州校区）、北京市第二中学（通州校区）、中国人民大学附属中学（通州校区）、北京理工大学附属中学（通州校区）4所学校揭牌并于秋季招生，另有10余所名校（园）进驻通州工作在筹备中。

推进京津冀教育协同发展。市、区各级部门及单位与天津、河北各地方部门及单位签订合作协议21个，推动实施合作项目30余个。组建京津冀地区高等教育联盟4个、协同发展研究机构2个、特色职教集团3个。北京景山学校在曹妃甸协同发展示范区开设分校，并于秋季投入使用；北京市第五中学、北京市八一学校、北京市东城区史家胡同小学等校在廊坊、保定等地建设分校项目有序推进。

（孙晓楠）

社会关注

防治中小学生欺凌和暴力

近年来，媒体陆续曝光的学生之间蓄意或恶意通过肢体、语言及网络等手段实施欺负、侮辱造成伤害的校园欺凌案例引起了社会的高度关注。12月初，海淀区中关村第二小学一名学生家长向海淀区教委投诉该学生在上午课间操时间遭到本班另外两名同学的“霸凌行为”，并提出要严肃惩治的诉求。学校第一时间约见双方家长，经过沟通，该生家长由于对海淀区教委和学校回复结果不满意，于12月8日发布《每对母子都是生死之交，我要陪他向校园霸凌说NO》的网文。该文章引起社会对校园欺凌问题高度关注。12月10日，中关村二小通过微信公众号发布声明，呼吁从保护未成年人健康成长、维护正常教育秩序的角度出发，让教育问题回归校园。同日，市教委就该事件回应“孩子是家庭的未来，也是国家和民族的未来，孩子的身心健康不仅是家长所盼望的，更是教育行政部门工作的重中之重。首都教育系统将认真贯彻落实教育部等九部门印发《关于防治中小学生欺凌和暴力的指导意见》，从一切为了孩子身心健康出发的角度，高度重视，主动工作。发现问题，严肃对待，妥善处理。同时呼吁每一位关心孩子身心健康的成年人，关注事件中每一个孩子的健康，特别是心理健康的疏导，教育好身边的孩子，不做有害他人的事情，懂礼貌、讲文明，为每一个孩子的健康成长共同努力”。12月11日，海淀区教委发表正式回应，“对其中给当事学生及家长所造成的伤害，我们感同身受，深表痛心”“我们从一切为了孩子身心健康出发的角度，高度重视，依法依规，积极指导，妥善做好当事孩子的心理疏导和全体学生的教育引导工作”。

12月13日，市教委、市政府教育督导室要求各区在校园欺凌专项治理基础上进一步开展防治学生欺凌和暴力的教育。强调，全体教育工作者要进一步增强防治工作责任意识、担当意识。要坚持全面贯彻落实党的教育方针，紧紧围绕落实立德树人的根本任务，从促进学生身心健康发展的角度，采取措施，切实防止中小学生欺凌和暴力事件的发生。各学校要切实加强和改进学校德育工作；加强校园管理，进一步健全防治工作制度。要畅通学校、教师、家长及学生的信息及报告渠道。各中小学校要责成具体部门和专人负责。建立健全防治学生欺凌和暴力工作制度，按照调查核实情况、启动处置与开展干预教育等流程，完善学校工作预案与信息及时报告制度。建立早期预警机制，充分发挥学校心理辅导室的作用，通过建立学生心理健康档案、开展辅导等方式，及早进行心理疏导。要面向全体和关注个体差异相结合，关注学生中具有极端情绪、攻击行为、人际交往不良、胆小退缩等心理行为特征的个体，开展针对性心理辅导教育。

（张晓兰）

空气重污染，停课不停学

11月24日，市教委印发《空气重污染应急预案》(2016年修订)，完善空气重污染应急机制。新修订预案进一步明确四个预警级别，同时就红色预警期间，中学（含初、高中、中等职业学校）实施弹性教学方式做出规定，就中小学幼儿园期间“停课不停学”原则作进一步说明。

预案明确，中学弹性教学可采取三种弹性模式：一是学校不停文化课，缩短学生在校时间；二是学校实施半日制上课的模式；三是学校实施停课，可利用邻近的周六或周日进行调休安排。中小学、幼儿园“停课不停学”，学校要通过网络、通讯等途径与家长和学生保持联系，提出可参考的合理化学习建议；提示家长在家对孩子进行生活和安全教育，对家中无照看条件，需送到学校、园所的学生，学校、园所要妥善安排好到校学生的学习、生活，确保有人监管。教师要合理调整教学方式，灵活安排学习内容，指导学生充分利用北京数字学校网络平台和数字化资源开展自主学习。

11月、12月，北京市空气重污染共预警9次，其中，红色1次、橙色3次、黄色1次、蓝色4次。在12月16日至12月21日空气重污染红色预警期间，北京教育科学研究院数字学校为中小学师生提供在线学习服务，各区教委部署“停课不停学”工作。例如，朝阳区教委强调贯彻小学停课，初中实施弹性教学精神，开通“在线教学平台”，包括朝阳直播课程、朝阳智慧课堂和北京数字学校3个板块，组织中小学生在家自主学习，部分学校组织家中无人看管学生在校学习。在重污染期间，朝阳区小学673176人次通过“在线教学平台”在家自主学习，4030人在校学习；中学172858人次通过“在线教学平台”在家自主学习，5997人在校学习。各中小学幼儿园积极贯彻“停课不停学”原则，例如，北京市第二中学亦庄学校在空气重污染红色预警停课期间实施分层自主学习。学校通过小学部、中学部非毕业年级、中学部毕业年级分别制定措施和方案。小学部一年级至六年级自主学习任务单安排主要科目课程。中学非毕业年级在学生自学基础上，教师发挥导学作用，按照课表安排，通过微信等网络交互平台，对学生进行集体或个别指导，反馈学生当天作业情况。初三和高三毕业年级，学校要求教师针对学情，加强一对一辅导，在初三和高三课表上，在每一天每一节课时间段里，都排有一名值班教师讲授长时段课。

（张晓兰）

整治中小学“问题操场”

近年来，中小学幼儿园塑胶运动场地建设工作取得较大进展，为中小学校开展体育锻炼，增强中小学生体质提供保障，但在运动场地建设和使用过程中也出现很多社会关切的问题。5月底，有媒体报道，北京第二实验小学白云路分校学生家长反映，部分学生出现流鼻血、眼睛有血丝等状况，怀疑与学校2015年暑假翻新的操场有关。6月4日晚，受市委、市政府委托，市教委紧急召开市有关部门和16个区主管教育副区长、教委主任会议，就应对工作提出具体要求。要求各区教委对辖区所有中小学、幼儿园塑胶操场进行彻底排查，明确排查内容和时限，对家长反应强烈的塑胶操场，采取果断措施迅速处置。同时督查各区教委，暂停在建、拟建塑胶操场项目。

同月，市政府办公厅印发《关于进一步加强全市中小学、幼儿园塑胶操场建设管理工作的通知》，要求各区政府要立即组织有关部门，对本行政区域内所有中小学、幼儿园塑胶操场开展全面排查。要求各区政府要高度重视，始终把学生身心健康和安全放在首要位置。随后，市政府、市教委相关领导分别多次对中小学、幼儿园现场督查并提出明确要求，强调要令行禁止，严格塑胶操场建设、管理和使用规范；要坚持学生第一理念，把学生健康放在首位；要强化管理，通过科学的内部管理制度规避风险。

6月至8月，市教委组织16个区及燕山地区教育主管部门，对辖区内中小学、幼儿园（含民办学校）操场进行全面排查，全市共排查塑胶场地2950块，缓建塑胶场地323块。市教委指导区教育行政管理部门对停建操场进行过渡性恢复，确保为广大师生创造安全、环保、宜用的教学环境。

针对实验二小白云路分校操场问题，西城区教委启动施工核查倒查机制，成立专门调查组，与该校家长共同聘请权威检测部门，对操场进行检测。虽然检测结果达标，但在学生家长、相关专家和区教委协商情况下，仍对操场进行拆除。8月20日，实验二小白云路分校在学校官网上发表《致家长的一封信》，提到该校组织271名家长参与相关健康咨询，组织118人次学生体检复查，其中，23人次的学生寻求专家诊疗帮助。此外，校方表示将组织原一至六年级学生到儿童医院进行体检。对于整改之后的安全问题，校方称经过检测，教室内空气质量和校园的空气质量均合格安全。8月21日，该校组织家长到学校体验整改后的校园环境。

（张晓兰）

（本栏责任编辑　华蕾）

2098 所

幼儿园

41.69 万人

在园幼儿

95%

3~6 岁入园率

6.58 万人

教职工

2017 | 学前教育

PRESCHOOL EDUCATION

- 继续实施新建、改扩建工程
- 六项举措扩大学前教育学位
- 无证幼儿园治理
- 扩大普惠性学前教育资源供给
- 质量监控力度加大

PRESCHOOL EDUCATION
学前教育

综述

概述

2016年，北京市有各类幼儿园2098所，其中，独立法人幼儿园1570所、具有较大规模的分园或分址528所。独立法人幼儿园中，教育部门办园466所、其他部门办园469所、民办园635所。在园幼儿41.69万人，比上年增加2.28万人，同比增长5.48%，3～6岁幼儿入园率95%。全市各类幼儿园教职工6.58万人，比上年增加0.39万人，同比增长5.93%。其中，专任教师3.60万人，比上年增加0.20万人，同比增长5.63%。

（张小红 郭春彦）

继续实施新建、改扩建工程

2016年，北京市级财政共计投入15亿元用于发展学前教育。其中，投入4.4亿元用于补贴部门办园生均经费，投入0.5亿元用于补助小规模幼儿园，投入0.5亿元用于普惠性民办幼儿园奖补，投入9.5亿元用于幼儿园办园条件达标及新建改扩建幼儿园等项目。

（孙艳云）

六项举措扩大学前教育学位

2016年，市教委实施六项举措扩大学前教育学位。市教委结合“全面二孩”政策，根据市统计局的统计数据和市卫生计生委预测数字对学前教育学位缺口开展系统测算，提出继续稳定并扩大教育部门办园、鼓励支持部门办园、鼓励民间资本集团化办园、无证幼儿园专项治理、丰富办园形式、完善幼儿园成本分担机制六项措施，有效扩大学前教育的学位供给。

（张小红）

无证幼儿园治理

2016年，市教委开展无证幼儿园治理工作。根据市政府教育督导室工作要求，结合《国家审计署审计报告（初步征求意见稿）》中发现的主要问题，市教委建立无证幼儿园治理工作台账和月报制度，要求各区按照“审批一批、规范一批、取缔一批”的原则，治理无证幼儿园。各区由区教委牵头，会同相关委办局，根据实际情况，制定本区未经审批幼儿园治理工作方案，部署乡、镇、街道定期排查，坚持发挥街道属地管理职能作用，并会同执法单位，集中时间、人力对非法办园开展联合执法检查。7月至12月，全市无证幼儿园减少110所，在园儿童减少4639人。

（张小红）

扩大普惠性学前教育资源供给

2016年，市教委继续实施《北京市第二期学前教育三年行动计划》，努力扩大学位供给。各区有效落实三年行动计划中的各项措施，根据当地经济发展情况与常住适龄儿童的实际，创造条件新建、改扩建幼儿园，并通过开办半日班、社区服务点等多种新型学前教育服务形式，扩大学前教育资源，解决适龄儿童的看护困难。市级财政共计投入15亿元用于学前教育项目，新建改扩建幼儿园64所，增加学位1.5万个。

（张小红）

质量监控力度加大

2016年，北京市学前教育加大质量监控力度，提升办园质量。一是做好分级分类验收工作。依据《北京市幼儿园分级分类验收标准》，经市验收组评审，28所幼儿园的保育教育工作质量达到一类标准，一级一类幼儿园占62.20%；同时市验收组还指导5个区20所幼儿园的保育教育工作，促进郊区幼儿园质量提升。二是开展北京市民办幼儿园试点评估。组织相关专家考核评估31所民办幼儿园，全面了解北京市民办幼儿园发展现状，并结合考核评估工作，修订前期评估中制定的《北京市民办幼儿园办学状况评估指标及合格标准》，将于 2017 年出台并执行。

（彭兴蕊　张小红）

《3～6 岁儿童学习与发展指南》研讨

2016 年，市教委召开 5 次推进《3～6 岁儿童学习与发展指南》观摩研讨会。会议集中研究推进指南过程中的重点和难点问题，开放 3 所幼儿园。全市 300 余名幼教干部、教研员、园长和骨干教师参与研讨。

（郭春彦）

开展 0～3 岁早期教育师资培训

9 月，市教委举办 0～3 岁早期教育师资培训。培训采取专家讲座和教师授课方式，包括幼儿园亲子活动开展、社区早教工作指导和玩具材料提供等内容，贴近教师的需求。早教基地教师及负责人 480 人次参加学习。

（彭兴蕊）

学前教育先进评选

10 月 28 日，市教委、市人力社保局联合公布第三届北京市“辛勤育苗”学前教育工作先进集体和先进个人获奖名单。500 名学前教育工作者获得学前教育工作先进个人称号，150 个幼儿园获得学前教育工作先进集体称号。该评选依据《北京市“辛勤育苗”学前教育工作先进集体和先进个人评选表彰暂行办法》，面向全市学前教育系统的所有工作人员，包括行政干部、园长、业务园长、保教主任、教师、保育员、保健医及其他幼儿园工作人员，以及关心、支持学前教育事业发展的其他行业人员，包括幼儿园的举办者、相关机构的研究人员等。经过推荐、初审、审定和公示等程序完成评审。该评选每 5 年举办一次。

（吕萍）

保育教育

北京五幼开展安全教育

3 月 1 日至 30 日，北京市第五幼儿园举办“安全在心间，平安常相伴”安全教育主题月活动。幼儿园举办安全月主题开学典礼、设计个性化安全标识、邀请消防员进校园等活动，旨在萌发幼儿安全意识，从小学会自我保护的方法。安全月活动结束当天，特邀专家和教官共 6 人来园对全园 600 名幼儿和部分教职工进行生命安全教育培训。小班特邀消防员讲解安全知识，穿上消防服争做小小消防员；中班幼儿在消防知识讲座中学会如何在火灾中爬行逃生，并现场模拟体验爬行逃生；大班幼儿在“小军人守纪律”的互动

3 月 1 日，北京五幼开展安全月主题活动

（北京五幼 供）

式体验中模仿军人站姿、坐姿和讲话，在教官演示的拐骗情景剧中学会防拐骗和保护自己的方法；教职工参加公共安全课，学习心肺复苏术及女子防身常见招式。

（石利颖　吕晓菲）

东华门幼儿园举办节水宣传教育活动

3 月 22 日，北京市东城区东华门幼儿园举办“惜水、节水、爱水”宣传教育活动。活动由保健教师、中班教师、幼儿及家长共同发起，呼吁全园幼儿关注水资源。教师借用图片资料向幼儿介绍水资源的重要性和紧缺的现状，倡导幼儿珍惜水、节约水；师幼共同总结节水小妙招并在班级里践行。中班幼儿将小妙招制作成“节水宣传贴”，在节水日的早晨发给来园其他幼儿。教师邀请家长参与活动，由家长和幼儿共同制作宣传海报，号召大家行动起来，共同惜水、节水、爱水。

（杨希文）

教师教育活动展示总结会

3 月 29 日，北京教育科学研究院召开北京市幼儿教师教育展示活动工作总结会。会议回顾 2014 年至 2015 年北京市幼儿教师教育活动展示过程，听取《在自然化、生活化、游戏化的课程实践中促进幼儿发展》工作总结和朝阳、西城、延庆、海淀、房山、昌平 6 个区的代表典型经验发言，表彰各区学前科、学前教研室代表，颁发优秀组织奖、优秀指导奖。来自各区教委主管主任、学前科科长、教研员、示范园园长、参赛园园长和参赛教师代表共计 300 人参加会议。

（张霞）

密云教委举办剪纸教学专题讲座

4 月 13 日，密云区教委举办幼儿园课程建设暨剪纸艺术教学专题讲座。北京教育科学研究院早期教育研究所研究员从课程理念、价值、效果等方面，介绍儿童无稿自主创意剪纸课程的研究，结合真实案例引导教师进一步理清传统儿童剪纸教学与无稿剪纸教学的区别，转变儿童观和

艺术教育观，学会观察、了解儿童，善于指导幼儿作品创作，充分发挥家长的带动作用，共同促进幼儿全面、和谐发展。全区各类型幼儿园业务干部、教师代表 54 人参加活动。

（黄维国）

工业幼儿园走进图书馆

4 月 20 日，北京市昌平区工业幼儿园开展“阅读伴成长、书香润童心”走进昌平图书馆活动。幼儿参观少儿图书借阅部，了解、认识图书种类和编码的作用。在图书管理员的讲解和示范下，幼儿尝试借书和还书，并在幼儿阅读区选择喜欢的图书阅读，感受浓厚的阅读氛围，激发阅读兴趣。教师和幼儿 180 人参加活动。

（李迎春）

4 月 20 日，昌平工业幼儿园开展走进图书馆活动

（昌平工业幼儿园 供）

芳庄三幼开展主题实践活动

4 月至 5 月，北京市丰台区芳庄第三幼儿园开展“公园里的春天”主题实践活动。幼儿用投票方式确定班级寻找春天的公园，选出北海、天坛、龙潭湖、陶然亭等公园。在每周的主题活动中，幼儿筹划交通工具、安全事项、出行时间等出行细节，通过放风筝、折纸飞机、户外写生等方式发现春天，感受春天。教师、幼儿和家长 639 人参加活动。

（刘毓）

明天幼稚集团组织幼儿体质测查

5 月 4 日至 18 日，北京明天幼稚集团组织幼儿体质测查。测查工作面向 3～6 岁全体幼儿，由集团主持，组建由各园保健医担任的体质测查小组。测试内容包括速度、耐力、柔韧度、平衡能力和灵敏协调能力，项目包括 10 米折返跑、立定跳远、双脚持续跳、走平衡木、坐位体前屈、网球掷远，按优秀、良好、及格、不及格 4 个标准记录。集团分析整理测试结果，优秀率 60%、良好率 80%、及格率 98%。幼儿测试率 100%。并以此成绩为依据，指导户外体育活动。

（卢红　高树凤）

5 月 4 日至 18 日，明天幼稚集团开展体质测查工作

（明天幼稚集团 供）

新城东里幼儿园举办幼小衔接活动

5 月 9 日，北京市通州区新城东里幼儿园举办幼小衔接活动。大班幼儿 90 人在教师带领下，参观贡院小学操场、教学楼、餐厅、图书馆，并参加升国旗仪式，观看体操及课间运动，初步感知小学环境，了解小学生活，减少对小学的陌生感、神秘感，为适应小学生活做好心理准备。

（薛红梅）

常青幼儿园组织新生试园活动

8 月 30 日，北京市海淀区四季青镇常青幼儿园组织新生试园活动。该园招收小班 8 个，每班 30 人。每班幼儿分两组试园，每组活动时长 1.5 小时。试园时，小班新生胸前佩戴手绢和印有班级、姓名的胸卡，便于教师熟悉幼儿。该园提前将录制的儿歌通过“土星网”发送给幼儿家长，由家长给幼儿在家播放，并通过视频与幼儿交流。该园幼儿 208 人参加活动。

（韩玉兰）

延庆二幼举办爱牙日宣传活动

9 月 20 日至 24 日，北京市延庆区第二幼儿园开展“口腔健康、全身健康”爱牙日宣传活动。保健医向家长发放爱牙宣传单、进行保护牙齿咨询，走进班级开展“爱牙小课堂”活动，讲解正确刷牙方法，制作展板讲解牙齿生长过程。幼儿园举办“保护牙齿在行动”情景表演、幼儿绘画展览等活动。

（曹怀秀）

平谷四幼加强肥胖儿管理

9 月至 12 月，北京市平谷区第四幼儿园多举措加强肥胖儿管理。建立肥胖儿专案管理卡，每月测量体重，每季度测量身高；对肥胖儿加强运动、饮食、生活习惯等 3 方面的管理，运动由保健医负责，每天坚持至少 40 分钟中等强度运动，丰富活动内容，饮食由教师负责制定出详细进餐要求，定期对保育员进行培训，生活习惯由家园共同负责，召开肥胖儿家长会议，针对存在问题及个体情况做汇报，争取家长的支持。

（张艳波）

走进特色园活动

10月26日，北京市西城区教委在信和幼儿园举办走进特色园、创园所优质发展之路活动。活动分为园所文化展示、园长经验介绍、专家点评、领导总结4个部分。信和幼儿园举办“开讲了”系列活动，让幼儿园每名教职工做主讲人，鼓励大家利用该平台分享成长历程，共享工作经验，让每名教职工都有机会挖潜自己、放飞自己，富有个性的成长，成为快乐、自信、主动成长的优秀人才。区男教师研究小组成员讲述“我和信和幼儿园的故事”，分享自己的成长历程与感悟。园长作题为《以信和文化建设奠基，探索新建幼儿园的发展之路》的经验介绍。区教委、名师工作室及全区各幼儿园正副园长共150人参加活动。

（王丽萍）

平谷三幼培养幼儿自主能力

10月至12月，北京市平谷区第三幼儿园开展幼儿自主能力培养教育。开展“我们都是小主人”系列活动，根据幼儿年龄特点设置班级广播员、教师小助手、卫生监督员等岗位，树立“人人有事做，事事有人管”的班级主角意识。组织全园幼儿体操比赛，大班幼儿16人组成评委团，现场评出并颁发班级最佳动作奖、精神面貌奖和秩序风尚奖。在区域游戏中鼓励幼儿自己尝试设计游戏活动内容、制定游戏规则和记录展示活动过程，营造讨论、协商、分享氛围，激发幼儿自主探究欲望。

（崔书义）

怀柔二幼班级环境创设评比

11月3日，北京市怀柔区第二幼儿园开展班级环境创设评比活动。全园13个教学班参加比赛，教师利用废旧材料，布置协调和谐、富有创新和美感、体现幼儿园特色的环境。围绕班级文化、家长园地、主题墙、活动区创设及整体环境4个方面评比，评委根据现场观看以及教师对本班环境创设的设计思路、特色、亮点介绍进行打分，评选出一等奖1个、二等奖2个、三等奖3个。

（宋久红）

怀柔二幼创意木工坊

11月4日，北京市怀柔区第二幼儿园开设创意木工坊区。该园开辟木工材料主题区域，创造适合幼儿发展的游戏环境，幼儿学习操作常用木工工具，体验锯、刨、钻、钉等基础操作技能，充分发挥创意，综合运用美术、数学、几何、物理等方面的基础知识，尝试做出简单的木制生活用品或玩具。

（宋久红）

11月4日，怀柔二幼开设创意木工坊区

（怀柔二幼 供）

平谷一幼组织防拐骗演习

12月26日，北京市平谷区第一幼儿园组织防拐骗安全演习。3名退休教师扮演“骗子”，班级教师以各种借口离开幼儿视线，“骗子”分别进入小五、中五和大四班，通过扮演幼儿妈妈的同事、给幼儿糖果玩具、打家长电话等不同方式，试图将幼儿带出班级。绝大部分幼儿表现很好，能抵挡住各种诱惑，但也有部分幼儿没有丝毫戒备，试图跟着“骗子”外出。演习结束后，教师针对本班实际情况，及时抓住教育契机，再次强化安全教育，同时与家长取得联系，提醒幼儿安全教育问题。

（于海清）

北京一幼举办娃娃庙会

12月28日，北京市第一幼儿园举办“一幼娃娃逛庙会，欢欢喜喜中国年”活动。幼儿着民族传统服饰来园，幼儿园向其发放红包祝贺新年；教师穿喜庆的传统服饰用吉祥话迎接幼儿进入活动室。幼儿齐聚操场，欣赏大班幼儿舞龙舞狮、旱船堂鼓表演。幼儿凭“闯关图”自由参加各项活动：在饮食一条街，品尝传统小吃、学习包饺子；在文化一条街，学习生肖“鸡”的手工制作、贴对联写“福”字；在娱乐一条街参与民俗游戏套圈、放纸炮等活动，观看皮影戏、娃娃大戏台演出。

（孙璇）

建南幼儿园课程内容生活化

至12月，北京市顺义区建南幼儿园尝试课程内容生活化教学模式，使课程内容从生活走进课堂，从课堂走向生活。幼儿园开设端午节包粽子、中秋节做月饼、圣诞节送礼物等节日课程，将幼儿的生活经验与课程相联系，使课程充满生活气息；升国旗课程以仪式的庄重渗透责任意识，熏陶爱国情操，通过“不跟陌生人走”安全知识、雾霾天气小常识、如何保护牙齿等国旗下讲话，使课程内容紧密联系幼儿的生活；美术课程带领幼儿户外写生，观察不同季节花草树木的变化，用画笔记录生活环境；科学课程让幼儿亲自参与自然角植物的种植、浇水、收获的全部过程，体验真实的生活。

（耿波）

幼儿园选介

北京市东城区东华门幼儿园

8月，东华门幼儿园本部抗震加固改造工程竣工
（东华门幼儿园 供）

2016 年，北京市东城区东华门幼儿园为教育部门办园类别，日托制，分本部和小班部两地办学。本部占地面积 2212.24 平方米，校舍建筑面积 3193.72 平方米；小班部占地面积 796.84 平方米，校舍建筑面积 938.94 平方米。全年教育经费投入 1174 万元。固定资产总值 898.67 万元，图书室藏书 7643 册。本部拥有幼儿多功能厅、幼儿图书馆、幼儿社会活动室、科学活动室、美工教室等专用教室等 5 个，普通教室 7 个；小班部有普通教室 4 个。教室内设有触摸一体机、便携式计算机和多媒体设备等教学设施。学校信息化经费投入 201.09 万元，校园网出口总带宽 1000Mbps，数字资源量 1100GB。教职工 69 人，包括教师 53 人，均为专科及以上学历，具有中级及以上专业技术职称 30 人；保健医 3 人，均为专科及以上学历，具有中级及以上专业技术职称 1 人。开设教学班 11 个，其中，小班 5 个、中班 2 个、大班 4 个。幼儿入园 170 人、在园 334 人，因抗震加固工程，大班幼儿周转到北京市第三幼儿园、北京市第一幼儿园、北京市第一幼儿园吉祥分园、商务部幼儿园等周边几所幼儿园就学。

2016 年，幼儿园秉承“生活即教育，行为即课程”教育理念，将社会体验活动纳入常规活动中。开展走进中国儿童中心、体验小蚂蚁农庄、走进中国科技馆、玩转幻贝家等户外亲子体验活动 6 次，使幼儿体验社会生活，感知大自然变化和科技发展，满足幼儿好奇心与探索欲；开展园内社会主题活动 5 次，结合生活中的季节、节日和社会倡导行为开展秋收活动、绿色集市、图书漂流、世界水日和视觉日宣传活动，鼓励家长和幼儿共同参与绘制宣传册。改革晨检方式，保健人员在晨检时向幼儿发放红、绿、黄三色晨检卡，由幼儿插入班级“健康袋”中，鼓励幼儿关注健康，自发养成良好生活习惯。应对雾霾天气，各班级秉承巧用空间和一物多用理念，开展多样化室内游戏活动，教师利用班级桌椅、垫子、收纳箱等已有材料搭山洞、布密网、造陷阱等，通过游戏带领幼儿练习钻、爬、跳等运动，使幼儿在室内也能充分锻炼肌肉耐力和身体协调能力。举办书香文化节，开展“走名师之路——特级教师应彩云幼儿教学案例随笔选”读书交流活动、民俗画家讲“文化立人”北京传统文化讲座等系列活动。组织教师分 2 批共 16 人赴深圳参加“幼儿园一日活动质量提升、区域创设与教师专业成长”“幼儿园一日生活各环节实施策略”研修班。

（杨希文）

北京市第一幼儿园

5 月 20 日，北京一幼开展第二届“书香文化节”活动
（北京一幼 供）

2016 年，北京市第一幼儿园为教育部门办园类别，日托制。经改组拆分，形成以北京市第一幼儿园本园、北京市第一幼儿园魏家分园及北京市第一幼儿园吉祥分园一园三址办园的新格局。幼儿园占地面积 8895 平方米、校舍建筑面积 8265 平方米。全年教育经费投入 2345.58 万元，均为国家拨款。固定资产总值 2471.98 万元。藏书 1 万余册。教学班内有触摸屏电视、电子白板、投影机和钢琴等教学设备，拥有美工教室、幼儿阅览室、建筑游戏屋、皮影戏小戏台、幼儿小厨房、多功能厅、科学宫和音乐教室等专用教室。计算机 122 台，学校信息化经费投入 15.45 万元，校园网出口总带宽 100Mbps，数字资源量 30GB。教职工 126 人，包括教师 101 人，均为专科及以上学历，具有中级及以上职称 9 人；保健员 6 人，具有专科及以上学历 5 人、中级及以上职称 1 人。开设 22 个教学班，其中，小班 7 个、中班 7 个、大班 8 个。幼儿入园 215 人、离园 182 人、在园 718 人。

2016 年，幼儿园主要工作包括：一是园本培训助推教师专业化，开展卫生保健、教育教学、户外体育、消防安全、家长课堂等方面的讲座、培训 26 次，教师外出学习 10 余次；开展“区域活动中培养幼儿的学习品质”园本研究和“一幼杯”半日活动评优活动。二是以丰富多彩的日常活动促进幼儿发展，陆续开放新改造的专用教室，开展“来园乐翻天”“游戏日”和“科学周”等活动。三是坚持对外开放，发挥示范辐射作用，共接待国内外公开观摩 21 次、260 余人次，拍摄示范教学视频 20 余节；作为多所高校的学前教育师范生实习基地，接待北京师范大学、首都师范大学研究生实习生 4 人和本科实习生、见习生 80 余人，北师大挪威学前见习生 30 余人，中华女子学院学生 18 人。

（刘金玉）

北京市东城区崇文回民幼儿园

6 月 8 日，崇文回民幼儿园举办端午节划龙舟比赛

（崇文回民幼儿园 供）

2016 年，北京市东城区崇文回民幼儿园分为东花市校区和东八角校区两址办园，占地面积 2588 平方米、建筑面积 2788 平方米。固定资产总值 1133 万元，全年教育经费投入 868 万元。幼儿园信息化经费投入 89 万元，计算机 47 台，普通教室 21 个。教职工 58 人，包括高级职称 1 人、中级职称 9 人。专任教师 43 人，包括北京市骨干教师 1 人、本科及以上学历 17 人。开设教学班 11 个，其中，小班 5 个、中班 3 个、大班 3 个。幼儿入园 157 人，其中，回族幼儿 100 人、其他民族幼儿 57 人；在园 365 人，其中，回族幼儿 235 人、其他民族幼儿 130 人；离园 98 人，其中，回族幼儿 80 人、其他民族幼儿 18 人。东八角分园于 9 月正式开园，首次招收 2 个班 60 人。

2016 年，幼儿园以内涵发展为主线，以构筑优质教育为主旨，优化办园条件，建立数字化校园系统。师德为先，开展“做‘四有’好老师、争当优秀引路人”师德师风建设年主题活动，邀请北京市师德模范作《让幸福从爱开始》主题讲座，开展“教师忌语”“教师适宜性语言”“教师规范礼仪行为”征集活动以及“最美教师”评选活动，进一步加强教师职业理想和职业道德教育。能力为重，关注教师需求，为教师搭建成长平台。通过开展“领域示范课”“师徒结对”等活动，“以骨带青，以优带青，以学促青”，发挥骨干教师的引领辐射作用；加强对青年教师教学技能、专业技能等方面培训。幼儿为本，开展民族传统文化教育研究，将民族传统文化教育寓于主题活动、游戏活动、体育活动和生活活动中，萌发幼儿对民族传统文化的兴趣和认同感；家园社区联合举办第九届娃娃庙会，挖掘幼儿一日生活各环节的资源与教育价值，利用节日开展活动，培养幼儿的民族文化情感。

（梁艳）

北京市第五幼儿园

5 月，北京五幼举办庆“六一”亲子嘉年华活动

（北京五幼 供）

2016 年，北京市第五幼儿园为教育部门办园类别，寄宿和日托兼收制。幼儿园建有北京市第五幼儿园分园、北京市第五幼儿园附属实验园、北京市第五幼儿园红湖托管园（承接中）3 个分园。占地面积 8360 平方米、校舍建筑面积 6987 平方米。全年教育经费投入 3246 万元，固定资产总值 1237 万元。拥有多功能游戏室、宝宝书吧和玩具图书馆等专用教室 7 个，普通教室 18 个。教室内设有教学终端触摸一体机、平板电脑和钢琴等教学设施。学校信息化经费投入 45 万元，校园网出口总带宽 1000Mbps，数字资源量 560GB。教职工 230 人，包括教师 164 人，具有专科及以上学历 162 人、中级及以上职称 70 人；保健员 15 人，均为专科及以上学历，具有中级职称 2 人。开设 18 个教学班，其中，小班 7 个、中班 6 个、大班 5 个。幼儿入园 236 人、离园 204 人、在园 644 人。

幼儿园加强集团化办学管理，改组“六部一室”，探索“一长四校、连锁运营、协同互助、优质发展”以及“理念共通、课程共融、资源共享、发展共进、个性多品”的新集团化管理模式与机制，提高科学管理效能。全面推进五幼红湖托管园建设与托管工作，实施二期校园整体建设工程；顺应教育发展、因循百姓需要，在总园挖潜扩增 1 个小班，其他三园紧压班级空间增加班额，累计扩招新生 110 人；配合区教委基建等部门，完成总园东教学楼地下防水抢修及整体改造修缮工程。

梳理凝练市级园本专项课题《引导幼儿主动活动的环境创设与指导策略研究》成果，编撰完成成果材料十余万字，研究主报告发表于《学前教育》2016 年第 11 期。

加强干部教师层级梯队建设。教师参加“国培计划骨干教师培训”“北京市音乐骨干教师培训”“第四届儿童艺术教育与项目教学国际论坛”和“幼儿学习环境创设、评量与儿童发展”美国专家高级讲习班等研修活动，参与各类学术年会、研讨会，聆听专家报告与同行经验；邀请美国“HighScope”中国北区专家来园开展“不一样的海森高游戏，一词揭秘海森高游戏”高瞻课程主动学习培训，多途径提升干部教师专业素质与教育能力。教师获得北京市幼儿教师教育活动展示一等奖1人，幼儿园获得北京市第二届“童康杯”幼儿园食堂营养餐制作技能比赛组织奖，热菜项目一、二等奖6人，面点项目一、二、三等奖4人。

（朱小娟 陈晶）

北京市宣武回民幼儿园

5月31日，宣武回幼举办庆“六一”体育嘉年华活动
（宣武回幼 供）

2016年，北京市宣武回民幼儿园为教育部门办园类别，日托制。占地面积4616平方米、校舍建筑面积5895平方米。全年教育经费投入2097万元，均为国家拨款。固定资产总值2066万元，藏书0.34万册。拥有美术室、科普苑和舞蹈室等专用教室7个，普通教室14个。计算机95台，信息化经费投入7万元。教职工68人，包括教师57人，均为专科及以上学历，具有中级及以上职称33人。保健员2人，均为专科及以上学历。开设14个教学班，其中，小班5个、中班4个、大班5个。幼儿入园155人、离园127人、在园432人，包括少数民族学生256人，其中，回族249人、满族5人、蒙古族1人、哈萨克族1人。网址：www.bjxwhy.com。

2016年，幼儿园以办“孩子喜爱、家长信赖、教师自豪、社会认可”高品质幼儿园为目标，在“园本培训做实、园本课程做新、科研工作做细、常态工作做稳”的工作思路引领下，开展各项工作。做实园本培训，选派班长和骨干教师参加区级课程培训；园级骨干教师发挥优势，以讲座的形式对青年教师培训；开展园本课程科普节主题活动。组织教师开展足球技能技巧体验活动，探索幼儿的学习方式和指导方式方法，激发教师参与足球活动研究的热情，共同制定大、中、小班足球游戏案例和目标，并撰写幼儿足球故事，提升教师对幼儿足球游戏活动价值的理解和把握。

（林巧红）

北京市西城区洁民幼儿园

2016年，北京市西城区洁民幼儿园为教育部门办园类别，日托制。幼儿园占地面积3550平方米、校舍建筑面积2570平方米。全年教育经费投入1226.01万元，均为国家拨款。固定资产总值684.02万元。图书室藏书0.52万册，包括电子图书0.23万册。拥有多功能教室、图书室和计算机室等专用教室3个，普通教室8个。拥有计算机82台，多媒体教室座位100个，学校信息化经费投入3.56万元，校园网出口总带宽10Mbps，数字资源量20GB。教职工47人，包括教师38人，均为专科及以上学历，具有中级及以上职称21人；保健员2人，均为专科及以上学历，具有中级及以上职称1人。开设10个教学班，其中，小班4个、中班3个、大班3个。幼儿入园129人、离园75人、在园292人。网址：www.bjjmyey.org。

2016年，洁民幼儿园召开“明规范，做四有好老师”学习研讨会，举行“传承百年师爱，共谱爱的乐章”教师节庆祝会。幼儿园组织安全逃生演练，幼小衔接咨询，“悦动童心、放飞梦想”第三届艺术节暨大班幼儿毕业典礼等活动。与延庆第六幼儿园举行“手拉手”结对帮扶活动，接待“十三五校长任职资格培训班”学员参观交流，开展西城区新业务干部研修班学员到园教研、西城区新苗杯青年教师展示等活动。幼儿园获得“童康杯”北京市第二届幼儿园食堂营养餐制作比赛一等奖1个、二等奖2个、三等奖1个。

（高雪莲）

北京市朝阳区新源里幼儿园

2016年，北京市朝阳区新源里幼儿园为教育部门办园类别，日托制。分朝阳区新源里12号和朝阳区新源西里17号两址办园，占地面积5227平方米、校舍建筑面积4239平方米。固定资产总值725万元。全年教育经费投入1384万元。拥有普通教室21个，设有钢琴、电视和计算机等教学设施。教职工64人，包括教师56人，具有专科及以上学历55人、高级职称5人、中级职称30人；保健员4人，具有专科及以上学历3人。开设教学班12个，其中，小班4个、中班4个、大班4个。幼儿入园329人、离园104人、在园324人。

2016年，幼儿园以“立德树人”为使命，以“探究”为切入点，通过课题带动、专家指导、科研引领、日常落实，以教师工作室、班级探究主题活动等方式，营造“探究”氛围，建构幼儿园园本课程模式。成立骨干教师工作室，7名教师成为首批工作室成员；开展“青蓝工程”师徒结对、“第二届新源杯”教师评优展示、职业故事演讲比赛、优秀青年教师展示等活动；以建构“源”文化为载体，开展专题培训，探索提升园所主动探究发展的内驱力；成立“DIY”教师烘焙社团、“我们一路同行”教师摄影社团。组织幼儿开展各种探究活动，参观“第五季”热带雨林、开展“六一”大型亲子活动，举办“家长共育，架起沟通的桥梁”家长学校。

（付奕）

北京市朝阳区清友实验幼儿园

2016年，北京市朝阳区清友实验幼儿园为教育部门办园类别，日托制。占地面积4380平方米、建筑面积3086平方米。固定资产总值734万元。全年教育经费投入1218万元。专用教室1个，普通教室12个。教室内设有白板、计算机、照相机等教学设施。教职工68人，包括教师53人，具有专科及以上学历51人、高级职称3人、中级职称5人；保健员3人，均为专科及以上学历，具有中级职称2人。开设12个教学班，其中，小班4个、中班4个、大班4个。幼儿入园115人、离园121人、在园333人。

2016年，幼儿园结合办园特色，贯穿“文化引领、音乐启蒙、快乐成长”办园理念，开发音乐特色园本课程，创作“新年”音乐绘本剧；引入阳光体能课程，针对雾霾等天气开发室内体能锻炼音乐游戏课程，强化体能锻炼；发挥市级示范园作用，有8名教师成为2015年至2018年区学科带头人、骨干教师、优秀青年教师，接待首都师范大学、中华女子学院、北京青年政治学院见习生到园实习。完成幼儿园大门、教学楼3个通道门以及12个班级窗户、教师食堂改造。4个课题获准立项，其中，北京市教育学会课题1个、北京市学前教育研究会课题3个。

（郭丽华）

北京市丰台区丰台第一幼儿园

6月30日，丰台一幼举办“幼儿园的味道”大班毕业餐活动

（丰台一幼 供）

2016年，北京市丰台区丰台第一幼儿园分为六址办园，分别是丰台区第一幼儿园本园、丰台区第一幼儿园丰益分园、丰台区第一幼儿园民族分园、丰台区第一幼儿园草桥分园、丰台区第一幼儿园顺八分园、丰台区第一幼儿园西局分园，均为教育部门办园类别，日托制。占地面积2万平方米、校舍总建筑面积1.17万平方米。固定资产总值2032.80万元。全年教育经费投入3864万元，均为国家拨款。拥有美术创意教室、音乐室和绘本图书馆等专用教室16个，普通教室41个。教室内设有电视机、多媒体设备和钢琴等教学设施。教职工117人，包括教师95人，均为专科及以上学历，具有中级及以上职称30人；保健员6人，均为专科及以上学历，具有中级及以上职称4人。开设教学班45个，其中，小班17个、中班18个、大班10个。幼儿入园601人、离园385人、在园1410人。网址：youshibaodian.com/static/vr/fengtaiyiyou/home/#。

2016年，丰台一幼坚持以“红杉文化”引领人、凝聚人、发展人，秉承“以人为本、环境育人”的教育思想，内凝合力、外树形象，团结、奉献、求实、创新，形成“人和园美”的园所文化，引领教师勤于研究、勇于创新、家园携手，特色发展。承办“朱继文园长教育理念与管理经验研讨会”，与土星教育平台合作录制幼儿园养成教育培养策略视频，标准化、规范化幼儿园一日生活，辐射全国一线幼儿园教师；以教科研为引领，遵循“生活即教育”的课程理念，带领教师研究符合幼儿兴趣与需要的生活实践园本课程，让幼儿成为主动的学习者，梳理案例200余个，形成内部资料册《青柿子1、2、3》，成为教师专业学习的口袋书。改扩建户外活动场地，把单一功能的运动区改建为集运动、娱乐、探索发现等功能为一体的多感官体验区，同时将破旧的大型滑梯改造为综合体能运动玩具，增设滑道、攀爬网、迷宫等玩具，节约资金10万余元。在东大街园中班开设幼儿足球课程，建设小型足球场。坚持办有特色的教育、做有思想的教师宗旨，六所园因地制宜，从不同视角、不同特色、不同领域进行实践研究。

（赵秀敏）

中国人民解放军总后勤部六一幼儿园

5月至6月，总后六一幼儿园组织家长志愿者体验日活动

（总后六一幼儿园 供）

2016年，中国人民解放军总后勤部六一幼儿园（中央军委后勤保障部六一幼儿）为北京市一级一类示范园，日

托制。占地面积 2.40 万平方米、建筑面积 1.10 万平方米。幼儿图书 1.53 万册，教师用书 6616 册。固定资产总值 1090.62 万元。全年教育经费投入 952 万元，其中，国家拨款 180 万元、自筹 772 万元。园内建有幼儿礼堂、幼儿活动室和音体室等配套用房。教室内设有钢琴、电视、移动黑板等教学设施。教职工 109 人，包括专任教师 49 人，均为专科及以上学历，中学高级教师 3 人、幼儿园高级教师 23 人、一级和二级教师 22 人；保育员 19 人，包括高级保育员 12 人、中级保育员 3 人。开设教学班 17 个，其中，小班 8 个、中班 3 个、大班 6 个。幼儿入园 197 人、离园 131 人、在园 514 人。

2016 年 10 月 20 日，总后六一幼儿园正式转隶军委机关管理总局，更名为中央军委后勤保障部六一幼儿园。幼儿园营造“阳光文化”，形成“以阳光心态，创阳光育人环境，育阳光健康儿童”办园理念。

从体育特色着手，改善户外运动环境。增设“学做解放军”幼儿综合体能拓展区域 1 个，小足球场 2 个和小篮球场 1 个，开辟“娃娃菜园”“户外娃娃家”，筹集 200 余条轮胎搭建“轮胎攀爬山”“平衡区”。

从教研培训着手，提高教师专业素养。组织园本培训、继续教育、参观见学，每人配发 10 本专业书籍；市、区骨干教师开展多压担子、多示范、多学习“三多培训”；对工作有特色、有想法、有干劲儿的教师鼓励其形成“学科教学工作坊”，以学科带头人的身份，在艺术、科学、家长工作等领域教育中独树一帜，并申报市级课题；对青年教师开展基础素质培训，设立“青年新秀”奖，鼓励青年教师多学多练；安排专业保健医及经验丰富教师指导青年保育员工作；设立“绿叶奖”，奖励默默无闻教师；组织教研培训 20 余次，70 名教师参与培训。

开展多种主题活动，丰富幼儿园课程组织形式。每月设定一个主题内容，各班围绕主题开展活动，如 3 月“妈妈爱我，我爱妈妈”、4 月“我和春天有个约会”、5 月“我运动、我健康、我快乐”；引进乐高玩具和亿童建构玩具，开展建构游戏活动；面向家长开展志愿者活动、沙龙交流活动、讲座培训活动，全年组织家长活动 12 次，500 余人参加活动；创设“阳光书吧”专用阅读教室，提供 2000 余本不同种类的绘本图书。

（张京）

北京市丰台区芳庄第三幼儿园

2016 年，北京市丰台区芳庄第三幼儿园为教育部门办园类别，日托制。占地面积 6999 平方米、校舍建筑面积 5093 平方米。固定资产总值 1476 万元。全年教育经费投入 1528.64 万元，均为国家拨款。拥有幼儿图书室、美术教室等专用教室 7 个，普通教室 18 个。教室内设有多功能一体机、计算机等教学设施。教职工 68 人，包括教师 57 人，均为专科及以上学历，具有中级及以上职称 27 人；保健员 6 人，均为专科及以上学历，具有中级及以上职称 5 人。开设 18 个教学班，其中，小班 6 个、中班 6 个、大班 6 个。幼儿入园 204 人、离园 152 人、在园 538 人。网址：2481.tuxing2010.com。

2016 年，芳庄三幼以“阳光文化”为品牌文化核心，践行社会主义核心价值观，特别是将“爱国主义”教育作为幼儿园的文化建设重点，以班级为单位组织幼儿到天坛公园、陶然亭公园、自然博物馆等地开展活动，并与家长密切配合，将参观、游戏、学习融为一体。在“文化立人、研究立园、课程为本、全面育人、持续发展”的办园理念和目标的引领下，完成丰台区幼儿园的半日活动开放工作，接待教师、专家 200 余人；完成北京市贯彻《3～6 岁儿童学习与发展指南》观摩研讨活动，接待园长及教师 200 余人。

（刘毓）

北京市石景山区师范学校附属幼儿园

2016 年，北京市石景山区师范学校附属幼儿园为教育部门办园类别，日托制。幼儿园占地面积 3371.45 平方米，校舍建筑面积 2521.37 平方米，运动场地面积 1536 平方米。全年教育经费投入 1359.30 万元，其中，国家拨款 1128.41 万元、自筹经费 230.89 万元。固定资产总值 185.34 万元。图书室藏书 0.68 万册，阅览室 2 个，提供师生阅读座位 60 个。拥有美术和特教专用教室 2 个，普通教室 10 个。计算机 26 台，多媒体教室座位 40 个，信息化经费投入 12.41 万元，校园网出口总带宽 10Mbps，数字资源量 421GB。教职工 53 人，包括保健医 2 人、职员 2 人、工人 9 人、专任教师 39 人。专任教师中，具有专科学历 13 人、本科学历 18 人、研究生学历 6 人，初级职称 10 人、一级职称 20 人、高级职称 1 人、未评职称 8 人。开设 10 个教学班，其中，小班 4 个、中班 4 个、大班 2 个。幼儿入园 86 人、离园 87 人、在园 268 人。网址：sffsy.sjsedu.cn。

2016 年，幼儿园开设健康、语言、社会、科学、艺术五大领域课程及幼儿体智能、美术特色课程。利用暑假，投资 528.04 万元改造和更换硬件设施。发挥早教基地示范辐射作用，为社区幼儿提供户外活动场地和图书室等资源，到社区开展亲子活动 10 次，幼儿 215 人次参加活动。7 月 1 日，幼儿园按照石景山区教委部署，接收北京市常春藤双语幼儿园，更名为北京市石景山区师范学校附属幼儿园分园。

（张惠文）

北京市石景山区八角幼儿园

2016 年，北京市石景山区八角幼儿园为教育部门办园类别，日托制。幼儿园占地面积 1970 平方米，校舍建筑面积 1328 平方米，运动场地 270 平方米。全年教育经费投入

834.92 万元，均为国家拨款。固定资产总值 946.28 万元。普通教室 7 个，阅览室 1 个，藏书 2000 余册，阅读座位 36 个。拥有计算机 49 台，校园网出口总带宽 100Mbps。教职工 30 人，其中，专任教师 24 人、保健员 2 人、职员 2 人、工人 2 人。专任教师中，具有专科学历 7 人、本科学历 15 人、研究生学历 2 人；高级职称 2 人，一级职称 12 人，二级职称 7 人，无职称 3 人。开设 7 个教学班，其中，小班 3 个、中班 2 个、大班 2 个。幼儿入园 39 人、离园 61 人、在园 186 人。网址：bjy.sjsedu.cn。

2016 年，幼儿园通过区级一级一类园所验收考核；开发园本课程“CPM 课程的实践与创新”；改造和更换厨房抽油烟机、地板以及其他设备，改造班级饮水设备，增添新的幼儿活动器械。

（闫颖）

北京明天幼稚集团

5 月 13 日，明天幼稚集团七幼沙沟园被评为“国际生态学校”
（明天幼稚集团 供）

2016 年，北京明天幼稚集团为教育部门办园类别，下辖 19 所幼儿园，分别为一幼塔院园、二幼双榆树园、二幼南区园、三幼志强园、三幼学院路园、四幼知春里园、五幼万泉河园、五幼东升园、六幼小灵通园、六幼金沟河园、七幼定西园、七幼百合花园、七幼沙沟园、八幼上地园、八幼佳园园、九幼永泰园、九幼安宁里园、九幼锦顺园、十幼铁路园，全部为日托幼儿园。占地面积 6.57 万平方米、校舍建筑面积 5.67 万平方米。固定资产总值 14368.71 万元。全年教育经费投入 23688.54 万元，全部为国家拨款。拥有互动教室、视频会议室和特色教室等专用教室 41 个，普通教室 154 个。教室内设有电子白板、计算机和电视等教学设施。正式在编教职工 672 人，包括教师 453 人，具有研究生学历 8 人、本科学历 375 人、专科学历 69 人、中学高级教师 12 人、小学高级教师 204 人、北京市骨干教师 3 人；保育员 47 人，保健医 30 人。开设 149 个教学班，其中，小班 47 个、中班 55 个、大班 47 个。幼儿入园 1462 人、离园 1278 人、在园 4750 人。网址：www.mtyzjt.com.cn。

2016 年，北京明天幼稚集团围绕“求真、立美、至善”的核心价值理念，以“固本强基、守正铸魂、挖掘特色、深谋发展、精创品牌”为基本任务，全面提升保教、科研、卫生保健、信息化建设、后勤服务等方面工作质量。集团重视人才发展战略，将队伍建设作为集团整体发展的基础性、先导性工作，依据学前教育改革和集团实业发展的需要，抓住引进、培养两个环节，通过科学规划、骨干带动、机制创新等措施，建立师德高尚、数量充足、结构合理、富有创新精神的干部教师队伍；以文化引领、教育提升、支持保障作为发展主线，培育总部核心能力，逐步调整总部和幼儿园的关系，优化组织结构，提升治理能力。各幼儿园以区教育督导为契机，贯彻落实《幼儿园工作规程》《幼儿园教育指导纲要》和《3 ～ 6 岁儿童学习与发展指南》，坚持立德树人根本目标，坚持“让每一个幼儿都快乐成长、让每一个教师都幸福发展、让每一个园所都全方位提升、让每一个家庭都同步共进”办园目标，转变教育观念，创新教育手段。

（杨吉）

北京市六一幼儿院

4 月 19 日，六一幼儿院承办北京市幼儿五人制足球邀请赛
（六一幼儿院 供）

2016 年，北京市六一幼儿院为教育部门办园类别，一院三址办学。本院寄宿制，占地面积 6.73 万平方米，建筑面积 1.70 万平方米；西山庭院分园占地面积 0.31 万平方米，建筑面积 0.26 万平方米；西三旗分园占地面积 0.43 万平方米，建筑面积 0.34 万平方米。全院藏书 5800 册，其中，幼儿图书 4200 册、教师用书 1600 册。各类玩具 200 余种，固定资产总值 6989 万元。全年教育经费投入 6128 万元，均为国家拨款。院内建有美术教室、乐高教室、计算机房和小飞龙剧场等专用教室，配有多媒体、投影和音像等电教设备。院内设置种植园地、拓展基地、交通基地等幼儿活动场所。教职工 113 人，包括专任教师 89 人，均为专科以上学历，其中，高级职称 7 人、一级职称 41 人、二级职称 38 人、北京市骨干教师 3 人。本院开设教学班 21 个，在园幼儿 511 人；西山庭院分园开设教学班 7 个，在园幼儿 180 人；西三旗分园开设教学班 9 个，在园幼儿 230 人。全年幼儿入园 311 人、离园 240 人、在园 921 人。网址：www.bj61.cn。

2016年，六一幼儿院坚持“以幼儿为本”的教育理念，深入落实幼儿一日生活常规，以“五大领域”教研活动为重点，实践以生活活动、综合主题活动、区域活动为内容的“爱在四季”课程，构建以“自然、成长、情感”为目标的“爱在四季”园本课程体系。生活课程在来园、饮水、进餐和值日生环节围绕幼儿的自主发展开展尝试，区域课程在自制个别化探究材料上展开研究，主题活动围绕促进幼儿主动学习的目标进行探索，梳理经验并整理成“《爱在四季》课程经验汇编”。本院打造九大主题环境拓展区，以延安窑洞为背景的人文环境，实现“环境育人”的教育目的。西山庭院院区以书香之爱为特色，和幼儿一起运用帐篷、纸箱自制阅读的小书窝，在日常工作中融入特色课程。西三旗院区以家园之爱为特色，开展家长指南知识竞赛、亲子新年联欢会等活动。

（张凤珠）

北京市海淀区四季青镇常青幼儿园

4月至5月，常青幼儿园举办教师自制户外玩具展
（常青幼儿园 供）

2016年，北京市海淀区四季青镇常青幼儿园占地面积7500平方米、建筑面积6700平方米。图书室藏书2.08万册，各类玩具1300件。大型户外多功能玩具区由“欢乐迷宫”“多功能攀爬墙”“快乐投掷墙”“木质长廊”“沙池垂钓组合”“天网套装”构成。校园网出口总带宽30Mbps。园内建有形体室、钢琴室、小提琴室等专业教室3个，配有计算机和投影仪等教学设施。教室内全部安装电子监控设施，各班包括储藏间、盥洗间在内设有6个电子监控点，全园共安装监控探点230个，实现电子监控全覆盖。教职工103人，包括专任教师53人、保育员17人。专任教师均为专科及以上学历，包括中学高级专业技术职务1人，一级教师1人，二级教师10人；中级保育员10人。开设17个教学班，其中，大班3个、中班6个、小班8个。幼儿入园225人、离园193人、在园596人。网址：894.tuxing2010.com。

2016年，常青幼儿园围绕“自然环境育人”办园理念，抓好师资队伍建设、园所文化建设，以“探究式科学主题教育”活动为核心，利用园所种植、养殖环境资源，开展园本教研活动及各年龄段幼儿的养成教育活动研究，提升保教质量。开通“常青幼儿园”微信公众号平台。坚持“以人为本，坚持自培，尊重个性，全面提高”培养宗旨，为新、老教师快速提升搭建成长平台。至年底，累计培训教师992人次。举办“生活有书香——读书交友、为好人师”“欣赏同伴、携手才能共赢——常青幼儿园2016年教师拓展训练”等园所文化活动，增强园所凝聚力。改善园所环境，利用有限空间，扩班收托，针对在园幼儿人数不断增多，幼儿户外游戏场地不足等问题，创建户外多功能游戏区，改造户外阳台，并重新设计“小小动物园”，为幼儿的生活、学习和游戏提供有效支持。

（韩玉兰）

北京市门头沟区第二幼儿园

9月1日，门头沟区城子幼儿园更名门头沟区第二幼儿园
（门头沟第二幼儿园 供）

2016年9月1日，北京市门头沟区城子幼儿园更名为北京市门头沟区第二幼儿园。幼儿园为教育部门办园类别，日托制。占地面积4989平方米，校舍建筑面积3031.10平方米。全年教育经费投入60万元，固定资产总值391.63万元。图书室藏书1.50万册，包括电子图书100册。拥有音体室、美劳室、电子图书室等专用教室5个，普通教室9个。计算机64台，多媒体教室座位280个。信息化经费投入13万元，校园网出口总带宽1000Mbps，数字资源流量200GB。教职工41人，包括本科学历23人、专科学历18人、中级职称3人、区级骨干教师5人；保健员2人。开设9个教学班，其中，小班3个、中班3个、大班3个。幼儿入园101人、离园102人、在园280人。网址：www.mtgczyey.bjedu.cn。

2016年，幼儿园以“浇灌美的种子、滋养美的生命”为核心价值观，竭力提升教师素质；坚持以人为本，依法治园，质量立园，教研兴园，发展幼儿、成就教师的办学理念，打造“以美育人、全面发展”的特色品牌幼儿园。强化管理机制，完善全园各部门评价体系，提升工作质量。开展国际化课程培训，提升教师的整体教学水平，加强队伍建设。完善幼儿园健美、蓄美、立美、探美、创美五大课程建设。幼儿园与北京市门头沟区龙泉小学携手，成立新九年课程研究与实践小组，开展跨校合作。

（刘俊）

北京市门头沟区第三幼儿园

9月1日，东辛房幼儿园更名门头沟区第三幼儿园

（门头沟第三幼儿园 供）

2016年9月1日，北京市门头沟区东辛房幼儿园经门头沟教委批准更名为北京市门头沟区第三幼儿园。幼儿园为教育部门办园类别，日托制。占地面积4217.83平方米，校舍建筑面积3821.33平方米。固定资产总值272.21万元，全年教育经费投入842.37万元。设有9个普通教室及1个多功能厅和3个专用教室，配有计算机、摄录像机和电子白板等现代化教学设备。管理人员5人，均为本科学历，其中，高级教师2人、一级教师3人；专任教师23人，包括一级教师5人、区级骨干教师3人、园级骨干3人、本科及以上学历13人；保健医2人。开设6个教学班，其中，小班3个、中班2个、大班1个。幼儿入园107人、离园19人、在园190人。

2016年，幼儿园明确办园目标，以目标引领、提高保教质量为核心；抓住迁址新园机遇，提炼园所文化内涵；强化文化建设、课程建设、教研引领、培训提升、创新形式、特色发展等重点工作。一是坚持目标引领，促进管理的规范化、精细化。加强领导班子园本培训，提高统筹协调能力和管理艺术，按照北京市分级分类验收标准，加强档案管理，努力做到项目齐全、类别清楚。二是多种途径开展培训，提升教师业务水平。组织园本培训，采取市级专家走进来、教师走出去的形式，加强教师队伍培养，提高教师能力。三是开展丰富多彩的活动，促进幼儿快乐发展。结合传统节日、季节、幼儿兴趣需要等，开展主题活动，丰富园本课程内容；开展泥塑、水墨等特色艺术课程，开展具有民族特色的体育活动。四是做好迁址及户外场地、新设备验收工作，加强园所文化创设，力求环境童趣融情。

（周文新）

北京市房山区良乡第二幼儿园

2016年，北京市房山区良乡第二幼儿园为教育部门办园类别，日托制。园所占地面积5602平方米、建筑面积3902平方米。拥有图书5700册、玩教具410种，固定资产总值360.47万元。全年教育经费投入1167万元，均为国家拨款。设有局域网络与电子监控系统，有亲子活动室和多功能厅等专用教室，设有家长氧吧（家长阅览室），配有幼儿活动室12个、睡眠室12个。活动室内配有计算机、电子白板和投影仪等设备，室外设有大、中、小型活动器械157种。教职工61人，包括专任教师53人、保健医1人；中学高级教师2人，幼儿园高级教师21人。开设教学班12个，其中，小班4个、中班5个、大班3个。幼儿入园126人、离园120人、在园460人。网址：liangxiangeryou2011.ankang06.org。

5月31日，良乡二幼庆“六一”主题活动

（良乡二幼 供）

2016年，幼儿园围绕“加快发展”和“提高质量”两大主题，以“做孩子心目中的好老师”系列活动为抓手，立德树人，提升教师师德素养；以教科研为依托，扎实研究，提升教师专业水平；以家长学校为媒介，家园合作，构建良好家园关系。至年底，49名教师的118项论文、课件、案例、活动实录等获市、区级奖项。投入149.74万元，完成园所修缮工程；先后接待甘肃园长国培班参观学习、甘肃骨干教师观摩学习；承担区级教研观摩2次，新任教师、骨干教师观摩活动1次，骨干教师送教6次。

（张平）

北京市通州区新城东里幼儿园

2016年，北京市通州区新城东里幼儿园为教育部门办园类别，分两址办园：东里小区中大班部和玉桥东小区小班部。幼儿园占地面积4712.39平方米、校舍建筑面积3213.02平方米。全年教育经费投入1278万元，其中，国家拨款1182万元、自筹经费96万元。固定资产总值692万元，藏书1896册，玩教具288种。拥有音乐和科学2个专用教室，普通教室11个。计算机81台，学校信息化经费投入37.79万元，校园网出口总带宽20Mbps，数字资源量656GB。教职工58人，包括专任教师51人、中级及以上职称13人、市级骨干教师1人。开设11个教学班，其中，小班4个、中班4个、大班3个。幼儿入园159人、离园

5月30日至31日，新城东里幼儿园举办亲子体育节
（新城东里幼儿园 供）

3月25日，怡馨幼儿园举办好声音歌唱节总决赛活动
（怡馨幼儿园 供）

134人、在园454人。

2016年，新城东里幼儿园秉承“一切为了孩子的发展”办园宗旨，确立“以教科研为先导、以润心教育为特色，努力探索一园两址的办园模式，构建园本课程体系，培养自主、健康、快乐、发展的幼儿，建设学习型、研究型教师队伍，办有特色的幼儿园”的办园思想，凝练“温馨挚爱、严谨求实、和谐奋进”为主题的校园文化特色。一是坚持教科研为先导。以园本培训为切入点，积极创建学习型、研究型教师队伍，创建学习型幼儿园，成立特色园本教研小组，促进教师持续成长和发展。至年底开展科研培训5次，教研培训15次。二是开展自主特色课程，打造“强体魄、喜探究、乐交往”的幼儿文化。通过户外自主搭建、户外区域自主游戏，激发幼儿探究兴趣，支持和鼓励幼儿在探究的过程中积极动手动脑，提高幼儿的探索能力；开展幼儿特色操、健步走等户外体育活动，促进幼儿身体素质提高；设置美工坊、小舞台和娃娃家等公共区域，使幼儿在特色课程活动中获得快乐与发展。三是倡导亲子特色活动，开展家长开放活动2次，亲子社会实践活动1次，亲子运动节1次，家长讲座1次。四是发挥示范引领作用。作为北京市示范幼儿园，接待内蒙古翁牛特旗教师参观3次，到内蒙古、甘肃送教6次；迎接市级专家指导、检查3次，开展区级开放活动7次。

（薛红梅）

北京市顺义区怡馨幼儿园

2016年，北京市顺义区怡馨幼儿园为教育部门办园类别，日托制。幼儿园占地面积2748平方米、校舍建筑面积3213平方米。全年教育经费投入973.90万元，均为国家拨款。固定资产总值198.20万元。图书室藏书1.22万册，包括电子图书0.02万册。拥有音体室、美术室、幼儿图书室3个专用教室及泥工活动区和家长阅览等候区，普通教室10个。计算机28台，学校信息化经费投入1万元，校园网出口总带宽100Mbps，数字资源量260GB。教职工61人，包括教师53人，均为专科及以上学历，具有中级及以上职称23人；保健医2人，均为专科及以上学历、中级及以上职称。开设10个教学班，其中，小班3个、中班4个、大班3个。幼儿入园148人、离园95人、在园475人。网址：yxyey.shyedu.cn。

2016年，幼儿园落实“顺义教育二次创业”理念，提出“实践性教学特色”发展方向。实践教学方面，确立健康教育是生活教育、生活教育是本质的基本理念，以健康教育为基点，整合五大领域，引导幼儿进行生活化感知体验；幼儿园确立生活化健康教育主线，包括时间、自然、社区资源、人文资源四个线索；春之声（歌唱节、阅读节）、夏之趣（运动节、“六一”节）、秋之色（童话节、美食节）、冬之韵（艺术节、迎春节）四个综合主题；幼儿园环境、多样的活动两个支点；幼儿发展与创造一个核心。园本教研方面，针对未能严格落实每天不得少于2个小时户外活动时间的规定，积极开展户外自主游戏研究，固定每天下午1小时户外游戏时间，拓展游戏空间到前后楼、东西操场、中庭乃至楼道，并以大班组试点，尝试打破班级界限混合游戏；明确主体性材料、引发性材料、辅助性材料投放的方式及要求；征集确定魔法梯子组、猪猪侠乐园、魔力建构搭等游戏；教师做旁观者，通过集体教研、小组讨论、名园观摩等形式进行集体诊断，逐步明确教师在游戏中的位置。

（何四芳）

北京市顺义区幸福幼儿园

2016年，北京市顺义区幸福幼儿园（北京市顺义区幸福幼教集团）为教育部门办园类别，日托制，分幸福园区和中晟园区两址办学。占地面积7207平方米、校舍建筑面积5600.50平方米。全年教育经费投入1625.89万元，均为国家拨款。固定资产总值622.02万元。图书室藏书1.29万册。拥有科学活动室、幼儿阅览室和音体室等专用教室4个，普通教室22个。计算机66台，学校信息化经费投入21.07万元，校园网出口总带宽6Mbps，数字资源量100GB。教职工58人，包括教师48人，均为专科及以上学历，具有中级及以上职称24人；保健员2人，均为专科及以上学历、中级及以上职称。开设15个教学班，其中，小班7个、中班4个、大班4个。幼儿入园230人、离园120人、在园555人。

2016年，幼儿园主要工作包括：一是加强师资队伍建设。以“弘扬崇高师德，立足园本培训，优化师资结构”为目标，围绕教育教学中的问题、科学特色建设中的问题，通过自主学习、合作分享的方式，以问题引领、特色引领、外出学习跟进、同伴互学、项目带动等方式，促进教师专业发展，构建师德高尚、基本功扎实、富有研究反思意识的师资队伍。二是发挥环境育人作用。幸福园区根据幼儿的年龄特点，设计制作适合幼儿操作摆弄的楼道玩具，小班以发展幼儿感官为主，主要有沙画、不倒翁等玩具，中大班以发展幼儿操作探究能力为主，有齿轮钉板、汽车赛道和视觉错觉画等玩具。中晟园区户外环境创设遵循“让幼儿的经验不重复”理念，户外环境由一轩（听雨轩）、一筑（快乐小筑）、一场（赛车场）、三廊（迎宾走廊、攀爬长廊、光影画廊）、四区（妙音区、平衡区、涂鸦区、投掷区）、五园（休憩园、戏水园、沙趣园、探索园、播种园）组成。三是课程育人，启迪童心。以科学主题活动为主线，结合亲子种植、亲子阅读、亲子制作等活动，开展幼儿探究学习实践；拓展幼儿学习空间，利用公园、社区、家长资源开展蝴蝶园游园、跳蚤市场等综合实践活动，形成园本特色课程。四是家园育人，合作共赢。通过调查问卷、家长会等形式了解家长需求，创建家园沟通信息平台“幸福牵手微家园”；设立“班级家长接待日”，通过每学期一次正式沟通、预约沟通、幼儿成长报告单等方式及时与家长沟通。

（刘小红）

北京市昌平区工业幼儿园

11月16日，昌平区工业幼儿园开展苹果主题公园体验活动
（昌平区工业幼儿园 供）

2016年，北京市昌平区工业幼儿园为教育部门办园类别，日托制。占地面积10041平方米、建筑面积8933平方米。图书馆藏书1.30万册，电子图书348G。固定资产总值4363万元。全年教育经费投入2955万元。计算机65台，多媒体教室座位300个，校园网出口总带宽1000Mbps，数字资源量600G，《信息技术》课程40课时/周。普通教室25个、专用教室6个。教职工103人，包括高级职称2人、中级职称29人。专任教师69人，包括北京市骨干教师1人、本科及以上学历55人。开设教学班22个，其中，小班9个、中班7个、大班6个。幼儿入园249人、离园180人、在园645人。网址：www.bjcpgyyey.com。

2016年，幼儿园强化质量管理，注重日常教学质量，关注幼儿兴趣和发展需求，开展“昌平苹果主题公园”亲子农耕活动、电梯安全小课堂和消防安全教育活动；为应对雾霾等天气，开展全园室内体育游戏区活动，保证幼儿在特殊天气情况下的运动量；丰富家长参与教育的内容与形式，进行大班专题家教讲座、家长入园助教、家长开放等活动，提高家长的科学育儿能力。开展园所改造工程，投资162万元用于多功能厅改造，安装新风系统、中央空调等设备，实现录播、直播等功能；投资300万元用于班级厕所、楼道改造，教室墙面粉刷，功能性教室建设等项目，改善幼儿班级环境；投资144万元用于食堂改造、户外场地修缮及幼儿游戏设施等项目，改善幼儿学习生活环境。

（袁媛）

北京市昌平区回龙观镇中心幼儿园

12月28日，回龙观镇中心幼儿园举办第六届艺术节
（回龙观镇中心幼儿园 供）

2016年，北京市昌平区回龙观镇中心幼儿园为教育部门办园类别，日托制。占地面积0.42万平方米，建筑面积0.31万平方米。图书馆藏书5856册。固定资产总值228万元。全年教育经费投入1589万元，其中，学校信息化经费投入21.29万元。计算机38台，校园网出口总带宽100Mbps。普通教室10个、专用教室3个。教职工71人，包括高级职称1人、中级职称17人。专任教师52人，包括本科及以上学历39人。开设教学班10个。幼儿入园125人、离园85人、在园330人。

2016年，幼儿园坚持“自然天成”教育理念，创新性开展自然创意馆、自然体验馆、博雅书屋、自然小镇“三馆一镇”活动；通过科技节、艺术节、体育节、读书节等大型活动为幼儿成长搭建平台；高度重视家园共育，探索多种家园合作方式。分层次、分梯队开展教师培养，紧抓交流展示、新教师培训、公开示范课等机会，提升教师业务水平。依托“合悦新路”协作共同体，组织多次比赛、学习、联欢活动，充分发挥联片教研组长园的作用，组织片区内园所教研活动。承办“荷欢月色、火笛飞歌”陶笛音乐会，成为首个中国幼儿陶笛实验基地，举办昌平区陶笛艺术研究会授牌仪式，成为“致公爱心陶笛共建校”，主编发行全国首册幼儿陶笛绘本教材《陶笛王国漫游记——陶笛绘本教材》。

（宸茜）

北京市大兴区黄村镇第一中心幼儿园

2016 年，北京市大兴区黄村镇第一中心幼儿园为教育部门办园类别，日托制。占地面积 8903 平方米、校舍建筑面积 5793 平方米。固定资产总值 732 万元。拥有美术室和亲子阅读室等专业教室 2 个，普通教室 38 个。教室内设有白板、计算机、钢琴等教学设施。教职工 109 人，包括专科及以上学历 83 人、中级及以上职称 18 人。开设 19 个教学班，其中，小班 7 个、中班 7 个、大班 5 个。幼儿入园 212 人、离园 179 人、在园 646 人。

2016 年，幼儿园以“和睦同心、和谐共生”为办园理念，本着以服务幼儿快乐成长为根，以服务教师幸福工作为本，以引领家长科学保教为基，追求内涵发展，并以“综合主题活动中利用 z 型支架”园本课程为载体，以游戏为主要活动形式，关注幼儿的兴趣和需要，努力为幼儿营造自然的游戏环境与材料；支持幼儿在与同伴、教师、材料的互动中，自然、自由、自主发展，在过程中凸显教育的本真，在做深、做实中诠释“五行文化”理念的内涵。

（孙国彦）

北京市怀柔区第二幼儿园

2016 年，北京市怀柔区第二幼儿园为教育部门办园类别，日托制。占地面积 4140 平方米、校舍建筑面积 3017 平方米，体育场面积 1386 平方米。固定资产总值 1544.23 万元。全年教育经费投入 2155.13 万元。藏书 2.01 万册，大小玩教具 1.50 万件。设有教师电子备课室、多功能活动教室和幼儿美术活动教室，班内配有计算机、钢琴和照相机等设施以及多媒体教学设备。学校信息化经费投入 140 万元，拥有计算机 174 台。教职工 81 人，包括专任教师 72 人，具有本科以上学历 42 人、高级职称 3 人；市级骨干教师 2 人、区级骨干教师 9 人、区级学科带头人 1 人。开设教学班 13 个，其中，大班 4 个、中班 5 个、小班 4 个班。幼儿入园 144 人、离园 168 人、在园 545 人。网址：www.hreryou.com。

2016 年，怀柔二幼立足艺术特色，托起七彩教育，以办“幼儿健康成长的乐园，教师工作的精神家园，人民满意、社会认可的优质示范园”为工作目标，夯实基础，突出特色，强化内涵发展。一是加强教师队伍建设。落实周一干部例会制度，提高执行力；根据教师工作经验、能力水平分层培训，确定不同的培养目标；围绕教师专业成长需要，开展系列培训，提升职业素养。二是完善教科研制度，规范课题研究，以教科研促保育教育质量提升，支持教师自主研究。至年底，共有 82 篇论文和案例在国家、市、区级评比中获奖。三是凸显艺术教育特色，初步建构“七彩教育”课程。四是发挥引领示范作用，先后接待内蒙古四子王旗 3 名园长跟班挂职一周，接待桥梓幼儿园干部教师 20 人跟班学习；送教下乡 2 次。

（宋久红）

北京市怀柔区第三幼儿园

4 月 29 日，怀柔三幼举办亲子运动会
（怀柔三幼 供）

2016 年，北京市怀柔区第三幼儿园为教育部门办园类别，日托制。园所占地面积 16800 平方米、建筑面积 9800 平方米。园内建有 4000 平方米的自然生态园，沙池 25 平方米。藏书 6000 册，固定资产总值 4350.43 万元。全年教育经费投入 2325.93 万元。学校信息化经费投入 309 万元，计算机 73 台，校园网出口总带宽 30Mbps。普通教室 24 个，专用教室 3 个。教职工 108 人，包括专任教师 66 人、保健医 6 人，高级职称 5 人、中级职称 43 人，本科及以上学历 78 人。开设教学班 21 个，其中，小班 9 个、中班 7 个、大班 5 个。幼儿入园 271 人、离园 171 人、在园 670 人。

2016 年，怀柔三幼全面开展与落实素质教育，以“生活即教育”思想为指导，构建“自然、生活、游戏”的课程模式，形成特色园本课程。一是学习教育理论，转变思想观念。通过自主体验式学习、教研活动、实践学习、专家培训等途径丰富教师的理论知识，教师撰写 100 余篇科研论文和案例。二是开设“自主游戏时间”，幼儿可以根据兴趣和需要开展喜欢的“修路”、公园野营等活动。三是开展公园主题活动，形成“认识野菜”主题活动 14 个、“帮助小蚯蚓”“水枪大战”等微课程 9 个。四是观察幼儿游戏行为，支持幼儿自主探索与发现，并从幼儿的角度设计教学过程，引导幼儿积极主动地参与学习过程。五是开展实践活动，在生活环节中让幼儿自己盛饭、叠被子，打扫班级卫生等；

在“生活体验馆”和“创意作坊”公共活动区，体验剪纸、泥塑、烘焙、包饺子等活动；组织7次社会实践活动，带领幼儿走出幼儿园，走进大社会，开阔视野，锻炼体魄。

（黄文娟）

北京市平谷区第一幼儿园

2016年，北京市平谷区第一幼儿园为教育部门办园类别，日托制。占地面积5155平方米、建筑面积5335平方米。图书室藏书1.70万册，固定资产总值1146.79万元。全年教育经费投入1824.09万元，均为国家拨款。学校信息化经费投入42.22万元，拥有计算机53台，校园网出口总带宽500Mbps，数字资源量50GB。教师74人，包括专科及以上学历72人、中级及以上职称39人；保健员3人，均为专科及以上学历、中级及以上职称。开设14个教学班，其中，小班5个、中班5个、大班4个。幼儿入园168人、离园114人、在园474人。网址：www.bjpgyy.com。

2016年，北京市平谷区第一幼儿园依据平谷区学前教育“玩中启智、做中知行”的发展定位，以幼儿区域活动研究为载体，以北京市协同创新学校项目组和北京市名园长发展工程（第一期）为助力，开展《区域中教师观察、反思与支持策略》园本教研和《基于幼儿学习品质的区域活动支持策略的研究》“十三五”教育科研。作为平谷区首批特色园所，在实施园本特色课程中，幼儿园考虑幼儿的特点与需要，挖掘“幼儿经典文化教育”的价值，围绕培养“健体魄、乐求知、明德礼”的园所培养目标，以幼儿经典文化资源为根基，构建幼儿经典文学活动、经典艺术活动、民间体育游戏活动三位一体的幼儿经典文化教育特色课程体系。教师选择48篇优秀故事、48首精美古诗、48句《弟子规》，通过读经典、看经典、讲经典、唱经典、画经典、演经典等形式，调动幼儿参与活动的兴趣。教师选取水墨画、剪纸、泥塑、扎染作为幼儿主要经典艺术活动，并通过社团活动提升幼儿的艺术想象与创造能力。在民间体育游戏活动中，幼儿通过踢毽子、跳皮筋、抖空竹等传统体育游戏增强体质，培养勇敢、坚韧良好品格。

（于海清）

北京市平谷区第三幼儿园

2016年，北京市平谷区第三幼儿园为教育部门办园类别，日托制。占地面积6317平方米、校舍建筑面积3675平方米。全年教育经费投入1494.67万元。固定资产总值1152.06万元。图书室藏书1万册。拥有有氧书吧和图书阅览室2个专用教室，普通教室12个。计算机50台，学校信息化经费投入52万元，数字资源量200GB。教职工57人，包括教师54人，具有专科及以上学历53人、中级及以上职称35人；保健员2人，均为专科及以上学历、中级及以上职称。开设12个教学班，其中，小班4个、中班4个、大班4个。幼儿入园120人、离园90人、在园326人。

3月23日，平谷三幼开展社会大课堂活动

（平谷三幼 供）

2016年，幼儿园认真贯彻让儿童在“自己做主的体验中快乐自信成长”的特色理念，逐步落实“幼儿自主启蒙教育”实施方案，进一步加强园本培训教研工作。在教师培养方面，制订教师专业发展三年规划，分层确定教师发展目标，新职教师开展教学活动、区域指导、弹唱技能等“入格”培训；青年教师开展“升格”培训，提高其反思能力；对骨干教师开展“风格”培训，利用其特长发挥引领带头作用。在教研工作方面，以申报市区级课题为契机，推进“低结构材料在区域游戏中的实践研究”课题。为落实自主启蒙教育特色课程，开展一线教师特色主题课程研究活动，以教研组为单位研讨交流班级主题活动方案，以集体研学优秀案例分享开拓教师工作思路，以班级亮点区域观摩展示体现“我的环境我布置、我的规则我制定、我的游戏我做主”的自主教育内涵。幼儿教育方面，注重增长能力，拓宽经验，带领幼儿走进气象局、正大集团、消防队，拓宽幼儿视野；开展“阅读伴我成长”故事嘉年华、幼儿体操比赛等活动，幼儿自己设计奖项，评选优秀团队，体现自己做主的教育特色。

（崔书义）

北京市密云区第二幼儿园

2016年，北京市密云区第二幼儿园为教育部门办园类别，日托制。占地面积2743平方米，校舍建筑面积2222平方米。全年教育经费投入1224.16万元，均为国家拨款。固定资产总值686.71万元。图书室藏书0.52万册，包括电子图书152册。有绘本图书馆专用教室1个，普通教室10个。计算机33台，信息化经费投入61.22万元，校园网出口总带宽100Mbps，数字资源量112GB。教职工59人，包括教师55人，均为专科及以上学历，具有中级及以上职称26人；保健员4人，包括中级职称1人。开设10个教学班，其中，小班3个、中班4个、大班3个。幼儿入园104人、离园77人、在园322人。网址：2ybaby.miyunedu.net。

2016年，幼儿园注重科学管理和教育教学实践，实施“以人为本”的管理模式，在“种爱、爱众、众爱”的核心价值观指引下，以“缘起种爱聚合力、涵养众爱美家园”为办园理念，打造师德高尚、善思乐教的师资队伍，形成崇尚师德、发展创新、共建和谐的工作氛围，共同“打造爱的乐园”。以规范办园常态化、队伍素质提升、园本课程建设为重点，以《北京市幼儿园课程综合评价标准》《幼儿教师教育展示活动评价标准》为依据，研幼儿、研实践，不断提高办园质量，积淀园所特色。以“爱的教育”园本课程文化为核心，培养幼儿爱周围人、爱家乡、爱集体、爱环境等意识，通过推进“爱的教育”课程建设，爱心共育家长讲座等系列活动，创建众爱家园，促进幼儿快乐健康成长。

（杨树）

北京市密云区第三幼儿园

2016 年，北京市密云区第三幼儿园为教育部门办园类别，日托制。占地面积 2701 平方米，校舍建筑面积 2661 平方米。全年教育经费投入 854 万元，均为国家拨款。固定资产总值 882 万元。图书室藏书 2600 册，包括电子图书 637 册。普通教室 10 个。计算机 33 台。信息化经费投入 63.44 万元，校园网出口总带宽 100Mbps，数字资源量 650GB。教师 50 人，均为专科及以上学历，包括中级职称 9 人、高级职称 1 人；保健员 3 人，均为专科及以上学历。开设 10 个教学班，其中，小班 3 个、中班 4 个、大班 3 个。幼儿入园 79 人、离园 90 人、在园 292 人。网址：my3y.miyunedu.net。

2016 年，幼儿园以“玩中学”“玩中发展”为宗旨，结合园所特色，初步形成绿色、健康、节约的办园特色和 8 个绿色多元课程：以环境引领为核心的隐性课程、以习惯养成为核心的生活课程、以文化传承为核心的节日课程、以健康快乐为核心的运动课程、以主动发展为核心的区域课程、以感知实践为核心的绿色课程、以真实体验为核心的田园课程、以资源共享为核心的共育课程。以八大课程建设为引领，拓展园所使用空间，创设立体多用绿色乐园。将教学楼中庭改造为上下两层的公共活动区，开辟自主拼摆区，增加 411 平方米的幼儿游戏空间；在走廊一侧设置 60 组折叠桌，开辟幼儿手头游戏区；前后院设计 3 处立体种植网、18 组种植栏、1 面种植墙，为幼儿种植、观察等活动开辟自主发展空间；前楼墙角增设雨水收集箱，为幼儿提供水资源循环使用的观察感知空间；后院增设攀岩墙、沙丘、秋千，丰富户外玩具；设计美术创意、角色表演、社会交往等功能于一体的 10 个公共游戏区。

（李东来）

北京市延庆区第三幼儿园

2016 年，北京市延庆区第三幼儿园为教育部门办园类别，日托制。占地面积 5189 平方米、校舍建筑面积 5364 平方米。全年教育经费投入 1752.16 万元。固定资产总值 614.51 万元。图书室藏书 5.81 万册，包括电子图书 2.80 万册。拥有阅读、建构和舞蹈等专用教室 3 个，普通教室 17 个。计算机 116 台。学校信息化经费投入 33.29 万元，校园网出口总带宽 350Mbps，数字资源量 620GB。教师 67 人，均为专科及以上学历，包括中级及以上职称 18 人、北京市骨干教师 1 人、北京市学科教学带头人 1 人、区级骨干教师 9 人。保健员 4 人，均为专科及以上学历，具有中级及以上职称 3 人。开设 17 个教学班，其中，小班 7 个、中班 5 个、大班 5 个。幼儿入园 252 人、离园 170 人、在园 582 人。网址：yq3y.yqedu.com.cn。

6 月 15 日，延庆三幼获得 KT 足球联赛冠军 （延庆三幼 供）

2016 年，幼儿园围绕幸福校园文化建设核心，开展各项工作。

优化“四机制”，打造幸福管理文化。完善约束机制，实行有效管理；深化关爱机制，温暖人心；实行放手机制，鼓励创新；落实活动机制，凝聚力量，营造民主、平等、宽松的管理氛围，形成“暖心、启心、凝心”的幸福管理文化。

聚焦“四抓”，培养幸福教师团队。抓师德建设，全面落实“两学一做”专题教育活动，开展参观红色之旅、学习身边的师德榜样等活动。抓常态工作，实行月初公示常态工作标准、常态督检、月末展示、过程评价等策略，规范班级常态工作；开展“一月二展”活动，一展主题特色成果、二展环境创设。抓研训活动，以教师基本功考核为契机，进行集中培训、小组梳理、实战练兵，边研边训，以赛带训，将参赛的过程成变为引领全园教师专业成长的过程，选派教职工赴上海、南京、青岛、深圳培训 48 人次。抓任务认领，学期初对活动项目进行公开招标，教师认领，提高教师对项目的整体思考和统筹能力。

创新两条“路径”，促进幼儿主动学习。创新组织区域活动，吸收国际主动学习模式的精髓，通过计划—工作—回顾的方式开展游戏活动，研究创设激发幼儿游戏兴趣和意图的游戏环境，促进幼儿主动学习。创新开展实践活动，围绕园本课程，注重幼儿在真实的自然环境、真实的社会生活中开展实践活动，开展“走进图书馆”“洼里行”“骑游”“游世园会”“迷你马拉松”“踏春”“采摘”“秋游”“悦读会”等幼儿实践活动 66 次。

搭建三个“平台”，形成家园协作共同体。搭建家长学校平台，开展“和幼儿共同成长”“法制校长进校园”“爱眼护眼知识讲堂”等专题培训，帮助家长了解幼儿身心发展规律和学习方式，转变教育观念。搭建亲子陪伴平台，在班级主题活动背景下筹划亲子实践活动，使家长感受到幼儿的陪伴作用，帮助建立良好的亲子关系。搭建家长助教平台，通过家长助教、志愿服务的形式，鼓励家长参与到幼儿教育中，为幼儿提供立体、全面的教育。

（刘胤）

北京市延庆区第四幼儿园

1 月 19 日至 20 日，延庆四幼开展冰上体验活动

（延庆四幼 供）

2016 年，北京市延庆区第四幼儿园为教育部门办园类别，日托制。占地面积 1.13 万平方米、校舍建筑面积 7503 平方米。全年教育经费投入 1511.31 万元。固定资产总值 1959.62 万元。图书室藏书 0.55 万册，包括电子图书 0.23 万册。拥有图书室、音体室和多功能厅等 5 个专用教室，普通教室 20 个。计算机 70 台。学校信息化经费投入 131 万元，校园网出口总带宽 200Mbps，数字资源量 260GB。教师 87 人，包括专科及以上学历 86 人、中级及以上职称 20 人；保健员 4 人，均为专科及以上学历，包括中级职称 1 人。开设 21 个教学班，其中，小班 7 个、中班 8 个、大班 6 个。幼儿入园 220 人、离园 148 人、在园 720 人。网址：www.bjyqsy.com。

2016 年，延庆四幼围绕“生命、自然、成长”核心理念，以“春风化雨”优质团队打造和“润物无声”特色课程建设为突破口，提升保教质量和办园品质。一是确立和谐办学理念，生命、自然、成长办学目标，爱无痕办学宗旨和生命教育的教育特色，设计幼儿园标识，构建管理文化、教师文化、家长文化、课程文化、幼儿文化、环境文化。二是深化课程建设，抓住幼儿兴趣，开展“高高兴兴上幼儿园”“拔萝卜”“我升班了”等不同班级主题活动，组织走进香水苑公园寻找秋天，走进延庆科技馆、图书馆和新华书店等社会实践活动，开展“室内游戏嗨起来、应对雾霾有办法”，做文明小游客，冰雪进校园等活动。三是细化保健常规管理，做好日常保育指导工作，开展“传染病知识”“急救知识”培训，做好体检工作，加强肥胖儿、营养不良等体弱儿童评价管理，关注五官保健工作，完善雾霾应急预案。四是建立幼儿滑冰场，更新办公及教学设备，安装煤气报警系统和监控系统。

（鲁爱文）

北京市房山区燕山阳光幼儿园

6 月 3 日，燕山地区幼儿健康拓展基地暨阳光欢乐谷颁牌仪式

（燕山阳光幼儿园 供）

2016 年，北京市房山区燕山阳光幼儿园为教育部门办园类别，日托制。幼儿园占地面积 6675 平方米、校舍建筑面积 3303 平方米。全年教育经费投入 74.50 万元，均为国家拨款。固定资产总值 987.72 万元。图书室藏书 5394 册，包括电子图书 30 册。拥有木工坊、健康基地、多功能厅等专用教室 4 个，普通教室 9 个。计算机 33 台。学校信息化经费投入 21.91 万元，校园网出口总带宽 20Mbps。教职工 46 人，包括教师 33 人，均为专科及以上学历，具有中级及以上职称 13 人；保健员 3 人，均为专科及以上学历、中级及以上职称。开设 9 个教学班，其中，小班 4 个、中班 3 个、大班 2 个。幼儿入园 89 人、离园 62 人、在园 300 人。

2016 年，燕山阳光幼儿园被评为燕山地区示范幼儿园，围绕“狠抓常规管理、彰显办园特色、追求优质发展”的工作目标，关注师幼成长、提升办园质量。

完成“燕山地区幼儿健康拓展基地”建设。基地利用该园的小公园改造，是集游戏、拓展、探索等功能为一体的大型户外游戏场所，自 2014 年开始建设，由燕山教委投资 100 余万元，2016 年 6 月正式颁牌并投入使用。

规范职工队伍建设，坚持师德为先，能力为重，终身学习，全面提升教师素养；开展各类人员多层次培训，教师教育观念开始由高度控制幼儿向发挥幼儿主体性转变，教职工队伍建设向专业化发展。

开展区域游戏课程改革，探索一日生活常规与混龄游戏相结合的“阳光开放课程”，通过对作息时间的调整、混龄游戏的开展，区域游戏的评价研究取得一定成效。

（李艳瑛）

（本栏责任编辑　王永刚）

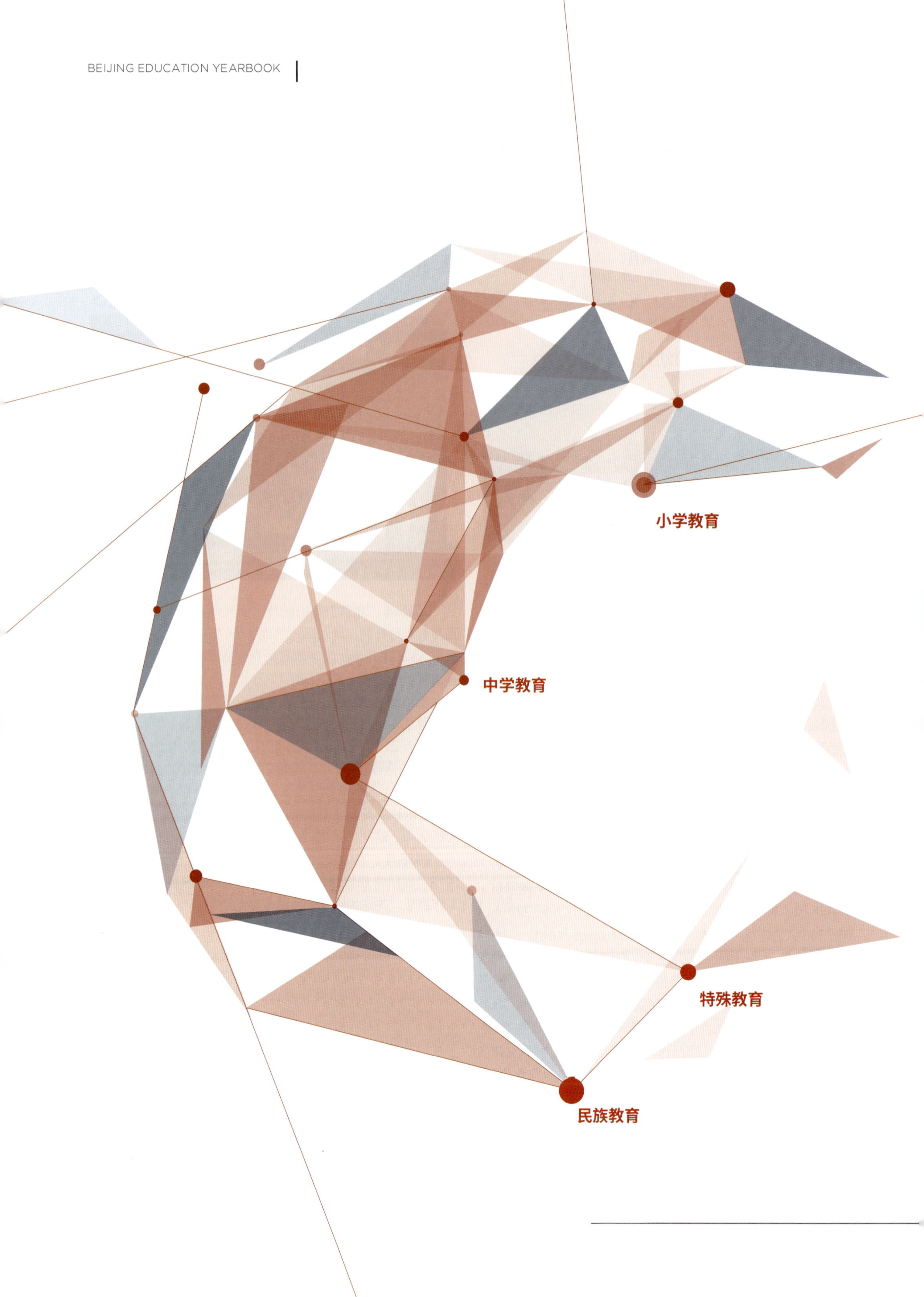
小学教育
中学教育
特殊教育
民族教育

2017 基础教育

ELEMENTARY EDUCATION

- 扩大优质教育资源改革工作
- 高校支持中小学发展项目范围扩大
- 远郊区学生到城区学校游学
- 民办教育机构参与中小学学科教学改革
- 初中生学农教育工作
- 推进特殊教育事业发展
- 多举措支持民族教育发展
- 教科研部门支持中小学发展项目接受评估

ELEMENTARY EDUCATION 基础教育

综述

概述

2016年，北京市有小学984所，比上年减少12所。毕业111481人、招生145274人、在校生868417人。教职工59716人，包括专任教师51787人。学校占地面积1414.28万平方米，校舍建筑面积701.02万平方米。固定资产总值185.63亿元，其中，教学仪器设备资产值65.67亿元。

北京市有普通中学646所（与上年持平），其中，高级中学305所（比上年减少1所）、初级中学341所（比上年增加1所）。初中毕业8.64万人、招生9.19万人、在校生26.83万人（本市户籍学生18.30万人，比上年减少0.56万人）。高中毕业5.28万人、招生5.35万人、在校生16.31万人（本市户籍学生15.12万人，比上年减少0.33万人）。教职工8.54万人，比上年增加0.14万人；包括专任教师6.45万人，比上年增加0.11万人。专任教师中，研究生学历10832人、本科学历43284人。初中专任教师33469人，比上年增加614人，初中生师比8.02 ：1；高中专任教师21056人，比上年减少266人，高中生师比7.75 ：1。学校占地面积2412.68万平方米，校舍建筑面积1377.10万平方米。固定资产总值329.46亿元，其中，教学仪器设备资产值86.93亿元。

北京市有民族学校38所，其中，中学7所、小学31所。在校生24180人，包括少数民族学生7080人。教职工2326人，包括少数民族教职工377人，专任教师1983人。民族中学分布在西城、朝阳、海淀、门头沟、通州、大兴6个区；民族小学分布在东城、西城、朝阳、海淀、昌平、通州、顺义、大兴、房山、怀柔、密云、延庆12个区。内地新疆高中班办班学校11所，在校生4656人；内地西藏班（校）5所，在校生1420人；内地青海班办班学校6所，在校生683人。

北京市有市级特殊教育中心1个、区级特殊教育中心15个；有特殊教育学校19所，包括综合型特教学校4所、培智学校1所、盲校1所、聋校1所；有1071所普通学校（园）接收残疾学生在读，其中，幼儿园56所，小学603所（含九年一贯制小学部、集团校分校），初中361所（含九年一贯制初中部、完全中学初中部、集团校分校），高中39所，职业高中12所；10所接收残疾学生就读的普通学校（园）设有特教班，其中，幼儿园1所、小学9所。毕业1752人（特教学校425人、普通学校1327人）；招生1171人（特教学校435人、普通学校736人）；在读残疾学生总数7544人，普通学校（园）和特教学校在读残疾学生总数7059人，其中，19所特教学校在读学生2516人、在普通学校（园）随班就读或附设特教班就读学生4543人，送教上门学生485人。专任教师21769人，其中，特教学校943人，普通学校（园）随班就读教师、特教班教师、资源教师组成融合教育教师20826人；15个区共有巡回指导教师87人；为重度残疾学生提供送教上门服务教师211人。

（周晓宇　陆小红　张琳）

扩大优质教育资源改革工作

2016年，市教委总结北京市扩大优质教育资源改革工作。11月16日，召开北京市扩大优质教育资源改革工作总结推进会，通过专题短片、工作报告、项目总结和典型发言，总结2014—2016年全市扩大优质教育资源改革成效

4月5日，陶洁琳（Janice L Dowd）博士做外籍教师参与中小学英语教学改革项目公开课　（市教委相关处室 供）

和经验；部署下一阶段扩优改革项目重点任务，并提出工作要求。市教委、市财政局、市外专局等有关部门负责人，16个区教委主管主任、有关科室负责人，市、区两级教科研部门负责人，各有关高校主管领导，各项目学校校长和中外教师，民办教育机构项目负责人400人参加会议。2014年以来，北京市基础教育在“把学生放在正中央”理念指引下，强化政府统筹、坚持问题导向，精准发力、综合施策，以高校支持中小学发展、市区教科研部门支持中小学发展、民办教育机构参与中小学学科教学改革、外籍教师参与中小学英语教学改革4个项目为重要支撑，启动基础教育供给侧改革。项目启动以来，26所高校，21家市、区教科研部门及13家民办教育机构支持230余所学校，市级投入资金近5亿元，近20万名学生直接受益；逐渐形成以尊重发展需求为前提、以优化资源供给为根本途径、以合作共赢为基本原则、以政策支持为有力保障、以学生实际获得为最终目标的优质资源整合新模式，推动优质资源实质性扩大取得阶段性成效。数据显示，70.6%高校支持中小学发展项目学校认为学校品牌显著提升，教师在教育理念、教材分析、教学方法方面提升最为明显；75%民办培训项目校认为有必要继续合作，外籍教师课堂学生在英语口语、听力和词汇水平方面进步明显。扩优改革项目引起社会各界广泛关注和认可，在项目调研中，88%项目校对项目实施评价在“满意”以上，中央电视台等主要媒体对改革成效报道60余篇次。

（向姣姣）

高校支持中小学发展项目范围扩大

2016年，市教委继续做好高校支持中小学发展工作。在原有基础上进一步扩大项目范围，新增中央美术学院、中国音乐学院、北京工商大学3所高校，支持高校达到26所；新增首都师范大学附属苹果园中学、北京工商大学附属小学等被支持中小学17所，被支持中小学达到56所。

（陈德时）

远郊区学生到城区学校游学

2016年，市教委继续推进远郊区学生到城区学校游学。来自门头沟、密云等5个远郊区34所学校的学生游学北京市广渠门中学、中国人民大学附属中学朝阳学校、北京市第二十中学等学校。市教委组织游学43批次，2000余名学生和100余名教师参加。参与游学的学校和学生从深山区扩大到浅山区，通过游学活动，让学生享受教育改革红利、丰富山区学生生活学习体验、锻炼和提升山区教师能力和眼界。

（陈德时）

初中生学农教育工作

2016年，市教委继续开展初中生学农教育活动。建立北京农业职业学院和中国农业机械化研究院昌平农机试验站2个市级学农教育基地，完成1.50万名学生学农任务，积极探索学生线上自主选课、线下自主管理劳动教育新模式，建立完善在线选课平台，开发实践课程130余门供学生自主选择。3月29日，市教委印发《关于委托北京农业职业学院做好学农教育工作的通知》，继续委托农职院承接北京市初中学生学农教育工作。6月17日，教育部、市委、市委教工委领导到农职院调研初中生学农教育工作。教育部领导肯定北京市学农教育工作，认为做到课程化、规范化，形成与学校教育密不可分、融为一体的教育模式，促进普职融通，成为首都基础教育改革又一大亮点，值得在全国推广。

（韩景毅　孙晓楠）

农职院承接北京市初中学生学农教育工作　（农职院 供）

民办教育机构参与中小学学科教学改革

2016 年，市教委继续推进民办教育机构参与中小学学科教学改革项目，13 家民办教育机构选派 600 余名教师进入 101 所项目中小学及周边辐射校，开展课堂教学和课外活动、分层辅导、学科教研、教材研发、教师培训等工作，累计 18 万课时，覆盖学生 4 万人。市教委委托北京师范大学对项目实施进行专业引领、日常管理和指导推进，组织培训 7 次，400 余人次参与；走进区、校实地调研 20 余次，涉及 20% 以上项目学校，实现项目区全覆盖；制定项目绩效评估办法及 4 大类 16 项考评标准。

（陈彦舟）

推进特殊教育事业发展

2016 年，市教委继续推进特殊教育事业发展。完成适龄未入学残疾儿童少年统计排查，针对应入学未入学适龄儿童逐一提出安置解决方案。推进融合教育发展，开展融合教育推进月活动，举办“北京市融合教育发展回顾与推进策略展望”系列研讨活动，总结融合教育发展“北京模式”。挖掘潜力，多种渠道增加特殊教育学位。指导盲人学校开展自闭症学部筹建准备工作。与市残联合作开展以政府购买服务方式安置自闭症学生入学前期调研工作。试点与市残联合作以政府购买服务等方式为特教学校配备社会工作者。

（张琳）

多举措支持民族教育发展

2016 年，市教委多举措支持民族教育发展，促进教育公平。完善中小学民族团结教育常态化机制，开展第三批民族团结教育示范学校评选，命名民族团结教育示范学校 36 所。创新民族团结教育载体和方式，开展“中华民族一家亲，同心共筑中国梦”北京市学校民族团结教育成果展示主题活动。召开贯彻落实《学校民族团结教育指导纲要》培训暨经验交流会，推进民族团结教育在中小学开展。加强民族教育教学科研，研究制定《北京市民族教育科研“十三五”规划》，组织开展全国民族教育科研课题“提高学校民族团结教育针对性和实效性研究”研究工作，提高民族教育科研水平。启动第三届“胜利杯”民族教育进课堂中学教师教学大赛，提升教师队伍专业素质。强化内地民族班教育管理服务，健全工作机制，丰富教育载体，创新教育方式，进一步增强思想政治教育和民族团结教育工作的针对性和实效性，1357 名毕业生升入大学深造。组织内地民族班开展专项课题研究，参加教学大赛、优质课和优秀教育论文评比活动，不断提升内地民族班的教科研水平。定期组织内地民族班管理干部交流考察、研讨座谈，交流办学经验，共享办学成果。

（陆小红）

5 月 7 日，市民族教育学会举办北京市学校民族团结教育成果展示主题活动　（市民族教育学会　供）

新增三类市级统筹招生

2016 年，市教委新增三类市级统筹招生计划：一是部分优质高中招生计划定向分配到部分边远山区初中校的招生计划（简称“乡村计划”）；二是部分优质高中开展初三及高中学段人才贯通培养试验的招生计划（简称“1+3”培养试验），面向城六区一般初中校实施，学生在初二年级结束后进入试验校，连续完成初三及高中共 4 年学习；三是校额到校招生，针对 2015 年中招升入优质高中比例低于 30% 的一般公办初中，采用定向分配到校的方式补足名额到 30%，考生按照本校分配的名额和中考成绩校内排队录取。市教委坚持增量推进、精准投放，优质高中招生计划名额分配比例由上年 40% 左右提高到 50% 左右，确保每所初中校学生升入优质高中机会比例不低于该校当年具有升学资格人数 30%，优质高中计划分配和招生录取精准度大幅提高，增加郊区及一般初中校学生升入优质高中机会。

（张琳　周晓宇）

“遨游计划”课程创新展示活动

1 月 8 日、5 月 20 日和 6 月 16 日，市教委、北京教育科学研究院联合举办“遨游计划”课程创新展示活动 3 次。1 月，举办北京市落实义务教育新课程计划系列研讨会（八）暨“遨游计划”课程创新展示活动，围绕“中国立场，国际视野”主题，分为课题展示、大会集中、领导讲话 3 个环节。来自各区教委、学校及天津、青岛、洛阳友好学校的相关领导、教师 400 余人参加活动。5 月，举办北京市落实义务教育新课程计划系列研讨会（十）暨“遨游计划”课程创新展示活动，围绕“基于儿童、立足素养、自主成长”主题，分为教学研讨、平台展示、多元对话 3 个环节。教育部、北京教科院、北京教育学院、北京师范大学等单位相关领导专家，16 个区及燕山地区“遨游计划”项目校教师代表等 300 人参加活动。6 月，举办北京市“遨游计划”项目课程创新展示活动暨北京市义务教育课程新课程计划系列研讨会（十一），围绕“心忧天下，启智扬长”主题，分为特色课程展示、学生综合实践活动展示、集中研讨 3 个环节。中国教育科学研究院、北京教科院、教育学院、各区教委相关领导专家，“遨游计划”项目校相关负责人及教师代表等 300 余人参加活动。

（武泽钰）

平谷与三校签约合作办学

1月19日、2月23日和10月10日，平谷区教委分别与北京第二实验小学、北京实验学校（海淀）和北京第一师范学校附属小学签订合作办学协议。与实验二小协议规定，将平谷区第九小学改建并更名为北京第二实验小学平谷分校，实验二小负责提供教育品牌，并按照实验二小模式确定平谷分校定位及发展愿景，平谷分校纳入实验二小教育集团统一管理。学校于3月9日揭牌。与北京实验学校（海淀）协议规定，双方就合作学校管理体制机制、办学目标和双方的权利义务等达成一致，通过开展各种教育改革综合实验，使北京实验学校附属幼儿园、北京实验学校附属小学、北京实验学校附属中学、北京实验学校（平谷）办学特色鲜明，学生综合素质明显提升。协议有效期6年。与一师附小协议规定，区教委将北京第一师范学校附属小学平谷分校、平谷区大兴庄中心小学（含所属三福庄小学、大兴庄幼儿园）委托一师附小统一管理，区教委监督和考核管理一师附小平谷分校、大兴庄中心小学办学情况，两所学校保持独立建制，具有独立法人资格，一师附小对被委托学校实行学区化管理，学区管委会有权统筹管理学区内各成员校人力资源、设施设备资源以及教育教学资源。协议有效期6年。

（张东安　吴玉仙）

10月10日，平谷区教委与一师附小签约合作

（平谷区教委 供）

密云与顺义结成优质资源开发联盟

1月20日，密云区教委与顺义区教委结成跨区优质资源开发联盟，启动“区域异地优质资源协作开发”合作项目。两区中小学生将实现社会大课堂实践活动优质资源跨区共享，拥有更多实际获得。两区教委决定成立区域异地优质资源协作开发工作组织机构，确定从传承中华传统文化、了解农业发展史、非物质文化遗产传承、现代农业观光、爱国主义教育等方面开展学生大课堂实践合作交流工作。

（黄维国）

东城与平谷合作办学签约

2月26日，东城区教委与平谷区教委签订合作办学暨平谷中学纳入北京市广渠门中学教育集团管理协议。根据协议，平谷区教委将北京市平谷中学、平谷区第三中学、平谷区第一小学和平谷区第三小学委托广渠门中学教育集团统一管理，合作期限为2016年2月至2022年2月。平谷区教委监督和考核管理4所学校办学情况，4所学校保持独立建制，具有独立法人资格。平谷区教委按照人才引进相关政策支持广渠门中学教育集团面向全国招聘特级教师或省级骨干教师，服务于4所学校教育教学工作。

（李银姬　张东安　吴玉仙）

协同创新学校计划启动

4月9日，北京教育学院举办“协同创新学校计划”启动会暨主题论坛活动。该计划以整校或整学科推进的方式，面向对接的农村学校和城区普通学校，滚动实施3年，从培养学生核心素养的要求出发，围绕学校办学和教育教学中的实际问题，开展市区校合作式研修；旨在服务于首都基础教育综合改革和发展的需要，服务于中小学及幼儿园校长、园长、教师的专业发展。是年，开展专题115个，对接项目学校195所，涉及16个区及燕山地区，参与教师3784人。项目学校以郊区学校为主，城区以普通学校为主。9月20日，教育学院举办2016年国际学校实践研修项目开班仪式，并于10月至11月在北京新加坡国际学校、北京德威国际学校、北京乐成国际学校、北京顺义国际学校、北京加拿大国际学校、北京耀中国际学校6所国际学校开展分组实践。该项目是“协同创新学校计划”专题项目之一，教育学院及昌平、顺义“协同创新”项目学校教师33人分组进入6所国际学校访学。

（刘琳）

4月9日，教育学院启动“协同创新学校计划”

（教育学院 供）

安全专家走进实验室

4月11日，市教委联合市安监局启动“安全专家走进实验室”活动。活动走进16个区，从制度建设、管理、落实情况和人员配备情况，设施用电安全和消防安全，危险化学药品的使用、储存和废弃化学药品处置及排风设施3个方面排查初高中理化生实验室和通用技术教室安全隐患。活动持续1个月，聘请安全专家181人次，服务学校50所，检查理化生实验室和通用技术教室200余间、化学品存放场所120余个，发现安全隐患500余项并提出落实整改意见，为

150 名专兼职实验员解答实验室日常运行和安全管理难题。

（陆小红）

怀柔平谷名师工作室互动交流

4 月 20 日，怀柔区名师工作室与平谷区名师工作室举办“聚焦课堂 结伴同行”互动交流活动。怀柔区第三小学教师展示识字课 1 节，突出学生主体性，体现生态课堂理念；怀柔区名师工作室教师作《带着目标和需求参与学习构建生态课堂——小学低年级识字教学的研究》专题讲座。11 月 3 日，平谷区乔静敏名师工作室教师一行 15 人到访怀柔三小，与怀柔三小名师工作室、骨干教师工作室联合举办作文教师研讨活动。平谷区 2 名教师做作文教学课 2 节；特级教师乔静敏作讲座。两区名师工作室成员及骨干教师 60 人参加活动。

（缐金秋　朱凌霞）

第六届书香燕京阅读指导活动

4 月 21 日，市教委启动第六届“书香燕京——北京市中小学阅读指导活动”，活动历时 6 个月。具体内容有，开展名家进校园活动；成立中国文化读书社；举办两期中小学图书馆员专题文献制作技能培训班和中小学图书馆阅读指导技能培训班；采购数字图书资源，服务教育教学改革和师生学习发展；开展主题征文活动，收到 16 个区 632 所学校师生征文 13.70 万篇，评出一等奖 1586 篇、二等奖 4830 篇、三等奖 8062 篇。活动评出区级组织工作先进单位 15 个，区级组织工作先进个人 59 人；学校组织工作先进单位 266 个，学校组织工作先进个人 586 人，优秀辅导教师 1351 人；区级突出贡献奖 7 个，中小学校突出贡献奖 70 个；书香校园风采奖 17 个。活动由北京市教育技术设备中心承办。

（陆小红　赵文强）

11 月 3 日，怀柔区名师工作室与平谷区名师工作室互动交流　（怀柔区教委 供）

数字校园星级学校评估

5 月 19 日，市教委召开 2016 年度中小学数字校园星级学校评估工作部署暨应用培训会。会议发布《2015 年度基础教育信息化发展报告》，报告指出首都基础教育信息化向常态化纵深发展的趋势及其在基础教育综合改革进程中发挥的支撑作用。会议部署 2016 年基础教育信息化工作，工作重点包括提升基础教育信息化集约保障能力、推进数字化资源整合开发与应用、凸显信息技术对基础教育综合改革的支撑力度、推进优质在线教育服务广泛覆盖和在线教育服务、形成信息技术与教育教学融合新常态。会议进一步巩固和深化数字校园建设应用成果，引领全市中小学从核心业务角度聚焦信息化应用情况和实际效益，关注技术与业务创新融合。各区教委、区信息化主管部门相关负责人，以及全市 100 所中小学数字校园实验校校长参加会议。

（李磊　孙晓楠）

5 月 19 日，市教委召开中小学数字校园星级学校评估工作部署培训会　（信息中心 供）

翱翔科学论坛物理与地球科学领域论坛

5 月 24 日，北京教育科学研究院、北京青少年科技创新学院共同举办第八届北京青少年翱翔科学论坛物理与地球科学领域论坛。论坛设 9 个分论坛，8 所物理领域基地校、2 所地球科学领域基地校的 99 名第八批“翱翔计划”学员在高校和科研院所、生源学校和基地学校教师共同指导下，在 9 个分论坛进行答辩和作品展示，汇报交流探究作品 82 篇，80 余名第九批学员现场聆听。来自高校、科研院所的院士、教授作为专家评委评审成果，并与答辩学员对话互动。通州区潞河中学、北京市京源学校和北京汇文中学分别在中午时段举办“物理领域翱翔特别论坛——YPT 青年物理学家锦标赛展示”“地理领域翱翔特别论坛——厄尔尼诺是敌是友？”，邀请全体第八批和第九批翱翔学员分享翱翔成长故事活动。“翱翔计划”实践基地高校、科研院所相关负责人，第八批、第九批翱翔学员及家长代表，媒体记者及大学生志愿者等近400人参加论坛。

（朱娜　武欣）

“一师一优课、一课一名师”推进会

6月2日，市教委召开“一师一优课、一课一名师”活动工作推进会。会议表彰“一师一优课、一课一名师”活动中表现突出的先进区5个、先进个人43人。年内，1710所学校18309人次参与活动，晒课节点（知识点）5822个，12286节，课堂实录7539节，课程涉及学科40余个，推出市级优课3660节。活动旨在以应用为导向，以资源共享为纽带，以教师课堂应用为中心，创新教育教学模式和方法，推动信息技术与教育教学深度融合，提高教育质量，使每名中小学教师能够利用信息技术至少上好一堂课，使每堂课至少有一名优秀教师能够利用信息技术讲授。

（李磊）

“一师一优课”在线教研活动全国直播

（信息中心 供）

基础教育装备产品质量专项检查

6月8日至7月14日，市教委联合市质监局、市工商局、首都标准化委员会办公室在全市中小学开展基础教育装备产品质量专项检查工作。检查以塑胶跑道、校服、文具等与学生身体健康密切相关的基础教育装备产品质量情况为重点，完成《北京市关于开展基础教育装备产品质量专项检查工作的情况报告》，报告从主要工作情况、存在的主要问题、下一步工作思路3个方面阐述全市基础教育装备工作情况。

（陆小红）

中央美院与顺义签约合作

6月17日，中央美术学院与顺义区政府签订战略合作协议。根据协议，双方将进一步释放战略资源优势，形成共赢发展的战略局面，发挥中央美院艺术与设计领域优势，提升中央美院在城市创新、艺术、设计方面的学术与教育顶层水平，助力顺义区建设创新城市、艺术城市、设计城市、品质城市、幸福城市，实现顺义区转型升级和中央美院核心发展。

（李程）

中小学教材清查

6月，市教委开展中小学教材清查工作。市教委联合市委宣传部、市民委、市社科院、市社科规划办、市思想政治研究会等单位，甄选600余名专家、骨干教师、一线校长组成教材清查专家组，对全市中小学使用的国家、地方和校本课程教材进行全学段、全学科清查，历时1个月，清查教材4359册。通过全面清查，进一步加强北京市中小学教材建设与管理。

（张代龙）

教科研部门支持中小学发展项目接受评估

6月至10月，教育综合改革重点项目“市区教科研部门支持中小学发展项目”接受市级绩效评估。此次绩效评估由市财政局委托第三方北京致同会计师事务所进行，评估2015年项目绩效目标完成情况。市教委组织协调城六区10所项目学校和11个教科研部门开展自评和迎接评估准备工作，对项目绩效目标完成情况进行全面梳理和统计测评，形成项目绩效报告。评估结果为良好。

（韩景毅）

改进初中生综合素质评价工作

7月5日，市教委印发《关于加强和改进初中学生综合素质评价工作的实施意见（试行）》。实施意见提出初中学生综合素质评价坚持育人为本、过程积累、客观记录和有效应用原则；明确思想道德、学业成就、身心健康、艺术素养、社会实践和个性发展6个方面的评价内容。初中学生综合素质评价以客观记录反映学生综合素质的代表性、关键性事实为主要方式，评价结果主要应用于改进教育教学、明确发展目标、纳入中考评价3个方面。实施意见自8月5日起施行，在2016年秋季入学的七年级全体学生（含五四学制六年级学生）中适用并逐步滚动至全体初中学生。7月7日，市教委、北京教育科学研究院联合召开北京市初中学生综合素质评价工作培训和部署会，对综合素质评价实施过程中的有关操作问题进行说明。市教委领导，各区教委、区教科研部门、区教育信息部门相关负责人，以及全市初中校长620余人参加会议。

（向姣姣　卢迪）

工商大学与房山合作办学理事会成立

7月13日，北京工商大学召开与房山区政府合作办学理事会成立大会暨第一次理事会会议。会议表决通过《北京工商大学与房山区人民政府合作办学理事会章程》，选举第一届理事会成员并聘任合作办学工作办公室成员；总结工商大学与房山区政府合作办学的优势。房山区教委主任，工商大学相关负责人，工商大学附中、附小校长等 17 人参加会议。

（杨蓉　杨巧明）

基础教育系统自制教具展评

9 月 6 日，市教委公布 2016 年北京市基础教育系统自制教具展评活动评选结果。评出一等奖 35 件、二等奖 49 件、三等奖 93 件，先进个人 5 人；石景山区获团体总分第一名，丰台、房山、昌平 3 个区并列团体总分第二名，朝阳区获团体总分第三名，东城区等 18 个参评单位获优秀组织奖。该活动于 1 月 28 日启动，市级展评活动以各区教委（相关单位）为参评单位，评选范围为中小学各学科教学中使用的，由教师或学生自己设计制作的自制教具，按作者分为教师作品和学生作品，按所应用学段分为小学作品和中学作品。根据《2016 年北京市基础教育系统自制教具展评活动评选办法》，在对 19 家参评单位上报作品进行初审基础上，通过观看演示、问询答辩、专家评议等程序评出最终结果。根据评选结果向第九届全国优秀自制教具展评活动推荐 20 件作品、5 名教师参评。20 件作品全部获评优秀作品，2 名教师获优秀自制教具能手称号。

（陆小红）

开放性科学实践活动成绩计入中考

10 月 20 日，市教委、市财政局联合印发《北京市初中开放性科学实践活动项目管理办法》。管理办法提出初中开放性科学实践活动为全市七、八年级学生提供优质、多元、丰富、生动的合作探究式实践活动，满足学生个性化、多样化发展需求；要求七、八年级学生每学期参加 5 次活动，按任务单要求完成 1 次活动计 1 分，2 个学年累计应参加活动 20 次，满分 20 分，并指出学生参加活动累计分数，中考时计入物理、生物（化学）科目原始成绩。年内，市教委继续实施初中开放性科学实践活动，通过政府购买服务方式，整合高校、科研院所、科普场馆、社会团体、企业等各类单位优质科技教育资源，吸引包括北京大学、清华大学、中国科学院心理研究所等 453 家单位，围绕物理、化学、生物等学科开发涵盖电子与控制、健康与安全、结构与机械、能源与材料、数据与信息、自然与环境六大领域活动项目 1992 个，为全市 18 万名七、八年级学生提供科技教育服务，累计 125 万人次，全面提升学生创新精神和动手实践能力。

（赵以文　孙晓楠）

优秀师生电脑作品表彰

10 月 31 日，市教委表彰第 17 届中小学师生电脑作品评选活动优秀作品和代表。167 支代表队参加竞赛，收到电脑作品 3185 件，其中，学生作品 1364 件、教师作品 1821 件。评出获奖代表队 94 支，获奖作品 1800 件，其中，学生获奖作品 545 件、教师获奖作品 1255 件。

（李磊）

外籍教师参与中小学英语教学说明会

11 月 16 日，北京市国际教育交流中心召开外籍教师参与北京市中小学英语教学说明会。会议以外教聘请使用经验分享、中外教配合教学为主题的两场项目交流研讨会为主，同时邀请相关专家探索制订外籍教师聘用管理流程，并明确规范管理过程中的工作细则。北京市外籍教师参与中小学英语教学改革项目于 2015 年启动。至年底，中心组织 150 余所项目校开展项目培训会，邀请市外专局及出入境管理局专家，就外教出入境及外教使用相关政策和手续办理程序等内容进行专题培训。

（郑静慧）

年度课程改革总结会

11 月 23 日，市教委、北京教育科学研究院联合召开 2015—2016 学年度基础教育课程改革总结交流会。会议围绕“关注新中高考，深化课程改革”主题，系统总结全市 2015—2016 学年度课改重要成果，部署 2016—2017 学年度工作；表彰 2015—2016 学年度基础教育课程改革优秀课堂教学设计、优秀课改论文等工作先进单位和先进个人，北京市基础教育课程建设先进单位、课程建设优秀成果，第三届原创优质课程辅助资源评选获奖个人。朝阳区教委、通州区教委、清华大学附属中学分别围绕培育和践行社会主义核心

2016 年，市教委继续实施初中开放性科学实践活动
（市教委相关处室 供）

价值观、区域课程整体设计、综合素质评价等主题作典型发言。市、区两级教育行政部门、教育督导部门、教科研部门负责人，各中小学校长和教师代表 500 人参加会议。

（赵以文　武泽钰　孙晓楠）

数字校园实验校应用与绩效评估

11 月 23 日至 24 日，市教委召开北京市中小学数字校园实验校应用与绩效评估现场评审会。市教委组织专家评审小组，重点评估学校数字校园建设与应用取得的实际效益、学校数字校园可持续发展能力、学校数字校园建设与应用的特点与创新点等。全市 61 所学校参加评审，评定五星级学校 20 所、四星级学校 22 所、三星级学校 19 所。

（李磊）

“遨游计划”课程改革成果现场会

11 月 29 日，市教委、北京教育科学研究院联合举办“遨游计划”课程改革成果现场会。活动围绕“读懂学生 提升实际获得感”主题，通过开放课堂、汇报学校相关工作开展情况、组织参观考察等形式展示朝阳区白家庄小学课程改革创新成果。活动以儿童学术启蒙视角，展示基础课程、拓展课程、定制课程、主题课程 4 类 26 节示范课。参加活动的领导专家肯定该校在顶层建设、课程创新、探索实践等方面的成果，同时提出建议和针对下一阶段建设的指导意见。北京教科院、朝阳区教委等单位领导，北京师范大学教授及各区教师代表 200 人参加活动。

（李瑞霞）

课程自主创新与制度重建主题研讨会

12 月 6 日，市教委、北京教育科学研究院联合召开“课程自主创新与制度重建”主题研讨会。会议分为课堂展示和主论坛两部分。北京市第三十五中学校长分享该校课程改革成果和课程建设经验；北京师范大学教授点评三十五中课程创新成效。三十五中开放课程 48 节、举办主论坛 1 个和分论坛 3 个、展示学生社团活动 33 个，供参会人员观摩学习。教育部、市教委、北京教科院等单位领导专家，北京市高中自主课程实验学校、“遨游计划”实验学校相关负责人，16 个区教委及燕山教委相关负责人及部分学校教师代表，天津、浙江教育同行 600 人参加会议。

（武泽钰　孙晓楠）

学校文化建设示范校创建成果总结

12 月 15 日，市教委举办北京市第三批中小学学校文化建设示范校创建活动总结暨“激发文化原力 提升办学品质”主题研讨交流会。会议总结第三批中小学学校文化建设示范校创建工作，并全面回顾学校文化建设示范校创建历程。通州区芙蓉小学、北京市同文中学、北京市第五十五中学等 6 所学校分别发言并介绍经验，华东师范大学教授和北京教育学院副院长

12 月 15 日，市教委举办北京市第三批中小学学校文化建设示范校创建活动总结交流会　（市教委相关处室 供）

进行点评指导。各区教育行政部门负责人，以及 250 所中小学校校长参会。2013 年起，市教委持续开展中小学学校文化建设示范校创建活动，认定学校文化建设示范校 3 批 516 所。

（陈德时）

为百万师生提供在线学习服务

12 月 16 日至 21 日，北京市启动空气重污染红色预警期间，北京教育科学研究院数字学校为中小学师生提供在线学习服务。数字学校全年累计访问量 633.80 万次，用户 100.60 万人访问。其中，云课堂浏览量 217.60 万次，师生 36.10 万人开展在线教学活动；歌华有线电视“数字学校”专栏访问量 416.20 万次，64.50 万人点播学习课程。

（沈俊楠）

小学教育

小学劳技教师技能培训与展示

1 月 12 日，市教委举办北京市小学劳技教师技能培训与展示活动。活动包括培训与展示两部分，分市、区、校 3 个层面。展示分为基本技能展示和创意展示，基本技能展示主要有金工、木工、陶工、编制、纸工 5 个科目，创意展示主要展示方案设计及实施。活动历时半年，完成各级培训近 1000 人次，选拔 120 人参加市级基本技能展示、59 人参加创意展示。基本技能展示中，36 人获一等奖、48 人获二等奖、36 人获三等奖；创意展示中，18 人获一等奖、24 人获二等奖、17 人获三等奖。活动与北京市教育学会共同主办。活动同时举办第五届“书香燕京——北京市中小学阅读指导活动”总结表彰会。

（陆小红）

密云小学生阅读综合实践活动

1 月至 2 月，密云区教委组织开展“古诗词中的传统节日 美丽少年的中华情怀”主题阅读综合实践活动，通过诵读

11月25日，第四届“京山杯”小学教育论坛活动在大峪二小举办　　（门头沟区教委 供）

与中国传统节日相关的古典诗词和故事、查阅相关资料、生成研究成果等方式，引导学生走进国学经典、感受中华优秀传统文化，推进小学“阅读与表达提升工程”。全区小学生形成微视频、手抄报、电子报刊、原创诗词、PPT等多种形式的研究成果15152件，其中540件研究成果参加区级展示。

（黄维国）

密云家风家训故事征集活动

2月，密云区教委开展“晒晒我家的家风家训故事”征集活动。活动面向全区小学生及家长，在校级评选基础上，收到优秀征文317份，评出一等奖24人、二等奖48人、三等奖117人。活动利用“家风家训”这一有效教育载体，引导广大师生、家长树立良好家风，传承家庭美德。

（黄维国）

通州视导45所农村完小

4月22日，通州区教委完成对全区农村完全小学的视导工作。此次视导面向11个乡镇45所农村完全小学，视导组通过听取汇报、检查档案材料和现场听课等方式检查视导管理与教育教学状况，采取现场口头和后期书面相结合的反馈形式。通过视导发现，各乡镇中心小学对下辖完小管理统一、规范，各完小在中心校的办学理念引领和统一管理下注重因地制宜并进行特色发展，完小内部管理有序、师生精神面貌俱佳、学生社团活动丰富多彩，学生的综合素质得到全面提升、个性发展得到彰显。区教委小教科从城区小学抽调10余名优秀干部与小教科负责人组成视导小组，于2015年6月开始视导工作。

（韩晓峰）

西城小学师生阅读计划研讨会

4月27日，西城区教委召开小学推进师生阅读计划研讨交流会。会议主题为“阅读·成长·精彩”，分为会议交流和实地观摩两部分。会议交流部分以观看短片的形式，梳理和回顾西城区小学师生阅读计划的经验与成效。北京小学走读部、西城区进步小学校长分别作大会发言；西城区五路通小学校长、干部教师及家长代表以现场访谈的形式分享学校阅读引领师生发展的思考。交流结束后，参会人员走进五路通小学，观摩阅读活动展板，了解学校阅读工作理念和活动成果；并通过走进师生阅读活动、家长讲堂、阅读欣赏课等形式，实地观摩该校“共读《三国》悦读成长”第二届读书节。全区各小学校长、德育干部、教学干部150人参加活动。

（谢歆）

小学家长慕课专题实验

9月至12月，北京市网上家长学校开展小学四年级至六年级家长慕课专题实验。网上家长学校通过家长需求调查和科学研究，遴选出各年级学生家庭教育关键点，组织家庭教育专家和优秀小学教师，设计开发小学四年级至六年级家长慕课课程。截至12月，开发学生身心发展特点、习惯养成、自理能力等多个主题的家长慕课课程30门，录制微课364节。

（刘韬）

“京山杯”小学教育论坛

11月25日，怀柔、平谷、房山、门头沟区教委联合举办第四届“京山杯”小学教育论坛活动。活动围绕“聚焦课堂 立德树人 提升质量”主题，分为校长代表发言、专家点评、现场听评课和专家讲座4个部分，引导基层学校透过课堂研究深化核心价值观教育，提高学科育人实效性，推动育人品质提升，提高学校办学质量。平谷、怀柔、房山、门头沟区教委领导及各小学校长300人参加活动。

（李执）

小学英语“酷听说杯”文艺会演

12月24日，北京教育科学研究院联合北京大学附属小学举办2016年“酷听说杯”北京市小学生英语文艺会演。会演由18个以团体形式参演的短剧类节目和18个以个人形式参演的故事类节目组成。来自16个区及燕山地区的小学生151人参加演出。会演经过海选和区级展评2个选拔阶段。海选阶段，选手通过朗读酷听说北京版APP中的同步英文绘本，获取系统判分，再结合课堂表现等因素进行人工判分，综合 2 项评分后由教师挑选出参加区级展评的选手。选手通过各区教研室组织的区级展评选拔后，最终参加市级文艺会演。

（沈俊楠）

中学教育

首次跨区域高中特色发展联盟活动

3 月 30 日，市教委、北京教育科学研究院主办的北京市跨区域高中特色发展联盟首次活动在延庆举办。活动听取北京师范大学教授题为《学校多样化、特色化、个性化》的报告，介绍学校多样化发展存在的问题、实现多样化发展的路径和国外基础教育多样化发展经验。北京市第十九中学校长作《制定实施〈发展规划〉，特色项目促进落实》专题报告，“高中特色发展试验”项目组从价值、载体、保障和成果等层面进行指导。活动组织观摩延庆区第五中学课堂教学。项目组专家及丰台、延庆等区干部教师 30 人参加活动。是年，市教委组建 10 个跨区域学校发展联盟，十九中与延庆五中结成联盟学校。

（赵文新）

高中生物教师实验技能培训与展示

4 月 7 日，市教委在全市普通高中启动生物教师实验技能培训与展示活动。活动旨在提高高中生物教师动手能力和创新能力，促进教育内涵发展和质量提升。活动历时 8 个月，1500 名高中生物教师和实验员参加市、区两级培训，选拔 109 人参加市级展示活动，其中，70 人参加教师组展示、39 人参加实验员组展示。教师组展示中，18 人获一等奖、25 人获二等奖、27 人获三等奖；实验员组展示中，11 人获一等奖、13 人获二等奖、15 人获三等奖。活动由市教委和北京市教育学会主办，北京市教育技术设备中心承办，北京教育科学研究院协办。

（陆小红）

普通高中第二届学生技术设计展示活动

5 月 29 日，北京教育科学研究院举办北京市普通高中第二届学生技术设计展示活动。活动设初级、中级、高级 3 个组别，9 个给定题目和 3 个自设题目的创意设计展示项目，13 个区 39 所学校 167 个作品参赛。最终，评出一等奖 62 个、二等奖 67 个、三等奖 38 个。全市 300 名师生参加活动。

（沈俊楠）

初中开放性科学实践活动展示与交流

11 月 24 日和 12 月 7 日，北京教育科学研究院分别举办北京市初中开放性科学实践活动展示与交流现场会和北京市初中化学学科开放性科学实践展示与交流活动。现场会主题为“落实科学实践活动，提升学生核心素养”，分课堂教学及评课、学生实践成果展览和大会交流 3 个部分，课程涉及小学科学和中学物理、化学、生物、地理 5 个学科，共计 16 课时，16 个区及燕山地区教师 300 余人参加活动。化学学科开放性科学实践展示与交流活动分现场课观摩、区域经验交流和专家点评 3 个部分，课程包括初二实践活动和化学 2 个学科，共计 6 课时，全市各区化学教研员及教师代表、初二实践活动课教师 120 人参加活动。

（沈俊楠）

初中综合社会实践活动展示交流会

11 月 30 日，市教委、北京教育科学研究院共同举办北京市初中综合社会实践活动展示与交流研讨会。北京市广渠门中学全面介绍学校推进初中综合社会活动的经验，并进行《聚焦南水北调 珍惜生命之源》综合社会实践活动展示。东城区教委、北京市陈经纶中学分校、北京市高井中学、通州区潞河中学、顺义区仁和中学分别从区、学校、教研组 3 个层面就组织推进初中综合社会实践活动情况交流经验。会议为在 2016 年全市初中综合社会实践活动方案和任务单评选活动中获优秀奖的学校和教师颁奖。会议总结初中综合社会实践活动推进阶段性成效，并给出改进建议。市教委相关处室负责人、北京教科院教研员，16 个区教委有关科室、区教研部门负责人及部分教研员和骨干教师代表 270 人参加会议。2015 年，市教委启动实施初中综合社会实践活动，2015—2016 学年度，8.70 万名学生，82.40 万人次参与活动。

（向姣姣）

民族教育

内高班教育教学推动课题研讨会

1 月 7 日至 8 日，市教委召开“北京市内地西藏、新疆高中班教育教学工作推动”课题研讨会。北京市民族教育学会会长作《如何抓好内地民族班办学工作》辅导报告，中央民族大学专家作《西藏、新疆民族政策缘起与演进》专题讲座，中国人民大学教授汇报课题进展情况。市教委相关处室负责人，民族教育专家及 17 所内地民族班办班学校主管领导 23 人参加会议。

（陆小红）

内高班与普高教育相关课题研讨

1 月 12 日，市教委组织召开“内地新疆高中班与本地普通高中教育比较及一体化过程的研究与实践”课题及“三史”教育研讨交流培训工作会。会上，通州区潞河中学作为课题牵头学校通报课题进展情况。会议布置下一步工作，参会人员研讨课题下一步如何开展；市教委聘请新疆工业高等专科学校教授对“三史”教育课程教学进行专题辅导。市教委相关处室负责人、11 所内地新疆高中班办班学校主管领导、“三史”课教师代表 30 人参加会议。

（陆小红）

全国青少年民族团结教育研究中心成立

3 月 18 日，全国青少年民族团结教育研究中心在中央民族大学揭牌成立。中心由团中央依托民大建设，负责团结青少年民族团结教育相关领域理论和实践工作者，组织开展科学研究、学术交流、干部培训和主题活动工作。中心设工作指导委员会和学术指导委员会，主要开展各民族青少年民族团结教育交流活动、民族地区青年团干部教育培训、青少年民族团结教育课题研究工作。

（周翊兰）

民族团结教育成果展示主题活动

5 月 7 日，北京市民族教育学会举办“中华民族一家亲，同心共筑中国梦”北京市学校民族团结教育成果展示主题活动。活动中，35 所“北京市民族团结教育示范学校”展出展板 144 块；30 所学校设立展棚展示民族工艺、民族体育、手工制作、书法篆刻、非遗等 40 个项目；来自 20 所学校的学生参加民族歌舞、民族体育展演。活动还举行《民族团结教育丛书》赠书仪式和“民族团结教育实践基地”揭牌仪式。国家民委科技教育司、教育部民族教育司、市人大、市政协、市教委、市民委、中央民族干部学院等单位领导，全市 90 所学校的师生及各界代表 3200 人参加活动。

（王振清　陆小红）

5 月 7 日，市民族教育学会举办北京市学校民族团结教育成果展示主题活动　（市民族教育学会 供）

36 所学校成为第三批民族团结教育示范校

12 月 16 日，市教委、市民委联合印发《关于命名北京市民族团结教育示范学校的通知》，命名 36 所学校为第三批北京市民族团结教育示范学校。41 所学校申报，市政府督学和民族教育专家组成的评选工作小组进行初评，39 所学校通过初评；再通过听取各区教委和学校工作汇报、访谈、查阅档案资料和查看校园等方式，确定 36 所学校入选。评选工作开始于 4 月 27 日。

（陆小红）

北京市民族团结教育示范学校名单

北京市民族团结教育示范学校名单
中央工艺美院附中艺美小学
北京市东城区天坛东里小学
北京景山学校
北京市文汇中学
北京市西城区师范学校附属小学
北京市西城区宏庙小学
北京市第七中学
北京市朝阳区万子营民族小学
北京第二外国语学院附属中学
北京工业大学附属中学
首都师范大学附属小学
北京市海淀区五一小学
北京市海淀区第二实验小学
中央民族大学附属中学
北京市丰台区新发地小学
北京市第十中学
北京市石景山区实验小学
北京市门头沟区妙峰山民族学校
北京市大峪中学
北京市房山区良乡镇官道中心小学
北京市房山区房山第五中学
北京师范大学良乡附属中学
北京市通州区民族小学
北京市顺义区后沙峪中心小学校
北京市昌平区城北中心小学
北京市昌平区十三陵中心小学
北京市昌平区西贯市回民小学
北京市大兴区庞各庄镇第一中心小学
北京市平谷区第二小学

北京市怀柔区长哨营满族乡中心小学
北京市怀柔区杨宋镇中心小学
北京市密云区古北口镇中心小学
北京市密云区第二中学
北京市延庆区太平庄中心小学
北京市延庆区永宁学校
北京师范大学燕化附属中学

（陆小红　孙晓楠）

中小学管理干部民族政策专题研修班

12月27日至29日，市教委、市民委联合举办北京市中小学管理干部民族政策专题研修班。研修班举办《深刻领会习总书记重要讲话精神，进一步做好新形势下的民族工作》《解决民族问题：在国际比较中坚定自信》《构筑各民族共有精神家园》《多民族国情与民族团结教育》和《以问题为导向，以五大发展理念为指导，推动我市民族团结教育更加广泛深入开展》5个专题讲座。16个区教委及燕山教委主管民族教育工作的主任、科长，各区民宗办主管主任，内地民族班办班学校校长、主管校长，民族中小学校长，普通中小学校长代表200余人参加培训。

（陆小红　王振清）

特殊教育

怀柔培智学校与密云特教学校交流研讨

6月23日，北京市怀柔区培智学校与北京市密云区特殊教育学校共同召开交流研讨会。怀柔培智学校教师介绍学校发展历史和基本情况，展示音乐歌表演研讨课《蝴蝶找花》。两校共同探讨学校软硬件建设、康复器材使用、后勤建设等工作。两校干部教师10余人参加会议。

（任海明）

6月23日，怀柔培智学校与密云特教学校举办交流研讨活动
（怀柔培智学校 供）

两校合并组建健翔学校

8月31日，经市委教工委、市教委批准，北京市海淀区培智中心学校与北京市第三聋人学校合并，合并后学校更名为北京市健翔学校。海淀区委教工委、区教委任命原培智学校校长为健翔学校校长，原培智学校书记为健翔学校党总支书记。健翔学校一校两址办学，2个校区总占地面积1.19万平方米、建筑面积1.28万平方米，教职工201人；听障部招收6周岁及以上听力残疾儿童，涵盖九年义务教育段和职业高中段，开设小学课程16门、初中课程14门、高中课程10门，职业高中学制4年，开设美术、计算机、传统手工艺等专业课程；智障部招收6周岁及以上智力障碍学生，包括自闭症、脑瘫等残疾类型，开设课程11门，涵盖九年义务教育段和职业高中段，职业高中学制3年。海淀区培智中心学校始建于1990年；第三聋人学校始建于1958年，前身为北京市第三聋哑学校，1987年经市教委批准增设高中部，又名“北京市残疾人职业高中”，1997年更名为北京市第三聋人学校。

（赵连怡）

第四届职业技能大赛保健按摩师决赛

10月22日至23日，市人力社保局与市残联共同举办北京市第四届职业技能大赛保健按摩师决赛。比赛以“展技能风采、圆成才之梦”为主题，768名选手报名参赛，经过初赛、复赛选拔，68人进入决赛。参赛选手既有盲人也有视力健全人，既有在校生也有长期工作在一线的按摩师。决赛首次实现残疾人与健全人同台竞技，即采用同一规则、同一套试题、同一组裁判，彰显残健合一、公开公平的精神。为便于盲人选手顺利参赛，在保健按摩师理论考试中，专门为盲人选手印制汉文大字、现行盲文和双拼盲文3种试卷，根据国际惯例将盲人选手的考试时间延长1倍。北京市盲人学校12名学生参加决赛。

（薛梅）

海淀区特殊教育研究与指导中心成立

11月8日，北京市海淀区特殊教育研究与指导中心揭牌成立。揭牌仪式上，区教委汇报海淀区特殊教育及融合教育工作总体状况、取得成就及未来展望等，宣布海淀区特殊教育研究与指导中心正式成立；中心与北京康纳洲孤独症家庭支援中心签订开展专业培训的协议，组建特聘专家团队，并为16名专家颁发聘书。市特教中心、区委教工委、区教委、区政府教育督导室、区残联领导，国内外特殊教育领域专家学者、各学区主任、融合教育学校领导及教师、特殊教育学生及家长等300余人参加活动。8月，区机构编制委员会批复成立“北京市海淀区特殊教育研究与指导中心”。中心工作职能包括本区域特殊教育教学、科研、教师培训、资源开发和康复训练的组织统筹；对本区域随班就读工作的管理和指导，建立健全随班就读管理体系和服务机制。中心旨在为区域内有特殊教育需求的学生提供专

11 月 8 日，北京市海淀区特殊教育研究与指导中心成立
（海淀区教委 供）

业服务，中心占地面积 6699 平方米、建筑面积 5930 平方米，体育场（馆）面积 1480 平方米，人员编制 15 人。

（王秀琴）

非教育类辅助人员进校园服务试点工作

11 月 10 日，市教委印发《关于印发非教育类辅助人员服务试点方案的通知》，在北京市西城区培智中心学校、北京市朝阳区安华学校、北京市健翔学校、北京市东城区西总布小学、北京市崇文小学、北京市第二十四中学 6 所学校开展非教育类辅助人员服务试点工作，以政府购买服务方式将语言治疗师、行为分析师等专业辅助人员加入学校教学队伍，康教结合，解决义务教育阶段自闭症儿童的教育康复需求问题。该项目按照“部门主导，方向明确，学校自愿”原则，为各试点学校配备 1～2 名康复、心理、医疗或教辅人员，采取驻校方式为融合教育学生提供辅助性服务；旨在探索北京市残疾儿童少年义务教育阶段辅助性服务平台搭建方式，确立服务项目、内容及质量评估模式，以便在全市残疾儿童少年融合教育学校推广，全面提升残疾人教育整体质量。

（张琳）

远郊区特教教师发展体验式培训

至年底，市教委面向远郊区特殊教育学校骨干教师、教学管理干部和普通中小学资源教师开展专业发展体验式培训。培训采取全脱产方式，学员通过“一对一”跟班学习，融入基地学校各类教育教学活动中；全年举办 2 期，每期 15～20 周，累计培训学员 60 人。新增东城区特殊教育学校、西城区培智中心学校、北京市宣武培智学校、朝阳区安华学校和北京市健翔学校 5 所市级优质教育资源统筹中小学干部教师专业发展体验式培训基地校。

（张琳）

特教学校办学条件达标工程首轮建设完成

至年底，市教委完成特殊教育学校办学条件达标工程首轮建设。首轮建设完成后，全市特殊教育学校办学条件能够基本满足残疾儿童少年教育教学需求。该工程由市教委依据《特殊教育学校建设标准》和《北京市特殊教育学校办学条件标准》等文件要求启动实施，工程建设于 2013 年正式启动，旨在改善特殊教育学校办学条件，市教委每年投入专项资金 1 亿元。

（张琳）

小学选介

北京市东城区府学胡同小学

2016 年，北京市东城区府学胡同小学分三址办学，分别为府学校区、香饵校区和东四十四条校区，3 个校区总占地面积 2.10 万平方米、建筑面积 1.72 万平方米，运动场地面积 0.61 万平方米。图书馆藏书 10.10 万册。固定资产总值 7241.22 万元，包括教学仪器资产值 3601.14 万元；全年教育经费投入 6288 万元。学校信息化经费投入 200 万元，拥有计算机 780 台，校园网出口总带宽 50Mbps，数字资源量 65GB，“信息技术”课程 0.5 课时 / 周。普通教室 76 个、专用教室 28 个。教职工 234 人，其中，高级职称 22 人、中级职称 126 人。专任教师 188 人，包括特级教师 1 人、北京市骨干教师 5 人、北京市学科教学带头人 1 人；本科及以上学历 206 人。开设教学班 75 个。毕业 455 人、招生 521 人、在校生 3034 人。2016 年 10 月 8 日，学校一年级 14 个班 521 名学生入驻低年级部东四十四条校区。

2016 年，学校坚持育人为本，全力促进府学优质教育资源带同步发展。同时，不断推进与府学胡同小学朝阳学校一体化管理与发展。启用“府学优质教育资源带办公平台”，各校区教师通过平台随时随地办公；以教学改革为契机探索“双核（核心价值观 + 核心素养）时代”学生素养的濡化与涵养，在完善国学、体育文化校本课程的基础上，努力打造“学府式府学”博学课程，研发《品味数学中的文化味——小学数学教材背后的数学文化》《语文绘本课程》《英语绘本课程》等校本教材；落实“学院制”综合改革，为全体学生打造丰富多彩的综合实践课程；以“府学优质教育资源带五节”（体育节、艺术节、读书节、科技节、英语节）为契机，让学生的品德和习惯在传统文化中涵养，在校园节庆中历练，在课程开发中孕育，在社团活动中发展。

（许银萍）

北京市东城区史家胡同小学

2016 年，北京市东城区史家胡同小学分四址办校，分别为史家胡同小学高年级部、史家胡同小学一年级部、史家胡同小学二年级部和东城区小学课程资源中心（史家小学基地)，4个校区总占地面积1.82万平方米、校舍建筑面积3.20万平方米，运动场地面积0.87万平方米。图书馆(室)藏书6.90万册。固定资产总值21298.63万元，全年教育经费投入8605万元。学校信息化经费投入1320万元，拥有计算机1001台，多媒体教室座位6800个，校园网出口总带宽110Mbps，数字资源量80000GB，“信息技术”课程1课时/周。普通教室100个、专用教室70个。教职工352人，其中，高级职称59人、中级职称156人。专任教师309人，包括特级教师4人、北京市骨干教师17人；本科及以上学历343人。开设教学班100个。毕业580人、招生698人、在校生3853人。

2016年，学校发展进入品质内化与标准固化阶段，秉持“和谐+”集团发展理念，按照“种子计划”战略布局，深化管理体制变革、课程改革和人才培养模式变革。

完善课程体系。面对学生发展核心素养何以落地的校本化难题，在课程建设过程中继续建构与完善“无边界课程”体系，不断丰富课程内涵，持续突破条线育人、符号学习、单向成长边界，为学生成长创造无限可能。依托以资源中心、传媒中心、青苹果中心、史家书院、史家科技馆为主体的五大课程群，以金帆舞蹈团、金帆合唱团、金鹏科技团为龙头的课程平台，以国博课程、传媒课程、“创·智汇”等品牌项目为代表的“无边界课程”形态，不断形成以“核心课程”“综合课程”和“拓展课程”为内容的“两级三层”课程框架。

一体化管理与特色化发展相结合。一年级校区继续推行以“一日生活、一周启蒙、一月陪伴、一季悦读、一年养正”为进阶的零起点教育和童蒙养正课程。二年级校区全面凸显以沟通、合作、分享为核心的“伙伴课程”。

(邢超)

北京光明小学

2016年，北京光明小学分四址办学，分别为本校区、幸福校区(本校区低年级部)、和义校区和广渠校区，4个校区总占地面积2.39万平方米、建筑面积2.30万平方米，运动场地面积1.11万平方米。图书馆藏书2.72万册。固定资产总值2354.42万元，包括教学仪器资产值1299.15万元；全年教育经费投入5136.65万元。学校信息化经费投入47.59万元，拥有计算机465台，多媒体教室座位2080个，校园网出口总带宽100Mbps，数字资源量70GB，“信息技术”课程四年级至六年级每班1课时/周。普通教室58个、专用教室13个。教职工189人，其中，副高级职称13人、中级职称110人。专任教师164人，包括特级教师1人、北京市骨干教师4人、享受国务院专家津贴1人；本科及以上学历178人。开设教学班58个。毕业262人、招生342人、在校生2080人，包括寄宿生186人，外省市借读生273人，外籍学生5人。

2016年，学校继续坚持“以德为先·以学生为本·健康治校”光明教育思想。

推进德育传统课程。在每学期初开设习惯训导课程，基于“德”与“健康”2条主线，涉及“身心健康、生活自理、人际交往、学业发展”4个领域，将16个核心素养概念，100个习惯贯穿到学生6年的校园生活中。

优化课程结构与内容。推进学段(校区)团队情趣课程课程评价和精品课程资料包建设;优化“自主训练社”和“院团队堂”课程的师资力量、课程内容和选课方式；开设武术情趣大课，聘请专业武术教师授课。

探索综合课程。全年进行2次跨学科主题综合课程，分别为“健康·知识的艺术表达”主题综合课程和“北京四合院·知识的艺术表达”主题综合课程。

落实少先队活动课。4个校区少先队工作牵头人、各中队辅导员及大队辅导员共同参与少先队活动课，分享本中队的少先队组织生活、展板展示、育人的典型案例，邀请专家进行少先队活动课理论知识培训。

落实综合实践活动课程。开发和利用社会优质资源，引导学生进行拓展学习；组织全体学生按年级参观北京汽车博物馆、中国航空博物馆和国家博物馆等。学生借助学习单记录知识和启示，体验自主学习的乐趣。

(卢凤霞)

北京小学走读部

2016年，北京小学走读部占地面积8868平方米、建筑面积10891平方米，体育场(馆)面积600平方米。图书馆(室)藏书3万册，电子图书5万册。固定资产总值1059.91万元，全年教育经费投入2009.65万元。学校信息化经费投入9万元，拥有计算机295台，多媒体教室座位280个，校园网出口总带宽100Mbps，数字资源量5000GB，“信息技术”课程1课时/周。日常教学教室32个、专用教室8个。教职工84人，其中，高级职称3人、中级职称47人。专任教师70人，本科及以上学历70人。开设教学班32个。毕业115人、招生239人、在校生1276人。网址：www.bjxxzdb.com。

2016年，学校日常重点工作是课程建设，以“北京小学四季课程”为蓝本探索实践适合走读部的实践课程。依照“四季课程”模板，搭建走读部“四季课程”框架；各年级制定春季实践课程方案，召开“春之萌发——年级实践方案研讨交流会”。通过讲座及研讨会，使教师更明晰跨时空、跨领域、跨学科实践研究方法。推进管理制度改革，经过推荐、投票、评选等选拔程序，3名学科骨干教师竞聘学校中层岗位成功；学校调整管理制度，继层级管理和扁平化管理之后，尝试“年段管理”，新任干部每人负责1个年段(2个年级)教育教学工作，打破固有思想意识和学科界限，实现高位、全面考虑问题，锻炼干部领导力和执行力。

(王晓微)

北京市西城区奋斗小学

2016 年，北京市西城区奋斗小学分三址办学，东址位于西城区宣西大街甲 8 号、西址位于西城区闹市口大街月台胡同 15 号、北址位于西城区阜外北营房中街 57 号，3 个校区总占地面积 2.43 万平方米、校舍建筑面积 3.14 万平方米，运动场地面积 0.97 万平方米。图书馆藏书 7.20 万册。固定资产总值 4986.38 万元，全年教育经费投入 7322.23 万元。学校信息化经费投入 35.50 万元，拥有计算机 617 台，多媒体教室座位 3560 个，校园网出口总带宽 4096Mbps，数字资源量 3.50TB，“信息技术”课程 1 课时 / 周。普通教室 67 个、专用教室 39 个。教职工 203 人，其中，高级职称 11 人、中级职称 106 人。专任教师 184 人，包括北京市骨干教师 2 人；本科及以上学历 189 人。开设教学班 67 个。毕业 410 人、招生 466 人、在校生 2659 人。网址：www.xjfdxx.org。

2016 年，学校按照精简、高效原则重新构建经纬交织管理发展体系。经线：建立 5 个管理中心，下设 18 部和 2 会；纬线：6 个年级组，1 个年级组相当于 1 个小学校，年级组组长相当于校长。

教师培训。成立三级校级干训班、三级首席班主任工作室；打造骨干教师与青年教师手拉手工程、党员与积极分子手拉手工程；形成 7 大幸福教师工会系列活动模式，建立 7 类教师文艺体育社团。

课程设计。落实《北京市实施教育部〈义务教育课程设置实验方案〉的课程计划（修订）》文件精神，加强课程顶层设计，提出基于核心素养培养的课程体系框架，围绕学生核心素养培养设计 4 个领域，2 类课程（学科基础类和学科拓展类课程、综合类课程）。在综合类课程开发中，以学生兴趣和未来发展需要为出发点，借助学校周边资源，探索突破学科界限主题式学习。设置新闻与传媒、能源与环保、校史与爱国、金融与经济、“互联网 + 教育”、音乐与艺术 6 类少年学院为主题的课程。

（佟珺）

北京市西城区阜成门外第一小学

2016 年，北京市西城区阜成门外第一小学占地面积 8242 平方米、校舍建筑面积 5691 平方米，运动场地面积 3950 平方米。图书馆（室）藏书 3 万册，包括电子图书 2 万册。固定资产总值 1033 万元，全年教育经费投入 2159 万元。学校信息化经费投入 130 万元，拥有计算机 253 台，多媒体教室座位 1014 个，校园网出口总带宽 2000Mbps，数字资源量 4000GB，“信息技术”课程 1 课时 / 周。普通教室 25 个、专用教室 8 个。教职工 75 人，其中，高级职称 6 人、中级职称 41 人。专任教师 72 人，包括北京市骨干教师 1 人；本科及以上学历 68 人。开设教学班 25 个。毕业 161 人、招生 164 人、在校生 1011 人。网址：www.xjfchmw1x.org。

7 月 22 日，阜外一小学生参加全国青少年教育机器人比赛（阜外一小 供）

2016 年，学校坚持特色发展与课程建设、历史传承与开拓创新、项目发展与学生实践相结合的工作思路；以丰富学生实践活动、全面提升学生综合素养为目标，扎实开展“城宫计划”各项活动。

“城宫计划”工作。开设艺术、体育、科技、学科实践、特色发展 5 类课程，涉及京剧脸谱、智能机器人、3D 打印等 66 个项目。每个年级根据学生年龄特点划分不同板块进行学习拓展：一年级幼小衔接、二年级艺术启蒙、三年级中国传统文化、四年级科技创想、五年级体能与技巧、六年级国际视野。与专业院团、场馆合作，邀请各方面专家到校执教，并与教师共同研发校本课程。

科技及艺术教育。通过北京市科技示范校复审，特色科技教育成果显著。学生在全国青少年教育机器人奥林匹克大赛墨攻项目中包揽冠、亚、季军；获北京市机器人智能大赛工程挑战赛一等奖。举办阜外一小民族器乐教育教学专场音乐会；代表西城区参加北京市第 19 届学生艺术节合唱展演获金奖。

（刘凯）

北京市西城区展览路第一小学

2016 年，北京市西城区展览路第一小学校分两址办学，分别为本校区（三年级至六年级）和分校区（一、二年级），2 个校区总占地面积 1.33 万平方米、校舍建筑面积 1.14 万平方米，运动场地面积 0.57 万平方米。图书馆（室）藏书 5.50 万册，包括电子图书 0.30 万册。固定资产总值 236.56 万元，全年教育经费投入 5594.46 万元。学校信息化经费投入 36 万元，拥有计算机 539 台，多媒体教室座位 2048 个，校园网出口总带宽 100Mbps，数字资源量 10GB，“信息技术”课程 1 课时 / 周。普通教室 48 个、专用教室 19 个。教职工 143 人，其中，高级职称 5 人、中级职称 71 人。专任教师 140 人，包括北京市骨干教师 1 人；本科及以上学历 138 人。开设教学班 48 个。毕业 188 人、招生 318 人、在校生

12 月 27 日，展览路一小举办“高参小”“城宫计划”成果汇报展示活动（展览路一小 供）

1747 人。网址：www.zll1x.com。

2016 年，学校将学科实践课纳入学生日常课表，每名教师立足本学科进行教学延展，开设阅读赏析、掷一掷、生命指南针等新课程，调动学生学习热情。

特色教育发展。遵循“促进学校自身发展”宗旨，以“借助校外力量，提升师资水平，丰富实践课程”“调动校内资源，挖掘师资潜力，丰富校园生活”两条途径切入“高参小”“城宫计划”实践教学，依据公益性、基础性、特色发展 3 条原则，在项目推进过程中获得较好成绩。举办“童心绘北京”粉笔画师生作品展，“携手筑梦，快乐成长”——“高参小”“城宫计划”成果汇报展示，“在歌声中快乐成长”金帆专场音乐会等活动，为学生提供展示机会，促进学生全面发展。

（卫春）

北京市朝阳区白家庄小学

2016 年，北京市朝阳区白家庄小学分五址办学，分别为本部北校、本部南校、望京新城校区、望京科技园校区和朝外校区，5 个校区总占地面积 3.39 万平方米、建筑面积 2.62 万平方米，体育场（馆）面积 2.39 万平方米。图书馆（室）藏书 10.63 万册。固定资产总值 1.05 亿元，全年教育经费投入 0.91 亿元。学校信息化经费投入 326.50 万元，拥有计算机 1029 台，多媒体教室座位 5240 个，校园网出口总带宽 10Mbps，数字资源量 100GB，“信息技术”课程 0.5 课时 / 周。普通教室 104 个、专用教室 31 个。教职工 268 人，其中，高级职称 25 人、中级职称 120 人。专任教师 267 人，包括特级教师 1 人、北京市骨干教师 12 人、北京市学科教学带头人 1 人；本科及以上学历 258 人。开设教学班 102 个。毕业 381 人、招生 554 人、在校生 3432 人。学校有金帆合唱团、金鹏科技团各 1 个。网址：www.tfbx.net。

2016 年，学校继续在“尊重”理念引领下开展工作。

教师队伍建设。以“教师发展性评价”为导向，贯彻“五有”干部和“四有”教师标准，做到“引原文说思考、举案例谈经验”，提升教师依法执教水平、学习能力和科学发展能力。

未成年人思想道德建设。开展“家长教师协会”课题研究、“六大习惯”培养，注重社会主义核心价值观和中华优秀传统文化教育，出版《家校携手，幸福起航》《清风花香处》《鹤影逐梦展童心》3 本研究成果。

推进基础教育综合改革。完善“三类一中心课程”具体实施办法和“高效课堂教学”标准，开展解决课堂实际问题的课题研究，提高教师专业水平和学术素养。

（李臣　徐珍　康莹）

北京市朝阳区三里屯小学

2016 年，北京市朝阳区三里屯小学分两址办学，分别位于三里屯东街和柳芳北里，2 个校区总占地面积 1.31 万平方米、建筑面积 1.01 万平方米，体育场（馆）面积 0.62 万平方米。图书馆（室）藏书 7 万册。固定资产总值 5502 万元，全年教育经费投入 922 万元。学校信息化经费投入 13 万元，拥有计算机 278 台，多媒体教室座位 1960 个，校园网出口总带宽 10Mbps，数字资源量 9015GB，“信息技术”课程 0.5 课时 / 周。普通教室 28 个、专用教室 13 个。教职工 71 人，其中，高级职称 5 人、中级职称 39 人。专任教师 68 人，包括北京市骨干教师 1 人；本科及以上学历 62 人。开设教学班 28 个。毕业 118 人、招生 89 人、在校生 715 人。

2016 年，学校以“方寸 · 精彩”办学理念为引领，走科研兴校之路。

队伍建设与管理。完善“动车管理机制”，结合中层干部 5 项任务，开展中层干部年度考核；通过教师“研培一体”、教师读书工程、师带徒等活动，促进教师成长；借助班主任工作室打造优秀班主任队伍，通过研讨、学习、交流等形式引领班主任走个性化发展道路，形成班级管理特色。

教育工作。以培育和践行社会主义核心价值为核心，依托摄影特色，各学科与摄影特色融合落实 10% 社会实践活动；以主题班会、社会实践活动、树立榜样等教育形式弘扬中华传统美德，培养“健康、乐学、尚美、求新”精彩学生；

4 月 26 日，三里屯小学开展“南水北调”研学活动（朝阳区教委 供）

以教学为中心抓实课程建设、常态课督导、教学质量月活动，提升教师教学能力。

学校建设。实施地下排污系统改造工程、摄影展览馆文化建设、安全设施完善等6项基础建设。

（侯海涛）

北京市朝阳区酒仙桥中心小学

2016年，北京市朝阳区酒仙桥中心小学分三址办学，分别位于酒仙桥路、驼房营南路和驼房营村，3个校区总占地面积2.18万平方米、建筑面积1.31万平方米，体育场（馆）面积0.91万平方米。图书馆（室）藏书10.58万册，电子图书100册。固定资产总值4013万元，全年教育经费投入1591万元。学校信息化经费投入7.50万元，拥有计算机435台，多媒体教室座位2640个，校园网出口总带宽2Mbps，数字资源量10GB，“信息技术”课程0.5课时/周。普通教室52个、专用教室17个。教职工118人，其中，高级职称10人、中级职称59人。专任教师114人，包括北京市骨干教师1人；本科及以上学历114人。开设教学班51个。毕业200人、招生214人、在校生1529人。学校有社团47个。

2016年，学校建立以“和”为核心，“和合、和润、和洽、和馨、和美、和悦”六大维度学校文化体系。从基础类课程、限定性拓展课程、实践性拓展课程、自主性拓展课程4个层面构建学校整体教学课程体系。结合学校“和”文化体系，培养和美少年目标，通过“和之韵”课程文化展示活动和价值观教育进校园活动展示课程改革成果。

教师队伍建设。开展分层培训，提升教师育人水平，承办“聚焦问题 找准对策 凝练智慧”酒仙桥学区班主任基本功展示活动，促进教师专业发展，进一步落实学校办学理念。学校被列为朝阳区第一批重塑校训试点校、价值观阅读项目试点校、科技示范校。

（马跃阳）

北京市朝阳区十八里店小学

2016年，北京市朝阳区十八里店小学占地面积1.56万平方米、建筑面积0.82万平方米，体育场（馆）面积0.57万平方米。图书馆（室）藏书2.65万册，电子图书165册。固定资产总值2341万元，全年教育经费投入253万元。学校信息化经费投入25万元，多媒体教室座位1480个，校园网出口总带宽10Mbps，数字资源量587GB，“信息技术”课程0.5课时/周。普通教室29个、专用教室12个。教职工67人，其中，高级职称2人、中级职称37人。专任教师66人，本科及以上学历66人。开设教学班29个。毕业130人、招生135人、在校生960人，包括寄宿生13人。学校有学生社团55个、教师社团4个。

2016年，学校在“为学生一生幸福奠基”办学理念指引下，引领师生做到“四有”：有想法、有方法、有收获、有分享。努力做到“四个坚持”：坚持课堂育人、坚持文化育人、坚持活动育人、坚持评价育人，夯实内涵发展根基。

教学工作。以“提质增效、全面育人”为工作核心；以“对全体教师进行管理，对教学全过程进行管理”为工作思路；以“提高学生学习能力、提高教师教学能力、提高干部管理能力”为工作目标；以“厚实积淀、深入钻研、踏实备课，尊重主体、关注习惯、扎实上课，着力基础、做足延伸、落实作业，研究学生、攻克难点、抓实辅导，完善监控、月月诊断、丰实成绩”为工作路径。学校教育教学质量稳步提升，在朝阳区政府督导问卷调查中，家长满意率超过98%；在朝阳区课堂达标验收中，学校获第一批教学免检校认证；举办市、区级教学现场会，同时接待全国各地学校教师参观访问。

（李玉红）

北京舞蹈学院附中丰台实验小学

2016年，北京舞蹈学院附中丰台实验小学占地面积9510平方米、建筑面积5270平方米，体育场（馆）面积420平方米。图书馆（室）藏书1.15万册。固定资产总值1262.47万元，全年教育经费投入1298.85万元。学校信息化经费投入47.30万元，拥有计算机89台，多媒体教室座位26个，校园网出口总带宽100Mbps，数字资源量200GB，“信息技术”课程1课时/周。普通教室17个、专用教室7个。教职工45人，其中，高级职称1人、中级职称29人。专任教师39人，本科及以上学历42人。开设教学班16个。毕业56人、招生61人、在校生525人。网址：www.ftclxx.com。

2016年，学校各项工作稳步推进，在以下4个方面取得一定成绩。

教学管理。提出各学科平均应有不低于10%的学时用于开设学科实践活动课程的要求，召开“纸上得来终觉浅，

8月14日至25日，舞蹈学院附中丰台实验小学金帆舞蹈团参加爱丁堡边缘艺术节　（舞蹈学院附中丰台实验小学 供）

绝知此事要躬行”综合实践活动课程计划会，推动学科综合实践活动开展。开展以“课例分析”为主的教研活动。在“推广普及普通话和用字规范化”工作方面，贯彻落实各级相关规定，以素质教育为载体，把语言文字规范化工作贯穿于各项工作、各个环节。

德育活动。开展以新学年首次铃声节、读书节、新老少先队员交换红领巾纪念日为代表的校园十节活动，积极参与“红领巾舞动中国梦”丰台区第三届少先队集体舞大赛、丰台区少年军校成立30周年庆祝活动，发挥学校在区域内的品牌辐射效应。开展“把有意义的队活动课做得有意思”舞蹈学院附小少先队活动课大赛、“走进百年义利面包工厂”德育主题实践课、校园感恩周、清明祭扫等德育活动。

艺术教育。借助“高参小”项目资源，加强教研组建设，全面提高艺术教育质量，提高整体艺术水平。创新“小天使艺术节”活动形式，组织第一届“舞林争霸”活动，为学生搭建锻炼与展示平台。

中外交流。金帆舞蹈团24名学生前往英国参加第69届爱丁堡边缘艺术节演出活动，获“泽卡奖”。学校获北京市艺术教育特色学校、北京市红领巾通讯社优秀校园记者站等称号。

（胡春凝）

北京市丰台区丰台第一小学

2016年，北京市丰台区丰台第一小学教育集团分四址办学，分别为本校区、丰益校区、远洋校区和长辛店分校（独立法人），除长辛店分校外，其他3个校区总占地面积4.49万平方米、建筑面积3.21万平方米，体育场（馆）面积1.38万平方米。图书馆（室）藏书12.50万册，电子图书10册。固定资产总值2753万元，全年教育经费投入6775万元。学校信息化经费投入266.60万元，拥有计算机909台，多媒体教室座位3240个，校园网出口总带宽100Mbps，数字资源量300GB，“信息技术”课程0.5课时/周。普通教室81个、专用教室28个。教职工220人，其中，高级职称23人、中级职称101人。专任教师215人，包括北京市骨干教师2人；本科及以上学历182人。开设教学班81个。毕业418人、招生450人、在校生3017人。网址：www.ft1x.ftedu.cn。

12月26日，丰台一小举办“长征精神伴成长”主题活动
（丰台一小 供）

2016年，学校开放办学，进一步扩大办学影响力。坚持“培养具有中国情怀、国际视野的小公民，为学生幸福人生奠基”的育人目标，围绕“主动参与”“学会尊重”“勇担责任”的公民教育核心价值理念开展教育教学活动。

加强队伍建设。以成立教育集团教师研究中心为契机，引领教师发展，研究中心以研究为带动，以专家教育思想引领教师增强自我发展意识，找到专业化发展路径。先后聘请北京教育学院教授、数学特级教师等专家，以及卡耐基团队等开展系列培训，促进教师专业发展。组织70名教师参加北师大第二期骨干教师高级研修班学习；教师63人次参加国家级、市级培训活动；37名教师在全国及市、区级教研活动中承担讲座、做课或说课任务。设立“微创新”表彰项目，形成机制，鼓励引领教师专业发展。

深化多元课程。坚持以类打包，多种载体选择选修课原则，新开设迷你赛车、恐龙星球、VEX-IQ机器人和越野车模型4个课程合并打包为“创客空间课程”，供三年级学生选择，实行走班制上课。为落实《课程计划》要求，安排以语文、数学学科为主体“1+X”学科综合实践活动。启动首档学生营养配餐电视公开课“食育课”。

学生活动与合作交流。组织300余名师生参加北京市戏曲文化周开幕式；合唱团参加北京市第19届学生艺术节合唱展示获金奖，并与摩纳哥皇家少年合唱团合作演出；艺术团出访澳大利亚，参加“2017欢乐春节”演出交流活动。举办第一届“健之缘盛杯”足球联赛，促进足球运动普及与提高。秋季运动会实现新突破，4个校区学生齐聚本校，开启教育集团田径运动会新篇章。扎实推进科技活动，学校被评为全国海洋意识教育基地校。接待国家级、省级校长教师团体，以及国外团体1200余人次到校观摩考察16次。

（陈力强）

北京市丰台区师范学校附属小学

2016年，北京市丰台区师范学校附属小学占地面积8514平方米、建筑面积2460平方米，体育场面积3600平方米。图书馆藏书3.60万册，电子图书10万册。固定资产总值3129.50万元，全年教育经费投入2693.96万元。学校信息化经费投入310.53万元，拥有教师计算机120台、学生计算机150台、学生用iPad平板电脑950台、笔记本电脑40台、互动教学设备46套、电子白板21套，校园网出口总带宽10Mbps，数字资源量2800GB，“信息技术”课程2课时/周。普通教室64个、专用教室11个、实验室1个。教职工131人，其中，高级职称6人、中级职称71人。专任教师120人，包括北京市骨干教师3人；本科及以上学历122人。开设教学班52个。毕业304人、招生318人、在校生1880人。网址：www.fsfx.bj.cn。

2016年，学校各项工作稳步推进，重点完成以下3项

10月18日，丰师附小举办主题入队仪式
（丰师附小 供）

亮点工作。

以提升学生素质为核心，开展教育活动。组织开展“师恩难忘，行动感恩”教师节庆祝活动、“戴上红领巾，共筑中国梦”少先队建队日系列活动。针对浪费粮食与挑食现象，开展“光盘行动，从我做起”系列活动，形成“珍惜粮食、认真午餐、营养膳食”良好风气。切实做好安全工作，开展“珍爱生命，关注安全”主题教育活动。在“学生发展的实践活动融合打造学校的智慧课堂”理念支持下，分别走进园博园、月季园、盘龙翠谷冰雕园，开展主题综合实践活动。以学生体质健康测试为核心，先后开展“童心迎国庆、列队展风采”队列比赛和全校跳绳比赛。进一步丰富学生社团活动，增设高尔夫、衍纸、国际象棋、小篮球等课外活动课程。

以科研为引领，开展教学实践。在大课题研究背景下，各教研组研究申报小课题15个。每个教研组教师围绕本组课题研究内容，从不同方面进行课堂教学实践，为学生提供更多自主探究、实践操作的机会，在课堂教学中充分应用微课程、游戏化学习手段。

加强交流研讨。接待广西柳州干部一行6人到校干训2周。北京教育学院组织贵阳教育局信息技术管理人员培训班一行50人、成都市武侯区部分学校干部一行24人，分别走进学校，交流数字化教育和iPad教学研究。3名教师参加在深圳举办的全国互动反馈新媒体新技术展演与培训会。充分发挥社会资源作用，组织学生参加十项技能大赛、艺术节，各级各类绘画比赛、游泳比赛、跆拳道比赛等，多名学生和社团在比赛中获奖。

（薛燕）

北京市丰台区丰台第五小学

2016年，北京市丰台区丰台第五小学教育集团分六址办学，分别为本校区、银地校区、京铁校区、鸿业校区、科丰校区和万柳分校（独立法人），除万柳分校外，其他5个校区总占地面积5.32万平方米、建筑面积3.12万平方米，体育场面积2.50万平方米。图书馆藏书12.80万册，电子图书10万册。固定资产总值5959万元，全年教育经费投入857万元。学校信息化经费投入127万元，拥有计算机950台，多媒体教室座位5300个，校园网出口总带宽10Mbps，数字资源量2800GB，“信息技术”课程1课时/周。普通教室110个、专用教室34个。教职工297人，其中，高级职称26人、中级职称132人。专任教师291人，包括北京市骨干教师7人、北京市学科教学带头人1人；本科及以上学历271人。开设教学班110个。毕业695人、招生708人、在校生4323人。网址：www.bjftwx.com。

2016年，教育集团继续围绕“精彩天地，幸福摇篮”办学目标，秉承集团“同心、同源、同发展”“异形、异趣、异风格”工作理念，实现以教师发展带动学生发展，以文化浸润突显校区风格，资源共享、合作共赢的工作目标。

以科研促教研，“学习共同体”让课堂翻转。以提升学生核心素养为目标，鼓励带题管理、带题授课。聘请专家到校开展教科研培训近30次，被批准立项的市、区级课题30余个。教师教学论文、案例获各级各类奖项649人次。引入“学习共同体”理念，课堂初步实现翻转。与北京教育学院合作，为五年级近700名学生开设“我是EQ高手”课程，共培养EQ种子教师8人。开设家长讲座3场，惠及教师和家长千余人次。

搭平台重投入，科艺体成绩斐然。开展“北京维也纳之声——2016施特劳斯爱乐乐团新年音乐会”“立德树人——唱响社会主义核心价值观”大型歌会等重大艺术教育活动6次，参与学生4000人次。合唱、京剧、民乐室内乐演出团队获北京市第19届艺术节比赛金奖。注重科普工作开展与投入，引进3D打印、创客、模型制作等科技类社团课程，举办科学嘉年华、科技创新比赛等活动。机器人作为教育集团特色科技项目首次获2016 WRO世界青少年机器人奥林匹克竞赛中国总决赛常规赛一等奖。将体育列为第一课程，注重培养学生锻炼习惯。学生在传统体育项目及各项比赛中成绩显著，花棍、空竹、推铁环选手获2016年北京市中小学体育文化传承比赛第一名，银地校区被评为传统体育项目示范校。

各校特色百花齐放，协同发展创佳绩。本校区打造个性特色课程，完善五味课程体系，代表丰台区参加课程展示

4月11日，丰台五小举办EQ课程教学研究与指导活动
（丰台五小 供）

活动。鸿业校区研究游戏化主题式学科实践活动，“汉字真有趣”主题实践活动深受学生喜爱。京铁校区结合“人人都是火车头”校区文化，设计多样铁路文化体验活动。银地校区发挥北京市民族团结示范校作用，根植民族艺术课程。科丰校区依托师生、生生、亲子等共读形式，打造“阅读悦成长”系列阅读活动。

（徐文宇　张彦）

北京市石景山区金顶街第二小学

2016 年，北京市石景山区金顶街第二小学占地面积 3.06 万平方米、校舍建筑面积 2.51 万平方米，运动场馆面积 0.12 万平方米、运动场地面积 1.19 万平方米。图书室藏书 3.42 万册，包括电子图书 0.36 万册；阅览室 1 个，供师生阅读座位 60 个。固定资产总值 5592.05 万元，包括教学仪器、器械资产值 2548 万元；全年教育经费投入 3259.59 万元。学校信息化经费投入 142 万元，拥有计算机 504 台，多媒体教室座位 2046 个，校园网出口总带宽 100Mbps，数字资源量 1500GB，“信息技术”课程 1 课时 / 周。普通教室 40 个、专用教室 28 个。教职工 105 人，其中，高级职称 7 人、中级职称 51 人。专任教师 91 人，包括北京市骨干教师 2 人；本科及以上学历 94 人。开设教学班 40 个。毕业 183 人、招生 270 人、在校生 1482 人，包括外省市借读生 144 人。

2016 年，学校紧抓课程建设，选修课程设计与实施为学生个性发展搭建平台，课外活动课程作为学校“金色童年”课程的一部分，是对国家课程的补充与完善。多彩课程促进学生个性发展，校外活动课程包括体育、科技、艺术、文学等多个门类。

丰富学习形式。举办“营造书香校园，共享幸福人生”读书节活动，发出“爱读书、会读书、读好书”倡议；以年级为单位开展社会实践活动，培养学生合作、探究能力，积淀人文底蕴；邀请北京教育学院专家到校指导综合实践活动组织工作。

学生核心素养培育。培育和践行社会主义核心价值观，结合植树节在教师、少先队员、中队辅导员中开展“美化校园我们共同的责任”志愿服务活动；开展“红领巾相约中国梦——听党的话，做好少年”少先队员原创作品征集活动，让学生在创作过程中体会“中国梦”的深刻内涵。

12 月 5 日，北京市中小学生冰雪运动普及与推广活动走进金顶街二小　（金顶街二小 供）

体育美育教育。组织学生参加各级各类体育、艺术类比赛，代表石景山参加北京市中小学生足球冠军赛；231 人在石景山区第 19 届学生艺术节中获奖；获得北京市中小学花样跳绳比赛团体一等奖。举办“我秀我精彩”学生特色活动，为少先队员提供展示的空间和舞台；举办校园足球班级赛，激发师生参与足球运动的兴趣；举办校园文化艺术节展演活动，展示学校艺术教育成果。由市教委、市体育局共同主办的“冰雪初体验 欢乐校园行”北京市中小学生冰雪运动普及与推广活动在学校成功举办。

（舒建英）

北京大学附属小学

2016 年，北京大学附属小学占地面积 2.86 万平方米、建筑面积 2.23 万平方米，体育场（馆）面积 1.20 万平方米。图书馆（室）藏书 7.29 万册，电子图书 0.02 万册。固定资产总值 3576 万元，全年教育经费投入 9802 万元。学校信息化经费投入 1060 万元，拥有计算机 641 台，多媒体教室座位 356 个，校园网出口总带宽 100Mbps，数字资源量 20TB，“信息技术”课程 1 课时 / 周。普通教室 59 个、专用教室 100 个。教职工 186 人，其中，高级职称 13 人、中级职称 141 人。专任教师 150 人，包括特级教师 3 人，北京市骨干教师 5 人；本科及以上学历 176 人。开设教学班 59 个。毕业 312 人、招生 318 人、在校生 2081 人。

2016 年，学校以“关爱每个孩子，惠及每个家庭，办好每所学校”为宗旨，从硬件、软件两方面着手，改建基础设施、组建管理团队、完善课程体系、丰富校园文化，发挥优质资源的辐射作用。

德育方面。以培育和践行社会主义核心价值观为重点，以“团队引领、文化治校、内涵发展、特色办学”学校新 16 字方针为指导，深化德育内涵建设，以师德建设和育人能力的提升为重点，突出文化建设和养成教育，触心灵、重细节、落实效，促进学生全面健康发展。

教学方面。继续深入打造高效多元有内涵的课堂；持续提升学科教师素质，利用多种途径积累底蕴修养；积极参与科研课题研究，借助科研实践，促进教育科研理论及实践水平提高。全年，每名教学干部平均听课 200 节，28 名骨干教师参与海淀区“风采杯”展评活动。

团队建设方面。借助北京大学学术资源，为教师提供开放式、个性化培训。培训分为理论板块与实践板块两部分，理论板块旨在脑力激荡，引入各种前瞻性思想理念；实践板块旨在智慧提升，进行各种项目学习、情境指导、影子工程等。

（庄严）

清华大学附属小学

2016 年，清华大学附属小学占地面积 3.30 万平方米、建筑面积 2.30 万平方米，运动场地面积 1.93 万平方米，绿化用地面积 0.12 万平方米，主操场设有 300 米塑胶跑道和人工草皮足球场，拥有专业篮球场和轮滑场地。图书馆藏书 13.50 万册。固定资产总值 2054 万元，全年教育经费投入 6444 万元。学校信息化经费投入 460 万元，拥有计算机 550 台，多媒体教室座位 3000 个，校园网出口总带宽 500Mbps，数字资源量 150GB。普通教室 46 个、专用教室 19 个。教职工 160 人，其中，高级职称 7 人、中级职称 80 人。专任教师 143 人，包括特级教师 3 人、北京市骨干教师 4 人；本科及以上学历 153 人。开设教学班 46 个。毕业 208 人、招生 335 人、在校生 2042 人。网址：www.qhfx.edu.cn。

2016 年，学校在清华大学领导下，教育教学工作弘扬成志教育思想，坚持立德树人，加强党的建设，打造一流教师队伍。主动适应和引领新常态，基于学生五大核心素养的关键能力与必备品格，提出每天过一种工匠精神的生活，重点围绕课堂改革，推动学校教育教学工作整体改革，着眼纵向九年一贯和横向课程融通，推进四大精品课程建设，完善课程框架，加强校本教材研发，提升课程实施品质，提炼课程成果。

10 月 13 日至 14 日，清华附小召开核心素养导向下“1+X 课程”课堂探索研讨会 （清华附小 供）

推进数智化校园建设。建立中国首个互联网学校和中文在线主题教学慧读平台；实现网上阅卷，为每名学生提供综合全面的分析诊断报告。利用远程在线方式直播 120 节课程至全国 900 余个县的 3800 个教学点，被国家教育体制改革简报作为推广案例。

（代养兵）

北京师范大学实验小学

2016 年，北京师范大学实验小学占地面积 1.38 万平方米、建筑面积 1.24 万平方米，体育场（馆）面积 0.81 万平方米。图书馆藏书 13 万册，电子图书 0.73 万册。固定资产总值 5827 万元，全年教育经费投入 3957 万元。学校信息化经费投入 207.79 万元，拥有计算机 457 台，多媒体教室座位 2925 个，校园网出口总带宽 1024Mbps，数字资源量 9000GB，“信息技术”课程 1 课时 / 周。普通教室 40 个、专用教室 25 个。教职工 127 人，其中，高级职称 13 人、中级职称 78 人。专任教师 108 人，包括特级教师 2 人、北京市骨干教师 4 人；本科及以上学历 119 人。开设教学班 38 个。毕业 245 人、招生 216 人、在校生 1640 人。网址：www.eps.bnu.edu.cn。

2016 年，学校学习和实施海淀区关于《北京市义务教育课程设置实验方案》课程计划，加强学科实践活动课程建设，开展校内外结合的学科实践活动；开展跨学科整合实验，综合多个学科内容，聚焦主题，开展跨学科实践活动。德育少先队工作以“立德树人”为目标，积极开展传承中华传统文化系列活动，主抓各年级社会大课堂活动，让学生们走出去，把专家及活动请进来。改变和整合作业形式，改革低年级期末评价方式。

（高春芳）

中国人民大学附属小学

2016 年，中国人民大学附属小学分五址办学，分别为校本部、银燕分校、亮甲分校东校区、亮甲分校西校区和京西门头沟校区亮甲分校。校本部占地面积 2.63 万平方米、建筑面积 3.14 万平方米，体育场（馆）面积 0.33 万平方米。图书馆藏书 3.30 万册，电子图书 2 万册。固定资产总值 4484 万元，全年教育经费投入 8752 万元。学校信息化经费投入 248.76 万元，拥有计算机 463 台，多媒体教室座位 160 个，校园网出口总带宽 130Mbps。普通教室 101 个、专用教室 50 个。教职工 233 人，其中，副高级职称 7 人、中级职称 112 人。专任教师 223 人，包括特级教师 2 人、北京市骨干教师 4 人；本科及以上学历 213 人。开设教学班 101 个。毕业 487 人、招生 587 人、在校生 3951 人。银燕分校占地面积 5416 平方米、建筑面积 3515 平方米，体育场（馆）面积 2184 平方米。图书馆藏书 3.09 万册，电子图书 42 册。固定资产总值 2784.38 万元，全年教育经费投入 508.93 万元。学校信息化经费投入 82.40 万元，拥有计算机 172 台，多媒体教室座位 45 个，校园网出口总带宽 130Mbps。普通教室 19 个、专用教室 7 个。教职工 59 人，其中，副高级职称 4 人、中级职称 37 人。专任教师 55 人，本科及以上学历 53 人。开设教学班 19 个。毕业 102 人、招生 121 人、在校生 733 人。

2016 年，学校推进 5 个校区教育教学水平均衡发展，学校发展精致化、校区发展精准化、教师发展多元化、学生成长特质化、课程建设精品化。

教师专业发展。开展七彩教师培训，邀请专家进行朗诵培训，利用教师节举办教师朗诵会，推动教师整体朗读

5月27日，人大附小两名学生举办个人书画展
（人大附小 供）

水平提升。各读书会开展“阅读大Party”、好书来分享等活动，在业务提升的同时，使教师有更好的精神享受。成立各类教师艺术和体育社团，定期开展活动。举办五校区青年教师拜恩师仪式，为每名青年教师配备骨干教师作为师傅。

学生培养。举办人大附小“一课一声”和“课堂四声”展示课活动，课堂上突出“掌声、笑声、质疑声、辩论声”人大附小课堂生态特色。校学生工作中心举办丰富多彩的学生活动，如一年级玩具节、泡泡节、苹果节、数字节，使一年级新生更加喜欢校园生活；其他年级相继举办男孩节、女孩节、树叶节等活动。为提高学生体质健康水平，举办第二届小小民族运动会。

（关旻）

北京市门头沟区大峪第一小学

2016年，北京市门头沟区大峪第一小学占地面积2.27万平方米、校舍建筑面积1.34万平方米，运动场地面积0.79万平方米。图书馆（室）藏书40.26万册，包括电子图书36万册。固定资产总值2822万元，全年教育经费投入3286万元。学校信息化经费投入224.89万元，拥有计算机359台，多媒体教室座位1760个，校园网出口总带宽1000Mbps，数字资源量2000GB，“信息技术”课程2课时/周。普通教室26个、专用教室19个。教职工79人，其中，高级职称11人、中级职称54人。专任教师63人，包括北京市骨干教师3人、北京市学科教学带头人1人；本科及以上学历75人。开设教学班25个。毕业158人、招生143人、在校生978人。网址：www.mtgdyyx.bjedu.cn。设附属幼儿园，园所占地面积9391.63平方米、园舍建筑面积7181平方米。固定资产总值443.64万元，全年教育经费投入1350万元。普通教室18个、专用教室5个。教职工41人，其中，专任教师30人、保健员2人。开设教学班10个（小班6个、中班4个）。幼儿入园147人、在园261人。

2016年，学校整体构建定峰课程体系，通过课程设置“微创新”，课程实施“微整合”推进课程建设。将综合实践活动、地方、校本课程学时统筹使用，按照普及课程打基础、精品课程拔人才的思路设置课程。校本选修课程，采取全员在校园网上按年段选课、跨年级走班选修方式实施。社团普及课程进入课表，精品课程采取师生双向选择、走班制、校内教师与外聘专业教师相结合的方式实施。根据课程特点，采取长短课、大小课相结合的方式推进课程实施。开展学科内、学科间整合及主题实践课程研究，探索出“梳理整合点—课堂融合实践—形成新课型、新模式”课程综合化实施策略和“明确问题—设计方案—具体实施—交流反思”实践活动策略。

构建体育教育新模式。学校与门头沟区体育局合作，走上体教结合之路。把体育工作思路定位为普及课程打基础，精品社团推人才。结合学校传承传统文化的理念和学生兴趣，开设围棋、篮球、足球、田径等普及课程和6类精品社团。普及课程作为学生必修课程被纳入课表；精品社团采取单向选择的方式招收队员，保证每天训练时间，由专业教师授课，学校教师协助管理。7月和9月，学校先后被评为全国足球特色校和北京市篮球特色校。

附属幼儿园稳步推进常规工作。通过开展基于附属园实际的培训、教育教学研究等师资培养方式，提升教师专业素养。加强常规检查，确保班级常规工作有效、规范落实。启动“教师分层培养计划”，采用“师徒结对”方式，发挥骨干教师作用，带动青年教师成长。成立“美术工作坊”和“音乐工作坊”促进教师实践能力提升。开展教师基本功大赛，检验教师专业水平。开展园级骨干教师评定，激发教师工作热情。

（高瑞红　李红霞　吕建华）

北京市房山区良乡第三小学

2016年，北京市房山区良乡第三小学占地面积1.06万平方米、建筑面积0.88万平方米，运动场地面积0.41万平方米。图书馆（室）藏书3.50万册，包括电子图书0.12万册。固定资产总值2815.86万元，全年教育经费投入2576.84万元。学校信息化经费投入200万元，拥有计算机403台，多媒体教室座位1410个，校园网出口总带宽1000Mbps，数字资源量550GB，“信息技术”课程1课时/周。普通教室32个、专用教室12个。教职工96人，其中，高级职称7人、中级职称61人。专任教师84人，包括特级教师1人、北京市骨干教师2人；本科及以上学历88人。开设教学班32个。毕业191人、招生184人、在校生1243人。网址：58.130.35.6/cms。

2016年，学校以全面深化“文化特色+课程建设”为工作思路，完善、深化服务教育办学理念；以加强管理文化、课程文化和课堂文化建设为重点，聚焦师生发展；以提高学生核心素养为目标，全面开展各项活动。

教育教学工作。举办“一年级教学常规暨幼小衔接沙龙活动”和“师徒结对共成长”拜师结对仪式，协助新入校的学生及教师融入环境，创设和谐氛围。

7月14日，良乡三小参加第19届亚洲及太平洋地区管乐大会
（良乡三小 供）

教研工作。全面推进课程改革，落实课程育人功能，引领教师思考课程价值、明确课程目标、整合课程内容、优化课程实施、关注课程评价，以课程标准为依据把握教材、设计教学，开展深化“学研优”系列活动。邀请市级专家入校指导周生利语文工作室教学研讨活动；与东城区府学胡同小学共同开展主题教研活动2次。

重视学生全面发展。举办为期1个月的科技节活动；通过体育节倡导“我运动、我健康、我快乐、我成长”的生活理念，营造运动氛围，激发运动兴趣；举办庆“六一”“勤敏少年艺彩飞扬”艺术节专场演出；组织合唱团参加北京市第19届学生艺术节合唱展演；管乐团参加第19届亚洲及太平洋地区管乐大会暨2016北京管乐节展演，获小学组优秀表演奖。创新举措推进校园足球特色建设，聘请专业足球教练进校园，将足球训练与校本课程有机结合，充分利用每班每周1节体育课时间开展足球训练。

社会大课堂活动。注重培育学生社会主义核心价值观，组织低、中、高段学生通过不同活动走进社会大课堂，开展社会实践：低年级学生走进自然博物馆、中年级学生走进海洋馆和北京动物园、高年级学生走进红星快乐营。

（周春英）

北京市房山区良乡第四小学

2016年，北京市房山区良乡第四小学占地面积1.10万平方米、建筑面积0.56万平方米，体育场地面积0.30万平方米。图书馆藏书1.50万册，包括电子图书0.01万册。固定资产总值457万元，全年教育经费投入1223万元。学校信息化经费投入67万元，拥有计算机153台，多媒体教室座位744个，校园网出口总带宽20Mbps，数字资源量100GB，“信息技术”课程0.5课时/周。普通教室22个、专用教室7个。教职工55人，其中，高级职称4人、中级职称24人。专任教师52人，本科及以上学历53人。开设教学班22个。毕业34人、招生139人、在校生688人。网址：www.lxdsxx.com。

2016年，学校在“教育即呈现”办学思想体系构建中，实现学生观、教育观、质量观和管理观的深刻转变；实现育人方式——教学方式、教育方式、管理方式转变。初步完成部分课程调整，鼓励教师探索呈现式课堂，采取项目学习、一对一等方式进一步深入研究，并完成首次呈现式课堂研讨。举办自主研修成果展示会，完成3个学科的成果展示。与房山区琉璃河镇窑上中心小学共同启动5个学科15名教师的新一轮研修。将班级体质、班级视力、班级肥胖率、班级诵读、班级学科成绩、班级管理作为评价班级质量的重要指标。

转变学生评价方式及培养模式。制定学生学业评价体系，全学科、多元化评价学生，形成性评价和阶段性评价相结合，兼顾学科的知识性和实践性，力求将学生培养成全面发展的人。以寒假作业单的形式替代寒假作业，巩固学科知识和学科能力的同时，为学生量身定制锻炼内容，督促学生坚持锻炼，拥有健康体魄。

（齐利敏）

北京教育科学研究院通州区第一实验小学

2016年，北京教育科学研究院通州区第一实验小学占地面积1.72万平方米、建筑面积1.45万平方米，体育场面积0.43万平方米。图书馆藏书3.31万册，电子图书90册。固定资产总值2169.92万元，全年教育经费投入3518万元。学校拥有计算机425台，多媒体教室座位2565个，校园网出口总带宽3250Mbps，数字资源量400GB，“信息技术”课程1课时/周。普通教室38个、专用教室12个。教职工127人，其中，副高级职称11人。专任教师116人，包括北京市骨干教师4人；本科及以上学历117人。开设教学班38个。毕业222人、招生275人、在校生1732人。

2016年，学校围绕“发现教育”办学特色，立足实际，积极创新，扎实推进教育改革，提升学校教育教学质量，扩大社会影响力。

完善学校建设。通州区财政投资4428万元，完成学校改扩建工程；围绕新校区建设，完善遵循学生禀赋的发现特质文化，使学校文化建设在宏观上呈现场域文化，在中观上凸显资源建构，在微观上体现预留空间。

项目引领研究。面对“互联网+教育”的信息化趋势与“核心素养”探究的世界化主题，开展ASK课程、认知风格、友善用脑等16个项目研究，横向编码、纵向联结，建构多项目联动体系。

师生协同成长。教师的专业素养和综合能力得到提升，创新意识和发现能力得到增强；学生的国际素养和创新能力得到培养，合作意识和思维能力得到提升。年内，792名教师、845名学生在市、区活动中获奖。

（张如燕）

北京市史家小学通州分校

2016年，北京市史家小学通州分校占地面积4.05万平方米、建筑面积3.06万平方米，体育场面积1.76万平方米。图书馆藏书4.98万册。固定资产总值1.71亿元，全年教育经费投入0.40亿元。学校拥有计算机579台，多媒体教室座位4000个，校园网出口总带宽3250Mbps，数字资源量2480GB，“信息技术”课程1课时/周。普通教室68个、专用教室28个。教职工179人，其中，高级职称14人、中级职称60人。专任教师160人，包括北京市骨干教师3人;本科及以上学历175人。开设教学班60个。毕业381人、招生448人、在校生2591人。

2016年，学校在欣赏教育办学思想引领下顺利完成各项工作。

突出教育改革，开展活动促发展。开展多项课程研讨、课堂教学活动；组织青年教师培训、交流，更新教师教育教学理念，拓展教师教育行为路径。教师做区级及以上观摩研究课152节，获奖576人次。

突显生本行为，促进学生健康成长。根据学生兴趣的需求，丰富社团活动内容，开设足球、舞蹈、器乐等体育类、科技类、艺术类活动课程，举办“美在史家”展示活动；结合“三节三爱”教育，开展“最美的果实送给谁”“微善公益”“‘六一’义卖”等活动；组织为身患重病的学生家长及边远地区贫困家庭捐款捐物活动。学生在北京市及全国舞蹈、机器人、电脑绘画、书法作品等17项比赛中崭露头角，获奖125人次。

（刘艳）

北京小学通州分校

2016年，北京小学通州分校占地面积2.23万平方米、建筑面积1.95万平方米。图书馆（室）藏书3.24万册。固定资产总值2017.06万元，全年教育经费投入2669万元。学校拥有计算机317台，多媒体教室座位2200个，校园网出口总带宽3250Mbps，数字资源量200GB，“信息技术”课程1课时/周。普通教室40个、专用教室19个。教职工126人，其中，副高级职称9人、中级职称42人。专任教师118人，包括北京市骨干教师3人；本科及以上学历118人。开设教学班40个。毕业141人、招生282人、在校生1735人。

2016年，学校秉承活力教育办学理念完成各项任务。

文化立校。围绕“践行活力教育，创造精彩人生”办学理念，传承北京小学“水润红枫”精神，进一步完善活力教育理念体系和实践体系，出版《活出精彩》和《活在教学》图书；通过校史馆展示学校办学文化发展历程，通过教室外墙、楼道等平台展示学生作品，通过“半亩园”让学生参与实践种植。获评北京市学校文化建设示范校。

3月8日，北京小学通州分校承办“2016年北京市小学英语教学观摩研讨活动” （北京小学通州分校 供）

科研兴校。营造全员科研、立体科研氛围，形成“务实求真，创新求活”科研文化；教师40余项课题顺利结题，承担市、区级课题展示课85节。

课程活校。构建基于学生核心素养发展的姿态类、学态类、心态类和实态类“四态”课程；以“必修+选修”的方式，以各学科课程标准为依据，开发出具有地方特色和学校特点的4大类13个学科85门活力校本课程，整体推进三级课程建设。

（靳朝霞）

北京市通州区张家湾镇中心小学

2016年，北京市通州区张家湾镇中心小学下辖5所完全小学，分别为张辛庄小学、上店小学、张湾村民族小学、张湾镇民族小学和枣林庄民族小学，6所学校总占地面积6.64万平方米、校舍建筑面积2.48万平方米，运动场地面积3.69万平方米。图书馆（室）藏书12.60万册。固定资产总值4123万元，全年教育经费投入5921万元。学校拥有计算机600台，多媒体教室座位4960个，校园网出口总带宽2750Mbps，数字资源量300GB，“信息技术”课程1课时/周。普通教室83个、专用教室41个。教职工221人，其中，高级职称17人、中级职称90人。专任教师188人，包括北京市骨干教师1人；本科及以上学历202人。开设教学班83个。毕业344人、招生443人、在校生2697人。网址：www.zjwzzxxx.com。

2016年，学校在“做主人”教育思想引领下完成各项工作。

加强师德培训，提升教师素养。加强教师发展共同体建设，充分发挥各级骨干教师的示范、引领作用；以评优评先活动为依托，开展“师徒工作坊”“班主任培训会”“党风廉政建设部署会”等活动，加强队伍建设，提升师德素养。学校道德讲堂被评为“通州区优秀道德讲堂”，多名教师在市、区教学活动评比中获奖。

深入课堂实践，开展丰富活动。完善课程实施框架和运行系统，以学科实践活动的研究为支点，撬动学校课程改革，先后开展品牌教师课堂展示、语文课堂教学研讨活动和国学展示等课堂实践与研究活动。同时，学校努力探索学生管理文化的途径与方式，推进学生自主管理，通过开展学生艺术节、体育文化节和“十德新人故事会”等活动，培养学生多种兴趣与能力。组织学生参与全部体育、艺术、科技A类比赛，获北京市民族健身操舞金奖等奖励。

加强文化建设，均衡校级发展。加强学校制度文化、课程文化、活动文化、环境文化建设，推进学校内涵发展。5所完小发展自身特色，形成“一校一品牌，校校都精彩”的局面。举办建校110周年系列活动。

（张海涛）

北京市顺义区东风小学

2016年，北京市顺义区东风小学分两址办学，分别为本部校区和现代校区，2个校区总占地面积2.25万平方米、建筑面积0.91万平方米，体育场（馆）面积1.39万平方米。图书馆（室）藏书3.50万册。固定资产总值1227万元，全年教育经费投入4813.96万元。学校信息化经费投入59.27万元，拥有计算机315台，多媒体教室座位1700个，校园网出口总带宽100Mbps，数字资源量10GB，“信息技术”课程1课时/周。普通教室35个、专用教室14个。教职工160人，其中，高级职称5人、中级职称91人。专任教师122人，包括北京市骨干教师1人；本科及以上学历124人。开设教学班27个。毕业862人、招生547人、在校生1066人。网址：www.dfxx.shyedu.cn。东风小学教育集团已形成东风小学、建新小学、裕龙小学、仓上小学四个法人学校，五址办学的模式。

2016年，学校在“友善和谐、民主公平、深度研究、追求卓越”的文化浸润下，开展各方面工作。

以涵养文化为核心，建设干部教师队伍。以浸润引领为路径开展教师培训、参观体验和集体学习活动，本部校区组织教师外出学习120人次，邀请近30名市、区教研员到校指导。

以核心素养为依托，深化课程建设。立足培育学生核心素养，以体验教育为载体，以学生发展为核心，构建学校课程体系，基础性课程培养学生成为独立行走的学习者，拓展性课程培养学生成为个性发展的学习者，融合性课程培养学生成为知行合一的学习者。承办顺义区小学综合实践活动“生命课堂——体验民俗文化促进多元发展”观摩研讨活动，在河北村民俗文化体验园进行多学科综合实践课程的探索；开展以“爱上阅读”为主线的多项阅读活动；开展体验教育下生命课堂探索的研究，创建有体验有温度的生命课堂，从讲授为中心的课堂转变为学习为中心的课堂。

9月30日，顺义东风小学“十一”庆祝活动中“书香少年绘祖国”长卷展示 （顺义东风小学 供）

以活动为抓手，促进学生全面发展。各类活动为学生提供生命的场、体验的场、成长的场、成功的场，包括体育艺术节启动“展体育风采享艺术魅力”活动、参与德国歌剧院童声合唱团演唱、京剧社团应邀参加中央电视台戏曲频道“快乐戏园”节目录制等。

（于有民）

北京市顺义区西辛小学

2016年，北京市顺义区西辛小学教育集团分三址办学，分别为低年级部、中年级部和高年级部，3个校区总占地面积4.61万平方米、建筑面积1.86万平方米，运动场地面积1.76万平方米，包括专业塑胶跑道、人工草皮足球场、室外篮球场、排球场、网球场和篮球馆。图书馆藏书8.41万册，电子图书94册。固定资产总值5369.66万元，全年教育经费投入7066.07万元。学校信息化经费投入434.42万元，拥有计算机698台，多媒体教室座位3246个，校园网出口总带宽1000Mbps，数字资源量80GB，“信息技术”课程1课时/周。普通教室72个、专用教室23个。教职工217人，其中，高级职称9人、中级职称121人。专任教师192人，包括北京市骨干教师4人；本科及以上学历167人。开设教学班69个，开设精品社团课48节。毕业351人、招生412人、在校生2526人。

2016年，顺义区西辛小学教育集团在“文化与课程”“协同与成长”“传承与突破”中遵循师生身心发展规律及社会发展规律，完成各项工作。

深化集团管理体制改革。3个校区6个年级实行校区自治、年级自主，分工明确、责任到人。每个年级设级部长、学科组长和兼职科研员，形成多个团队，让人人有位、人人有责。充分发挥教代会职能，坚持民主、廉洁办学的宗旨，确保学校管理的公平、公正和决策的民主、透明。

系统培育学生“仁智和美”素养。在办学特色上“多元智能提供多元选择”，通过课程、社团等方式让学生能够“择己所好，自成所长”，致力于形成“顺性成长、多元绽放”的校园风尚。通过“幸福传递，爱满京城”——M15号线亲子志愿服务活动培养学生积极向上的态度和立足社会服务他人的能力；利用“运动护照”和体育分类走班的形式培养学生体育锻炼兴趣；亲子阅读、亲子远足、亲子文化体验，培养学生的文化素养和崇尚自然的人文情怀。

锤炼现代化师资团队。以火烈鸟的故事和雷锋向谁学的故事，提出“我就是正能量”，凝聚思想的力量。学生读本《福娃成长》和《希·新》校报的撰写和出版，为师生分享幸福搭建平台。

（贾广辉）

北京市昌平区昌盛园小学

2016年，北京市昌平区昌盛园小学占地面积1.37万平方米、建筑面积1.11万平方米，运动场地面积0.55万平方米。图书馆藏书3.49万册，电子图书25万册。固定资产总值4135万元，全年教育经费投入2767万元。学校拥有计算机436台，多媒体教室座位1801个，校园网出口总带宽20Mbps，数字资源量1000GB，“信息技术”课程1课时/周。普通教室45个、专用教室11个。教职工139人，其中，高级职称13人、中级职称70人。专任教师117人，包括特级教师1人、北京市骨干教师5人、北京市学科教学带头人1人；本科及以上学历116人。开设教学班44个。毕业233人、招生267人、在校生1866人。

2016年，学校构建“谦和”管理标准，营造“谦和”管理文化，制订“十三五”时期发展规划的实施方案。强化德育工作整体规划和系统思考，围绕育人目标和可持续发展教育专题，依托少先队教育活动、学生素质提升工程、学校体育节及科技节等，开展教育实践活动。抓好干部、教师、家长3支队伍建设，依据规划做好培训计划的具体落实，强化领导干部执行力、强化教职工教育力、强化家长合作力，三力合一，提升整合教育实效。教学中，建设“博雅教师”团队，构建“尊重课程”体系，打造“合作课堂”文化。体育美育工作以学生身体素质和艺术素养的提升为核心，以课堂教学为重点，以各项竞技比赛和课间操、体育活动等为载体，努力提升全体学生体质健康水平和竞技水平。做好“十三五”期间，校园文化建设的整体规划设计和分年度实施方案，完成2017年专项资金申报。

（金东明）

北京市昌平区城北中心小学

2016年，北京市昌平区城北中心小学下辖4所学校，分别为中心校六街小学、三街小学、东关小学和西关小学，4所学校总占地面积2.91万平方米、校舍建筑面积1.87万平方米，运动场地面积1.61万平方米。图书馆藏书9.88万册。固定资产总值5474万元，全年教育经费投入7912万元。学校信息化经费投入274.33万元，拥有计算机900台，多媒体教室座位4200个，校园网出口总带宽100Mbps，“信息技术”课程1课时/周。普通教室104个、专用教室32

10月26日，城北中心小学举办昌平区小学体育、美育现场会
（城北中心小学 供）

个。教职工301人，其中，高级职称12人、中级职称162人。专任教师288人，包括北京市骨干教师3人；本科及以上学历256人。开设教学班104个。毕业586人、招生578人、在校生4047人，包括外省市借读生1295人。

2016年，学校在“养正”文化引领下，在好习惯教育路上，先后举办“阳光体育、健康成长”2016年春季运动会、“百年城北，助梦飞翔”管乐团音乐会等；承办昌平区小学体育美育现场会、昌平区中小学生定向越野比赛、昌平区中小学生校园定向联赛、昌平区中小学生国际象棋等级赛、2016迎冬奥青少年多米诺大赛；举办“童蒙养正，文化毓德”第八届德育论坛、特色年级特色班级文化建设交流、第二届班主任基本功大赛才艺展示、“创先杯”微课比赛、教育讲师团等教育教学活动。学校接受北京民族团结教育示范校评估检查、艺术教育特色学校评审等。开展积极心理理念下培养小学生好习惯方法与途径的研究、运用积极语言评价提高小学高年级学生学习幸福感的研究、以导读交流为依托培养学生良好课外阅读习惯的研究、依托文本资源进行读写结合培养小学中高年级学生良好读写习惯的研究、“十三五”教育科研课题在中小学开展吟诵教学的方法及效果探究等多个课题研究。

（王英）

北京市昌平第二实验小学

2016年，北京市昌平第二实验小学分两址办学，分别为东校区（低部教学区）和西校区（高部教学区），2个校区总占地面积3.09万平方米、建筑面积1.77万平方米，体育馆面积882平方米。图书馆藏书3.83万册。固定资产总值3109.97万元，全年教育经费投入3694.27万元。学校信息化经费投入207.47万元，拥有计算机269台，多媒体教室座位78个，校园网出口总带宽1000Mbps，数字资源量265GB，“信息技术”课程1课时/周。普通教室54个、专用教室11个。教职工150人，其中，高级职称4人、中级职称46人。专任教师146人，本科及以上学历149人。开设教学班54个。毕业180人、招生401人、在校生1834人。

6月30日，昌平实验二小举办粉笔画中外学习交流活动
（昌平实验二小 供）

网址：www.cpshyex.com。

2016年，学校在“做润泽生命的教育，让每一个生命都精彩”教育理念指导下，完成以下3项亮点工作。

建立级部，强化管理。级部是任教同一年级不同学科的教师，为同一教育目标而形成的组织，级部通过组织各种形式的活动，推动各年级素质教育开展，带给校园勃勃生机。

建立学生发展核心素养指标体系。围绕“润泽生命”教育理念，建立“三六九”学生发展素养指标体系，即“有教养、有志趣、有情怀”三个有素养领域；“行为要雅、学时要广、身心要健、思维要灵、心地要善、责任要强”六个要核心素养；“一生好习惯、一身正能量、一袭书卷气、一副好身体、一种好思维、一项好才艺、一颗仁爱心、一份责任感、一腔诚信意”九个一成长指标。

开展实践活动，提升学生综合素养。分三级落实市教委提出的10%综合实践活动课程，包括校级、级部和学科，围绕核心素养设置课程，注重学生参与体验，增强学生创新意识和实践能力。

（王建平）

北京市昌平区回龙观第二小学

2016年，北京市昌平区回龙观第二小学占地面积2.10万平方米、建筑面积0.94万平方米，体育场面积0.87万平方米。图书馆藏书2.26万册，电子图书0.35万册。固定资产总值1780.50万元，全年教育经费投入2827.13万元。学校信息化经费投入415.96万元，拥有计算机737台，多媒体教室座位1495个，校园网出口总带宽1000Mbps，“信息技术”课程1课时/周。普通教室28个、专用教室8个。教职工91人，其中，高级职称1人、中级职称24人。专任教师86人；本科及以上学历84人。开设教学班28个。毕业106人、招生160人、在校生975人。网址：www.hlgextf.com。

2016年，学校围绕“建有文化的校园、塑有理想的教师、育有特长的学生、办有特色的学校”办学目标，确立“阳光教育”主题文化，各项工作稳步开展。

德育工作。与北京农学院共同开展“红色1+1”活动，培养少先队员的创造力与动手能力；开展“沐浴阳光，徜徉书海”活动，培养学生阅读意识，增加阅读趣味性；采用“自主管理、自我发展”模式，建立七彩阳光评价体系，配合建有“阳光成长银行”，联合“阳光成长银行”开展“Happy总动员”系列活动；推进“弘扬民族文化，延续中华文脉”非物质文化遗产进校园活动，弘扬传统文化，传承中华文明。

教学工作。强化常规管理，加强教学过程管理，围绕“两带进、两翻转”深入开展课堂教学研究，以科研引领深化教学改革；通过三级课程建设，促进学生综合素质提升，打造具有学校特色的阳光课程文化;开展Pad教学实验，“互动反馈技术”进课堂系列教学活动；开展骨干教师示范课、青年教师评优课展示评选活动，组织教师参加竞赛评优活动和市内外学术讨论活动，提升教师队伍素质；重视特殊教育工作，邀请市特教中心专家领导走进学校指导融合教育课堂教学活动。

学校建设。教育经费统筹安排，专项经费专款专用，严格执行招投标手续、政府采购程序等，保证专项经费投入方向明确，使用效益明显。专项资金主要用于学校信息化设备建设、改造校园环境、特色建设等方面。信息化建设包括配备录播教室、数字广播系统改造、多网合一等项目；新建学生阅览室2个，改建教师阅览室1个，为教学提供便利条件;优化校园环境，包括校园内道路及绿化改造、玻璃窗更换和暖气改造等项目。

（赵飞）

北京教育学院附属大兴实验小学

2016年，北京教育学院附属大兴实验小学分两址办学，分别为主校区和融汇校区，主校区占地面积1.10万平方米、建筑面积0.88万平方米，运动场地面积0.34万平方米。图书馆藏书2.50万册。固定资产总值1200万元，全年教育经费投入650万元。学校信息化经费投入240万元，拥有计算机120台，多媒体教室座位80个，校园网出口总带宽5120Mbps，“信息技术”课程2课时/周。普通教室18个、专用教室6个、科学实验室1个、阅览室1个。教职工29人，其中，高级职称1人、中级职称5人。专任教师29人，包括北京市骨干教师1人；本科及以上学历29人。开设一年级至三年级教学班6个。招生178人。融汇校区占地面积1.44万平方米、建筑面积1.15万平方米，运动场地面积0.35万平方米。图书馆藏书2.50万册。固定资产总值1200万元，全年教育经费投入650万元。学校信息化经费投入240万元，拥有计算机100台，多媒体教室座位81个，校园网出口总带宽5120Mbps，“信息技术”课程1课时/周。普通教室24个、专用教室9个、科学实验室1个、阅览室3个。教职工50人，其中，高级职称 2 人、中级职称 4 人。专任教师 39 人，包括北京市骨干教师 2 人；本科及以上学历 13 人。开设一、二年级教学班 6 个。招生 168 人。

2016 年，学校以“一个学校，一个时代”的思想引领全体教师塑师德、强师能，提高教育教学质量，促进学生全面、个性化发展，努力实现学校特色发展。

多层级教师培训，促教师专业发展。依托市级培训，了解顶层设计；依托教育学院资源，实现“私人定制”；挖掘专家资源，进行精细化培训；依托“成长 1+1”模式，规范教师课堂行为；注重学习引领，开展读书交流；依托制度管理，规范教师行为。

开展教学研究，提升学生学科素养。创新作业模式，培养学生实践能力;探索科学评价方式，提升学生综合素养;切实开展实验工作，提升学生语言能力；加强区级规划办课题管理，促研究深入开展。

完善课程建构，助力学生个性发展。拓展学科课程，提升综合素养；开设校本课程，拓宽学习渠道；多彩课外活动，探索未知世界；探索思维课程，促进思维发展。

多彩学科实践活动，促进学生能力提升。在三元课程体系下计划并实施学科实践活动，包括课程目标、主题、内容、实施、评价等内容，注重成果积累，将活动方案、学生作品、学生反馈、影音资料和信息报道等归档留存，活动后反思并修订活动方案，为进一步提升活动实效性奠定基础。

（刘影）

北京师范大学大兴附属小学

2016 年，北京师范大学大兴附属小学占地面积 1.57 万平方米、建筑面积 0.97 万平方米，体育场面积 0.71 万平方米。图书馆藏书 2.78 万册，电子图书 0.83 万册。固定资产总值 1791.93 万元，全年教育经费投入 1760.09 万元。学校信息化经费投入 49.01 万元，拥有计算机 398 台，多媒体教室座位 178 个，校园网出口总带宽 20Mbps，数字资源量 2200GB，“信息技术”课程 1 课时 / 周。普通教室 24 个、专用教室 10 个。教职工 78 人，其中，高级职称 5 人、中级职称 37 人。专任教师 77 人，包括北京市骨干教师 1 人；本科及以上学历 77 人。开设教学班 26 个。招生 173 人、毕业 121 人、在校生 989 人。网址：www.bsddxfx.com，微信公众号：bsddxfx。

2016 年，学校以“善、雅、博、健”育人目标为课程体系的根本目标，以基础课程（国家）、综合课程（地方）、拓展课程（校本）和卓越课程（社团）四级课程整体研究构建为基本点，形成传统文化、现代文明、未来智慧成长视野的三大精品课程领域，辐射中华经典、民族情怀、文化体验、社会实践、科学探索、发明创新 6 个校本必修课程系列。学校获中国教师发展基金会“十二五”规划重点课题先进单位、北京市科技示范校、北京市国防教育示范校等多项荣誉。

天文科技成为学校科技教育工作特色项目。结合学校年度计划，全方位规划、制定保障措施，建立管理制度，实行分层实施。建立科技教师梯队，科技教师采取专兼职结合、校内外结合的形式，8 名核心成员分别负责模型、机器人等项目，15 名校外专家及 40 名任课教师参与项目。天文类社团——辰星皓月社作为学校金牌社团，有优先录取学生的资格。天文提高社团每个星期开展 2 次社团课程学习，北京天文馆专家和学校天文教育负责人共同规划与指导课程设计，每学期组织不少于 1 次户外观测和 1 次区级以上参赛。另外为低年级学生开设天文普及社团，针对四年级学生开设天文校本课《趣味天文》。

（方亮）

北京市大兴区第八小学

2016 年，北京市大兴区第八小学占地面积 9670 平方米、建筑面积 5050 平方米，操场面积 5500 平方米。图书馆藏书 3.09 万册。固定资产总值 1725.76 万元，全年教育经费投入 2110 万元。学校信息化经费投入 60 万元，拥有计算机 546 台，多媒体教室座位 1640 个，校园网出口总带宽 25Mbps，“信息技术”课程 1 课时 / 周。普通教室 30 个、专用教室 12 个。教职工 93 人，其中，中学高级职称 3 人、小学高级职称 63 人、中级职称 20 人。专任教师 86 人，包括北京市骨干教师 5 人；本科及以上学历 85 人。开设教学班 30 个。毕业 198 人、招生 177 人、在校生 1164 人。网址：baxiao.dxschools.cn。

2016 年，学校本着“以教育质量为基础，以美育工作为特色，以全面发展为目标”的办学思路，不断前进发展。

学生培养。英语组以外教进课堂为抓手，激发学生兴趣，培养学生听、说能力；充分利用校外资源开展英语国学系列活动；提出英语绘本计划，将“大猫系列”绘本图书作为授课内容。体育学科注重跆拳道校本课程开发，聘请教研员指导、专业教练授课，编写大兴八小跆拳道校本课程教材。逐步推进音乐和美术学科实验内容，让每名学生至少掌握一门乐器;发挥美术教师专长，推动国家课程校本化。课外一小时活动包括四大乐团、英语国学剧、机器人编程、航模小组 4 项。

多层次梯队保障教学。依托学校教师队伍优势，开展“兴星”团队建设，以英语、体育两个教研组为研究基地，发挥骨干教师引领作用，推动校本教研、科研、教师队伍建设、课程建设相结合，促进学校向更高层次发展。“兴星”团队建设和学科实验项目整合，提高学生综合素养和教师能力水平。打造具有 5 名市级学科骨干、9 名区级学科带头人、11 名区级骨干教师、老教师工作室、校级骨干教师多种组合团队雁阵排列式教师队伍；形成以专家讲座、课堂指导、课题研究为引领，以开放课、研究课、评优课等为主体的实践形式。

（吴君涛）

北京市大兴区黄村镇第一中心小学

2016 年，北京市大兴区黄村镇第一中心小学由 1 所中心校（含北校区）和 3 所完小组成，4 所学校总占地面积 5.15 万平方米、建筑面积 1.71 万平方米，体育场面积 2.30 万平方米。图书馆藏书 6.73 万册，电子图书 115 册。固定资产总值 7931 万元，全年教育经费投入 6980 万元。学校信息化经费投入 121 万元，拥有计算机 605 台，多媒体教室座位 280 个，校园网出口总带宽 25Mbps(共享)，数字资源量 1.50TB，“信息技术”课程 1 课时 / 周。普通教室 65 个、专用教室 24 个。教职工 207 人，其中，副高级职称 9 人、中级职称 136 人。专任教师 200 人，包括特级教师 1 人、北京市骨干教师 8 人；本科及以上学历 142 人。开设教学班 59 个。毕业 363 人、招生 245 人、在校生 1829 人。

2016 年，学校秉承“以人为本，为学生一生发展奠基”的办学理念，形成“民主、和谐”的优良校风。加强教师队伍建设，深化课堂教学改革，提升教师职业道德修养。

教育科研工作。坚持“科研兴校，科研强师”，以中心校为龙头，统一规划、典型带动、分层推进、均衡发展。将教育科研作为构建优秀教师群体，引领学生健康成长，促进学校发展的主要途径。“十二五”期间，学校国家、市、区级立项课题共计 24 项，采取以学校大课题带动，集中选题与分散选题相结合的共同体研究策略。获“北京市基础教育科研先进学校”、大兴区“十二五”教育科研先进单位荣誉称号。开展基于 iPad 及其他形态智能终端的教学研究与实践。本着“以研究促提高，以活动促发展”的原则，以中心校带动完小共同发展的工作思路，切实做好“互动反馈”“平板电脑”和“远程协同”重点实验项目研究推进工作。推动信息技术和数字资源在课堂教学中有效应用和深度融合，提升教师运用信息技术的能力。在国家、市级信息化教学应用大赛中，共有 91 节参赛课例获奖。

（熊倩）

北京市怀柔区第一小学

4 月 15 日，怀柔一小一年级数学期中质量评价“游戏大闯关”活动（怀柔一小 供）

2016 年，北京市怀柔区第一小学占地面积 1.52 万平方米、建筑面积 1.02 万平方米，体育场地面积 0.80 万平方米，主操场设有 200 米塑胶跑道和人工草皮足球场。图书馆藏书 4.67 万册。固定资产总值 3493.70 万元，全年教育经费投入 3975.98 万元。学校信息化经费投入 110.16 万元，拥有计算机 321 台，多媒体教室座位 2453 个，校园网出口总带宽 100Mbps，数字资源量 850GB，“信息技术”课程 1 课时 / 周。普通教室 39 个、专用教室 14 个。教职工 141 人，其中，高级职称 13 人、中级职称 93 人。专任教师 114 人，包括北京市骨干教师 1 人；本科及以上学历 127 人。开设教学班 39 个。毕业 266 人、招生 240 人、在校生 1625 人。学校有社团 88 个，每周有 2700 人次参与社团活动。

2016 年，学校以“爱智共育，让每个生命尽享阳光”为核心理念，发挥阳光教育的导向、激励、凝聚作用，努力把学校办成一所学生乐学、教师幸福、家长满意的学校。

扎实开展校本研训，促进教师专业成长。制定《怀柔一小校本培训方案》，并通过多种形式，提升教师专业素质。坚持以教研组集体研究带动教师个体成长为途径，实施主任、教研员和组长负责，全员参与、整体提高的圆桌式教研形式；学校及学区 3 所学校的骨干教师和年轻教师建立起师徒关系，师徒共同提高;为 4 名教师举办教学特点研讨会;作为北京教育学院协同创新学校计划项目校，项目组专家指导美术学科校本读本研发工作。

落实课程方案，打造七彩阳光课程。制定《怀柔一小“七彩阳光”课程体系建设方案》，整合国家、地方、校级课程，把所有课程分为三能七类，以 10% 学科实践活动的研究为突破口，落实课程方案。开设 25 类个性拓展特色课程，让学生积蓄多种能量；完善“午间识字”课程方案；开设文化传承特色课程“历史的今天”；举办怀柔一小首届英语节。

实施阳光德育，立德树人。德育工作以培育和践行社会主义核心价值观为重点，以“争创阳光特色班级，培养阳光少年”为目标，以“让校园静下来”和“三个十分钟”形体训练为抓手，通过科学的方法和生动的教育活动，实现立德树人。进一步完善校、处、班三级管理网络，明确德育管理职责。充分发挥班主任工作室的引领作用，提高班主任队伍的德育工作能力。形成特色活动品牌，在学区和学校间组织开展“同在红旗下 牵手共成长”“共忆长征情 同筑爱国志”“童心互助传温暖 千里送衣御寒冬”等系列活动。

创新评价方式，减负提质。尝试创新评价方式，完善过程性评价：一年级数学，一、二年级英语、语文陆续开展教师、家长、学生共同参与的闯关活动；开展多种形式的形成性评价，语文的识字大王、数学的能力考查、科任学科的才艺展示、综合实践活动等相结合，提高教学质量。

（张晓清）

北京市怀柔区第三小学

2016 年，北京市怀柔区第三小学占地面积 8086.89 平方米、建筑面积 6059 平方米，体育场地面积 3490 平方米。图书馆藏书 4.50 万册。固定资产总值 2100.33 万元，全年教育经费投入 3179.70 万元。学校信息化经费投入 82 万元，拥有计算机 304 台，多媒体教室座位 1844 个，校园网出口总带宽 100Mbps，数字资源量 20GB，“信息技术”课程 1 课时 / 周。普通教室 33 个、专用教室 6 个。教职工 124 人，其中，高级职称 10 人、中级职称 74 人。专任教师 104 人，包括北京市骨干教师 1 人；本科及以上学历 114 人。开设教学班 33 个。毕业 223 人、招生 210 人、在校生 1491 人，包括外省市借读生 45 人。

2016 年，学校继续以促进学生全面发展、健康成长为出发点，以立德树人为根本任务，深化“和而不同”特色教育。学校作为北京第二实验小学教育集团成员校，以“以爱育爱，美美与共”为办学理念。学校开展合唱节、英语节、柿子节等校级活动，倡导全员参与、人人体验；将学生的体质健康放在首位，提出“课堂三姿”“体育三姿”标准，通过常规中培养、竞赛中提升，为学生健康发展打下良好基础。

着力提升教育质量。借 30 年校庆契机，举办校庆活动月，以校史为载体深入开展语文学科实践活动课程的探索，举办课堂文化深化周，深化“生本、对话、求真、累加”的课堂文化。将落实《北京市实施教育部〈义务教育课程设置实验方案〉的课程计划》与学校课程建设相结合，构建学校“树型—慧信”课程体系，让学生的全面发展与个性成长和谐统一。

社会主义核心价值观教育与课程融合渗透。举办“弘扬传统文化 引领经典阅读 奠基美好人生”怀柔区践行社会主义核心价值观现场会。总结梳理“十二五”时期工作经验，制订学校“十三五”时期发展规划，向构建“精致化、优质化、特色化”学校不断迈进。

（邢桂伶）

12 月 29 日，怀柔三小举办英语节猜灯谜活动
（怀柔三小 供）

北京市平谷区第一小学

2016 年，北京市平谷区第一小学占地面积 2.48 万平方米、校舍建筑面积 1.27 万平方米，运动场地面积 1.37 万平方米。图书室藏书 5.40 万册。固定资产总值 2943.73 万元，全年教育经费投入 3822.88 万元。学校信息化经费投入 12.88 万元，拥有计算机 591 台，多媒体教室座位 1950 个，校园网出口总带宽 800Mbps（共享），数字资源量 80GB，“信息技术”课程 1 课时 / 周。普通教室 44 个、专用教室 14 个。教职工 152 人，其中，高级职称 11 人、中级职称 101 人。专任教师 103 人，包括北京市骨干教师 1 人；本科及以上学历 129 人。开设教学班 44 个。毕业 251 人、招生 203 人、在校生 1676 人。

2016 年，学校以课程建设、课堂教学改革为核心，坚持“为教师的成功铺路，为学生的成长奠基”办学理念，充分发挥课堂主阵地及实践育人作用，开展社会主义核心价值观教育。执行新课程计划，深入开展学科实践活动。以开展“经典诵读”系列活动为手段，以组织丰富多彩的科技、体育、艺术活动为切入点，全面提升学生综合素质。

丰富学生课外活动。推行学生课外活动计划，以课外活动课程为依托，将校本课程和课外活动课程相融合，丰富学生课程活动的内容和形式。同一时间段课外活动课程科目 60 余节，覆盖体育、科技、艺术、语言等多门类多学科。每名学生必须参加至少一项社团活动，促进学生全面成长。

课程体系建设及教师培养。依据学生实际需要，挖掘学校、教师、社会资源，充分整合三级课程，以“国家课程＋五彩成长课程（红色基地实践课程、橙色阅读体验课程、绿色生命健康课程、蓝色科技课程、紫色艺术课程）”为特色课程体系。采取多种途径提高教师专业素养，包括加强师表风范教育、重视教育理论学习、引导教师钻研专业知识、认真抓好课堂教学水平。

多举措提高学生体质健康水平。加强体育工作管理，由一名校级干部及一名中层干部负责体育工作；提高体育课课堂教学质量，通过听常态课、体育课评优、督导评价、体育课观摩等活动，引导教师上好每节体育课；开展特色体育活动，开发体育教学资源。

着力提高德育工作实效性。注重家校沟通交流，通过多种形式，挖掘社会资源，完善“学校、家庭、社会一体”的德育网络，树立全员育德的理念；注重对教师开展德育工作培训；规范养成教育，以制度约束—正面引导—行为训练—激励评价为基本环节开展养成教育；按照以学生为本的设计理念设计德育活动，使德育工作系统化；通过听推门课、学生座谈、问卷调查等形式，督导所有学科教师在课堂教学中渗透德育。

（贾建立）

北京市平谷区第五小学

2016年，北京市平谷区第五小学占地面积1.43万平方米、校舍建筑面积0.66万平方米，运动场地面积0.56万平方米。图书室藏书2.70万册。固定资产总值1912.03万元，全年教育经费投入1977.25万元。学校信息化经费投入60.77万元，拥有计算机261台，多媒体教室座位1115个，校园网出口总带宽100Mbps，“信息技术”课程1课时/周。普通教室24个、专用教室6个。教职工80人，其中，高级职称3人、中级职称60人。专任教师51人，本科及以上学历71人。开设教学班24个。毕业115人、招生139人、在校生851人。

2016年，学校科研培训相结合，提升教师专业素质。成立语文、数学、美术、综合实践活动4个课题组，采取个人申报和中心组安排相结合的形式确定课题组成员，定人员、定时间、定地点组织活动。所有参加研究人员每月上一次研究课；选派教研组组长、骨干教师到上海、福建等地学习、培训；邀请综合实践活动、数学等学科教研员走进课堂指导教师。

培养良好习惯，促进学生成长。将养成教育作为特色发展方向，结合学生过程性评价，设计并印发学生成长记录册《成长的足迹》，任课教师根据学生课前准备、课上听讲、倾听发言等表现以奖贴形式将评价记录在册，形成“日评发奖贴、周评发喜报、月评发奖章、学期评发奖牌、学年评发奖杯”5个层次评价体系，邀请获奖学生家长担任颁奖人，其他学生家长参加颁奖活动，凝聚家校合力，共促学生提高。

依据计划开展工作。制定《平谷区第五小学三年教育规划计划》，以打造区级一流学校，争创市级文明校和科技示范校为目标，抓好“四建设”（两支队伍建设、课程建设、家校共育建设、校园文化建设），推进“一改革”（课堂教学改革），做到“一提升”（学生综合素质提升）。学生违法犯罪率和安全责任事故率均为零。

（王建红）

北京市密云区第六小学

2016年，北京市密云区第六小学占地面积1.08万平方米、校舍建筑面积0.59万平方米，运动场地面积0.75万平方米。固定资产总值1446.58万元，包括教学仪器资产值746.82万元;全年教育经费投入2547.07万元。图书馆（室）藏书5.80万册。学校信息化经费投入239.19万元，拥有计算机287台，多媒体教室座位1806个，校园网出口总带宽1000Mbps，数字资源量240GB，“信息技术”课程1课时/周。普通教室34个、专用教室6个。教职工93人，其中，高级职称5人、中级职称47人。专任教师82人，包括特级教师1人、北京市骨干教师2人；本科及以上学历82人。开设教学班34个。毕业171人、招生252人、在校生1486人。

2016年，学校以“学有优教办人民满意教育”为目标，强化学校规范化管理，深化课程改革，着眼于教师专业发展和学生实际获得。

队伍建设。通过思想引领、业务引领锤炼两支队伍，提升干部教师综合素养，打造出特级教师、市级骨干教师、区级骨干教师、校级骨干教师“梯队型”教师队伍和年轻化的干部队伍。

设置学科目标引领教学。数学学科为“三会”：会正确计算、会灵活思维、会学用结。英语学科为“四要”：要认真倾听、要大胆开口、要正确朗读、要规范书写。语文学科为“五得”：听得明白、说得清楚、写得漂亮、读得真切、写得实在。把握六个环节：备课求实效、授课要质量、作业要精心、辅导要耐心、检测要及时、反思要深度。

德育教育。以美丽少年活动为依托，加强学校德育教育，继续完善评价机制，严格规范行为习惯，量化评比制度，以三学会（学会说话、学会倾听、学会走路）《文明礼仪校本教材》学习为契机，开展四“jing”（敬、静、净、竞）教育，培育学生文明行为习惯。

学校特色。以打造书香校园为依托，实施“汇集学科智慧，演绎自信人生”为主题的课本剧综合实践活动课程，培育学生综合素养，践行社会主义核心价值观。

（马飞）

北京市密云区太师屯镇中心小学

2016年，北京市密云区太师屯镇中心小学分三址办学，分别为太师屯小学、东庄禾小学和桑园小学，3个校区总占地面积4.14万平方米、校舍建筑面积2.05万平方米，运动场面积2.20万平方米。图书室藏书6.78万册，包括电子图书0.10万册。固定资产总值2622.53万元，全年教育经费投入5276万元。学校信息化经费投入310.32万元，拥有计算机560台，多媒体教室座位1961个，校园网出口总带宽1000Mbps，数字资源量3000GB，“信息技术”课程1课时/周。普通教室36个、专用教室22个。教职工186人，其中，高级职称7人、中级职称97人。专任教师182人，包括北京市骨干教师4人；本科及以上学历141人。开设教学班36个。毕业155人、招生156人、在校生981人。网址：tstxx.myedu.gov.cn。

2016年，学校以求真教育办学理念为指导，深入贯彻落实“创新、协调、绿色、开放、共享”五大发展理念，以求真课程、求真课堂、美丽少年教育为抓手，构建核心文化价值和核心能力价值体系。教学工作以打造求真课堂、求真课程为重点工作，学生教育以“美丽少年”为重点。全面提升学校办学品质，办人民满意的教育。

教师队伍建设。坚持“请进来、走出去”的指导方针，聘请市级专家2人到校指导教学11次，派出160名教师赴广州、合肥等地学习、观摩，投入经费40余万元；搭建课堂展示平台，强化教师师能，分2个阶段开展“求真杯”非骨干教师课堂教学评优活动，32名教师参与活动。

完善求真课程体系建设。以课堂教学改革为核心，完成“充满活力的xzq课堂”，通过大数据分析思维，完成过程性、效果性评价量表制作和构建“xzq”生本课堂文化评价体系；以互联网为基础，探索互动课堂教学新方法；以四年级iPad实验年级为抓手，任课教师不断探索挖掘iPad的功能，努力实现iPad与教学、学习深度融合，开发iPad软件功能，尝试加入绘画、编曲、图片处理、制作PPT文件等教学内容。

（王士才）

北京市延庆区第一小学

2016年，北京市延庆区第一小学占地面积7700平方米、建筑面积8302.22平方米，体育场面积3000平方米。图书馆藏书4.96万册。固定资产总值1910.97万元，全年教育经费投入2691.62万元。学校信息化经费投入196.40万元，拥有计算机246台，多媒体教室座位1677个，校园网出口总带宽100Mbps，数字资源量1500GB，“信息技术”课程三年级至五年级1课时/周。普通教室34个、专用教室11个、实验室1个。教职工108人，其中，副高级职称9人、中级职称55人。专任教师95人，包括北京市骨干教师3人；本科及以上学历100人。开设教学班34个。毕业203人、招生172人、在校生1232人。

2016年，学校紧抓教育教学，以活动助力学生全面发展，稳步推进各项工作开展。

教育教学方面。全学科开展“变教为学”实践研究，数学学科在首都师范大学教授和区教研员引领下探索“变教为学”课堂教学方式；语文学科围绕区级课题“小学语文课内外阅读有效整合的实践研究”开展课堂教学研讨。注重教师基本功训练，组织教师参加“延庆区第一届‘妫川杯’教师基本功培训与展示活动”，15人获一等奖；开展教师粉笔字达标、新教师汇报课、骨干教师引路课等活动；鼓励教师参加网上开放型教学实践活动。全力推进教学研究，1个市级规划课题、4个区级课题立项，1个市级课题开题；启动智慧教室研究项目，出版校本教材《冠山教育例话》3册和课题研究成果《爱与罚》。各学科继续开展学科实践活动，培育学生综合素养。

德育教育方面。组织读书节、六年级毕业式、“冠山风采杯”优秀学生事迹报告会等活动；结合元宵节、清明节、端午节、中秋节、重阳节开展中华传统文化系列节日教育，开展翻绳、跳房子等传统游戏回归活动。结合创建全国文明城区工作开展创城知识宣讲与竞赛、志愿服务、卫生清洁等活动。规范家长委员会工作，召开家委会成立大会，邀请教师对家委会成员进行专题培训。举办首届校园科技周，开展绘画、手抄报、创意制作等展示与竞赛；组织一年级至六年级全体学生走进社会大课堂进行学习；设立学生劳动教育基地，五年级学生全程参与蔬菜种植劳动教育。完成中国德育馆成果上报，上交教师案例12篇、学生案例198篇、活动照片40张、手抄报5张、总结1份、视频素材1份。

校园建设方面。建成智慧教室6个，添置打印机4台、空调2台，更换校内网络存储设备、室外广播音柱7个，购买水草鱼缸1个，更换教师办公椅110把；灭火器换粉维护70具，购置灭火器箱8个、二氧化碳灭火器4具、防冻手套8副，更换消火栓内水龙带30盘，配电室更换防火门；装修榆园琴社、学校传达室，增设失物招领柜。

（王建茹）

北京市燕山东风小学

2016年，北京市燕山东风小学占地面积1.43万平方米、建筑面积0.81万平方米，运动场地面积0.30万平方米。图书馆藏书4.50万册，电子图书0.50万册。固定资产总值2757.53万元，全年教育经费投入1399.21万元。学校信息化经费投入101.30万元，拥有计算机354台，多媒体教室座位857个，校园网出口总带宽10Mbps，数字资源量20GB，“信息技术”课程1课时/周。普通教室18个、专用教室9个。教职工39人，其中，高级职称1人、中级职称22人。专任教师36人，本科及以上学历29人。开设教学班10个。毕业89人、招生67人、在校生337人。网址：www.bjysdfxx.com。

2016年，学校在“教育自培养习惯开始”理念指导下，着重培养学生良好习惯。以“六爱塑魂”系列主题活动为载体，培养学生良好的文明礼仪习惯。整合学校发展目标，坚持做到把行动统一到关注课堂教学上来，把思想统一到努力提高教育教学质量上来。

特色发展及课程建设。校园足球蓬勃发展，作为燕山地区唯一一所“全国青少年校园足球特色学校”，开设足球课及足球校本课，组建校男、女足球队，足球宝贝啦啦队，举办多项相关活动。开设校本课程4类40余门，丰富学生生活，对学校教育教学起到推进作用，同时对青年教师起到锻炼作用。

5月25日，燕山东风小学开展首届班级足球赛

（燕山东风小学 供）

教科研工作。在稳步推进 2 项北京市规划办课题的基础上，又成功申报立项 3 项北京市教育学会“十三五”课题，批准立项 3 项燕山地区教育科学“十三五”规划课题，参与课题研究教师人数占全校教师总数 70% 以上。

（盘京丹）

中学选介

北京市第二中学

2016 年，北京市第二中学占地面积 2.94 万平方米、建筑面积 4.45 万平方米，运动场地面积 0.74 万平方米。图书馆藏书 10.51 万册，包括电子图书 0.35 万册。固定资产总值 0.90 亿元，全年教育经费投入 1.12 亿元。学校信息化经费投入 360 万元，拥有计算机 650 台，多媒体教室座位 3358 个，校园网出口总带宽 350Mbps，“信息技术”课程 2 课时 / 周。普通教室 54 个、专用教室 21 个、实验室 31 个。教职工 251 人，其中，副高级职称 99 人、中级职称 49 人。专任教师 183 人，包括特级教师 5 人、北京市骨干教师 6 人、北京市学科教学带头人 2 人；本科及以上学历 236 人。开设高中教学班 45 个。毕业 425 人、招生 413 人、在校生 1268 人。高中录取分数线 559 分（东城区），应届高考本科上线率 100%。学校有社团 24 个，艺体团体 4 个。北京二中教育集团成员校包括二中、二中分校、北京市第二十四中学、二中新鲜小学及二中通州分校、二中朝阳学校、二中集宁分校，分别隶属北京市东城区、通州区、朝阳区及内蒙古自治区乌兰察布市集宁区。

2016 年，学校提出“坚持学生的全面发展，倡导学生的个性发展，实现学生的可持续发展”办学思想，在弘扬学校文化传统的基础上，以环境文化、课程文化、行为文化、制度文化建设为切入点，营造“空气养人”校园文化氛围，促进学校整体办学品质提升，实现“全面优质、追求卓越”发展目标。

3 月 10 日，北京二中教育集团启动“英语跨文化能力培训”

（二中 供）

集团化管理与发展。北京二中教育集团理事会成立，在教育集团理念引领下，该校联合各成员校先后举办多次集团内各校联动活动及集团校互助活动。包括期中考试、学段考试分析及联合备课活动，300 余人参与；师徒结对拜师活动中结成师徒 72 对；10 个学科举办高端学术讲座 19 次；13 期跨文化能力培训活动，培训英语教师 120 人；26 名集宁分校师生来校进行教育教学交流活动，19 名高三教师赴集宁分校开展支教活动等。教育集团工作向制度化、规范化和科学化发展。

（李震）

北京市第一六六中学

2016 年，北京市第一六六中学占地面积 2.12 万平方米、建筑面积 2.46 万平方米，运动场地面积 0.64 万平方米。固定资产总值 7165.50 万元，包括教学仪器资产值 4235.79 万元；全年教育经费投入 7452 万元。图书馆（室）藏书 10.44 万册。学校信息化经费投入 240 万元，拥有计算机 785 台，多媒体教室座位 3760 个，校园网出口总带宽 400Mbps，数字资源量 1TB，“信息技术”课程初一及初二年级 1 课时 / 周、高一年级 2 课时 / 周。普通教室 46 个、专用教室 27 个、实验室 14 个。教职工 249 人，其中，高级职称 77 人、中级职称 68 人。专任教师 191 人，包括特级教师 3 人、北京市骨干教师 2 人；本科及以上学历 230 人。开设教学班 46 个（初中 26 个、高中 20 个）。毕业 518 人（初中 283 人、高中 235 人）；招生 589 人（初中 356 人、高中 233 人）；在校生 1650 人（初中 924 人、高中 726 人，包括寄宿生 17 人，外省市借读生 169 人）。高中录取分数线 545 分（东城区），应届高考本科上线率 100%。网址：www.bj166z.cn。

2016 年，学校坚持“秉承育人本真，构筑教育生态，为学生一生幸福服务”的办学理念，不断开拓实践。

教科研方面。开发走班选课、成绩分析平台，为即将到来的大范围选课、走班教学提供技术支持。成立“基于学生发展的学校自我诊断”课题组，通过诊断对工作进行反思。将教科研同教师培训紧密结合，课题开题会和中期论证会面向所有教师开放，中国教育学会“十二五”重点课题“基础教育国际化人才培养国际比较研究”结题，“中小学生健康素养相关因素分析与对策研究”“初中数学分层教学行动研究”“中学舞蹈校本课程的探索与实践”等国家、市、区级课题立项。

德育方面。以建党 95 周年和长征胜利 80 周年为契机，设计爱国主义教育课程，举办“五四”表彰暨红五月班级合唱展演、“我的祖国我的梦”原创诗歌展示活动。重视传统文化教育，开设各节气文化课程，学生自发成立“调料包团队”，完成“寒节满庭冬，佳节一校春”立冬节气课程的设计实施，元旦非遗传统文化课程嘉年华设 30 余个项目。完善综合实践课程，组织非毕业年级学生到北京国际鲜花港参加 2016 年春季综合实践课程；组织毕业年级完成初三年级部分学生登泰山励志实践活动；组织初中学生同期参与蓝天工程博览课学习。支持学生团队建设，召开第一届学生代表大会第一次会议；组建学生社团18个。抓好学生健康教育，开发设计并推广“应对雾霾天气的室内健身操”。举办健康素养嘉年华，发布《北京市第一六六中学博雅·健康行为准则》。

艺术和科技教育方面。课程融合实践将话剧、心理等课程融合，尝试中小学艺术社团活动衔接；发挥金帆团示范引领作用，举办金帆话剧团《骆驼祥子》专场演出和金帆管乐团《音为爱》管乐专场演出。当选北京市中小学艺术教育特色学校、东城区中小学艺术教育特色学校和东城区中小学戏剧教育特色学校。举办无线电比赛培训、科技小报展示活动；初中科技俱乐部依托北京师范大学课程团队，开展STEM课程学习，提高学生动手能力和课题研究能力。

（王蕾　朱竹）

北京市广渠门中学

2016年，北京市广渠门中学分两址办学，分别为本校区和南校区（夕照寺），2个校区总占地面积2.54万平方米（本校区1.90万平方米、南校区0.64万平方米），建筑面积3.44万平方米（本校区2.78万平方米、南校区0.66万平方米）；运动场地面积1.12万平方米（本校区0.96万平方米、南校区0.16万平方米）。图书馆藏书9.75万册。固定资产总值9465.88万元，全年教育经费投入7716.20万元。学校信息化经费投入2143.33万元，拥有计算机771台，多媒体教室座位3000个，校园网出口总带宽1000Mbps，数字资源量2520GB，“信息技术”课程初中、高中均为2课时/周。普通教室62个、专用教室17个、实验室13个。教职工262人，其中，高级职称79人、中级职称87人。专任教师178人，包括特级教师2人、北京市骨干教师5人；本科及以上学历249人。开设教学班64个（初中39个、高中25个）。毕业596人（初中355人、高中241人）；招生660人（初中381人、高中279人）；在校生1317人（初中538人、高中779人，包括寄宿生490人，其中，初中25人、高中465人）。高中录取分数线552分（东城区）。北京市广渠门中学教育集团成员校包括北京市第九十六中学、北京市龙潭中学、北京市崇文门中学、广渠门中学附属花市小学、房山区石楼中学（广渠门中学石楼分校）、北京市平谷中学。

2016年，学校坚持“以人为本，全面育人，办有特色，实现学校可持续发展”办学思想，着力提升学生素质。

重视交流合作，力求集团校共同发展。广渠门中学教育集团与房山区教委签约合作；东城区教委与平谷区教委合作办学，将平谷中学纳入广渠门中学教育集团管理。教育集团理事会成立，全年多次举办成员校集体活动，教育集团石楼学区举办2016年教育教学拜师会，继续开展远程视频备课活动。

9月1日，广渠门中学教育集团举办2016—2017学年度开学典礼
（广渠门中学　供）

加强教师队伍建设，完善课程体系。关注青年教师个人发展，成立青年教师联合会，加强教师梯队建设。引进美国课程——PBL项目式学习、思维导图、STEM课程和英语专业选修课程，对教师进行培训，并引导教师进行课堂教学实践。教师公共选修课全面启动，开设9门课程，涉及中国传统文化、科技前沿、艺术、心理等诸多领域，高三年级开展“高三看世界”系列讲座9场。

（吴臻）

北京市第五十中学

2016年，北京市第五十中学占地面积2.79万平方米、建筑面积2.42万平方米，运动场地面积1.01万平方米。图书馆（室）藏书10.50万册，包括电子图书0.40万册。固定资产总值7580.41万元，全年教育经费投入6615.98万元。学校信息化经费投入96万元，拥有计算机850台，多媒体教室座位2680个，校园网出口总带宽100Mbps，数字资源量20000GB，“信息技术”课程1课时/周。教职工231人，其中，高级职称83人、中级职称66人。专任教师160人，包括北京市骨干教师3人；本科及以上学历224人。开设教学班48个（初中24个、高中24个）。毕业503人（初中286人、高中217人）；招生536人（初中297人、高中239人）；在校生1567人（初中872人、高中695人，包括寄宿生184人，外省市借读生164人）。高中录取分数线541分（东城区），应届高考本科上线率99.1%。网址：www.bj50.com。

2016年，学校各项工作稳步推进。

加强队伍建设及环境建设，推进开放办学。举办教师发展论坛，开展基本功大赛，提升教师职业素养；开办教师大讲堂、传统文化主题讲座，提高教师文化素养。改造图书馆、茶艺教室、听力教室、初中楼前花园，建设人文和科技长廊，更新楼层和办公室展示内容，寓文化于环境之中。与美国、加拿大友好校互访；申请中美千校携手项目示范校；与湖北十堰市实验中学、石家庄四中对口交流。

丰富社团活动，坚持活动育人。利用社团活动促进学生个性发展，通过校园星光电视台及时反映校园生活；“红剧

6月20日，五十中“红剧社”话剧《茶馆》公演
（五十中 供）

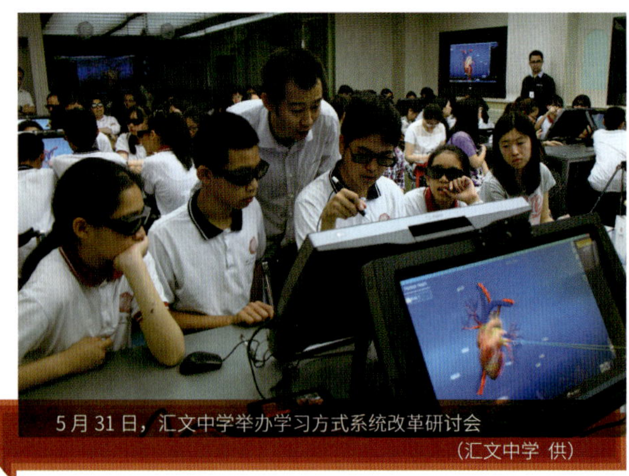

5月31日，汇文中学举办学习方式系统改革研讨会
（汇文中学 供）

社”话剧《屈原》《雷雨》《茶馆》公演；模拟飞行社团、围棋社、茶艺社在各级比赛中成绩优异；金帆舞蹈团进行“京·艺求精”原创舞蹈专场演出。通过天安门升旗、走长征路、清明祭扫、国防体验等活动，开展爱国主义教育；举办辩论赛、音乐剧比赛、艺术节、体育节、科技节等活动，促进学生全面发展；通过开学第一课、初三毕业课、高三成人仪式等主题教育，引领学生精神成长。

落实综合改革，提高课堂实效。发挥资源优势，协助东城区体育馆路小学建立苗苗舞蹈团，联手召开运动会，共同研讨小初衔接等问题。开放科学课堂，接待区内小学生；推进深度联盟，与五十中分校开展研讨交流。凝聚教育合力，举办家长沙龙，进行亲职团体辅导，与龙潭街道、龙体学区共同开展活动。围绕现代信息化环境下的教学改革，开展以 PAD 技术和物联网技术为突破点的专项研究，提高课堂实效，实现从“教师课堂”向“学生学堂”转变，先后举办市、区级课堂教学研讨会 4 次，展示教学实例 20 余节。

完善课程体系，完成数字校园建设。突出文化传承，重新整合出北京胡同、北京中轴线、民族服饰与文化、古代建筑文化探究、“访圣贤故里，习儒家精神”微游学和传统文化手作之旅课程。突出科技创新，开展“绿色动力车”STEAM 课程，进行植物组织培养课题研究，开发初中开放性科学实践课程，举办学科文化周活动，举办“着力学生综合素养提升 发挥课程整体育人功能”区级课程改革研讨会。建成融合校园门户网站、校务管理、协同办公、即时通讯、学生评价、业务管理、课程资源库为一体的五十中数字校园。

（张剑平）

北京汇文中学

2016 年，北京汇文中学占地面积 5.21 万平方米、建筑面积 5.75 万平方米，运动场地面积 2.85 万平方米。图书馆藏书 10.57 万册，包括电子图书 10 万册。固定资产总值 6753.20 万元，全年教育经费投入 7496.60 万元。学校信息化经费投入 49.70 万元，拥有计算机 600 台，多媒体教室座位 582 个，校园网出口总带宽 1000Mbps，数字资源量 4500GB，“信息技术”课程初中、高中均为 1 课时 / 周。普通教室 56 个、专用教室 27 个、实验室 13 个。教职工 214 人，其中，高级职称 81 人、中级职称 76 人。专任教师 160 人，包括特级教师 4 人、北京市骨干教师 4 人；本科及以上学历 199 人。开设教学班 50 个（初中 26 个、高中 24 个）。毕业 444 人，其中，初中 211 人、高中 233 人；招生 675 人，其中，初中 354 人、高中 321 人（统招 143 人，分数线 537 分；名额分配录取 112 人，分数线 545 分；市统筹一类 20 人，分数线 531 分；校额到校生 25 人，分数线 533 分；文艺特长生 5 人，分数线 542 分；体育特长生 7 人，分数线 406 分；科技特长生 4 人，分数线 514 分；市三好学生 5 人，分数线 554 分）；在校生 1864 人，其中，初中 971 人、高中 893 人，包括高中寄宿生 153 人。另有黄南班高三学生 27 人，国际部学生 70 人。高中录取分数线 537 分（东城区）。北京汇文教育集团包括汇文中学、北京市文汇中学和北京市汇文第一小学。

2016 年，学校鼓励各教学组开展教学创新活动。

学生工作。作为翱翔计划地理基地校，协办“第八届北京青少年翱翔科学论坛”物理与地球科学领域分论坛；举办 2016 年读书月活动、书立绘制活动、“一条中轴线一座北京城”讲座。注重学生全面发展，学生在全国及北京市文艺、体育、科技及知识竞赛中成绩突出，高二年级学生获 2016 年全国高中物理创新大赛一等奖、3 人获 2016 年高中化学奥林匹克竞赛一等奖、7 人在 2016 年 DI 国际邀请赛暨第 11 届 DI 创新思维中国区总决赛中获 2 项第一名。

基础设施建设。教学楼重建工程开工。学校和博雅智学公司合作建立的全国首个基础教育学校 3D 虚拟现实探究实验室暨 ZSpace 卓越中心建成并正式启用。

（陈维嘉　王苗）

北京市三帆中学

2016 年，北京市三帆中学分两址办学，分别为德胜校区和裕中校区，2 个校区总占地面积 2.40 万平方米、建筑面积 2.29 万平方米，体育场面积 1.29 万平方米。图书馆藏书 6 万册。固定资产总值 3857 万元，全年教育经费投入 7419 万元。学校信息化经费投入 65 万元，拥有计算机 878 台，多媒体教室座位 2600 个，校园网出口总带宽 30Mbps，音、视频数字资源 2500 小时，“信息技术”课程 2 课时 / 周。普通教室 66 个、专用教室 7 个、实验室 14 个。教职工 214 人，其中，高级职称 66 人、中级职称 91 人。专任教师 146 人，包括特级教师 1 人；本科及以上学历 203 人。开设初中教学班 48 个。毕业 620 人、招生 628 人、在校生 1825 人。

2016 年，学校教育教学工作主要任务为“培养学生好习惯、奠定学生全面发展的基础”。

教师文化建设。教师依据不同学段学生特点，编制《育人目标和教育策略参考》及《北京市三帆中学培养学生“四个良好习惯”实施方案》，方案按照核心价值观要求，成为校本化核心素养实践纲领性文件。教科室、教学处和学生处联合制订《北京市三帆中学教师专业发展的指标体系（讨论稿）》。

学生校园生活。初一年级开展“课堂礼仪卡”活动，初二年级开展“成长的足迹”活动，引导学生在遵规守纪中获得归属体验；初二年级组在设计史地政生物体的系列学法指导活动时提出“五个一"倡导，引导学生在多元选择中学会自主发展。年级组和备课组组织各班学生创作并演出课本剧《西游记》，引导学生在高雅情趣中提升审美品位。

教育教学工作。教学遵循专业性、主体性、层次性原则，稳步推进教师教学专业化工作有效开展。通过全体会讲座、班主任工作研讨会、初三工作研讨会等活动，搭建教育教学工作校本培训平台，逐步形成制度化、特色化的教师专业化培训体系。

（徐文敏）

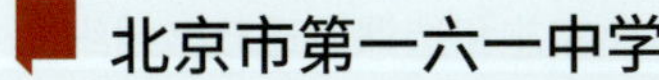

北京市第一六一中学

2016 年，北京市第一六一中学分三址办学，分别为北校区、中校区和南校区，3 个校区总占地面积 4.60 万平方米、建筑面积 3.26 万平方米，运动场地面积 1.21 万平方米。图书馆（室）藏书 16.44 万册，包括电子图书 225 册。固定资产总值 0.94 亿元，全年教育经费投入 1.20 亿元。学校信息化经费投入 156 万元，拥有计算机 1045 台（台式机 616 台、笔记本电脑 429 台），多媒体教室座位 336 个，校园网出口总带宽 1020Mbps，“信息技术”课程初一及初二年级 1 课时 / 周、高一年级 2 课时 / 周。普通教室 50 个、专用教室 18 个、实验室 18 个。教职工 253 人，其中，高级职称 97 人、中级职称 76 人。专任教师 188 人，包括北京市骨干教师 3 人；本科及以上学历 227 人。开设教学班 49 个（初中 24 个、高中 25 个）。毕业 582 人（初中 344 人、高中 238 人）；招生 608 人（初中 322 人、高中 286 人）；在校生 1821 人（初中 952 人、高中 869 人）。高中录取分数线 549 分（西城区），应届高考本科上线率 100%。网址：

1 月 2 日，一六一中红领巾合唱团参演中国国乐北京新年音乐会
（一六一中 供）

www.bj161zhx.org。

2016 年，学校在义务教育阶段课程设置上，结合所处地理条件，创设“天安门”课程，将义务教育阶段主要教育活动纳入课程体系中。

教师队伍建设。成立青年教师培训班，以课题研究形式组织开展班级管理辅导、学科综合科技馆探究、书写工作备书交流、沟通主题体验式培训等活动，促进青年教师成长，增强青年教师团队凝聚力和影响力。

科技、艺术及体育教育。不断扩大市、区各项科技活动参与度，科技俱乐部活动、翱翔基地课程、金鹏科技团活动、开放性科学实践课程、校本科技活动等均从时间、人员、组织、管理等方面得到保障。扩大管乐队规模，举办新年音乐会、庆“六一”演出，提升艺术工作水准；红领巾合唱团参与中国国乐北京新年音乐会《女一中与卢沟桥》《龙文》《大漠敦煌》3 个节目的演出;京昆社发展迅速。校运动会与奥运教育主题、北京冬奥会的申办成功相关联，邀请冬奥冠军参加活动。

（石华　王蒙）

北京市第四中学

2016 年，北京市第四中学分三址办学，分别为高中校区、初中校区和广外校区，3 个校区总占地面积 9.22 万平方米、建筑面积 11.59 万平方米，运动场地面积 3.69 万平方米。图书馆（室）藏书 24.24 万册，电子图书 0.12 万册。固定资产总值 2.20 亿元，全年教育经费投入 2.04 亿元。学校信息化经费投入 509 万元，拥有计算机 1664 台，多媒体教室座位 5460 个，校园网出口总带宽 4096Mbps，数字资源量 12058GB，“信息技术”课程 2 课时 / 周。普通教室 84 个、专用教室 38 个、实验室 34 个。教职工 431 人，其中，高级职称 143 人、中级职称 121 人。专任教师 335 人，包括特级教师 6 人、北京市骨干教师 5 人，北京市学科教学带头人 5 人;本科及以上学历 391 人。开设教学班 77 个（初中 38 个、高中 39 个）。毕业 885 人（初中 466 人、高中 419 人）；招生 981 人（初中 529 人、高中 452 人）；在校生 2685 人（初中 1436 人、高中 1249 人，包括高中寄宿生

386 人)。高中录取分数线 563 分(西城区)。网址:www.bhsf.cn。

2016 年,学校倡导“爱岗、敬业、爱生”为核心的四中职业精神,努力实践“以人育人,共同发展”教育理念,严格执行《北京四中教职工行为规范 60 条》,塑造教职工精神风貌、规范行为举止、创建和谐人际关系。推进教育教学及常规管理工作落实与创新,推进教育改革,坚持教学干部例会制度。加强教学常规工作检查,确保教学干部听课覆盖率 200%,及时发现问题、研讨问题、解决问题,保证教学工作有序开展;要求每名教师在本校听课不少于 10 节,参与本校评课不少于 5 节,积极参与人文教育、科技教育、学科竞赛培训、社会实践、研学指导等工作。

完善分层、分类教学组织工作。推进教科研工作,做好教师相关课题开展、研究与结题工作。举办优秀教师教育思想研讨会和第 15 届青年教师教育教学研讨会;举办“北京四中 2015—2016 学生代表大会”等活动。开发完善军训、野外拓展、社会调查等实践性系列课程,组织多种文艺、体育、科技类活动。做好共青团和学生会的指导、培训工作,促进学生全面发展。

(郭琪)

北京市第八中学

2016 年,北京市第八中学占地面积 6.40 万平方米、建筑面积 8.56 万平方米,运动场地面积 2.60 万平方米。图书馆藏书 21.12 万册,电子图书 1.44 万册。固定资产总值 1.18 亿元,全年教育经费投入 2.63 亿元。学校信息化经费投入 540.94 万元,拥有计算机 1947 台,多媒体教室座位 7680 个,校园网出口总带宽 4096Mbps,“信息技术”课程 2 课时/周。教职工 501 人,其中,高级职称 150 人、中级职称 151 人。专任教师 424 人,包括特级教师 4 人、北京市骨干教师 5 人、北京市学科教学带头人 2 人;本科及以上学历 469 人。开设教学班 96 个(普通初中 47 个、普通高中 33 个、超常教育实验班 10 个、中美高中课程班 6 个)。毕业 1039 人(初中 651 人、高中 388 人);招生 1185 人(初中 779 人、高中 406 人);在校生 3368 人(初中 1657 人、高中 1381 人、超常教育实验班 330 人,包括寄宿生 308 人)。高中录取分数线 556 分(西城区)。网址:www.no8ms.bj.cn。

2016 年,学校围绕发展目标统筹规划,逐步构建起“三线并举,全过程、全方位”的“三线两全”管理机制。“三线”即党的带头保障线——骨干堡垒、模范带头、督促保障;行政的管理实现线——计划布置、管理评价、落实完成;教代会的民主参与评议线——参与、反馈、评议。学校“年级主体”活力初显,推行“年级主体制管理”,由高长型管理向扁平化管理转型。

“三修”措施设计与实施。由于招生政策的变化,学校生源结构出现新的特点,学生在学业水平、学习习惯、情感态度等方面差异增大。设计并落实“三修”方案,即对优秀学生“增修”、学困生“辅修”、多数学生“精修”。促进学生学习能力和学业水平提升。

形成合力促进学校发展。依托北京师范大学教授第三方专业团队做基于学生发展的自我诊断、领导专项诊断、学科诊断、处室诊断;组建以班主任为核心、班级所有任课教师参与的教导团队,逐步建设学校干部、家长、校友、社会知名热心人士等共同参与的导师团队。

(杨美先 张晓梅)

北京师范大学附属实验中学

2016 年,北京师范大学附属实验中学占地面积 4.36 万平方米、建筑面积 8.09 万平方米,运动场地面积 1.33 万平方米。图书馆藏书 14.90 万册,电子图书 30 万册。固定资产总值 2.13 亿元,全年教育经费投入 1.25 亿元。学校信息化经费投入 663.84 万元,拥有计算机 850 台,多媒体教室座位 546 个,校园网出口总带宽 330Mbps,数字资源量 2233.52GB,“信息技术”课程 2 课时/周。教职工 338 人,其中,高级职称 152 人、中级职称 117 人。专任教师 286 人,包括特级教师 7 人、北京市骨干教师 8 人、北京市学科教学带头人 2 人;本科及以上学历 322 人。开设教学班 79 个(初中 41 个、高中 38 个)。毕业 965 人(初中 482 人、高中 483 人);招生 1041 人(初中 587 人、高中 454 人);在校生 2764 人(初中 1555 人、高中 1209 人,包括寄宿生 401 人,外省市借读生 192 人)。高中录取分数线 560 分(西城区),应届高考本科上线率 100%。网址:www.sdsz.com.cn。

2016 年,学校以教育教学工作为重点,继续探索课程和教学改革。推进新中考选考的应考研究和组织实施,初、高中新课程方案的校本化实施和选课走班教学组织形式及评价方式的研究实施。探索和完善基于 STEAM 的创新课程,特色人才(数理、科技、人文、体艺等)课程体系和人文素养课程体系(国学、中国传统文化、批判性思维)的建构与实施,以及学校课程的规范整合,实现课程的顶层优化和系统化。

努力实现德育四化。坚持德育队伍专业化,利用班主任工作站等平台,以及班主任成长阶梯制度、班主任评优制度等,加强德育教师队伍建设;坚持德育管理民主化,以五项评比为抓手,加强日常管理;坚持德育课程精品化,将百年校庆主题渗透到班会、校会和升旗仪式等教育活动中;坚持德育活动系统化,举办包括高一汉字听写大赛、高二英语戏剧大赛、文化节 Logo 创意大赛等系列文化活动,打造精品校园文化。

迎接百年校庆。启动百年校庆筹备工作,改建校史馆,组织校友排球嘉年华、各年代校友聚会等活动,成立校友会和教育基金会,利用多方资源为学校发展服务。

(邢艳茹)

北京市第十五中学

2016年，北京市第十五中学分两址办学，分别为高中部和初中部，2个校区总占地面积5.21万平方米、建筑面积4.93万平方米，运动场地面积1.96万平方米，主操场设有400米塑胶跑道和人工草皮足球场，拥有专业篮球场和2块专业网球场。图书馆藏书17.50万册。固定资产总值5389.30万元，包括教学仪器资产值3494.80万元；全年教育经费投入1.68亿元。学校信息化经费投入54万元，拥有计算机890台，多媒体教室座位3680个，校园网出口总带宽4096Mbps，"信息技术"课程2课时/周。普通教室117个、专用教室92个、实验室29个。教职工339人，其中，高级职称92人、中级职称88人。专任教师254人，包括特级教师1人、北京市骨干教师3人、北京市学科教学带头人1人；本科及以上学历251人。开设教学班58个（初中31个、高中27个）。毕业652人（初中365人、高中287人）；招生692人（初中413人、高中279人）；在校生1946人（初中1054人、高中892人，包括寄宿生92人，外省市借读生204人）。高中录取分数线539分（西城区）。设十五中南口分校和十五中贵阳分校。

2016年，学校坚持以人为本的理念，充分挖掘合并学校文化内涵，逐步实现文化的融合。加强教师、行政人员、干部队伍建设，本着在使用中培养、在培养中优化的原则，为教职工搭建成长平台。

教育教学改革。为迎接中高考改革和招生方式转变，学校调整育人观和质量观，从关注"教"向关注"学"转变。加强教学研究，推进课堂教学改革，以课题带动的方式，探索变革教学方式。全体教师就合作学习、对话学习、任务驱动的教学方式达成共识，课堂发生变化。

队伍建设工作。加大人才培养力度，安排从干部到教师的多种培训，包括市内培训以及到上海、浙江、山东等课程改革先进省、市培训，涉及走班制、德育课程建设、生涯规划、班主任成长等内容。通过培训拓宽干部教师视野，为迎接北京市中高考改革奠定队伍基础。

（莫晓红）

北京市楼梓庄中学

2016年，北京市楼梓庄中学为农村初中校，学校占地面积6.67万平方米、建筑面积0.97万平方米，体育场（馆）面积2.25万平方米。图书馆（室）藏书3.18万册，电子图书28册。固定资产总值3213万元，全年教育经费投入1714万元。学校信息化经费投入34万元，拥有计算机272台，多媒体教室座位1260个，校园网出口总带宽1000Mbps，数字资源量450GB，"信息技术"课程1课时/周。普通教室17个、专用教室13个、实验室4个。教职工55人，其中，高级职称6人、中级职称18人。专任教师52人，本科及以上学历55人。开设教学班17个。毕业93人、招生191人、在校生425人。

2016年，朝阳区委教工委调整楼梓庄中学领导班子，配齐校级正职干部。学校不断落实课程建设和3个学科改进意见。开展学科实践活动，把课堂延伸到科技馆、天文馆、抗日战争纪念馆、首都博物馆等，落实并达成学科目标。继续开展特色校本课程，在教学楼大厅开展陶艺特色教学成果展示活动，展示学生以市花"月季花"为素材设计绘制的精品青花瓷版画180幅。推进"学探诊·五环节"课堂教学模式研究与实践，教师转变教学观念，课堂教学大胆实践创新。德育工作抓住社会主义核心价值观这一教育主题，开展"学习长征精神，做合格中学生"系列活动，不断深化"以德育教育为首，以陶艺教育为特色，以提高学生综合素质为根本"的特色目标建设工作。

（田芳）

北京中学

2016年，北京中学占地面积1.18万平方米、建筑面积1.27万平方米，体育场（馆）面积0.42万平方米。图书馆（室）藏书1.55万册。固定资产总值5582万元，全年教育经费投入3850万元。学校信息化经费投入445万元，拥有计算机360台，多媒体教室座位1160个，校园网出口总带宽100Mbps，数字资源量3000GB，"信息技术"课程1课时/周。普通教室24个、专用教室33个、实验室5个。教职工90人，其中，高级职称33人、中级职称18人。专任教师81人，包括特级教师10人、北京市骨干教师3人；本科及以上学历87人。开设教学班14个。招生133人、在校生283人。学校有社团25个。网址：www.beijingacademy.com.cn。

2016年，学校推进选修课程体系建设，实行申报、调研、发布、选课、巡课工作制度，开设选修课程99门；立足学校办学定位，系统设计初中和高中学科课程体系，确定八大学科课程方案，推动高中课程开发实践。加入北京市"1+3"培养试验项目，学科课程资源总量300GB。推进课程与教学专项工作，完成4个课程专项预算和重点工作申报；调研引进课程管理办法，推进与中科院、电影学院、培德书院、戏剧学院合作项目，与外方合作开展STEM课程。

教育教学工作。启动学业质量监控项目，建立学生座谈、学科周活动机制。组织教师开展跨学科研讨，开展语数单元主题教学、英语团队教学、科学手持数字终端教学、体育艺术菜单式走班教学等研究，做公开课150节。特级教师和市级骨干教师面向全市开展开放型教学实践活动41场。

学生管理及社团建设。实现学生自主管理，为学校发展献计献策。开设服务课程，培养学生责任意识与服务意识，设立基本服务岗位供学生实践。开展BA大讲堂、特色社团活动助推学生成长；组织两次"中华文化寻根之旅"，开展"华阴老腔"研究春节活动等中华传统文化教育活动；开展博物馆奇妙夜、"科技英才"云南探索等科技教育活动；组织学生走进哈佛大学与麻省理工学院实验室、走进夏威夷普纳候学校，加强学生交流能力。学生社团蓬勃发展，考古文博社参与河南新郑东赵遗址考古发掘活动，柔力球社、健美操社均在市教委组织的相关比赛中获一等奖。

（刘海巍）

北京市和平街第一中学

2016 年，北京市和平街第一中学为十二年一贯制学校，分四址办学，分别为和平街校区、莲葩园校区、朝来校区和清友园校区，4 个校区总占地面积 8.80 万平方米、建筑面积 6.13 万平方米，体育场（馆）面积 3.91 万平方米。图书馆（室）藏书 16.53 万册。固定资产总值 1.67 亿元，全年教育经费投入 1.49 亿元。学校信息化经费投入 60 万元，拥有计算机 1568 台，多媒体教室座位 1568 个，校园网出口总带宽 1024Mbps，数字资源量 1GB，“信息技术”课程高中 2 课时 / 周、初中 1 课时 / 周、小学 0.5 课时 / 周。普通教室 139 个、专用教室 46 个、实验室 26 个。教职工 456 人，其中，高级职称 129 人、中级职称 119 人。专任教师 358 人，包括特级教师 7 人、北京市骨干教师 2 人、北京市学科教学带头人 1 人；本科及以上学历 414 人。开设教学班 125 个（小学 51 个、初中 35 个、高中 39 个）。毕业 669 人（小学 122 人、初中 228 人、高中 319 人）；招生 1037 人（小学 324 人、初中 365 人、高中 348 人）；在校生 3763 人（小学 1789 人、初中 959 人、高中 1015 人，包括寄宿生 288 人，少数民族学生 241 人）。高中录取分数线 527 分（朝阳区），应届高考本科上线率 100%。学校有社团、艺术团 89 个。网址：www.phs.bj.cn。

2016 年，学校依托课堂教学主阵地，从教师素质、师生评价、教材内容、课堂资源 4 个方面，实现主阵地育德功能。修订教师评价体系、课堂教学评价体系、学生评价体系，引领规范教育行为。完善校本课程，充实丰富教学资源。聚焦学生“全面 + 优秀 + 特长”发展目标，从 3 个维度 8 个方面构建“和合教育”课程体系。小学部以“七彩社团”建设为重点，推进“师友互助”教学模式改革。

（王冬梅）

北京市陈经纶中学

2016 年，北京市陈经纶中学分三址办学，分别为东大桥本部、帝景分校和保利分校，3 个校区总占地面积 7.53 万平方米、建筑面积 6.58 万平方米，体育场（馆）面积 3.40 万平方米。图书馆（室）藏书 15.60 万册。固定资产总值 4.54 亿元，全年教育经费投入 2.30 亿元。学校信息化经费投入 450 万元，拥有计算机 1750 台，多媒体教室座位 7630 个，校园网出口总带宽 500Mbps，数字资源量 3000GB，“信息技术”课程高中 2 课时 / 周、初中 1 课时 / 周、小学 0.5 课时 / 周。普通教室 170 个、专用教室 110 个、实验室 26 个。教职工 396 人，其中，高级职称 129 人、中级职称 107 人。专任教师 346 人，包括特级教师 12 人、北京市骨干教师 12 人、北京市学科教学带头人 2 人；本科及以上学历 346 人。开设教学班 103 个（小学 22 个、初中 47 个、高中 34 个）。毕业 834 人（小学 88 人、初中 440 人、高中 306 人）；招生 1183 人（小学 225 人、初中 569 人、高中 389 人）；在校生 3337 人（小学 849 人、初中 1448 人、高中 1040 人，包括寄宿生 176 人）。高中录取分数线普通班 547 分、实验班 554 分（朝阳区），应届高考本科上线率 100%。网址：www.bjcjl.net/cjl。

2016 年，学校全面实施素质教育，推进德育、教学、课改、科体艺、物业管理工作。德育工作继续实施“做人德育”，创建青春校园，培养全面发展的人，市教委认定本部高中为首批“模拟政协”实践基地。教学工作深化课程改革，开辟校本课程大楼，召开“人生远足”社会实践课程研讨会，引进以色列工程实践课程。开展科学、体育、艺术优生“模拟城市管理”科学实践，本部成立首届初中学生科协，学生获北京市中小学生科学建议奖提名奖，2 名学生入选 U16 冰球国家队，学校被认定为全国学校体育工作示范校。

（黄杰）

北京市丰台第八中学

2016 年，北京市丰台第八中学分两址办学，分别为北大地校区和中海校区，2 个校区总占地面积 1.84 万平方米、建筑面积 1.44 万平方米，体育场（馆）面积 0.70 万平方米。图书馆（室）藏书 4.17 万册。固定资产总值 1951.48 万元，全年教育经费投入 2968.03 万元。学校信息化经费投入 215.99 万元，拥有计算机 525 台，多媒体教室座位 1440 个，校园网出口总带宽 100Mbps，“信息技术”课程 2 课时 / 周。普通教室 30 个、专用教室 24 个、实验室 7 个。教职工 130 人，其中，高级职称 25 人、中级职称 36 人。专任教师 105 人，本科及以上学历 123 人。开设初中教学班 30 个。毕业 298 人、招生 346 人、在校生 936 人，包括寄宿生 70 人。网址：ft8z.cn。

2016 年，学校围绕工作总体目标，团结依靠各教研组及全体教师，以提高教学质量为中心，开拓创新，务实工作。进一步加强教学常规管理，推进专业内涵建设。

教学工作。分全员培训学习、研磨试题、科学分析 3 个步骤进行致知课堂研究，推进生态课堂实践，以课题研究深化教研组“主题活动”，充分发挥教研组研究职能，坚持“主题教研”和教师小项目研究。发挥优秀教师示范引领作用，推出开放性、创新性、综合性的先导课，进行全校展示交流研讨。以教科研工作为载体，服务教师引领研究，要求教师每学期至少上交一篇教育教学论文或案例，科研室负责修改和上交参评，按照获得的不同奖励折算相应学分；

将教师获奖论文集结成册，定期组织教师交流。根据教师每个阶段的不同需求，定期开展专家讲座。

德育工作。组织初三年级6个班200余名学生到奥林匹克森林公园开展“入境”教育活动；开展节约粮食主题教育活动；结合社会主义核心价值观宣传教育系列活动，开展“传承红军志，阔步新征程”纪念红军长征80周年朗诵比赛及爱国主义教育活动。

（刘茜）

北京市第十二中学

2016年，北京十二中教育集团成立，成为跨越幼小初高多个学段、一校七址的教育集团，集团包括本部校区、科丰校区、东高地校区、朗悦学校、洋桥学校、附属实验小学、附属幼儿园，其中，朗悦学校隶属房山区教委、洋桥学校人事财务独立、东高地校区正在建设中，其他4个校区总占地面积10.42万平方米、建筑面积9.25万平方米，体育场（馆）面积3.18万平方米。图书馆（室）藏书20.82万册，电子图书214册。固定资产总值3.32亿元，全年教育经费投入1.42亿元。学校信息化经费投入329万元，拥有计算机1391台，多媒体教室座位7545个，校园网出口总带宽100Mbps，数字资源量5300GB，“信息技术”课程2课时/周。普通教室139个、专用教室78个、实验室42个。教职工409人，其中，副高级职称182人、中级职称109人。专任教师311人，包括特级教师20人、北京市骨干教师22人、北京市学科教学带头人20人；本科及以上学历358人。开设教学班86个（幼儿园1个、小学6个、初中44个、高中35个）。毕业781人（初中444人、高中337人）；招生1084人（幼儿园32人、小学105人、初中508人、高中439人）；在校生2953人（幼儿园32人、小学207、初中1544人、高中1170人，包括寄宿生877人）。高中录取分数线560分（丰台区），应届高考本科上线率100%。网址：www.bj12hs.com.cn。

2016年，学校依循“求真、崇善、唯美”教育理念，以促进学校内涵发展、提高学校教学质量为工作目标，在课程改革、特色创新、教学研究和教师队伍建设等方面积极探索，不断实践，取得显著成绩。初中部、幼儿园开学。

深化课程改革。启动新高考项目研究，为新形势下学生选课和课程学习、生涯发展提供指导和帮助。组建项目组重点攻关，主要针对立德树人课程系统开发、选课排课系统建设、学校课程重构、教育教学评价研发、学校治理变革等。分层走班教学，信息技术、通用技术、心理、体育、艺术和校本选修课实行分类走班教学。引进科大讯飞产品探索“互联网+”教学方式。针对雾霾红色预警停课情况，利用校内外网上互动平台开展教学活动。引进创先泰克“云直播平台”教育技术，为全体教师引进北京、上海和广州等教育发达地区的课程资源，加强课堂教学实践研究。

彰显办学特色。科技教育方面，“钱学森航天实验班”开设系列航天类课程；建设脑与记忆、磁悬浮、3D打印、F1赛车、激光雕刻、分子生物等高端实验室；开设航天概论、人工智能、创新思维、校园科普等科技特色校本课程和大学先修课程；学生科考足迹遍布世界各地，近40名学生通过各种项目走进各大科研院所实验室。艺术教育方面，开设形体、舞蹈、美术、书法等特色课程，艺术类社团蓬勃发展；行进管乐团成立3年，连续获北京市艺术节一等奖；学生创编校史话剧《十二中的一九三七》和《四世再同堂》首演献礼教师节。体育教育方面，“强健体魄，健全人格”是十二中体育学科宣言，田径、足球、排球、棒球等传统项目是学校特色；引进校外优质资源，开设攀岩、定向越野等课程；课间跑跳操、校园交谊舞、功夫扇等成为学生学习之余一道风景线。社会实践教育方面，开展京外实践教育活动，高一学生奔赴贫困山区和革命老区及有着深厚文化积淀的地区考察学习。

教学研究和教师队伍建设。十二中国家社会科学基金“十二五”规划教育学课题“普通高中创新人才培养的实践研究”开题，全国各地十余所学校加入子课题研究。教学研究活动方面，面向丰台区和房山区初高中，开展以“学科素养”培育为主题，以“四问”教学模式为主要教学方式，以“常规课”为主要课型的研究活动。建立特级教师工作室，发挥特级教师示范辐射作用。以“论学课程班”学习为载体，加强青年教师的培养，主要内容有专业阅读浸润、课题研究引领、教学示范与实践、交流拓展反思。凝练自主课程实验成果，书稿《真善美育“人”——北京市第十二中学学校自主课程实验的创新探索》经审定出版。

（刘志强）

北京市丰台区丰台第二中学

2016年，北京市丰台区丰台第二中学教育集团分三址办学，分别为本部、初中和小学校区，3个校区总占地面积7.60万平方米（本部3.65万平方米、初中2.10万平方米、小学1.85万平方米），建筑面积3.45万平方米；体育场（馆）面积1.25万平方米。图书馆（室）藏书11.47万册，电子图书455册。固定资产总值5740.32万元，全年教育经费投入8464万元。学校信息化经费投入276万元，拥有计算机962台，多媒体教室座位2650个，校园网出口总带宽100Mbps，数字资源量1634GB，“信息技术”课程1课时/周。普通教室64个、专用教室41个、实验室17个。教职工243人，其中，高级职称86人、中级职称71人。专任教师229人，包括特级教师9人、北京市骨干教师5人；本科及以上学历227人。开设教学班64个（小学20个、初中20个、高中24个）。毕业419人（初中206人、高中213人）；招生600人（小学144人、初中179人、高中277人）；在校生2048人（小学628人、初中652人、高中768人，包括寄宿生233人）。高中录取分数线544分（丰台区），应届高考本科上线率100%。网址：www.bjf2.ftedu.cn。

2016年，学校致力于做上品教育，重视学生健全人格发展，坚持“减负提质”教学理念，着力落实教育品牌建设，提升教育品质。

加强上品教育品牌建设，完成新校区搬迁工作。学校在传承与发展优秀传统基础上，探索学校管理、教育教学、师生成长的客观规律，小学完成干部建制，初步设计12年培养模式，初中加强管理，本部于11月搬入新校区。

以德育工作为核心，加强学生德育教育。加强学生信仰教育，弘扬严谨校风，严抓学生常规工作，加大学生榜样宣传，针对小学、初中、高中不同年级学生，开展毕业系列教育活动、艺术节、金帆纪念等精品教育活动。坚持育人第一，树立全员德育观念，学生工作是学校工作的出发点与归宿。

以教学工作为重点，提倡师生共同发展。打好学生学习基础，落实青年教师培养工作，把集体备课、提高课堂效率、加强作业反馈等常规工作抓实抓牢，继续建设实践课、选修课、阅读课等课程体系，试点“减负提质”工程，改革课堂模式。加强集体备课，促使教师高效落实每节课的目标，以人育人、师生共同发展；改革课程，落实国家标准，调整时间，扩大选修课程规模，实现每天锻炼一小时。

完善领导干部责任制，各部协调发展。继续实行小学执行校长负责制，完善干部建制，完成幼儿园撤出工作。以建设“中国的上品教育”为追求，坚持继承发扬优良传统与革新自强相结合，坚持小学、初中、高中全面进步与各校区特色发展相结合，坚持抓好学生常规管理与提升教学成绩相结合，努力实践“阳光文化、简约管理、科学发展”的理念，全方位推进学校发展。

（于婧）

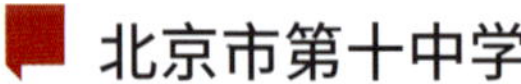

北京市第十中学

2016年，北京市第十中学占地面积5.77万平方米、建筑面积1.24万平方米，体育场（馆）面积1.67万平方米。图书馆藏书5.39万册。固定资产总值6206万元，全年教育经费投入5592万元。学校信息化经费投入189.30万元，拥有计算机737台，多媒体教室座位4470个，校园网出口总带宽20Mbps，数字资源量1000GB，“信息技术”课程2课时/周。普通教室54个、专用教室29个、实验室11个。教职工236人，其中，高级职称87人、中级职称74人。专任教师227人，包括特级教师4人、北京市骨干教师4人、北京市学科教学带头人1人；博士研究生1人、硕士研究生47人、本科学历178人。开设教学班50个（初中16个、高中26个、新疆班8个）。毕业564人（初中214人、高中270人、新疆班80人）；招生523人（初中216人、高中227人、新疆班80人）；在校生1583人（初中638人、高中636人、新疆班309人）。网址：www.bj10z.com.cn，微信公众平台：bjd10z，微信号：ftbj10z。

2016年，学校秉承“以人为本、和谐发展”办学理念，注重内涵发展，各项工作稳步推进。学校成为北京市民族团结教育示范学校。

依托“引擎”工程，促进教师专业化发展。进一步整合学校人力资源，“青蓝工程”和“攀登工程”再上新台阶。充分发挥特级教师、市学科带头人、市骨干教师及学校名师的示范引领作用，旨在强化对学校区骨干教师和区青年新秀的培养，提升教师队伍质量。启动“引擎工程”，营造更浓郁的教育教学研究氛围，为教育教学思想的开放和教育教学技术的创新提供契机。

关注课堂教学，探索课程建设多样化。深入实施高中新课改，开齐开足课程。结合校情，开展“与新课程一起成长”主题系列活动加强艺术类、技术类学科教学工作，落实学生课外活动时间，做好特长生辅导工作，为高考学生升学寻找新途径。在课外活动内容设计上，体育组教师遵照科学、系统、特色、有益原则，开展适于学段、适于天气的体育系列活动，完成课外体育活动组织与实施，充分体现学校“做健康人，走成才路”构想。

（武晓云）

10月20日，十中迎接市民族团结教育示范校检查评估（十中 供）

北京市第十八中学

2016年，北京市第十八中学占地面积8.50万平方米、建筑面积6.04万平方米，体育场面积3.67万平方米。图书馆藏书18.19万册。固定资产总值2.42亿元，全年教育经费投入0.90亿元。学校信息化经费投入546万元，拥有计算机1088台，多媒体教室座位5166个，校园网出口总带宽1400Mbps，数字资源量2294GB，“信息技术”课程2课时/周。普通教室150个、专用教室175个、实验室27个。教职工251人，其中，副高级职称91人、中级职称62人。专任教师244人，包括特级教师9人、北京市骨干教师1人、北京市学科教学带头人1人；本科及以上学历242人。开设教学班56个（初中32个、高中24个）。毕业455人（初中247人、高中208人）；招生555人（初中336人、高中219人）；在校生1767人（初中1065人、高中702人）。高中录取分数线539分（丰台区），应届高考本科上线率

100%。网址：www.bj18.net。

2016 年，学校重点工作为促进教师专业发展，培养“聚·宽教育”理念引领下的“明慧·博雅”教师队伍。以“教师专业自发性发展”为指导，立足十八中教育集团和方庄教育集群，进行区域教师研修实践与探索。

创新教师校本研修模式。通过积极创新教育集团教师校本研修模式，进一步提升教师专业水平。对传统的校本研修流程、主体、过程等进行“翻转”，主要包括重构研修流程、重组研修主体、重塑研修过程。从研修需求精准化、专家指导精准化、组织管理精准化、课程实施精准化、跟踪落实精准化 5 个方面，实践探索精准化校本研修模式，建立起新的供需结构，实现研修内容与研修需求灵活对接、协调互动。

开展“同课异构”活动。举办丰台区集群化背景下“同课异构”课堂教学展示活动，涉及初中 13 个学科、高中 11 个学科。多次组织交流研讨活动，与湖北、上海、天津、重庆等地教学骨干探讨“同课异构”的发展趋势。

科研推进教师专业化发展。采取科研推进的方式促进教师专业化发展，承担多个国家、市、区、集群的教师培训课题，市级教师培训课题“教育集群教师培训机制研究”结题，教育部教师工作司委托学校承担国家级教师培训课题“区域教师专业化发展及人力资源共建共享行动研究”。

搭建平台推进教师专业化发展。与北京教育科学研究院合作开展教师专业发展项目，开展“以学习者为中心”课堂教学研讨活动。携手曼普洛教育集团开展以学生为中心教学法 (SCL) 第三期培训。

（管杰　郭秀平）

北京景山学校远洋分校

2016 年，北京景山学校远洋分校为公办十二年一贯制学校，学校占地面积 4.77 万平方米、校舍建筑面积 3.10 万平方米，运动场馆面积 0.12 万平方米、运动场地面积 1.73 万平方米。图书室藏书 5.71 万册，包括电子图书 0.20 万册；阅览室 2 个，供师生阅读座位 150 个。固定资产总值 8237.37 万元，包括教学仪器、器械资产值 3678.31 万元；全年教育经费投入 5813.97 万元。学校信息化经费投入 86 万元，拥有计算机 775 台，多媒体教室座位 4448 个，校园网出口总带宽 1000Mbps，数字资源量 10942.50GB，“信息技术”课程 1 课时 / 周。普通教室 70 个、专用教室 36 个、实验室 14 个。教职工 227 人，其中，高级职称 22 人、中级职称 57 人。专任教师 208 人，包括特级教师 1 人、北京市学科教学带头人 1 人；本科及以上学历 227 人。开设教学班 65 个（小学 36 个、初中 22 个、高中 7 个）。毕业 348 人（小学 204 人、初中 98 人、高中 46 人）;招生 556 人（小学 325 人、初中 172 人、高中 59 人）；在校生 2090 人（小学 1313 人、初中 611 人、高中 166 人，包括外省市借读生 439 人）。高中录取分数线 536 分（石景山区），应届高考本科上线率 100%。网址：jsyy.sjsedu.cn。

2016 年，学校开设语文、数学、英语等 15 个学科课程，开发楹联文化、植物探秘等校本课程。科研工作成绩显著，2 个市级课题“基础教育开放性实践课程实施策略与跟踪评价研究”和“如何将传统文化中的人文思想融入中学书法课堂教学的研究”立项。科技艺术工作有序开展，一年级至八年级开设兴趣班 78 个，1900 人参加；创新开设沙画、配音和智慧拼插等特色课程；作为创新人才项目培养校开设 VC 人体不可缺、VE 人体护卫和田野地丁等课程，全区 1000 余名学生来校参加实践课程学习；3000 余人次参加学校第十届校园科技节。

足球特色教育。学校作为全国校园足球特色校，足球课成为特色校本课程之一。聘请专业足球教练授课，保证每班每周 1 课时。足球课上，学生训练体能，学习运球、传球、带球过人等基本动作。通过开设足球课程，引导学生练足球、玩足球、懂足球、爱足球，逐步掌握和提高足球运动技能，培养学生对足球运动的兴趣爱好。

（白丹）

北京市第九中学

2016 年，北京市第九中学占地面积 6.30 万平方米、校舍建筑面积 1.18 万平方米，运动场馆面积 2.34 万平方米、运动场地面积 1.40 万平方米。图书室藏书 6.88 万册，包括电子图书 1.33 万册；阅览室 2 个，供师生阅读座位 400 个。固定资产总值 1.85 亿元，包括教学仪器、器械资产值 0.14 亿元；全年教育经费投入 0.69 亿元。学校信息化经费投入 100 万元，拥有计算机 711 台，多媒体教室座位 198 个，校园网出口总带宽 1000Mbps，数字资源量 900GB。“信息技术”课程 2 课时 / 周。普通教室 65 个、专用教室 63 个、实验室 26 个。教职工 181 人，其中，高级职称 64 人、中级职称 47 人。专任教师 150 人，包括特级教师 2 人、北京市骨干教师 3 人、北京市学科教学带头人 1 人；本科及以上学历 150 人。开设教学班 38 个。毕业 433 人、招生 427 人、在校生 1287 人，包括寄宿生 433 人。高中录取分数线 536 分（石景山区），应届高考本科上线率 100%。

2016 年，学校以庆祝建校 70 周年为契机，梳理学校文化脉络，提出“九中精神”。完善学校标识体系，借助校园文化完成 VI 设计；发挥学生主体作用，设计制作九中吉祥物“校服狮”。编写《北京九中七十年》《北京九中教育纪事》，扩建校史馆，举办庆祝大会及多场专场演出和专题研讨会，展示学校艺术、体育、教研等发展成果。

坚持特色发展。开设语文、数学等 14 个学科课程，开发云南科技营课程、“丝绸之路”社会研学课程、西安科技与人文社会研学课程等校本课程。金帆舞蹈团、校园合唱团、高水平运动队等社团开展多彩活动。新疆部在新疆教学和德育管理方面，采取在预科年级开设高一课程、内地学生和新疆部学生“2+1”牵手活动等多项措施，促进教学质量提升，落实民族团结教育。

12 月，九中实验室开设“开放性科学实践活动”项目
（九中 供）

科学实践活动。学校作为“开放性科学实践活动”项目资源单位，开设 4 个科学实践活动项目，分别是“暖宝宝的制作和探究”“植物汁液变色的秘密”“‘饮’领天下金银花”和“DNA 生命的螺旋，破案的利器”，累计开展活动课 46 次，接待学生 1250 人。

（张今　王品）

北京理工大学附属中学

2016 年，北京理工大学附属中学分八址办学，分别为校本部、理工大附中分校、理工大附中小学部、理工大附小（承办）、理工大附中南校区、理工大附中房山校区、理工大附中通州校区、理工大附中国际学校（筹建），校本部占地面积 4.20 万平方米、建筑面积 3.10 万平方米，运动场地面积 1.50 万平方米。图书馆（室）藏书 12.10 万册。固定资产总值 1.49 亿元，全年教育经费投入 1.40 亿元。学校信息化经费投入 745.84 万元，拥有计算机 900 台，多媒体教室座位 176 个，校园网出口总带宽 310Mbps，数字资源量 15TB。普通教室 83 个、专用教室 34 个、实验室 9 个。教职工 297 人，其中，副高级职称 94 人、中级职称 105 人。专任教师 277 人，包括特级教师 5 人、北京市骨干教师 7 人；本科及以上学历 273 人。开设教学班 64 个（初中 34 个、高中 30 个）。毕业 812 人（初中 459 人、高中 353 人）；招生 864 人（初中 490 人、高中 374 人）；在校生 2513 人（初中 1410 人、高中 1103 人）；另有非本市户籍借读学生 314 人（初中 279 人、高中 35 人）。高中录取分数线 547 分（海淀区）。应届高考本科上线率 100%。网址：www.lgfz.com.cn。

2016 年，学校规模建设实现优质均衡发展。校本部确立“一室两部六中心”管理框架，采用“一体化管理、一贯制实施”管理模式，实行各校区优秀学生到校本部留学机制，校本部优秀干部教师赴各校区管理及执教，多校区统筹发展。校本部和通州校区同时被授予“北京市文化建设示范校”称号。

实施“发现教育”。提出“发现教育”教育主张，创新构建“发现教育”理论体系，成立“发现教育研究所”。在全面、宽厚、扎实基础上发现学生优势特长、发掘学生潜能，帮助学生实现个性化自主发展。成为海淀区学生发展指导中心建设实验校，“学生学习与成长中心”挂牌。举办“在我的青春种下理想的种子”校会，小学部“诵读国学经典，做英俊淑雅少年”展示活动，“有一种深度叫品读”世界读书日系列活动。完善“人文奠基 理工见长”办学特色的“钻石型”课程体系，新增 STEAM 课程。

加强队伍建设。以研修展示为载体，提升班主任队伍专业水平。借助高品质讲座、槐轩大讲堂、党员特色教育活动、南校区“博学”教师成长工程、工会关爱工程助力教师综合发展。形成教师专业发展梯队建设机制：开展校本研修、观摩交流、师带徒培训青年教师等活动；青蓝工程培育学校生力军，组织各级各类校本教研活动、专家讲座；利用“六奖”评选活动，奖励先进、表彰优秀教师；多次接待国培项目、外省市优秀教师到校观摩活动;完成市、区级研究课 16 节。

突出特色创新。在科技、艺术、体育、国际教育等方面不断更新培养模式，促进学生优长发展。近 400 人次获科技项目奖项，其中，天文奥赛、机器人项目获国际奖项。学校获全国青少年棒球锦标赛 AAA 组冠军及 U16 普校组冠军、北京市校园足球班级赛冠军、2016 北京市体育传统项目学校棒球比赛冠军、北京市中小学排球冠军赛冠军等。金帆管乐团获 2016“中华杯”中国第十届优秀管乐团队展演金奖、展演示范乐团称号及特殊贡献奖。

（文伟　彭警）

清华大学附属中学

2016 年，清华大学附属中学有校本部、奥森和将台路 3 个校区，另设清华附中朝阳学校、清华附中上地学校、清华附中永丰学校、清华附中丰台学校、清华附中秦汉学校 5 所分校，校本部占地面积 7.88 万平方米、建筑面积 8.51 万平方米，体育场（馆）面积 2.21 万平方米。图书馆藏书 13.70 万册，电子图书 300 册。固定资产总值 1.78 亿元，全年教育经费投入 3.13 亿元。学校信息化经费投入 540 万元，拥有计算机 650 台，多媒体教室座位 4500 个，校园网出口总带宽 100Mbps，数字资源量 2200GB，“信息技术”课程初一及初二年级 1 课时 / 周、高一年级 2 课时 / 周。普通教室 90 个、专用教室 15 个、实验室 29 个。教职工 552 人，其中，高级职称 2 人、副高级职称 141 人、中级职称 103 人。专任教师 280 人，包括特级教师 22 人、北京市骨干教师 10 人、北京市学科教学带头人 4 人；本科及以上学历 492 人。开设教学班 90 个（初中 45 个、高中 45 个）。毕业 1027 人（初中 548 人、高中 479 人）；招生 1139 人（初中 547 人、高中 592 人）；在校生 3349 人（初中 1738 人、高中 1611 人，包括寄宿生 495 人）。高中录取分数线 559 分（海淀区），应届高考本科上线率 100%。网址：www.qhfz.edu.cn。

2016 年，学校德育工作继续围绕“成长、责任、追求”主题词，以“为领袖人才奠基”为使命，坚持“让每一位同学都能以最适合自己的方式成长”教育理念，强调全员德育，在注重基本行为习惯养成的基础上，鼓励学生发展个性，突出特长。

教学管理方面。以课程建设为抓手，紧跟时代趋势，培育学生核心素养；以特色班（美术、体育）为平台，助推特色人才发展；以活动为依托，贴近教育教学实际，为教师专业发展提供助力；以招生带动宣传，积极响应政策变化，扩大学校影响；以培训促发展，开拓学生视野，丰富课程设置；以大学先修课促衔接教育，推动线下教育，开发慕课系统；以科研带动教育教学，助推教师专业化成长，促进学校内涵式发展。

（高岷）

北京市十一学校

2016 年，北京市十一学校占地面积 15.60 万平方米、建筑面积 16 万平方米，体育场（馆）面积 2.92 万平方米。图书馆藏书 15 万册，电子图书 6 套。固定资产总值 7.13 亿元，全年教育经费投入 4.28 亿元。学校信息化经费投入 400 万元、教学综合楼整体改造信息化建设部分投入 1300 万元，拥有计算机 2295 台，多媒体教室座位 8160 个，校园网出口总带宽 720Mbps，数字资源量 100GB，“信息技术”课程 2 课时 / 周。学科教室 360 个、实验室 78 个。教职工 547 人，其中，高级职称 172 人、中级职称 156 人。专任教师 472 人，包括特级教师 23 人、北京市骨干教师 6 人、北京市学科教学带头人 1 人；本科及以上学历 530 人。开设教学班 2180 个。毕业 1367 人（初中 715 人、高中 652 人）；招生 1396 人（初中 718 人、高中 678 人）；在校生 3981 人（初中 2126 人、高中 1855 人，包括寄宿生 1077 人）。高中录取分数线 558 分（海淀区），应届高考本科上线率 100%。学校有十一学校一分校、北京亦庄实验小学、北京亦庄实验中学、十一学校龙樾实验学校、北京十一实验中学、北京劳动职业技术学院、北京市第四十七中学 7 个分校（校区）。网址：www.bjshiyi.org.cn。

2016 年，学校适应国家关于核心素养育人目标和新高考的挑战，寻求教育教学质量长期稳定提升的战略措施，进一步探索顶层课程体系与课堂教学实施目标的一致性。通过“基于标准的学习”，深入研究课程标准与考试说明、单元学习目标与课时学习目标、反馈评价与学习目标的一致性等基本问题。教师队伍成长迅速，青年干部队伍建设成效明显。职能部门和相关岗位的服务意识进一步增强，个性化服务开始启动，全领域、深层次助力师生成长，进一步拓展服务教职工生活的领域和项目，探索提高教职工福利待遇的新方式。完成以图书馆为代表的系列改造工程。

（杨雄）

中国人民大学附属中学

2016 年，中国人民大学附属中学占地面积 9.46 万平方米、建筑面积 11.02 万平方米，体育场（馆）面积 2.28 万平方米。图书馆藏书 16.50 万册。普通教室 130 个、专用教室和实验室总计 68 个。教职工 550 人，其中，正高级职称 14 人、副高级职称 257 人、中级职称 187 人。专任教师 460 人，包括特级教师 26 人（在职 20 人、退休返聘 6 人），北京市骨干教师 15 人，北京市学科教学带头人 4 人。开设教学班 154 个（初中 61 个、高中 93 个）。在校生 5866 人（初中 2410 人、高中 3456 人）。高中录取分数线 564 分（海淀区）。网址：www.rdfz.cn。

2016 年，学校守正出新，砥砺前行，进一步提升办学质量和国际影响力。强化学校内涵发展，激励教育教学领导小组、年级组、教研组等组织机构自主发展，完善教育管理机制。继续落实“十二五”校本研修与培训，搭建高端平台，建设高素质教师队伍。持续完善多元立体课程体系，开发综合实践活动课程，构建手机在线授课、慕课等多维网络授课体系，尝试导师制、走班制、小班化、翻转课堂等教学实践。开辟高端科技实验室，提升科技教育水平，培养学生创新意识和实践能力。为具有体育、艺术及各类特长的学生搭建平台，组织学生参加各级各类体育、艺术展示与比赛。拓展国际交流，提升国际化办学水平。向周边薄弱学校、外省市学校输送干部、教师 92 人，其中，高级职称 63 人，包括管理人员 2 人。

高端研究型实验室建设。加强实验室建设，支持常规教学实验室建设和运行，建设国内首批高端研究型实验室 12 个，涵盖电子学、纳米材料、粒子物理等领域。各实验室购置国内外先进科学研究仪器，由来自北京大学、清华大学等院校的博士、博士后及留学归国博士后等专业教师负责管理并开设课程，保证实验室正常运行。学校智能体控制与交互实验室“面向《中国制造 2025》的中学课程开发”获批“十三五”国家级课题立项。与美国伊利诺伊理科高中 (IMSA) 共同开展早型星系的暗物质质量研究。

中高考成绩优异。高考方面，高三学生周展平以 715 分（不含加分）获北京市高考理科状元；理科 700 分以上 4 人，占全市 44%；文科 690 分以上 2 人，占全市 29%。国际部 2016 届外籍高三毕业生 20 人，11 人被北大录取、7 人被清华录取、2 人被中国人民大学录取。中考方面，学校裸分成绩为海淀区第二名，高分段比例为海淀区第一名；语文满分 5 人、数学满分 75 人、物理满分 72 人、化学满分 27 人、英语满分 134 人。

（孙江波　陈晓辉　刘炜）

首都师范大学附属中学

2016 年，首都师范大学附属中学占地面积 3.06 万平方米、建筑面积 3.98 万平方米，体育场（馆）面积 1.19 万平方米。固定资产总值1.96亿元，全年教育经费投入4.53亿元。图书馆（室）藏书9万册，电子图书1万册。学校信息化经费投入105.07万元，拥有计算机750台，多媒体教室座位4800个，校园网出口总带宽100Mbps，数字资源量45TB，“信息技术”课程初中2课时/周、高中1课时/周。普通教室65个、专用教室28个、实验室19个。教职工282人，其中，高级职称99人、中级职称79人，享受国务院政府特殊津贴1人。专任教师215人，包括特级教师11人、北京市骨干教师4人、北京市学科教学带头人2人；本科及以上学历281人。开设教学班68个，其中，初中29个（包括“1+3”项目班5个）、高中39个。毕业729人，其中，初中300人、高中429人；招生864人，其中，初中325人（包括“1+3”项目生176人）、高中539人；在校生2523人，其中，初中1087人（包括“1+3”项目生176人）、高中1436人，包括外省市借读生133人。高中录取分数线542分（海淀区），应届高考本科上线率100%。网址：www.cnuschool.org，微信号：shoudushidafuzhong。首都师大附中教育集团有首师大附中、首师大附中第一分校、首师大二附中、首师大附中大兴南校区、首师大附中大兴北校区、首师大附中昌平学校、首师大附中永定分校和首师大附中通州校区8个成员单位。

2016年，学校教育教学工作全面推进，并在多个领域取得突破和创新。优化课程体系建设，积极开展科技教育，提升学生综合素质。为顺应教育教学改革新形势，经过充分调研，持续有效推进“四三二一”教育教学综合改革，建设高水平校本课程。国际部在教学实践中坚持中西方教育教学管理理念融合，向着国际教育典范化方向迈进。

学生兴趣培养。充分调动各种社会资源，开设机器人制作、陶艺、非洲鼓等课外活动课程57门，满足学生选课需求。青牛创客空间投入使用，创客教育首次走入中学校园，鼓励学生学科学、爱科学。各项科技竞赛成绩突出，航空模型、天文等项目竞赛成绩取得历史性突破。

学生综合素质提升。积极为学生搭建课外活动实践平台。在校内，鼓励学生自主组织学生节、科技节、心理季等活动丰富课余生活；在校外，初中博识课、高中综合实践活动等培养学生创新意识和实践能力。

（郭向华）

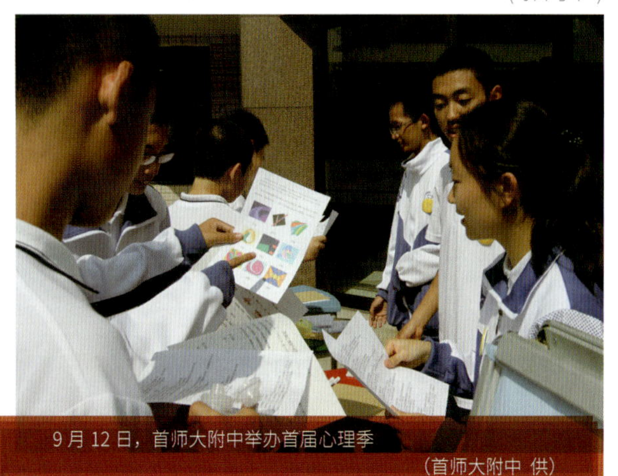

9月12日，首师大附中举办首届心理季

（首师大附中 供）

北京大学附属中学

2016年，北京大学附属中学占地面积5.16万平方米、建筑面积4.86万平方米，体育馆一期建筑面积3.66万平方米。图书馆藏书10万册，电子图书与北大图书馆共享15000GB。固定资产总值0.39亿元，全年教育经费投入3.81亿元。学校信息化经费投入100万元，拥有计算机400台，多媒体教室座位2000个，校园网出口总带宽1024Mbps，数字资源量1TB，“信息技术”课程2课时/周。普通教室154个、专用教室41个、实验室8个。教职工381人，其中，副高级职称106人、中级职称83人。专任教师307人，包括特级教师4人、北京市骨干教师5人、北京市学科教学带头人3人；本科及以上学历365人。开设教学班199个（初中25个、高中174个）。毕业570人（初中237人、高中333人）；招生849人（初中260人、高中589人）；在校生2126人（初中748人、高中1378人）。高中录取分数线554分（海淀区），应届高考本科上线率100%。学校承办北京医学院附属中学，另有北大附中石景山学校、北大附中天津东丽湖学校和北大附中朝阳未来学校3个成员单位。网址：www.pkuschool.edu.cn。

2016年，学校致力于培养个性鲜明、充满自信、敢于负责，具有思想力、领导力、创新力的杰出公民。以书院代替班级、以自主选课代替固定课程、以导师代替班主任、以契约代替成绩单，在空间建筑上规划人文中心、科学中心、艺术中心、创客中心等。

各校区协作发展。重点推进集团合作办学及教师培训，开展教育教学共建工作，同时利用假期组织集团教师培训。集团校选派教师到初中本部学习工作一年，本部教师定期到北医附中和石景山分校备课、听课、评课，组织分校教师观摩学习本部教师研究课。北大附中朝阳未来学校录取首批新生，同时为北京市“1+3”培养试验项目首批学生。

教学改革创新。与微软在教育信息化、数字校园等领域建立长期战略合作关系，建立联合实验室，共同探讨“互联网+教育”发展模式。预科部探索以学生为主体的云教学与辅导课相结合的教学模式，借助云平台改革创新教学模式。

基础设施建设。全面启动食堂托管工作，投资100余万元完成食堂升级改造及装修。新体育馆落成，建筑面积3.66万平方米，满足全校师生乒乓球、羽毛球、旱地冰球、柔道、艺术课、跆拳道、击剑课的开展。

（苏金一）

北京市八一学校

2016年，北京市八一学校成为集小学、初中、高中和国际部为一体的综合性、国际化学校，设有附属玉泉中学和保定分校，校本部占地面积13.66万平方米、建筑面积

17.10 万平方米，运动场地面积 1.97 万平方米，绿化用地面积 4.10 万平方米，主操场设有 400 米塑胶跑道和人工草皮足球场，拥有专业篮球场。图书馆藏书 44.90 万册。固定资产总值 4.28 亿元，全年教育经费投入 2.03 亿元。学校信息化经费投入 396.77 万元，拥有计算机 1895 台，多媒体教室座位 6502 个，校园网出口总带宽 200Mbps，数字资源量 1200GB，"信息技术" 课程 2 课时 / 周。普通教室 236 个、专用教室 112 个、实验室 32 个。教职工 440 人，其中，正高级职称 1 人、副高级职称 112 人、中级职称 183 人。专任教师 405 人，包括特级教师 6 人、北京市骨干教师 9 人；本科及以上学历 423 人。开设教学班 125 个（小学 37 个、初中 52 个、高中 36 个）。毕业 1167 人（小学 126 人、初中 611 人、高中 430 人）；招生 1355 人（小学 300 人、初中 616 人、高中 439 人）；在校生 4502 人（小学 1331 人、初中 1877 人、高中 1294 人，包括寄宿生 76 人，外省市借读生 1105 人）。高中录取分数线 549 分（海淀区），应届高考本科上线率理科 99.64%、文科 92.86%。网址：www.bayims.cn。

2016 年，学校以"品质文化"的立意思考、教育内涵和理念体系构建学校的办学思想：重视文化理念的传承、创新和发展，强调品质基因的传统、特色和时代性，注重修养、底蕴、精神、情趣、胸怀核心素养，培育品德好、品行优、品位高的国际创新人才。办学实践体现在对"军魂铸人、学科育人、生态立人"三大办学特色的实践之中：红色育人系列工程、十二基因主题活动、生态主题特色活动等涵盖其中。

人才培养。面对未来人才培养的社会需求和学生发展的个性需求，制定第三个《学校发展三年规划》。在学习中取长补短，将其他学校优点与八一本色相融合，尤其在课程建设和开展项目式学习方面，充分发挥校长领导力，在九年一贯制和高中选课走班方面积极探索，在品质文化引领下，构建富有特色的八一品质课程体系。

观念建设。树立"以学生为中心"的学生观，把学生放在首位，增强学生的选择权和获得感。用红色文化感化学生、优势专业发展学生、综合实践成就学生、展示舞台交给学生、生态教育影响学生、整体环境服务学生、高端资源支持学生、优质教育普惠学生。坚持"始终信任"的教师观，相信教师的能量和能力无可限量。

全方位教育。联合中国航天科技国际交流中心等 7 家单位共同成立"中国航天科技教育联盟"，在教育均衡和辐射带动方面资源共享，助力更多青少年实现科技梦想；引进清华 STEAM 项目等优质教育资源为学生搭建成长平台；成立思维、科学、经济金融、STEM、影视制作、卫星科技、多元文化 7 个青年教师工作室，为有兴趣爱好、学术特长的学生创造活动空间。

11 月 6 日，八一学校获"根与芽小组成就奖"

（八一学校 供）

（左秋洁）

北京市第一〇一中学

2016 年，北京市第一〇一中学分五址办学，分别为圆明园校区、上地校区、双榆树校区、温泉校区和怀柔校区，圆明园校区和双榆树校区总占地面积 21 万平方米、建筑面积 5.80 万平方米，运动场地面积 4.16 万平方米。图书馆（室）藏书 14.70 万册，电子图书 5.35 万册。固定资产总值 2.61 亿元，全年教育经费投入 2.66 亿元。学校信息化经费投入 273 万元，拥有计算机 2425 台，多媒体教室座位 4550 个，校园网出口总带宽 210Mbps，"信息技术" 课程 2 课时 / 周。教职工 406 人，其中，高级职称 143 人、中级职称 171 人。专任教师 321 人，包括特级教师 9 人、北京市骨干教师 13 人、北京市学科教学带头人 1 人；本科及以上学历 321 人。开设教学班 96 个（初中 55 个、高中 41 个）。毕业 1152 人（初中 697 人、高中 455 人）；招生 1422 人（初中 751 人、高中 671 人）；在校生 3758 人（初中 2161 人、高中 1597 人，包括寄宿生 664 人，外省市借读生 432 人）。高中录取分数线 558 分（海淀区），应届高考本科上线率 100%。网址：www.beijing101.com。

2016 年，学校坚持立德树人基本导向，以优异成绩献礼 70 周年校庆。在内部治理结构、人才队伍建设、育人模式改革、招生评价制度改革等方面进行全面攻坚，重点突破。

义务教育方面。各校区根据自身特点开展培养实验项目，促进教育均衡公平优质发展。6 月，海淀区西苑小学加挂"北京市第一〇一中学实验小学"校牌，促进海淀区教育均衡化发展，推进人才贯通培养模式改革，发挥优秀教育资源辐射引领作用。通过北京教育学院伙伴研修项目等形式共享优质师资，服务社会。制定《北京一零一中义务教育学生综合素质评价工作实施细则》《北京一零一中新中考方案》，并在全区义务教育工作大会上作介绍。

队伍建设方面。关注不同岗位、不同层次教师发展需求，开展教育、教学、科研等不同内容和形式的教师研修工作，被评为"北京市基础教育科研先进学校""北京市中小学教师校本培训示范学校"。

德育方面。设计并实施"导师制"，发挥教师、家长和学长的作用，为学生全面发展提供指导。从学业规划、职业规划、人生规划 3 个方面初步搭建高中生涯教育体系。通过主题教育活动，培育中国学生发展核心素养。

教学方面。推进高中特色项目建设，语文组和生物组被评为首批海淀区学科教学研究基地。继续完善四大书院

9月20日，一〇一中特色课程——海洋生态课程开课
（一〇一中 供）

特色课程群，继续建设“生态智慧课堂”。学科特色活动体现有序化、有效性、科学化和持久力的特点，体育、艺术和科技活动多姿多彩。

（张欣）

北京市门头沟区新桥路中学

2016年，北京市门头沟区新桥路中学占地面积3.47万平方米、建筑面积1.68万平方米，运动场地面积0.50万平方米。图书馆藏书5.23万册。固定资产总值3478.54万元，全年教育经费投入5385.20万元。学校信息化经费投入189.38万元，拥有计算机616台，多媒体教室座位1415个，校园网出口总带宽1000Mbps（共享），数字资源量50GB，“信息技术”课程2课时/周。普通教室35个、专用教室21个、实验室7个。教职工161人，其中，高级职称51人、中级职称70人。专任教师117人，包括北京市骨干教师1人；本科及以上学历156人。开设初中教学班33个。毕业348人、招生286人、在校生842人。网址：www.mtgxqlzx.bjedu.cn。

2016年，学校抓好质量生命线、艺术风景线和校园文化保障线三条主线，坚持走内涵发展之路。作为艺术教育传统校和太平鼓传承校，坚持以艺术教育为龙头，带动学校特色发展。

继续深化改革，聚焦课堂教学。以学校“十三五”时期规划重点任务落实为主线，围绕门头沟区教委建设京西教育高地的目标，完善管理机制。将“提升学校教育教学质量、提升师生综合素质、提升学校内涵品质、彰显学校办学特色”作为工作思路，面向学生实际获得，促进学校教育优质均衡特色发展。

发挥体艺科教师团队作用，强化艺术教育特色品牌。聘请专家团队为金帆团创编舞蹈，提升核心艺术竞争力和表现力。精选艺术、体育、科技类25项社团活动，形成基础兴趣培养和校级提高2个层面的分层培养模式。完善学校体育联赛奖励方案，保证学校各区级比赛项目训练顺利开展。

（王业霞）

北京市王平中学

2016年，北京市王平中学占地面积1.73万平方米、建筑面积0.90万平方米，体育场（馆）面积0.80万平方米。图书馆（室）藏书1.58万册。固定资产总值2367.29万元，全年教育经费投入1997.73万元。学校信息化经费投入67.54万元，拥有计算机128台，多媒体教室座位600个，校园网出口总带宽1000Mbps（共享），数字资源量35GB，“信息技术”课程2课时/周。普通教室9个、专用教室7个、实验室3个。教职工59人，其中，副高级职称20人、中级职称25人。专任教师38人，包括北京市骨干教师1人；本科及以上学历51人。开设初中教学班8个。毕业68人、招生66人、在校生171人，包括寄宿生150人。

2016年，学校培育和践行社会主义核心价值观，制定学生综合素质评价工作方案，成立综评工作领导小组、执行小组、监督小组，开展校级研讨培训、修订方案。为每名学生建立成长档案袋，留下成长痕迹。

课程建设。延伸并扩充“学园课程体系”，将教师培训课程、家校协同课程及学科实践课程等内容纳入学校整体课程体系。开设游学课程和以教研组为单位的月主题学科实践活动课程，将学生游学成果出版成册，月主题学科实践活动常态化。

教师培训。开设“王平中学大课堂”学校教师培训特色课程，教师们在大课堂中展示风采，最大程度共享校内资源。为每名教师建立教师成长档案记录盒，便于教师及时记录成长历程。关注青年教师培养，为新教师配备德育和教学双导师，助力新教师成长。

开放办学。持续推进立体式协作体，充分利用各种优质资源，形成育人合力，促进学生发展。成立初一年级家长教师协会，为协会委员颁发聘书并开展培训，协会积极开展志愿活动，协会委员参与学生开放性实践活动、社会大课堂活动等，协助教师进行管理。

（贾旭）

北京市房山区良乡第二中学

2016年，北京市房山区良乡第二中学占地面积2.83万平方米、建筑面积1.79万平方米，运动场地面积1.57万平方米。图书馆（室）藏书6.39万册。固定资产总值5046.14万元，全年教育经费投入4863.75万元。学校信息化经费投入26万元，拥有计算机606台，多媒体教室座位2320个，校园网出口总带宽100Mbps，数字资源量400GB，“信息技术”课程1课时/周。教职工198人，其中，高级职称37人、中级职称68人。专任教师163人，包括北京市骨干教师2人、北京市学科教学带头人2人；本科及以上学历163人。开设初中教学班40个。毕业507人、招生374人、在校生1273人。网址：58.130.26.9。

2016年，学校秉承“崇尚优秀品德，追求人生品位”教育理念，围绕“学真本领，做真实人”精神内核，在“致新、致学、至诚、至美”校训精神指引下，努力实现培养“有品位的人”育人总目标，着力打造和谐共存、相融相生的“梧桐文化”，全面深化教育教学领域综合改革，努力使其成为学校的特色。

学校文化显真品，为“人”的发展奠基。制定“有品位的人”七条标准，并为实现这一目标提出十项具体任务，即“五掌握五具有”（掌握一套适合自己的学习方法、掌握至少一种艺术素养的基础、掌握至少一种健身休闲方式、掌握基本的中外礼仪常识、掌握扎实的进一步学习的基础知识，具有一个明确人生目标、具有主动与人沟通合作的健康心理、具有符合中华传统美德的行为习惯、具有管理自己的基本生活能力、具有基本的法律意识和公德意识）。挖掘校园文化内涵，完善“梧桐文化”支撑体系，学校教师合作编写“梧桐系列”教材，包括《梧桐起航》《梧桐护航》和《梧桐方圆》。

队伍建设讲真效，为“人”的发展铺路。抓中心组学习的实效，建立一支进取、团结的干部队伍。借助张勃数学工作室，发挥骨干教师作用，开展青年教师“1123”培养计划（每月1次读书沙龙活动、每学期1次社会实践活动、每月2次听评课安排、每学期3次培训），铸造一支身正、学高的教师队伍。

创新思路求真髓，为“人”的发展搭台。聚焦深化教育综合改革，创新学科课程建构；创新学科实践活动，瞄准学生实际获得；丰富的课外活动，拓展学生成才空间。学校进一步构建德育框架，以科技节、艺术节、体育节、读书节作为培养“有品位的人”育人目标的重要支撑，把“四个节”打造成学校的品牌活动。

（崔雪艳）

北京市房山区长沟中学

2016年，北京市房山区长沟中学占地面积6.54万平方米、建筑面积1.97万平方米，体育场馆面积0.18万平方米。图书馆藏书3.96万册，电子图书0.10万册。固定资产总值7551.9万元，全年教育经费投入2364.78万元。学校信息化经费投入43.97万元，拥有计算机415台，多媒体教室座位1800个，校园网出口总带宽50Mbps，数字资源量60GB，“信息技术”课程1课时/周。普通教室12个、专用教室18个、实验室9个。教职工68人，其中，副高级职称19人、中级职称29人。专任教师64人，本科及以上学历63人。开设初中教学班12个。毕业83人、招生111人、在校生301人。网址：58.130.14.231。

2016年，学校在深化教育综合改革大背景下，面对房山区高中教育布局调整，围绕“推进、开放、整合”年度主题，结合学校实际，由完中校转为初中校，中层干部竞聘上岗。加强家校联系，以“乘势而为、提质增效、挖掘内涵、打造特色”为工作思路，在稳定中求发展，在发展中求创新，推动学校可持续发展。

特色育人，文化兴校。以推进毓秀教育，打造精进课堂为主线，全面实施“明师”工程。构建“敦品、砺学、明志、臻美”校本课程体系，打造“精灵合进”精进课堂教学模式。成为北京市第三批中小学学校文化建设示范校，获2014—2016年度北京市敬老文明模范学校荣誉称号。

（景玉霞）

北京市通州区运河中学

2016年，北京市通州区运河中学分两址办学，分别为初中部和高中部，2个校区总占地面积10.60万平方米（初中部4.59万平方米、高中部6.01万平方米），建筑面积7.69万平方米（初中部2.54万平方米、高中部5.15万平方米）；体育场面积4.41万平方米（初中部2.53万平方米、高中部1.88万平方米）。图书馆藏书7.15万册。固定资产总值0.44亿元，全年教育经费投入1.51亿元。学校信息化经费投入100万元，拥有计算机876台（初中部487台、高中部389台），多媒体教室座位3410个，校园网出口总带宽2750Mbps，数字资源量5500GB，“信息技术”课程初中1课时/周、高中2课时/周。普通教室108个（初中部51个、高中部57个），专用教室31个（初中部11个、高中部20个），实验室35个（初中部13个、高中部22个）。教职工256人，其中，正高级职称1人、高级职称76人、中级职称75人。专任教师214人，包括北京市骨干教师10人、北京市学科教学带头人1人；本科及以上学历214人。开设教学班50个（初中18个、高中32个）。毕业662人（初中237人、高中425人）；招生605人（初中196人、高中409人）；在校生1769人（初中566人、高中1203人）。高中录取分数线516分（通州区）。网址：www.yunhe.net。

2016年9月，学校开启“一校两址，初高中分部管理”办学模式。

师资队伍建设。坚持以“和谐发展教育”办学思想为指引，以开展评优评先和教学竞赛等活动为契机，以践行“社会主义核心价值观”“建设副中心向前站一步”等为内容，充分发挥骨干教师作用，打造和谐发展的教师队伍。

校园文化建设。坚持把“优化校园环境，挖掘学校文化内涵，弘扬和谐发展教育办学理念，使环境成为教育的隐性课堂”作为校园文化建设的指导思想，建成“六廊二墙一图一河”的校园文化格局。被评为京城百所特色学校——京城校园文化领军中学。

深化课程改革。在新课程背景下，教师不断更新教育教学理念，把培育和践行社会主义核心价值观与学科教学有机融合作为重点课题开展研究。继续与《中国教师报》合作中国特色品牌学校共同体项目，开展课堂建模活动，重点进行小组合作学习教学模式的实践，全年组织各级各类的公开课、研究课、示范课220余节。

开展学生活动。初中部根据学生兴趣爱好需求，与校外资源单位合作，开展丰富的课外活动、科学实践活动，包括足球、舞蹈和器乐等艺术、体育、科技类活动课程。高中部根据课程安排，开设反假币人人有责、中华篆刻、运河民间美术等校本课程；同时通过走班制开展研究性学习活动，开设研究课题140余个。

加强合作，扩大影响力。不断加强与其他友好学校的联系与合作，开展学术交流及师生互访活动，提升学校教育国际化水平。

（刘凌）

北京市通州区潞河中学

2016年，北京市通州区潞河中学占地面积17.06万平方米、建筑面积9.01万平方米，体育场面积0.69万平方米。图书馆藏书14.05万册，电子图书2.80万册。固定资产总值2.59亿元，全年教育经费投入1.40亿元。学校信息化经费投入424.83万元，拥有计算机1624台，多媒体教室座位6030个，校园网出口总带宽2816Mbps，数字资源量2000GB，“信息技术”课程初中1课时/周、高中2课时/周。普通教室92个、专用教室18个、实验室24个。教职工386人，其中，副高级及以上职称116人、中级职称117人。专任教师308人，包括北京市骨干教师17人、北京市学科教学带头人4人；本科及以上学历307人。开设教学班72个（初中26个、高中46个）。毕业855人（初中328人、高中527人）；招生920人（初中242人、高中678人）；在校生2634人（初中963人、高中1671人，包括内地新疆高中班464人）。高中录取分数线533分（通州区）。网址：www.luhe.net。

2016年，学校以校章为准绳，以落实学校十年规划各项任务指标为抓手，推进现代学校建设中的组织变革、课程建构、学生发展、资源保障任务等工作实施。

德育工作。将社会主义核心价值观教育与中国人民抗日战争暨世界反法西斯战争胜利70周年纪念活动相结合，开展“勿忘国耻，圆梦中华”系列主题教育活动。各年级、各班开展相应的主题班队会和教育活动，并结合科技艺术节开展相关的特色主题教育活动。坚持校级活动、年级活动、班级活动协调一致，按照“潞河中学德育金字塔”实施三级德育活动。

提升综合管理水平。继续建设科研型、实干型班主任和年级主任队伍，以教育改革研究为出发点，结合学校各年级教育教学模式调整，探索管理队伍建设模式。以两个课题的推进为基础，探索并实践内高班初始年级新教育教学模式，突破内高班管理瓶颈，强化内高班多元管理模式，突出导师作用，为导师工作提供便利。完善潞河中学学生发展网络平台功能，发挥学生处的宣传力量。

教学与科研工作。以“激发兴趣”“培养习惯”“夯实基础”“指导方法”“增加体验”“提高能力”和“健全人格”为重点，确立课堂教学“四个意识”，深入开展教学“十项研究”，不断提高课堂教学针对性和有效性。开展公开课和课例研讨，向校内外开放日常课堂，开展特级教师、骨干教师和青年教师公开课活动，组织第七届“春华杯”课堂教学区级评优活动和第五届“民族杯”课堂教学区级评优活动，开展区级理化生等学科教师实验教学创新评优活动。完成“中国可持续发展教育国家实验项目实验”“新疆内高班预科年级成长课程建构实验研究”等项目实验和研究工作。

学生培养。协助建设英才学校，培养资优学生，开展实验班课程、教学与管理的专题研讨活动，满足学生多样化需求；完成金鹏科技团天文分团的课程建设和资源开放工作；强化翱翔计划创新人才培养协作体建设及翱翔计划校内基础课程和衔接课程建设；完善雏鹰计划课程资源建设。

（武欣）

北京市通州区永乐店中学

2016年，北京市通州区永乐店中学占地面积13.10万平方米、建筑面积8.76万平方米，运动场地面积2.53万平方米。图书馆（室）藏书8.15万册，电子图书30万册。固定资产总值0.88亿元，全年教育经费投入1.27亿元。学校拥有计算机732台，多媒体教室座位3500个，校园网出口总带宽40Mbps，数字资源量690GB，“信息技术”课程1课时/周。教职工261人，其中，高级职称77人、中级职称77人。专任教师198人，包括特级教师1人、北京市骨干教师7人；本科及以上学历257人。开设教学班52个（初中11个、高中41个）。毕业576人（初中122人、高中454人）；招生616人（初中105人、高中511人）；在校生2009人（初中305人、高中1704人，包括寄宿生1650人）。高中录取分数线500分（通州区），应届高考本科上线率文科84.9%、理科96.8%。网址：www.yongzhong.net。

2016年，学校以“办好人民满意的教育”为目标开展各项教育教学活动。

重视教科研工作，倡导科研兴校。90%以上的教师参与各类课题研究33项，用科研解决教育教学问题成为学校共识。

开展德育活动。为深入推进社会主义核心价值观教育，提高学生诚信意识，开展以“诚信”为主题的班会活动。举办“第二届中华经典吟咏艺术节十佳汇演”和“永乐店中学重阳诗会——第一届原创诗词征集大赛”。

参加各级各类活动。组队参加通州区第一届中学生模拟联合国大会，1名学生获“杰出风采奖”；组织小学生参加由教育部举办的全国青少年学生法制知识网络大赛。

（王建敏）

北京中加学校

2016年，北京中加学校占地面积7.19万平方米、建筑面积3.62万平方米，运动场地面积1.93万平方米。图书馆藏书2.80万册，电子图书2.10万册。固定资产总值4714万元，全年教育经费投入3962万元。学校信息化经费投入44万元，拥有计算机620台，多媒体教室座位320个，校园网出口总带宽100Mbps，数字资源量13GB，“信息技术”课程4课时/周。教职工187人，其中，高级职称11人、中级职称23人。专任教师61人，包括特级教师1人、外籍教师18人；本科及以上学历187人。开设教学班17个。毕业139人、招生124人、在校生422人，全部为寄宿生。高中录取分数线460分（通州区）。网址：www.ccsc.com.cn。

2016年，学校按照国家课程标准，执行新课标各项要求。作为自主排课实验校，根据北京教育考试院关于普通高中会考自行组考工作的补充通知与相关规定，结合学校自身办学特色与教学特点，制定《北京中加学校2017年春季高中毕业会考组考实施方案》。

提高国际课程教学质量。加强AP课程（大学先修课程）与国际竞赛课程的管理工作，召开AP课程教师座谈会，完成AP手册编写及AP校本教材编写准备工作；积极开展双语数学教学和国际竞赛课程的各项工作。

提升课程质量，规范教师资格认定。开展青年教师优秀课例评选，确立并实施首席教师资格评定方案，制定并实施教师专业资格评定方案，开设满足学生多种需求的选修课和研究性学习课程。

加强教学管理，完善规章制度。落实有效教学、加强课堂管理，加强教学常规中的“备课、讲课、批改作业、课下辅导、评价”管理。雾霾期间采取积极措施“停课不停学”，通过校园网、手机短信、微信等途径向师生及家长进行宣传，为家长和学生提供指导，及时做好网络舆情应对工作。

（乔宏时）

中加学校学生获国际英语演讲比赛中国区选拔赛高中组一等奖
（中加学校 供）

北京市顺义牛栏山第一中学

2016年，北京市顺义牛栏山第一中学占地面积18.17万平方米、建筑面积12.17万平方米，体育场（馆）面积3.53万平方米。图书馆（室）藏书12.89万册，电子图书5万册。固定资产总值1.26亿元，全年教育经费投入1.55亿元。学校信息化经费投入257.93万元，拥有计算机1100台，多媒体教室座位5500个，校园网出口总带宽200Mbps，数字资源量50000GB，“信息技术”课程2课时/周。普通教室69个、专用教室26个、实验室17个。教职工394人，其中，高级职称135人、中级职称127人。专任教师302人，包括特级教师6人、北京市骨干教师15人、北京市学科教学带头人4人；本科及以上学历367人。开设高中教学班52个。毕业671人、招生701人、在校生1976人，包括寄宿生1964人。高中录取分数线546分（顺义区），应届高考本科上线率97%。牛栏山一中教育集团成员校有牛栏山一中、牛栏山一中实验学校和牛栏山一中实验学校小学部。网址：www.nlsyz.com.cn/niulanshan。

6月20日，牛栏山一中举办iPad互动教学研讨会
（牛栏山一中 供）

2016年，学校在“创新、协调、绿色、开放、共享”理念指引下，初步形成学园、乐园、家园、公园的“四园式”校园。

课程建设。在保留传统精品课程基础上，开设赛艇课程、中科院课程、服装课程等一批涵盖艺术、人文、科技等多个领域的校本选修课程300余门。社会大课堂活动开辟走进西南、西北、江南的“文化之旅”。

教学改革。实施A课程计划，开展平板电脑(iPad)辅助教学实验，使用大数据检测与分析系统助力课堂教学。探索“1+x”教学模式:“1”的教学环节为（教师）释疑定标——（学生）预习示问;“x”的教学环节为（教师）展示问题——（学生）交流探究，（教师）精讲点拨——（学生）巩固提升，（教师）达标测评——（学生）定时精练。

校内外生活。举办高一年级“悦读圈”、高二年级“文心读书讲坛”等活动丰富学生阅读；动员学生策划和组织英语电影片段表演比赛等活动培养学生自主管理能力；通过召开“职业规划”系列分享会、举办名人学者讲座等活动开阔学生视野。

教师队伍建设。继续举办新入职教师风采展示活动，开展青年教师评优课及优秀教师示范课活动；实施“青蓝工程”，通过老教师带新教师方式，实现青年教师快速成长；与东北师范大学、华东师范大学合作实施教师轮训项目；与北京市第四中学联合教研，聘请国家级及市级学科专家进校开展学科高端备课，丰富师资培训形式，提升教研质量。

（许坤）

北京市顺义区杨镇第一中学

2016年，北京市顺义区杨镇第一中学占地面积26.68万平方米、建筑面积7.40万平方米，体育场（馆）面积3.85万平方米。图书馆（室）藏书10.50万册，电子图书10万册。固定资产总值1.41亿元，全年教育经费投入2.18亿元。学校信息化经费投入136万元，拥有计算机757台，多媒体教室座位3550个，校园网出口总带宽260Mbps，数字资源量2000GB，“信息技术”课程2课时/周。普通教室79个、专用教室14个、实验室24个。教职工429人，其中，高级职称160人、中级职称149人。专任教师282人，包括特级教师3人、北京市骨干教师8人、北京市学科教学带头人2人；本科及以上学历418人；少数民族教师21人。开设高中教学班64个。毕业769人、招生538人、在校生2642人，包括寄宿生2477人、少数民族生1025人。高中录取分数线500分（顺义区），应届高考本科上线率90%。网址：www.bjyzyz.net。

2016年，学校积极推进依法治教、依规治校等管理模式的实施。重新组建考核小组，进一步完善职评机制、奖励机制，逐步建立职称评定、岗位设置、预算管理、资金使用、风险防控等规章制度。

改革创新，促学校质量提高。校长执行力小组定期检查学校各部门工作，科学分析学校发展过程中存在的问题，提出可行性参考建议。创新教师评价方式，由评价导向过渡到问题导向、激励导向，调动教师积极性。加强合作力度，与北京外国语大学、北京城市学院等高校深度合作。以高考改革为契机，从走班制、选修课、社会实践活动等方面探索实践新一轮课改。召开“十三五”系列课题开题论证会，13项市、区级课题顺利开题，以科研引领提升改革创新的质量。

弘扬传统，以精神力量提升办学品质。提出“搏、实、和”的“杨中精神”，利用《杨中人报》、学生集会、校园网等进行宣传。两次举办关帝庙会民俗活动，开设中华优秀文化传统课程，组织北方昆剧院、顺义区退休教师京剧国粹宣演团、北京儿艺等团体到校演出。

（李洪峰）

北京市顺义区第一中学

2016年，北京市顺义区第一中学占地面积6.60万平方米、建筑面积5.44万平方米，体育场（馆）面积2.39万平方米。图书馆（室）藏书11万册，电子图书0.28万册。固定资产总值1.28亿元，全年教育经费投入0.84亿元。学校信息化经费投入246.60万元，拥有计算机500台，多媒体教室座位300个，校园网出口总带宽200Mbps，数字资源量5000GB，“信息技术”课程1课时/周。普通教室54个、专用教室12个、实验室17个，包括植物组织培养实验室、地理信息化实验室、机器人教室、通用技术教室、3D设计教室。教职工292人，其中，高级职称108人、中级职称100人。专任教师233人，包括特级教师5人、北京市骨干教师6人、北京市学科教学带头人4人；本科及以上学历280人。开设高中教学班45个。毕业524人、招生623人、在校生1815人，包括肢体障碍生2人、视力残疾生1人，寄宿生1018人，少数民族生119人。高中录取分数线519分（顺义区），应届高考本科上线率94.3%。学校有社团6个，艺术团3个，开设校本课程62门。网址：www.syyz.bjedu.cn。

2016年，学校建校60周年，多项工作取得新成绩。

立德树人，加强核心价值观和传统文化教育。每月确定1个教育主题，形成系列化主题教育活动。弘扬中华优秀传统文化，举办《周易》《孝经》《论语》等经典导读讲座及相声、书法等传统文化讲座；组织学生观看话剧、评剧等文艺演出，以班级为单位组织校外社会实践活动。

科研兴校，建设学术化校园。与北京教育学院合作，启动“学生为本”(SCL)教学法项目培训。开展生态文明教育研究与实践，教师参加各级各类征文活动获奖246项。落实“彩虹读书计划”，建设书香校园，改造二层阅览室，实现区域划分，可供3个班级同时上阅读课。

加大校本课程开发力度。创新校本选修课选课和评价形式，制定校本选修课评价方案，审批、备课、评教环节全部在网上进行。开设名家进校园课程，改进游学课程和语文话剧表演课程，增加学生的自主性，开展走进博物馆和走进剧场2个系列微游学课程。

（丁兴旺）

北京市昌平区第一中学

2016年，北京市昌平区第一中学占地面积6.80万平方米、建筑面积5.10万平方米，体育馆面积0.24万平方米。图书馆藏书11.90万册，电子图书2万册。固定资产总值1.18亿元，全年教育经费投入0.84亿元。学校信息化经费投入94.90万元，拥有计算机690台，多媒体教室座位

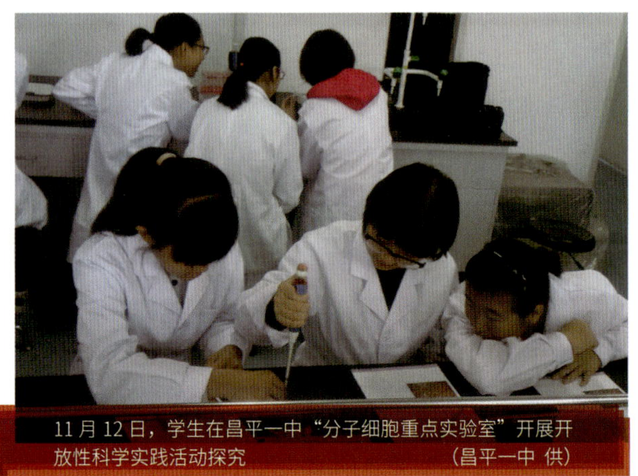
11月12日，学生在昌平一中“分子细胞重点实验室”开展开放性科学实践活动探究　（昌平一中 供）

2850个，校园网出口总带宽100Mbps，“信息技术”课程2课时/周。普通教室62个、专用教室40个。教职工283人，其中，高级职称88人、中级职称57人。专任教师196人，包括特级教师3人、北京市骨干教师10人、北京市学科教学带头人3人；本科及以上学历257人。开设教学班59个。毕业574人、招生691人、在校生1818人。网址：www.cpyz.org.cn。

2016年，学校深化教学改革实践，进一步推进生本课程、生本课题建设，科研促进教育教学改革研究深化，构建家长与学校互动新渠道，办人民满意教育。通过不同渠道提升教师队伍专业水平，加强科技教育与创新人才培养。研学实践活动和主题教育实践活动提升学生对现代社会、传统文化的认知水平，安全教育、法制教育增强学生安全、法治意识，心理健康教育关爱学生心理健康，加强学生养成教育、生涯规划教育引导，体育艺术教育陶冶学生性情，社团工作引导学生兴趣。加强理论研究，开发“爱的教育”“责任教育”“心理健康教育”“安全教育”“法制教育”“健体教育”“环境教育”“节日文化教育”“感恩教育”等德育系列课程。

（殷井泉）

北京市昌平区第二中学

2016年，北京市昌平区第二中学分两址办学，分别为政府街校区和回龙观校区，2个校区总占地面积8.50万平方米、建筑面积6.84万平方米，体育场（馆）面积3.69万平方米。图书馆（室）藏书11.30万册。固定资产总值0.92亿元，全年教育经费投入1.54亿元。学校信息化经费投入1126万元，拥有计算机1203台，多媒体教室座位5520个，校园网出口总带宽100Mbps，数字资源量480GB，“信息技术”课程2课时/周。普通教室88个、专用教室36个。教职工364人，其中，高级职称136人、中级职称116人。专任教师295人，包括特级教师6人、北京市骨干教师5人、北京市学科教学带头人1人；本科及以上学历339人。开设教学班78个，包括新疆内高班16个。毕业793人、招生602人、在校生2392人。网址：www.bjcpez.net。

2016年，学校坚持培养爱生活、善思辨、明事理、重情义的现代中国人，各项工作稳步开展。

德育工作。以培育和践行社会主义核心价值观为主线，开展“寻先烈足迹，点信念火炬，学长征精神，做红色传人”系列主题教育活动；以强化学生自主管理为重点，凸显德育工作的主动性、针对性、实效性；以综合素质提升活动及科普游学为载体，培育学生核心素养；以德育科研为先导，构建和谐优化的学校、家庭、社会德育环境；以评价为手段，夯实德育工作基础，树立德育品牌。

教学工作。强化教研、考勤等制度建设，积极实践课程教学改革，加强学校鲲鹏实验班建设。参加Pad教学实验、昌平区虚拟学校项目实验，与德育部门共同制订初一年级综合实践活动评价方案，与中国科学院京区科学技术协会等单位合作开发科学体验课程，探索新招考政策下的走班制及选考课程的安排策略。组织教师参加“创先杯”“京教杯”“胜利杯”等竞赛评优活动，开展骨干教师示范课、青年教师优质课展示评选活动，组织教师参加市内外学术活动，提升教师队伍素质。

学校建设。争取市级专项资金用于学校信息化设备更新、改造学校师生学习和生活环境、支持特色教育建设等。其中，信息化建设投入约1100万元，包括配备数字化教室、Pad教室、集控录播教室等项目建设，基本实现现代化信息技术教学；改善校园办学环境投入3003万元，包括校园外墙粉刷、学生宿舍公寓提升工程、无障碍通道建设等项目建设；特色教育设备投入约336万元，包括新疆班艺术团乐器、服装采购，机器人设备采购。

（张云）

北京市第十五中学南口学校

2016年，北京市第十五中学南口学校占地面积9.60万平方米、建筑面积3.23万平方米，体育馆面积0.13万平方米。图书馆藏书4.50万册，电子图书10万册。固定资产总值2643.96万元，全年教育经费投入3789.78万元。学校信息化经费投入505万元，拥有计算机400台，多媒体教室座位3280个，校园网出口总带宽100Mbps，数字资源量10GB，“信息技术”课程2课时/周。普通教室42个、专用教室37个。教职工156人，其中，高级职称44人、中级职称49人。专任教师150人，包括北京市骨干教师3人；本科及以上学历149人。开设教学班16个。毕业112人、招生217人、在校生501人。网址：www.15nkxx.net。

2016年，学校以弘扬、践行中华传统文化和社会主义核心价值观为主线，开展参观抗日战争纪念馆与卢沟桥、天安门观看升旗仪式、“阳光下成长”主题科艺节等实践活动。以参观北京动物园海洋馆、学生拓展活动、科普实验秀、观看音乐演出等系列素质提升活动为依托，培育学生核心素养；以培养学生良好习惯和强化学生自主管理为重点，体现德育工作细节性、针对性、实效性；以德育科研为先导，促进学校德育工作和谐、健康发展。

教学方面。定位于“落实四基，关注三年，发展师生，实现目标”，其中，“四基”指始终倡导以学生长远发展为着眼点、以兴趣为切入点、以抓基础为立足点、以抓行为习惯为着力点；“三年”指初中、高中阶段的三年整体设计；“目标”即办有品质的教育。围绕定位，开展课例展示、专家指导、学生活动、集中培训等活动，通过教师会、家长会、学生会传达新中高考改革精神，积极探索新招考政策下选班、选课、选考安排策略。学校争取市级专项资金830余万元，用于学校专用教室建设和改造、改善师生学习和生活环境、支持特色教育建设等方面。

（程红玲）

北京市大兴区第一中学

2016年，北京市大兴区第一中学占地面积7.01万平方米、建筑面积5.38万平方米，体育场（馆）面积1.29万平方米。图书馆（室）藏书11.70万册。固定资产总值1.70亿元，全年教育经费投入2.50亿元。学校信息化经费投入339.77万元，拥有计算机1099台，多媒体教室座位3620个，校园网出口总带宽1500Mbps，数字资源量100GB，“信息技术”课程初中1课时/周、高中2课时/周。普通教室79个、专用教室25个、实验室13个。教职工342人，其中，高级职称144人、中级职称129人。专任教师244人，包括特级教师4人、北京市骨干教师14人、北京市学科教学带头人1人。开设教学班67个（初中30个、高中37个）。毕业774人（初中375人、高中399人）；招生937人（初中364人、高中573人）；在校生2544人（初中1092人、高中1452人，包括寄宿生443人）。高中录取分数线532分（大兴区），应届高考本科上线率97.9%。网址：www.dxhcyz.com.cn/dxyz。

2016年，学校办学核心理念为“为学生成功人生铺路，为教师专业成长搭桥，师生互动，共建和谐校园”。形成“德育实效性好”“教学成绩突出”“育人环境优美”“特长成果显著”的办学特色。以建校60周年为契机，发扬“逢一必争”精神，制定高目标、采取新举措、实现新突破。落实“强师工程”的“雁阵行动计划”，分层分类培养青年教师、骨干教师、市级名师，开展“名师工作室”“青年教师沙龙”等品牌活动，开办教职工摄影技术培训班。强化科研促进教育教学提高，生物高端实验室秉承“走出去，请进来”的原则，邀请区内中小学生来校实验，将仪器、设备、试剂带出去，帮助区内其他学校完成科学实验，实现立足一中、辐射全区的实验室建设目标。

（姜士厂）

北京市大兴区兴华中学

2016年，北京市大兴区兴华中学分两址办学，分别为本校区和仰山校区，2个校区总占地面积6.06万平方米（本校区4.06万平方米、仰山校区2万平方米），建筑面积4.80万平方米（本校区3.08万平方米、仰山校区1.72万平方米），体育场（馆）面积1.80万平方米。图书馆藏书9.72万册。固定资产总值8855.71万元，全年教育经费投入6955.56万元。学校信息化经费投入221.02万元，拥有计算机360台，多媒体教室座位2500个，校园网出口总带宽6Mbps，数字资源量2046GB，“信息技术”课程1课时/周。普通教室60个、专用教室10个、实验室10个。教职工335人，其中，高级职称104人、中级职称119人。专任教师261人，包括北京市骨干教师8人、北京市学科教学带头人1人；本科及以上学历326人。开设教学班60个。毕业490人（初中167人、高中323人）；招生750人（小学134人、初中156人、高中460人）；在校生2071人（小学486人、初中410人、高中1175人，包括寄宿生836人）。高中录取分数线511分（大兴区），应届高考本科上线率97.4%。网址：www.xinghuaschool.cn。

2016年，学校将常规教育开发成课程，在各类课程中落实常规教育。开展衔接教育，实现幼小、小初、初高无缝对接。

课程体系建设。将《中华传统文化》纳入课程计划，成为大兴区中华优秀传统文化教育实验校。以语文、历史、地理、政治等学科教师为主组建“中华优秀传统文化”研究团队，开展传统文化与学科教学有机融合实践探索，结合学段特点开展中华优秀传统文化教育，提升学生对中华优秀传统文化的认知程度。

学生活动及备考工作。整合实践活动内容，规范实践活动过程，组织各教研组研究并落实学科实践活动课程，制定学科实践的内容、主题、方式。针对中高考改革，教师采取相互听课、资源共享等方法提高教学质量。在班级实施导师制，学生依据自身学习状况和知识诉求主动邀请任课教师担任备考导师，在师生对话与交流中满足学生个性化需求，实现自主学习。

（宋绍芳）

北京市第二中学亦庄学校

2016年，北京市第二中学亦庄学校占地面积9.03万平方米、建筑面积5.49万平方米，体育场面积1.28万平方米。图书馆藏书7.65万册。固定资产总值5281.40万元，全年教育经费投入6366.86万元。学校信息化经费投入200万元，拥有计算机688台，多媒体教室座位4320个，信息化设备资产值1233.14万元，网络信息点3600个，校园网出口总带宽20Mbps，数字资源量1000GB，“信息技术”课程2课时/周。普通教室108个、专用教室19个、实验室12个。教职工370人，其中，高级职称34人、中级职称90人。专任教师299人，包括特级教师6人、北京市骨干

二中亦庄学校开展校园内志愿服务活动

（二中亦庄学校 供）

教师 1 人；本科及以上学历 278 人。开设教学班 96 个（小学 56 个、初中 19 个、高中 10 个、国际高中 11 个）。毕业 419 人（小学 243 人、初中 110 人、高中 37 人、国际高中 29 人）；招生 644 人（小学 354 人、初中 152 人、高中 52 人、国际高中 86 人）；在校生 2908 人（小学 2044 人、初中 413 人、高中 228 人、国际高中 223 人，包括寄宿生 301 人）。高中录取分数线 502 分（大兴区），应届高考本科上线率 95%。网址：www.bdaschool.com。

2016 年，学校以“办温暖的、负责任的、舒展生命的幸福教育”为办学理念，以“培养有家国情怀、国际视野、科学素养和人文精神的高品质人才”为学生培养目标。获“北京市优质学校”“北京市健康促进学校”“北京市基础教育科研先进学校”等荣誉称号。

深化课程改革。启动“深化课程改革”项目，成立课程研发中心，整体规划学校课程方案，研究课程实施路径，开展相关培训并对课程实施跟踪评价。打破常规课程设置构建课程体系，立足学校十二年一贯制办学特色，纵向打破学段围栏，突出学科发展一贯性，横向打破学科围栏，突出学科普遍联系性。各学科从“学科文化、学科拓展、学科实践”3 个纬度构建分学科课程体系、具体教学内容及具体课程实施建议等。教师开设校本选修课 85 门，1818 名学生通过网络选课。

志愿服务活动。利用十二年一贯制优势，组织校内“大手拉小手”志愿服务活动。中学部非毕业年级 80% 的学生成为志愿者，定期参加活动。小学部成立红领巾志愿者协会，开展社区和校园内志愿服务活动。参与志愿服务学生 3000 余人次。组织全校范围义卖活动资助孤残儿童和贫困地区学校。

素质教育。开设科技类、艺术类、体育类等社团近百个，在北京市第 36 届青少年科技创新大赛、第 17 届“我爱祖国海疆”全国青少年航海模型教育竞赛、全国啦啦操联赛（清华大学站）暨中国啦啦之星争霸赛等科技、体育比赛中成绩突出，获全国、市级跆拳道比赛金牌 65 枚，被评为北京市中小学艺术教育特色学校、北京市中小学科技教育示范学校。

（侯萱）

北京市怀柔区第五中学

2016 年，北京市怀柔区第五中学占地面积 2.70 万平方米、建筑面积 1.46 万平方米，体育场（馆）面积 1.74 万平方米。图书馆（室）藏书 5.81 万册，电子图书 120 册。固定资产总值 4856.60 万元，全年教育经费投入 4276 万元。学校信息化经费投入 362.70 万元，拥有计算机 644 台，多媒体教室座位 1820 个，校园网出口总带宽 100Mbps，数字资源量 500GB，“信息技术”课程 1 课时 / 周。普通教室 41 个、专用教室 19 个、实验室 3 个。教职工 184 人，包括高级职称 59 人、中级职称 77 人。专任教师 132 人，包括北京市骨干教师 43 人；本科及以上学历 181 人。开设教学班 37 个。毕业 479 人、招生 355 人、在校生 1009 人。学校有社团、艺术团 40 个。

2016 年，学校作为怀柔区第五学区牵头校，全面推动学校及第五学区的进一步发展。

课程改革。初一组建多个体育、艺术社团；初二开设各学科精修课程；初三开展个性化辅导。继续推进以中华传统文化《周易》为基础的校园文化建设，把校园文化建设与践行社会主义核心价值观有机融合。

学区共建。按照“共谋、共建、共享、共赢”原则，确立“系统规划、整体推进、分步实施、逐步完善”的学区共建工作思路和“三级管理”“五位一体”的共建模式。全面整合学区师资力量，开展“帮教结对”活动；学区内开展统一备课可行性调研，在部分学科试运行；举办送课到校、教学研讨等活动 30 余次，交流科研课题研究情况，实现五校科研成果共享；各校达成联合研发校本课程教材的共识，学区内实现部分校本课程教材资源共享；组织学区内学校联合开展社会大课堂，同时间、同主题班会等活动；推动学区内学生相互交流学习，开展多项体育、艺术评比，开展学区内学生到怀柔五中学习活动。

（赵录志）

北京市怀柔区庙城学校

2016 年，北京市怀柔区庙城学校为九年一贯制学校，下辖庙城镇桃山小学和庙城镇两河小学 2 所完小，主校区占地面积 6.87 万平方米、建筑面积 1.40 万平方米，体育场面积 2.50 万平方米。图书馆（室）藏书 3 万册。固定资产总值 2520 万元，全年教育经费投入 7024.93 万元。学校信息化经费投入 15.40 万元，拥有计算机 395 台，多媒体教室座位 1500 个，校园网出口总带宽 100Mbps，数字资源量 500GB，“信息技术”课程 1 课时 / 周。普通教室 53 个、专用教室 7 个、实验室 3 个。教职工 185 人，其中，高级职称 29 人、中级职称 116 人。专任教师 170 人，本科及以上学历 175 人。开设教学班 47 个（小学 29 个、初中 18 个）。毕业 240 人（小学 138 人、初中 102 人）；招生 271 人（小学 158 人、初中 113 人）；在校生 1425 人（小学 1151 人、

11 月 17 日，庙城学校软陶社团活动

（庙城学校 供）

初中 274 人）。学校有社团 100 个。

2016 年，学校以科学发展观为指导、以立德树人为根本任务、以精细化管理为基础、以两支队伍建设为保障、以教学改革为动力完成各项工作。

德育工作。以活动为载体提高德育工作的时效性和针对性。开展主题教育活动 15 次、主题班会评比活动 2 次、美德少年评比活动 2 次、板报评比活动 3 次、社会大课堂实践活动 4 次，各类活动学生参与率均高于 90%。

教育教学工作。为提高教学时效、打造生态课堂，开展晒课活动。小学部 30 名教师参与青年教师献优课活动，中学部 25 名党员教师参与党员示范课活动，15 名区骨干教师开展骨干教师引领课活动。为提高学生综合素质，各学科积极开展竞赛活动：中学部英语学科首次举办“英语秀”活动、小学部英语学科承办第六学区“Happy English，Happy Life”英语节；中、小学部英语、语文学科共同举办“共建共享一片蓝天”中英双语演讲比赛，50 名学生参赛；物理、科技学科举办校内无线电测向比赛。开展名师进校园活动，语文、数学学科分别邀请全国特级教师到校指导课堂说课，全校近 200 人次干部教师参与。

（毛计香）

北京第二外国语学院平谷附属学校

2016 年 8 月，平谷区教委与北京第二外国语学院合作办学，北京市平谷区东高村学校更名为北京第二外国语学院平谷附属学校，学校占地面积 6.51 万平方米、建筑面积 3.21 万平方米，运动场地面积 1.44 万平方米。图书馆（室）藏书 5.14 万册。固定资产总值 2850 万元，全年教育经费投入 5604 万元。学校信息化经费投入 8 万元，拥有计算机 327 台，多媒体教室座位 960 个，校园网出口总带宽 100Mbps，“信息技术”课程 1 课时 / 周。普通教室 52 个、专用教室 24 个、实验室 5 个。教职工 172 人，其中，高级职称 33 人、中级职称 96 人。专任教师 84 人，本科及以上学历 141 人。开设中、小学教学班 26 个（小学 19 个、初中 7 个）。毕业 116 人（小学 56 人、初中 60 人）；招生 125 人（小学 84 人、初中 41 人）；在校生 678 人（小学 503 人、初中 175 人，包括外省市借读生 176 人）。开设幼儿教学班 8 个（小班 3 个、中班 3 个、大班 2 个）。幼儿入园 66 人、离园 41 人、在园 187 人。

2016 年 8 月 28 日，平谷区教委与北京市第二外国语学院签订《平谷区教育委员会与北京第二外国语学院合作办学协议》，根据协议，双方共建北京第二外国语学院平谷附属学校。学校为学前、小学、初中、高中一体化学校，将依托二外教育资源和人才资源，深化教育改革，提升学生综合素质，致力于把学校办成一所具有外语特色、高标准、高质量的学校。

教师培养。采取走出去、请进来的方式，借助优质资源，组织教师参加培训教研活动，助力教师专业发展。组织教师参加华东师范大学教育骨干课程领导力培训、二外“基础英语教育中思维能力的培养”研讨会，开阔教师视野，更新教学观念；邀请朝阳区英语教研主任、教研员来校针对中考新形势进行实地教研指导，聘请朝阳区 8 名不同学科的教研员到校指导。

更新教育理念，提升学生综合素质。素质教育更重视学生思想道德素质、能力培养、个性发展、身体健康和心理健康教育。学校调整学生课外活动课程，开展丰富的社团活动，聘请校外优秀专业教师指导学生，促进学生综合素质提升。

（李秋香）

北京实验学校

2016 年，北京实验学校占地面积 3.53 万平方米、建筑面积 2.37 万平方米，运动场地面积 1.20 万平方米。图书馆（室）藏书 8.30 万册，电子图书 15 万册。固定资产总值 5370.93 万元，全年教育经费投入 7389.59 万元。学校信息化经费投入 392.52 万元，拥有计算机 587 台，多媒体教室座位 1755 个，校园网出口总带宽 100Mbps，数字资源量 14GB，“信息技术”课程 2 课时 / 周。普通教室 30 个、专用教室 11 个、实验室 11 个。教职工 248 人，其中，高级职称 108 人、中级职称 92 人。专任教师 148 人，包括特级教师 1 人；本科及以上学历 241 人。开设高中教学班 30 个，包括青海玉树藏族内高班 3 个。毕业 433 人，招生 323 人（包括青海玉树藏族学生 85 人），在校生 1004 人（包括青海玉树藏族学生 85 人、寄宿生 575 人）。高中录取分数线 287 分（平谷区），应届高考本科上线率 70%。网址：www.bjshiyan.bjedu.cn/gaozhong。

2016 年，学校制定《北京实验学校章程》《北京实验学校教育改革三年行动计划》，建立高新标准，实施魅力教育，全面推进以课程改革为核心的学校教育改革，推进现代学校建设，提高教育教学质量。

管理科学化。成立学术委员会，构建行政管理与学术管理并行的运行机制，成立“一组两会三室”，“一组”即干部中心学习组，“两会”即学术委员会和教师读书会，“三

3 月 1 日，北京实验学校推进选课走班，开发实施高一年级书法校本课程 （北京实验学校 供）

室”即王冬梅名师工作室、特级教师成长工作室和班主任工作室。实施项目化管理，启动十大工作项目（课程科研项目、魅力课堂项目、高考会考项目、科技艺体项目、干部教师队伍建设项目、校园文化建设项目、玉树藏族班工作项目、数字化校园工作项目、招生宣传工作项目和人力资源工作项目），旨在通过实施项目带动战略，促进现代学校建设。

课题及课程体系研究。成立课程规划专项研究组，统筹建立魅力课程体系，探索基于学生差异的多元培养模式。立项研发校本教材，15 部校本教材立项申请通过集团学术委员会审批。

着眼教师专业发展。引导教师规划职业生涯，制定教师培训计划和骨干教师评选办法，开展与北京实验学校（海淀）教师联合教研、同伴互助、融合发展等互动活动提高教师专业素养。通过人人上“魅力研究课”、开展课题研究、举办教师论坛等活动，加强魅力课堂研究与实践。

学生成长系统工程。设计实施 3 年德育和教学工作一体化项目。通过组建高中魅力实验班、与北京实验学校（海淀）交换培养或委托培养、海淀特级教师来校讲课等方式实现学生联合培养。实施导师制，成立学生发展中心，以行为养成、道德认知、情感体验、理想信念为教育重点，研究设计、组织实施促进学生发展的系列活动。

重视教育交流，推进各类建设。通过举办或承办各类活动提升学校影响力。投资 215.55 万元，建成数学探究实验室、数字星球系统地理实验室和生物数码显微互动实验室 3 个数字实验室。开办平谷区首个青海玉树藏族内高班，成立民族教育办公室和民族教育研究中心，立项研究玉树学生培养方式。

（郭峰亭　俞岚）

北京市密云区水库中学

2016 年，北京市密云区水库中学占地面积 6.33 万平方米、校舍建筑面积 1.18 万平方米，运动场地面积 0.76 万平方米。图书室藏书 2.85 万册。固定资产总值 2082.20 万元，包括教学仪器资产值 604.01 万元；全年教育经费投入 213.36 万元。学校信息化经费投入 43.20 万元，拥有计算机 262 台，多媒体教室座位 375 个，校园网出口总带宽 1000Mbps，数字资源量 1233GB，“信息技术”课程 1 课时 / 周。普通教室 16 个、专用教室 9 个、实验室 5 个。教职工 87 人，其中，高级职称 25 人、中级职称 37 人。专任教师 55 人，包括北京市骨干教师 1 人；本科及以上学历 55 人。开设初中教学班 16 个。毕业 140 人、招生 133 人、在校生 401 人，包括寄宿生 113 人。

2016 年，学校在“全面提高，办有特色；全面育人，教有特点；全面发展，学有特长”办学思想引领下，以“进步就是成功”为理念，开展生动课堂建设工作。

教学工作。关注学生核心素养培育，探究学生自主管理模式，制定并落实《学生自主学习自我管理实施方案》。延伸课堂教学与校外教育活动和学科实践活动相结合，通过完善领导听课制度、开展骨干教师观摩课与非骨干教师评优课活动、加强学生课后辅导等手段，抓好常规教学，落实生动课堂。

拓宽科技教育新领域。培育科技教育新亮点，组建金鹏科技论坛、水火箭、科技制作、自然科学知识竞赛、实践中的科学、创意搭建、科学幻想画 7 个科技类活动小组，金鹏科技论坛被确定为学校科技教育活动重点推进项目并取得重大突破，获市金鹏科技论坛集体一等奖、二等奖各 1 个。

艺术及体育教育。组建合唱、舞蹈、男女足球等 10 余个艺术、体育类课外小组。全年参加区级以上艺术、体育类竞赛学生 300 余人次，男、女足球队分别代表密云区参加市级比赛。

（裴德春）

北京市密云区第二中学

2016 年，北京市密云区第二中学占地面积 7.63 万平方米、校舍建筑面积 3.60 万平方米，运动场地面积 2.60 万平方米。固定资产总值 6072 万元，包括教学仪器资产值 2130 万元；全年教育经费投入 5000 万元。图书室藏书 10 万册。学校信息化经费投入 380 万元，拥有计算机 572 台，多媒体教室座位 2600 个，校园网出口总带宽 1000Mbps，数字资源量 10GB，“信息技术”课程 2 课时 / 周。普通教室 48 个、专用教室 6 个、实验室 11 个。教职工 243 人，其中，高级职称 93 人、中级职称 57 人。专任教师 180 人，包括特级教师 3 人、北京市骨干教师 6 人、北京市学科教学带头人 2 人；本科及以上学历 225 人。开设教学班 45 个（包括新疆和田班 2 个）。毕业 615 人、招生 646 人、在校生 1920 人，包括寄宿生 582 人。高中录取分数线 527 分（密云区），应届高考本科上线率 98%。

2016 年，学校以全面提高教育教学质量，促进学生全面发展为目标；以进一步推进课程改革，优化教学方法，改进教学手段，提高课堂教学效益为核心；以落实常规、抓好常态、积累常型、问题推进为基本工作思路；以精微创新为基本工作方法，全面提高教育、教学、科研及服务水平。提出“德育为首、育人为本”教育理念，开展德育工作行动研究，强化课堂主渠道作用。

教学工作。以大面积促进学生有效学习活动发生为目标，推进课堂教学改革，提出用最严格的要求，从最基础的方面抓起，引导学生自主、自觉、自动，增强自律性。严格管理教备组工作，召开教备组长会议 7 次，加强教研听评课工作检查与督导。

加强师资培训，推进课改。确立“变单向交流为多向交流”基本课改目标，并研究系列推进措施，让课堂“活起来”，让学生“动起来”。学校顺利通过民族团结教育示范校验收。

（冯丽丽）

北京市延庆区十一学校

2016 年，北京市延庆区十一学校占地面积 1.90 万平方米、建筑面积 1.28 万平方米，体育场（馆）面积 1.38 万平方米。图书馆（室）藏书 8.32 万册，电子图书 0.30 万册。固定资产总值 3562.07 万元，全年教育经费投入 3719.98 万元。学校信息化经费投入 420 万元，拥有计算机 432 台，多媒体教室座位 2520 个，校园网出口总带宽 200Mbps，数字资源量 700GB，“信息技术”课程 1 课时 / 周。普通教室 47 个、专用教室 10 个、实验室 7 个。教职工 170 人，其中，副高级职称 35 人、中级职称 64 人。专任教师 148 人，包括北京市骨干教师 3 人；本科及以上学历 148 人。开设教学班 45 个（小学 24 个、初中 21 个）。毕业 434 人（小学 164 人、初中 270 人）；招生 318 人（小学 113 人、初中 205 人）；在校生 1666 人（小学 940 人、初中 726 人，包括寄宿生 27 人、外省市借读生 91 人）。

2016 年，学校在全面培育和践行社会主义核心价值观的大框架下，不断完善机制和制度，搭建师生发展平台，打造品牌项目，创建学校育人特色。

落实普惠项目。为全体教师参保 5 项互助保障计划，组织教师参加户外健身运动，获“北京市三八红旗集体”称号，鼓励学生自愿加入捡拾垃圾环保志愿服务队。坚持“教育有规律，课程有标准，主题有指向，呈现有方式”原则，培育和践行社会主义核心价值观。

完善培训体系，提升专业素养。校本培训立足师生实际，形式多样，理论与实践相结合。活动形成系列，重视感悟提升。以月份为单位、以节日为结点，挖掘传统节日德育内涵，固化活动形式，实现学生在校 9 年，分享 9 次主题教育。组织学生到 8 家区级资源单位、16 家市级资源单位，完成综合素质提升工程教育活动；组织 20 名学生志愿者走进儒林苑社区，开展“走进冬奥 我教爷爷奶奶说英语”志愿服务活动；以“小小责任田”为主题，在五年级开展学农教育活动。

推进教师队伍建设、践行生态课堂。实施精准培训，在学习引领中提升教师队伍整体水平，依托北京市育英学校优质资源，从管理、研修、教学等多个维度深化与育英学校合作，分批选派教师赴育英学校听课学习。以观课议课、教学视导、“延教杯”教学评优为抓手，构建智慧生态课堂，组织教师参加北京教育学院“协同创新学校计划”项目研究。

（王满）

3 月 30 日，延庆十一学校开展“教爷爷奶奶说英语”志愿活动
（延庆十一学校 供）

北京市延庆区第一中学

2016 年，北京市延庆区第一中学占地面积 7.59 万平方米、建筑面积 4.40 万平方米，体育场（馆）面积 0.20 万平方米。图书馆（室）藏书 7.78 万册，电子图书 0.11 万册。固定资产总值 1.58 亿元，全年教育经费投入 0.81 亿元。学校信息化经费投入 360 万元，拥有计算机 603 台，多媒体教室座位 3150 个，校园网出口总带宽 130Mbps，数字资源量 440GB，“信息技术”课程 1 课时 / 周。普通教室 46 个、专用教室 28 个、实验室 12 个。教职工 258 人，其中，副高级职称 93 人、中级职称 77 人。专任教师 184 人，包括特级教师 3 人、北京市骨干教师 4 人、北京市学科教学带头人 2 人；本科及以上学历 245 人。开设教学班 46 个。毕业 524 人、招生 674 人、在校生 1795 人，包括寄宿生 513 人。高中录取分数线 505 分（延庆区），应届高考本科上线率文科 100%、理科 98.34%。网址：www.bjyqyz.com.cn。

2016 年，学校完成第七轮校长负责制任期目标，延庆区考核总分第一名。

强化管理，提升教学质量。实施春晖行动，使学校管理工作更加有序。在创建学生自我发展教育特色方面取得宝贵经验，设施和数字化校园建设有较快发展，办学条件持续改善。

丰富学生学习生活。召开“龙腾六十载，同心育英才”60 年校庆系列活动；开设小学段课程，构建学校多元、开放、灵活课程体系，调动学生学习积极性，培育学生综合素养。开展“创文明城区 办百姓实事 迎世界盛会”创文明城区活动，组织学生、教师志愿者在学校周边执勤，举办学生演讲、创城知识问卷调查、创城知识竞赛等活动。

教育教学质量稳步提升。高考成绩 600 分以上 104 人，一本上线率 54.48%、二本上线率 85.9%、本科上线率 98.67%。学生思想道德素质和精神状态表现良好，教师队伍整体素质不断提高。

（李云　吴东华）

北京师范大学燕化附属中学

2016 年，北京师范大学燕化附属中学占地面积 4.11 万平方米、建筑面积 2.30 万平方米，体育场地面积 1.75 万平方米，绿化用地面积 0.28 万平方米，主操场设有 400 米塑胶跑道和人工草皮足球场。图书馆藏书 28.79 万册，包括电子图书 18 万册。固定资产总值 8031.72 万元，全年教育经费投入 7825.16 万元。学校信息化经费投入 300 万元，拥有计算机 556 台，多媒体教室座位 1720 个，校园网出口总带宽 200Mbps，数字资源量 5000GB，“信息技术”课程 2 课时 / 周。教职工 139 人，其中，高级职称 43 人、中级职称 51 人。专任教师 109 人，包括特级教师 1 人；本科及以上学历 124 人。开设高中教学班 29 个。毕业 333 人、招生 404 人、在校生 1093 人，包括西藏内高班学生 225 人，寄宿生 489 人。学校有学生社团 21 个。高中录取分数线 424 分（燕山地区），应届高考本科上线率 85.54%。

2016 年，学校以北京市新课改为契机，培育学生发展核心素养，深化教育领域综合改革，实现学校内涵发展，科学制定学校“十三五”期间发展规划，不断提升办学水平。

课程体系建设不断完善。继续做好国家课程校本化，重点进行校本课程、特色课程的研发与实施工作，以石化科技实验班与“翱翔课程”的开发为龙头，设计、规划、开发校本教材，构建“希望教育”校本课程体系。

德育工作特色不断凸显。坚持“立德树人”，践行社会主义核心价值观。进一步梳理、整合校内外德育资源，通过专家引领、学生社团活动和学生职业生涯教育等多种形式，激励学生，使学生保持积极向上的学习动力。

学校文化建设、硬件建设不断优化。进一步加强学校文化建设，本着突出“希望教育”的主题，建设办公楼一楼民族团结教育文化主题走廊、操场文化长廊、食堂文化景观等软环境。

民族团结教育成效显著。狠抓西藏班学生行为规范教育和教学过程管理，不断提高教育教学质量，2016 年高考中西藏班学生全部考入重点大学。增加投入，进一步规范和管理西藏部，加快西藏班改扩建工程建设，完成 2016 年西藏班扩招任务，招生计划由 45 人增至 135 人。学校通过北京市民族团结教育示范学校评审验收。

（张军胜）

民族教育学校选介

北京市东城区回民小学

2016 年，北京市东城区回民小学为日托制办校类别，学校占地面积 4426 平方米、建筑面积 7592 平方米，体育场面积 1860 平方米。图书室藏书 2.60 万册。固定资产总值 2777.51 万元，全年教育经费投入 1450.32 万元。学校信息化经费投入 20 万元，拥有计算机 324 台，多媒体教室座位 682 个，校园网出口总带宽 20Mbps，“信息技术”课程 1 课时 / 周。普通教室 23 个、专用教室 9 个。教职工 67 人，其中，高级职称 2 人、中级职称 38 人。专任教师 52 人，本科及以上学历 47 人，少数民族教师 13 人。开设教学班 23 个。毕业 59 人、招生 114 人、在校生 663 人，包括外省市借读生 136 人、少数民族学生 216 人（回族学生 165 人）。

2016 年，学校以“融合、特色、质量”关键词作为推进重点。本着“提高教育质量，促进学生全面而有个性的成长”工作目标，推进优质品牌化建设工程，深入开展课程改革，办好“校园优美、质量优良、学生优秀、教师优雅”的优质民族学校。

精进教育教学，培育学生核心素养。围绕“多元文化教育”核心，以夯实和发展民族团结教育特色为重点，以贴近时代、贴近生活、贴近学生的德育活动为载体，以“七个推进”为抓手（推进德育团队建设、推进德育科研项目建设、推进校园文化建设、推进养成教育建设、推进主题活动建设、推进民族团结教育特色品牌建设、推进心理健康人文环境建设），深化“实践德育”和“全员德育”的育人方式。

开设职业体验课程。在五、六年级开设职业体验课程，引导高年级学生认识职业，帮助学生懂得任何职业都具有其特定的意义和作用。与东城区职工大学合作，利用东城职大职业体验现实情境，让学生直接介入社会的基本存在形态——体验现实生活中的“职业生活”。

学校建设。9 月，校安工程完成，结束一校三址办公、学习的状态，同时迎来东城区春江小学师生，正式迈进“一长执两校、两校同址办公、共同管理”的新模式。春江小学有四、五、六年级，共 3 个教学班在东城回民小学上课，两校教师按照学校教育教学工作安排，共同承担教育教学工作，春江小学不再招生。

（袁侨）

11 月 15 日，东城回民小学学生在东城职大上服装设计课
（东城回民小学 供）

北京市东城区回民实验小学

2016 年，北京市东城区回民实验小学占地面积 3456.76 平方米、校舍建筑面积 5184.76 平方米，运动场地面积 781 平方米。图书馆（室）藏书 1.40 万册。固定资产总值 1174.49 万元，包括教学仪器资产值 640.28 万元；全年教育经费投入 1590 万元。学校信息化经费投入 42.53 万元，拥有计算机 156 台，多媒体教室座位 156 个，校园网出口总带宽 100Mbps，数字资源量 26GB，“信息技术”课程 1 课时 / 周。普通教室 16 个、专用教室 8 个。教职工 61 人，其中，高级

职称 5 人、中级职称 35 人。专任教师 46 人，包括特级教师 1 人，北京市学科教学带头人 1 人；本科及以上学历 54 人。开设教学班 16 个。毕业 75 人、招生 95 人、在校生 487 人。

2016 年，学校校长、教师承接市、区专题研究和展示课共计 26 人次，开展全校外出实践课程工作 4 次，达到全员全程实践并做到有规划、有措施、有落实、有评价。多彩少年皮影剧社参加全国、市、区级各类比赛和展示活动 8 次，影响和带动全校社团工作。剧团、年级剧社、班级剧组开展戏剧教育综合实践课程 40 节，全体学生参加演出或承担剧目服务。家长课堂、艺术家课堂、学生课堂授课 82 节，听课教师、学生、家长共计 673 人次。16 个教学班开展家校亲子活动 16 次，主题涉及博物馆参观、冬季健身运动、名人故居游、纪念红军长征胜利 80 周年 4 个方面。参加国际素养课程实践工作，组织学生选取符合学校特色发展的有计划分批次的游学地进行交流互访，组织教师参加全国、省际教育交流工作 10 次。接待外省市校级领导及骨干教师来访 6 次，共计 510 人次。

（郭增杰）

北京市民族学校

2016 年，北京市民族学校为九年一贯制农村初级中学，学校占地面积 2 万平方米、建筑面积 1.37 万平方米，体育场（馆）面积 0.76 万平方米。图书馆（室）藏书 5.42 万册。固定资产总值 2897 万元，全年教育经费投入 3000 万元。学校信息化经费投入 26 万元，拥有计算机 342 台，多媒体教室座位 1600 个，校园网出口总带宽 30Mbps，数字资源量 500GB，“信息技术”课程初中 1 课时 / 周、小学 0.5 课时 / 周。普通教室 36 个、专用教室 9 个、实验室 4 个。教职工 100 人，其中，高级职称 7 人、中级职称 37 人。专任教师 84 人，包括北京市骨干教师 1 人；本科及以上学历 81 人；少数民族教师 24 人。开设教学班 36 个（小学 24 个、初中 12 个）。毕业 157 人（小学 94 人、初中 63 人）；招生 156 人（小学 105 人、初中 51 人）；在校生 908 人（小学 704 人、初中 204 人，包括少数民族学生 301 人）。学校小学部有体育、艺术、科技 3 类 19 个社团，初中部有体育、艺术、科技、文化 4 类 22 个社团。

2016 年，学校贯彻落实“内涵发展”“团结进取”“优化机制，提高效率，突出特色”工作思路，有序推进各项工作。完善“选育用管”工作机制。坚持师德建设、业务强化与关爱工程多措并举。

全面培养学生。以“五星班级”评选为抓手，加强学生养成教育；发挥班主任工作室职能，提高教师育人能力；通过“抓管理、抓队伍、抓常规、抓活动”实现全员育人。开展阅读嘉年华活动、科技创客嘉年华等实践活动，培养学生良好学习习惯及创新能力。武术社团、轮滑队、足球队、棒球队等学生社团成绩突出。

教学工作。落实各项常规要求，规范教学行为；关注常态课教学效果，减负提质；引导教师改变教学方式，加强质量监控。深入推进“课程为根，活动为源，文化为魂”民族团结教育落实，接待通州、平谷、房山语文学科教师到校观摩。

（楚洪娟）

北京西藏中学

2016 年，北京西藏中学占地面积 3.59 万平方米、建筑面积 2.81 万平方米，体育场（馆）面积 1.06 万平方米。图书室藏书 5.05 万册，电子图书 0.35 万册。固定资产总值 5018 万元，全年教育经费投入 5306 万元。学校信息化经费投入 70 万元，拥有计算机 356 台，多媒体教室座位 192 个，校园网出口总带宽 100Mbps，数字资源量 3GB，“信息技术”课程 2 课时 / 周。普通教室 20 个、专用教室 17 个、实验室 6 个。教职工 112 人，其中，副高级职称 32 人、中级职称 26 人。专任教师 60 人，本科及以上学历 99 人。开设教学班 18 个。毕业 269 人、招生 265 人、在校生 793 人，全部为少数民族学生。网址：bjxzzx.bjedu.cn。

2016 年，学校继续以“服务思想引领教工团队、和谐教育培养藏族英才”为办学理念，以“为西藏培养热爱祖国、促进民族团结、具备终身发展素质的优秀毕业生”为培养目标，继续优化管理机构，细化管理职能，提升管理效果，整体工作成绩显著。

校园文化建设。利用暑假进行多项校园文化建设，改造校园地面景观，拓宽学生活动场地，增加学生活动设施和器材。改造宣传橱窗，教学楼增设开放书架，建设实验楼科普文化楼道，完成校园指示牌建设、学生晾衣场建设、食堂餐饮设备改造工程等项目。

学生素质教育工作。开展走进清华大学、北京大学、园博园和北京郊区新农村等活动，培养学生社会责任意识、团结意识、担当意识，坚定学生“四个自信”意识。利用西藏教育厅民族团结教育宣讲活动，由该校毕业生讲解民族团结教育成效，鼓励学生努力学习，推进国家统一、民族团结。

信息化建设及管理工作。加大校园网络建设力度，完成校园内网建设工程。制定手机使用管理制度，规范手机使用的区域和时段，创新校园学生上网管理模式，规范学生上网行为。加强宿舍管理力度，聘请专业化管理团队对宿舍进行规范化管理，改造宿舍基础设施，营造良好宿舍文化环境。

（张一帆）

北京市海淀区民族小学

2016 年，北京市海淀区民族小学占地面积 2.86 万平方米、建筑面积 1.49 万平方米，体育场（馆）面积 0.88 万平方米。图书馆藏书 5.35 万册。固定资产总值 8983.70 万元，全年教育经费投入 2812 万元。学校信息化经费投入 765 万元，拥有计算机 497 台，多媒体教室座位 1855 个，校园网出口总带宽 200Mbps，数字资源量 1.2TB，“信息技术”课程 1 课时 / 周。普通教室 47 个、专用教室 6 个。教职工 92 人,其中,副高级职称 4 人、中级职称 45 人。专任教师 87 人，本科及以上学历 86 人。开设教学班 47 个。毕业 178 人、招生 381 人、在校生 1772 人。网址：www.hdminzuxx.bjedu.cn。

2016 年，学校以创建“海淀区新优质学校”为契机，凝聚和优化内外部教育资源，构建发展平台。

管理模式调整。将管理权由校长—干部—年级主任—教师—学生和家长逐级下移,采取年级主任和学科主任负责制。将各学科教师分配到年级组，由年级主任全面管理整个年级教育教学及各学科工作，统筹安排，强化教师的全面育人观念，促使学生整体和谐、全面发展，促进学科融合、综合化发展。

教师及学生培养。强化教师队伍建设，组织教师参加各级活动，展示骨干教师风采，3 名教师获海淀区说课展示一等奖。重视学生体质健康，经过全体教师悉心指导，学生勤奋努力及家长配合支持，学生体质健康发展初见成效。

（马万成）

中央民族大学附属中学

2016 年，中央民族大学附属中学占地面积 2.27 万平方米、建筑面积 2.28 万平方米，体育场（馆）面积 0.43 万平方米。图书馆藏书 2.02 万册。固定资产总值 0.84 亿元，全年教育经费投入 2.13 亿元。学校信息化经费投入 156 万元，拥有计算机 260 台，多媒体教室座位 2458 个，校园网出口总带宽 300Mbps，数字资源量 100GB，“信息技术”课程 2 课时 / 周。普通教室 48 个、专用教室 20 个、实验室 6 个。教职工 235 人，其中，副高级职称 57 人、中级职称 59 人。专任教师 168 人，包括特级教师 2 人、北京市骨干教师 1 人；本科及以上学历 185 人；少数民族教师 38 人。开设教学班 48 个。毕业 617 人；招生 868 人，采取“自主招生考试”(11 个省区）和“纳入地方中考”(8 个省区市)2 种方式，自主招生 568 人，招收京籍统筹学生 300 人；在校生 2458 人，包括全国 24 个省区、地区 54 个民族寄宿生 2458 人。高中录取指标分配到校，录取最高分 571 分（京籍）、最低分 500 分；应届高考本科上线率 100%。网址：www.Mdfz.com.cn。9 月 1 日，民大附中朝阳校区投入使用，该校区占地面积 1.84 万平方米、建筑面积 2.43 万平方米。

2016 年，学校成立以培养民族优秀科技人才为基础的民大附中春秋书院，加入海淀区新品牌学校创建行列，通过北京市民族团结教育示范学校、北京市学校文化建设示范校评估，参加科技部组织的樱花科技交流计划访日活动。

多元化教育实践。在 33 个社会实践基地开展“走·北京”社会大课堂活动 40 余次，累计参与学生 15538 人次、教师 632 人次；从“民族情怀、人文见长、才能卓越、社会担当”4 个维度推进学生品行建设；组织学生参加各级学科竞赛，1032 人次获奖，其中，区级 581 人次、市级 292 人次、国家级 159 人次。

夯实民族教育工作。继续开展“服务民族基础教育”活动，民大附中芒市国际学校落成并投入使用。开展师生支教助学、扶贫帮困、挂职学习、影子培训等活动，先后资助帮扶贵州省黔东南，云南怒江傈僳族自治州、贡山独龙族怒族自治县以及湖南怀化等地的学校和学生。为湖南、广西、宁夏等多个省区民族地区几十所学校的来访、考察、挂职、跟班学习提供服务。

（孙立清）

北京市门头沟区妙峰山民族学校

2016 年，北京市门头沟区妙峰山民族学校占地面积 1.50 万平方米、建筑面积 0.73 万平方米，运动场地面积 0.25 万平方米。图书馆（室）藏书 3 万册。固定资产总值 2510 万元，全年教育经费投入 3384 万元。学校信息化经费投入 676.90 万元，拥有计算机 246 台，多媒体教室座位 787 个，校园网出口总带宽 1000Mbps，“信息技术”课程 8 课时 / 周。教职工 93 人，其中，高级职称 12 人、中级职称 47 人。专任教师 51 人，本科及以上学历 73 人，少数民族教师 4 人。开设教学班 18 个（小学 12 个、初中 6 个）。毕业 70 人（小学 36 人、初中 34 人）;招生 72 人（小学 32 人、初中 40 人）；在校生 327 人（小学 220 人、初中 107 人,包括寄宿生 47 人，少数民族学生 39 人,外省市借读生 120 人）。设附属幼儿园，园所占地面积 1500 平方米、校舍建筑面积 800 平方米。固定资产总值 30 万元，全年教育经费投入 38.70 万元。普通教室 6 个、专用教室 2 个。教职工 20 人，专任教师 16 人、保健员 1 人。开设教学班 6 个（小班、中班、大班各 2 个）。幼儿入园 64 人、离园 32 人、在园 183 人。

2016 年，学校以“赏文之妙 识人之长 登学之峰”为核心价值追求。加强教育教学工作有效管理，加强学校内涵与可持续发展。

成立“尚品班主任工作室”。工作室由德育主任牵头，区级骨干班主任担当重任，全体班主任参与，定期开展班主任工作研讨和交流活动。

民族团结教育工作。各班班级文化建设工作围绕“一班一族”展开，充分利用板报、民族教育课等开展民族文化学习活动。开展“民族文化小大使”交流活动，学生以班级为单位交流展示民族文化知识，学校为参与交流学生颁发“民族文化小大使”证书。

打造戏剧项目。基于“农村的孩子也应该具有国际化视野，也应享受高雅艺术的熏陶”这一认识，积极与东城区回民实验小学合作，从幼儿园到八年级整体推进戏剧课程建设，形成学校办学特色。

推进融合教育发展。幼儿园成立新一届家委会并召开家长委员会，加强家园联系，开展家园互动活动。开展不同形式的家长活动，宣传科学育儿，让家长了解幼儿园工作内容与方法，全面配合幼儿园教育教学。开展半日观摩、亲子远足等活动，利用假期时间培训家长，通过微信群为家长提供育儿知识，建立 0～3 岁早教基地，加强社区服务，开展社区亲子开放活动，逐步形成幼儿园、社区、家庭教育合力。

建立学校课程体系。以“赏识生命，赏识规律，赏识环境，赏识高雅艺术，赏识核心价值”为课程理念，从幼儿园到九年级整体设计学校课程体系框架。学校课程分幼儿园段、一年级至五年级段和六年级至九年级段 3 个学段，更符合中小、小幼衔接理念。为学生提供 5 个门类 20 余门选修校本课程，包括民族体育类、传统文化类、科技类、歌舞艺术类和地域类课程。学习力课程、戏剧课程、毕业课程等已成为学校特色课程，并为提升教育教学质量带来效益。

（马焕）

北京市昌平区西贯市回民小学

2016 年，北京市昌平区西贯市回民小学占地面积 1.33 万平方米、建筑面积 0.27 万平方米，体育场面积 0.54 万平方米。图书室藏书 1.15 万册，电子图书 68 册。固定资产总值 1359.20 万元，全年教育经费投入 704.49 万元。学校信息化经费投入 8 万元，拥有计算机 148 台，多媒体教室座位 455 个，校园网出口总带宽 15Mbps，数字资源量 60GB，“信息技术”课程 1 课时 / 周。普通教室 9 个、专用教室 9 个、实验室 1 个。教职工 23 人，其中，中级职称 13 人。专任教师 22 人，本科及以上学历 19 人，回族教师 16 人。开设教学班 6 个，一年级至六年级各 1 个班。毕业 33 人、招生 9 人、在校生 161 人，包括回族学生 48 人。

2016 年，学校重点工作为迎接北京市民族示范校验收，进一步推进与北京化工大学材料学院党员团员、少先队员的“1+1+N”共建工作模式，培养学生良好行为习惯，以校本教研为抓手促进教师专业发展，领导干部深入课堂听课，全面了解和掌握课堂教学工作状态，及时处理教学过程中的问题。组织学生参加社会实践活动，走进北京市第四届农业嘉年华参观并开展农事体验、拓展休闲等活动；组织全校师生及家长到怀柔区星美影视城开展“我是光荣的少先队员”活动。

（包雪莲）

10 月 28 日，西贯市回民小学与化大材料学院党支部开展共建活动　（西贯市回民小学 供）

北京市怀柔区喇叭沟门满族乡中心小学

2016 年，北京市怀柔区喇叭沟门满族乡中心小学占地面积 2.34 万平方米、建筑面积 0.63 万平方米，运动场地面积 0.46 万平方米。图书馆（室）藏书 1.50 万册。固定资产总值 460.94 万元，全年教育经费投入 1374.53 万元。学校信息化经费投入 5 万元，拥有计算机 93 台，多媒体教室座位 260 个，校园网出口总带宽 20Mbps，数字资源量 50GB，“信息技术”课程 1 课时 / 周。普通教室 7 个、专用教室 6 个、实验室 1 个。教职工 37 人，其中，高级职称 2 人、中级职称 16 人。专任教师 31 人，包括北京市骨干教师 2 人；本科及以上学历 31 人；少数民族教师 7 人。开设教学班 7 个。毕业 25 人、招生 21 人、在校生 163 人，全部为寄宿生，包括少数民族学生 83 人。

2016 年，学校以“为山区教师成长发展服务，为满乡学生幸福人生奠基”为办学理念，深入落实课程改革，各项工作稳步推进。

以“民族团结教育”为办学特色。力求通过“五个渗透”途径，彰显民族团结教育办学特色，即在课堂教学中渗透民族文化、在主题活动中渗透民族文化、在校园文化中渗透民族文化、在体艺教育中渗透民族文化、在“三结合”教育中渗透民族文化。开展多项学生社团活动，展现传承民族文化风采。

教师队伍建设。组织教师参加市级课题研究，邀请多名区内名师到校指导，依托学区校怀柔区第一小学教研资源开展教师培养，开展青年教师跟踪听课活动，组织 3 名班主任到怀柔一小挂职训练。先后举办“如何落实学科素养”“如何听课评课”等讲座，教师个人教学特点展示汇报课、学科实践活动观摩课、“白桦杯”教学展示等活动为教师搭建展示平台。

完善课程体系。学校被评为“北京市非物质文化遗产培训基地”，在原有民族体育课程的基础上开设舞龙、白纸坊太狮、二胡、河北梆子等“非遗”课程。围绕“眼界开阔”的培养目标，开设观看新闻联播课程及“我是校园小导游”等学生风采展示类课程。

（李劲松）

特殊教育学校选介

北京市东城区特殊教育学校

2016 年，北京市东城区特殊教育学校占地面积 5230 平方米、建筑面积 3791 平方米，体育场面积 2858 平方米。图书室藏书 2.21 万册。固定资产总值 1678.66 万元，全年教育经费投入 3329 万元。学校信息化经费投入 12 万元，

11 月 30 日，东城特教学校在一七一中举办特奥融合活动
（东城特教学校 供）

拥有计算机 202 台，多媒体教室座位 27 个，校园网出口总带宽 100Mbps，数字资源量 750GB，“信息技术”课程小学 1 课时 / 周、初中和高中 2 课时 / 周。普通教室 17 个、专用教室 22 个。教职工 81 人，其中，高级职称 5 人、中级职称 39 人。专任教师 66 人；本科及以上学历 61 人。开设教学班 25 个（义务教育阶段 18 个、中职 7 个）。毕业 38 人（初中 24 人、中职 14 人）；招生 14 人（义务教育阶段 6 人、中职 8 人）；在校生 155 人（义务教育阶段 121 人、中职 34 人，包括义务教育阶段寄宿生 33 人、中职寄宿生 7 人），其中，听力障碍 61 人、智力障碍 94 人。网址：www.dctj.com.cn。

2016 年，学校稳步提升“有爱无碍”文化品质，努力构建尽显“生活品质教育”的国际化、现代化特教学校。

丰富残障学生课程文化。开设摄影、泥塑、戏剧表演等 18 门特色校本课程；智障职教部开展支持性就业课题研究，与国天物业公司共建实践基地，制作智障部职业教育成果视频；听障教学部承担中国通用手语实验的实践修改工作。

融合教育及交流合作。组织听障、智障学生赴帽儿课程活动中心、国际职业教育学校开展融合实践活动 7 次，智障学生参与普通学校音乐、体育、美术等课程学习。与东城区文化馆联合举办“传统文化进校园”活动，与北京市第一七一中学、东城区地坛小学和北京国际职业学校鼓楼校区的师生共同开展特色品牌项目——特奥融合活动。学生 81 人次在市、区级书画、航模、自制教具、创意构建、课本剧展演等比赛中获奖。与美国马里兰州聋哑学校、美国马里兰州哈维郡公立学校系统雪松巷学校签订结为国际友好学校协议备忘录；6 名教师及 6 名学生赴德国科隆市桑德博格智力开发促进学校和亚琛市大卫和煦聋哑学校进行文化教育交流。

教师队伍培养及培训。启动北京市“2016 年度特殊教育学校干部教师专业发展体验式培训”代培工作，培训各地特教干部教师 35 人。

校园建设及数字化建设。因进行改扩建工程建设，学校于 7 月搬入周转校区（原东城师范学校）办公。推出微信公众平台，定期发送学校优秀教师事迹、校园新闻等。

（彭彤）

北京市东城区培智中心学校

2016 年，北京市东城区培智中心学校占地面积 3659 平方米、建筑面积 2550 平方米，体育场（馆）面积 1009 平方米。固定资产总值 952.26 万元，包括教学仪器资产值 225.35 万元；全年教育经费投入 135.19 万元。图书馆（室）藏书 0.12 万册。普通教室 10 个、专用教室 12 个。学校信息化经费投入 6 万元，拥有计算机 106 台，多媒体教室座位 40 个，校园网出口总带宽 100Mbps，数字资源量 1500GB，“信息技术”课程 6 课时 / 周。教职工 39 人，其中，中级职称 18 人。专任教师 30 人，本科及以上学历 35 人。开设教学班 10 个。在校生 90 人，其中，自闭症 22 人、智力障碍 52 人、多重残疾 10 人、脑瘫 5 人、视力残疾 1 人。

2016 年，学校针对精残及自闭症学生比例增加，部分学生智力障碍程度加重、综合能力减弱的情况，对原有学段进行调整：低学段设 3 个班，班额不超过 6 人；中学段设 3 个过渡班，以衔接过渡教育为主要内容；高学段将职康站纳入其中，根据学生的教育需求以综合实践活动为主。在结合学生年龄、智力、生活适应、情绪、家长期望等多种因素的基础上，各学段设立相应课程目标。

综合课程全面铺开。各学段教学组对每名学生进行学情分析和前测评估，制定相应教育目标，教师结合教学环境、社会文化、学生基础水平等因素，依据“培智学校义务教育课程标准”确定教学主题，围绕为学生制定的长、短期目标选择和细化教学内容，并根据学生课堂反馈情况，补充或删减教学内容。为满足学生“个别化”教育需求，打破班级实行跨学段、班级的教学小组个别教学，包括训练小组和潜能小组，邀请社会康复机构力量介入，进一步满足不同能力水平学生的学习需求，落实学生的个别教育计划目标。

补偿性特色课辅助教学。在设置综合课增强学生适应能力的同时，将科研、教研和医教相结合，增设针对学生个体缺陷具有更强补偿性的特色课，包括针对自闭症学生以训练自主交往为主的康复课程、针对一些肌肉的肌力或张力存在问题学生的运动康复课、针对脑瘫学生的全人疗育技术等。

形成多方合力共谋发展。建立由骨干教师组成的学校顾问教师团队，负责组内教研活动，共同探讨制订教学主题、

11 月 22 日，东城培智中心校开展我的“邮政行”社会实践活动
（东城培智中心校 供）

教学内容，为青年教师听评课，查改备课。联合北京市第一零九中学小学部开展“同心同快乐、共情共分享”特奥日活动，组织学生和家长共同参与特殊教育学校学生才艺大赛、爱国主义教育体验活动等，形成家校合力，助力学生发展。联合国贸中心和家长开展新年系列活动嘉年华，组织学生走进 3 所普小，学生第一次近距离接触普小学生。

（王昕）

北京启喑实验学校

2016 年，北京启喑实验学校占地面积 0.87 万平方米、建筑面积 0.23 万平方米，体育场面积 0.43 万平方米。图书馆藏书 6.29 万册，电子图书 2 万册。固定资产总值 3294 万元，全年教育经费投入 4285 万元。学校信息化经费投入 41 万元，拥有计算机 493 台，多媒体教室座位 80 个，校园网出口总带宽 4096Mbps，数字资源量 800GB，“信息技术”课程初中 2 课时 / 周、高中 4 课时 / 周。普通教室 28 个、专用教室 32 个、实验室 3 个。教职工 111 人，其中，高级职称 13 人、中级职称 41 人。专任教师 92 人，本科及以上学历 91 人。开设教学班 25 个（学前 2 个、小学 7 个、初中 6 个、高中 10 个）。毕业 65 人（初中 24 人、高中 41 人）；招生 33 人（初中 13 人、高中 20 人）；在校生 232 人（学前 13 人、小学 69 人、初中 68 人、高中 82 人，包括寄宿生 141 人），全部为听力障碍生。网址：www.bjqysy.org。

2016 年，学校制定“十三五”时期发展规划，修订学校章程。成为国家通用手语试点校，选派教师到北京师范大学学习通用手语，开展通用手语大讲堂，外请听力障碍者与学生及教师共同研究通用手语。

教学管理。逐步规范教学工作，稳步提升教学质量，开展“启喑杯”教学比赛和多种形式公开课、研究课，提高教师业务能力。实现 2 个 100% 目标，普通高中高考升学率 100%、职高就业率 100%。

学生教育。坚持“以活动促发展，以活动促健康”思路，举办春季运动会，开展春游、秋游及新年文艺汇演等活动，乒乓球队代表北京市参加全国 2016 年聋人乒乓球锦标赛。重视科技教育，参加西城区科技创新大赛和北京市机器人智能大赛。建立班主任周例会制度，逐步形成班主任管理机制；实行学生积分激励机制，培养学生生活学习习惯；宿舍管理规范有序，生活教师岗位明确、分工具体；开展心理健康教育活动，开展个体辅导和团体辅导工作，学校被评为区级心理健康教育示范校。

融合教育。成立“支持中心”，尝试安排教师去普通学校做支持教师工作，推进市级研究课题项目进展。开展融合教育活动，组织低年级学生到北京第二实验小学玉桃园分校听课，初中生参加北京教育学院附属中学科技节，四年级至九年级学生到西城区中小学劳动技术教育中心开展实践活动，为学生学习、生活及走向社会打下基础。

（王秋阳）

北京市朝阳区安华学校

2016 年，北京市朝阳区安华学校占地面积 5628 平方米、建筑面积 3984 平方米，体育场（馆）面积 2600 平方米。图书馆（室）藏书 7500 册。固定资产总值 2275 万元，全年教育经费投入 2055 万元。学校信息化经费投入 33 万元，拥有计算机 189 台，多媒体教室座位 300 个，校园网出口总带宽 100Mbps，数字资源量 1200GB，“信息技术”课程 1 课时 / 周。普通教室 22 个、专用教室 23 个。教职工 72 人，其中，高级职称 4 人、中级职称 20 人。专任教师 59 人，本科及以上学历 58 人。开设教学班 22 个。毕业 18 人、招生 37 人、在校生 291 人，其中，智力障碍 135 人、精神残疾 119 人、脑瘫 14 人、多重残疾 23 人。

2016 年，学校落实朝阳区“十三五”时期特殊教育事业发展要求，有序推进各项工作，为朝阳区重度残疾少年儿童提供送教上门服务。根据教师专业能力组建教研组 12 个，满足学生教育教学及康复需求。为“影子工程”教师提供专业培训 9 次。推进融合教育，邀请高校学生、社会志愿者到校，组织学生走进普通学校、社区、公园、商场、博物馆进行实践，帮助学生融入社会，适应社会。职业教育继续与市、区残联及实验基地签约方合作，办好职业教育实训基地和康复站项目，与爱心企业建立合作关系，落实职业高中毕业生岗位实习 15 人，毕业生一次性就业 2 人，未就业毕业生实训基地安置 1 人，各地职康站安置 10 人。

（高磊）

北京市丰台区培智中心学校

2016 年，北京市丰台区培智中心学校占地面积 9003 平方米、建筑面积 7747 平方米，体育场面积 1819 平方米。图书室藏书 3258 册。固定资产总值 1510.92 万元，全年教育经费投入 1210.10 万元。学校信息化经费投入 75 万元，拥有计算机 150 台，多媒体教室座位 10 个，校园网出口总带宽 100Mbps，“信息技术”课程 2 课时 / 周。普通教室 10 个、

11 月 16 日至 17 日，丰台培智中心校举办校级评优课大赛
（丰台培智中心校 供）

专用教室19个。教职工34人，其中，高级职称2人、中级职称21人。专任教师33人，本科及以上学历30人。开设教学班8个。毕业8人、招生50人、在校生160人。网址：www.ftpzzx.ftetu.cn。

2016年，学校围绕“用爱润泽学生的心灵 让教育使生活更精彩”办学理念，秉承“共容、共熔、共融、共荣”GR团队精神，实现以学校发展带动学生发展，让残疾学生真正享受公平教育的工作目标。

全面开展区内送教上门工作。送教志愿者开展送教活动700余次，工作领导小组走遍全区送教家庭，累计送教走访120余次，进行动作评估25人次、语言评估2人次，对16个配备特定志愿者的家庭入户、电话回访100余次。根据需求为送教志愿者和送教学生配备教具、学具100余件（套），发放摆位椅30把、纸尿裤4箱。分层次、分步骤培训送教志愿者及教师：邀请特教专家为志愿者开展全方位培训；利用校内资源，让有过送教经验的教师分享心得；安排运动康复教师培训简单可用的基础动作；组织负责送教上门工作的教师走进东城、朝阳、密云、房山等区学习好方法、好经验;邀请心理咨询师为送教志愿者提供心理疏导，并与学校工会联合开展实践活动。

德育活动。以素质教育为目标、以德育工作为先导、以爱国主义为主旋律、以日常行为规范为抓手，寓德育教育于活动之中，结合残障学生实际，开展“普特融合趣味运动会”“欢庆新年”“欢庆六・一”等主题活动，培养学生热心助人、感恩他人、热爱祖国、热爱生活。

搭建平台，促进教师专业成长。邀请北京联合大学教授及一线知名专家来校开展专题讲座和听评课，促进教师专业化成长。市孤独症课题组到校，指导自闭症儿童的课堂教学工作。开展老教师引领课、青年教师评优课、常态组内教研等活动促进教师队伍专业成长。举办市级“培智教育与运动健康”联合教学研讨活动，近70名特教同行、专家到校指导教育教学工作。

（卢均峰）

北京市石景山区培智中心学校

2016年，北京市石景山区培智中心学校占地面积7080平方米、建筑面积3527平方米，运动场地面积1519平方米。图书室藏书6155册；阅览室1个，供师生阅读座位20个。固定资产总值1806.37万元，包括教学仪器、器械资产值1288.05万元；全年教育经费投入1236.87万元。学校信息化经费投入5万元，拥有计算机61台，多媒体教室座位30个，校园网出口总带宽1000Mbps，数字资源量200GB，“信息技术”课程2课时/周。普通教室10个、专用教室21个。教职工33人，其中，高级职称3人、中级职称16人。专任教师29人，本科及以上学历25人。开设教学班11个。毕业13人、招生7人、在校生82人，其中，智力障碍42人、精神障碍29人、肢体障碍（含脑瘫）11人。

2016年，学校设置生活语文、生活数学、生活适应、劳动技能、唱游与律动、运动与保健、绘画与手工7个学科课程，开发空竹、武术等校本课程。围绕学生培养目标开展主题教育活动，深度挖掘活动内涵，重点将“融合教育”融入德育活动中，形成德育活动特色。探索新形式，让志愿者参与学校活动，让学生走出学校参与社会活动，体验艺术教育，使残疾学生有更多机会接触社会。深化培智学校课程改革，提高课程领导力与执行力，完善课程体系，在实施“培智学校义务教育课程”中的“7+5”课程基础上，设置音乐治疗、沙盘治疗、动作治疗等特色课程，针对不同学生实施不同特色课程。学校同时是石景山区特殊支持教育中心，承担全区随班就读工作管理、培训、教研、资源支持和巡回指导等工作。区委、区政府建立区特殊教育奖励基金，持续为特殊教育发展提供资金支持。

（张洁）

北京市盲人学校

2016年，北京市盲人学校为寄宿制学校，学校占地面积2.97万平方米、建筑面积3.14万平方米，运动场地面积0.83万平方米（室外0.50万平方米、室内0.33万平方米）。图书馆藏书2.30万册，包括盲文版书0.86万册。固定资产总值1.56亿元，全年教育经费投入0.43亿元。学校信息化经费投入204.78万元，拥有计算机698台，多媒体教室座位100个，校园网出口总带宽100Mbps，数字资源量20TB。普通教室35个、专用教室30个、实验室4个。教职工134人，其中，高级职称30人、中级职称33人。专任教师87人，包括北京市骨干教师1人、北京市学科教学带头人2人;其他专业技术人员15人。开设教学班22个（包括初中4个、高中1个）。毕业77人（小学13人、初中27人、职业高中8人、成人中专29人）；招生65人（小学7人、初中13人、职业高中20人、成人中专25人）；在校生227人（小学90人、初中50人、高中4人、职业高中40人、成人中专43人）。网址：mrxx.bjedu.gov.cn。

2016年，学校坚持从严治党，依法治校，践行社会主义核心价值观，平稳推进视障教育，夯实孤独症儿童教育

11月7日，北京盲校启星部一年级成立

（北京盲校 供）

教学基础，探索个别化教学，关切教职工诉求，积极完成各项工作内容。完成学生成长记录评价、电子平台操作系统和校园一卡通系统。成立启星教育学部，针对孤独症倾向盲生开展实验教学。与中国盲文出版社合作，共同完成“中医学堂”系列多媒体出版物录课工作，9 名教师承担 50%，482 节课程录制任务，扩大办学影响。

（高爽）

北京市健翔学校

2016 年 8 月 31 日，北京市海淀区培智中心学校与北京市第三聋人学校合并，更名为北京市健翔学校，学校分两址办学，2 个校区总占地面积 1.19 万平方米、建筑面积 1.28 万平方米，体育场（馆）面积 0.32 万平方米。图书馆（室）藏书 5.66 万册。固定资产总值 4974.86 万元，全年教育经费投入 5990 万元。普通教室 24 个、专用教室 11 个。教职工 143 人，其中，高级职称 20 人、中级职称 75 人。专任教师 142 人，包括北京市骨干教师 3 人；本科及以上学历 137 人。开设教学班 63 个。毕业 92 人、招生 81 人、在校生 504 人（义务教育 383 人、职业教育 121 人）。

2016 年，学校是海淀区唯一一所融合听障教育和培智教育，涵盖早期康复、义务教育和职业教育的全日制、寄宿制特殊教育学校。以“创办一流的特殊教育”为目标，在坚持做好传统听障教育和培智教育的同时，大力发展孤独症教育和职业教育。秉持“融合、创新、主动、发展”办学理念，以“让每个特殊孩子享受优质的教育，让每个特殊教师形成专业技能，让社会实现和谐发展”为指导思想，打造健康、乐学、和谐、创新的校园文化。

学生教育与就业。3 名班主任带头人均以优秀等次通过 2016 年海淀区班主任带头人年度考评。完成与北大学生心理健康教育与咨询中心“北京市残障儿童艺术治疗与康复训练培训项目”课题研究工作。加强学生社团建设，与高校合作，引入书法、瑜伽、魔方等优质项目，丰富学生文化生活。召开校园现场招聘会，与市残联合作开展支持性就业，解决学校学生实习就业问题。10 名高三培智生将进入 2 家民办非盈利组织进行半年期定向培训，并被推荐到工作岗位；9 名学生被北京肯德基瘫和宫餐厅录用，3 名实习生被北京味千餐饮管理有限公司录用，5 名学生被北京泰鸿达颐商贸有限公司福朋饭店录用。

教学方面。强化教师培训，尝试实施“职业陶冶个别教育计划”，并依此基础设计调整教学管理模式，安排培智部教师外出进行专业学习及培训 16 次。落实《海淀区实施〈北京市义务教育课程设置实验方案〉的课程计划（修订）》，继续深化听障部课程与教学改革，研究调整高中课程改革方案。承担北京市特教学校体验式培训项目，10 名来自密云、平谷、延庆、昌平、怀柔和海淀 6 个区 7 所学校的教学领导和骨干教师，进行脱产培训 3 个月；承担北京市自闭症课程建设的项目研究；承担为期 5 天的自闭症儿童教育研讨会，对北京市及外省市近 100 名教师进行培训。教师实践总结成果《单元主题活动设计》等书出版。

（陈书爽）

北京市门头沟区特殊教育学校

2016 年，北京市门头沟区特殊教育学校占地面积 3915.31 平方米、建筑面积 3774.77 平方米，运动场地面积 1250 平方米。图书室藏书 0.60 万册，电子图书 1 万册。固定资产总值 1622.94 万元。学校信息化经费投入 339.96 万元，拥有计算机 35 台，多媒体教室座位 17 个，校园网出口总带宽 1000Mbps，“信息技术”课程 4 课时 / 周。教职工 28 人，其中，高级职称 4 人、中级职称 17 人。专任教师 22 人，本科及以上学历 15 人。开设教学班 9 个（小学 6 个、初中 3 个）。毕业 10 人（小学 3 人、初中 7 人）；招生及转入 16 人（小学 13 人、初中 3 人，包括转入生 1 人）；在校生 74 人（小学 53 人、初中 21 人，包括外省市借读生 10 人），其中，智力障碍 45 人、自闭症 17 人、听力障碍 1 人、言语障碍 1 人、脑瘫引起的肢体障碍 10 人。

2016 年，学校围绕“让每一个生命有尊严的活着”核心理念，强化教育教学管理，积极推进融合教育。

助力教师专业成长。聘请心理教育专家举办心理讲座，宣传区级优秀班主任、优秀党员、师德榜样。组织教师参加市、区级培训等 11 类，参训教师回校后，对其他任课教师开展二级培训，区、校级骨干教师分别结合学习内容和实际工作开展主题培训。

聚焦课堂教学。开展适合学生的教学活动，从教研组专题性研究，到校级选拔评比、骨干教师展示课、师徒汇报课、教研组示范课，引导教师理论实践相结合，体会课堂中的缺陷补偿、潜能开发与个训目标的相互作用，举办第二届“育苗杯”课堂教学展示及家长开放课活动。

推动融合教育发展。为提升残障儿童社会适应能力，推动融合教育发展，使学生能够在“最少受限制环境”中健康成长，开展多种实践活动，通过活动让学生最大限度地接触和了解社会，使社会各界人士了解残障儿童面临的问题。

开发适合学生的课程内容。以北京市教育学会“十三五”立项课题“家庭、学校、社会相结合，提升残障儿童社会适应能力的途径与策略研究”及学校科研课题“社会教育资源与培智学校课程整合的研究”等课题研究为导向，开发适合学生的课程内容，通过科研引领，探索特殊教育科学规律。

（邓小燕）

北京市通州区培智学校

2016 年，北京市通州区培智学校是通州区唯一一所招收听力障碍、智力障碍、孤独症及多重残疾学生的全日制、寄宿制特殊教育学校，学校占地面积 1.13 万平方米、建筑面积 0.73 万平方米，运动场地面积 0.30 万平方米。图书馆（室）藏书 1.01 万册。固定资产总值 2807.07 万元，全年教育经费投入 1657 万元。学校拥有计算机 200 台，多媒体教室座位 506 个，校园网出口总带宽 2750Mbps，数字资源量 100GB，“信息技术”课程 1 课时 / 周。标准教室 20 个，专用教室 18 个，心理治疗、音乐治疗、物理治疗、沙疗资源教室各 1 个。教职工 64 人，其中，高级职称 6 人、中级职称 27 人。专任教师 59 人，包括特级教师 1 人、北京市骨干教师 2 人；本科及以上学历 50 人。开设教学班 18 个。毕业 23 人、招生 17 人、在校生 127 人，包括智力残疾 70 人、脑瘫 12 人、自闭症 41 人。网址：www.tongzhoupeizhi.com。

2016 年，学校根据“生活化”办学特色与“仁爱”文化建设的要求，完成各项工作。

聚焦课堂教学，推进个别化的实现。在提出“五化”要求（教学目标个体化、教学内容生活化、教学方式多元化、教学手段支持化、教学情绪热情化）基础上，开展以个别化教学为核心，以个别化教学目标为导向的公开课、研究课和评优课等活动。

丰富德育活动，凸显生活化办学特色。以活动为载体，依托少先队，全面落实礼仪教育，推进综合素质提升工程，组织学生开展系列主题教育活动。班主任以班级为单位开展常规礼仪教育、安全教育、节日礼仪教育等班级教育。开展主题活动评优，有效提高班主任主题活动课设计水平，促进班主任专业化发展。

做好家校融合，拓宽教育教学途径。在教育教学工作中，开展丰富有效的“家校”联合康复活动，组织孤独症家长座谈会、家长委员座谈会。邀请孤独症学生家长为全体家长、教师作培训，妇幼保健院心理测评师为家长作讲座。

落实中心职能，推进融合教育行动。开展普特融合教育活动，继续做好对随班就读学校的常规视导和中心组教研活动，进行随班就读工作指导 6 次，举办通州区第五届随班就读论文评比、总结、表彰活动。

（丁秋宇）

北京市顺义区特殊教育学校

2016 年，北京市顺义区特殊教育学校占地面积 9327 平方米、建筑面积 5924 平方米，体育场面积 6000 平方米。图书馆藏书 1 万册。固定资产总值 1396.50 万元，全年教育经费投入 2090 万元。学校信息化经费投入 200 万元，拥有计算机 90 台，多媒体教室座位 162 个，校园网出口总带宽 100Mbps，数字资源量 18GB，“信息技术”课程 1 课时 / 周。普通教室 18 个、专用教室 10 个。教职工 74 人，其中，高级职称 8 人、中级职称 40 人。专任教师 69 人，本科及以上学历 66 人。开设教学班 18 个。毕业 14 人、招生 18 人、在校生 149 人，其中，智力障碍 79 人、自闭症 37 人、听力障碍 3 人、言语障碍 5 人、脑瘫 14 人、肢体障碍 2 人、多重残疾 9 人。网址：www.tj.shyedu.cn。

2016 年，学校以“拥抱差异，珍视生命”为办学理念，构建彰显生命价值的课程体系、打造生命课堂，结合实际构建生命课程体系雏形，实施综合课程与学科课程并行的课程模式。

打造充满生命活力的课堂。生命课堂教学以个别化教育计划为依据，以主题教学为引领，探索综合课“情境化、生活化、结构化、游戏化”的教学模式，呈现“集体教学—分组教学—个别化区域教学—回归集体教学”的教学结构，贯彻“整体—分化—统整”的教学思路。依托区域实际开辟实践基地 10 个，加大实践课堂教学力度，把综合课堂教学延伸到各项实践活动中。全面启动特教学校学生“双学籍”融合活动，为普特学生创造交流、学习、互动的机会。

（胡金侠）

北京市昌平区特殊儿童教育学校

2016 年，北京市昌平区特殊儿童教育学校占地面积 8020 平方米、建筑面积 2524 平方米，体育场（馆）面积 3149 平方米。固定资产总值 495 万元，全年教育经费投入 813 万元。学校信息化经费投入 2 万元，拥有计算机 44 台，校园网出口总带宽 100Mbps，数字资源量 50GB，“信息技术”课程 3 课时 / 周。普通教室 7 个、专用教室 11 个。教职工 32 人（特岗 1 人），其中，高级职称 1 人、中级职称 4 人。专任教师 24 人，本科及以上学历 21 人。开设教学班 7 个。招生 24 人、在籍学生 68 人，包括送教上门学生 15 人。网址：www.cptjxx.com。

2016 年，学校完成 24 名特殊学生寄宿、走读、送教上门不同形式教育安置工作。深入开展生活化主题教学，完善学生评估、个别化教育计划制定。与昌雨春童康复中心合作，以采购服务的方式为 14 名学生购买康复服务。

教学工作。加强教学管理，多元制定 IEP(个别化教育计划)，根据学生现有能力在原有基础上对每名学生进行“儿童发展地图”评量，提升 IEP 目标制定的精准度。依据课题“农村寄宿制特殊教育学校家校合作模式的实践研究——以昌平为例”开展教科研活动，开展“我爱我校”“开心农场”“运动小达人”等 6 项生活化主题教学活动，使课堂在生活中得以检验，促进学生全面发展。加强学生兴趣个训时段训练，强化教育康复，坚持“每天锻炼一小时”活动。开展校内外实践活动，组织学生到自然博物馆、洼里等实践基地开展社会大课堂实践活动。

总务工作。保证车辆全年安全行驶无事故，并在年底取消教师班车。财务管理严格按照财务、会计制度规范进行，严格执行资金审批制度，合理使用资金。加强校产管理，提高使用效率。加强安全保卫工作：严格门卫保安管理、来客登记制度、门禁制度。按时按季美化校园。

（王玉荣）

北京市大兴区特殊教育中心

2016 年，北京市大兴区特殊教育中心占地面积 3294 平方米、建筑面积 2404 平方米，体育场（馆）面积 1240 平方米。图书馆（室）藏书 1.45 万册。固定资产总值 2631.84 万元，全年教育经费投入 1159.45 万元。学校拥有计算机 70 台，多媒体教室座位 9 个，校园网出口总带宽 100Mbps，数字资源量 450GB，"信息技术"课程 2 课时 / 周。普通教室 8 个、专用教室 13 个。教职工 33 人，其中，高级职称 4 人、中级职称 18 人。专任教师 31 人，本科及以上学历 27 人。开设教学班 8 个。毕业 16 人、招生 2 人、在校生 43 人，其中，脑瘫（肢体残疾）2 人、自闭症（精神残疾）18 人、发育迟缓（智力残疾）23 人。残疾儿童入学率、巩固率均为 99%。网址：tejiao.daxingedu.cn。

2016 年，学校开展课程改革工作，转变教师课程观和教材观，通过校本教研，提高教育教学质量。利用主题教育系列活动带领学生走出家庭、走出校园、走进社会，通过社会实践、助残日和"我身边的新城线路"等活动引导学生融入社会、提高社会适应能力。贯彻落实《北京市中小学融合教育行动计划》《北京市关于进一步加强随班就读工作的意见》和《大兴区残疾少年儿童随班就读工作管理办法》等文件精神，建立健全表彰机制，为融合教育示范校评选打好基础。加强资源教室管理，完成市级资源教室检查评估工作。利用多种形式、多种渠道，依计划开展随班就读工作，有效开展随班就读教科研活动，加强随班就读教师队伍建设，全面开展融合教育培训。

（陈淼）

北京市怀柔区培智学校

2016 年，北京市怀柔区培智学校占地面积 4098.25 平方米、建筑面积 1776.70 平方米，体育场（馆）面积 1296 平方米。图书馆（室）藏书 6000 余册。固定资产总值 1365.50 万元，全年教育经费投入 922.80 万元。学校信息化经费投入 138 万元，拥有计算机 60 台，校园网出口总带宽 10Mbps，数字资源量 13GB，"信息技术"课程 1 课时 / 周。普通教室 6 个、专用教室 7 个。教职工 34 人，其中，高级职称 2 人、中级职称 20 人。专任教师 32 人，本科及以上学历 29 人。开设教学班 6 个。毕业 4 人、招生 19 人、在籍学生 70 人，其中，在校生 58 人（多重残疾 7 人、脑瘫 1 人、智力残疾 31 人、自闭症 4 人、听力障碍 2 人、言语障碍 13 人），送教上门学生 12 人。

2016 年，学校办学理念为"以人为本，开发潜能，树立自信，融入社会"，立足实际，以"个别化教育为手段，以适应社会为目标"开展生活化、个别化教育教学活动。

构建科学课程体系，满足学生个别化教育及康复需求。结合学生残障情况和师资实际，重新制定课程设置方案，把学生的真实生活内容融入课程，采用集体教学的形式，将生活语文、生活数学、生活适应等 7 个学科根据学生实际进行多学科整合，采取小组、个别化教学的形式开展信息技术、康复训练、校本课程等选择性课程。

10 月 22 日，怀柔培智学校召开班主任工作交流会
（怀柔培智学校 供）

创设生活化教学情境。探究教育内容、教育方式的生活化，将知识生活化、生活知识化，组织学生到商场、超市、医院体验生活，再将体验回归课堂认知学习，为学生营造"在生活中学会生活"的学习环境。同时在活动中对学生进行品德教育，为学生融入社会有尊严的生活奠定基础，提高残障学生的生活能力。

立足校本课程开发，开展课题研究。根据学生生活环境，编写校本教材《我的生活》。教师在开发课程过程中积累经验撰写论文，出版《怀柔区培智学校改革论文案例集》。以"生活化教学""个别化教育"和"学生良好行为习惯养成教育"为载体，开展小课题研究。

提升教师专业技能。注重教师特教专业技能培训，组织教师 30 余人次参加语言沟通辅助、动作训练等市特殊教育教师专业培训，教师利用所学专业知识，采取多种形式进行教育与康复相结合的教学。

（任海明）

北京市平谷区特教中心

2016 年，北京市平谷区特教中心新校舍未定，租借平谷区中罗庄老年公寓部分房屋作为临时校舍，学校占地面积 2000 平方米、建筑面积 1200 平方米。图书室藏书 2000 册。固定资产总值 1025.34 万元，全年教育经费投入 190.42 万元。学校信息化经费投入 300 万元，拥有计算机 138 台，多媒体教室座位 75 个，校园网出口总带宽 4Mbps，数字资源量 10GB，"信息技术"课程 6 课时 / 周。普通教室 14 个、专用教室 10 个。教职工 66 人，其中，高级职称 5 人、中级职称 34 人。专任教师 42 人，包括北京市骨干教师 1 人；本科及以上学历 40 人。开设教学班 14 个。毕业 6 人、招生 7 人、在校生 139 人（包括寄宿生 60 人），其中，听力障碍 7 人、智力障碍 100 人、脑瘫 12 人、孤独症 8 人、多重残疾 12 人。

2月28日至29日，平谷特教中心学生参加首届京张残疾人冰雪联谊活动 （平谷特教中心 供）

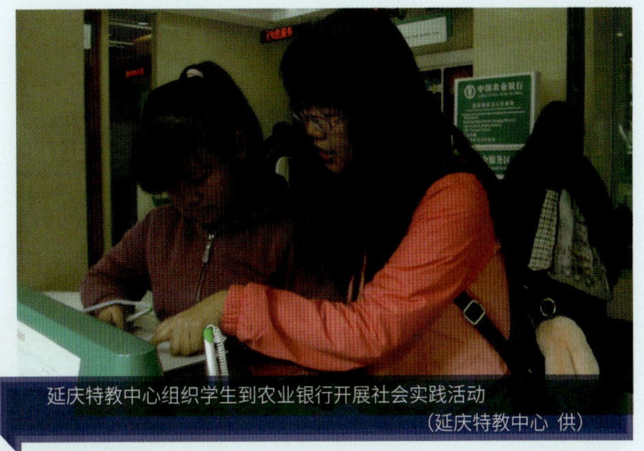
延庆特教中心组织学生到农业银行开展社会实践活动 （延庆特教中心 供）

2016年，学校关注特色教育，重视学生全面发展。

教师队伍建设。开展践行师德规范公开承诺活动、最美教师评选活动，构建师德师风建设长效机制，优化考评办法，完善考核细则，每月总结，每学期评优。组织教师参加各类培训，全年90余人次到校外参加培训学习。重视骨干教师培养，13名骨干教师开展每月上1节研究课活动。

融合教育。以开展主题实践活动为载体，与平谷供电公司、平谷区文化馆等单位合作开展融合教育活动。举办走进北京世界公园、蓝天城职业体验馆、北京天文馆等社会大课堂活动。

课程改革。开展“室外课堂教学理论与实践的研究”，以1个班为实验班，采取包班制开展主题教学活动。在听障生班加强信息技术与学科整合研究，与北京师范大学信息技术学院合作，将平板电脑引入听障生课堂，将交互智能白板、平板电脑、骨导助听器多功能于一体的教学系统应用于听障生教学中。将戏剧教学带入课堂，用戏剧表演的方式进行语文、数学等学科教学，学生在游戏、角色扮演或歌唱表演中学习。

特色工作。以校本兴趣课程为主渠道，开设特奥体育、舞蹈、音乐和美工等兴趣教育课程。将艺术教育作为办学特色，在得到中国友好和平发展基金会捐赠资金基础上，开展桃花大舞台演出、走进老年公寓、助残日文艺演出等活动，组织学生参加北京市残疾人文艺汇演等活动。以体育活动课程为依托，发展特奥体育运动，组建游泳队、足球队、篮球队，组织学生参加国家、市级各级各类比赛。发展职业教育，对26名智力障碍学员开展多种技能培训，教授烹饪、生产制作销售中性笔等技术。

（王红梅）

北京市延庆区特殊教育中心

2016年，北京市延庆区特殊教育中心占地面积1.98万平方米、建筑面积0.40万平方米，体育场面积1.04万平方米。图书馆藏书2.32万册，电子图书1万册。固定资产总值910万元，全年教育经费投入629万元。学校信息化经费投入145万元，拥有计算机56台，多媒体教室座位40个，校园网出口总带宽100Mbps，数字资源量300GB，“信息技术”课程2课时/周。普通教室7个、专用教室20个。教职工33人，其中，副高级职称1人、中级职称18人。专任教师27人，包括北京市骨干教师1人；本科及以上学历28人。开设教学班7个。毕业13人、招生10人、在校生73人（小学45人、初中28人，包括寄宿生22人），其中，智力障碍39人、自闭症9人、听力障碍1人、视力障碍1人、言语障碍1人、脑瘫10人、肢体障碍6人、多重残疾5人、精神残疾1人。

2016年，学校重视学生生活能力培养，组织学生参加实践活动，不断推进融合教育工作。

加强教师队伍建设。组织教师赴苏州、佛山、重庆等地参加专题培训，参加北京市提升特教教师核心专业技能培训。开展2次行为功能介入方案和1次信息技术核心专业技能的校内专题培训，组建以辅助沟通、行为功能介入、动作训练、美工书法为主的专题研究小组。《培智学校课堂教学模式的实践与研究》编制完成，并投入使用。举办“延庆区融合教育课堂教学评优”活动，评出一等奖7个、二等奖10个、三等奖6个。开展推门听课2次、献课2次、评优课活动1次。

课程改革。本着“适合学生个性需求，适合学生生存需要，适合学生求职需求”原则，完善“固定式”与“走班式”相结合教学形式，开发“长课”（时长70分钟）与“短课”（时长35分钟）相结合课程形式，为家长提供走进康复类课程的机会。

参加各类实践活动。组织学生参加京张首届残疾人冰雪联谊活动，1人获一等奖；参加延庆区第一届残疾人运动会，展示“太极八段锦”，获跳绳团体赛第一名；参加北京市第19届学生艺术节特殊教育成果展演等活动。组织学生到天坛公园、自然博物馆、江水泉公园开展社会大课堂活动，举办“天坛，我来了”画作展览，举办第一届特奥运动会，开展“走进世葡园，感受美好生活”主题综合实践活动及认识银行、遵守社会公共秩序、学习使用取款机存取款等活动。

推进全区融合教育工作。举办教研活动2次、随班就读干部及教师培训活动2次，组织课堂教学系列评优活动1次，组织学生到普通中小学参加融合教育活动4次。完成融合学校档案检查工作和送教上门学生家访工作。

（周英杰）

（本栏责任编辑　孙晓楠）

75 所
普通高校

52.51 万人
本专科在校生

13.25 万人
教职工

6.30万人
专任教师

2017 | 普通高等教育

HIGHER EDUCATION

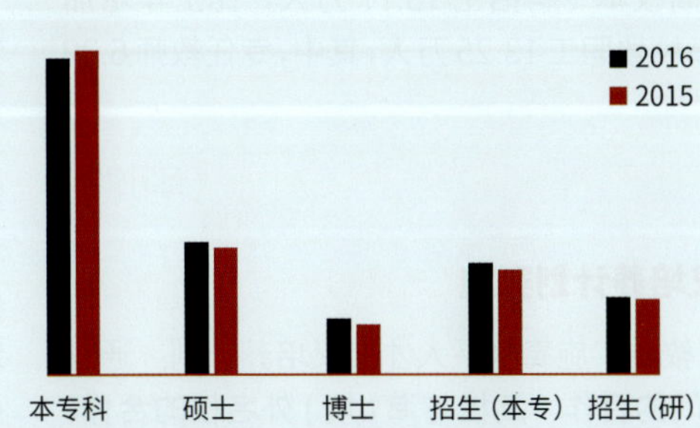

- 高水平人才交叉培养计划实施
- 卓越人才培养计划推进
- 北京高校 54 个研究生学位授权学科合格

综述

概述

2016 年，北京市有 58 所普通高校和 81 个科研机构培养研究生，共有在学研究生 29.18 万人，比上年增加 0.80 万人。其中，博士生 8.35 万人，比上年增加 0.35 万人；硕士生 20.83 万人，比上年增加 0.44 万人。招收研究生 9.74 万人，比上年增加 0.23 万人。在 58 所普通高校中，中央部委所属高校 37 所，研究生在校生 23.88 万人，招生 7.93 万人；20 所市属高校，研究生在校生 3.39 万人，招生 1.20 万人。

北京市共有普通高等学校 75 所，普通本专科在校生 52.51 万人，比上年减少 0.12 万人；其中，市属普通高校 38 所，普通本专科在校生 21.17 万人，比上年减少 0.42 万人。全市普通高校本专科招生 13.77 万人，比上年增加 0.26 万人。普通高校教职工 13.25 万人，其中，专任教师 6.30 万人。

（邱小培）

高水平人才交叉培养计划实施

2016 年，市教委实施高水平人才交叉培养计划。通过强化北京高校之间的合作、高校与海（境）外名校的合作、高校与科研院所和企事业单位的合作，实现专业学科的交叉融合和优质教育资源的充分共享，深化北京高等教育综合改革，催生有利于社会发展的新的专业增长点，推进不同学段间的良性联动。其中，“双培计划”通过高招录取学生 1471 人，涉及高校 40 所（中央高校 23 所、市属高校 17 所），专业及专业方向 125 个。9 所中央高校的 10 个高精尖创新中心纳入到“双培计划”的人才培养中。“外培计划”分为纳入招生计划部分和校内遴选两部分，共覆盖 21 所市属高校，60 所海（境）外名校，共选派学生 543 人。外培计划逐步实现“三精”，即精选海外合作高校、精选契合北京发展的专业、精选优秀的学生。“实培计划”依托毕业设计（科研）项目，和中国科学院前沿科学与教育局、中国社科院研究生院等科研单位合作，与市属高校共同开展本科生培养，促进高校与院所间、科研人员与教师间交流合作。依托毕业设计（创业）项目、大学生创新创业训练计划深化项目，推动高校加强与众创机构、企业行业合作，以实际项目为载体联合开展人才培养，促进学生实践能力、创业能力提升。依托实验教学开放共享项目，整合现有优质实验教学资源，建成共享开放的实验教学基地。年内，支持 353 项毕业设计（科研）项目、386 项毕业设计（创业）项目、287 项大创计划深化项目、6 个实验教学开放共享项目。

（曾婷）

卓越人才培养计划推进

2016 年，市教委推进卓越人才培养计划。结合教育部“卓越工程师教育培养计划”“卓越法律人才教育培养计划”等重点工作，推进在卓越工程人才培养、卓越艺术人才培养、卓越文法人才培养等方面的探索。成立北京卓越工程师联盟、北京卓越艺术人才（舞蹈）培养高校联盟、北京卓越艺术人才（美术、设计）培养高校联盟等卓越人才培养联盟，促进优质资源共享，推动高校间的协同发展，加快卓越人才培养模式与机制创新，在教学方案、课程教材、实践教学体系等方面改革，使每名学生达到卓越人才标准，成为行业领军人才。北京卓越艺术人才（美术、设计）培养高校联盟举办“2016 北京卓越艺术人才培养高校联合毕业季”，整合北京高校优质资源，通过毕业展演、论坛讲座、公共教育等活动，面向社会展示教育教学成果，搭建校际交流平台，促进协同育人，助力创新创业教育，推介优秀毕业生。北京卓越艺术人才（舞蹈）培养高校联盟通过教学剧目展演、精品课程展示、大师工作坊和大学生舞蹈交流会等交流平台，推动联盟高校互利共赢，并为创新国内艺术类高校间合作模式提供优秀范例。北京卓越工程师联盟举办暑期学校，组织来自北京卓越联盟 17 所高校的 19 名学生和 8 名教师赴法国学习法国高等工程师教育。通过暑期学校培训，系统的学习法国工程师教育教学模式、课程体系设置、校企合作模式、实践教学方法等方面的内容，借鉴其通识教育与专业教育紧密结合、校企紧密结合等做法。

（曾婷）

北京学院建设

2016 年，市教委推进北京学院建设。成立北京交通大学北京学院。丰富北京航空航天大学北京学院建设内涵，承载北京市高水平人才交叉培养“双培计划”“实培计划”，承办北航暑期学校，开设全英文课程，推动本土校园国际化，建设慕课课程平台，购买国际精品引智课程，为学生提供优质教育资源。北航北京学院新增“双培计划”交流学生 175 人，交流学生总人数增至 360 人。推进中国农业大学北京学院建设工作，在教学管理、课程设置、教学过程实施和后勤保障等方面改革，建立突出学院专业优势、以培养学生为主的资源共享平台。农大北京学院共招收来自农学院等院校学生 29 人。北京理工大学北京学院依托“北京理工大学软件科技创新创业基地”“北京理工大学计算机学生科技训练 / 创新基地”“北京理工大学大学生机械创新实践中心”3 所基地接收首都师范大学等 4 所市属学校学生 50 人。

（曾婷）

专业建设

2016 年，市教委继续深化专业建设，提升人才培养质量。根据社会需求与各高校学科特点，遴选 125 个面向北京经济社会发展、产业结构升级的新兴、交叉、复合型专业或方向作为“双培计划”专业，在推动人才培养模式创新、优势资源共享同时，培育新的专业增长点。推进北京高校专业群建设，筹备成立“西葡语系专业群”及其专家组织，鼓励高校聚焦专业核心课程建设和优质资源的开发与共享。

（曾婷）

首经贸与二外合作办学

1 月 13 日，首都经济贸易大学与北京第二外国语学院签署合作协议。根据协议，双方共同培养博士后，建立博士后联合工作站。发挥学校经济和管理的学科优势、二外外语和旅游的学科亮点。年内，二外招收工商管理学科博士后研究人员进站培养。协议有效期 5 年。

（刘江霞）

6 所高校入选非物质文化遗产传承人群研修研习培训计划

1 月 14 日，北京 6 所高校入选中国非物质文化遗产传承人群研修研习培训计划首批参与院校。分别为清华大学、北京工业大学、北京服装学院、北京建筑大学、中央美术学院、中央民族大学，全国共 57 所院校入选。该培训计划是文化部、教育部共同实施的针对非物质文化遗产传承人群的教育活动，分为研修、研习和普及培训 3 个层次。

（邱小培）

高校博物馆联盟工作研讨会

1 月 20 日，北京高校博物馆联盟召开工作研讨会。会议研讨博物馆在教学、科研和创新能力培养等方面的作用，定位于服务高校、社会及中小学，倡议由北京发起成立京津冀高校博物馆联盟，促进京津冀地区博物馆协同发展。北京高校博物馆联盟 18 个博物馆负责人及市教委相关人员共 30 人参加会议。

（曾婷）

签署“外培计划”协议

1 月 22 日，市教委举行 7 所市属高校与英国伦敦艺术大学共同培养优秀学生的“外培计划”项目签约仪式。根据协议，伦敦艺术大学接收市属高校学生访学，并建立学生联合培养长效机制。伦敦艺术大学发挥人才培养的优势，与市属市管高校开展深层次的联合培养，培养国际型人才。7 所高校分别为北京工业大学、北方工业大学、北京建筑大学、北京服装学院、北京印刷学院、中国戏曲学院、北京电影学院。

（李文超　邱小培）

1 月 22 日，7 所市属高校与伦敦艺术大学签署“外培计划”项目协议（建筑大学 供）

13 个中心入选国家级虚拟仿真实验教学中心

1 月 26 日，教育部办公厅批准 100 个国家级虚拟仿真实验教学中心，北京高校 13 个中心入选。经高等学校申请，省级教育行政部门推荐，中国高等教育学会组织遴选和网上公示，批准北京大学考古虚拟仿真实验教学中心等 100 个实验教学中心入选。

（邱小培）

国家级虚拟仿真实验教学中心（北京高校）

北京大学
考古虚拟仿真实验教学中心
清华大学
自动化系统虚拟仿真实验教学中心
北京交通大学
经济管理虚拟仿真实验教学中心
北京航空航天大学
机械与控制工程虚拟仿真实验教学中心
北京理工大学
工程光学虚拟仿真实验教学中心
北京科技大学
钢铁生产全流程虚拟仿真实验教学中心
北京化工大学
化工产品全生命周期虚拟仿真实验教学中心
北京建筑大学
建筑用能虚拟仿真实验教学中心
中国农业大学
水利与土木工程虚拟仿真实验教学中心
北京师范大学
心理学虚拟仿真实验教学中心
首都师范大学
城市环境过程虚拟仿真实验教学中心
中央财经大学
经管学科虚拟仿真实验教学中心
华北电力大学
核动力工程全范围虚拟仿真实验教学中心

（邱小培）

7 个中心入选国家级实验教学示范中心

1 月 26 日，教育部办公厅公布 2015 年国家级实验教学示范中心入选名单，北京高校 7 个中心入选。经高等学校申请，省级教育行政部门推荐，中国高等教育学会组织遴选和网上公示，批准清华大学自动化实验教学中心等 100 个实验教学中心为国家级实验教学示范中心。

（邱小培　华蕾）

2015 年国家级实验教学示范中心（北京高校）

清华大学
自动化实验教学中心
北京工业大学
软件工程实践教学中心
北京航空航天大学
材料科学与工程实验教学中心
北京石油化工学院
化学化工实验教学中心
北京师范大学
传媒与艺术实验教学中心
中国地质大学（北京）
地质学实验教学中心
北京联合大学
旅游实验教学中心

（邱小培　华蕾）

认定 39 个市级高校实验教学示范中心

1 月 29 日，市教委公布 2015 年北京市高等学校实验教学示范中心名单。经学校申报、专家评审、答辩考察、市教委审核等程序，市教委认定北京大学口腔医学实验教学中心等 39 个实验教学中心为北京市高等学校实验教学示范中心。

（邱小培）

高校优质课程研究会成立

3 月 24 日，北京高校优质课程研究会成立大会在中国人民大学召开。会议宣读市教委的批复函，宣布北京高校优质课程研究会正式成立。首届理事单位代表及市属高校代表 20 人参加。研究会由人民大学牵头申请成立，市教委于 2015 年 12 月 24 日批复人民大学成立北京高校优质课程研究会并作为其业务主管单位。研究会主要开展北京高校优质教学资源共建共享研究，搭建高校间优质课程共享平台，开展新教学模式下的教师培训，推动各高校人才培养模式改革和教育教学质量提升。研究会首批成员单位包括中国人民大学、北京交通大学、北京大学、北京航空航天大学、北京师范大学、北京理工大学、北京赢科天地电子有限公司等，首任理事长单位为人民大学，秘书长单位为北京交大。

（曾婷）

高校支持中小学建设

3月至12月，北京第二外国语学院、中国农业大学、北京服装学院、北京工商大学、北京邮电大学、北京建筑大学、北京舞蹈学院完成高校支持中小学建设工作。二外成立北京第二外国语学院萨尔图附属学校、北京第二外国语学院平谷附属学校。农大与农大附中、泰安一中、泰山学院附中签署共建合作的框架协议。服装学院对接新源里四小、和平街中心小学、樱花园实验学校、三里屯小学、东四九条小学和中央工艺美院附中艺美小学6所小学，开展教育、美育特色发展工作，举办支持小学美育与创意艺术作品展。工商大学与房山区联合举办附中附小。邮电大学根据与海淀区教育委员会签署的共建协议，今典小学更名为北京邮电大学附属小学，学校赠予附小50万元教育基金，用于支持和推动附属小学相关工作的开展。建筑大学与大兴区政府签署共建建大附中合作办学协议，北京市大兴区第五中学更名为北京建筑大学附属中学。舞蹈学院联合北京理工大学附属中学、北京师范大学第四附属中学和北京师范大学实验华夏女子中学3所学校举行“向基础教育倾斜—市级高中统筹—加强高中优质教育资源统筹”项目——高中艺术素养班阶段性汇报展示活动。

（邱小培）

卓越艺术人才（美术、设计）培养高校联盟成立

4月22日，市教委成立北京卓越艺术人才（美术、设计）培养高校联盟。联盟由中央美术学院牵头，会员单位包括清华大学、中央民族大学、中国戏曲学院、北京服装学院等21所开设美术、设计等相关艺术专业的高校，联盟办公室设在中央美院。联盟研讨共建资源平台、创新教育教学机制、开展联合课题、加强培训与交流、打造北京高校毕业季等工作。

（曾婷）

北京高校社会主义理论研究协同创新中心成立

5月6日，市委教工委、市教委在中央财经大学举办北京高校中国特色社会主义理论研究协同创新中心授牌仪式暨中国特色社会主义政治经济学创新发展论坛。会议为11个中国特色社会主义理论研究协同创新中心授牌。市委宣传部、市财政局、市委教工委、市教委等单位相关负责人及11所协同创新中心所在高校领导、协同单位负责人，60所北京高校思想政治理论课负责人以及新闻媒体和高校师生代表200人参会。北京大学、清华大学等11所协同创新中心联合京津冀50所高校和科研机构，以马克思主义理论学科为中心，探索协同创新模式。北京市计划连续5年，每年投入5000万元用于支持协同创新中心建设。

（刘冰　任婷）

“四个全面”与中国特色社会主义发展道路协同创新中心成立

5月6日，“四个全面”与中国特色社会主义发展道路协同创新中心揭牌仪式在北京工业大学举行。中心由北工大牵头，协同单位包括中共北京市委党校、北京理工大学、河北工业大学、天津工业大学、北京印刷学院、北京物资学院等院校。中心以“四个全面”与中国特色社会主义发展道路为研究领域，以“四个全面”战略布局研究、“四个全面”与中国特色社会主义新型工业化道路研究、“四个全面”与中国特色社会主义政治发展道路研究、“四个全面”与中国特色社会主义文化发展道路研究、“四个全面”与思想政治理论课改革创新研究5个方面为重点研究任务，经过5年建设成为北京地区在该研究领域一流的研究基地、人才教育培养基地、思想政治理论课教育教学创新基地、高水平干部教育基地和高水平地方性智库。

（苏雅洁）

全国高等农林院校共青团工作联盟成立

6月17日，全国高等农林院校共青团工作联盟在中国农业大学成立。联盟由全国44所农林类高校组成，涵盖农林类中央部属本科院校、省属高校和学院，旨在贯彻落实中央群团工作会议精神，推进高等农林院校共青团工作的建设与发展。联盟成立后的重点工作，在“十三五”期间，联合农林高校开展以“稼穑之路——农科学子助力精准扶贫”为主题的社会实践活动。

（孙桂凤）

全国外交与国际关系学院院长会议

7月3日，国际关系学院主办第二届全国外交与国际关系学院院长会议。会议围绕“国际安全：挑战与应对”学术研讨和“中国外交与国际关系人才的特色培养”工作研讨等主题展开讨论。来自北京大学等50所高校的60名外交与国际关系学院院长和专家学者参加会议。

（任婉君）

7月3日，第二届全国外交与国际关系学院院长会议

（国关学院 供）

北京交大北京学院首个专业班开学

7月20日，北京交通大学北京学院“城市交通”辅修专业开学。首批招收北京高校在读的大二至大三年级优秀本科生，依托北交大交通运输学院的特色优势学科，以系统工

程、交通工程和管理科学的基础理论和工程管理教育为重点，面向缓解北京城市交通拥堵和空气污染，培养适应北京未来城市交通管理所需的复合型、高层次、拔尖创新人才。在课程体系设计上突出智能交通、城市交通规划、城市交通设计、城市轨道交通和城市道路交通等特色。第一届“城市交通”辅修专业班共招收来自北京航空航天大学、北京工业大学等6所高校的25名学生。

（曾婷）

全国中医药学术新媒体联盟成立

9月9日，全国中医药学术新媒体联盟成立。联盟由中华中医药学会、北京中医药大学和新华网牵头，联合全国23所高等中医药院校组成，旨在整合互联网新媒体平台资源和学术界优秀资源，形成中医药新媒体传播矩阵，推动中医药文化的传播传承和中医药事业的发展。成立大会上，启动中医“学术微+”计划和“青年说中医”项目。

（李元）

9月9日，全国中医药学术新媒体联盟成立

（中医药大学　供）

清华苏世民书院正式开学

9月10日，清华大学苏世民书院首届学生开学。习近平和美国总统奥巴马分别发来贺信。刘延东出席开学典礼并讲话。苏世民书院首届招生110人，来自中国、美国等31个国家和地区。采用集开放式教学、师生互动交流、跨学科素质培养、生活服务配套于一体的书院式教学模式，面向全球选拔学业优秀、诚实正直、视野开阔、富有责任感和使命感、具备领导潜质的青年人才。书院秉承“立足中国、面向世界”的原则，是清华专门为未来世界的领导者持续提升全球领导力而精心设计的硕士项目。苏世民（Stephen A. Schwarzman）是苏世民学者项目创始理事，黑石集团联合创始人、主席兼首席执行官。苏世民个人捐款，用于支持清华建设苏世民书院和创办全球学者项目，并为此发起筹款设立永久基金。该项目是中国大学迄今为止从境外获得的最大单项慈善捐赠。

（许亮）

第34届世界艺术史大会召开

9月16日至20日，第34届世界艺术史大会在北京召开。会议由国际艺术史学会（CIHA）、中央美术学院、北京大学共同主办，在北大与中央美院共设立21个分会场，举办300个学术报告、9个专题报告、6个大会特展、1个专设书展。来自世界43个国家的1600名专家和学者，以及部分在校学生参会并参与讨论。世界艺术史大会是国际文化艺术界的重要会议，1873年创办，每4年召开一次。会议由联合国教科文组织联络机构国际艺术史学会与每届会议主办国联合组织，被称为文化艺术界的“奥林匹克”盛会。第34届世界艺术史大会是该活动第一次在亚洲和非西方国家举办。

（胡少诚）

世界戏剧教育联盟校长会召开

10月18日，中央戏剧学院承办世界戏剧教育联盟校长会。会议研讨世界戏剧教育发展的交流成果与最新动态，并对未来全球化背景下戏剧的本土化特点和教育的专业化发展提出展望，签署《世界戏剧教育联盟宣言》，讨论并通过新的《世界戏剧教育联盟章程》。来自俄罗斯、英国、德国、西班牙、挪威、瑞典、波兰、乌克兰、保加利亚、格鲁吉亚、日本、韩国和中国13所世界戏剧院校校长参加会议。

（王晓辉）

卓越艺术人才（舞蹈）培养高校联盟系列活动

10月23日，北京舞蹈学院举办2016北京中外舞蹈院校展演暨北京卓越人才（舞蹈）培养高校联盟系列活动。活动为期7天，演出《花儿朵朵》芭蕾舞精品展演、《永远的马头琴》《“一带一路”东方舞韵精品展演》、以色列科尔本现代舞团精品展演等10场展演；邀请中外舞蹈大师参与《瓦岗诺瓦体系芭蕾技术课》《瓦岗诺瓦体系芭蕾技术课》《马来西亚舞》《维吾尔族舞蹈》《安徽花鼓灯》《中国古典舞袖舞》《中国式“即兴”》大师工作坊；展示“现代舞基础技术训练课程”“中国古典舞角色塑造组合课——中国民族民间舞基础训练课”（朝鲜族）女班、“艺术体操难度技术动作训练方法”等10场精品课；举办芭蕾教学研讨会、嘉宾沙龙、大学生交流会等主题活动。来自世界各国的14个舞蹈院团，教育部、文化部、市教委、市文化局、外事局、部分驻华使馆以及兄弟院校500人参加活动。

（段晓萌）

京南大学联盟成立

10月23日，京南大学联盟成立大会暨《京南大学联盟服务大兴行动计划》发布仪式在北京印刷学院举行。北京印刷学院、北京建筑大学、北京石油化工学院共同成立京南大学联盟，签署《共建京南大学联盟协议》，三校共同遵守《京南大学联盟章程》，包括共同探索中国特色现代大学制度建设、现代大学办学理念，加强联盟学校之间的学科专业交叉融合，促进学生尤其是研究生在成员学校之间的跨校交流与联合培养，聚焦京津冀协同发展等国家重大战略主题，推动联盟团体（成员）与国际知名大学建立合作交流平台。联盟与大兴区政府共同发布123项《京南大学联盟服务大兴行动计划》，其中，8项已经完成，50项正在实施，24项即将实施，41项达成合作意向。建筑大学承担31项，印刷学院承担38项，石化学院承担54项；校地合作项目80项，校企合作项目22项，地方、企业、学校合作项目21项。

（张翠华　李文超　谢丹）

中国矿业科学协同创新联盟2016年会

11月6日，中国矿业科学协同创新联盟2016年会暨第15次全国软岩工程与深部热害冲击地压控制学术大会在中国矿业大学（北京）召开。年会审议通过2016年工作总结汇报及2017年工作计划，表彰12名优秀个人，宣读14家新增创新联盟理事单位名单。会议设立无煤柱自成巷110工法及冲击地压控制、矿井热害控制及新能源开发利用、第三次矿业技术变革及软岩工程发展3个分会场，听取11名专家学者作特邀报告及30个专题学术报告。来自全国33家煤炭企业集团、44所高校、科研院所以及21家煤矿装备、材料制造公司的288名代表参加会议。会议由中国矿业科学协同创新联盟、中国岩石力学与工程学会软岩工程与深部灾害控制分会联合主办。

（朱家骏）

北京高校18个专业通过工程教育专业认证

11月7日，北京11所高校的18个专业通过工程教育专业认证。认证工作由中国工程教育专业认证协会和教育部高等教育教学评估中心联合完成，经学校自评、专家组现场考查、分委员会（试点工作组）审议、认证结论审议委员会审议等程序，全国125个专业通过认证。

（邱小培）

中国工程教育认证专业（北京高校）

清华大学	机械工程
北京工业大学	机械工程
	电子信息工程
	材料科学与工程
北京石油化工学院	机械工程
北京交通大学	车辆工程
	通信工程
北京科技大学	计算机科学与技术
	自动化
	材料科学与工程
北京邮电大学	计算机科学与技术
北京化工大学	制药工程
北京航空航天大学	环境工程
	自动化
	材料科学与工程
北京林业大学	环境工程
北京建筑大学	测绘工程
中国地质大学（北京）	资源勘查工程

（邱小培）

全国高校电子信息类学院院长工作交流会

11月11日至12日，第11届全国高校电子信息类学院院长工作交流会在北京邮电大学召开。交流会以“双创教育下以学生为中心的人才培养机制”和“双一流学科建设下电子信息学科的新挑战”为主题展开讨论。北邮、清华大学、上海科技大学信息科学与技术学院代表分别从不同角度阐述3所高校在“双创教育”和“双一流学科”建设中的探索、实践和取得的成果。来自全国电子信息领域高校的50名院长和专家学者参加交流会。

（吴昊）

北京14个高校基地入选新建高校学科创新引智基地

11月17日，教育部公布2017年度新建高等学校学科创新引智基地立项名单，北京14个高校基地入选。经教育部、国家外国专家局联合组织的评审及答辩，全国50所高等学校学科创新引智基地获得立项。“高等学校学科创新引智计划”（简称“111计划”），从2006年起由教育部、国家外国专家局联合实施，瞄准国际学科发展前沿，以国家重点学科为基础，从世界范围排名前100位的著名大学及研究机构的优势学科队伍中，引进、汇聚1000名优秀人才，形成高水平的研究队伍，建设100个左右世界一流的学科创新引智基地。

（邱小培）

学院路高校外语类人才就业共同体成立

11月22日，北京语言大学和凹凸人网共同发起“学院路高校外语类人才就业共同体”。共同体整合与共享学院路高校外语类人才就业资源，服务外语类毕业生求职就业，提高用人单位招聘效率，实现高校、毕业生和用人单位的“三赢”。共同体分信息、交流、活动、研究、创新创业及培训6个平台。共同体成员校包括北京语言大学、北京交通大学、北京航空航天大学、北京科技大学、北京化工大学、北京工商大学、北京邮电大学、中国农业大学、北京林业大学、首都师范大学、中央财经大学、中国政法大学、华北电力大学、中国矿业大学（北京）、中国石油大学（北京）、中国地质大学（北京）。

（袁胤婷）

首都特色行业院校改革与发展论坛

12 月 15 日，市教委举办第十届首都特色行业院校改革与发展论坛。论坛以“信息化时代背景下高等教育教学改革”为主题，研讨教育教学改革，并为优秀网络课程主讲教师颁奖。各校介绍办学特色和优势学科的建设发展情况，分享特色鲜明的可供交流的课程平台和资源，课程主讲教师交流网络课程的建设经验和教学体会。北京协和医学院、北京电子科技学院、外交学院、中国人民公安大学、国际关系学院、北京体育大学、中央民族大学、中华女子学院、中国青年政治学院、中国劳动关系学院 10 所中央部委属特色行业院校参加论坛。

（曾婷　邱小培）

中国高校博物馆馆长论坛

12 月 15 日，市教委、市文物局、北京博物馆学会、中国传媒大学主办第二届中国高校博物馆馆长论坛暨高校博物馆移动客户端 (APP) 启动仪式。论坛以中央“让文物活起来”的指导思想，以“蜕变：互联网 + 时代高校博物馆”为议题，研讨互联网 + 时代高校博物馆建设、运行和发展问题。会上发布中国首款高校博物馆客户端——高校博物馆 APP。通过 APP 增进高校博物馆与受众、高校博物馆之间的信息交流。论坛由北京高校博物馆专业委员会、中国传媒博物馆承办，来自北京、上海、广东、陕西、湖北等全国 9 省市 40 所高校博物馆馆长 100 人参加论坛。

（刘书峰）

学位与研究生教育

5 所北京高校增列网络空间安全一级学科博士学位授权点

1 月 28 日，5 所北京高校增列网络空间安全一级学科博士学位授权点。分别为清华大学、北京交通大学、北京航空航天大学、北京理工大学、北京邮电大学。为加强学科建设，做好网络空间安全人才培养工作，国务院学位委员会审批全国 27 所高校增列网络空间安全一级学科博士学位授权点。

（邱小培）

北京高校 54 个研究生学位授权学科合格

3 月 16 日，教育部公布 2014 年学位授权点专项评估结果及处理意见，北京高校 54 个研究生学位授权学科合格。北京 11 所高校 21 个博士学位授权学科合格；25 所高校 33 个硕士学位授权学科合格、1 所高校 1 个硕士学位授权学科不合格、2 所高校 2 个硕士学位授权学科限期整改；39 所高校 167 个专业学位授权类别合格、2 所高校 2 个专业学位授权类别不合格、10 所高校 10 个专业学位授权类别限期整改；1 所高校 1 个硕士学位授权学科、6 所高校 10 个专业学位授权类别主动放弃学位授权点。评估结果为“合格”的学位授权点，可继续行使学位授权。评估结果为“不合格”的学位授权点，自发文之日起撤销学位授权，5 年之内不得重新申请。2016 年招生工作结束后不得招生，在学研究生按原渠道培养、授予学位。评估结果为“限期整改”的学位授权点，自发文之日起进行为期 2 年的整改，2016 年招生工作结束后暂停招生。整改结束后接受复评，复评结果为“合格”的恢复招生，复评结果达不到“合格”的撤销学位授权。学位授予单位主动提出放弃授权的学位授权点中，硕士授权点为 2 个，专业学位授权点为 39 个，自发文之日起撤销学位授权，2016 年招生工作结束后不得招生，在学研究生按原渠道培养、授予学位。

（邱小培）

5 所独立学院 11 个本科专业通过学位复评

3 月 21 日，北京市学位委员会批准 5 所独立学院 11 个本科专业通过学位复评。经学校申请、专业专家组评估等程序，批准北京邮电大学世纪学院、首都师范大学科德学院、北京工业大学耿丹学院、北京工商大学嘉华学院、北京第二外国语学院中瑞酒店管理学院 5 所院校学士学位授权 3 年有效期满申请复评的 11 个本科专业为学士学位授权点。

（杨晖）

首家美术院校研究生院成立

5 月 18 日，中央美术学院研究生院挂牌成立。研究生院为学校一级教学机构，培养博士和硕士研究生。设有行政办公室、教学部、教学质量监管中心、学位与培养办公室 4 个部门，教职工 10 人，学生 73 人。截至 3 月，学校有全日制及非全日制在籍研究生 1296 人。学校是国内首家成立研究生院的美术院校。

（李程）

北开大获得学士学位授予权

5 月 26 日，第四届北京市学位委员会第四次全体会议审议批准北京开放大学为学士学位授权单位。批准该校行政管理、学前教育、电子商务和法学 4 个专业增列为学士学位授权点。经学校申请，北京市学位办组织相关专业的专家组进校考察评审，最终，经学位委员投票表决审核批准。

（杨晖）

清华举办本科荣誉学位首届学生开班仪式

9 月 21 日，清华大学举行本科荣誉学位新闻发布会暨首届学生开班仪式。根据学校第24次教育工作讨论会制定的《关于全面深化教育教学改革的若干意见》，新增本科荣誉学位。该学位是为培养本科生的学术志趣而设计的培养项目，以钱学森力学班为试点，面向机械学院、航院、土水学院等相关院系的学生。首批招生50人，在修完18门宽领域课程并完成“高年级学生研究员计划”相关环节后，获得本科荣誉学位，同时获得本专业学士学位。

（许亮）

专业学位研究生实践教学基地联盟成立

10月7日，中国音乐学院与中国艺术职业教育学会联合建立“专业学位研究生（音乐领域）实践教学基地联盟”。双方签订“专业学位研究生（音乐领域）实践教学基地联盟”协议书。联盟基于各职业艺术院校优势与艺术硕士专业学位(MFA)教育特点，打破职业教育与专业学位研究生教育的壁垒，在艺术教育的不同层次建立通道，为国家级院校与地方院校间搭建平台。首批联盟院校包括山西艺术职业学院、浙江艺术职业学院、四川艺术职业学院、湖北艺术职业学院、宁夏艺术职业学院、珠海艺术职业学院。

（田婷）

“青年与改革”研究生学术论坛

11月5日，2016年首都5所高校马克思主义学院研究生学术论坛在中国青年政治学院举办。论坛主题为“青年与改革”，分开幕式、专家讲座、联谊会、研讨会及闭幕式5个阶段。专家讲座部分听取中国社会科学院教授题为《G20全球治理与当代中国青年使命》专题讲座；研讨会分“不忘初心，青年信仰研究”“脚踏实地，改革实践探索”“与时俱进，思想理论交流”和“勇立潮头，敢于自我革新”4个专题开展研讨。论坛收到论文68篇，经评选，15篇论文获优秀论文奖。北京大学、清华大学、中国人民大学、北京师范大学、中央党校、中国科学技术大学、西南政法大学7所高校的马克思主义学院派研究生参会。“青年与改革”主题学术论坛已连续举办四届。

（葛丹清）

6篇论文入选首批航空宇航科学与技术学科全国优秀博士学位论文

11月12日，北京高校6篇论文入选首批航空宇航科学与技术学科全国优秀博士学位论文。评选对象为2011年至2014年3个学年度(2011年9月1日至2012年8月31日、2012年9月1日至2013年8月31日、2013年9月1日至2014年8月31日）在国内学位授予单位获得航空宇航科学与技术一级学科（含相关二级学科）博士学位者的学位论文。经单位推荐，初审委员会初审，委托教育部学位与研究生教育发展中心组织高校专家通讯评议，中国航空学会、中国宇航学会分别组织行业专家通讯评议，学科评议组全体会议复审，按学位获得时间所属学年度分别评选，共评选出15篇优秀博士学位论文。

（邱小培）

艺术硕士设置和招生10周年成果展

11月24日至29日，“艺术硕士设置和招生10周年音乐与舞蹈专业领域教育研讨、优秀教学成果展”在中央音乐学院举办。活动由全国艺术专业学位研究生教育指导委员会主办，听取中央音乐学院院长题为《艺术硕士教育十周年发展、问题与对策》的主题发言。会议回顾并梳理艺术硕士从无到有的十年发展历程，介绍艺术硕士的培养特点、关键环节以及目前正在进行的改革。在“全国艺术硕士音乐专业优秀教学成果展演”中，中央音乐学院琥珀四重奏和圣风民族室内乐团分别演奏《f小调弦乐四重奏第一乐章》和民族室内乐《小河淌水》两个曲目。全国艺术专业学位研究生教育指导委员会、国务院学位办、市教委负责人及150所培养院校的300名代表参加活动。中国艺术硕士专业学位设置由中央音乐学院发起。

（宋慧文）

全国音乐与舞蹈领域艺术硕士教育研讨会

11月25日至26日，全国音乐与舞蹈领域艺术硕士教育研讨会在中国音乐学院召开。会议由全国艺术专业学位研究生教育指导委员会主办，中国音乐学院承办。以“‘双一流’与‘十三五’背景下的音乐与舞蹈艺术硕士教育”为主题，探讨艺术专业学位研究生教育现状及发展策略，分析音乐与舞蹈领域艺术硕士培养单位面临的挑战和机遇。研讨内容包括高峰论坛、质量论坛、案例教学培训及优秀教学成果展演等。全国108所艺术硕士培养单位的专家学者400人参加研讨会。

（田婷）

全国艺术硕士音乐专业优秀教学成果展演

11月25日至26日，全国艺术硕士音乐专业优秀教学成果展演在中国音乐学院举办。展演面向全国所有音乐领域培养院校征集节目，组委会从92个节目中评选出33个作品参加展演，其中，器乐合奏9个、器乐独奏7个、声乐独唱14个、声乐重唱3个，参演单位由24所院校组成。展演为促进全国音乐领域专业学位教学成果的深度交流提供平台。

（田婷）

研究生学位授权学科和专业学位授权类别调整

至年底，北京市各学位授予单位完成2016年博士、硕士学位授权学科和专业学位授权类别调整工作。14所学校撤销博士学位一级授权学科4个，博士学位二级授权学科7个；增列博士学位一级授权学科7个；撤销硕士学位一级授权学科26个，硕士学位二级授权学科24个，增列硕士学位一级授权学科 9 个；撤销专业硕士学位 10 个，增列专业学位一级授权学科 2 个。

（杨晖）

本专科教育

服装学院 5 个项目入选优秀本科生国际交流项目

2 月 6 日，北京服装学院 5 个项目入选 2016 年优秀本科生国际交流项目。经学校申报、国家留学基金委评审，“北京服装学院与英国伦敦艺术大学校际交流项目”“北京服装学院与英国南安普顿大学校际交流项目”“北京服装学院与意大利米兰理工大学校际交流项目”“北京服装学院商学院与韩国首尔国立大学人类生态学院服装与纺织系校际交流项目”“北京服装学院与澳大利亚纽卡斯尔大学校际交流项目”获批。获批项目共资助 13 个专业 31 名在校本科生赴国际学校进行 10 个月的交流学习，资助一次往返国际旅费和规定期间的奖学金（包括伙食费、住宿费、注册费、交通费、电话费、书籍资料费、医疗保险费、交际费、一次性安置费、签证延长费、零用费和学术活动补助费等），资助标准及方式按照国家有关规定执行。“优秀本科生国际交流项目”是国家留学基金管理委员会于 2012 年设立的学生国际化培养项目，旨在推动国内高水平高校与世界知名大学和机构的合作，促进多元文化交流，提高学生的创新意识、实践能力和国际竞争力，满足国家重点、急需专业领域高素质国际化人才培养需求。

（付佳）

62 个本科专业新增

2 月 16 日，27 所高校 62 个本科专业通过 2015 年度教育部备案或批准设置。涉及专业 57 个（9 个为首次列入专业目录的新专业）。其中，3 所市属高校增设 29 个，涉及专业 26 个。新增专业自 2016 年起开始招生。

（曾婷）

电科院开展本科教学工作审核评估自评自建

3 月 10 日，北京电子科技学院开展本科教学工作审核评估自评自建活动。成立审核评估工作领导小组及其办公室。全院各部门对照评估指标体系总结办学经验，查找问题，梳理涉及办学定位与目标、师资队伍、教学资源、培养过程、学生发展、质量保障 6 方面 19 个问题，并研究制定相应的整改措施。

（刘旭然）

人民大学举办首届本科生学术论坛

4 月 9 日至 10 日，中国人民大学举办首届本科生学术论坛。论坛以“研究・实践・创新”为主题，设立主论坛与人文学部、经济学部、社会学部、法政学部、理工学部 5 个分论坛。收到论文 170 篇，经过专家两轮评审，最终确定 5 篇优秀论文在主论坛宣读，21 篇论文在各学部分论坛宣读。本科生学术论坛的设立是以“鼓励学术实践，促进学术交流，提升学术能力，引领学术创新”为宗旨，集中呈现大学生创新实验计划、“千人百村”社会调研、本科科学研究基金项目、寒暑假社会实践项目、学科竞赛等学校各类课外教学与实践育人项目产生的学术作品，搭建本科生实践创新与学术交流合作的平台，加强研究型学习制度体系建设，推动本科人才培养线路图的持续落实。

（万静）

4 月 9 日，人民大学举办首届本科生学术论坛

（人民大学　供）

矿大召开本科生全程导师制工作会

5 月 17 日，中国矿业大学（北京）召开本科生全程导师制工作会。会议介绍学校从 2012 级本科生开始实施基于创新教育的本科生导师制，2014 级试点“本科生全程导师制”，2016 级本科生开始全面实施。导师制实施全过程指导，为新生配备导师，根据不同学习阶段分别制定导师指导计划；完善指导方式，要求导师每月至少组织一次“指导课”，每月指导时间不少于 2 小时；培养创新能力，一年级至四年级分别设立培养人物；健全保障措施，成立校院两级本科生全程导师制工作领导小组，制定推进本科生全程导师制的实施意见、实施办法及考核办法。

（朱家骏）

《北京高等教育质量报告（本科 2015）》发布

11 月 1 日，市教委、北京教育科学研究院研制完成《北京高等教育质量报告（本科 2015）》。报告共 25 万字，包括北京本科高等教育“质量分析报告”“教育教学改革典型案例”“政策、文献与信息”等内容。总结 2015 年北京本科高等教育质量建设情况，刊载反映高等学校教育教学改革情况的 19 个典型案例经验。

（孙毅颖　王怀宇）

普通高等学校

北京大学

党委书记 朱善璐（12 月免） 郝平（12 月任）
校　　长 林建华

概述

2016 年，北京大学占地面积 274.11 万平方米，校舍建筑面积 273.59 万平方米。固定资产总值 1185119.38 万元，其中，教学、科研仪器设备资产 544341.17 万元。图书馆建筑面积 67462 平方米，藏书 718.58 万册，电子图书 630 万册。信息化设备资产值 13806.92 万元，网络信息点 126710 个，校园网出口总带宽 13300Mbps，上网课程 3695 门，电子邮件系统用户 60207 个，管理信息系统数据总量 32527GB，数字资源数据库 620 个，音视频 6720 小时。设 68 个直属院系。有博士学位一级学科授权点 48 个、硕士学位一级学科授权点 50 个、博士学位二级学科授权点 251 个、硕士学位二级学科授权点 275 个、本科专业 123 个，国家（一级）重点学科 18 个，国家（二级）重点学科 25 个，国家重点（培育）学科 3 个，以及博士后流动站 47 个，博士后在站 1319 人。有国家实验室（筹）1 个、国家重点实验室 11 个、国家工程实验室 2 个、国家工程研究中心 2 个、省部级研究院（所、中心、重点实验室）115 个、附属医院 6 家、共建医院 4 家、教学医院 14 家。教职工 20569 人（含医学部及附属医院），其中，专任教师 7079 人。有教授 2173 人、副教授 2167 人，中国科学院院士 75 人，中国工程院院士 17 人，发展中国家科学院院士 23 人，"长江学者奖励计划"特聘教授和讲座教授 210 人，"973" 项目首席科学家 92 人，国家杰出青年科学基金获得者 225 人，博士生导师 2417 人。毕业生 22494 人，其中，全日制研究生 6787 人（博士生 1839 人、硕士生 4948 人），普通本专科生 3418 人（本科生 3392 人、专科生 26 人），成人教育本科生 2562 人，网络教育本专科生 9727 人（本科生 7263 人、专科生 2464 人）。普通本专科毕业生一次就业率 95.93%。招生 28701 人，全日制研究生 8137 人（博士生 2463 人、硕士生 5674 人），普通教育本科生 3932 人，成人教育本科生 2491 人，网络教育本专科生 14141 人（本科生 11472 人、专科生 2669 人）。高考北京地区提档线理科 678 分、文科 673 分。在校生 93268 人，全日制研究生 25489 人（博士生 10401 人、硕士生 15088 人），普通教育本科生 15260 人，成人教育本科生 9085 人，网络教育本专科生 39826 人（本科生 29400 人、专科生 10426 人）。留学生毕业 2853 人，招生 2975 人，在校 3608 人。网址：www.pku.edu.cn。

2016 年，学校编制《北京大学"十三五"改革和发展规划纲要》《北京大学学科总体规划 (2016—2020)》、各学部学科规划及《材料科学与工程学科建设规划》。推动新体制科研机构和公共平台建设，成立人文社会科学研究院，加快推进区域和国别研究，探索加强临床医学 +X、材料科学、大数据科学等领域建设。

思想政治工作。继续实施"扣好人生第一粒扣子"教育计划，开展思想政治教育，累计组织学生参加各类形势政策报告会 4000 人次。全年举办"教授茶座"19 期，直接参与受益学生 358 人，完成《北大教授茶座》（第一辑）编辑出版工作。成立思想政治理论课程综合改革领导小组，把思想政治理论课改革纳入学校综合改革总体部署，加大对思想政治理论课教学改革的投入力度。

综合改革。制定实施《北京大学本科教育综合改革指导意见》，确立通识教育与专业教育相结合的教育改革发展方向，重点建设 37 门"通识教育核心课程"。在学部内自由转专业，在全校范围内自由选课。建设多层次、有特色的跨学科本科人才培养项目，建立跨学科课程组、跨学科项目、跨学科专业、双学位 / 辅修项目等多层次的跨学科项目。

科研工作。"生物医学成像国家重大科技基础设施"项目进入国家"十三五"建设指南，总投资 15 亿元。北大参与共建的"在线同位素分离装置"项目纳入"十三五"建设指南，项目总投资 35 亿元。"未来基因诊断"获得北京市高精尖创新中心支持。

师资建设。成立党委教师工作部，制定《北京大学教师手册》，通过《北京大学教师行为规范》《北京大学师德教育实施办法》《北京大学师德考核实施办法》《北京大学教师违规违纪处理试行办法》，加强对新聘用教师的思想政治素质考察和教育，坚持把"具有良好的思想品质、学术道德和职业精神"作为教师招聘的首要条件。在教师年度考核、专项岗位聘任、专业技术职务聘任、干部培养中，把师德师风考核放在首要位置。

交流合作。与云南省、江苏省、青岛市签署战略合作协议，推进苏南分子工程研究院、生物医药华东产业研究院建设。推动与深圳市的战略合作，规划深圳校区的长远发展。与山东达成共建现代农业研究院的合作意向。加强与北京市、吉利集团沟通联系，在怀柔科学城等项目以及学校周边地带争取发展空间。推进定点帮扶云南省大理白族自治州弥渡县工作，学校相关单位赴弥渡参加帮扶工作共 300 人次。继续加强对口支援石河子大学和西藏大学工作。各附属医院积极参与医疗人才组团式援藏工作。筹建或参与国际研究型大学联盟、环太平洋大学联盟、生态文明国际大学联盟等国际大学组织，参加中俄大学校长峰会、东亚研究型大学联盟及东亚四国大学校长论坛活动。响应国家发展战略，成立南南合作与发展学院。举办第 34 届世界艺术史大会，启动"一带一路"国家诗歌经典文库项目。

硬件设施建设。完成校园西北区域环境整治工程，恢复绿地、水系以及景观生态，重现鸣鹤园等燕园美景。完成校园中水站建设。利用餐厅、公共教室、宿舍楼宇等公共空间为师生提供休闲交流场所，加强三角地区域环境综合整治。推进"无车校园"建设，推广使用公共自行车。完善校园交通管理办法，控制机动车和电动车进校。以“校园地上无车、师生绿色出行”为目标，推动连通地下车库、打破单位壁垒、共享停车空间，推进停车设施的地下化、周边化建设。肖家河教师住宅建设进展顺利，正式签约配售工作完成。建设全球大学生创新创业中心。

（傅瀚文 冯路）

1 人获国际安徒生奖

4月4日，北大中国语言文学系教授曹文轩获2016年国际安徒生奖。本届安徒生奖共提名作家奖28人、插画家奖29人，最终，曹文轩获得作家奖，德国插画家苏珊・贝尔纳获得插画家奖。国际安徒生奖由国际儿童读物联盟于1956年设立，每两年评选一次，被誉为“儿童文学的诺贝尔文学奖”，旨在奖励世界范围内优秀的儿童文学作家和插画家。曹文轩是中国首位获得该奖项作家。曹文轩，1954年出生，1977年毕业于北大中文系并留校任教。是中国儿童文学作家，中国作家协会全国委员会委员、北京作家协会副主席，长期从事中国当代文学、文艺理论、小说艺术、文学创作，主要作品有小说《山羊不吃天堂草》《青铜葵花》和《草房子》等，其中，《草房子》被改编成电影。

（胡少诚）

南南合作与发展学院成立

4月29日，北大成立南南合作与发展学院。学院由商务部主管，北大主办，北大国家发展研究院承办。课程主要分为领导力、发展经济学以及国家与发展3个模块，面向发展中国家招收硕士研究生和博士研究生，商务部为录取的学员提供必要的教育和生活经费。首期班招收28名硕士研究生和21名博士研究生，分别来自埃塞俄比亚、澳大利亚、布隆迪等27个国家。南南学院是习近平2015年9月26日在纽约联合国总部出席并主持南南合作圆桌会时宣布设立。

（胡少诚）

3 个学院院庆

5月28日、11月3日、11月19日，北大三所学院举办院庆活动。新闻与传播学院庆祝建院15周年。北大是中国最早开设新闻学的高校，是中华人民共和国初期第一个设立新闻学的高校，2001年5月28日，学校恢复成立新闻与传播学院。国际关系学院庆祝建院20周年暨建系56周年。学校1960年建立政治学系，1963年改名为国际政治学系，1996年至1998年，原国际政治学系、国际关系研究所和亚非研究所经合并调整，组成国际关系学院。现设置3个本科、7个硕士和6个博士专业对外招生。心理与认知科学学院庆祝建院和心理学系建系90周年。1902年，京师大学堂开设心理学课程，1926年11月19日，学校正式设立心理学系，2016年6月27日，心理学系正式更名为心理与认知科学学院。

11月19日，北大心理与认知科学学院庆祝建院90周年
（北大 供）

（胡少诚）

汪永铨逝世

6月30日16时20分，北大资深教授，教育学家，中国高等教育学科开创者和奠基人之一汪永铨在北京逝世，享年87岁。汪永铨，1929年出生于湖北鄂州。1950年毕业于清华大学物理系，并留校任教。1952年因院系调整转入北京大学物理系任教。历任北大物理系普通物理教研室主任、无线电电子学系主任、电化教学中心主任、北京大学教务长、高等教育科学研究所所长、北大研究生院院长，博士生导师。作为中国高等教育学科开创者和奠基人之一，其在高等教育原理、高等教育管理、高等教育政策、比较高等教育等方面具有开创性的研究成果，其领导创建并主持多年的北大高等教育科学研究所，是中国重要的高等教育研究机构之一。汪永铨先后兼任国务院学位委员会（教育学）学科评议组成员、中国高等教育学会副会长、全国教育科学规划领导小组高等教育学科组副组长、《北京大学教育评论》主编等职。2005年被北大评为哲学社会科学资深教授。

（李怀）

两项成果入选中国高等学校十大科技进展

12月26日，北大两项成果入选2016年度中国高等学校十大科技进展。分别为“世界首例真实稳定可控的单分子电子开关器件”和“发现原子核手征对称性和空间反射对称性的联立自发破缺”。“世界首例真实稳定可控的单分子电子开关器件”项目表明具有适宜导电特性并与固体电极耦合良好的功能分子可作为未来纳米电子器件的核心组件。“发现原子核手征对称性和空间反射对称性的联立自发破缺”项目发现最轻的手性原子核Br-78，以及手征对称性和空间反射对称性联立自发破缺的证据，深化对原子核复杂结构及其表现形式的认识。中国高等学校十大科技进展设立于1998年，北京大学共有27项科研成果入选。

（刘语潇）

中国人民大学

党委书记 靳诺
校　　长 刘伟

概述

2016 年，中国人民大学占地面积 75.77 万平方米、建筑面积 105.12 万平方米。固定资产总值 378782 万元，其中，教学、科研仪器设备资产值 74413 万元，全年教育经费投入 392331.71 万元，其中，国家拨款 186457.83 万元、事业收入 146010.98 万元、其他收入 59862.90 万元。图书馆占地面积 5.78 万平方米，馆藏纸质图书 392 万册，电子图书 297 万册。拥有网络信息点 36000 个，校园网出口总带宽 9Gbps，电子邮件系统用户 84336 个，管理信息系统数据总量 753G。设有 28 个学院，25 个跨院系研究机构，另设有体育部、继续教育学院、培训学院、深圳研究院；开设本科专业 80 个，博士学位授权点 125 个、硕士学位授权点 186 个；拥有硕士学位一级学科授权点 35 个，博士学位一级学科授权点 20 个；博士后流动站 19 个，其中，出站 74 人、进站 94 人、在站 349 人。国家重点一级学科 8 个，国家重点二级学科 8 个，北京市重点一级学科 5 个、北京市交叉重点学科 1 个、北京市重点二级学科 4 个；教育部普通高等学校人文社会科学重点研究基地 13 个，教育部工程研究中心、重点实验室 2 个，国家级实验教学示范中心 4 个，国家文科基础学科人才培养和科学研究基地 5 个，大学生文化素质教育基地 1 个，北京市哲学社会科学研究基地 3 个，北京市重点实验室 2 个。教职工 3926 人，其中，校本部专任教师 1846 人，包括教授 638 人、副教授 769 人；博士生导师 746 人、硕士生导师 1453 人。有国务院学位委员会委员和学科评议组成员 19 人，国家有突出贡献的中青年 19 人。毕业生 26707 人，其中，学历教育学生中全日制研究生 4124 人（博士生 661 人、硕士生 3463 人），普通本科生 2979 人，成人教育本专科生 2777 人（本科生 2448 人、专科生 329 人），网络教育本专科生 16827 人（本科生 9336 人、专科生 7491 人）。本科毕业生就业率 98.02%。招生 32024 人，其中，学历教育学生中全日制研究生 4593 人（博士生 874 人、硕士生 3719 人），普通本科生 2767 人，成人教育本专科生 1326 人（本科生 1006 人、专科生 320 人），网络教育本专科生 23338 人（本科生 11776 人、专科生 11562 人）。高考北京地区提档线理科 670 分、文科 664 分。在校生 96806 人，其中，学历教育学生中全日制研究生 12512 人（博士生 3817 人、硕士生 8695 人），普通本科生 10965 人，成人教育本专科生 4867 人（本科生 3873 人、专科生 994 人）；网络教育本专科学生 64246 人（本科生 36768 人、专科生 27478 人）。留学生毕业 921 人、招生 996 人、在校生 1419 人。网址：www.ruc.edu.cn。

2016 年，学校完成“十三五”时期发展规划编制工作，明确“十三五”期间学校事业的发展目标、指导思想和主要任务。召开第 14 次党员代表大会，选举产生新一届党委委员和纪委委员。以人事制度为核心推进综合改革，实施“杰出人文学者计划”，推进长聘制改革，启动薪酬制度改革。

学科建设。结合国家“中国特色、世界一流”的“双一流”战略，突出自身特色，完成支持党史学科发展、国学院挂牌成立古典学学院、数学学科独立建设等学科工作，马克思主义学院获评首批全国重点马克思主义学院。

人才培养。本科生培养方面，完善本科生培养方案和培养体系；推进国际研学制度；严格教师基本教学准入；完善教学奖励体系，激励教师教学投入。研究生培养方面，推进博士生教育综合改革；开展专业学位授权点水平评估和专项合格评估相关工作；完成校学位评定委员会和分委员会成员换届改选和新一届全国专业学位研究生教育指导委员会委员、秘书长、副主任委员换届工作。

思想政治工作。强化学生思政工作，推动网上“学务中心”、学生工作组织管理平台建成并上线运行；继续推进“求是思源”优秀学生培养计划、“厚重人才成长支持计划”等项目工作。

科研工作。获得国家社会科学基金年度项目 45 项立项，其中，重点项目 8 项、一般项目 25 项、青年项目 12 项。入选国家哲学社会科学成果文库 3 项。科研服务一站式大厅正式运行。13 个教育部人文社科基地获得资助经费 1138 万元。国家首批高端智库国家发展与战略研究院入选光明日报社发布的“十大”中国智库，重阳金融研究院获得《中国新闻周刊》“影响中国年度智库奖”。成立民族语言文化心理重点研究基地、家书博物馆。

交流合作。与英国剑桥大学等 24 所高校签署或续签合作协议；加入世界大学联盟；举办“中国人文社会科学论坛 2016”暨“中俄新闻教育高校联盟”成立大会；发起成立中俄友好、和平与发展委员会教育理事会;中法学院获“中法大学合作优秀项目”奖牌。

拓展办学空间。通州新校区建设取得突破性进展，地块控规获批，专项设计启动；与深圳市政府签署合作办学协议，建设人民大学深圳校区；与北京理工大学、宁夏回族自治区、青岛市签署战略合作协议，全面加强战略协同，在协同育人、协同创新、队伍交流和文化建设等方面合作；签署苏州校区中法学院新一轮办学协议。

（万静）

甘惜分逝世

1 月 8 日，人民大学荣誉一级教授甘惜分因病逝世，享年 100 岁。甘惜分，1916 年出生于四川邻水。1937 年赴延安参加革命，先后在抗日军政大学、延安马列学院学习。1938 年加入中国共产党，先后在八路军 120 师政治部和晋西党校担任政治教员和政策研究员。1945 年调任新华通讯社绥蒙分社任记者、编辑。1947 年担任新华社晋绥总分社负责人。1949 年任新华社西南总分社采编部主任。1954 年 9 月调至北京大学中文系新闻专业任教。1958 年到中国人民大学新闻系任教，历任副教授、教授、新闻理论教研室主任。1978 年成为改革开放后第一批新闻学硕士生导师，

1984 年成为改革开放后第一批新闻学博士生导师，先后培养中国第一届新闻理论专业硕士和中华人民共和国第一位新闻学博士，为中国新闻事业培养一批优秀人才。1980 年创办《新闻学论集》并任主编。1984 年参与筹建中国新闻教育学会并任副会长。1986 年创办中国人民大学舆论研究所并任所长，开启舆论学领域研究。1982 年出版新中国第一本新闻理论专著《新闻理论基础》，1993 年主编出版中国第一部新闻学辞典《新闻学大辞典》。甘惜分曾任中国人民大学学位评定委员会委员、吴玉章奖金新闻评审组召集人等职，曾兼任中华全国新闻工作者协会特邀理事，是首批享受国务院特殊津贴专家之一。2005 年、2009 年先后被中国人民大学评定为首批荣誉教授、首批荣誉一级教授。

（万静）

“杰出人文学者计划”实施

1 月 13 日，人民大学实施“杰出人文学者计划”。该计划主要内容是在全校设置 75 个杰出人文学者全职岗位，分别为人文讲席教授 10 个、人文特聘教授 25 个、人文青年学者 40 个，受聘者统称为“中国人民大学杰出人文学者”。6 月 28 日，经评议和无记名投票，19 名教师被聘为人文特聘教授、26 名教师被聘为人文青年学者。

（万静）

黄顺基逝世

4 月 17 日，人民大学荣誉一级教授黄顺基因病逝世，享年 91 岁。黄顺基，1925 年出生于广西昭平。1951 年复旦大学数学系毕业后到人民大学马列主义研究班深造，专业方向为逻辑学。1953 年留校任教。1956 年人民大学哲学系成立后，从事逻辑学教学和研究。1957 年，提出关于形式逻辑的突破性见解，受毛泽东邀请到中南海讨论逻辑学和哲学问题。1978 年人民大学复校后，担任学校哲学系自然辩证法（科学技术哲学）专业首批硕士生导师和博士生导师。曾兼任中国自然辩证法研究会常务理事、中国管理科学研究院科学技术社会学研究所所长。在自然辩证法学科体系、科学技术社会学、生态哲学、科学技术发展战略、管理科学领域，主持并撰写大量学术论著，取得奠基性和开创性成就，开展大量具有重要社会影响的学术活动，培育大批优秀人才。

（万静）

社会学学科建设研讨会

11 月 13 日，人民大学召开“全面建成小康社会背景下中国社会学学科体系、学术体系和话语体系建设”学术研讨会。会议就“理论自觉与中国特色社会学学科建设”“理论创新与中国社会学理论建设”“社会转型、社会研究与社会实践创新”“社会学类专业建设与人才培养的挑战与应对”等主题展开研讨。来自全国 60 家社会学教学科研单位专家学者近百人参加会议。

（万静）

庄福龄逝世

11 月 30 日，人民大学荣誉一级教授庄福龄因病逝世，享年 88 岁。庄福龄，1929 年出生于江苏镇江。1947 年至 1951 年在国立上海商学院学习，毕业后留校工作。1953 年至 1955 年在人民大学马列主义研究班学习，毕业后留校任教。1990 年成为博士生导师。兼任中央马克思主义理论研究和建设工程课题组首席专家，连续六届当选中国马克思主义哲学史学会会长。2005 年获评人民大学首批荣誉教授。庄福龄是中国新时期马克思主义哲学史学科建设的带头人和开拓者之一。改革开放后参加并主持全国高校马克思主义哲学史的课程建设和教材编写工作，相继出版全国第一本专业教材《马克思主义哲学史稿》《马克思主义哲学史纲要》《马克思主义哲学史教学资料选编》等，发表学术论文百余篇。曾获得“五个一工程奖”、国家图书奖、国家社科基金优秀成果一等奖、国家级教学成果奖。

（万静）

清华大学

党委书记　陈旭
校　　长　邱勇

概述

2016 年，清华大学占地面积 450.38 万平方米，建筑面积 302.97 万平方米。固定资产总值 1820422.67 万元，其中，教学、科研仪器设备资产值 614825.95 万元。图书馆建筑面积 62086.86 平方米，藏有纸质图书 424.88 万册、电子图书 1325.62 万册。拥有计算机 69521 台，多媒体教室 280 间，信息化设备资产 36007.81 万元，网络信息点 70000 个，校园网出口总带宽 10000Mbps，电子邮件系统用户 125003 个，上网课程 5780 门，管理信息系统数据总量 54043GB。下设 23 个直属院（系）；开设本科专业 78 个，博士学位授权（一级学科点）55 个，硕士学位授权（一级学科点）56 个；博士后流动站 48 个，其中，博士后研究人员在站 1763 人。22 个一级学科国家重点学科、15 个二级学科国家重点学科。国家重点实验室 13 个。教职工 13522 人，其中，专任教师 3401 人，包括正高级 1394 人、副高级 1492 人；博士生导师 2657 人、硕士生导师 1126 人；中国科学院院士 45 人、中国工程院院士 33 人。“长江学者奖励计划”特聘教授 150 人、讲座教授 58 人。毕业生 8930 人，其中，学历教育学生中全日制研究生 4627 人（博士生 1387 人、硕士生 3240 人），普通本科生 3241 人；非学历教育中在职人员攻读硕士学位 1062 人。本科毕业生就业率 96.7%。招生 10645 人，其中，学历教育学生中全日制研究生 5809 人（博士生 2027 人、硕士生 3782 人），普通本科生 3405 人；非学历教育中在职人员攻读硕士学位 1431 人。高考北京地区提档线理科 680 分、文科 679 分。在校生 40514 人，其中，学历教育学生中全日制研究生 20675 人（博士生 10029 人、硕士生 10646 人），普通本科生 14308 人；非学历教育中在职人员攻读硕士学位 5531 人。留学生毕业 1839 人、招生 1930 人、在校生 3308 人。网址：www.tsinghua.edu.cn。

2016 年，学校制订《清华大学事业发展“十三五”规划纲要》《清华大学党的建设“十三五”规划》《清华大学“十三五”学科建设规划》《清华大学“十三五”校园基建规划》《清华大学制度建设“十三五”规划》《清华大学文化建设“十三五”规划》等专项规划。

综合改革。启动 38 个院系的教师人事制度改革；召开第二次人才工作会，持续推进人才强校战略，提升人才队伍整体水平。推进教育教学改革，试点大类招生、培养与管理，博士生招生采取“申请—考核”制，扩大博士生招生规模、减少硕士生招生规模，进一步推进本科培养方案重构，持续推进创新创业教育，完善教书育人激励政策和学生奖学金、助学金制度。启动科研体制机制改革，发布《清华大学关于深化科研体制机制改革的若干意见》，明确把推动学科交叉、军民融合、前沿部署及科技成果转化作为改革重点，实现科学研究从跟踪到引领的跨越。

学科建设。在各院系制定学科发展规划的基础上，学校统筹制定学科建设总体思路，即工科要服务国家战略，要与行业龙头企业加大合作，在国际上积极发出声音，发挥引领作用；文科要进一步加强基础学科建设，提升人文素质教育，参与并推动文理渗透；理科要以开展国际学术前沿研究为中心，加强基础研究，力争产生更多的原创性、有国际影响力的学术成果；生命科学和医学学科要进一步完善学科布局，使若干研究方向进入国际前沿，逐步确立学科优势。4 个本科专业通过美国工程与技术认证委员会 (ABET) 认证，分别为化学工程、环境工程、机械工程、给排水工程，同时获得 6 年最长有效期。

科研成果。19 项成果获国家科技奖。其中，自然科学奖 2 项、技术发明奖 4 项、科学技术进步奖 13 项。作为第一完成单位或第一完成人所在单位获奖 9 项。学校教师作为通讯作者，在《自然》《科学》期刊上共发表 13 篇论文。多名教授获国际科研奖项。如环境学院教授郝吉明获美国加利福尼亚空气资源委员会颁发的 2015 年度哈根—斯密特清洁空气奖，成为中国大陆首位获奖科学家；美术学院名誉院长、艺术博物馆馆长冯远获颁法国文化艺术骑士勋章等。

交流合作。颁布实施首个《全球战略》，苏世民书院正式开学，倡议筹备成立亚洲大学联盟，与深圳市签署合作协议建设清华大学深圳国际校区，成立国际教育办公室和国际学生学者中心，着力培养具备“全球胜任力”的拔尖创新人才，切实提升服务国家和世界的研究能力，全面提升学校的国际化办学能力与全球影响力。与国内外机构签署多项合作协议，如与西班牙电信携手推动全球数字化教育的发展。双方致力于通过各自在线教育平台推动在线课程发展，共享平台运营经验；与联合国儿童基金会启动新的长期合作伙伴关系，旨在借助创新、科技与设计之力，造福世界上最贫困、最弱势的儿童等。

（许亮）

男篮获 CUBA 总冠军

6 月 14 日，清华男子篮球队获第 18 届中国大学生篮球联赛 (CUBA) 总冠军。男篮队员班铎获“最有价值球员”称号，教练王德礼获“最佳教练”称号。比赛设西南、西北、东南、东北四个赛区，每个赛区为一组，每个小组由 6 个代表队组成，进行小组单循环，四个小组的第一名球队晋级四强赛。学校篮球队以 70 : 64 比分战胜太原理工大学，获得总冠军。比赛由中国大学体育协会主办，自 1998 年正式推行，设男子组和女子组。本届联赛将中国大学生篮球超级联赛 (CUBS) 纳入中国大学生篮球联赛 (CUBA) 范畴，由 16 强赛改为 24 强赛，由单败淘汰升级为小组单循环。学校女子篮球队获该项比赛女子组季军。

（许亮）

6 月 14 日，清华男篮获 CUBA 总冠军

（清华 供）

全面推行博士生招生“申请—审核”制

6 月 28 日，清华召开 2017 年博士生招生改革布置会。会议解读《清华大学博士研究生招生“申请—审核”制实施办法》，提出自 2017 级博士研究生招生开始，全面推行“申请—审核”制。“申请—审核”程序包括个人申请、材料审查、综合考核和择优录取 4 个阶段。根据不同学科特点，采取不同的考核方式。由于材料筛选和面试环节的自主性强，学校研究生院设计出“5+1+2”的监督保障机制。“5”代表集体决策、信息公开、巡查制度、纪检监察、申诉复议五大机制；“1”代表院系的博士生招生选拔实施细则需要经过研究生招生委员会审核；“2”是对申请审核过程中可能出现的弄虚作假、违反招生规定现象所制定的 2 种措施，即：一旦申请人作假将取消申请资格、录取资格直至入学资格，招生过程中出现徇私舞弊、滥用职权人员，经查实将按照国家和学校有关规定严肃处理。2011 年，清华开始在 9 个院系试点博士生招收方式改革。

（许亮）

新雅书院开学

8 月 19 日，清华新雅书院举行 2016 级新生开学典礼。书院首届招生 65 人，新生入学时不分专业，接受以数理、人文和社会科学为基础的小班通识教育，一年后自由选择清华各专业方向（临床医学等个别专业除外），或选择交叉学科发展。书院是2014年学校为探索本科教育改革创新而特设的“住宿制文理学院”，2016年面向全国招生。

（许亮）

艺术博物馆开馆

9月10日，清华艺术博物馆开馆。该馆建筑面积30000平方米，展览面积9000平方米，地上4层。馆藏13000组件，展品来自学校美术学院（原中央工艺美术学院）1956年以来的收藏，以及校友及社会贤达的捐赠，分为书画、染织、陶瓷、家具、青铜器及综合艺术品6类。该建筑由瑞士建筑师马里奥·博塔主持设计，2012年动工。

（许亮）

9月10日，清华艺术博物馆开馆

（清华 供）

1人获“未来科学大奖”

9月19日，清华物理系教授薛其坤获首届“未来科学大奖”物质科学奖。首届“未来科学大奖”设生命科学奖和物质科学奖两个年度奖项，获奖者获得单项100万美元的奖金。未来科学大奖由“未来论坛”发起设立，是中国首个民间科学奖项，是中国大陆第一个由科学家、企业家群体共同发起的民间科学奖项，旨在关注原创性的基础科学研究，奖励在大中华区进行研究工作并为世界科学发展做出杰出科技成果的科学家（不限国籍）。奖项以定向邀约方式提名，并由优秀科学家组成科学委员会专业评审，保持评奖的独立性。薛其坤，1963年出生于山东临沂，材料物理专家，中国科学院院士，清华大学副校长，入选“万人计划”首期杰出人才。2012年提出界面高温超导，2013年首次从实验上观测到量子反常霍尔效应，2014年获求是杰出科学家奖、何梁何利科学与技术成就奖。发表《科学引文索引》(SCI)论文300篇。

（许亮）

1人获评中国经济学奖

12月4日，清华经济管理学院院长钱颖一被授予首次颁发的中国经济学奖，表彰他对转轨经济中作用于政府和企业激励机制的研究所做出的贡献。钱颖一，1956年出生于北京。1981年清华大学数学专业本科（提前）毕业后留学美国，先后获哥伦比亚大学统计学硕士学位、耶鲁大学运筹学/管理科学硕士学位、哈佛大学经济学博士学位。曾任教于斯坦福大学、马里兰大学、加州大学伯克利分校。2006年10月任清华经管学院院长。研究领域包括比较经济学、制度经济学、转轨经济学、中国的经济改革和发展。“中国经济学奖”是由当代经济学基金会设立评选的国内经济学领域大奖，2016年首次评选，旨在通过奖励在经济学领域做出杰出贡献的华人学者，鼓励理论创新，繁荣经济科学。该奖项每年一评，设立金质奖章一枚以及200万元人民币的奖金。

（许亮）

北京交通大学

党委书记　曹国永
校　　长　宁滨

概述

2016年，北京交通大学占地面积63.75万平方米，学校产权校舍建筑面积103.24万平方米。全年教育经费投入239769万元，其中，国家拨款107643万元、自筹经费132126万元。固定资产总值39.99亿元，其中，教学、科研仪器设备资产值10.74亿元。图书馆建筑面积16357平方米，藏书884万册，其中，纸质图书207.69万册、电子图书256.08万册。学校信息化经费投入2369.5万元，拥有计算机15546台，多媒体教室224间，信息化设备资产50877.40万元，网络信息点45000个，校园网出口总带宽7100Mbps，电子邮件系统用户82683个，上网课程2300门，数字资源量包括数据库202个、音视频2046小时，管理信息系统数据总量13.30GB。下设14个直属院（系）；开设本科专业58个，覆盖7个学科门类和34个一级学科，有一级学科博士点21个，一级学科硕士点35个，专业学位授权点12类；博士后流动站15个，其中，博士后研究人员出站32人、进站47人和在站142人。一级学科国家重点学科2个、二级学科国家重点学科2个，一级学科北京市重点学科5个、二级学科北京市重点学科6个、交叉学科北京市重点学科2个，铁道部重点学科4个。国家重点实验室1个，国家工程实验室6个、国家工程研究中心1个。教职工2968人，其中，专任教师1848人，包括教授444人、副教授743人；博士生导师575人、硕士生导师721人；中科院院士4人、工程院院士8人。“长江学者奖励计划”特聘教授9人、国家有突出贡献专家7人、享受政府特殊津贴专家161人。外籍教师18人，其中，教授5人、副教授2人。毕业生35892人，其中，学历教育学生中全日制研究生3148人（博士生266人、硕士生2882人）、普通本专科生3657人（本科生3224人、专科生 433 人）、成人教育本专科生 3668 人（本科生 2579 人、专科生 1089 人）、网络教育本专科生 23767 人（本科生 9266 人、专科生 14501 人）；非计划招生高等教育学生中在职人员攻读博士硕士学位 1652 人。本科毕业生就业率 98.03%。招生 44041 人，其中，学历教育学生中全日制研究生 3598 人（博士生 458 人、硕士生 3140 人）、普通本专科生 3859 人（本科生 3744 人、专科生 115 人）、成人教育本专科生 3397 人（本科生 2067 人、专科生 1230 人）、网络教育本专科生 32018 人（本科生 13383 人、专科生 18635 人）；非计划招生高等教育学生中在职人员攻读博士硕士学位 1169 人。高考北京地区提档线理科 640 分、文科 640 分。在校生 97923 人，其中，学历教育学生中全日制研究生 10857 人（博士生 2891 人、硕士生 7966 人）、普通本专科生 14884 人（本科生 14253 人、专科生 631 人）、成人教育本专科生 7810 人（本科生 5224 人、专科生 2586 人）、网络教育本专科生 57454 人（本科生 24569 人、专科生 32885 人）；非计划招生高等教育学生中在职人员攻读博士硕士学位 6918 人。留学生毕业 802 人、招生 1129 人、在校生 1550 人。网址：www.bjtu.edu.cn。

2016 年，学校发布《北京交通大学“十三五”发展规划 (2016—2020 年)》和《北京交通大学学术委员会章程（试行）》，启动“双一流”建设方案。“北京交大兰卡斯特大学学院”首批新生入学，“一校两区”的办学格局日趋完善。

教育教学。获批国家级虚拟仿真实验教学中心、全国示范性工程专业学位研究生联合培养基地、北京市级实验教学示范中心和北京高校示范性校内创新实践基地建设单位各 1 个。获评全国高校实践育人创新创业基地、北京市创新创业教育改革示范高校和首批示范性创业中心。新增网络空间安全一级学科博士点。新增国家级精品视频公开课 1 门、精品资源共享课 19 门。学生获国家级及以上学科竞赛奖励 300 项。学生艺术团在北京市第五届大学生音乐节中获 1 金 1 银，学生运动队取得全国及以上冠军 6 项。

科研工作。全年新增科研项目 2154 项，合同经费 6.61 亿元。获批国家重点研发计划项目 24 项；国家自然科学基金项目 150 项，包括重点项目 2 项；国家社科基金项目 7 项，包括重大项目 1 项、重点项目 2 项。新增国家“863”计划、“973”计划、“国家科技支撑计划”子课题 27 项。参与建设“城市轨道交通列车通信与运行控制国家工程实验室”等 4 个国家级创新平台，学校首个国家级国际科技合作基地“轨道交通控制与安全国际联合研究中心”获批成立。北京综合交通发展研究院和中国马克思主义与文化发展研究院成立。全年共获省部级及以上科技奖励 24 项，申请专利 566 项。

师资建设。获批国家自然科学基金创新群体和国家创新人才推进计划重点领域创新团队。1 人获何梁何利基金科学与技术进步奖。新增“万人计划”领军人才 3 人、“创新人才推进计划”中青年领军人才 1 人。全年引进高层次人才 9 人，包括“青年千人”2 人。72 人参加 3 个月及以上公派教师出国研修项目。2 人入选北京市教学名师。

交流合作。参加中印尼、中俄人文交流机制，中国—东盟教育交流周，中国—欧盟国家教育部长会议；成立中俄高铁研究中心、中国—东盟轨道交通教育培训联盟；举办 2016 全球大学校长高峰论坛、轨道交通创新发展与“一带一路”倡议论坛等高水平国际学术活动。签署 44 项国际合作协议，接待 34 个国家（地区）的短期访问团组和个人 1836 人次。获批外专引智项目 84 项。汉能新能源学院、中俄交通学院首批学生入学。获批商务部援助发展中国家学历学位教育高校直招项目，为坦赞铁路、两洋铁路、中泰铁路等举办涉外技术培训项目 8 期。

（高杰）

庆祝建校 120 周年

5 月至 9 月，北京交大举办庆祝建校 120 周年系列庆祝活动。举办 2016 首届北京建造节暨“艺蕴交大·百廿芳华”120 周年校庆主题创意文化节，展出由 768 张人文图片拼接构成的校徽标识 (Logo) 装置、纯手工纸板制作的蒸汽火车和时光风车、15 件大型创意雕塑、40 幅创意交大色彩和创意火车素描、52 个手绘校庆主题风筝及装饰陈设、剪纸折扇、布艺陶艺等手工技艺类作品。召开“大道交通　圆梦中华”主题庆祝大会，校长作题为《大道交通，筑梦一流》的演讲，回顾学校 120 年奋斗历程，总结学校在人才培养、科学研究、社会服务、国际交流等领域取得的成绩。两岸 5 所交通大学校长共同发布《交通大学北京宣言》。举办 5 场“以交通为名”主题晚会。演出以“BJTU120 次交大时光号”列车为线索，跨越时空界限，穿越于过去与未来，呈现学校 120 年办学历史、辉煌成就和精神内涵。发布三大类 10 本文化成果丛书，包括校史综合类著作《世纪交大》《北京交通大学志 (1998—2010)》，文化建设研究成果类丛书《金士宣》《知行的意蕴与价值——北京交通大学校训研究》《学风场域的力量——北京交通大学研究生学风建设的创新与发展》《关爱·平安——北京交通大学校园安全文化建设研究》《中国铁路与百年交大》，校园文化类丛书《文化育人　翰墨铸情——北京交通大学校园文化景观书法艺术赏析》《思源致远　墨榭传香——北京交通大学 120 周年校庆书画名家作品集》《与经典相约——恽大文小楷集》。

（高杰）

9 月 7 日至 11 日，北京交大庆祝建校 120 周年主题晚会

（北京交大 供）

两场国际学术年会

7月24日至27日，北京交大举办第六届IEEE物流、信息化与服务科学国际学术年会（简称IEEE/LISS’2016）和第三届IEEE产业经济系统与产业安全工程国际学术年会（简称IEEE/IEIS’2016）。会议邀请物流信息化、产业安全等相关领域6名学者作主题发言，全球10个国家和地区的200名学者分别在悉尼大学和北京交大两个会场进行48个分组论文宣讲。会议共收到来自全球13个国家和地区的学术论文687篇，录用330篇。

（高杰）

兰卡斯特大学学院开学

9月11日，北京交大兰卡斯特大学学院揭牌暨2016级新生开学。该学院设在威海校区，是学校与英国兰卡斯特大学合作举办的中外合作办学机构，为非独立法人的二级机构，在工程学、工商管理等学科开展本科生、硕士生教育，首批招收本科新生252人，开设计算机科学与技术、环境工程、通信工程、数字媒体艺术4个专业。

（高杰）

北京工业大学

党委书记　郑吉春
校　　长　柳贡慧

概述

2016年，北京工业大学占地面积80.07万平方米，学校产权校舍建筑面积97.41万平方米、非产权校舍建筑面积6.00万平方米。全年教育经费投入190547.18万元，其中，国家拨款158562.40万元、自筹经费31984.78万元。固定资产总值59.62亿元，其中，教学、科研仪器设备总值25.81亿元。图书馆建筑面积2.32万平方米，藏书203.83万册，电子图书13013.36GB。学校信息化经费投入1733.43万元，拥有计算机21311台，多媒体教室座位21400个，信息化设备资产96128.39万元，网络信息点38249个，校园网出口总带宽5540Mbps，电子邮件系统用户65292个，上网课程1085门，数字资源量2000GB，管理信息系统数据总量241199.45GB。设31个教学科研机构；开设本科专业59个；有一级学科博士学位授权点18个，二级学科博士学位授权点1个；一级硕士学位授权点31个，二级硕士学位授权点3个；博士后流动站18个，其中，出站62人、退站3人、进站80人、在站215人。国家重点学科3个，北京市重点学科21个，北京市重点建设学科18个。国家级产学研中心1个，国际合作研究中心1个，教育部工程研究中心2个，教育部重点实验室4个，省部共建国家重点实验室培育基地1个，北京市级科研基地38个，行业重点实验室3个。教职工2960人，其中，专任教师1680人，包括正高367人、副高799人；博士生导师334人，硕士生导师1757人（含专业学位和学术学位硕士生导师）。外籍教师50人，其中，教授10人。工程院院士2人，“长江学者奖励计划”特聘教授9人，享受政府特殊津贴专家42人，国家杰出青年基金获得者11人，中央层面“海外高层次人才引进计划”入选者11人，“北京海外人才聚集工程”入选者93人。毕业生7485人，其中，学历教育学生中全日制研究生1903人（博士生162人、硕士生1741人）；普通本科生3089人；成人教育本专科生1532人（本科生1152人、专科生380人）；非计划招生高等教育学生中在职人员攻读硕士学位961人。本科生就业率98.64%，研究生就业率98.90%。招生6858人，其中，学历教育学生中全日制研究生2312人（博士生272人、硕士生2040人），普通本科生3513人，成人教育本专科生1033人（本科生841人、专科生192人）。高考北京地区提档线文科611分、理科603分。在校生26240人，其中，学历教育学生中全日制研究生7019人（博士生1212人、硕士生5807人），普通本科生13914人，成人教育本专科生2306人（本科生1941人、专科生365人）；非计划招生高等教育学生中在职人员攻读硕士学位3001人。留学生毕业426人、招生532人、在校生945人。网址：www.bjut.edu.cn。

2016年，学校推进“十三五”时期发展规划的编制实施，服务全国科技创新中心建设。

院系整合。整合电控学院、计算机学院、软件学院、微电子学院资源，成立信息学部，启动学部制改革；成立京津冀绿色发展研究院，助推“京津冀协同创新联盟”在重点领域的协同攻关，“城镇污水深度处理与资源化利用技术国家工程实验室”获批建立，“工业大数据应用技术国家工程实验室”通过立项审核；成立创新创业学院，组织创新创业联盟，作为北京市属本科院校唯一代表获评教育部首批“全国创新创业典型经验高校”，获评北京市教委首批“北京地区高校示范性创业中心”及首批“北京市深化创新创业教育改革示范高校”。

专业建设。推进学科大类培养，开展学科专业改革试点，推进学科专业内涵发展，机械工程专业、材料科学与工程和电子信息工程通过国家工程教育专业认证，软件工程实践教学中心获批成为国家级实验教学示范中心，建筑环境与能源应用工程专业通过行业专业评估，控制工程与环境工程研究生培养实践基地获评第二届“全国示范性工程专业学位研究生联合培养基地”。

科研成果。作为第一完成单位完成的两项成果获2015年度国家科学技术进步奖二等奖。分别为“航天器舱体结构变极性等离子弧穿孔立焊关键技术与应用”和“预应力整体张拉结构关键技术创新与应用”。另有作为参与单位完成的项目获得国家科学技术进步奖二等奖，分别是“气控热管国家高精度温度源”“区域大气污染源高分辨率排放清单关键技术与应用”“信息系统安全建设实验环境检验平台及示范应用”。

交流合作。与世界知识产权组织合作，首次举办“世界知识产权组织2016年中国暑期学校”，完成与科一重工股权捐赠的相关协议与合作，与茅以升基金会签订战略合作协议，合作开展专业人才培养；签订涉及“一带一路”国家的协议 11 份，全年与境外大学新签及续签协议 38 份，“京津冀区域环境污染控制创新引智基地”入选 2016 年“111 计划”，召开“全球化视野下如何培养创新创业人才”国际研讨会和国际化工作推进会，北京—都柏林国际学院的在校学生数超过 1000 人，首届本科生顺利毕业。

（苏雅洁）

创新创业学院成立

1 月 12 日，北工大成立创新创业学院。该学院为学校二级机构，主要负责统筹协调全校教学资源，承担培养全校学生创新创业意识、精神和能力的教学工作，建设大学生创业园和创新创业人才培养基地，为学生提供创新创业实践和实训服务，开展大学生创新创业教育与实践体系构建研究，制定学校学生创新创业政策。同时，成立创新创业学院管理委员会，对学院教育教学和创业实践工作进行管理和指导。

（苏雅洁）

智能制造领域大科研推进计划启动

2 月，北工大启动智能制造领域大科研推进计划。创建校内领衔专家责任制、校外咨询专家跟踪机制、模板化、流程化、规范化的全流程项目管理机制；策划与政府、行业多层次的交流与对接，探索科技重大项目组织新模式。实施“智能机器人”和“高端医疗装备”2 个任务，学校支持经费 1600 万元，布局项目 19 项；跨学科研究团队初步形成，实现“央地互动”，吸引国家及地方政府科技经费支持 1000 万元，以 RV 减速器为代表的成果在通州区转化落地。

（苏雅洁）

信息学部成立

9 月 1 日，北工大成立信息学部。该学部为跨学科新型二级教学科研机构，以一级学科为单位下设 5 个学院，即电子科学与技术学院（微电子学院）、信息与通信工程学院、自动化学院、计算机学院、软件学院，开展信息领域的学科建设、人才培养、科学研究及服务社会工作。原电子信息与控制工程学院、计算机学院、软件学院、微电子学院 4 个相应二级教学科研机构建制同日起撤销。

（苏雅洁）

全球化视野下如何培养创新创业人才国际研讨会

10 月 21 日至 22 日，北工大召开“全球化视野下如何培养创新创业人才”国际研讨会。爱尔兰阿斯隆理工学院、日本东北大学等 8 所院校的代表围绕“如何培养创新创业人才”作主题发言。专家围绕“全球化视野下创新创业人才培养的实践和做法”议题，研讨“如何理解创新创业的基本条件、创新创业人才培养模式改革”等问题。斯图加特大学、加拿大瑞尔森大学、香港理工大学分享各自学校在促进学生创新创业方面的做法与成果。来自 11 个国家和地区 14 所大学的专家学者参加研讨会。

（苏雅洁）

10 月 21 日至 22 日，北工大召开国际研讨会

（北工大 供）

北京航空航天大学

党委书记　张军
校　　长　徐惠彬

概述

2016 年，北京航空航天大学占地面积 182.94 万平方米，建筑面积 192.55 万平方米。固定资产总值 757828.27 万元，其中，教学、科研仪器设备资产值 305428.74 万元。图书馆建筑面积 2.09 万平方米，藏有纸质图书 292.28 万册、电子图书 984324 万册。全年教育经费投入 292690.45 万元，其中，国家拨款 179231.25 万元、自筹经费 113459.20 万元。学校信息化经费投入 991.51 万元，拥有计算机 34344 台，网络多媒体教室 295 间，信息化设备资产 79588.89 万元，网络信息点 52029 个，校园网出口总带宽 156000Mbps，电子邮件系统用户 132121 个，上网课程 5300 门，数字资源量 46272.9GB，管理信息系统数据总量 109GB。设有 2 个校区，设置 29 个院；开设本科专业 55 个，硕士学位授权一级学科点 39 个，硕士学位授权二级学科点（不含一级学科覆盖点）3 个，博士学位授权一级学科点 22 个，博士学位授权二级学科点（不含一级学科覆盖点）1 个，学科涵盖理、工、文、法、经济、管理、教育、哲学、医学、艺术学 10 个门类。博士后流动站 20 个，其中，博士后研究人员出站 100 人、进站 139 人、在站 406 人。国家重点一级学科 8 个、国家重点二级学科 28 个、北京市重点学科 25 个；国家实验室 1 个、国家重点实验室 2 个、国家级重点实验室 9 个、国家工程实验室 1 个、国家工程研究中心 1 个、国家工程技术研究中心 1 个、省部级实验室 58 个。教职工 3860 人，其中，专任教师 2431 人，包括教授 636 人、副教授 1164 人；博士生导师 678 人、硕士生导师 1285 人；中科院院士 6 人、工程

院院士 16 人。“长江学者奖励计划”特聘教授 50 人、国家有突出贡献专家 29 人、享受政府特殊津贴专家 259 人、国家杰出青年基金获得者 42 人、新世纪优秀人才 155 人、国家级教学名师奖 3 人、国家自然科学基金委创新研究群体 6 个、教育部创新团队 12 个、科技部创新人才推进计划重点领域创新团队 1 个、国家级教学团队 5 个、国防科技创新团队 6 个。外籍教师 62 人。毕业生 38245 人，其中，学历教育学生中全日制研究生 3505 人（博士生 617 人、硕士生 2888 人）、普通本科生 3497 人、成人教育本专科生 1014 人（本科生 783 人、专科生 231 人）、网络教育本专科生 27556 人（本科生 10917 人、专科生 16639 人）；非计划招生高等教育学生中在职人员攻读硕士学位 2673 人。本科毕业生就业率 98.56%。招生 33724 人，其中，学历教育学生中全日制研究生 4154 人（博士生 843 人、硕士生 3311 人）、普通本科生 3845 人、成人教育本专科生 1078 人（本科生 764 人、专科生 314 人）、网络教育本专科生 24647 人（本科生 10191 人、专科生 14456 人）；非计划招生高等教育学生中在职人员攻读硕士学位 3448 人。北京地区高考提档线文科 659、理科 645。在校生 118077 人，其中，学历教育学生中全日制研究生 13836 人（博士生 4498 人、硕士生 9338 人）、普通本科生 15671 人、成人教育本专科生 2606 人（本科生 1942 人、专科生 664 人）、网络教育本专科生 75251 人（本科生 33063 人、专科生 42188 人）；非计划招生高等教育学生中在职人员攻读硕士学位 10713 人。留学生毕业 378 人、招生 753 人、在校生 1538 人。网址：www.buaa.edu.cn。

2016 年，学校把握“谋划、改革、转型”三个关键，推进改革创新。召开中共北航第 16 次党员代表大会。

提升治校理教能力。召开第 16 次党员代表大会。明确学校远景目标为“建设扎根中国大地的世界一流大学”以及“一个发展目标”“三步走战略构想”“六项重点工作与行动计划”“一个从严治党与党建创新工程”的“1—3—6—1”发展战略规划路线图。优化学科布局。获批 2 个高精尖创新中心，成立医工交叉创新研究院。完成第四轮一级学科评估。

提高人才培养质量。本科人才培养体系。推进通识教育、大类培养、国际化培养，推广 MDP 教学模式。试点工科本科专业大类招生。拓展高等工程学院为高等理工学院，统筹各类理工类试点班建设。试点高级讲师评审制。成立创新创业学院，完善“三全”教育模式。本科生获奖 634 项，共 1301 人次。研究生培养改革。强化博导业绩年度审核。推进精品课程和综合创新教学实验平台建设。加大出国出境支持力度，加强引智课程建设。严格质量监控措施，保证学位论文质量。首次发布研究生教育年度质量报告。2016 年博士学位获得者人均发表 SCI(E) 论文 1.792 篇。高质量完成招生就业工作。以高端人才进校园等多种形式吸引各类优秀生源。应届毕业生总体就业率 99.09%，本科毕业生升学率 60.58%。

提升科研创新能力。服务国家战略能力，在预先研究、型号研制等国防科技创新方面取得进展。到款科研经费 26.8 亿元。助力中国南沙群岛岛礁新建机场校验飞行。牵头成立中德先进制造创新平台。获批国家自然科学基金 261 项、重大重点项目 23 项。新增北京市哲学社会科学研究基地 2 个。在《自然》发表中国高校机械工程学科首篇成果。ESI 排名明显提升，工程学进入前 1‰。深化与骨干企业的合作，推进无人机、临近空间飞行器等重大成果转化。联合部属高校，设立市场化知识产权运营机构。2016 年以技术转让和许可形式转移 181 件专利。作为第一完成单位完成的 3 项成果获 2015 年度国家科学技术奖。

加强教师队伍建设。深化人事制度改革，试点实施教师准聘长聘制度。依托国际交叉科学研究院、高精尖中心等平台，召开国际青年学者唯实论坛和北航青年学者论坛。依托国家实验室实施“高端学者短期聘任计划”。新增 2 名“千人计划”国聘专家、新增 5 名长江学者特聘教授、2 名杰出青年和 7 名“万人计划”。

实施国际化发展战略。推进“远航计划”“国际暑期学校计划”等，打造“北航全球校园”。全年学生出国（境）2498 人次。开展 68 个国际暑期学校交流项目，中外学生人数达 3351 人。落实高校国际化示范学院推进计划，建设国际通用工程师学院。实施“全球合作推进工程”，获批“空天先进材料学科创新引智基地”7 个。新增 2 个国际科技合作基地。教职工出国（境）1754 人次。

（朴悦嘉　陈颖）

北航投资有限公司成立

1 月 16 日，北航投资有限公司成立。公司由北航和优秀北航校友企业家集资创建，位于北京中关村国家自主创新示范核心区，注册资本 10 亿元，重点对北航及各高校的青年创业师生和科技工作者进行投资、孵化与创业支持，并将每年分红的 10% 捐赠给学校用于支持创建一流大学的建设。首任董事长是校友企业家夏炜。

（朴悦嘉　陈颖）

1 名教授当选外籍院士

2 月 8 日，北航教授江雷当选美国工程院外籍院士。江雷为化学与环境学院院长、中国科学院院士，主要从事交叉科学领域仿生智能界面材料的合成与制备的研究工作，涉及仿生特殊浸润性材料、仿生离子通道、仿生能源、仿生轻质高强等方面的研究。因在超疏水性和亲水性图层方面的杰出贡献当选，并因其在特异侵润性表面的设计和制备方面的杰出贡献，获得联合国教科文组织第五届纳米科学与技术特别贡献奖章。美国工程院院士称号表彰在工程研究、实践，或者教育领域做出杰出贡献的工程师，是美国工程师职业生涯的最高荣誉之一。当年，美国工程院共选举 80 名新院士和 22 名外籍院士。

（朴悦嘉　陈颖）

朱开轩逝世

6 月 7 日，北航原党委书记朱开轩在北京逝世，享年 84 岁。朱开轩，1932 年出生于上海金山，原国家教育委员会主任、党组书记，九届全国人大常委、教育科学文化卫生委员会主任委员。1958 年毕业于北京航空学院自动控制系，曾任北京航空学院助教、讲师、高级工程师、研究室副主任、系副主任、系总支副书记、代书记，教务组副组长、科研处长、副教务长、副院长、院党委书记。1985 年 6 月起，历任国家教育委员会党组副书记、副主任。1988 年，兼任国务院学位委员会副主任委员兼秘书长。1993 年 3 月，任国家教育委员会主任、党组书记，兼任国家教育行政学院院长，国务院学位委员会常务副主任。

（朴悦嘉　陈颖）

首批“双学籍”飞行学员毕业

7 月 6 日，北航举办首批“双学籍”飞行学员毕业暨 2013 级学员转阶段欢送座谈会。2012 年，经中央军委批准，空军分别与清华大学、北京大学、北京航空航天大学联合招收培养“双学籍”飞行学员。经过招飞，“双学籍”飞行学员进入北航进行为期 3 年的专业学习，第 4 年到空军航空大学进行飞行训练。首批“双学籍”飞行员 15 人。

（朴悦嘉　陈颖）

7 月 6 日，北航首批“双学籍”飞行学员毕业　（北航 供）

高等工程学院更名为高等理工学院

11 月 1 日，北航高等工程学院更名“高等理工学院”暨“沈元荣誉学院”冠名大会召开。高等工程学院更名为“高等理工学院”并冠名为“沈元荣誉学院”，学院成立于 2002 年 9 月，更名后，由“工科方向”向“理工兼具”转型，统筹全校各类理工类试点班建设，全面实施书院制管理。

（朴悦嘉　陈颖）

北京理工大学

党委书记　张炜（4月免）　赵长禄（4月任）
校　　长　胡海岩

概述

2016 年，北京理工大学占地面积 188 万平方米，学校产权校舍建筑面积 127 万平方米。图书馆建筑面积 4.83 万平方米，藏书 259.24 万册，电子图书 689.26 万册。固定资产总值 58.28 亿元，其中，教学、科研仪器设备资产值 27.32 亿元。全年教育经费投入 425090 万元，其中，财政拨款 163751 万元、自筹经费 261339 万元。学校信息化设备资产 76903.35 万元，拥有计算机 22315 台，网络信息点 31000 个，校园网出口总带宽 5000Mbps，电子邮件系统用户 72503 个，上网课程 4177 门，数字资源数据库 288 个，管理信息系统数据总量 130GB。设有中关村校区、良乡校区、西山实验区、秦皇岛分校和珠海校区 5 个校区，设 20 个专业学院，67 个本科专业，覆盖 8 个学科门类；具有一级学科博士点 24 个，一级学科硕士学位授权点 32 个，博士专业学位授权点 1 个，硕士专业学位授权点 10 个；博士后流动站 18 个，其中，博士后研究人员出站 40 人、进站 74 人、在站 183 人。一级学科国家重点学科 4 个、二级学科国家重点学科 5 个、国家重点（培育）学科 3 个，国防特色学科 24 个，一级学科省、部级重点学科 13 个，二级学科省、部级重点学科 35 个；国家协同创新中心 1 个；国家级重点实验室 / 中心 8 个，包括国家重点实验室 2 个，国家工程技术研究中心 1 个，国家工程实验室 1 个，国防科技重点实验室 3 个，国防科技工业技术创新中心 1 个；省部级重点实验室 / 中心 42 个。教职工 3342 人，其中，专任教师 2143 人，包括教授 513 人、副教授 902 人；博士生导师 117 人，硕士生导师 1196 人，博士、硕士导师 551 人；中科院院士 7 人、工程院院士 9 人，日本工程院院士 1 人，发展中国家科学院院士 2 人；“千人计划”入选者 29 人，“青年千人计划”入选者 9 人；国家万人计划入选者 12 人；“长江学者奖励计划”特聘教授 25 人、讲座教授 5 人、青年长江学者 1 人；“国家杰出青年科学基金”获得者 31 人、国家有突出贡献专家 19 人。外籍教师 59 人，其中，教授 17 人、副教授 6 人。毕业生 15615 人，其中，学历教育学生中全日制研究生 3379 人（博士生 536 人、硕士生 2843 人）、普通本专科生 3933 人（本科生 3554 人、专科生 379 人）、成人教育本专科生 1598 人（本科生 971 人、专科生 627 人）、网络教育本专科生 6705 人（本科生 2682 人、专科生 4023 人）；非计划招生高等教育学生中在职人员获取硕士学位 1626 人。本科毕业生就业率 97.83%。招生 30862 人，其中，学历教育学生中全日制研究生 3922 人（博士生 742 人、硕士生 3180 人）、普通本专科生 3686 人、成人教育本专科生 1190 人（本科生 716 人、专科生 474 人）、网络教育本专科生 22064 人（本科生 6866 人、专科生 15198 人）；非计划招生高等教育学生中在职人员攻读硕士学位 1036 人。高考北京地区提档线理科 654、文科 640。在校生 67672 人，其中，学历教育学生中全日制研究生 11447 人（博士生 3416 人、硕士生 8031 人）、普通本专科生 15210 人（本科生 14789 人、专科生 421 人）、成人教育本专科生 4811 人（本科生 2920 人、专科生 1891 人）、网络教育本专科生 36204 人（本科生 12433 人、专科生 23771 人）；非计划招生高等教育学生中在职人员攻读硕士学位 4570 人。留学生毕业 815 人、招生 1054 人、在校生 1753 人。网址：www.bit.edu.cn。

2016 年，学校实施“十三五”时期发展规划。建立以学校教育事业发展规划为统领、专项规划为支撑、20 个学院规划为实施着力点的规划体系，制定规划实施方案并明确各部门、学院的责任，分解任务，推进落实。

学科建设。6 门课程入选 2016 年首批“全国工程硕士专业学位研究生教育在线课程建设项目”。其中，机械学院“汽车新能源应用技术”、计算机学院“软件工程与软件自动化”、软件学院“数字媒体科学”3 门课程被认定为“全国工程硕士专业学位研究生教育在线课程重大建设项目”，获得“学堂在线”制作经费支持。机械学院“CAD/CAM 技术”、材料学院“高分子合成材料学”、生命学院“高等生物分离工程”3 门课程入选“全国工程硕士专业学位研究生教育在线课程重点自建项目”。

科研成果。获第九届全国大学生创新创业年会 8 项奖励，6 项成果获国家科学技术奖，其中，“串联攻坚系统技术”项目和“某种水中装备关键技术”项目获国家技术发明奖二等奖，“深空探测任务轨道设计技术”项目获国家科技进步奖二等奖。“皮肤与牙热—力—电耦合行为机理”项目获国家自然科学二等奖，“在线社交网络分析关键技术及系统”和“节能与新能源客车关键技术研发及产业化”项目获国家科技进步二等奖。

综合改革。以教师聘任制度为突破口，先后在原化学学院、数学学院、物理学院、光电学院试点推进人事制度改革；推动国家协同创新中心和北京市高精尖中心的运行模式与管理体制机制改革；完善大学治理，撤销督办室、基础教育学院、社区党工委，合并学工部、研工部；成立学生事务中心、北京理工大学技术转移中心、分析测试中心、西山实验管理中心、招标采购管理中心、北京理工大学产业研究院（昆明）、北京理工大学贵阳创新研究院、北京理工大学北京学院 8 个内设机构；取消科级机构设置，将二级单位内设机构设置权、用人权、B 类人员招聘权、外专经费使用权等下放。

交流合作。签署 3 个全面战略合作协议，分别为与华晨汽车集团控股有限公司签署战略合作协议；与航天科工二院 206 所签订战略合作协议，成立航天装备力学仿真验证联合实验室；与中国兵器工业集团公司签署全面战略合作框架协议。

（杨宝焱）

国防科技园竣工

5 月 30 日，北理工国防科技园（军民融合特色园）竣工并通过验收。国防科技园占地面积 6.2 万平方米，总建筑面积 23.5 万平方米，将服务于国防高新技术研发、高新技术企业孵化和高新技术成果转化，是开展协同创新、推动两化融合的重要基地。该工程是 2010 年 9 月学校与北京市签订的中关村科学城首批建设项目，2013 年 5 月 17 日开工建设，总投资 13.6 亿元。

（杨宝焱）

5 月 30 日，北理工国防科技园竣工

（北理工 供）

4 项航天试验任务完成

6 月 25 日、9 月 15 日、10 月和 11 月 3 日，北理工分别完成 4 项航天实验任务。生命学院承担的生物科学实验项目和载荷由长征七号搭载升空，完成空间实验载荷研制并在空间开展生物科学实验。机电学院智能机器人研究所、智能机器人系统高精尖中心负责研制的“在轨维修机械臂操作终端系统”中的机器人双目视觉精确引导系统成功配置“天宫二号”空间实验室并发射升空。参与研制的用于航天员长期在轨飞行中的心理支持与保障的 VR（虚拟现实）设备，在“神舟 11 号”飞行任务中进了验证和应用。宇航学院发射气体动力学课题组完成长征五号发射任务中的发射场导流槽研制保障任务。

（杨宝焱）

航天员在轨飞行中的心理支持与保障的 VR 设备

（北理工 供）

1 名教授当选国际宇航科学院通讯院士

9 月，北理工法学院李寿平教授当选国际宇航科学院通讯院士。国际宇航科学院（International Academy of Astronautics）实行院士制，院士由在航天领域做出卓著贡献的专家经过提名、评议、投票程序遴选组成。通过“奖励和院士委员会”评议、理事会表决、全体院士投票等流程，李寿平教授当选为国际宇航科学院通讯院士。至年底，国际宇航科学院 4 个学部共有院士 1228 人，其中，社会科学学部 282 人。李寿平，教授，博士生导师，学校法学院院长，主要从事国际组织法和国际空间法领域的研究。

（杨宝焱）

通过首个理学学科国际评估现场评估

11 月 17 日，北理工通过首个理学学科（数学）国际评估现场评估工作。这是学校继首个工学学科（机械工程）国际评估现场评估完成后，开展的第一个理学学科国际评估。来自美国罗格斯大学、美国威斯康星大学、英国曼彻斯特大学、韩国先进技术学院、日本京都大学、法国波多尔大学、美国佐治亚理工大学、中国科学院的 8 名专家组成专家组参与评估。经过评估审查，专家组认为学校数学学科整体上具有国际竞争力，特别是在本科生教育方面达到世界一流水平，应在理工学科交叉融合、强调论文质量胜于数量等方面继续加强。

（杨宝焱）

北京科技大学

党委书记 罗维东 (5月免) 武贵龙 (5月任)
校　　长 张欣欣

概述

2016 年，北京科技大学占地面积 80.39 万平方米，学校产权校舍建筑面积 41.81 万平方米、非产权校舍建筑面积 55.20 万平方米。全年教育经费投入 202232 万元，其中，国家拨款 112984 万元、自筹经费 89248 万元。固定资产总值 36.19 亿元，其中，教学、科研仪器设备资产值 11.17 亿元。图书馆建筑面积 25892.03 平方米，藏书 213.9 万册。学校信息化经费投入 1052 万元，拥有计算机 17042 台，多媒体教室座位 18377 个，信息化设备资产 15149 万元，网络信息点 20000 个，校园网出口总带宽 6000Mbps，电子邮件系统用户 34000 个，上网课程 369 门，管理信息系统数据总量 3287GB。学校由 14 个学院以及研究生院、体育部、管庄校区、天津学院、延庆分校组成；开设专业 48 个；具有一级学科博士点 18 个，博士学位授权点 73 个，硕士学位授权点 128 个，另有 MBA(含 EMBA)、MPA、法律硕士、会计硕士、翻译硕士、社会工作、文物与博物馆和 20 个领域的工程硕士专业学位授予权；博士后流动站 16 个，其中，博士后研究人员出站 92 人、进站 84 人、在站 228 人。有国家一级重点学科 4 个，国家二级重点学科 12 个，国家重点（培育）学科 1 个；北京市一级重点学科 3 个、北京市二级重点学科 18 个，北京市重点交叉学科 2 个；有国家科学中心（筹）1 个，"2011 计划" 协同创新中心 1 个，国家重点实验室 2 个，国家工程（技术）研究中心 2 个，国家科技基础条件平台 2 个，国家级国际科技合作基地 2 个，省、部级重点实验室、工程研究中心、国际合作基地、创新引智基地 49 个。教职工 3384 人，其中，专任教师 1741 人，包括教授 468 人、副教授 596 人；博士生导师 445 人、硕士生导师 627 人；中科院院士 4 人、工程院院士 3 人；"长江学者奖励计划" 特聘教授 15 人、国家有突出贡献专家 15 人、享受政府特殊津贴专家 75 人。外籍教师 25 人，其中，教授 11 人。毕业生 17835 人，其中，学历教育学生中全日制研究生 2809 人（博士生 372 人、硕士生 2437 人）、普通本专科生 3360 人（本科生 3279 人、专科生 81 人）、成人教育本专科生 2543 人（本科生 1799 人、专科生 744 人）、网络教育本专科生 8670 人（本科生 6829 人、专科生 1841 人）。招生 36813 人，其中，学历教育学生中全日制研究生 3146 人（博士生 563 人、硕士生 2583 人）、普通本专科生 3437 人（本科生 3351 人、专科生 86 人）、成人教育本专科生 1648 人（本科生 1274 人、专科生 374 人）、网络教育本专科生 28143 人（本科生 4660 人、专科生 23483 人）。高考北京地区提档线理科 635 分、文科 633 分。在校生 81701 人，其中，学历教育学生中全日制研究生 9937 人（博士生 3022 人、硕士生 6915 人）、普通本专科生 13615 人（本科生 13351 人、专科生 264 人）、成人教育本专科生 4628 人（本科生 3723 人、专科生 905 人）、网络教育本专科生 51339 人（本科生 10657 人、专科生 40682 人）。留学生毕业 246 人、招生 346 人、在校生 892 人。网址：www.ustb.edu.cn。

2016 年，学校完成 "十三五" 事业发展规划编制工作，从深化基本职能改革、优化办学支撑条件、完善现代大学制度、全面加强党的建设和推进重大项目建设 5 个方面对学校的事业发展提出具体目标。

人才培养。制订《2017 版人才培养方案原则意见》，强化因材施教、分级教学和分类指导思想。5 门精品资源共享课程被确定为 "国家级精品资源共享课"，作为第一主编单位正式出版各类教材 45 部，完成安全工程等 4 个专业的工程教育专业认证。研究生培养方面，扩大培养单位招生自主权；优化博士学位论文盲审和学位论文查重工作流程，提升博士研究生培养质量标准。举办 8 期 "理学之美" 名师讲坛和 6 期中国材料名师讲坛。

师资建设。完成新一轮岗位聘任工作，深化教师队伍分类管理，细分教师岗位为教学、教研、研究、工程 4 个系列。坚持人才培养与引进并重，利用专业机构和媒体加大引才宣传力度，加快融合创新研究院建设。

科研工作。到校科研经费 6.84 亿元，新增北京市重点实验室 3 个，授权专利 496 件。SCIE 论文收录 1718 篇。作为第一完成单位完成的 "露天转地下高效转型建设大型数字化地下金属矿山的研究与实践" 项目获国家科学技术进步二等奖。作为参与单位完成的 "特种液晶材料及调光膜制备技术" 项目获国家技术发明二等奖，"高品质特殊钢大断面连铸关键技术和装备开发与应用" "钢管高效短流程技术装备研发及产业化" "气控热管国家高精度温度源" 3 个项目获国家科学技术进步二等奖。

（倪阳）

能源与环境工程学院成立

4月15日，北科大成立能源与环境工程学院。学院设热科学与能源工程系、环境工程系，国家能源与环境国际科技合作基地、北京市工业典型污染物资源化处理实验室，学院办公室和学院党委办公室。教职工100人，首批招收本科生和研究生共1100人。

（倪阳）

与故宫博物院签订战略合作协议

4月26日，北科大与故宫博物院签署战略合作协议。根据协议内容，双方在教育培训、人才培养、科研合作与交流等方面开展合作，共同致力于保护、传承、利用民族文化遗产，弘扬中国传统文化。同时，发挥学校在教育、科技、人才等方面的综合优势，加快推动故宫博物院建设世界一流博物馆进程，推动文化事业和文化产业繁荣发展。

（崔帅）

王润逝世

7月29日，北科大原校长王润因病逝世，享年88岁。王润，1929年出生于北京，1947年至1952年在唐山交通大学冶金系学习；1953年至1957年在前苏联莫斯科钢铁学院学习，并获得科学技术副博士学位；1957年回国后在北京钢铁学院从事教学、科研工作；1983年被国务院任命为北京钢铁学院院长，为学校的改革发展做出重要贡献。王润长期从事金属功能材料研究，是北京钢铁学院精密合金专业创始人，在国内率先开设“金属与合金的物理性能”课程，其主编的《金属材料物理性能》是国内第一部阐述金属功能材料基本理论的书籍。据王润遗愿，他的遗体无偿捐献给北京大学医学部用于教学和科研。

（倪阳）

原创校史剧《奔流》公演

12月30日至31日，北科大创作排演的大型原创话剧《奔流》公演。《奔流》是学校原创校史剧“三部曲”的第三部，以柯俊院士为代表的老一辈科技教育工作者为人物原型，展现他们留学归国、报效国家的学术生涯，诠释和展现学校底蕴深厚、独具特色的实践教育理念，勾勒与描绘青年大学生社会实践的青春故事与崇实求真的价值追求。原创校史剧“三部曲”分别是《燃烧》《绽放》和《奔流》。

（倪阳）

北方工业大学

党委书记　谢辉
校　　长　郑文堂

概述

2016年，北方工业大学占地面积30.15万平方米，产权校舍建筑面积39.42万平方米。固定资产总值19.48亿元，其中，教学、科研仪器设备资产值6.15亿元。图书信息楼建筑面积19652平方米，藏书160.04万册，其中，电子图书113.05万册。全年教育经费投入81019.46万元，其中，国家拨款65648.47万元、自筹经费15370.99万元。学校信息化经费投入548.41万元，拥有计算机7341台，网络信息点10600个，校园网出口总带宽2.6Gbps，电子邮件系统用户24200个，上网课程1534门。数字资源量49.8TB，管理信息系统数据总量342GB。设有11个学院，8个教学实验中心，17个校属研究机构；开设43个本科专业，19个一级学科硕士授权点、57个二级学科硕士授权点、15个专业硕士学位领域、同等学力人员申请硕士学位资格，3个第二学士学位点，1个博士生培养项目。有国家级特色专业3个，北京市特色专业5个，北京市品牌专业4个，国家级大学生校外实践教育基地1个，国家级实验教学示范中心1个，市级示范性校内创新实践基地2个，北京市级校外人才培养基地5个，北京市重点实验室3个，北京市实验教学示范中心6个，拥有数量经济学、经济法学、思想政治教育、机械电子工程、检测技术与自动化装置、计算机应用技术、电力电子与电力传动7个北京市重点建设学科。教职工1016人，其中，专任教师809人，包括教授122人，副教授290人，博士生导师9人，硕士生导师505人，享受政府特殊津贴专家(在职)6人。外籍教师20人。毕业生4731人，其中，学历教育学生中全日制研究生574人，普通本专科生3262人(本科3254人、第二学士学位8人)，成人教育本专科生895人(本科558人、专科337人)。招生4391人，其中，学历教育学生中全日制研究生654人(博士生5人、硕士生649人)，普通本专科生2863人，成人教育本专科生874人(本科生620人、专科254人)。高考北京地区提档线理科548分、文科565分。在校生15320人，其中，学历教育学生中全日制研究生1829人(博士生12人、硕士生1817人)，普通本专科生10631人(本科10621人、第二学士学位10人)，成人教育本专科生2860人(本科生1454人、专科1406人)。留学生毕业52人、招生267人(含长期语言生)、在校生606人(不含短期)。网址：www.ncut.edu.cn。

2016年，学校制订《北方工业大学“十三五”时期发展规划》，确定“精品发展、特色发展、开放发展”的办学思路，明确“十三五”时期的发展目标和任务。举办建校70周年庆祝活动。

院系调整。成立国际学院、“北方工业大学—迪信通机器人研究院”和“北方工业大学—中博龙辉军民融合智能装备研究院”。

素质教育。开设大学美育、大学语文以及各类文化素质教育课程，举办人文素质名家讲堂，出版“新人文”等丛书，促进学生全面健康成长成才。

科研工作。科研经费到账9343万元，获得国家社科基金资助项目4项、国家自然科学基金资助项目21项、教育部人文社科规划资助项目4项、北京市社科基金资助项目8项，纵向项目立项115项。发表学术论文1087篇，其中，SCI、EI 等检索期刊 360 篇，获得授权知识产权 117 项。“城市道路交通智能控制技术北京市重点实验室”自主研发的交通信号控制器应用于两会期间长安街交通管理。新增“CNONIX 国家标准应用与推广实验室”省部级重点实验室。

师资建设。1 人被评为北京市教学名师，1 人被评为首批“北京高校思想政治理论课特级教师”，1 人入选“北京高校思想政治理论课教师队伍建设择优资助计划”，2 人入选“北京高校思想政治理论课教师队伍建设扬帆资助计划”。

交流合作。接收长期外国留学生 608 人（含学历留学生 386 名）、短期外国留学生 136 人。与 26 个国家和地区的 61 所高等院校建立合作关系。

学生获奖情况。学生参加校外各类学科竞赛 69 项，获省部级及以上奖励 1139 人次，其中，国家级奖项 141 项、省部级奖项 516 项。研究生发表在核心及以上期刊的论文和申请的专利 112 篇（项）。

社会服务。派出 263 支实践团队、2300 名学生赴全国各地开展实践活动，获得中国青年报评选的“全国最佳暑期实践大学”奖项，3 支实践团队分别获得“最佳实践团队”“优秀实践团队”“百强实践团队”奖项。获评 1 个首都学雷锋志愿服务示范岗和 4 个首都学雷锋志愿服务站（岗）。

（王波）

签署两项合作协议

3 月 7 日和 3 月 28 日，北方工大签署两项合作协议。与中冶交通建设集团签署产学研合作协议。双方利用高等院校的科技资源及企业的生产条件，将科研成果转化为生产力，发挥各自优势，通过多种形式开展全面合作，实现优势互补、合作双赢。与布鲁塞尔自由大学签署校际合作协议。

（王波）

石景山发展研究中心揭牌

7 月 14 日，北方工大举行“石景山发展研究中心”揭牌仪式。该中心与石景山区委区政府合作共建，挂靠学校经济管理学院，以石景山区战略性综合课题研究为重点，在区重点改革项目的推进、“八个高端体系”建设的统筹等方面为石景山区委区政府提供决策支持。

（王波）

京西创新创业基地揭牌

10 月 12 日，北方工大京西创新创业基地开园暨揭牌。基地设在中关村科技园门头沟园，带动学校与门头沟区政府、中关村科技园门头沟园的深入合作。基地作为学校科技发展规划的组成部分，是学校科技创新和科技成果展示及推介的窗口，全面推进学校的技术开发、成果转化、人才培养和社会服务。

（王波）

北京化工大学

党委书记 王芳
校　　长 谭天伟

概述

2016 年，北京化工大学占地面积 181.30 万平方米，学校产权校舍建筑面积 56.66 万平方米、非产权校舍建筑面积 2.60 万平方米。全年教育经费投入 259308 万元，其中，国家拨款 178998 万元、自筹经费 80310 万元。固定资产总值 20.20 亿元，其中，教学、科研仪器设备资产值 8.96 亿元。图书馆建筑面积 18641 平方米，藏书 169.43 万册，电子图书 8754GB。学校拥有计算机 8964 台，多媒体教室 136 间，信息化设备资产 17234.43 万元，网络信息点 14000 个，校园网出口总带宽 6300Mbps，电子邮件系统用户 32000 个，上网课程 102 门，数字资源量 19868GB，管理信息系统数据总量 5500GB。设有 4 个校区，设置 14 个院（系、部）；开设 50 个专业，覆盖 8 个学科；具有一级学科博士点 7 个，博士学位授权点 29 个，硕士学位授权点 96 个和专业学位授权点 10 个；博士后流动站 7 个，其中，博士后研究人员进站 53 人、在站 105 人。国家一级重点学科（涵盖 5 个二级重点学科）1 个、国家二级重点学科 2 个、国家重点（培育）学科 1 个，北京市一级重点学科（涵盖 14 个二级重点学科）3 个、北京市交叉重点学科 2 个、北京市二级重点学科 3 个；国家级特色专业建设点 8 个，北京市级特色专业建设点 16 个，教育部工程教育专业认证专业 3 个；国家重点实验室 2 个，国家工程实验室 1 个，国家工程技术研究中心 1 个，省、部级重点实验室 12 个，省、部级重点工程技术研究中心 15 个。教职工 2354 人，其中，专任教师 1206 人，包括教授 276 人、副教授 443 人；博士生导师 277 人、硕士生导师 536 人；中科院院士 2 人、工程院院士 5 人、美国工程院院士 2 人、澳大利亚技术科学与工程院院士 1 人、加拿大工程院院士 1 人（含双聘中科院院士 1 人，工程院院士 2 人）。“长江学者奖励计划”特聘教授 11 人、讲座教授 2 人，“千人计划”入选者 5 人，“青年千人计划”2 人，全国杰出专业技术人才 1 人，“973”首席科学家 8 人，“国家杰出青年基金”获得者 24 人，中国青年女科学家 2 人，中国青年科技奖获得者 7 人。外籍教师 19 人。毕业生 7530 人，其中，学历教育学生中全日制研究生 1951 人（博士生 155 人、硕士生 1796 人）、普通本专科生 3378 人（本科生 3375 人、专科生 3 人）、成人教育本专科生 1986 人（本科生 1251 人、专科生 735 人）；非计划招生高等教育学生中在职人员攻读硕士学位 215 人。招生 7945 人，其中，学历教育学生中全日制研究生 2147 人（博士生 226 人、硕士生 1921 人）、普通本科生 3797 人、成人教育本专科生 1715 人（本科生 858 人、专科生 857 人）；非计划招生高等教育学生中在职人员攻读硕士学位 286 人。高考北京地区提档线理科 620 分、文科 625 分。在校生 27257 人，其中，学历教育学生中全日制研究生 6406 人（博士生 840 人、硕士生 5566 人)、普通本专科生 15250 人(本科生 15249 人、专科生 1 人)、成人教育本专科生 4159 人(本科生 2684 人、专科生 1475 人);非计划招生高等教育学生中在职人员攻读硕士学位 1442 人。留学生毕业 166 人、招生 201 人、在校生 460 人。网址:www.buct.edu.cn。

2016 年,学校启动“双一流”建设,出台《北京化工大学一流学科团队建设方案》,首批重点支持 6 个“一流科技创新团队”、3 名“一流科学家”、3 个“一流教学团队”。通过《北京化工大学博士后联谊会章程》《北京化工大学博士后联谊会首届理事会候选人名单》。

学科建设。生物与生物化学首次进入 ESI 全球排名前 1%,至此,共有化学、材料科学、工程学、生物学与生物化学进入 ESI 全球排名前 1%,

科研工作。新增纵、横向科研项目 794 项,科研经费 6.88 亿元,其中,新增国家自然科学基金项目 116 项,资助总额 1.07 亿元,获国家自然科学基金仪器重大专项项目、获国家技术发明二等奖 1 项、省部级科技奖励 7 项、获授权专利 382 项。

交流合作。制定《北京化工大学教育对外开放发展战略规划》,推进共建“一带一路”教育行动。与 10 所国外大学(研究机构)新(续)签署校级协议,友好学校总数达 107 所。中意合作办学项目已经获得教育部审批通过;中法工程师学院已通过教育部组织的专家评审;与美国凯斯西储大学合作申报的《软物质科学与工程研究领军人才培养项目》、与加拿大英属哥伦比亚大学合作申报的《生物质能源领域创新型人才国际合作培养项目》已通过国家留学基金委的专家评审;建立中加联合生物质能源研究创新中心。

硬件设施。取得昌平新校区国有建设用地“不动产权证书”,完成新校区征地工作;6 个基础设施项目基本完工;新校区第一教学楼、第一实验楼、图书馆、体育馆等 10 个项目主体工程完工,2017 年 9 月投入使用。

(肖勇)

第二次教育教学工作会

1 月 5 日,化大第二次教育教学工作会议闭幕。会议形成的改革思路核心是以学生为本,逐步实现从“以教为主”向“以学为主”、从“课堂为主”向“课内外结合”、从“结果评价为主”向“结果和过程评价结合”转变,使学生具有创新意识,并营造教学相长,师生互动的研讨式学习氛围。

(肖勇)

“工业设计”本科专业获批

2 月 15 日,化大与热那亚大学合作的“工业设计专业本科教育项目”获批。该项目为国家计划内统招,本科第一批次招生。项目采用“4+0”培养模式和国际化的培养体系,学生完成学习且成绩合格者获得化大本科毕业证书和学士学位及热那亚大学产品与船舶设计学士学位。学制 4 年。

(肖勇)

双边高端创新合作论坛

7 月 22 日至 23 日,化大—宁夏双边高端创新合作论坛举办。论坛以“推进双边对接合作,促进科研成果转化,服务地方经济发展”为主题,邀请中国科学院院士和中国工程院院士作题为《有机热电材料与器件——21 世纪新兴研究方向》和《十三五新材料研发与产业化》的专题报告,分享基础科学研究的最新进展以及新材料研发的最新成果。宁夏回族自治区政府、相关事业单位和企业代表,学校“长江学者”特聘教授、国家杰出青年基金获得者 300 人参加论坛。

(肖勇)

7 月 22 日至 23 日,化大—宁夏双边高端创新合作论坛
(化大 供)

北京工商大学

党委书记 谭向勇
校　　长 孙宝国

概述

2016 年,北京工商大学总占地面积 82 万平方米,其中,阜成路校区 21 万平方米、良乡校区 61 万平方米,总建筑面积 45.68 万平方米,其中,阜成路校区 19.88 万平方米、良乡校区 25.80 万平方米。固定资产总值 25.75 亿元。图书馆建筑面积 25793 平方米,馆藏纸质图书 167.95 万册,电子图书 88.8 万册,数据库 97 个。拥有计算机 9686 台。学校信息化经费投入 1198.38 万元,多媒体教室座位 21117 个,信息化设备资产 40861 万元,网络信息点 21303 个,校园网出口总带宽 2500Mbps,电子邮件系统用户 16900 个,上网课程 159 门,管理信息系统数据总量 5350GB。设 11 个学院、1 个教学部;有国家级检测中心 2 个、国家级实验教学示范中心 1 个、国家级虚拟仿真实验教学中心 1 个、北京市高精尖中心 1 个、北京市重点实验室 3 个、北京市实验室 1 个、北京高等学校工程研究中心 1 个、北京市工程技术研究中心 1 个、北京市研究基地 2 个、省部级协同创新中心 3 个、北京市高校实验教学示范中心 5 个;“服务国家特殊需求博士人才培养项目”1 个,博士后科研流动站 1 个,

联合培养博士学位授权点 1 个，硕士学位授权点一级学科 16 个、专业硕士学位授权点 19 个（其中工程硕士专业领域 7 个）、本科专业 50 个；拥有北京市重点学科 4 个，北京市重点建设学科 6 个，国家级特色专业建设点 5 个，北京市特色专业建设点 8 个，国家级本科专业综合改革试点 1 个，北京市专业群建设与改革试点 1 个，北京市专业综合改革试点 3 个。教职工 1456 人，其中，专任教师 933 人。中国工程院院士 3 人（含双聘院士 2 名），享受国务院政府特殊津贴专家 11 人，全国优秀教师 1 人，国家“千人计划”入选者 1 人，新世纪百千万人才工程国家级人选 2 人、市级人选 3 人，国家百千万人才工程人选 1 人，省部级有突出贡献专家 6 人，教育部新世纪优秀人才 2 人。毕业生 4310 人，其中，学历教育学生中全日制硕士研究生 795 人、普通本科生 2879 人、成人教育本专科生 636 人（本科生 465 人、专科生 171 人）；非计划招生高等教育学生中在职人员攻读硕士学位 62 人。本科毕业生就业率 97.54%。招生 4226 人，其中，学历教育学生中全日制研究生 889 人（博士生 6 人、硕士生 883 人）、普通本专生 2884 人、成人教育本专科生 453 人（本科生 294 人、专科生 159 人）；非计划招生高等教育学生中在职人员攻读硕士学位 41 人。北京地区高考提档线理科 565 分、文科 589 分。在校生 15617 人，其中，学历教育学生中全日制研究生 2217 人（博士生 14 人、硕士生 2203 人）、普通本科生 11522 人、成人教育本专科生 1878 人（本科生 1412 人、专科生 466 人）；非计划招生高等教育学生中在职人员攻读硕士学位 129 人。留学生招生 146 人、在校生 211 人。网址：www.btbu.edu.cn。

2016 年，学校加强学科建设。增设轻工技术与工程学位和艺术硕士学位授权点；启动 14 个学科参加全国第四轮学科整体水平评估工作。食品科学与工程本科专业通过 IFT 食品专业国际认证。完善 2016 级硕士研究生培养方案，制订《北京工商大学外国来华留学研究生培养方案总则》，编写《2015—2016 学年度研究生教育质量报告》。

教育教学改革。修订《北京工商大学本科生学业考核工作管理办法》，推进“双培计划”“外培计划”和“贯通培养计划”。制订并实施《学校本科教学工作审核评估评建工作方案》，完成北京市属高校专业评估试点工作。入选首批北京地区高校示范性创业指导中心，且成为北京市首批四所“北京高校大学生创业园孵化基地”之一。建立巴基斯坦科技与经济研究中心。共签署国际合作协议 12 个，新增合作院校 11 所。

科研工作。学校科研总经费 20000 万元。获批国家重点研发计划项目 2 项、重点研发计划项目课题 8 项、国家自然科学基金 30 项、国家社会科学基金 8 项、教育部人文社科项目 6 项、北京市科技计划重大项目 1 项、北京市社会科学基金 13 项、北京市自然科学基金 11 项。全年出版学术著作 76 部，发表 A 类期刊论文 244 篇，授权发明专利 49 项，入选 ESI 高被引论文 8 篇。《食品科学技术学报》获“中国高校优秀科技期刊”称号。

（杨蓉　杨巧明）

校际合作协议签约

3 月 28 日，工商大学与比利时布鲁塞尔自由大学签订校际合作协议。根据协议，双方在教师交流、学生交换、科研合作等方面开展交流与合作。协议有效期 5 年。通过建立校际合作关系，加强两校在高层次人才培养的合作、拓展工商大学教师和科研人员的国际视野，提升国际科研能力以及参与国际竞争的能力。市教委、比利时布鲁塞尔自由大学、工商大学相关负责人参加签约仪式。

（杨蓉　杨巧明）

中外合作出版期刊

6 月 30 日，工商大学与施普林格·自然 (SpringerNature) 旗下的自然科研集团 (NatureResearch)、国际食品科学技术联盟 (IUFoST) 合作出版《npjScienceofFood》期刊。期刊为英文版，刊登经同行评审的高质量的原创论文、评论和综述文章，以促进研究和理解天然食品或加工食品的特性及加工过程如何影响食品的生物学功能。工商大学校长担任创刊主编、国际食品科学技术联盟前任主席担任新刊联席主编、美国加州大学戴维斯分校食品科技系及农业环境科学学院加州食品与农业研究所的执行主任暨创立人为联席主编。期刊于 7 月起接收投稿。

（杨蓉　杨巧明）

食品科学与工程专业达到国际标准

11 月，工商大学食品科学与工程本科专业通过国际食品科学技术联盟 (IUFoST) 食品专业国际认证。至此，工商大学成为全国第一所食品科学与工程专业同时通过 IFT 和 IUFoST 食品专业国际认证的高校。4 月 11 日，IUFoST 评估专家访问工商大学食品学院，现场评估食品科学与工程本科专业。对食品系的教学、科研设施、人员配备、本科教学的组织和实施给予肯定，对食品学科建设给予高度评价。1970 年成立于美国华盛顿的 IUFoST 是一个非营利的食品科学与技术领域全球性组织，为促进食品科学本科教育良性发展，努力培养卓越的食品专业人才，IUFoST 建立食品专业本科教育标准，目的是协助高等院校进行学科选择，指导本科生培养并对培养效果进行评价，要求建立以学习成果证据为基础的课程教学评估体系和培养方案评估体系，以及持续改进机制。

（杨蓉　杨巧明）

北京服装学院

党委书记　马胜杰
院　　长　刘元风

概述

2016 年，北京服装学院占地面积 35.36 万平方米，学校产权校舍建筑面积 24 万平方米、非产权校舍建筑面积 4.02

万平方米。全年教育经费投入55815.60万元，其中，国家拨款44591.20万元、自筹经费11224.40万元。固定资产总值5.63亿元，其中，教学、科研仪器设备资产值3.23亿元。图书馆建筑面积1.01万平方米，藏书69.45万册。学校信息化经费投入741.9万元，拥有计算机4498台，多媒体教室110个，信息化设备资产14556.1万元，网络信息点6000个，校园网出口总带宽2300Mbps，电子邮件系统用户7200个，上网课程150门，数字资源量中数据库74个、电子图书304.13万册、音视频12万小时，管理信息系统数据总量3000GB。下设樱花园校区、芍药居校区和北校区三个校区，设有9个全日制本科教学学院、2个教学部门以及研究生院、国际学院、继续教育学院；开设29个本科专业，覆盖艺、工、文、经、管、理6个学科，有1个国家特殊需求博士人才培养项目，8个一级学科硕士授权点，1个二级学科硕士点，2个硕士专业学位授权点，4个双学位专业点。北京市重点建设学科4个（1个北京市重点建设一级学科、3个北京市重点建设二级学科）；教育部科研机构1个（全国中小学学生装校服研究中心），北京市级科研机构7个，北京市大学科技园1个。有国家级特色专业建设点4个、市级特色专业建设点6个，国家级优秀教学团队1个、市级优秀教学团队4个，国家级实验教学示范中心1个、市级实验教学示范中心2个，国家级人才培养模式创新实验区1个，国家级校外人才培养基地1个、市级校外人才培养基地3个，市级高校校内创新实践基地1个。教职工753人，其中，专任教师532人，包括教授72人、副教授176人；博士生导师9人、硕士生导师181人。享受政府特殊津贴专家4人，外籍教师4人，其中，教授2人、副教授2人。毕业生1990人，其中，学历教育学生中全日制研究生229人、普通本专科生1398人、成人教育本专科生363人（本科生185人、专科生178人）。招生2335人，其中，学历教育学生中全日制研究生340人（博士生5人、硕士生335人）、普通本专科生1497人、成人教育本专科生479人（本科生279人、专科生200人）；非计划招生高等教育学生中在职人员攻读博士硕士学位19人。高考北京地区提档线理科495分、文科555分。在校生8837人，其中，学历教育学生中全日制研究生940人（博士生13人、硕士生927人）、普通本专科生6057人、成人教育本专科生1767人（本科生1001人、专科生766人）；非计划招生高等教育学生中在职人员攻读博士硕士学位73人。留学生毕业6人、招生129人、在校生184人。网址：www.bift.edu.cn。

2016年，学校制订《北京服装学院“十三五”时期学科建设发展规划》，出台《北京服装学院学科建设管理办法（征求意见稿）》，设立校学科建设办公室。

调整机构设置和职能。调整外语系为语言文化学院，调整计算机信息中心为信息中心，调整造型艺术系为美术学院，新建时尚传播学院、服饰艺术与工程学院、艺术文化研究院，成立校办产业管理办公室。

提高教育教学质量。启动专业评估工作，通过专业自评、校级阶段检查及验收、专家验收。通过工程认证专家对服装设计与工程专业的现场考查。“现代首饰设计与工艺”获批第八批国家级“精品视频公开课”。“艺术与科技”新专业，获教育部批准并于2017年招生。挂牌成立创业学院，并获批“北京市首批深化创新创业教育改革示范高校”。制订艺术和国际商务两个专业硕士2017年非全日制研究生招生办法。

科研成果。“服装功效与功能创新设计”获批北京市重点实验室；“北京服装学院服装安全研究检测中心”通过中国合格评定国家认可委员会的现场监督评审；创新园被授予“国家级众创空间”“北京市众创空间”及中关村国家自主创新示范区“创新型孵化器”；全国中小学学生装（校服）研究中心暨北京市中小学校服研发中心举办“缤纷校园——2016北京市中小学校服研发成果展示”活动。“中国传统服饰文化元素提取及再开发平台建设”获北京市科委重大项目资助，“含柔性链段的嵌段共聚物调控聚乳酸纤维的结构和性能研究”等3个项目获国家自然基金资助，北服—361°高性能运动服装设计研发中心完成里约奥运会火炬传递系列的服装设计。《图像民族志——庄学本摄影集》获德国红点传达设计奖。

国际交流合作。与波兰、南非等“一带一路”和金砖国家建立合作关系。组织师生代表团参加第18届OFF FASHION国际青年服装设计师大赛。与伦敦艺术大学高层领导互访，并聘任多名国际顶级时尚教育专家作兼职教授。举办第18届国际时装院校联盟IFFTI年度学术会议、TxD生活方式设计与科技国际论坛。

教师队伍建设。1人获北京市第12届高等学校教学名师奖，1人获得北京高校“心桥工程”十佳个人荣誉称号，1人获首届东京国际摄影大赛专业组艺术风光类金奖，1人获“第12届光华龙腾奖中国设计业十大杰出青年”称号。教师孙雪飞“云汀”主题发布会亮相2016中国国际时装周，杨洁曦秀“苏意”时装发布会亮相第21届米兰三年展国际博览会。

基础设施建设。完成樱花园校区换热站项目土建设计、热力设计工作；完成和推进教学科研楼的文物审核工作。完成芍药居校区资产划转与一期、二期的规划设计；推进北京市环境与艺术学校整建制并校事宜。完成共享数据中心、数据交换的平台建设；完善信息门户平台；实现校本部学生公寓无线网络全覆盖；完成网络教学平台、科研管理系统的升级及应用培训工作；完成芍药居校区的网络部署；开展数字化图书馆建设，构建适应学校教学科研的知识服务体系。

（付佳）

举办两个主题系列讲座

3月10日和17日，服装学院举办“艺术相约”与“外培计划”项目系列讲座。其中，“艺术相约”系列讲座之“伊娜复合渐进式画法与服装彩绘设计”，邀请澳大利亚民间彩绘画家伊娜荷辛格，介绍民族彩绘创作的由来，并根据自身经历讲述创作源于生活，示范其自创13笔触的分解以及在实际绘画中的应用。本年度“艺术相约”系列讲座共举办2场。“外培计划”项目系列讲座之创意思维过程，邀请萨凡纳艺术与设计学院的珠宝系教授从“创作灵感”与“作品集制作”

两方面，展示艺术灵感的寻找与灵感思维的开发过程，并阐释作品如何集中表达设计者的创意、展现作品的设计过程。本年度“外培计划”项目系列讲座共举办 5 场。

（付佳）

3 月 10 日，服装学院举办伊娜复合渐进式画法与服装彩绘设计讲座 （服装学院 供）

第 18 届 IFFTI 年度国际学术会议

3 月 21 日至 25 日，服装学院召开第 18 届国际时装院校联盟 (IFFTI) 年度学术会议。会议以“文化新生”为主题，邀请故宫博物院院长、中国文物学会会长等 4 名专家作主题演讲。5 个国家和地区 21 组设计师的 66 套服装入选本届 IFFTI 动态作品秀，13 个国家和地区的 53 篇学术论文，以及 4 个国家和地区的 14 篇设计论文入围会议优秀论文名单。优秀论文评选由 IFFTI 执委会成员完成，设高级教师、初级教师、研究生 3 个单元，共有来自 7 个国家和地区的 7 篇论文获奖。

（付佳）

创新创业学院成立

4 月 26 日，服装学院成立创新创业学院。创新创业学院是校级服务机构，依托各二级学院校企合作的商业资源，学校商学院经济管理的师资背景和教学基础，以及中关村时尚产业创新园的创业企业孵化功能，以教育教学改革为突破口，以培养学生创新创业精神、提升创新实践能力和创业就业能力为目标，以课程建设和师资建设为重点，多措并举开展创新创业教育，成为“教育 + 创新 + 实践 + 孵化”创新平台和生态基地。

（付佳）

北京邮电大学

党委书记 王亚杰
校　　长 乔建永

概述

2016 年，北京邮电大学占地面积 131.40 万平方米，建筑面积 86.16 万平方米。固定资产总值 243327.72 万元，其中，教学、科研仪器设备总值 73308.56 万元。图书馆建筑面积 15510 平方米，藏书 195 万册，电子图书 691 万册。全年教育经费投入 140569.83 万元，其中，国家拨款 91968 万元、自筹经费 48601.83 万元。设 19 个教学单位、3 个研究院，并设有研究生院。有博士学位授权一级学科点 8 个，硕士学位授权一级学科点 19 个，博士学位授权二级学科点 1 个，硕士学位授权二级学科点 3 个，专业硕士学位授权点 7 类，本科专业 38 个，建立博士后流动站 6 个，博士后研究人员进站 24 人、出站 29 人、在站 81 人。有一级学科国家级重点学科 2 个、北京市重点学科 7 个、部级重点学科 8 个。设有国家重点实验室 2 个、国家工程实验室 5 个（其中，2 个为牵头、3 个为合作）、教育部工程研究中心 2 个、教育部“111 创新引智基地”4 个、国际科技合作基地 1 个、各类部级重点实验室 11 个和北京市国际科技合作基地 6 个。教职工 2428 人，其中，专任教师中教授 265 人，副教授 614 人；双院院士 1 人；“长江学者奖励计划”特聘教授 6 人；享受政府特殊津贴专家 100 人。长期外籍教师 46 人，其中，教授 11 人，副教授 18 人。毕业生 19401 人，其中，全日制研究生 2719 人（博士生 114 人、硕士生 2605 人），普通本科毕业生 3235 人，成人教育本科生 506 人，网络教育本专科生 11936 人（本科生 6147 人、专科生 5789 人），在职研究生 1005 人。本科毕业生就业率 99.13%，研究生就业率 99.85%。招生 21245 人，其中，全日制研究生 2877 人（博士生 332 人、硕士生 2545 人），普通本科生 3634 人（含港澳台侨 9 人），网络教育本专科生 14734 人（本科生 9101 人、专科生 5633 人）。高考北京地区提档线理科 646 分（中外合作办学专业 621 分）、文科 636 分。在校生 75687 人，其中，全日制研究生 9914 人（博士生 1601 人、硕士生 8313 人），普通本科生 14154 人，成人教育本专科生 1467 人（本科生 947 人、专科生 520 人），网络教育本专科生 42883 人（本科生 24357 人、专科生 18526 人），在职研究生 6754 人。留学生毕业 38 人、招生 57 人、在校生 515 人。网址：www.bupt.edu.cn。

2016 年，学校完成“十三五”时期发展规划编制工作，落实《北京邮电大学教育信息化建设发展规划》，推动综改方案各项改革举措的启动实施。

学科建设，抓好“中长期学科建设规划”的贯彻落实和“双一流”学科建设工作；人才培养，开展本科专业评估，完成“本、硕、博”贯通培养模式改革方案制定工作；科学研究，加强科研基地建设，推进“可信网络通信协同创新中心”的培育组建工作；师资队伍，以 2011 协同创新中心为试点，建立“人才特区”，引进和培养学术领军人才；设施建设，推进沙河新校园建设，完成一期用地土地征收及拆迁腾退工作，启动二期土地规划设计及征地工作。

（吴昊）

教育技术学学科发展研讨会

4 月 29 日，北邮召开教育技术学学科发展研讨会。研讨会以“加强横向合作，建设有北邮特色的教育技术学科”为主题，听取学科现状及发展规划汇报，就加大学科建设力度，建设有北邮特色的教育技术学科，将学科建设结合于学院发展，促进网络教育学院成人教育事业的长期持续发展提出具体要求，并明晰教育技术学学科建设的思路和方向。23 人参加研讨会。

（吴昊）

全球网络服务质量研讨会召开

6 月 20 日，北邮承办第 24 届全球网络服务质量研讨会。会议以未来网络体系结构、软件定义网络及绿色通信等在服务质量保证，服务质量体验，网络安全领域网络保护质量的最新研究进展为主题，围绕网络 (Networking)、软件定义网络、命名数据网络 (SDN and NDN) 和网络协议 (Network Protocols) 等在服务质量保证、服务质量体验、网络安全领域网络保护质量的最新研究进展展开研讨。清华大学、天普大学、百度等高校与企业专家作相关主题报告。来自亚洲、欧洲、美洲等地区和国家的高校和企业专家、学者 150 人参加研讨会。

（吴昊）

首届研究生创新创业成果展

10 月 14 日至 15 日，北邮举办第一届研究生创新创业成果展。成果展以“创意引领未来创业成就梦想”为主题，分 3 类展示 106 项研究生优秀创新创业成果，包括作品展示、专家评审和微信公众号投票等环节。展览通过搭建研究生创新创业成果平台，展示研究生创新风采、激发研究生创业热情、提高研究生培养质量。

（吴昊）

北京印刷学院

党委书记　刘超美
院　　长　王永生 (2015年10月免)
　　　　　罗学科 (2015年10月任)

概述

2016 年，北京印刷学院占地面积 21.68 万平方米，学校产权建筑面积 22.72 万平方米。全年教育经费投入 51502.63 万元，其中，国家拨款 42332.35 万元、自筹经费 9170.28 万元。固定资产总值 105301.72 万元，其中，教学、科研仪器设备资产值 39693.50 万元，信息化设备资产值 20580.56 万元。图书馆建筑面积 1.53 万平方米，馆藏纸质图书 111.52 万册，电子图书 3850GB。网络信息点 8900 个，电子邮件系统用户 1389 个，管理信息系统数据总量 4000GB。设 13 个院（系、部），5 个专科（高职）专业，开设本科专业 28 个，覆盖 4 个学科门类；有北京市重点建设学科 4 个，一级学科硕士学位授权点 7 个，专业硕士授权点 5 个，二级学科硕士学位授权点 19 个，省部级重点实验室或研究基地 9 个。有国家级特色专业建设点 2 个，北京市特色专业建设点 4 个，国家级优秀教学团队 1 个，国家级教学成果奖 1 项，国家级实验教学示范中心 1 个，国家级大学生校外实践教育基地 1 个，国家级精品教材 1 部，国家级“十二五”规划教材 4 部，北京市实验教学示范中心 3 个，北京市校外人才培养基地 3 个，北京市示范性校内创新实践基地 2 个。教职工 806 人，其中，专任教师 526 人，包括正高级职称 82 人、副高级职称 224 人。国家千人计划 1 人，北京市高层次人才 2 人，北京市学术创新人才 4 人，北京市“长城学者”培养计划入选者 3 人，北京市百千万人才工程 1 人，新世纪百千万人才工程北京市入选者（人）1 人，海外高层次人才（兼职）3 人，“高创计划”青年拔尖人才 1 人。毕业生 2643 人，其中，普通本科生 1477 人、普通专科生 218 人、成人本科生 242 人、成人专科生 529 人、硕士研究生 177 人。招生 2578 人，其中，普通本科生 1612 人、成人本科生 203 人、成人专科生 508 人、硕士研究生 255 人。高考北京地区提档线文科 583 分、理科 548 分。在校生 8418 人，其中，普通本科生 6075 人、普通专科生 193 人、成人本科生 371 人、成人专科生 1115 人、硕士研究生 664 人。网址：www.bigc.edu.cn。

2016 年，学校修订（新订）内部规范性制度文件 100 项，完成“十三五”时期学校发展规划和系列配套分规划的制订工作。召开第二次党代会代表暨第五届教代会代表（扩大）会议。

深化改革。在二级单位试点扩大办学自主权的综合改革方案，完成组织机构调整与干部换届工作。成立新媒体学院和中国编辑学研究中心。

科研工作。1 项成果参加巴黎国际发明展览会获得银奖，成立出版物数据资产评估实验室、出版物物联网 (NFC) 基础应用实验室和出版物 VR 内容研发与应用实验室。

学生工作。倡导“以文化人以文育人，建设对学生最好的大学”工作理念，建立一站式的学生服务大厅，全方位服务学生成长成才。

设施建设。加快校园基本建设，完成锅炉房、大学生集体宿舍、运动场看台的改造，新实验教学楼、留学生公寓楼投入使用。

（谢丹）

承办两项设计大赛

4 月 15 日至 17 日和 6 月 21 日至 23 日，印刷学院分别承办第七届全国大学生机械创新设计大赛慧鱼赛区 (2016) 竞赛暨第九届全国慧鱼工程技术创新设计大赛和 2016 届包装工程毕业设计展暨银川富邦“沙麦顿杯”包装设计大赛。大学生机械创新设计大赛以“服务社会——高效、便利、个性化”为主题，分为钱币的分类、清点、清理机械装置，不同材质、形状和尺寸商品的包装机械装置，商品载运及助力机械装置 3 个模块。学校获一等奖 1 个、二等奖 2 个、三等奖 3 个，特别贡献奖。全国 127 所参赛院校、302 支代表队的 2000 名师生参加比赛。包装工程毕业设计展以“传承发展创新环保”为主题，共展出 16 组实物作品。展品首次采用跨学院合作方式，将工业设计专业学生的优秀作品进行专题包装设计，内容物与外包装相得益彰。

（谢丹）

新媒体学院成立

7 月 6 日，印刷学院成立新媒体学院。学院是学校成立的第一个学科交叉融合的学院，为学校二级教学机构，以现代传媒产业为平台和依托，以学校艺术类相关学科专业，如数字媒体艺术、动画、数字影像和传播学网络新媒体专业以及计算机数字媒体技术为支撑，围绕新媒体传播的形态变化和专业特点，打破旧的学科界限和产学分割，采用跨学科交叉融合、产学研联合培养的思路，培养兼具技术基础，人文、社会科学思维，较高艺术表现力的复合型新媒体人才。该学院目前有学生 1125 人，教职工 59 人。

（谢丹）

中国编辑学研究中心成立

9 月 27 日，印刷学院召开中国编辑学研究中心成立大会暨编辑学研究高层论坛。中心由中国编辑学会和印刷学院联合建立，整合学校和中国编辑学会的优势，以项目为纽带建立“政产学研用”一体工作机制，调研和整理编辑学领域的重要问题、前沿课题、热点议题，在开展编辑学相关学术研究的同时，做好高端应用型、复合型编辑出版人才培养和业务培训。编辑学研究高层论坛邀请专家作题为《新形势下编辑学研究的几个务实性问题》的报告，解答“互联网时代编辑的发展方向”“怎么从媒体的角度推动编辑学研究”“报纸的编辑与图书的编辑之间的区别”等问题。

（谢丹）

北京建筑大学

党委书记　王建中
校　　长　张爱林

概述

2016 年，北京建筑大学占地面积 62.40 万平方米，学校产权校舍建筑面积 49.89 万平方米。固定资产总值 12.44 亿元，其中，教学、科研仪器设备资产值 8.63 亿元。全年教育经费投入 87291.25 万元，其中，国家拨款 72307.84 万元、自筹经费 14983.41 万元。图书馆建筑面积 3.86 万平方米，藏书 275.33 万册，其中，纸质图书 127.33 万册、电子图书 148 万册。拥有计算机 7689 台。学校信息化经费投入 1260 万元，多媒体教室座位 9478 个，信息化设备资产 31572.13 万元，网络信息点 17240 个，校园网出口总带宽 3800Mbps，电子邮件系统用户 1890 个，上网课程 595 门，数字资源量 300000GB，管理信息系统数据总量 16180GB。设有 2 个校区，10 个学院和 1 个基础教学单位，另设有继续教育学院、国际教育学院和创新创业教育学院，有 34 个本科专业，其中，国家级特色专业 3 个，北京市特色专业 7 个。具有一级学科 12 个，有 1 个服务国家特殊需求博士人才培养项目，1 个博士后科研流动站，硕士学位授权点 13 个和专业学位授权点 5 个及工程专业学位授权领域点 8 个。北京市重点学科 5 个。有北京“未来城市设计高精尖创新中心”以及城市雨水系统与水环境省部共建教育部重点实验室、代表性建筑与古建筑数据库教育部工程研究中心、现代城市测绘国家测绘地理信息局重点实验室、北京市应对气候变化研究及人才培养基地等 22 个省部级重点实验室、工程研究中心和社科基地。教职工 1011 人，其中，专任教师 655 人，包括教授 106 人、副教授 270 人；博士生导师 26 人、硕士生导师 290 人；长江学者 1 人、国家杰出青年科学基金获得者 1 人、国家级教学名师 1 人、全国优秀教师 1 人、百千万人才工程国家级人选 2 人、北京学者 1 人、享受政府特殊津贴专家 32 人。外籍教师 7 人。毕业生 3208 人，其中，学历教育学生中全日制研究生 403 人、普通本专科生 1964 人、成人教育本专科生 749 人（本科生 658 人、专科生 91 人）；非计划招生高等教育学生中在职人员攻读博士硕士学位 92 人。本科毕业生就业率 96.18%。招生 3107 人，其中，学历教育学生中全日制研究生 510 人（博士生 5 人、硕士生 505 人）、普通本专科生 2030 人、成人教育本专科生 411 人（本科生 368 人、专科生 43 人）；非计划招生高等教育学生中在职人员攻读博士硕士学位 156 人。高考北京地区提档线理科 551 分、文科 596 分。在校生 11609 人，其中，学历教育学生中全日制研究生 1462 人（博士生 12 人、硕士生 1450 人）、普通本专科生 7609 人、成人教育本专科生 1842 人（本科生 1565 人、专科生 277 人）；非计划招生高等教育学生中在职人员攻读博士硕士学位 696 人。留学生毕业 6 人、招生 30 人、在校生 61 人。网址：www.bucea.edu.cn。

2016 年，学校编制完成“十三五”事业发展规划、9 个专项规划、“六大工程”和“六大计划”实施方案以及各学院规划，通过第七届教代会（工代会）第四次会议审议。确立大兴校区建成高质量本科人才培养基地，西城校区建成高水平研究生培养、科技协同创新及成果转化基地的“两高”办学布局。

成立北京未来城市设计高精尖创新中心。中心聘请崔愷、王建国两名院士分别为中心主任和学术委员会主任，聘任 15 名在国内外有影响的城市设计、管理和建设的院士、专家、学者任中心学术委员会委员和国际咨询委员会委员。

参与城市副中心建设。与通州区签署战略合作协议，先期启动绿色城市和全寿命绿色建筑标准、工业化装配式建筑和绿色建造技术、高性能建筑外墙装饰及透水铺装建材研发、建筑遗产数字化保护与修复技术应用、老城区有机更新改造规划五个工作方向。参与编制《通州区海绵城市专项规划》、完成九棵树交通枢纽城市活力中心和污水处理厂景观节点设计、支持北京城市副中心综合管廊规划设计、构建北京市通州区燃灯佛舍利塔数字档案、建设通州老城区精细化城市管理物联网监测系统。与通州区政府联合举办首届北京城市设计国际联合工作营，承办北京城市副中心交通规划国际专家研讨会。

举办80周年校庆系列活动。召开庆祝建校80周年大会，成立教育基金会，建成校史馆，举办北京城市设计国际高峰论坛等10场高端学术会议，举办“未来城市”校庆嘉年华和大学生艺术节等多场文艺活动。

（李文超）

中国建筑师作品展示馆首展开幕

9月30日，建筑大学举办中国建筑师作品展示馆落成及首展“全球化进程中的当代中国建筑——梁思成建筑奖作品展和第25届世界建筑师大会中国展”开幕仪式。展馆由学校与中国建筑学会共同创建，位于北京建筑大学大兴校区图书馆六层，用于征集、典藏、展示和研究优秀建筑作品。展览得到梁思成奖获奖者的支持，5名获奖者提供设计作品模型。来自建筑学界及建筑行业的专家学者、媒体记者与学校师生代表等100人参加开幕式。

（李文超）

80周年校庆

10月14日至16日，建筑大学举办庆祝建校80周年系列活动。召开庆祝建校80周年大会，总结学校历史发展阶段、办学特色等；看望李瑞环等知名校友；成立教育基金会；召开第三届校友理事会第三次理事会；梳理校史，建成校史馆；举办北京城市设计国际高峰论坛等学术会议，举办“未来城市”校庆嘉年华和大学生艺术节等文艺活动。全校师生参加活动。建筑大学前身是1907年清政府成立的京师初等工业学堂。1933年，更名为北平市市立高级职业学校；1936年，增设土木工程科；1958年，升格为北京建筑工程学院；1986年，成为硕士学位授权高校；2012年，获批博士人才培养项目；2013年，更名为北京建筑大学。2015年，北京市和住房城乡建设部共建北京建筑大学。

（李文超）

产学研合作战略协议

11月25日，建筑大学与泉州市博物馆、福建省尚艺古建筑工程有限公司、海麟文博（厦门）文物预防性保护技术有限公司共同签署“闽南海丝文化遗产——产学研合作战略协议”。根据协议，建筑大学利用在教育、培训、科研等方面的经验、优势，尤其是在建筑遗产保护与非物质文化遗产保护等方面的长期积累，结合泉州市博物馆在海峡两岸与世界闽南文化遗产等文博系统的资源，以及海麟文博、尚艺古建在文博与文化遗产保护社会化运营方面的经验，四方共同在人才培养与培训、科技开发和社会服务、国内外交流等方面展开产学研全面合作，挖掘闽南海丝文化遗产的内涵。

（李文超）

北京石油化工学院

党委书记 高锦宏

院　　长 郭文莉（7月免）　蒋毅坚（8月任）

概述

2016年，北京石油化工学院占地面积28.67万平方米，产权校舍建筑面积24.84万平方米、非产权校舍建筑面积0.99万平方米。全年教育经费投入54509.95万元，包括国家拨款46900.82万元、自筹经费7609.12万元。固定资产总值11.47亿元，其中，教学、科研仪器设备资产值5.28亿元。图书馆建筑面积9680.96平方米，藏书200.52万册，其中，纸质图书87.07万册、电子图书113.45万册。学校信息化经费投入2110.56万元，拥有计算机5520台，多媒体教室座位11339个，信息化设备资产9233.16万元，网络信息点12788个，校园网出口总带宽1400Mbps，电子邮件系统用户24181个，管理信息系统数据总量1057.43GB。设有清源校区（主校区）、康庄校区、燕山校区3个校区，有14个教学科研单位、1个研究院。开设29个本科专业，覆盖工、理、管、经、文5个学科门类。博士后科研工作站1个、专业硕士授权点2个。国家工程教育认证专业2个，教育部特色专业3个，“卓越工程师教育培养计划”试点专业8个，“本科教学工程”专业综合改革试点专业1个，北京市特色专业5个。北京市重点建设学科4个，北京市重点实验室5个，北京市高校工程研究中心1个，北京市哲学社会科学研究基地1个。有国家级工程实践教育中心2个，国家虚拟仿真实验教学中心1个，国家级实验教学示范中心1个，国家级大学生校外实践教育基地1个。有北京市高校实验教学示范中心4个，北京市校外人才培养基地8个，北京市示范性校内创新实践基地2个。教职工812人，其中，专任教师530人，包括教授71人、副教授198人；博士生导师9人，硕士生导师116人。国家“千人计划”入选者1人，国家杰出青年科学基金获得者1人，享受政府特殊津贴专家1人。外籍教师4人。毕业生2134人，其中，专业硕士研究生63人、普通本科生1698人、成人教育本专科生373人（本科生201人、专科生172人）。本科毕业生就业率97.92%。招生2176人，其中，学历教育学生中全日制专业硕士研究生78人、普通本科生1827人、成人教育本专科生271人（本科生170人、专科生101人）。高考北京地区提档线文科549分、理科504分。在校生8013人，其中，学历教育学生中全日制专业硕士研究生187人、普通本科生7070人、成人教育本专科生756人（本科生306人、专科生450人）。留学生毕业4人、招生22人、在校生43人。网址：www.bipt.edu.cn。

2016年，学校科学编制“十三五”事业发展规划，研究制定大学章程，修订完善规章制度，出台岗位设置、聘任、考核等管理办法。科研平台建设，推进新建博士后工作站各项工作，确保重大科研合同成功签订；专业建设，1个专业通过国家专业认证，3个专业完成入校评估，3个专业完成北京市专业评估；交流合作，深化与市安监局、大兴区政府、燕山石化公司的交流合作，与大兴区、北京印刷学院、北京建筑大学共同成立“京南大学联盟”，与空军油料所、天普能源集团、聚赛龙工程塑料有限公司建立并深化战略合作关系。

（张翠华　李娜娜　杨振宇）

获检验检测机构认定资质

1月8日，石化学院安全生产工程技术研究院通过北京市质量技术监督局计量认证首次评审，获得检验检测机构资质认定证书。检验检测范围包含易燃液体闭杯闪点测定、易燃固体燃烧速率测定、固体物质相对自燃温度测定、易燃固体自热性质测定、固体的氧化性测定、易燃液体持续燃烧测定、气体和蒸气点燃温度测定、易燃液体蒸气压力测定、物质热稳定性分析、阻隔防爆材料防爆性能测定、液体氧化性测定11项。

（李娜娜）

首批博士后进站

至年底，石化学院招收6名博士后进入安全生产工程技术研究院博士后科研工作站工作。学校首次面向社会公开招收，根据《北京石油化工学院博士后工作管理办法》，设立博士后工作领导小组，小组下设学校博士后管理办公室。11月8日，召开首批博士后研究项目开题报告会，课题围绕北京安全生产需求相关问题展开研究。

（张翠华　李娜娜）

新增两个市重点实验室

至年底，石化学院新增两个北京市重点实验室。深水油气管线关键技术与装备实验室主要研究深水油气管线建造铺设技术与装备、深水油气管线流动保障技术与装备、油气水管式紧凑多相分离技术与设备、深水油气管线应急维修技术与装备等；燃料清洁化及高效催化减排技术实验室主要研究燃料清洁化与催化新材料、低碳烃类高效催化转化技术、环境友好石油化工催化剂及工艺过程、工业尾气污染治理及催化减排技术。

（杨振宇　李娜娜）

北京电子科技学院

党委书记　沈永社（2月免）　鲍遂献（2月任）
院　　长　毛明

概述

2016年，北京电子科技电科院占地面积7.93万平方米，学校产权校舍建筑面积6.95万平方米。全年教育经费投入14378.36万元，其中，国家拨款9949.70万元、自筹经费4428.66万元。固定资产总值2.28亿元，其中，教学、科研仪器设备资产值1.21亿元。图书馆建筑面积6680平方米，藏书40.81万册，其中，纸质图书32.08万册、电子图书8.73万册。学校信息化经费投入142.28万元，拥有计算机3349台，多媒体教室座位3224个，信息化设备资产45万元，网络信息点1260个，校园网出口总带宽534Mbps，电子邮件系统用户2960个，上网课程262门，数字资源量5391GB，管理信息系统数据总量90GB。设有1个校区，8个系（部）；开设13个专业（本科生专业8个，研究生专业5个），覆盖7个学科；具有专业学位授权点2个。教职工326人，其中，专任教师131人，包括教授14人、副教授48人；硕士生导师40人；享受政府特殊津贴专家6人。毕业生538人，其中，学历教育学生中全日制研究生73人、普通本专科生465人。招生538人，其中，学历教育学生中全日制研究生86人、普通本专科生452人。高考北京地区提档线文科624分、理科587分。在校生2020人，其中，学历教育学生中全日制研究生226人、普通本专科生1794人。网址：www.besti.edu.cn。

2016年，学校颁布并实施“十三五”时期发展规划，建立统一领导、分工负责，分类指导、密切配合的领导和管理运行机制，作出实施特色名校建设工程、校园规划建设工程、党的建设创先争优工程的战略部署。

开展本科教学工作审核评估的自评工作，完善以教学为中心的教学质量监督保障体系；加强网络空间安全重点学科建设体系；完成北京市质量工程项目“密码与信息安全人才培养模式创新试验区”的试验任务，做好精品课程建设、密码专业教材建设、教学研究、行业实习实践教学等工作；加强行业干部队伍培训的针对性和实效性，举办34期培训班，培训行业人员6793人次；48项国家重点专项完成研究任务并通过检查验收，进入成果转化阶段；优化工资结构，建立健全与岗位设置管理相适应的业绩考核评价体系，成为绩效工资改革试点。

（张斌　刘旭然）

增设两个内设机构

2月17日，电科院增设两个内设机构。人文社会科学教学部承担的思想政治理论教学职能独立出来，成立思想政治理论教学研究部，负责马克思主义理论学科建设，思想政治理论课（含“形势与政策”）的教学，承担行业精神与传统教育、学生心理健康教育以及教师的组织与管理工作。研究生教育与科研管理处拆分为研究生工作部和科研管理处，研究生工作部负责研究生招生、教学的组织和管理、就业指导等，负责学院学科建设与规划工作，履行学科建设委员会办公室职能。科研管理处负责学院科研规划的制订，科研项目的申报和管理，科研和教研成果的鉴定、统计和奖励等，履行学院密码工作领导小组办公室职能。

（刘旭然）

网络信息化管理处成立

6月28日，电科院成立网络信息化管理处。管理处负责学院网络与信息化的规划、建设、安全防护、运行管理和应用推广，多媒体教学的技术保障和服务，相关设备的维修服务等工作，有工作人员8人。

（刘旭然）

“研究性说课”教学研讨活动

10月至12月，电科院开展“研究性说课”教学研讨活动。活动以“精准定位与聚焦效果”为主题，分为3个阶段，课程教学研究，以教研室或教学团队为单位，对部门所有课程梳理研究；通过示范公开课等形式组织部门内部说课，内容包括课程的定位、内容、教材、教法、学情、教案、效果、不足；开展院级交流评比，评出一等奖3人、二等奖5人。活动通过向同行和专家叙述教学设计及其实施方式，交流教育教学思想理念和教学方式方法。

（刘旭然）

10月至12月，电科院开展“研究性说课”教学研讨活动

（电科院 供）

中国农业大学

党委书记　姜沛民
校　　长　柯炳生

概述

2016年，中国农业大学有东、西两个校区，总占地面积130万平方米，产权校舍建筑面积121.25万平方米。固定资产总值48.92亿元，其中，教学、科研仪器设备资产值1.57亿元。图书馆建筑面积2.12万平方米，藏书206.25万册，其中，纸质图书205万册、电子图书10.68万册。全年教育经费投入348616.79万元，其中，国家拨款271964.31万元、自筹经费76652.48万元。学校拥有计算机16152台，多媒体教室194间，信息化设备资产24543.64万元，网络信息点44317个，校园网出口总带宽4300Mbps，电子邮件系统用户35045个，上网课程1173门，数据库74个，音视频15863小时，管理信息系统数据总量45946GB。设17个院（系、部）；开设66个本科专业，覆盖9个学科门类；一级学科33个，一级学科博士点20个，博士学位授权点95个，硕士学位授权点29个，硕士学位授权点144个和专业学位授权点10个；博士后流动站15个，其中，博士后研究人员出站65人、进站93人、在站212人。国家重点学科13个，省、部级重点学科21个；国家重点实验室6个。教职工2754人，其中，专任教师1624人，包括教授（含研究员）572人、副教授（含副研究员）827人；博士生导师837人、研究生导师1479人。有中国科学院院士5人、中国工程院院士7人。“长江学者奖励计划”特聘教授24人，“国家杰出青年科学基金”获得者43人，国家“973计划”项目首席科学家15人，新世纪“百千万人才工程”国家级人选26人，教育部“新世纪优秀人才支持计划”人选147人，享受政府特殊津贴专家78人。外籍教师40人。毕业生24319人，其中，学历教育学生中全日制研究生2234人（博士生583人、硕士生1651人）、普通本科生2801人、成人教育本专科生6177人（本科生3479人、专科生2698人）、网络教育本专科生13009人（本科生5289人、专科生7720人）；非计划招生高等教育学生中在职人员攻读博士硕士学位98人（博士生8人、硕士生90人）。本科毕业生就业率96.3%。招生25600人，其中，学历教育学生中全日制研究生2928人（博士生787人、硕士生2141人）、普通本科生2882人、成人教育本专科生5472人（本科生3162人、专科生2310人）、网络教育本专科生13962人（本科生6265人、专科生7697人）；非计划招生高等教育学生中在职人员攻读博士硕士学位356人（博士生29人、硕士生327人）。高考北京地区提档线理科634分、文科636分。在校生80164人，其中，学历教育学生中全日制研究生7661人（博士生3183人、硕士生4478人）、普通本科生11395人、成人教育本专科生12362人（本科生7121人、专科生5241人）、网络教育本专科生47578人（本科生21282人、专科生26296人）；非计划招生高等教育学生中在职人员攻读博士硕士学位1168人（博士生88人、硕士生1080人）。留学生毕（结）业139人、招生175人、在校生285人。网址www.cau.edu.cn。

2016年，学校修订新版培养方案论证与教学大纲。完成全国首家农学专业认证。启动首批素质教育核心课程建设。修订招生、培养、学位授予和校学位评定委员会章程等制度文件。推行博士生“申请考核制”。

科研工作。5项成果获2016年度国家科学技术奖。1项成果获北京市第14届哲学社会科学优秀成果二等奖。1个教育部国际合作联合实验室和1个北京市重点实验室申报通过评审，完成国家发展改革委2个创新项目和3个科技部国际科技合作基地认定申报，完成11个农业部重点实验室新增申报，完成2个校级研究中心论证。到校科研经费145548万元，发表论文累计被《科学引文索引》(SCI)、《工程引文索引》(EI)和《社会科学引文索引》(SSCI)收录2310篇次，2篇论文分别在《自然》(NATURE)、《细胞》(CELL)

杂志上发表。

人事制度改革。修订《高层次人才引进管理办法》，引进人才实行年薪制。修订专业技术职务晋升文件及荣誉教授、兼职教授聘任办法。制定2017年至2020年人才队伍进人规划，明确专业技术人员规划的层次、岗位职责、所属学科或拟进入教学科研单位。

国际交流与合作。接待国外高校、科研机构、使馆等单位80批次；举办国际学术会议10次；成立烟台格罗宁根大学筹备委员会，统筹协调和落实新大学筹建事宜。

社会服务工作。北京国家现代农业科技城农业科技成果创新示范园落户涿州园区。曲周实验站为河北省新型职业农民培训1200人次。专利技术转让收入6055万元。推广玉米、小麦促成粮食增产35万吨，推广蛋鸡新品种经济效益10亿元。

（孙桂凤）

毛达如逝世

1月7日，农大原校长毛达如因病逝世，享年82岁。毛达如，1934年出生于江苏常州，毕业于北京农业大学，曾任农业部教育司司长、中央农业干部管理学院院长、中国农业大学校长等职，兼任中国土壤学会第七、第八、第九届副理事长，国务院学位委员会第三、第四届学科评议组成员等。是中国第一代作物营养与施肥专业的硕士研究生，长期致力于土壤、植物营养与施肥的科研和教学工作，建立适合于不同条件的“土壤—肥料—作物—气候”多因素综合施肥系统，提出在“教学—科研—推广”中，建立农科实践教学体系和拓宽专业口径的“基础＋模块”人才培养新模式。参与制定《中华人民共和国肥料管理条例》。

（孙桂凤）

特色马铃薯优质高产试验示范基地

5月25日，农大特色马铃薯优质高产试验示范基地在山东省日照市建成。学校水利与土木工程学院教授带领团队，先后在河北、北京、甘肃等地进行15年的马铃薯高产专门研究。该团队获批日照市政府支持资金100万元。基地内包含黑金刚、黑美人、红美人、红宝石、红云一号、青薯九号、红玫瑰和紫玫瑰8个彩色马铃薯品种。基地计划5年内成立马铃薯品质检测中心，建立优质马铃薯品种繁育基地，种植规模扩增到3335万平方米，拓展与国内外高端马铃薯研发机构的合作关系。

（孙桂凤）

世界首家饲料博物馆落成

11月21日，农大建成世界首家饲料博物馆。博物馆占地面积3280平方米，坐落在饲料工业中心，包括序厅、综合馆、科教馆、饲料添加剂和原料馆、饲料机械馆、饲料加工工艺展示线和试验机组等。博物馆由农业部饲料工业中心组织筹建，以“绿色、安全、健康、环保、天然”为主旨，以回顾饲料行业发展的历史，关注行业发展现状，展示饲料工业的成就，引领未来为目的。

（孙桂凤）

与中国社科院合作开展马克思主义研究

12月16日，农大马克思主义学院与中国社会科学院马克思主义研究院签署合作协议。根据协议，2017年中国社会科学院马克思主义研究院为学校马克思主义学院教师设计培训方案；学校聘请中国社会科学院马克思主义研究院专家作为学校马克思主义学院兼职教授，参与学校马克思主义学院的专题教学；在农村基层党建等研究领域，双方共同确定调研选题，共同发布调研成果。

（孙桂凤）

北京农学院

党委书记 杨军（6月任）
院　　长 王慧敏

概述

2016年，北京农学院占地面积75.67万平方米，建筑面积27.30万平方米。图书馆建筑面积1.61万平方米，馆藏纸质文献80.86万册、电子文献38.35万册。固定资产总值108827.64万元，其中，教学、科研仪器设备资产值40389.71万元。全年教育经费投入58650.41万元，其中，国家拨款50564.46万元、自筹经费8085.95万元。学校信息化经费投入437.42万元，拥有多媒体教室座位7973个，信息化设备资产值7661.35万元，网络信息点5911个，校园网出口总带宽1700Mbps，电子邮件系统用户12972个，上网课程4986门，数字资源量7230GB，管理信息系统数据总量2970GB。现有12个二级学院和3个教学部，开设本科专业33个（含国际合作办学专业3个），专科专业8个。具有一级学科硕士学位授权点7个，二级学科硕士学位授权点12个，专业学位授权点14个，博士后流动站1个。教职工1113人，其中，专任教师509人，包括教授95人、副教授215人。有博士生导师13人，硕士生导师367人。毕业生3620人，其中，学历教育学生中全日制硕士研究生1645人、普通本专科生1897人（本科生1524人、专科生373人）、成人教育本专科生78人（本科生49人、专科生29人）。招生3861人，其中，学历教育学生中全日制硕士研究生1808人、普通本专科生1951人（本科生1668人、专科生283人）、成人教育本专科生102人（本科生67人、专科生35人）；非计划招生高等教育学生中在职人员攻读硕士学位847人。高考北京地区提档线文科545分、理科509分。在校生6827人，其中，学历教育学生中全日制硕士研究生742人，普通本专科生5660人（本科生4694人、专科生966人），成人教育本专科生425人（本科生259人、专科生 166 人）；非计划招生高等教育学生中在职人员攻读硕士学位 597 人。网址：www.bua.edu.cn。

2016 年，学校加强人才培养。围绕复合型应用型人才培养定位，进一步优化"3+1"人才培养模式，修订本科生培养方案，加强跨学科、跨门类课程选修和创新创业教育，完善实践实习教学体系和基地建设，完成所有一级学科和本科专业自评估，强化人才培养质量。

科学研究。到账科技经费 9800 万元；参加首批国家重点研发计划 6 个项目，其中 3 个为课题级项目，总立项经费 1425.6 万元；专利、品种、软件著作权等实施许可或转让 13 项；前三季度发表 SCI(SSCI) 研究论文 34 篇，影响因子 5.0 以上 6 篇；获得省部级科技奖励 7 项。

平台建设。依托农业生物制品与种业中关村开放实验室，与生物芯片北京国家工程研究中心签署协议，共建国家生物芯片北京工程研究中心畜禽健康养殖研究分中心。加强与北京高校和科研院所协同创新，牵头组建北京市"林果业生态环境功能提升协同创新中心"。参与"林木分子设计育种高精尖中心"建设。

社会服务。发挥农业部现代农业技术培训基地、国家级科技特派员创新创业培训基地和农业综合试验站平台作用，举办各级各类培训班 14 期，培训 2000 人次；参与延庆 2019 世界园艺博览会筹备，18 个百合新品种 (9 个拥有自主知识产权）参加世博会新品种预展览；组织 200 名师生参加首都农业嘉年华活动的技术扶持和志愿服务活动。

（王磊）

校训及其释义公布

7 月，农学院公布校训及其释义。经过公开征集、征求意见、专家研讨、网络投票、教代会审议投票、校长办公会与党委常委会审议等环节，经学校党委全委会研究决定，确定"厚德笃行，博学尚农"为学校校训。释义为："厚德"意指具有深厚的德泽，心胸宽广不计较个人得失。语出《周易・坤》"君子以厚德载物"。"笃行"意指既然学有所得，就要努力践履所学，使所学最终有所落实，做到"知行合一"。语出《礼记・中庸》"博学之，审问之，慎思之，明辨之，笃行之"。"博学"意指广泛学习，博采众长。语出《论语・子张》"博学而笃志，切问而近思"。"尚农"意指崇尚农业，以农为本。语出《吕氏春秋・上农》，"上农"即"尚农"，重农之意。厚德笃行，意在强调学校"育人为本、德育为先"的教育理念。博学尚农，旨在突出学校"以农为本、博采众长"的教育思想。二者相辅相成，体现"德才兼备"与"知行合一"的全面要求和完整统一，与学校"以农为本、唯实求新"的办学理念和复合型应用型都市型现代农林人才的培养目标一脉相承。

（王磊）

建校 60 周年

10 月 16 日，农学院召开建校 60 周年纪念大会。会议观看建校 60 周年宣传片《薪火》，宣传片共分火种、燎原、传承 3 个篇章，全方位展示学校 60 年办学历程、办学成果。校长作题为《甲子六秩・不忘初心——为建设都市型现代农林大学努力奋斗》的讲话。学校离退休干部代表、兄弟院校代表、客座教授代表、校友代表、教师代表和学生代表 700 人参加大会。北京农学院前身为河北省通县农业学校，创建于 1956 年。1958 年，河北省通县农业学校与北京市农业合作干部学校合并，更名为北京市农业学校。1965 年，北京市在北京市农业学校的基础上建立半农半读的北京农业劳动大学。1978 年，经国务院批准更名为北京农学院。

（王磊）

与研究机构签署战略合作协议

12 月 5 日，农学院与生物芯片北京国家工程研究中心签署战略合作协议。根据协议，双方本着互利共赢、资源共享的原则，以农学院中关村开放实验室为依托，共建国家生物芯片北京工程研究中心畜禽健康养殖研究分中心，服务畜牧健康养殖及其食品安全。协议有效期 5 年。

（王磊）

12 月 5 日，农学院与研究机构签署战略合作协议

（农学院 供）

北京林业大学

党委书记 吴斌 (2015 年 7 月免）
王洪元 (2015 年 7 月任）
校　　长 宋维明

概述

2016 年，北京林业大学校本部占地面积 46.40 万平方米，产权建筑面积 37.93 万平方米。图书馆建筑面积 2.34 万平方米，藏书 186.28 万册，电子文献 4.89 万 GB。设有 15 个学院、47 个博士点、123 个硕士点、60 个本科专业，7 个博士后流动站。有一级学科国家重点学科（含 7 个二级学科国家重点学科)1 个，二级学科国家重点学科 2 个，国家重点（培育）学科 1 个、国家林业局重点学科（一级)6 个、国家林业局重点培育学科 3 个、北京市重点学

科（一级）（含重点培育学科）3个、北京市重点学科（二级）4个、北京市重点交叉学科1个。国家工程实验室1个、国家工程技术研究中心1个、国家级研发中心1个、国家科技示范园2个、国家野外台站1个、教育部重点实验室3个、教育部工程技术研究中心3个、国家林业局重点实验室5个、国家林业局定位观测站6个、国家林业局质检中心1个、国家林业局工程技术研究中心1个、北京市高精尖创新中心1个、北京实验室1个、北京市重点实验室8个、北京市工程技术研究中心3个。教职工1892人，其中，专任教师1193人，包括教授294人、副教授527人；中国工程院院士3人，中组部"千人计划"入选者3人，"万人计划"领军人才入选者2人，青年拔尖人才入选者1人，国家特聘专家1人，教育部"长江学者奖励计划"入选者6人，国家"973"首席科学家1人，"863"首席专家1人，国家社科基金重大项目首席科学家1人，国家百千万人才工程（新世纪百千万人才工程）入选者10人，中宣部文化名家暨"四个一批"人才入选者1人，科技部"中青年科技创新领军人才"入选者2人，环保部"国家环境保护专业技术青年拔尖人才"入选者1人，"国家杰出青年科学基金"获得者4人，"国家优秀青年科学基金"获得者4人，"中国青年科技奖"获得者7人，"中国青年女科学家奖"获得者1人，"科技北京"百名领军人才入选者1人，北京市优秀青年人才入选者1人，北京市高创人才支持计划青年拔尖人才入选者1人，北京高校青年英才计划入选者50人，北京市优秀人才支持计划入选者20人，北京市教学名师21人，国家有突出贡献专家8人，省部级有突出贡献专家23人，享受政府特殊津贴专家140人，教育部"创新团队发展计划"2支。毕业生7816人，其中，普通本科生3195人、研究生1423人、成人教育本专科生3198人。招生7344人，其中，普通本科生3294人、研究生1777人、成人教育本专科生2273人。高考北京地区提档线文科630分、理科621分。在校生28734人，其中，普通本科生13240人、全日制研究生5138人、在职攻读硕士学位1142人、继续教育学生9214人。网址：www.bjfu.edu.cn。

2016年，学校编制"十三五"事业发展规划，由"1—8—16—7"规划体系构成，即：1个事业发展规划、8个专项规划、16个学院（部）规划和7个重点一级学科发展规划。

人才培养。加强本科专业内涵建设，1个专业通过工程教育专业认证。加强教材建设，211种教材入选各类"十三五"规划教材建设项目。联合举办2016全国农林院校互联网+教育高峰论坛。完成学位授权点动态调整工作，增设马克思主义理论一级学科。1个专业学位研究生工作站入选全国首批农业实践教育示范基地。继续教育"生态学人e行动计划"被列为国家教育信息化"十三五"规划重点推进项目。

学科建设。组织23个一级学科参加第四轮全国一级学科评估。新增9个国家林业局重点学科和重点（培育）学科。"林木分子设计育种高精尖创新中心"入选北京市第二批高精尖创新中心，每年获资助经费1亿元。新增1个国家水土保持科技示范园区，1个国家林业局质检中心，2个国家林业局生态系统定位观测研究站。新增两个英文授课硕士专业留学生奖学金项目。

科研工作。新立项科研项目487项，其中，获批国家自然科学基金项目81项，承担国家重点研发计划课题14项。全年科研经费2.34亿元，其中，纵向科研经费1.88亿元、横向经费0.46亿元。学校作为第一完成单位获得国家科技进步奖二等奖1项，技术发明奖二等奖1项。获高等学校科学研究优秀成果奖6项（自然科学2项、技术发明1项、科技进步3项），北京市科学技术奖3项，梁希林业科学技术奖8项（一等奖1项）。被《科学引文索引》（SCI）收录论文602篇、《工程引文索引》（EI）收录101篇、《社会科学引文索引》(SSCI)收录20篇。牵头制定8项林业行业标准，促成科技成果转化12项，转化收益507万元。学校主办的《鸟类学研究（英文版）》被SCI扩展版收录，《北京林业大学学报》被遴选为"中国高校百佳科技期刊"。

交流合作。与河北省保定市政府等6家地方政府、企业、高校建立战略合作关系，在河南新乡新增苗圃实验用地13.34万平方米。与8所海外高校、科研院所新签续签校际合作协议。实施引智项目82项，邀请113名境外专家来校从事教学、科研工作。执行国际科技合作项目2项。

（肖进）

马克思主义学院成立

1月22日，北林大成立马克思主义学院。学院设马克思主义原理、毛泽东思想和中国特色社会主义理论概论、中国近现代史纲要、思想道德修养与法律基础4个教研室。有马克思主义理论一级学科硕士点，下设马克思主义基本原理、马克思主义中国化研究、中国近现代史基本问题研究、思想政治教育4个二级学科。招收马克思主义理论研究生，研究方向为马克思主义基本原理、思想政治教育专业、马克思主义中国化研究和中国近现代史基本问题研究。教职工38人，其中，教授6人、副教授25人，讲师6人。其前身为1953年成立的北林大政治课教研组。

（肖进）

1月22日，北林大成立马克思主义学院

（北林大 供）

推进"政产学研用"一体化办学实践

3月至12月，北林大推进"政产学研用"一体化办学实践。与三明市召开校地合作座谈会;与菏泽学院签署协议,共建牡丹学院;与内蒙古和盛生态科技研究院签署合作协议,共建协同创新中心;与鄢陵县政府开展协同创新中心建设;与聊城市政府签订战略合作框架协议,在科技创新基地、成果转化平台、学生实习实践基地等方面深度合作;与通州区政府签署战略合作框架协议,依托"林木分子设计育种"高精尖创新中心,参与通州"国家生态园林城市"创建、环城生态景观带和环区界生态过渡带建设、重点道路绿化景观提升等城乡环境与生态建设重大项目;与新乡市政府签署合作协议,服务国家自主创新示范区建设;与保定市政府合作项目建设,先后5次召开校地合作联席会议,加快白洋淀生态研究院、木结构建筑研究和检测中心两个创新平台筹建。

(肖进)

"大学生村官"工作10年总结会

5月18日,北林大召开2016年就业创业工作推进会暨"村官十年"工作总结会。会议回顾学校"大学生村官"工作开展情况,表彰再就业工作中表现优秀的集体和个人,并部署下一阶段的就业创业工作。学校10年共选聘689名毕业生赴京郊担任"大学生村官"。

(肖进)

北京协和医学院(中国医学科学院)

党委书记 李立明(7月免) 李国勤(7月任)
院　　长 曾益新(2015年11月免)
曹雪涛(2015年11月任)

概述

2016年,北京协和医学院(中国医学科学院)占地面积87.59万平方米,建筑面积95.32万平方米。固定资产总值60382.70万元,其中,教学、科研仪器设备资产值13707.44万元。图书馆建筑面积15905平方米,纸质图书281万册、电子图书24万册。全年教育经费投入47054.80万元,包括国家拨款40726.70万元、自筹经费6328万元。学校拥有计算机1165台,信息化设备资产6568.98万元,网络信息点6116个,校园网出口总带宽6553Mbps,电子邮件系统用户2042个,管理信息系统数据总量33.6GB。北京协和医学院与中国医学科学院实行院校合一的管理体制。院校设有19个研究所、7所临床医院(含与北京市共建的天坛医院)、6所学院和1个研究生院,具有一级学科博士点8个,博士学位授权学科、专业58个,硕士学位授权一级学科3个,硕士学位授权学科、专业66个;博士后流动站6个。国家一级重点学科2个、国家二级重点学科8个、国家重点(培育)学科1个;省部级一级重点学科4个、省部级二级重点学科3个;国家实验室1个,国家重点实验室5个,国家工程研究中心1个,国家工程实验室1个,国家工程技术研究中心2个,省部级研究中心、实验室31个。定期出版物19个。教职工14055人,其中,专任教师1465人,包括教授877人、副教授456人;博士生导师756人、硕士生导师396人;中科院院士7人、工程院院士17人。"长江学者奖励计划"特聘教授20人、长江学者讲座教授3人、中组部"千人计划"18人、青年千人计划15人,国家和省部级有突出贡献专家123人、杰出青年基金获得者41人、享受政府特殊津贴专家581人、百千万人才工程国家级人选56人、教育部长江学者奖励计划创新团队12个、国家自然科学基金委创新团队4个。外籍教师1人。毕业生1631人,其中,学历教育学生中全日制研究生1045人(博士生578人、硕士生467人),普通本专科生138人(本科生65人、专科生73人),成人教育448人。招生1987人,其中,学历教育学生中全日制研究生1360人(博士生593人、硕士生767人),普通本专科生225人(本科生172人、专科生53人),成人教育402人。高考北京地区提档线临床本科理科680分、护理本科理科574分。在校生6245人,其中,学历教育学生中全日制研究生4131人(博士生1921人、硕士生2210人),普通本专科生867人(本科生693人、专科生174人),成人教育1247人。网址:www.pumc.edu.cn。

2016年,院校制订"十三五"时期发展规划与院校各专项规划、各二级院所"十三五"时期发展规划。发布《中国医改发展报告》《全国医院科技影响力排行榜》《中国科技发展报告》。开展八年制医学专业课程体系改革。

科研成果。实施中国医学科学院医学与健康创新工程,获批经费4.196亿元。新增省部级及以上科研项目495项,获得经费资助6.26亿元,包括重点研发计划27项、国家自然科学基金项目278项。发表科技论文4642篇,其中,SCI收录论文2286篇。获中华医学科技奖11项、北京市科学技术奖10项。新增内设研究中心8个。

交流合作。与牛津大学签署合作协议,在牛津大学建立亚洲首个联合研究中心。与南非医学研究理事会和南非斯泰伦博斯大学非洲癌症研究所签署合作备忘录,邀请"金砖"国家青年科学家来院校交流访问并接收两名泰国学生到院校见习。与《科学》杂志合作出版院校专刊。与天津泰达国际心血管病医院签署合作协议,泰心医院加入院校管理体系。与贵州医科大学签署帮扶协议,在人才、教学、科研、医疗等方面对贵医进行合作,体现国家队责任。与首都儿研所签署合作协议,设立中国医学科学院儿童发育与疾病研究中心,并获得3000平方米实验室场地。

师资建设。首次实施"青年医学教育学者计划"项目,举办新任导师培训,对博士生指导教师资格复审,提高师资水平;举办7期"协和教育沙龙"活动,交流教育教学经验。1人获北京市教学名师奖,评选协和教学名师4人、协和优秀教师39人和协和优秀教育工作者10人。

产业发展。纳入院校国有资产基础管理范围内的企业共55户,资产总额48.66亿元。编制《院校产业资源调查报告》《院校产业战略发展报告》,为院校产业发展提供指导。处理协和汤山会议中心历史遗留债务问题。

院校下属各医院医、教、研协同发展。院校所属6家医院共有床位数6420张，门急诊667万人次，手术9.6万台次，出院27.1万人次。组织10人援疆，选派7名博士服务团成员服务西部，接收15名西部学者进修。“十二五”期间，共派出5支医疗队、44人赴藏，院校所属医院接收来自西藏自治区人民医院59名进修生，提供西藏自治区人民医院600万元专项资助资金。

（王卓然）

互联网时代医疗技术主题论坛全国巡讲活动

5月7日，协和医学院启动2016—2018年健康中国行——协和大讲堂“互联网+医疗”健康系列全国巡讲活动。宣讲如何利用互联网、大数据，与医疗卫生融合，推动互联网形势下医院创新发展，促进新时期医疗变革，倡导健康的新理念，传播健康知识，培养健康生活方式，提高大众健康素养水平。该项活动由国家卫生计生委宣传司指导。

（王卓然）

国际耐药结核病诊治高端论坛

9月13日至14日，协和医学院与中国疾病预防控制中心、法国梅里埃研究院共同主办国际耐药结核病临床诊治高端论坛。论坛采用专题报告和专家引导式深度讨论的模式，介绍耐多药结核病体外诊断方法的最新进展以及面临的困难和机会，探讨耐药结核病诊断方法的临床需求、成本效益以及分享不同医院耐药结核病诊治及其管理方面的经验等。

（王卓然）

首届以离子通道为靶标的新药研发高峰论坛

10月26日，协和医学院举办第一届以离子通道为靶标的新药研发高峰论坛。论坛围绕“离子通道药物研发领域面临的机遇、挑战及未来发展方向”，结合国内外离子通道药物的研发现状，探讨近年来国内外在该研究领域的最新研究成果，通过加快以离子通道为靶标的新药研发，完善离子通道结构与功能研究的平台建设，并建议成立离子通道药物的产学研联盟及相关的样品库，实现靶向离子通道药物研发的源头创新。100名从事离子通道新药研究的科研工作者和企事业单位的新药研发人员参加论坛。

（王卓然）

首都医科大学

党委书记　李明
校　　长　吕兆丰（4月免）　尚永丰（9月任）

概述

2016年，首都医科大学学校和附属医院总占地面积156.36万平方米，总建筑面积245.08万平方米，其中，学校占地面积23.91万平方米，建筑面积32.35万平方米。学校和附属医院固定资产总值2538058.18万元，其中，学校固定资产总值310955.63万元。学校和附属医院教科仪器设备资产值235826.86万元，其中，学校教科仪器设备资产值161581.90万元。全年教育经费投入143396.65万元，其中，国家拨款108480.70万元、自筹经费15564.06万元、科研经费19351.89万元。学校和附属医院图书馆建筑面积25942平方米，藏书153.48万册，其中，学校图书馆建筑面积17901平方米，藏书88.81万册。拥有计算机8323台，教室132间，信息化设备资产5178.82万元，网络信息点12532个，校园网出口总带宽1400Mbps，电子邮件系统用户5651个，上网课程192门，数据库82个，音视频2777小时，管理信息系统数据总量10200GB。设有10个学院、1个学部和1个研究院，20所临床医学院暨附属医院以及1个预防医学教学基地，设有4个专科学院和33个专科学系，1个中心。开设本科专业16个、长学制专业2个。有一级学科博士学位授权点8个和一级学科硕士学位授权点11个，按照三级学科统计，有博士学位授权点59个和硕士学位授权点78个。有博士后流动站9个，出站26人、进站47人、在站126人。有国家重点学科8个、国家重点（培育）学科2个、国家临床重点专科60个（含中医）、国家中医药管理局重点学科（培育）14个、北京市一级重点学科4个、北京市交叉重点学科1个、北京市二级重点学科6个、北京市一级重点建设学科2个、北京市二级重点建设学科6个、北京地区高等学校学科群1个，有国家临床医学研究中心6个、省部共建国家重点实验室培育基地1个、教育部重点实验室4个、北京市重点实验室48个，有国家工程技术研究中心1个、教育部工程研究中心4个、北京市工程技术研究中心9个、北京市高等学校工程研究中心1个、北京市哲学社会科学研究中心1个。设有国家生命科学与技术人才培养基地、卫生部全科医学培训中心、北京市全科医学培训中心、首都卫生管理与政策研究基地、北京神经科学研究所等。学校和附属医院共有教职工和医务人员42467人，其中，校本部1538人、附属医院40929人；有院士7人、特聘顾问11人；专任教师2912人，其中，教授769人，包括校本部105人、附属医院664人。副教授1172人，包括校本部246人、附属医院926人；博士研究生导师567人、硕士研究生导师987人；有“长江学者奖励计划”特聘教授3人，讲座教授1人，青年项目1人；“千人计划”创新人才长期项目2人、青年项目1人，外专“千人计划”1人；校本部和直属附属医院有国家有突出贡献专家2人、省部级有突出贡献专家20人、享受政府特殊津贴专家106人；有外籍教师6人。毕业生4565人，其中，学历教育学生中全日制研究生1132人（博士生228人、硕士生904人），普通本专科生1617人（本科生866人、专科生751人），成人教育1441人（本科878人、专科生563人）；以同等学力申请博士硕士学位340人（博士生110人、硕士生230人）。招生5405人，其中，学历教育学生全日制研究生1417人（博士生257人、硕士生1160人），普通本专科生1769人（本科生1098人、专科生671人），成人教育本专科生1609人（本科生1272人、专科生337人）；以同等学力申请博士硕士学位541人（博士生416人、硕士生125人）。高考北京地区提档线理科628分。在校生15817人，其中，学历教育学生中全日制研究生4138人（博士生862人、硕士生3276人），普通本专科生6794人（本科生4931人、专科生1863人），成人教育本专科生4300人（本科生3235人、专科生1065人）。留学生毕业35人、招生119人、在校生585人。网址：www.ccmu.edu.cn。

2016年，学校制订《首都医科大学发展战略规划体系(2016版)》。马克思主义学院更名为马克思主义学部。

学科建设。脑重大疾病协同防治创新中心设立“科研促进项目”和国际合作种子基金项目。获批国家工程实验室1个。新增北京市重点实验室6个，北京市工程研究中心1个。出台《首都医科大学临床诊疗与研究中心管理规定》，成立首批12个临床诊疗与研究中心。

教育教学。推进医学专业学位“5+3”培养模式改革，完善落实长学制转“5+3”培养改革方案，首批2008级学生毕业，均取得硕士学历证书、硕士学位证书、执业医师资格证书和住院医师规范化培训合格证书共“四证”；推进医学博士专业学位“5+3+X”的培养模式改革，获批临床医学博士专业学位培养改革试点并增补招生名额，制定临床医学专业学位博士培养改革的方案框架并实施；推进MD／PhD双学位拔尖创新人才培养模式的改革，进一步规范基地班本硕博连读创新拔尖人才遴选机制，15名学生进入培养行列，遴选出60名学生进入基地班硕士阶段培养；推进“3+2”助理全科医师培养模式的建设。新增顺义、门头沟2家教学基地和3个基层实践基地。完成4个新增本科专业申报。支持17门校级网络课程建设，新增244门网络选修课。制订生物医学工程专业（高精尖项目）、中医药学院（加拿大）中医学的培养方案；调整医学检验技术、生工（双培计划）、三年制护理等专业的培养方案。

科研工作。组织申报自然类科技项目1354项、各类人文社科项目78项。对9个校本部学院、18个附属医院的1236项各类课题进行科研项目年中检查。制定纵向科研项目经费、政府委托项目经费、横向科研项目经费、科研项目间接费用、科研项目结余经费等多类科研经费的管理办法。出台《首都医科大学科学技术奖励办法》。

师资建设。获批国家“万人计划”科技创新领军人才3人，科技部中青年科技创新领军人才4人，2016年“长江学者奖励计划”青年学者项目1人；获批第12批北京市“海聚工程”短期项目2人；北京市“高创计划”杰出人才1人，北京市“高创计划”青年拔尖人才1人，北京市“高创计划”百千万工程领军人才3人；北京市优秀青年人才7人；北京市享受政府特殊津贴人员1人。新增附属北京妇产医院等4个博士后流动分站和培养点。

交流合作。与6所国外大学签署9份合作协议并开展具体合作项目。参加中俄大学校长论坛。通过国家留学基金委、校际合作、国际组织合作等渠道开展9类国内外奖学金、培训或交流团项目，派出教师35名；通过16个交流项目选派135名学生出国（境）学习交流。接待来自19个国家和地区的外宾68批214人次。与北京协和医学院、天津医科大学、河北医科大学签订战略合作框架协议，推进京津冀区域高等医学教育协同发展。

（方海侠　王于英）

与门头沟区政府签约合作

1月12日，首医大与门头沟区政府签订《建设门头沟教学医院合作协议》。根据协议，门头沟区政府、学校及其附属宣武医院三方共同将门头沟区医院建设成为规范的首医大教学医院。首医大及宣武医院支持区医院学科建设和学科带头人培养，落实临床教师和学生基层实践，加强医院临床学科建设，提高医院教学水平和教学能力，增强门头沟区医院作为区域医疗中心对门头沟区医疗卫生事业发展的带动作用。门头沟区政府在政策、人力、空间和经费上给予支持，保证教学医院各项工作的开展。协议有效期5年。

（王于英　陈飞飞）

“3+2”培养项目临床基本实践能力会考

6月18日，首医大举办“3+2”培养项目临床基本实践能力会考暨第一届临床技能竞赛。比赛设体格检查、基本技能操作以及临床辅助检查3个环节，10家教学医院的176名“3+2”学员，37名考官和80名考务及考试管理人员参加比赛。“3+2”项目是首医大受市卫计委委托，经市教委同意，学校将助理全科医师规范化培训与成人学历教育并轨实施的试点工作。

（王于英　陈飞飞）

《转化神经科学杂志》英文版发行

12月1日，首医大《转化神经科学杂志》英文版(Journal of Translational Neuroscience)上线发行。该杂志由首医大、北京脑重大疾病研究院和高等教育出版社共同主办，为季刊，设Research Article(研究型报告)、Review(综述)、Mini Review(小综述)、Comment(评论)、View and Perspective(观点)、History(发展史)、Profiles(简介)等栏目，主要报道神经科学研究诸领域（行为、认知、发育和再生、神经老化、神经解剖学、神经内分泌学、神经遗传学、神经内分泌学、神经病理学、神经药理学、神经生理学和神经毒理学等）的新进展、新观点、新技术、新方法和新的转化成果。通过视频或音频报道和介绍手术操作、病例讨论分析、课程讲座以及会议现场录制等与转化神经科学研究相关的内容。

（王于英　陈飞飞）

北京中医药大学

党委书记 吴建伟
校　　长 徐安龙

概述

2016年，北京中医药大学占地面积108.30万平方米，学校产权校舍建筑面积21.10万平方米。全年教育经费投入99976.40万元，包括国家拨款64454.91万元、自筹经费35521.56万元。固定资产总值111460.55万元。图书馆藏书152.33万册，其中，纸质图书111.49万册、电子图书48.57万册。学校信息化经费投入398.50万元，拥有计算机2202台，校园网出口总带宽5.10G，其IPv4出口带宽4.10G，IPv6带宽1G。上网课程1216门。开设本科专业11个，其中，中医学（七年制）已于2012年停招，现中医学专业开办有岐黄班(5+4)和卓越班(5+3)两个长学制方向，中药学专业开办有时珍国药班(4+4)和卓越班(4+2)两个长学制方向。具有一级学科3个，一级学科博士点3个，学术博士学位授权点42个，专业博士学位授权点10个，学术硕士学位授权点45个和专业硕士学位授权点13个；博士后流动站3个，博士后研究人员出站14人、进站18人、在站64人；师承博士后在站12人。一级学科国家重点学科2个，二级学科国家重点学科15个，国家中医药管理局重点学科48个，一级学科北京市重点学科2个，二级学科北京市重点学科8个。国家级国际联合研究中心1个、科技部国际科技合作基地2个、教育部工程研究中心2个、教育部重点实验室3个、北京市科委重点实验室4个、北京市教委重点实验室2个、北京市国际科技合作基地6个、北京市教委工程研究中心1个、北京市教委与北京市哲社办共建人文社科基地1个、国家中医药管理局三级实验室14个、国家中医药管理局重点研究室11个。国家级实验教学示范中心1个、北京市实验教学示范中心4个。国家级教学基地2个、教育部人才培养模式创新实验区1个、国家大学生校外实践教育基地3个、北京市校外人才培养基地4个。教育部创新团队计划2个、教育部、外国专家局“学科创新引智计划”项目2个、国家级教学团队3个、北京市优秀教学团队8个。校本部教职工1231人，其中，专任教师646人。博士生导师229人，硕士生导师579人。教育部“长江学者奖励计划”特聘教授3人，国家级有突出贡献中青年专家8人，享受政府特殊津贴专家92人。外籍教师5人，其中，博士2人、硕士1人、本科2人。毕业生7589人，其中，学历教育学生中全日制博士生190人（留学生5人），硕士生999人（留学生19人），普通本科生1186人（留学生104人），普通专科生156人；成人教育本科生432人，专科生357人；网络教育本科生2555人，专科生1690人；非计划招生高等教育学生中在读人员攻读硕士学位24人。招生10349人，其中，学历教育学生中全日制博士生204人（留学生1人），硕士生1214人（留学生12人），普通本科生1563人（留学生107人）。成人教育本科生545人，专科生320人；网络教育本科生2942人，专科生3274人；非计划招生高等教育学生中在读人员攻读硕士学位88人。在校生30031人，其中，学历教育学生中全日制博士生680人（留学生23人），硕士生3281人（留学生154人），普通本科生6289人（留学生445人），普通专科生346人；成人教育本科生1699人，专科生1343人；网络教育本科生8713人，专科生6942人。非计划招生高等教育学生中在读人员攻读硕士学位24人；非计划招生高等教育学生中在读人员攻读硕士学位738人。留学生毕业104人、招生80人、在校生445人。网址：www.bucm.edu.cn。

2016年，学校调整院系设置。撤销基础医学院，成立中医学院、生命科学院。将循证医学中心归属中医学院；糖尿病研究中心归属中医学院中医基础系；中医养生学研究所归属中医学院养生康复系；武当医学研究院归属中医学院医史人文学系；民族医药研究所挂靠中医学院中医基础系，成立民族医药研究室；原基础医学院医史人文学系的医古文教研室归属国学院；中医药文化研究院、中医药文化研究与传播中心归属国学院；中药现代研究中心归属中药学院；骨伤科研究所归入第三附属医院。

（李元）

3个海外中医中心成立

1月18日、8月9日、12月17日，中医药大学成立圣彼得堡中医中心、澳大利亚中医中心、美国中医中心3个海外中医中心。中心是由学校发起并设立的非营利性机构，旨在搭建两国之间中医和西医在医疗、教学和科研等方面的合作平台，发挥中医药的诊疗优势，增进两国间深层次文化交流。

（李元）

12月17日，中医药大学成立美国中医中心

（中医药大学 供）

名医名方重点研究室成立

8月5日，中医药大学经国家中医药管理局批准成立国家中医药管理局“名医名方重点研究室”。研究室主任由教授徐安龙、研究员于文明担任，秘书处设在中医药大学北京中医药研究院。研究室围绕名老中医传承、中医证治规律及名医名药验方评价、名医名方新药研发三个主要方向

开展研究。

（李元）

60 周年校庆系列活动

9 月 1 日至 10 日，中医药大学举办 60 周年校庆系列活动。活动以“铸魂逐梦”为主题，包括纪念大会、校史校情展、建设世界一流中医药大学高层研讨会、原创校园舞蹈诗《岐黄志》首演、听校友讲课等 16 项活动。校友代表、社会各界人士代表、国际友人代表、学校教职工代表及学生代表共 3000 人参加活动。中医药大学始建于 1956 年，前身为北京中医学院，是国务院批准最早创办的高等中医药院校；1960 年，被中央确定为全国重点高校；1971 年，与中国中医研究院合并；1977 年，两院分开，恢复独立办学；1993 年，更名为北京中医药大学;1996 年，入选国家“211 工程”重点建设大学；2000 年，与北京针灸骨伤学院合并，组建新的北京中医药大学。

（李元）

9 月 1 日至 10 日，中医药大学举办 60 周年校庆系列活动

（中医药大学 供）

北京师范大学

党委书记　刘川生(12月免)　程建平(12月任)
校　　长　董奇

概述

2016 年，北京师范大学占地面积 59.92 万平方米，学校产权校舍建筑面积 93.18 万平方米。全年教育经费投入 375190.91 万元，其中，国家拨款 265685.12 万元、自筹经费 109505.79 万元。固定资产总值 437816.90 万元，其中，教学、科研仪器设备资产 129222.94 万元。图书馆建筑面积 48523 平方米，纸质图书 454.73 万册，电子图书 764.66 万册。拥有计算机 24870 台。信息化设备资产 34681.70 万元，网络信息点 39497 个，校园网出口总带宽 4320Mbps，电子邮箱系统用户 70905 个，上网课程 2558 门，数据库 336 个，音视频 77016 小时，管理信息系统数据总量 152.30GB。设 1 个学部、26 个学院、2 个系、46 个研究院（所、中心）；开设本科专业 64 个；有博士学位授权点的一级学科 24 个，硕士学位授权点的一级学科 37 个，博士学位授权点 109 个，硕士学位授权点 146 个，博士后流动站 25 个。一级学科国家重点学科 5 个、二级学科国家重点学科 11 个、国家重点培育学科 2 个；北京市一级重点学科 5 个、北京市二级重点学科 10 个。国家重点实验室 4 个、教育部重点实验室 9 个、北京市重点实验室 10 个、教育部工程研究中心 5 个、北京市工程研究中心 3 个、教育部人文社会科学重点研究基地 7 个，代管研究机构 7 个，共建研究机构 20 个。教职工 3099 人，其中，专任教师 1985 人，包括教授 862 人、副教授 718 人；博士生导师 1023 人、硕士生导师 905 人。外籍教师 48 人。专任教师中有博士学位的 1780 人。有中科院院士 6 人，工程院院士 2 人，“长江学者奖励计划”讲座教授 3 人，“长江学者奖励计划”特聘教授 36 人。毕业生 17270 人，其中，学历教育学生中全日制研究生 3458 人（博士生 618 人、硕士生 2840 人），普通本科生 2145 人，成人教育本专科生 3033 人（本科生 1928 人、专科生 1105 人），网络教育本专科生 8634 人（本科生 3861 人、专科生 4773 人）；非计划招生高等教育学生中在职人员攻读硕士学位 717 人。招生 24449 人，其中，学历教育学生中全日制研究生 4018 人（博士生 759 人、硕士生 3259 人），普通本科生 2522 人，成人教育本专科生 1414 人（本科生 828 人、专科生 586 人），网络教育本专科生 16495 人（本科生 9411 人、专科生 7084 人）；非计划招生高等教育学生中在职人员攻读硕士学位 801 人。高考北京地区提档线文科 658 分、理科 660 分。在校生 67065 人，其中，学历教育学生中全日制研究生 12821 人（博士生 3776 人、硕士生 9045 人），普通本科生 10209 人，成人教育本专科生 4649 人（本科生 3409 人、专科生 1240 人），网络教育本专科生 39386 人（本科生 21229 人、专科生 18157 人）；非计划招生高等教育学生中在职人员攻读硕士学位 3794 人。留学生毕业 1468 人、招生 1661 人、在校生 1678 人。网址：www.bnu.edu.cn。

2016 年，学校出台“十三五”时期发展规划，成立地理科学学部和心理学部，通过体制创新和制度建设，为综合改革提供持续动力。

科研成果。“流域水沙条件对水质影响过程及机理”项目获得国家自然科学奖二等奖。27 项研究成果获第五届全国教育科学研究优秀成果奖其中，一等奖 5 项、二等奖 6 项、三等奖 16 项。获省部级科技奖励 5 项，获批高等学校学科创新引智基地 1 个，国家社科基金重大项目立项数全国第一，第五届全国教育科学优秀成果奖的获奖总数和一等奖数全国第一，5 家智库入选中国智库索引。

国际交流。成立二十国集团反腐败追逃追赃中心，成为第一个面向二十国集团成员国开展相关研究的机构。举办世界比较教育大会，逐渐形成服务国家“一带一路”倡议、金砖国家合作发展战略的国际化发展新格局。

基础设施。新增 3 个食堂，就餐面积增加 3500 平方米，宿舍区无线网络升级改造。昌平新校区 G 区二期开工建设，

并基本完成结构施工，预计 2018 年全部投入使用。

（李敏辞）

获中国大学生篮球联赛全国总冠军

6 月 14 日，北师大女篮代表队获 2016 年第 18 届中国大学生篮球联赛 (CUBA) 女篮总决赛冠军。比赛设东南、西南、西北、东北 4 个赛区，分男子组、女子组 2 个组别，共 112 支代表队参加比赛，经半决赛、决赛，学校代表队以 65∶56 的比分获得冠军。

（李敏辞）

第 16 届世界比较教育大会

8 月 22 日至 26 日，北师大承办第 16 届世界比较教育大会。会议以“教育中的辩证法:比较的视角”为主题,围绕“全球化和本土化、数量和质量、市场化和公共化、传统与现代、公平与效率、自治与问责、精英教育和大众教育、多样化与标准化、集权与分权、教师中心与学生中心、女性主义与男性主义、成人教育与终身学习”等问题展开研讨。会议收到学术论文 1000 篇，听取主旨发言 2 场，特别推荐报告 4 场，平行分会场 274 个，论文海报展场 4 个。各国教育专家和学者共同分享最新研究成果，阐述全球教育发展现状。来自世界 70 个国家和地区的 1000 名专家和学者参加大会。

（李敏辞）

二十国集团反腐败追逃追赃研究中心成立

9 月 23 日，二十国集团反腐败追逃追赃研究中心在北师大设立。研究中心通过专题研究、学术研讨和培训等形式开展工作，为二十国集团成员国开展反腐败追逃追赃合作创造交流平台，为中国参与国际反腐败合作提供智力支持，推动建立以追逃追赃务实合作为主要内容的国际反腐败新秩序。

（李敏辞）

9 月 23 日，二十国集团反腐败追逃追赃研究中心成立

（北师大 供）

两个学部成立

11 月 9 日和 12 月 11 日，北师大成立地理科学学部和心理学部。地理科学学部围绕地理学及其相关学科的发展与建设，设立地理学院、资源学院、遥感科学与工程研究院、陆地表层系统科学与可持续发展研究院、地理数据与应用分析中心、减灾与应急管理研究院以及地表过程与资源生态国家重点实验室 7 个二级机构。学部参与地表过程与资源生态和遥感科学国家重点实验室两个国家级科研平台的建设，承建 5 个教育部和北京市的研究平台。心理学部整合心理学院和脑与认知科学研究院（含认知神经科学与学习国家重点实验室）两部门资源，建设世界一流心理学科和世界一流脑科学。

（李敏辞）

首都师范大学

党委书记 郑萼
校　　长 宫辉力

概述

2016 年，首都师范大学占地面积 88 万平方米，产权校舍建筑面积 77 万平方米、非产权校舍建筑面积 1.80 万平方米。全年教育经费投入 200008.66 万元，其中，国家拨款 162459.66 万元、自筹经费 37549 万元。固定资产总值 26.03 亿元，其中，教学、科研仪器设备资产值 9.57 亿元。图书馆建筑面积 27755 平方米，藏书 302.48 万册，其中，纸质图书 274.93 万册、电子图书 600.94 万册。学校信息化经费投入 2987.93 万元，拥有计算机 11388 台，多媒体教室座位 17326 个，信息化设备资产 10616 万元，网络信息点 39969 个，校园网出口总带宽 5100Mbps，电子邮件系统用户 21619 个，上网课程 897 门，数字资源量 43385.60GB，管理信息系统数据总量 373GB。设置 25 个院（系、部）；开设 55 个专业，覆盖 9 个学科门类；具有博士学位授权一级学科 17 个，二级学科博士点 97 个，硕士学位授权一级学科 26 个，专业学位授权点 9 个；博士后流动站 14 个，其中，博士后研究人员出站 96 人、进站 186 人、在站 90 人。拥有国家重点学科 4 个、国家重点培育学科 1 个，北京市一级重点学科 8 个，北京市二级重点学科 6 个，北京市一级重点建设学科 1 个，北京市二级重点建设学科 11 个，北京市重点培育学科（一级)4 个，交叉学科北京市重点学科 2 个。教职工 2606 人，其中，专任教师 1557 人，包括教授 329 人、副教授 686 人；博士生导师 234 人、硕士生导师 653 人。“长江学者奖励计划”特聘教授 7 人、国家有突出贡献专家 1 人、享受政府特殊津贴专家 78 人、“万人计划”百千万工程领军人才 1 人。外籍教师 17 人，其中，教授 1 人。毕业生 7791 人，其中，学历教育学生中全日制研究生 1505 人（博士生 105 人、硕士生 1400 人）、普通本专科生 2455 人（本科生 2353 人、专科生 102 人）、成人教育本专科生 3629 人（本科生 2218 人、专科生 1411 人）；

非计划招生高等教育学生中在职人员攻读博士硕士学位 202 人。本科毕业生就业率 97.91%。招生 9321 人，其中，学历教育学生中全日制研究生 1926 人（博士生 151 人、硕士生 1775 人）、普通本专科生 3017 人（本科生 2720 人、专科生 297 人）、成人教育本专科生 4009 人（本科生 2776 人、专科生 1233 人）；非计划招生高等教育学生中在职人员攻读硕士学位 369 人。高考北京地区提档线理科 557 分、文科 580 分。在校生 29626 人，其中，学历教育学生中全日制研究生 5488 人（博士生 577 人、硕士生 4911 人）、普通本专科生 11122 人（本科生 10656 人、专科生 466 人）、成人教育本专科生 11993 人（本科生 7742 人、专科生 4251 人）；非计划招生高等教育学生中在职人员攻读硕士学位 1023 人。留学生毕业 1247 人、招生 1096 人、在校生 1352 人。网址：www.cnu.edu.cn。

2016 年，学校调整组织机构。增设美育研究中心，组建美育指导委员会，整合校内外优质资源，承担相关社会服务与政策咨询工作；增设综合档案馆，负责学校各类档案以及校史馆建设与管理等工作；成立新闻中心，与党委宣传部合署办公，负责学校新闻网和校园各类媒体的运营和管理、校园舆情信息把控及发布等工作;组建教师教育学院，构建综合集中、统一协调、开放灵活的教师教育体制，统筹指导相关学科院系本科师范生教师教育工作，负责全日制教育硕士的管理和培养；人口与计划生育办公室并入校医院，保留其原有业务职能；京疆学院与继续教育学院合署办公，保留其建制和原有业务职能不变。

提升人才培养质量。出台《首都师范大学“十三五”期间本科教学信息化建设方案》，形成以学生学习发展为中心的教学范式。评审资助 45 个在线课程建设项目。实施首师大—广岛大学联合研究生院、首师大与荷兰特文特大学 ITC 学院等联合培养硕士双学位项目。启动“博观讲堂”，为研究生提供跨学科学习的平台和文理贯通的第二课堂。

改革人才培养模式。实施“教师教育专业人才国际化培养”项目，第一批优秀本科师范生境外访学团来自 12 个师范专业的 67 名师范生，分赴北科罗拉多大学、弗林德斯大学、台湾师范大学开展 8 周的学习；落实教育硕士“影子计划”，教育硕士国际化培养从 30 人增至 60 人。成功申报首师大附中为国务院学位委员会“全国教育硕士专业学位研究生联合培养示范基地”，全国共有 28 所院校的基地获批示范基地。

推动一流教育服务。服务京津冀教育协同发展。与河北省教育厅、平山县、阜平县、西柏坡纪念馆、晋察冀边区革命纪念馆签署合作协议。服务幼儿教育发展。与西城区、朝阳区签订联合培养“3+2”学生协定；与顺义区建立战略合作伙伴关系；承办广西、山西、湖北、河南、内蒙古、山东等省 3000 名幼儿教师、园长高级研修国培项目。服务中小学教育发展。承担京蒙对口支出项目中“中学教研员与学科教师的骨干培训”项目；完成 2016 年“国培计划”9 个子项目 410 人的培训任务，惠及除港澳台地区以外的 31 个省市自治区和新疆生产建设兵团。服务高校教育发展。为北京地区高校教师岗前培训学员 4780 人，全年举办北京市属高校硕士研究生导师高级研修班、北京市属高校骨干教师科研能力与师德素养提升高级研究班等培训 20 类，3500 人参与。服务新疆地区教育发展。完成 104 名培训学员的语言教学、MHK 三级、四级考试和教育实训。

（邢铖）

“欧阳中石书中华美德古训展”开展

6 月 20 日至 30 日，首师大举办“欧阳中石书中华美德古训展”。展览作为开放展厅，位于大学生活动中心三层，展出欧阳中石以“明德”“修身”“和合”“兴国”“大同”为主题，从历史文化典籍中梳理出 60 则深具代表性的中华美德古训，创作成的书法作品。2014 年 9 月，“欧阳中石书中华美德古训展”曾在国家博物馆开展。

（邢铖）

6 月 20 至 30 日，“欧阳中石书中华美德古训展”开展

（首师大 供）

两个研究中心成立

8 月 23 日和 11 月 26 日，首师大成立两个研究中心。中国语言智能研究中心是国家语言文字工作委员会依托学校语言智能研究中心设立的，隶属教育部国家语言工作委员会，有研究人员 70 人，主要从事汉语智能写作、中英文作文智能评测、中英文智能学习等方面的研究。美育研究中心设在校本部大学生活动中心，隶属学校，有研究人员 4 人，

8 月 23 日和 11 月 26 日，首师大成立两个研究中心

（首师大 供）

主要从事美育及美学理论研究。根据“有学科依托，有特色平台，有大师精品，有服务贡献”的“四有”美育工作体系，探索建立“两通道、两结合、两促进、两服务”的美育工作机制。

（邢铖）

签署两项合作协议

9月29日和10月15日，首师大签署两项合作协议。与河北省平山县人民政府、阜平县人民政府签署教育战略合作协议，在平山县、阜平县开展骨干教师培训、一线教师置换研修、研究生实践基地建设、党性教育基地建设、中国共产党革命精神传承与红色文化研究等一系列合作项目。协议有效期3年。与巴尔干国家多所高校和科研机构签署系列合作协议。主要以开展教育和研究领域的学术和文化交流，推进高等教育国际化为前提，支持鼓励双方学者进行各种形式的短期学术交流与访问，开展长短期学生互换交流，组织召开联合学术会议，支持在两国进行联合项目申请，联合编辑、出版书籍。协议有效期5年。

（邢铖）

9月29日，首师大与河北省平山县人民政府、阜平县人民政府签署教育战略合作协议 （首师大 供）

首都体育学院

党委书记 赵文
院　长 钟秉枢

概述

2016年，首都体育学院占地面积17.83万平方米，建筑面积12.6万平方米。固定资产总值83639.35万元，其中，教学、科研仪器设备资产值21727.62万元。图书馆建筑面积5301平方米，藏有纸质图书48.85万册，电子图书125.02万册。拥有计算机1551台，多媒体教室58间，信息化设备资产8422.49万元，网络信息点6000个，校园网出口总带宽800Mbps，电子邮件系统用户7375个，上网课程5门，管理信息系统数据总量1500GB。设6个院（系）；开设本科专业11个，覆盖4个学科门类和5个一级学科，硕士学位授权一级学科点2个、二级学科点6个。教职工502人，其中，专任教师258人，包括教授37人、副教授114人；博士生导师21人、硕士生导师96人。毕业生1142人，其中，学历教育学生中全日制硕士研究生216人，普通本科生633人，成人教育本专科生293人（本科生121人、专科生172人）；非计划招生高等教育学生中在职人员攻读硕士学位36人。招生975人，其中，学历教育学生中全日制研究生227人（博士生5人、硕士生222人），普通本科生633人、成人教育本专科生115人（本科生71人、专科生44人）；非计划招生高等教育学生中在职人员攻读硕士学位50人。高考北京地区提档线文科555分、理科505分。在校生3781人，其中，学历教育学生中全日制研究生558人（博士生12人、硕士生546人），普通本科生2535人，成人教育本专科生688人（本科生398人、专科生290人）；非计划招生高等教育学生中在职人员攻读硕士学位132。留学生毕业160人、招生215人、在校生98人。网址：www.cupes.edu.cn。

2016年，学校制订“十三五”时期发展规划，召开第二次党员代表大会，举办庆祝建校60年系列活动。

人才培养。完成《本科人才培养方案(2017版)》修订工作，推动课程综合改革、小班教学改革、第二课堂改革及游学访学，完成“外培”“双培”计划。推进博士人才培养项目，首开国际课程班。成人教育运动训练专业招生资格获批复。成立学校服务冬奥会领导小组，承接北京冬奥组委相关人才培养工作，2017年开始招收冬季冰雪运动方向的本科生。举办6期蓟门讲坛和6场“星期三之夜”讲座。

科研工作。获国家级大学生创新创业计划立项17个。获市局级以上课题立项及横向课题立项共52项，获国家实用新型专利1项，发表学术论文387篇，11篇论文入选2016年国际体育科学、教育和医学大会。《田径》课程入选教育部公布的2016年第一批“国家级精品资源共享课”名单，出版国家级规划教材2本，省部级统编教材3本。

师资建设。1人入选北京市高层次创新创业人才支持计划领军人才、2人入选体育总局“优秀中青年专业技术人才百人计划”、1人获“北京市三八红旗奖章”称号、1人获“北京市师德先锋”称号，1个项目获2016年高校青年教师社会调研成果一等奖。引进高层次人才1人，冰雪人才2人。

交流合作。与美国、加拿大、泰国三国院校签订合作协议，举办三期“‘一带一路’沿线国家大使体育论坛”。与河北民族师范学院、河北旅游职业学院、辽宁财贸学院、哈尔滨体育学院签署合作协议。

社会服务。承担全国体育传统校体育师资培训，承担全国青少年校园足球重点学校“校长培训班”“骨干师资”国家级专项培训，承担联合国儿童基金会项目培训任务，对重庆市忠县、山东省曲阜市2个项目县的100所项目学校学生开展学校体育课、运动会及体育比赛活动。完成教育部委托的全国11个省市550名校园篮球骨干教师的培训工作和200名校园足球骨干教师的培训工作。承担2016年校园足球、篮球、田径、游泳、橄榄球、啦啦操等项目640名教练员赴境外留学项目的行前培训工作。

（李丹阳）

全国田径业余训练大联盟培训基地揭牌

6月30日，首体院举行“全国田径业余训练大联盟培训基地”揭牌仪式。基地设在首体院，隶属于国家体育总局田径运动管理中心，承担4方面工作，业余训练大联盟网络系统的运作、成员注册、资格审核、运动员和教练员信息的收集管理、与各成员单位的日常沟通等；相关培训工作；训练大纲和课程的编排、体能训练、运动康复、青少年选材等科研工作；参与策划组织中国田径协会的青少年训练营以及其他相关活动。

（李丹阳）

全国篮球联盟落户

8月11日，全国校园篮球联盟落户首体院。首体院作为全国校园篮球联盟牵头单位，负责师资培训、竞赛管理、活动安排等相关工作。根据美国职业篮球联盟与教育部签署的中美人文交流框架协议下关于推广青少年篮球的合作备忘录精神，自2016年起开展校园篮球推进的试点工作，并提出至2020年的工作目标。北京、河北、山西、上海、安徽、山东、河南、陕西、四川、云南、贵州11个省（市）作为校园篮球推进试点地区，每个地区50所中小学（30所小学、20所中学），集中在1～2个城市。

（李丹阳）

庆祝建校60周年

10月21日，首体院举办建校60周年庆祝活动。包括庆祝大会、节目展演、“健康中国与体育”高峰论坛、第22届“首体院杯”篮球赛、“知校史，看发展”座谈会、“春华秋实，弦歌不辍”主题展览等。北京奥运城市发展促进会、市委教工委、市体育局及学校教师代表、校友代表、合作企业代表2000人参加庆祝活动。首体院前身为创办于1956年的北京体育学校，1960年改称为“北京体育师范学院”，2000年更名为“首都体育学院”。

（李丹阳）

北京外国语大学

党委书记　韩震
校　　长　彭龙

概述

2016年，北京外国语大学占地面积49.21万平方米，学校产权校舍建筑面积45.84万平方米。全年教育经费投入110715万元，其中，国家拨款47805万元、自筹经费62910万元。固定资产总值18.80亿元，其中，教学、科研仪器设备资产值1.60亿元。图书馆建筑面积2.43万平方米，藏书192.50万册，其中，纸质图书137万册、电子图书55.50万册。信息化设备资产8977万元，网络信息点17400个，校园网出口总带宽4120Mbps，电子邮件系统用户12850个，上网课程3325门，数据库70个，音视频76799小时，管理信息系统数据总量5000GB。设置22个院（系、部）；开设97个专业；一级学科博士点1个，博士学位授权点16个；一级学科硕士学位授权点6个、专业学位授权点4个，二级学科的硕士学位授权点41个、专业学位授权点21个；博士后流动站1个，其中，博士后研究人员出站70人、在站36人。国家重点学科4个、北京市重点学科7个。教职工1250人，其中，专任教师708人，包括教授141人、副教授237人；博士生导师88人、硕士生导师257人。国家有突出贡献专家5人、享受政府特殊津贴专家104人。外籍教师172人，其中，副教授以上专家82人。毕业生24181人，其中，学历教育学生中全日制研究生782人（博士生72人、硕士生710人）、普通本科生1180人、成人教育本专科生119人（本科生77人、专科生42人）、网络教育本专科生22100人（本科生6564人、专科生15536人）。本科毕业生就业率89.73%。招生43252人，其中，学历教育学生中全日制研究生927人（博士生96人、硕士生831人）、普通本科生1304人、成人教育本专科生200人（本科生150人、专科生50人）、网络教育本专科生40821人（本科生11569人、专科生29252人）。高考北京地区提档线文科650分、理科646分。在校生86950人，其中，学历教育学生中全日制研究生2541人（博士生432人、硕士生2109人）、普通本科生5088人、成人教育本专科生470人（本科生320人、专科生150人）、网络教育本专科生78851人（本科生22885人、专科生55966人）；留学生毕业1196人、招生1252人、在校生1321人。网址：www.bfsu.edu.cn。

2016年，学校建校75周年，举办校庆游园、外交官邮币展、校史参观、校友足球赛等系列活动。

建设特色学科专业群。成立王佐良外国文学高等研究院、区域与全球治理高等研究院、比较文明与人文交流高等研究院等综合性学科平台。推动南方研究院建设发展，升级建设北外南方研究生院（佛山）。完善学科专业布局，加快非通用语建设，增开马达加斯加语、格鲁吉亚语、阿塞拜疆语、阿非利卡语、马其顿语、塔吉克语，学校外语专业增至72个。自设中外马克思主义比较研究硕士学位点。

国内国际交流与合作。与四川省人民政府、文化部、贵州省人民政府、首都机场股份有限公司分别签署战略合作协议。新华联集团、深圳永恒盛实业有限公司、兴源环境董事局、东旭集团、卓教国际股份科技有限公司、北京新美互通科技有限公司等企业捐赠支持学校发展。与国家外国专家局签署战略合作框架协议。深化与伦敦大学亚非学院、法国国立东方语言文化学院、莫斯科国立语言大学、哥廷根大学、布朗大学等世界一流大学的实质性合作。与英国诺丁汉大学合作共建北京外国语大学—诺丁汉大学国际研究生院、与波兰西里西亚大学合办“中国法律与文化”年度课程、与日本大东文化大学联合培养的汉语专业双学位首届本科生毕业，挂牌成立北外（尼山）中华文化体验基地。

提升社会服务能力。完成公安部、农业部、中国气象局、东风汽车公司、中国核能电力股份有限公司、北京冬奥组委、河北省等高端外语培训项目。举办第三届国际教育高峰论坛，在江苏如皋等地挂牌北外附属外国语学校。

（杜改俊）

接待 3 国政要来访

1月至6月，北外接待3国政要。英国前大学与科学大臣大卫·威利茨来访，高度评价北外在人才培养方面所取得的成就，并介绍中英双方在教育领域的合作模式，尤其是中英大学合作办学的现状。双方就在伦敦银镇 (Silvertown) 地区寻求教育用地、投资合建北外国际校区进行磋商。波兰共和国前总统布罗尼斯瓦夫·科莫罗夫斯基参加纪念波兰诺贝尔文学奖获得者显克维奇逝世100周年及其作品在中国被译介110周年专题展，发表题为《欧洲和波兰眼中的中国——当前和未来》的演讲。美国国务院主管公共外交和公共事务的副国务卿理查德·斯坦格尔 (Richard Stengel) 与中外富布赖特学友座谈，并观摩中美学生交流活动。

（杜改俊）

3 个研究院和 1 个研究中心成立

7月16日、10月22日、12月6日和12月22日，北外成立王佐良外国文学高等研究院、区域与全球治理高等研究院、比较文明与人文交流高等研究院、越南研究中心。王佐良外国文学高等研究院有专职研究人员2人，校内聘请研究人员23人，校外研究人员33人，是一个融科学研究、学术交流、人才培养于一体的跨院系、跨语种创新研究平台，是为建设世界一流、特色鲜明的高水平外国语大学，适应学校学科和学术发展的需要、继承发扬王佐良等老一代学者的外国文学研究光荣传统而成立。研究院旨在整合全校资源，挖掘和发挥各院系教师的科研潜力，充分利用国内外一切优质资源，建设在国内外具有较大影响力和较强实力的北外外国文学学术共同体。王佐良外国文学研究奖同时设立，每两年评选一次，每次评选一等奖1项，二等奖3项，旨在推动外国语言文学学科建设。区域与全球治理高等研究院采用项目负责与驻站研究制、外交官工作室、商务参赞工作室、博士生联合导师制、校内学者驻院研究等机制，集教学、科研、智库资政为一体的研究型机构，围绕服务国家“走出去”战略、推动学科协同和学术创新、加强高端人才培养、发行或出版研究报告和学术论著4个目标开展工作。比较文明与人文交流高等研究院以“文明互鉴观”为基础，发挥学校多语言优势，展开中外文明、历史、宗教、哲学等跨文化、跨学科研究，揭示世界文明的多样性和中华文明的世界性意义。越南研究中心由学校与越南河内国家大学人文与社会科学大学合作建设，设在亚非学院，有专职研究人员2人，从事越南语言文化及区域问题研究，开展相关研究著作和文学作品译介、中外学者讲座及国际问题研讨会等活动。两校校长研讨交流合作、中心未来的建设发展等议题，并签署《北京外国语大学与越南河内国家大学人文与社会科学大学合作建立越南研究中心协议》。

（杜改俊）

北京第二外国语学院

党委书记　冯培（7月免）　顾晓园（7月任）
院　　长　曹卫东

概述

2016年，北京第二外国语学院占地面积21.32万平方米，建筑面积31.17万平方米。图书馆建筑面积6869平方米，馆藏纸质图书111.40万册、电子图书23万册。固定资产总值70039万元，其中，教学、科研仪器设备资产值18604.65万元。全年教育经费投入57558.17万元，其中，国家拨款46580.64万元、自筹经费10977.53万元。拥有计算机4019台，多媒体教室214间，信息化设备资产16499万元，网络信息点13015个，接入互联网出口带宽4000Mbps，电子邮件系统用户1348个，上网课程624门，拥有数据库91个，管理信息系统数据总量384513GB。下设22个院系，教育技术中心、图书馆、旅游教育出版社等教学科研辅助机构及经济实体。开设32个本科专业、4个专科专业，覆盖经济学、法学、文学、管理学4个学科；具有一级学科硕士学位授权点4个，学术型学位硕士授权点22个，专业学位硕士授权点5个，覆盖哲学、经济学、文学、管理学4个学科。教职工894人，其中，专任教师525人，包括教授81人、副教授196人，硕士生导师289人。外籍教师48人。毕业生2149人，其中，学历教育学生中全日制硕士研究生521人，普通本科生1448人，成人教育本专科生180人（本科生142人、专科生38人）。本专科毕业生（含二学位）就业率97.1%。招生2571人，其中，学历教育学生中全日制硕士研究生508人，普通本科生1622人、成人教育本专科生441人（本科生180人、专科生261人）。高考北京地区提档线理科576分、文科597分。在校生8710人，其中，学历教育学生中全日制硕士研究生1250人，普通本科生6229人，成人教育本专科生1231人（本科生713人、专科生518人）。学历留学生毕业86人、招生171人、在校生473人。网址：www.bisu.edu.cn。

2016年，学校调整院系设置。将非通用语学院整体并入中欧语学院，将翻译学院更名为高级翻译学院。

人才培养。出台本科生《2016版人才培养方案》，成立贯培学院、创新创业学院。启动研究生教育改革，制定《研究生教育综合改革办法》。与法国奥尔良大学共同建设法国夏斗湖校区。

科研工作。科研成果获国家级、省部级科研项目39项。

出版《外国人眼中的"一带一路"》;《北京第二外国语学院学报》改版为双月刊，变更为专业外语学术期刊;《旅游导刊》获批办刊；出版《跨文化研究》、Journal of Chinese Economics 两个学术集刊。与上海人民出版社共同完成二外《竞先文库》第一批书稿的出版工作。

交流合作。与平谷区、延庆区、朝阳区、通州区、秦皇岛市、大庆市、成都武侯区、贵阳市签署战略合作框架协议或办学协议。接待26个国家高校及教育机构团组61批次，共计223人次。与日本广岛大学等高校建立校际交流关系。葡萄牙科英布拉大学孔子学院成立，与巴拿马大学孔子学院签署执行协议。

（王薇　姚冰）

新修订学校标识及 VI 系统发布

3月22日，二外发布新修订学校标识及 VI 系统。新修订的学校标识延续原来的结构，标识中含有"书"的图形，代表对教育机构的诠释，同时英文字母"E"是"EDUCATION"的首字母。"书"下方的图形，含有"双手、翅膀、发芽"三层含义，"双手"寓意以人为本，"翅膀"寓意教育展翅高飞，"发芽"寓意学生在教育的灌溉下茁壮成长。双手与书组合寓意用手托起教育，底部地球的图形代表学校的教育面向现代化、面向世界、面向未来。新 VI 系统在原有 VI 系统的基础上，在图形、色彩、字体、组合关系等方面实现整体优化，更加符合大学精神和人文气质。

（王薇）

两个学院成立

6月21日和9月2日，二外分别成立创新创业学院和延庆校区贯培学院。创新创业学院是校内非实体单位，融合不同学科和专业，采用模块化培养模式，设置创新创业课程。在每一个模块中，将来自不同院系、不同专业的高年级本科生、研究生和留学生重新组合到一起，共同就一个感兴趣的领域开展创新研究。经过一年培养，学生可以取得相应学分和荣誉证书。好的创意产品，学校可以指导学生注册公司；延庆校区贯培学院首批2016级贯培新生592人。在

9月2日，二外成立延庆校区贯培学院

（二外 供）

2015年招收80名贯培生的基础上，2016年扩大招收754名初中应届毕业生，其中，592名新生在延庆校区入学。

（王薇）

招收首届共同培养博士、博士后

6月至9月，二外招收首届共同培养博士生10人、博士后5人。根据二外与社会科学文献出版社、首都经济贸易大学签订的博士后培养协议，建立共同培养博士后科研工作站，首届博士后招聘共招收博士后5人。根据与美国宾汉姆顿大学签订的联合培养翻译专业博士项目，共录取博士生10人，分别是汉语英语、日语英语、阿拉伯语英语、德语英语、法语英语5个翻译方向。毕业后授予美国宾汉姆顿大学证书并加注二外共同培养字样。培养时间5年，其中，国内培养2年、国外培养3年。

（王薇）

法国夏斗湖校区成立

11月19日，二外成立法国夏斗湖校区。夏斗湖校区是在市教委与北京首都创业集团有限公司合作框架协议下，二外与首创集团子公司中法经济贸易合作区开展合作，租赁其在法国夏斗湖中法国际大学城的一部分设施，与奥尔良大学合作建立的。首批招生75人。

（王薇）

北京语言大学

党委书记　李宇明
校　　长　崔希亮

概述

2016年，北京语言大学占地面积33.03万平方米，学校产权校舍建筑面积42.73万平方米。固定资产总值109498万元，其中，教学、科研仪器设备资产值1.38亿元。图书馆建筑面积10543.30平方米，藏书102.53万册，其中，纸质图书96.56万册、电子图书5.70万册。全年教育经费投入92663万元，其中，国家拨款35457万元、自筹经费57206万元。拥有计算机6442台。学校信息化经费投入403万元，多媒体教室241间，座位1.3万个，信息化设备资产14284.63万元，网络信息点13650个，校园网出口总带宽2200Mbps，电子邮件系统用户2647个，上网课程465门，数字资源量11730GB，管理信息系统数据总量232GB。设3个学部、8个直属学院（教学部）和3个直属科研院所；学科涵盖文学、经济学、法学、工学、历史学、教育学、管理学和艺术学8个门类本科专业29个，硕士专业37个；具有一级学科博士点2个，博士学位授权点17个，硕士学位授权点32个和专业学位授权点11个；博士后流动站1个，其

中，博士后研究人员出站3人、进站1人、在站5人。国家重点学科1个、北京市重点学科11个（一级1个、二级10个），省部级以上研究中心（或基地）12个，其中，教育部普通高等人文社会科学重点研究基地1个，北京高等学校高精尖创新中心1个。教职工1170人，其中，专任教师672人，科研机构46人，包括正高级108人、副高级233人；博士生导师67人、硕士生导师286人。“长江学者奖励计划”特聘教授1人、“万人计划”1人，享受政府特殊津贴专家40人，“四个一批”人才3人。外籍教师48人，其中，教授2人。毕业生16977人，其中，学历教育学生中全日制研究生690人（博士生54人、硕士生636人）、普通本专科生1048人、成人教育本专科生436人（本科生340人、专科生96人）、网络教育本专科生14803人（本科生4365人、专科生10438人）。本科毕业生就业率93.4%。招生30368人,其中，学历教育学生中全日制研究生699人（博士生66人、硕士生633人）、普通本科生1129人、成人教育本专科生398人（本科生275人、专科生123人）、网络教育本专科生28142人（本科生7673人、专科生20469人）。高考北京地区提档线文科637分、理科630分。在校生61002人，其中，学历教育学生中全日制研究生2140人（博士生251人、硕士生1889人）、普通本科生4496人、成人教育本专科生1216人（本科生988人、专科生228人）、网络教育本专科生53150人（本科生15538人、专科生37612人）。留学生毕业5069人、授予学位499人，招生4841人，在校生6614人（专科生128人、本科生2163人、硕士研究生332人，博士研究生107人）。网址：www.blcu.edu.cn。

2016年，学校修订《北京语言大学章程》，编制完成学校“十三五”时期发展规划纲要。建立以“贡献度”为基础的综合分配模式，将教学、科研、学科、专业、社会服务5个维度纳入分配结算体系。成立语言康复学院、马克思主义学院、语言资源高精尖创新中心、中医药国际教育与文化传播基地、采购与招标管理办公室等多个单位。深化国际交流合作，与21个国家签署70项合作协议。

（袁胤婷）

1个学院和3个中心成立

6月23日和24日、7月18日、10月9日，北语成立1个学院和3个研究中心。分别是语言康复学院、新媒体研究中心、语言资源高精尖创新中心和中国民族语文应用研究中心。语言康复学院为学校二级单位，集运动康复、听力言语康复、社区康复、神经康复、心理康复于一体。有教职工6人，其中，高级专业技术职务2人。新媒体研究中心是人文社会科学学部内设研究机构，主要从事新媒体与跨文化传播等交叉领域的学术研究。语言资源高精尖创新中心以语言资源库、语言文化博物馆和“语言通”智能服务三大工程为基础，集科研创新、学科孵化、产业服务、人才汇聚与培养、国际交流与合作为一体的综合性创新平台。中国民族语文应用研究中心以打造中国民族语文应用研究的重要阵地和高水平智库为建设目标，构建包括政策、工作、研究、应用、

7月18日，“语言资源高精尖创新中心”启动

（北语 供）

学习于一体的民族语文综合平台。

（袁胤婷）

“语言文化及其保护”校际公选课开讲

9月10日，“语言文化及其保护”学院路地区校际公选课在学校开讲。9月8日至14日是第19届全国推广普通话宣传周，学校结合推普周主题及学校特色，策划并推出“语言文化及其保护”学院路地区校际公选课，课程分为“概况和学理”“语言保护个案”“语言文化与社会应用”三大板块，旨在向青年学生普及我国语言文化基本国情，宣传推广语言文化多样性理念。至年底，共举办讲座11次。

（袁胤婷）

“大使看世界”系列讲座

10月14日至12月2日，北语举办“大使看世界”系列讲座。第一讲由中国前驻伊朗、阿联酋、荷兰大使为师生作题为《崛起中大国的国际战略》讲座，阐述中国作为一个崛起中的大国，在当前世界格局不断变化的背景下，需要准确把握自己的外交政策和国际战略，希望学生努力学习，开阔视野，为实现国家富强、民族复兴、人民幸福的中国梦贡献自己的力量。活动与中国联合国协会共同主办，邀请具有一线工作经历的大使、外交官和有在国际组织工作经历的资深国际官员讲解中国外交、国际热点问题，提高学生对国际问题的兴趣，培养自身的国际视野和家国情怀。至年底，共举办讲座4次，600人次参加。

（袁胤婷）

中国传媒大学

党委书记 陈文申

校　　长 苏志武（2015年11月免） 胡正荣（4月任）

概述

2016年，中国传媒大学占地面积46.37万平方米，学校产权校舍建筑面积49.98万平方米。全年教育经费投入

88829.01万元，其中，国家拨款62829.01万元、自筹经费26000万元。图书馆建筑面积40314平方米，藏书167.06万册，其中，中文图书159.39万册、外文图书7.67万册。固定资产总值25.38亿元，教学、科研仪器设备资产值70444.22万元，学校信息化设备资产24566.94万元，拥有计算机15083台，网络信息点16950个，校园网出口总带宽3800Mbps，电子邮件系统用户23016个，管理信息系统数据总量320GB。设有6个学部、1个协同创新中心、5个直属学院；拥有博士学位授权一级学科点10个，博士学位授权二级学科点35个，硕士学位授权一级学科点18个，硕士学位授权二级学科点95个，专业硕士类别8个，覆盖8个学科的85个本科专业；设有7个博士后流动站，博士后研究人员出站14人，进站17人，在站45人。有国家重点学科2个、北京市重点学科3个，建有国家广播电视网工程技术研究中心（共建）、媒介音视频教育部重点实验室、教育部人文社会科学重点研究基地国家传播创新研究中心、广播电视数字化教育部工程研究中心、国家语言资源监测与研究中心有声语言分中心、国家工商行政管理总局全国公益广告创新研究基地、文化部国家文化贸易理论研究基地、北京市哲学社会科学研究基地（首都传媒经济研究基地）、国家新闻出版广电总局高校人文社科研究基地（新闻学与传播学研究基地、广播电视艺术学研究基地、语言学及应用语言学研究基地）、数字动画技术研究北京市重点实验室、现代演艺技术北京市重点实验室、视听技术与智能控制系统文化部重点实验室、广播电视传输部级重点实验室、信号与信息处理部级重点实验室，建有“高等学校学科创新引智计划”数字媒体工程创新引智基地、全国高等教育质量检测评估研究基地。教职工2076人，其中，专任教师1243人，包括教授325人、副教授458人；博士生导师186人、硕士生导师723人；双聘院士1人、“长江学者”4人、国家有突出贡献专家3人、享受政府特殊津贴专家3人。常驻外籍教师13人。毕业生3811人，其中，全日制研究生1521人（博士生153人、硕士生1368人），本科生2056人，高职生234人。招生4765人，其中，全日制研究生2325人（博士生172人、硕士生1685人，在职工程硕士91人，在职艺术硕士100人，同等学力申硕132人，港澳台留学生4人，外国留学生88人，中外合作办学外国硕士学位教育研究生53人）；本科2440人，其中，普通本科1078人（含144名港澳台学生及留学生），国家专项计划231人，艺术类本科678人（含24名港澳台学生及留学生），提前批非通用语132人，自主招生77人，高校专项计划11人，中外合作办学182人，第二学士学位班51人。高考北京地区提档线文科641分、理科639分。在校生14000人，其中，普通全日制本专科生9000人，博士、硕士研究生4000人；继续教育在读生10000人。留学生毕（结）业309人、招生422人、在校生1051人。网址：www.cuc.edu.cn。

2016年，学校制订《中国传媒大学教学督导委员会章程》和《中国传媒大学关于开展教学督导工作的指导意见》。

本科教育。鼓励教学模式创新，启动7门慕课建设，开设5门“智慧树”通识课程，启动互动教室改造项目，升级网络教学平台。

研究生教育。加强研究生的国际化培养力度和优势专业的国际化建设，建设国家示范性中外合作办学机构。强化研究生培养环节，推进课程建设，推行专业学位研究生课程教学案例库建设。

就业创业。完善“创新创业教育＋创业服务＋创业孵化”的“三位一体”工作体系；建立创业综合服务平台，涵盖创业实训、创业服务、创业投资、创业实践等要素。获评首批“北京地区高校示范性创业中心”。截至12月31日，2016届毕业生就业率96.77%。其中，本科毕业生就业率96.50%，毕业硕士研究生就业率96.64%，毕业博士研究生就业率98.04%。

科研工作。人文社科各类项目经费合同总额6942万元。其中，纵向项目经费2053万元、横向项目（企事业单位委托项目）经费4889万元。项目数量持续增长，纵向项目立项227项，包括国家社科基金项目16项、国家艺术基金项目3项、教育部人文社科项目10项、北京市社科项目10项、国家其他部委研究项目14项，校级科研项目114项，其他项目60项。横向项目立项148项。获批国家社科基金各类项目16项。登记论文1166篇，其中，被《中文社会科学引文索引》(CSSCI)收录432篇，《工程索引》(EI)收录2篇，《社会科学引文索引》(SSCI)收录3篇，《艺术与人文科学引文索引》(A&HCI)收录1篇；研究报告22部；专著、教材、编著等162部；艺术创作成果133项；国内外成果获奖187项。理工类科研协议经费4041.45万元，纵向科研经费919.45万元，横向科研经费1032万元，国家自然科学基金328万元。登记论文418篇，其中，被检EI会议论文166篇、EI期刊论文28篇、SCI期刊论文25篇、CSSCI论文3篇；专著3部、译著1部、编著3部、教材6部；发明专利22项、实用新型专利1项、软件著作权14项。

交流合作。与9个国家12所大学签署合作协议，举办“全球化时代的媒介、传播与政府治理国际学术论坛”等4个国际会议，向47个国家和地区派出162个团组、346人次，共接待境外来访人员249人次，包括塞尔维亚教育部部长、荷兰驻华大使等。邀请23个国家（地区）的79名知名学者来校开展学术讲座。开设中外合作办学6个本科专业、4个硕士专业，引进139门国际课程。学生出国（境）交流项目110个，其中，长期项目87个、短期项目23个；全年出国（境）交流学生697人，其中，学期交换交流学生408人、短期项目289人。全年共开展联合培养和双联学位项目5项，短期访学项目23项，创新创业项目2项；英文授课硕士项目3个和英文授课博士项目1个。承办教育部“香港与内地高校师生交流计划”项目5个，来自香港5所高校98名师生参与项目。

（刘书峰）

游泳馆、大学生活动中心和运动场完工

5月，传媒大学游泳馆、大学生活动中心和运动场项目完工。游泳馆和大学生活动中心项目总建筑面积2.29万平方米，地下1层、地上5层，包括一座50米8泳道标准

泳池的游泳馆、一座容纳 6 个篮球场地和 4 块羽毛球场地的风雨操场、4000 平方米的学生活动中心及其他辅助功能设施。运动场建筑面积 63089 平方米，包括地上建筑面积 2336 平方米、地下建筑面积 60753 平方米。运动场改造项目操场部分于 4 月投入使用。

（刘书峰）

经管学部和马克思主义学院成立

5 月和 7 月，传媒大学分别成立经管学部和马克思主义学院。经管学部由经济与管理学院、商学院（原 MBA 学院）、文化发展研究院组成。学部设 9 个本科专业、6 个学术硕士学位授予点、2 个专业硕士学位授予点、2 个博士学位授予点。马克思主义学院负责全校本科到博士各层次的思想政治理论课教学，并为全校提供人文社科类的学科基础课教学，下设社科系、法律系、社会学系以及研究机构“媒体与法规政策研究中心”，开设 3 个本科专业、传媒政策与法规硕士专业。

（刘书峰）

新生在线选床系统启用

8 月 15 日，传媒大学启用“新生在线选床系统”。该系统包括新生档案管理、新生房源分配管理、新生住宿管理及新生选房等功能模块。全国各地及港澳台的所有新生，可通过电脑网页版或手机微信版在线选床系统直接选择自己喜欢的床位。在线选房时间为 8 月 18 日 9:00 至 8 月 22 日 21:00。系统为新生在宿舍及床位选择上提供一定的自主权，并以技术手段简化公寓工作，节省人力物力。

（刘书峰）

中央财经大学

党委书记　傅绍林
校　　长　王广谦

概述

2016 年，中央财经大学占地面积 102.72 万平方米，学校产权校舍建筑面积 50.27 万平方米。全年教育经费投入 104106.65 万元，其中，国家拨款 56055.97 万元、自筹经费 48050.68 万元。固定资产总值 17.12 亿元，其中，教学、科研仪器设备资产值 1.03 亿元。图书馆建筑面积 3.85 万平方米，藏书 824 万册，其中，纸质图书 188 万册、电子图书 636 万册。学校信息化经费投入 6663.67 万元，拥有计算机 7932 台，多媒体教室座位 25091 个，信息化设备资产 18137.21 万元，网络信息点 29000 个，校园网出口总带宽 5600Mbps，电子邮件系统用户 21521 个，上网课程 597 门，数字资源量 76000GB，管理信息系统数据总量 42GB。设置 31 个院（系、部）；开设 50 个专业及覆盖 9 个学科；具有一级学科 10 个，一级学科博士点 4 个，博士学位授权点 31 个，硕士学位授权点 76 个和专业学位授权点 13 个；博士后流动站 5 个，其中，博士后研究人员出站 23 人、进站 26 人、在站 146 人。国家重点学科 2 个、北京市重点学科 7 个。教职工 1759 人，其中，专任教师 1176 人，包括教授 283 人、副教授 441 人；博士生导师 127 人、硕士生导师 784 人。“千人计划”入选者 2 人，“新世纪百千万人才工程国家级人选”4 人，“长江学者奖励计划”特聘教授 2 人，“长江学者奖励计划”讲座教授 4 人，“长江学者奖励计划”青年学者 1 人，享受政府特殊津贴专家 31 人，青年拔尖人才支持计划入选者 4 人，教育部新世纪优秀人才计划入选者 55 人。外籍教师 33 人，其中，教授 12 人、副教授 4 人。毕业生 7272 人，其中，学历教育学生中全日制研究生 2225 人（博士生 152 人、硕士生 2073 人）、普通本科生 2458 人、成人教育本专科生 1767 人（本科生 1136 人、专科生 631 人）；非计划招生高等教育学生中在职人员攻读硕士学位 197 人，研究生课程进修班 625 人。本科毕业生就业率 95.77%。招生 5927 人，其中，学历教育学生中全日制研究生 1938 人（博士生 142 人、硕士生 1796 人）、普通本科生 2530 人、成人教育本专科生 1207 人（本科生 895 人、专科生 312 人）；非计划招生高等教育学生中在职人员攻读硕士学位 252 人。高考北京地区提档线文科 648 分、理科 652 分。在校生 18679 人，其中，学历教育学生中全日制研究生 4668 人（博士生 655 人、硕士生 4013 人）、普通本科生 10060 人、成人教育本专科生 3335 人（本科生 2394 人、专科生 941 人）；非计划招生高等教育学生中在职人员攻读硕士学位 616 人。留学生毕业 131 人、招生 167 人、在校生 237 人。学历留学生毕业 77 人、招生 86 人、在校生 198 人。网址：www.cufe.edu.cn。

2016 年，学校完成第九轮中层换届和空缺岗位补充选任工作，共涉及 217 人，包括中层领导干部 203 人。

布局“双一流”建设。完成第四轮学科评估和学位授权点合格评估试点工作，加入教育部学位中心“学科自检平台”，开展学位授权点自我评估，对学科进行动态监测和绩效评估；科学安排中央高校建设世界一流大学（学科）和特色发展引导专项资金预算；完成应用经济学、理论经济学等 4 个博士学位授权一级学科一流学科建设计划稿；召开“创新平台”十周年座谈会，总结运行经验。

推进高端智库建设。“马克思主义与中国经济发展道路”协同创新中心入选北京高校十大协同创新中心之一；成立国内首家以推动绿色金融发展为目标的绿色金融国际研究院；学校 9 个团队与财政部建立长期战略合作伙伴关系，为国家财税体制改革和政策制定提出建议；长河湾众创空间获批国家级众创空间，注册资本为 1800 亿元的中国第一只国家级 PPP 基金落户学校科技园。

推进教育对外开放。发布《教育对外开放战略规划》，明确对外开放的指导思想、战略目标、重点任务和具体措施；签署 19 项具有实质内容的合作交流协议，派出 123 个出访团组；获批 9 个国家重点引智项目（其中，新增项目 5 个），获国家“高等学校学科创新引智计划”1 项（全国 4 个社科类基地之一），在海外设立商学和经济学联合研究中心和首个学生海外学习基地；获得国家汉办“孔子学院奖学金”招生资质，获批2017年北京市外国留学生“一带一路”奖学金项目。

深化内部治理体系。出台4个学术组织章程并完成改选；制订《“十三五”教育事业发展规划》并进行任务分解；制订《规章制度制定办法》，规范规章制度的立项、起草、审查、决定、公布、评估与清理等相关环节的工作；修订《科研经费管理办法》等制度，推进科研经费管理机制创新；理顺学校国资委管理职责及校属企业投资关系，制订《国有资产管理委员会议事规则》等一系列制度；建立经济责任审计联席会议制度，实施《中层领导干部经济责任审计实施办法》；发布《节约型校园建设实施意见》和节能监管等文件，提高资源使用效益；推进“平安校园”建设，加强校园安全网格化管理。

师资队伍建设。1人入选“2015年中国高被引学者榜单”和第12批“千人计划”创新人才短期项目；1人入选霍英东教育基金会第15届高等院校“青年教师基金和青年教师奖”；1人入选2015年度“长江学者奖励计划”青年学者项目奖。

完善校园建设。沙河校区图书馆正式投入使用；启动智慧校园建设工程；沙河高教园区公租房和安置房验收交付使用，学校教职工住房困难得以缓解。

（任婷）

“财俊星驰”计划实施

4月6日，中央财大实施“财俊星驰”学生骨干培养计划。该计划是会计学专业本科生财经应用型创新人才培养模式中“两班一营”的组成部分，面对全院本、硕、博学生骨干推出的纵向培训项目。培养计划包括“专题研学”“户外团建”“文化品鉴”“管理培训”4个课程模块，80名学生骨干参加培训。

（任婷）

精算教育获北美精算协会认证

7月1日，中央财大精算教育获北美精算师协会(SoA)认证。中央财大于1993年成立“保险精算研究所”，开始精算学的科研与教学工作，同年精算学硕士研究生入学。作为中国第一个精算科研机构，为精算科学在中国的普及应用以及中国精算师制度的建立，做出重大贡献。学校作为中国大陆首个高校被列入 Universities and Colleges with Actuarial Programs (UCAP) 名单。UCAP是中央财大精算继2014年7月获得英国精算师协会(IFoA)免试课程认证以来再次获得的国际精算教育认证。

（任婷）

北京学院成立

9月20日，中央财大成立北京学院。学院负责落实学校承担的北京市“双培计划”项目和高端技术技能人才贯通培养试验项目等北京市急需的人才培养项目运行过程中的沟通、协调与服务工作。采取专业培养助推、网络课程辅培、“七位一体”导师团联培、校校联合授课、校企联合实训等学生培养机制，开设金融学（国际金融）、金融学（互联网金融）、会计学、保险学（保险与风险管理）、保险学（保险精算）、市场营销（大数据营销）、公共事业管理（文化产业管理）7个专业和方向。学校自2015年承担北京市“双培计划”项目，北京学院在其基础上成立，共接收北京工商大学、首都经济贸易大学、北京物资学院、北京印刷学院、北京服装学院、北京电影学院6所市属高校的学生256人。

（任婷）

网络通识课程平台启用

9月23日，中央财大启用网络通识课程平台。平台下设5个模块242门课程，包括综合素养类186门、通用能力类20门、创新创业类14门、成长基础类7门、公共必修类15门。学生选修并通过考核后，成绩列入成绩单，可获得由学校教务处认证的课程证书。

（任婷）

对外经济贸易大学

党委书记　王玲(8月免)　蒋庆哲(8月任)
校　　长　施建军(8月免)　王稼琼(8月任)

概述

2016年，对外经济贸易大学占地面积34.20万平方米，学校产权建筑面积40.68万平方米。固定资产总值163524.01万元，其中，教学、科研仪器设备资产值14175.83万元。图书馆建筑面积2.49万平方米，藏书190.65万册，其中，纸质图书132.44万册、电子图书58.21万册。全年教育经费投入137820万元，其中，国家拨款62727万元、自筹经费75093万元。拥有计算机8320台，信息化设备资产值16064.25万元，多媒体教室327间，网络信息点26000个，校园网出口总带宽38500Mbps，电子邮件系统用户33690个，上网课程209门，数字资源数据库64个，管理信息系统数据总量226.27GB。研究生院及24个直属院（系），开设46个本科专业，覆盖经、管、文、法、理、工6个学科门类；一级学科博士点5个，一级学科硕士点8个，专业硕士学位授权点12个；博士后流动站4个，博士后研究人员出站31人、进站24人、在站84人。国家级重点学科2个、一级省部级重点学科2个、二级省部级重点学科5个；国家重点实验室1个。教职工1679人，其中，专任教师1046人，包括正高级职称232人、副高级职称372人；博士生导师152人、硕士生导师508人。有“长江学者奖励计划”讲座教授2人、“千人计划”入选者1

人。外籍教师 47 人。毕业生 6703 人，其中，学历教育学生中全日制研究生 2046 人(博士生 108 人、硕士生 1938 人)，普通本专科生 2035 人，成人教育本专科生 1054 人(本科生 496 人、专科生 558 人)，网络教育本专科生 1568 人(本科生 850 人、专科生 718 人)。本科毕业生就业率 98.63%。招生 7225 人，其中，学历教育学生中全日制研究生 2156 人(博士生 136 人、硕士生 2020 人)，普通本科生 2053 人、成人教育本专科生 985 人(本科生 573 人、专科生 412 人)，网络教育本专科生 3016 人(本科生 1219 人、专科生 1797 人)；非计划招生高等教育学生中在职人员攻读硕士学位 74 人，研究生课程进修班 4591 人。高考北京地区提档线文科 656 分、理科 661 分。在校生 24119 人，其中，学历教育学生中全日制研究生 4975 人(博士生 591 人、硕士生 4384 人)，普通本科生 8363 人，成人教育本专科生 2155 人(本科生 1239 人、专科生 916 人)，网络教育本专科生 8626 人(本科生 4301 人、专科生 4325 人)。留学生毕业 669 人、招生 730 人、在校生 2578 人。网址：www.uibe.edu.cn。

2016 年，学校开展科研工作。获各类纵向课题 92 项，其中，国家社会科学基金项目 22 项(含重大项目 2 项，重点项目 2 项)；国家自然科学基金项目 21 项；学校产出各类科研成果 1623 项，发表各类论文 1387 篇，其中，SSCI 收录 96 篇，各类研究报告 50 篇。获得省部级以上科研奖励 14 项，教育部《专家建议》全年采纳本校成果 9 篇。

学生参加各类竞赛获奖。101 队 303 人在全国数学建模竞赛中获奖；105 队 315 人在美国数学建模中获奖，其中，17 队获一等奖。1 人获全国数学竞赛一等奖，1 人获全国数学竞赛二等奖。在全国大学生英语竞赛中，3 人获特等奖、1 人获二等奖。在第 14 届“贸仲杯”国际商事仲裁模拟仲裁庭辩论赛中获全国亚军；在 2016 年国际刑事法院模拟法庭竞赛中获全国一等奖。5 人获 12335 全国商业知识竞赛一等奖；5 人获 PEAK—TIME 全球商业策略竞赛中国赛区总决赛一等奖。在第十届英语夏令营全球商业案例分析演讲比赛中，3 人获特等奖、6 人获一等奖。

国际交流。诺贝尔经济学奖获得者、佛得角前总统、奥地利驻华大使等 18 个政界、商界、学术界高端团组来访。学校 301 人次赴国外参加高端国际学术会议、访学进修、访问交流。学生 1214 人次出国学习、实习、访学。学校第 10 所孔子学院马拉维大学孔子学院揭牌。

(曹亚红)

国际商学院通过 AACSB 国际认证

8 月 10 日，国际高等商学院协会(AACSB)宣布外经贸大国际商学院正式通过 AACSB 国际认证。此次认证结果是商学院国际化的标志性突破和重大成就，也是学校商科教育达到世界级水平的重要标志。学校国际商学院成为中国大陆地区第 15 个获得此国际认证高校的学院，是中国大陆地区第 10 所同时获得 EQUIS 和 AACSB 两大国际认证的领先商学院。

(曹亚红)

北京洪堡论坛开幕

9 月 17 日，第四届北京洪堡论坛在外经贸大开幕。论坛以“绿色经济、文化传承与工业 4.0”为主题，并在绿色经济基础上，延伸出对文化和工业的追求与理念。中、德、奥、日专家就相关研究领域作主题报告，均强调绿色经济的迫切性，中、德科技合作愈发紧密，洪堡愿为访问学者提供研究资金、学习与工作机会，将自然学科和人文学科相联系，培养年轻学者和资深学者的人才队伍，共同推动社会发展。来自中、德、日等国的 150 名知名专家和政商界人士参加论坛。论坛由德国洪堡基金会和外经贸大共同主办。

(曹亚红)

本科教学审核评估结束

10 月 17 日至 20 日，外经贸大接受教育部本科教学工作审核评估。专家组集中考察学校与教学相关的所有职能部门，16 个二级教学单位；听课 98 节，查阅 20 门课程、1769 份试卷、17 个专业(含方向)的 743 份毕业论文或毕业设计；访谈 47 人次，涉及 16 个院系、27 个行政部门，召开 3 次座谈会。专家组还考察校内实验室、实训中心、学生宿舍、体育场、操场、图书馆、学生食堂等，查阅有关支撑材料。专家组入校后召开 4 次碰头会，交流现场考察感受和体会。评估专家反馈会上，专家组从学校人才与培养效果的达成度、办学定位和人才培养目标与社会需求的适应度、教师和教学资源对学校人才培养的保障度、教学和质量保障体系运行的有效度、学校和社会用人单位的满意度 5 个方面，对学校本科教学工作给予肯定，对学校专业布局、教学方法改革、质量保障体系等方面提出建议。

(曹亚红)

北京物资学院

党委书记　李石柱
院　　长　王旭东(3月免)　王文举(7月任)

概述

2016 年，北京物资学院占地面积 39.7 万平方米，建筑面积 24.26 万平方米，固定资产总值 66937.62 万元，其中，教学、科研仪器设备资产值 24557.76 万元。全年教育经费投入 40514 万元，其中，国家拨款 33134 万元，事业收入 6703 万元，经营收入 174 万元，其他收入 503 万元。图书馆建筑面积 12578 平方米，馆藏图书 112.06 万册，电子图书 360.70 万册。学校设有经济学院、物流学院、信息学院、商学院、劳动科学与法律学院、外国语言与文化学院、继续教育学院、国际学院、思想政治理论课教学与研究部、体育教学部 10 个教学单位，设有 26 个本科专业及方向；拥有 4 个一级学科硕士学位授权，2 个专业学位硕士培养类别；拥有 2 个北京市重点建设学科、2 个国家级特色专业、3 个北京市特色专业。建有国家级人才培养模式创新实验区、国家级高等学校实验教学示范中心、国家级及市级校外人才培养基地（6 个）、北京市重点实验室、北京市哲学社会科学研究基地、北京市高校工程研究中心等教学科研机构。定期出版专业刊物 1 个。教职工 668 人，其中，专任教师 441 人，包括教授 56 人、副教授 158 人；硕士研究生导师 115 人，外籍教师 1 人。在国内外学术期刊发表论文 487 篇，其中，核心期刊论文 224 篇，《科学引文索引》(SCI)、《工程引文索引》(EI) 共收录 8 篇。获国家专利授权 72 项。学校信息化建设网络信息点 10000 个，无线接入 1000 个，上网课程 255 门，电子邮件系统用户 6000 个，管理信息系统数据总量 3400GB，数据库 53 个，音视频 31241 小时。毕业生 2201 人，其中，学历教育学生中全日制研究生 170 人，普通本科生 1367 人，成人教育本专科生 664 人（本科生 325 人、专科生 339 人），本科毕业生就业率 97.85%。招生 2305 人，其中，学历教育学生中全日制研究生 211 人，普通本科生 1490 人，成人教育本专科生 604 人（本科生 240 人、专科生 364 人）。高考北京地区提档线理科 526 分、文科 561 分。在校生 7787 人，其中，学历教育学生中全日制研究生 597 人，普通本科生 5950 人，成人教育本专科生 1240 人（本科生 544 人、专科生 696 人）。留学生毕（结）业 32 人、招生 45 人、在校生 17 人。网址：www.bwu.edu.cn。

2016 年，学校开展专业建设与人才培养工作。完成北京市本科专业评估试点和人才培养方案修订工作。建设 27 门一般课程和 6 门精品慕课课程。梳理全校实验室资源，“商务运作管理创新实践基地”获批北京高校示范性校内创新实践基地，“经济管理综合实验中心”获批北京市高校实验教学示范中心。学生在国际和国内省级以上学术科技、创新创业、文化体育等比赛中获二等以上奖项 40 项。全年新培育学生创业项目 32 项。

学科建设与科研水平。构建一级学科负责人和二级学科带头人的学科建设运行机制。学校计算机科学与技术一级学科硕士学位授权点和工商管理专业硕士学位授权点通过教育部专项评估。获批国家自然科学基金、社科基金、科技重点研发项目 5 项，教育部人文社科项目 3 项，北京市社科基金、教委科研计划重点项目 17 项。科研经费 1374 万元；获北京市哲学社会科学优秀成果二等奖 1 项。出版发行《京津冀一体化物流发展报告 (2015)》。智能物流北京市协同创新中心建设启动。《中国流通经济》杂志被中国人民大学报刊复印资料转载 38 篇。

对外合作与国际交流。参加文博会，展示学校对外合作、教学科研以及校友企业成就；以京津冀协同发展，解决城市“最后一公里”为主题，策划并承办文博会物流论坛。成立城市副中心研究院，与市交通委共同成立“绿色节能减排研究中心”，构建物流大数据研究中心和冷链物流研究机构。完成与三门峡市、中共西藏自治区组织部、拉萨市委党校、中铁快运、内蒙古蒙东物流公司合作工作。创新产学研合作人才培养模式，成立京东电子商务学院。按照“区域 + 产业”合作模式，与通州区科委、商委等委办局建立合作关系。承办“中美危险品储运安全研讨会”和第四届中美物流教育论坛暨第八届中美物流会议——丝绸之路国际运输与物流发展论坛。与美国特拉华州立大学、美国肯特州立大学、法国 FIGS 教育集团、波兰格但斯克大学、澳大利亚麦考瑞大学建立合作关系，签署合作协议书或备忘录。学生国际化交流水平稳中有升，106 名本科生、研究生出国（境）学习交流；招收留学生 59 人，3 名外籍学生获本校硕士学位或学士学位。

改造基础设施建设。文体活动综合楼工程竣工并投入使用，命名为“文体馆”。游泳馆建设项目用地规划获市规划和国土资源管理委员会批准。完成 4 栋楼宇抗震加固、第二教学楼装修改造、10 栋学生公寓空调租赁安装以及 9 个校内专项工程。配合通州区完成家属区道路环境改造工程。推进“物院云”扩容，开启虚拟服务器近 70 台。数据集成有效推进，信息孤岛问题逐渐解决，实现统一身份认证和单点登录。图书馆纸本资源新增中文图书 30262 册，数据库及平台总量增加至 36 种。图书馆挂牌成为团中央“彩虹工程”实践基地并开展实践课堂。

（胡瑞旺）

文体馆投入使用

5 月 20 日，物资学院文体活动综合楼项目通过工程验收并交付使用，命名为文体馆。文体馆总建筑面积 9790 平方米，主体为框架结构，楼内设置有风雨操场、舞蹈排练厅、声乐器乐教室、健身房、瑜伽教室、体测中心、室内跑廊、淋浴房等功能用房，建有 1900 个座位的室内看台、1815 个座位的室外看台、音视频系统、LED 显示屏系统、残障电梯等配套设施。该项目总投资 5399 万元，2014 年 8 月开工建设。

（胡瑞旺）

5 月 20 日，物资学院文体馆投入使用

（物资学院 供）

中美物流教育论坛

10 月 19 日，物资学院举办第四届中美物流教育论坛暨第八届中美物流会议——丝绸之路国际运输与物流发展论坛。论坛围绕多式联运、无车承运、跨境电商、人才培养等

议题展开讨论，从全球维度看丝路物流发展，用国际视角论中国物流业转型。会议期间举办以“国际物流人才培养展望”为主题的系列讲座。中美两国业界、学术界 100 名代表参加论坛。论坛由物资学院、美国运输与物流协会联合主办，每年举办一次。

（胡瑞旺）

10 月 19 日，物资学院举办第四届中美物流教育论坛
（物资学院 供）

全国高校期货专业研讨会召开

12 月 2 日，物资学院召开全国高校期货专业教学与人才培养研讨会。会议交流全国高校期货专业教学经验，探讨“产学研”结合的期货专业人才培养模式创新、课程体系建设、实践教学体系建设、教学模式改革、人才培养国际化以及科研反哺教学等问题。全国高校、金融机构、期货公司、交易所和行业协会近百人参加会议。研讨会由物资学院与中国期货业协会联合主办。

（胡瑞旺）

首都经济贸易大学

党委书记　柯文进 (7月免)　冯培 (7月任)
校　　长　王稼琼 (8月免)　付志峰 (11月任)

概述

2016 年，首都经济贸易大学占地面积 37 万平方米，学校产权校舍建筑面积 43.6 万平方米。图书馆建筑面积 3.57 万平方米，藏书 200.95 万册。固定资产总值 12.42 亿元，其中，教学、科研仪器设备资产总值 5.36 亿元。全年教育经费投入 110478 万元，其中，国家拨款 89431 万元、自筹经费 21047 万元。学校信息化经费投入 472.4 万元，拥有计算机 7162 台，多媒体教室 158 个，信息化设备资产 16400 万元，网络信息点 21000 个，校园网出口总带宽 2500Mbps，电子邮件系统用户 5157 个，上网课程 178 门。设 19 个院系（系、部），43 个本科专业，4 个专科专业，6 个硕士学位授权一级学科点，5 个硕士学位授权二级学科点，4 个博士学位授权一级学科点，3 个博士学位授权二级学科点，4 个博士后流动站。1 个国家重点学科，2 个省部级重点学科（一级），2 个省部级重点学科（二级）。省部级设置的研究（院、所、中心、实验室）2 个。教职工 1543 人，其中，专任教师 909 人，包括教授 158 人，副教授 303 人，讲师 379 人、助教 68 人，博士、硕士导师 63 人，硕士生导师 354 人，千人计划入选者 3 人。外籍教师 13 人，其中，11 人为博士研究生。毕业生 4654 人，其中，全日制研究生 996 人（博士生 41 人、硕士生 955 人），普通本专科生 2367 人（本科 2260 人、专科 107 人），成人教育本专科生 1291 人（本科 818 人、专科 473 人）；非计划招生高等教育学生在职人员攻读硕士学位 35 人。本专科毕业生就业率 99.67%，研究生毕业就业率 100%。招生 4718 人，其中，全日制研究生 1182 人（博士生 74 人、硕士生 1108 人），普通本科生 2527 人，成人教育本专科 1009 人（本科 616 人、专科 393 人）。高考北京地区提档线文科 601 分、理科 584 分。在校生 16932 人，其中，全日制研究生 3148 人（博士生 351 人、硕士生 2797 人），普通本专科生 10129 人（本科 9908 人、专科 221 人），成人教育本专科生 3655 人（本科 2346 人、专科 1309 人）。留学生毕（结）业 673 人、招生 636 人、在校生 737 人。网址：www.cueb.edu.cn。

2016 年，学校落实“十三五”时期发展规划，推进综合改革各项任务，增强核心竞争力和可持续发展能力。完成学校章程英文版的翻译工作，落实教代会代表根据议题列席校长办公会制度。

人才培养。形成 2017 版本科人才培养方案指导意见，实施研究生创新能力培养计划和 2016 年科技创新项目。继续落实“留学首经贸计划”，新增 2 个本科专业、6 个全英文学历留学生招生专业和 1 个汉语国际教育本科留学生招生专业。

科研工作。获批国家级项目 50 项、北京市重点实验室 1 个。出版《首都经济贸易大学志 (1956—2014)》及《首经贸记忆》《图说首经贸》《首经贸书画作品集》系列文化丛书、任扶善先生百岁文集等。

师资建设。制订《教师职务聘任工作实施方案 (2017—2020 年)》，出台第三轮经贸学者、后备学科带头人和中青年骨干教师的培养办法，完成第四轮教师岗位聘任工作。

交流合作。加强与非洲、欧洲、东盟等“一带一路”沿线国家和地区的高校合作。聘请长短期外籍专家和教师来校访学、讲座。拓宽学生出国学习渠道。推进校政、校企和校际之间开展合作。成立 4 个国内地方校友会，首个海外校友会和首个行业校友会。

设施建设。博远楼、栋梁广场等项目的建设和改造工程完工，完成气膜馆建设满足图书馆临时周转，图书馆改造工程完工。

60 周年校庆活动。以学术文化活动和校友返校活动为主线，开展离退休同志联欢会、学校发展建设座谈会、2 场师生文艺演出、中国特大城市高端论坛、首届地方校友会发展论坛、校友嘉年华和建校 60 周年纪念大会等系列活动。

（刘江霞）

建立"1+3"教育联盟

5月6日，首经贸与云南省普洱学院、红河学院、保山学院3所大学签署"1+3"教育联盟战略合作协议。根据协议，学校发挥在经济学、管理学等学科的人才培养优势以及首都区位优势，普洱学院、红河学院和保山学院发挥与东盟国家政府和大学联络的便利，东南亚文化交流的窗口等优势，以东盟国家留学生教育为合作的着力点，加强外国留学生教育深度合作，致力于开发东盟国家留学生教育资源，打造"1+3"外国留学生"一带一路"教育合作平台。

（刘江霞）

外国语学院成立

5月26日，首经贸外国语学院成立。外国语学院在原外语系基础上成立，为学校二级教学单位。教职工67人，专职教师59人。设商务英语、英语（经贸翻译、英法双语）和法语3个本科专业，13个专业班级，1个翻译专业（MTI）硕士点，1个外国语言文学一级学科硕士学位授予点。

（刘江霞）

建校60周年系列活动

10月11日至16日，首经贸举办建校60周年系列纪念活动。系列活动以学术文化活动和校友返校活动为主线，开展离退休人员联欢会、学校发展建设座谈会、2场师生文艺演出、中国特大城市高端论坛、首届地方校友会发展论坛、校友嘉年华、建校60周年纪念大会、发布系列图书等活动。举办师生校友书画作品展和大学生创新创业展。为校园文化景观栋梁柱揭幕，栋梁柱位于博远楼东侧的栋梁广场，高5.6米，象征学校1956年建校。共6根，既象征学校经、管、文、法、理、工六大学科，又寓意学校建校60年。每根柱子均有四面，环绕八方，寓意首经贸学子奔赴四面八方，在各行各业、各领域建功立业，成为执着前行，担负重任的栋梁之材。师生及校友6000人参加纪念活动。

（刘江霞）

10月15日，首经贸举办建校60周年纪念文艺演出

（首经贸 供）

自主公共基础类课程上线

至年底，首经贸自主公共基础类课程上线。针对英语类公共基础课，建立分段、分类、分级的教学体系，根据各阶段不同的培养目标，将课程划分为专门用途英语、跨文化交际、外教口语实践及社会化考试培训等类别。针对数学类公共基础课，以体系化教学为指导、以系统化和规范化为要求，拓展学习资源。教学方式由传统的课堂教学模式向课内课外、线上线下、校内校外相结合的教学模式转变。采取考教分离、试题库随机抽题、密封流水阅卷的形式，增加重修考试次数。自主公共基础类课程上线促进学生由被动学习转变为主动学习，为个性化学习提供更多的选择机会。

（刘江霞）

外交学院

党委书记　袁南生
院　　长　秦亚青

概述

2016年，外交学院占地面积35.23万平方米，学校产权校舍建筑面积16.97万平方米。图书馆建筑面积12746平方米，藏书77.61万册，其中，纸质图书57.63万册、电子图书19.98万册。固定资产总值2.46亿元，其中，教学、科研仪器设备资产值0.35亿元。全年教育经费投入22611.77万元，其中，国家拨款15672.94万元、自筹经费6938.83万元。学校信息化经费投入234.56万元，拥有计算机1405台，多媒体教室座位4676个，信息化设备资产3922.20万元，网络信息点5800个，校园网出口总带宽333Mbps，电子邮件系统用户4260个，上网课程301门，数字资源量25000GB，管理信息系统数据总量718GB。设有外交学与外事管理系、英语系、外语系、国际法系、国际经济学院、基础教学部、研究生部、国际关系研究所、国际教育学院9个教学单位，20个研究中心。中国国际法学会、中国国际关系学会挂靠外交学院。开设10个专业，涵盖法学（含政治学）、文学、经济学3大学科门类；具有一级学科2个，一级学科博士点1个，一级学科硕士点1个，博士学位授权点3个，硕士学位授权点11个和专业学位授权点3个；博士后流动站1个，其中，博士后研究人员出站1人、进站3人和在站8人。国家重点学科2个、北京市重点学科3个。教职工436人，其中，专任教师212人，包括教授47人、副教授86人；博士生导师17人、硕士生导师132人。享受政府特殊津贴专家75人。外籍教师19人。毕业生649人，其中，学历教育学生中全日制研究生288人（博士生16人、硕士生272人）、普通本专科生304人、成人教育本专科生57人。本科毕业生就业率95.07%。招生721人，其中，学历教育学生中全日制研究生314人（博士生19人、硕士生295人）、普通本专科生362人、成人教育本专科生45人。高考北京地区提档线文科641分、理科642分。在校生2348人，其中，学历教育学生中全日制研究生710人（博士生94人、硕士生616人），普通本专科生1352人，成人教育本专科生118人。留学生毕业92人、招生107人、在校生168人。网址：www.cfau.edu.cn。

2016年，学校制订《外交学院“十三五”规划》，修订和完善全院规章制度。

教学改革。围绕“三三制”教学改革和日常教学运行，推进教学管理改革和制度建设。探索人才培养模式改革，“外交翻译专训班”项目于9月启动。

科研工作。获得5项国家社科基金项目立项，7项北京市社会科学基金项目立项。中国国际关系学会举办会员大会1场、专题研讨会1场、年会1场、博士生论坛1场。外交学院亚洲研究所参与一系列高端公共外交和智库合作平台。

交流合作。开展外事活动180次，其中，国际学术合作交流73次，接待国外代表团、驻华使馆人员来访、演讲以及参加外事活动82次，并与18所高校和学术机构签署合作协议或谅解备忘录。与香港经纬集团签署“专项捐赠框架协议”。

教学培训。举办外国外交官等政府官员及学者培训班10期，受训学员207人，来自60个国家，累计培训时间145天。举办两期“香港公务员外交事务研习课程”，受训学员29人；举办第六届香港大学生“外交之友”夏令营，67名香港大学生学员参加。

基建改造。完成老校区地下车库和体育馆项目，为学院增加500个地下车位和2800平方米地下运动设施；实施老校区办公室配楼改造、安防系统升级、双校区节能改造4个综合治理项目。

（顾建俊）

沙河校区管理委员会成立

1月4日，外交学院成立沙河校区管理委员会。作为沙河校区办学的综合协调与管理机构，管委会向外交学院党委负责，下设管委会办公室、学工办公室、教务办公室、后勤办公室和保卫办公室，负责沙河校区各项工作的统一协调，有办公人员30人。

（顾建俊）

中国外交培训学院揭牌

3月1日，外交学院举行中国外交培训学院揭牌仪式。中国外交培训学院通过在外交学院加挂牌子的方式组建，设置教务部、培训一部、培训二部、综合部4个处级机构，承担全国外交外事人员、国际职员后备人员培训，以及相关国际交流合作等工作。全年承办各类各级培训班次58期，培训学员4809人次。

（顾建俊）

首个“外交翻译专训班”开班

9月14日，外交学院首个“外交翻译专训班”（2016级）开班。外交部翻译司司长作第一讲“外交翻译概论”，介绍外交翻译人员需要具备的素质、翻译司的历史沿革、理念创新、人才培养和考录渠道等。该班由外交部翻译司和外交学院英语系在全国具有保送资格的外国语中学保送生中单独招录、单独编班，实行单独的培养方案，外交部翻译司全程参与培养。项目每年录取20名具有高翻潜质的学生，旨在为外交部培养高级翻译人才。外交部有关司局、外交学院有关部门负责人以及专训班全体学生70人参加开班仪式。

（顾建俊）

9月14日，外交学院首届“外交翻译专训班”开班

（外交学院 供）

中国人民公安大学

党委书记　樊京玉

校　　长　曹诗权

概述

2016年，中国人民公安大学有木樨地、团河两个校区，占地面积76.79万平方米，建筑面积63.14万平方米。固定资产总值248897.30万元，其中，教学、科研仪器设备资产总值18930.20万元。图书馆建筑面积4.34万平方米，藏书142.74万册。拥有计算机6127台，网络多媒体教室262间，信息化设备资产14813.03万元，网络信息点15000个，校园网出口总带宽6656Mbps，电子邮件系统用户2600个，上网课程120门，数字资源量40000GB，管理信息系统数据总量6000GB。10个教学院；开设13个本科公安专业，覆盖法学、工学2个学科门类；有3个一级学科博士后科研流动站，在站4人。有法学、公安学、公安技术3个一级学科博士学位授权点，法学、公安学、公安技术等3个一级学科硕士学位授权点，法律、警务、安全工程和公共管理等4个专业学位硕士授权点；有公安学、公安技术2个一级学科国家重点学科，国家级特色专业点5个，北京市重点学科4个，国家级实验教学示范中心2个，省部级重点实验室2个，北京市实验教学示范中心1个，国家级虚拟仿真实验教学中心

1 个，省部级研究机构 2 个。教职工 2247 人，其中，专任教师 657 人，包括教授 125 人、副教授 229 人；博士生导师 42 人、硕士生导师 217 人。享受国务院政府特殊津贴 27 人。毕业生 5136 人，其中，学历教育学生中全日制研究生 415 人（博士生 16 人、硕士生 399 人），本科生 2519 人，成人教育本专科生 2202 人（含校外）。招生 5618 人，其中，学历教育学生中全日制研究生 550 人（博士生 30 人，硕士生 520 人），本科生 2761 人，成人教育本专科生 2307 人（含校外）。高考北京地区提档线文科 589 分、理科 548 分。在校生 16250 人，其中，学历教育学生中全日制研究生 1491 人（博士生 104 人、硕士生 1387 人），本科生 9670 人，成人教育本专科生 5089(含校外)人。网址：www.ppsuc.edu.cn。

2016 年，学校确立“国内一流、世界前茅”警察大学建设的 3 个基本标准，即“政治建校、从严治校”的“党校”标准、公安教育训练龙头院校的“旗帜”标准和“世界一流学科建设大学”标准，形成“开放、包容、合作、进取”的发展理念，明确“信息化、实战化、国际化、警务化”发展战略。

调整校属单位职能。原人文社会科学教研部中从事大学语文教学研究的教师整体划转至公安管理学院、从事英语教学研究的教师整体划转至国际警务执法学院，原人文社会科学教研部撤销；学校“国（境）外警察培训部”的职能划转至国际警务执法学院。成立发展规划与学科建设处，负责研究制定学校发展规划和学科建设规划，组织协调学校重大项目的研究论证和规划实施，研究制定促进学科建设发展的制度和措施，承担有关公安高等教育理论研究工作，负责学校基本建设数据库建设。警务指挥战术系与警务实战训练部、侦查学院与反恐怖学院、警务信息工程学院与网络安全保卫学院合署办公，分别称“警体战训学院”“侦查与反恐怖学院”“信息技术与网络安全学院”；交通管理工程系更名为“交通管理学院”。

交流合作。印发《中国人民公安大学推进国际化办学的意见》，从师资建设、课程建设、人才培养、科学研究、招收留学生、文教引智等 10 个方面，提出推进国际化办学的举措。举办第三届世界互联网大会网络反恐论坛、第八届国际警务论坛、湄公河流域执法安全合作机制成立五周年、反恐背景下去极端化等大型国际会议，选派 200 名师生赴 27 个国家和地区访学留学，邀请 47 个国家 76 名专家举办学术讲座 130 场，接待 28 个团组 240 人次来校访问。签署 16 项合作协议。

（邓杰）

首批加拿大学分转移课程班结业

3 月至 7 月，公安大学首批学生赴加拿大哥伦比亚省司法学院参加学分转移课程学习。学习课程包括加拿大司法制度、刑事案件侦查、执法沟通技能、领导力培养和治安管理，全程英语教学，每门课程经考核合格给予 3 个学分。首批共有本科生 25 人参加学习，并全部完成学习任务获得学分。

（邓杰）

改革学生管理体制

6 月 12 日，公安大学改革学生管理体制。学校将学生管理模式由学生工作部门集中统一管理调整为党委学生工作部统筹协调、学院直接管理模式。改革旨在适应公安工作改革对公安专门人才的新要求，突出人才培养的中心地位，充分发挥学院在人才培养过程中的主体作用，有效整合教育教学资源，形成教书育人、管理育人、服务育人的强大合力，全面提高人才培养质量。

（邓杰）

网络空间安全与法治协同创新中心揭牌

7 月 12 日，公安大学网络空间安全与法治协同创新中心揭牌。中心由学校与法制日报社联合发起，以服务国家网络空间战略决策为主要目标，旨在成为集“政、产、学、研、用”五位一体的新型智库，利用学术研究资源，为政府机关和学术界同行开展学术交流和相关培训项目，并开展成果转化。

（邓杰）

实施 2016 本科人才培养方案

11 月 2 日，公安大学实施 2016 本科人才培养方案。方案落实公安院校招录培养制度改革的精神，对接并体现公安学、公安技术两个本科专业类教学质量国家标准（送审稿）的要求，由 1 个主体方案和多个辅助方案构成，形成通识教育与专业教育、职业教育相结合的立体化的卓越警务人才培养体系。主体方案是人才培养的主渠道，规定本科人才的培养目标、培养规格及其主要教育教学环节，其课程体系由通识必修课程、通识选修课程、公安基础课程、专业基础课程、专业必修课程、专业选修课程组成。公安学类专业总学分控制在 170 ～ 175 学分左右。公安技术类专业总学分控制在 180 ～ 185 学分左右。辅助方案包括人文素质提升方案、综合实训方案、综合素质拓展方案、警务化管理（含军训）方案等。

（邓杰）

国际关系学院

党委书记　刘慧
院　　长　陶坚

概述

2016 年，国际关系学院占地面积 15.80 万平方米，学校产权校舍建筑面积 12.60 万平方米。固定资产总值 4.39 亿元，其中，教学、科研仪器设备资产值 0.58 亿元。图书馆建筑面积 5925 平方米，藏书 127.66 万册，其中，纸质图书 45.91 万册、电子图书 81.75 万册。全年教育经费投入 22101.18 万元，其中，国家拨款 17894.52 万元、自筹经费 4206.66 万元。学校信息化经费投入 2252 万元，拥有计算机 1885 台，多媒体教室座位 3764 个，信息化设备资产 3258.85 万元，网络信息点 4850 个，校园网出口总带宽 2800Mbps，电子邮件系统用户 3600 个，上网课程 5 门，数字资源量 10000GB，管理信息系统数据总量 200000GB。设置 7 个院（系、部）；开设 9 个专业，覆盖 5 个学科；具有一级学科 3 个，硕士学位授权点 15 个和专业学位授权点 4 个。北京市重点学科 1 个。教职工 357 人，其中，专任教师 155 人，包括教授 31 人、副教授 79 人；博士生导师 7 人、硕士生导师 365 人；享受政府特殊津贴专家 8 人。外籍教师 8 人，其中，教授 1 人。毕业生 861 人，其中，学历教育学生中全日制硕士研究生 232 人、普通本科生 575 人、成人教育本专科生 54 人（本科生 42 人、专科生 12 人）。本科毕业生就业率 94.43%。招生 927 人，其中，学历教育学生中全日制硕士研究生 318 人、普通本科生 563 人、成人教育本专科生 46 人（本科生 21 人、专科生 25 人）。高考北京地区提档线理科 595 分、文科 605 分。在校生 3036 人，其中，学历教育学生中全日制硕士研究生 632 人、普通本科生 2294 人、成人教育本专科生 110 人（本科生 68 人、专科生 42 人。留学生毕业 18 人、招生 33 人、在校生 31 人。网址：www.uir.edu.cn。

2016 年，学校审议通过《教代会工作细则》和《工会工作细则》。召开第 26 次学生代表大会，修订学生会章程。

科研工作。取得国家社科基金年度项目 3 个、后期资助项目 1 个、省部级项目 20 个，立项经费 500 万元。发布国际安全研究年度报告，出版《国际安全蓝皮书》。

教育教学。与中国现代国际关系研究院联合招收应届博士研究生。引进慕课 12 门，自建在线课程 4 门。国际化小学期聘请国际师资开设 26 门国际课程，选课学生达 1102 人次。

师资建设。组织教师 143 人参加各级各类专业能力和知识更新培训、教授和学术骨干 21 人参加国际交流培训。

学生管理。选派 100 名学生赴美国、丹麦、法国等交流学习，同时接受协议院校交换留学生 30 人来校学习。大学生创新项目立项 17 项，大学生学术支持计划立项 303 项。开展志愿服务 90 项，参与人数累计 3066 人。

（任婉君）

首次招收保送生

1 月 9 日，国关学院首次组织实施保送生招生考试工作。从教育部认定的 17 所外国语中学中，通过中学推荐及学校招生笔试、面试，共招录 14 名符合条件的外语类保送生。

（任婉君）

国际学术研讨会

7 月 2 日，国关学院主办“安全外交：领土冲突与治理”国际学术研讨会。会议围绕“安全外交理论与实践”“领土冲突与国际安全秩序构建”“跨境安全议题与全球治理”3 个议题展开专题研讨。会议期间，学校《国际安全研究》编辑部与对外经济贸易大学国际关系学院共同发布“国际安全态势感知指数”排名，该指数是中国国际关系研究领域第一个由研究机构自主研发并公开发布的、专门面向国际安全问题的大数据评级指数。来自美国、丹麦、印度等国家的学者及国内高校和研究机构的学者 150 人参加会议。

（任婉君）

“解码国家安全”网络课程上线运行

8 月 31 日，国关学院“解码国家安全”网络课程上线运行。课程面向全国高校开设，在国关学院课程中心与智慧树共享课程平台同时上线。全国 80 所高校 15974 人选课。

（任婉君）

王珺逝世

9 月 27 日，国关学院原党委书记、院长王珺逝世，享年 96 岁。王珺，1920 年出生于河北定县。1979 年 2 月至 10 月担任国关学院党委书记、院长。1944 年在延安曾被评选为“特等模范工作者”。离休后任中国老年书画研究会常务副会长等社会职务。

（任婉君）

北京体育大学

党委书记　杨桦
校　　长　池建

概述

2016 年，北京体育大学占地面积 75.52 平方米，学校产权建筑面积 44.57 万平方米。固定资产总值 234839.42 万元，其中，教学、科研仪器设备资产值 32112.33 万元。图书馆建筑面积 5766 平方米，纸质图书 117.80 万册、电子图书 15 万册。拥有计算机 3536 台。全年教育经费投入 64531.2 万元，其中，国家拨款 47788.97 万元、自筹经费 16742.23 万元。学校信息化设备资产 13126 万元，网络信息点 19606 个，校园网出口总带宽 3300Mbps，电子邮件系统用户 13759 个，上网课程 18 门，数据库 54 个，管理信息系统数据总量 24GB。校区设置 10 个院、5 个系、2 个中等专业学校；开设本科专业 16 个，覆盖教育学、文学、理学、医学、管理学 5 个学科门类，其中，国家级特色专业建设点 3 个，北京市特色专业建设点 4 个；拥有体育学一级学科博士学位授予点 1 个，一级学科硕士学位授权点 4 个，二级学科硕士学位授予点 1 个，以及体育硕士专业学位授予点和高校师资学位授予点；体育学博士后科研流动站 1 个，其中，博士后研究人员出站 4 人、进站 2 人、在站 21 人。有国家重点学科 4 个、省部级重点学科 12 个，省部级优秀重点学科 2 个，省部级重点实验室 5 个，省部级体育哲学社会科学重点研究基地 1 个，北京市高等学校工程中心 1 个，国家级实验教学示范中心 1 个，北京市高校实验教学示范中心 2 个。在职教职工 1033 人，其中，专任教师 734 人，包括教授 157 人、副教授 210 人；博士生导师 73 人、硕士生导师 211 人。招生 4508 人，其中，学历教育学生中全日制研究生 767 人（博士生 102 人、硕士生 665 人），普通本科生 2409 人、成人教育本专科生 1233 人（本科生 582 人、专科生 651 人），非计划招生高等教育学生中在职人员攻读硕士学位 99 人。高考北京地区提档线文科 583 分、理科 548 分。在校生 14517 人，其中，学历教育学生中全日制研究生 2441 人（博士生 386 人、硕士生 2055 人），普通本科生 9386 人，成人教育本专科生 2269 人（本科生 1142 人、专科生 1127 人）；非计划招生高等教育学生中在职人员攻读硕士学位 294 人。全日制留学生毕业 16 人、招生 41 人、在校生 127 人。毕业生 4065 人，其中，学历教育学生中全日制研究生 739 人（博士生 109 人、硕士生 630 人），普通本科生 2196 人，成人教育本专科生 1130 人（本科生 580 人、专科生 550 人）。本科毕业生就业率 90.83%。网址：www.bsu.edu.cn。

2016 年，学校继续贯彻实施提高人才培养质量 (2014—2018) 建设方案。

人才培养。完成运动训练、武术与民族传统体育两个专业优秀运动员以及运动训练专业优秀残疾人运动员培养方案和教学大纲审定工作；完善专业质量监测平台，启动 2016 年校内本科专业评估工作；拓展在线课程资源，完成 8 门课程课堂视频录制，启动实施 2 门慕课拍摄，购入 3 门网络通识课程；强化毕业设计（论文）过程管理。

科研成果。申报各类科研课题 285 项，获批立项 240 项。获 2016 年中国体育科学学会科学技术奖一等奖 1 项、二等奖 4 项、三等奖 3 项；首次获 2016 年第 18 届中国专利奖优秀奖。“十二五”国家科技支撑计划项目“运动促进体质健康关键技术的研究与应用”(2012BAK21B00) 通过科技部验收。“运动与体质健康教育部重点实验室”通过教育部验收。《北京体育大学学报》获“2016 中国最具国际影响力学术期刊”和“2016 国际影响力优秀学术期刊”称号。

交流合作。成立冰雪运动学院，并与新疆体育局签订《全面战略合作框架协议》，开办冰雪产业管理方向班并确定培养方案，已录取 39 人为 2014 级冰雪产业管理方向班学生。与国家体育总局冬季运动管理中心签订《备战 2022 年冬奥会国家队训练基地战略合作协议》和《共建国家冰球队合作框架协议》。组建学校男子冰球代表队，为新组建的国家雪车队输送 6 名运动员和 1 名教练员，并配备科研保障团队。与 8 所国外院校建立校际关系。

竞技比赛。至年底，体育大学师生参加各级各类比赛 188 个。其中，在里约奥运会、残奥会、第 14 届世界健美操锦标赛、世界拳击锦标赛、亚洲室内田径锦标赛、亚洲田径竞走锦标赛、亚洲青年击剑锦标赛、第五届亚洲沙滩运动会等 36 个国际比赛中，获得金牌 44 枚、银牌 25 枚、铜牌 17 枚；在全国锦标赛、冠军赛、大学生锦标赛、大学生联赛等 37 个项目 129 场体育竞赛中，获得金牌 199 枚、银牌 143 枚、铜牌 141 枚。参与中国大学生体育协会 20 个单项的体育竞赛活动，女子排球队获中国大学生排球联赛总决赛冠军；男子篮球队获中国大学生篮球联赛北京赛区季军，并取得代表北京赛区参加东北赛区比赛的资格；女子足球队获中国大学生女子五人制足球锦标赛亚军。8 月 5 日至 21 日，学校 50 名在籍学生代表国家队参加里约奥运会，在举重、体操、击剑、自行车、射击、柔道、羽毛球、跳水、蹦床、跆拳道、田径、拳击、排球 13 个项目中取得 8 金 5 银 8 铜。

（牛文珺　董健）

两个二级学院成立

4 月 15 日和 6 月 28 日，北体大成立冰雪运动学院、马克思主义学院。冰雪运动学院为学校二级教学单位，开设滑冰、滑雪、冰球、冰壶、雪车、雪橇等项目。马克思主义学院为学校二级教学单位，在原思想政治理论课教学部基础上成立，下设中国特色社会主义理论体系概论教研室、马克思主义基本原理教研室、德育教研室、职业发展与就业创业指导教研室，承担全校本科生的多门公共思想政治必修课程、研究生的“中国特色社会主义理论与实践研究”等 2 门公共必修课和“马克思主义与社会科学方法论”等 3 门公共选修课的教学任务，承担全校学生的形势与政策教学工作。马克思主义学院前身为 1954 年中央体育学院组建的政治理论教研室，此后相继经历马列教研室、德育教研室、“两课部”、思想政治理论课教学部。2006 年，思想政治教育专业硕士学位点开始招收硕士研究生，2010 年成为马克思主义理论一级学科硕士授权点。

（董健）

与新疆合作开展冰雪运动人才培养

7 月 20 日，北体大与新疆维吾尔自治区体育局签署战略合作协议。双方以合作共建体育大学冰雪运动学院为核心，开展教育、科研、训练等领域的合作，提升冬季和夏季运动教育教学和经济水平，完成 2022 年北京冬奥会各项参赛备战合作。合作有效期 4 年。

（董健）

中央音乐学院

党委书记　郭淑兰
院　　长　王次炤 (2015 年 11 月免）　俞峰 (1 月任）

概述

2016 年，中央音乐学院占地面积 6.48 万平方米，建筑面积 17.88 万平方米。固定资产总值 86042.46 万元，其中，教学、科研仪器设备资产值 18508 万元。图书馆建筑面积 4770 平方米，藏书 55.17 万。拥有计算机 1172 台，多媒体教室 27 个，信息化设备资产 5101.2 万元，网络信息点 4531 个，校园网出口总带宽 1700Mbps，电子邮件系统用户 4126 个，上网课程 83 门，数字资源量 6932GB，管理信息系统数据总量 218.453GB。设有 12 个教学部门，1 个音乐学研究所和 1 所附属中等音乐学校。有一级学科博士学位授权点 1 个，含二级学科 4 个。有一级学科硕士学位授权点 1 个，含二级学科 6 个。教育部人文社会科学重点研究基地 1 个，国家级实验教学示范中心 1 个，国家非物质文化遗产研究与保护中心 1 个，北京市实验教学示范中心 1 个和国家人才培养模式创新实验区 1 个。教职工 687 人，其中，专任教师 416 人，包括教授 124 人、副教授 142 人；博士生导师 69 人、硕士生导师 286 人。有“长江学者奖励计划”讲座教授 1 人、国家有突出贡献专家 4 人、享受政府特殊津贴专家 62 人。外籍教师 25 人，其中，教授 21 人、副教授 1 人。毕业生 585 人，其中，本科生 356 人，研究生 229 人（硕士生 192 人、博士生 37 人）；网络教育毕业生 1022 人，其中，本科生 502 人、专科生 520 人。招生 2552 人，其中，学历教育学生中全日制研究生 208 人（博士生 28 人、硕士生 180 人），普通本科生 343 人，网络教育本专科生 2001 人（本科生 869 人、专科生 1132 人）。在校生 9424 人，其中，学历教育学生中全日制研究生 648 人（博士生 94 人、硕士生 554 人），普通本科生 1514 人，网络教育本专科生 7262 人（本科生 4920 人、专科生 2342 人）。留学生毕业 6 人、招生 11 人、在校生 39 人。网址：www.ccom.edu.cn。

2016 年，学校实施教学改革。制定、修订并执行 2016 年秋季版《中央音乐学院学生课程管理办法》，整顿教学管理秩序，从本科延伸至研究生教学领域，从维护教学秩序、规范教务管理角度出发，提高教学质量；加大课程建设力度，丰富选修课体系，形成“音乐类课程”“艺术拓展类课程”和“人文学科课程”，从外校引进高水平课程，构成以校内课程、艺术院校课程、著名高校优秀课程和知名社会专家讲座课程相结合的较完善的选修课体系；研讨学年学分制，健全学生自主学习制度，向完全学分制过渡；恢复教学督导制度启动；建设音乐基础课教研室、好民族声乐教研室；落实“拔尖创新人才”培养计划；推进设立表演专业博士学位工作，“剧院高级管理班”专业学位的申请。

师资建设。选拔一批中青年教师，为其制订培养计划，在艺术和学术上给予支持，创造发展空间；推进干部培训、教师培训，完善职业纪律制度建设，保障全校政令畅通，完成部分系处换届工作。

交流合作。举办首届“肖邦国际青少年钢琴比赛”，落实中波两国元首签署的《2016—2019 年中波文化艺术交流议定书》主要条款；聘请世界优秀专家与学院中青年教师形成一批长期组合的教学小组团队。

科研成果。赵沨、吴祖强、于润洋主编的《音乐百科全书》获北京市第十四届哲学社会科学优秀成果评奖一等奖；音乐学系教授褚历所撰《中国传统音乐曲式结构分析》获二等奖；作曲系教授郝维亚创作的歌剧《大汉苏武》获第 11 届中国艺术节“文华奖”。教授张伯瑜所撰《论丝绸之路音乐研究的意义》获中国文联、中国评协“中国文艺评论 2016 年度优秀作品”，并获发青铜“啄木鸟杯”。

（张乔）

中国国际提琴及琴弓制作比赛

5 月 7 日至 18 日，中央音乐学院主办第三届中国国际提琴及琴弓制作比赛。比赛设提琴组和琴弓组两大类，其中，提琴组含小提琴、中提琴、大提琴，琴弓组含小提琴弓、中提琴弓、大提琴弓、低音提琴弓共 7 类参赛项目。来自中国、匈牙利、波兰等 9 个国家和地区的 200 名选手，共 377 件乐器参加比赛。评委会由三组共 18 名评委组成，其中，9 名外国评委、9 名中国评委。分别奖励小提琴金奖 12 万元、中提琴 14 万元、大提琴 20 万元、小提琴弓 2 万元，获金奖的提琴将由比赛委员会永久保存。该项比赛始于 2010 年，每两年举办一次。

（许瑞）

首届北京肖邦国际青少年钢琴比赛

10 月 16 日至 30 日，中央音乐学院举办第一届北京肖邦国际青少年钢琴比赛。比赛设青年组、少年组 2 个组别，在原有肖邦作品作为参赛曲目的基础上，特设中国作曲家叶小钢的《纳木错》和汪立三的《民间玩具》两首作品为指定演奏曲目。来自中、美、俄、波、澳、韩等国家的 100 名选手报名参赛，经评委会评选，陈学弘（中）获青年组第一名，并获得金奖证书、3 万美元奖金及由波兰华沙肖邦音乐大学设立的华沙肖邦音乐大学校长奖 2000 欧元。铁顺顺（中）、叶方舟（中）并列获得少年组第一名。该项赛事是唯一与波兰肖邦研究院合作的肖邦国际青少年钢琴比赛，每三年举办一届，永久落户中央音乐学院。比赛被列入中波两国文化合作议定书。

（赵海　张乔）

第一届北京肖邦国际青少年钢琴比赛获奖者合影

（中央音乐学院 供）

硕士研究生招生制度改革

12月24日至26日，中央音乐学院改革2017年硕士研究生招生考试方式。按照教育部统一要求，学院专业课考试首次作为复试，定于文化课考试之后进行。700名考生参加政治、英语和专业笔试等初试科目，首次同时启用教学楼和简一楼两个考场。

（柯杨）

中国音乐学院

党委书记 闫拓时
院　　长 王黎光

概述

2016年，中国音乐学院占地面积4.42万平方米，学校产权建筑面积4.99万平方米。固定资产总值33707.22万元，其中，教学、科研仪器设备资产值28111.89万元。图书馆建筑面积3351平方米，藏书41.81万册，其中，纸质图书41.81万册、电子图书1300册。全年教育经费投入52385.21万元，其中，国家拨款43765.55万元、自筹经费8619.66万元。学校信息化设备资产3204.92万元，拥有计算机709台，网络信息点3600个，校园网出口总带宽85Mbps，电子邮件系统用户2000个，数字资源量3862.2GB，管理信息系统数据总量500GB。设有11个教学系、部，1个研究生院，1个继续教育学院，1个考级培训学院，1所附属中等音乐专科学校；设16个本科招考方向，覆盖3个专业；具有一级学科1个，一级学科博士点1个，博士学位授权点1个，硕士学位授权点1个和专业学位授权点1个；博士后流动站1个，其中，博士后研究人员进站3人、在站15人。北京市重点学科1个；国家级优秀教学团队1个，北京市优秀教学团队4个，国家级特色专业建设点3个，教育部人才培养模式创新试验区1个，北京市人才培养模式创新试验区2个，北京市哲学社会科学研究基地1个，北京市高精尖创新中心1个。教职工391人，其中，专任教师243人，包括教授53人、副教授84人；博士生导师31人，硕士生导师107人。国家级有突出贡献的中青年专家3人、享受政府特殊津贴专家39人、国家级教学名师2人、北京市教学名师10人、全国中青年“德艺双馨”教师3人。外籍教师12人，其中，教授9人、副教授3人。毕业生605人，其中，学历教育学生中全日制研究生141人（博士生19人、硕士生122人），普通本科生281人，成人教育本专科生183人（本科164人、专科生19人）；非计划招生高等教育学生中在职人员攻读硕士学位59人。本科毕业生就业率87.6%。招生902人，其中，学历教育学生中全日制研究生144人（博士生14人、硕士生130人），普通本科生257人、成人教育本专科生501人（本科生479人、专科生22人）；非计划招生高等教育学生中在职人员攻读硕士学位40人。高考北京地区提档线音乐学专业文科426分、理科395分；作曲与作曲技术理论专业文科372分、理科346分；音乐表演专业文科346分、理科321分；艺术管理专业文科532分、理科494分。在校生2869人，其中，学历教育学生中全日制研究生447人（博士生50人、硕士生397人），普通本科生1265人，成人教育本专科生1157人（本科生1110人、专科生47人），非计划招生高等教育学生中在职人员攻读硕士学位204人。留学生毕（结）业11人、招生6人、在校生23人。网址：www.ccmusic.edu.cn。

2016年，学校制订《中国音乐学院“十三五”发展建设规划》，核准学校章程。

人才培养。本科教学改革：专业课程推动学生核心素养发展，创设多专业联合教学模式；举办国乐系青年教师系列公开课，达到流派互融、教学相长的教学目的；思想政治类课程改革进入实施阶段，中国近现代史纲要完成教学改革；实践类课程助力学生专业快速成长，艺术实践学分提高至总学分的25%～30%，创立“星期音乐会”，以学生为主体常态化演出。研究生培养：承办“2016年全国音乐与舞蹈专业学位研究生教育研讨会”；开展“提升研究生学术能力和职业素养”系列讲座，首次将各系的培养专项经费划拨到各系，严格对学位论文进行盲评和学术不端行为的监测工作。艺术实践：举办第七届艺术实践周；承办2016年北京大学生音乐节开幕式音乐会；主办中国笙文化国际艺术节、第四届中国弓弦艺术节、第十届北京国际钢琴艺术节；开展青年民族乐团、紫禁城室内乐团等赴国外进行交流演出。艺术实践直通车项目完成“中国民歌知多少”“中国民族音乐知多少”专场演出15场，“在希望的田野上”北京16个区慰问演出，国家大剧院周末音乐会、高雅艺术进校园演出5场，纪念长征胜利80周年川陕革命根据地慰问演出4场。

学科建设。获批成立“中国乐派高精尖创新中心”，全国10所独立音乐学院加盟。

科研工作。获批16个科研项目，其中，国家级2项、省部级4项、市级6项。实施“青年拔尖人才培育计划”项目“探索实践”、国家艺术基金西部少数民族歌曲创作人才培训班等项目。举办中国音乐史学术研讨会和全国乐器学研讨会，出版《冯文慈先生学术论文集》。

师资建设。全年聘请特聘教授15人，新增学校编制数量，优化岗位设置结构。注重教管教辅系列专业技术职务评聘，新增教育管理系列职数。年内，2人获国家级人才工程资助；1人获市级人才工程资助；2人获市级教学名师奖；1人获市级“师德先锋”称号；7人获得市教委资助，资助金额465万元；4人入选百千万人才工程市级人选。

交流合作。举办第十届北京国际钢琴艺术节、第一届“鼓动国音”国际打击乐艺术周等多项国际音乐艺术节、艺术周活动。聘请外籍专家来访95人次，分别来自9个国家和地区。学校与3所国外高等艺术院校签署或续签校际交流合作协议。“中奥联合音乐大学”项目继续以大师班和远程视频授课的形式开办。

社会服务。启动校本部“高起本”层次音乐学专业招生；举办中华国乐研修班、成人声乐班。召开第八届全国考级工作会议，截至11月，考级人数73万人次；培训1200人次，考级收入3800万元。支持中小学美育发展，为10所小学提供教学支持，举办师资培训30场，支持开设学生交响乐团、管乐团、合唱团等，组织小学生观看音乐会，举办第二届“国音美音”艺术节。

设施建设。实施校园改造工程。综合教学楼工程获得北京市结构长城杯金奖。完成校园海报墙、东门围墙改造、浴室改造、学生公寓改造系列工程。网络从185M总带宽扩容至1.6G。

（田婷　高国庆）

交响音乐周

6月15日至17日，中国音乐学院举办第五届交响音乐周。活动由“中国音乐学院作曲系教师新作品音乐会”和2场“中国音乐学院作曲系毕业生作品音乐会”组成，共上演25部作品。自2012年举办第一届交响音乐周至今，经过5年的探索、实践，交响音乐周已成为学校重要的教学实践平台。

（田婷）

中国乐派高精尖创新中心成立

10月9日，中国乐派高精尖创新中心在中国音乐学院成立。中心联合全国10所音乐学院和世界多家一流音乐院校，未来五年以《中国音乐大典》编纂工程、中国声乐艺术建设、“一带一路”东方音乐研究和中国音乐对外传播交流四个方向的建设为支撑，构筑传承、创新、发展的开放平台，打造中国音乐理论、音乐创作与音乐表演的龙头和基地。中国乐派高精尖创新中心于5月获批市教委高精尖创新中心项目，致力于中国音乐的继承、创新与弘扬。北京市高精尖计划是将中央在京高校、市属高校和国际创新资源等多方力量进行有效整合，建立国内与国外创新资源深度融合、科研与应用相互促进、科技创新与人才培养有机结合、央属院校与市属院校共同发展的长效机制。

（田婷）

10月9日，中国乐派高精尖创新中心成立

（中国音乐学院 供）

胡琴声部训练与重奏训练教学成果汇报音乐会

10月23日，中国音乐学院举办“弓弦和鸣”——宋飞、马可胡琴声部训练与重奏训练教学成果汇报音乐会。音乐会10首作品中，首演作品4首，分别是胡琴六重奏《雨飞舞》，胡琴四重奏《冲破平湖一点青》，《弦乐四重奏No.1》Ⅱ静、Ⅲ劲，《拉弦乐小品三首》。“民族管弦乐队胡琴声部训练”与“胡琴重奏训练”课程由宋飞创建实施，并编写出版相关教材。音乐会全面展现当下二胡重奏及合奏训练所能够包含的形式、演奏的多样化以及在教学培养过程中的重点难点等，是促进胡琴专业在当下多元文化中取得发展的一次探索和实践。

（田婷）

中央美术学院

党委书记　高洪
院　　长　范迪安

概述

2016年，中央美术学院占地面积32.39万平方米，学校产权校舍建筑面积25.78万平方米、非产权校舍建筑面积3.18万平方米。全年教育经费投入75351.86万元，其中，国家拨款45770.59万元、自筹经费29581.27万元。固定资产总值13.17亿元，其中，教学、科研仪器设备资产值1.91亿元。图书馆建筑面积0.52平方米，藏书49.28万册，其中，纸质图书52.40万册、电子图书5.40万册。拥有计算机3660台。学校信息化经费投入714万元，多媒体教室座位2532个，信息化设备资产3025.70万元，网络信息点7000个，校园网出口总带宽680Mbps，电子邮件系统用户14793个，管理信息系统数据总量3640501GB。有4个校区，9个院（系、部）；开设20个专业，覆盖9个学科；具有一级学科6个，一级学科博士点3个，博士学位授权点3个，硕士学位授权点6个和专业学位授权点3个；博士后流动站3个，其中，博士后研究人员出站9人、进站26人、在站7人。国家重点学科1个、北京市重点学科2个、部级重点学科2个。教职工652人，其中，专任教师374人，包括教授120人、副教授150人；博士生导师53人、硕士生导师184人。“长江学者奖励计划”特聘教授1人、国家有突出贡献专家6人、享受政府特殊津贴专家65人。外籍教师18人，其中，教授15人、副教授2人。毕业生1461人，其中，学历教育学生中全日制研究生362人（博士生60人、硕士生302人）、普通本专科生795人、成人教育本专科生242人（本科生132人、专科生110人）；非计划招生高等教育学生中在职人员攻读博士硕士学位62人。本科毕业生就业率99.88%。招生1266人，其中，学历教育学生中全日制研究生364人（博士生60人、硕士生304人）、普通本专科生813人；非计划招生高等教育学生中在职人员攻读博士硕士学位 89 人。在校生 4822 人，其中，学历教育学生中全日制研究生 1009 人（博士生 162 人、硕士生 907 人）、普通本专科生 3396 人、成人教育本专科生 357 人（本科生 230 人、专科生 127 人）；非计划招生高等教育学生中在职人员攻读博士硕士学位 198 人。留学生毕业 41 人、招生 41 人、在校生 156 人。网址：www.cafa.edu.cn。

2016 年，学校优化人才培养机制。推进本科生、研究生招生制度改革，优化命题形式、考试方案和初审办法。成立研究生院，完善部门设置、管理制度、师资队伍、课程平台、培养方案建设，推进高端艺术人才培养模式改革。完成学位授权点合格评估工作。优化研究生导师遴选机制，建立学术与专业学位研究生培养协调发展机制。实现校内教学设施设备，校外教学、研发、实习、创业、写生、实践基地的丰富拓展和资源共享。配合国家“一带一路”倡议，加强与国际及港澳台地区一流院校、学者和项目的合作交流。坚持“奖优”和“助困”并重，优化学生荣誉体系。

打造产学研育人模式。开展校史研究，实施“百年辉煌·中央美术学院艺术名家”工程和“百年辉煌·中央美术学院创作工程”，启动百年校庆系列主题创作规划与筹备工作，举办“接力第二回展：再长征”。坚持美术馆学术办馆、典藏立馆、管理建馆，办好品牌展览和学术文化活动，与国际知名院校、美术馆合作启动海外办展工作。推进各校区、教学单位图书馆建设，整合资源、提升服务。规范科研管理，整合校内资源，加强信息共享，探索艺术成果转化新机制。

提升内部管理水平。完成学校“十三五”时期发展规划编制工作。推进以学校章程为核心的制度体系建设，完成各组织机构规程、常规和内部管理规定的立改废工作，完成学校制度汇编。完成全校定岗定编工作，构建具有美院特色、符合实际需求的岗位结构体系和岗位要求。启动“百年辉煌”校园规划与整体形象设计，推进花家地校区环境重点改造。科学管理学校各类社会赞助资金，落实捐赠配比。建成全国性校友网络。推进学校理事会成立工作。

（李程）

“央美创客”创新艺术节

5 月 6 日至 8 日，中央美院举办“央美创客望京”创新艺术节。活动包括创客作品展示、创客市集展卖、主题论坛、创客体验工坊、学生社团艺术展演等。创业团队总销售额 20 万元，共 2 万人参加活动。艺术节由中央美院与望京街道共同发起，中关村科技园朝阳园管委会、东湖街道参与举办。

5 月 6 日至 8 日，“央美创客”创新艺术节

（中央美院 供）

（李程）

艺术创新园与未来设计教学校区启用

7 月 8 日，中央美院启用青岛艺术创新园。学校与山东青岛市战略合作，共同建立青岛艺术创新园，并在青岛西海岸新区建设未来设计教学校区。艺术创新园建设用地 7.8 万平方米，总建筑面积 9 万平方米，园区设大学生艺术创业孵化园、综合类艺术创作教学工作室、艺术写生创作基地、艺术品展示交易综合服务中心、新媒体数码影视创作中心、国际版画研究中心和名家艺术工作室。新校区项目规划占地面积 40 万平方米。依托新区发展态势和海港优势，重点发展以游艇设计、海上城市公共交通设计、海上城市生活研究实验室为核心的海上交通工具与生活设计，以及包括湿媒体、生态循环设计、设计众筹、社会创新设计、服务设计、跨界别设计、智慧城市等面向未来的设计学科。

（李程）

设计北京劳模墙

12 月 28 日，中央美术学院担当设计的首面市级劳模墙正式落成。劳模墙位于崇文门的北京市明城墙遗址公园，将 1950 年以来全市所有由党中央、国务院表彰，获得全国劳模称号的 1197 名全国劳模的姓名全部镌刻于石。劳模墙由 5 块自然形状巨石打磨成的墙体组成，分散坐落在公园西侧草坪上。劳模墙墙体所用石料是每块高 3 米左右的青白石，周围还设立劳模雕塑等景观。

（李程）

中央戏剧学院

党委书记　刘立滨
院　　长　徐翔

概述

2016 年，中央戏剧学院占地面积 25.76 万平方米，学校产权校舍建筑面积 15.99 万平方米。全年教育经费投入 27346.28 万元，其中，国家拨款 19460.60 万元、自筹经费 7885.68 万元。固定资产总值 87548.38 万元，其中，教学、科研仪器设备资产值 21695.09 万元。图书馆建筑面积 10546.60 平方米，藏书 370.45 万册，其中，纸质图书 55.68 万册、电子图书 314.77 万册。学校信息化经费投入 753.13 万元，拥有计算机 659 台，多媒体教室座位 4083 个，信息化设备资产 2640.99 万元，网络信息点 4200 个，校园网出口总带宽 1110Mbps，电子邮件系统用户 836 个，数字资源量数据库 45 个。设置 11 个系，2 个教学部；开设 7 个本科专业，覆盖 1 个学科；具有一级学科 3 个，一级学科博士点 2 个，博士学位授权点 2 个，硕士学位授权点 2 个和专业学位授权点 1 个；博士后流动站 2 个，其中，博士后研究人员在站 3 人。国家重点学科 1 个。教职工 412 人，其中，专任教师 258 人，包括教授 64 人、副教授 82 人；博士生导师 46 人、硕士生导师 56 人；享受政府特殊津贴专家 11 人。外籍教师 10 人。毕业生 568 人，其中，学历教育学生中全日制研究生 127 人（博士生 20 人、硕士生 107 人）、普通本专科生 434 人（本科生 348 人、专科生 86 人），非计划招生高等教育学生中在职人员攻读硕士学位 7 人。招生 694 人，其中，学历教育学生中全日制研究生 93 人（博士生 24 人、硕士生 69 人）、普通本科生 595 人，非计划招生高等教育学生中在职人员攻读硕士学位 6 人。在校生 2416 人，其中，学历教育学生中全日制研究生 299 人（博士生 71 人、硕士生 228 人）、普通本专科生 2098 人，非计划招生高等教育学生中在职人员攻读硕士学位 19 人。留学生毕业 5 人、招生 7 人、在校生 28 人。网址：www.chntheatre.edu.cn。

2016 年，学校推进教育教学改革、坚持教学质量为先，构建戏剧影视艺术人才培养的大格局。兼顾国际和国内两个平台，加强交流合作，巩固学校在戏剧影视教育大格局中的学术地位。全方位做好学生工作，多渠道服务学生成长成才。加大师资队伍建设力度，提升教职工业务能力水平。完善制度、有序推进，促进科研工作再上新台阶。围绕学校中心大局，做好教育管理和服务保障工作。

（王晓辉）

丹麦欧丁剧院“风之桥”戏剧表演工作坊

9 月 22 日和 23 日，戏剧学院举办丹麦欧丁剧院“风之桥”(Bridge of Winds) 戏剧表演工作坊。学生体验工作坊 4 种基本训练方法：“风之舞”“技巧组合”“日本武士”及“失控训练”，交流行动中如何控制身体等一系列表演技巧。导演系本科班 2015 级、2016 级全体学生，2013 级、2014 级部分学生及部分导演系研究生共 50 人参与训练。

（王晓辉）

亚洲传统戏剧工作室成果汇报演出

9 月 27 日，戏剧学院举办第三届亚洲传统戏剧工作室成果汇报演出。韩国唱剧工作室表演《兴夫歌》片段、中国京剧工作室表演《拾玉镯》《霸王别姬》片段、印度梵剧工作室表演《优哩婆湿》剧目、日本歌舞伎工作室表演《北京花色彩》剧目，演出历时 11 天。来自印度、韩国、中国、日本 4 个国家的学生参加演出。亚洲传统戏剧韩国唱剧工作室是联合国教科文组织戏剧教育席位的项目之一，旨在传承亚洲传统戏剧艺术，保护亚洲各国文化的多样性。

（王晓辉）

学生影像展

12 月 18 日，戏剧学院举办第 12 届学生影像展。展览收到 40 部学生作品，入围并放映学生创作的 13 部作品，经专家评选，影片《内丘神码》《塬》《老票儿》分获评委会特别奖、最佳影片奖、最佳导演奖。

（王晓辉）

中国戏曲学院

党委书记　龚裕
院　　长　巴图

概述

2016 年，中国戏曲学院占地面积 8.62 万平方米，建筑面积 9.50 万平方米。全年教育经费投入 27438.76 万元，其中，国家拨款 24655.44 万元、自筹经费 2783.32 万元。图书馆建筑面积 5723 平方米，藏有纸质图书 26.47 万册，电子图书 190.64GB。固定资产总值 69010.13 万元。学校信息化经费投入 388 万元，拥有计算机 2033 台，信息化设备资产 2470.29 万元，网络信息点 6169 个，校园网出口总带宽 2148Mbps，电子邮件系统用户 3278 个，上网课程 35 门，管理信息系统数据总量 37GB。设有京剧系、表演系、导演系、音乐系、戏曲文学系、舞台美术系、新媒体艺术系、国际文化交流系、基础部、附中 10 个教学单位，有 2 个一级学科硕士点，1 个二级学科硕士点，有 15 个本科专业和 27 个专业方向。教职工 440 人，其中，专任教师 270 人，包括教授 51 人，副教授 88 人。毕业生 684 人。其中，学历教育学生中全日制研究生 74 人，普通本专科生 503 人，成人教育本专科生 123 人（本科生 110 人、专科生 13 人）。招生 708 人，其中，学历教育学生中全日制研究生 90 人，普通本专科生 515 人、成人教育本专科生 103 人（本科生 69 人、专科生 34 人）。高考北京地区提档线文科 173 分、理科 173 分。在校生 2924 人，其中，学历教育学生中全日制研究生 319 人，普通本专科生 2064 人，成人教育本专科生 141 人（本科生 92 人、专科生 49 人），非计划招生高等教育学生中在职人员攻读博士硕士学位 74 人。留学生毕（结）业 85 人、招生 85 人、在校 89 人。网址：www.nacta.edu.cn。

2016 年，学校科学规划“十三五”时期各项发展任务，全面推进深化综合改革工作；提高戏曲人才培养质量，加强师资队伍建设，支持科研创作与演出实践；坚持开放办学，强化学院在戏曲教育领域的示范和引领作用，提升服务京津冀协同发展战略的能力，扩大国际影响力；加强科研平台建设，鼓励实践创作，提升研究生培养水平；加强大学生思想政治教育工作，服务学生成长成才；围绕中心工作，加强管理、服务、保障体系建设；注重人才培养基础工作，继续做好附中建设。

（张琳）

戏曲艺术人才培养“千人计划”高级研修班

7月15日,戏曲学院举办戏曲艺术人才培养“千人计划”高级研修班。高研班设置137门课程，实行导师制，集中授课结束后，学员返回各自单位开展业务实践，导师远程教学。研修班有学员12人，来自全国22个省区市，涵盖24个剧种。12部学员作品获国家艺术基金资助项目。戏曲艺术人才培养“千人计划”，2016年至2020年，每年举办一期戏曲编剧、导演、作曲、舞美等专业人才高级研修班，计划培养1000名戏曲创作骨干力量。

（张琳）

青研班创办20周年系列纪念活动

9月17日至10月8日，戏曲学院举办青研班创班20周年系列纪念活动。活动举办20场纪念展演，召开青研班现象与中国戏曲的当代发展座谈会和“青研班”人才培养研讨会。“青研班”由中宣部指导，文化部、北京市主办，戏曲学院承办。自1996年创立已连续举办6届，涵盖京剧、昆曲、评剧等15个剧种，培养来自全国50个戏曲院团的学员229人。

（张琳）

北京电影学院

党委书记 侯光明
院　　长 张会军(11月免)

概述

2016年，北京电影学院占地面积9.16万平方米，产权建筑面积11.26万平方米。图书馆建筑面积1.12万平方米，藏书93.41万册，其中，纸质图书44.10万册、电子图书49.31万册。固定资产总值79489.39万元，其中，教学、科研仪器设备资产值44272.41万元。全年教育经费投入78382.50万元，其中，国家拨款62526.64万元、自筹经费15855.86万元。学校信息化经费投入1810万元，拥有计算机2390台，多媒体教室座位1710个，信息化设备资产2425.6万元，网络信息点3840个，校园网出口总带宽IPV6为1000Mbps、IPV4为734Mbps，电子邮件系统用户3255个，数字资源量32000GB，管理信息系统数据总量2.4TB。设19个院（系、部）；开设本科专业19个，专科专业10个，覆盖学科门类3个；具有一级学科3个，一级学科博士点3个，博士学位授权点8个，硕士学位授权点8个和专业学位授权点2个。博士后流动站1个，其中，博士后研究人员进站1人、在站1人。教职工526人，其中，专任教师290人，包括教授58人、副教授120人；博士生导师21人、硕士生导师158人。享受政府特殊津贴专家6人。外籍教师3人。毕业生981人，其中，普通本专科生597人（本科生541人、专科生56人），成人教育本专科生282人（本科生195人、专科生87人），学历教育学生中全日制研究生181人（博士生18人、硕士生163人），非计划招生高等教育学生中在职人员攻读博士硕士学位47人，进修及培训464人。本科毕业生就业率91.9%。招生1074人，其中，学历教育学生中普通本专科生543人（本科生512人、专科生31人）、成人教育本专科生320人（本科生240人、专科生80人），全日制研究生211人（博士生26人、硕士生185人）。在校生3521人，其中，普通本专科生2166人（本科生2083人、专科生83人），成人教育本专科生703人（本科生510人、专科生193人），学历教育学生中全日制研究生652人（博士生91人、硕士生561人）。留学生毕业51人、招生74人、在校生119人。网址：www.bfa.edu.cn。

2016年，学校按照“育大师、著大作、拍大片、盖大楼、养大气”的“五大”统筹，“艺术与科技相结合”“国际资源与本土资源相结合”“电影专业教育与普及教育、终身教育相结合”“三结合”的发展思路和校园拓展战略、学科专业拓展与质量提升战略、人才强校与机制创新战略、研创提升与产学研一体化战略、加强外联和国际化战略，加强党建和文化建设工作战略“5+1”发展战略完成工作目标。

谋划发展全局。通过召开教学、科研、创作三个全校性大会，集全校智慧，完善“十三五”时期发展规划，理清适应新时期的发展思路，制定相关规章制度，明确发展目标和责任单位。

破解发展难题。围绕服务北京市“四个中心”建设和疏解非首都功能任务，举行怀柔新校区开工仪式，推进新校区建设，从根本上解决学校一流建设办学空间严重不足的发展瓶颈。

师生创作成果。青影厂出品《不成问题的问题》《无辜者》《速求共眠》《搬迁》等影片。其中，影片《不成问题的问题》在第29届东京国际电影节上获得最佳艺术贡献奖、在第53届台湾电影金马奖颁奖典礼上获“最佳男主角奖”以及“最佳改编剧本”奖；影片《搬迁》女主角获得意大利电影节最佳女主角。参与主创和投资出品《功夫瑜伽》《绝地逃亡》等电影。加强学生毕业联合作业和MFA长片规范管理，共完成20部剧情短片，毕业联合作业和MFA长片获得国际国内电影节各类奖项58次。

承办多个中国电影节。承办北京国际电影节天坛奖、西安丝绸之路国际电影节，举办第15届国际学生影视作品展、2016“金驹杯”世界大学生摄影展。与《欧洲时报》合作举办第一届“德国中国电影节”“意大利中国电影节”，与《人民日报海外版》合作举办“拉美中国电影展”。

（程麒台　刘丽音）

好莱坞大师公开大讲堂

3月19日至20日，电影学院举办好莱坞大师公开大讲堂。大讲堂与中国文化书院、优尼乐娱乐（美国）影视机构联合举办，邀请《吸血鬼日记》《美少女的谎言》《绯闻女孩》制片人鲍勃·莱维(BobLevy)与哥伦比亚广播电视中心金牌制片人罗伯特·W. 古斯塔夫森 (Robert W.Gustafson)，分别讲授主题为“好莱坞影视公司如何开发电视剧大 IP”“如何利用已成功的影视 IP 来低价开发自己的影视作品”“如何同美国公司做合拍片，中国票房对好莱坞影视开发制作的影响，影视网站会员制对于好莱坞影视制作的影响”等课程；学校邀请东方卫视中心总监与好莱坞大师共同探讨精品剧的中美合拍、翻拍制作等问题；举办中美电影产业专家论坛，麒麟影业 CEO 与美国好莱坞大师结合实际案例为师生传授制作心得，解读制作模式与技巧。

（程麒台　刘丽音）

首届艺术学论坛

11 月 10 日至 12 日，电影学院举办首届电影学院艺术学论坛。论坛以“面向当代的艺术理论与批评”为议题，结合当下艺术学研究所面临的问题，从艺术学、美学、文化研究等多个视角探讨艺术研究的时代话题、发展方向及潜在的学科增长点。学校党委书记、博士生导师及相关处室负责人参加论坛。

（程麒台　刘丽音）

怀柔新校区开工

12 月 25 日，电影学院怀柔新校区建设开工。新校区位于怀柔区杨宋镇怀柔新城 08 街区东南部，东至龙云路（规划路），南至祥瑞路，西至安平东路，北至怀耿路，占地面积 44.46 万平方米，包括总建设用地 26.76 万平方米。项目计划分两期建设，一期工程建筑面积 17.88 万平方米，建设内容有教学行政办公、图书馆、各类实习用房、学生及教工宿舍、食堂用房等，首期工程预计 2019 年投入使用。11 月 21 日，电影学院与怀柔区政府签署战略合作协议。根据协议，电影学院在怀柔区建立新校区，完善区域教育体系，提升怀柔新城基础设施和配套公共服务，增强区域软实力。

（程麒台　刘丽音）

北京舞蹈学院

党委书记　王传亮（3月免）　王旭东（3月任）
院　　长　郭磊

概述

2016 年，北京舞蹈学院占地面积 5.73 万平方米，学校产权建筑面积 13.35 万平方米、非产权建筑面积 1.26 万平方米。图书馆建筑面积 4383 平方米，藏书 24.26 万册。固定资产总值 44988.24 万元，其中，教学、科研仪器设备资产值 24289.58 万元，信息化设备资产值 7477.05 万元。全年教育经费投入 32895.45 万元，其中，国家拨款 22029.45 万元，自筹经费 10866 万元。拥有计算机 1313 台，多媒体教室 126 个，网络信息点 4000 个，无限接入 300 个，电子邮件系统用户 611 个，管理信息系统数据总量 5000GB。设立 13 个院（系、部），1 个教学部；开设本科专业 5 个，具有一级学科 1 个，国家级特色专业 3 门、国家级校外人才培养基地 1 个、市级实验教学示范中心 3 个。教职工 427 人，其中，专任教师 234 人，包括教授 28 人、副教授 69 人。毕业生 595 人，其中，学历教育学生中全日制硕士研究生 61 人、普通本科生 311 人，成人教育专科生 19 人、本科生 204 人。招生 685 人，其中，学历教育学生中全日制硕士研究生 59 人、普通本科生 327 人，成人教育专科生 18 人、本科生 281 人。在校生 2517 人，其中，学历教育学生中全日制硕士研究生 187 人、普通本科生 1283 人，成人教育专科生 56 人、本科生 981 人，外国留学生 10 人。网址：www.bda.edu.cn。

2016 年，学校落实“双一流”建设。结合自身特色，科学编制“双一流”建设总体方案，明确重点建设目标，合理选择建设路径，有序建设一流学科，加强分学科建设。推动本科教学质量工程建设，深化研究生教育改革。在教育部学科评估的基础上，查找学科建设中的薄弱环节，提出加强内部建设、学科规划、学科管理和学科内部评价的方案，推进世界一流学科的建设。提高师资队伍水平，强化师德建设。成立教师发展中心，搭建教师学术交流平台，促进青年骨干教师成长。探索教师创作和学术休假制度。建立舞蹈艺术领域顶尖人才数据库，健全人才引进机制。完善聘请优秀人才担任荣誉教授、特聘教授、客座教授的工作机制。

传承中华优秀舞蹈文化。完成市教委“支持义务教育阶段小学特色办学”的工作任务，发挥学科专业优势，以“高参高”和“高参小”项目给予对口学校美育工作更多的支持和帮扶。以“素质教育舞蹈课”的推广为契机，全面普及舞蹈教育，提高各级各类学校学生的创造能力、交流能力、表达能力，促进青少年儿童的全面发展。以“民族舞蹈文化研究基地”为依托，加强舞蹈智库建设，建立工作机构，明确工作职责，制定中长期发展规划和具体工作方案。完成《中国舞蹈行业年度发展蓝皮书》的编撰工作，开展舞蹈数据库建设。

完善科研管理体系。建立科研激励机制，加强科研项目规划，推进民族舞蹈文化研究基地建设。整合与协同国内外优势资源，开展多学科、跨学科合作与交流，开展学术活动和科学研究。加大科研成果推广与交流力度，加强学术委员会建设。发挥专业优势，提升国际交流合作水平，开展国际学术交流。提升国际合作办学质量与层次，服务国家对外文化交流，引进海外高层次人才。

（段晓萌）

两个作品获国际奖项

5 月 17 日和 11 月 19 日，舞蹈学院获得两项国际奖项。学院选送的“2015 年艺术创作实践项目中型舞剧《宴》”，获伯努瓦奖 (Benois de la Danse) 芭蕾艺术节最佳舞台设计奖、最佳编导提名奖。舞蹈纪录片《傩·缘》代表中国影片获金桂花奖——最佳纪录微电影。来自中国、法国、哥伦比亚、俄罗斯、巴基斯坦等 74 个国家和地区的 2000 部影片参选。

（段晓萌）

11 月 19 日，舞蹈纪录片《傩・缘》获金桂花奖

（舞蹈学院 供）

音乐剧原创作品《天堂树》亮相台湾

11 月 19 日至 22 日，应台湾师范大学之邀，舞蹈学院音乐剧系师生携原创作品《天堂树》参加第二届“知音”音乐剧大赛。《天堂树》讲述的是辛亥革命时期在贵州大山里，一群民族儿女在孙中山的感召下勇敢反抗压迫英勇斗争的英雄故事。音乐剧系 2013 级学生一行 14 人赴台交流。两名学生获得“最佳男演员”称号、两名学生获得“最佳女演员”称号。共有海峡两岸 7 所大学的 8 部音乐剧原创作品参演。

（段晓萌）

学术论坛

11 月 27 日至 28 日，舞蹈学院与新西兰奥克兰大学共同主办“舞蹈教育：教学与研究对话”年度学术论坛。论坛通过讲座、公开课和工作坊等形式，探讨双方舞蹈艺术硕士人才培养的教学现状与相关教学举措的实施及有关舞蹈教育的理论问题。来自学校与奥克兰大学的 10 名专家学者，分别就各自的研究项目与教学实践作专题发言。论坛还举办奥克兰大学公开课及工作坊展示活动。

（段晓萌）

中央民族大学

党委书记 鄂义太（11月免） 张京泽（11月任）
校　　长 黄泰岩

概述

2016 年，中央民族大学占地面积 38.1 万平方米，建筑面积 59.2 万平方米。固定资产总值 36.88 亿元，其中，教学、科研仪器设备资产值 32351.91 万元。全年教育经费投入 12.08 亿元（含附中 1.55 亿元），其中，国家拨款 7.52 亿元（含附中 0.57 亿元）、自筹经费 4.56 万元。图书馆建筑面积 2.45 万平方米，馆藏纸质图书 216.60 万册、电子图书 222.90 万册。现有 23 个学院，覆盖 10 个学科门类的 64 个本科专业、5 个一级学科博士学位授权点、5 个博士后科研流动站，26 个一级学科硕士学位授权点，国家级重点学科 3 个、省部级重点学科一级 5 个、二级 17 个，2 个国家文科基础学科人才培养和科学研究基地，教育部人文社会科学重点研究基地 1 个，国家民委人文社会科学重点研究基地 6 个，国家民委—教育部共建重点实验室 1 个，教育部民族教育发展中心重点研究基地 1 个，北京市重点工程中心 1 个，国家级实验教学示范中心 1 个，北京市实验教学示范中心 5 个。教职工 2032 人，其中，专任教师 1213 人，其中，教授 316 人、副教授 350 人。外籍专家 60 人。教育部“长江学者奖励计划”特聘教授 3 人、教育部“长江学者奖励计划”青年学者 1 人、中组部“千人计划”特聘教授 1 人、“国家百千万人才工程”入选 12 人、教育部“新世纪优秀人才支持计划”入选 56 人，国家民委突出贡献专家 11 人，学科带头人、学术带头 134 人。国家级教学名师 2 人，北京市教学名师 16 人，享受国务院政府特殊津贴 110 人。毕业生 6897 人，其中，学历教育学生中全日制研究生 1398 人（博士生 166 人，硕士生 1232 人），普通本科生 2324 人，成人教育本专科生 2836 人（本科生 1620 人，专科生 1216 人），非计划招生高等教育学生中在职人员攻读硕士学位 63 人。招生 6337 人，其中，学历教学学生中全日制研究生 1637 人（博士生 240 人，硕士生 1397 人），普通本科生 2766 人，成人教育 1564 人（本科生 774 人，专科生 790 人），非计划招生高等教育学生中在职人员攻读硕士学位 47 人。高考北京地区提档线理科 583 分、文科 548 分。在校生 21255 人，其中，本科生 11270 人，硕士、博士研究生 4386 人，少数民族预科生 185 人（本校），成人教育 5367 人（本科生 3364 人，专科生 2003 人），非计划招生高等教育学生中在职人员攻读硕士学位 63 人。留学生毕业 276 人、招生 323 人、在校生 672 人。网址：www.muc.edu.cn。

2016 年，学校制订《中央民族大学综合改革方案》和《中央民族大学事业发展“十三五”规划》。

教育教学改革。本科阶段，制定《中央民族大学深化本科教育教学改革的意见》。开设“孝通实验班”、工学、信息与计算科学、法学、新闻学的民族语实验班，及音乐、舞蹈表演“民族英才”班。依据“一带一路”国家战略发展需要，招收历史学（中国与周边国家史）和俄语 + 中亚语实验班。启动理工创新人才国际化培养模式和宗教学人才培养模式改革，探索预、本科贯通培养的有效途径。投入 40 万元推进跨学科和跨校优质教学资源建设，深化网络精品课程、网络通识教育课程以及在线开放课程建设。研究生阶段，制定《中央民族大学学位与研究生教育“十三五”专项发展规划》和《中央民族大学研究生招生复试实施细则》，启动“研究生教育提升工程”，资助博士论文选题研究项目立项 147 项和硕士研究生自主科研项目立项 258 项。

创新创业教育。投入400万元建成2000平方米的创新创业中心，立项建设8个校内创新创业实践基地；开展20项学科竞赛，获国家级和省部级奖项100项；投入经费630万元资助大学生科学研究训练和创新创业训练等项目350项(国家级137项、北京市级115项、校级98项)，2个项目参选第九届全国大学生创新创业年会；45个社会实践团队和作品被评为首都大学生暑期社会实践优秀团队和优秀成果。

思想政治教育。成立“全国青少年民族团结教育研究中心”，通过实施“新生引航工程”、主题团日、专场报告会等“第二课堂”教育活动，帮助学生树立爱国、爱民族、爱校情怀，坚定远大理想和信念。以学生为本，通过加大助学服务力度，开展心理健康教育，加强学业和就业指导等工作，促进学生健康成长成才。

人事制度改革。成立“中央民族大学人才队伍建设领导小组”，制定《中央民族大学推选高层次人才建设项目和人才奖励项目人选的实施办法》和《中央民族大学高层次人才管理办法(试行)》。开展高层次人才遴选工作，确定5名荣誉资深教授、1名资深教授、11名杰出人才、56名优秀人才、22名优秀青年人才。

师资队伍建设。1人入选教育部“长江学者奖励计划”项目，1人入选教育部“长江学者奖励计划”青年长江项目，1人入选中宣部文化名家暨“四个一批”人才，3人入选北京市优秀人才青年骨干个人项目，4人入选国家民委领军人才，6人入选国家民委中青年英才，1人获北京市高等学校教学名师奖；“一带一路”与民族发展研究团队入选国家民委创新团队。

科研工作及成果。出台《中央民族大学“十三五”科研规划》《中央民族大学科研项目经费管理办法(试行)》《中央民族大学科研平台管理办法(试行)》等文件。成立中俄能源研究院、宗教研究院。获批国家级项目71项、省部级项目85项、其他纵向项目4项、横向项目13项。获批国家社科基金后期资助项目6项，自然科学基金项目获批20项，其中，获重大专项1项。各类项目立项金额3400万元。投入230万元设立“中央民族大学‘优秀青年人才’科研支持项目”“青年教师科研专项”“中央民族大学博士文库”“研究生科研专项”等科研支持项目。《中央民族大学学报》哲社版被教育部评为民族学专业A类期刊。

交流与合作。与国外和港澳台地区高校签订27份合作协议，接待国外和港澳台地区来访团组43批次268人次。组织选派258名学生赴国(境)外留学、179名学生赴国(境)外短期学习交流；聘请124名外籍和港澳台籍专家来校工作讲学。举办2期暑期国际学校，共招收海内外学生445人；加入“上海合作组织大学”联盟，与市台办共建“中央民族大学京台少数民族研究所”。1人获“中土友谊杰出贡献奖”。

信息化建设。成立网络安全与信息化建设领导小组，修订《中央民族大学网络信息安全管理规定》，实施《中央民族大学网站群管理办法》《中央民族大学微博、微信公众平台管理办法》。

(周翊兰)

3部古籍列入《国家珍贵古籍名录》

1月25日，民大图书馆3部古籍入选文化部第五批《国家珍贵古籍名录》。分别是《圣朝混一方舆胜览三卷》(明初刻事文类聚翰墨全书后乙集本)、《南村辍耕录三十卷》((明)陶宗仪撰，明成化十年(1474)戴珊刻本)、《古文苑二十一卷》((宋)章樵注，明成化十八年(1482)张世用刻本)。至此，学校图书馆共有16部古籍列入《国家珍贵古籍名录》。

(周翊兰)

首期非物质文化遗产传承人培训班

6月22日，民大举办“中国非物质文化遗产传承人群研修研习培训计划”——侗族芦笙制作培训班。培训内容包括非遗、声乐领域专家专题授课，现场教学，参观考察等。培训班为期25天，学员来自武陵山扶贫片区怀化地区5个侗族自治县的名芦笙制作和演奏人员，共47人。至年底，学校共开办五期培训班。

(周翊兰)

首届创新实验班开班

10月11日，民大创办首届创新实验班——“孝通班”。经个人申请、初选、面试等环节，从2016级新生中择优录取23名学生。“孝通班”学生不属于原录取院系和专业，一、二年级不分专业，三年级后可自由选择学科及专业方向，毕业时可申请获颁民族学、社会学、文物与博物馆学、社会工作等专业的学士学位。班级采用通识教育和专业教育相结合方式，秉持费孝通“从实求知、美美与共”理念，融合学校民族学、社会学、考古学3个一级学科的学科优势和学术资源，探索建立人文科学与社会科学结合、理论与实践结合、国际视野和国情意识结合的人才培养体系。

(周翊兰)

中国政法大学

党委书记　石亚军
校　　长　黄进

概述

2016年，中国政法大学占地面积40.24万平方米，学校产权校舍建筑面积50.51万平方米、非产权校舍建筑面积1.57万平方米。全年教育经费投入108651.54万元，其中，国家拨款73811.87万元、自筹经费34839.67万元。固定资产总值15.48亿元，其中，教学、科研仪器设备资产值1.86亿元。图书馆建筑面积24050平方米，藏书476.87万册，其中，纸质图书233.66万册、电子图书243.21万册。学校信息化经费投入1200万元，拥有计算机7150台，多媒体教室座位10123个，信息化设备资产9127.52万元，网络信息点16000个，校园网出口总带宽5700Mbps，电子邮件系统用户16016个，上网课程152门，数字资源量26223.92GB，管理信息系统数据总量81288GB。设有昌平校区和学院路校区2个校区，设置法学院等18个教学单位、诉讼法学研究院（教育部人文社会科学重点研究基地）等11个在编科研机构、资本金融研究院等5个新型研究机构、司法文明协同创新中心等7个协同创新中心。开设20个本科专业，覆盖6个学科；具有一级学科13个，一级学科博士点3个，博士学位授权点34个，硕士学位授权点78个和专业学位授权点5个；博士后流动站3个，其中，博士后研究人员出站21人、进站34人和在站142人。一级学科国家重点学科1个、一级学科北京市重点学科1个，二级学科北京市重点学科3个，交叉学科北京市重点学科2个；国家重点实验室1个。教职工1673人，其中，专任教师876人，包括教授319人、副教授394人；博士生导师199人（含特聘12名，兼职38名）、硕士生导师613人。“长江学者奖励计划”特聘教授2人、享受政府特殊津贴专家42人（不包括已去世5人）。5人被授予“全国杰出资深法学家”称号，7人获“全国十大杰出青年法学家”称号，1人入选国家“千人计划”，4人入选新（跨）世纪百千万人才工程。毕业生5367人，其中，学历教育学生中全日制研究生1961人（博士生176人、硕士生1785人）、普通本科生2012人、成人教育本科生653人、非计划招生高等教育学生中在职人员攻读硕士学位结业140人，研究生课程进修班601人。本科毕业生就业率95.4%。招生5081人，其中，学历教育学生中全日制研究生2125人（博士生239人、硕士生1886人）、普通本科生2143人、成人教育本科生797人，研究生课程进修班1945人。高考北京地区提档线文科641、理科637。在校生22798人，其中，学历教育学生中全日制研究生6850人（博士生1186人、硕士生5394人）、普通本科生9109人、成人教育本科生1980人；非计划招生高等教育学生中在职人员攻读硕士学位674人（含高校教师20人），研究生课程进修班4185人。留学生毕业238人、招生203人、在校生927人。网址：www.cupl.edu.cn。

2016年，学校制订“双一流”建设行动计划和“十三五”事业发展规划。

人才培养。全面修订完善法学学科资源整合方案；正式实施三学期制改革。新增4个本科专业；以专业培养方案为抓手，创设国际学分、创新学分两项特殊类型学分；创新研究生人才培养模式，深化“申请—考核”制博士研究生招生制度改革。开办“法学学术精英人才培养实验班”；探索和构建“4+1”智慧学习环境；打破研究生导师“终身制”；成立创业学院，设立跨学科创新创业类教研室，打造创新创业教育课程体系；建设就业创业一站式服务厅、众创空间；增设专项基金，奖励赴艰苦边远地区基层单位就业的毕业生，全年有233名毕业生面向西部基层就业；提升少数民族毕业生求职能力。夯实“同步实践教学模式”，增加同步实践教学模式合作实务部门数量，庭审直播频率稳定在每周直播1～2场庭审；建立第四个卷宗副本阅览室——鉴定案例卷宗副本阅览室。

科研工作。修订《非在编科研机构管理办法》《青年教师学术创新团队支持办法》《校级科学研究项目管理办法》等，完善科研制度和激励机制；制定《新型研究机构建设办法》，为推进新型研究机构建设创造条件；制定《校级科学研究青年项目管理办法》，修订《纵向科学研究项目管理办法》《横向科学研究项目管理办法》等。获得纵向、横向科研项目394项，立项批准经费及到账经费共4758.36万元。全年办理项目结项207项。组建“中国政法大学国家治理研究院”“马克思主义与全面依法治国”协同创新中心、法与经济学研究院、全国首个“信访数据实验室”“一带一路”法律研究中心；建立绿色发展战略研究院和制度学研究院2个新型科研机构；新成立非在编研究机构13个，非在编研究机构169个。

交流合作。新签署国际合作协议47份，合作国家和地区增至45个，合作高校增至215所；共派出790名学生赴国外交流，包括国家留学基金委“优秀本科生国际交流项目”35个。

（陈泉廷）

西班牙语法律人才培养项目

1月，法大西班牙语法律人才培养项目获批2016年“创新型人才国际合作培养项目”资助项目。学校于2015年开展法学专业西班牙语特色化改革工作，在2015级法学专业新生中通过自主报名、择优录取的形式，选拔30名学生，于当年9月成立法学专业（西班牙语）特色实验班。该实验班人才培养目标是培养具有厚基础、宽口径、高素质、强能力的复合型、应用型、创新型、国际化高级法律职业人才。该培养项目是学校第一次获批创新型人才国际合作培养项目，也是此次获批的所有项目中唯一本科生项目。项目由国家留学基金管理委员会评选，共有53个项目获得资助。

（陈泉廷）

“三学期制”教学改革

5月16日，法大开展“三学期制”教学改革。根据《中国政法大学三学期制改革实施方案》，指出学校三学期制改革的背景、意义、具体工作安排。三学期制自2016—2017学年实施，由秋季、春季、夏季三个学期构成：秋季学期于9月5日开学，2017年1月7日放寒假，学期为18周；春季学期于2月27日开学，2017年7月3日考试，为期18周；夏季学期于7月3日考试结束后开始，为期4周，7月29日放暑假。

（陈泉廷）

首届“励道教学杰出贡献奖”颁奖

9月9日，法大在2016年教师节表彰大会上颁发首届励道教学杰出贡献奖。许身健教授获奖。该奖项由励道控股集团捐助，以表彰本科教学效果显著、关心关爱学生成长、教学工作贡献突出的教师而设立，每年评选 1 人，奖励金额 30 万元。该奖项评选重点考察师德师风、课堂教学、课堂外教学、教学改革、教学基本建设等内容，旨在激发学校本科教学一线教师工作热情。许身健，1966 年出生于山东青岛，1999 年毕业于法大，取得诉讼法学博士学位，2004 年到法大工作，2011 年起担任法学院副院长。由于常年坚持在教学第一线，连续承担本科生教学任务，尤其在实践教学和法律诊所教育中勇于创新、承担多项教学改革项目、组织实践教学团队进行多项教学改革，取得丰硕教学成果，同时注重培养学生多方面的能力，因此获得首届励道教学杰出贡献奖。

（陈泉廷）

华北电力大学

党委书记　吴志功
校　　长　刘吉臻 (11月免)　杨勇平 (11月任)

概述

2016 年，华北电力大学占地面积 97.93 万平方米，学校产权校舍建筑面积 1047121.09 万平方米。固定资产总值 328765.63 万元，其中，教学、科研仪器设备资产值 76107.56 万元。图书馆建筑面积 3.69 万平方米，藏书 249.71 万册。全年教育经费投入 186967.25 万元，其中，国家拨款 93500.94 万元，自筹经费 93466.31 万元。学校信息化设备资产值 26667.52 万元，拥有计算机 16554 台，网络多媒体教室 345 间，网络信息点 25492 个，校园网出口总带宽 7700Mbps，电子邮件系统用户 34191 个，上网课程 98 门。设有直属学院 10 个，教学部 2 个，另设有国际教育学院、研究生院、继续教育学院、艺术教育中心和工程训练中心；开设本科专业 57 个；拥有一级学科博士学位授权点 5 个和二级学科博士学位授权点 30 个，一级学科硕士学位授权点 23 个和二级学科硕士学位授权点 123 个；博士后科研流动站 5 个，其中，博士后研究人员出站 70 人、进站 16 人、在站 49 人。国家级重点学科 2 个、省部级重点学科 25 个，国家重点实验室 1 个，国家工程试验室 1 个、国家工程技术研究中心 1 个、教育部重点实验室 2 个、教育部工程技术研究中心 1 个、北京市重点实验室 7 个、北京市工程技术研究中心 2 个，另有北京市哲学社会科学研究基地 1 个。教职工 2905 人，其中，专任教师 1822 人，包括教授 409 人、副教授 645 人；博士生导师 158 人、硕士生导师 707 人；中国工程院院士 2 人，双聘院士 5 人，国家“千人计划”6 人，青年“千人计划”2 人，“长江学者”特聘教授 5 人，国家“高层次人才特殊支持计划”3 人，“973”首席科学家 5 人，国家级教学名师 1 人，国家杰出青年科学基金获得者 7 人，国家优秀青年科学基金获得者 4 人，中青年科技创新领军人才 2 人，国家“百千万人才工程”9 人，入选教育部“新世纪优秀人才支持计划”38 人，4 支团队列入教育部“长江学者和创新团队发展计划”。毕业生 17464 人，其中，学历教育学生中全日制研究生 2283 人（博士生 140 人、硕士生 2143 人），普通本科生 5180 人、成人教育本专科生 8510 人（本科生 5871 人、专科生 2639 人）。在职人员攻读硕士学位 1197 人。外国留学生 294 人。本科毕业生就业率 96.5%。研究生就业率 98.0%。招生 12644 人，其中，学历教育学生中全日制研究生 2557 人（博士生 200 人、硕士生 2357 人），普通本科生 5486 人、成人教育本专科生 2820 人（本科生 2244 人、专科生 576 人）。在职人员攻读硕士学位 1506 人。外国留学生 275 人。高考北京地区提档线理科 628 分、文科 629 分。在校生 43795 人，其中，学历教育学生中全日制研究生 7878 人（博士生 1075 人、硕士生 6803 人）、普通本科生 22086 人，成人教育本专科生 6344 人（本科生 4974 人、专科生 1370 人）。外国留学生 448 人。网址：www.ncepu.edu.cn。

2016 年，学校“十三五”时期发展规划纲要发布并实施。

人才培养。修订、实施全日制研究生培养方案；深化专业和课程内涵建设，12 个专业实施中央教育教学专业综合改革，4 门课程完成国家级精品资源共享课建设，2 门课程上线“中国大学 MOOC”平台，“MOOC 辅导员课程”入选教育部精品项目；新增国家级虚拟仿真实验教学中心 1 个；推进创新创业教育，入选国家“创新人才培养示范基地”及河北省“创新创业教育改革试点高校”。

师资建设。引进国家杰出青年科学基金获得者 1 人。获评北京市教学名师 1 人，“中国大学 MOOC 2014—2015 优秀教师”1 人；1 人入选科技北京百名领军人才培养工程，1 人入选北京市科技新星计划，1 人入选“香江学者计划”，3 人获北京市优秀人才培养资助。选派 30 多名青年教师出国研修；校内 7 名博士后获中国博士后科学基金资助。

科研工作。科研经费合同额 6 亿元。获批国家重点研发计划专项课题 35 项、国家自然科学基金和社科基金 74 项。作为牵头单位，首次承担国家重点研发计划“纳米科技”重点专项项目和国家重大科研仪器研制项目。获各类国家、省部级科技成果奖 59 项，其中，作为参与单位获国家科技进步二等奖 1 项、国家技术发明二等奖 1 项，获省部级科技成果一等奖 4 项，中国电力科学技术一等奖 2 项；授权专利 861 项，其中，发明专利 409 项；1 篇学术论文获 2015 年度“中国百篇最具影响国际学术论文”。科研平台建设稳步推进，新增省部级科研平台 2 个；通过武器装备科研生产单位三级保密资质复审。大学科技园被认定为国家级“科技企业孵化器”“国家小型微型企业创业创新示范基地”“中国留学回国人员实习基地”及河北省“双创基地”。

交流合作。成立对外联络与合作部，统筹规划、协调、运作对外合作资源，拓展校地、校企、校校合作的深度与广度。与张家口市签订战略合作框架协议，共建“华北电力大学张家口科教园区”；推进与地方政府的合作项目。深化与能源电力企业合作，再次当选中电联副理事长单位；与中国国电集团共建“智能发电协同创新中心”；与国网甘肃电力、天津电力和内蒙古电力公司签署战略合作协议。与境外多所高校签署合作协议 15 项。

资源保障体系建设。成立网络与信息化办公室，推进数字化校园建设；“大安全”管控体系渐趋完善，网络与信息安全体系巩固加强；附属学校、医疗服务、图书文献、档案工作等各项工作服务水平持续提升。

（王振华）

智能发电协同创新中心成立

7 月 4 日，电力大学与中国国电集团公司共建智能发电协同创新中心。中心设在国电新能源技术研究院，隶属于中国国电集团，实行首席科学家负责制，根据国家战略和集团公司技术需求，围绕火电深度弹性控制、风力发电控制、核电机组控制系统、发电厂大数据关键技术等领域展开研究。双方共同签署“智能发电协同创新中心章程”，阐述成立背景、目的、意义，界定协同单位及协同单位承担的责任。

（王振华）

7 月 4 日，智能发电协同创新中心成立

（电力大学 供）

承担首个国家重大科研仪器研制项目

11 月 18 日，电力大学承担首个国家重大科研仪器研制项目“电力电子化电力系统的源网荷全景同步盘测系统研制及应用”。该项目针对国家电力系统电力电子化背景下系统认知和安全运行所带来的测量仪器及数据需求，自主研发适用于新能源、控制类、负荷侧的同步量测技术与装置，并建立量测装置测试平台，自主研发覆盖多电压等级的电网全景式同步量测与分析系统，对学校新能源电力系统国家重点实验室装备特色仪器，提升新能源、电力系统认知，服务于大规模新能源消纳和电力系统安全具有重要意义。

（王振华）

两个二级学院成立

12 月 28 日，电力大学分别成立马克思主义学院和环境科学与工程学院。马克思主义学院为学校二级教学单位，下设马克思主义基本原理概论教研室、毛泽东思想和中国特色社会主义理论体系概论教研室、思想道德修养与法律基础教研室、中国近现代史纲要教研室等部门，培养方向为马克思主义理论，首批招生 7 人。环境科学与工程学院开设环境工程、环境科学、能源化学工程以及应用化学 4 个本科专业。有教职工 74 人。

（王振华）

中华女子学院

党委书记　李明舜
院　　长　刘利群

概述

2016 年，中华女子学院占地面积 10.60 万平方米，学校产权建筑面积 10.61 万平方米，非产权建筑面积 2.45 万平方米。固定资产总值 34159 万元，其中，教学、科研仪器设备资产值 10915 万元。图书馆建筑面积 12614 平方米，藏书 60.11 万册，其中，纸质图书 60.11 万册、电子图书 60.7367 万册。全年教育经费投入 22897.87 万元，其中，国家拨款 16131.77 万元、自筹经费 6766.10 万元。学校信息化经费投入 3579.70 万元，拥有计算机 2852 台，多媒体教室 113 间，信息化设备资产 7433 万元，网络信息点 5000 个，校园网出口总带宽 1200Mbps，电子邮件系统用户 971 个，数据库 75 个。设 9 个二级学院、四系、二部。开设普通高等教育本科专业 21 个、高职专业 5 个，覆盖法学、管理学、教育学、理学、艺术学、工学、文学、经济学 8 个学科门类，具有一级学科 12 个，服务国家特需项目专业硕士学位授权点 1 个。教职工 393 人，其中，专任教师 303 人，包括教授 35 人、副教授 79 人。博士生导师 1 人和硕士生导师 32 人。享受政府特殊津贴专家 9 人。外籍教师 17 人，其中，教授 3 人，副教授 5 人。毕业生 1991 人，其中，学历教育学生中全日制研究生 38 人，普通本专科生 1631 人（本科生 1084 人、专科生 547 人），成人教育本专科生 322 人。招生 1827 人，其中，学历教育学生中全日制研究生 43 人，普通本专科生 1722 人（本科生 1176 人、专科生 546 人）、成人本专科生 62 人。在校生 6567 人，其中，学历教育学生中全日制普通本专科生 6149 人（本科生 4615 人、专科生 1534 人）、成人本专科生 332 人，全日制研究生 86 人。外国留学生毕业 1 人、招生 22 人、在校生 24 人。网址 :www.cwu.edu.cn。

2016 年，学校章程正式通过教育部审批核准，并推进“十三五”时期发展规划编制工作。

科研工作。获批国家社科基金项目立项 8 项，获批教育部人文社科项目 2 项、其他省部级课题 1 项、横向课题 9 项。举办《妇女口述史丛书》首发仪式、“澜沧江—湄公河流域妇女论坛”“首届中国国际女性可持续发展论坛”“国际老年教育论坛”“中法反对家庭暴力研讨会”等具有国际国内影响力的论坛。

人才培养。完成首批发展中国家女官员硕士学历教育项目的招生工作，停止 2016 年成人高等学历教育招生。新设教育教学改革立项项目 31 项，新增“博雅课程建设项目”16 个。设立社会工作专业硕士教育中心，举办首届首都高校 MSW 学生实践论坛。调整高职专业结构，重点发展高级家政等 5 个专业。

师资建设。完成第八次全员聘任，1 人受聘为第十届国家督学，1 人被评为第 12 届北京市高等学校教学名师。

（杨莉锋）

成人高等学历教育暂停招生

6 月 20 日，女子学院暂停 2016 年成人高等学历教育招生。经过对教学站（点）招生生源情况摸底，因各教学站办学定位调整，结合 2015 年招生情况，校务会审议通过暂停女子学院 2016 年成人高等学历教育招生的意见。

（杨莉锋）

首批援外学历学位教育项目招生

9 月，女子学院首批援外学历学位教育项目招生。招生项目是社会工作专业硕士（女性领导力与社会发展），招生对象为发展中国家处级以上政府官员、院校系主任级以上的学术机构负责人或级别相当的行政人员，采用全英文授课，学制两年。首批计划招生 20 人，实际录取 21 人，分别来自阿尔及利亚、南苏丹、乍得、津巴布韦，马拉维、毛里求斯、埃塞俄比亚、喀麦隆和牙买加。学员于 2016 年 9 月至 2018 年 8 月在女子学院国际教育学院完成 15 学分的必修课和 26 学分的选修课，且获得至少 27 学分并完成硕士论文写作和答辩。

（杨莉锋）

首届中国国际女性可持续发展论坛

10 月 20 日，女子学院举办首届中国国际女性可持续发展论坛。论坛以“教育与科研领域中的女性领导力可持续发展”“女性可持续发展的机遇与挑战”为议题，围绕教育及科研领域中女性领导力、女性可持续发展以及女性可持续发展的机遇与挑战等问题展开讨论。联合国教科文组织、全国妇联、国内外教育界专家学者，及驻华大使 120 人参加论坛。

（杨莉锋）

北京信息科技大学

党委书记 郑君礼 (2月免) 王传亮 (2月任)
校　　长 王永生

概述

2016 年，北京信息科技大学占地面积 33.32 万平方米，产权建筑面积 33.15 万平方米、非产权建筑面积 0.54 万平方米。固定资产总值 11.75 亿元，其中，教学、科研仪器设备资产值 5.92 亿元。图书馆建筑面积 9661 平方米，纸质图书 117 万册、电子图书 239.07 万册。全年教育经费投入 146814.64 万元，其中，国家拨款 132308.73 万元、自筹经费 14505.91 万元。拥有计算机 8603 台，多媒体教室 139 个，信息化设备资产 20237.76 万元，网络信息点 13000 个，校园网出口总带宽 3500Mbps，电子邮件系统用户 41071 个，上网课程 1884 门，数字资源量 72562.18GB，管理信息系统数据总量 75.585GB。设 12 个学院、2 个中心以及研究生院、体育部、计算中心、机电实习中心、电子信息与控制实验教学中心和继续教育学院等教学机构。开设本科专业 36 个，覆盖工、管、理、经、文 5 个学科门类，其中，国家级特色专业建设点 4 个、市级特色专业建设点 9 个。一级学科硕士点 14 个，二级学科硕士点 43 个，现有工程硕士和工商管理硕士 2 个专业学位授权种类，专业学位授权领域 9 个。拥有北京市重点学科 3 个、北京市重点建设学科 9 个；省部共建教育部重点实验室 1 个，北京市重点实验室 5 个、北京市哲学社会科学研究基地 1 个、原信息产业部重点实验室 2 个、北京市高校工程技术研究中心 1 个、部级重点实验室 2 个，机械工业重点建设实验室 2 个。教职工 1359 人，其中，专任教师 843 人，包括正高级 131 人、副高级 343 人；兼职博士生导师 22 人、硕士生导师 358 人；双聘院士 6 人、特聘教授 2 人、讲座教授 3 人、获得市属高校学科首席专家岗位 1 个、国家级优秀教学团队 1 个，入选国家百千万人才工程 1 人，新世纪百千万人才工程 3 人，北京市属高校长城学者 4 人。全国优秀教师 2 人、北京市优秀教师 9 人、北京市教学名师 8 人、北京市海外高层次人才 3 人、北京市属高校长城学者 4 人，全国优秀教学团队 1 个，北京市级优秀教学团队 8 个、北京市属高校创新团队 24 个。毕业生 4649 人，其中，学历教育学生中全日制硕士研究生 367 人，普通本科生 2332 人，成人教育本专科生 1933 人（本科生 570 人、专科生 1380 人）。本科毕业生就业率 95%，研究生毕业生就业率 100%。招生 5099 人，其中，学历教育学生中全日制硕士研究生 402 人，普通本科生 2774 人、成人教育本专科生 1933 人（本科生 652 人、专科生 1281 人）。高考北京地区提档线理科 549 分。在校生 15840 人，其中，学历教育学生中全日制硕士研究生 1210 人，普通本科生 10749 人，成人教育本专科生 3881 人（本科生 1499 人、专科生 2382 人）。留学生毕业 77 人、招生 113 人、在校生 78 人。网址：www.bistu.edu.cn。

2016 年，学校提出“五个环境建设”战略。即空间环境、办学环境、育人环境、治理环境和情感环境。制订“十三五”事业发展规划及其子规划。制订《“勤信人才”培育计划》《高层次人才引进与支持计划》《师资队伍补充与支持指导意见》等政策和文件，通过“外部引进”和“内部培育”两个途径，实施“人才强校”战略。实施“国际化办学”战略，与 13 所国（境）外高校签订联合培养研究生协议，其中，与 7 所国（境）外高校签署联合培养博士研究生协议，选派优秀硕士毕业生赴日本福井大学、美国奥克兰大学、爱尔兰科克大学等攻读双硕士和博士学位。

科研工作。科研经费总额1.5亿元，项目经费1亿元。新增科研项目272项、国家自然科学基金项目26项，新增省部级及以上项目18项，首次获得合同额2547万元的中央支持地方——科技创新服务能力建设项目，首次获得合同额500万元的国家重点研发计划——"重大科学仪器设备开发"专项课题。"光电信息与仪器"学术团队被列入教育部"创新团队发展计划"滚动支持，被评为教育部创新优秀团队。"绿色发展大数据决策"北京市重点实验室和"先进光电子器件与系统北京市国际科技合作基地"通过评审。

设施建设。新校区建设项目建议书获批。完成沙河高教园区房屋配售配租工作和学生宿舍安装空调工程。启用教学运行服务中心、学籍学务中心和后勤事务服务中心，为师生提供一站式服务。

（李丝璐）

获批市级实验教学示范中心

3月1日，信息科大"仪器与光电工程实验教学中心"获批为北京高等学校市级实验教学示范中心。该中心按功能划分为7个子功能实验室，分别是光学实验室、光电技术实验室、精密测量实验室、传感技术实验室、虚拟仪器与仿真实验室、微处理技术实验室、现代电子技术实验室，中心下设主任1人，副主任2人，由中心的实验教师担任；中心专职实验教师6人，其中，博士2人。至此，学校共获批5个市级实验教学示范中心。

（李丝璐）

沙河校区配套安置工作完成

3月至8月，信息科大完成沙河校区配套安置工作。3月26日，学校启动首批沙河高教园安置房、公租房现场选房工作。7月6日，完成沙河高教园40套安置房、275套公租房、62个配套车位、32个承租车位的配售配租工作。小营、健翔桥、清河三个校区14个学生公寓的2059间学生宿舍安装空调。

（李丝璐）

参加3个机器人比赛并获奖

5月23日、6月28日和11月6日，信息科大学生分别参加3场机器人比赛。Sun@Home服务机器人代表队参加2016中国服务机器人大赛，获得3项冠军、1项亚军。比赛由中国自动化学会、长沙市人民政府主办；机器人"Water"足球队参加第20届Robocup机器人世界杯比赛，获中型组技术挑战赛冠军。比赛由中国自动化学会和合肥市人民政府联合主办；参加华北五省（市、自治区）大学生机器人大赛，"Water"队获中型组冠军。比赛由北京市教委、天津市教委、河北省教育厅、山西省教育厅、内蒙古自治区教育厅共同举办，北京信息科技大学承办。

（李丝璐）

6月28日，机器人"Water"足球队参加第20届Robocup机器人世界杯比赛（信息科大 供）

中国矿业大学（北京）

党委书记 徐孝民
校　　长 杨仁树

概述

2016年，中国矿业大学（北京）占地面积34.65万平方米、建筑面积54.53万平方米。固定资产总值137971万元，其中，教学、科研仪器设备资产值36636万元。图书馆建筑面积1万平方米，藏书92万册，电子图书171万册。全年教育经费投入81837万元，其中，国家拨款45842万元、自筹经费35995万元。学校信息化经费投入442万元，拥有计算机6207台，多媒体教室座位9783个，信息化设备资产7149万元，网络信息点20000个，校园网出口总带宽1450Mbps，电子邮件系统用户19000个，数字资源量5000GB，管理信息系统数据总量16.8GB。设有研究生院和12个学院；开设本科专业63个，覆盖理、工、文、管、法、经等多个学科门类；有1个一级学科国家重点学科，8个国家重点学科、1个国家重点培育学科、21个省部级重点学科；有16个一级学科博士点，35个一级学科硕士点，69个二级学科博士点，173个二级学科硕士点，10个硕士专业学位授权点；博士后流动站14个，其中，博士后研究人员出站20人、进站44人、在站144人。有国家重点实验室2个、国家工程研究中心2个、教育部工程研究中心2个，北京市重点实验室1个。教职工952人，其中，专任教师646人，包括教授166人、副教授203人；有博士生导师161人、硕士生导师223人；中国科学院院士1人，中国工程院院士8人。有"长江学者奖励计划"特聘教授7人，国家杰出青年基金获得者7人，全国优秀教师2人，享受政府特殊津贴专家24人。毕业生3718人，其中，学历教育学生中全日制研究生1567人（博士生199人、硕士生1368人），普通本科生1308人，成人教育本专科生594人；非计划招生高等教育学生中在职人员攻读硕士学位249人。招生4276人，其中，学历教育学生中全日制研究生1723人（博士生 273 人、硕士生 1450 人），普通本科生 1999 人，成人教育本专科生 91 人（本科生 69 人、专科生 22 人）；非计划招生高等教育学生中在职人员攻读硕士学位 463 人。在校生 14238 人，其中，学历教育学生中全日制研究生 4847 人（博士生 1078 人、硕士生 3769 人），普通本科生 6959 人，成人教育本专科生 347 人（本科生 220 人、专科生 127 人）；非计划招生高等教育学生中在职人员攻读硕士学位 2085 人。高考北京地区提档线理科 598 分、文科 608 分。留学生招生 5 人、在校生 22 人。网址：www.cumtb.edu.cn。

2016 年，学校完成《改革与发展“十三五”规划》，制定《辅导员考核体系》，开展年度辅导员职业化、专业化系列培训等活动。出台《全面推行本科生全程导师制的实施意见》文件。召开第三次党员代表大会。

学科建设。地球科学学科进入 ESI 全球排名前 1%。地球科学学科 SCI 论文共 932 篇，总被引次数为 5142 次，进入 TOP 1% 的高被引论文数为 9 篇。

科研成果。作为第一完成单位完成的“西部干旱半干旱煤矿区土地复垦的微生物修复技术与应用”项目获 2015 年国家科学技术进步奖二等奖。41 项成果获中国煤炭工业相关奖项。获批国家重点研发计划项目 3 项，国家拨款经费 7800 万元。《矿业科学学报》创刊，完成 3 期学报的出版工作。

交流合作。与中国煤田地质总局、西南化工研究设计院有限公司、贵州工程应用技术学院等单位签订战略联盟合作协议。恢复在京招收业余学生，与北京市电气工程学校签订合作办学协议。

设施建设。沙河校区土地确权与变更手续、补办房产手续及过户工作取得阶段性进展。学院路校区完成教育部对学校基建管理规范化专项检查及逸夫科研试验楼实验楼固定资产交付工作。完成老二层及教师公寓修缮改造等专项工程。持续推进“节约型校园”建设，完成浴室、锅炉房、照明等节能技改项目。

（朱家骏）

《矿业科学学报》创刊

1 月 19 日，矿大创办《矿业科学学报》。期刊为矿业科学综合性中文学术期刊，刊登矿业科学领域研究、开发及应用的原创性学术论文，内容包括地质资源与地质工程、测绘科学与工程、矿业工程等，双月刊。由矿大和煤炭工业出版社联合创办，主管单位为教育部。

（朱家骏）

创新创业教育平台启用

4 月 19 日，矿大举行创新创业教育平台启用暨 2016 年创业导师聘任仪式。该平台是学校首个专门为大学生创新创业提供教育指导和信息服务的平台，通过创新创业教育平台为学生提供线上、线下相结合的精准创新创业指导和服务，创业导师为学生创业咨询、讲座、创业大赛等提供智库资源，并构建创业实践平台，促进学校创业人数和质量的双提升。聘任创业导师 26 人。

（朱家骏）

安全监管监察学院（北京）成立

10 月 24 日，矿大成立安全监管监察学院（北京）。学院设在学校教育培训处（继续教育学院），由国家安全监管总局和学校党政领导监督管理，师资队伍来自于学校各院系的优秀教师和校外知名专家。学院以提升安全监管监察队伍的安全红线意识、安全发展理念和法治化、专业化水平为目标，研究新常态下如何开展安全生产监管执法，结合安全监管监察干部岗位职责和需求，重点围绕预防重特大事故及应急处置等深层次问题，分类别、分层次、分阶段对安全监管监察干部展开脱产集中培训。目前，国家安全监管总局全国仅批准成立 3 所安全监管监察学院。

（朱家骏）

中国石油大学（北京）

党委书记　蒋庆哲(12月免)　山红红(12月任)
校　　长　张来斌

概述

2016 年，中国石油大学（北京）北京昌平校区校园总面积 33.10 万平方米，克拉玛依校区校园占地面积 446.67 万平方米。固定资产总值 182198.20 万元，其中，教学、仪器设备资产值 83572.30 万元。全年教育经费投入 95581 万元，其中，国家拨款 57800 万元，自筹经费 37781 万元。图书馆建筑面积 1.50 万平方米，纸质图书 114.60 万册，电子图书 314 万册。拥有计算机 11231 台，网络多媒体教室 160 间，网络信息点 15300 个，校园网出口总带宽 2100Mbps，管理信息系统数据总量 29000GB，电子邮件系统用户 19500 个。有 13 个学院（部）及提高采收率研究院、非常规天然气研究院、新能源研究院、中国能源战略研究院、海洋工程研究院 5 个直属研究院，开设本科专业 27 个，拥有 11 个博士授权的一级学科，45 个博士点，11 个博士后流动站；33 个硕士授权的一级学科，151 个硕士点；4 个专业硕士学位授予权，工程硕士授权点涵盖 20 个工程领域；拥有 5 个国家重点学科、2 个国家重点（培育）学科、7 个北京市重点学科。教职工 1436 人，专任教师 935 人。教授 237 人，副教授 350 人。中国科学院院士 2 人，中国工程院院士 2 人，中组部“千人计划”入选者 4 人，“长江学者”特聘教授 9 人，国家杰出青年基金获得者 9 人，国家“973”项目首席科学家 5 人，国务院学位委员会学科评议组成员 4 人，国家级教学名师 1 人，全国优秀教师 4 人，入选“新（跨）世纪百千万人才工程”国家级人选 8 人，入选教育部“新世纪优秀人才支持计划”33 人，教育部“长江学者和创新团队发展计划”创新团队 4 个，国家级教学团队 3 个，北京市优秀教学团队 6 个。外籍教师13人，其中，教授6人。毕业生14333人，其中，学历教育学生中全日制研究生1930人（博士生226人、硕士生1704人），普通本科生1899人，成人教育本专科生2159人（本科生1401人、专科生758人），网络教育本专科生8345人（本科生5293人、专科生3052人）。本科毕业生就业率94.05%，研究生毕业生就业率96.06%。招生14847人，其中，学历教育学生中全日制研究生2629人（博士生290人、硕士生1977人），普通本科生1922人，成人教育本专科生1129人（本科生661人、专科生468人），网络教育本专科生9167人（本科生4167人、专科生5000人）。在校生34316人，其中，学历教育学生中全日制研究生6680人（博士生1142人、硕士生5538人），普通本科生7714人，成人教育本专科生2086人（本科生704、专科生1382人），网络教育本专科生17836人（本科生8411人、专科生9425人）。留学生毕业167人、招生130人、在校生663人。网址：www.cup.edu.cn。

2016年，学校编制完成"十三五"事业发展规划以及15个专项规划、15个院部规划。

综合改革。出台《本科教学工作审核评估工作方案》；深化工程专业学位研究生教育综合改革。2个专业通过2016年教育部工程教育专业认证。制定《"双一流"学科建设方面的工作方案》和《学科建设自筹经费管理办法（试行）》。出台《科研经费管理办法（修订）》等系列文件，提高科研经费使用效率。修订完善《自筹经费聘用人员管理办法（试行）》；出台《校聘非事业编制聘用人员管理办法（试行）》。《关于建设克拉玛依校区的意见》，确定克拉玛依校区的发展目标、发展思路。形成"一校两区、两区一校"的办学新格局。

师资建设。1人入选"万人计划"百千万工程领军人才，1人入选"万人计划"科技创新领军人才，1人入选首批"长江学者奖励计划"青年项目并获得霍英东教育基金青年教师基金。

科研工作。2项成果获国家科学技术奖。"新型高效气固反应器——高密度循环流化床模型化研究""中深层速度结构的反射地震波形层析方法研究"项目获国家自然科学基金优秀青年科学基金项目资助。"中德生物能源人才培养项目"和"中法能源经济应用型人才培养项目"获2016年国家留学基金委"创新型人才国际合作培养项目"资助。

交流合作。与7家企业签订战略合作协议。与18家国外单位签署20份合作协议。全年累计派出学生74人，覆盖7个国家19所国外院校以及中国台湾2所院校。

设施建设。校园无线网络历经四期工程完成，全校综合办公楼、实验楼、学生公寓等楼宇的全覆盖，工程共安装交换机57台、无线AP1588个。

（刘东东）

《石油科学通报》创刊

6月30日，石油大学学术期刊《石油科学通报》首发。《石油科学通报》发表石油地质、石油地球物理、石油工程、石油机械、石油化工、石油经济等领域新思想、新成果，综合反映石油自然科学与社会科学多学科交叉基础研究进展，为石油科学研究者提供高水平的学术交流平台。期刊为季刊，设石油地质、石油地球物理、石油工程、石油机械、石油文化、石油经济6个栏目。

（刘东东）

克拉玛依校区启用

9月6日，石油大学举行克拉玛依校区启用仪式和2016级新生开学典礼。克拉玛依校区占地面积446.67万平方米，建筑面积61万平方米。教室101间，教职工138人，学生497人。

（刘东东）

9月6日，石油大学克拉玛依校区启用

（石油大学 供）

签署两个教学协议

11月25日和12月10日，石油大学签署两个教学协议。与中国石油大港油田公司签署共建石油大学天津工程师学院协议，校企双方整合校企教育资源，实行学校与企业"双主体"办学，协同培养本科生、工程硕士、工程博士及企业在职高层次工程技术人才。协议有效期5年。与新疆油田公司签署科学技术战略合作协议，成立新疆油田公司—石油大学"油气资源与工程联合研究院"，分别在企业和克拉玛依校区挂牌，共建油气资源与探测国家重点实验室克拉玛依分室。协议有效期5年。

（刘东东）

中国地质大学（北京）

党委书记　王鸿冰

校　　长　邓军

概述

2016年，中国地质大学（北京）占地面积52.58万平方米，产权校舍建筑面积57.93万平方米。固定资产总值23.64亿元，其中，教学、科研仪器设备资产值6.20亿元。图书馆藏书95万册。拥有计算机11271台。多媒体教室座位111间，信息化设备资产23197.50万元，网络信息点16900个，校园网出口总带宽5000Mbps，电子邮件系统用户32886个，上网课程215门，数字资源量1131300GB，管理信息系统数据总量38.18GB。设置17个院（系、部）；开设34个本科专业；具有硕士学位授权一级学科点25个，硕士学位授权二级学科点（不含一级学科覆盖点）116个；博士学位授权一级学科点13个，博士学位授权二级学科点（不含一级学科覆盖点）59个；博士后流动站13个。2个国家一级重点学科、涵盖8个国家二级重点学科、省部级重点学科14个；国家重点实验室2个，国家工程研究中心1个。教职工1350人，其中，专任教师982人，包括教授222人、副教授328人；博士生导师197人、硕士生导师344人；中科院院士4人。"长江学者奖励计划"特聘教授2人、"长江学者奖励计划"客座教授3人、"千人计划"入选者4人、"国家杰出青年科学基金"获得者1人。外籍教师13人。毕业生23996人，其中，学历教育学生中全日制研究生1878人（博士生299人、硕士生1579人）、普通本科生2057人、成人教育本专科生3314人（本科生1796人、专科生1518人）、网络教育本专科生16476人（本科生5595人、专科生10881人）；非计划招生高等教育学生中在职人员攻读硕士学位271人。招生32365人，其中，学历教育学生中全日制研究生2234人（博士生365人、硕士生1869人）、普通本科生2078人、成人教育本专科生1739人（本科生1195人、专科生544人）、网络教育本专科生25972人（本科生9434人、专科生16538人）；非计划招生高等教育学生中在职人员攻读硕士学位342人。在校生76365人，其中，学历教育学生中全日制研究生6830人（博士生1657人、硕士生5173人）、普通本科生8472人、成人教育本专科生7198人（本科生5649人、专科生1549人）、网络教育本专科生51249人（本科生19889人、专科生31360人）；非计划招生高等教育学生中在职人员攻读硕士学位2616人。留学生毕业16人、招生39人、在校生125人。网址：www.cugb.edu.cn。

2016年，学校完成本科培养方案修订工作，构建通识教育课程、学科基础课程、专业核心课程三位一体的"442"体系。实施本—硕—博、硕—博贯通式培养模式。

学科建设。加强学科建设的顶层设计，组织13个一级博士授权学科和21个一级硕士授权学科参加第四轮全国学科水平评估。投入经费856万元，支持8个优先发展学科、6个重点扶持学科、10个交叉特色学科和7个基础保障学科。

创新创业教育。大学生创新实验项目立项253项，参与学生900人。6400人次参加各级各类学科竞赛，获得省部级及以上奖励200项。615名学生获得创新实验项目学分，542人次获得学科竞赛、发表学术论文、发明专利创新学分。1个项目入选全国创新创业年会，14个项目和1篇论文入选北京市创新创业教育成果展。在"互联网+"大学生创新创业大赛北京赛区中，2支团队获二等奖、1支团队获三等奖；4支团队获评北京地区高校大学生优秀创业团队；博雅大地新材料项目作为北京高校大学生创新创业项目路演活动唯一一支团队赴香港路演。学校获评首批"北京地区高校示范性创业中心"和第二批"全国高校实践育人创新创业基地"，获批国家级和北京市实验教学示范中心各1个。

科研工作。"深部矿产资源评价理论与方法"项目获国家重点研发计划重点专项资助。学校入选科技部创新人才培养示范基地。学校获省部级以上科学技术奖9项，1篇论文入选2016年美国国家地理学会六大科学发现，2篇论文入选年度百篇最具影响的国际学术论文。完成省部重点实验室评估验收工作，实施重点实验室年报制度，筹建2个省部重点实验室。学校主办的英文期刊《GeoscienceFrontiers》被收录《科学引文索引》(SCI)检索系统，并入选"2016—2018年中国科技期刊国际影响力提升计划"。

师资建设。4人获青年地质科技奖，1人获全国优秀科技工作者称号，2人获第12届北京市高等学校教学名师称号，1人获2016年北京市师德榜样称号，1人获2016年北京市师德先锋称号，1人当选国际地质科学联合会新任主席，2人入选2017年度北京市科技新星计划，1人被评聘为北京高校思想政治理论课特级教授、1人被评聘为特级教师。

交流合作。26个校级重点引智项目实施，1个"海外名师"项目推进，聘请38名世界知名教授任"名师讲堂"讲习教授，共接待国（境）外专家、学者和学术机构相关人员388人次。与澳大利亚、希腊等5所高校或研究机构签署或续签11项合作协议，继续推进"中非大学20+20合作计划"和纳米比亚大学孔子学院建设。

（李媛媛）

学习《温家宝地质笔记》

4月23日，地大召开《温家宝地质笔记》读书交流会。通过阅读书中真实记录的温家宝从事地质工作的足迹和心路，探讨对教育工作和青年成长的启示。把学习成果转化为报效祖国、服务人民的坚定信念，转化为弘扬优良作风、密切联系群众的自觉追求，转化为推动科教兴国、促进社会和谐发展的实际行动，为实现中华民族伟大复兴的中国梦做出更大贡献。来自北京大学、中国人民大学附属中学、海淀区第三实验小学等15所大中小学的师生代表200人参加交流会。3月30日，温家宝向母校地大赠送亲笔题签的新作《温家宝地质笔记》。该书是其退休后用两年时间整理完成的著作，也是真实记录他18年地质工作和成长历程的心血之作，他在书中写道："母校是我终身难忘、永远感恩的精神家园。"

（李媛媛）

高山逝世

5月3日17时55分，地大地球科学学院教授，博士生导师，中国科学院院士高山因病去世，享年54岁。高山，1962年出生于云南石屏，地大地球科学学院教授，博士生导师，中国科学院院士、著名地球化学家。从事大陆动力学与地球化学的教学和研究。

（李媛媛）

张本仁逝世

11 月 1 日 21 时 18 分，地大著名地球化学家、地质教育家，中国科学院院士张本仁在北京逝世，享年 87 岁。张本仁，1929 年出生于安徽怀远。1952 年毕业于南京大学地质系，1956 年北京地质学院研究生毕业。1999 年当选为中国科学院院士。20 世纪 80 年代将成矿带地球化学研究与区域基岩地球化学测量相结合，开发出基岩测量数据在解决地质和成矿问题上的多种应用。90 年代探讨秦岭—大别山造山带构造分区与演化，揭示造山运动的深部过程及其动力学因素。代表作《秦巴岩石圈、构造及成矿规律地球化学研究》和《秦岭造山带地球化学》。1999 年获国家自然科学奖二等奖。

（李媛媛）

首批地质学生毕业百年实习报告展

5 月 5 日，地大举办中国首批地质学生毕业百年实习报告展。展览以“筚路蓝缕看山林·共为地学启朝暾”为主题，分为三部分，第一部分介绍地质研究所成立之初的相关情况，包括地质研究所如何成立、招收的学生、任课教师、课程设置以及学生进行野外实习；第二部分展出首批 21 名卒业（修业）生在地质研究所学习期间完成的实习（卒业）报告；第三部分介绍毕业生的辉煌成就。展期 7 天。

（李媛媛）

国土资源部资源环境承载力评价重点实验室揭牌

11 月 26 日，地大和中国国土资源经济研究院联合共建的“国土资源部资源环境承载力评价重点实验室”通过验收并挂牌。实验室由国土资源部 2012 年批准成立，在资源环境承载力理论框架、资源环境承载力数据框架与基础数据平台建设、资源环境承载力方法体系、资源环境承载力评价及应用体系等领域取得成果，完善资源环境承载力学科体系构建，促进资源环境承载力评价监测预警等相关制度的制定，并形成资源环境承载力理论方法团队、数据团队、应用研究团队以及评估监测预警研究 4 个核心团队。实验室共承担科研项目（课题）55 项，9 项获得省部级以上奖项，公开发表学术论文 270 篇，完成省部级以上对策建议 126 项。依托人文经管学院和国土资源经济研究院培养博士后 29 人，出站 12 人；培养博士 127 人，毕业 49 人；培养硕士生 90 人，毕业 22 人。

（李媛媛）

北京联合大学

党委书记　徐永利（2015年6月免）
　　　　　韩宪洲（2015年6月任）
校　　长　卢振洋（11月免）　李学伟（11月任）

概述

2016 年，北京联合大学占地面积 41.63 万平方米，学校产权校舍建筑面积 50.29 万平方米、非产权校舍建筑面积 14.43 万平方米。全年教育经费投入 163284.91 万元，其中，国家拨款 141216.19 万元、自筹经费 22068.72 万元。固定资产总值 23.25 亿元，其中，教学、科研仪器设备资产值 9.35 亿元。图书馆建筑面积 3.32 万平方米，其中，非产权建筑面积 0.15 万平方米，馆藏纸质图书 274.12 万册、电子图书 384.82 万册。拥有计算机 19456 台。学校信息化经费投入 2288 万元，多媒体教室 429 个、座位 32433 个，信息化设备资产 41093.59 万元，网络信息点 19400 个，校园网出口总带宽 7000Mbps，电子邮件系统用户 33500 个，上网课程 5960 门，数字资源量包括数据库 92 个、音视频 199367 小时，管理信息系统数据总量 369.96GB。有 12 个校区，16 个学院，4 个直属教学部；开设本科专业 69 个、专科专业 25 个，覆盖 10 个学科门类；具有一级学科硕士点 5 个，硕士学位授权点 6 个和硕士专业学位授权点 4 个。北京市重点建设学科 6 个。教职工 2971 人，其中，专任教师 1489 人，包括教授 178 人、副教授 549 人；兼职博士生导师 16 人、硕士生导师 165 人；工程院院士 1 人（特聘）。外籍教师 72 人，其中，长期外籍教师 18 人。毕业生 8973 人，其中，学历教育学生中全日制硕士研究生 67 人、普通本专科生 7068 人（本科生 5643 人、专科生 1425 人）、成人教育本专科生 1838 人（本科生 592 人、专科生 1246 人）。本科毕业生就业率 98.2%，专科毕业生就业率 97.66%，研究生毕业生就业率 100%。招生 7452 人，其中，学历教育学生中全日制硕士研究生 147 人、普通本专科生 5806 人（本科生 5457 人、专科生 349 人）、成人教育本专科生 1499 人（本科生 722 人、专科生 777 人）。高考北京地区提档线文科 532 分、理科 495 分；在京普通高职 150 分，单招高职 150 分（其中，艺术类为 105 分）。在校生 27952 人，其中，学历教育学生中全日制硕士研究生 378 人、普通本专科生 22615 人（本科生 20066 人、专科生 2549 人）、成人教育本专科生 4959 人（本科生 2248 人、专科生 2711 人）。留学生毕业 542 人、招生 995 人、在校生 1127 人。网址：www.buu.edu.cn。

2016 年，学校开展学科调整与改革。成立机器人学院、马克思主义学院；整合师范学院和广告学院艺术类学科和专业，成立艺术学院；将食品科学与工程学科调整到生物化学工程学院，启动生物化学工程学院更名相关工作；电子信息技术实验实训基地并入工科综合实验教学示范中心；校培训中心并入继续教育学院。

师资队伍。招聘博士学位专任教师 52 人。制定《教职工因私出国（境）请假管理办法》，实现全校工资统筹统发，成立社会保险中心。

交流合作。签署合作协议 38 项，新增合作院校 26 所。获批与俄罗斯乌拉尔交通大学轨道交通信号与控制专业本科合作办学项目，建立莫斯科国立大学罗蒙诺索夫北京中心、俄语语言等级考试中心和俄语中心。制定教科研人员因公出国管理办法，制定孔子学院建设方面指导意见，新获批孔子课堂 1 所，引进美国外交官项目、领航项目，制定短期外教资助办法。

硬件设施建设。完成北四环校区教学用房和创业广场、红领巾桥校区学生公寓改造、垡头校区生物质废弃物资源化利用北京市重点实验室改造等项目；启用北四环校区新图书馆。完成 5 个校区网络基础设施建设项目，核心机房存储空间增加 150TB，实现人事、学生管理等数据共享服务。

（王岩）

3 个二级学院成立

3 月 18 日、5 月 17 日和 19 日，联合大学成立 3 个二级学院。马克思主义学院在校人文社会科学教学部基础上成立，为教学科研单位，正处级二级学院，负责全校本专科学生和研究生思想政治理论课教学任务，承担马克思主义理论科学研究、学科建设、人才培养及思想政治理论课教师队伍建设和管理等工作，设置 1 个办公室、5 个教学机构（无级别）和 2 个科研机构。人员由原校人文社会科学教学部相关教师、行政人员，以及其他 5 个二级学院的思想政治理论课教师组成，有思想政治理论课教师 75 人，其中，教授 10 人、副教授 29 人。艺术学院整合学校相关资源，撤销广告学院建制。学院为教学科研单位，正处级二级学院，设置 2 个办公室、5 个教学机构（无级别）、1 个非教学机构（无级别）和 3 个科研机构。教师由师范学院与原广告学院 7 个设计类、美术类、表演类专业的教师合并组成，有教职工 121 人，专任教师 94 人，其中，教授 9 人、副教授 28 人。机器人学院前身是 2015 年 9 月成立的以李德毅院士命名的“德毅”机器人校级实验班。学院是全日制本科二级学院，为学校教学科研单位，无行政级别，所有人员采用聘任制，是学校探索人才培养与科学研究、科研成果转化的综合改革试验区。学院按照系所合一原则，设置 3 个系所和 1 个中心，即轮式机器人系（所）、无人机系（所）、特种机器人系（所）以及综合研发创新中心。年内，软件工程（智能软件）、电子信息工程（智能硬件）和自动化（智能控制）3 个专业首次招收 100 人。

（王岩）

李恩元逝世

4 月 25 日，联合大学第二任校长李恩元因病逝世，享年 89 岁。李恩元，1927 年 12 月出生，1948 年 12 月参加革命并加入中国共产党。1946 年至 1951 年在北京大学工学院学习，1951 年至 1984 年历任清华大学党委常委、系党委书记，北京轻工业学院副院长、院长。1985 年 2 月至 1987 年 10 月任联合大学副校长，1987 年 10 月至 1990 年 12 月任联合大学校长。1992 年 2 月离休。

（王岩）

图书馆新馆启用

5 月 9 日，联合大学图书馆新馆启用。新馆建筑面积 1 万平方米，分地上三层和地下两层，有阅览座位 700 个，提供自助文印、自助借还书、座位预定等信息化服务，采用藏、借、阅、检、咨一体化的开放式管理模式。一层大厅为多功能共享大厅；二、三层主要收藏人文、社会科学、管理科学类图书，为全开放式借阅，二层北侧电子阅览区提供网上浏览检索服务；三层设有教师研修室和学生研讨室；地下两层主要存放图书和藏品，实行闭架管理。重新规划后的图书馆，新馆为“人文馆”，主要收藏人文社科类图书，老馆为“理工馆”，主要收藏理工类图书，两馆总建筑面积 1.7 万平方米，总藏书 64.8 万册。新馆于 2015 年 12 月建成。

（王岩）

5 月 9 日，联合大学图书馆新馆启用

（联合大学 供）

张玉如逝世

9 月 4 日，联合大学第一任党委书记张玉如逝世，享年 87 岁。张玉如，1929 年 11 月出生，1949 年 11 月加入中国共产党。1951 年 7 月毕业于辅仁大学历史系；1981 年至 1985 年，先后任中共北京市委大学工作部大学处副处长、处长；1985 年 2 月至 1994 年 1 月，先后任联合大学党委副书记；1992 年 11 月至 1994 年 1 月，任联合大学党委书记；1991 年 5 月至 1993 年 10 月，兼任联合大学文法学院党委书记。1994 年 9 月离休。曾被市委、市政府授予“北京市优秀思想政治工作者”称号。

（王岩）

中国青年政治学院

党委书记　倪邦文

院　　长　秦宜智（兼）

概述

2016 年，中国青年政治学院占地面积 11.32 万平方米，建筑面积 17.19 万平方米。固定资产总值 20679.49 万元，其中，教学、科研仪器设备资产总值 6717.20 万元。全年教育经费投入 24904.78 万元，其中，国家拨款 16455.88 万元、自筹经费 8448.90 万元。图书馆建筑面积 11000 平方米，藏书 720863 册。设有中国马克思主义学院、青少年工作系、社会工作学院、法学院、经济管理学院、新闻传播学院、公共管理系、中国语言文学系、外国语言文学系 9 个教学院系，文化基础部、外语教学研究中心、计算机教学与应用中心、体育教学中心 4 个教学中心（部），中央团校教育培训学院、继续教育学院、国际教育交流学院 3 个教育培训机构。现有专业以人文社会科学为主，涵盖哲学、法学、管理学、经济学、文学、教育学 6 个学科门类，拥有 6 个一级学科硕士授权点、1 个二级学科授权点、3 个类别的专业型硕士授权点。设有马克思主义哲学、马克思主义基本原理、外国哲学、思想政治教育、青年与国际政治、少年儿童与思想意识教育、刑法学、经济法学、诉讼法学、民商法学、国际法学、社会学、世界经济、金融学、数量经济学、新闻学、传播学、文化哲学、社会管理 19 个学术型硕士学位专业，法律（法学）、法律（非法学）、教育管理、学科教学（思政）、社会工作 5 个专业型硕士学位专业。设有思想政治教育、法学、社会工作、劳动与社会保障、社会学、经济学、财务管理、国际经济与贸易、新闻学、广播电视学、政治学与行政学、行政管理、汉语言文学和英语 14 个学士学位专业，其中，思想政治教育、法学、社会工作、政治学与行政学为教育部特色专业。教职工 595 人，其中，专任教师 314 人，正高职称 43 人、副高职称 127 人，有硕士生导师 127 人，享受国务院政府津贴 2 人。毕业生 2067 人，其中，全日制硕士研究生 264 人（就业率 98.47%），全日制本科生 1043 人（就业率 95.55%），成人教育本专科 760 人（本科 226 人、专科生 534 人）。招生 1919 人，其中，学历教育学生中全日制硕士研究生 300 人，全日制本科生 1075 人，成人教育本专科 544 人（本科 185 人、专科生 359 人）。高考北京地区提档线文科 593 分、理科 561 分。在校生 6602 人，其中，全日制硕士研究生 811 人，全日制本科生 4393 人，成人教育本专科 1398 人（本科 768 人、专科生 630 人）。留学生招生 240 人、在校生 333 人。网址：www.cyu.edu.cn。

2016 年，学校加强人才培养。开设“走进社区：社区环境下的服务学习与参与式评估”课程，该课程是跨专业、跨院系、跨年级的社会科学调查方法“专业”类课程，实现课堂学习和社区实践相结合。与国家留学基金委合作开展高等学校青年骨干教师出国研修项目和优秀本科生国际交流项目，以国家留学基金委项目平台和资金，以 1∶1 配资比例用于资助选派教师出国研修。

师资建设。1 人获评“第十二届北京市高等学校教学名师奖”，法学院青年教师入选 2015 年度“中国人文社科最具影响力青年学者”，体育教学中心教师获评“2016 年度北京市师德先锋”。

科研工作。举办“青年与改革”首都五所高校马克思主义学院研究生学术论坛；专家学者参与的共青团工作研究丛书由中国青年出版社出版首批著作，包括《中国共青团发展报告 2015》《青年政治参与与共青团工作》《社会工作方法与共青团工作》等。《中国青年政治学院优秀硕士学位论文精选集》正式出版。

教育培训。举办新疆维吾尔自治区村级团支部书记专题培训班、2016 年全国第一期新任职地市级团委班子成员培训班、全国新任职县级团委书记培训班、2016 年第二期干部培训班、“国培计划 2016”——骨干班主任教师研修项目（中小学骨干少先队大队辅导员培训班）、西部地区少数民族团干部赴港澳培训班等。

交流合作。与以色列巴以兰大学签署合作协议；继续资助学生赴境外参加“双智青年英才计划”和哈佛大学创新创业学习等交流项目；孔子学院工作注重加强制度建设。

综合保障。提高信息安全防护能力和信息化服务水平，信息技术融入教务管理、科研、学工等业务系统建设中。图书馆文献资源持续增长，不断加大新书推荐和读者培训工作力度，大力推介移动阅读。完成学校 2016 年售房工作，学生宿舍空调安装等施工改造项目。建成新能源汽车自助分时租赁项目。

（葛丹清）

优秀硕士学位论文精选集出版

9 月，《中国青年政治学院优秀硕士学位论文精选集》由知识产权出版社出版。论文集分为青少年工作篇、社会工作篇和法律篇三册，集中展示学校研究生教育培养成果。这是学校首次专门为硕士研究生出版优秀硕士学位论文集。

（葛丹清）

中德刑法与犯罪学研讨会

11 月 26 日，中青院召开第二届中德刑法与犯罪学研讨会。会议以“少年司法与青少年刑罚”为主题，设置中德少年刑法制度之比较、中德少年刑法的现状与走向、中德青少年刑事政策与刑罚制度 3 个研讨单元。德国学者介绍德国少年刑法的历史及基本制度、刑罚理论、教育思想等，中国学者阐释中国当前少年司法和青少年刑罚存在的问题及今后的发展及改革思路，通过与德国少年刑事政策、制度的比较和借鉴，互为启示。来自德国汉斯·赛德尔基金会，3 所德国高校及 8 所中国高校与科研机构的专家学者，最高人民法院、最高人民检察院及相关实务部门的负责人 100 人参加会议。

（葛丹清）

首钢工学院

党委书记　黄吴兵
院　　长　白新（6月免）　胡雄光（6月兼）

概述

2016 年，首钢工学院占地面积 16.75 万平方米，建筑面积 9.12 万平方米。图书馆建筑面积 6400 平方米，藏书 34.6 万册、电子图书 6.9 万册。固定资产总值 7678 万元，其中，教学、科研仪器设备资产值 4494 万元。全年教育经费投入 4487 万元，全部为自筹经费。学校信息化经费投入 25.6 万元，拥有计算机 803 台，多媒体教室 85 个，信息化资产 1429 万元，网络信息点 4150 个，校园网出口总带宽 102Mbps，电子邮件系统用户 560 个，上网课程 330 门，数字资源量 7950GB，管理信息系统数据总量 400GB。设有 5 个系部和 1 个继续教育学院，开设高职专业 29 个、成人专科专业 7 个、成人专升本科专业 3 个（具有本科学士学位授予资格），有普通本科学士学位授予资格专业 6 个 (1996 年后未招生)。教职工 254 人，其中，专任教师 191 人，包括教授、副教授 74 人。毕业生 1385 人。其中，普通专科生 1026 人、成人教育本专科生 359 人（本科生 35 人、专科生 324 人）。招生 876 人。其中，普通专科生 749 人、成人教育本专科生 127 人（本科生 10 人、专科生 117 人）。在校生 3010 人。其中，普通专科生 2689 人、成人教育本专科生 321 人（本科生 42 人、专科生 279 人）。专科毕业生就业率 99.5%，高考北京地区提档线文科 150 分、理科 150 分。网址：www.sgit.edu.cn。

2016 年，学校调整专业。采取“调整一批、停办一批和新建一批”的专业调整思路，制定新专业开发建设工作方案。申办学前教育、安全技术与管理新高职专业获得批准，专业数由原来的 32 个调整至 29 个（含 2 个新申办获批专业）。

课程改革。制定《深化人才培养模式改革，推进专业“五化”建设工作方案》，启动专业建设平台化、课程内容项目（载体）化、课程目标综合化、教学手段信息化和教学管理精细化建设（即“五化”建设）。完成 2016 级机电类、信息类等专业平台化教学计划制定，数字媒体类、机电类专业进行教学项目（载体）设计和教学实践，研究形成项目（载体）化、教学信息化系列教学标准。

交流合作。分别与北京银河长兴影视文化传播、北京软达启航两家专业公司开展合作，组建动画制作、软件测试两个校企合作培养试点班，在 2014 级信息技术类有关专业学生中选拔 34 人参加，实现提高培养学生专业技能和职业完善素养的目标。

（徐励　杨淑敏）

教改项目获中央财政经费资助

8 月 25 日，首钢工学院 1 个教改项目获得中央财政 2016 年现代职业教育质量提升计划专项经费资助。项目获批资助经费 500 万元，用于支持学校“专业结构调整与建设”，资金使用期限为 1 年。项目具体内容包括：专业调整与建设能力培训、师资队伍建设、虚拟现实数字内容制作展示实训基地建设等。

（徐励）

签订校企共建协议

11 月，首钢工学院与中国科学院科学传播中心、北京迪生数字娱乐科技股份有限公司签订合作共建协议。根据协议，学校、科研单位、专业公司三方在校内合作共建虚拟现实技术 (VR) 实训基地，并探索这一合作模式下实训基地的运行管理与实际利用，发挥研究单位、企业在高校专业建设中的作用，提高在校大学生职业能力培养水平。协

11 月，校企共建虚拟现实技术实训基地
（首钢工学院 供）

议有效期 3 年。

（徐励）

北京市安全生产管理学院成立

12 月 23 日，市安监局依托首钢工学院资源申办“北京市安全生产管理学院”获得市教委同意批复。该管理学院主要针对全市安全生产监督执法人员和专职安全员、企业负责人和安全生产管理人员进行培训。

（徐励）

中国劳动关系学院

党委书记　屈增国
院　　长　李德齐 (5月免)　刘向兵 (5月任)

概述

2016 年，中国劳动关系学院占地面积 42.08 万平方米，产权建筑面积 25.24 万平方米、非产权建筑面积 6 万平方米。固定资产总值 5.70 亿元，其中，教学、科研仪器设备资产值 1.74 亿元。图书馆建筑面积 9800 平方米，藏书 81.65 万册、电子图书 137.79 万种，包括本地镜像图书 33.66 万种，远程图书 104.13 万册，随书光盘 6595 片；电子期刊数据库 9 个，期刊种类 1.96 万种；其他类型数据库 17 个，试用及开放获取数据库 30 个。教学经费 1048.55 万元，科研经费 440 万元，学生经费 2271.66 万元，教学建设经费 100 万元，本科教学工程 400 万元，数字化校园 2030 万元，图书及电子资源购置 300 万元，数字图书馆及文献资源建设 200 万元，体育场地器材设施购置改造 60 万元，气模体育馆周边配套改造工程 120 万元。学校信息化经费投入 3200 万元，拥有计算机 4200 台，多媒体教室座位 7640 个，信息化设备资产 3300 万元，网络信息点 12200 个，校园网出口总带宽 8Gbps，电子邮件系统用户 630 个，上网课程 10 门，数字资源量 8900GB，管理信息系统数据总量 510GB。设置 4 个院（系、部）；开设 16 个专业及覆盖 6 个学科；具有一级学科 6 个，专业学位授权点 1 个。教职工 472 人，

其中，专任教师 272 人，包括教授 32 人、副教授 84 人；硕士生导师 48 人；享受政府特殊津贴专家 12 人。毕业生 2195 人，普通本专科生 1775 人（本科生 1167 人、专科生 608 人），成人教育本专科生 420 人（专科生 240 人，本科生 180 人）。本科毕业生就业率 97.1%，专科毕业生就业率 97.53%。招生 2530 人，其中，学历教育学生中全日制研究生 49 人、普通本专科生 2084 人（本科生 1250 人，专科生 834 人）；成人教育本专科生 397 人（本科生 185 人、专科生 212 人）。高考北京地区提档线理科 511 分、文科 552 分。在校生 7252 人，其中，学历教育学生中全日制研究生 49 人，普通本专科生 6353 人（本科生 4674 人、专科生 1679 人），成人教育本专科生 850 人（本科生 460 人、专科生 390 人）。网址：www.ciir.edu.cn。

2016 年，学校完成“十三五”时期发展规划编制工作。

科研工作。国家社会科学基金项目立项 1 个，教育部人文社会科学研究项目、北京市社科基建项目、北京市教育科学规划课题共立项 6 个。完成“中国职工状况研究报告”，举办“工会·劳动关系论坛”、法学院办学 30 周年、全国企业社会工作专业委员会首届年会等学术活动。成立“劳动关系与工会研究中心”，印制三期《研究动态》。出版 8 部学术成果。

交流合作。接待国际团体 7 次，派出 115 名师生外出交流研修，首次派出 2 名外语系教师赴美参加为期 3 个月的语言与教学技能培训；与韩国高丽大学、韩国劳动产业研究院、澳门科技大学签订合作交流协议。

师资建设。34 人通过正高级专业技术职务评聘，99 人通过副高级专业技术职务评聘。调入教师、教辅及教学管理人员（含接收高校应届毕业生）23 人，其中，教师 13 人。推荐 9 名教师出国进修访学；共有 4 名教师分赴全总机关和西部地区挂职锻炼；完成 96 名处级干部与 16 名新入职人员的培训工作。

设施建设。完成北京校区第二教学楼结构性封顶、涿州校区体育设施改造工程、涿州校区综合服务楼修缮工程。涿州校区 3.9 万平方米施工项目获得国家发改委立项。两校区物业服务实现无缝对接；完成两校区教工食堂的装修改造工程，“中国劳动关系学院教师中心”投入运营；在中直管理局的支持下，争取到职工保障住房 11 套，周转房 5 套。启动“数字化校园”建设项目，召开职工驿站 APP 推进会。

（张琛）

强化专业硕士招生

9 月，劳关学院完成第四届专业硕士学位研究生招生工作。公共管理硕士专业学位研究生招生实施全国工会系统内部推荐选拔与面向社会招考并行的形式，使研究生招考生源不断贴近“服务国家特殊需求人才培养项目”和符合“服务行业”人才培养目标的要求。2016 级的 49 名研究生已于 9 月开学上课。

（张琛）

中国工会劳动关系论坛

12 月 15 日，劳关学院主办 2016 中国工会·劳动关系论坛。论坛以“新常态下劳动关系的新特点与工会改革创新”为主题，分为新形势下的工会改革创新、供给侧改革中的劳动风险与对策、劳动力市场变化与劳动法律法规 3 个分论坛。来自全国 10 所大学的学者、全国总工会及 10 个省市的工会干部 70 人参加论坛。

（张琛）

劳动关系与工会研究中心成立

12 月 28 日，劳关学院成立劳动关系与工会研究中心。该中心立足工会，面向社会，致力于服务和谐劳动关系建设，服务高素质工会干部队伍建设和产业工人队伍建设改革，服务国家经济社会发展。已出版《研究动态》，并完成《中国职工状况研究报告》，含 1 个总报告和 5 个分报告。

（张琛　杨鹤）

中国科学院大学

党委书记　邓勇（2014年12月免）　刘伟平（4月兼）
院　　长　丁仲礼

概述

2016 年，中国科学院大学由京内 4 个校区、京外 5 个教育基地和分布全国的 114 个研究所（中心、园、台、站等）组成。玉泉路校区面积 11.83 万平方米，雁栖湖校区面积 312.14 万平方米，中关村校区面积 5.68 万平方米，奥运村校区面积 3.98 万平方米。多媒体教学设施及信息化系统建设运维投入经费 2605 万元。图书与数字文献资源建设投入 498.10 万元。其中，电子资源使用费 262.30 万元；图书期刊订购费 235.80 万元。图书馆提供中文期刊数据库 3 个、中文图书数据库 2 个、中文学位论文数据库 2 个；可访问 170 万种图书，7.50 万种电子期刊及 1737.80 万篇期刊会议及法律条文等文献。有博士学位授权一级学科点 40 个，分布在教育学、理学、工学、农学、医学、管理学 6 个学科门类；硕士学位授权一级学科 54 个，硕士学位授权二级学科 1 个，分布在哲学、经济学、法学、教育学、文学、理学、工学、农学、医学、管理学 10 个学科门类。本科招生专业 9 个。拥有工程、工商管理和应用统计等 10 个专业学位授权点，另有 178 个博士后流动站。研究生指导教师共 15297 人。其中，博士生导师 7210 人、中国科学院院士 306 人、中国工程院院士 75 人、海外高层次人才引进计划（千人计划）入选者 558 人、国家杰出青年科学基金项目（杰青）获得者 987 人、长江学者奖励计划（长江学者）80 人（特聘和讲座教授 65 人，青年教授 15 人）。有 3 个国家实验室、77 个国家重点实验室、189 个中国科学院重点实验室、30 个国家工程研究中心（实验室)。专任教师 373 人、岗位教师 2599 人、外聘授课教师 323 人。全日制研究生毕业 9894 人(博士生 5116 人、硕士生 4778 人)。其中，来华留学研究生毕业 110 人、授予工程硕士专业学位 1892 人、授予工商管理硕士 (MBA) 专业学位 302 人。招收全日制研究生 14483 人(博士生 6373 人、硕士生 8110 人)，其中，招收来华留学研究生 371 人(博士生 241 人、硕士生 130 人)。招收在职专业学位研究生 541 人(工程硕士 465 人、工商管理硕士 76 人)；非计划在职研究生同等学力 77 人(博士 4 人、硕士 73 人)。招生 398 人。北京地区高考提档综合评价录取 16 人，最低分数线 666 分；统招录取 10 人，最低分数线 671 分。在校研究生 45479 人(博士生 23289 人、硕士生 22190 人)；在校本科生 1058 人；在校留学生研究生 1214 人(博士生 873 人、硕士生 341 人)；在职人员攻读专业学位研究生 2072 人(工程硕士 1959 人，工商管理硕士 113 人)。网址：www.ucas.edu.cn。

2016 年，学校调整学位授权点。经北京市学位委员会审议，国务院学位委员会批准，增列"基础医学"一级学科博士学位授权点，撤销"农林经济管理"一级学科博士学位授权点，增设"食品安全与健康"及"再生医学"两个自主设置交叉学科。新增天文学、电子信息工程、环境科学、理论与应用力学、人文地理与城乡规划 5 个本科专业。新增数学与应用数学、物理学、化学、生物科学、材料科学与工程、计算机科学与技术 6 个专业本科学士学位授权点。

改革研究生课程体系。改革后的研究生课程体系包括专业核心课、专业普及课、专业研讨课、科学前沿讲座、公共必修课、公共选修课 6 类课程，在对总学分要求基本不变的前提下，通过调整课程类型、学时、学分、授课教师标准和授课方式等，提高教学质量。

科教融合建设。新建网络空间安全学院、未来技术学院两个科教融合学院，共有 20 个科教融合学院经中国科学院院长办公会批准成立。结合科教融合学院建设，遴选科研人员担任学业导师及校部专任教师。至年底，共遴选 2599 名岗位教师。

教学科研平台建设。按招生专业及开课进度分批分类建设本科实验课和研究生集中教学所需基础教学实验平台共 10 个。包括物理 1 个、化学 1 个、生命 6 个、天文 2 个。公共教学实验平台建设方面，完成物理、电子、资源环境和生命等学院负责的分析测试中心相应仪器和超净间建设的论证工作。

交流与合作。与 8 所国外高校签订本科生交流协议或合作备忘录。接待外宾及港澳台人士 500 人次；举办 9 项国际学术论坛、研讨会；派出 337 批次 422 人次进行国际交流合作；资助研究生国际合作培养计划、博士生赴发展中国家考察学习计划 101 人；资助博士生参加国际学术会议 500 人次；612 名博士生获得国家留学基金委项目资助派出。与一带一路沿线国家高校签署协议和谅解备忘录 12 份。推动中国—丹麦科研教育中心建设项目，建立中外联合办学机构——中丹学院，采用"1 对 8"双向交流模式，成体系、成规模、集约化地引进海外优质教育资源。

(张怡然)

校企共建创新创业学院

1 月 28 日，中科院与赛伯乐投资集团有限公司签署合作协议。根据协议，双方依托各自优势资源，共建国科大赛伯乐创新创业学院。建设新型创新创业人才发现和培养的教育平台；建设新型科技成果转化及科技产业化孵化平台与产业基地；建设创新创业生态体系，融入地方经济发展大格局。赛伯乐及相关合作单位共同向中科大赛伯乐创新创业学院每年捐赠 2000 万元，为期 5 年，共计 1 亿元。

(李妍)

两个研究院成立

1 月 28 日和 8 月 31 日，国科大分别成立基础教育研究院和未来技术学院。基础教育研究院由中国科学院、中国科学院大学与中国人民大学附属中学联合学校总校、人民大学附中共同建设，为学校二级单位，旨在发挥中科院和国科大的优质科研与教育资源优势，充分利用人民大学附中从事基础教育的成功经验和广泛影响力，共同致力于基础教育研究，培养优秀的专家型基础教育领军人才，提升基础教育的国际竞争力，探索全面提高基础教育质量的有效途径。未来技术学院由中科院理化所作为牵头建设单位，联合中科院自动化研究所、微电子研究所、西安光学精密机械研究所、北京基因组研究所共同建设。下设脑科学与智能技术教研室等 7 个教研室。学院针对各研究方向开设各研究领域标志性的研讨课、案例分析课、现场教学及系列讲座等，授课方式以研讨式为主。生源由学校从三、四年级本科生中遴选。每学期结束后对学院学生严格考核，不适合未来技术学院学习的学生分流至相关专业院系学习，同时接受优秀学生进入未来技术学院学习的申请。研究生招收推荐免试的学生。

(沈伟　严苑轩)

获通策集团两亿元捐赠

2 月 1 日，国科大与浙江通策控股集团有限公司签署协议。根据协议，通策集团向国科大教育基金会无偿捐赠 2 亿元，用于建设存济医学院大楼。邀请中科院建筑设计研究院总建筑师崔彤设计存济医学院大楼图纸。

(吴亮其)

中国社会科学院研究生院

党委书记　张政文
院　　长　黄晓勇

概述

2016 年，中国社会科学院研究生院占地面积 40.84 万平方米，建筑面积 10.28 万平方米。图书馆建筑面积 1.07 万平方米，馆藏图书 41 万册，其中，中文图书 30.90 万册、外文图书 4.66 万多册。固定资产总值 48967.13 万元，全年教育经费投入 33212.43 万元，其中，国家拨款 17254.04 万元、自筹 15958.39 万元。一级学科博士学位授权点 15 个、硕士学位授权点 17 个，二级学科博士学位授权点 108 个（含自主设置博士学位授权点 18 个）、硕士学位授权点 109 个（含自主设置硕士学位授权点 13 个），有公共管理硕士、工商管理硕士、法律硕士、社会工作硕士、金融硕士、税务硕士、文物与博物馆硕士 7 个专业学位授权点。在职教职工 123 人，其中，专任教师 14 人，包括教授 3 人、副教授 8 人、讲师 3 人，外籍教师 4 人。院所属 40 个教学系有指导教师 1512 人，其中，博士生导师 607 人，硕士生导师 905 人。共授予学位 1346 人，科学学位研究生 685 人，其中，博士学位研究生 408 人（含以同等学力申请学位 1 人）、硕士学位研究生 277 人（含以同等学力申请学位 103 人），专业学位硕士研究生 661 人。非学历教育课程进修班结业 699 人。毕业生就业率 86.7%。在校研究生 3335 人，其中，博士生 1531 人，硕士生 1804 人，专业学位研究生 1631 人。非学历教育课程进修班在校生 1639 人，其中，课程班 1040 人，高级课程班 599 人。港澳台研究生毕业 12 人，招生 10 人，在校生 59 人。外国留学研究生毕业 7 人、招生 6 人、在校生 32 人。在籍港澳台学生 59 人，其中，博士研究生 56 人、硕士研究生 3 人；外国留学生 32 人，其中，博士研究生 26 人、硕士研究生 6 人。

2016 年，学校马克思主义学院通过推荐考核、申请考核及硕博连读相结合的招生模式，招收高级职称以上人员 53 人、已获得博士学位的在职在编人员攻读第二博士学位 10 人、应届硕士生 26 人、在读硕士生 7 人。金融硕士教育中心聘任多名来自中国人民银行、证监会、银监会等金融管理机构的中高层管理者作为导师，培养优秀的应用型、复合型金融硕士。文物与博物馆硕士教育中心将全部国家级博物馆、“8+3”博物馆确定为研究生定点必修考察对象，学位评定委员会委员包括社科院研究生院、历史所、考古所，故宫博物院，国家博物馆，国家图书馆，恭王府管理中心以及首都博物馆的专家学者。行政管理服务，学校成立北京笃学公益基金会，图书馆开通中文资源发现系统，实现本馆中文馆藏资源、万方数据、维普和超星电子书等中文纸质和数字资源的一站式检索和获取，提升用户资源发现效率。调整设立工商学院、公共政策与管理学院、文法学院，调整后现有内设机构 24 个，其中，管理部门 12 个、业务部门 12 个。

（李安）

发展中国家基础设施投资与管理研修班

4 月 7 日，社科院研究生院 2016 年发展中国家基础设施投资与管理研修班开班。围绕理论和实践上对中国基础设施建设投资与管理方面的经验方法和政策研究进行深入地学习与交流。来自埃及、尼日利亚、加纳、阿富汗和埃塞俄比亚等 9 个发展中国家的 31 名官员参加为期三周的研修学习。

（李安）

非洲国家经济与社会发展研修班

5 月 18 日和 25 日，社科院研究生院 2016 年非洲国家经济与社会发展智库研修班和 2016 年非洲国家经济与社会发展总统顾问研讨班分别开班。智库研修班为期 21 天，专家学者围绕“经济与社会发展及智库建设与合作”主题展开研讨、交流。非洲国家经济与社会发展总统顾问研讨班为期 10 天，课程设“中国改革开放的历程与展望”“中国经济的可持续发展与资源环境保护”“中国的农业现代化道路”“中国社会保障制度建设”，实地参观考察中国国电集团、中铁建集团等大型国企，并赴天津滨海新区及浙江省象山县实地考察调研。

（李安）

承办中韩人文学论坛分论坛

11 月 4 日，社科院研究生院承办第二届中韩人文学论坛语言教育及文化领域分论坛。分论坛设 4 个议题，包括中韩两国语言教育文化领域交流合作的现状与前景、中韩两国的影视研究及跨文化理解、中韩文化遗产的继承与保护以及现代数据技术在中韩两国传统文化研究中的运用。邀请中韩两国科研院所和高等学校的语言教育，文化与跨文化理解，历史遗产以及现代数据技术 4 个领域的专家学者，就中韩两国的语言、教育和文化领域内的诸多议题展开讨论。论坛由社科院与韩国研究财团共同举办，中国社会科学院国际合作局、研究生院、文学研究所、历史研究所以及哲学研究所共同承办。

（李安）

中国农业科学院研究生院

党委书记　韩惠鹏（4月免）　刘大群（5月任）
院　　长　刘大群

概述

2016 年，中国农业科学院研究生院占地面积 1.50 万平方米，建筑面积 4.30 万平方米，固定资产总值 8406 万元，其中，教学科研仪器设备 2456 台（套），设备总值 5440 万元。全年教育经费投入 14670 万元，其中，国家拨款 9693 万元，自筹经费 4977 万元。国家农业图书馆建筑面积 31936 平方米，馆藏文献 210 万册、国内外图书 33 万种，订购中外文科技期刊 4100 种，国内外农业及生物科学电子数据库 100 种。研究生教育以其分布在全国 18 个省（市、自治区）的 40 个研究所为依托，涉及农学、理学、工学、管理学四大门类，涵盖 17 个一级学科，有 10 个博士学位一级学科学位授权点、53 个二级学科博士学位授权点；13 个硕士学位一级学科学位授权点，65 个二级学科硕士学位授权点；另有 2 个专业学位授权资格。有中国农业领域仅有的农作物基因资源与基因改良国家重大科学工程和国家农业生物安全科学中心，6 个国家重点实验室，32 个农业部重点开放实验室，52 个中国农业科学院重点开放实验室；16 个国家农作物、畜禽改良中心，1 个分中心；5 个国家重点野外科学观测试验站，24 个农业部野外台站；5 个国家工程技术研究中心，5 个国家工程实验室和工程研究中心；3 个国家质检中心，35 个部级质检中心；1 座国家农作物种质资源长期库，10 座中期库，12 座国家农作物圃。专业技术人员 5573 人，其中，正高级专业技术人员 978 人、副高级专业技术人员 1552 人，中国科学院院士 2 人、中国工程院院士 9 人，“千人计划”入选者 8 人，国家特支计划（“万人计划”）入选者 8 人，中央联系的高级专家（含退休人员)39 人，人社部“百千万人才工程”国家级人选 56 人，享受国务院政府特殊津贴专家 120 人，科技部“创新人才推进计划”入选者 14 人，中国青年科技奖获得者 15 人，全国杰出专业技术人才 3 人，中华农业英才奖获得者 7 人，农业科研杰出人才 41 人，专业技术二级岗位专家 98 人，“青年英才计划”入选者和候选人 109 人。导师 1842 人，其中，博士生导师 610 人。全日制研究生毕业 853 人，其中，博士 209 人、硕士 644 人，就业率 95.78%；授予学位 1085 人，其中，博士 211 人、学术型硕士 453 人、全日制专业学位硕士 185 人、非全日制专业学位硕士 222 人、同等学力 3 人。全日制研究生招生 1011 人，硕士生 720 人、博士生 291 人；专业学位招生 261 人，留学生招生 132 人。在校生 4515 人，其中，全日制在校生 3067 人、专业学位研究生 1111 人、留学生 245 人。网址：www.gscaas.net.cn。

2016 年，学校制订《中国农业科学院研究生教育“十三五”发展规划》《研究生院规章制度汇编》《中国农业科学院研究生教育质量保障体系建设实施方案》等规章制度。

学科建设。组织开展课程体系优化与建设调研，新开设两门全英文专业课程。依托研究所优质科教资源，开设回所课程 32 门。充分利用研究所及地方政府资源，在四川西昌等地建立 3 个研究生培养实践基地。投资 25 万元新建心理咨询室。

交流合作。根据国家“一带一路”和农业“走出去”战略，首次实施留学生“全年接受申请，春秋两季入学”机制。成立“国际教育学院”。推进中外合作办学项目。中—荷项目首批录取 19 人，首次引进国外课程 4 门。与加拿大圭尔夫大学、澳大利亚默多克大学初步达成合作办学意向。全年接待 12 个团组 54 人次来访，组织 4 个团组 12 人次赴外交流。

服务“三农”。围绕“立地”战略，充分利用“一个中心、两个基地”平台，开展继续教育培训。全年组织完成“西部之光”等 26 项培训工作，累计培训 1495 人次。在湖北荆门建立首个教学培训基地，启动新型职业农民教育培训体系建设。

（王仕龙）

首届教师培训班

11 月 9 日至 11 日，农科院研究生院举办首届教师培训班。邀请北师大、农大、北理工、清华、北大具有高校教学培训经验的教育专家、教学名师担任主讲嘉宾，通过专题讲座与经验交流，提升教师对教育教学规律与方法的认识，强化人才培养与科技创新相结合的理念，增强教书育人的责任意识与工作热情。全院专兼职教师共 100 人参加学习。

（王仕龙）

中外友谊班共建晚会

11 月 26 日，农科院研究生院举办国内生、留学生中外友谊班共建启动晚会。晚会以“领略异国文化、共建中外友谊”为主题，由研究生工作处、国际教育处主办，研究生会承办，展现中外文化。来自 44 个国家的留学生参加活动。本届友谊班设 2 个班级，共 99 人。

（王仕龙）

“感知中国”博士生论坛

12 月 22 日，农科院研究生院举办“感知中国——农业与生命科学”博士生论坛。论坛围绕“农业与生命科学”主题，交流留学生在华学习经验，来自孟加拉国、津巴布韦和埃及等国的 6 名博士生分别就作物分子育种、作物抗逆分子机制、气候变化与作物耕作系统、土壤肥力与质量管理、埃及农业发展与评估作专题研究报告。论坛表彰研究生院 2016 年度“中国政府优秀来华留学生奖学金”获得者，参观国家作物种质库及国家重大科学工程楼，了解中国在种质资源保存和研究方面的先进技术和成果。23 个国家的 80 名留学生参加论坛。

（王仕龙）

12 月 22 日，“感知中国——农业与生命科学”博士生论坛
（农科院研究生院 供）

（本栏责任编辑　邱小培）

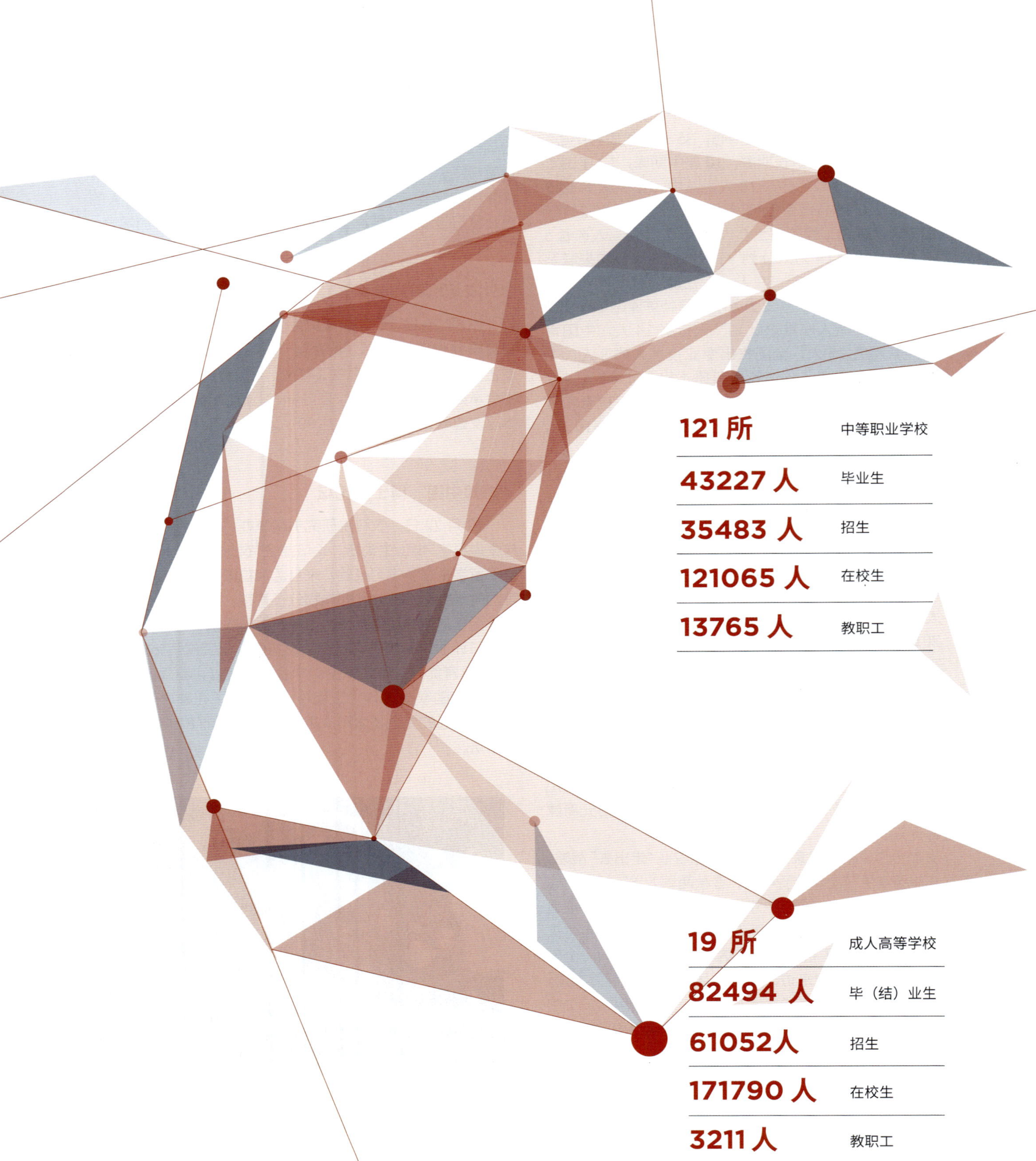
121 所 中等职业学校
43227 人 毕业生
35483 人 招生
121065 人 在校生
13765 人 教职工
19 所 成人高等学校
82494 人 毕（结）业生
61052人 招生
171790 人 在校生
3211 人 教职工

2017 | 职业与继续教育

VACATIONAL AND CONTINUING EDUCATION

- 职业教育布局调整
- 现代职教体系构建
- 强化职业教育和继续教育内涵发展
- 高端技术技能人才贯通培养试验范围扩大
- 中高职衔接办学改革试验持续推进
- 学生职业素养和技术技能提升
- 助力养老事业发展
- 学习型城市建设持续推进

VOCATIONAL AND CONTINUING EDUCATION
职业与继续教育

综述

概述

2016 年，北京市共有中等职业学校 121 所，其中，普通中等专业学校 31 所、成人中等专业学校 11 所、职业高中 50 所、技工学校 29 所。普通中等专业学校毕业生 13618 人，招生 11486 人，在校生 43895 人；教职工 3401 人，包括专任教师 1940 人；占地面积 153.84 万平方米，学校产权校舍建筑面积 94.35 万平方米；固定资产总值 26.78 亿元，其中，教学、实习仪器设备资产 8.84 亿元。成人中等专业学校毕业生 9687 人，招生 8550 人，在校生 27042 人；教职工 596 人，包括专任教师 328 人；占地面积 19.17 万平方米，学校产权校舍建筑面积 11.03 万平方米；固定资产总值 1.27 亿元，其中，教学、实习仪器设备资产 0.36 亿元。职业高中毕业生 6532 人，招生 3373 人，在校生 14843 人；教职工 6455 人，包括专任教师 4413 人；占地面积 267.20 万平方米，学校产权校舍建筑面积 152.05 万平方米；固定资产总值 42.26 亿元，其中，教学、实习仪器设备资产 19.61 亿元。技工学校毕业生 13390 人，招生 12074 人，在校生 35285 人；教职工 3313 人，包括专任教师 1554 人。收录高等职业学校 16 所。

2016 年，北京市有独立设置成人高等学校 19 所，学校产权占地面积 140 万平方米，学校产权校舍面积 93 万平方米；固定资产总值 299917 万元，其中，教学、科研仪器设备值 37046 万元。教职工 3211 人，其中，专任教师 1510 人。成人高等教育学历毕（结）业生 82494 人（含普通高校举办的函授、夜大学、成人脱产班学生 74699 人），其中，本科生 47820 人、专科生 34674 人；招生 61052 人（含普通高校举办的函授、夜大学、成人脱产班学生 55860 人），其中，本科生 37031 人、专科生 24021 人；在校生 171790 人（含普通高校举办的函授、夜大学、成人脱产班学生 157411 人），其中，本科生 110189 人、专科生 61601 人。

（吕轮超　胡雨）

职业教育布局调整

2016 年，市教委强化职业教育布局调整，促进学校转型升级。配合疏解非首都城市功能调整学校布局，引导中心城区职业教育向郊区疏解转移，推进职业院校转型发展，面向广大中小学生和市民开放，提供职业体验、职业培训等学习服务。调整优化专业布局，更加契合首都产业转型升级和经济社会发展对高精尖缺人才的需求。

（吕轮超）

现代职校为中小学生提供“小小收银员”职业体验课程

（现代职校 供）

现代职教体系构建

2016 年，市教委构建现代职业教育体系。继续创新人才培养模式，广泛开展贯通培养、“3+2”、综合高中等改革试验，为学生成长成才搭建更加便捷的立交桥。贯通培养试验范围进一步扩大，参与院校由 6 所增至 12 所，试验专业扩展至 40 余个，招生人数由 2048 人增至 4319 人。新增“3+2”中高职衔接办学工作试点项目 71 个，累计达到 153 个。

（吕轮超）

强化职教内涵发展

2016 年，市教委强化职教内涵发展，提升教育教学质量。开展“中等职业学校课堂教学质量现状大调研”，对 48 所公办中职学校开展随堂听课和教学诊断，促进课堂教学改革。推进“互联网 + 职业教育”，广泛开展智慧校园、智慧课堂、微课、慕课等的信息化管理和教学方式变革，成效显著。

（吕轮超）

高端技术技能人才贯通培养试验范围扩大

2016 年，市教委继续推进高端技术技能人才贯通培养试验。试验范围进一步扩大，参与院校由 6 所增至 12 所，试验专业扩展至 40 余个，招生人数由 2048 人增至 4319 人。贯通培养试验广受社会关注，各试验校积极开展实践，创新教学理念，充分发挥各类教育的资源优势，积极探索与合作院校、合作企业和国外合作单位共建具有专业特色的一体化培养机制，为构建区域特色的现代职业教育体系提供全新思路。贯通培养试验项目包括高端技术技能人才贯通培养项目、高级外语人才培养项目、学前教育与基础教育师资培养项目、高精尖创新人才培养试验项目和中外合作贯通培养项目 5 个子项目，以学生访学为手段，以各学段教育教学资源融通为核心，旨在加快构建现代职教体系。北京市自 2015 年开展高端技术技能人才贯通培养试验项目，通过职业院校与示范高中、本科院校、国内外大企业合作，整合融通各级各类优质教育资源，促进职普融通、职继结合。

（吕轮超　余俊）

中高职衔接办学改革试验持续推进

2016 年，市教委持续推进“3+2”中高职衔接办学改革试验。新增“3+2”中高职衔接办学改革试验项目 71 个。至此，项目自 2012 年实施以来，共有试点项目 153 个。同时，组织开展中高职衔接理论与实践研究，出版数控技术（数控技术应用）、市场营销（珠宝鉴定与营销）2 个专业的衔接课程研究范例。

（张兰）

学生职业素养提升

2016 年，市教委提升学生职业素养，打造职业教育德育品牌。制定《提升中职学生职业素养指导意见》，从文化素养、职业技能、职业礼仪等 10 个方面加强学生职业素养教育。这是国内首个教育行政部门印发的关于提升中职学生职业素养的地方性文件，由市教委于 5 月 12 日颁发。同时，在全国首推“学生职业素养护照”试点工作，激励学生上进心、自信心。参加首届全国中职学校班主任基本功大赛，5 名参赛教师全部获奖。10 名教师获评“北京市师德先锋”，41 名教师获评“紫禁杯”优秀班主任。举办第 12 届“文明风采”竞赛北京市复赛，学生参与度和作品质量较往年均有大幅提高。在全国大赛中获一等奖 17 个、二等奖 29 个、三等奖 67 个。4 名学生获评“北京市优秀学生”，2 名学生获“北京市银帆奖”。

（吕轮超）

学生技术技能提升

2016 年，市教委弘扬工匠精神，提升学生技术技能。举办北京市职业院校技能比赛，中、高职共设赛项 113 个，覆盖大部分专业。承办模特、戏曲、音乐表演 3 项全国职业院校技能大赛，取得办赛和成绩双丰收。组织 409 名中、高职学生参加全国职业院校技能大赛，获得一等奖 35 个、二等奖 53 个、三等奖 78 个，获奖总数再次创造历史最佳成绩。其中，获得一等奖第一名 8 个，显示出北京市职业教育向培养高端技术技能人才方向转型升级的良好效果。举办 2016 年北京市职业院校技术技能创新创业成果遴选展示活动，对 335 份申报作品分技术技能创新成果、创业计划成果、创意设计成果 3 类进行遴选，评出一等奖作品 29 件、二等奖作品 55 件、三等奖作品 91 件。

（吕轮超　范宇波）

3 月 19 日，北京市高职院校职业技能大赛“电子商务技能”比赛赛场（京劳职院 供）

助力养老事业发展

2016 年，市教委助力养老事业发展。加强顶层设计，构建以北京市老年开放大学为龙头，各区老年开放大学分校为基础的老年教育体系。依托“京学网”提供资源丰富的老年网络学习服务，依托各职业院校、社区学院开发 20 个大类 118 个系列主题的老年教材和课程。推进养老服务业人才培养工作，12 所职业院校增设老年服务与管理专业。加强养老涉老服务人才培养示范基地建设，在北京劳动保障职业学院、北京市劲松职业高中和北京市养老人才培训学校增挂“北京市养老服务人才培训院校”牌子。举办京津冀老年教育与养老服务人才培养高端论坛，三地校际间、校企间充分交流，通力合作，共同推进京津冀老年教育事业和养老服务业发展。同时，以社区教育为载体，举办丰富多彩的老年知识讲座和社区教育活动，全市老年人参加社区教育培训总计 276 万人次，参与率逐年提高。

（吕轮超　陈斌）

实现继续教育内涵发展

2016 年，市教委实现继续教育内涵发展。结合首都功能定位，加强继续教育宏观规划与指导，规范和调整继续教育结构与布局。完善继续教育质量保障体系，开展对教育部现代远程教育试点高校在京设立的学习中心专项检查，做好继续教育质量年报及状态数据平台填报和汇总分析工作。组建第三届北京高校继续教育工作指导委员会，组织开展第二届北京高校继续教育大学生设计应用竞赛。做好市属高校继续教育新专业评议及在京高校学历继续教育新招生专业教学计划等审核、备案工作。推进市属高校数字化资源建设，提升北京继续教育信息化技术利用整体水平，提高继续教育办学质量。

（曾婷）

学习型城市建设持续推进

2016 年，市教委推进学习型城市建设。市教委联合 14 个委办局发布《北京市学习型城市建设行动计划 (2016—2020)》，打造“十大工程”，全面提升学习型城市建设水平。行动计划作为未来一段时间学习型城市建设的纲领性文件，助力首都学习型城市建设提质升级。继续加强学习型城市先进区、示范区建设，完成对延庆区建设学习型城市示范区创建工作的验收评估，开展学习型城市工作成果展示及经验交流系列活动，完成西城、东城、朝阳、海淀、顺义、门头沟、房山、大兴首批 8 个区的展示交流，各区建设亮点纷呈，成效显著。与联想集团合力培训 60 名“北京市学习指导师”。加强学习型城市建设科学研究，与清华大学共建北京市组织学习与城市治理创新研究中心，依托北京开放大学成立北京市社区教育指导中心。加强社区教育课程体系建设，开发建设 54 门社区教育课程教学大纲与 10 册社区教育教材；依托“京学网”，研发 35 门课程，录制 40987 分钟微课视频，对 569 名农村成人教育干部、教师进行线上线下培训。

（吕轮超）

成人高校与中职学校合作开设学分兑换体验课程

3 月至 12 月，北京西城经济科学大学与北京市外事学校首次合作开设学分兑换体验课程。150 名学员均为市民终身学习持卡人，课程包括中华茶艺、中式烹调（私房菜）、咖啡制作、西式面点、葡萄酒品鉴与鸡尾酒调制等 10 门职业技能体验课，共计 30 课时。西城经科大组织学员集体到外事学校上课，由外事学校教师授课。

（何伶）

城建学校整建制并入财贸职院

11 月 18 日，市教委同意北京城市建设学校（北京市建设职工大学）整体并入北京财贸职业学院。城建学校（建设职工大学）建制撤销。原城建学校校区成为财贸职业学院二级机构，名称为北京财贸职业学院朝阳校区，作为高端技术技能人才贯通培养基地，成立朝阳校区（基础教学部）和建筑工程管理学院，并暂停招收普通中专学生。城建学校建于 1981 年，原隶属于市建设委员会，建设职工大学创办于 1983 年，1999 年两校合并，2008 年划转市教委管理，是以中等职业教育为主，集中等职业教育、成人高等教育和建设类职业培训及其他社会培训为一体的综合办学实体，是北京市建设系统培养中初级人才的基地。

（侯晓明　殷红）

职业教育

首届全国中职学校班主任基本功大赛获奖

1 月 7 日至 10 日，北京市代表队参加首届全国中职学校班主任基本功大赛。5 名参赛教师全部获奖，包括 2 个一等奖、2 个二等奖、1 个三等奖和 3 个单项奖。比赛由教育部和全国职业技术教育学会德育工作委员会主办，30 余个省市 108 名优秀班主任参赛。比赛包括知识测试（笔试）、教育故事演讲、情景模拟答辩 3 个环节，全面考察班主任在理论修养、班级管理、后进生转化、班会设计、突发事件处理等方面能力和水平。

（吕轮超　胡雨）

9 人获全国“最美中职生”称号

1 月，“寻访 2015 年度全国最美中学生、最美中职生”结果公布，北京市 9 名中职生获得全国“最美中职生”称号。分别是北京金隅科技学校丁云森、北京市求实职业学校王佳熠、北京国际职业教育学校冯冠翔、北京市自动化工程学校冯硕、北京铁路电气化学校刘艺、北京市房山职业学校陈阔、北京市房山职业学校商旭田、北京市延庆区第一职业学校徐泽锡和北京财贸职业学院彭宠。活动由团中央学校部、全国学联秘书处与中国青年报社共同举办，在各地寻访基础上，经省级推荐、网络投票、专家评审和网络公示，672 名中学生和 325 名中职生分别获得“最美中学生”和“最美中职生”称号。

（胡雨）

中德职业教育胡格项目开展学期测评

1 月和 6 月，中德职业教育胡格模式改革试验项目（以下简称“胡格项目”）进行第一学期和第二学期学生综合职业能力测评。测评由北京教育科学研究院承办，测评对象为北京市参加该项目的 7 所学校学生。测评采用北京教育科学研究院自主开发编制的测评任务题库，为每个学生形成职业行动过程分析报告和综合职业能力诊断报告，客观真实反映胡格项目学生综合职业能力成长水平，为项目学校提供胡格项目实施需要继续调整与改进的方向，为学生提供个性化培养目标。胡格项目是北京市开展职业教育国际合作重点项目之一，将非专业能力培养作为最重要目标和内容，构建以培养人文素养、职业素养、职业能力、创新精神为核心的课程体系、教学体系和评价体系，以点带面，由汽修专业延伸拓展到其他专业，借鉴德国职业教育发展成功经验，探索北京职业教育特色发展之路。

（苑媛）

胡格项目学生与德国专家讨论学习

（交通运输职院　供）

49 个中职专业新增

2 月 2 日，市教委公布中等职业学校 2016 年新增专业。市教委要求学校聚焦重点领域，围绕“互联网 +”“中国制造 2025”“一带一路”“京津冀协同发展”等国家战略，适应新业态、新模式、新技术、新市场增设新专业。经过学校申报和市教委组织专家综合评议，研究确定对 22 所学校 49 个新增专业（技能方向）进行备案，列入 2016 年招生计划；同时撤销 6 所学校 15 个专业。

（龚戈淬）

北京外事服务职业教育集团成立

4 月 15 日，北京外事服务职业教育集团在北京市外事学校召开成立大会。该集团是由外事学校牵头，以高星级饭店运营与管理、旅游服务与管理、旅游外语、烹饪等专业人才培养、使用为纽带，由职业院校、企业等共同参与组建的多功能、多层次的职业教育合作组织。集团成员单位包括外事学校、石家庄市旅游学校、天津市中华职业中等专业学校、张家口市职业教育中心、张家口市崇礼区职业教育中心、北京饭店、贵宾楼饭店和民族饭店共 8 家。集团实行理事会制，外事学校为理事长校。6 月 27 日至 7 月 5 日，职教集团开展第一项工作，由外事学校为张家口崇礼区职教中心 5 名专业教师进行培训。

（张朝辉　王娜娜）

第二届职业教育宣传月

4 月 23 日，市教委主办的第二届北京市职业教育宣传月活动启动仪式在北京市黄庄职业高中举行。活动以“育精益求精工匠，圆创新创业梦想”为主题，通过举办文化产业论坛、京式旗袍服装秀、数字体育展示、专业特色展示和文化成果展示等活动，弘扬精益求精的工匠精神，全面展示职业院校办学特色，营造创新创业和全社会关注职业教育、重视职业教育的良好氛围。东城区、昌平区、密云区、北京市商业学校等设立分会场，开展系列活动并与主会场实时互动。各区、各院校积极制订宣传月方案，开展丰富多彩、形式多样的职业教育宣传活动。

（吕轮超　文昌敏）

4 月 23 日，北京国职学生在市职教宣传月活动东城区分会场指导中小学生制作西点

（北京国职　供）

市职业院校技能比赛

4 月至 5 月，市教委举办北京市职业院校技能比赛。高职组设 13 个专业大类 35 个分赛项，中职组设 12 个专业大类 78 个分赛项和 1 个教师赛项。共有 70 余所职业院校 2 万余名学生参加校级比赛，2729 名学生参加市级比赛。

（吕轮超）

北京新城职业教育集团成立

5 月 18 日，北京新城职业学校召开北京新城职业教育集团成立大会。会议表决通过集团章程，市教委及通州区政府领导共同揭牌，并为 48 个理事会成员单位授牌。新城职业教育集团是通州区政府成立的首个职业教育集团，采取“政府推动、行业指导、企业参与、院校融通”职业教育发展模式，通过职教集团实现产、学、研有机结合，全区各部门发挥政府、行业、园区企业、大中专院校在现代职业教育中的作用，实现合作共赢，走出一条校企深度合作，院校融合互通，适合北京城市副中心建设与发展的职业教育创新之路。

（何华　陈雨）

中国现代职业众创空间联盟成立

5 月 20 日，中国现代职业众创空间联盟暨北信职业智慧众创空间落成仪式在北京信息职业技术学院举行。该联盟是在国家“大众创业、万众创新”号召背景下，由教育部、人社部、市教委、中关村科技园区管委会以及中国产学研合作促进会共同支持成立，联盟秘书处设在信息职院。众创空间联盟一期建设面积 2000 平方米，引进创业导师团队、财务法务咨询代理、优质企业及投资人。18 个师生创业项目入驻该空间联盟接受孵化，其中，5 个项目实现稳定盈利。

（李岩）

京郊职成教联盟信息化说课比赛

5月26日至27日，京郊职成教联盟信息化说课比赛在北京市昌平职业学校举行。来自房山、密云、延庆、怀柔、昌平5个区6所职业学校共30名优秀教师参赛，展示语文、数学、计算机基础、音乐、舞蹈以及建筑、动画、幼儿教育等13门学科的信息化教学设计。来自北京教科院职成教研中心、北京继续教育学院和各学校的10名专家组成评委团，现场打分并进行点评。经过评委评议，评出一等奖6人、二等奖8人、三等奖12人。京郊职成教联盟是由昌平、延庆和密云3个区教委职业与成人教育科倡导组织、旨在促进京郊各区中职教育教学研究和科研的业务联盟，联盟中各学校干部和教师之间建立良好合作关系，促进教育教学和教科研工作提升。

（吴铁华　胡雨）

三校老年服务与管理专业入选全国示范专业点

6月15日，教育部、民政部、国家卫生计生委共同确定65个专业点为首批全国职业院校养老服务类示范专业点，北京市3所学校的老年服务与管理专业入选。分别是北京社会管理职业学院、北京青年政治学院和北京劳动保障职业学院的老年服务与管理专业。

（胡雨　张冼）

北京城市建设与管理职教集团成立

6月16日，北京城市建设与管理职教集团成立大会暨京津冀协同发展背景下深化校企合作论坛在北京工业职业技术学院举行。会议宣读职教集团批复文件和理事长、副理事长、秘书长名单，并为职教集团揭牌。北工职院院长当选职教集团理事长，北京城建亚泰建设集团有限公司董事长等18人当选副理事长。职教集团由北工职院牵头，设置城市建筑与测绘、城市机电工程、城市信息技术、城市商贸服务、城市安全管理5个专业委员会，共有100余家企业加盟。集团围绕首都城市功能定位和京津冀地区经济社会发展，构筑现代职业教育体系服务平台，是北京市第一家为提升北京城市规划建设管理水平服务的职教集团。

6月16日，北京城市建设与管理职教集团成立

（北工职院 供）

（向琨娜　胡雨）

职业院校教师信息化教学比赛

6月30日至7月1日、7月27日至28日，市教委分别举办2016年北京市中等职业学校信息化教学比赛和高等职业院校信息化教学比赛。中职比赛包括信息化教学设计、信息化课堂教学2个赛项，共102件作品参赛，评选出一等奖20个、二等奖24个、三等奖36个和优秀组织奖9个；高职比赛包括信息化教学设计、信息化课堂教学、信息化实训教学3个赛项，104件作品参赛，评选出一等奖19个、二等奖28个、三等奖37个和优秀组织奖8个。通过市赛选拔41名教师参加全国职业院校信息化教学大赛，获得一等奖19个、二等奖11个、三等奖8个，总成绩居全国第二，一等奖数量创历届新高，市教委获最佳组织奖。北京市昌平职业学校参赛团队作为中职组代表在闭幕式上作展示汇报。全国职业院校信息化教学大赛是由教育部主办的国家级职业教育教师教学竞赛，来自全国31个省（自治区、直辖市）、新疆生产建设兵团及5个计划单列市共37个代表队、1332个教学团队3170名选手参赛，全国决赛共决出一等奖129个、二等奖187个、三等奖310个。

（龚戈淬　胡雨）

11月，市教委获全国职业院校信息化教学大赛最佳组织奖

（市教委相关处室 供）

参加全国中职学校“文明风采”竞赛

7月3日，第12届全国中等职业学校“文明风采”竞赛决赛获奖名单公布，北京市推荐140份作品参赛。北京代表队获得一等奖17个、二等奖29个、三等奖67个，获奖率100%。68名教师获得优秀指导教师奖，9所学校获得优秀组织奖，北京市获得复赛组委会组织贡献奖。竞赛由教育部、人社部、中央文明办、共青团中央、全国妇联、中国关工委、中华职业教育社联合主办，于2015年9月开始，包括校级初赛、省级复赛和全国决赛3个阶段，共评出优秀作品一等奖416个、二等奖1249个、三等奖1661

个。北京市于1月至3月举办“文明风采”竞赛北京市复赛，复赛项目不仅涵盖国赛所有赛项，还增设有北京特色的“寻找身边的技艺达人”赛项。共有48所学校10213人次6086份作品参加市级比赛，经复赛评审委员会评审出一等奖572个、二等奖1146个、三等奖1832个，确定1024名学生获得一等奖、2216名学生获得二等奖、1977名学生获得三等奖，11所学校获得优秀组织奖，12所学校获得组织奖。

（吕轮超　胡雨）

1月至3月，第12届“文明风采”竞赛北京市复赛

（市教委相关处室 供）

全国职业院校技能大赛获奖

8月6日，教育部公布2016年全国职业院校技能大赛获奖名单。北京167名中职学生、242名高职学生参加比赛。北京代表团获得奖项166个，其中，一等奖35个（中职组11个、高职组24个）、二等奖53个（中职组25个、高职组28个）、三等奖78个（中职组45个、高职组33个），获奖总数再创历史最佳。此外，3所学校4件作品在全国职业院校技能大赛中华优秀文化传统艺术表演赛获奖。比赛于5月8日至6月7日在北京、天津、山西等16个赛区分别举行，共有来自全国37个地区1.20万余名选手参加中、高职组94个项目比赛。北京市作为分赛区，由北京国际职业教育学校、中国戏曲学院附属中等戏曲学校、北京戏曲艺术职业学院分别承办模特表演、戏曲表演、音乐表演3个比赛项目，北京国际职业教育学校获得全国大赛组织贡献奖，4人获评全国大赛优秀工作者。

（吕轮超　胡雨）

全国职业院校技能大赛中职组一等奖（北京）

服装展示与礼仪
北京国际职业教育学校　李琳
戏曲表演（地方戏组）
北京戏曲艺术职业学院中专部　陈思宇
北京戏曲艺术职业学院中专部　刘晓晴
戏曲表演京（剧）昆（曲）组
北京戏曲艺术职业学院中专部　杨腾
中国戏曲学院附属中等戏曲学校　姜舒原
车身修复（钣金）
北京市昌平职业学校　许鹤鸣
西式烹调
北京市丰台区职业教育中心学校　李太东
纸样设计与立体造型模块
北京电子科技职业学院中专部　吴姗
北京国际职业教育学校　杨天辰
数字影音后期制作技术
北京市昌平职业学校　严贤江
北京市昌平职业学校　李文杰

（吕轮超）

全国职业院校技能大赛高职组一等奖（北京）

测绘赛项——1∶500数字测图（团体）
北京工业职业技术学院　董艳达　暴瑞宁　王庆祥　庄静
测绘赛项——一级导线（团体）
北京工业职业技术学院　董艳达　暴瑞宁　王庆祥　庄静
三维建模数字化设计与制造（团体）
北京工业职业技术学院　朱少甫　洪德伟
嵌入式产品装配调试（团体）
北京信息职业技术学院　吴迪　孟丹
嵌入式产品应用开发（团体）
北京青年政治学院　常迪　徐颖
北京信息职业技术学院　韩爽　张永青
电子产品芯片级检测维修与数据恢复（团体）
北京劳动保障职业学院　张金明　高山虎
北京信息职业技术学院　董凯旋　赵宏伟
信息安全管理与评估（团体）
北京信息职业技术学院　宋文博　张皓 李承
北京电子科技职业学院　鲁超宇　刘洋洋　张益源
计算机网络应用（团体）
北京信息职业技术学院　吴蔚然　韩子卿　明晓煜

移动互联应用软件开发（团体）
北京北大方正软件技术学院　张旭文　吕宇鹏　窦建才
云计算技术与应用（团体）
北京信息职业技术学院　王诗语　张逍　宋春睿
4G 全网建设技术（团体）
北京工业职业技术学院　谈璐　王闻
风光互补发电系统安装与调试（团体）
北京电子科技职业学院　李正一　侯金波　杨延超
现代电气控制系统安装与调试（团体）
北京电子科技职业学院　马帅　周一杰
报关技能（团体）
北京劳动保障职业学院　吴怡桐　宋丽　孟雪
文秘速录（团体）
北京政法职业学院　杨金秋　朱钰　祝雪
北京工业职业技术学院　付云梅　韩靖　李晓琳
艺术专业技能大赛（音乐表演）
北京戏曲艺术职业学院　鲍禹明
北京戏曲艺术职业学院　赵莹莹
导游服务——普通话
北京财贸职业学院　税麟喻
北京财贸职业学院　张成瑞
动漫制作
北京北大方正软件技术学院　季晓峰

（吕轮超）

全国职业院校技能大赛中华优秀文化传统艺术表演赛获奖（北京）

中国音乐学院附中唢呐对奏《打枣》
北京戏曲艺术职业学院歌曲《放飞梦想》
北京戏曲艺术职业学院京剧《少年马连良》
北京市国际艺术学校杂技《追梦》

（吕轮超）

北京高等教育质量报告（高职 2015）

9 月 1 日，市教委、北京教育科学研究院研制完成《北京高等教育质量报告（高职 2015）》。报告共 31 万字，包括质量报告、企业报告、院校报告等内容，首次发布 3 份企业参与北京高职院校高职教育人才培养年度质量报告，反映相关企业积极参与高职教育人才培养的具体做法、成效和经验；刊载 22 所高职院校报告，反映各院校教育教学改革发展和成就。

（孙毅颖　王怀宇）

全国首场《中等职业学校学生公约》签约活动

9 月 12 日，全国中等职业学校首场《中等职业学校学生公约》签约活动在北京市外事学校举行。签约活动由教育部职业教育与成人教育司主办。学校校长向全体学生发出学习公约、宣传公约、践行公约的号召，学校全体学生一起诵读公约，并在公约上签名，作出履行公约的郑重承诺。9 月 1 日，教育部印发关于开展学习签署践行《中等职业学校学生公约》活动的通知，要求将公约作为中等职业学校新学期开学主题教育内容之一，深入学习宣传、组织共同签署、督促指导践行，教育引导学生自觉养成良好的思想品质和行为习惯。

（张朝辉）

高端技术技能人才贯通培养与学校国际化发展研讨会

10 月 18 日，市教委召开高端技术技能人才贯通培养与学校国际化发展研讨会。会议就新形势下如何提升北京市贯通培养试验项目的效果、如何提升院校国际化水平等问题交流研讨，分享经验。来自市教委、北京教育科学研究院、各试验院校、各协作示范高中，国内外教育政府部门、院校、企业及合作机构等 26 家单位共 90 人参加。

（邱小培）

技术技能创新创业成果遴选

10 月，市教委开展 2016 年北京市职业院校技术技能创新创业成果遴选活动。各职业院校共推荐 335 份学生作品参加技术技能创新成果、创业计划成果、创意设计成果的遴选。经专家评审，遴选出一等奖作品 29 件、二等奖作品 55 件、三等奖作品 91 件。29 名教师获得优秀指导教师奖，8 所学校获得优秀组织奖。

（吕轮超）

市中职学校班主任基本功大赛

11 月 11 日至 12 日，市教委举办第二届北京市中职学校班主任基本功大赛。35 所学校 35 名班主任参加比赛。比赛特邀全国大赛专家评委组成评委会，通过主题班会方案设计、教育故事演讲、模拟情景答辩 3 个环节对班主任进行综合考评，旨在进一步加强中等职业学校班主任队伍建设，提升班主任育人能力和水平。经评委会评审，比赛评选出一等奖 6 人、二等奖 7 人、三等奖 8 人。获得一等奖的 6 人入围北京市集训队，准备参加第二届全国中等职业学校班主任基本功大赛。

（吕轮超）

中德职业教育创新学习联盟暨中德创新学习学院成立

12月12日，中德职业教育创新学习联盟暨中德创新学习学院成立大会在北京市昌平职业学校召开。中德职业教育创新学习联盟是由北京7所“胡格模式”试验校和湖南长沙职业技术学院共同发起，企事业单位、行业协会、科研院所自愿加入的非营利性社会组织，旨在进一步加强中德职业教育领域深度合作，搭建面向未来的合作平台；进一步探索“胡格模式”教学改革，建设一套符合中国国情、代表职业教育未来发展方向的教学体系与标准，在北京乃至全国进行本土化推广。会议为中德创新学习学院院长颁发聘书，为北京电子科技职业学院等8所中德创新学习学院授牌，还进行中德职业教育现代物流专业试验项目签约。

（吕轮超　杨艳　王琴）

人力资源服务职业教育集团新增8家理事单位

12月23日，北京人力资源服务职业教育集团第一届理事会第二次全体会议召开。会议增选首旅集团等8家单位为集团理事单位并举行授牌仪式。开通职教集团网站，并作网站功能说明。会议作2016年工作总结及2017年工作计划报告，召开集团成员合作分享会，并举办京津冀人力资源管理、城市智慧管网创新与发展、现代职教体系建设中高职衔接发展3个高端论坛。

（彭雪松）

12月23日，北京人力资源服务职业教育集团第一届理事会第二次全体会议　（京劳职院 供）

中等职业教育质量年度报告(2015)

至年底，北京市在全国率先编制《北京市中等职业教育质量年度报告(2015)》。报告共15万字，采集16个区政府、61所中等职业学校的人才培养状态数据，全面展示北京市中等职业教育办学成绩、社会贡献、面临问题及建议，是北京市构建中等职业教育质量保障体系的一项重大突破。

（张兰）

中职学校英语课程学业水平测试

至年底，北京市开展中等职业学校英语课程学业水平测试。全市38所中职学校4344名学生参加全市抽测，9110名学生由学校自主组织测试，共计13454名学生参加测试，平均分80.10分，及格率92.01%，优秀率43.41%。测试工作旨在了解北京市中等职业学校英语教学现状，诊断教学问题，为推进中职学校英语教学改革积累数据与信息，对提高北京市中职学校英语教学质量，培养国际化技术技能人才意义重大。

（吕轮超）

继续教育

高校继续教育大学生计算机设计应用竞赛

3月至6月，市教委举办2016年北京高等学校继续教育大学生计算机设计应用竞赛。共有42所高校、162支学生代表队提交有效作品，并参加动画短片组、视频短片组、微课组、“互联网+X”APP组、黑白之间组5个组别竞赛。经各校选拔、全市初赛(网评)、决赛(答辩)，32所高校获组织奖，208名学生分获个人一、二、三等奖及优秀奖，49名教师获得优秀指导教师奖。竞赛由北京航空航天大学承办。

（曾婷）

继续教育系统教学管理骨干研修

4月至10月，市教委与清华大学共同举办第三期北京高等学校继续教育系统教学管理骨干研修班。选定49名教育教学管理骨干作为研修班学员。研修主要利用双休日时间集中安排授课、讲座和研修等，以专家讲座、集中辅导、分组讨论、专题调研、自学等方式为主，进一步提高教学管理骨干综合素质，促进继续教育办学水平和教育质量不断提高。

（曾婷）

农村成人教育干部教师线上学习平台启动

5月12日，市教委举办北京市农村成人教育干部教师线上学习平台启动仪式。与会干部教师现场通过二维码扫描，加入学习组，开始2016年线上学习旅程。来自市教委相关领导、京郊10个区教委职成科科长、职成教研室负责人以及线上学员代表共计200余人参加活动。该平台于1月开始建设，具备在线学习、资讯发布、培训引导、培训阶段管理、数据支持、分班分组、互动交流和个人学习中心等功能，能够完整记录学员学习历程，并通过规范化的数据统计展示学习成果。

（赵志磊）

现代远程教育试点高校在京学习中心专项检查

5月至12月，市教委对教育部现代远程教育试点高校(含国家开放大学、北京开放大学)及教育部批准开展教育支持服务的3个公共服务体系在京设立的300余个各类学习中心开展专项检查。聘请北京高等学校继续教育工作指导委员会、北京高等学校继续教育研究会等相关方面专家组成专项检查专家组，通过审阅材料、网络检索、电话访谈、听取汇报、实地检查、现场座谈、平台查阅和工作质询等方式，重点检查“两个主体责任（办学主体、责任主体）”落实，学习中心设置、运行制度建设落实，招生、考试规定实际执行，教学教务管理，学生支持服务和安全稳定等方面，基本梳理在京设置的现代远程教育学习中心现状，推动现代远程教育规范办学，为取消行政审批后有效开展“事中事后监管”、探索新的治理体系奠定基础。

（曾婷）

22个学历继续教育专业新增

6月15日，北京14所市属高校新增学历继续教育专业22个。其中，本科专业（含高起本、专升本）5个、专科专业17个。新增专业自2016年起开始招生。

（曾婷）

北京市首家建筑工匠讲堂开讲

6月22日，北京市总工会职工大学与中建二局三公司联合举办的北京市首家建筑工匠讲堂开讲。中建二局三公司亦庄项目建筑工地100名农民工作为首批学员参加培训。培训为期4个月，共5门课程，120学时，内容涵盖与现场施工质量、安全管理密切相关的各个工序工艺、规范规程、方案、现行法律法规、创优评审等理论与实操。

（湛慧）

中国社区教育网开通运营

7月29日，中国社区教育网正式开通运营。这是国家开放大学承担的教育部职业教育与成人教育司“全国社区教育和老年教育信息化公共服务平台的研究与应用”项目。中国社区教育网负责及时推送党和国家有关社区教育和终身学习的方针、政策和措施，推送各地社区教育的法规、政策和措施；支撑全国社区教育的统计；展示全国社区教育实验区和全国社区教育示范区创新的做法和典型经验；汇聚展示社区教育数字化学习资源；开通社区教育实时和非实时课程，服务社区教育工作者、社区教育机构和学习者，搭建全国社区教育公共服务平台。网站还建立全国社区教育工作数据填报系统。

（徐明军）

西城经科大与北开大合作办学

9月18日，北京西城经济科学大学与北京开放大学签订开放教育合作办学协议。根据协议，双方按照国家开放大学规章制度实施教学和教务管理；西城经科大根据北开大提供的教学实施方案、课程教学设计方案等开展教育教学活动、落实各教学环节工作，提供学习支持服务；设专、本科学历。协议有效期至2024年。西城经科大原教学单位“北京广播电视大学西城分校”更名为“北京开放大学西城分校”。

（何伶）

精彩人生女性终身学习计划

9月26日，全国妇联宣传部联合国家开放大学共同实施的“精彩人生女性终身学习计划”正式启动，并在京举行新闻发布会。该计划旨在通过远程教育方式，为广大妇女提供学习服务，提高妇女的科学文化素养和职业素质，促进妇女成长成才。“享学吧”平台经过1个月试运行，已有8000余名学员加入女性终身学习计划。试点结束后，该计划将扩大城市范围和招生范围，持续丰富和调整课程内容，持续传播有利于妇女成长的科学知识，持续提供更周到细致、权威可信的学习支持和服务，让更多妇女享受学习的快乐，在学习中增长知识，增加才干，实现梦想。新闻发布会上，上海宛心家庭服务有限公司负责人等3名学员代表分别介绍各自的学习体会、成长经历和对“享学吧”的期待。北京师范大学文学院教授以微课程的形式为学员讲授开学第一课《文化女性的担当》。

（徐明军）

北京高等学校继续教育质量报告(2015)

10月，市教委与北京高校继续教育质量报告编委会共同编纂完成《北京高等学校继续教育质量报告(2015)》。质量报告除编委会撰写的总报告外，收录30所高校继续教育的年度报告和38所高校继续教育年度报告的摘编等相关材料和文献，总报告在对90余所高校继续教育质量报告分析、归纳的基础上，结合北京高校继续教育状态数据平台提供的数据，对上年北京高校继续教育取得的成绩和需要进一步改进的工作进行总结和梳理。该项工作开始于2015年12月。

（曾婷）

书法进乡村

11月12日，“文化精品下乡书法教育进村”——国家开放大学“书法进乡村，一户一作品”系统工程在京启动。该工程从书法进（定点）乡村、实现“一户一作品”入手，通过为“定点村”举办书法讲座、书法培训班、“两径双成”师生作品展，培训书法指导教师和创建“文化夜大”等，在整个乡村起到“营造文化氛围、启迪品格修养、培养书画兴趣、建设和谐家园”作用，使书法教育“从城市走向乡村”。12月17日，国开大联合中国书协展览中心、门头沟区教委等10家单位在门头沟区龙泉镇西辛房村举办“中国书法教育村”工程启动暨首次捐赠书法作品展开幕仪式，标志中国第一个“书法教育村”正式创建。仪式上，共向西辛房村206户家庭各捐赠“九个一”，即一幅书法作品、一本书法培训教材、一套毛笔、一瓶墨汁、一卷宣纸、一块水写布、一块毛毡、一个笔洗、一对枕尺，使其基本具备初学书法条件。

（徐明军）

7 所高校获中国现代远程教育终身教育特别贡献奖

12 月 1 日，第 15 届中国国际远程教育大会表彰中国现代远程教育 (1998—2016) 终身教育特别贡献奖，北京 7 所高校获奖。分别为北京大学继续教育学院、北京大学医学网络教育学院、北京航空航天大学继续教育学院、北京交通大学远程与继续教育学院、北京师范大学继续教育学院、北京外国语大学网络与继续教育学院、北京语言大学网络教育学院。会议以“终身学习：价值链与生态圈”为主题，表彰获奖单位为中国现代远程教育发展做出的突出贡献，以及在终身教育和学习型社会建设中发挥的重要作用。评选活动由中国远程教育杂志社、中国国际远程教育大会组委会主办。

（邱小培）

农村成人教育干部教师培训

至年底，市教委开展农村成人教育干部教师培训。依托“京学网”开发“北京职成教研”在线培训平台，研发 35 门培训课程，录制 40987 分钟微课视频等线上学习资源，采用线上线下相结合的方式，对 569 名农村成人教育的干部、教师进行培训，整体提升京郊农村成人教育干部教师队伍专业水平。

（吕轮超　陈斌）

学习型城市建设

加入全球学习型城市网络

2 月至 6 月，北京市应联合国教科文组织邀请加入全球学习型城市网络。北京市根据联合国教科文组织填写《学习型城市全球网络成员资格申请书》要求，市长王安顺在英文版《申请书》上签字同意加入该网络，并盖北京市政府正式印章，最终经联合国教科文组织批准。加入网络后享受联合国教科文组织相关优惠政策，通过网络学习借鉴世界各国先进的学习型城市建设理念，并积极提供学习型城市建设成果及相关案例。11 月 15 日至 16 日，市教委代表北京市参加联合国教科文组织全球学习型城市网络第一届成员大会，并作题为《信息技术助力学习型城市建设》发言。

（陈敬文）

第七批首都市民学习之星评选

4 月至 10 月，北京市建设学习型城市工作领导小组开展第七批首都市民学习之星评选活动。各系统、各区共推荐报送市民学习之星 394 人参加评选，经专家评审，最终认定 100 人为第七批“首都市民学习之星”，并在北京市第 12 届全民终身学习活动周开幕仪式上给予表彰。

（陈敬文）

学习型城市建设行动计划发布

6 月 24 日，市委教工委、市教委等 14 个委办局联合发布《北京市学习型城市建设行动计划 (2016—2020)》。计划提出北京市建设学习型城市的目标是：到 2020 年，北京将建成以完善的终身教育体系和学习型组织为基础，以广大市民的良好素质为支撑，学习资源丰厚、学习氛围浓厚、创新活力涌现的学习型城市，为实现首都教育现代化、建设国际一流和谐宜居之都夯实基础，为率先全面建成小康社会贡献力量。计划还推出北京市建设学习型城市重点实施的十大工程，是北京市学习型城市建设纲领性文件。

（陈敬文）

学习型城市建设成果展示及经验交流

9 月至 11 月，北京市建设学习型城市工作领导小组办公室和市教委对西城、东城、朝阳、海淀、顺义、房山、大兴、门头沟 8 个区开展学习型城市建设成果展示及经验交流活动。活动进一步深化、创新北京市“十三五”时期学习型城市建设工作，加大对已有创建成果的宣传，加强各区之间交流和学习。

（陈敬文）

北京市全民终身学习活动周

10 月 27 日，北京市第 12 届全民终身学习活动周开幕式在清华大学举行。活动周主题为“育精益求精工匠，圆创新创业梦想”，表彰 100 名“首都市民学习之星”，播放展示 11 名“首都市民学习之星”代表专题片，并参观清华创新创业基地。16 个区、部分委办局、在京高等学校、职业院校、科研院所同期举办 500 余场各类学习活动，各区结合区情，对本区全民终身学习活动进行充分展示。全市共 230 万人参加学习周活动。

（陈敬文）

与高校共建两个学习型城市建设研究中心

10 月 27 日，在北京市第 12 届全民终身学习活动周开幕式上，市教委与清华大学合作共建的北京市组织学习与城市治理创新研究中心以及依托北京开放大学建立的北京市社区教育指导中心授牌成立。北京市组织学习与城市治理创新研究中心为清华大学校级研究机构，依靠多方面专家顾问，组织跨学院、跨高校的合作团队，开展学习型城市建设理论和政策研究，为首都学习型城市建设和各类学习型组织建设提供战略咨询、科研指导和支撑服务。北京市社区教育指导中心统筹指导全市社区教育工作，在北京市建设学习型城市工作领导小组和市教委指导下，开展全市社区教育工作的理论研究、课程建设、业务指导、数字化资源和平台服务，充分发挥市、区两级社区教育指导机构作用，为社区教育提供业务指导和专业服务。2个中心将为北京探索新时期学习型城市建设的新规律、新途径，总结学习型城市建设实践经验，推动社区教育发展，开展学习型城市建设科学研究提供有力支撑。

（陈敬文　李玉　胡雨）

首批学习指导师培训

10月，市教委与联想集团合作打造北京市学习指导师培训项目。来自北京市各社区学院和职业院校共60名教师接受为期5天专业培训，均通过考核获得“2016年北京市学习指导师研修班”结业证书，成为推动北京学习型城市建设新型骨干队伍成员。此举为国内首创，所培养的学习指导师定位于北京市学习型城市建设人才队伍中的“带头人”，为市民终身学习提供活动策划、社区课程研发、个性化学习指导、学习资讯、学习资源获取等指导服务。

（陈敬文）

10月，北京市首批学习指导师培训

（市教委相关处室　供）

学习型城市示范区验收评估

11月10日至11日，北京市学习型城市创建评估专家组对延庆区建设学习型城市示范区创建工作进行验收评估。专家组观看学习型延庆建设成果专题片，延庆区领导以“意诚心正绿色人本持续推进延庆学习型城市建设”为题，从建设学习型延庆的重大意义、完善终身教育和终身学习服务体系、推进延庆学习型城市建设取得的成果等方面进行工作汇报，同时就区级学习型城市创建3个重点示范项目实施情况进行说明。专家组查阅示范区创建工作档案，与区主要领导座谈访谈，并召开3个示范项目座谈会、汇报会，进一步推动北京市学习型城市示范区建设。

（陈敬文）

高等职业院校

北京工业职业技术学院

党委书记　王伟
院　　长　陈建民

概述

2016年，北京工业职业技术学院占地面积24.01万平方米，产权校舍建筑面积20.80万平方米。全年教育经费投入36403.85万元，其中，国家拨款33416.14万元、自筹经费2987.71万元。固定资产总值87676.96万元，其中，教学、科研仪器设备总值59803.75万元。图书馆建筑面积19500平方米，藏有纸质图书67.22万册、电子图书4384GB。拥有计算机4729台，多媒体教室243间。学校信息化经费投入683.31万元，信息化设备资产2994万元，网络信息点4260个，校园网出口总带宽2.40GB，电子邮件系统用户761个，上网课程96门，数字资源量32.12TB，管理信息系统数据总量78.30GB。设有5个二级学院和2个部，开设工程测量技术、机电一体化技术、通信技术和安全技术管理等高职专业27个，包括国家级重点专业5个、北京市重点专业7个。获国家教育教学成果一等奖1项、二等奖3项，北京市教育教学成果一等奖3项、二等奖5项，国家级精品资源共享课程10门、国家级精品课程10门、北京市精品课程11门。教职工504人，其中，专任教师370人，包括教授及教授级高级工程师40人，副教授及高级工程师以上149人；博士35人，硕士270人；“双师型”教师293人。聘请校外教师107人。毕业生1933人，其中，高职生1282人、中职生482人、成人教育专科生169人。毕业生一次就业率98.19%，一次签约率70.07%。招生1302人，其中，高职生1052人、中职生250人。高考北京地区提档线文科150分、理科150分。在校生5609人，其中，高职生4353人、中职生1051人、成人教育专科生205人。网址：www.bgy.org.cn。

2016年，学校完成“十三五”时期事业发展规划制订，提出“把学校建成特色鲜明、国际先进的高水平职业技术学院”奋斗目标和“着力实施九大重点工程”主要任务，进一步统一思想，明确目标和主要任务。

主动服务京津冀协同发展战略和北京城市功能定位。牵头组建北京城市建设与管理职教集团，围绕首都城市功能定位和京津冀地区经济社会发展构筑现代职业教育体系服务平台。该职教集团是北京市第一家为提升北京城市规划建设管理水平服务的职教集团。

推动专业建设和教育教学改革，提高人才培养质量。结合京津冀协同发展国家战略和首都城市功能定位，进一步提高专业与区域经济和社会发展的契合度，优化专业结构和布局，分层推进专业结构调整，形成“品牌专业引领、骨干专业支撑、新兴专业突破”专业布局。加强校企合作和产教融合，持续调整专业方向。新增空中乘务、新能源汽车技术、移动互联应用技术 3 个专业。

实施人才强校战略，提升人才队伍整体素质。以“双师型”队伍建设为重点，坚持引进和内外培训相结合原则，加强实际操作技能和专业技能方面培训。通过教职工新技术培训、管理人员能力提升培训、英语强化培训等多种培训方式，促进人才队伍规模、结构、层次的改变，提升人才队伍整体素质。

坚持开放办学，拓展国际合作渠道。服务“一带一路”国家战略，入选教育部职业教育“走出去”首批试点项目学校，参与实施有色金属行业职业教育“走出去”项目。与张家口职业技术学院和北方天途航空技术发展（北京）有限公司签约合作。

加强领导班子和干部队伍建设，完善学生工作体系。制定干部教育培训管理办法，建立督学、评学和考学制度。加强思想政治理论课建设，积极推进思想政治理论课教学改革，创新实践教学形式，利用“星火燎原”实践教学宣讲会等多种形式，加强学生理想信念教育，强化实践育人功能。学校思政课建设情况在北京高校思想政治理论课建设专项督查中获得好评。

提高保障服务能力。新建实训楼投入使用，进一步扩大实训空间，优化校内实训基地布局和资源配置；新建图书馆投入使用；完成校园文化广场建设，教学条件和校园环境不断改善。完成工会“会员之家”活动场所建设工作。坚持为师生办实事，2016 年为师生办实事项目全部得到落实。

（谢光辉　白旭东）

与国外高校贯通培养

10 月 18 日，北工职院与美国俄亥俄州高等教育部签署框架性合作协议。协议确定俄亥俄州 10 所优秀高校与北工职院开展贯通培养项目合作，10 所高校均承认北工职院贯通项目学生在校学习期间所修学分，并可接收北工职院贯通项目学生赴美学习 2 年，获得学士学位。

（向琨娜）

庆祝建校 60 周年

10 月，北工职院举办庆祝建校 60 周年系列活动。学校举办书画摄影展、办学成果展、学校发展研讨会、校友座谈会、离退休老领导老同志座谈会、师生联欢会等。北工职院前身为创建于 1956 年的北京煤炭工业学校，1994 年开始举办高等职业教育，1999 年正式改制为职业技术学院，是以工科专业为主、独立设置的公办普通高等职业学院。

（向琨娜）

北京信息职业技术学院

党委书记　武马群
院　　长　武马群

概述

2016 年，北京信息职业技术学院占地面积 20.21 万平方米，产权校舍建筑面积 21.68 万平方米、非产权校舍建筑面积 0.14 万平方米。全年教育经费投入 46637.57 万元，其中，国家拨款 42862.94 万元、自筹经费 511.79 万元，预算外经费 3262.84 万元。固定资产总值 98670.20 万元，其中，教学、科研仪器设备总值 37953.81 万元。图书馆建筑面积 3686 平方米，藏有纸质图书 60.84 万册、电子图书 46.81 万册。拥有计算机 10641 台，网络多媒体教室 175 间。学校信息化经费投入 4031.66 万元，信息化设备资产 26481.08 万元，网络信息点 10267 个，校园网出口总带宽 3700Mbps，电子邮件系统用户 15171 个，上网课程 625 门，管理信息系统数据总量 18000GB。设有 3 个校区和 1 个密云办学点，设立 5 院 2 系 3 部和 3 个研究中心，开设 39 个专业。教职工 893 人，其中，专任教师 369 人，包括教授及教授级高级工程师 13 人，副教授及高级工程师以上 152 人；博士 20 人，硕士 220 人；“双师型”教师 236 人。聘请校外教师 88 人。毕业生 2590 人，其中，高职生 1867 人、中职生 326 人、成人教育专科生 397 人。毕业生一次就业率 98.39%，一次签约率 96.09%。招生 2199 人，其中，高职生 1692 人、中职生 241 人、成人教育专科生 266 人。高考北京地区提档线文科 150 分、理科 150 分，单考单招 150 分。在校生 6449 人，其中，高职生 5088 人、中职生 865 人、成人教育专科生 496 人。网址：www.bitc.edu.cn。

2016 年，学校制订并启动“十三五”时期发展规划纲要及落实发展规划各项目标的 8 个行动计划，学校章程经市教委核准发布。

推行校院两级结构治理模式改革，科学调整组织机构设置。设立五院二系三部教学管理架构，共设置 10 个教学单位、38 个职能处室。新增物联网应用技术、卫生信息管理、健康管理 3 个专业。与北京市 20 所中职学校联合开发“3+2”中高职衔接人才培养方案，28 个专业获得北京市“3+2”中高职衔接办学改革试验项目招生资格。在 2016 年全国职业院校技能大赛中获得 6 个一等奖、3 个二等奖、2 个三等奖。

与埃及苏伊士运河大学、埃及 MEK 慈善基金会合作建立“埃中应用技术学院”的实施协议正式签署，标志着学校的职业教育课程正式走出国门。与加拿大瀑布应用艺术与技术学院、英国奇切斯特学院和美国特洛伊大学签约合作，内容涉及学生培养、教师交流、科研项目、专业课程开发等。

成立中国现代职业众创空间联盟暨北信职业智慧众创空间，一期建设面积 2000 平方米。

开展教师岗位职责、教师典型工作、教师职业能力研究，并在此基础上加快开发教师培训课程。基本建成现代化教师发展中心，开展两批校内教师脱产培训。启动新一批专业带头人和骨干教师培养工作。制定职工培养培训工作管理办法，促进全校干部、职工的能力和素质提升。实现高校教师系列副高级及以下职称评审由学校完成。经过校内评审，6 名教师获得副教授任职资格。

学校本部学生公寓、图书馆先后竣工并部分投入使用，老旧楼房按计划得到改造，校园环境得到改善。

（李岩）

三方共建大学生创新创业基地

6 月 13 日，信息职院与广州铁路职业技术学院、北京牡丹电子集团有限责任公司在中关村数字电视（牡丹）产业园签约合作。三方合作共建轨道交通信息技术联合实验室暨大学生创新创业基地。根据协议，三方在未来 5 年内面向轨道交通 ICT(Information Communication Technology) 领域，共同组建协同创新开发团队，联合开展技术攻关和新技术研究，分享建设成果。三方还在专业建设、资源库建设、师资建设、国家科技项目联合申报、大学生技能大赛及创新创业等方面开展深度合作。

（李岩）

埃中应用技术学院

11 月 10 日，信息职院与埃及 MEK 慈善基金会 (Misr El Kheir Foundation)、埃及苏伊士运河大学签署三方合作办学协议。根据协议，三方合作共建“埃中应用技术学院”，信息职院电子工程技术、通讯技术和机电一体化技术专业三年职业教育课程将嵌入埃及苏伊士运河大学四年制大学本科课程中，面向埃及高中毕业生招生，完成合作课程学习的学生将同时获得信息职院高职毕业证书和埃及苏伊士运河大学学士学位。

（李岩）

11 月 10 日，中埃职业教育合作签约

（信息职院 供）

边远贫困地区对口帮扶

至年底，信息职院多次开展边远贫困地区对口帮扶活动。5 月 18 日和 7 月 21 日，分别与云南东川职业成人教育培训中心、云南大姚县人民政府签订对口帮扶协议，从师资培训、远程成人教育合作等方面建立帮扶互访机制；6 月，与西藏职业技术学院签署“中国电子教育学会援藏贫困学生助学金”协议，对符合援助条件的西藏职院学生，实施每人 2000 元的一次性援助；11 月 8 日，学校作为教育部职业院校信息化教学指导委员会主任单位，首次组织对山东沂蒙老区职业院校信息化教学精准帮扶活动，并与山东临沂职业技术学院签订信息化对口帮扶协议。

（李岩）

北京电子科技职业学院

党委书记　张雅君

院　　长　王海平（3 月 1 日免）

概述

2016 年，北京电子科技职业学院占地面积 45.67 万平方米，产权校舍建筑面积 33.67 万平方米。全年教育经费投入 50716.64 万元，其中，国家拨款 45341.51 万元、自筹经费 5375.13 万元。固定资产总值 212233.82 万元，其中，教学、科研仪器设备总值 67155.52 万元。图书馆建筑面积 22760 平方米，藏有纸质图书 109.67 万册、电子图书 117 万册。拥有计算机 9599 台，多媒体教室座位 8040 个。学校信息化经费投入 868.89 万元，信息化设备资产 22702.55 万元，网络信息点 24875 个，校园网出口总带宽 1024Mbps，电子邮件系统用户 970 个，上网课程 150 门，数字资源量 65489GB，管理信息系统数据总量 295GB。设有 3 个校区，26 个系部，开设生物技术及应用、数控技术、多媒体设计与制作和计算机网络技术等 44 个专业。教职工 979 人，其中，专任教师 617 人，包括教授及教授级高级工程师 31 人，副教授及高级工程师 239 人；博士 51 人，硕士 179 人；“双师型”教师 378 人。聘请校外教师 102 人。毕业生 3332 人，其中，高职生 2274 人、中职生 991 人、成人教育专科生 67 人。毕业生一次就业率 97.63%，一次签约率 86.28%。招生 2368 人，其中，高职生 1305 人、中职生 1063 人。高考北京地区提档线文科 150 分、理科 150 分，单考单招 150 分。在校生 8186 人，其中，高职生 5298 人、中职生 2858 人、成人教育专科生 30 人。网址：www.dky.bjedu.cn。

2016 年，学校紧密围绕京津冀协同发展和北京“四个中心”城市战略定位，坚持开放办学，融合发展，全面深化和推进教育教学改革和内涵发展，全面推进依法治校和规范办学。

全力推进贯通培养项目，不断提升人才培养水平和质量。在原有贯通培养项目基础上新增北京学院贯通培养项目、中外国际学院贯通培养项目、高精尖创新人才培养试验项目。与北京市第三十五中学签约合作，共同开展高端技术技能人才贯通培养试验项目。将贯通项目强化科学基础和人文素养教育的特色与高职实践教学传统优势有机结合，开发43门创新课程，组建17个创新团队，着力强化学生创新思维能力和动手实践能力培养。

专业建设成绩突出，“中国传统金属及泥塑工艺美术”资源库列入教育部2017年度升级改进项目，“职业教育移动应用开发专业教学资源库”被教育部确立为国家级教学资源库。2门开放性科学实践活动课程通过市教委评审并面向全市初中在校生正式开课。

有序推进现代学徒制试点工作，选择数控设备应用与维护等5个专业作为现代学徒制试点专业，校企共同制订体现现代学徒制特色的招生制度和育人方案。与5家企业共建实训实践基地，通过联合授课、师资培训、就业推荐等途径，提高人才培养质量，优化学生职业生涯发展。

教师教育技术应用能力和信息化教学水平有效提升，8个作品代表北京市在全国职业院校信息化教学大赛中获奖，获奖数全国第一。形成“人人参与、一院一品、以赛促学、以赛促教”竞赛文化，学生参加国家级、省部级各类技能比赛取得优异成绩。

国际化办学水平不断提高，与德国、法国和加拿大等国家院校和机构签署合作协议，建立学生海外本科学习路径，引入英国机械制造工程领域国家职业资格EAL (Excellence Achievementand Learning) 认证标准，正式挂牌英国EAL授权认证中心，聘用英语、法语、德语等语言的外籍教师40余人次承担语言教学任务，不断提升学生语言水平和国际交往能力。

承办首都高等学校第54届学生田径运动会，是该活动历史上参赛院校最多、最具职业特色的一届。

拓展社会服务功能，为开发区企业开展各类业务培训，提供多项文化服务。体育馆获批北京市中小学体育运动协会北京市击剑运动技能普及认证指定机构；体育场获批“中国·亦庄文化体育活动基地”，进一步对社区居民、开发区企事业单位提供开放服务；图书馆在北京金风科创风电设备有限公司成立分馆。

（王琴）

签署校企合作协议

4月至6月，电科职院与3家企业签署校企合作协议。与北京东方仿真软件技术有限公司签约规定，双方在仪器分析操作、样品分析虚拟仿真项目开发和开展分析测试培训等方面开展合作。与北京朝阳循环经济产业园协议规定，双方在科研及产学研方面开展“资源设施共享、科研科教合作、科技成果转化”3项合作，在人才培养方面开展“教学实践、研究生培养、社会实践、实习就业”4项合作，并设立科研、科普教育基金、奖学金。与曙光信息产业（北京）有限公司协议规定，在自主可控、嵌入式开发、培训基地等方面合作，共同开展人才培养、教师培训、实训基地建设、教学资源建设，共同培养首都高精尖产业发展所需的高端应用型技术技能人才。

（王琴）

新增3个贯通培养项目

6月，电科职院新增北京学院贯通培养项目、高精尖创新人才培养试验项目和国际学院贯通培养项目。北京学院贯通培养项目按照“3+2+2”培养模式，前3年在学校接受基础文化课程教育及相应职业教育，后4年对接市属本科院校（北京工业大学、北京工商大学）和北京理工大学、中央财经大学2所中央高校北京学院联合培养。高精尖创新人才培养试验项目由学校与北工大等5所市属本科高校以及北京大学、清华大学等12所高校高精尖创新中心合作开展，前3年在学校接受基础文化课程教育及相应职业教育，后4年由对接市属本科高校以及高校高精尖创新中心联合培养。国际学院贯通培养项目由学校与北工大、北京信息科技大学、首都经济贸易大学3所市属本科高校以及北京航空航天大学中法工程师学院、北京邮电大学国际学院、中国农业大学国际学院合作开展，前3年在学校接受基础文化课程教育及相应职业教育，后4年由北京电子科技职业学院和对接市属本科高校（北工大、信息科大、首经贸）以及北航中法工程师学院、北邮国际学院、农大国际学院联合培养。3个项目计划招生人数共860人。电科职院自2015年起开展高端技术技能人才贯通培养项目。

（王琴）

首批定向培养士官生入伍

12月27日，电科职院举办首批定向培养士官入伍欢送会暨出征仪式。首批144名士官生完成为期2.5年在校学习任务，进入火箭军某部开展为期半年的入伍实习。中国人民解放军火箭军某部，市政府征兵办、市教委、朝阳区武装部，学院领导、相关部门及专业教师代表、2014级全体士官生、2015级和2016级士官生代表共300人参加欢送会。8月13日，电科职院成立士官学院。

（王琴）

12月27日，电科职院首批定向培养士官入伍

（电科职院 供）

北京京北职业技术学院

党委书记 王恩成（2 月免） 梁勇（5 月任）
院　　长 任武军

概述

2016 年，北京京北职业技术学院占地面积 12.40 万平方米，产权校舍建筑面积 6.13 万平方米。全年教育经费投入 5897.32 万元，其中，国家拨款 4575.87 万元、自筹经费 1321.45 万元。固定资产总值 22104.75 万元，其中，教学、科研仪器设备总值 6933.38 万元。图书馆建筑面积 8685 平方米，藏有纸质图书 61.35 万册、电子图书 120500GB。拥有计算机 864 台，多媒体教室座位 3100 个。学校信息化经费投入 124.69 万元，信息化设备资产 3007.54 万元，网络信息点 1059 个，校园网出口总带宽 150Mbps，电子邮件系统用户 100 个，上网课程 2 门，数字资源量 3200GB，管理信息系统数据总量 30GB。开设 16 个专业。教职工 211 人，其中，专任教师 142 人，包括教授及教授级高级工程师 3 人、副教授及高级工程师 48 人；博士 4 人、硕士 97 人；“双师型”教师 51 人。聘请校外教师 21 人。毕业生 651 人。毕业生一次就业率 98.20%，一次签约率 92.60%。招生 640 人，其中，高职生 565 人、中职生 75 人。高考北京地区提档线文科 152 分、理科 162 分。在校生 2097 人，其中，高职生 1889 人、中职生 208 人。网址：www.jbzy.com.cn。

2016 年，学校坚持走以提升质量为核心的内涵式发展之路，深化教育教学改革，全力提高学生综合素质和实践能力。

深化教育教学改革，人才培养质量稳步提升。狠抓教学质量工程，注重提升教师教学能力和水平，深入推进人才培养模式与机制改革。实施“人才强校”战略，推进高层次人才队伍建设。着眼于打造素质优良、结构合理、梯队健全的师资队伍。

科学课程体系建立。按照社会经济发展和人才培养方向，紧抓有效课，突出核心课，压缩低效课程，减少无效课时，使课程设置及课程内容更加科学、合理，符合高职教育特点，实现培养目标与就业岗位无缝链接。

稳步推进社会服务工作，着力提升社会服务能力。为怀柔区内重点企业开展培训 75 期，累计培训 1008 人次；为区内行政部门开展培训，4000 余人次获益；完成 23 期语言文字测试任务，全年培训 7000 人次。学生 800 人次为第六届北京国际电影节、第三届北京怀柔国际徒步大会和长城马拉松 3 项重大赛事和活动提供志愿服务。

（王长兴）

学术道德行为规范出台

10 月 17 日，京北职院《学术道德行为规范及管理办法》出台。该办法共 5 章 20 条，规定在学术活动中应遵守相关法律、法规及教育部有关加强学术道德建设的文件精神，恪守职业道德，维护科学诚信。管理办法使学校形成有效学术管理体制，规范学术行为。

（王长兴）

首轮课改工作结束

至年底，京北职院第一轮课改工作结束。学校自年初开展“项目教学法”教育教学改革，34 门课程参加第一轮改革，其中，25 门课程通过验收，并采用抽签方式选中 3 名教师开展课改汇报。学校推广“学中做、做中学”模式，加强教学过程管理和评价体系，有效促进教学的科学化、规范化，提高教学质量。

（林红霞）

北京交通职业技术学院

党委书记 李卫东
院　　长 林海波

概述

2016 年，北京交通职业技术学院占地面积 20.38 万平方米，产权校舍建筑面积 9.70 万平方米。全年教育经费投入 9376.26 万元，其中，国家拨款 8210.94 万元、自筹经费 1165.32 万元。固定资产总值 20302.25 万元，其中，教学、科研仪器设备总值 3976.24 万元。图书馆建筑面积 2916.95 平方米，藏有纸质图书 13.36 万册、电子图书 13 万册。拥有计算机 1114 台，多媒体教室座位 2900 个。学校信息化经费投入 688.43 万元，网络信息点 1640 个，校园网出口总带宽 120Mbps，上网课程 30 门，数字资源量 7310GB，管理信息系统数据总量 32GB。设有路桥系、汽车系、管理系、轨道交通系和基础部“四系一部”，开设 18 个专业，55 个教学班。教职工 245 人，其中，专任教师 99 人，包括教授及教授级高级工程师 2 人、副教授级高级工程师 25 人；博士 3 人，硕士 64 人；“双师型”教师 31 人。聘请校外教师 47 人。毕业生 674 人。毕业生一次就业率 93.62%，一次签约率 63%。招生 591 人。高考北京地区提档线文科 172 分、理科 150 分。在校生 579 人。网址：www.jtxy.com.cn。

2016 年，学校加强师资队伍建设。着力培养青年教师，借助北京市“青年英才计划”项目实施，逐步完善青年教师培养机制，制定相应管理办法和实施细则，激励、提升青年教师教学、科研能力。建立“班主任论坛”长效内训机制，促进整体能力素质提升。

加强合作。与大兴区第二职业学校、北京市商业学校、北京水利水电学校等院校合作开展“3+2”中高职衔接项目；制定《“3+2”中高职衔接试点转段升学考核工作指导意见》，切实做好中高职考核转段工作；与河北石家庄职业学校、河北能源职业技术学院加深合作，共同推进京津冀学校协同育人、协同创新。与市地铁运营有限公司四分公司南邵站区共同举办客运服务技能竞赛。与锐捷网络公司签订“百校工程”合作院校协议，在人才培养、课程建设、学生实习实训、实训室建设等方面开展全方位合作。

调整优化专业结构。发展新兴产业相关专业，论证申报2个新专业，确定5个重点建设专业项目，加强专业群建设。制订新一轮《高职（3年制）专业人才培养方案的指导意见》，全面修订各专业人才培养方案，改革人才培养模式，充分体现专业特色。

提高实践教学能力。进一步完善实训室硬件建设和环境建设，建立地铁沙盘实训室、BIM综合实训室、道桥工程虚拟仿真实训室等建设项目，加强机房软件开发，提高各专业实训条件。与北京地铁昌平线十三陵车辆段共建学生社会实践基地。

提升科研服务能力。科研课题立项12项，包括校级重点课题2项、一般课题10项；完成课题结项11项，包括教育部课题2项、北京市职业院校课题1项、校级课题8项。年内公开发表论文26篇，出版专著3本、教材10种，包括“十二五”时期规划教材6种。学校获教育部高等学校外语专业教学指导委员会教育教学成果奖。

招生就业工作取得新进展。2016年面临生源数量持续下降的挑战，计划录取750人，实际录取591人，实际报到579人，总体报到率98%，创2010年以来历史新高。

改善后勤管理。加大宿舍安全检查力度，严格宿舍楼大门出入管理；制定《学生宿舍空调使用管理规定》及《学生宿舍空调计费规定》等规章制度，解决师生夏季空调使用难题。

（冯香春）

与大兴二职开展中高职衔接试验

3月，交通职院与大兴区第二职业学校开展“3+2”中高职衔接联合办学项目。学校计算机应用技术专业与大兴二职计算机网络技术专业合作，共同制定中高职人才培养目标及方案，确定课程体系和课程内容；分学段进行教学和管理，中职阶段提前学习高职课程的理论知识。学生在大兴二职学习3年，通过自然转段方式升入交通职院，学习2年，考试合格颁发高职学历毕业证书。

（刘连光）

名师工作室成立

4月14日，交通职院名师工作室成立。工作室共15名成员，通过举办名师讲堂、开展教学信息化技术经验交流等多种形式，发挥名师示范、引领、指导、辐射作用，培养一批教育科研骨干教师，推动教育教学改革创新，提升教师队伍整体素质，进一步提高教育教学质量。当天开展名师工作室第一次活动——德国职业教育交流会，路桥系和城轨系领导分别从德国职业教育体系、培训概况及个人收获等方面交流研讨。

（陈佳毅）

北京青年政治学院

党委书记 楚国清
院　　长 乔东亮（7月任）

概述

2016年，北京青年政治学院占地面积4.64万平方米，产权校舍建筑面积4.08万平方米、非产权校舍建筑面积2.26万平方米。全年教育经费投入19286.09万元，其中，国家拨款15833.60万元、自筹经费3452.49万元。固定资产总值33605.81万元，其中，教学、科研仪器设备总值13956.40万元。图书馆建筑面积4618平方米，藏有纸质图书50万册、电子图书40万册。拥有计算机3451台，多媒体教室座位3488个。学校信息化经费投入656.10万元，信息化设备资产8119.19万元，网络信息点4210个，校园网出口总带宽1750Mbps，电子邮件系统用户714个，上网课程652门，数字资源量40274GB，管理信息系统数据总量13450GB。设有望京和金盏2个校区，10个系部，青少年工作与管理、学前教育和社会工作等21个专业，7个研究中心。教职工349人，其中，专任教师249人，包括教授及教授级高级工程师21人，副教授及高级工程师以上90人；博士40人，硕士219人；“双师型”教师172人。聘请校外教师74人。毕业生1336人，其中，高职生1277人、成人教育专科生59人。毕业生一次就业率98.67%，一次签约率78.87%。招生1189人，全部为高职生。高考北京地区提档线文科166分、理科156分。在校生3618人，其中，高职生3562人、成人教育专科生56人。网址：www.bjypc.edu.cn。

2016年，学校加大改革创新，进一步推进事业发展。

创新人才培养模式，推进教育教学改革。修订出台2016版专业人才培养方案，探索构建“大平台＋小模块”课程体系，实现综合素质、职业基础、职业能力、综合实践、通识教育有机统一。推广“课证课赛融合”，加强创新创业教育，改革学分认定制度，实现教学内容与职业标准对接、教学过程与生产过程对接、毕业证书与职业资格证书对接的课程模式。老年服务与管理专业被确定为首批全国职业院校养老服务类示范专业点。《中国职业技术教育》杂志用5个版面推广学校优秀案例。

创新顶岗实习管理方式。实现实习过程信息化、可视化、立体化，毕业生顶岗实习专业与岗位对口率89.80%，学生对顶岗实习满意度88.40%。校企（社）合作内涵不断深化，逐步形成集专业建设交流、技能展示、双选等多种功能于一体的合作年会机制；校企共同开发实训项目21个，形成适应“互联网＋”校企合作影视教育等新实践模式。坚持“学训赛奖”一体化通用能力实训模式，公共实训学期增加艺术修养和社会志愿服务模块。专业实训学期引进中青网、社区青年汇等项目。试点推行青年教师企业导师制。

学生教育管理工作取得明显成效。以学风建设为主线，以打造特色品牌为抓手，推动开展 2016 年大学生科学研究与创业行动计划项目 20 项。研究制订“学生读书计划”实施方案，积极营造“多读书、读好书”的文化氛围，着力打造“青椒训练营”“新青年大讲堂”“青椒学堂”“青椒放映室”“明德学堂”“北青学工”等重点品牌，增强育人功能。

稳步推进研究基地和学术团队建设。北京青少年教育与发展研究基地积极创新发展模式，深入开展与浙江青年研究会、黑龙江省青少年研究所等机构的合作研究。全年各级各类科研项目立项总数 67 项，包括北京市社会科学基金项目 4 项、北京市教委重点项目 1 项，省部级以上科研立项数量连续 5 年位居市属高职院校首位。全校教师共发表论文类成果 235 篇，出版著作类成果 39 部，公开发表艺术作品 46 幅（件）。

积极发挥团校培训主阵地作用，主动提供培训服务，搭建高质量培训平台。建立“三热爱”基地，与求是杂志社共同主导推动青海杂多县中学生“三热爱”教育活动，举办西宁市依法行政与执政能力建设培训班，承接北京对口支援合作任务，举办内蒙古网信办在京培训班，受台盟中央委托举办贵州赫章教师在京培训，开展广东轻工职业学院教师培训。承接团市委市级培训班共 15 期，1712 人次；承接全市机关企事业单位各类培训近 30 个班次，近 2500 人次；承接 2016 年北京市社区工作者实务培训、“最美社工”培训及宣讲、新入职社区工作者培训等任务。推动实施创新部落项目，已建成 16 家创新部落门店。入选市教委科技课 3 门，举办青少年未来能源车挑战赛，举办冬、夏令营共 10 期，累计服务学生 18000 人次。

推动职称评聘改革。启动职称评聘专家库建设。专业技术人员高级职称岗位比例提升至 50%，高级职称指标 148 个，增加 43 个。

（黄冬冬）

6 月 15 日，青少年“三热爱”教育基地揭牌成立

（北青院 供）

建院 30 周年

10 月 15 日至 16 日，北青院举行建院 30 周年、邓小平题写院名 30 周年、北京市团校建校 60 周年纪念系列活动。活动包括纪念大会、校友座谈会、图书馆新馆启用仪式等。纪念大会上，回顾学校 30 年来栉风沐雨、砥砺前行的奋斗历程，以及近年来取得的成绩。与会领导共同启动北青院创新创业教育实践联盟，学校将与首批 30 家校友企业合作，培养创新创业人才，搭建校企合作平台，服务校友企业发展，推动学生创新创业。活动举办“中国梦与当代青年发展研讨会”，邀请专家学者对青少年教育、成长与发展过程中出现的亟待解决的现实问题献言献策。来自全国人大内务司法委员会、团市委等部门领导，曾在市团校和学校工作过的部分老领导，退休老同志代表，校友代表，部分师生代表等 3000 余人参加相关活动。北青院成立于 1986 年，前身是创建于 1956 年的北京市团校。1986 年 7 月，邓小平亲笔题写校名。

（黄冬冬）

北京农业职业学院

党委书记 李云伏
院　　长 杜晓林（4 月免） 王福海（4 月任）

概述

2016 年，北京农业职业学院占地面积 81.22 万平方米，产权校舍建筑面积 30.67 万平方米。全年教育经费投入 45331.55 万元，其中，国家拨款 42168.55 万元、自筹经费 3163 万元。固定资产总值 68740.14 万元，其中，教学、科研仪器设备总值 15855.57 万元。图书馆建筑面积 8669 平方米，藏有纸质图书 50.56 万册、电子图书 64 万册。拥有计算机 3699 台，多媒体教室 185 间。信息化设备资产 8153.67 万元，网络信息点 4600 个，校园网出口总带宽 1010Mbps，电子邮件系统用户 970 个，上网课程 27 门，教学资源库 60 个，管理信息系统数据总量 400GB。设有南校区、北校区、国际教育学院和机电工程学院共 4 个校区，9 个系部，开设园艺技术、畜牧兽医和绿色食品生产与检验等 40 个专业。教职工 846 人，其中，专任教师 397 人，包括教授及教授级高级工程师 19 人，副教授及高级工程师 134 人；博士 42 人，硕士 235 人；“双师型”教师 310 人。聘请校外教师 111 人。毕业生 1818 人，其中，高职生 1420 人、中职生 251 人、成人教育专科生 147 人。毕业生一次就业率 96.63%。招生 1278 人，其中，高职生 1139 人、中职生 105 人、成人教育专科生 34 人。高考北京地区提档线文科 150 分、理科 150 分，单考单招 150 分。在校生 4445 人，其中，高职生 3690 人、中职生 521 人、成人教育专科生 234 人。网址：www.bvca.edu.cn。

2016 年，学校制订并实施“十三五”时期发展规划。开设高端技术技能人才贯通培养试验项目。首批招生 105 人，由国际教育学院承担两年文化基础课教育任务。制定《高端技术技能人才贯通培养教师队伍管理暂行规定》，修订《班主任工作考核办法》等 7 项制度，完善集体备课、周例会、推门课、相互听评课、考教分离、教师考核等管理制度。

推进中学生学农教育工作。以“一周学农教育，影响孩子一生”和“以孩子发展为本，将孩子放在教育的正中间”

为工作理念，全年接受6个城区、51所试验校、286个学农班级10272名学生、1050名教师的学农任务。

新型职业农民学历教育获得突破。113名农广校优秀毕业生通过高等职业教育自主招生进入4个专业方向进行高职学习。成立市农广校建设与发展委员会。在2016年新型职业农民系列培训中推出"训赛融合，学评同步"组训模式。

促进两个职教集团开展实质性工作。作为中国（北京）两个都市农业职教集团理事长单位，学校坚持校企合作、产教结合，推进"订单培养"，与首农集团举办首个"奶牛养殖人才定向培养班"，与北京海联力通经贸有限公司合作举办"海联力通大众定向班"，与环球行国际旅行社有限责任公司合作举办"环球行旅游订单班"；与北京菜篮子集团开展紧密型校企合作，设立"北菜奖教金和奖学金"。

推进北京市农村基层干部人才培养工程。对农村基层干部人才、实用人才开展专题研修班和重点示范培训班，对农村后备干部开展全日制大专层次学历教育。制订《北京市农村基层干部人才培养五年规划》和2016年培训计划，6月13日正式开班启动，先后承担全市村党组织第一书记培训、全市村党组织书记示范培训等12个班次，共计培训1658人。

（肖兵）

首次招收农广校学员进入高职

4月，农职院高等职业教育自主招生首次招收市农广校学员。作为定向精准培育高级新型职业农民新举措，农职院开设家庭农场经营与管理、农民合作社运营与管理、现代农艺技术、休闲农庄经营管理4个专业方向，计划招收60人；市农广校推荐100余名来自农民专业合作社、家庭农场、专业大户、农业龙头企业的学员报名，经笔试、面试，最终录取113人。学校实行"三免一补"，即免学费、住宿费、教材费，同时参照有关标准，根据学员实际给予伙食补助。学生通过半农半读、农学交替的方式接受为期3年高等职业教育，学业期满并符合条件，可取得全日制高职毕业证书。此项工作是农职院在全国农业高职院校中率先进行的改革，有效探索农业职业教育和成人教育与普通教育相融通、中等职业教育与高等职业教育相衔接的新途径。

（朱启酒）

现代学徒制试点

11月，农职院机电工程学院进行现代学徒制试点项目小结。根据工作方案，项目以学生技术技能培养为核心，以校企深度合作和教师、师傅联合传授为支撑，由机电工程学院与海联力通、正德永成两家合作企业共同探索实践"工学结合、理实一体、岗位学徒、定向培养"人才培养模式。自3月起，项目在汽检1405班、1507班开展试点，安排58名学生与企业技师建立师徒关系，分A、B两组于每周周三、周四，按企业作息时间，在保养、洗车工位进行为期1天的岗位学徒。经过两个学期试点，学生技术技能和职业素养得到显著提高。

（杨学坤）

北京政法职业学院

党委书记　郑振远

院　　长　张景荪

概述

2016年，北京政法职业学院占地面积29.98万平方米，产权校舍建筑面积13.84万平方米。全年教育经费总投入25161万元，其中，国家拨款21436.28万元、事业收入1878.06万元、其他收入1846.66万元。固定资产总值30793.76万元，其中，教学、科研仪器设备总值8705.70万元。图书馆建筑面积1.34万平方米，藏有纸质图书45.56万册。拥有计算机2913台。学校信息化设备资产4522.62万元，网络信息点3611个，校园网出口总带宽400Mbps，电子邮件系统用户1011个，上网课程156门，数字资源量491TB，管理信息系统数据总量14193.12GB。设有社会法律工作系、安全防范系、应用法律系、经贸法律系、信息技术系和基础部"五系一部"，开设法律文秘、法律事务、司法助理和安全防范技术等22个专业，包括中央和北京市重点支持建设专业4个。有中央和北京市重点支持建设实训基地5个，国家级专业教学资源库建设项目1个，国家及省部级精品课程8门，国家及省部级优秀教学成果奖5项。教职工393人，其中，专任教师197人，包括教授及教授级高级工程师9人，副教授及高级工程师63人；博士19人，硕士142人；"双师型"教师160人。聘请校外教师37人。毕业生1343人，其中，高职生1094人、中职生231人、外国留学生18人。毕业生一次就业率98.35%，一次签约率85.90%。招生1575人，其中，高职生1239人、中职生307人、成人教育专科生29人。高考北京地区提档线文科150分、理科150分，单考单招150分。在校生3867人，其中，高职生3018人、中职生811人、成人教育专科生29人、外国留学生9人。网址：www.bcpl.cn。

2016年，学校坚持以立德树人为根本，围绕从严规范管理、教风学风建设、重大教学改革项目，团结带领广大师生员工干事创业。

深化与北京市法院、检察院、首都机场安保有限公司等行业企业合作，签约德威控股集团、海淀区劳动人事争议仲裁院等合作单位，校企合作育人机制不断完善。携手全国13所联建院校（含北京市速录协会）及合作单位共建19门课程，近220余名行业专家、企事业一线工作人员、院校教师参与其中，有序推进国家级职业教育法律文秘专业教学资源库建设师资培训、课程开发等工作。

高端技术技能人才贯通培养试验项目开局良好，从建设思路框架到教学管理、学生管理、国际交流、考核评价、人才培养方案等各方面工作进展顺利，在完善职业教育体系，构建法律职业人才培养"立交桥"方面迈出重要一步。

制订修订教学质量评价、教学督导、教师评学、学生评教、实习管理等教学制度，成立由校内外专家组成的两级教学督导体系，全面开展教学检查和督导。制订修订《教师教学工作规范》《教学事故认定和处理办法》《外聘教师管理办法》《校内兼职教师管理办法》等制度，促进“双师”教师结构的改善，进一步提升教师的促教风和教学水平。1名教师获得北京高校名师称号，1名教师获得北京市师德先锋称号。

完善人才培养工作状态数据采集与分析平台，编印人才培养质量年报、毕业生就业质量年报，构建可持续的教学诊断与改进工作机制，组织完成国家教育督导委员会开展的职业院校适应社会发展能力评估工作。充分利用法学专业、图书信息资料、计算机实训机房等优势资源，与市检察院等政法单位建立良好合作关系，为其提供智力支持，依靠科研、教育培训、志愿服务等平台，多措并举推进行业及社会服务工作，着力增强社会服务能力。

专业建设及科研工作方面，完成“中央财政资金资助教师专业素养提升”项目，资助教职工出版学术著作17部、教材19部。科研课题来源更加广泛，立项层次显著提高，其中，纵向课题立项3项，包括北京法学会项目2项、北京市维稳办重点调研课题1项；横向课题立项2项；政府购买服务项目1项。与市监狱管理局合作开展的“在押服刑人员民商事权益保障体系建设”项目结题，“安全保卫专业3D安保虚拟实训系统”获得国家版权局颁发的计算机软件著作权登记证书。

（李治建）

12月，政法系统优秀青年干部政治轮训班

（政法职院 供）

首例在校大学生创业成功

4月20日，政法职院社会法律工作系2012级五年制3名学生与信息技术系2名学生合伙创办的北京影游娱乐文化发展有限公司正式获颁营业执照。这是学校首个在校大学生创业成功事例。学生从前期拍摄网络视频作品做起，到制作“南锣鼓巷美食介绍”主题专栏节目，再到自主设计开发“来交换吧”“异度之战”等网络桌游项目，终获成功。

（李治建）

首批贯通培养试验项目招生

7月30日，政法职院首批“2+3+2”高端技术技能人才贯通培养试验项目学生报到。学校于5月被市教委确定为开展高端技术技能人才贯通培养试验项目单位，与法院、检察院、安保企业和市属本科院校共同确定国内安全保卫（海外安全管理）、法律文秘（法官助理）、司法信息安全、司法助理（检察官助理）和法律事务（知识产权法务助理）5个重点专业作为试点专业，计划招生400人，实际录取308人。

（李治建）

北京财贸职业学院

党委书记　高东
院　　长　王成荣

概述

2016年，北京财贸职业学院占地面积29.73万平方米，产权校舍建筑面积16.51万平方米。全年教育经费投入34478.16万元，其中，国家拨款28987.77万元、自筹经费5490.39万元。固定资产总值86101.99万元，其中，教学、科研仪器设备总值25430.37万元。图书馆建筑面积12320.90平方米，藏有纸质图书80.76万册、电子图书287万册。拥有计算机7803台，多媒体教室218间。学校信息化经费投入1558.12万元，信息化设备资产19523万元，网络信息点14215个，校园网出口总带宽630Mbps，电子邮件系统用户8467个，上网课程210门，数字资源量20392.20GB，管理信息系统数据总量3045.98GB。设有4个校区，10个教学系部和二级学院。设置4个专业群，开设29个高职教育专业（含方向）、9个中专教育专业、4个成人教育专业，包括3个中央财政重点支持专业、4个市级财政支持专业。教职工570人，其中，专任教师321人，包括教授及教授级高级工程师8人，副教授及高级工程师以上97人；博士29人，硕士206人；“双师型”教师211人。聘请校外教师130人。毕业生2249人，其中，高职生1819人、中专生366人、成人教育专科生64人。毕业生一次就业率99.78%，一次签约率73.85%。招生2136人，其中，高职生1229人、中专生822人、成人教育专科生85人。在校生6034人，其中，高职生4247人、中专生1702人、成人教育专科生85人。网址：www.bjczy.edu.cn。

2016年，学校编制并实施“十三五”时期事业发展规划；整建制合并北京城市建设学校（北京市建设职工大学），成立朝阳校区（基础教学部），作为新的贯通培养基础教学基地；与中央民族大学附属中学签署协议，合作开展贯通培养试验项目。

调整二级学院设置和专业布局，成立3个二级学院，增设专业（含方向）4个、更名4个，开发贯通培养专业方向13个，形成财经、商贸、旅游与艺术、建筑工程管理四大专业群体系。启动专业升级改造三年计划，建成空乘服务实训基地。成立北京运河文化研究院和城市副中心研究院。

成立体育运动委员会和福利委员会。新建校本部中心食堂和学生中心。

推进教学信息化建设，46 门 E 化课程通过验收；启动“智能、网上、企业三个课堂”建设，“财贸在线”试开通；推进智慧校园建设，初步实现校园无线网全覆盖。

完善创新创业教育体系，推进创业学院和创业孵化中心建设，成为首批“北京地区高校示范性创业中心”，入选中国青年报“全国高职院校创新创业示范校 50 强”。

启动“现代学徒制”试点；与伦敦艺术大学、加拿大北岛学院、芬兰拉赫蒂应用技术大学签订合作办学协议；承办中国—丹麦职业教育国际交流合作研讨会。

开展跨专业、跨学科协同研究。取得科研教研成果 305 项，包括科研成果 270 项、教研成果 35 项。

开展学风建设年活动，建立学校、系（院）、班级、宿舍四级学风建设体系；实施明礼修身工程、爱班修业双十工程和宿舍建家双百工程，加大学生日常行为养成教育；调整素养教育“四个平台”，正式推行“青春护照”；寻访行业党员先锋，建立学长领航智库。

深化内部控制，完善各项规章制度；推进朝阳校区与学校人财物及各项管理的对接、交接和融合工作；校本部新食堂启用，完成“学生中心”装修改造；完成在职、退休人员保险入库和保费补缴工作，成立学校福利委员会，设立医务室，实施暖心融情工程，增强学校凝聚力。

（殷红）

11 月 4 日，北财院首届“财贸好课堂”评选活动决赛现场

（北财院 供）

课程 E 化教学改革项目完成验收

12 月 9 日，北财院完成课程 E 化教学改革项目验收。经过数字资源审查、网络课程结构审查、问题整改情况审查、初验、复议和最终验收等环节，累计邀请校内外专家 40 人次，最终形成正式验收结论。学校于 2014 年 4 月启动第一批课程 E 化教学改革项目立项，至年底，共分 3 次立项支持 48 门课程的 E 化建设。依托 E 化课程，学校在各级各类信息化教学比赛中获奖，包括在 2016 年北京市职业院校信息化教学大赛中获得一等奖 2 个、二等奖 2 个、三等奖 3 个，在 2016 年全国职业院校信息化教学大赛中获得信息化课堂教学比赛二等奖 1 个、信息化教学设计比赛三等奖 2 个。

（殷红）

北京戏曲艺术职业学院

党委书记 刘宝华
院　　长 刘侗

概述

2016 年，北京戏曲艺术职业学院占地面积 2.71 万平方米，产权校舍建筑面积 3.06 万平方米。全年教育经费投入 13863.02 万元，其中，国家拨款 11911.44 万元、自筹经费 1951.58 万元。固定资产总值 22197.49 万元，其中，教学、科研仪器设备总值 21335.06 万元。图书馆建筑面积 1569 平方米，藏有纸质图书 13.77 万册、电子图书 14.92 万册。拥有计算机 590 台，多媒体教室座位 164 个。学校信息化经费投入 68.64 万元，信息化设备资产 914.79 万元，网络信息点 2000 个，校园网出口总带宽 2000Mbps，数字资源量 50000GB，管理信息系统数据总量 2GB。设有 1 个校区，7 个系部，1 个研究中心，开设戏曲表演、舞蹈表演、音乐表演、影视表演等 5 个专业。教职工 366 人，其中，专任教师 220 人，包括教授及教授级高级工程师 10 人，副教授及高级工程师 36 人；博士 5 人，硕士 77 人；“双师型”教师 87 人。聘请校外教师 168 人。毕业生 281 人，其中，高职生 165 人、中职生 116 人。毕业生一次就业率 98.14%。招生 287 人，其中，高职生 127 人、中职生 160 人。高考北京地区提档线文科 105 分、理科 105 分。在校生 1254 人，其中，高职生 441 人、中职生 813 人。网址：www.bjxx.com.cn。

2016 年，学校重点围绕推动京津冀协同发展、承办职业技能比赛、服务首都公共文化服务体系等领域开展特色工作。

推进京津冀协同发展，构建三地高水平高等艺术职业教育体系。学校与河北、天津等校形成三地四校联合发展合作模式，深入研究和探索艺术职业教育规律；建立干部教师挂职和互派制度；加大开放办学力度，研究并制定优质课程互通、互联、共享，支持在校生跨院校学习的选课制度；推进联合招生工作，积极开辟毕业生就业渠道；共同组建协同发展专家团队，全面指导教学、科研和艺术实践工作；加强学术交流与合作，建立广泛的观摩、交流、比赛成果展示、学生创业平台，全面推进三地艺术职业教育均衡、协调、错位发展。

承办各类职业技能比赛，包括全国职业技能大赛高职声乐赛项、北京市高等职业院校技能大赛声乐比赛、北京市中等职业学校技能比赛国标舞赛项等。

参与公共文化体系建设，服务北京社会文化建设和文化中心城市建设。学校少儿戏剧场进入常态化运营阶段，秉承“发展艺术职业教育重视职业实践，职业教育与社会文化建设深入交融”理念，帮助更多师生走向舞台，展现更多优秀剧目。“北戏书馆”取得突破性进展，一是主讲书目《红楼梦》开讲，开创评书讲红楼的先河；二是在平谷开办分馆，丰富平谷居民文化生活。学校还举办市文化局千名基层文化骨干培训班、首都优秀中青年文艺人才库之曲艺人才基础技能培训班、海淀区文委评剧教师岗前培训班等一系列社会公共文化服务培训班。

弘扬优秀传统文化和社会主义先进文化。举办纪念京剧表演艺术家、教育家郝寿臣先生130周年诞辰学术研讨会。利用自身资源，承办由首都精神文明办主办的美德少年暑期传统艺术体验营，加大力度进行《中华美德故事汇》创排与演出宣传，并组织多种活动送传统文化进校园，进一步促进学生艺术实践活动，服务北京文化建设。参与“百姓周末大舞台”“文艺星火工程”“周末场”“民族艺术进校园”等公益演出项目；学校艺术团走向社会、学校、各大剧场、影剧院、乡镇，分别为百姓演出70余场，观众人数3.50万人，演出范围涉及全市各区。

（杨楠）

7月，北戏举办千名基层文化骨干培训班

（北戏 供）

北戏书馆平谷分馆设立

1月11日，北戏在平谷文化馆设立北戏书馆平谷分馆。北戏书馆平谷分馆本着“弘扬传统文化、传承艺术梦想”理念，每周一晚演出经典评书，采用公益方式，让更多基层百姓免费走进书馆，了解北京评书，喜爱评书艺术。平谷分馆是北京第一家开办在郊区的曲艺书馆，成为传播中华传统文化重要基地。

（杨楠）

曲艺系成立

10月9日，北戏成立曲艺系，并举办教学汇报展示。曲艺系在地方戏曲系中专部基础上建立，分为古曲专业和评书专业方向，面向专业艺术院团、中小学校以及其他教育机构、基层群众曲艺演出场所和各类文化馆，培养具备曲艺表演专业水平，能够从事曲艺演出工作，具有良好职业道德、熟练业务技能和可持续学习与提升自身水平的能力，符合时代要求，适应市场需要，具有优秀综合素质的应用型曲艺表演人才。有专任教师15人，学生12人，学习京韵大鼓、梅花大鼓、单弦、西河大鼓等曲种的演唱及伴奏。

（杨楠）

北京经济管理职业学院

党委书记 项进
院　　长 姚光业

概述

2016年，北京经济管理职业学院占地面积85.80万平方米，产权校舍建筑面积16.15万平方米、非产权校舍建筑面积0.48万平方米。全年教育经费投入25011.16万元，其中，国家拨款22316.83万元、自筹经费2694.33万元。固定资产总值35368.05万元，其中，教学、科研仪器设备总值10185.69万元。图书馆建筑面积8318平方米，藏有纸质图书50.96万册、电子图书31000万册。拥有计算机5592台，多媒体教室200间。学校信息化经费投入1138.90万元，信息化设备资产11704.53万元，网络信息点5797个，校园网出口总带宽922Mbps，电子邮件系统用户1142个，上网课程103门，数字资源量66478GB，管理信息系统数据总量135GB。设有望京和固安两个校区，下设8个二级学院（系、部），1个研究中心，开设旅游管理、会计等23个专业。教职工519人，其中，专任教师194人；教授及教授级高级工程师14人，副教授及高级工程师54人；博士26人，硕士167人；“双师型”教师69人。聘请校外教师17人。毕业高职生1015人。毕业生一次就业率99.02%，一次签约率87.04%。招生973人，其中，高职生875人、成人教育专科生98人。高考北京地区提档线文科150分、理科150分，单考单招150分。在校生3201人，其中，高职生2967人、成人教育专科生234人。网址：www.biem.edu.cn。

2016年，学校制订完成“十三五”时期发展规划中专业建设、师资队伍建设、校园建设3个分规划。推进固安校区农用土地变性工作，固安校区32万平方米土地变性已列入固安县政府用地规模和用地计划指标。完成4个重点建设专业的启动建设、4个新申请专业调研论证和2个新设专业的报批备案；加强与“3+2”合作中职学校的联系和对接，探索与普通高中“3+3”衔接合作。首次开展学校教育教学成果奖评选，共评出一等奖9项、二等奖13项。明确在线开放课程建设标准，组织在线开放课程建设，完成首批30门课程前期建设工作。完成宝玉石鉴定与修复专业教学资源库建设，并被列为2017年国家级专业教学资源库备选项目。制定实施新的《教师教学质量评价办法（试行）》，评选表彰年度教学质量优秀奖教师获得者54人。建立教育教学督导网络评价平台，改进对校风、学风、教风的督导方式。与5家企业新签校企合作协议；组织承办竞赛3项，参加全国竞赛4项，参加市级比赛12项、行业协会比赛22项，获得国赛、市赛奖各15项。推动国际化办学，留学生教育共开设36个班次汉语课程，对来自82个国家520余名留学生进行汉语培训，举办短期中国文化课程班1期。全年中英合作办学录取学生44人，3个年级在校生130余人，为历史同期最高。完成教职工之家实体化建设，场地面积1000平方米。

（刘益宏）

首届大学生创业训练营

1月9日至13日，经管职院举办首届“大学生创业训练营”。40名学生参加活动，通过理论课程学习，参与企业模拟运营、沙盘模拟演练、创业计划展示以及参观孵化器等多种形式，收获创业知识，学习创业技能，激发创业热情。

（刘益宏）

首届“青春榜样经职之星”寻访

4月，经管职院举办首届“青春榜样经职之星”寻访活动。经各二级学院（系）推荐、评委会评审、学校党委会审议通过，评出“敬业奉献之星”“学海领航之星”“科技创新之星”“自强自立之星”“公益实践之星”和“敬老孝亲之星”各1人，评出“班级之星”和“宿舍之星”各1个集体。5月4日，学校在纪念五四运动97周年暨表彰大会上表彰获奖个人和集体。

（刘益宏）

北京劳动保障职业学院

党委书记　卢琳
院　　长　李继延

概述

2016年，北京劳动保障职业学院占地面积21.53万平方米，产权校舍建筑面积12.61万平方米。全年教育经费投入15995.07万元，其中，国家拨款14480.04万元、自筹经费1515.03万元。固定资产总值47625.70万元，其中，教学、科研仪器设备总值14902.39万元。图书馆建筑面积7105平方米，藏有纸质图书40.97万册、电子图书27.50万册。拥有计算机2462台，网络多媒体教室164间。学校信息化经费投入514.09万元，信息化设备资产2599.60万元，网络信息点2192个，校园网出口总带宽2110Mbps，电子邮件系统用户1000个，上网课程64门，数字资源量21000GB，管理信息系统数据总量300GB。设有亚运村和昌平西关两个校区，设置机电工程系、工商管理系、劳动经济管理系、安全工程系，基础部和实训中心。教职工236人，其中，专任教师186人，包括教授及教授级高级工程师7人，副教授及高级工程师以上56人；博士24人，硕士92人；“双师型”教师114人。聘请校外教师255人。毕业生1674人，其中，高职生1043人、成人教育生631人。毕业生一次就业率99.72%。招生1645人，其中，高职生1035人、成人教育生371人、高中生239人。高考北京地区提档线文科150分、理科150分，单考单招150分。在校生4648人，其中，高职生3166人、成人教育生1482人。网址：www.bvclss.cn。

2016年，学校编制完成“十三五”时期发展规划，并以内控建设为契机，深化战略转型、制度建设、大学文化建设工作，编制完成规章制度汇编。

以高等职业教育为主体，以学历教育和社会培训为两翼，打造人力社保、现代服务和城市运营安全三大重点专业群，形成“一体两翼、三足鼎立”办学格局。探索“3+2”“3+3”人才培养、课程及教学等方面衔接办法，初步拟定七年制贯通人才培养方案，启动北京市养老人才教育培训学院相关工作，承办“京津冀老年教育与养老服务人才培养”高端论坛，拓展社会培训领域，打造现代职教体系。

依托市人力资源服务职业教育集团平台，落实“双创”要求，开展就业创业、实习实训，面向集团理事单位举办各类高端技术与职业培训项目，正式开通集团信息化网站。

实施北京市高端技术技能人才贯通培养工作，与北京市十一学校合作，共建学校特色的贯通培养项目。增设高中部并完成招生239人。

后骨干高职院校建设项目完成终期验收；取得外国留学生招生资质；鉴定所新增10个鉴定项目，累计完成国家级“双基地”培训5501人次，社会考试7246人次，职业技能鉴定2100人次，鉴定培训856人次；开展北京市初中开放性科学实践活动，“电梯认知”课程11次，惠及学生194人次，开辟社会服务新领域。

开展人事制度改革，完成第13轮岗位聘任；制订岗位奖惩实施方案，加强人员过程考核，实现月考核、季评议、半年小结、全年总结相结合模式；落实事业单位工资改革试点相关工作。

（彭雪松）

“课证融合”项目收官

5月13日至14日，京劳职院主持召开“课证融合”项目考评及质量监控人员培训暨总结工作会，“课证融合”项目收官。学校于2012年开展“课证融合”先期试点工作，遴选京劳职院、北京工业职业技术学院、北京电子科技职业学院、北京农业职业学院、北京信息职业技术学院、北京青年政治学院和北京京北职业技术学院7所高职院校34个专业16个职业（工种）5087名学生参加试点。“课证融合”是指学校开展有关课程实践教学改革，将国家职业技能标准、职业技能培训大纲、职业技能培训教材引入课程体系，将职业技能培训的方式融入课程教学过程，将职业岗位工作的实际融入学生实训、实习，将职业技能鉴定要求融入课程结业考试，使学生专业课程考试与职业技能鉴定合二为一。学生学完相关课程后，课程成绩可作为职业技能鉴定成绩，取得相关职业技能证书，从而实现专业课程与职业技能标准的深度融合。

（彭雪松）

与十一学校签约合作

5月19日，京劳职院与北京市十一学校签署战略合作协议。双方合作开展北京市高端技术技能人才贯通培养，完成贯通培养高中阶段教学，由十一学校颁发高中毕业证书。9月，京劳职院增设高中部并完成招生239人。

（彭雪松）

北京社会管理职业学院

党委书记 邹文开
院　　长 邹文开

概述

2016年，北京社会管理职业学院占地面积60.39万平方米，产权校舍建筑面积8.97万平方米。全年教育经费投入12078.79万元，其中，国家拨款8091.30万元、自筹经费3987.49万元。固定资产总值28133.87万元，其中，教学、科研仪器设备总值5872.23万元。图书馆建筑面积3821平方米，藏有纸质图书31.04万册、电子图书10万册。拥有计算机1758台，多媒体教室座位5324个。学校信息化经费投入440.72万元，信息化设备资产2250.33万元，网络信息点1550个，校园网出口总带宽710Mbps，电子邮件系统用户4400个，上网课程126门，数字资源量16640GB，管理信息系统数据总量7550GB。设有河北燕郊和北京大兴两个校区，7个系部，开设老年服务与管理、婚庆服务与管理、社区服务与管理等16个专业和专业方向，15个研究中心。教职工337人，其中，专任教师189人，包括教授及教授级高级工程师16人，副教授及高级工程师以上62人；博士35人，硕士201人；“双师型”教师138人。聘请校外教师31人。毕业生1072人，全部为高职生。毕业生一次就业率97.60%。招生1753人，其中，高职生1703人、成人教育专科生50人。高考北京地区提档线文科150分、理科150分。在校生3901人，其中，高职生3796人、成人教育专科生105人。网址：www.bcsa.edu.cn。

2016年，学校开创事业发展新局面。高职教育快速发展。儿童福祉、老年福祉、假肢康复、现代殡葬、社会工作和公共管理6个特色专业群协调发展；护理、学前教育、人力资源管理3个新专业获教育部批准备案并开始招生；会计、公益慈善项目管理2个新专业成功申报，填补专业建设空白；老年服务与管理专业被教育部评为首批全国职业院校养老服务类示范专业点。养老专业国家教学资源库上线正式运行。肌骨生物力学实验室获批民政部重点实验室。在养老、婚庆、社工、儿童、殡葬、假肢、社会组织管理等专业领域推行现代学徒制，深化校企合作育人、合作就业机制，形成校企共建教学资源、共建教学团队、共建实训基地、共同扶持在校生创业的良好互动。以岗位能力分析为依据，以工学结合为切入点，建立适合各专业发展的课程体系。学生创业团队获全国三等奖、北京市金奖等10个奖项，3个团队获“北京市大学生优秀创业团队”称号。组织5个国境外访问团访学培训，提升国际化办学视野。

服务社会能力显著提升。举办各类培训班72期，培训学员7915人。协调落实北京市社会工作、养老人才培训示范基地，打造多样化人才培训项目。开展养老护理员、孤残儿童护理员、假肢类、殡葬类职业技能鉴定16115人次。组织完成2016年全国社会工作职业水平考试，参与研制《老年社会工作服务指南》等国家、行业标准。

学生工作有序开展。推进“仁爱”“健康”“善学”“家园”文化建设，修订大龄孤儿学历教育项目人才培养方案，开展“书香校园”优秀晨读项目等丰富多彩的品牌活动，促进学生成长成才。重视学生社团建设，推进志愿服务活动，校内志愿服务达3900余人次，校外志愿服务活动总时长达5.80万小时。1000人次学生在各级各类赛事中获奖。

新校区建设稳步推进。一标段取得北京市结构长城杯金奖，二标段通过结构长城杯验收，实现优质工程目标。

（张冼）

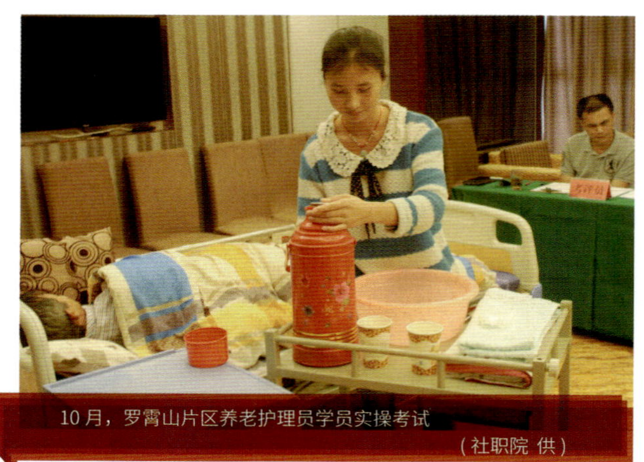

10月，罗霄山片区养老护理员学员实操考试

（社职院 供）

3项合作协议签订

4月25日至29日、6月3日和8月5日，社职院签署3项合作协议。与法国巴黎阿伦伯特(ALEMBERT)高等职业学校签署合作协议，双方在合作期内每年互派6名师生赴对方院校进行为期1个月交流访问。协议期5年。与山东省滨州市民政局、滨州技术学院签订三方合作办学协议，与滨州技术学院合作举办养老服务人员、社会工作人员、社区服务人员培训，共建教学、科研实训基地，开展民政实务研究，为滨州市民政事业科学发展提供人才保证和智力支持。与黑龙江省民政厅、黑龙江省民政职业技术学校共同签署合作办学协议，与黑龙江省民政职业技术学校在养老、殡葬、社区、社会工作、民政管理等相关业务培训领域开展紧密合作，为孤困学子的未来成才、实现大学梦提供绿色通道，为培养优秀民政人才提供平台。

（张冼）

假肢矫形器技术专业国际认证中期评估通过

5月10日至12日，社职院通过假肢矫形器技术专业国际认证中期评估。假肢矫形康复专业人员汇报专业发展历程、课程设置、师资队伍、招生就业情况、实训条件、取得成果等方面内容。专家组通过教师座谈、学生座谈、课堂听课以及考察实训基地等方式对假肢矫形器技术专业进行全面考察。学校于2014年向国际假肢矫形协会申请国际认证与评估。

（张冼）

首批优质课堂评选

5月12日至6月10日，社职院评选首批校级优质课堂。评选从教学文件编制是否规范、课堂教学是否务实高效以及学生教学评价等方面，采取校外专家评价与学生评价的综合评价方式，评出“婚礼化妆与造型设计”等10个优质课堂。

（张冼）

北京体育职业学院

党委书记	徐建中（2月免） 石风华（2月任、11月免） 段利民（11月任）
院　　长	徐建中（2月免） 石风华（2月任）

概述

2016年，北京体育职业学院占地面积8.57万平方米，产权校舍建筑面积6.95万平方米。全年教育经费投入3996.93万元，其中，国家拨款3899.33万元、自筹经费97.60万元。固定资产总值40997万元，其中，教学、科研仪器设备总值5763万元。图书馆建筑面积300平方米，藏有纸质图书14.88万册、电子图书2200GB。拥有计算机398台，多媒体教室座位940个。学校信息化经费投入10.69万元，信息化设备资产107.91万元，网络信息点416个，校园网出口总带宽100Mbps，数字资源量2200GB，管理信息系统数据总量3GB。设有院本部、芦城和先农坛3个校区，5个系部，运动训练、社会体育、体育保健与康复、体育运营与管理4个专业。教职工136人，其中，专任教师65人，包括教授及教授级高级工程师2人，副教授及高级工程师24人；博士2人，硕士22人；“双师型”教师12人。聘请校外教师6人。毕业生194人，其中，高职生56人、中职生138人。毕业生一次就业率100%，一次签约率51.80%。招生208人，其中，高职生92人、中职生116人。高考北京地区提档线文科236分、理科182分，河北地区提档线文科246分、理科229分；自主招生运动训练专业304分、体育运营与管理（冰雪运动服务与推广）专业176分。在校生575人，其中，高职生176人、中职生399人。网址：www.bjtzhy.org。

2016年，学校以“迎评促建”思想为指导，完善教学改革。完成人才培养评估准备工作，并以此为契机规范专业建设标准，完善教学管理制度，推进教学改革模式，先后出台十余个教学规范文件。编写完成就业质量年度报告。

面向市场深入调研，推进冰雪专业建设。以社会体育系为基础，组建冰雪专业建设团队，制订冰雪专业人才培养方案。通过自主招生和统考招生形式，在京、冀两地首次招收冰雪专业学生43人，其中，北京考生26人（含退役运动员14人）、河北考生17人。与黑龙江冰雪体育职业学院、安泰雪业等院企签署合作协议，强化冰雪专业教学团队建设，为北京2022年冬奥会冰雪人才储备创造机会。

教科研课题以促进特色专业建设为核心，以开发校本教材、提升运动员综合文化素养为主要研究领域。围绕核心专业建设、校企合作研发教材、微课制作、运动员综合素质培养等方面开展科研工作，各类课题立项共计16个。全年组织校内外培训讲座33次，多名教师通过培训取得国家相关职业资格证书。

（张文刚）

北京体职院社会体育系教师进行冰雪专业相关岗位培训

（北京体职院 供）

冰雪专业实训教室建立

6月，北京体职院在芦城分校区新建冰雪专业实训教室。实训教室占地面积108平方米，拥有互动健身模拟滑雪器、滑雪用具、急救用具和雪具维护保养用具等实训设备，冰雪专业学生可在此学习冰雪装备保养与维护方法，进行滑雪模拟练习。9月，“冰雪场馆管理实务”课程在实训教室

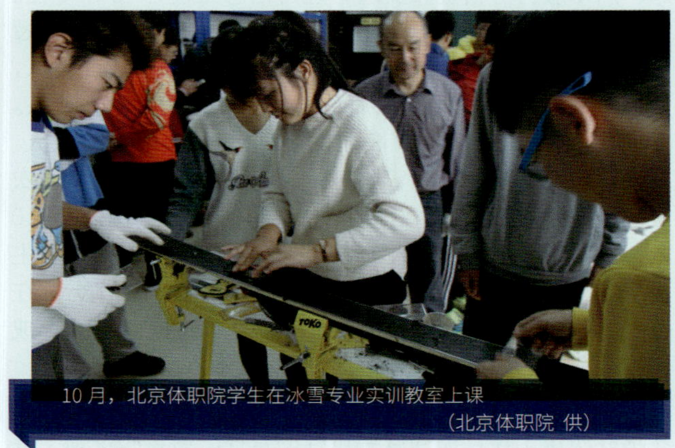

10月，北京体职院学生在冰雪专业实训教室上课

（北京体职院 供）

开课。课程由外聘行业专家团队授课，教学内容与岗位需求紧密衔接，教学效果显著。12 月，学校根据各专业特点和课程设置要求，对现有实训教室进行室内布局更新改造，并全部安装新风系统。

（姚佳）

退役运动员单独编班

9 月，北京体职院对高职阶段二年级退役运动员学生“单独编班”教学。此举旨在进一步帮助退役运动员学生提升职业转型技能。单独编班开设与退役运动员未来就业岗位相关的职业技能课程，包括公共营养师、特殊人群体适能训练和普拉提训练方法等，还将安排退役运动员学生进入健身俱乐部、康复中心等真实工作岗位进行实训，帮助其顺利完成退役后的职业转型。

（解犁）

北京交通运输职业学院

党委书记　李怡民
院　　长　周正宇

概述

2016 年，北京交通运输职业学院占地面积 32.64 万平方米，产权校舍建筑面积 17.52 万平方米、非产权校舍建筑面积 0.37 万平方米。全年教育经费投入 24557.71 万元，其中，国家拨款 23774.77 万元、自筹经费 782.94 万元。固定资产总值 37271.27 万元，其中，教学、科研仪器设备总值 19686.26 万元。图书馆建筑面积 5882 平方米，藏有纸质图书 40.98 万册、电子图书 1600GB。拥有计算机 2370 台，多媒体教室 168 间。学校信息化经费投入 1785.09 万元，信息化设备资产 3636.64 万元，网络信息点 3318 个，校园网出口总带宽 220Mbps，电子邮件系统用户 454 个，数字资源量 10600GB，管理信息系统数据总量 100GB。设有 6 个校区，11 个系部，1 个研究中心，开设城市轨道交通、汽车服务与管理和交通管理与信息工程等 19 个专业。教职工 407 人，其中，专任教师 245 人，包括教授及教授级高级工程师 1 人，副教授及高级工程师 77 人；博士 4 人，硕士 139 人；“双师型”教师 142 人。聘请校外教师 21 人。毕业生 1845 人，其中，高职生 1138 人、中职生 657 人、成人教育专科生 50 人。毕业生一次就业率 99.12%，一次签约率 94.50%。招生 2036 人，其中，三年制高职生 1410 人、五年制高职生 503 人、中职生 90 人、成人教育专科生 33 人。高考北京地区提档线文科 161 分、理科 167 分。在校生 5599 人，其中，高职生 3501 人、中职生 1968 人、成人教育专科生 130 人。网址：www.bjjt.edu.cn。

2016 年，学校保证适度合理的办学规模，全面落实人才培养质量工作，加强教学过程的管控、监督和反馈；推进 48 门专业核心课建设并取得阶段成果；完成城市轨道交通等五大专业群实训基地建设。组织学生参加各级各类学科竞赛和技能大赛，获得第八届全国交通运输行业“中车株机捷安杯”轨道列车司机职业技能竞赛学生组团体一等奖第一名和贡献奖；1 名教师获得首届保时捷实习生培训教师技能大赛“销售服务项目”冠军。

推进集团化办学。开展城市轨道交通专业现代学徒制改革，校企共同开发 18 本教材、4 本案例分析教材、114 个岗位作业视频，学徒制改革工作获批教育部试点单位。

校企合作再上新台阶。积极推进教育部与德国汽车五杰 SGAVE 项目，保持全国领先水平；与市交通发展研究中心、市交通信息中心、市交通节能减排中心 3 个研究机构分别签订战略合作协议，建立合作关系。与市轨道交通运营管理有限公司签约，共同开展集团化办学模式下的校企合作，在城市轨道交通专业开展“现代学徒制”改革试点。与道达尔润滑油公司签约合作，公司在学校设立“道达尔优秀学生奖”，并发放首笔奖学金。

适应京津冀协同发展交通一体化要求，推进“互联网 +”北京交通职教集团建设工作，形成“互联网 +”职教集团平台建设的顶层设计和框架思路，在集团职业院校开展中高职衔接；积极拓展职教集团国际化合作，深化中德合作，达成中加合作办学意向；承担国家精准扶贫项目，对口帮扶丽江、普洱和德宏。全年完成各级各类交通行业职业培训 9670 人次，开展各类职业鉴定考核 64303 人次。

（苑媛）

7 月 15 日，道达尔公司向“道达尔优秀学生奖”获奖学生发放首笔奖学金　（交通输运职院 供）

加入戴姆勒铸星教育项目

12 月 20 日，交通运输职院加入“戴姆勒铸星教育”项目。学校与戴姆勒大中华区投资有限公司、巴斯夫（中国）有限公司签署合作协议，三方就“戴姆勒—巴斯夫涂装专业”项目进行合作，旨在为梅赛德斯—奔驰售后服务市场培养高素质汽车人才。根据协议，学校每年根据项目人才需求开设“戴姆勒、巴斯夫涂装专业”项目班，每班学生数量不超过 16 人，采用“1+2”（高中学生起点）教学模式；第一个学年内，学生在校学习公共基础知识；第二个学期结束后，从汽车相关专业班级中选拔学生，建立涂装项目班；从第三至第四个学期，学生接受奔驰汽车专业涂装技术培训；最后两个学期，学生在梅赛德斯—奔驰经销商处实习，开展实践培训；学生完成 3 年教学项目并通过毕业考试，获得国家统一认可的学历证书；如学生通过经销商岗位培训评估，经双向选择，可成为梅赛德斯—奔驰经销商正式员工。该项目是戴姆勒股份公司全球职业教育培训体系重要组成部分。

（苑媛）

北京卫生职业学院

党委书记　董维春
院　　长　黄惟清

概述

2016 年，北京卫生职业学院占地面积 13.08 万平方米，产权校舍建筑面积 8.55 万平方米、非产权校舍建筑面积 0.76 万平方米。全年教育经费投入 26571.36 万元，其中，国家拨款 23797.82 万元、自筹经费 949.21 万元、经营收入和预算外收入 1824.33 万元。固定资产总值 28754.69 万元，其中，教学、科研仪器设备总值 9933.64 万元。图书馆建筑面积 2596.70 平方米，藏有纸质图书 46.20 万册、电子图书 249 册。拥有计算机 2937 台，包括教学用计算机 2369 台。学校产权网络多媒体教室 172 间，非学校产权网络多媒体教室 10 间。信息化设备资产值 4733.72 万元，网络信息点 4302 个，校园网出口总带宽 120Mbps，电子邮件系统用户 1138 个，上网课程 26 门，管理信息系统数据总量 2150.50GB。设有 3 个院区，开设 10 个高职专业、12 个中职专业。教职工 560 人，其中，专任教师 277 人，包括副教授及高级讲师 101 人；博士 2 人，硕士 73 人；“双师型”教师 110 人。聘请校外教师 43 人。毕业生 2002 人，其中，高职生 391 人、普通中职生 1611 人。招生 1591 人，其中，高职生 936 人、普通中职生 655 人。高考北京地区提档线文科 293 分、理科 191 分。在校生 5746 人，其中，高职生 2191 人、普通中职生 3535 人、成人中专全日制学生 20 人。网址：www.bjwszyxy.com。

2016 年，学校完成院系（部）两级管理体制改革。成立医学技术系、药学系、相关医学与管理系、护理系、中药与康复系以及文化基础部“五系一部”，完成中层岗位聘任和全员岗位聘任，建立集管理、评价和绩效考核等多位一体的运行机制。

加强制度建设，提升管理水平和效率。制订学校制度建设工作实施方案，成立领导小组和工作小组，按照系、部制管理模式进一步梳理、修订和完善各项工作规章制度，共废止原有制度 10 个，修改各项制度 80 个，新建各项制度 86 个，保留原有制度 47 个；经党政联席会审议通过制度 27 个。

加大迎评工作力度，做好校内自评各项工作。启动并实施第一轮专业自评与诊改工作。制订第一轮专业自评与诊断工作方案，以及第一轮专业自评指标体系，分解在全年有序推进。

加强信息化建设，提高学校信息化应用水平。完成网络中心机房改造、视频会议系统建设、3 个院区光纤专线互通互联、升级带宽等 12 项硬件建设工作，为更多网络应用打下基础。完成网络站群 1 个主站 24 个子站的建设、新 OA 系统及即时通讯系统的上线运行工作，为日常办公提供便捷应用平台。推动学生管理系统和宿舍管理系统的开发和试运行，实现学生部分日常管理信息化；推动教学管理系统的开发和成绩管理模块的试运行工作。

（邢怡）

首届学生会成立

10 月 21 日，卫生职院召开首届学生会成立大会。会上为学生干部代表颁发聘书，发布首届学生会会徽，并为首届学生会主席授旗。226 名学生干部宣读学生会誓词。400 名学生干部和学生代表参会。学生会秉承自我教育、自我管理、自我服务的“三自方针”在校园中发挥作用，成立院、系两级学生会组织管理体制，院学生会下设 8 个部门，系学生会下设 6 个部门。各系学生会历时 3 个月先后成立。

（邢怡）

独立建制成人高等学校选介

国家开放大学

校　　长　杨志坚
党委书记　李凌

概述

2016 年，国家开放大学占地面积 1.55 万平方米，产权校舍建筑面积 8.75 万平方米。全年教育经费投入 37031.98 万元，其中，国家拨款 6682.32 万元、自筹经费 30349.66 万元。固定资产总值 113851.17 万元，其中，教学、科研仪器设备总值 1631.99 万元。图书馆建筑面积 13920 平方米，藏有纸质图书 11.07 万册、电子图书 269.63 万册。拥有计算机 1639 台，多媒体教室 10 个、座位 135 个。学校信息化经费投入 1907.32 万元，信息化设备资产 9262.65 万元，网络信息点 4050 个，校园网出口总带宽 600Mbps，电子邮件系统用户 1435 个，上网课程 2764 门，数字资源量 20750GB，管理信息系统数据总量 2800GB。设有五棵松、复兴门和魏公村 3 个校区，开设 136 个专业。教职工 514 人，其中，专任教师 150 人，包括教授 13 人、副教授 77 人。聘请校外教师 9 人，其中，教授 4 人、副教授 5 人。毕业生 848105 人，其中，专科生 593963 人、本科生 254142 人。招生 903177 人，其中，专科生 646365 人、本科生 256812 人。在校生

3386010人，其中，专科生2416845人、本科生969165人。全年培训59484人次。网址：www.ouchn.edu.cn。

2016年，学校“1314工程”深入开展。深化教学改革。21个本科专业学士学位授予权申报获批。以网络学习空间为基础，网络学习课程为核心，网络教师团队、网络学习测评、网络学习支持和网络教务管理为支撑，相互关联、支持和融通的“六网融通”人才培养模式基本成型。发布学校质量标准(1.0版)。承担教育部和全国总工会“农民工学历与能力提升计划——求学圆梦行动”，积极组织办学体系实施落实。组织21期骨干教师高级研修班，累计组织教师研修班70余期，培训6063人。开发教师研修网，开展“在线辅导”系列课程网络研修班，注册用户5157人。

推进教育信息化。教务管理系统研发完成并在浙江全面试点运行，云平台功能不断提升，云教室应用模式初现，着手开展移动学习平台研发工作。数字化学习资源共建共享模式探索取得新进展，140余门网络核心课程上线，新建5分钟课程1万门，累计完成2.90万个5分钟课程。启动50门在线通识课程建设。网上教学活动点击量达1.70亿次。完成云教室二期进度督查和项目验收工作，至年底，建设云教室312间，覆盖21个分部和学院，全年使用云教室授课时长18060分钟。

加强办学组织体系建设。成立大别山实验学院、书画艺术教育研究院书法学院、邮政学院和农医类专业教学研究中心组。基本完成以自愿平等为前提、以“五共”(共商、共建、共管、共享、共赢)为原则、以新的“五个统一”(统一品牌、统一标准、统一平台、统一管理、统一评价)为核心内容、以“五各”(各在其位、各尽其责、各展所长、各具特色、各得其所)为价值目标，多元多样主体参与、集约集团办学的开放性“办学共同体”框架搭建。44所省级电大(地方开大)签订协议，确认共建分部。

制订综合改革与发展规划。制订《关于加强国家开放大学总部教学部对教学工作统筹管理的意见》《国家开放大学综合改革方案》《国家开放大学推进办学组织体系建设的意见》《国家开放大学“十三五”规划》等一批对改革建设具有重大影响的文件，推进实践工作向前发展。

推进学分银行建设。学分银行信息平台上线运行，为430万名学习者建立学分银行账号。推进学习成果认证服务体系和互认联盟建设，推进教育部多项学习成果认证试点。设立第三批学习成果认证分中心，共计成立67个认证分中心(认证点)，涉及30个省(自治区、直辖市)、19个行业。成立由12家单位组成的学分银行互认联盟并召开第一次理事会;完成联盟机构174个学习成果(学历成果152个、非学历成果22个)审核发布工作。

推进非学历教育。探索构建新型的非学历教育业务体系。积极承担国家部委相关专项工作任务，与全国妇联合作开展女性终身学习计划，大力推进老年大学、社区教育和社会职业培训，推进对外汉语教学工作。

教科研成果丰硕。“数字图书馆协同服务工作法”和“面向农村开展远程职业教育、创新职业农民培养新模式”2项工作被评为2015年度教育部“优秀创新工作案例”。“i—实验：社区教育模式创新”和“远程开放教育辍学研究”2项成果分别获得第五届全国教育科学研究优秀成果奖二等奖和三等奖。“My E Chinese 易汉语远程教育与出版系统”项目入选首批国家新闻出版产业示范项目。

(徐明军)

9月，国家开放大学书画艺术教育研究院书法学院成立
(国开大 供)

开放大学讲坛

5月5日，国开大首次应用云教室系统面向全国开展“开放大学讲坛”。首次讲座邀请北京师范大学远程教育研究中心主任作题为《中国MOOCs的建设与挑战》学术讲座，河北分部、甘肃分部、山东分部、河北分部、湖南分部、湖北分别、云南分部等12家单位通过云教室现场观看讲座，另有甘肃20余家市级地方学院、上海分部等多地教师在云教室系统网站收看网络直播。云教室系统采用“统一平台、两级管理、四层应用”架构设计，可通过控制中心对分布在全国的云教室进行集中管理、统一维护、互联互通。

(徐明军)

为企业员工提供双证书教育

9月1日，国开大培训学院(培训中心)与“我爱我妻”(北京)家政服务有限公司战略合作签约。双方通过合作，为“我爱我妻”公司旗下从业人员提供家政服务专业职业技能和学历教育双证书培训服务。学校为公司在职员工提供中专层次的专业技能证书和学历证书“双证书教育”。公司员工完成教学计划规定的公共基础课、专业技能课、职业核心课、职业素养课的学习并成绩合格，完成实训课程并通过技能考核，可获得相应职业技能证书和中专毕业证书。已获得高中、中专、技校等学历证书的家政服务从业人员，可通过学习相关证书课程，积攒课程学分，为继续深造家政服务专业大专学历做准备。双方还可通过国开大“享学吧”平台实现移动学习，并依托公司实训基地实施技能培训和综合实训，探索“互联网+”环境下的混合式职业教育模式。“我爱我妻”公司成立于2008年6月，是国内最大的母婴护理服务机构，总部位于北京，在全国130个城市开展运营。

(徐明军)

北京教育学院

党委书记　杨公鼎
院　　长　何劲松

概述

2016年，北京教育学院占地面积9.59万平方米，产权校舍建筑面积15.65万平方米。全年教育经费投入23857.59万元，其中，国家拨款21306.07万元、自筹经费2551.52万元。固定资产总值29773.73万元，其中，教学、科研仪器设备总值3593.62万元。图书馆建筑面积2961.80平方米，藏有纸质图书67万册，有电子数据库29个。拥有计算机2155台，多媒体教室座位2909个。学校信息化经费投入251.10万元，信息化设备资产545.70万元，网络信息点1400个，校园网出口总带宽1000Mbps，电子邮件系统用户708个，上网课程140门，数字资源量3100GB，管理信息系统数据总量0.80GB。设有黄寺校区、文兴街校区和中轴路校区等5个校区。设有21个教学系，开设16个专业，覆盖4个学科。教职工555人，其中，专任教师262人，包括教授18人、副教授106人。聘请校外教师2104人，包括正高职称455人、副高职称1080人。毕业生833人，其中，专科生567人、本科生266人。招生676人，其中，专科生255人、本科生421人。在校生2574人，其中，专科生1508人、本科生1066人。全年培训17146人次。网址：www.bjie.ac.cn。

2016年，学校围绕教育领域综合改革要求和基础教育干部教师专业发展需求，不断优化研修服务体系，全面提升教育质量，提高管理和服务水平，为干部教师终身学习提供高水平支撑。

基础教育干部教师培训工作方面，实施农村教师专业素质提升工程，打造领军人才研修发展高端平台，针对紧缺急需专题开展研修，拓展委托定制合作培训。创新开展"协同创新学校计划"、教师实践培训基地项目、"卓越教师工作室"和中考中招专题培训等干部教师培训项目，完成顺义、昌平2个区的新教师培训任务。在培训工作开展过程中，注重实践导向，强化学员主体作用，广泛采用行动研究、体验式研修、自选式学习、远程研讨等新的培训模式。

学历教育工作方面，以幼儿园教师和小学教师为对象，试点开展2.5年制成人本科层次应用型教师教育人才培养实验项目，举办小学教育、学前教育、艺术教育3个实验专业。

加强学术交流。举办基础教育人才发展20人北京论坛、2016中美STEM+教育创新论坛、全国首届小学实践课程研讨会等高端学术论坛，鼓励二级单位开展学术交流活动，实现二级单位优质学术资源共享。

深化区域教育合作。与西城区教委合作，以五路通小学为基地开展"小学初中一体化贯通式培养模式"研究；与房山区教委合作，打造北京教育学院房山实验学校；同时加强附属学校联盟建设，发挥附属学校的实验基地作用。

整合境内外优质研修资源，加强与国内外院校、社会教育机构、知名企业在教育、教学、科研等方面的深层次合作与交流。与4个境外机构签署合作备忘录，与加拿大约克大学合作成立"中加教师研修中心"。

开展中学生科学体验活动。举办"科技嘉年华"科学体验活动，为首都师范大学附属房山中学和房山区坨里中学260名初中学生提供15门实验课程和7门讲座课程。举办初中开放性科学实践活动，全年共发布6个活动的自主选课，上课33次，上课学生共625人次。

（刘琳）

5月27日，首师大附属房山中学学生到教育学院开展科学体验活动
（教育学院 供）

引进台湾EQ课程

1月22日，"台湾EQ课程引进及校本化"项目在教育学院启动。该项目由教育学院与台湾芯福里情绪教育推广协会合作举办，北京市4所中小学作为项目基地校组织干部教师参加学习。该项目基于"情绪健康是健康自我的重要组成部分"理念，通过引进情绪课程，并在理论与实践研究基础上进行重构和推广实施，更好地促进学生健康发展。项目分别于1月22日至26日和10月19日至24日围绕该课程第一册和第二册教材内容开展2期"种子教师"专题培训，基地校30人参加培训。培训课程包括情绪理论、情绪教育架构、自我概念等内容。第一期"种子教师"培训结束后，4所基地校分别在小学五年级和初中一年级开设EQ课程，进行实践探索。

（刘琳）

5月27日，北京市落实新中考中招方案骨干教师与培训者培训
（教育学院 供）

卓越教师工作室项目启动

6月8日，教育学院启动卓越教师工作室项目。共成立小学语文、小学数学、中学历史等学科共5个工作室。该项目聚焦教育改革与发展的前沿问题，选拔一批优秀教师开展为期两年的研究性工作，旨在培养各学科教育领军人才，发挥示范作用，并取得有创新、有实效的研究成果。工作室主持人是学院在学科教育和特定教育领域有深入研究的具有副高级以上专业技术职务的教师；申请进入工作室开展研究工作的一线中小学教师(简称“入室教师”)是具备(中小学)高级专业技术职务的特级教师、市级学科带头人或优秀市级骨干教师。经各区师训管理部门审核通过，共29名入室教师分别参加5个工作室。

(刘琳)

北京开放大学

党委书记 沈玉宝
校　　长 黄先开

概述

2016年，北京开放大学占地面积2.61万平方米，产权校舍建筑面积4.38万平方米、非产权校舍建筑面积1.60万平方米。全年教育经费投入17868万元，其中，国家拨款8958万元、自筹经费8910万元。固定资产总值14555.35万元，其中，教学、科研仪器设备总值8298.58万元。图书馆建筑面积260平方米，藏有纸质图书4.62万册、电子图书1239.26万册。拥有计算机1820台，多媒体教室42间。学校信息化经费投入150万元，信息化设备资产93万元，网络信息点115个，校园网出口总带宽1760Mbps，电子邮件系统用户13175个，自主专业上网课程74门，数字资源量36864GB，管理信息系统数据总量3600GB。设有皂君庙、白塔庵和西直门3个校区，44个工作站。设有6个学院，自主专业开设10个本科专业涵盖7个学科、8个专科专业涵盖7个大类；国开专业开设16个本科专业涵盖7个学科、28个专科专业涵盖7个学科11大类。教职工291人，其中，专任教师110人，包括教授9人、副教授34人。聘请校外教师271人，包括教授4人、副教授48人。毕业生14539人，其中，专科生9009人、本科生5530人。招生11874人，其中，专科起点本科4637人、高中起点本科12人、高中起点专科7225人。此外，中专招生92人，推进汉语国际教育教学招收短期培训留学生185人。在校生77908人，其中，中专生111人、专科生49225人、本科生28572人。全年培训4626人。网址：www.bjou.edu.cn。

2016年，学校围绕转型发展，全面深化改革，努力建设特色鲜明、国内一流、首都人民满意的新型大学。

完成机构改革、全员聘任和人才招聘工作。调整后，设23个机构和2个群团组织。加强干部管理监督和教育培训，完善干部考核评价机制。推进人事制度改革，落实事业单位养老保险改革和工资制度改革。获得副高级及以下学术评议资格。

深化综合改革，提高教育教学质量。获批成为学士学位授予单位，行政管理、电子商务、学前教育、法学4个本科专业可授予学士学位。召开教学、科研、人才工作会，建立管理与激励机制。健全学习支持服务，改进奖学奖教制度。加强系统建设、学习资源和学生能力建设。

拓展合作办学渠道，加强对外合作与交流。与7家企业签署战略合作协议。签署4项二级部门对外合作办学协议。成立电子商务学院、中医健康管理学院，筹建社会学院、餐旅学院。

加强科研管理。完成年度科研课题申报、科研成果评选和“十二五”时期学校科研成果汇编。与中国教育技术协会签订虚拟现实教育联盟成员协议。修订学术委员会章程。成功申请国家自然科学基金依托单位。学报入选中国学术期刊影响因子年报“统计源期刊”。翻译完成2016年地平线报告。

大力开展非学历教育。市级学分银行管理服务机构、全市社区教育指导中心落户学校。建成“京学网”共享系统，上线“首都女性终身学习平台”。推进与市老干部局和市安监局的非学历教育合作。开展外语短期培训。

(李玉　程继强)

6月，北开大优秀学生表彰暨学士学位授予仪式

(北开大　供)

“e网创课”创客空间开启

12月6日，北开大“e网创课”创客空间正式开启。“e网创课”第一课“3D创意软件的使用”正式开播，内容为NPL语言及Paracraft培训，学生可通过手机和计算机2种方式免费学习。“e网创课”是为帮助学生培养创新意识、提高其创业能力而开设的免费课程。

(程继强)

北京宣武红旗业余大学

概述

2016年，北京宣武红旗业余大学占地面积7415平方米，产权校舍建筑面积10480平方米。全年教育经费投入 3433.95 万元，其中，国家拨款 3046.93 万元、自筹经费 133.94 万元、预算外收入 253.08 万元。固定资产总值 1484.90 万元，其中，教学、科研仪器设备总值 58.39 万元。图书馆建筑面积 300 平方米，藏有纸质图书 6.50 万册、电子图书 4800 册。学校信息化经费投入 46 万元，信息化设备资产 379.89 万元，网络信息点 600 个，校园网出口总带宽 110Mbps，上网课程 52 门，数字资源量 82GB，管理信息系统数据总量 108GB。设有右安门 1 个校区，5 个教学系部，开设 21 个专业，覆盖 12 个学科。教职工 84 人，其中，专任教师 47 人，包括教授 3 人、副教授 15 人。兼职教师 55 人，包括教授 7 人、副教授 24 人。专科学历毕业生 310 人、招生 315 人、在校生 624 人；北京理工大学继续教育学院红大教学站毕业生 49 人、招生 36 人、在校生 171 人；北京交通大学继续教育学院毕业生 359 人、招生 167 人、在校生 799 人；北京师范大学继续教育学院毕业生 20 人、在校生 86 人。全年培训 15320 人次。网址：www.hqdx.com。

2016 年，学校完成工会和教代会换届。稳步发展学历继续教育，大力发展非学历继续教育，广泛开展社区教育。

教育教学方面，推进混合式教学工作，开启信息化学籍管理新模式，对教师进行系统的奥鹏线上教学平台使用培训；接待职成专家组来校听课；完成市教委对北理工远程校外学习中心评估检查；学校被中国成人教育协会评为成人继续教育科研先进单位。各系部逐渐转变观念，推进教学改革，其中，计算机系实现 5 门课程远程教学，完成 1 门校内公共《计算机应用基础》慕课的课程制作。学校全年申报各类课题 11 项。

培训方面，全年为委办局单位开展培训 10200 余人次；承接考试 3 次，共计 1080 人。

社区教育方面，举办第二批学习型示范社区申报单位培训班；推进市民终身学习服务基地建设，重点开展学习基地微课程建设，举办学习基地开放日活动、学习基地特色项目评选展示、学习基地风采摄影展等活动；办好《社区教育报》《社区教育研究》《社区学院文粹》和西城社区教育网、北京西城社区教育网微信公众号“三刊两网”；做好纵横码普及推广工作。广外社区教育学校开展各类兴趣班及培训班 5120 人次，重点放在“家幼衔接”。老龄大学全年开办 108 个班，学员 2218 人。老干部大学全年开办 24 个班，学员 388 人、510 人次。

（罗克东）

1 月 12 日，西城区第二批学习型示范社区申报单位培训班
（红旗大学 供）

校企合作办学

10 月 11 日，红旗大学与北臧村镇成人学校签订合作办学协议。根据协议，双方合作举办工商行政管理专业，协议期 3 年；红旗大学针对企业人才培养需求，为企业定制服务，采取教师进企业形式，为北京翔达投资管理有限公司员工开设工商行政管理课程，提高企业员工整体业务水平。

（罗克东）

北京市总工会职工大学

概述

2016 年，北京市总工会职工大学占地面积 2.07 万平方米，产权校舍建筑面积 2.87 万平方米。全年教育经费投入 2947 万元，其中，国家拨款 2206 万元、自筹经费 741 万元。固定资产总值 4300 万元，其中，教学、科研仪器设备总值 1495 万元。图书馆建筑面积 950 平方米，藏有纸质图书 6.74 万册、电子图书 7.20 万册。拥有计算机 700 台，多媒体教室座位 2592 个。学校信息化经费投入 194 万元，信息化设备资产 59 万元，网络信息点 350 个，校园网出口总带宽 40Mbps，电子邮件系统用户 205 个，上网课程 4556 门，数字资源量 3000GB，管理信息系统数据总量 300GB。设有工会理论与职工教育研究所、素质工程工作部、继续教育部、职业技能培训部等教学科研机构及 9 个职能教辅部门。设有 1 个教学系，开设 13 个专业，覆盖 3 个学科。教职工 114 人，其中，专任教师 52 人，包括教授 2 人、副教授 6 人。聘请校外教师 94 人，其中，副教授 6 人。毕业生 565 人，其中，专科生 530 人、本科生 35 人。招生 110 人，其中，专科生 69 人、本科生 41 人。在校生 1385 人，其中，专科生 1256 人、本科生 129 人。全年培训工会干部 14536 人。网址：www.ghgy.com.cn。

2016 年，学校坚持正确的发展方向和正面的思想导向，积极推进草桥校区建设运行，完成陶然校区加固装修工程立项。启动职工发展研究院筹建；开展工会干部能力提升建设工程、北京工匠（高技能人才）职业发展助推计划 2 个项目的前端设计，完成科研课题 7 项。

通过公益讲座、名家讲坛和职工课堂等形式，举办 400 场公益大讲堂，8 万人次职工受益。全年举办各层次、各类别培训班 131 个班次，培训工会干部 14536 人次。

（湛慧）

3 门通识课程推出

4 月 27 日至 28 日，市总职大推出职工工作安全、职工职业健康和职工创新思维训练 3 门通用能力培训课程。课程分别联合中国工人出版社和中央广播电视大学出版社共同研发设计。至年底，学校首都职工素质建设工程通识课程达到 30 门。

（湛慧）

与行业领先企业合作开展高技能培训

11月19日和12月16日，市总职大与市职工技术协会联合举办的数控加工技术应用技师研修班和PowerMill数控编程技术培训班分别开班。这是学校在高技能培训方面同专业型技术公司首次合作。数控加工技术应用技师研修班为期1个月，利用周六、周日授课。47名来自生产一线的数控加工专业高技能人才参加研修。研修班教学围绕现代制造技术理念、数控加工先进技术和解决生产中的复杂难题能力展开，在教学过程中穿插开展理论讲解、技术实操、企业参观、互动交流。PowerMill数控编程技术培训班为期3天，包括软件操作使用、陡峭与浅滩加工、异型加工等10余个高级加工策略，来自30余个单位68名高技能人才参加培训。

（湛慧）

北京市西城经济科学大学

概述

2016年，北京市西城经济科学大学（西城区社区学院）占地面积3.26万平方米，产权校舍建筑面积3.87万平方米。全年教育经费投入3487.09万元，其中，国家拨款2955.23万元、自筹经费531.86万元。固定资产总值1499.31万元，其中，教学、科研仪器设备总值581.04万元。图书馆建筑面积1500平方米，藏有纸质图书10.70万册。拥有计算机787台，多媒体教室54个。学校信息化经费投入134.21万元，信息化设备资产667万元，网络信息点2个，校园网出口总带宽100Mbps，电子邮件系统用户139个，上网课程37门，数字资源量415GB，管理信息系统数据总量16.80GB。设有3个校区，2个工作站，4个教学系，开设12个专业，覆盖7个学科。教职工129人，其中，专任教师61人，包括副教授20人。毕业生576人。招生572人。在校生1191人。中央民族大学远程与继续教育西城经科大教学站毕业生17人，在校生24人。中国传媒大学远程与继续教育西城经科大教学站毕业生316人（本科271人、专科45人），招生212人（本科171人、专科41人），在校生838人（本科762人、专科76人）。全年培训11048人。网址：www.xcjkd.org。

2016年，学校深化教育教学改革，提高教育教学质量。加大校企联合办学工作力度，开办聚德华天控股有限公司企业中青年技术骨干大学专科课程班，将企业培训植入学历教育教学管理。3门课程创新线上线下混合式教学方式的改革，教学效果良好。

面对招生困境，努力拓展办学形式。学校发挥教学资源、师资队伍和管理优势，为社区居民提供高层次学习机会，开设《计算机应用技术》和《绘画基础》两个大专课程班并进行招生宣传。

提升培训水平，增强培训工作核心竞争力。学校围绕区域经济发展和需求，开展全方位、多层次教育培训，年培训约11000人。包括西城区各委办局20余次培训项目，开设60余门课程，培训4500人次；与西城区社工委、区教委等多家单位合作开展社会工作者职业水平考前辅导、综治信息化、社区教育专兼职信息员、民办校档案员4个项目培训，共计120课时，培训约2900人；为北京华天饮食集团公司等6家单位组织职工素质教育培训，开设7门课程，培训约3600人。

发挥社区学院龙头作用，开展市民教育实践活动。举办或承办6项社区教育、市民教育教学活动，参加人数5900人。开展社区居民进校学习和教师下社区工作。开设38个班次的市民课程或讲座，共1245课时，学员约1300人。社区居民到学校参加各类课程班学习18500人次。

推进西城区市民终身学习成果认证制度建设。市民终身学习成果认证点114个，约9万人注册个人学习账户。在西城区学习型城市示范区建设成果展示与经验交流活动中作为首个示范项目进行成果展示，被列为北京市学习型城市建设工作典型案例。组织2期认证管理员培训班，评选12名优秀认证管理员。对5530名一般持卡学员实施积分兑换。对41家认证单位94门课程进行学分课程申报工作，为下一步开展百门学分课程建设工作奠定基础。建成市民学习圈和积分超市平台。

开展西城区学习型城区建设理论和实践研究。编撰形成《2015年学习型城区建设科研成果汇编》。举办微课程制作、文档应用技巧、教育研究方法等一系列教师继续教育讲座培训，共24课时，800人次参训。完成86门微课视频制作，并上传至学习型西城网供居民在线学习使用。

（何伶）

11月15日，西城经科大开展社会培训

（西城经科大 供）

失独家庭妇女培训班

4月至5月，西城经科大承接西城区妇联失独家庭妇女培训班。培训班旨在为失去独子、感情受挫的妇女提供感情沟通交流的平台。60名学员参训，学校教师授课，开设摄影基础课程，共24课时。课程结束后，组织学员到市内公园进行摄影实践，并组织摄影作品评奖活动；共100余幅摄影作品参赛，学校艺术系教师负责评出一、二、三等奖。

（何伶）

混合式教学方式改革

至年底，西城经科大教师创新混合式教学方式的改革。学校 3 名教师在教授管理学原理、广告心理学、标志与 CI 设计 3 门课程中采用混合式教学，使教学过程“线下”（面授教学）与“线上”（网络教学）有机结合。授课对象是中国传媒大学远程与继续教育西城经科大教学站 2015 ～ 2016 级工商管理、艺术设计和人力资源管理专业本专科学生，教师通过网络平台、微信公众号和 UMU 网络互动平台与学生在线授课、互动问答、提交作业等，每周为学生发布公告，传送课件、微课、作业等学习资料。321 人实际参加教学改革，学生满意度 95.40%。学校制订《西城经科大推进混合式教学工作方案（初稿）》，进一步明确工作目标和主要任务。

（何伶）

国家重点中等职业学校选介

北京市昌平职业学校

2016 年，北京市昌平职业学校占地面积 41.88 万平方米，产权校舍建筑面积 9.34 万平方米、非产权校舍建筑面积 6.86 万平方米。全年教育经费投入 11921 万元，全部为国家拨款。固定资产总值 24588 万元，其中，教学、科研仪器设备总值 13254.37 万元。图书馆建筑面积 1646 平方米，藏有纸质图书 12.50 万册、电子图书 2TB。拥有计算机 1400 台，多媒体教室座位 5000 个。学校信息化经费投入 1406 万元，网络信息点 2000 个，校园网出口总带宽 200Mbps，上网课程 18 门，数字资源量 23TB。设有主校区、培训部、昌平职业教育农业文化园区、昌平职业教育工业文化园区和北郡嘉源幼儿园，6 个系部，开设园林绿化、航空服务和汽车运用与维修等 39 个专业，105 个教学班。教职工 340 人，包括专任教师 149 人、教辅人员 23 人。专任教师中具有研究生学历 56 人，本科及以上学历占教师总数 100%；高级专业技术职务 75 人、中级 44 人；“双师型”教师 140 人。聘请校外教师 50 人。毕业生 694 人，就业率 100%，职业资格证书取证率 96%。招生 1029 人，包括京籍学生 334 人。在校生 2943 人，包括京籍学生 1182 人。网址：www.cpvs.com.cn。

2016 年，学校育人质量稳步提升。颁布有用、有趣、有效“三有”课堂标准，进行“三有”课堂认证，引领教学改革有序开展；推进胡格实验班项目，开展价值导向课程改革试点，深化课程建设；科研助力教育教学改革，成果显著。成立兼职督学队伍，加强课堂诊断。开展信息化教学比赛，以赛促训。推进教师培养松兰工程及班主任队伍建设工作，对教师进行分层分类、阶梯递进式培养。继续推进职业素养课程开发与实施，注重校风、学风、家风教育，形成德育品牌。在 2016 年全国职业院校技能大赛中，18 名学生参加 12 个项目比赛，获得“三金四银七铜”，车身修复项目（钣金）蝉联冠军，获奖总数比上年大幅度增长。

办学特点更加鲜明。附属幼儿园试开园，多元办学格局不断优化。校企合作不断深化拓展，与联想集团共建联想工程师学院，成立联想专班；与京东农村电商生态中心合作，在电子商务专业实施“2+3”培养模式；昌职—亿和生产制作中心运转稳定，乐多港订单班学生正式上岗，曹继桐烘焙艺术学院项目稳步推进。积极探索国际合作办学路径，成为韩国忠清大学中国昌平学院，开设韩国忠清国际班；聘请外国专家服务专业教学改革，组织学生赴澳大利亚和新加坡短期游学，“走出去、请进来”相结合，开阔师生视野，服务国家“一带一路”发展战略。

社会服务能力持续增强。积极开展社会活动志愿服务、社会培训、职普融通等实践活动，全方位提升服务能力。承接北京市初中开放性科学实践活动，开设 6 门课程，全年共接待 1653 名学生完成选课任务。继续深化校村共建，做好康陵、上口两个共建村“民俗宴”升级工作。蝴蝶兰新品种权保护取得新进展，11 个品种个体获得农业部植物新品种权保护申请批号。积极推进京冀协同发展，针对河北巨鹿实际情况，开办厨师培训班，实现精准扶贫；与唐山第一职业中专签订合作协议，成立唐山分校；帮助河北省阜平县发展民俗旅游。做好“南水北调对口支援项目”，为内蒙古自治区呼伦贝尔市和乌兰察布市开办“职业院校发展及领导力提升”高级研修班，真正发挥示范引领作用。

精细化管理水平迈上新台阶。数字化校园基本建成，一校一部三园区之间实现互联互通，正式运行移动校园平台，实现电脑与移动端同步，提升工作效率，优化学校整体管理。

（彭天夫）

10 月，中学生到昌平职校开展开放性科学实践活动

（昌平职校 供）

北京市延庆区第一职业学校

2016 年 1 月 1 日，延庆县第一职业学校更名为北京市延庆区第一职业学校。学校占地面积 11.37 万平方米，产权校舍建筑面积 5.62 万平方米。全年教育经费投入 7583.48 万元，其中，国家拨款 7578.64 万元、自筹经费 4.84 万元。固定资产总值 13450.20 万元，其中，教学、科

研仪器设备总值6425万元。图书馆建筑面积1879平方米，藏有纸质图书4.90万册、电子图书0.16万册。拥有计算机734台，多媒体教室座位4290个。学校信息化经费投入531.50万元，网络信息点1132个，校园网出口总带宽270Mbps，上网课程68门，数字资源量3000GB。设有1个主校区，7个系部，开设中餐烹饪、汽车运用与维修和美发与形象设计等22个专业，60个教学班。教职工254人，包括专任教师186人、教辅人员44人。专任教师中具有研究生学历6人，本科及以上学历占教师总数98.90%；高级专业技术职务96人、中级86人；“双师型”教师64人。聘请校外教师13人。毕业生831人，就业率98.60%，职业资格证书取证率97.23%。招生470人，包括京籍学生342人。在校生1394人，包括京籍学生793人。网址：www.yqyz.org.cn。

2016年，学校启用新校名。学校通过国家中等职业教育改革发展示范校省级验收；配合区政府引进北京第二外国语学院贯通培养学院落户延庆；面对疏解非首都功能和生源锐减的紧迫形势，开始研究转型发展方向和内容，确保学校持续健康发展。

实现定位转型。面对生源锐减的形势，结合服务延庆区域绿色发展大事，学校初步达成转型发展的4个方向：发挥重点专业优势继续办好中等学历教育；服务区域经济发展，搞好社会培训工作；开发职业体验项目，服务全区中小学生；稳定国际化办学规模。

招生实习就业危中脱困。招生工作立足本区，辐射市区、郊区；诚信履行联办协议，完成既定培训任务。总结招生（实习就业）工作经验，确保中职学历教育招生规模适度，为未来生源反弹储备优秀专业师资。克服困难，实现新生470人入校就读。实现高二学生100%上岗实习、高三毕业生98%就业。

社会培训形式多样、效果显著。成人中专学历教育方面，招生246人，开设8个班，涉及汽车维修工、计算机应用、电子技术、美容美体、中餐烹饪、园林绿化、旅游服务与管理7个专业。职业技能取证培训方面，144人参加职业技能鉴定，90人取得职业资格等级证书，包括保健按摩师、花卉园艺工2个专业。实用技能短期培训方面，全年面向乡镇农民、机关单位职工、社区居民开展实用技能短期培训共8970人次。

5月，延庆一职第12届专业技能展示节
（延庆一职 供）

（卫秀宗）

北京市密云区职业学校

2016年，北京市密云区职业学校占地面积13.60万平方米，产权校舍建筑面积7.10万平方米。全年教育经费投入12151.70万元，全部为国家拨款。固定资产总值35208.40万元，其中，教学、科研仪器设备总值13996.70万元。图书馆建筑面积4155平方米，藏有纸质图书7.40万册、电子图书1550GB。拥有计算机1272台，多媒体教室座位2220个。学校信息化经费投入1000万元，网络信息点1565个，校园网出口总带宽1000Mbps，上网课程18门，数字资源量3000GB。设有3个校区，7个系部，开设旅游服务与管理、客户信息服务和美容美发与形象设计等12个专业，46个教学班。教职工220人，包括专任教师146人、教辅人员47人。专任教师中具有研究生学历15人，本科及以上学历占教师总数90%；高级专业技术职务43人、中级45人；“双师型”教师56人。聘请校外教师56人。毕业生522人，就业率98.5%，职业资格证书取证率100%。招生170人，包括京籍学生125人。在校生914人，包括京籍学生747人。网址：www.myzhiye.cn。

2016年，学校加强教师队伍建设，提升专业基础能力。不断加强教师专业技能、实践教学、信息技术应用和教学研究能力提升培训，“双师型”教师比例不断提升。与联想集团合办管理内涵建设高级研修班和教学创新高级研修班。

京津冀协同发展工作落到实处。学校发挥国家改革发展示范校作用，响应京津冀协同发展战略，制订京津冀合作办学实施方案，与河北省承德综合职业教育中心和河北省涞源职教中心签订合作办学框架协议，在联合招生、师资交流、学生培养、实习就业等方面开展合作。

拓宽办学功能，开设具有密云特色的中小学生职业体验课程。为深化教育教学改革，促进职普融通，为学生提供丰富多彩的专业技能和科技教育资源，学校开发50余门中小学生综合实践和职业体验课程，涵盖自然与环境、健康与安全、能源与材料、机械与制造、数据与信息等领域，渗透数学、物理、化学、生物、地理等学科知识和能力。年内，全区中小学生5100余人进校学习、体验，效果良好。

教育教学成绩喜人。在第12届全国中职学校文明风采大赛中，274名学生获得市级奖项，9名学生获得国家级奖项，学校获得优秀组织奖。在北京市职业院校技能竞赛中3人获得一等奖、13人获二等奖、31人获三等奖，参赛项目和成绩均有突破，其中，数控、计算机、汽修3个项目代表北京市参加全国技能大赛，2人分别获得二、三等奖，学校再次获得技能竞赛优秀组织奖。此外，在北京市中等职业学校学生体质健康测试赛中夺冠。

（陆洋林）

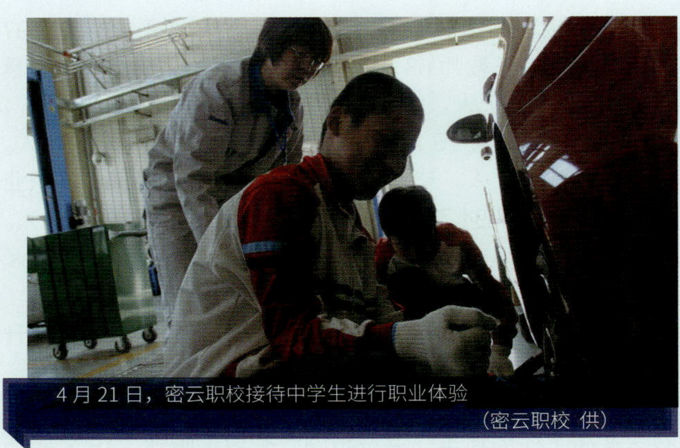
4 月 21 日，密云职校接待中学生进行职业体验
（密云职校 供）

北京市怀柔区职业学校

2016 年，北京市怀柔区职业学校占地面积 22.68 万平方米，产权校舍建筑面积 22.68 万平方米、非产权校舍建筑面积 4.99 万平方米。全年教育经费投入 9937 万元，全部为国家拨款。固定资产总值 17414.80 万元，其中，教学、科研仪器设备总值 5940 万元。图书馆建筑面积 500 平方米，藏有纸质图书 6.40 万册、电子图书 8 万册。拥有计算机 450 台，多媒体教室座位 1600 个。学校信息化经费投入 1764 万元，网络信息点 500 个，校园网出口总带宽 100Mbps，上网课程 5 门，数字资源量 10TB。设有 2 个校区，4 个系部，开设机械加工技术、汽车运用与维修和计算机动漫与游戏制作等 16 个专业，27 个教学班。教职工 231 人，包括专任教师 163 人、教辅人员 46 人。专任教师中具有研究生学历 7 人，本科及以上学历占教师总数 99.38%；高级专业技术职务 62 人、中级 43 人；"双师型"教师 94 人。聘请校外教师 7 人。毕业生 131 人，就业率 99%，职业资格证书取证率 97%。招生 219 人，包括京籍学生 68 人。在校生 1350 人，包括京籍学生 558 人。网址：www.bjhrzyxx.cn。

2016，学校深入拓展"以赛代考，以赛促教"新形式。在"普高有高考，职高有技能大赛"精神指引下，深入专业，了解情况，制订参赛集训方案，安排专任教师到大赛主办单位学习。年内，在市级技能比赛 11 个竞赛项目中，共 32 名学生获得奖项，取得历史性突破。

住宿管理坚持军事化管理特色，建立军事化管理课题，探索研究对学生进行生活自理能力和日常行为规范的养成教育。坚持"全员管理，全过程管理，全方位管理"模式，并实行"一天一公布、一周落实一个行为习惯训练点、一周一小结、一月一兑现、一期一总评"，使学生在管理中受教育、懂规范。

探索中高职衔接对口升学。汽车与修理、旅游与服务、学前教育、计算机信息与网络 4 个专业分别与北京交通运输职业学院、北京经济管理职业学院、北京汇佳职业学院、北京信息职业技术学院对口专业进行"3+2"中高职衔接，并积极引导学生参加高考，实现高层次就业。学年内 73 名学生参加高考，并全部考入大学；自主招生升学率 100%。

学校农广校与区农委开展以乡镇合作社为主的初级实用人才素质提升培训，开展新型职业农民培育工作，提高广大农民从业技能和综合素质；在河北省承德市滦平周台子村全国实用人才培训基地举办京津冀协同培训项目，为京冀两地学员搭建学习、交流平台。

（邓超楠）

3 月 15 日，怀柔职校与滦平职业技术教育中心签署合作办学协议
（怀柔职校 供）

北京金隅科技学校

2016 年，北京金隅科技学校占地面积 11.84 万平方米，产权校舍建筑面积 10.15 万平方米。全年教育经费投入 12393.49 万元，其中，国家拨款 11715.46 万元、自筹经费 678.03 万元。固定资产总值 26157.63 万元，其中，教学、科研仪器设备总值 11910.05 万元。图书馆建筑面积 2082.94 平方米，藏有纸质图书 17 万册、电子图书 6.30 万册。拥有计算机 1375 台，多媒体教室座位 4000 个。学校信息化经费投入 30 万元，网络信息点 1970 个，校园网出口总带宽 240Mbps，上网课程 47 门，数字资源量 22.40GB。设有 2 个校区和邯郸、保定 2 个分校，有机械与电气工程系、材料与建筑工程系、信息与管理工程系和基础教学部"三系一部"，开设数控技术应用、楼宇智能化设备安装与运行和建筑工程施工等 28 个专业，106 个教学班。教职工 290 人，包括专任教师 164 人、教辅人员 18 人。专任教师中具有研究生学历 38 人，本科及以上学历占教师总数 100%；高级专业技术职务 68 人、中级 59 人；"双师型"教师 122 人。聘请校外教师 41 人。毕业生 1303 人，就业率 99.50%，职业资格证书取证率 100%。招生 580 人，包括京籍学生 148 人。在校生 2415 人，包括京籍学生 451 人。网址：www.bjjyp.org.cn。

2016 年，学校以"十三五"规划为引领，以"转型升级、创新发展、开放融合、共享成果"为理念，教育教学等重点工作再上新台阶。

推行"1+N"办学模式。与北京电子科技职业学院等 5 所高职院校实施"3+2"中高职衔接教育；落实京津冀职业教育协同发展规划，成立邯郸、保定2个分校，与张家口职教中心、雄县职校签订联合办学协议；与意大利卡塔尼亚市玛考尼(Marconi)职业技术高中实现教学及文化交流；与美国埃尔金社区学校开启“3+2”合作办学，2名学生赴美留学。

继续坚持教学改革。全年组织教师开展信息化技术等校内外专业培训427人次；教师参加校外专业技能大赛5项，8人获奖，教师指导学生参加校外技能大赛16项，35人获奖；承办全国职业院校建材类专业学生技能大赛，学校获得团体一等奖，2人获个人一等奖。按照专业发展规划，整合实训基地，形成5大实训基地、26个实训中心、108个实训室。学校特种作业焊工考点的组织管理、信息化、焊接与热切割等项目全部通过验收。

学生德育方面，继续深度开展以感恩、责任、团队精神和集体荣誉感培养为特色的主题教育活动；开展全员军训，在2016级新生中首次开展职业素养教育；以“一校一品”创建活动为契机，形成“责育匠心”德育品牌。

学校成为北京市初中开放性科学实践基地资源单位，开办的“软陶玩偶制作”项目深受学生喜爱。成为北京物协设备设施管理培训基地，在设施设备购置、合作项目开发、新专业设置等领域，更好地对接、服务于物业行业。

（陆娜）

11月26日，金隅学校开放性科学实践活动开课
（金隅学校 供）

北京市园林学校

2016年，北京市园林学校占地面积7.49万平方米，产权校舍建筑面积2.28万平方米。全年教育经费投入3636.61万元，其中，国家拨款3612.92万元、自筹经费23.69万元。固定资产总值11309.83万元，其中，教学、科研仪器设备总值2018.49万元。图书馆建筑面积1271.70平方米，藏有纸质图书4.50万册、电子图书620GB。拥有计算机538台，多媒体教室座位1640个。学校信息化经费投入464.54万元，网络信息点1013个，校园网出口总带宽100Mbps，上网课程5门，数字资源量1.20TB。设有房山区良乡镇和东城区天坛路2个校区，开设园林技术、宠物养护与经营和古建筑修缮与仿建等10个专业，19个教学班。教职工97人，其中，专任教师63人、教辅人员7人。专任教师中具有研究生学历17人，本科及以上学历占教师总数98.41%；高级专业技术职务16人、中级28人；“双师型”教师37人。聘请校外教师4人。毕业生153人，就业率96.56%，职业资格证书取证率94.77%。招生87人，包括京籍学生87人。在校生338人，包括京籍学生308人。网址：www.bjlas.com。

2016年，学校以京津冀协同发展为契机，进一步提升学校教育教学能力，发挥国家级示范校建设成效。

加强课堂教学管理，推进教育教学改革。学校以课堂教学调研工作为抓手，进行拉网式全覆盖听课。15名教师17门课程参加市教委课堂教学现状调研检查，全面增进教研氛围，提高教学设计、教案的质量。多名师生在市级技能大赛、职业院校创新成果、微课制作等比赛中取得优异成绩，1名教师同时获得市级师德先锋称号和紫禁杯班主任一等奖。

进一步深化校企合作，开展行业培训鉴定，承接多项行业技能竞赛。开展园林职业系列培训项目，累计培训2622人次；组织职业技能鉴定9批次、469人次。承接中直机关职工花卉园艺工技能大赛、市“职工技协杯”职业技能竞赛公园讲解复赛和决赛等竞赛的培训与赛务工作，共计培训学员4113人次，实现“三个突出”工作目标。

新增和建设新专业。通过市场调研，开设“古建筑修缮与仿建”和“景区服务与管理(3+2)”2个新专业。与北京市古建工程有限公司和北京美联众合资产管理有限公司分别签订订单培养协议。以校园门户网站、官方微博、微信等多种方式，宣传学校办学特色、就业前景，吸引生源。基本完成招生任务，毕业生一次就业率超过90%。

发挥科普教育优势，扩大对外宣传。组织植物科学绘画讲座、花艺科普进社区活动，积极参加市公园管理中心“园林科普津冀行”、科技周宣传及“月季红五月，市花进万家”主题公益活动，全面扩大学校宣传面。

（赵乐乐）

5月28日，园林学校师生参加“园林科普津冀行”活动
（园林学校 供）

中央音乐学院附属中等音乐学校

2016年，中央音乐学院附属中等音乐学校占地面积1.46万平方米，产权校舍建筑面积2.95万平方米。全年教育经费投入4589.77万元，其中，国家拨款3046.43万元、改善办学条件专项款300万元、自筹经费1243.34万元。固定资产总值4965.20万元，其中，教学、科研仪器设备总值2688.30万元。图书馆建筑面积915平方米，藏有纸质图书1.54万册。拥有计算机226台，多媒体教室34间。拥有网络信息点520个，校园网出口总带宽100Mbps，数字资源量1000GB。开设6个专业，包括钢琴、小提琴和民乐等4个六年制专业。设立中国少年交响乐团、少年民族管弦乐团、少年室内乐团、少年合唱团、少年管乐团和四季室内乐团。附属小学是附中六年制中专学历教育之外"学前培训班"，学制3年。教职工125人，其中，专任教师99人、教辅人员11人。专任教师中研究生及以上学历63人，本科及以上学历占教师总数100%；高级专业技术职务11人、中级42人。聘请校外教师9人。毕业生141人。招生129人，包括京籍学生23人。在校生810人（初中部514人、高中部296人），包括京籍学生23人。网址：fuzhong.ccom.edu.cn。

2016年，学校以立德树人为根本，按照培养高精尖优秀专业人才、为中央音乐学院输送优质后备人才为办学宗旨，强化内部管理，坚持以校长办公会、党政联席会、教学行政研讨会、约谈制等多种方式，积极开展各项工作。

不断提高教学质量和管理服务水平，积极组织教学研究和科学研究活动。全年共举办教师音乐会153场、学生音乐会148场；聘请专家讲学76人，共计开展讲座44场，大师课922节；各学科专业教师出版、发表论文、著述、乐谱、音像资料共17项，乐谱4本，著述4本，音像资料(CD/DVD)13盘；开展教师和学生社会实践172场。

师生225人次参加各项比赛，其中，国际比赛获奖86人次、国内比赛获奖139人次，教师获奖59人次、学生获奖166人次。大提琴专业1名学生获得第三届俄罗斯克努舍维斯基国际大提琴比赛少年组第一名，是创赛以来获得该级别奖项年龄最小的选手，也是中国选手在该赛事中第一次获得金奖；2名学生分别获得第一届北京肖邦国际青少年钢琴比赛青年组和少年组第一名。

3月，亿阳集团在学校设立"亿阳拔尖人才成长计划基金"，专用于学校优秀器乐表演专业音乐人才，帮助其提高社会实践能力及舞台表演经验。5月至6月，少年交响乐团应邀至荷兰、比利时、德国巡演，是继1988年之后，少年交响乐团再次出访欧洲，精彩表现获得各方赞誉。与德国魏玛李斯特音乐学院和科隆莱茵音乐学校签约合作。

文化课教学方面，不断深化课程改革，使学生在专业课和文化课方面取得协调和平衡发展。2016年高考有2人获600分以上高分，总分最高分为学校历年高考最高。在传统文化教育方面，继续举办"书法承文化、墨香沁校园"活动，为学生开阔眼界、丰富文化知识提供帮助。

开展为人师表全面育人活动，开展有特色的师德教育活动。选派青年教师先进党员代表参加市委教工委组织的青年教师骨干培训班。定期聘请资深文化课教师为青年教师开展师德教育讲座，在政治上关怀引其进、生活上关心引其稳、业务上传帮带引其能，使全体教师树立"以身立教、为人师表"思想，有力推进师风师德建设。

加强民主管理，模范执行各项规章制度。完成《教辅行政奖教金评选制度》等6项规章制度，修订《办公规范管理制度》，完善《附中奖项分级制度》；确定并修订学校发展规划，提出各项工作有计划、有检查、有落实，奖惩分明的工作方式，将精细化管理落实到学校管理各个方面。

（秦萌）

3月，首届中提琴国际教学研讨会在中央音乐学院附中举行
（中央音乐学院附中 供）

北京市什刹海体育运动学校

2016年，北京市什刹海体育运动学校占地面积3.37万平方米，产权校舍建筑面积4.74万平方米、非产权校舍建筑面积0.20万平方米。全年经费投入9232.11万元。固定资产总值21906.84万元（含基建），其中，教学、科研仪器设备总值2880.23万元。图书馆建筑面积136平方米，藏有纸质图书6.46万册。拥有计算机200台，多媒体教室座位150个。学校信息化经费投入38.89万元，网络信息点600个，校园网出口总带宽20Mbps，上网课程1门，数字资源量30GB。开设武术、跆拳道、击剑等8个运动项目，8个运动班，8个运动队。教职工335人（含一线运动员），包括专任教练96人、教师22人、教辅人员5人。专任教师教练中具有研究生学历14人，本科及以上学历占教师总数100%；副高级专业技术职务27人、中级45人。聘请校外教师7人。运动班向一线运动队输送正编运动员1人、协议运动员22人。在校生680人，运动员年龄6～30岁。网址：www.bjschtx.com。

2016年，学校继续以"奥、亚、全"战略为指针，以培养高水平竞技体育人才为宗旨，紧紧围绕奥运会和国内外比赛，狠抓队伍基础力量和技战术训练，强化队员大赛素质和临场发挥，创新训练方法和教学思路，各项工作迈上新台阶。

学校北京队专业运动员夺得 2 项世界冠军和 15 项全国冠军；在里约奥运会上夺得 1 枚金牌和 1 枚铜牌。

（严丽芬）

北京市外事学校

2016 年，北京市外事学校占地面积 2.50 万平方米，非产权校舍建筑面积 2.80 万平方米。全年教育经费投入 13329.69 万元，其中，国家拨款 13068.56 万元、自筹经费 261.13 万元。固定资产总值 7233 万元，其中，教学、科研（实训）仪器设备总值 6443 万元。图书馆建筑面积 300 平方米，藏有纸质图书 3.40 万册、电子图书 15 万册。拥有计算机 624 台，多媒体教室座位 596 个。学校信息化经费投入 687 万元，网络信息点 900 个，校园网出口总带宽 100Mbps，上网课程 8 门，数字资源量 10TB。设有 1 个校区，5 个系部，开设高星级饭店运营与管理、中餐烹饪与营养膳食和旅游外语等 6 个专业，28 个教学班。教职工 161 人，包括专任教师 124 人、教辅人员 21 人。专任教师中具有研究生学历 20 人，本科及以上学历占教师总数 100%；高级专业技术职务 52 人、中级 58 人；"双师型"教师 66 人。聘请校外教师 6 人。毕业生 181 人，就业率 100%，职业资格证书取证率 85%。招生 175 人，包括京籍学生 155 人。在校生 509 人，包括京籍学生 415 人。网址：www.bjwszg.net。

2016 年，学校推进服务京津冀协同发展工作。牵手京津冀地区职业学校及北京饭店等其他合作机构成立北京外事服务职业教育集团。之后，以学校为核心开展活动，为崇礼区职教中心专业教师开展培训，组织集团成员接待荷兰蒙特里安教育集团师生开展交流活动。

寻求专业转型升级，拓展发展空间。旅游外语、城市轨道交通运营管理 2 个新专业获批招生，并分别与北京青年政治学院、北京交通职业学院联合举办"3+2"项目班，超额完成招生任务。继续申报"烹饪工艺与营养"新专业，引入北京高职院校英语专业学生必考项目英语"托业桥"考试，继续拓展发展空间。

立足科研深化改革，推进内涵建设。修订人才培养方案，完善专业部教师队伍建设。主办西城区科研月期间唯一的职教专场，展示学校教学改革成果。组织全体专职教师参加学校信息化教学设计说课比赛，引领教师钻研"课标"和教材，初步形成"以赛促进教师培养、培训"模式。

传承校园文化，坚持立德树人。首次举办学校职业教育宣传周系列专题活动，参与市教委首届"一校一品"创建、评选活动，举办全国首场《中等职业学校学生公约》签约仪式等主题教育活动，教育引导学生自觉养成良好的思想品质和行为习惯。

精准发力稳中求进，推进特色建设。与高等教育出版社联合开发的 5 门"慕课"课程在中国大学慕课平台上线，是中等职业教育建设的首批"慕课"课程。新建非物质文化遗产数字体验中心、书法实训室、3D 打印教室，改建形体实训室和调酒实训室，以满足教学培训需要。建筑面积 700 平方米，设备总值 936.25 万元。

服务区域发挥职能，体现职业教育价值。完成西城区教委委托编写《西城区教师职业形象规范读本》工作，并向全区教师发放。接待澳大利亚代表团和老挝代表团，展示办学成果，加深彼此了解和友谊。完成中小学生社会大课堂 3073 人次，开设礼仪、烹饪、茶艺、花艺等课程，为 8 个社区开展 10 余项课程，培训 895 人次，不断提升在街道社区的影响力。全年培训 10143 人次。

（张朝辉）

北京市实美职业学校

2016 年，北京市实美职业学校占地面积 2.59 万平方米，产权校舍建筑面积 4.06 万平方米。全年教育经费投入 15811.98 万元，其中，国家拨款 15505.20 万元、自筹经费 306.78 万元。固定资产总值 12668.68 万元，其中，教学、科研仪器设备总值 7312.41 万元。图书馆建筑面积 598 平方米，藏有纸质图书 11.42 万册。拥有计算机 2133 台，多媒体教室座位 1620 个。学校信息化经费投入 16.69 万元，网络信息点 1006 个（包括无线接入 160 个），校园网出口总带宽 2560Mbps，上网课程 8 门，数字资源量 501GB。设有百万庄、甘家口和安德路 3 个校区，开设学前教育、数字媒体技术应用和美容美发与形象设计等 5 个专业，54 个教学班。教职工 374 人，包括专任教师 315 人、教辅人员 12 人。专任教师中具有研究生学历 19 人，本科及以上学历占教师总数 98%；高级专业技术职务 103 人、中级 125 人；"双师型"教师 118 人。聘请校外教师 27 人。毕业生 917 人，就业率 97%，职业资格证书取证率 100%。招生 218 人，其中，京籍学生 202 人。在校生 1047 人，其中，京籍学生 742 人。网址：www.bjsm.net。

2016 年，学校重点开展"三有课堂"建设和"赏识教育"。

学校深入落实"三有课堂"建设，总结特色经验，研究发现问题，把中医疗法"望闻问切"运用到每个评价环节。学校为此制定《双教师任课试行办法》，使老带新、传帮带、优势互补等得到最大程度提升，让每一节课真正做到"有趣、有用、有效"。

学校继续坚持"赏识教育"，倡导赏识每个学生。以赏识教育为立校之本，以多元智能为理论依据，推行友善用脑的学习方法。开展各级科研课题研究并实践探索，推动学校内涵发展。一是全面倡导赏识教育理念，建立良好师生关系，营造和谐的学习氛围；二是借鉴多元智能理论，换一把尺子衡量学生，激发学生的优势智能，帮助学生找到自信；三是推行友善用脑理论，相信每个学生都是天生的学习者，用科学的方法带动学生弱项智能，全面发展，让每个学生都树立自信；同时，把"赏识教育"理念延伸到教职工层面，从而提高教师工作的幸福感和归属感。

（牛秉毅）

北京市财会学校

2016年，北京市财会学校占地面积0.99万平方米，产权校舍建筑面积1.18万平方米。全年教育经费投入5657.14万元，其中，国家拨款5627.14万元、自筹经费30万元。固定资产总值5603.41万元，其中，教学、科研仪器设备总值2330.93万元。图书馆建筑面积70平方米，藏有纸质图书6万册、电子图书10万册。拥有计算机812台，多媒体教室座位1350个。学校信息化经费投入27.08万元，网络信息点900个，校园网出口总带宽2560Mbps，上网课程14门，数字资源量2000GB。设有金融、会计和文秘3个专业部，开设金融事务、会计和文秘3个专业，16个教学班。教职工106人，包括专任教师61人、教辅人员24人。专任教师中具有研究生学历5人，本科及以上学历占教师总数100%；高级专业技术职务25人、中级30人；"双师型"教师24人。毕业生161人，就业率100%，职业资格证书取证率100%。招生85人，包括京籍学生78人。在校生235人，包括京籍学生202人。网址：www.bjckxx.cn。

2016年，学校为应对现阶段西城职教改革和发展双重需要，克服学校发展中的困难，修订《校长奖励基金》制度；不断健全应急预案、教育演练机制，完善《安全教育制度》；编制完成以经济活动为中心的《内控手册》制度；主动与上级沟通，梳理学校遗留人员及其档案问题；逐步完成校产出租出借的清退工作。

因改革过程中，校区减少，干部职数超额，岗位人员重复，给管理带来巨大隐患，学校通过调整干部职数、合并岗位、消化富余人员、重新界定职责、细化工作环节等措施，解决行政管理难题。

学校以连续推行的规范过程管理项目为载体，完善专业建设质量监控机制，成立教师教育教学质量提升指导小组，努力从理念引领、方法传授、过程把控、成效检查、总结提升等方面协助教师转变教育教学理念，有力促进学校正常教育教学秩序和各项工作开展。

从提高学生综合素养目标出发，组织多名教师建设"手工工作坊"，共同研究木工、烫葫芦、手工制花、发带制作等文化特色课程的开发，拓宽教师教学领域；利用承办团市委创新创业微论坛契机，融合市教委职教宣传月主题，开创性组织财会学校宣传专场，充分展示学校办学特色和人才培养成果；组织学生体验怀柔国家冰壶集训基地冬训项目，开阔学生视野，增长学生冬季运动知识，磨练学生意志品质；响应京津冀协同发展号召，与张家口宣化区职业中心校签订全面框架合作协议。

坚持组织学生开展高职补习，参加单考单招。至年底，学校与北京政法职业学院、北京财贸职业学院实现"3+2"中高职直升对接，开拓更广阔空间帮助学生进入高等学府深造。

学校还承担西城区"职业教育社会化"社区培训课程，为西城多所中小学开设选修课程、"城宫计划"课程。学校还充分挖掘校内教育资源，积极拓展企业与社会的培训市场，全年开展各类培训3000余人次。

（马向燕）

北京市实验职业学校

2016年，北京市实验职业学校占地面积2.14万平方米，产权校舍建筑面积2.16万平方米。全年教育经费投入9454.40万元，全部为国家拨款。固定资产总值5408.65万元，其中，教学、科研仪器设备总值3411.46万元。图书馆建筑面积177平方米，藏有纸质图书9.16万册、电子图书2.58万册。拥有计算机1234台，多媒体教室座位3170个。学校信息化经费投入61万元，网络信息点280个，校园网出口总带宽4096Mbps，上网课程12门，数字资源量1444GB。设有菜园街和南线里2个校区，开设中药、计算机平面设计和出版与发行等7个专业，25个教学班。教职工185人，包括专任教师136人、教辅人员49人。专任教师中具有研究生学历15人，本科及以上学历占教师总数98.53%；高级专业技术职务43人、中级54人；"双师型"教师65人。毕业生263人，就业率99%，职业资格证书取证率100%。招生69人，包括京籍学生69人。在校生468人，包括京籍学生347人。网址：www.bjsyzyxx.com.cn。

2016年，学校坚持"政府推动、市场引导，服务需求、就业导向，产教融合、特色办学，系统培养、多样成才"基本原则，制订并实施学校"十三五"时期发展规划。

优化组织架构，突出人力资源建设。成立教育教学综合督导处和社会实践处。推行"转变观念、提升能力、适应变化、创新发展"教师队伍建设思路，通过"翻转课堂"专项教学活动、北京市中等职业学校课堂教学现状调研工作、"双师型"教师队伍培养、小班化教学与管理专题研究、教学专项视导、绿色评价导向机制研究、校企合作等活动，提升教师教学水平和学校教学管理水平。

推进职业教育综合改革的课程建设。构建以职业能力为本位、工作岗位为依据、综合素质为核心的适应中等职业教育特点的多样化课程体系，推进专业拓展，分别拓展中国传统药香、中医养生和云计算与虚拟化3大类近10门新课程。

9月1日，实验职校成立学生发展专项基金并为优秀学生颁发奖学金（实验职校 供）

推进教师服务于中小学职业体验课程、服务于社区终身教育工作，累计开设培训课程37门，培训学生和社区居民3460人次，拓宽职业教育专业功能，为职业教育转型升级奠定基础。

继续推进“以活动为载体，提高德育工作有效性”的有效途径和方法研究与实践。把培育和践行社会主义核心价值观作为立德树人的核心，以培育大国工匠精神为主题，开展丰富多彩的活动，提高育人实效。

努力改善办学条件，先后进行药香博物馆、药香实训室、大型实训设备维护与保养、数码印刷系统、绿色印刷处理系统、云计算与虚拟化数据中心实验室、校园安防系统改造、天然气改造、电梯安全设备、食堂上下水改造等项目。

（郝昕蕊　薛亚明）

北京市商务科技学校

2016年，北京市商务科技学校占地面积4.80万平方米，产权校舍建筑面积2.13万平方米、非产权校舍建筑面积2.68万平方米。全年教育经费投入3551.51万元，其中，国家拨款3377.71万元、自筹经费173.80万元。固定资产总值11221.82万元，其中，教学、科研仪器设备总值4826.09万元。图书馆建筑面积505平方米，藏有纸质图书4.10万册、电子图书0.14万册。拥有计算机993台，多媒体教室座位2911个。网络信息点1061个，校园网出口总带宽100Mbps，上网课程4门。设有4个校区，5个系部，开设物流服务与管理、物联网和航空服务等7个专业，14个教学班。教职工110人，包括专任教师56人、教辅人员9人。专任教师中具有研究生学历14人，本科及以上学历占教师总数100%；高级专业技术职务22人、中级29人；“双师型”教师25人。聘请校外教师6人。毕业生122人，就业率98.36%，职业资格证书取证率91%。招生33人，包括京籍学生30人。在校生212人，包括京籍学生195人。网址：www.swkj.org.cn。

2016年，学校紧紧围绕京津冀协同发展和首都经济社会发展对职业教育的新要求开展工作。

加强专业建设，进一步实现社会服务功能。新增2个“3+2”中高职衔接改革试点专业。物流实训基地在做好校内培训工作的同时，承担北京市职业院校物流专业共享型实训基地培训任务。2016年，基地向京津冀开放，完成22所职业院校603人、29270学时培训任务，促进三地物流专业教学水平提升。组织京津冀中职物流专业技能邀请赛，培训效果和比赛水平均得到各校高度认可。学校还发挥专业优势，为周边小学、社区居民开设培训和职业体验等课程，完成7门中小学生职业体验课标撰写，并进行教材的编写与开发工作。

与北京络捷斯特科技发展股份有限公司共同发起成立的混合所有制实体北京长风物流学院开办就业直通班，面向全国职业院校招生，第一届试点班包括仓储主管就业直通班和运输调度管理就业直通班2个班，共有学生54人。学生经过3个半月实训轮岗学习、1个月企业实践后，经推荐上岗就业。

建立高效校本教研机制，提升师资队伍整体品质。开设主题式教研活动，以“创新意识”提高教研工作质量，锤炼教师专业素养，提升师资队伍整体品质。

（潘京华）

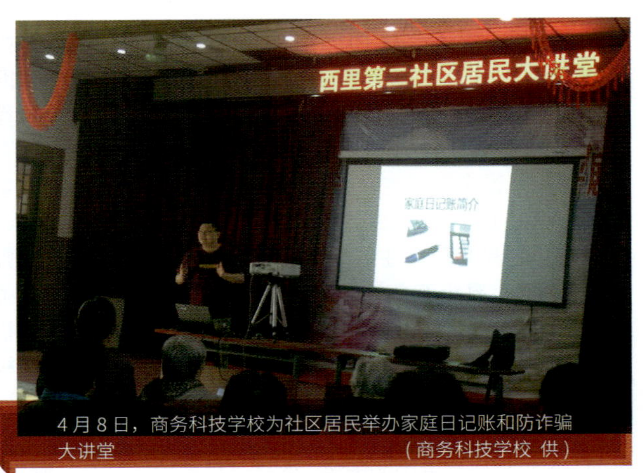

4月8日，商务科技学校为社区居民举办家庭日记账和防诈骗大讲堂（商务科技学校 供）

北京市黄庄职业高中

2016年，北京市黄庄职业高中占地面积9.06万平方米，产权校舍建筑面积7.88万平方米。全年教育经费投入9981.73万元，其中，国家拨款9600.77万元、自筹经费380.96万元。固定资产总值18829.16万元，其中，教学、科研仪器设备总值9044.75万元。图书室建筑面积1600平方米，藏有纸质图书13.50万册、电子图书30万册。拥有计算机1490台，多媒体教室座位1890个。学校信息化建设经费436.85万元，网络信息点1280个，校园网出口总带宽100Mbps，上网课程3门，数字资源量73728GB。设有1个校区，4个系部，开设美容美发与形象设计、计算机动漫与游戏制作和口腔修复与工艺等12个专业，45个教学班。教职工177人，包括专任教师122人、教辅人员5人。专任教师中具有研究生学历16人，本科及以上学历占教师总数99.18%；专业技术职称一级32人、高级43人、中级38人；“双师型”教师48人。聘请校外教师20人。毕业生336人，就业率99%，职业资格证书取证率74%。招生354人。在校生1421人。网址：www.huangzhi.net.cn。

2016年，学校加强信息化建设和信息化教学。学校微信公众服务号正式上线，每周推送信息1～2次。教师作品在全国职业院校信息化教学大赛上获得“信息化课堂教学”一等奖。教师队伍参加北京市中等职业学校信息化教学大赛获得“信息化教学设计项目”二等奖、三等奖各1个以及“信息化课堂教学项目”二等奖1个。

开展职业教育宣传。承办2016年市职业教育宣传月活动启动仪式。通过举办“粉黛京韵”京式旗袍发布会、义齿行业前沿技术体验等活动，展示首都职业教育改革最新成果，弘扬精益求精的工匠精神，激发学生创新创业意识，营造全社会关注职业教育的良好氛围，凸显职业教育服务首都核心功能的定位。

开展师资队伍国际化培训，推动中职教育国际化发展。开展澳大利亚 TAFE 培训师和评估师资格证书第三期培训班，邀请澳大利亚亨特 TAFE 学院教师主讲澳大利亚职业教育课程、教学法、微格课和教案四部分内容，参训教师经面授、小组考核、提交在线作业和书面作业等环节，经考核合格可获得澳大利亚新南威尔士州职业教师资格证书。学校还与中国国际广播电台培训中心合作开办首期教师国际化语言能力提升培训班，提升教师在国际交流合作中的语言应用能力。

（文昌敏）

北京市丰台区职业教育中心学校

2016 年，北京市丰台区职业教育中心学校占地面积 11.77 万平方米，产权校舍建筑面积 8.70 万平方米。全年教育经费投入 16381.18 万元，其中，国家拨款 15876.93 万元、自筹经费 504.25 万元。固定资产总值 23735.64 万元，其中，教学、科研仪器设备总值 16298.97 万元。图书馆建筑面积 54 平方米，藏有纸质图书 11.87 万册、电子图书 2 万册。拥有计算机 2045 台，多媒体教室座位 4200 个。学校信息化经费投入 260 万元，网络信息点 2500 个，校园网出口总带宽 130Mbps，上网课程 24 门，数字资源量 25700GB。设有芳古园、洋桥和三营门等 9 个校区，开设中餐烹饪与营养膳食、汽车运用与维修和学前教育专业等 18 个专业，84 个教学班。教职工 334 人，包括专任教师 222 人、教辅人员 36 人。专任教师中具有研究生学历 36 人，本科及以上学历占教师总数 99%；高级专业技术职务 62 人、中级 89 人；“双师型”教师 104 人。聘请校外教师 8 人。毕业生 1032 人，就业率 99.13%，职业资格证书取证率 95.98%。招生 600 人，包括京籍学生 219 人。在校生 2196 人，包括京籍学生 902 人。网址：www.ftzj.com。

2016 年，学校抓内涵建设，深化办学模式和人才培养模式改革，重点推进“胡格教育模式”和“混合式教学模式”改革，加强有趣、有用、有效“三有”课堂教学研究，探索与新西兰怀卡托理工学院“3+2”贯通培养项目暨中职生“综合职业能力分级培养国际合作实验研究”，不断提升人才培养质量。

发挥职教资源优势，服务区域经济发展，完成学校西校区与北京联合大学成寿寺校区置换工作。加强中小学生职业体验中心和市民学习中心建设，实施“双百特色课程开发”行动计划，有效推进丰台区学习型城区建设工作。为初中开放性科学实践活动开课 152 节，受益学生 2541 人。开展学校优质品牌输出，推进京津冀职业教育协同发展，重点做好对河北阜平、曲阳、沽源、石家庄等地区的帮扶项目，以京津冀“互联网 +”职业教育集团为平台，开展专业建设、教师培训、联合培养等活动，拓展办学空间。

推进国际化办学。与印度加尔各答圣劳伦斯高中签约合作。深化与德国博特罗普职业学校、芬兰波尔沃及约恩苏职业学校的交流，重点做好美国创业教育项目和 AFS 住校语言项目，提升国际化人才培养水平。

探索与实践“四个服务”，即服务高端技能人才培养、服务区域经济发展、服务中小学课程改革和服务市民终身学习，提升服务区域经济发展的贡献力；积极推动京津冀教育协同发展和对口支援，提升服务国家战略的贡献力。

（周秀艳　芦倩英）

11 月，丰台职教中心校开展初中开放性科学实践活动“高速摄影机下自由落体运动轨迹”课程　（丰台职教中心校 供）

北京市电气工程学校

2016 年，北京市电气工程学校占地面积 11.76 万平方米，产权校舍建筑面积 8.39 万平方米、非产权校舍建筑面积 0.19 万平方米。全年教育经费投入 12318 万元，其中，国家拨款 11998 万元、自筹经费 320 万元。固定资产总值 39443 万元，其中，教学、科研仪器设备总值 7151 万元。图书馆建筑面积 1912 平方米，藏有纸质图书 14 万册、电子图书 15 万册。拥有计算机 1676 台，多媒体教室座位 6000 个。学校信息化经费投入 610 万元，网络信息点 1289 个，校园网出口总带宽 100Mbps，上网课程 19 门，数字资源量 7000GB。设有将台路、管庄和甘露园等 6 个校区，6 个系部，开设楼宇智能化设备安装与运行、制冷和空调设备运行与维修和电气运行与控制等 14 个专业，52 个教学班。教职工 237 人，包括专任教师 167 人、教辅人员 21 人。专任教师中具有研究生学历 12 人，本科及以上学历占教师总数 98%；高级专业技术职务 69 人、中级 62 人；“双师型”教师 81 人。聘请校外教师 49 人。毕业生 389 人，就业率 96%，职业资格证书取证率 77%。招生 384 人，包括京籍学生 56 人。在校生 1418 人，包括京籍学生 275 人。网址：www.dqgc.com。

2016 年，学校坚持“科学规划、转型升级、内涵发展、提质增效”工作思路，深化“让每个人都能生存和发展”办学理念，全面实施素质教育，加强专业内涵建设，稳步推进现代学徒制试点工作；2 个中高职“3+2”衔接试点专业顺利对接；开发职业体验课程 25 门，接待中小学生职业体验 4000 余人次；完成教学质量监测和年报工作；接受两轮北京市中职学校课堂教学现状调研，听课 55 节；实行“走班制”教学，取得良好效果。承办北京市中职学校 4 个项目技能比赛、第 11 届全国青少年未来工程师博览与竞赛活动，在各级各类比赛中取得良好成绩。

依托 ISO9001 管理体系认证项目，全面建立德育管理体系，细化管理制度，规范管理流程，量化管理措施，德育队伍建设水平得到提升，学生养成教育得到加强。开展与昆明、贵阳、南阳中职学校合作办学，发挥国家示范校作用；与河北省曹妃甸职业技术教育中心、唐山市第一职业中专、承德中职学校合作办学，推进京津冀职业教育协同发展；与中国矿业大学继续教育学院合作成立中国矿业大学（北京）校外教学站，提升中职学生学历层次。

深入社区开展服务，派送课程，开展各种技能培训，全年社会培训量达到 1 万人次。出台绩效工资微调方案，加强月考核；专项资金执行率达标，完成年度财务决算和资产决算工作；安全保卫工作有力，后勤物业化逐步深入，新建管庄校区二期工程稳步推进。

（王世兵）

北京市求实职业学校

2016 年，北京市求实职业学校占地面积 10.10 万平方米，产权校舍建筑面积 3.10 万平方米、非产权校舍建筑面积 3.63 万平方米。全年教育经费投入 15495.98 万元，其中，国家拨款 14873.91 万元、自筹经费 622.07 万元。固定资产总值 31612.97 万元，其中，教学、科研仪器设备总值 9995.15 万元。图书馆建筑面积 642 平方米，藏有纸质图书 16.82 万册、电子图书 0.99 万册。拥有计算机 3452 台，多媒体教室座位 5130 个。学校信息化经费投入 500.85 万元，网络信息点 2612 个，校园网出口总带宽 30Mbps，上网课程 15 门，数字资源量 2900GB。设有 6 个校区，开设现代办公、金融事务和民航服务等 16 个专业，141 个教学班。教职工 437 人，其中，专任教师 367 人、教辅人员 5 人。专任教师中具有研究生学历 67 人，本科及以上学历占教师总数 98.69%；高级专业技术职务 120 人、一级 175 人；“双师型”教师 99 人。聘请校外教师 9 人。毕业生 920 人，就业率 100%，职业资格证书取证率 86.30%。招生 1341 人，包括京籍学生 543 人。在校生 2978 人，包括京籍学生 897 人。网址：www.bjqszx.com。

2016 年，学校围绕朝阳区实施“高端、精品、国际化”的职业教育发展战略，坚持“让教育适应学生、让学校适合学生、让幸福伴随学生”办学理念，加强专业建设，规范管理，强化各校区制度统一、计划统一、标准统一，提高信息化管理和应用水平，完善多校区“横向定标准、纵向抓落实”管理框架；加强学生人文素质培养，打造求实品牌社团活动，实现“学校有特色专业，专业有特色课程，学生有特色技能”。

学校作为首个中职学校承办 2016 年全国职业院校技能大赛高职组文秘速录赛项说明会，承办 2016 年全国中职文秘技能竞赛暨通往柏林中国区资格赛并取得优异成绩；在全国职业院校教师微课大赛中获得 3 个一等奖、2 个二等奖、1 个三等奖、6 个优秀奖，学校获优秀组织单位奖。学校与河北迁安职教中心签署合作办学意向书。

（占福林）

北京市平谷区职业学校

2016 年，北京市平谷区职业学校占地面积 4.99 万平方米，产权校舍建筑面积 4.46 万平方米。全年教育经费投入 3337 万元，全部为国家拨款。固定资产总值 9021.40 万元，其中，教学、科研仪器设备总值 4340.53 万元。图书馆建筑面积 696 平方米，藏有纸质图书 4 万册、电子图书 100 万册。拥有计算机 708 台，多媒体教室座位 1200 个。学校信息化经费投入 93.56 万元，网络信息点 1540 个，校园网出口总带宽全区共享 1.20GB，上网课程 12 门，数字资源量 600GB。设有 2 个校区，8 个教研组，开设机械制造与控制、汽车运用与维修和计算机网络技术等 8 个专业，15 个教学班。教职工 163 人，包括专任教师 68 人、教辅人员 95 人。专任教师中具有研究生学历 2 人，本科及以上学历占教师总数 95.50%；高级专业技术职务 59 人、中级 60 人；“双师型”教师 68 人。毕业生 77 人，就业率 95%，职业资格证书取证率 77%。招生 61 人，均为京籍。在校生 223 人，均为京籍。网址：www.pgyz.cn。

2016 年，学校秉承“为学生创造机会，为教师搭建平台，为社会培养人才”办学理念开展工作。

多层面强化“一专多能”的“双师型”教师培训，切实加深对企业实践的认知，逐步提高教师职业道德素养、教育科研能力、现代信息教育技能，并逐步形成自己的专业理论和专业操作技能系统，教师在各级各类比赛中共获得市区级及以上奖励 127 人次，3 名教师被聘为北京市数控技能大赛裁判员。

德育工作以修养教育为主线，深化多元评价机制，精选富有教育意义和育人价值的内容，开展校训内化外显系列活动，构建活动体验式德育模式，同时充分发挥学生干部和家长委员会作用，建立家访长效机制，形成学校、学生、家长等全员参与的育人体系。

强化中高职课程建设。以职业能力为核心，大力推进课程改革，提高“3+2”中高职衔接班教学效率。教科研工作以“修一技之长·养优秀品行”为中心，完善学生专业技能评价体系，大力推进师生技能大赛，以赛促学、以赛促教、以赛促改，积极营造重品行、学技能的良好氛围，努力提高学生综合素养。

充分发挥职业教育功能，助力平谷区经济文化发展。承办“2016 年平谷区职业教育宣传月”系列活动、“育精益求精工匠·圆创新创业梦想”全民终身学习活动周送学下乡活动；与平谷中学、北京实验学校附属中学开展职普融通专业技能实践活动。

（贾迎春）

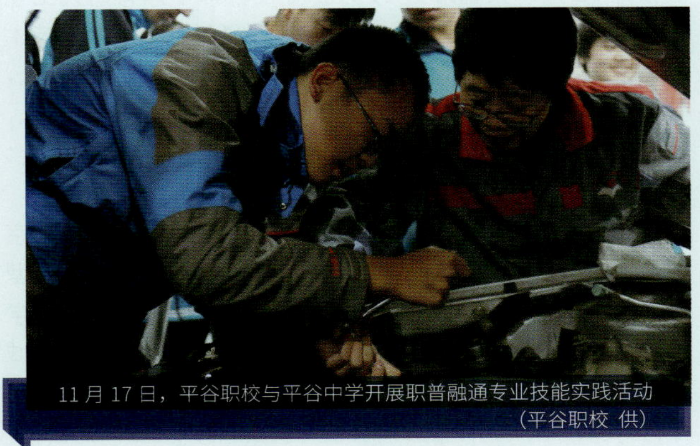

11月17日，平谷职校与平谷中学开展职普融通专业技能实践活动（平谷职校 供）

北京国际职业教育学校

2016年，北京国际职业教育学校占地面积7.20万平方米，产权校舍建筑面积12.92万平方米。全年教育经费投入15702.16万元，其中，国家拨款15074.19万元、自筹经费627.97万元。固定资产总值19602.01万元，其中，教学、科研仪器设备总值9259.99万元。图书馆建筑面积1612平方米，藏有纸质图书26.33万册、电子图书26.10万册。拥有计算机2592台，多媒体教室座位6065个。学校信息化经费投入250万元，网络信息点889个，校园网出口总带宽145Mbps，数字资源量4928GB。设有5个校区，开设学前教育、文物保护和中餐烹饪与营养膳食等16个专业，81个教学班。教职工395人，包括专任教师209人、教辅人员20人。专任教师中具有研究生学历27人，本科及以上学历占教师总数100%；高级专业技术职务120人、中级126人；“双师型”教师64人。聘请校外教师46人。毕业生642人，就业率100%，职业资格证书取证率87%。招生103人，包括京籍学生78人。在校生1646人，包括京籍学生1264人。网址：www.bjive.net。

2016年，学校顺应北京城区功能定位新变化和职教改革大趋势，围绕转型升级开展变革。

积极参与中小学生特色职业体验和科学实践活动课工作，教师开发101门集兴趣培养、实践动手为一体的特色职业体验课程，为中小学开设89门职业体验课程，授课3967学时，4186名中小学生受益；为初中生开设2门开放性科学实践活动课，900余名学生受益。同时，积极与社区联动，将职业教育与社区教育融会贯通，为企事业单位、社区居民开发金融理财、中西烹饪、花艺课堂等培训课程及职业体验活动，并承办东城区市民厨艺大赛、市民插花大赛等多项生活类技能比赛项目。

教育工作。将培养“工匠精神”贯穿于教学全过程，使工匠精神与技能培育、技能大赛有机结合，并内化于师生的精神之中；以北京市课题“聚焦‘三有’课堂，提升教学质量”为引领，开展“三有”（有趣、有用、有效）课堂教学的实践研究，提高课堂教学质量；以名师带动计划和校本研修为抓手，着力推动课程改革；坚持“以赛促教、以赛促学”，承办全国职业院校中职模特表演赛项和北京市中职模特表演赛，并组织师生参加各级各类比赛。

德育工作。加强品牌建设，确定“志愿星”德育品牌，并通过北京市中职德育“一校一品”创建活动复评验收。校团委先后获得北京市、全国“五四红旗团委”称号。

国际交流与合作。探索国际化职业人才培养之路，与新加坡汉高教育集团、新加坡智亚学院、英国伦敦艺术大学、意大利卢梭学院建立友好合作关系。

教育科研工作。组织教师参加国家、北京市、东城区“十三五”课题申报，11项课题获批立项；56人次教师撰写的61篇论文、7个课件参加活动，34篇论文、7个课件获奖。

（卜保文 戈萌）

4月23日，北京国职教师在市职教宣传月活动东城区分会场指导中小学生制作凤尾虾（北京国职 供）

北京市大兴区第一职业学校

2016年，北京市大兴区第一职业学校占地面积18.47万平方米，产权校舍建筑面积8.54万平方米。全年教育经费投入6924万元，其中，国家拨款6288万元、自筹经费636万元。固定资产总值29024.47万元，其中，教学、科研仪器设备总值7428.12万元。图书馆建筑面积1900平方米，藏有纸质图书8.26万册、电子图书35.10万册。拥有计算机1268台，多媒体教室座位2475个。学校信息化经费投入1004.58万元，网络信息点66个，校园网出口总带宽100Mbps。设有4个系部，开设动漫游戏、航空服务、飞机维修、汽车运用与维修等10个专业，33个教学班。教职工203人，其中，专任教师135人、教辅人员37人。专任教师中具有研究生学历6人，本科及以上学历占教师总数99%；高级专业技术职务67人、中级78人；“双师型”教师39人。毕业生136人，就业率97%，职业资格证书取证率36.20%。招生299人，包括京籍学生60人。在校生

502 人，包括京籍学生 104 人。网址：www.dxyz.com.cn。

2016 年，学校围绕培育和践行社会主义核心价值观，全面实施素质教育，创造性开展各项工作。学校开创“德、技、品、行、情”五结合的“一校一品”职教德育新模式，德育工作稳步推进；不断深化职业教育教学改革，积极推进与高职院校的中高职衔接项目合作，与北京电子科技职业学院、北京信息职业技术学院等多家高职院校进行“3+2”“3+3”中高职衔接贯通培养；贯彻京津冀协同发展重要战略思想，与河北省邯郸理工学校进行深度合作；创新校企合作体制机制，与联想集团签约揭牌，开设联想专班，与中盈创信科技有限公司产教融合；为学生参加职业院校专业技能大赛搭建平台，在北京市中职学校各项职业技能比赛中取得突破性成绩；积极开展农村转移劳动力职业技能培训工作。

2016 年，学校成为北京市中小学生社会大课堂资源单位，通过北京市健康促进学校验收，被评为大兴区交通安全文明示范校；获第 12 届全国中等职业学校“文明风采”竞赛组织奖。“青春伴夕阳”志愿服务岗被首都文明建设委员会评为第二批首都学雷锋志愿服务岗，被大兴区志愿服务联合会评为大兴区优秀志愿服务项目，获得 2016 年大兴区志愿服务品牌项目支持计划资金支持。大兴一职党支部被大兴区教工委、区教委评为“大兴区教育系统先进基层党组织”，校团委被评为大兴区教育系统共青团“创新争优”活动“五四红旗团委”。

（李辉）

11 月 10 日，大兴一职社会大课堂活动为中小学生提供陶瓷制作体验　（大兴一职 供）

北京现代职业学校

2016 年，北京现代职业学校占地面积 2.63 万平方米，产权校舍建筑面积 2.27 万平方米、非产权校舍建筑面积 0.19 万平方米。全年教育经费投入 6148.16 万元，其中，国家拨款 6121.50 万元、自筹经费 26.66 万元。固定资产总值 6385.50 万元，其中，教学、科研仪器设备总值 4502.32 万元。图书馆建筑面积 737 平方米，藏有纸质图书 10.22 万册、电子图书 15 万册。拥有计算机 776 台，多媒体教室座位 87 个。学校信息化经费投入 228.95 万元，网络信息点 4000 个，校园网出口总带宽 1000Mbps，上网课程 12 门，数字资源量 1000GB。设有 2 个校区，开设会计、医学生物技术和金融事务等 9 个专业，15 个教学班。教职工 118 人，包括专任教师 62 人、教辅人员 11 人。专任教师中具有研究生学历 1 人，本科及以上学历占教师总数 100%；高级专业技术职务 29 人、中级 26 人；“双师型”教师 27 人。毕业生 248 人，就业率 97.10%，职业资格证书取证率 28%。招生 22 人，均为京籍学生。在校生 381 人，包括京籍学生 160 人。网址：www.bjmvs.com。

2016 年，学校为适应当前教育环境，助力新形势下京津冀教育协同发展，不断调整办学思路，努力探索职教转型新模式，在培养中职人才同时，充分发挥“东城区中小学职业体验中心”“东城区青少年学院天永学区分院”“东城区市民体验中心”和“北京市实践开放性科学实践活动基地”教育职能作用，以“特色鲜明、差异发展、深入挖掘”为目标，为社会服务。

职业体验。教师根据自身专业优势、实训基地资源及各职业文化氛围，针对不同年龄层生源特点，设计、开发一系列与行业岗位高度对接的职业体验课程。年内，学校开展 19 个项目的体验课程，接待东城区 16 所中小学近 6000 名学生，并与来自美国 5 所高中学校 80 名师生开展交流。

合作办学。推进与唐山市第一职业中专合作，继续接收唐山班学生到校就读，推进教师交流、专业指导等方面合作。为落实与河北省三河市职教中心合作协议内容，实现三河市职教中心与学校金融专业深度合作，接待三河市职教中心一行人到校，走进体验课课堂，了解体验课开展情况。双方还就金融专业课程体系、教材建设、就业方向等方面问题进行探讨。

人才培养。校企对接会共吸引军事医学科学院生物工程研究所等 30 家企业，提供 300 余个岗位，实现企业、学校、学生三方互动交流，共同搭建校企人才交流和就业服务合作平台。

（白振　晋闻思）

现代职校为中小学生提供中药传统调剂体验课程　（现代职校 供）

北京铁路电气化学校

2016年，北京铁路电气化学校占地面积14.57万平方米，产权校舍建筑面积6.89万平方米。全年教育经费投入11898.23万元，其中，国家拨款11572.90万元、自筹经费325.33万元。固定资产总值13426.28万元，其中，教学、科研仪器设备总值5808.67万元。图书馆建筑面积2122平方米，藏有纸质图书26.13万册、电子图书8.14万册。拥有计算机951台，多媒体教室座位9050个。学校信息化经费投入283.15万元，网络信息点1456个，校园网出口总带宽360Mbps，上网课程49门，数字资源量4354GB。开设电力机车运用与检修、城市轨道交通供电和电气运行与控制等21个专业，130个教学班。教职工220人，包括专任教师156人、教辅人员7人。专任教师中具有研究生学历30人，本科及以上学历占教师总数94%；高级专业技术职务42人、中级66人；“双师型”教师127人。聘请校外教师31人。毕业生1140人，就业率98.42%，职业资格证书取证率90%。招生378人，包括京籍学生378人。在校生3971人，包括京籍学生1943人。网址：www.jtdx.com.cn。

2016年，学校围绕服务轨道交通快速发展、服务京津冀协同发展2个服务方向，努力抓好高端技术技能人才培养—贯通培养试验项目，重点实施4项工程：

教学质量提升工程。组织实施“国家示范性职业学校数字化共建共享计划（二期）电控专业精品课程建设”项目，启动2项“十三五”规划教材编写，3本教材完成出版；完成3个实训室升级改造工程；自主开发2个仿真实训软件并申请著作权。

学生素养提升工程。充分发挥校内德育基地作用，依托优秀职业人工作室作为校内德育活动开展平台，将6月定为“职业素养提升月”，将11月定为“强化责任意识月”。同时，以中职德育“一校一品”品牌创建为契机，创新校企“共育、共建、共赢”合作运行机制，以高铁精神为主线，以四类校外德育实践基地群载体，通过实施五种实践育人模式、二元主体评价（简称“1452”协同育人体系），培养学生“爱国、敬业、创新、服务”的良好品德和“严谨规范、精益求精”的工匠精神，总结、凝练“校企协同育人，培育高铁精神”特色德育品牌。开展“和谐动车文化之旅”，提升学生综合素养。

管理水平提升工程。以实现“制度化、精细化、信息化管理”和“以人为本、科学规范、精干高效”为目标，构建现代职业学校管理体系。

团队能力提升工程。加强师资队伍建设，通过各种形式助推，全校教职员工获得各种奖项，其中，1名教师获得“北京市师德榜样（先锋）”称号，1名教师获北京市“紫禁杯”优秀班主任二等奖，3名教师组成的团队获全国技能比赛一等奖，1名教师获北京市第二届班主任基本功大赛一等奖；校长获得“首都五一劳动奖章”；学校被市教委推荐为全国禁毒宣传优秀学校。

（王雪梅）

北京市商业学校

2016年，北京市商业学校（祥龙公司党<干>校）占地面积20.93万平方米，产权校舍建筑面积10.53万平方米、非产权校舍建筑面积1.44万平方米。全年教育经费投入15706.33万元，其中，国家拨款14231.40万元、自筹经费1474.93万元。固定资产总值27724.90万元，其中，教学、科研仪器设备总值10213.59万元。图书馆建筑面积3620平方米，藏有纸质图书10.71万册、电子图书9.40万册。拥有计算机3779台，多媒体教室座位5520个。学校信息化经费投入86.13万元，网络信息点3100个，校园网出口总带宽600Mbps，上网课程70门，数字资源量29509.02GB。设有7个校区，7个系部，开设会计、珠宝玉石加工与营销和物流服务与管理等20个专业，111个教学班。教职工317人，包括专任教师208人、教辅人员28人。专任教师中具有研究生学历81人，本科及以上学历占教师总数99%；高级专业技术职务58人、中级127人；“双师型”教师144人。聘请校外教师52人。毕业生1142人，就业率99%，职业资格证书取证率100%。招生1067人，包括京籍学生469人。在校生4407人，包括京籍学生2198人。网址：www.bjsx.com.cn。

2016年，学校始终坚持服务职业教育、服务企业发展、服务国家战略多项并举的工作思路，坚持稳中求进的工作基调，加强内涵建设，获北京市中职学校课堂教学现状调研一等奖，并入选全国首批传承中华优秀传统文化课程建设示范基地。提升科研水平，全年教师获得国家级课题或比赛一等奖4项19人次，学生获得国家级比赛一等奖3项3人次。

深化产教融合，采用订单式培养、工学交替、现代学徒制等校企合作育人模式，提高人才培养质量和学生职业素养。与北京联合大学师范学院联合开展“3+2+2”贯通培养师范生项目，开设学前教育和小学教育2个专业。发布学生职业素养护照，属全国首创。拓展校际合作，与北京联合大学、河北保定女子中专学校、奥地利MODUL学院、法国巴黎艾尔莎勒莫尼埃高中签约，在贯通培养、合作办学、教育交流等方面开展深入合作。

继续贯彻落实中央扶贫工作部署，承接国务院扶贫办、

4月23日，市职教宣传月活动商业学校分会场启动

（商业学校 供）

教育部和市教委职教精准扶贫任务，统筹整合教育和企业资源，运用“教育＋产业＋文化”扶贫模式，深入有序推进云南、新疆、河北三地多对象的对口帮扶工作。新增河北省秦皇岛市青龙县职教中心和云南西双版纳州勐海县职业高级中学2个职教精准扶贫对象。

服务首都产业结构调整升级、京津冀协同发展和冬奥会需求，探索服务国家“一带一路”倡议，为区域经济社会发展提供现代高端服务人才。结合企业需求和区域经济发展情况，大力开展企业定制式培训、社会培训和成人继续教育，全年累计培训3万余人次，成教办学规模3636人。学校还承担财政部、市财政局、市人力社保局逾11万人次的考试报名审核、组考、评审等社会服务任务。

（陈又瑜）

北京商贸学校

2016年，北京商贸学校占地面积9.51万平方米，产权校舍建筑面积7.95万平方米。全年教育经费投入7835万元，其中，国家拨款7598万元、自筹经费237万元。固定资产总值25845万元，其中，教学、科研仪器设备总值13463万元。图书馆建筑面积3652平方米，藏有纸质图书7.85万册、电子图书24.30万册。拥有计算机2436台，多媒体教室74间、座位3150个。学校信息化经费投入150万元，网络信息点648个，校园网出口总带宽70Mbps，数字资源量19TB。设有4个系部，开设金融事务与管理、铁道运输管理、产品质量监督检验等16个专业，57个教学班。教职工177人，其中，专任教师74人、教辅人员38人。专任教师中具有研究生学历33人，本科及以上学历占教师总数100%；高级专业技术职务36人、中级55人；“双师型”教师61人。聘请校外教师21人。毕业生449人。招生365人，包括京籍学生244人。在校生1621人，包括京籍学生1382人。网址：www.bjsmxx.com.cn。

2016年，学校以调研为契机，促教学管理水平再提升。学校强化教学管理，提升教学质量，做到“四个坚持”：一是坚持进一步落实教师岗位工作职责，细化教师考核、教师例会等制度；二是坚持落实领导班子、系部主任、主任助理和教研室主任听课制度，坚持教师之间互相听课制度；三是坚持教学中层巡查制度；四是坚持深入开展系部、教研室的教科研活动。

11月28日，商贸学校首届技能大赛活动周开幕
（商贸学校 供）

积极调研扩大合作，“3+2”专业不断扩展。积极走访北京财贸职业学院等高职院校，争取更多专业的“3+2”对接合作机会。年内新增金融事务和电子商务专业对接“3+2”项目，“3+2”专业增至5个，实现金融财会“3+2”专业全覆盖。作为相关“3+2”专业组织校，承担基础课程标准制定工作，并按照高职学校要求修订人才培养方案。

国内中职、高职与国外本科对接迈出重要一步。赴澳大利亚墨尔本博士山学院进行教学合作洽谈，就学生培养、教师培训、课程设计、师生交流等方面达成意向，并签署合作协议。12月，设立澳大利亚博士山学院北京分中心、澳大利亚国家英语学院北京分中心，开展相关教学活动。与博士山学院的合作为学校贯通培养学历教育和国内国际合作为一体的人才培养体系开辟新的渠道。

不断推进产教深度融合，打造校企双赢局面。利用学校师资和设备资源，为北京二商龙和食品有限公司在新产品研发方面提供服务，对其开发的山药醋、黑蒜醋等产品提供技术支撑和服务，得到企业认可。通过与第三方教育机构合作，联合组成课题小组，为北京二商大红门肉类食品有限公司进行人才资源评估以及发展规划调研，并进行两周的入厂调研。

（周琳雨）

北京市供销学校

2016年，北京市供销学校占地面积4.21万平方米，产权校舍建筑面积3.23万平方米。全年教育经费投入4336.17万元，其中，国家拨款4066.17万元、自筹经费270万元。固定资产总值11487万元，其中，教学、科研仪器设备总值4666.95万元。图书馆建筑面积2642平方米，藏有纸质图书7.13万册、电子图书15万册。拥有计算机800台，多媒体教室座位3967个。学校信息化经费投入610万元，网络信息点1000个，校园网出口总带宽100Mbps，上网课程28门，数字资源量202GB。设有大兴、房山2个校区，5个系部，开设计算机应用、城市轨道交通运营管理和会计等11个专业，61个教学班。教职工110人，包括专任教师63人、教辅人员8人。专任教师中具有研究生学历15人，本科及以上学历占教师总数100%；高级专业技术职务19人、中级38人；“双师型”教师40人。毕业生489人，就业率95%，职业资格证书取证率100%。招生180人，包括京籍学生112人。在校生1067人，包括京籍学生605人。网址：www.bjgx.com。

2016年，学校落实战略规划，深化体制机制改革，严格财务控制，提升管理水平。制订教育培训市场化和学历教育板块薪资方案，统一管理制度；推进管理社会化，实现减员增效；强化预算管理，加强财务监管，完成内控制度建设。

巩固学历教育，开拓社会培训，发展联合办学，打造世欣教育品牌。积极开拓培训市场，完成社会培训、鉴定2.20万余人次，培训方式逐步向高端培训和网络课程培训发展；联办的高等教育北京开放大学供销学院平稳发展，招生1154人，按时毕业率81%。

强化学生管理，打造文明校园。落实《德育大纲实施细则》，着力加强学生职业意识、职业道德、职业习惯的养成教育，不断探索新的德育管理理念，努力开创学生工作新局面。强化日常管理，推进校园文化建设；加强沟通，做好疏导教育，提高学生满意率；发挥学生自我管理作用，提高管理水平。

加强教学管理，提高教学水平。加强常规管理，完善教师日常评价方式，通过专家入校方式实现听课53人次，加大课堂管理力度；积极做好专业调整工作，开展实质性校企合作；强化技能培训，做好实习指导工作，毕业生专业核心职业资格证书取证率达90%以上。

深化教科研管理，提高师资水平。聘请企业人员作为校外专家入校指导，提高教师综合素质；提高教师教科研水平，促进教研成果推广；加强骨干教师、年轻教师培养力度。

加强校园基本建设，努力打造优美校园。学校（中专、技校、干校）共取得财政批复资金1460万元，涉及20个建设项目，有效改善教育教学环境。

（陈文军）

北京水利水电学校

2016年，北京水利水电学校占地面积4万平方米，产权校舍建筑面积2.27万平方米。全年教育经费投入5347.83万元，其中，国家拨款4253.72万元、自筹经费1094.11万元。固定资产总值7084.07万元，其中，教学、科研仪器设备总值3220.36万元。图书馆建筑面积3242平方米，藏有纸质图书9.04万册。拥有计算机540台，多媒体教室座位1435个。学校信息化经费投入105.23万元，网络信息点546个，校园网出口总带宽200Mbps，上网课程95门，数字资源量80GB。设有4个系部，开设水利水电工程施工、建筑工程施工和机电技术应用等12个专业，36个教学班。教职工154人，包括专任教师75人、教辅人员26人。专任教师中具有研究生学历19人，本科及以上学历占教师总数100%；高级专业技术职务34人、中级45人；"双师型"教师39人。聘请校外教师17人。毕业生284人，就业率99%，职业资格证书取证率100%。招生218人，包括京籍学生165人。在校生982人，包括京籍学生874人。网址：www.slsdschool.org。

2016年，学校发挥行业办学优势，多渠道深化协同育人。注重招生宣传的媒体平台手段运用，以水务企事业单位和对接高职院校共同参与为宣传亮点，较好完成招生工作。

深入企业调研，专业建设与企业对接。积极走访市自来水集团、排水集团、热力集团等近30家企事业单位，与市热力集团签订机电、给排水专业校企合作协议。

深入院校调研，拓展人才培养渠道。走访有关高职院校，积极拓展院校联合办学渠道。实现与北京劳动保障职业学院在给排水和机电专业的"3+2"中高职衔接班招生。

推动建立适应人才培养方式改革的信息化教学模式。结合专业特色，开发具有水务类职业学校特色的课程平台体系，支持和鼓励青年教师参加信息化大赛。全年共有教师25人次在部、市级信息化大赛中获奖。

丰富德育内容和形式。开展"青春与水同行"特色水文化实践活动，增强学生节水、爱水、惜水意识。组织开展学生18岁成人礼、职业生涯规划课堂等多项精品主题德育活动；结合不同年级学生身心发展阶段及个性特点，邀请"JA青年成就"组织、学生家长等参与活动，通过参观、讲座和文艺汇演等多种形式，为学生成长成才搭建平台，进一步促进学生综合素质提升。

发挥资源优势，服务行业发展。全年为北京市水务系统企事业单位职工培训近1500人；完成市南水北调办公室对口协作支援培训任务3期90人，为北京水务事业发展提供培训服务和支撑。

（张一鸣）

北京市自动化工程学校

2016年，北京市自动化工程学校占地面积3.76万平方米，产权校舍建筑面积3.20万平方米。全年教育经费投入6587.38万元，其中，国家拨款6393.38万元、自筹经费194万元。固定资产总值15935万元，其中，教学、科研仪器设备总值10112万元。图书馆建筑面积680.40平方米，藏有纸质图书6万册、电子图书10万册。拥有计算机761台，多媒体教室座位2280个。学校信息化经费投入450万元，网络信息点431个，校园网出口总带宽120Mbps，数字资源量2000GB。建有综合实训楼，包括52个专业教室和实训场所。开设数控技术应用、计算机网络技术和城市轨道交通运营管理等10个专业，45个教学班。教职工144人，其中，专任教师91人、教辅人员14人。专任教师中具有研究生学历22人，本科及以上学历占教师总数100%；高级专业技术职务23人、中级37人；"双师型"教师26人。聘请校外教师10人。毕业生339人，就业率96.35%，职业资格证书取证率90%。招生194人，包括京籍学生194人。在校生1611人，包括京籍学生1139人。网址：www.zdhschool.com.cn。

2016年，学校坚持"深化改革、内涵发展、完善机制、打造品牌"方针，不断完善制度机制建设，提升学校管理水平和办学效益。

学校加强"互联网+"理念与传统专业的融合探索，紧扣首都产业转型升级等需求，打造办学新特色。建设完成

3月4日，自动化学校轨道专业交通信号实训基地投入使用
（自动化学校 供）

轨道交通 VOBC 信号系统、机器人仿真操作和机器人智能生产教学及实训系统等 7 个实训室，交通信号实训基地和食品安全快速检测实验室投入使用；将企业生产项目纳入学生实习实践。先后承办北京市科学技术协会“逆向技术在模具行业的发展”技术沙龙和全国机械职业院校青年匠师培训研修班等活动。

以“三对接、四共同”人才培养模式为抓手，以技能竞赛为平台，全方位打造技能型人才特色。组织开展 16 项职业技能俱乐部活动以及 40 个项目的技能竞赛活动，30 余人次在市级及以上技能竞赛中获奖。

以“人才强校”理念为指导，以“双师型”素质建设为核心，以北京市中等职业学校课堂教学现状调研听课工作为契机，加强督导，提升教师“三有课堂”教学能力，完善学校常态化课堂教学保障机制，提升学校人才培养质量。

加强德育品牌建设，构建常规化、系列化的校园文化活动体系，开展“晨诵暮读”“道德长跑日记”等主题活动，促进学生成人成才、全面发展。同时加强“进口、在校、出口”3 个环节的内部学生教育与管理，积极与企业合作，将 469 名学生顶岗实习安排到位。

（王爱芬）

北京城市建设学校

2016 年，北京城市建设学校占地面积 2.91 万平方米，产权校舍建筑面积 2.28 万平方米。全年教育经费投入 3322.71 万元，其中，国家拨款 2743.60 万元、自筹经费 579.11 万元。固定资产总值 28044.01 万元，其中，教学、科研仪器设备总值 2300.24 万元。图书馆建筑面积 240 平方米，藏有纸质图书 4.94 万册。拥有计算机 456 台，多媒体教室座位 227 个。学校网络信息点 223 个，校园网出口总带宽 40Mbps，上网课程 2 门，数字资源量 30GB。全日制中专开设 7 个专业，22 个教学班；成人大专开设 7 个专业，12 个教学班；成人中专开设 6 个专业。教职工 108 人，包括专任教师 72 人、教辅人员 9 人。专任教师中具有研究生学历 20 人，本科及以上学历占教师总数 100%；高级专业技术职务 22 人、中级 41 人；“双师型”教师 26 人。聘请校外教师 21 人。毕业生 476 人，就业率 100%，职业资格证书取证率 97%。招生 304 人。在校生 1363 人。全年为市建筑行业从业人员开展岗位培训、技能鉴定考核共计 3000 人次。网址：www.bccs.cn。

2016 年 11 月 18 日，市教委同意北京市城建学校（北京市建设职工大学）整体并入北京财贸职业学院，城建学校建制撤销。学校围绕并入财贸职业学院这一中心开展各项工作。继续加强中专、成人大专等学生的教育教学工作，探索实践贯通学生的教育教学新模式，强化管理与后勤安全保障，提升社会服务质量，党建工作扎实推进。学生参加全国职业院校技能大赛，在中职组建筑 CAD 比赛中获得二等奖 1 个、三等奖 3 个；在中职组工程测量比赛中获得团体三等奖。在第 12 届全国中等职业学校文明风采竞赛活动北京市复赛中，学生共有 30 个作品获奖。

（侯晓明）

北京市劲松职业高中

2016 年，北京市劲松职业高中占地面积 10.60 万平方米，非产权校舍建筑面积 9.40 万平方米。全年教育经费投入 15467 万元，全部为国家拨款。固定资产总值 35510 万元，其中，教学、科研仪器设备总值 4693 万元。图书馆建筑面积 2400 平方米，藏有纸质图书 16.30 万册、电子图书 40 万册。拥有计算机 1296 台，多媒体教室座位 2820 个。学校信息化经费投入 535 万元，网络信息点 1880 个，校园网出口总带宽 1000Mbps，上网课程 47 门，数字资源量 24500GB。设有 5 个校区，开设中餐烹饪、西餐烹饪和美容美发与形象设计等 14 个专业，89 个教学班。教职工 251 人，包括专任教师 192 人、教辅人员 47 人。专任教师中具有研究生学历 41 人，本科及以上学历占教师总数 100%；高级专业技术职务 61 人、中级 90 人；“双师型”教师 65 人。聘请校外教师 25 人。毕业生 777 人，就业率 98.70%，职业资格证书取证率 94.50%。招生 782 人，包括京籍学生 185 人。在校生 2678 人，包括京籍学生 779 人。网址：www.jszg.com.cn。

2016 年，学校主动适应区域经济社会发展和中等职业教育新形势变化，按照“一校五园”（悦读书苑、追梦乐园、魅力校园、智慧校园、幸福家园）发展愿景，紧密围绕“八化建设”（办学模式国际化、培养模式多样化、师资队伍名优化、实训基地企业化、职业指导终身化、学校治理现代化、育人环境智能化、功能转型社会化）任务开展工作。

编制完成学校“十三五”时期改革发展规划，谋求健康持续发展；重新梳理提炼学校精神文化，增强发展底蕴和动力；学校在课题研究、技能大赛、队伍建设、课程建设、教学资源建设、学生社团建设等方面均取得成绩，队伍建设实施三年规划，促进教师专业发展；开展混合式学习研究与实践，深化课堂教学改革；通过多种途径开展教师培训，提高教师专业素养和专业化发展水平；学生志愿服务领域持续拓展，社团建设形成品牌效应，德育工作特色更加突出；利用优质资源，转变培训职能，社会服务能力不断增强；拓宽国际国内合作形式和内容，引领示范作用和品牌影响力继续发挥；智慧校园一期工程开始建设，学校信息化水平再上新台阶；改善总务后勤管理，合理使用专项资金，办学条件逐步完善。

年内，学校获国家级烹饪教育成就奖等称号 19 项；教师获北京市师德先锋等称号 19 项；教师参加各级各类教学技能比赛获奖 31 项；学生获国家级、市区级文明风采大赛、专业技能比赛奖励 61 项。学校实习就业率和就业质量继续保持在高水平；与河北、贵州、云南等地 10 所职业院校开展合作办学，与法国、芬兰等 6 个国家开展国际合作办学；学校所有专业分别与乐成集团、永乐集团等知名企业保持校企合作关系。全年完成中小学生职业体验、社区公益培训、外宾培训、考证培训、国际化培训等各级各类培训 2.70 万人次。

（刘杰　李婷婷）

5 月 16 日，劲松职高职教宣传周暨学校文化节启动

（劲松职高 供）

中国音乐学院附属中等音乐专科学校

2016 年，中国音乐学院附属中等音乐专科学校占地面积 26439 平方米，产权校舍建筑面积 22678 平方米。全年教育经费投入 3772.08 万元，全部为国家拨款。固定资产总值 11334.92 万元，其中，教学、科研仪器设备总值 3264.99 万元。图书馆建筑面积 400 平方米，藏有中文图书 17531 册、中文音像 3487 套，外文音像 1582 套，乐谱库资料 4232 套，电子图书资料 240GB。拥有计算机 150 台，多媒体教室座位 620 个。学校信息化经费投入 176.38 万元，网络信息点 380 个，校园网出口总带宽 40Mbps，数字资源量 326GB。开设中国器乐演奏、声乐表演、作曲与音乐基础理论、键盘乐器演奏、管弦乐器演奏 5 个专业学科，1 个文化课教研室，18 个教学班。设有 1 个培训中心，拥有中国少年民族乐团。教职工 83 人，包括专任教师 67 人、行政教辅人员 16 人。专任教师中具有研究生学历 30 人，本科及以上学历占教师总数 100%；高级专业技术职务 14 人、中级 41 人。聘请校外教师 51 人。毕业生 103 人，就业率 100%。招生 146 人，包括京籍学生 21 人。在校生 611 人，包括京籍学生 74 人。网址：www.msccmusic.com。

10 月 27 日，新疆之春联合音乐会在新疆人民剧场上演

（中国音乐附中 供）

2016 年，学校贯彻中国音乐学院“承国学、扬国韵、育国器、强国音”办学理念，围绕内涵发展主线，深化教育教学改革，推进教育和管理工作科学化、规范化，以“学生专业培养与综合素质培养并重”为导向，以“重视学生基础教育”为目标，加强教学基础建设，切实提升教学质量。

教学工作。注重教育内涵发展、特色发展、创新发展和国际合作与交流，积极探索人才培养模式创新。一是狠抓教学常规管理，加强教学过程质量监管，收效良好；二是加强专业课建设管理，严格规范课程设置和专业考核；三是聘请校外专家对部分专业课和文化课进行督导，提升教学质量；四是将教学工作与艺术实践活动紧密结合，开展国内、国际高端艺术交流活动，塑造附中艺术教育品牌。

学生工作。学校将 2016 年定为学风建设年，并向全体学生发出“为学须勤奋，为人重诚信”倡议，开展丰富的德育教育。举办第一届班主任受聘仪式暨教育论坛。与市残疾人福利基金和八八空间联合主办“公益梦想盛典”活动，成为北京中职学校第一个“北京市青少年助残公益实践活动基地”。

交流与合作。学校本着“高水平、深层次、有特色”原则开展国际学术交流、教师培训与艺术实践活动。14 名师生赴韩国首尔交流访问，并与韩国国立国乐中高等学校在首尔联合举办第 16 届交流音乐会；声乐学科全体教师访问圣彼得堡国立音乐学院、安德烈耶夫民族音乐学院，进行深入而有针对性的专业学习；理作学科教师赴法国夏纳音乐学院、巴黎高等师范音乐学院、巴黎高等音乐学院以及巴黎吕埃尔—马尔迈松国立音乐舞蹈学院 4 所大学进行为期 10 天的学术交流及专业学习。

（南秀渊）

（本栏责任编辑　胡雨）

893 所
各级各类民办学校

77613 人
毕业生

91262 人
招生

307785 人
在校生

53268 人
教职工

2017 | 民办教育

PRIVATE EDUCATION

- 规范民办高校招生行为
- 加强民办中小学幼儿园建设
- 民办幼儿园试点评估
- 评选优秀民办教育公益项目
- 民办学校工会联合会成立

PRIVATE EDUCATION
民办教育

综述

概述

2016 年，北京市共有各级各类民办学校 893 所，毕业生 77613 人，招生 91262 人，在校生 307785 人；教职工 53268 人，包括专任教师 27802 人。其中，民办幼儿园 635 所，毕业 32781 人，招生 56603 人，在园 150941 人；教职工 28139 人，包括专任教师 13681 人。民办小学 61 所，毕业 10889 人，招生 6866 人，在校生 59788 人；教职工 2510 人，包括专任教师 1928 人。民办初中 25 所，毕业 7462 人，招生 7756 人，在校生 23382 人。民办普通高中 69 所，毕业 5393 人，招生 2173 人，在校生 8122 人；教职工 11308 人，包括专任教师 6897 人。民办中等职业教育学校 22 所，毕业 855 人，招生 888 人，在校生 2219 人；教职工 955 人，包括专任教师 479 人。民办普通高校 16 所，毕业 20233 人，招生 16976 人，在校生 63333 人；教职工 6029 人，包括专任教师 3102 人。其他民办高等教育机构 65 所，教职工 4327 人，包括专任教师 1715 人。在教育行政部门注册的民办职业技术培训机构 1134 所，注册学生 1259312 人；教职工 33100 人，包括专任教师 11103 人。

（胡雨）

民办高校招生简章和广告备案

4 月 9 日，民办高校招生简章和广告备案工作会

（市教委相关处室　供）

2016 年，市教委建立民办高校招生简章和广告备案三级会审工作机制，完成 52 所学校的招生简章和广告备案工作。该项工作由北京民办教育协会承办，开始于 4 月 9 日，凡经市教委批准设立或管理的，持有效“办学许可证”和“法人登记证”，2016—2017 学年具有招生资格的民办普通高校、独立学院、民办非学历高等教育机构发布招生简章和广告，均要备案。备案内容包括在北京市或外省（自治区、直辖市）通过报刊、广播、电视、互联网、户外广告、未经出版的印刷品及影像资料等媒介，以刊登、播放、张贴、散发、邮寄等方式发布的 2016—2017 学年秋季及春季招生简章、广告、报考指南、入学通知等各种形式的招生及办学宣传信息。

（张子珽　王蕾）

规范民办高校招生行为

2016 年，市教委全面规范民办高校招生行为。委托北京民办教育协会监测民办高校招生活动，建立问题台账，对违规宣传的民办高校发出整改通知书 46 份。大力治理“虚假大学”，建立多部门参加的“虚假大学”治理联席会议制度，对曝光的 7 所“虚假大学”网站进行逐一现场摸排、清除。妥善协调处理涉及民办教育的各类投诉 50 余件，维护学生合法权益。

（李明海）

民办中小学幼儿园建设

2016 年，市教委加强民办中小学幼儿园建设。民办教师纳入中小学职称制度改革评价服务范围，将原来相互独立的中学、小学教师职称系列统一设置为中小学教师职称系列，在中小学（幼儿园）新设正高级教师职称。投入 0.50 亿元用于普惠性民办幼儿园奖补。开展民办幼儿园师资培训，民办幼儿园园长、业务园长、保健医和财务管理人员 1000 人次参加学习。

（彭兴蕊　张小红　张晓兰）

优秀民办教育公益项目评选

4 月 7 日，北京民办教育协会举办北京民办教育社会公益项目优秀集体与个人表彰会。会议表彰“北京社会公益项目优秀单位”44 个、“北京社会公益项目优秀组织者”36 人、“北京社会公益项目奉献精神奖”33 人、“北京社会公益项目优秀志愿者”25 人。活动自 2015 年 11 月开始，覆盖全市 1000 余所民办大、中、小学，幼儿园与培训机构，共收到 50 余所学校提交的各项申报材料 180 余份。评选通过初评、复评、公示等程序开展。

（王蕾）

4 月 7 日，北京民办教育社会公益项目优秀集体与个人表彰会

（民教协会 供）

民办高校及民办高等教育机构办学状况年检

6 月 6 日，市教委公布 2015 年度北京民办高等学校及其他民办高等教育机构办学状况年度检查考核结果。共 81 所学校参加年检，58 所学校年检结论为通过，16 所学校基本通过，4 所学校暂缓通过，3 所学校不通过。对于年检结论为通过的学校，准予在 2016—2017 学年招生；对于年检结论为基本通过的学校，要求在规定期限内完成卫生方面的整改工作，并自觉接受卫生主管部门监督、检查和指导；对于年检结论为暂缓通过的学校，要求在一年内限期整改，整改期间暂停招生活动。学校应针对目前存在的问题制订切实可行的方案和措施，认真整改，在整改期限内达到要求，准予恢复招生；对于年检结论为不通过的学校，要求停止招生活动，加紧处理存在的问题，切实维护学校安全稳定。年检工作委托北京民办教育协会开展，包括学校自查、专家组审核材料、专家组进校考察 3 个阶段。

（崔晶　王蕾　李明海）

民办学校工会联合会成立

6 月 21 日，北京市民办学校工会联合会成立大会暨第一届委员会第一次全体会议召开。会议选举产生第一届委员会主席 1 人。该协会是全国首家省市级民办学校工会联合会，旨在维护民办学校教职工合法权益，促进民办教育行业健康发展。中国教科文卫体工会、市总工会、市委教工委等相关单位负责人及教职工代表 120 余人参加会议。

（于海　尹传举）

民办高校及非学历高等教育机构年度招生政策公布

6 月 23 日，市教委公布北京市民办普通高校及非学历高等教育机构 2016 年秋季招生政策。民办普通高校本（专）科教育招生严格执行教育部和北京市关于普通高等院校招生管理规定，一律纳入全国普通高等学校统一考试招生录取体系。民办非学历高等教育机构不具备颁发国家承认的学历文凭的资格。根据 2015 年度北京民办高等学校及其他民办高等教育机构办学状况年度检查结果及相关学校整改情况，2016 年北京市具有招生资格的民办普通高校及非学历高等教育机构共 76 所，其中，实施学历教育的民办普通高校 15 所、民办非学历高等教育机构 61 所。

（李明海）

2016 年北京市具有招生资格的民办普通高校及非学历高等教育机构名单

一、民办普通高校 (15 所）	
1. 民办本科院校 (2 所）	
北京城市学院	北京吉利学院
2. 独立学院 (5 所）	
首都师范大学科德学院	北京工商大学嘉华学院
北京邮电大学世纪学院	北京工业大学耿丹学院
北京第二外国语学院中瑞酒店管理学院	
3. 民办高职院校 (8 所）	

北京北大方正软件职业技术学院	北京汇佳职业学院
北京经济技术职业学院	北京经贸职业学院
北京科技职业学院	北京培黎职业学院
北京艺术传媒职业学院	北京网络职业学院
二、民办非学历高等教育机构（61 所）	
1. 全日制民办非学历高等教育机构（31 所）	
北京八维研修学院	北京北大资源研修学院
北京东方大学	北京工商管理专修学院
北京国际标准舞研修学院	北京国际经贸研修学院
北京航空旅游专修学院	北京华嘉专修学院
北京华夏管理学院	北京民族大学
北京文理研修学院	北京现代音乐研修学院
现代管理大学	北京财经专修学院
北京翻译研修学院	北京国际商务学院
北京瀚林职业研修学院	北京经济研修学院
北京建设大学	北京明园大学
北京涉外经济专修学院	北京世华管理专修学院
北京新亚研修学院	北京演艺专修学院
北京应用技术大学	北京影视研修学院
北京珠宝首饰研修学院	东方文化艺术学院
北京企业管理研修学院	北京美国英语语言学院
北京人文大学	
2. 非全日制民办非学历高等教育机构（30 所）	
北京彼得·德鲁克管理研修学院	北京长城研修学院
北京当代艺术研修学院	北京东方妇女老年大学
北京东方研修学院	北京高等珠宝研修学院
北京国际汉语学院	北京国际青年研修学院
北京韩红艺术研修学院	北京华大研修学院
北京机械工程师进修学院	北京计算机专修学院
北京金融学院	北京京海研修学院
北京经济技术研修学院	北京军地专修学院
北京礼仪专修学院	北京民生财富研修学院
北京摄影函授学院	北京盛唐研修学院
北京心理学函授学院	北京中国驻颜美容学院
蒙代尔国际企业家大学	中关村创新研修学院
中国教育国际交流研修学院	中国管理软件学院
中国逻辑与语言函授大学	中国农民大学
中国现代教育研修中心	北京汉语国际推广中心

（胡雨）

3 所民办高校更名

8 月 30 日、10 月 11 日和 11 月 29 日，市教委同意 3 所民办高校变更名称。分别为中国管理软件学院名称变更为北京管理软件进修学院，北京应用技术大学名称变更为北京应用技术专修学院，中国逻辑与语言函授大学名称变更为北京逻辑语言研修学院。更名后，学校办学类型、办学层次等不变。

（崔晶）

北京民办教育园丁奖

8 月至 9 月，北京民办教育协会与北京教育评估院、新京报社联合举办 2016 第十届北京民办教育园丁奖评选表彰活动。评选经过单位推荐、专家评选、媒体公示和微信展示 4 个阶段，最终评出优秀校长 30 人、优秀教师 50 人、优秀教育工作者 50 人、优秀教研团队 20 支和创新创业奖 10 个。来自全市 200 余所学校 600 余名教师参加评选。

（王蕾）

9 月，北邮世纪学院经济管理系获北京民办教育园丁奖“优秀教研团队”奖（世纪学院 供）

民办幼儿园试点评估

11月9日至25日，市教委组织专家评估31所民办幼儿园。评估依据《北京市民办幼儿园办学状况评估指标及合格标准》，采取调研与指导、考核与评价相结合方式开展。通过评估全面了解民办幼儿园发展现状，并结合考核评估工作，修订《北京市民办幼儿园办学状况评估指标及合格标准》，有效促进民办幼儿园规范管理。

（彭兴蕊）

民办教育专题座谈会

11月11日，市教委召开民办教育专题座谈会。会议解读新《民办教育促进法》，研讨分析《民办教育促进法》修订对各级各类民办教育的影响，听取民办高校和各区教委分管部门意见建议，研讨下一步促进民办教育发展的政策措施。新《民办教育促进法》重点解决民办教育发展在分类管理、加强党建等方面重要问题。市教委相关处室、部分区教委和民办高校负责人参加座谈。

（邱小培）

民办基础教育圆桌研讨会

11月，北京民办教育协会与现代教育报社共同举办"新政策·新挑战·新机遇"民办基础教育圆桌研讨会。会议围绕《民办教育促进法》修正案对民办基础教育产生的影响、地方立法应注意的问题及如何对待国际课程等议题进行研讨。北京市私立汇佳学校等20余家民办教育机构负责人参加会议。

（王蕾）

11月，民办基础教育圆桌研讨会

（民教协会 供）

民办教育管理

顺义开展民办教育机构年检

2月，顺义区教委开展民办教育机构年检工作。年检合格的各级各类学校共70所，其中，中小学7所、职业学校4所、幼儿园12所、各类培训机构47所；学历教育在校生10762人，学前教育在园幼儿1567人，培训学校在校生10915人，毕（结）学生33829人；学历教育和幼儿园专兼职教师1826人，培训学校专兼职教师1037人。截至5月，共有81所民办学校参加年检。

（王焱）

怀柔召开民办教育工作会

3月11日，怀柔区教委召开民办教育工作会。会议总结回顾2015年民办教育工作，重点强调民办教育信息平台建设，对民办学校规范化管理提出具体要求；会议部署2016年年度考核工作，区民办教育管理办公室作《齐心协力，扬帆启航》专题报告。会议要求，民办教育机构要依法办学，增强社会责任感；强化责任，提高安全意识；规范管理，严格年度考核工作；建立民办教育发展专项资金，表彰奖励先进。区教委、区教育工会相关领导以及各民办学校举办者、校长共150人参加会议。

（缐金秋　梁立红）

朝阳举办3期民办学校教师培训班

5月，朝阳区教委举办3期民办学校教师培训班。培训旨在提升区民办幼儿园教师依法执教能力，培训内容包括《中华人民共和国教师法》《中小学幼儿园安全管理办法》、民办幼儿园教师依法执教培训、幼儿园一日生活安全管理问题诊断与防范讲座、解读《幼儿园教师专业标准》等。1900名民办学校教师参加培训。

（邢凯）

海淀首批30所民办学校及幼儿园安全达标

至5月，海淀区教育系统30所民办学校、幼儿园安全验收达标并挂牌。2015年，海淀区教委开展民办中小学和幼儿园安全生产标准化建设工作，要求各民办中小学、幼儿园严格落实校园安全生产责任制，开展校园安全生产自查和重点检查，对幼儿、学生、家长人群集中的场所，有针对性地开展安全生产大检查，逐场所、逐部位、逐环节地梳理检查，全面深入细致排查各类安全隐患，建立校园安全基础信息台账，抓达标创建质量，严格创建流程；与区安监局共同举办安全生产标准化建设工作培训会。

（宋亚甫）

顺义召开民办教育工会联合会首次会议

6月16日，顺义区民办教育工会联合会第一届委员会第一次全体会议在北京市新英才学校召开。会议选举产生第一届民办教育工会联合会主席、副主席，经费审查委员会主任、委员，以及女工委员会组成人员。新当选主席代表第一届民办教育工会联合会表示，要着重做好维护职工权益，提高教职工素质，推进职工之家建设等方面工作，认真履行职责，开创民办教育工会联合会工作新局面。区总工会主席、教工委领导、部分民办学校和幼儿园工会主管领导等 30 余人参加会议。

（王焱）

密云检查民办培训学校教师聘用情况

11 月 26 日，密云区教委开展民办培训学校教师聘用情况专项检查。区教委成立专项检查组，分别实地查看泽智培训学校、艺萌美术培训学校等 5 所民办培训学校，审查是否存在聘任公办学校、教研机构在职教职工到校兼职兼课现象。区教委对民办学校举办者提出明确要求，禁止民办培训学校以任何名义、任何形式聘用公办学校、教研机构在职教职工兼职兼课，对于违反规定的民办培训学校，视情节轻重，给予通报批评、暂停办学等处罚，并追究学校领导责任，情节严重的，吊销办学许可证。群众可通过“有偿补课专项举报”平台，提供在职教师进行校外有偿补课线索，区教委将重点检查。

（黄维国）

东城完成非公办园年度考核

11 月 29 日，东城区教委完成对 22 所单位自办园、街道园、民办园的年度考核工作。考核工作历时 1 个月，采取自查与检查相结合、视导与考核相结合、全面总结与众多考核相结合的考核方式。经考核，22 所幼儿园在卫生保健、教育教学及管理等方面均合格。

（王娟　李银姬）

西城检查民办教育单位

至年底，西城区教委检查民办教育单位，规范民办教育单位管理。区教委每月召开协管员工作例会，安排和部署下校检查情况，分析讨论检查中出现的问题，有针对性地研究对学校的处理整改方案和意见。至 12 月 31 日，区教委从办学资质、办学场地、人员资质、学员组成、餐饮卫生、校园安全等方面共实地核查 34 所无证幼儿园、15 所民办幼儿园、15 所办有学前班的培训机构，全覆盖式检查月坛、西长安街和金融街街道培训学校共 66 校次，核查 68 所民办学校的场地和办学情况，为依法规范民办教育单位管理提供依据。

（王竞艳）

民办高等学校

北京城市学院

概述

2016 年，北京城市学院占地面积 78.14 万平方米，产权校舍建筑面积 41.46 万平方米、非产权校舍建筑面积 3.49 万平方米。全年教育经费投入 76536.78 万元。固定资产总值 20055.40 万元，其中，教学、科研仪器设备总值 2307.49 万元。图书馆建筑面积 2.10 万平方米，藏有纸质图书 146.15 万册、电子图书 27.29 万册。拥有计算机 7119 台，多媒体教室 320 间。信息化设备资产 8232.99 万元，网络信息点 7961 个，校园网出口总带宽 4030Mps，电子邮件系统用户 1420 个，上网课程 345 门，管理信息系统数据总量 55.10GB。拥有基础实验室 9333.39 平方米、专业实验室 22944.13 平方米，实训场所 3259.37 平方米，校外实训基地 457 个。设有 12 个直属院（系），开设 89 个专业，其中，硕士 4 个、本科 52 个、专科 28 个、五年制贯通培养 2 个、七年贯通培养 3 个。教职工 1919 人，其中，专任教师 889 人，包括正高级职称 60 人、副高级 230 人。聘请校外教师 1311 人，包括正高级职称 48 人、副高级职称 317 人。毕业生 6621 人，其中，学历教育全日制普通本科生 4559 人、专科（高职）生 1995 人、硕士研究生 67 人。招生 7501 人，其中，学历教育全日制普通本科生 5357 人、专科（高职）生 1039 人、硕士研究生 177 人、成人教育本科生 255 人、七年制贯通培养 673 人。全日制学历教育高考招生北京地区本科第二批次录取分数线最低分理科 494 分、文科 532 分，本科第三批次录取分数线最低分理科 438 分、文科 488 分。在校生 24629 人，其中，学历教育全日制普通本科生 20073 人、专科（高职）生 3083 人、硕士研究生 306 人、成人教育本科生 460 人、五年制贯通培养 34 人、七年制贯通培养 673 人。网址：www.bcu.edu.cn。

2016 年，学校全面推进教育教学改革创新，加快高品质校园和高水平应用型大学建设。

深化教育教学改革，推进人才培养制度和模式创新。推动完善以学分制改革为核心的新型教育教学管理机制。推动试点本科生学业或专业导师制，对学生实施有效个性化学业指导。创新人才培养模式，深入研究从中职到研究生各类贯通培养模式、联合培养模式、大类培养与专业培养一体培养模式等，构建有学校特色的应用科学大学人才培养体系。以区域需求为导向、以研究生学科专业与特色本科专业为龙头，继续加强学科专业增、并、转、停、撤等工作。2 个中医药传统技能传承工作室获批建设。

改革科研体制机制，提升学校服务能力。根据新时期新定位，调整科研机构设置，建立绩效考评办法，培育重点科研基地和重点科研方向，出台激励教师投身科研和社会服务的办法，结合京津冀协同发展，凝练城市特色和应用特色，做强社会服务功能，提升对区域发展的贡献力。

做好与区域的融合发展。加强与海淀区、顺义区政府有关部门沟通协调，推动各层次项目合作，促进融合发展。做好两个定向帮扶村引智帮扶试点工作，积极服务新型城镇化建设；进一步扩大“高参小”等教育领域社会服务，扎实推进与杨镇地区中小学深入合作，彰显学校在城市教育发展中的积极作用。

广泛开展志愿服务。组织学生志愿者开展寒假志愿服务“暖冬行动”、清明小长假铁路志愿服务行动、学雷锋志愿服务系列活动等志愿服务活动，全年累计服务时长超过

15000 小时，参与人数 1000 余人次。

（刘鸿瑞）

《中国城市管理蓝皮书 (2015—2016)》出版

5 月，城市学院主编的《中国城市管理蓝皮书 (2015—2016)》由社会科学文献出版社出版。全书分为 7 个篇章，总报告梳理中国城市治理形势与现状，并就迈向现代化的城市治理进行展望，其余各篇章就城市管理法治、社会治理创新与实践、城市生态环境质量评价等前沿问题与形势进行研判和探究。该系列蓝皮书已连续出版 5 年，2015—2016 年蓝皮书从约（征）稿到出版历时 1 年，共约（征）稿 29 篇，最终收录 17 篇。

（刘鸿瑞）

中德工匠师培训中心在德国成立

6 月，城市学院与德国海德堡市政府签署合作协议并为中德工匠师培训中心揭牌。双方约定，在中德科教创新园区基础上共建中德工匠师培训中心。中德工匠师培训中心设在德国，与海德堡市政府、海德堡大学、卡尔斯鲁厄经济管理大学以及德国众多应用科技大学开展合作，为城市学院及兄弟院校学生赴德国学习工业 4.0 先进技术搭建新型产学研合作平台。

（刘鸿瑞）

与多家企事业单位开展合作

至年底，城市学院与多家企事业单位签约合作。其中，与 SOHO 中国有限公司签约授牌，在建筑信息模型 (BIM) 中心建设研发及项目管理工程硕士培养等方面开展战略合作；与江苏金龙科技股份有限公司约定在服装与服饰专业教学、产品开发等领域开展深入合作；与吉林大学协议在研究生教育和科学研究等领域开展合作；与中关村科技园区顺义园成立协同创新研发中心签约并揭牌；与市环境保护局、顺义区信访办公室、顺义区人民法院、顺义区委组织部、顺义区社会建设工作办公室 5 家单位签署战略合作协议，合作内容涉及服务地区发展、加强人才队伍建设等方面。

（刘鸿瑞）

9 月，城市学院与吉林大学合作签约

（城市学院 供）

北京北大方正软件技术学院

概述

2016 年，北京北大方正软件技术学院占地面积 38.66 万平方米，产权校舍建筑面积 6.74 万平方米、非产权校舍建筑面积 5.17 万平方米。全年教育经费投入 5963.50 万元，其中，国家拨款 482.30 万元、自筹经费 5481.20 万元。固定资产总值 18514.24 万元，其中，教学、科研仪器设备总值 5286.28 万元。图书馆建筑面积 2050 平方米，藏有纸质图书 35.17 万册、电子图书 12.50 万册。拥有计算机 3931 台，多媒体教室座位 2240 个。学校网络信息点 3420 个，校园网出口总带宽 120Mbps，电子邮件系统用户 350 个，上网课程 6 门，数字资源量 2300GB，管理信息系统数据总量 80GB。拥有校内专业实训室 66 个、综合实训室 14 个，校外实训基地 94 个。设有 8 个院，开设 24 个专科专业。教职工 245 人，其中，专任教师 176 人，包括教授 10 人、副教授 35 人。聘请校外教师 33 人，包括教授 8 人、副教授 9 人。毕业生 1128 人，全部为专科（高职）生。招生 1034 人，全部为专科（高职）生。全日制学历教育高考招生北京地区提档线理科 162 分、文科 182 分。在校生 3331 人，全部为专科（高职）生。网址：www.pfc.edu.cn。

2016 年，学校坚持“规范办学、特色办学、追求卓越、持续发展”。获批中央财政支持的职业教育项目 1 项，获批金额 120 万元，全部投入护理技能实训中心二期建设使用，建成实训室 2 个。

教育教学方面，不断完善实践条件，增加理实一体化课程和实践类课程比重。充分发挥职业教育特点和优势，将工学结合、校企合作、顶岗实习的办学模式与人才培养模式有机结合，建立和形成社会服务和人才培养的机制。各专业以学习者为中心、以校企联合开发为途径、以职业岗位要求为依据、以工作过程为导向、以真实项目为载体的思路构建“工学训”一体化、立体式课程体系。以学生技能大赛为抓手，“以赛促学、以赛促教、以赛促管”。积极开展对外短期交流活动。2 月至 6 月，4 名学生前往台湾的建国科技大学参加短期交流项目；9 月至 11 月，20 名学生赴加拿大堪那多学院参加短期交流项目。

教学管理方面，开展分级管理、责权利统一的管理体制，通过督评小组，对教师课堂教学效果进行评价。教学质量监控方面，实行学生评教、同行评教和教师评学等制度，监督强化教学运行与管理过程中各项制度的落实，保证教学工作的正常秩序和规范运行。

安全管理方面，高度重视师生意识形态管理和少数民族学生管理工作，建立定期安全检查、月度季度及重大节假日安全隐患检查制度以及系统完善的校园安全管理应急工作预案，未发现可能影响稳定的各类矛盾纠纷及安全隐患。

（朱峻枚）

新增 5 所中高职衔接办学改革试验项目合作校

2月3日，北大方正软件学院经市教委批准新签5所"3+2"中高职衔接办学改革试验项目中职合作校。学院分别与北京市大兴区第一职业学校、北京市求实职业学校、北京国际职业教育学校、北京市丰台区职业教育中心学校、北京市海淀区卫生学校在影视编导、民航运输、计算机网络技术、护理专业开展衔接试点。学校于2012年成为北京市首批中高职衔接办学改革试验项目试点校，迄今共有5个专业分别与9所重点中职学校合作开展中高职衔接办学改革试验。

（朱峻枚）

与航空总医院合作签约

5月12日，北大方正软件学院与航空总医院合作办学签约并揭牌。根据协议，双方本着"互惠互利、共建共赢"原则，开展"1.5+1.5"联合办学。学生前三个学期在学校学习理论知识，然后根据航空总医院要求，在学生自愿基础上，选拔45名学生到医院进行第四学期的学习、见习和第五、第六学期的实习；双方积极探索合作的结合点和利益点，充分发挥各自优势，实现资源共享、合作共赢。签约仪式上，双方领导为北大方正教育集团护理教学医院揭牌，并为15名医院工作人员颁发受聘教师聘书。

（朱峻枚）

北京经贸职业学院

概述

2016年，北京经贸职业学院占地面积10.57万平方米，产权校舍建筑面积5.06万平方米。全年教育经费投入2639万元，其中，国家拨款230万元、自筹经费2409万元。固定资产总值14294万元，其中，教学、科研仪器设备总值1806万元。图书馆建筑面积610平方米，藏有纸质图书24万册。拥有计算机1226台，网络多媒体教室47个。学校信息化经费投入227万元，信息化设备资产1328万元，网络信息点280个，校园网出口总带宽100Mbps，上网课程4门，数字资源量2GB，管理信息系统数据总量4.80GB。拥有校内实训室35个、校外实训基地15个。设有3个系和1个二级学院，开设20个专业，招生10个专业。教职工147人，其中，专任教师37人，包括教授1人、副教授13人。聘请校外教师39人。毕业生621人，其中，学历教育全日制高职生568人、非学历教育学生53人。招生618人，其中，学历教育全日制高职生532人、非学历教育学生86人。全日制学历高职教育高考招生北京地区提档线理科170分、文科162分。在校生1755人，其中，学历教育全日制普通高职生1506人、非学历教育学生249人。网址：www.csuedu.com。

2016年，学校制订"十三五"时期发展规划。坚持重教学、保民生，鼓励创新、重在实干，以集中力量办大事的思路突出抓好招生工作。

加强专业建设，办好新设立的互联网金融专业，申报空中乘务专业、学前教育专业以适应社会需求和学校发展。务实推进校企合作、工学结合，实行计算机应用技术专业与北京市实验职业学校计算机应用专业"3+2"中高职衔接办学改革试点工作，制订实施改革试点方案。以加强实践教学和教学信息化建设为重点，突出高职教育特点，开展实训课教学改革研究，推进"教、学、做"一体化和教学信息化建设方面更新观念，加大工作力度，取得实质性进展。

落实人才强校发展理念，教师队伍建设有新提升。制订并实施"双师型"教师培养培训计划，建立教师轮训、到企业实践制度，完善以老带新的青年教师培养机制。在充分发挥专业带头人、课程群负责人的作用，加强教研团队建设的基础上加大工作力度，新聘7名专业带头人和1名课程群负责人。制定学校教学名师奖评选及管理办法，并开展首次院级教学名师奖评选。

开展纪念于陆琳老校长系列活动，开展有学校特点的"向于陆琳老校长学习，做一名合格的共产党员"主题教育活动，学习传承老校长优秀品德和思想作风。

学生参加全国高校商业精英挑战赛"科云杯"财会职业能力竞赛、全国大学生英语竞赛、第七届蓝桥杯全国软件和信息技术专业人才程序设计竞赛等11项校外职业技能竞赛。

（徐杉）

与 3 家企业签约合作

3月至10月，经贸职院与2家企业签署校企合作协议，与1家企业签署顶岗实习就业协议。与北京新生代人力资源有限责任公司校企合作协议约定，共同举办会计专业"银行就业定向班"，定向培养银行金融业技能人才，在项目招生、专业课程教学、模拟训练中心建设、学生管理服务、岗位实习及就业等方面开展合作，协议期3年。与国都证券股份有限公司校企合作协议约定，学校国贸系与公司在学生实习基地建设、校企联合举办金融与证券投资模拟实训大赛、学生就业、教师企业培训、校企深度合作等方面开展合作，协议期3年。学校计算机技术与艺术设计系2016级计算机应用技术（4G/5G软件开发）专业与校企合作单位国信方圆（北京）科技有限公司签订顶岗实习就业协议，约定在教育教学、企业实习及就业等方面开展合作，协议期3年。

（徐杉）

首次院级教学名师奖评选

12月，经贸职院开展首次院级教学名师奖评选。评选依据教学名师奖评选及管理办法，经个人申报、各系推荐、校外专家和专家组评审等环节，1名教师获奖。

（徐杉）

北京经济技术职业学院

概述

2016年，北京经济技术职业学院占地面积22.37万平方米，产权校舍建筑面积8.81万平方米、非产权校舍建筑面积8.02万平方米。全年教育经费投入1500.09万元，全部自筹。固定资产总值20097.76万元，其中，教学、科研仪器设备总值2220.42万元。图书馆建筑面积0.29万平方米，藏有纸质图书22.60万册、电子图书33万册。拥有计算机827台，多媒体教室座位4580个。学校信息化经费投入78.53万元，信息化设备资产484.89万元，网络信息点850个，校园网出口总带宽80Mbps，电子邮件系统用户200个，上网课程26门，数字资源量1400GB，管理信息系统数据总量50GB。拥有校内专业实训室42个、综合实训室4个，校外实训基地26个。设有4个二级学院和1个继续教育部，开设24个专科专业。教职工182人，其中，专任教师102人，包括教授7人、副教授18人。聘请校外教师16人。毕业生509人，全部为学历教育全日制专科（高职）生。招生424人，全部为学历教育全日制专科（高职）生。全日制学历教育高考招生北京地区提档线理科150分、文科150分。在校生2162人，其中，学历教育全日制专科（高职）生1453人、非学历教育学生709人。网址：www.bibt.edu.cn。

2016年，学校坚持"以立德树人为根本、以服务发展为宗旨、以促进就业为导向"的高职教育理念，为适应经济新常态下的技术技能人才成长需要，将学历教育、继续教育和社会培训有机结合，推动各专业协调发展。

恢复督导机制，深化课程改革，努力提升教学质量。学校着眼于学生职业能力培养，通过恢复督导机制、整合现有资源、挖掘教师潜能等措施，寻找教学工作中存在的问题，研究有针对性的整改方案，以期教学管理部门和专任教师根据不同课程的教学内容与教学要求，不断完善教学方法，持续提升授课水平，充分激发学生求知兴趣和学习积极性。

创新招生思路，办好继续教育，努力扩大办学规模。12个专业在全国18个省、直辖市、自治区共录取考生524人，实际报到423人，报到率81%。在抓计划内招生的同时，通过校企合作、校校合作方式，大力开拓成人继续教育市场，将计划外在校生人数增至1275人，较上年度翻一番。

（王振山）

与阿里巴巴速卖通大学"鑫校园项目"合作签约

7月，经济职院信息工程学院与阿里巴巴速卖通大学签订"鑫校园项目"合作协议。协议约定，将速卖通跨境电商平台课程置入电子商务专业实训教学计划，并对学生开展针对速卖通平台的实训和就业工作指导。学院4名教师参加企业实训，其中，3人进入阿里巴巴速卖通大学培训并获得讲师资格证书，1人脱产参加为期5个月的PHP软件开发工程师培训并获得结业证书，填补学院PHP实训教学方面的空白。信息工程学院从校企人才培养方案对接入手，陆续开展课程置入、校企师资交流、校企联合就业调研、校企平台共享、校企联合招生等系列工作，建立长期稳定的"实训+就业"合作模式，效果显著。"鑫校园项目"是阿里巴巴（中国）网络技术有限公司所属速卖通大学与全国全日制高校之间达成的跨境电商人才培养合作项目。

7月，经济职院与阿里巴巴速卖通大学签订合作协议

（经济职院 供）

（刘智慧）

与嘉芸汇科技公司校企合作

12月8日，经济职院财会金融学院与北京嘉芸汇科技股份有限公司签署校企合作协议。根据协议，双方开展订单培养，学校负责招生，对学生进行定向培养，公司提供实习条件，学生毕业取得相应职业资格证书后，公司负责推荐就业；从第五学期开始，学生到公司进行顶岗实习，在实习教师指导下进行轮岗实操培训；双方合作创办校内基地，公司将部分业务外包给学校，由学校专业课教师带领优秀学生承接订单，实现教学与实践同步，实习与就业同步；校企合作开发教材，聘请企业专家与学校专业教师共同针对专业课程特点，结合学生相关实习实训环境，编写适应性教材。

（李宁）

北京汇佳职业学院

概述

2016年，北京汇佳职业学院占地面积24.50万平方米，产权校舍建筑面积8.42万平方米。全年教育经费投入4501.90万元，其中，国家拨款435.50万元、自筹经费4066.40万元。固定资产总值8688.43万元，其中，教学、科研仪器设备总值3090.16万元。图书馆建筑面积5745平方米，藏有纸质图书21.84万册、电子图书160GB。拥有计算机822台，多媒体教室84个。学校信息化经费投入310万元，信息化设备资产1810.46万元，网络信息点349个，校园网出口总带宽 100Mbps。拥有校内实训室 24 个、校外实训基地 42 个。设有 3 个系，1 个学院，开设 13 个专业。教职工 200 人，其中，专任教师 74 人，包括教授 2 人、副教授 14 人。聘请校外教师 112 人。毕业生 1054 人。招生 747 人。全日制学历教育高考招生北京地区提档线理科 150 分、文科 150 分。在校生 2257 人。网址：www.hju.net.cn。

2016 年，学校秉持“新型、高品位、国际化”办学理念开展各项工作。

产教深度融合，办学特色更加明显。创新产教融合形式和内容，拓宽校企合作领域，推动人才培养方案与产业人才需求标准相衔接，人才培养链与产业链相融合。文化创意系与唯乐屋（北京）软件有限公司合作进行 3D 动漫游戏开发平台项目，提高学生专业技术技能；教育系加强对学生实习实训环节的教学工作，不断深化滚动实习的培养模式，通过安排学生到汇佳幼儿园和汇佳小学等实习实训基地实习，有效提高学生岗位技能和业务水平。

科学搭建专业架构，优化专业设置。开设高尔夫球运动与管理、体育运营与管理 2 个专业，下设高尔夫、马术、足球、游泳、冰雪运动、健身健美（休闲体育与俱乐部经营管理）6 个专业方向，满足体育产业人才需求，助推北京冬奥会。

加强质量管控，提高人才培养水平。建立完善院领导、系主任、管理人员和教师之间四级听课制度和院系两级督导制度，进一步完善教学质量监控体系，畅通教学信息反馈渠道。通过开展教学“质量月”活动，进一步规范教学活动，提高教学技能，形成“重视教学、研究教学、服务教学、保障教学”良好氛围。通过强化教学检查督导，建立完善教学监控体系、评教评学制度、教学管理等规章制度，有效规范教学秩序，促进校风、教风和学风建设。

推进教育教学改革。调整修订培养方案，使其更加科学合理。整合公共课，将原来按专业分散设置的公共课程，整合为全院共享的通识课程，进一步压缩课时。制订学分制选课制方案，实行全“学分制、选课制”，调动师生“教与学”两方面积极性、创造性，实现资源整合与充分开发利用，全面提高学生综合素质、职业素养与能力。制订《大学英语》分级教学方案。此外，积极推进老年服务与管理专业考试改革，形成案例分析考核、单元测试、论文加答辩、一页纸考试、情景模拟表演技能测试、以赛代考 6 种符合专业特色的考试方法。

多举措加强学生管理教育。加大对学生公寓卫生的整顿力度。建立严格的量化管理和综合测评制度，完善学生量化考核制度，使学生综合测评工作常态化、规范化，促进学生日常教育与管理的规范化、制度化和科学化。加强校风校纪建设。加大禁烟宣传。

（李旭昌）

系列校园活动

3 月至 12 月，汇佳职院举办体育节、艺术节、动漫节、涂鸦大赛等系列校园活动。活动以“激扬创新精神、聚力青春梦想”为主题，旨在丰富校园文化生活，拓宽大学生职业素养和艺术素养教育的形式和内容。体育节开展篮球赛、足球联赛、高尔夫技能比赛、健身操比赛等 11 项活动。师生 2300 人次参加。艺术节举办辩论赛、合唱比赛、学前教育专业五项技能大赛及艺术讲座等 10 项活动。4500 人次参与活动。动漫节开展配音大赛、动漫游戏对抗赛、摄影日记美拍赛及 3D 动漫影片展播等 14 项活动。每项比赛评出一、二、三等奖各 1 人。涂鸦大赛以纪念抗日战争暨世界反法西斯战争胜利 70 周年为契机，以“传承爱国思想、激发爱党情怀”为主题，设一、二、三等奖和最佳参与奖，5 幅作品获奖。1500 名师生参与活动。

（李旭昌）

承办德国足球青年教练培训营

5 月 5 日至 10 日，汇佳职院承办德国足球青年教练培训营。面向国内公开招募的 126 名青少年足球教练接受德国沃尔夫斯堡足球俱乐部官方教练专业化培训指导。活动通过全天候沉浸式体验，学习德国先进的足球训练理念及实践，学习掌握不同年龄段少年的足球专业技术和比赛对抗能力的训练内容与方法，提高足球训练技能，助力中国足球发展。该活动是由北京艾维体育文化公司主办，昌平足球协会支持的公益性培训活动。

（李旭昌）

北京吉利学院

概述

2016 年，北京吉利学院占地面积 66.11 万平方米，产权校舍建筑面积 43.97 万平方米。全年教育经费投入 631 万元，全部自筹。固定资产总值 84931.79 万元，其中，教学、科研仪器设备总值 7407 万元。图书馆建筑面积 2.27 万平方米，藏有纸质图书 67 万册、电子图书 10 万册。拥有计算机 3196 台，网络多媒体教室 183 间。学校信息化设备资产 452.95 万元，网络信息点 6486 个，校园网出口总带宽 1200Mbps，电子邮件系统用户 352 个，上网课程 14 门，数字资源数据库 3 个，管理信息系统数据总量 1242GB。设有 4 个二级学院，开设高职专业 32 个、本科专业 13 个。教职工 347 人，其中，专任教师 195 人，包括正高级教授 34 人、副高级教授 54 人；博士 16 人，硕士 103 人；“双师型”教师 28 人。聘请校外教师 39 人。毕业生 2728 人，其中，高职生 1688 人、非学历教育学生 1040 人。毕业生一次就业率 97.57%。招生 1158 人，其中，高职生 705 人、本科生 453 人。在校生 3759 人，其中，高职生 2813 人、本科生 946 人。网址：www.bgu.edu.cn。

2016 年，学校以培养应用型人才为目标，围绕“首都转型发展规划及京津冀协同发展战略”，组织开展一系列广泛、深入的研讨和交流，制定并出台《北京吉利学院发展规划(2016—2020)》。学校依托吉利集团，面向首都经济建设和京津冀协同发展，重点实施“服务聚焦、特色发展、精品建设、重点突破”四大战略，进一步明晰学校将重点发展车辆工程、市场营销、艺术设计3个专业，在产教协同、素质教育、创新创业3个方面初步形成特色和优势。

（赵志莉　吕其永）

成为甲骨文学院成员单位

3月14日，吉利学院理工学院被正式确认为甲骨文学院(Oracle Academy)的机构成员单位并授牌。甲骨文学院以甲骨文公司为坚强后盾，致力于在全球范围内提高计算机科学教育水平，推动技术领域知识创新、技术发展，开展数据库、ERP等培训业务，并将推进甲骨文学院与入驻高校开展嵌入式教育合作。

（吴长娟　吕其永）

与马来西亚林国荣大学合作

9月19日，吉利学院与马来西亚林国荣大学签署合作协议，与旅马同学会签署中马青年领袖培养基地合作备忘录，并为中马青年领袖培养基地揭牌。吉利学院中马青年领袖培养基地是中国旅马同学会在中国建立的第二个青年领袖培养基地，双方将以基地为平台促进中马两国学生学习与交流。

（李盛芳　吕其永）

9月19日，吉利学院与马来西亚林国荣大学签订合作协议
（吉利学院 供）

初中开放性科学实践活动

11月5日，吉利学院启动初中开放性科学实践活动。学校各实验室共申报声音日记、汽车探秘之旅、抓不住的老鼠——计算机游戏开发、点亮智慧之灯、画是怎么动起来的、云计算编创音乐视频、别对我说谎——测谎仪探秘、动作捕捉和巧记科学概念9个科学实践项目，分别来自汽车工程学院和人文与设计学院，涉及汽车、机械、数据与信息、电子、心理学等领域，内容实用、形式新颖，吸引各区、各中学初中生前来“拼课”。累计选课2000人次。

（李盛芳　吕其永）

首都师范大学科德学院

概述

2016年，首都师范大学科德学院占地面积28.27万平方米，建筑面积16.62万平方米，河北易县实习实践基地99.83万平方米。全年教育经费投入17837万元。固定资产总值82574万元，其中，教学、科研仪器设备总值6278万元。图书馆建筑面积1.10万平方米，藏有纸质图书52.70万册、电子图书5000GB。拥有计算机1759台，多媒体教室座位5731个。学校信息化经费投入679万元，信息化设备资产6403万元，网络信息点8529个，校园网出口总带宽1.50GB。拥有校内实训室28个，校外实训基地100余个。设有4个学院，开设25个本科专业。教职工337人，其中，专任教师210人，包括教授34人、副教授57人。毕业生1147人，均为学历教育全日制普通本科生。招生986人。全日制学历教育高考招生北京地区提档线理科438分、文科488分，艺术理科321分、艺术文科346分。在校生4148人。网址：www.kdcnu.com。

2016年，学校积极探索应用型艺术人才的培养模式，注重学校“内涵发展、差异化发展、特色发展”。

举办大型全国性活动，树立特色形象。与第25届金鸡百花电影节（唐山执委会）合作，举办第25届金鸡百花电影节微电影展映单元及第五届国际大学生微电影盛典，将学校特有品牌名片植入金鸡百花电影节，提升学校在微电影专业领域的学科地位和特色形象。成功举办2016首届“科德杯”全国大学生无人机航拍竞赛，对学校品牌建设、专业建设具有里程碑意义。

拓展校企合作面，扩大实习基地规模。到22家企业单位走访洽谈，与11家企业建立校企合作关系，与其中6家开展实质性合作。6月，成功申报全国民办高校创新创业教育示范学校项目，获得“全国民办高校创新创业教育师资队伍建设奖”。

依托“红五月”大学生文化艺术节和“金十月”社团文化艺术节两大平台开展系列教育活动，营造良好校园文化氛围。全年共开展公益社会实践活动40余次，提升实践育人成效。

就业创业工作扎实推进。毕业生总体就业率98.30%。不断加强就业指导与创新创业教育研究，编撰出版《大学生创新创业实务指导》和《大学生就业指导与职业素养》。

（张娜）

无人机航拍专业开课

4月28日，科德学院举行无人机航拍专业开课暨“鹰眼”航拍大队成立仪式。无人机航拍专业主要培养具备全面的无人机操控和航空摄影技能，能够在本专业领域内从事无人机操控、在多种拍摄环境中熟练开展航空摄影工作的高级摄影专业人才，首届学生38人。“鹰眼”航拍大队面向全校无人机爱好者招收队员，现有队员 89 人，主要通过讲座、训练、实践采风等活动提升技能，承担学校内外大型活动及项目的航拍任务。

（张娜）

实习实践开辟欧洲交流新路径

10 月，科德学院与英国斯旺西大学签署协议。两校约定进一步加强学生交流，拓宽专业交流、学生交换等项目。当月，学校 43 名学生首次赴英国参加英伦大学堂海外课堂项目，开辟学校欧洲交流新路径。

（张娜）

10 月，科德学院首批学生赴英国实习

（科德学院 供）

北京工商大学嘉华学院

概述

2016 年，北京工商大学嘉华学院占地面积 36.49 万平方米，产权校舍建筑面积 6.31 万平方米、非产权校舍建筑面积 6.53 万平方米。全年教育经费投入 15877.80 万元，其中，国家拨款 3.16 万元、自筹经费 15874.64 万元。固定资产总值 52550.17 万元，其中，教学、科研仪器设备总值 4614.13 万元。图书馆建筑面积 2882 万平方米，藏有纸质图书 61.20 万册、电子图书 38.60 万册。拥有计算机 2608 台，多媒体教室座位 4644 个。学校信息化经费投入 165 万元，信息化设备资产 3196.88 万元，网络信息点 3076 个，校园网出口总带宽 1536Mbps，上网课程 33 门，数字资源量 125GB，管理信息系统数据总量 10GB。拥有校内专业实训室 26 个、综合实训室 4 个，校外实训基地 148 个。设有 6 个院，开设 17 个本科专业。教职工 354 人，其中，专任教师 252 人，包括教授 31 人、副教授 66 人。聘请校外教师 40 人，包括教授 10 人、副教授 19 人。毕业生 1141 人，均为学历教育全日制普通本科生。招生 1170 人，均为学历教育全日制普通本科生。全日制学历教育高考招生北京地区提档线理科 438 分、文科 488 分。在校生 4662 人，均为学历教育全日制普通本科生。网址：www.canvard.edu.cn。

2016 年，学校基于建设国际化、应用型、高端商学院的精准定位，积极融入行业、融入国际，推进教育教学改革，推进国际化进程。

教育教学方面。加强精品通识课程和智库建设。开设精品通识课四大模块课程；完成本科教学基本状态数据采集、“会计学”本科专业评估、本科教学工作审核评估和专业认证等工作；成立期货后备人才培训班。着力加强智库建设，先后邀请北京大学、北京工商大学等高校名师、名人、行业精英成为学校智库学者。

校园建设方面。加快全面建设智慧校园速度，利用先进的信息化手段和工具，逐步实现环境（包括设备、教室等）、资源（如图书、讲义、课件等）、活动（包括教学、管理、服务、办公等）的数字化。学校聘请海外规划设计团队进行校园升级与景观改造，打造国际化学生公寓与智慧教室，为师生建立便利舒适的学习生活环境。

创新创业方面。3 个大学生创新创业团队获得中国“互联网 +”大学生创新创业大赛北京赛区三等奖；自定义“3D 巧克力打印”创新创业团队获得首批北京市高校大学生创新创业团队三等奖。

（王韵佳）

海外校企合作教育与就业基地在吉隆坡挂牌

3 月 23 日，嘉华学院海外校企合作教育与就业基地在马来西亚吉隆坡 CCM 公司 (Customer Connect Malaysia) 揭牌。公司成为学校教育与就业基地，承担商科高端人才培养和实训任务。双方还就开展校企合作、引荐马来西亚大学负责人、实习生在海外高校深造等事宜进行商谈。

（王韵佳）

3 月 23 日，嘉华学院海外校企合作教育与就业基地在吉隆坡挂牌

（嘉华学院 供）

开设精品通识课程

9 月，嘉华学院开设精品通识系列课程。课程包括生命、生存、生活，跨文化沟通与交流能力，创新创业与领导力，健康与审美 4 大模块，目的在于关注学生自身发展和社会对人才的基本要求，侧重培养学生人格、个性、情感、道德、动机、理想、信念、价值等。形式上，跨院系甚至跨学校

选取课程，采用实践、实验、听课、研修、研讨等多种方式；内容上，包括各种知识内容、实践内容、熏陶、欣赏等适合个体情意发展的内容，涵盖就业、升学、兴趣等方向;教学方式方法上，既重视科学性、规范性、共性的一面，也注重艺术性、创造性、个性的一面，增加跨学科课程和思维训练课程。

（王韵佳）

试行书院制管理

9月，嘉华学院在国际学院试点实施书院制管理，创新人才培养模式。导师针对学生潜在特质与个性，结合对行业动态的深入剖析，帮助学生准确制定职业规划目标和留学规划，并在学生出国后持续跟踪辅导，在此基础上开创新型导师制。

（王韵佳）

北京科技职业学院

概述

2016年，北京科技职业学院占地面积167.60万平方米，产权校舍建筑面积69万余平方米。全年教育经费投入2190.66万元，全部自筹。固定资产总值153376万元，其中，教学、科研仪器设备总值14160.55万元。图书馆建筑面积1.90万平方米，藏有纸质图书111.30万册、电子图书67.80万册。拥有计算机1100台，多媒体教室座位610个。学校信息化经费投入173万元，信息化设备资产1960万元，网络信息点980个，校园网出口总带宽400Mbps，电子邮件系统用户810个，上网课程7门，数字资源量4850.30GB，管理信息系统数据总量163GB。设有沙河、八达岭两个校区，5个二级学院全部驻在沙河校区，开设19个专业。教职工375人，其中，专任教师162人，包括教授及教授级工程师8人、副教授及高级工程师26人。聘请校外教师55人。毕（结）业生1344人，包括计划内高职生721人（含自主招生165人）。招生1486人。全日制学历教育高考北京地区提档线理科150分、文科150分。在校生3362人，包括计划内高职生2455人。网址：www.5aaa.com。

2016年，学校坚持“北京需要、转型高端、质量特色、精专发展”16字办学方略，继续拓展已有19个专业的高职学历教育与非学历培训教育。附设大型“公立巩华北科幼儿园”建成学前教育专业实训基地,附设“田禾国杰老年大学”在八达岭校区招收60余名学习型养老学员。成立“互联网+”学院，专事互联网技术培训，140人在学。附设国际开放教育机构在吉隆坡建成海外学习中心，送出37人赴马来西亚，强化商务英语教育。附设文化产业园在废置锅炉房旧址上改建，用于音、美艺术类培训。12个项目事业部在站稳脚跟后于年内得到创利性发展，成为学校举办者北京北科昊月科技有限责任公司管控下的独立核算单位，学校以品牌、资产、技术、管理等方面投入获取相应营利分红，大部分用来反哺全日制学历教育，主要用于教学设施及人员薪资增长方面开支，年内达1650万元，成为办学经费无后顾之忧的民办普通高校。

改革办学体制。校长办公会与党委之间实行交叉任职和“一岗双职”，层层签订年度目标责任状并予以公示，认担当、亮承诺、定奖惩。年终，民主评定校内劳模10人、先进工作者23人。在学校治理上，执行“从严治校”方针，凡无充分理由迟到早退者，教师以事故论，学生在月度素质测评中扣分；上课实行“人人手机入袋”制度，并将任课教师定为课堂纪律正肃的第一责任人，班主任设案在所管班级门外办公，建立“科任教师—班主任—大学生社团”课堂执纪责任链。学生宿舍实行“三开三锁”制度，宿管教师与学生同住。86名学生因迟到、早退和旷课取消其当年结业考试资格。大力开展思想政治性、文化娱乐性以及公益性群体活动。年内，举办大学生辩论赛3次、专题演讲会4次，举办大中小型文艺专场会32次。学校有志愿者协会会员550人，联系顺义、延庆养老中心3个、孤儿养育院1所，每年各探访2次。

教学改革以课堂教学为突破口，先后出台《关于进一步加强课堂教学管理的规定》《大力开展教学观摩互见活动的意见》与《关于公布教学技能比赛事项的通知》，平均到课率96.40%，听课率92.40%，各科结业考试及格率88.60%。教师发表教科研论文35篇，修改与撰写补充教材46本（篇）。以专业调整与优化来推动教学改革，停招“人物形象设计”与“影视多媒体技术”专业，将有限的经费投入到社区康复（自闭症康复师）及学前教育专业上。新建校内实训基地4个，推进混合式教学与实验教学节次提升15%，同时，将“汽车运用技术”和“汽车技术服务与营销专业”合并为“汽车运用与维修技术”专业，聘请联办单位北京现代汽车集团工程师长期驻校担任专业教学带头人。年内，校企、校校企联合办学所结“对子”涉及北京、广西和吉林等省市的企业35家、中职学校62家、本科高校及高职院校27家。已达成“2+1”“3+2”“2.5+2.5”互动学习培养模式的班级26个，来自广西北海与河北张家口的高职学生以北科院为平台游学北京，全年达1100余人次。

（王枫　树玉森　李爱东）

“十项决定”促建5个联设学院

4月12日，北科院出台《关于校企联合办学促进产学融合十项决定》。北科院提供教学及实训设施，与合作企业共同招生并聘用师资，实行多层次办学，注重培训有一定基础与专长的技能生，开设工作室与经营部，一边在导师培训下学习或互学自学，一边进行线上线下的主体性项目经营，为社会提供有偿服务或自主创业；校企双方从经营利润中逐步收回成本，并给付教师工资，学生实行免学费或低学费学习，学成后发结业证书并由校方推荐到社会创业就业。60 日后，学校宣布成立国际幼教学院与“互联网 +”学院，这是由 2 个驻京企业与北科院联办并实行共同管理的二级学院，由企业方派出院长。截至 10 月底，相继联办通航产业学院、文博老龄学院与健身健美学院。至年底，5 个联设学院有长训班学生 246 人、短训班在学 728 人。“互联网 +”学院被选定为共建试点；艺术设计学院师生共建共营师生工作室 3 个，从 11 月初至年底承接家居装饰业务 31 项。

（树玉森　李爱东）

首批自闭症儿童接受康复教育

5 月 3 日，北科院接纳首批 26 名自闭症儿童入校接受康复培训教育。学校自 2015 年获批自闭症康复教育专业后，与海淀区上庄镇一家私立自闭症儿童康复教育中心共建教学实训基地。该中心负责人是一名自愿献身自闭症儿童康复事业的海外归国专家，由于经营不善陷于经济困境，学校决定腾出足够的教室与宿舍，添置必要的康复教育设施，承诺免费入驻一年，共同推进其发展。至年底，又陆续招收自闭症儿童 23 人，初步建成自闭症康复教育达标的教学及实训基地。

（树玉森　李爱东）

“三结合”综合施策治理课堂

6 月 16 日，北科院“三结合”综合施策治理课堂试点工作在全校推广。“三结合”是指任课教师、班主任与班团干部结合，任课教师课前 5 分钟点名，值日班团干部要求进班时将手机分装进墙上布袋，班主任坐在教室门前守望式办公；二是宿管教师、巡校保安与公寓值日学生结合，对公寓实行上课前、入住前“三开三锁”；三是院系领导、督导人员与任课教师结合，随堂听课，共建“优质、精品课工程”。此前已在经济管理学院试点 72 天，课前关停手机装袋已成习惯；收获优质课 41 节，涉及 5 名任课教师。

（树玉森　李爱东）

北京培黎职业学院

概述

2016 年，北京培黎职业学院占地面积 49.09 万平方米，产权校舍建筑面积 8.92 万平方米、非产权校舍建筑面积 6.20 万平方米。全年教育经费投入 3776 万元，全部自筹。固定资产总值 6667 万元，其中，教学、科研仪器设备总值 3418 万元。图书馆建筑面积 0.84 万平方米，藏有纸质图书 31.76 万册、电子图书 34.09GB。拥有计算机 1970 台，多媒体教室座位 187 个。学校信息化经费投入 138.23 万元，信息化设备资产 6476.95 万元，网络信息点 2650 个，校园网出口总带宽 150Mbps，上网课程 30 门，数字资源量 522GB，管理信息系统数据总量 150GB。拥有校内专业实训室 51 个、校外实训基地 49 个。设有 7 个系，开设 24 个专业。教职工 256 人，其中，专任教师 116 人，包括教授 8 人、副教授 44 人。聘请校外教师 54 人，其中，教授 2 人、副教授 3 人。毕业生 920 人。招生 646 人。全日制学历教育高考招生北京地区提档线理科 184 分、文科 175 分。在校生 2431 人。网址：www.bjpldx.edu.cn。

2016 年，学校围绕京津冀协同发展国家战略实施和北京城市发展新定位，主动适应首都经济新常态发展需要，服务北京产业转型优化，坚持以学生发展为本，深化教育教学改革，提升社会服务能力。

优化专业结构，服务首都产业转移。调整专业布局，改造升级老专业，拟招生备案新增 8 个专业方向（含汽车营销与服务、学前教育 2 个两年制专业）。

改革人才培养模式，重视课程内涵建设。贯彻“适合教育”办学思想，深化校企合作，积极推进订单式、“3+2”中高职衔接等多样化人才培养模式，修订和完善 2016 级人才培养方案;改革课程体系，基本形成职教特点的课程体系；积极探索“课证融合”课程建设，更新课程内容，调整课程结构，制定和修订各专业课程和环节教学大纲，为提高专业人才培养质量奠定基础。

融入职教集团,深化校企合作。加入北京商贸职教集团、京津冀职业教育教学协同发展联盟、中国养老产业和教育联盟（中国现代养老职业教育集团）以及北京会计专业联盟，借力各类职教集团相关资源，推动人才培养改革。建设校外实训基地，同时加强产学合作，深入开展学生顶岗实习、订单培养、共同开发课程与教材等工作，企业订单（定向）培养学生 198 人，385 名学生在校外实习基地实习，其中，117 名学生被校外实训基地录用。

加强师资队伍建设，教师能力稳步提升。选派教师参加各类培训 295 人次，5 名教师赴台湾朝阳科技大学研修，1 名教师赴美参加证书培训项目，组织全体教师百余人次参加教师技能培训、青年教师下企业锻炼和网络平台选课学习；支持和鼓励企业专家和技术人员进学校、进课堂，聘请行业企业专家名师担任专业顾问;结合教育部“师德为先、教学为要、科研为基、发展为本”基本要求，探索教师薪酬与考核体系改革。

（刘艳）

与泰康之家签订校企合作协议

3 月 29 日，培黎职院参加第一届泰康之家医养服务人才论坛，联合其他 19 家参会院校与泰康之家签订校企合作框架性协议。通过订单式培养、共建实习实训基地、提供毕业生就业岗位、帮助企业在职员工培训、加大科研学术领域合作等途径充分调动校企双方资源优势，形成以需求为导向、以行业为依托的“校企合作、工学结合”人才培养模式，通过校企联动建立医养服务人才定向培养机制，破解养老产业发展中的人才短缺问题。

（刘艳）

董事会换届

5月26日，培黎职院召开第四届董事会换届会议。会议肯定第四届董事会在任期内所做工作，根据学院举办者推荐和第四届董事会第四次会议研究，组成学院第五届董事会。新一届董事会由7名董事组成，包括学院主办方代表、学院主要领导、社会知名人士和教职工代表。

（刘艳）

北京邮电大学世纪学院

概述

2016年，北京邮电大学世纪学院占地面积33.30万平方米，非产权校舍建筑面积15.43万平方米。全年教育经费投入2993.48万元，全部自筹。固定资产总值8684.08万元，其中，教学、科研仪器设备总值4975.41万元。图书馆建筑面积1.55万平方米，藏有纸质图书62.12万册、电子图书23.03万册。拥有计算机2996台，多媒体教室76个。学校信息化经费投入210万元，信息化设备资产3285.74万元，网络信息点5000个，校园网出口总带宽700Mbps，电子邮件系统用户453个，上网课程18门，数字资源量103GB，管理信息系统数据总量700GB。拥有7个院级实验教学中心，90间实验室；校内实训基地5个，校外实训基地130余个。设有8个教学单位，在招14个本科专业。教职工424人，其中，专任教师282人，包括教授24人、副教授71人。聘请校外教师37人，包括教授3人。毕业生1268人。招生1259人，全部为学历教育全日制普通本科生。全日制学历教育高考招生北京地区提档线理科440分、文科488分。在校生5047人，其中，学历教育全日制普通本科生5027人、非学历教育学生20人。网址：www.ccbupt.cn。

2016年，学校不断探索、深化、创新应用型人才培养模式，坚持走内涵式发展道路。

探索实现应用型本科人才培养模式的多样化道路。强化实践教学，开展专业评估，“机电与信息融合应用创新实践基地”被评为北京高等学校示范性校内创新实践基地；“互联网商务管理实验教学中心”获批为2015年北京市高等学校实验教学示范中心；财务管理专业通过学士学位授予资格重新评估。加强企业基地建设，与水晶石公司、运营商世界网等企业开展校企合作。加深国际合作，与多所海外高校签署合作协议或备忘录，派出39名学生赴美国、日本、韩国、芬兰等地交流学习。实现2016届毕业生就业率98.54%，1人入选首届首都高校十大校园励志人物，1人获得第一届京东体育杯京津冀高校自行车交流赛冠军并入选中国大学生自行车国家队。鼓励学生参加学科竞赛，学生作品《皮影戏》获得2016年第9届中国大学生计算机设计大赛全国一等奖。

加强师资队伍引育力度。1名辅导员获评2016年“全国民办高校优秀辅导员”，4名教师通过市教委副高级专业技术职称评审，近200人次参加各类专业培训及企业实训，多次组织教师开展校外调研及校内教育技术、科研能力讲座。获批2项全国高等院校计算机基础教育研究会教学改革项目，承担2项国家科技支撑课题、2项省部级科技支撑课题、1项中共北京市委大学生思政教育课题、1项中国网络空间研究院调研课题共6项纵向课题以及9项横向课题。举办移动终端动漫产业高峰论坛。

围绕信息行业和区域社会经济发展战略需求，着力提升社会服务、创新创业能力。获批2项2016年度北京市社会建设专项资金购买社会组织服务项目。承担青龙桥火车站全息投影系统及基于手机平台的青龙桥火车站VR全景项目、“初中开放性科学实践项目”课程、“名师大讲堂”及“大学生趣味英语课堂”等大型公益活动。院系、党支部与驻地村镇共建活动蓬勃开展，为“延庆张山营镇葡萄文化节”制作手绘地图，开展农产品电商销售培训，开展“秀美乡村成风化人”北曹营村文化长廊绘制工程。成立创新创业教育中心，首开“创新创业理论与实践”选修课，强化理论指导；多项科技创新、创业成果结题；积极参加大学生创新创业教育成果展。

（杜函蔚）

与法国工程师院校集团签约合作

3月，世纪学院与法国HEI-ISA-ISEN工程师院校集团签署合作备忘录。根据备忘录，双方围绕中法工程师合作项目课程体系开展合作。至年底，学校先后与法国亚眠电子工程师学院、美国巴尔的摩大学、法国利摩日(3iL)计算机工程师学院、美国长岛大学签署合作协议或备忘录。

（杜函蔚）

3月，世纪学院与法国HEI-ISA-ISEN工程师院校集团签署合作备忘录 （世纪学院 供）

初中开放性科学实践活动

至年底，世纪学院开展北京市初中生开放性科学实践活动。学校结合自身专业优势，为中学生量身打造“光的奇妙世界”“智能小汽车”“机器人的秘密”等20个教学项目。全年共为500名北京市特别是延庆区的中学生提供体验、合作、探究类学习活动，促进中学生

世纪学院开展初中开放性科学实践活动
（世纪学院 供）

创新精神和实践能力提升。

（杜函蔚）

北京工业大学耿丹学院

概述

2016 年，北京工业大学耿丹学院占地面积 32.20 万平方米，产权校舍建筑面积 20.90 万平方米。全年教育经费投入 16690.54 万元，其中，国家拨款 1299.20 万元、自筹经费 15391.34 万元。固定资产总值 9027 万元，其中，教学、科研仪器设备总值 3225 万元。图书馆建筑面积 9028 平方米，藏有纸质图书 65.40 万册、电子图书 9677 册。拥有计算机 3115 台，多媒体教室座位 9100 个。学校信息化经费投入 218 万元，信息化设备资产 2632.10 万元，网络信息点 9000 个，校园网出口总带宽 610Mbps，电子邮件系统用户 6500 个，上网课程 20 门，数字资源量 7000GB，管理信息系统数据总量 45GB。拥有校内专业实训室 39 个、综合实训室 28 个，校外实训基地 90 个。设有 7 个系，开设 24 个本科专业。教职工 541 人，其中，专任教师 268 人，包括教授 35 人、副教授 74 人。聘请校外教师 70 人，其中，教授 5 人、副教授 28 人。毕业 1323 人，均为学历教育全日制普通本科生。招生 1312 人，均为学历教育全日制普通本科生。全日制学历教育高考招生北京地区提档线理科 438 分、文科 488 分。在校生 5572 人，均为学历教育全日制普通本科生。网址：www.gengdan.edu.cn。

2016 年，学校本着“创新理念、提高质量、凝练特色、积淀文化、建设品牌”发展思路，坚持“具有创新精神的复合型、应用型高级专门人才”培养目标。

为适应新形势下社会人才需求，学校全面实施“组合学分制”人才培养模式的教育教学改革。允许学生在学习过程了解和发现自己，并按照适合自己的发展路径自主选择学习过程和学习目标，充分体现学生的学习自主权，调动学生学习内驱力。为配合组合学分制及教学方法改革，建立混合教育学习系统，自主开发“小樱学堂”互联网在线教学系统，辅助教学。

学科专业建设立足于加强现有的学科专业建设，优化学科专业结构，稳定规模，提高质量。对新办专业及部分工科专业，继续加快建设和改造。从 3 个方面为专业建设提供保障：一是全面实施人才工程，加大师资队伍建设力度，促进学术队伍优化，提高学科队伍整体水平；二是强化学科专业支撑条件，增强可持续发展能力，积极培养学生创新精神和实践能力，加强专业实验室建设和校内外实习基地建设；三是各专业成立专业建设委员会，专业建设委员会由本专业教师、外校同行、业内代表以及在本领域工作 5 年左右的毕业生代表组成，每一类人员中至少有 1 名委员，主要负责专业建设规划、人才培养方案和课程教学大纲的研究、指导、咨询和服务工作。

（管书艳）

部分专业试行全英文授课

6 月，耿丹学院制定《建设一批全英文授课课程的实施草案》。草案明确在全英文授课专业建设初期（自 2016 年 9 月起），英语专业和大学英语教研室全部课程采用全英文授课，其他专业在授课教师自愿且通过英文授课资格评审基础上，由各系自主安排。到 2021 年，耿丹学院 40% 课程将采用全英文授课，目的是促进教育国际化，提升学生英语能力，鼓励全职教师以全英语教学方式开授课程。共 34 名教师报名全英文授课，涉及视觉传达、城乡规划等专业。

（管书艳）

组合学分制教学改革

9 月开始，耿丹学院全面实施“组合学分制”人才培养模式的教育教学改革。“组合学分制”人才培养模式包括三个方面组合，即学分和课程安排的模块化组合；整合大学教育与工作场学习；素质、能力的养成和智慧激发。改革摒弃填鸭模式，把根据学生听课课时计学分改为按学生学习时间计学分，并基于学习产出重建课程体系，在让学生充分选择和培养学生人文精神与专业能力之间取得平衡，做好当下与为未来准备的平衡。为配合改革，学校建立混合教育学习系统，自主开发“小樱学堂”互联网在线教学系统，可从课程管理、作业管理、在线答疑、课程测验、问卷调查、过程控制等方面辅助教学。

（管书艳）

北京艺术传媒职业学院

概述

2016 年，北京艺术传媒职业学院占地面积 11.15 万平方米，产权校舍建筑面积 4.49 万平方米、非产权校舍建筑面积

0.5 万平方米。全年教育经费投入 300 万元，全部自筹。固定资产总值 3000 万元，其中，教学、科研仪器设备总值 820.15 万元。图书馆建筑面积 0.17 万平方米，藏有纸质图书 15 万册、电子图书 20 万册。拥有计算机 916 台，多媒体教室座位 9 个。学校信息化经费投入 120 万元，信息化设备资产 542.90 万元，网络信息点 15 个，校园网出口总带宽 100Mbps，电子邮件系统用户 200 个，上网课程 6 门，数字资源量 500GB，管理信息系统数据总量 200GB。拥有校内专业实训室 10 个、综合实训室 6 个，校内实训基地 1 个。设有 10 个院，开设 14 个专科专业及方向。教职工 151 人，其中，专任教师 83 人，包括教授 13 人、副教授 20 人。聘请校外教师 36 人，其中，教授 32 人、副教授 4 人。毕业生 62 人，全部为专科（高职）生。招生 67 人。全日制学历教育高考招生北京地区提档线理科 150 分、文科 150 分。在校生 268 人。网址：www.bjamu.cn。

2016 年，学校继续坚持公益办学，响应“精准扶贫”号召，不断深化公益办学内容。全年面向山西、陕西革命老区招生，划拨 60 名免除学费贫困生名额，并给予生活费补贴，发放学习和生活用品。在办学经费困难情况下，向西藏、新疆资助 100 名家庭经济贫困、品学兼优的高一学生，每人 3000 元。

学校自大专业群被设置为艺术传媒类院校后，进一步强化教学新常态及有效教学，夯实“内涵建设”。多方论证、邀请专家多次商议、进校指导文化艺术演出、期末汇演、汇报演出、听课说课、基本功大赛，提升实践教学课程内涵及质量。在原有专业建设基础上，新制订 13 个艺术类相关专业人才培养方案。各专业根据职业化教育需要，逐步开设相关实践课程。

以教学为中心，组织各教学研究创新团队形成“教学模式”“自主学习”“教学策略”等大类研究体；引入管理力、教学力、学习力、宣传力、组织力等概念，在全校范围内启动师生教学力、学习力提升项目研究。

（吴博）

与两家单位签约合作

4 月和 7 月，艺术传媒职院分别与北京灿烂明天教育科技有限公司和中国水墨画院签署战略合作协议。与灿烂明天公司协议规定，双方共同开发公益项目，学校利用自身教育资源，为企业提供教育资质、培训场所、教育师资以及学科专业等方面支持；企业为学校提供场所租金、师资酬金等费用支持。与中国水墨画院协议规定，学校根据双方需要安排理论课，并提供教学软硬件设施，邀请画院画家到校授课并提供工作室等；画院根据学校需要，提供师资力量，并担任学科专业带头人，支持学校提升办学层次；学生可拜画院画家为师；画院尽可能为学校提供学生实习实训场地和师资，满足学校师生随同画院写生队伍外出创作写生的要求。

（吴博）

开展公益办学

至年底，艺术传媒职院继续开展公益办学。在革命老区山西、陕西两省招收免费资助生合计 60 人，资助学费共 90 万元。同时，保持公益办学方针不变，按计划资助陕西延安、湖北黄冈、贵州遵义等 10 个革命老区、贫困地区的优秀在校生。

（吴博）

北京第二外国语学院中瑞酒店管理学院

概述

2016 年，北京第二外国语学院中瑞酒店管理学院占地面积 17.65 万平方米、产权校舍建筑面积 10 万平方米。全年教育经费投入 11370 万元。固定资产总值 4.10 亿元，其中，教学、科研仪器设备总值 2795 万元。图书馆建筑面积 7676 平方米，藏有纸质图书 41.23 万册、电子图书 20076.52GB，单独建设的行业特色文献资源库 1 个。拥有计算机 671 台，多媒体教室座位 4800 个。学校信息化经费投入 3288 万元，信息化设备资产 3288 万元，网络信息点 6000 个，校园网出口总带宽 2GB，电子邮件系统用户 10000 个，数字资源量 8000GB，管理信息系统数据总量 12000GB。设有品酒实验室、中西食品制作实验室、多媒体实验室、语音实验室和计算机中心。开设酒店管理 1 个专业。教职工 388 人，其中，专任教师 210 人，包括副高级以上专业技术职务 72 人。兼职教师 14 人，包括副高级以上专业技术职务 10 人。招生 789 人。全日制学历教育高考招生北京地区提档线理科 418 分、文科 468 分。毕业生 977 人。在校生 3540 人。网址：www.bhi.edu.cn。

2016 年，学校继续坚持只开设酒店管理一个特色专业，以全面推行“尊重、专业、责任”核心价值观的落地践行工作为契机，在新教育技术应用、教学方法改革、实践教学模块创新等方面不断探索。

不断进行教学创新、探索和改革，以引导学生自主学习为导向，优化调整人才培养方案，建设新实验室和教学场地并增加配套实践课程。教学活动及教学评价评级考核与瑞士洛桑酒店管理学院经典教学方法 QLF 挂钩，初步实现 QLF 中瑞化。教学质量监控工作进一步细化，建立校外

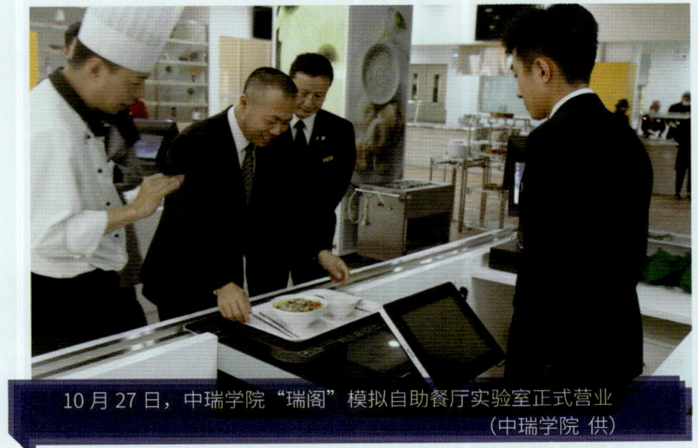

10 月 27 日，中瑞学院“瑞阁”模拟自助餐厅实验室正式营业（中瑞学院 供）

实习质量评价指标体系。

加强师资队伍引进、建设和培养工作，探索教师评价评级体系改革。科研工作与教学紧密结合，互相促进。以教材编写促进教学质量提高和教学改革，通过酒店业研究中心平台，使科研成果服务行业和社会。

按照学校运行需要调整内设机构，各部门职能更清晰，体系更完善，更好的服务酒店管理教学核心业务。

继续鼓励学生自我管理，参与学校管理，打造学生志愿服务品牌。校园文化建设活动更加丰富，基础建设进一步完善。国际交流工作进一步推进，与 7 所大学新签国际合作协议，与 6 所大学建立校际合作交流关系，合作领域更广，合作项目更多。

（冯力谨）

全面执行质量标准工作流程

1 月 7 日，中瑞学院召开质量标准工作汇报会，开始全面执行质量标准工作流程。中瑞质量标准体系是学校借鉴五星级酒店在标准工作流程 (SOP) 制定方面的经验，结合高校管理特点，其目的是通过各部门系统梳理、制定工作流程来提高全体教师的服务意识，增强专业性，实现标准化和个性化服务，形成一套独具中瑞特色的工作体系。

（杨海玉）

教师教学评价评级体系改革

至年底，中瑞学院改革教师教学评价评级体系。学校放弃原有的教师按照技术职称与工资标准密切关联的评价评级体系，建立一套全新的以教师教学质量为中心的动态评价评级体系，打破传统“一评定终身”评价评级模式，引导教师把工作重心转移到课堂上和学生中，从而提高教学质量，提高学生满意度，解决重视数量、轻视质量的问题。新体系从教育教学、职业发展、关爱学生、职业操守、追求先进与助力他人等方面对教师进行评级评价。根据评价结果，教师被评为 A、B、C、D 四大类，根据每一个评价指标得分情况，确定教师每学年的基本工资和绩效奖励工资标准。评价评级指标更加重视考核教师工作质量和效果，每一项评价指标均制订评价细则，最大限度保证评价结果真实、客观、公平、公正。

（彭兰）

北京网络职业学院

概述

2016 年，北京网络职业学院占地面积 20.01 万平方米，非产权校舍建筑面积 9.09 万平方米。全年教育经费投入 68 万元，全部自筹。固定资产总值 3453 万元，其中，教学、科研仪器设备总值 1814 万元。临时图书馆建筑面积 1500 平方米，藏有纸质图书 12.17 万册、电子图书 130 万册。拥有教学用计算机 1095 台，多媒体教室 24 个。学校信息化经费投入 53 万元，网络信息点 1500 个，校园网出口总带宽 150Mbps，管理信息系统数据总量 20GB。拥有实验室 24 个、实训基地 5 个。设有 4 个系，开设 5 个专业。教职工 113 人，其中，专任教师 48 人，包括教授 2 人、副教授 6 人。兼职教师 10 人，包括副教授 6 人。结业生 98 人。招生 33 人。在校生 270 人。网址：www.bjwlxy.org.cn。

2016 年，学校分析自身办学条件和生存发展客观要求，在专业设置、教师队伍建设、教学内容、教学方法等方面进行大幅度调整，发挥年轻教师和与高新产业联系密切的优势，完成向培养技能型人才的转型。始终坚守“依法招生、如实宣传”宗旨，完成 2016 学年学历生招生工作，未发生违规违纪行为。为缓解生源严重不足、办学规模过小的现状，申请并获批 2017 年北京市自主招生资格。

（黄明玥）

首年招生

4 月，网络职院经教育部备案批准首次招生 500 人。其中，北京 400 人、河北 40 人、黑龙江 35 人、吉林 25 人。实际完成招生任务 33 人，其中，北京 1 人、河北 15 人、黑龙江 12 人、吉林 5 人。

（黄明玥）

专业定位明确

4 月，网络职院按照首都城市功能定位和经济发展对人才的需求设置专业。设置移动应用开发、信息安全与管理、视觉传播与设计、广播影视节目制作、电子商务 (WEB 前端方向)(2017 年)5 个专业。5 个专业的技能和通识课程的课时比例都控制在 7：3 左右。

（黄明玥）

民办高等教育机构选介

北京现代音乐研修学院

2016 年，北京现代音乐研修学院占地面积 3.60 万平方米，产权校舍建筑面积 7.02 万平方米。全年教育经费投入 9320 万元，全部自筹。固定资产总值 27047 万元，其中，教学、科研仪器设备总值 7855 万元。图书馆建筑面积 1500 平方米，藏有纸质图书 11.63 万册、电子图书 20 万册。拥有计算机 478 台，多媒体教室座位 1800 个。学校信息化经费投入 35 万元，信息化设备资产 650 万元，网络信息点 1306 个，校园网出口总带宽 300Mbps，电子邮件系统用户 400 个，数字资源量 4580GB，管理信息系统数据总量 14GB。拥有

10月28日，北音第二届微课教学比赛
（北音 供）

350间国际标准琴房、24个舞蹈练功厅、8个音频工作站、6个视频工作站、16个MIDI工作室及双排键工作室，以及影视节目制作中心、动画制作中心、电子图书馆和网络管理中心。设有6个系，开设22个专业。教职工495人，其中，专任教师228人，包括教授10人、副教授8人。兼职教师85人，包括教授21人、副教授30人。结业生1065人。招生1283人。在校生4211人。网址：www.bjcma.com。

2016年，学校"人文建校"，内涵发展，初步达成"人文校园"设计目标，校园环境和师生的人文精神、人文素养得到全面提升。

构建绿色教学生态体系。深化教学改革，强调校级课题研究成果"能量转化"。不断强化精品课建设，加强精品课程建设的"过程质量"意识。完成2013年教育部重点课题"精品课程建设促进职业教育优质教学路径"4个子课题的研究、结题工作。聘请国内外专家、教授、行业精英、职场高端人士入校举办"北音大讲堂·大师课"，补充课外"教、产、研、创"教学知识体系的构成。

构建"三位一体"育人环境。制订年度《学生思想政治教育工作计划》。坚持思想教育与严格管理相结合，重点抓好宿舍文化建设；坚持解决思想问题与解决实际问题相结合，重点抓好学生心理健康及问题学生研究；坚持开展文化活动与社会实践相结合，重点把学校培养目标与学生成才要求和社会用人要求统一起来；坚持继承优良传统与改革创新相结合，重点加强辅导员队伍建设。

（王金君）

北京八维研修学院

2016年，北京八维研修学院占地面积3.70万平方米，产权校舍建筑面积2.70万平方米、非产权校舍建筑面积1万平方米。全年教育经费投入7560万元，全部自筹。固定资产总值4137万元，其中，教学、科研仪器设备总值1397万元。图书馆建筑面积0.60万平方米，藏有纸质图书6万册、电子图书20万册。拥有计算机4500台，多媒体教室座位120个。学校信息化经费投入210万元，信息化设备资产920万元，网络信息点80个，校园网出口总带宽20Mbps，电子邮件系统用户240个，上网课程180门，数字资源量500GB，管理信息系统数据总量21GB。拥有校内专业实训室10个、综合实训室4个，校外实训基地4个。设有10个院，开设17个专业。教职工370人，其中，专任教师232人，包括教授12人、副教授35人。结业生1768人。招生2150人。在校生4208人。网址：www.baway.org.cn。

2016年，学校完成董事会换届，明确董事会组成人员，第三届董事会任期由2016年8月至2020年8月。

稳定办学规模，不断提高教育教学质量。继续执行单科阶段精进教师教研室接力制度；为使人才培养目标及人才培养标准更加科学，课程体系升级到13.0版本，并于11月启动14.0课程体系建设；为适应电商企业对人才需求，成立网络营销学院并完成招生工作。

完善落实学生自主管理办法，包括班级自主管理和卫生自主管理。实行班长负责制，形成人人参与管理的矩阵式治理结构，采取精神激励的奖励机制；开设自主管理实践课，包括明确目标、目标同盟、分解目标、盯住目标、目标激励等环节；学校教室、公共场所卫生清扫全部由学生负责。

开展非首都功能疏解工作。疏解任务指标是在现有规模基础上疏解学生15%，实际完成疏解任务22%；向宿迁职业技术学院输送学生2000人。

（贾汉明）

北京工商管理专修学院

2016年，北京工商管理专修学院占地面积14.01万平方米，产权校舍建筑面积0.14万平方米、非产权校舍建筑面积11.55万平方米。全年教育经费投入644万元，全部自筹。固定资产总值18797万元，其中，教学、科研仪器设备总值1109万元。图书馆建筑面积1876.50平方米，藏有纸质图书5.80万册。拥有计算机1287台，多媒体教室座位5838个。学校信息化经费投入52.43万元，信息化设备资产76万元，网络信息点164个，校园网出口总带宽300Mbps，电子邮件系统用户90个，上网课程168门，数字资源量35GB，管理信息系统数据总量12GB。拥有校内专业实训室8个、综合实训室2个。设有7个院，开设21个专业。教职工171人，其中，专任教师59人，包括副教授1人。结业生596人。招生832人。在校生2015人。网址：www.bjuba.com.cn。

2016年，学校全方位改革取得显著成效。学校深入践行全新教育模式、营销模式、思维模式和运营管理模式，教职员工对新模式认识更加深入，工作思路更加清晰，工作方向更加明确，业务能力日益娴熟，队伍建设和管理能力大幅提升。学校各项工作日益规范，方式方法日益丰富和完善，工作水平和质量日益提高。

（崔友芝）

北京人文大学

2016 年，北京人文大学占地面积 10 万平方米，非产权校舍建筑面积 3.56 万平方米。全年教育经费投入 222 万元，全部自筹。固定资产总值 5699 万元，其中，教学、科研仪器设备总值 809 万元。拥有计算机 156 台，多媒体教室座位 660 个。学校信息化设备资产 795.20 万元，网络信息点 800 个，校园网出口总带宽 100Mbps，电子邮件系统用户 500 个，数字资源量 1000GB，管理信息系统数据总量 500GB。拥有校内专业实训室 18 个、校外实训基地 11 个。设有 8 个学院，开设 35 个专业。教职工 71 人，包括专任教师 6 人、兼职教师 52 人。毕业生 260 人。招生 358 人。在校生 1097 人。网址 :www.bjrwdx.com。

2016 年，学校深化教育教学改革，加强师资队伍建设。教学、学生管理、招生“三位一体”工作小组定期召开教师座谈会、学生代表座谈会，听取教学环节各类问题，及时协调解决；深入班级，与学生一起听课、交流，掌握学生思想动态以及对学校教学工作的评价和意见。成立常务副校长牵头的教学检查小组，监督、管控学校教学计划执行情况和教学工作开展情况，通过听课、调研等方式，定期对教师教学状况进行分析和评价，帮助提高教学水平。定期开展专职教师培训，对教学管理人员经常性开展业务学习，提高其业务水平和能力。

开发多元化教育产品。与北京海天教育集团深度合作，开展针对北京及周边区域法律专业在校大学生、毕业生的司法考试考前培训项目。全年进行司法考试考前培训 300 人次。

突出特色，发展国标舞专业品牌。国际舞蹈学院利用其专业特长及教学优势，先后为延庆区部分中小学开办国标舞兴趣班，促进延庆区基础教育课外文化活动发展。学生多次参加国标舞总会部分公开赛，获得奖项和荣誉。

服务延庆区域基础教育，立足公益办学定位。与延庆区教委深度沟通、合作，开展多种多样教育交流活动，包括组织延庆区部分中小学校长来校观摩，考察学校国学、舞蹈、书法等特色专业；派遣学校特色专业师生帮扶延庆区中小学课外文化活动等。

（张秦）

现代管理大学

2016 年，现代管理大学占地面积 32 万平方米，产权校舍建筑面积 8.20 万平方米。全年教育经费投入 985.76 万元，全部自筹。固定资产总值 3827.31 万元，其中，教学、科研仪器设备总值 2027.40 万元。图书馆建筑面积 400 平方米，藏有纸质图书 11.50 万册。拥有计算机 1400 台，多媒体教室座位 2160 个。学校网络信息点 800 个，校园网出口总带宽 100Mbps，上网课程 28 门。拥有校内专业实训室 4 个、综合实训室 5 个，校外实训基地 1 个。设有 17 个院，开设 22 个专业。教职工 439 人，其中，专任教师 119 人，包括教授 13 人、副教授 19 人。兼职教师 129 人，包括教授 5 人、副教授 18 人。毕业 691 人。招生 450 人。在校生 3117 人。全年短期培训学员 1225 人次。网址：www.mau.edu.cn。

6 月 8 日，现代管理大学教职工代表大会暨工会会员代表大会
（现代管理大学 供）

2016 年，学校建校 30 年，制订实施第二个“五年发展规划”，确定今后 5 年的事业发展指导思想、办学定位、目标规划及任务措施，为学校今后良性、健康、可持续发展奠定基础，明确方向。

探索转型发展、多类型办学新路。“中国冶金教育创新创业重点培训基地”和“全国冶金职业教育教学指导委员会秘书处”落户学校，为学校与全国冶金类职业院校建立联系，开展校校合作、校企合作提供有利条件。学校在坚持继续办好成人学历教育基础上，积极探索校地、校企、校校合作办学路径，大力推进培训类项目探索，逐步完善轨道交通、计算机应用、保安初级资格培训等短期培训项目，扩大培训规模。全年共培训 1225 人次。

探索开拓国际文化教育市场。与泰国三仓大学洽谈赴泰国攻读全日制工商管理硕士研究生事宜，与尼日利亚伊巴丹国际有限公司在专业合作及专业共建方面签订教育合作备忘录，与意大利瓦伦蒂美术学院签订国际班合作协议。此外，学校首批实习团赴日本第三企画株式会社实习，进一步充实日中民间交流往来，扩大合作空间。

继续开展公益办学。开展“保安公益大课堂”，启动“红烛行动 大手拉小手”帮扶工程二期项目，以全新面貌投身社会公益事业。

（侯丽洁）

民办中小学幼儿园选介

北京市丰台区红黄蓝多元智能实验幼儿园

2016 年，北京市丰台区红黄蓝多元智能实验幼儿园为日托制民办园。占地面积 3793 平方米，校舍建筑面积

3719 平方米。全年教育经费投入 1730.85 万元，全部自筹。固定资产总值 127.79 万元。图书馆藏书 3996 册，包括电子图书 225 册。拥有舞蹈、图书和美术 3 个专用教室，15 个普通教室。教职工 79 人，其中，教师 41 人，包括专科学历 24 人、本科学历 17 人，中级职称以上 3 人；保健员 3 人，包括专科学历 1 人、本科学历 2 人。开设 15 个教学班，其中，托班 3 个、小班 5 个、中班 4 个、大班 3 个。幼儿入园 140 人、离园 100 人、在园 430 人。网址：www.rybbaby.com。

2016 年，幼儿园以幼儿发展为重点，以提高教育质量为核心，继续打造教师队伍，使园所保教工作朝着高质量、有特色内涵式方向发展。

加强师德建设。全园教师学习《幼儿园教师专业标准化解读》，规范教师职业行为，提高教师思想文化素养。开展师德先进评选。

实施分层培养机制。借助外力让先进教育理念带动骨干教师发展。骨干教师在学期末“一课三研”教学观摩活动中展示各年龄段的音乐活动。任职初期教师参加公司为期 15 天的初级培训，了解公司标准化要求，掌握一日活动的基本技能与方法，并通过“技能技巧大赛”提高自身专业能力。

各种活动促家园共育。邀请育儿专家为家长开展专业育儿培训；园长为家长举办“幼儿分离焦虑”讲座；新班教师为家长梳理幼儿在园一日流程，告知家长如何配合。通过各种活动引导家长走出教育误区，树立正确教育观念。幼儿园还将安全教育纳入教育教学，开展各种形式的应急演练。利用各种节日开展丰富多彩的家园活动，拉近教师和家长距离。

（吴跃华）

北京市二十一世纪实验幼儿园

2016 年，北京市二十一世纪实验幼儿园为日托制民办园。占地面积 1.75 万平方米，校舍建筑面积 1.27 万平方米。全年教育经费投入 2654 万元，其中，国家拨款 41 万元、自筹经费 2613 万元。拥有琴房、电教室、舞蹈厅等专用教室 14 个，普通教室 49 个。教职工 257 人，其中，教师 136 人，中级职称以上 34 人；保育员 67 人，专科以上 40 人。开设 53 个教学班，其中，双语重点班 9 个（包括小班 4 个、中班 3 个、大班 2 个），双语普通班 19 个（包括托班 5 个、小班 6 个、中班 5 个、大班 3 个），普通班 6 个（包括普通小班 2 个、普通中班 3 个、普通大班 1 个），国际班 3 个，蒙氏双语班 16 个（包括蒙氏混龄班 2 个、蒙氏托班 2 个、蒙氏小班 5 个、蒙氏中班 5 个、蒙氏大班 2 个）。幼儿入园 419 人、离园 253 人、在园 1317 人。

2016 年，幼儿园围绕规模办园目标，开办、接收成都高新区、天津自贸区、涿州鸿坤、沈阳中海城、沈阳寰宇天下、怀柔顶秀美泉 6 所新园，其他已开办园所生源充足、完成招生目标。

10 月 17 日至 18 日，二十一世纪幼儿园玉海园远足活动
（二十一世纪幼儿园 供）

建设多元国际化课程体系，打造国际化育人环境。由教研培训中心牵头，各园首席教师领衔的课程研发和实践小组经过发掘、梳理、实践，形成主体性园本课程、北京文化和国际班多元绘本课程等教师参考用书 52 万余字；由集团环创小组打造完成怀柔等新建园的国际化园所环境，园所教育质量稳步提升，在北京市民办园试点评估和年度考核中得到肯定。

举办 2016 年年会庆典活动、怀柔园开园典礼、与“娟子妈妈讲故事”团队合作的“我是故事小达人”活动、与计生委合作的“宝贝计划绘画大赛”活动以及亦庄 / 天津园的《红袋鼠幼儿英语》进校园等活动。

（成雪娇）

北京市门头沟区智慧摇篮倚山幼儿园

2016 年，北京市门头沟区智慧摇篮倚山幼儿园为日托制民办园。占地面积 2125 平方米，校舍建筑面积 1852 平方米。全年教育经费投入 434 万元。固定资产总值 42 万元。拥有音乐厅、美术教室、教师备课室等专用教室 3 个，普通教室 9 个。拥有计算机 23 台。教职工 49 人，包括教师 22 人、保健员 3 人。开设教学班 9 个，其中，小班 4 个、中班 3 个、大班 2 个。幼儿离园 120 人、入园 116 人、在园 280 人。

2016 年，幼儿园以一级一类园视导验收为契机，利用园本培训，促进教师专业成长；利用园本教研，带动保教质量提升；利用责任细化，推进后勤绿化工作。

聚焦级类验收，推进团队管理。以“级类验收”为近期目标，改善楼内“爱、礼、德”公共环境，展现传统国学文化特色；园内增加垂直绿化面积 360 平方米。5 月 30 日通过北京市一级一类幼儿园视导验收。

聚焦骨干发展，形成梯队力量。加大教师培养力度，启动新的骨干教师管理办法，制定骨干教师制度，建立骨干教师成长档案。

聚焦传统节日，弘扬国学文化。开展丰富的中华民族

6月3日，智慧摇篮幼儿园第三届武艺节
（智慧摇篮幼儿园 供）

传统节日主题活动，使幼儿了解传统节日内涵。

聚焦家园共育，促进养成教育。围绕“家园共育，培养幼儿良好行为习惯”开展专题教研，通过对幼儿行为习惯养成、策略、方法的研究，促进幼儿养成良好行为习惯。

（吴晓平　袁金敏）

北京市门头沟区京师实验幼儿园

2016年，北京市门头沟区京师实验幼儿园是幸福天使幼教集团分园之一，为日托制民办园。占地面积5000平方米，校舍建筑面积2962平方米。全年教育经费投入605.60万元。固定资产总值24.44万元。图书室藏书1667册。拥有图书阅读室、实验室、美劳室和烹饪室等专用教室4个，普通教室9个。拥有计算机50台。幼儿园信息化经费投入5.58万元，幼儿园网出口总带宽6Mbps。教职工45人，包括教师22人。开设9个教学班，其中，小班4个、中班2个、大班3个。幼儿离园131人、入园126人、在园263人。网址：www.jingshishiyan.com。

2016年，幼儿园围绕北京市一级一类幼儿园验收目标，本着依法办园、规范管理的办园思路进一步完善幼儿园管理体系，传承和发扬传统文化特色，弘扬园所文化精神，通过环境布置和构建课程改革融入传统文化元素，深入贯彻《3～6岁儿童学习与发展指南》精神，让每名幼儿得到发展，让每名教师得到提升，完成北京市一级一类幼儿园验收工作。

构建本园特色课程体系。结合幼儿园特色，传承和发展中国传统文化特色，开展棋艺、厨艺、美劳、科学实验等特色课程，创设情境教学体验，把传统文化融入课程之中，通过游戏的形式，让幼儿直接感知、实际操作和亲身体验获得经验。通过分组教学的形式关注幼儿发展，激发幼儿积极主动、认真专注的学习品质，鼓励幼儿在游戏中不怕困难、敢于探究、乐于尝试。通过课程改革，培养幼儿主动学习意识，教师尊重幼儿发展个体差异，支持和引导幼儿从原有水平向更高水平发展。

（荆玉梅　王茜岚）

北京市昌平区幸福童年双语幼儿园

2016年，北京市昌平区幸福童年双语幼儿园为日托制民办园。占地面积5400平方米，校舍建筑面积3682平方米。全年教育经费投入86万元，全部自筹。固定资产总值620万元。拥有教师备课室、多功能活动厅、档案室和会议室等专用教室6个，普通教室13个。教职工76人，包括专职教师26人；专科以上学历26人，中级职称以上1人；保健医3人，均为专科以上学历。开设教学班13个，其中，小班5个、中班4个、大班4个。幼儿离园135人、入园137人、在园413人。

2016年，幼儿园加强队伍建设，激发团队创新意识；搭建教师发展平台，提高青年教师专业水平；落实良好校园环境，做好美化与改善；围绕“促进幼儿主动性发展”目标，发展幼儿自主能力；抓“幼儿一日生活养成”教育管理，做到层层抓。

（李莉）

北京中芯幼儿园

2016年，北京中芯幼儿园为全日制民办非企业幼儿园。占地面积5800平方米，校舍建筑面积4479平方米。全年教育经费投入1615.63万元，全部自筹。固定资产总值300.23万元。有美术和英语等专用教室3个，普通教室17个。教室内设有交互式电子白板、计算机和电钢琴等教学设施。教职工92人，其中，教师53人，专科以上53人；保育员17人，其中，专科以上13人。开设17个教学班，其中，混龄班13个、国际班4个。幼儿离园182人、入园229人、在园454人。网址：k.bjsmicschool.com。

2016年，幼儿园重视教科研工作。定期开展教研活动，通过多年经验累积，研究“蒙氏与主题教学的融合”“如何有效的观察孩子”和“班级三位教师的有效合作”等课题。同时派骨干教师连续两期参加“生命教育”培训，对幼儿园的品德教育进行补充。定期派骨干教师外出培训，提升教师业务水平。聘请专家作《肢体语言在音乐教学中的应用》《不

5月16日至18日，中芯幼儿园举办庆“六一”慈善募捐活动
（中芯幼儿园 供）

同年龄段儿童音乐能力的培养》等讲座，提升教师综合素质。

（庞露露）

北京市大兴区十一建华实验幼儿园

2016年，北京市大兴区十一建华实验幼儿园为日托制民办园。占地面积9000平方米，非产权建筑面积4700平方米。全年教育经费投入1305万元，全部自筹。固定资产总值240万元。拥有专用教室3个、普通教室16个。开设教学班16个，其中，小班5个、中班5个、大班6个。教职工84人，包括专任教师36人、保育员20人、保健医3人。幼儿离园140人、入园129人、在园483人。

2016年，幼儿园围绕示范园验收的中心任务，以幼儿一日活动为课程载体，促进教师队伍专业化成长。代表大兴区参加市教委对民办园的评估考核。举办以"做儿童游戏的支持者"为主题的第四届教学节。

（李晓静）

10月11日，十一建华幼儿园积木区现场模拟教研

（十一建华幼儿园 供）

北京第二实验小学怡海分校

2016年，北京第二实验小学怡海分校占地面积7500平方米，建筑面积1.31万平方米，体育场（馆）面积1360平方米。全年教育经费投入1819.96万元，其中，国家拨款343.73万元、自筹经费1476.23万元。固定资产总值1031.47万元。图书馆（室）藏书3万册，电子图书5万册，订阅杂志、报刊32种。拥有计算机225台，多媒体教室座位731个。学校信息化经费投入71.54万元，校园网出口总带宽100Mbps，数字资源量8000GB，"信息技术"课程1课时/周。普通教室50个、专用教室11个。教职工188人，包括高级职称4人、中级职称33人。专任教师100人，包括本科以上学历85人。开设教学班43个。毕业169人。招生233人。在校生1324人，包括寄宿生177人。网址：www.yhxx.org。

2016年，学校在特色课程建设方面，从学生实际出发，本着"认真读懂儿童，尊重和理解学生"原则，以"发现个性、发展个性、彰显个性"为指导，构建完成以低年级校本课程、中高年级平行选修课程为主体的特色课程体系。在低年级继续开设校本课程，把11个学科整合成语言类、科学类、艺术类、身心健硕类、综合实践类五大类；中高年级的平行选修课，打破原来班级界限，根据个人兴趣爱好，重新组建新的学习集体，加强学生之间联系。通过社会综合实践课，将艺术、科学、体育等传统学科融合，注意在学生活动中渗透德育教育，在活动中培养学生团队意识、交往能力，训练和培养学生好习惯、好性格。

在教师队伍建设方面，围绕"利用新媒体新技术促进学生自主学习"，各学科开展深入研究，增强教师研究意识和热情。利用接待课及各级各类比赛等机会，促进教师专业发展和教学质量提升。课堂教学评价标准除把握学科核心、凸显学科特色外，还关注教师"以学生为本"教学理念的落实，关注教师是否充分发挥学生主体性，重视学生学习方法的指导、学习习惯的养成和创新思维能力的提高。借助资源，改善信息化教学条件，促进教师观念更新。

（李刚）

北京市第八中学怡海分校

2016年，北京市第八中学怡海分校占地面积2.48万平方米，建筑面积3.40万平方米，体育场（馆）面积1.27万平方米。全年教育经费投入5264.41万元，全部自筹。固定资产总值1733.89万元。图书馆（室）藏书3.60万册，电子图书30GB，订阅杂志、报刊165种。拥有计算机378台，多媒体教室座位1500个。学校信息化经费投入104.13万元，校园网出口总带宽100Mbps，数字资源量1500GB，"信息技术"课程2课时/周。普通教室73个、专用教室20个、实验室19个。教职工195人，包括高级职称49人、中级职称90人。专任教师130人，包括特级教师1人；本科以上学历147人。开设教学班41个，其中，初中班25个、高中班16个。毕业403人，其中，初中276人、高中127人。招生306人，其中，初中216人、高中90人。在校生1110人，其中，初中706人、高中404人，包括寄宿生410人。高中录取分数线492分（丰台区），应届高考本科上线率100%。网址：www.yh8z.com。

2016年，学校成为"一带一路"联盟校，在第12届中国少年科学院"小院士"课题研究成果交流活动中被评为科普教育示范基地并授牌。

专家办学、名师执教、优质课程、全面发展。学校坚持"专家办学、名师执教"，在名师示范、骨干引领下，夯实基础型课程；整合文化资源，突出育人导向和国际化特色，建构涵养学生精神气质、适合学生发展需求的立体课程体系。学校将校本课程与学校各节日活动相贯通，打造20余门具有怡海特色的优质的发展型、特色型课程。

秉承"立德树人"德育目标。开展"立志感恩"系列活动，从道德自律、学艺自取、身心自强、生活自理4个方面，开展孝子孝女系列活动、"大爱行天下"怡海公益嘉年华等特色教育活动，形成“在活动与实践中让学生体悟成长”德育特色。

培养国际视野，提升综合能力。注重拓宽学生国际视野，开展教师互换、学生互访、冬令营、夏令营、教育援助等各种国际合作与交流活动。学生参加中学生圆方国际会议、“一带一路”先锋中学生国际圆桌会议，赢得良好国际声誉。

提高教学能力，教学成果显著。通过聘请专家、外派学习交流、教师讲座等多种形式，从教学方法、课堂掌控、课堂渲染等多方面提高教师教学技能；通过开展全校公开课，参加市、区各类活动等方式，提升教师教学能力。

（朱晓艳）

北京市海淀外国语实验学校

2016 年，北京市海淀外国语实验学校占地面积 20.01 万平方米，建筑面积 8.52 万平方米，运动场地面积 4.15 万平方米，体育馆面积 0.56 万平方米。全年教育经费投入 22121 万元，其中，国家拨款 651 万元、自筹经费 21470 万元。固定资产总值 5170.24 万元，包括教学仪器资产值 907.52 万元。图书馆藏书 8.90 万册、电子图书 1 万册。拥有计算机 413 台。普通教室 118 间，网络多媒体教室 143 间，专业教室 120 间，实验室 7 间，多功能报告厅 9 间，一对一钢琴房 180 个。学校信息化经费投入 198 万元，信息化设备资产 165 万元，校园网出口总带宽 550Mbps，数据库 2 个，音视频 1840 小时，“信息技术”课程 1 课时 / 周。教职工 776 人，其中，高级职称 52 人、中级职称 105 人。专任教师 355 人，本科及以上学历 331 人。开设教学班 117 个，其中，小学班 66 个、初中班 28 个、高中班 23 个。毕业生 820 人，其中，小学 406 人、初中 228 人、高中 186 人。招生 887 人，其中，小学 389 人、初中 411 人、高中 87 人。在校生 3778 人，其中，小学 2346 人、初中 1048 人、高中 384 人，包括寄宿生 3778 人。高中录取分数线 520 分（本区），应届高考本科上线率 100%。网址：www.bjfles.com。

2016 年，学校明晰集团化管理思路；分析武汉地区各学科教材特点及评价要求，对各版本教材分析整合，确定武汉校区各学科学习方案；继续研究如何固化优秀习惯，让学生听得懂、易做到、能固化；改变评价方式，促进工作质量提升；完善国际学校的组织结构；全面建立安全保障体系。加强干部队伍素质提升和培养；根据各年龄段学生特点，从德育和学科教学两方面入手，培养学生良好习惯；加强校园安全教育和节俭教育。完成南校叶子楼内部改造、南校路边亭子改造、南校食堂改建以及后期中华文化园建设。

（郭莹霞）

5 月，海淀外国语学校中学部首届科技节

（海淀外国语学校 供）

北京市二十一世纪国际学校

2016 年，北京市二十一世纪国际学校占地面积 8.80 万平方米，校舍建筑面积 5.16 平方米，运动场地面积 1.43 平方米。全年教育经费投入 15570 万元，其中，国家拨款 677 万元、自筹经费 14893 万元。固定资产总值 36982.90 万元，包括教学仪器资产值 2573 万元。图书馆藏书 41496 册。拥有计算机 1089 台，多媒体教室 43 间、座位 879 个。学校信息化经费投入 300 万元，网络信息点 410 个，校园网出口总带宽 200Mbps，数字资源量 11TB，“信息技术”课程 8 课时 / 周。普通教室 80 个、专用教室 24 个，实验室 6 个，多功能报告厅 3 个，钢琴房 14 个。教职工 362 人，包括副高级职称 19 人、中级 50 人。专任教师 236 人，包括特级教师 2 人、北京市学科教学带头人 2 人、市级骨干教师 2 人，外籍教师 24 人;本科及以上学历 267 人。开设教学班 78 个，其中，小学 40 个、初中 20 个、高中 18 个。毕业 364 人，其中，小学 135 人、初中 103 人、高中 126 人。招生 325 人，其中，小学 116 人、初中 147 人、高中 62 人。在校生 1841 人，其中，小学 930 人、初中 435 人、高中 476 人，包括寄宿生 1835 人。网址：www.21cis.com.cn。

2016 年，学校在“互联网 +”教育背景下，开展线上线下 (OTO) 转型研究。开展 OTO 转型教师培训，围绕教学内容呈现方式、学生学习方式、教师教学方式和师生互动方式的变革等方面开展。4 月，获教育部基础教育课程教材发展中心授予“全国课程改革骨干教师研修基地”称号。11 月 28 日，作为唯一私立学校，随海淀教育代表团应邀赴美国奥兰多参加第 16 届蓝带优质学校高峰论坛。

将“世纪演说家”课程和“辩论”课程纳入十二年一贯制课程体系，初中部每年举办“二十一世纪杯”辩论赛，高中部特邀美国辩论教师为所有班级讲授辩论课，对英语教师进行辩论课教学培训，学校模拟联合国社团每年赴美国联合国总部，与世界各国学生同场辩论。

（杨青瑕）

北京市海嘉双语学校

2016 年，北京市海嘉双语学校占地面积 4.58 万平方米，建筑面积 3.33 万平方米，体育场（馆）面积 1.35 万平方米。

全年教育经费投入 66 万元，全部自筹。固定资产总值 8856 万元。图书馆（室）藏书 7.08 万册，电子图书 50 册。普通教室 81 个、专用教室 45 个、实验室 6 个。拥有计算机 488 台，多媒体教室座位 124 个。学校信息化经费投入 22.58 万元，校园网出口总带宽 120Mbps，数字资源量 200GB，“信息技术”课程初中 1 课时 / 周、高中 1 课时 / 周。教职工 264 人，包括高级职称 1 人、中级 5 人。专任教师 199 人，本科及以上学历 187 人。教学班 62 个，其中，幼儿园班 17 个、小学班 30 个、初中班 9 个、高中班 6 个。毕业 108 人，其中，小学 60 人、初中 48 人。招生 274 人，其中，小学 231 人、初中 31 人、高中 12 人。在校生 1121 人，其中，幼儿园 298 人、小学 576 人、初中 161 人、高中 86 人。网址：www.bibachina.org。

2016 年，学校建校十周年，提出“让孩子因我们而幸福”教育目标，并在教学活动中贯穿该思想核心。学校专注于做双语教育的典范，致力于引领学生成为具备全球化视野的世界公民。学校为学生提供严谨的双语学习环境，促使学生以多种途径在课内外获得成功。通过融合中西教育理念，鼓励学生成为严谨、均衡、自立的终身学习者。

教师队伍建设方面，学校致力于构建和谐发展的教育团队。邀请多名教育培训师、职业发展顾问对教职工开展专题职业拓展培训。教师培训和研讨贯穿整年，教师从课程体系、教与学的方法、成绩评估、教师评估等多方面汇总质量保证概念执行的内容，并通过校内、校外、会议、指导、课程发展和行为研究等各种形式的培训和工作坊来提高质量保证执行能力。

学校为学生学习与活动提供高质量的教育资源和配套设施，包括各学部相应的室外运动场、计算机教室、图书馆、室内体育馆、实验室、舞蹈室及孔子文化庙等建筑群。同时完善配套设备，安装新风系统，修葺学生活动区域，为学生健康的学习生活增添保障。

（张帆　董萌　王伟）

北京市牛栏山一中实验学校

2016 年，北京市牛栏山一中实验学校占地面积 24.55 万平方米，建筑面积 90.10 万平方米，体育场面积 5 万平方米。全年教育经费投入 8306 万元，全部自筹。固定资产总值 13285.99 万元。图书馆藏书 3.09 万册，订阅杂志、报刊 280 种。拥有计算机 450 台，多媒体教室座位 5100 个。普通教室 90 个、专用教室 15 个、实验室 13 个。学校信息化经费投入 300 万元，校园网出口总带宽 100Mbps，数字资源量 1800GB，“信息技术”课程 1 课时 / 周。教职工 345 人，包括高级职称 78 人、中级职称 77 人。专任教师 258 人，包括北京市骨干教师 4 人、北京市学科教学带头人 1 人；本科以上学历 334 人。开设教学班 94 个，其中，小学班 12 个、初中班 68 个、高中班 14 个。毕业 1420 人，其中，小学 120 人、初中 1100 人、高中 200 人。招生 1480 人，其中，小学 120 人、初中

4 月 20 日，牛栏山一中实验学校“五品开心农庄”课程开课
（牛栏山一中实验学校 供）

1200 人、高中 160 人。在校生 4160 人，其中，小学 360 人、初中 3400 人、高中 400 人，包括寄宿生 3900 人。高中录取分数线 340 分（本区）。网址：syxx.nlsyz.com.cn。

2016 年，学校在教育工作方面，继续建设家长工作坊，采用课程式培训方式，举行多次主题活动，通过成功经验分享、专家答疑支招等灵活的形式，引导家长用科学理念及方式方法教育孩子。设立班主任成长论坛，为班主任提供分享和展示平台，促进班主任提升管理理念和指导水平。创新学生活动形式，探索由学生会组织策划学校大规模活动的模式，成功开展“我推荐一本书”“漫画和诗词配画”“古诗文大赛”等活动。推动品格教育在各类型课程中的渗透，以品格教育为指导，创设精品读书课、海外游学课、德育活动课、体育活动课、特色艺术课、科技活动课、学科拓展课七大类 70 余门校本课程。

教学工作方面，围绕课题、课堂、课程 3 个方面开展工作，扎实开展教学改革研究，打造特色精品课程。举办“五品育人”课程建设展示交流活动，全面展示学校国家课程校本化、校本必修课程、校本选修课程开发实施情况，以及学校对课程建设的思考与实践。开设 76 门精品校本课程，初二年级数学、英语实行分层走班教学。通过“利用配音软件促进学生口语表达能力提高”“初中音乐国家课程模块化实施教学研究”等课题研究带动学校课程综合化、实践化、精品化。通过艺术交流、微留学等活动，开阔学生国际视野，提高学生国际交往能力。利用校外资源，组织学生参观燕京啤酒集团的污水处理厂、中国科技馆，参加由中科院专家指导的长白山科学考察活动等，提高学生科技素养。

（樊宏宇）

北京市新英才学校

2016 年，北京市新英才学校占地面积 12 万平方米，建筑面积 11.70 万平方米，体育场（馆）面积 4995 平方米。全年教育经费投入 17168 万元，全部自筹。固定资产总值 52130 万元。图书馆（室）藏书 6.40 万册，电子图书 5.50 万册，订阅杂志、报刊 120 种。拥有计算机 905 台，多媒体教室

1月17日，新英才学校教师国学培训班开班
（新英才学校 供）

座位115个。普通教室115个、专用教室10个。学校信息化经费投入500万元，校园网出口总带宽200Mbps，数字资源量10000GB，"信息技术"课程1课时/周。教职工704人，包括高级职称14人、中级职称65人。专任教师447人，本科及以上学历360人。开设教学班99个。毕业387人。招生829人。在校生2256人，包括寄宿生1769人。网址：www.bjnewtalent.com。

2016年，学校教育教学各项工作全面落地升级。

"爱与创造"育人目标体系实现分段落地升级。幼儿园阶段保护幼儿主动探索世界的好奇心，鼓励幼儿表达关心与爱，成为健康的生活者；小学阶段保护学生的学习兴趣，鼓励学生自立，养成尊重宽容的品质，成为主动的学习者；中学阶段鼓励学生批判性思考，理解多元文化，承担社会责任，成为独立的探索者。

艺体特色课程整合升级。在国家课程基础上，开设134门特色课程，分布在各个学部和年级，包括十五年一贯制精品课程、名家进校园课程、中小学特色课及社团、阶段性校外课程等。发展校外课程，把有专长的家长请到课堂授课。

人力资源结构优化升级。启动"骨干教师培养计划"，适时选派在职优秀教师到境内外学习进修，促进教师专业成长；吸引十余名国内外学术精英博士加入，丰富教师队伍结构。

安全工作全面升级。针对雾霾天气，实现全校教室、学生宿舍净化器全面覆盖；严格执行学生上下学高峰期间的安全保卫工作；制订学生宿舍和餐厅、教学楼疏散预案，组织各学部学生宿舍、教学楼疏散演习和餐厅安全疏散演习工作；与各部门负责人签订安全管理目标责任书，把安全责任层层分解，落实到人，责任明确；要求各部门大型活动制订安全预案；每周接送学生班车，确保平稳运行。

（赫英贺）

北京市私立汇佳学校

2016年，北京市私立汇佳学校占地面积9.35万平方米，建筑面积10.48万平方米，体育场面积4.12万平方米。全年教育经费投入27200万元，全部自筹。固定资产总值27100万元，包括教学仪器资产2500万元。图书馆（室）藏书5.38万册，电子图书24.20万册，订阅杂志、报刊69种。拥有计算机500台，多媒体教室113个、座位2000个，专用钢琴房125间、钢琴200架。学校信息化经费投入135万元，校园网出口总带宽200Mbps，数字资源量500GB，"信息技术"课程10课时/周。教职工537人，其中，专业教师137人，外籍教师70人，本科及以上学历304人。开设教学班93个，其中，小学班44个、初中班21个、高中班28个。毕业生522人，其中，小学138人、初中189人、(IB)高中195人。招生757人，其中，小学352人、初中200人、高中205人。在校生1872人，其中，小学911人、初中465人、高中496人，包括寄宿生1752人。高中升学率99%。网址：www.huijia.edu.cn。

2016年，学校秉承"新型、高品位、国际化"办学宗旨，坚持改革创新与高标准要求，多方面进行创新与尝试。

小学部继续扎实践行IB理念，不断研究推进PYP项目实施开展。学校在原有课程下，继续深化课程开发。结合IB十大培养目标，在学生培养框架中，开发相应的、有针对性的专门课程，旨在更全面地培养学生综合素质和能力。俱乐部文化节规模扩大，采取"嘉年华"形式。为更好地促进PYP课程标准与中国大纲融合，学部组织专门团队进行研究，形成汇佳标准，更好地指导、评估学生；在"双语双文化"落实方面，继续加强中文"国学诵读"，阶段性规划中国传统文化学习；鼓励4～6年级学生人人出书，进行自我的中文成果总结及展示；英语方面，进一步深化中外教合作，更大范围开展中英文主题探究的备课及合作，形成更浓厚的英文学习氛围。

中学部（初中、高中）进行5个方面改革创新。第一，调整管理组织架构，加强初中部MYP课程与高中部DP课程衔接及项目合作。中学部通过合并，统一学生与教师管理标准和政策，学生从MYP过渡到DP更加连贯，学生管理效果明显提升；MYP与DP教师之间合作更加紧密，教师开始多学科的跨学部授课，促进教师合作与分享，方便中学部课程整体设计与衔接。第二，成立体育中心与艺术中心，整体规划全校体育及艺术课程，更好地落实学校"学科、艺术、体育三科支撑"教育理念。第三，升学指导中心全

12月14日，汇佳学校小学俱乐部嘉年华活动
（汇佳学校 供）

面开展工作，为学生提供习惯培养、升学规划、申请指导等个性化的升学服务。第四，丰富教学设备及资源。中学楼装修完成，改善教师教学和办公环境；增添机器人、厨艺、舞蹈、戏剧等多个专业教室，为学生提供更广泛的选课空间和更丰富的教学资源。第五，全面使用 Powerschool 及 Managebac 电子管理系统，提高工作效率，方便家校沟通，家长可及时通过系统了解孩子出勤、成绩、评价、作业完成情况等信息。

（李尔京）

北京王府学校

2016 年，北京王府学校占地面积 10 万平方米，建筑面积 6.90 万平方米，体育场（馆）面积 3420 平方米。全年教育经费投入 19147.08 万元，全部自筹。固定资产总值 5257.60 万元。图书馆藏书 22.20 万册，订阅杂志、报刊 9 种。普通教室 50 间、专用教室 16 间、实验室 9 间。拥有计算机 881 台，多媒体教室座位 1725 个。学校信息化经费投入 543 万元，校园网出口总带宽 1500Mbps，数字资源量 2.50TB，“信息技术”课程 1 课时 / 周，AP Computer 课程 6 课时 / 周。教职工 367 人，包括高级职称 5 人、中级职称 22 人。专任教师 168 人，包括外籍教师 34 人；本科及以上学历 317 人，包括硕士 179 人、博士及博士后 21 人。毕业 262 人。招生 389 人。在校生 986 人，包括寄宿生 928 人。网址：www.bjroyalschool.com。

2016 年，学校引进剑桥教师职业发展培训项目 (PDQ)，成为剑桥国际教师职业发展中心。成为教育部基础教育课程教材发展中心“深度学习”教学改进项目实验校，开展校内各学科的深度学习成果研讨会，并参与全国师范观摩课评选活动。开展青年导师制项目，以老带新、相互促进，提高教学质量和教师队伍整体素质。承办全东亚地区最大规模的剑桥 IGCSE 教师职业发展培训。主办“新聚合”国际教育高峰论坛暨王府 20 周年校庆活动，主题为“跨界、融合、创新、共享——打造国际教育新的聚合力”。投资 280 万元，为校区所有教室安装新风系统；投资 40 余万元，为办公室和宿舍配备 740 余台净化器。搭建北京到延安的宽带直连和卫星链路两条线路，保障美国到延安中学和北京到延安中学的远程视频教学活动。

（党子衡）

北京市中芯学校

2016 年，北京市中芯学校占地面积 2.68 万平方米，建筑面积 2.01 万平方米，体育场（馆）面积 1.40 万平方米。全年教育经费投入 4377.53 万元，其中，国家拨款 101.71 万元、自筹经费 4275.82 万元。固定资产总值 1499.68 万元。图书馆（室）藏书 4.16 万册，订阅杂志、报刊 111 种。普通教室 58 个、专用教室 20 个。拥有计算机 210 台，多媒体教室座位 1500 个。学校信息化经费投入 67.11 万元，校园网出口总带宽 90Mbps，数字资源量 5000GB，“信息技术”课程 60 课时 / 周。教职工 195 人，包括高级职称 13 人、中级职称 20 人。专任教师 136 人，包括特级教师 1 人，本科及以上学历 173 人。开设教学班 53 个，其中，小学班 44 个、中学班 9 个。毕业 111 人，其中，小学 78 人、初中 33 人。招生 273 人，其中，小学 210 人、初中 63 人。在校生 1212 人，其中，小学 1054 人、初中 158 人。网址：bjsmicschool.com。

2016 年，学校坚持“品格第一、追求卓越、胸怀世界、快乐成长”办学理念，坚持以学生发展为本位，以服务于社会对教育的多样化需求为宗旨，以培养多元文化国际视野人才为导向，以培养具有创造力和国际观的人才为目标，完成各项工作任务。中考 16 名考生，90% 学生总分达到 500 分以上。学生参加全区各项文体活动榜上有名。

（杨旸）

北京市私立君谊中学

2016 年，北京市私立君谊中学占地面积 2.48 万平方米，建筑面积 1.24 万平方米，体育场馆面积 1.10 万平方米。全年教育经费投入 1430 万元，其中，国家拨款 6.30 万元、自筹经费 1423.70 万元。固定资产总值 421 万元。图书馆（室）藏书 2.40 万册，订阅杂志、报刊 15 种。普通教室 21 个、专用教室 1 个、实验室 3 个。拥有计算机 135 台，多媒体教室座位 660 个。学校信息化经费投入 29 万元，校园网出口总带宽 100Mbps，数字资源量 256GB，“信息技术”课程 10 课时 / 周。教职工 121 人，包括高级职称 25 人、中级职称 37 人。专任教师 73 人，包括特级教师 1 人；本科及以上学历 73 人。开设教学班 22 个，其中，初中班 5 个、高中班 17 个。毕业 159 人，其中，初中 42 人、高中 117 人。招生 215 人，其中，初中 45 人、高中 170 人。在校生 507 人，其中，初中 128 人、高中 379 人，包括寄宿生 462 人。高中录取分数线 450 分（本区），应届高考本科上线率 48%。网址：www.junyi.org。

2016 年，学校重视教育教学，成立督导室，建立督导制度，有督导 2 人，定期开展督导工作。德育部完善德育工作制度，德育教师增至 36 人，召开德育工作会 20 次，召开班主任会 19 次，举办德育活动 20 次，并指导成立学生会。教学部完善各学科教研组制度，组织 40 次教研活动，举办 80 场公开课，组织 22 名教师赴他校学习 6 次，有 42 名教师参加职称评定，举办 6 次学科竞赛。成立学校档案室，建立档案制度。

（施红）

（本栏责任编辑　胡雨）

校园足球运动

推广普及冰雪运动

阳光少年系列比赛

高雅艺术进校园

民族艺术进校园

高校国旗论坛

阳光心理大课堂

2017 | 德育体育美育

MORAL,PHYSICAL AND AESTHETIC EDUCATION

- 爱国主义教育和革命传统教育
- 社会主义核心价值观教育
- 体育美育工作政策完善
- 优质资源支持体育美育教学发展
- 健全评价机制引导体育美育教学改革
- 惠及远郊区及农村学校
- 协同家庭社会提升青少年综合素养

MORAL, PHYSICAL AND AESTHETIC EDUCATION
德育体育美育

综述

爱国主义教育和革命传统教育

2016 年，市教委重点开展学生爱国主义教育和革命传统教育。以“四个一”活动（参加一次天安门广场升旗仪式，分别走进一次国家博物馆、首都博物馆、抗日战争纪念馆）为依托开展爱国主义教育。全市组织 272677 名学生参加“四个一”活动；开展市级“四个一”组织工作培训 17 次，各区教师 2500 余人次参加培训。纪念红军长征胜利 80 周年，探索中小学进行革命传统教育的途径和载体，充分利用开学典礼上好爱国主义教育第一课、国旗下讲话等制度性活动，指导社会大课堂资源单位，发挥自身资源优势举办主题活动。

（冯雪）

社会主义核心价值观教育

2016 年，市教委进一步加强社会主义核心价值观教育研究和指导工作。委托北京师范大学专家团队研制中小学社会主义核心价值观教育阶段目标，分年级段（一年级至三年级、四年级至六年级、初中、高中）明确教育重点内容和目标，并在此基础上编制社会主义核心价值观教育指导纲要，印发《北京市中小学生日常行为规范（2016 修订）》，启动文明校园创建活动。9 月和 11 月，市教委分别举办北京市中小学生践行社会主义核心价值观网络大赛、北京市中小学社会主义核心价值观教育工作成果展示交流会，展示各区两年来的工作经验和成果。

（冯雪）

新媒体教育功能应用于德育工作

2016 年，市教委充分利用新媒体教育功能开展德育工作。举办以社会主义核心价值观教育为主题的网上冬、夏令营活动。通过首都教育微信公众号向全社会推送北京市优秀学生对话节目。北京市网上家长学校为小学一年级至六年级的学生家长提供分年级家庭教育指导服务。通过手机媒体向家长发布周末亲子游实践体验路线和主题活动等。依托《现代教育报·教师周刊》开设栏目，系列报道优秀班主任学习习近平总书记教师节讲话，做“四个引路人”的学习活动。

（冯雪）

体育美育工作政策完善

2016 年，北京市体育美育工作政策完善成果突出。在政策完善上力求点面结合，一方面瞄准学校体育美育改革的全局引领和重点推进，另一方面致力于具体业务工作的规范管理和严谨实施，系统规划、层次清晰、成效明显。市政府办公厅颁布《关于加强学校美育工作的实施意见》，拉开新时期学校美育改革序幕；市教委等六部门印发《关于加快发展北京市青少年校园足球工作的实施意见（2016—2020年）》，引领校园足球可持续发展和学校体育改革深入推进；科学修订《民族（高雅）艺术进校园管理办法》，完善准入程序，强化活动育人效果。

（王东江）

体育美育课程质量提升

2016 年，市教委协同教研部门不断提升体育美育课程质量。启动中小学体育教学质量提升计划，开展“一校一品”体育教学改革项目试点，支持学校发展特色教学项目、提升体育教学水平。鼓励有条件的学校将足球、冰雪等项目以教材、读本、教学模块等形式引入课堂。在加强音乐、美术课程建设的基础上，指导各区、各学校开设好舞蹈、戏剧、书法等课程，逐步提升义务教育阶段学校艺术课程开课率，基本实现艺术教育“校校有亮点，班班有特色，人人齐参与”目标，全市 60% 的中小学生基本掌握音乐演唱和演奏技能。

（王东江）

体育美育师资队伍建设

2016 年，市教委联动内外力量加强体育美育师资队伍建设。协调和支持中央戏剧学院、北京舞蹈学院率先在全国开设戏剧、舞蹈教育专业，激活美育教师培养的源头动力。协调首都体育学院结合北京市教学改革要求，及时调整体育师范专业的培养策略。开展各类师资培训，选派优秀体育教师赴英国、法国进行足球培训学习，协调 10 名外籍足球教师来京到中小学任教；搭建资源平台，支持远郊区和农村学校开展音乐教师合唱指挥培训；通过艺术节组织引导各区因地制宜开展舞蹈、戏剧、朗诵等师资培训；对 200 名高校教师开展师生健康保障培训；对 200 名军事骨干教师和高校领导干部开展国防教育和学生军事训练工作专题培训；对 300 名中小学科技教师开展科学建议奖专题培训，提升科技教师的教学组织能力和活动指导水平。

（王东江）

优质资源支持体育美育教学发展

2016 年，市教委对接优质资源全力支持体育美育教学发展。依靠高校科研力量启动中小学体育卫生监督工作，研究体育课运动负荷现状，采取针对性措施提高体育课教学质量，采取购买服务委托第三方的方式开展学生国家健康体质测试，确保数据真实可靠。素质教育舞蹈课、戏剧、京剧进课堂项目持续推进，进一步丰富美育课程体系，传播美育新理念。在全市大中小学推广包含音乐、舞蹈、健身操等形式，融通德育、体育、美育等内容，跨学科的民族韵律操。加强优秀学生社团建设，引领区域打造均衡高地带动全市美育均衡发展，舞蹈、戏剧、美术与语文、英语、历史等学科的融合教学实践探索在各区蔚然兴起。直面中小学性健康教育薄弱的现状，开展北京市中小学性健康教育模式的探索。

（王东江）

健全评价机制引导体育美育教学改革

2016 年，市教委健全评价机制引导体育美育教学改革。在坚持学生体质健康测试制度的基础上，强化测试数据真实性、完整性和有效性评价，构建学校体育评价机制的重要指标体系。强化学生体质健康数据结果的评价与应用，增加深度分析，提出干预措施和政策建议。启动北京市中小学艺术教育发展状况调查工作并颁布《2016 年北京市中小学艺术教育发展蓝皮书》，试点开展北京市中小学生艺术素养评价标准研究，加强对学校美育的评价标准研究，为学校美育发展的长期规划和政策调整提供基础数据支撑。进一步完善艺术、科技、国防教育示范校建设及高水平学生社团的评价标准，强化课程、师资和全员活动等指标权重，通过具体工作渗透育人理念和均衡价值，充分发挥优质资源的辐射引领作用，促进体育美育事业健康发展。

（王东江）

体育美育科技活动扩大学生参与面

2016 年，市教委完善规则扩大体育、卫生、艺术、科技等活动学生参与面。增加以班级为基础的比赛活动项目，市级单位及各学校积极组织足球班级赛、校园集体舞（操）等活动。学生田径运动会、三大球联赛、游泳等比赛，吸引 12 万人次大、中、小学生参与。细化相关方案，在全市均衡布点，带动各区和学校在教学和活动组织中注重全员覆盖。2016 年北京市校园足球五人制比赛暨小足球比赛吸引千余名学生参与，300 余场比赛覆盖 16 个区，在小学低龄段学生中开展三大球教育，持续推进校园三大球项目普及。首届北京市中小学校园足球文化作品征集与展示活动中，小球员、小裁判、小记者共同传播足球精神。2016 年北京市青少年体育文化节设计主题活动 11 项，将体育技能训练和体育精神文化深度融合。举办各级各类学生艺术节等活动，吸引 52 万名中小学生参与；9 万名大学生参与贯穿全年的北京大学生音乐节活动。北京市中小学科技节全年开展市级活动 21 项，30 万名学生参与各项活动。完成全市中小学生健康体检，全面掌握中小学生基本健康状况。为加强国防教育，对全市 23 万名高中生和大学生开展军训工作。

（王东江）

5 月 16 日，2016 北京大学生音乐节开幕

（学生活动中心 供）

促进课堂活动相衔接

2016 年，市教委加强统筹促进课堂活动相衔接，以活动探索为支点撬动课程科学改革。实施小足球计划，关注低幼年龄段学生身心发育特点，引发教师对体育教育教学改革的关注和思考；围绕增强体育课教学的科学性和时效性，在中小学开展关于“小球计划”的新一轮教改研究。观演与讲解相结合，打造校园外的体验式课堂。民族艺术进校园坚持在校园专场讲与演相结合的方式，组织学生到专业剧场观

看经典剧目，观演前有介绍、观演后有讨论，育人效果明显增强。在活动展示中呈现教育教学成果，促进活动与课堂自然衔接。结合并依托戏曲进校园和戏曲课程的推广，“国戏杯”学生戏曲比赛在戏曲表演的基础上增加绘画等内容，参赛不设门槛、作品不限数量，尽可能实现戏曲课堂教育的成果交流。

（王东江）

惠及远郊区及农村学校

2016 年，市教委调整政策惠及远郊区及农村学校。民族艺术、高雅艺术进校园活动全年分别组织 430 场进校园及 78 场进剧场演出，40 万名学生观看。观演组织进一步向远郊区倾斜，安排惠及农村学校进校园演出 243 场、进剧场演出 51 场，分别占到总场次的 57% 和 65%。学生艺术节、国际青少年艺术周等品牌学生活动为农村地区学校学生释放更多舞台空间。科普进校园活动将优质的科技教育资源送到远郊区，累计为 12 个区 200 所学校送上百余场科普活动，在促进全市科技教育活动均衡发展的同时，将范围扩大到天津、河北的农村学校。

（王东江）

协同家庭社会提升青少年综合素养

2016 年，市教委协同家庭社会提升青少年综合素养。继续向小学一年级新生家长发送家庭健康管理材料，开展“我和家长一起锻炼·我的家庭锻炼日记”摄影大赛，组织医学、运动学专家进校园，对学校教职工和学生家长开展科普宣传，有效引导家庭参与学生健康管理。依托首都师范大学成立北京市学校美育研究中心，协调各方美育资源支持学校美育改革。依托中国戏曲学院成立北京市学校优秀传统文化促进会，整合首都优质资源弘扬和传承优秀传统文化。建立健全市、区两级负责，军地齐抓共管的体制，确保学校国防教育工作高效、扎实开展。中小学校健康月系列活动、国防教育日主题活动等 10 余项特色活动常抓不懈。军事特训营、海洋意识教育等专项活动敢于创新，推动国防教育深入开展。

（王东江）

第二届高校学生军事特训营隐蔽掩护训练

（国防教育协会　供）

义务教育阶段课外活动计划推进

2016 年，市教委从三个方面推进义务教育阶段课外活动计划。整合、开发、拓展各方面资源为学校提供更多、更好的课外活动优质资源；以信息化手段为依托，加强课外活动计划工作的组织与管理，设计开发集发布活动信息、选择活动和活动数据统计于一体的课外活动计划信息管理平台，秋季开学在 4 个区的 7 所学校试点试用；召开区教委主管主任工作座谈会，16 个区教委及燕山教委介绍各自开展课外活动的特色和经验。

（王东江）

高校、社会力量参与小学体育美育发展工作推进

2016 年，北京高校、社会力量参与小学体育美育发展工作稳步推进。项目对于小学的影响力和吸引力迅速提升，受到社会各界普遍关注，对首都基础教育改革的促进作用初步显现。项目所涉及的高校、社会力量机构共派出 1 万人次开设教学课程门类 458 种（包括体育、美术、音乐、舞蹈、戏曲、器乐、表演、芭蕾、科技等），累计 10 万课时（含课外及社团活动课程），惠及小学生 20 万人。市教委按照市财政要求，组织 9 家中央部属院校、11 家社会力量单位完成政府采购招投标工作，理顺拨款渠道。选派 60 名专家到 16 个区的 90 所小学开展调研，听课 140 节，对“高参小”教学工作进行专业评审和指导的同时，分析上报数据，专家视导意见肯定和充分肯定的约占 80%、基本肯定的占 16.43%。

（王东江）

10 月 22 日，联合大学第 15 届运动会开幕式上进行“高参小”项目汇报表演

（联合大学　供）

校园足球运动

2016 年，市教委开展校园足球系列活动。开展校园足球海外引智计划，引进荷兰、西班牙、爱尔兰等足球发达国家的教练员 10 人，到北京市八一学校、北京小学通州分校、延庆区第四小学等学校任教。创新竞赛活动机制，中小学生 30 万人次参与校园足球竞赛和活动，为不同需求、不同层面的学生搭建参与校园足球运动的平台。整合社会资源协同推进校园足球发展，与北京电视台、北京广播电台等多家媒体

7月12日，校园足球五人制比赛决赛
（市教委相关处室 供）

共同组织“走进特色校系列报道”“校园足球新长征”等系列专题宣传活动，为校园足球健康发展奠定良好的社会舆论基础。

（王东江　张志华）

推广普及冰雪运动

2016年，市教委与北京奥运城市发展促进会、市体育局、团市委在中小学开展冰雪运动普及推广活动。具体措施包括开展冰雪嘉年华、奥林匹克教育冬令营、冰雪运动进校园等参与体验类活动；开展冬奥知识进校园、“迎冬奥”征文和绘画征集等文化活动；针对有冰雪爱好的青少年学生组织冰球联赛、滑雪比赛、冬季运动会等体育比赛。

（王东江）

中小学生冰雪运动普及与推广活动仿真冰体验活动
（市教委相关处室 供）

阳光少年系列比赛

2016年，市教委举办第11届（2016）北京阳光少年系列比赛。比赛以“我的课外校外生活”为主题，项目包括绘画、书法、摄影、电脑漫画、微电影等。700余所学校1万名学生参与创作和投稿。经评选，获奖学生3988人，其中，一等奖760人、二等奖1311人、三等奖1917人。比赛由北京校外教育协会承办。比赛整合全市教育、科技、文化、文物、体育、环保等各类校外活动场馆资源，包括少年宫、青少年科技馆、青少年活动中心，以及图书馆、博物馆、科技馆、实践体验场馆等120家单位参与。为总结经验，表彰先进，校外教育协会评选出70家单位获2016年北京阳光少年活动优秀组织奖。

（卢亭　王媛媛）

“三个一”活动促校外教育机构改革

2016年，市教委推进校外教育“三个一”活动。在校外教育机构中开展校外教育“供给侧”改革，即“三个一”活动：培育一批创新项目、建设一批特色项目、发展一批精品项目。活动以教育教学活动项目改革为核心，以全市教科研力量为支撑，以全体校外教师参与为基础，以实现校外教育优质发展为目标，通过五年校外教育项目“供给侧”改革，加快实现首都校外教育现代化。活动分三步实施，第一步立项试点、第二步全面推进、第三步总结提升。11月1日至2日，市教委召开北京市校外教育“三个一”活动推进会，解读北京市校外教育“三个一”活动工作方案，公布“十三五”期间各年度工作计划，围绕“三个一”活动展开培训。会议的召开，标志着北京市100项优质校外活动项目建设全面启动。市教委领导，各区教委、校外教育机构、校外教研室相关负责人100余人参加会议。

（侯利伟　乔琮）

第29届中小学生金银帆奖获奖名单公布

1月16日，市教委公布第29届北京市中小学生金银帆奖获奖名单。经市评审小组评选，市教委决定授予9名学生北京市中小学生金帆奖，授予127名学生北京市中小学生银帆奖。金、银帆奖是市教委对品学兼优并在国际和国内科技、体育、艺术、学科竞赛中取得突出成绩学生授予的一项荣誉奖，旨在鼓励广大中小学生不断进取、奋斗向上、全面发展并学有特长。

（孙晓楠）

第29届北京市中小学生金帆奖

北京市第六十五中学
姚玉　钟悦珲
北京师范大学附属实验中学
王妍　闫雨鑫
清华大学附属中学
何淼格　王谈　戎成文
北京市顺义区杨镇第一中学
李浩然
北京市朝阳区望京南湖东园小学
徐乐曈

（孙晓楠）

加强学校美育工作

6月8日，市政府办公厅印发《关于加强学校美育工作的实施意见》。意见提出到2018年，实现美育资源配置逐步优化，管理机制进一步完善，各级各类学校开齐开足上好美育课程；到2020年，形成学校美育内涵有效提升、区域美育均衡发展、大中小幼美育相互衔接、学校美育和社会家庭美育相互联系的具有首都特色的现代化美育体系的总体目标。

（孙晓楠）

80所学校及1个区入选国家校园足球特色单位

6月27日，教育部公布2016年全国青少年校园足球特色学校及试点县（区）名单，北京80所学校成为特色校，海淀区成为试点区。教育部认定并命名4755所中小学校为“全国青少年校园足球特色学校”，31个县（区）为“全国青少年校园足球试点县（区）”。5月，北京市遴选推荐80所市级校园足球特色学校至教育部，经过教育部复核遴选、公示等环节得到最终认定。

（张志华）

加快发展校园足球工作实施意见发布

9月9日，市教委、市发展改革委、市财政局、市新闻出版广电局、市体育局、团市委联合印发《关于加快发展北京市校园足球工作的实施意见（2016—2020年）》。实施意见明确发展北京市校园足球工作的指导思想和基本原则，从完善组织协调机制、推进教育教学改革、完善足球竞赛机制、营造足球文化氛围、强化师资培养管理、加强各项服务保障6个方面提出具体工作意见。

（张志华　孙晓楠）

德育

德育工作

中小学德育网上冬令营和夏令营

1月至2月和7月至8月，市教委分别举办2016年中小学数字德育网上冬令营和网上夏令营。冬令营以“迎新春传家风 树美德共成长”为主题，开设金猴迎春过大年、家风传承树美德、安全自护保平安、勤于实践共成长4个板块，引导学生传播美德、健康成长，网页点击量411万次。夏令营以“传播正能量 快乐过暑假”为主题，开设红旗舞动中国梦、快乐暑假我做主、志愿家庭我先行、勤于实践共成长4个板块，引导学生积极学习、亲身实践，网页点击量1385万次，收到中小学生提交的各类作品54217件。北京市中小学数字德育网网址：moral.bjedu.cn。

（王昱人　刘韬）

中小学生环保主题演讲比赛

3月8日至6月4日，北京校外教育协会与市环境保护宣传中心等单位联合举办北京市2016年度中小学生环保主题演讲比赛。比赛围绕“共建共享一片蓝天”主题，设置小学、中学2个组别。各区环保局联合教育部门组织本辖区征文比赛或预选赛，从中选拔推荐3名优秀选手参加市级比赛，15个区140所学校近1000名中小学生参加选拔。经过学校选拔、各区选拔和网络参赛等比赛环节，34名学生进入决赛。评出小学组一等奖1人、二等奖2人、三等奖5人、优秀奖11人；中学组一等奖1人、二等奖2人、三等奖3人、优秀奖9人。根据学生获奖情况，评出优秀教师21人，其中，小学组9人、中学组12人。比赛设置网络投票环节，选出最佳影响力奖35人，其中，小学组20人、中学组15人。

（王媛媛　卢亭）

6月4日，中小学生环保主题演讲比赛决赛

（校外教育协会　供）

“院士回母校”活动启动

3月24日，“院士回母校”活动启动仪式暨首场报告会在清华大学举办。中国工程院院士、清华大学校友戚发轫、栾恩杰作报告，分享求学、工作等人生经历，介绍中国航天和深空探测工程的进展和愿景。中国关工委、教育部、中国工程院、市委教工委、北京教育系统关工委领导，10所“院士回母校”活动主办高校负责人及清华400余名师生参加活动。“院士回母校”活动由教育部关心下一代工作委员会、中国工程院科学道德建设委员会联合举办，以“坚定理想信念，传承科学精神，感悟科技人生，规划职业生涯”为主题，通过邀请院士回母校给在校大学生讲自身治学做人、科技报国的经历和感悟，帮助大学生树立职业理想、规划职业目标、激发学习动力。

（闫妍）

纪念红军长征胜利80周年

3月，市教委组织4万余名学生分别到国家博物馆和军事博物馆参观纪念长征胜利专题展览；指导国家大剧院、北京国际图书城等19家社会大课堂资源单位，发挥自身资源优势，为中小学生举办纪念红军长征胜利80周年主题活动。

利用开学典礼上好爱国主义教育第一课、国旗下讲话等制度性活动，以及教委配置的优秀连环画和影片资源，充分发挥北京市中小学数字德育网的作用，推出“长征组歌”、经典革命红歌、优秀爱国主义影片等一系列线上、线下主题教育活动和资源。

（冯雪）

“四个一”活动案例征集评比及教材编印

3 月至 10 月和 5 月至 12 月，北京市中小学生社会大课堂管理办公室分别举办“四个一”活动案例征集评比活动和组织编写《北京市中小学生“四个一”活动教育绘本教材》。16 个区及燕山地区 732 篇案例参选，评出市级一等奖 44 篇、二等奖 78 篇、三等奖 134 篇。在评比的基础上，编印《北京市中小学生“四个一”活动课程方案教学成果集》，完成 3 节市级观摩展示课的评选、指导及录课，拍摄“四个一”活动典型案例微视频及成果宣传片。绘本教材包括《应急技能》《文明出行》《安全出行》3 册，采取图文结合的形式，介绍集体出行时应该做到的文明、安全行为规范，主要面向初中生。

（李滢　陈海燕）

《北京市中小学“四个一”活动教育绘本教材》
（学生活动中心 供）

12 人当选市优秀学生

4 月 6 日，市教委公布 2015—2016 学年度“北京市优秀学生”名单，北京汇文中学谭雅卓等 12 名学生当选。“北京市优秀学生”由市教委根据教育部规定，在评选省级“三好学生”基础上，在高中阶段各类学校，包括普通高中、职业高中、技工学校、中等专业学校，按万分之一比例从高中阶段应届毕业生中选出。

（冯雪）

2015—2016 学年度“北京市优秀学生”

北京汇文中学
谭雅卓
北京市第四中学
许鹤凡
北京市朝阳外国语学校
李天翼
北京市中关村中学
高般若
北京市第十二中学
汤雪逸
北京市京源学校
章乐怡
北京市大峪中学
范浩林
北京市通州区潞河中学
曹孟尧
北京市商业学校
罗晨
北京市供销学校
贺蕊
北京市延庆区第一职业学校
武晓娟
北京市密云区职业学校
马思宇

（冯雪）

博物馆之春活动启动

4 月 8 日，2016 北京市中小学生博物馆之春活动在房山区西周燕都遗址博物馆启动。启动仪式发布 20 条环首都游学路线，组织观摩西周燕都博物馆，开展博物馆课程成果展示交流与研讨。北京市中小学生社会大课堂管理办公室、

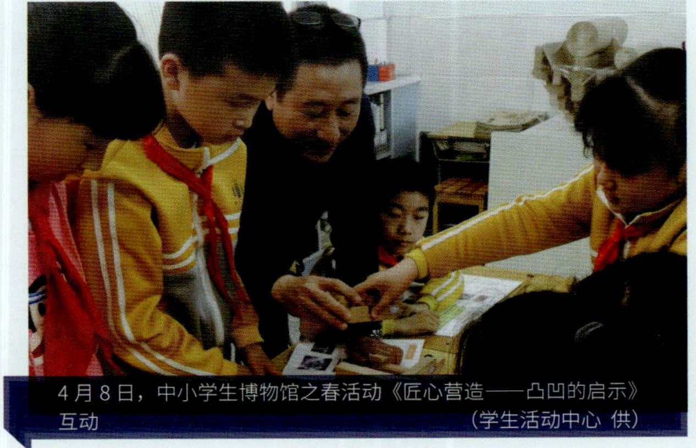

4 月 8 日，中小学生博物馆之春活动《匠心营造——凸凹的启示》互动
（学生活动中心 供）

各区社会大课堂管理办公室、学校社会大课堂工作相关负责人，多家博物馆、资源单位代表及房山区学生代表等200余人参加启动仪式。博物馆之春活动由市教委、市文物局共同主办，北京市中小学生社会大课堂管理办公室组织承办。活动持续半年，面向全市中小学生开展，旨在贯彻市政府办公厅《北京市中小学培育和践行社会主义核心价值观实施意见》等文件精神，进一步提升博物馆资源实效，促进学生综合素养提升。

（李滢　陈海燕　许振东）

毒品预防教育课例、案例及成果评选

4月至10月，市教委举办第四届普通中小学毒品预防教育课例、教育案例以及第二届学生教育成果征集评选。专家组对区教委推荐的161件教育课例、教育案例课堂实录和944件学生手抄报进行评选。评出优秀课例54件、优秀案例68件、优秀学生手抄报654件。

（沈柳莺）

社会大课堂学习成果展示

4月至12月，北京市中小学生社会大课堂管理办公室举办社会大课堂学习成果展示活动。活动围绕“博物馆与北京文化”主题，展示学生、教师、资源单位教育工作者成果。教师申报成果366项，经过区级评审、市级评审等环节，评出一等奖58项、二等奖104项、三等奖120项；学生申报成果504项，评出一等奖47项、二等奖81项、三等奖159项。12月30日，北京市中小学生社会大课堂管理办公室举办第三届北京市中小学生社会大课堂学习成果展示大会。展示会设学生、教师、社会大课堂资源单位3个板块，交流学生项目17个（中学6个、小学11个），教师项目4个；5个区社会大课堂办公室分享活动成果及工作经验。现场播放社会大课堂学习成果评选展示活动及优秀博物馆资源介绍宣传片，并发放《2016年社会大课堂学习成果优秀学生成果集》和《2016年社会大课堂教师优秀成果集》。

（李滢　陈海燕）

“‘零米粒’我们在行动”主题实践活动

5月31日，市委教工委、市教委举办“‘零米粒’我们在行动”主题实践活动启动仪式。启动仪式上，史家教育集团学生通过诗朗诵、小课题研究、节粮妙招分享等形式表达对粮食的敬意，倡议全市中小学生“不挑食，不浪费，吃多少、盛多少，不剩菜和饭，餐餐见行动，养成勤俭节约的好习惯”。市领导肯定学生倡议，对学生作出3点要求，并对教师和家长提出2点希望。市委、市委教工委等领导及500余名学生和教师代表参加活动。5月20日，市教委印发《关于在全市中小学深入开展以节约粮食为重点的“三节”教育主题实践活动的通知》，在全市中小学启动“‘零米粒’我们在行动”主题实践活动。

（冯雪　邢超）

新生引航工程启动

9月9日，市委教工委、市教委启动2016年北京高校新生引航工程。启动仪式上，北京大学教授为200余名新生代表做“名师第一课”，为大学学习生活和成长成才之路给出指导和建议。参会领导为2015—2016年度北京高校德育工作先进集体代表和北京高校十佳辅导员颁发奖牌和证书。教育部思政司、市委教工委、市教委相关负责人，北京各高校主管学生工作校领导、学工部部长、研工部部长及200余名新生代表参加活动。市委教工委、市教委从2011年开始，在每年9月至11月实施新生引航工程。2016年北京高校新生引航工程以深化思想引领、强化价值导向、培养读书习惯、开展学业辅导、重视心理引导、开展社会实践和加强传统教育为主要任务，举办大学生“忆抗战 学党史 强党性”党课教育、“青春与价值对话”、新生心理健康节等活动。

（王星星）

中小学生践行社会主义核心价值观网络大赛

9月29日至10月15日，北京教育音像报刊总社举办北京市中小学生践行社会主义核心价值观网络大赛。比赛是北京市中小学社会主义核心价值观教育成果征集展示活动的线上展示部分，依托音像报刊总社“丘瑞斯”学生活动平台，围绕社会主义核心价值观的丰富内涵，面向法学专家、普法热心人士、德育教师征集大赛题目，从近百道题目中精选出闯关题12道，配以原创手绘插图、音视频等新颖形式，在手机微信或者网页上在线答题，只需要十几分钟就能完成答题。比赛吸引30余万名学生参与，累计答题300万道，提交特殊任务作品25万余件。

（解淑平）

推送优秀少儿影片及连环画

9月30日，市教委通过北京市中小学数字德育网向全市中小学生推送60部优秀动画片、故事片和80部纪录片。中小学师生可以在线观赏和下载使用。至12月30日，市教委为全市小学配发第三批连环画，每所学校配发7套，每套180册，内容涵盖红色经典、传统文化、优秀人物等题材。第三批优秀少儿影片及连环画既考虑与前两批影片及连环画的有效衔接，又紧密结合中国共产党建党95周年、长征胜利80周年等教育主题，充分满足教师教育教学需求和学生观赏需求。

（王昱人）

电影连环画进校园专项工作交流展示会

10月28日，市教委、北京教育科学研究院、朝阳区教委、朝阳区教育研修中心联合举办百部优秀少儿影片及连环画进校园活动实施及管理专项工作交流展示会。会议主题为“传承民族精神 彰显民族特色 启迪教育智慧”，分为课程展示与现场交流两部分。会议为优秀微电影和电影课获奖学校和教师颁发证书。市教委相关负责人、电影连环画指导专家、各区电影连环画工作负责人、各实验学校教师代表130余人，以及来自教育部小学骨干校长高级研修班的120余名学员参加会议。

（秦廷国）

中小学社会主义核心价值观工作成果展示

11月3日，市委教工委、市教委举办北京市中小学社会主义核心价值观教育工作成果展示交流会。会议从形成家校合力、开展养成教育、发挥课堂主渠道作用和实施实践育人4个方面交流工作经验；通过展板和学生现场展示，总结全市推进社会主义核心价值观教育整体思路和举措；展示2015年至2016年全市工作成果和经验、亮点和特色并部署下一阶段推进社会主义核心价值观教育工作。会议听取4所学校和北京教育音像报刊总社代表发言。各区教委主管领导、科室负责人及中小学校长代表500余人参会。成果征集活动历时1年，中小学校提交包括实物展品、图片和视频等多种形式经验材料，30万名中小学生参与“践行社会主义核心价值观网络大赛”，共收到学生实践作品25万件。活动由教育音像报刊总社承办。

（冯雪　解淑平）

11月3日，学生在十二中参观中小学社会主义核心价值观教育成果展　（市教委相关处室 供）

中小学生日常行为规范修订

12月26日，市教委印发《北京市中小学生日常行为规范（2016年修订）》。日常行为规范坚持以社会主义核心价值观为引领，注重传承中华优秀传统文化，体现首都特色和基础教育发展水平。内容力求做到具体、可行、可检测，全文共15条，分别从人与自我、人与社会、人与国家、人与自然4个层面，研究确定学生在学校、家庭和社会学习生活中的基本行为，提出具体行为要求；目的是着力提升中小学生国家意识、法治意识、道德意识、社会责任意识和生态文明意识，培养学生良好行为习惯，提高学生综合素质。2004年印发的《北京市中小学生守则》《北京市小学生日常行为规范》和《北京市中学生日常行为规范》同时废止。

（冯雪）

专门教育

概述

2016年，北京市有工读学校6所，开设教学班33个，离校人数261人、入校人数260人、在校生638人，教职工273人，包括专任教师199人。

（孙晓楠）

东城工读学校师资培训

3月29日，东城工读学校举办绿色能源电动车（Green power China）师资培训。培训针对新开设的“Green power”创客空间课程，培训涉及组装需要的基本技能、工具使用能力、组装及试车等内容，该校相关教师10人参加培训。Green power China是立足于清洁能源在汽车上使用和推广的绿色环保项目，能够培养参与者的综合实践能力、社交能力、计算机设计能力等综合素质。

（商彦芬）

东城学生援助中心成立

3月30日，东城区学生援助中心成立。中心依托东城工读学校的基础建立，专门学校校长任学生援助中心主任，主持中心日常工作。中心成员包括学区心理顾问、学区法治顾问、市公安局东城分局内保处警官、各校法治副校长和心理教师组成的志愿者团队，以及各学区分中心德育管理团队。中心下设8个学区分中心，分别设在北京市第一七七中学、北京市第二十一中学、北京市第五十五中学、北京市第二十七中学、北京市第二十四中学、北京市龙潭中学、北京市第五十中学和北京市第五十中学分校。中心将为东城区问题生、学困生，以及需要特别帮助的学生群体提供不良行为矫治、职业生涯规划、技能培训等援助和指导。

（李肇元　李银姬）

朝阳工读学校开设建筑装饰专业

3月，朝阳工读学校与北京市建筑装饰协会等单位合作开设建筑装饰专业。该专业面向全市招生，培养中等职业教育层次建筑装饰人才，学制3年。学校负责公共基础课和教育教学管理；各合作单位负责招生、专业教学和安排实习分配。首批招生24人。

（孙永梅）

海淀寄读学校将教育戏剧引入心理教育

3月至12月，海淀寄读学校将教育戏剧引入心理辅导与心理课程。学校心理中心与社工站合作成立“一人一故事师生剧团”，教师和学生进行一人一故事剧场排练，举办“相遇梦想，绽放生命精彩”心理主题日暨校园心理戏剧节展演活动。2015年起，学校心理中心探索教育戏剧理念与方法，将其引入心理辅导与心理课程中，形成“一主题、一社团、一剧社、多空间”活动方式，即开展全校性心理戏剧主题展演活动，开设“大爱戏剧社团”校本课程，心理中心联合驻校社工组织、招募教师和学生共同组建专业化“一人一故事师生剧团”，将教育戏剧元素应用到“学生心理课”“教师爱在说课程”“幸福妈妈工作坊”等不同群体及不同课程中。

（高亚娟）

海淀寄读学校开展科学学科综合实践活动

4月1日，海淀寄读学校开展科学学科综合实践活动。活动主题为“关注生活、关注科技、提高科学素养”，旨在激发学生对物理、化学、科技学科学习兴趣，促进学生全面发展，提升学生科学素养。活动地点为中国科技馆，每4名学生组成1个学习小组，依次参观科技馆华夏之光、探索与发现、科技与生活等展厅，现场记录、填写任务单、拍照及交流讨论，回校后，各小组在教师指导下完成学习报告撰写，并在全校会上汇报。全校师生350余人参加活动。

（王常智）

4月1日，海淀寄读学校开展科学学科综合实践活动

（海淀寄读学校　供）

专门教育学校优秀教学设计展示

6月17日，市教委在东城工读学校举办2015—2016年度北京市专门学校教师教学设计评选说课及答辩活动，通过教师说课、现场答辩等环节展示各学科教师教学设计，北京教育科学研究院教研员现场指导。市教委公布2015—2016学年度北京市专门教育学校学科教师优秀教学设计征集评选活动结果，经过专家初评、复评和说课答辩等评选程序，评出一等奖16人、二等奖16人、三等奖43人。评选活动开始于3月3日，6所学校116人报名参赛。评选由北京教科院承办。

（沈柳莺　商彦芬）

专门教育学校发展现状数据信息系统建立

6月，市教委联合北京教育科学研究院建立专门教育学校发展现状数据信息系统。通过对专门教育学校发展现状进行基础诊断，在5所学校发展信息与自评数据采集基础上，首次建立涵盖专门教育学校发展规划、干部教师队伍现状、德育工作、教学工作、体育卫生工作、心理健康工作、资源管理、学校氛围及学生素质发展水平的发展现状与水平数据信息系统。在自评和专家诊断的基础上，分别形成东城、西城、朝阳、海淀、丰台专门教育学校发展现状书面诊断报告。4月至5月，市教委集中调研西城、朝阳、海淀和丰台工读学校，通过自我诊断、专家入校诊断等形式，发现制约和影响学校发展的薄弱环节和突出问题。

（沈柳莺）

东城举办专普教育论坛

11月29日，东城区教委举办东城区第二届专普教育论坛暨东城区学生援助中心工作推进会。会议主题为“助力生命成长　静待青春绽放”，分为课程展示、论坛交流及现场观摩“创客空间”3个环节，展示援助中心阶段成果。会上，区教委为中科院心理研究所、区公安分局内保支队、区法院未成年人案件审判庭等单位专家颁发聘书，希望通过各相关机构和专家的指导，将援助中心打造成传递教育经验与智慧、呵护学生成长和发展的学生援助团队。市教委、区公安分局、中科院心理所、区教委、区教育研修学院等单位领导，区学生援助中心、各中小学德育干部和特需学生管理专项工作负责人100余人参加会议。

（李肇元　李银姬）

朝阳工读学校开展家校合作活动

12月29日至30日，朝阳工读学校开展“让每一个孩子健康发展”家校合作活动。“读你心意”心理培训公司工作人员围绕“原生家庭塑造”“孩子自我形象塑造”“自我觉察”主题开设家长课堂；学生通过体验和挑战项目，体验“共存、共赢”团队合作精神。该校全体学生及家长参加活动。

（马冬璇）

体育卫生

体育

冬奥小使者冰雪嘉年华活动

1月25日至29日，市教委、市体育局、北京奥运城市发展促进会共同主办2016—2017学年度北京市百万青少年“迎冬奥”系列活动冬奥小使者冰雪嘉年华活动。活动主要包括冬奥冰雪文化宣传、冰雪嘉年华游戏活动、冰雪基础技能挑战、观看中国传统文化表演和互动活动，聘请专业教练辅导传授安全防护知识及科学锻炼方法，并将冰雪运动知识、文化等相关内容融入其中。此次活动除组织各区集体参与外，同时对社会开放，小学生可凭学籍卡换取活动门票，在规定时间内由1名家长带领入园免费体验规定项目，来自9个区的1500余名小学生参与活动。活动由北京学生活动管理中心承办。

（李铮 郭跃 孙晓楠）

青少年校园足球后备人才梯队建设冬训营

1月25日至2月3日，市教委、市体育局共同举办北京市青少年校园足球后备人才梯队建设足球冬训营活动。冬训营聘请前国家队教练及队员担任各梯队主教练，另有来自德国、西班牙、美国、巴西等外籍教练10人组成教练团，共同完成冬训营期间足球专项训练。冬训营按年龄和性别将营员分成小学男子甲、小学男子乙、小学女子、中学女子、初中男子、高中男子6个梯队。经各区推荐，预选赛层层选拔，从16个区选出106名中小学生（女生占40%）参加训练营。活动由北京学生活动管理中心承办。

（李铮 齐景宇 孙晓楠）

1月25日，青少年校园足球后备人才梯队建设足球冬训营开营第一课 （市教委相关处室 供）

校园足球特色学校体育教师培训

1月，市教委开展校园足球特色学校体育教师足球专项培训。培训内容为青少年足球教学训练，连续举办3期，每期脱产培训9天，培训体育教师400人。培训是全市推进校园足球工作的重要举措，各校体育教师参训及考核情况将纳入特色学校考核评估体系。

（张志华）

首届“天坛杯”中小学生象棋、围棋比赛

1月至3月，北京学生活动管理中心、北京市棋牌运动管理中心共同举办2016年北京市第一届“天坛杯”中小学生象棋、围棋比赛。围棋比赛设2段、1段、级位、无级别4个组别；象棋比赛设一二年级、三四年级、五六年级、中学4个组别。比赛采取线上资格赛与线下决赛相结合的形式，资格赛采用积分赛制，决赛采用积分循环赛制。资格赛比赛时间为1月23日至2月22日，在1个月内打满15局，各组别前60强进入决赛。线上资格赛参赛人数1000余人；线下决赛参赛人数232人，其中，围棋比赛158人、象棋比赛74人。

（李铮 孙晓楠）

3月19日，第一届“天坛杯”中小学生象棋、围棋比赛决赛 （市教委相关处室 供）

中小学生乒乓球冠军赛

2月27日至3月13日，市教委举办阳光体育2016年北京市中小学生乒乓球冠军赛。比赛设高中男子、女子，初中男子、女子，小学男子甲、乙和小学女子甲、乙8个组别，男子团体、女子团体、男子单打、女子单打、男子双打、女子双打、男女混合双打7个项目。13个区135所中小学497名学生参加比赛。比赛由北京学生活动管理中心承办。

（李铮）

延庆区青少年校园足球联盟成立

3月4日，延庆区推动全国青少年校园足球试点区与专家结对工作暨延庆区青少年校园足球联盟成立大会召开。会议宣布延庆区青少年校园足球联盟成立，公布理事会名单，为延庆区青少年校园足球联盟授旗。教育部、市教委、区教委、区体育局相关负责人及联盟成员参加会议。联盟是在区教委领导下，本着自主、自愿参与原则，注重于校长自身素质提高，致力于青少年校园足球发展的民间组织，40名校长、园长成为联盟成员。2015年，延庆区被教育部认定为“全国青少年校园足球试点区”，延庆区青少年校园足球联盟是全国第一个青少年校园足球联盟。

（赵文新 孙晓楠）

阳光体育跳绳比赛

3月28日，北京学生活动管理中心举办阳光体育2016年北京市中小学生跳绳比赛。比赛设中学男子、女子和小学男子、女子4个组别，设有单人项目、双人项目和集体项目。单人项目包括30秒单摇编花跳、30秒双摇跳、30秒双摇编花跳；双人项目包括1分钟一人带一人单摇跳、1分钟一人带一人双摇跳；集体项目为2分钟10人八字跳（12人）。15个区22所小学、15所中学1363人次参加比赛。怀柔区庙城学校获中学组团体冠军、密云区十里堡小学获小学组团体冠军。比赛由东城区教委、东城区体育局承办。

（李铮）

校园足球班级赛

3月至7月，北京市青少年校园足球工作领导小组办公室举办首届校园足球班级赛。比赛分为校内班级赛、区内班级赛、市级班级赛3个阶段，设小学、初中、高中3个组别，16个区226所中小学3461个班级18553名中小学生参赛。最终，北京市第十八中学附属实验小学、北京市三里屯一中、北京理工大学附属中学分获各组别冠军；大兴区旧宫镇第一中心小学、三里屯一中、通州区运河中学学生分获各组别“最佳射手”；十八中附属实验小学、三里屯一中、北理工附中学生分获各组别“最佳门将”。比赛由北京市校园足球协会、首都体育学院和北京学生活动管理中心共同承办。

（张志华）

阳光体育体育舞蹈比赛

4月10日，市教委举办阳光体育2016年北京市学生体育舞蹈比赛。比赛设校内组6人拉丁集体舞和双人组2个大组。校内组6人拉丁集体舞包括：高中、初中金、银、铜牌组和小学银、铜牌的A、B、C组。双人组包括：高校专业A、B组，高校业余A、B组；高中专业A、B组，高中业余A、B组；初中专业A、B组，初中业余A、B组；小学A、B、C组。11个区48所学校1350名学生报名参赛。比赛由北京学生活动管理中心承办。该项赛事开始于2010年，连续举办6届，推动体育舞蹈运动在全市中小学普及和推广。

（李铮）

4月10日，阳光体育学生体育舞蹈比赛双人组比赛
（市教委相关处室 供）

幼儿五人制足球赛启动

4月19日，2016北京市幼儿五人制足球邀请赛在北京市六一幼儿院启动。中国关工委、北京大学、市足协、海淀区教委领导和专家，参赛园所代表60人参加启动仪式。该项赛事由市体育竞赛管理中心、市足协主办，中国教育网络电视台文体台、中国幼儿足球联盟联合主办，六一幼儿院承办，于5月至6月面向幼儿园开展，是一项由年满5岁的幼儿参与的娱乐性、大众性体育活动，被纳入北京城市足球联赛，每名参赛幼儿均可获得纪念证书和纪念奖牌。

（张凤珠）

中小学生足球联赛年度盛典

4月21日，市教委、市体育局共同举办2015北京市中小学生足球联赛年度盛典。联赛主办单位向南方等京城足球明星颁发“北京市中小学生足球联赛形象大使”聘书；向23名获得最佳射手、最佳球员、最佳门将等最佳个人奖项的学生颁奖。联赛设高中男子，初中男子，小学男子甲、乙，中学女子，小学女子6个组别，各组别冠军分别为北京市八一学校、中国人民大学附属中学、海淀区实验小学、海淀区七一小学、北京市清华育才实验学校和昌平区东小口中心小学；6所学校获公平竞赛奖；11名队员入围2015年度校园足球最佳阵容；增设特殊贡献奖、最佳赛区奖、最佳足球宝贝奖，分别由西城区教委、海淀区教委等单位获得。教育部、国家体育总局、市教委等领导，北京国安乐视足球俱乐部、北京老男孩足球俱乐部部分球员，以及500余名中小学生代表参加年度盛典。比赛于2015年9月启动，历经小组赛、四强淘汰赛、决赛等环节，举办比赛500余场。

（李铮　孙晓楠）

4月21日，2015北京市中小学生足球联赛颁奖盛典
（市教委相关处室 供）

校园足球小记者培训

4月24日，北京市首届校园足球小记者培训营开营。培训课程分为理论讲解和实践体验两部分，理论课邀请资深体育媒体人主讲，从如何挖掘校园足球故事、如何做好校园足球报道、校园足球小记者的基本素养等方面进行专业指导；实践课安排小记者参与五人制足球体验、现场采访和赛事报道。16个区及燕山地区200所市级校园足球特色学校400名教师和小记者代表参加培训营。活动由北京市青少年校园足球工作领导小组办公室主办，为筹建“北京市校园足球通讯社”奠定基础。

（张志华　孙晓楠）

首届北京市校园足球文化节展演

4月28日，北京市青少年校园足球工作领导小组办公室举办首届北京市校园足球文化节优秀作品展演活动。展演精彩活动16项，包括以足球为主题的啦啦操、原创舞蹈、诗歌朗诵等节目，集中展示各区中小学优秀足球主题作品

200 余件，现场颁发各类作品优秀奖 24 个。16 个区教委及燕山教委相关负责人，200 所国家级、市级校园足球特色学校校长、教师及学生代表近 1000 人参加活动。文化节于 4 月 1 日启动，前期面向全市中小学征集校园足球文化作品 3266 件，其中，标语口号 304 件、徽标作品 429 件、舞蹈作品 86 件、绘画作品 1010 件、诗文作品 727 件、摄影作品 710 件。活动邀请摄影、设计、舞蹈等多个领域专家学者进行集中评审，评选出优秀作品结集出版。

（张志华）

首都高校第 54 届学生田径运动会

5 月 14 日，市教委、市体育局共同举办首都高等学校第 54 届学生田径运动会开幕式。教育部、国家体育总局、市教委、市体育局等领导，70 所参赛高校领导、教师和学生 4000 余人参加开幕式。比赛为期 4 天，设甲、乙、丙 3 个组别，115 个项目，1500 余名运动员参赛。最终，男女甲 AB 组及甲 A 组团体总分前三名依次为清华大学、北京大学、北京科技大学；男女甲 B 组团体总分前三名依次为清华、北大、北京体育大学；男女乙组团体总分前三名依次为北京建筑大学、北京邮电大学、北京农学院；男女丙组团体总分前三名依次为北京电子科技职业学院、北京农业职业学院、北京交通职业技术学院。此次运动会有 3 个特别之处，报名参赛的高校和运动员人数创历史新高；首次采用教育部高等院校学生信息网进行注册，采用“人脸识别”技术，运动员“刷脸”检录；有整套的 VI 形象景观设计。运动会由北京市大学生体育协会、电科职院承办，也是首次由高等职业院校承办。

（李铮　王琴）

5 月 14 日，首都高校第 54 届学生田径运动会开幕式
（市教委相关处室 供）

阳光体育跳皮筋比赛

5 月 29 日，北京学生活动管理中心举办阳光体育 2016 年北京市少年儿童跳皮筋比赛。比赛设甲、乙 2 个组别。10 个区 43 支代表队近 700 名学生参与比赛，最终，昌平区崔村中心小学、北京医科大学附属小学等 14 所学校分获甲、乙组特等奖。比赛由东城区教委、东城区体育局承办。至年底，全市多所学校将跳皮筋运动作为课外体育活动项目。

（李铮）

中小学体育教学质量提升计划

6 月 6 日，市教委印发《关于开展中小学体育教学质量提升计划启动年有关工作的通知》。通知指出，市教委将 2016 年作为中小学体育教学质量提升计划启动年。要求通过实施抓好学校体育工作制度设计、建立体育教研员听课及报告制度、规范课堂教学文件、开展“千人百课”教学交流与展示活动、推进中小学体育教师教学技能考核与提升、修订义务教育阶段体育学科专用教学设备配置标准等举措全面提升中小学体育教学质量。

（张志华）

中小学生校际冰球联赛闭幕

6 月 17 日，市教委、市体育局共同举办 2016 年北京市中小学生校际冰球联赛闭幕式暨颁奖典礼。小学甲组决赛中，史家飓风冰球队以 6 比 0 战胜朝阳实验小学队，蝉联冠军；花家芳草地联队获乙组冠军；海嘉金盏联队获丙组冠军。来自进入决赛 2 所学校的 300 名师生现场观赛。冰球联赛历时 1 个月，46 所学校 57 支球队近 800 名学生参赛，比赛 181 场。比赛由北京学生活动管理中心承办。

（李铮）

6 月 17 日，中小学生校际冰球联赛闭幕赛
（市教委相关处室 供）

暑期校园足球嘉年华

7 月 1 日至 10 日，北京市青少年校园足球工作领导小组办公室举办北京市暑期校园足球嘉年华。嘉年华设置趣味超大足球比赛、足球保龄、桌上足球大 PK 等 20 余项游戏；邀请国内足球明星、国外足球专家现场授课；展示“首届北京市校园足球文化节”获奖摄影、绘画、徽标、诗歌作品，同时安排足球舞蹈及花式足球表演。1 万余名学生及家长参与活动。

（张志华　孙晓楠）

校园足球五人制比赛暨小足球比赛

7 月 8 日至 12 日，北京市青少年校园足球工作领导小组办公室举办 2016 年北京市校园足球五人制比赛暨小足球比赛。比赛设置小学 6 个年级及初中、高中 8 个组别，其中，一年级至三年级小学低龄段组进行“三人制足球赛”、其他组别进行“五人制足球赛”。比赛采取小组循环淘汰制。最终，怀柔区实验小学、北京市第十八中学附属小学、清华大学附属小学分获一年级、二年级、三年级组冠军；北京市宣武回民小学、十八中附小、宣武回民小学分获四年级、五年级、六年级组冠军；北京市回民学校获初中、高中组冠军。16 个区 161 支队伍参赛，参赛球员及教练超过 1500 人，女子运动员比例为 12.8%，比赛 300 场。

（李铮　孙晓楠）

青少年体育文化节

7 月 17 日至 22 日，市教委、市体育局共同举办“阳光体育，快乐成长”2016 年北京市青少年体育文化节活动。活动设置冬季运动体验日、拓展训练营、毽球争霸赛等 11 项主题活动，以及 DIY 制作门牌、拍摄微电影、编排舞台剧等营地文化活动。活动由北京学生活动管理中心承办，16 个区 17 所小学 184 名小学生代表和 31 名教师参加活动。

（李铮　郭跃）

7 月 21 日，青少年体育文化节马术表演

（市教委相关处室　供）

一校一品体育教学改革试点

9 月 6 日，市教委印发《关于开展一校一品体育教学改革项目试点工作的通知》。试点内容为，在北京师范大学专家团队指导下，各试点学校结合实际引进或发展一项或多项以三大球和新兴体育运动为主的，具有特色的体育教学内容，形成“一校一品”学校体育发展模式；同时，开展《素质达标操》《体育趣味课课练 1260 例》、全员运动会、中小学安全教育课程、学生身体活动能力统合课程与快乐体育园等项目试点。计划采取市级选拔和区级推荐相结合的形式，在 16 个区选取 38 所学校开展“一校一品”体育教学改革项目试点工作。

（张志华）

阳光体育网球比赛

9 月 16 日至 17 日，市教委举办阳光体育 2016 年北京市中小学生网球比赛。比赛设硬地网球和短式网球 2 个项目，硬地网球设男子高中、初中、小学和女子高中、初中、小学 6 个组别，短式网球设男子甲、乙和女子甲、乙 4 个组别。8 个区 73 所学校 281 名学生参加比赛，决出个人奖项 76 个、集体奖项 8 个。比赛由北京学生活动管理中心承办。

（李铮）

“和谐杯”中小学生乒乓球比赛

9 月 24 日，市教委、市体育局联合主办的北京市第十届“和谐杯”乒乓球比赛暨北京市中小学生乒乓球联赛落幕。最终，城北中心小学获小学男子乙组冠军、怀柔区实验小学获小学女子乙组冠军、厂桥小学获小学男子甲组冠军、万泉河小学获小学女子甲组冠军、三帆中学获初中男子组和初中女子组冠军、杨镇一中获高中男子组冠军、北师大二附中获高中女子组冠军。活动由北京学生活动管理中心承办，11 个区 70 所学校 130 支学校代表队和 61 支家庭队近 600 名中小学生参加比赛。

（李铮　郭跃）

第十届“和谐杯”乒乓球比赛初中组比赛

（市教委相关处室　供）

中小学生冰雪运动普及与推广活动

9 月至 12 月，市教委举办“冰雪初体验 欢乐校园行”北京市中小学生冰雪运动普及与推广活动。活动走进校园，每一站都有冬奥冠军宣讲团教授学生冰雪运动和冬奥知识，并通过仿真冰现场教学使学生快速掌握滑冰技巧与技能。活动由北京学生活动管理中心承办，走进 16 个区，参与活动学生近 2 万人、教师 0.50 万人，通过领取冬奥知识宣传手册间接参与活动的家长等近 5 万人。

（李铮　郭跃）

第 54 届中学生田径运动会

10 月 28 日至 30 日，市教委、市体育局共同举办 2016 年第 54 届北京市中学生田径运动会暨北京市中学生田径冠军赛。运动会设置 100 米、跳高、全能等 17 个项目，每个项目设高中男子、女子和初中男子、女子 4 个组别。来自 16 个区的近 1000 名中学生参赛，海淀、西城、丰台和顺义、通州、大兴分获 A、B 组团体总分前三名；2 人（队）2 次

第 54 届中学生田径运动会标枪比赛
（市教委相关处室 供）

破 2 项赛会纪录。活动由北京学生活动管理中心承办。

（李铮）

“梦想杯”北京校园足球公开赛

11 月 10 日，市教委举办的“梦想杯”北京校园足球公开赛正式启动。比赛以“无门槛”免费报名、免费参赛、淡化比赛结果的方式开展，任何足球水平的中小学生，只要喜欢足球都可以组队免费报名参赛。利用周末不间断组织比赛，采取比赛约战、挑战等友谊赛模式，让学生尽享足球运动的激情与魅力。至年底，共有 236 支球队 1230 名小球员参与 275 场比赛。这是北京市第一个面向全体中小学生的开放式足球赛事。比赛由北京市校园足球协会承办。

（张志华）

中小学生健美操比赛

11 月 12 日，市教委、市体育局共同举办 2016 舞动青春北京市中小学生健美操比赛。比赛设男单、女单、混双、三人操、五人操 5 个项目，每个项目设三级、预备二级、二级、预备一级、一级、预备健将 6 个组别。6 个区 50 所学校 367 名学生参赛，决出团体冠、亚、季军各 6 个，单项冠、亚、季军各 30 个。比赛由北京学生活动管理中心承办，是北京市参赛水平最高、规模最大的竞技健美操比赛。

（李铮）

初高中篮球联赛（北京赛区）

11 月 26 日，由中国中学生体育协会、市教委共同主办的 2016—2017 中国初高中篮球联赛（北京赛区）比赛落幕。经过 20 余天比赛，北京市第四中学和北京市第五中学分校分获高中男子组和初中男子组冠军、清华大学附属中学获高中女子组和初中女子组冠军，各组别冠军将代表北京参加初高中篮球联赛南北分区赛。比赛由北京学生活动管理中心承办，7 个区 30 支代表队 450 人参加比赛。

（李铮）

11 月 26 日，2016—2017 中国初高中篮球联赛（北京赛区）高中男子组决赛
（市教委相关处室 供）

国际青少年足球训练营

12 月 15 日至 12 月 24 日，市教委组织“2016 年北京市中小学校园足球系列竞赛活动——国际青少年足球训练营”。训练营一行 43 人在西班牙皇家马德里俱乐部足球训练基地进行训练和比赛。训练营聘请皇家马德里训练基地专职教练带队，从足球技战术、团队配合、意识等方面开展专业训练；组织学生观看皇家马德里 B 队的 1 场职业比赛，参观皇家马德里俱乐部主场伯纳乌体育场和皇家马德里博物馆，并与当地学校学生进行 2 场教学比赛。活动由北京学生活动管理中心承办，营员为通州区、平谷区的 41 名师生及学生活动中心的 2 名教师。

（李铮 孙晓楠）

12 月 16 日，国际青少年足球训练营营员在西班牙皇家马德里俱乐部合影
（市教委相关处室 供）

北京市中小学生游泳冠军赛

12 月 24 日，市教委、市体育局共同举办 2016 年北京市中小学生游泳冠军赛。比赛设 6 个组别，32 个项目。47 所中小学和体校 289 名学生参赛，100 余人达到国家一级、二级运动员水平。比赛由北京市中小学体育运动协会、北京市游泳运动协会等单位承办。

（李铮）

足球场地设施建设规划

12 月，市教委、市体育局、市发展改革委联合制定《北京市足球场地设施建设规划（2016—2020年）》，提出到2020年，北京市足球场地数量不少于1610块。其中，标准足球场地不少于331块，平均每万人拥有足球场地0.7块以上；改造和新建校园足球场地不少于960块（维修改造不少于853块、新建不少于107块）；改造和新建社会足球场地不少于650块（维修改造不少于324块、新建不少于326块）。

（张志华）

国防教育

高校海洋国防教育主题报告会

4月9日，北京高校国防教育协会、中国船舶重工集团公司第七一四研究所共同举办海洋大讲堂——北京高校国防教育主题报告会。报告会以关注海洋、维护海权、建设海军为宗旨，邀请海军军事学术研究所研究员作《海洋安全与海军建设》主题报告。报告解读世界战争史和当前世界各国海军发展情况，以及中国海军发展历程；针对中国周边海上安全形势，主要从海上强国军事力量对比等7个方面阐述中国所面临的安全威胁与挑战。北京高校国防教育协会、部分高校武装部领导，以及清华大学等10所高校的500余名师生参加报告会。

（徐春生　肖娜）

4月9日，海洋大讲堂——北京高校国防教育主题报告会

（国防教育协会　供）

“北斗杯”学生定向运动锦标赛

4月24日，北京高校国防教育协会举办2016年“北斗杯”学生定向运动锦标赛。比赛设短距离定向赛（高校男子组、高校女子组），短距离军事定向赛（军事定向组）2个项目。短距离定向赛为个人赛，最终取个人成绩及团体成绩（个人表现相加）；短距离军事定向赛为4人1组（至少有女生1人），比赛时集体出发集体行动，选手在途中完成若干军事项目。北京建筑大学、北京信息科技大学、首都师范大学分获短距离军事定向赛团体前三名。36所学校56支代表队1020名学生参加比赛。

（徐春生　孙晓楠）

4月24日，“北斗杯”学生定向运动锦标赛短距离定向赛

（市教委相关处室　供）

首届高校国防教育类学生社团交流会

5月7日，北京高校国防教育协会举办首届北京高校国防教育类学生社团展示交流会，活动主题为“怀家国天下心，弘青春报国志”。会上，各高校参会社团按照国防协会类、国旗协会类、国防体育类、退伍士兵类4个类别分组研讨，交流内容包括社团开展的特色活动和经验介绍、工作中存在的困难和问题、对本类型社团发展的展望和计划3个方面。10所高校12个优秀社团围绕基本建设情况、主要活动、主要荣誉等内容展示各自风采。专家组对各校展示内容进行现场评选，最终，清华大学学生国旗仪仗队和北京科技大学国防知识爱好者协会获一等奖、北京化工大学国旗护卫队等4个社团获二等奖、北京师范大学国防爱好者协会等6个社团获三等奖。北京高校国防教育协会领导及27所高校41个社团百余名师生参加交流会。

（徐春生　孙晓楠）

高校国防教育论文报告会决赛

5月8日，北京高校国防教育协会举办第二届北京高校国防教育论文报告会决赛。报告会围绕“高校国家安全意识教育”主题，经过海选和初赛，来自北京科技大学、清华大学、北京航空航天大学的8名选手进入决赛。决赛聘请海军军事学术研究所、国防大学、首都师范大学、北京建筑大学的专家担任评委。最终，北科大2014级退伍返校大学生吴思华的论文《理工科高校学生科技安全意识培养路径研究》获一等奖。

（徐春生　肖娜）

高校国旗论坛

5月18日，2016年北京高校国旗论坛暨“寄情中华　筑梦国防”北京师范大学第二届国防教育文化季启动。参会领导与学生代表共同完成“共筑国防钢铁长城”主题拼图，并向国防类社团暑期社会实践队授旗、赠书。现场展示一面由参会人员和学生代表共同手绘完成的“心系国旗，情怀华夏”主题“国旗”。国旗论坛上，参会专家领导分别就国旗历史文化、国旗教育发展、国防品牌建设等方面内容进行交流分享。相关高校及国防教育单位领导，31 所高校国防教育工作相关负责人，以及各校师生代表 200 人参加论坛。

（徐春生）

高校学生第三届兵棋推演大赛

5 月 21 日，北京高校国防教育协会举办北京高校学生第三届兵棋推演大赛决赛。比赛以海湾战争为背景，推演者可运用统计学、概率论、博弈论等科学方法，通过兵棋推演对作战力量、作战环境、作战行动和结果进行全过程仿真、模拟再现，为制订作战方案、应对突发事件、论证武器装备等提供参考。石家庄陆军指挥学院教授担任决赛总导演，军事科学院作战理论和条令研究部研究员、国防大学战役教研部副教授分别担任红、蓝方导演，指导、监督、点评网上兵棋推演。12 所高校 16 支代表队 32 名选手参加决赛。27 所高校 249 人参加第一阶段预赛，预赛以校为单位进行分组赛，经过 200 余场淘汰赛，由专家评判选拔组成校队。《海湾战争》是一款民用版计算机兵棋，专门为此次竞赛研制。

（徐春生）

5 月 21 日，高校学生第三届兵棋推演大赛决赛中，学生进行网上兵棋推演 （国防教育协会 供）

首次高校国防教育技能培训

5 月 27 日，北京高校国防教育协会举办首次北京高校国防教育技能培训。培训分 3 个阶段，第一阶段为国家安全教育讲座，邀请中国人民大学教授、国家安全问题专家讲授总体国家安全观；第二阶段为素质拓展展示与体验；第三阶段为逃生自救展示与体验。国防教育协会会员单位及北京砺志国防教育培训学校教师 40 余人参加培训。

（徐春生）

首支大学生民兵队伍成立

5 月 31 日，北京工商大学成立北京市首支大学生民兵队伍。民兵应急连男、女兵分队汇报表演警棍盾牌操和擒敌拳训练科目。工商大学民兵应急连由西城区武装部发起，由连队选拔男队员 80 人和女队员 25 人，3 名教师分别担任

5 月 31 日，工商大学成立北京市首支大学生民兵队伍 （工商大学 供）

连长、指导员和副连长职务。应急连下设 3 个男生排和 1 个女生排，班、排长由 16 名退伍老兵担任。

（杨蓉 杨巧明）

北航获亚洲定向越野锦标赛 3 金

7 月 27 日至 8 月 2 日，北京航空航天大学定向越野队在 2016 年第五届亚洲定向越野锦标赛中获 3 金 2 银 2 铜。亚洲定向越野锦标赛是亚洲地区规模最大、水准最高的定向越野赛事，比赛设短距离赛、中距离赛、接力赛和短距离接力赛 4 个项目。来自中国、日本、韩国、哈萨克斯坦、印度尼西亚、伊朗等国家和地区的 1000 余名运动员、教练员、官员参与比赛。

（朴悦嘉）

高校国旗仪仗队检阅式

9 月 24 日，市教委、北京高校国防教育协会共同举办第七届北京高校国旗仪仗队检阅式。各高校仪仗队按抽签次序依次进行升旗仪式展示；检阅式总指挥点评各仪仗队表现，总结亮点和问题，并宣读成绩。活动旨在纪念中国共产党建党 95 周年暨中国工农红军长征胜利 80 周年，32 所高校的国旗仪仗队参加检阅式。最终，北京航空航天大学和北京化工大学获特等奖、北京林业大学等 6 所高校获一等奖、中国农业大学获二等奖、北京社会管理职业学院获三等奖。活动宣布成立北京高校国旗仪仗队联盟。市教委、国防大学、

9 月 24 日，第七届高校国旗仪仗队检阅式 （国防教育协会 供）

国防教育协会等单位相关负责人，农大 600 余名师生共同观看检阅式。

（徐春生）

学校卫生

专家进校园健康大讲堂全面推进

1 月至 11 月，市教委全面推进“专家进校园健康大讲堂”。16 个区全面开展此项工作，385 名专家面向家长、教师和学生讲授健康教育课程 900 余节，内容涉及爱眼护眼、预防控制肥胖、营养膳食等方面。市疾控中心学校卫生所、北京市教育学会中小学卫生保健研究分会、市预防医学会儿少青专业委员会组织市、区两级专家对 2015 年“专家进校园健康大讲堂”现场授课课程进行评选，市疾控中心学校卫生所组织 10 名获得一等奖的专家录制精品课程并刻录成盘，通过各区中小学卫生保健所、疾控中心发放到中小学校，用于学校开展家长、学生和教职员工的宣传教育。

（宋玉珍　孙晓楠）

11 月 28 日，平谷七中举办健康知识讲座

（平谷七中　供）

心理健康教育特色校经验交流培训会

3 月 30 日，北京教育科学研究院举办中小学心理健康教育特色学校经验交流培训会。会上，市教委相关负责人阐述全国中小学心理健康教育特色学校创建的目的、意义，并说明第二批全国中小学心理健康教育特色学校评选相关工作；8 所首批全国中小学心理健康教育特色学校代表分享交流心理健康教育工作特色经验和典型做法。市教委、部分区教委德育科相关负责人，市心理健康教育兼职教研员、各区心理健康教育负责人和中小学心理健康教育教师近 150 人参加会议。

（郭喜青）

家庭锻炼摄影大赛

4 月，市教委、市卫计委共同启动 2016 年“我和家长一起锻炼・我的家庭锻炼日记”摄影大赛。比赛以学校为单位，在各中小学征集有关家庭锻炼的摄影作品，通过区级初选推荐、市级评选和大众网络选评，选出优秀作品进行推广宣传。全市 86% 以上中小学组织学生及家长参与活动，各区共推荐作品 1000 余幅，网络评选 10 天，132136 人次参加投票，选出特等奖 10 个、一等奖 20 个、二等奖 30 个、三等奖 86 个。

（宋玉珍）

北京高校心理素质教育工作会

6 月 14 日，市委教工委召开 2016 年北京高校心理素质教育工作会暨首都大学生心理健康节闭幕式。会议肯定 2016 年首都大学生心理健康节活动成效，邀请北京大学、北京师范大学、首都师范大学作经验交流。来自北京 60 所高校的主管领导、学工部部长、研工部部长等 200 余人参加会议。心理健康节主题为“读懂你我、共享青春年华”，开展心理委员素质拓展、大学生欢乐嘉年华暨心理趣味运动会、心理情景剧展演等 14 项活动，22 所高校承办相关活动，10 万人次学生参加活动。首都大学生心理健康节于 2007 年开始举办，至 2016 年已举办 10 届。

（王星星）

高校师生健康保障机制培训

6 月 16 日至 17 日，市教委举办高校师生健康保障机制培训班。培训的主要内容有疾病预防、树立健康意识等，同时进行高校传染病防控桌面演练。89 所高校 93 名校医院负责人或防保人员参加培训。

（宋玉珍）

新生军训期间应急救护培训工作

6 月 17 日，市教委印发《关于在新生军训期间开展应急救护培训的通知》。通知明确自 2016 年起，在新生军训期间面向高等学校、高级中学、中等职业学校一年级新生开展红十字应急救护培训。培训内容包括救护新概念、现场心肺复苏、气道梗塞急救法；创伤救护 4 项技术（止血、包扎、骨折固定、伤员搬运）；常见急症（休克、晕厥等）现场处理；意外伤害（触电、溺水等）现场急救知识和技能；突发事件（地震、洪水、泥石流等自然灾害和火灾、交通意外、有毒气体泄漏等事故灾难）逃生避险知识、自救互救技能。培训采取理论授课与实际操作相结合的形式，考核合格后颁发证书。

（宋玉珍）

阳光心理大课堂

9 月 29 日，市委教工委、北京市高等教育学会心理咨询研究会共同主办的“全市高校同上一堂课——阳光心理大课堂”首场培训在北京航空航天大学举办。培训邀请清华大学学生心理发展指导中心教授以《高校新生群体常见的心理问题及其识别与应对》为主题授课。全市 60 所高校心理中心主任及部分高校新生辅导员近 200 人参加培训。12 月 8 日，第二次培训“大四学生择业过程中的心理困惑及其应对”在北京交通大学举办，全市 57 所高校心理中心主任及部分高校负责就业工作的辅导员等近 70 人参加培训。

（王星星）

“健康饮水”宣传活动

9 月，市教委组织 16 个区开展“健康饮水”宣传活动。全市 800 余所中小学开展饮料勾兑活动，活动覆盖率 50%。活动中，教师现场演示饮料勾兑过程，让学生懂得饮料对人体的危害性及水对健康的重要性。

（宋玉珍）

高校教师“防艾”骨干师资培训

10 月 13 日至 14 日，市教委举办 2016 年北京高校预防艾滋病骨干师资专项培训。培训邀请市公安局禁毒总队预防教育大队政委系统讲解北京市当前禁毒工作形势、青少年涉毒情况和高校禁毒工作面临的任务等内容。61 所高校 100 余名骨干教师参加培训。培训班与北京市青少年法律与心理咨询服务中心联合举办，将高校预防艾滋病宣传教育与校园毒品预防教育有机结合。

（宋玉珍　孙晓楠）

艾滋病防治知识纳入军训课程

10 月，市教委印发《关于对我市普通高校艾滋病疫情形势的通报》。通报要求各高校在新生军训期间上好预防艾滋病、禁毒等健康教育第一课，确保 90% 以上学生掌握艾滋病综合防治知识。

（宋玉珍）

中小学生心理优势与成长需求研究室成立

12 月 16 日，北京市中小学生心理优势与成长需求重点研究室在怀柔区教科研中心成立。研究室由北京教育科学研究院德育研究中心和怀柔区教科研中心合作建立，以实验校为载体、以社区为支撑、以社会为融合，助力学生在学校、家庭与社会生活中积极心理优势的体验与生成；研训一体，聘请国内外心理专家，为项目研究提供理论支撑与方法技能指导；组建个案研究、团体辅导等研究小组；搭建爱心平台，建立志愿者咨询服务站点，开展面向学生、教师和家长的心理辅导；与北京大学医疗、北京大学第三医院携手，探索医教融合，建立转介绿色通道。研究室工作的核心目标在于发现与促进北京市中小学生心理优势成长。

（綫金秋　王青红）

艺术与校外教育

艺术教育

第 19 届学生艺术节

1 月至 12 月，市教委举办北京市第 19 届学生艺术节。艺术节面向北京市中小学（包括小学、初中、普通高中、职业高中），中等职业学校在籍学生；设艺术展演（包括个人项目展演、集体项目展演、特殊教育成果展演、北京市非物质文化遗产展演），艺术作品类展览，讲座及交流活动 3 类活动。艺术表演包括器乐、声乐、京昆、曲艺、舞蹈、朗诵 6 类，艺术作品包括软笔书法、硬笔书法、篆刻、绘画、工艺美术、摄影 6 类，集体项目活动包括戏剧、合唱、行进管乐、室内乐 4 类。艺术节覆盖 16 个区及燕山地区 1600 余所中小学 130 万名学生，形成“班级—学校—学区—区级—市级”五级无缝衔接联动体系。

（徐春生）

4 月 24 日，北京市第 19 届学生艺术节合唱展演

（西城区教委 供）

高雅艺术进校园

4 月至 11 月，市教委、市文化局共同举办 2016 年北京市高雅艺术进校园活动。活动采取进校园演出和专场演出形式，面向在京高校学生普及戏曲、话剧、管弦乐、歌舞剧、芭蕾、民族民间音乐舞蹈等经典和优秀剧（节）目，让学生享受不同类型的优质艺术资源。全年共组织专场演出 14 场、校园演出 18 场。活动坚持开阔眼界，传承借鉴的原则，涵盖中西方的各种艺术形式，坚持弘扬社会主义核心价值观，注重传承中华优秀文化艺术。

（徐春生　谢丹　张君）

民族艺术进校园

4 月至 11 月，市委宣传部、市文化局、市教委共同主办 2016 年北京市民族艺术进校园活动。在各区教委和艺术院团积极参与下，共有 60 余个艺术团体参与活动，进入中小学演出 400 余场、大学演出 80 余场，举办专场演出

2016 年北京市民族艺术进校园活动现代舞演出
（学生活动中心 供）

78 场。活动覆盖 16 个区及燕山地区的近千所学校，约 32 万名大中小学生观看昆曲、曲剧、曲艺、合唱、芭蕾、管乐、现代舞、皮影戏、话剧等多种艺术形式演出。活动以美的形象、高的情感、雅的形式，让学生“在动中学，在乐中学”，取得良好的艺术普及效果。活动由北京学生活动管理中心承办。

（徐春生　谢丹　张君）

北京大学生音乐节

5 月 16 日至 11 月 24 日，市委教工委、市教委共同举办 2016 年北京大学生音乐节。音乐节以“青春、校园、艺术、生活”为主题，上半年主要开展声乐类展示活动、下半年主要开展器乐类展演活动。62 所高校 1.30 万名师生参加 42 场展示活动，辐射观众 4 万余人。音乐节由北京学生活动管理中心、中央音乐学院、中国音乐学院、清华大学、中国人民大学、北京航空航天大学共同承办。活动营造向上的校园文化氛围，促进北京市学校美育工作改革。为进一步促进京津冀教育协同发展，此次音乐节邀请南开大学、天津大学、河北工程学院等外省市兄弟院校共同参与。

（徐春生　田婷）

5 月 16 日，2016 年北京大学生音乐节开幕式上，二胡、小提琴双协奏表演
（中国音乐学院 供）

服装学院支持小学美育与创意艺术作品展

6 月 1 日至 10 日，北京服装学院举办“蓝天下的科学艺术创新梦”暨北京服装学院支持小学美育与创意艺术作品展。展品分为手绘、粘贴、捏塑、缝绣、拓绘、印染 6 个模块。活动与市教委、中华世纪坛爱国主义教育基地办公室共同主办。该校作为首批参与北京高校、社会力量参与小学体育美育发展工作的高校，对接朝阳区新源里第四小学、朝阳区和平街中心小学、北京市樱花园实验学校、朝阳区三里屯小学、东城区东四九条小学和中央工艺美院附中艺美小学 6 所小学，开展教育、美育特色发展工作。

（付佳　侯海涛）

国际大学生微电影盛典

9 月 20 日，第 25 届中国金鸡百花电影节微电影展映单元暨第五届（国际）大学生微电影盛典在首都师范大学科德学院举办。活动以“东方梦”为主题，展映社会获奖作品、大学生单元剧情类入围作品、大学生单元微视频入围作品、大学生单元广告宣传入围作品、大学生单元纪实类入围作品、大学生单元航拍入围作品。国内外百余家高校、行业组织、政府部门的代表及社会影视爱好者参加活动。组委会征集到来自 10 个国家和地区的 5000 余部微电影作品，并从入围的 100 部作品中评出一等奖 13 部、二等奖 20 部、三等奖 57 部。该活动是第 25 届中国金鸡百花电影节活动的组成部分，由中国电影家协会工作委员会、第 25 届中国金鸡百花电影节（2016 中国・唐山）执委会、首师大科德学院、中国交通电视频道共同主办，首师大科德学院独家承办。

（张娜）

中国音乐学院举办北京国际钢琴艺术节

10 月 14 日至 20 日，中国音乐学院举办第十届北京国际钢琴艺术节。艺术节期间共举办大师课 36 节、大师专场音乐会 4 场。该校师生、北京地区音乐院校同行，以及近百名来自全国各地的师生全程参与艺术节各项活动。学校自 2006 年举办第一届北京国际钢琴艺术节以来，已连续举办 10 届。

（田婷）

戏剧学院举办全国中小学戏剧教育研讨会

10 月 22 日，中央戏剧学院举办第一届全国中小学戏剧教育研讨会。会议通过主题演讲、专题研讨、外国专家工作坊、“高参小”戏剧课堂、戏剧教学课程展示等活动介绍戏剧美育科研成果、实践应用、培训模式以及“北京高校、社会力量参与小学体育美育工作”项目的推广经验等。向参会单位免费发放由戏剧学院戏剧教育系编写的全国第一本官方中小学戏剧教育教材。北京大学、清华大学附属小学、中国福利会儿童艺术剧院等近百所高等院校、中小学及艺术院团参加研讨会。

（王晓辉）

第四届北京国际青少年艺术周

10月24日至30日，市委教工委、市教委共同举办第四届北京国际青少年艺术周。艺术周开展魅力管乐音乐会、校际交流、盛装巡游、大师课、论坛5种类型的活动27场次，突出“和平、友谊、青春”主题，旨在创新美育活动形式和内容。来自10个国家的4名外籍专家和6支青少年管乐团队，以及18支北京大中小学生管乐团队共计2000余人参加管乐嘉年华演出，吸引观众2.50万人。活动由北京学生活动管理中心承办。

（徐春生）

10月24日，第四届北京国际青少年艺术周开幕
（市教委相关处室 供）

民族管弦乐原创作品音乐会

10月27日，“意象·净土”民族管弦乐原创作品音乐会在中国音乐学院上演。音乐会由中国音乐学院、中华诗词研究院、和景文化——古典音乐研究中心主办，是一场“由静生净”的盛会，旨在用音乐语言探寻一片心灵净土，给人心在铅华浮躁社会中寻一片安宁。音乐会宗旨是借助古典诗词载体，用意象方式，解读中国音乐。该音乐会于2015年10月被正式纳入“国家艺术基金2015年资助项目”，自2016年6月26日在国家大剧院首演以来，先后在北京、大连等地演出10场。

（田婷）

北京艺术院校成果展示

11月30日，市委教工委、市教委共同举办“春华秋实·艺苑芳菲”2016北京艺术院校成果展示活动。活动分为“一堂艺术课”“我们的舞台”“艺术的力量”3个篇章。展示民族音乐、芭蕾舞、钢琴独奏等节目，既有保留多年的经典剧目，也有近期创作并获得国家大奖的优秀作品，还有专门为晚会创作编排的“高参小”小学生与大学生同台演出的节目。中央音乐学院、中央戏剧学院、中央民族大学、北京舞蹈学院、中国音乐学院、中国戏曲学院、首都师范大学、解放军艺术学院、中国传媒大学9所高校参加演出。活动由北京学生活动管理中心承办。

（徐春生 孙晓楠）

11月30日，艺术院校成果展示活动“高参小”特别节目
（学生活动中心 供）

校外教育

市校外教师培训成果集锦出版

1月，北京市中小学生社会大课堂管理办公室出版《北京市校外教师培训成果集锦》。该书由光明日报出版社出版发行，整理“十二五”期间北京市校外教师培训工作成果，分为理论篇、实践篇和附录3个部分。理论篇梳理校外教师专业必修课及专业选修课的培训理论，实践篇提供12门专业培训课程案例。该书填补校外教师培训文献的不足，为中国校外教师培训提供参考。

（高红燕）

中小学生自然科学挑战赛

2月至5月，北京校外教育协会与北京自然博物馆共同承办“2016环球自然日——青少年自然科学知识挑战赛”北京地区活动。活动以“谁是谁的谁——影响自然界的那些关系”为年度主题，采用展览和表演2类活动形式。比赛设小学、中学2个组别，分作品展示和现场答辩2个阶段，以团队为单位报名参与，每支队伍总人数不超过3人（含1名辅导员）。235支团队参与初选，77支团队分获北京地区一、二、三等奖，其中，25支团队代表北京出战全球总决选，与来自11个赛区的209支国内组团队及8个其他地区的94支英文组团队同场竞技。活动由环球健康与教育基金会发起，旨在激发中小学生对于自然科学的兴趣，提高其研究、分析和交往能力。

（王媛媛 孙晓楠）

第11届阳光少年活动启动

4月28日，由市教委主办的第11届（2016）北京阳光少年活动暨阳光少年文化、科普进校园活动启动。启动仪式上，中国消防博物馆和北京自然博物馆将地震车体验、球幕科普电影、自然科普展车等活动项目带到现场，来自北京市第三十五中学、西城区少年宫等学校和单位的500名师生参与活动。活动向学生代表赠送《2016年北京阳光少年活动指南》。各区教委、区校外教育工作联席会议办公室，北京校外教育协会会员单位代表及中小学生800人参加启动仪式。4月，校外教育协会编印《2016年北京阳光少年活动指南》，收录125家校外活动场所设计的231项活动，内容涉及实践体验、竞技比赛和展示表演等方面，为学校和学生自主选择参与校外活动提供帮助，共印发2000册。至年底，活动整合全市教育、科技、文化等各方面校外活动场馆资源，120家单位参与，其中，北京学生活动管理中心等70家单位获评2016年北京阳光少年活动优秀组织奖。活动由校外教育协会承办。

（王媛媛　卢亭）

第五届校外教育活动资料评选

4月至7月，北京市校外教育研究室举办北京市第五届校外教育活动资料评选。16个区及燕山地区53家校外教育机构76份活动资料参评，经过各区收集、集中分类和专家评选等程序，评选出一等奖21份、二等奖27份、三等奖28份，4个区校外教育研究室获优秀组织奖。推荐《西城区青少年美术馆硬笔书法初级教材》和《房山区少年宫二胡教材》作为示范型校外教育活动资料推广。

（郭爽）

阳光少年微电影评选活动

4月至9月，市教委举办第11届（2016）北京阳光少年微电影比赛。比赛主题为“我的校外课外生活”，征集到微电影作品121部。经评选，共有50部作品获奖，其中，一等奖11部、二等奖16部、三等奖23部，另评出优秀辅导教师15人。活动由北京校外教育协会承办。征集到的微电影作品全部被报送参加全国校外系统青少年微电影比赛，57部作品获奖，其中，3部获一等奖、13部获二等奖、18部获三等奖、23部获优秀奖。

（卢亭　王媛媛）

外交学院举办北京模拟联合国大会

5月6日至8日，外交学院举办2016北京模拟联合国大会。会议由外交部指导，以“与世界同行，与未来相约”(Meet The World,Meet The Future)为主题，下设9个委员会，分别以中文、英文、法文为工作语言。讨论议题衍自国际重要问题或时事热点，围绕小型武器管控、儿童保护、妇女权益、国际难民安置等问题进行讨论。会议媒体中心模拟全球主要媒体，通过滚动消息、评论等多种形式报道会议进程及影响会议结果。会议宣布成立中国高校模拟联合国协会，协会主要由各高校模拟联合国社团构成，旨在通过广泛合作，为跨地域交流提供平台，整合学术资源，深化学术交流。联合国秘书长潘基文发来贺信，外交部、教育部、团中央相关负责人参加活动。来自中国、俄罗斯、柬埔寨、印度尼西亚等国家80所大学和高中的450名学生代表参加活动。

（顾建俊）

5月6日，外交学院举办2016北京模拟联合国大会
（外交学院　供）

老舍文学作品诵读活动

6月19日至11月5日，北京校外教育协会与市文物局、老舍纪念馆等单位联合举办第二届“诵读老舍，感悟北京——老舍文学作品诵读活动”。活动旨在通过读书鼓励青少年诵读经典、学习中华优秀传统文化，传承、弘扬老舍的文学精神和京味儿文化，扩大老舍文学作品在新时期的社会影响。比赛包括初赛、复赛、决赛3个环节，设中学、小学2个组别，9个奖项。

（王媛媛）

第三届小学生绿色创新挑战赛

6月25日，北京教育科学研究院、国际青年成就中国部联合举办北京市第三届小学生绿色创新挑战赛。比赛主题为“未来城市 绿色畅想”，通过让小学生畅想未来几十年后的绿色城市生活环境，运用《我们的城市》课程中所学的商业知识、环保理念，模拟“学生公司”经营策略，发挥未来绿色小公民想象力，设计并营销一款“绿色环保产品”。最终，评出一等奖1个、二等奖2个、三等奖3个。北京教科院等领导，各区国际课程项目负责人、项目实验学校领导及学生代表，大学生志愿者130余人参与比赛。

（武泽钰）

6月25日，第三届小学生绿色创新挑战赛“绿色创新产品发布会”
（北京教科院　供）

第五届中学生模拟联合国大会

9月24日至25日，市教委举办北京市第五届中学生模拟联合国大会。会议主题为“追求和平 实现和平”，73所中学派出学生代表300人代表160余个国家和地区，分别模拟欧盟理事会、联合国大会、联合国安全理事会、联合国环境规划署和联合国教科文组织，围绕乌克兰局势、朝核危机、海平面上升、国际恐怖主义和战争冲突中的文化遗产保护5个议题磋商讨论。会议还进行地球村展示活动，通过服饰、器具、音乐、舞蹈等，展示各国风土人情、历史文化。外交部、市教委、北京市教育学会等单位相关领导参加开、闭幕式。闭幕式上，市教育学会中小学生模拟联合国分会挂牌成立。

（冯雪 李震）

北京市第五届中学生模拟联合国大会

（二中 供）

科技活动

10人获第14届“市长奖”

3月27日，第14届“北京青少年科技创新市长奖”颁奖。评委会经过审阅申报材料和项目论文，面试、答辩等综合评定环节投票选出获奖者10人。获奖学生大多获得过国家、市级科技创新一等奖，有的还获得过国际性科技创新活动大奖，其中，多人的代表性科技项目源于生活，为身边实际问题提供解决方案。“市长奖”评选由市科协、市教委、市科委、市知识产权局联合主办。

（孙晓楠）

第14届“北京青少年科技创新市长奖”

于惠然	北京市第四中学
王月林	北京师范大学附属中学
孙宁远	北京市第八中学
吴凯达	中国人民大学附属中学
张晨冰	北京市第一〇一中学
张博雅	北京市第二中学
杨桦	北京航空航天大学附属中学
聂昊明	北京师范大学附属实验中学
曹沛晴	中国人民大学附属中学
常婧琦	北京市第一〇一中学

（孙晓楠）

第二届中小学生科技创客秀

5月12日至13日，市教委举办第二届北京市中小学生科技创客秀。活动以“实践、创新、智造”为主题，探索创客教育在提升学生技术素养和创新能力方面的应用。活动在引进国际竞赛项目的同时，组织研发“24小时创客挑战马拉松”，创设“机动电能车科技挑战赛”项目，鼓励青少年在新能源方向进行创新性探索。活动举办首届“创新教育校长论坛”和首届“科技创客秀嘉年华”。120余所中小学5000余名学生参加活动。

（卢亭）

学生科技文化（内蒙古）夏令营

7月25日至30日，市教委举办北京学生科技文化（内蒙古）夏令营。北京市学生金鹏科技团天文、地球与环境、生命科学等分团的100名团员代表参加夏令营，赴内蒙古考察地质地貌和植物多样性。活动由北京学生活动管理中心承办。

（卢亭）

组织学生参加青少年科技挑战赛世界总决赛

10月14日至27日，北京学生活动管理中心组织学生赴美国德州奥斯汀参加“F1在学校”青少年科技挑战赛2016世界总决赛。来自北京市第五中学、北京师范大学附属实验中学、北京市第三十五中学的8名学生参赛。最终，北师大附属实验中学高二学生邵逸飞以反应时间0.089秒获最快发车手称号，4名学生组成的车队取得赛车速度单项排

“F1在学校”青少年科技挑战赛世界总决赛现场

（学生活动中心 供）

名世界第八、亚洲第一的成绩。来自全球 23 个国家的 39 支队伍 500 名青少年参加比赛。

（卢亭　蒋小建）

6 名学生参与研制科普卫星发射升空

11 月 10 日，长征 11 号运载火箭搭载 6 名中学生参与研制的科普卫星——“丰台少年一号暨少年梦想一号”在酒泉卫星发射中心成功发射升空。升空后小卫星信标信号正常，中国北京、广州等多地，日本、美国、西班牙、英国均搜索到小卫星信号。6 名学生分别来自北京市第十二中学、北京市第十八中学、北京市航天中学，在专家龚万骢指导下，参与“丰台少年一号暨少年梦想一号”小卫星课题研究，完成卫星结构、星箭分离、卫星电源技术、星地无线电通讯、卫星发射场的雷电探究与防治、卫星轨道的分析和计算、太空环境对食用菌的影响 7 个专题学习，参与卫星研制、星箭匹配、卫星测试，历时 5 年。

（吴莹　刘志强）

十二中钱学森航天实验班学生在研究小卫星

（十二中　供）

学生机器人智能大赛

11 月 18 日至 20 日，市教委举办第五届北京市学生机器人智能大赛。比赛引进 FTC、FLL、VEX 等国际先进机器人活动项目，设“VEX 机器人工程挑战赛”“人形机器人控球对抗赛”“机器人工程挑战赛”“FLL 机器人挑战赛”和“FTC 机器人工程挑战赛”5 个比赛项目，其中，“机器人工程挑战赛”和“人形机器人控球对抗赛”项目由北京市部分学校骨干教师自主设计研发，突破机器人竞赛活动多数项目受制于机器人器材的难题，以现场抽题完成工程任务的形式进行，培养学生求真务实的科学精神。评出“FLL 机器人挑战赛”一等奖 23 个、“FTC 机器人工程挑战赛”一等奖 5 个、“人形机器人控球对抗赛”一等奖 7 个、“机器人工程挑战赛”一等奖 17 个、“VEX 机器人工程挑战赛”一等奖 15 个。全市 300 所学校 2600 余名师生参赛，来自天津及河北 6 所学校的师生受邀参加“机器人工程挑战赛”项目。比赛由北京学生活动管理中心承办。

（卢亭　张峥　孙晓楠）

第五届北京市学生机器人智能大赛“人形机器人控球对抗赛”

（市教委相关处室　供）

学生特色科技活动展示暨科技节闭幕式

11 月 26 日，市教委、市科委、市体育局、市科协共同举办北京学生特色科技活动展示暨第 34 届北京学生科技节闭幕式。闭幕式播放“科技筑梦，创新成长”专题短片；参会领导为北京市中小学生科学建议奖获奖学生颁发证书，为各区教委颁发优秀组织奖奖牌；科学建议奖获奖学生代表发言。学生特色科技活动展示为期 2 天，突出“科学性、知识性、趣味性、互动性、创新性”活动定位和多元展示、互动体验、快乐参与表现形式。市、区两级校外机构，65 家北京市学生金鹏科技分团，部分高校及科技企业 75 家单位参加展示，带来 300 余个科技互动体验项目。市教委、市科委、市体育局、市科协等相关单位领导，各区教委及燕山教委领导，北京市学生金鹏科技团各项目分团学校领导，中小学生代表，高校、科技企业、新闻媒体代表 3000 余人参加活动。活动由北京学生活动管理中心承办。

（卢亭）

北京学生特色科技活动展示活动现场，学生和家长参与互动体验

（学生活动中心　供）

11 人获中小学生科学建议奖

11 月 26 日，第八届北京市中小学生科学建议奖颁奖，11 人（10 个项目）获科学建议奖、10 人（10 个项目）获科学建议提名奖。评选活动由市教委主办，内容涉及城市建设与管理、城乡一体化、生态环境保护、京津冀协同发展、

公共文化建设、安全与健康等方面。16 个区 1045 名中小学生参加网上申报，943 个有效项目获得初评资格。活动以“增强学生社会责任感、创新精神和实践能力”为宗旨，以立德树人为根本任务，引导中小学生积极为首都北京和谐宜居之都和世界城市的建设献计献策。

（卢亭）

第八届北京市中小学生科学建议奖

关于地铁机场线增加望京南站的建议	梁方逊　北京市朝阳区白家庄小学
关于在楼体外建造墙壁式鸟巢的建议	秦思语　北京市五路居第一中学
关于北京市增加儿童室外健身设施数量及产品多样化的建议	罗大维　中国人民大学附属中学实验小学
关于利用手机扫码支付提高地铁购票进出站便利性的建议	赵思雅　李令仪　北京第二实验小学
关于北京 2022 年冬奥会延庆松山比赛场馆建设与自然保护和谐统一发展的建议	于毅轩　北京第二实验小学
关于加强婴幼儿托管服务的建议	姜萧杭　北京景山学校
关于在路口设立禁用手机警示牌的建议	臧惠娜　北京市海淀区育鹰小学
关于改善朝阳门桥非机动车逆行问题的建议	刘淏语　北京市东城区史家胡同小学
关于“在昌平区推广建设公园式果园”的建议	郝知勉　北京市昌平区昌盛园小学
关于推广水面清洁机器人清洁北京城市水面的建议	简子尧　北京市陈经纶中学嘉铭分校（东校区）

（卢亭）

大学生科技创新作品与专利成果展示推介会

12 月 3 日至 4 日，第五届大学生科技创新作品与专利成果展示推介会在北京工业大学耿丹学院举办。推介会由市科协、市教委、市总工会、团市委、中关村科技园区管委会、市知识产权局、市工商联联合主办，以“创新、协调、绿色、开放、共享”为主题，收到来自 54 所高校的学生科技创新成果 644 件，其中，专利作品 179 件、科技创新作品 194 件、创业计划书 149 件、文化创意作品 31 件、优秀论文 91 件。经评审专家组初评，38 所高校学生的 110 件作品进入复评环节，复评专家组从创意新颖性、技术成熟度、产业化前景等方面进行评选，评出一等奖暨创新金奖 11 项、二等奖 33 项、三等奖 50 项。活动吸引千余名大学生现场参与，80 余名企业代表观摩洽谈，20 余家媒体到现场采访报道。

（管书艳）

第五届大学生科技创新作品与专利成果展示推介会
（北工大耿丹学院 供）

八一学校学生参与研制科普卫星发射升空

12 月 28 日 11 时 23 分，长征二号丁运载火箭搭载北京市八一学校学生参与研制的科普卫星“八一·少年行”在太原卫星发射中心发射升空。八一学校学生代表在发射中心接收到卫星传来的数据信号，40 余名师生代表现场观看发射。该卫星是八一学校联合中国航天科技国际交流中心发起的“中学生科普卫星研制、应用及课程开发工程”发射的首颗卫星，卫星采用标准 2U 立方体构型。在中国航天科技集团公司、南京理工大学等单位专家带领下，八一学校学生研制团队全程参与卫星创意、设计与研制，并主导完成卫星四项载荷的设计，即对地拍摄、无线电通讯、对地传输音频和文件、快速离轨试验。卫星的制造集成、总装与测试在南京理工大学完成，卫星与火箭的分离采用航天八院 805 所研制的分离装置。4 月 24 日，八一学校与航天人才开发交流中心共同启动研制科普卫星的系列课程。12 月 24 日，习近平给八一学校科普小卫星研制团队的学生回信。

（左秋洁）

（本栏责任编辑　孙晓楠）

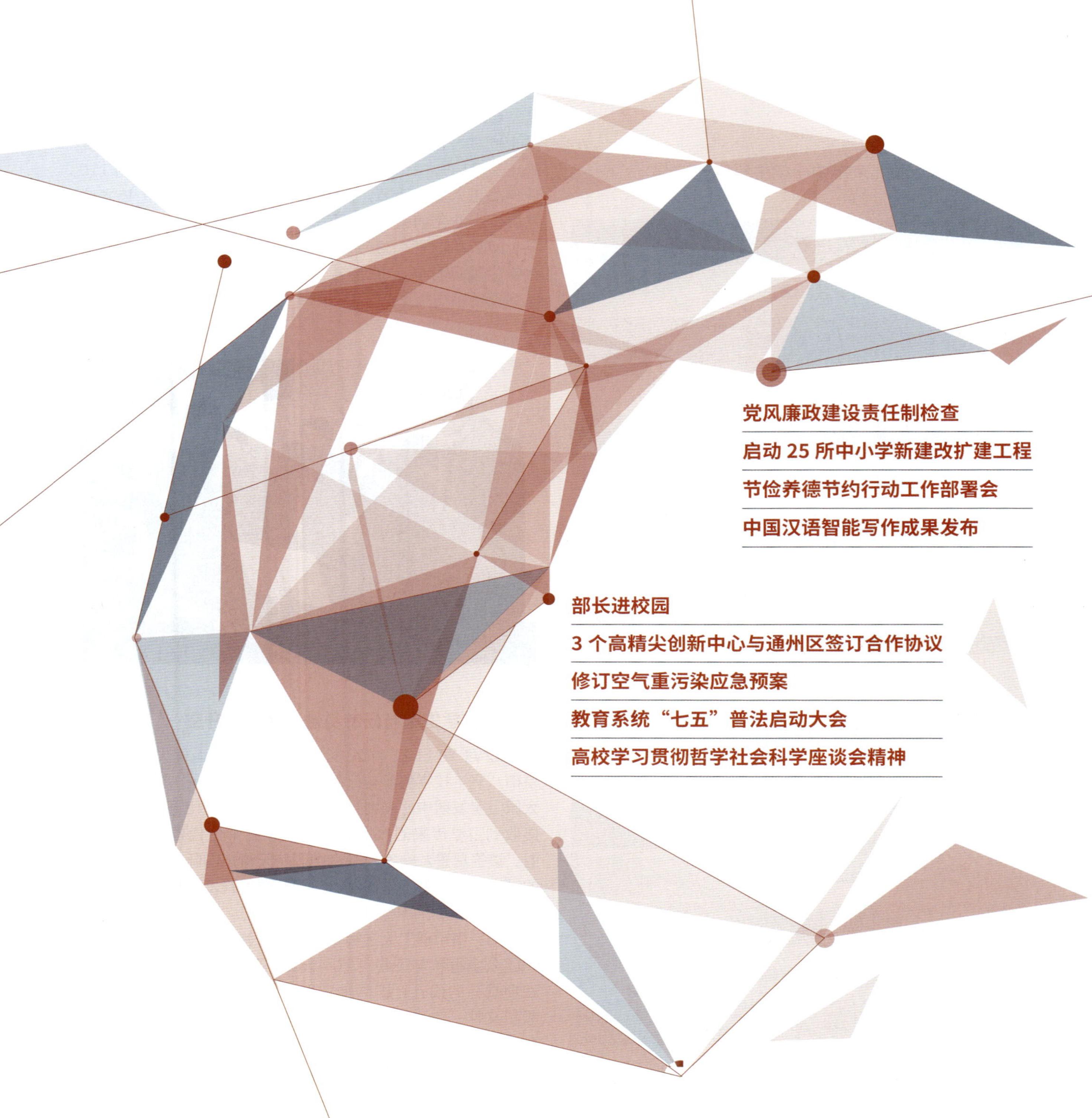

党风廉政建设责任制检查

启动 25 所中小学新建改扩建工程

节俭养德节约行动工作部署会

中国汉语智能写作成果发布

部长进校园

3 个高精尖创新中心与通州区签订合作协议

修订空气重污染应急预案

教育系统“七五”普法启动大会

高校学习贯彻哲学社会科学座谈会精神

2017 | 综合管理

INTEGRATED MANAGEMENT

- 首都教育布局优化
- 教育后勤治理能力提升
- 全面推进依法治教
- 财务管理制度改革
- 完成上级批示督办件 44 件
- 绩效任务落实推进

INTEGRATED MANAGEMENT
综合管理

综述

首都教育布局优化

2016年，市教委优化首都教育布局。市委市政府审议通过《北京市推进部分教育功能疏解促进协同发展工作方案》。市教委推进北京城市学院、北京建筑大学、北京工商大学等校新校区建设，年内，疏解学生6000人。启动北京电影学院、北京信息科技大学等市属高校疏解项目。支持推动中国人民大学到通州潞城、北京化工大学到昌平南口、中央民族大学到丰台王佐建设新校区项目。加快编制北京城市副中心教育设施专项规划。加大市级教育资源统筹力度，北京市第二中学、中国人民大学附属中学、首都师范大学附属中学、北京理工大学附属中学4所学校进驻通州办学，另有10余所优质校（园）在筹备中。积极推进市、区各级与津冀各地方开展教育合作，签署合作协议21个，推动实施合作项目30余个。组建京津冀地区4个高等教育联盟、2个协同发展研究机构、3个特色职教集团，北京景山学校在曹妃甸协同发展示范区分校开学，同时推进北京市第五中学分校、北京市八一学校等校在廊坊、保定等地建设分校。

（姚林修）

教育后勤治理能力提升

2016年，市教委提升教育后勤能力。市委教工委、市教委、市政府教育督导室领导实地检查中小学校学生集体用餐情况，召开节约行动工作部署推进会，深入推进节俭养德节约行动。召开高校后勤标准化创建及达标验收专题培训会，扎实推进后勤标准化建设工作。完成北京高校学生食堂直供基地采购补贴服务商招标，继续开展价格平抑资金工作。抽查16个区的63所高校、中小学、幼儿园和10个供餐企业，确保校园食品安全。加快远郊区学校改造工作，确保教育系统供暖实现无煤化。支持引导学生开展志愿服务和社会实践，先后开展50场“节能环保大篷车进校园”和“节能环保低碳教育进课堂”活动。严格落实市政府《北京市空气重污染应急预案》要求，确保学生健康，做到停课不停学，完善空气重污染应急机制。

（刘转林）

全面推进依法治教

2016年，市教委全面推进依法治教。完成行政审批事项清理工作。完成行政处罚事项梳理和权力清单编制工作。举办北京全市教育系统依法行政培训班。落实行政机关主要领导人出庭应诉规定。完善学校治理体系，出台《北京教育系统第七个五年法治宣传教育规划》。贯彻落实《中小学家长委员会规程》，加强家长、社区对中小学事务的参与和监督。规范民办教育依法办学，简化评估指标体系，组织联合专家组进校考察。及时发布民办高校秋季招生政策，编制《北京民办高校招生入学政策十二问》，帮助考生和家长答疑解惑。完成15所学历民办高校和30所民办高等教育机构招生简章和广告备案工作，规范民办高校办学行为。

（刘转林）

财务管理制度改革

2016年，市教委改革财务制度。启动北京市属高校预算拨款制度改革，建立高校生均拨款总额2～3年内相对稳定机制，选取首都经济贸易大学等 4 所院校进行改革试点。完善市对区转移支付制度，修订义务教育经费保障机制，明确市区两级财政保障事项。推行预算支出进度管理、规划与预算的统一性管理、实有资金结余管理，将绩效管理理念渗入预算管理工作全过程，提升预算执行管理水平，提高资金使用效益。深入开展经济责任审计和预决算审计，组织对 25 所市属高校的“基础设施改造定额项目”的管理和经费使用情况进行审计调查。开展规范教育收费、治理教育乱收费工作。

（刘转林）

完成上级批示督办件 44 件

2016 年，市委教工委、市教委办理市委市政府领导批示督办件 50 件，实际完成 44 件。在专项督办过程中，及时走程序、认真挂台账、仔细查回访，保证件件有回音、事事有落实。其中，对新建改扩建中小学任务，采取每月汇报进展情况、及时梳理存在问题、主动协调相关区政府、共同推进任务完成。曾先后 3 次协调市政府督查室赴学校实地督查，督促建设任务完成。在上级督办件中，市教委有关市中高考改革工作情况、近期市民反映的有关教育问题的报道在《北京督查》采用刊发，或被市领导批示肯定。2016 年，市教委承担市政府实事和折子工程共 18 项，其中，包括市政府折子 17 项、实事 1 项。在推进落实中，初步形成一套任务征集、重点挂账、全程跟踪、节点协调、定期反馈、效果运用等督办工作机制，坚持每月月底上报进展情况。

（刘转林　汪天逸）

绩效任务落实推进

2016 年，市教委采取系列措施推进绩效管理任务落实。市教委结合教育工作的性质特点，坚持突出市政府工作报告重点任务，全面覆盖各级各类教育业务工作，推动全年工作任务完成的思路，同时充分调动业务处室的积极性，推进绩效管理任务落实。全年市教委共承担市政府绩效任务 43 项，围绕评价体系和评价指标，突出半年检查、全年自查、公众评价反馈整改、申报创新创优项目等重点环节，每季度按时上报任务完成情况，推进顺利。

（刘转林）

两委一室年度工作要点

1 月 14 日，市委教工委、市教委、市政府教育督导室印发 2016 年工作要点。文件明确 2016 年全市工作的总体要求，从坚持全面从严治党，为教育改革发展提供坚强保证；坚持全面深化综合改革，不断增强教育发展活力；坚持深入实施素质教育，促进学生全面个性发展；坚持全面推进依法治教，进一步提升教育治理能力;坚持持续改善办学条件，不断强化首都教育发展保障；深化教育督导改革，助力首都教育改革发展六个方面部署 2016 年的重点工作。

（杨俊）

教育热线解答工作咨询 50534 件

1 月至 12 月，市教委“96391”首都教育咨询服务热线共解答工作咨询 50534 件。其中，接听电话 45822（咨询 45016 件，诉求 727 件，个人建议 79 件）；网上在线问答回复问题 2781 件；市非紧急救助服务中心“12345”网络派单 1931 件。协调组织刘宇辉带队参加市政府“听民意解民忧”热线接听活动，共接听来电 71 件、现场解答 11 件、核实回复 60 件，做到件件有回音。积极做好“规范义务教育入学”“非京籍入学”“问题跑道”“北京高招计划减少”“京版教材”“校园欺凌”热点教育舆情的应急处置工作。

（刘转林）

苟仲文调研山区教育情况

3 月 7 日、9 日、14 日，苟仲文到郊区调研山区教育情况。苟仲文分别到怀柔区喇叭沟门满族乡中心小学、喇叭沟门满族乡中学、北京市第一〇一中学怀柔校区，房山区史家营中心小学、房山职业学校、房山区坨里中学、农业职业学院，密云区古北口镇中心小学、古北口镇中学调研，了解山区学校师生学习、工作、生活现状，并就《北京市乡村教师支持计划》征求意见。各区主管领导和教育部门负责人陪同调研。

（汪天逸）

北京教育装备展示会

3 月 28 日至 4 月 1 日，第 27 届北京教育装备展示会在北京展览馆举办。展览会主要围绕教育信息化、学前教育、高职教育、大型仪器共享、学校后勤装备、体育装备建设等方面进行全方位展现。展示会分为通用产品、学前教育装备、体育器材设施及音乐美术专用设备、学校后勤与节能设备、职教装备、应用实训设备六大常规展区，另外设立中小学图书馆装备建设专题区、校用教学科研名优仪器仪表设备特卖区、北京市义务教育课程标准基础实验课专用设备与教具创新产品区三大特色区域。此次展会由北京市教育技术设备中心联合北京教育装备行业协会、北京高等教育学会技术物资研究会共同主办，《中国现代教育装备》杂志社和中国教育装备采购网承办，共有 150 余家企业参会，观众 2 万余人。

（赵文强）

李克强到清华北大考察

4 月 15 日，李克强到清华大学和北京大学就教育改革发展和实施创新驱动发展战略进行考察并召开高等教育改革创新座谈会。李克强考察清华大学校史馆、建筑学院、生命科学学院蛋白质设施实验技术中心，了解“清华简”研究情况，考察北京大学国家发展研究院、经济学院、数学科学学院。随后，召开高等教育改革创新座谈会，北京大学、清华大学、北京科技大学主要负责人和中国人民大学、北京第二外国语学院教师代表围绕教育改革、创新人才培养、建设一流大学和一流学科等问题发言。刘延东、郭金龙陪同考察并参加座谈会，53所在京的部属、市属、民办高校和有关部门负责人参加座谈会。

（汪天逸）

习近平致信祝贺清华建校105周年

4月22日，习近平致信祝贺清华大学建校105周年。习近平向全体师生员工和广大校友，致以热烈的祝贺和诚挚的问候。他指出，清华大学是我国高等教育的一面旗帜。办好高等教育，事关国家发展、事关民族未来。我国高等教育要紧紧围绕实现“两个一百年”奋斗目标、实现中华民族伟大复兴的中国梦，源源不断培养大批德才兼备的优秀人才。站在新的起点上，清华大学要坚持正确方向、坚持立德树人、坚持服务国家、坚持改革创新，面向世界、勇于进取，树立自信、保持特色，广育祖国和人民需要的各类人才，深度参与创新驱动发展战略实施，努力在创建世界一流大学方面走在前列，为国家发展、人民幸福、人类文明进步做出新的更大的贡献。清华的前身清华学堂始建于1911年，1912年更名为清华学校。1928年更名为国立清华大学。1937年抗日战争全面爆发后南迁长沙，与北京大学、南开大学组建国立长沙临时大学，1938年迁至昆明改名为国立西南联合大学。1946年，迁回清华园。至2016年，清华大学共设20个学院、57个系，在校学生40514人。

（汪天逸　许亮）

郭金龙调研首经贸

4月26日，郭金龙调研首都经济贸易大学，并与部分师生代表座谈。座谈会上，学校负责人汇报学科建设等工作，教师代表介绍京津冀协同发展方面的研究成果、教书育人的体会，学生代表分享在校创新创业的收获。郭金龙听取大家发言后从“瘦身健体”、生态文明建设、协同发展、城市总体规划等方面，介绍全市深入学习贯彻习近平总书记视察北京重要讲话精神，认真贯彻落实《京津冀协同发展规划纲要》取得的新进展。他强调，推动新时期北京的发展，就是要自觉运用好新发展理念，不断破解发展新难题，厚植发展新优势，努力开创发展新局面。同时勉励青年学子勇做走在时代前列的奋进者、开拓者、奉献者，努力在实现中国梦的伟大实践中创造自己的精彩人生。苟仲文、王宁及其他相关部门负责人陪同调研。郭金龙另于8月30日到北京交通大学调研并代表市委市政府，向交大即将迎来建校120周年表示祝贺。

（汪天逸　刘江霞）

4所中学进驻城市副中心

4月27日，4所学校正式进驻北京城市副中心办学。在市教委召开的推进北京城市副中心教育发展专题座谈会上，首都师范大学附属中学（通州校区）、北京市第二中学（通州校区）、中国人民大学附属中学（通州校区）、北京理工大学附属中学（通州校区）揭牌。4所学校校长分别担任通州校区法人，各校向通州校区派驻教师和管理团队，将教学管理模式“复制”到新校区，实现名校跨区发展，发挥示范引领作用，带动区域教育水平整体提升。4所学校通州校区2016年秋季开始招生，初中阶段坚持就近入学原则，高中阶段与本校具有相同招生资质，学生学籍由通州区属地管理。

（孙运科　闵树明）

市教委门户网站改版

5月6日，市教委新版门户网站上线。改版工作以“服务市民，安全运行”为原则，旨在依托市教委官方网站进一步发挥紧密联系人民群众的桥梁作用，强化信息公开力度，为广大市民提供高效、公开的教育政策及咨询服务。新版网站设信息公开、办事服务、政民互动、教育咨询、教育资源、通知公告6个一级栏目，版面更加简约、清晰，操作更加便捷、流畅。项目资金共投入25万元。截至11月，新版网站页面浏览量8700余万次，同比2015年增长318万次，访问者数量总计178万次，同比2015年增长11万次。

（姜华）

王安顺检查高考工作

6月6日，王安顺到北京市第四中学和北京教育考试院检查高考工作。王安顺逐一察看四中候考室、考务室、保密室和考场，详细了解考试相关细节；通过北京教育考试院系统检查各考点的准备情况，要求各单位各部门坚持以考生为本，周到细致地做好考前、考中、考后各项工作，确保高考万无一失、平稳有序。苟仲文、王宁，市委教工委、市教委等相关部门负责人陪同考察。王安顺另于9月10日参加北京交通大学120周年校庆大会并讲话，向全体师生员工和广大校友表示祝贺。

（汪天逸　卢杰）

刘延东参加中俄油画作品联合展

7月3日，刘延东在俄罗斯圣彼得堡参加“长河奔流——中俄艺术家油画作品联合展”开幕式。刘延东为开幕式剪彩并致辞。中国教育部、俄罗斯教育与科学部及中央美术学院、俄罗斯列宾美术学院的近200人参加开幕式。该油画展由中央美术学院和俄罗斯列宾美术学院共同举办，挑选曾经在列宾美术学院留学和受到俄罗斯艺术专家指导的几代中国画家为主的作品参展，并集中展示两所学院80件当代师生的优秀作品。

（李程）

陈宝生调研北大

7月14日，陈宝生到北京大学调研。陈宝生听取学校基本情况、当前的主要工作以及今后的发展规划等方面汇报。他指出高等学校要抓党的领导、要抓要务、要抓改革、要抓稳定、要抓未来。座谈会后，陈宝生先后到哲学系、中国语言文学系、历史学系及国家发展研究院调研。教育部相关人员陪同调研。

（刘语潇）

习近平视察八一学校

9月9日，习近平视察北京市八一学校。习近平看望慰问师生，向全国广大教师和教育工作者致以节日祝贺和诚挚问候。他走进学校图书馆楼，参观校史展、帮扶河北阜平学校成果展、国防教育展，了解学校发展变化、教学改革、结对帮扶等情况；来到学校天工苑通用技术中心，走进科普实验室，听取学校与中国航天科技集团航天人才开发交流中心共同开发科普小卫星课程情况介绍，察看模型卫星和工程样星实物。习近平同时走进高中部教师集体办公室，同教师交谈；在学校体育场边，观摩小学生足球训练课和武术课。随后，习近平同教师学生代表座谈。在听取大家发言后，习近平发表重要讲话。他强调，教育决定着人类的今天，也决定着人类的未来。基础教育在国民教育体系中处于基础性、先导性地位，必须把握好定位，全面贯彻落实党的教育方针，从多方面采取措施，努力把我国基础教育越办越好。广大教师要做学生锤炼品格的引路人，做学生学习知识的引路人，做学生创新思维的引路人，做学生奉献祖国的引路人。王沪宁、刘延东、栗战书、郭金龙、王安顺和中央及北京市有关部门负责人员陪同考察。

（汪天逸　刘转林　左秋洁）

习近平祝贺清华苏世民书院开学

9月10日，习近平向首届清华大学苏世民书院开学典礼致贺信。贺信指出："当今时代，世界各国人民的命运更加紧密地联系在一起，各国青年应该通过教育树立世界眼光、增强合作意识，共同开创人类社会美好未来。""中美教育交流为促进两国人民相互了解和友谊、推动中美关系发展发挥了积极作用。中美双方应该挖掘潜力、提高水平，使教育领域合作成为中美人文交流的先行者。""希望苏世民书院秉持宗旨、锐意创新，努力成为一个培养世界优秀人才的国际平台，为各国青年提供学习机会，使各国青年更好相互了解、开阔眼界、交流互鉴，携手为增进世界各国人民福祉作出积极努力。祝苏世民书院各位同学学有所成、学尽其用。"美国总统奥巴马也为开学典礼发来贺信。清华苏世民书院于2015年10月正式成立，是清华在苏世民学者项目的基础上建立起来的。该项目旨在培养具有跨文化全球领导力的青年人才，书院面向世界各国优秀大学招生，首批招收新生111人。

（汪天逸）

刘延东考察清华

9月10日，刘延东考察清华大学。刘延东参观艺术博物馆，出席苏世民书院首届学生开学典礼，到化工系看望师生和全校优秀教师代表，出席师生座谈会。刘延东指出，教师是立教之本、兴教之源，广大教师和教育工作者默默耕耘，无私奉献，为国家民族培养人才做出重要贡献。我们今天处在近代以来最接近中华民族伟大复兴的重要时期，党中央、国务院高度重视教育工作，要抓住机遇，推动高等教育加快改革发展。希望清华学习贯彻习近平总书记致清华建校105周年贺信精神，结合自身特色和优势，深入探索高等教育改革新路径，积极履行高校职能，进一步加强国际交流合作，肩负起时代赋予的特殊使命。国务院有关部门负责人陪同考察。

（汪天逸　许亮）

部长进校园

9月28日和12月13日，市委教工委分别在对外经济贸易大学和北京林业大学举办"部长进校园"首都大学生形势政策报告会。9月，市委教工委邀请国家文物局局长刘玉珠到外经贸作《保护文化遗产，传承中华文明》专题报告，刘玉珠介绍文物方面的基本知识和社会热点问题，分享自己的人生经历与感悟并与学生现场交流。市委教工委领导，外经贸党委书记、校长，北京大学、中国人民大学、北京化工大学等高校的学生代表和外经贸师生近600人参加活动。12月，市委教工委邀请国家林业局局长张建龙到北京林业大学作《我国林业形势与任务》专题报告，总结"十二五"特别是党的十八大以来中国林业发展的总体概况，分析新时期林业工作的形势和任务，对下一步林业工作的开展进行解读。北林大理论中心组成员及来自中国农业大学等22所首都高校的学生代表400人参加活动。

（曹亚红　张晓兰）

3个高精尖创新中心与通州区签订合作协议

10月14日，北京三所高校的高精尖创新中心与通州区签订合作协议。北京林业大学"林木分子设计育种高精尖创新中心"、中央美术学院"视觉艺术高精尖创新中心"、北京建筑大学"未来城市设计高精尖创新中心"分别与通州区签订全面合作协议，发挥在艺术设计、城市规划、建筑设计、园林绿化等方面科研优势和人才优势，深入参与北京城市

10月14日，北京三所高校高精尖创新中心与通州区合作

（新闻中心 供）

副中心建设工作。苟仲文、刘宇辉，通州区委书记、区长，市委教工委、市教委、市规划国土委、首都绿化办，北京林业大学、中央美术学院、北京建筑大学相关负责人参加签字仪式。

（汪天逸）

修订空气重污染应急预案

11月24日，市教委印发《北京市教育委员会空气重污染应急预案》（2016年修订）。新修订预案进一步明确四个预警级别，同时就红色预警期间，中学（含初、高中、中等职业学校）实施弹性教学方式作出规定，就中小学幼儿园期间“停课不停学”原则作进一步说明。预案明确，中学弹性教学可采取三种弹性模式：学校不停文化课，缩短学生在校时间；学校实施半日制上课的模式；学校实施停课，可利用邻近的周六或周日进行调休安排。中小学、幼儿园“停课不停学”要通过网络、通讯等途径与家长和学生保持联系，提出可参考的合理化学习建议；提示家长在家对孩子进行生活和安全教育，对家中无照看条件，需送到学校、园所的学生，学校、园所要妥善安排好到校学生的学习、生活，确保有人监管。教师要合理调整教学方式，灵活安排学习内容，指导学生充分利用北京数字学校网络平台和数字化资源开展自主学习。新预案自12月15日起施行。市教委同时印发《北京市教育委员会空气重污染应急领导小组及办公室成员名单》《北京市教育委员会空气重污染应急职责分工》。

（张晓兰）

林克庆调研学校

12月13日、16日、28日、29日，林克庆分别到高校、中小学调研。林克庆走访北京大学、中国人民大学、中国农业大学、北京科技大学、清华大学、北京林业大学、北京师范大学、北京航空航天大学，了解学校事业发展、改革创新、党建和思想政治工作，及落实全国高校思想政治工作会议精神情况。到北京第二实验小学、北京师范大学附属实验中学调研，了解教育资源统筹项目，学校集团化办学、教学改革、事业发展、人才培养等有关情况。市委教工委、市教委相关人员陪同。

（汪天逸）

习近平给八一学校学生回信

12月24日，习近平给北京市八一学校科普小卫星研制团队的学生回信。他在信中表示：“知道由你们设计研制的科普小卫星即将发射，我非常高兴。中学生设计研制科普卫星是一次很好的尝试，你们攀登科技高峰的热情和勇气让我感到欣慰。希望你们保持对知识的渴望，保持对探索的兴趣，培育科学精神，刻苦学习，努力实践，带动更多青少年讲科学、爱科学、学科学、用科学，努力成长为祖国的栋梁之材，将来更好为实现中华民族伟大复兴的中国梦贡献力量。”习近平9月9日视察八一学校时同正在研制科普小卫星的教师和学生交流，叮嘱同学们小卫星发射时要记得告诉他。卫星发射前，科普小卫星研制团队的学生给习近平写信报告小卫星即将发射的消息。八一学校的小卫星是中国首颗中学生研制的科普小卫星，12月28日在太原卫星发射基地发射升空、准确入轨，发回信标信号。卫星计划在轨运行180天，其间会进行对地拍摄、无线电通讯、音频传输和快速离轨实验。

（汪天逸）

新媒体平台开通

至年底，市教委首都教育微博、微信、客户端平台全面开通。市教委通过该平台诠释重大政策、及时公告重大举措、迅速回应热点舆情，“两微一端”宣传矩阵影响力显著提升。市教委政务微博全年共发布原创微博内容2145条，粉丝数量超过111万人，在教育部发布的“教育政务新媒体周榜”中，市教委政务微博长期位居微博影响力排行榜榜首；“首都教育”微信公号年底粉丝量达到30万，全年共发布图文消息239条，累计阅读数355万余次，并推出多场系列线上互动活动，提升品牌吸引力。“两微一端”由北京教育新闻中心运维。

（周也青）

北京市信息化服务中心建设

至年底，北京教育网络和信息中心推进信息化服务中心建设。该中心是北京教育呼叫中心项目的延续，旨在通过400客服电话的形式为用户提供技术支持服务，辅助市教委各处室开展活动，主要承接北京市义务教育入学服务平台以及北京数字学校技术支持的客服工作。根据不同业务平台的需求，动态设置相应的座席人数，提供工作日7×8小时技术服务。至年底，累计接听咨询电话81402条，平均每个电话通话时长约3分钟，累计提供咨询244206分钟，其中，44%为咨询北京义务教育入学服务平台报名、操作流程问题，31%为咨询初中实践活动管理服务平台项目，10%为咨询北京数字学校活动，15%为咨询其他服务项目，包括北京市中小学义务教育入学计划管理平台和北京市学生健康体检电子回执系统ID密码登录问题咨询等。

（季茂生）

完成公车改革

至年底，市教委组织完成机关及其直属事业单位公务用车改革。市教委机关及两家参公事业单位按市车改办要求取消公务用车35辆，完成封存、上交工作，相关人员公务交通补贴完成计发。市教委指定《市教委所属事业单位公务用车制度改革工作方案》，召开市教委所属企事业单位公务用车制度改革工作督办会，部署48家市教委所属事业单位、1家企业制定本单位车改方案并申报方案材料。按要求完成公车改革工作。

（姜华）

信息报送

至年底，市委教工委、市教委完成信息报送工作。市委教工委、市教委围绕首都教育系统党建和思想政治工作，教育改革发展以及安全稳定等方面的热点、重点和焦点问题，主动约、积极挖、精心挑，编报有价值的信息，提升服务领导决策的效率。围绕首都教育重点工作，共向市委市政府编发报送专报 148 期。

（许鸿弘　汪天逸）

加强信息公开工作

至年底，市教委持续推进信息公开工作。市教委主动公开文件类政府信息 262 条，信息公开咨询 40713 人次，年度受理政府信息公开申请 31 件，涉及公开事项 40 项。部分公众关注热点方面的政府信息公开形成工作惯例。

（钱进军）

受理群众信访 1401 件

至年底，市教委信访部门受理群众信访事项 1401 件。其中，办理来信 749 件、办理市政风行风转办件 90 余件、接待来访 652 批次（接待集体访 87 批次 3030 人次）。市教委信访部门另接听回复群众投诉及咨询电话 4000 余个。妥善化解和处置有关问题操场、非京籍家长反映子女幼儿入学入托、原民办代课教师要求解决待遇问题等一批信访突出问题。同时通过推进阳光信访，完善信访工作机制，突出源头预防，落实属地责任，加大领导接访下访、信访矛盾纠纷排查化解等工作力度，实现信访工作目标。全年撰写信访预警报告 9 篇，提交信访舆情简报 130 余篇。

（史志民）

办结人大代表建议和政协提案

至年底，市教委协调办理人大代表建议、政协提案共 236 件。其中，人大代表建议 103 件、政协提案 133 件。建议提案主要涉及极端天气保护学生身心健康、加强教师队伍建设、深化教育综合改革等方面。代表委员对市教委承办的建议提案答复意见满意率达 99%。市教委同时创新开门办理建议提案方式，安排市人大代表来市教委面对面沟通交流建议办理情况，组织代表委员参加安装空气净化器的建议提案集中答复座谈会，受到好评。

（付浩奎）

决策意见征询和民主协商

至年底，市教委搭建平台加强教育决策意见征询、民主监督和民主协商。市教委先后 10 次安排代表委员参加座谈会或调研视察，听取首都教育工作情况通报、视察高招录取现场以及学前教育供给改革情况等。主动通报北京市深化考试招生改革等有关工作进展情况。累计 300 人次人大代表、政协委员参加相关活动。

（刘转林）

政策法规

概述

2016 年，北京市教育政策研究与法治工作落实北京市“十三五”教育改革发展规划，紧密围绕中心工作和首都教育改革发展的重点难点问题，为首都教育改革发展提供决策服务和法治保障。

推进教育综合改革。完成全市 7 项教育改革重点任务。全面清理规范改革试点项目，统筹推进 8 项教育改革试点任务。协调相关处室和区教委，配合市委改革办开展义务教育优质均衡发展第三方评估，助推改革任务落实。研究起草对海淀区、房山区、门头沟区教委，中国人民大学附属中学联合总校等单位改革方案和规划的回复意见。持续跟踪梳理改革实施情况，加强重点任务督办，按月度、季度、半年、全年完成改革进展报告。组织出版《人民教育——首都教育新生态》专刊，总结改革丰硕成果。

加大调研工作力度。2016 年调研课题注重从深化教育领域综合改革出发立项，全年共统筹立项调研课题 83 项，其中，市级重点课题 4 个、委级课题 34 个、处级课题 45 个。组织教育系统参加北京市调研工作先进单位和优秀成果评选，两项成果获奖。印发《北京市教育科学规划课题管理办法及细则》《北京教育科学“十三五”规划 2016 年度课题指南》等文件。

扎实推进依法治教、依法行政。制定印发教育系统“七五”普法规划，研究起草北京市《依法治教实施规划（2016—2020 年）》，明确“十三五”时期全面推进依法治教的总体要求和重点任务。制定印发《2016 年教育法治工作要点》，召开北京市教育法治工作年会，统筹安排全市教育法治工作。举办京津沪渝冀政策研究与法治工作交流会，达成教育法治工作“北京共识”。制定落实“放管服”工作任务分工方案，有序推进教育行政审批制度改革，完成非行政许可事项清理及 2016 年权力清单调整工作。废止以市政府名义发布的教育管理文件 15 件。组织 8 名两委一室领导和 51 名机关干部参加行政执法资格考试，并取得执法资格证。办理学生申诉案件 8 件，行政复议案件 12 件，行政诉讼案件一审应诉案件 14 件，二审应诉案件 14 件，维护各方合法权益和教育系统和谐稳定。落实行政机关负责人出庭应诉要求。编辑《典型案例选编》。

开展法治教育宣传。全面总结教育系统“六五”普法工作成果，编制创新成果集和成果展。召开全市教育系统“七五”普法工作启动大会，印发《北京教育系统法治宣传教育第七个五年规划（2016—2020）》，全面部署“七五”普法工作。拍摄北京电视台“天天向上”法治进校园特别节目，组织开展法治宣传教育微访谈、北京高校第四届普法微视频征集展映活动。组织参加全国“学宪法讲宪法”演讲比赛、全市微视频征集和法治文艺大赛，获得优异成绩和组织奖。加强青少年法治教育资源网和法治教育基地建设，刊发《法治与校园》普刊4期，配送80万册。完成市区两级90余名机关干部依法行政、600余名中小学校长及近500名中小学法治教育骨干教师培训。

（李明海）

教育系统“七五”普法启动大会

10月26日，市委教工委、市教委、市政府教育督导室召开北京教育系统“七五”普法工作启动大会。会议充分肯定北京教育系统“六五”普法工作，部署下个五年法治宣传教育工作，提出要在“四个着力”上下工夫，一是要着力落实青少年法治教育大纲，提升青少年的法律素养；二是要着力实施法治教育人才队伍建设工程，建设一支专兼职结合的高素质专业化教师队伍；三是着力推进领导干部带头学法用法，全面提高依法治教的意识和能力；四是着力健全法治宣传教育支持体系，构建法治宣传教育新格局。要求教育系统各单位要认真领会会议精神，会后及时行动，精心组织，为“七五”普法顺利实施打下坚实基础。会议同时表彰2011—2015年国家及市级法治宣传教育工作先进集体和先进个人，邀请北京外国语大学、首都经济贸易大学、朝阳区教委、北京市第十八中学附属小学等单位相关人员作大会交流发言。王宁参加会议并讲话。教育部、市教委、市高级人民法院、市司法局、共青团北京市委领导，各高等学校、各区教委主管和部门负责人，市教委直属单位、各中等专业学校主要负责人，北京教育系统法治宣传教育工作领导小组成员共300余人参加会议。

（朱迎）

10月26日，北京教育系统七五普法启动大会

（市教委相关处室 供）

中小学校长依法治校专题培训

11月17日、18日、21日，市教委举办三期中小学校长依法治校专题培训班。培训班邀请教育部政策法规司、法制办相关负责人围绕《全面推进依法治校实施纲要》出台背景、当前现状、依法治校的主要内容进行授课；邀请北京交通大学附属中学、上海市桃浦中学、上海市北桥中学、北京市第八十中学校长围绕如何依法治校相关内容作经验交流发言。三期培训共有16个区621名校长参加学习。

（杨俊）

“国家宪法日”主题教育活动

11月30日，市委教工委、市教委举办“弘扬宪法精神构建法治校园——国家宪法日”主题教育活动。活动中，市教委副主任李奕带领现场师生诵读宪法部分章节，中央财经大学与东城区和平里第九小学的学生分别做“学宪法讲宪法”主题演讲。市委教工委、市教委在全市大中小学生当中选拔演讲学生，经各区推荐、丘瑞斯官方学生活动平台征集和选拔优秀演讲选手，组成北京代表队参加全国宪法主题演讲展示活动。现场还展映北京市第四届高校微视频优秀作品和新编原创法治情景剧《明明的奇幻夜》，活动共收到28所学校提交的130部作品，其中，微电影作品90部、公益视频作品40部。活动由北京教育音像报刊总社承办，北京服装学院协办。教育部法制办、市教委、市司法局等单位领导及各高校法治教育工作负责人、区教委主管主任及相关负责人、全市学生代表600人参加活动。

（朱迎　解淑平）

机关法治专题扩大学习讲座

12月2日，市委教工委、市教委、市政府教育督导室举办中心组扩大专题学法讲座。讲座邀请中央党校教授傅思明以《法治政府建设与依法行政》为题授课，解读中国特色社会主义法治体系的法律规范、法治实施、法治监督、法治保障和党内法规等内容，结合山西夏县局长举报案、新加坡外交官员公务礼物登记等案例，分析国家推进依法治国进程中出现的信访不信法、遇事不找法、办事不守法的现象，强调行政人员谋划工作要运用法治思维，处理问题要运用法治方式。两委一室领导及机关全体干部、直属单位党政负责人参加学习。

（朱迎）

12月2日，两委一室举办中心组扩大专题学法讲座

（市教委相关处室 供）

中小学法治教育骨干教师"七五"首期培训

12月22日、23日和28日，市教委举办中小学法治教育骨干教师"七五"首期培训班。培训邀请中国政法大学、中央财经大学等高校教师，围绕宪法与宪法教育、《青少年法治教育大纲》中涉及的法律知识等开展专题讲解。同时针对《道德与法治》课堂教学实践需要，就如何设置法治教育知识点梳理、学生法治教育实践、如何上好一节禁毒课等内容，推广有效课堂教学方法。培训邀请首都师范大学附属小学、北京大学附属中学、北京宏志中学等校领导，介绍学校多途径开展法治教育的经验做法。来自各区400余所中小学校483名法治教育骨干教师参加培训。本期培训标志着"七五普法"期间全市中小学教师依法施教培训工作正式启动。

（朱迎）

非行政许可事项清理及权力清单调整

至年底，市教委完成非行政许可事项清理、2016年权力清单调整和审批中介服务事项清理工作。市教委调整3项非行政许可审批事项，其中，"普通高等学校学生、成人高等学历教育学生转学确认"调整为行政确认职权；"市属高校设置尚未列入《专业目录》的新专业初审"调整为其他职权；"民办高等学历教育学费、住宿费标准审核"调整为其他职权。至此，原有非行政许可审批事项25项，已全部清理。完成学生资助工作管理、高等学校招收港澳台学生资格管理两个事项2016版权力清单调整，调整后市教委权力清单中共有各项职权44项（不含有行政处罚事项）。市教委同时对"设立民办高等职业学校资产审计""实施高等专科教育、非学历高等教育和高级中等教育、自学考试助学、文化补习、学前教育的中外合作办学项目以及内地与香港、澳门特别行政区和台湾地区合作办学项目申请人验资""实施本科以上高等学历教育的中外合作办学项目以及内地与香港、澳门特别行政区和台湾地区合作办学项目申请人验资"三项行政审批中介服务事项做出"不再要求申请人提供资产审计报告""不再要求申请人提供验资证明"的处理决定。

（杨俊）

文件发布清理工作

至年底，市教委完成市政府法制办关于开展以市政府名义发布文件清理工作。按照市政府法制办的清理要求，市教委共清理以市政府名义发布文件31项，其中，保留16项，废止15项。

（李群伟）

规范性文件审核和管理

至年底，市教委完善规范性文件审核备案工作机制，加强制度建设。按照《北京市教委行政规范性文件备案管理办法》的规定，在明确市教委行政规范性文件备案范围前提下，严格制定程序，强化集体讨论和按时报备的工作责任。确保行政规范性文件合法性、合理性、适应性和可行性。市教委相关部门编制2016年市教委行政规范性文件目录，全年共报送规范性文件备案16件。

（李群伟）

组织干部工作

概述

2016年，党的关系隶属于市委、归口市委教工委管理的高等院校和事业单位共有60个，校级党委60个，院（系）级党委648个、党总支472个，党支部14480个（包括直属党支部510个）。高校系统共有共产党员265776人，占高校系统总人数的26.45%，包括一线教师党员34666人，占一线教师总人数比例58.8%(包括教授党员7813人，占比59.68%；副教授党员12066人，占比58.97%)，大学生党员139741人，占大学生总人数的18.33%(包括研究生党员99812人，占研究生总人数的41.87%;本科生党员39221人，占本科生总人数的8.2%)。全年发展党员29377人，包括大学生党员28650人。

2016年，市委教工委积极推进各级各类领导班子和干部队伍建设，全面做好干部调配、监督和教育培训工作。全年共调配北京高校校级领导干部200人次，"两委一室"机关和直属单位处级干部49人次。完成233名高校校级领导干部、114名"两委一室"机关处级干部及70名直属单位处级领导干部年度考核工作。完成206名处级领导干部个人有关事项报告的录入和上报工作，处理信访24件。全年先后组织各级各类培训班10余个，完成干部教育培训千余人次。

（孙亚茹　付兴锋）

高校党委书记述职评议考核

1月19日至20日，市委教工委召开2015年北京高校党委书记抓基层党建工作述职评议考核会议。26名高校党委书记现场述职，市委教工委领导对述职情况逐一点评，市教育纪工委领导对高校党委书记抓党风廉政建设情况总体点评。苟仲文参加会议并讲话。考核会前，34名高校党委书记提交书面述职报告。此次现场述职结果于3月向各高校党委书记进行反馈，其中，双管高校党委书记的述职结果向有关部委组织人事部门进行反馈。高校党委书记抓基层党建工作2014年实施，首先在清华大学、北京师范大学、北京林业大学、北京工业大学和北京工业职业技术学院5所高校试点。年内，60所北京高校全部完成2015年北京高校基层党建述职评议考核工作。

（孙亚茹）

干部考核监督工作

1月至3月，市委教工委完成2015年市属高校领导班子和领导干部、两委一室机关和直属单位处级干部年度考核工作。其中，30所市属高校233名校级领导干部参加年度考核，经过民主测评、学校党委研究、上级党组织认定，核定49人考核等次为优秀、3人记三等功、46人获得嘉奖；两委一室机关114名处级干部参加年度考核，42人考核成绩优秀、13人记三等功、42人获得嘉奖；70名直属单位处级干部年度考核，14人考核成绩优秀。全年，市委教工委组织完成市属高校和两委机关、直属单位处级以上领导干部报告个人有关事项工作，完成206名处级领导干部个人有关事项报告的录入和上报工作。查核领导干部报告个人有关事项60人，其中，随机抽查22人、重点查核38人。完成6名直属单位领导干部、4名高校领导干部的离任审计。全年处理信访24件。

（付兴锋）

高校组织部长会议

3月1日，市委教工委召开2016年北京高校组织部长会议。会议回顾2015年北京高校组织干部工作，部署2016年工作，强调各高校要认真贯彻落实中央和市委部署，准确把握高校组织工作面临的新形势新任务，切实增强做好工作的主动性和自觉性，为首都高等教育事业发展提供坚强保证。北京60所高校主管领导、组织部长参加会议。

（孙亚茹）

拨付先锋工程专项经费1215.52万元

4月12日，市委教工委向55所高校拨付北京高校学生党员先锋工程专项经费1215.52万元。经费主要用于高校学生党支部书记轮训、学生党支部“服务先锋行动计划”。市委教工委同时印发《2016年北京高校学生党员先锋工程实施计划》，明确2016年持续深入推进北京高校学生党员先锋工程，要紧密结合“两学一做”学习教育，进一步完善学生党建工作理念思路、方法手段，总结推广先进经验，建立健全长效机制，使学生党组织的政治属性更加鲜明、服务功能得到强化、战斗堡垒作用进一步凸显；使学生党员的理想信念更加坚定，政治意识、大局意识、核心意识、看齐意识明显增强，综合素质进一步提高，成为“讲政治、有信念，讲规矩、有纪律，讲道德、有品行，讲奉献、有作为”的合格党员中的优秀分子，成为引领学生成长成才的先锋和表率。北京高校学生党员先锋工程实施计划由市委教工委2013年发起，历时4年。

（孙亚茹）

“两学一做”学习教育座谈会

4月25日，市委教工委召开北京高校“两学一做”学习教育座谈会。会议部署高校“两学一做”学习教育工作，苟仲文参加会议并讲话。市委教工委要求各高校按照中央和

4月25日，北京高校“两学一做”学习教育座谈会
（市委教工委相关处室 供）

市委关于在全体党员中开展“学党章党规、学系列讲话，做合格党员”学习教育的要求，结合实际作出具体部署。强调要坚持问题导向，聚焦解决高校存在的突出问题；坚持从严从实，提高学习教育质量；加强组织领导，落实抓好“两学一做”学习教育的主体责任。北京60所高校共计200人参加会议。市委教工委同时成立“两学一做”学习教育协调小组，配合市委组织部组建市委第五巡回督导组，印发《关于在北京高校全体党员中开展“学党章党规、学系列讲话，做合格党员”学习教育的实施方案》《关于在北京市基础教育系统全体党员中开展“学党章党规、学系列讲话，做合格党员”学习教育的指导意见》。市委教工委另于9月18日、10月17日，连续两次召开北京高校“两学一做”学习教育交流推进会；于11月召开“两学一做”学习教育督导员工作会和北京高校“两学一做”学习教育交流推进会，推动该项工作开展。

（贾晓燕　孙亚茹　汪天逸）

“两学一做”学习教育专题示范培训班

5月11日至12日、16日至17日、18日至19日，市委教工委分别举办北京高校教师党支部书记、北京中小学党组织书记、北京高校学生党支部书记“两学一做”专题示范培训班。苟仲文以《以史谈纪——从党的历史看党的纪律的重要性》为题，为党支部书记、党校干部三次主讲“两学一做”学习教育专题党课。3个培训班分别前往延安红色革命教育基地、西柏坡革命教育基地和山东沂蒙党的群众路线实践教育基地现场教学。至年底，市委教工委另组织学生党员参加全国大学生党员“两学一做”专题网络示范培训班、“两学一做”专题网络培训扩大班；完成高校教师党支部书记“两学一做”网络示范培训班报名和集中培训学习。

（孙亚茹）

民办高校“两学一做”学习教育

5月16日、6月22日和11月15日，市委教工委召开3次会议，推进民办高校“两学一做”学习教育。三次会议分别是北京民办高校党建工作联络员工作会、北京民办普通高校“两学一做”学习教育工作交流会暨北京民办高校

党建工作调研会、民办高校党建工作联络员座谈会。

（孙亚茹）

19 人获优秀共产党员称号

6 月 23 日，市委印发《关于命名表彰北京市优秀共产党员、优秀党务工作者和先进基层党组织的决定》，北京教育系统 19 人入选优秀共产党员。市委共授予 103 人“北京市优秀共产党员”称号、103 人“北京市优秀党务工作者”称号、53 个基层党组织“北京市先进基层党组织”称号。北京教育系统 19 人入选“北京市优秀共产党员”，14 人入选“北京市优秀党务工作者”，11 个党组织入选“北京市先进基层党组织”。

（孙亚茹　张晓兰）

高校党建论坛暨党建研究会年会

6 月 30 日，北京高校纪念中国共产党成立 95 周年党建论坛暨北京高校党建研究会年会在清华大学召开。会议以“纪念中国共产党成立 95 周年，落实全面从严治党要求，全面加强北京高校党的建设，为办好中国特色社会主义大学提供坚强保证”为主题，听取北京高校党建研究会 2015 年度工作报告，邀请 8 名高校党委负责人作大会主题发言。苟仲文参加会议并讲话。会议同时表彰 2015 年度北京高校党建研究课题优秀成果 6 项；表彰北京高校“两学一做”专题精品党课、微党课、微视频、微动漫征集推广活动获奖作品，并对优秀作品进行展播，14 个作品获得一等奖、16 个作品获得二等奖、36 个作品获得三等奖。市委教工委另于 7 月 4 日召开北京高校学习贯彻习近平总书记“七一”讲话精神座谈会，19 名高校党委书记参加会议，清华大学党委书记等 8 人作交流发言。

（孙亚茹）

2 人获“全国优秀共产党员”称号

7 月 1 日，中共中央印发《关于表彰全国优秀共产党员、优秀党务工作者和先进基层党组织的决定》，北京 3 名教育工作者和 1 所高校入选。首都医科大学附属北京儿童医院超声科主任贾立群、北京工业大学教授彭永臻入选“全国优秀共产党员”，北京市十一学校党总支书记、校长李希贵入选“全国优秀党务工作者”，北京航空航天大学党委入选“全国先进基层党组织”。在庆祝中国共产党成立 95 周年之际，中共中央决定授予 100 人“全国优秀共产党员”称号、100 人“全国优秀党务工作者”称号、300 个基层党组织“全国先进基层党组织”称号。

（孙亚茹　张晓兰）

博士服务团及西部专家行活动人员选拔

9 月至 11 月，市委教工委分别组织完成“首都专家青海行”“首都专家新疆行”和“博士服务团”人员选派工作。选派北京工业大学、首都师范大学、北京青年政治学院等高校的 5 名从事学校管理与建设、社会工作、教师教育、信号及信息处理、通信与信息系统的专家参加“首都专家青海行”活动；选派北京教育学院、北京教育科学研究院等单位 2 名从事学科教育、教师培训的专家参加“首都专家新疆行”活动。选派北京交通大学、北方工业大学、首都师范大学、北京建筑大学、北京联合大学等学校 6 名优秀处级干部或教师参加第 17 批博士服务团工作。市委教工委另完成 2016 年“西部之光”2 名访问学者的接收工作。

（付兴锋）

高校领导干部理论学习文章评审

10 月至 12 月，市委教工委完成 2015 年度高校领导干部理论学习文章评选工作。北京 57 所高校校级领导干部共上交理论学习体会文章 467 篇，进入复评文章 59 篇，最终评选出一等奖 10 篇、二等奖 15 篇、三等奖 25 篇；6 所高校获优秀组织奖。

（付兴锋）

徐川“两学一做”学习教育优秀党课巡回报告会

11 月 7 日，市委教工委在中央财经大学举办徐川“两学一做”学习教育优秀党课巡回宣讲报告会。专题党课报告以《顶天立地谈信仰》为题，讲述他对信仰的理解与思考。教育部思政司、市委教工委相关负责人及 10 所高校的党委主管副书记、组织部长、党校负责人、学生工作部门负责人、辅导员及学生党员代表 700 人参加学习。中央财经大学是本次巡回宣讲活动的第一站。根据教育部的工作部署，巡回宣讲活动将在北京、上海等 6 个高校较为集中的省市陆续展开。徐川，现任南京航空航天大学能源与动力学院党委副书记，长期从事学生工作，“徐川思政工作法”被教育部在全国推广。

（孙亚茹）

高校党建难点项目支持计划综合验收交流会

11 月 29 日至 30 日，市委教工委召开北京高校党建难点项目支持计划综合验收交流会。北京大学、清华大学、北

11 月 29 日，北京高校党建难点项目支持计划综合验收交流会（市委教工委相关处室 供）

京师范大学等11所试点高校项目组成员汇报项目成果，党建专家分别对项目进行点评。北京高校党建难点项目支持计划2015年启动，共有11所试点高校的11个项目入选，其中，“提高党支部组织生活质量”项目5个、“强化大学生思想入党”项目6个。

（孙亚茹）

干部调配工作

至年底，市委教工委完成高校及机关领导干部调配工作。全年共调配北京高校校级领导干部200人次，其中，双管高校干部107人次、市属高校93人次。调配高校党政正职领导干部49人次，其中，双管高校25人次、市属高校24人次。完成两委一室机关和直属单位处级干部任免工作49人次，其中，任职28人次、免职21人次。

（付兴锋）

从严管理干部

至年底，市委教工委从严做好干部管理工作。围绕中央和市委干部监督工作重点，制定两委一室《直属单位、机关处室主要负责人述责述廉制度》《健全完善抓早抓小工作机制若干意见》《领导班子成员教育管理监督领导干部工作办法》《主要负责人、班子其他成员联系下级“一把手”制度》。组织完成两委机关和市属高校出国（境）管理自查工作、配偶已移居国（境）外的国家工作人员任职岗位管理工作、处级领导干部报告个人有关事项录入与抽查核实工作、退（离）休干部在社会团体兼任职务规范清理等重点工作任务。做好两委一室处级干部档案专项审核工作，完成档案认定192册，做好年度文书档案整理和归档工作。坚持高校领导干部出国审查备案、离京请假备案等制度，全年办理高校领导干部出国政审370余人次，办理教育社团拟任人选审批40余件。

（付兴锋）

干部教育培训

至年底，市委教工委组织开展干部教育培训工作。全年先后组织市属高校新任副校级领导干部研讨班、高校年轻正处级干部培训班、区委教育工委书记区教委主任专题研讨班、学习贯彻党的十八届六中全会精神专题研讨班等各级各类培训班10余个，完成干部教育培训千余人次。启动校级领导干部境外培训班工作，组织市属高校18名校级领导共21人赴英国伦敦进行为期21天的“提升高校治理能力”培训，学习西方知名高校教育管理经验，了解把握西方高等教育改革发展趋势。

（付兴锋）

干部挂职和援派工作

至年底，市委教工委、市教委、市政府教育督导室完成干部挂职援派相关工作。推进两委一室机关干部到基层锻炼和参加援助项目，选派26人到高校和直属单位挂职，选派1人到巴东挂职、1人到唐山曹妃甸挂职、1人到京郊低收入村任第一书记、1人援助西藏、1人援助新疆和田。同时从高校接收优秀处级干部17人、博士青年教师和辅导员19人到两委机关挂职锻炼；从高校选派14人到京郊低收入村任第一书记。市委教工委另组织开展2016年教育系统选调生选拔工作。高校共推荐91人参加选调生选拔，经笔试、面试，10人入选。

（付兴锋）

第九批“人才京郊行”人员选派

至年底，市委教工委完成第九批“人才京郊行”人员选派工作。经学校、市委教工委推荐，市委组织部确定人员方式，共选派9名高校干部教师赴平谷、延庆、大兴、通州、顺义等远郊区挂职一年。市委教工委同时协助完成第八批“人才京郊行”10名选派人员考核工作。

（付兴锋）

宣传与思想政治教育工作

概述

2016年，北京教育系统宣传教育工作围绕立德树人中心环节，以社会主义核心价值观为引领，着力抓谋划、抓重点、抓协同、抓创新，为首都高等教育改革发展稳定提供有力的思想保证和舆论支持。开展红色“1+1”学生党支部共建活动，1039个学生支部与学校、农村、社区等基层支部结对。开展学生基层组织创建工作，278个班级参加“我的班级我的家”优秀班集体市级创建活动。组织179名博士生、博士后青年教师和辅导员到北京市开展挂职锻炼。市委教工委、市委宣传部和市委党校联合举办7期北京市哲学社会科学教学科研骨干培训班和5期北京高校青年骨干教师中国特色社会主义理论市级示范培训班，共1200余名高校教师、宣传教育干部参加培训。依托9个北京高校辅导员培训研修基地，8个北京高校心理素质教育工作基地，共培训高校心理教师、辅导员、班主任和学生骨干2000余人次。组织1500余名高校青年教师开展19次“城乡体验日”活动。成立11个北京高校中国特色社会主义理论研究协同创新中心，设立13个北京高校思想政治理论课教育教学改革示范点、2个培育项目和8个教学改革创新重大项目，设立20个“中国特色社会主义50问”系列重大课题研究项目，评聘36名北京高校思想政治理论课特级教授、57名特级教师，评定“择优资助计划”课题15个，“扬帆资助计划”课题50个，面向1322人发放北京高校一线专职思想政治理论课教师教学岗位补贴，评定北京高校马克思主义理论专业新生奖学金获得者98人、学术奖学金获得者63人。依托北京市高等教育学会思想政治理论课各教学研究会举行暑期备课会和学术活动 20 余次，覆盖思政课教师达 1000 余人次。

（刘冰　杨俊义）

高校理论名家讲堂

3 月 29 日，市委教工委“北京高校理论名家讲堂”活动在中央民族大学举行。讲堂邀请新疆维吾尔自治区文联党组副书记、主席阿扎提·苏里坦为首都维吾尔族大学生做《珍惜机会成长成才》的专题报告。北京大学、中央民族大学、北京邮电大学等 9 所高校的 500 余名维吾尔族大学生听取报告。至年底，市委教工委共举办 4 场“北京高校理论名家讲堂”活动，分别邀请国务院发展研究中心刘世锦、复旦大学张维为、北京大学王辑思做《我国宏观经济态势与供给侧改革》《重返世界之巅》《国际秩序与中美关系》专题报告，北京高校学生 4000 人次参加报告会。

（王星星　刘冰）

首都大学生读书研讨会

4 月 22 日，市委教工委在中国农业大学举办首都大学生《习近平谈治国理政》读书研讨会暨“读书读经典”系列活动启动仪式。会上，来自北京大学、中国人民大学等高校的师生代表结合“读书读经典”活动主题和《习近平谈治国理政》研读体会做交流发言。为推动活动开展，市委教工委发布包括《习近平谈治国理政》《知之深爱之切》《平凡的世界》等在内的第一批 20 本推荐书目，聘请 20 名专家名师担任指导教师，成立“首都大学生理论社团悦读汇”。苟仲文参加会议并讲话，他强调要深刻认识读书读经典对提升大学生文化素养的重要意义，引导大学生转变碎片化阅读、网络化阅读和浅阅读的习惯，扎下身子，静下心来，认真读书，从经典著作和深度阅读中汲取营养。市有关部门负责人及高校师生代表等 100 人参加研讨会。市委教工委于 5 月 14 日在清华大学举办首都大学生“读书读经典”系列活动首场专家报告会，邀请北大中文系教授韩毓海为来自 55 所高校的 300 余名大学生作题为《重读马克思》的专题报告。至年底，共举办“读书读经典”专题报告会 20 场。

（王星星　张晓兰）

4 月 22 日，首都大学生《习近平谈治国理政》读书研讨会

（市委教工委相关处室 供）

基础教育党建工作会

4 月 27 日，市委教工委、北京教育党校、北京市普教系统党建研究会组织召开 2016 年北京基础教育党建工作会暨“十二五”北京教育党校工作交流会。研究会作“十二五”期间工作报告，回顾教育党校、市普教系统党建研究会在“十二五”期间的发展历程和发展成果，系统梳理并提炼党校、研究会的基本经验。会议表彰“十二五”北京教育党校系统先进单位和个人，年度普教系统党建研究先进单位和个人，审议并通过普教系统党建研究会理事建议名单和《北京教育学会普教系统党建研究会章程》。会议同时印发市委教工委《关于在北京市基础教育系统全体党员中开展“学党章党规、学系列讲话，做合格党员”学习教育的指导意见》和北京教育党校《关于加强对区级教育党校业务指导的暂行办法》。全市各区委教工委、教育党校、普教党建研究会，部分中小学书记代表，北京市首期中小学党建科学化研究院成员等共 150 人参加会议。北京教育党校、北京市普教系统党建研究会挂靠北京教育学院，负责面向全市各区教育党校、普教系统党建研究会和中小学校党组织提供“党建研究、党校培训和党建宣传”三位一体的统筹、管理、指导、咨询与服务。

（刘琳）

王安顺为大学生上形势政策课

4 月 28 日，王安顺到北京信息科技大学调研并为大学生上形势政策课。王安顺参观该校重点实验室，并观摩学生研发的科技成果，随后为该校师生作题为《全面提升科技能力，加快构建创新驱动发展新格局》的形势政策课。他重点介绍当前科技创新的形势、首都科技创新的优势以及未来推动科技创新要做的工作，并用京东方、小米、华为等企业的成功案例，鼓励广大师生积极投身创新大潮。市政府、市委教工委等单位相关负责人及北京信息科技大学师生 120 余人参加活动。

（刘冰）

高校学习贯彻哲学社会科学座谈会精神

5 月 20 日，市委教工委召开北京高校座谈会，学习贯彻习近平在哲学社会科学座谈会上的重要讲话精神。会上，来自中国人民大学、首都经济贸易大学等高校的师生分别发言，认为习近平的讲话思想深邃，理论性指导性强，深刻阐明马克思主义在我国哲学社会科学领域的指导地位，为当代中国哲学社会科学的发展提供根本遵循。苟仲文参加会议并讲话，要求各高校准确把握习近平重要讲话的精神内涵与核心要义，把学习讲话精神与“两学一做”学习教育结合起来，将思想和行动高度统一到总书记的重要讲话精神上来，不断巩固马克思主义在高校哲学社会科学领域的指导地位，全面提高哲学社会科学教育教学质量，加快构建哲学社会科学创新体系，培养造就一大批哲学社会科学人才，为加快构建中国特色哲学社会科学贡献力量。北京 60 所高校党委书记、校长、主管校领导、马克思主义学院院长及哲学社会科学专家、教师、学生代表等参加会议。

（杨俊义）

苟仲文讲“两学一做”专题党课

5月20日，苟仲文在清华大学为北京市研究生党员骨干培训学校第九期（清华）培训班学员做“两学一做”专题党课。专题党课以《以史谈纪——从党的历史看党的纪律的重要性》为题，苟仲文以唯物史观方法带领学员全面学习回顾党的历史，对比分析革命斗争初期、抗日战争时期和解放战争时期等不同历史阶段中共产党与国民党在指导思想、革命路线、纪律作风等方面的差异和优劣，从两党内外部建设等方面剖析成败得失的深层原因。他指出，“铁的纪律是组织建党的法宝”“政治纪律是思想建党的核心”“从严执纪是制度建党的关键”。党课结束后，苟仲文与培训班学员现场交流。市委教工委、清华相关部门负责人，市研究生党员骨干培训班学员共130余人参加党课。北京市研究生党员骨干培训学校由市委教工委依托清华设立，采取理论学习、经典研读与实践教学相结合的方式，每期对北京高校选派的约120名研究生党员骨干集中培训。

（王星星）

高校思想政治理论课研讨会

6月17日，市委教工委召开北京高校思想政治理论课“专题式教学”研讨会。会议围绕习近平《在全国党校工作会议上的讲话》中提出的13个问题，邀请北京大学、中央财经大学、北京航空航天大学等高校教师做示范课讲解，并就高校思想政治理论课专题式教学介绍经验。会议认为此次会议主题明确、代表性强，对于总结交流各高校思想政治理论课专题式教学的好经验、好做法，深化对思想政治理论课教学规律的认识和把握，发挥重要的促进作用。苟仲文参加会议并讲话，他强调高校思想政治理论课的教学要贯彻落实中央精神与要求，适应青年学生的特点，特别要抓住“教学体系与内容”这一基础环节。专题式教学不求“大而全”，而在“专而精”，应聚焦学生关注的重大问题，精心组织、拓展教学内容，增强教学的针对性实效性。教育部社科司、市委教工委相关人员，60余所高校的马克思主义学院院长、专家学者和教师200余人参加会议。市委教工委另于7月13日在北京第二外国语学院举办新媒体境域下高校思想政治理论课教学方法创新研讨会，探究在“互联网+”背景下，新媒体运用于高校思想政治理论课课程教学的基本特征、总体趋势、发展规律、应用原则和主要功能。北京师范大学、北京理工大学等40余所高校的马克思主义学院院长、专家学者和教师近百人参加会议。

（刘冰）

高校思想政治理论课建设专题会

9月29日，市委教工委召开北京高校思想政治理论课建设专题会暨“名家领读经典”活动启动仪式。活动为“名家领读经典”北京高校市级思想政治理论课授课专家和班主任颁发聘书，为北京高校思想政治理论课教学改革示范点授牌，正式启动“名家领读经典”市级思想政治理论课公选课“中国共产党与国家治理体系和治理能力现代化”。苟仲文参加会议并讲话。教育部社科司、市委宣传部、市委教工委等单位相关负责人，“名家领读经典”授课专家，各高校主管校领导、马克思主义学院院长（思政部主任）和2016年新入职思想政治理论课教师，以及北京大学、清华大学、中国人民大学、北京师范大学、北京科技大学、北京交通大学、中国地质大学（北京）、北京林业大学8所试点高校“名家领读经典”市级思政课本校班主任和大学生代表共计600人参加活动。“名家领读经典”活动以“大型领读”为主要形式，设立一门市级思想政治理论课“中国共产党与国家治理体系和治理能力现代化”，并在部分高校2016年秋季学期开展试点工作。10月至12月，“名家领读经典”北京高校市级思想政治理论课“中国共产党与国家治理能力和治理体系现代化”共进行13讲，国防大学教授金一南、北京大学中文系教授韩毓海、清华大学国情研究院教授胡鞍钢等为8所试点高校300余名大学生授课。

（刘冰）

思想政治教师开放研修培训

9月，市委教工委依托“开放研修平台”面向北京高校思想政治理论课一线专职教师开展培训研修工作。此举旨在推动培训研修改革，变统一化培训为个性化培训、变脱产式集中培训为日常性选择培训、变听取专家讲座为直接参与课堂教学过程，提高教师培训研修的实效。市委教工委要求各高校优秀教师集中发布正在讲授的思想政治理论课及教学研讨课信息，全体教师进行网上选课、现场听课、课后评课，其中，35岁（含）以下青年教师每学年须选听30个学时的课程，35岁以上教师每学年须选听20个学时的课程。9月至12月，市委教工委共上线发布课程378节，选课教师6094人次。

（刘冰）

高校经典著作读书会

12月9日，市委教工委举办2016年度北京高校马克思主义经典著作读书会。读书会从背景及文本结构、主要内容、重要理论问题三个方面对《〈政治经济学批判〉序言》作主旨解读；从问题的提出、唯物史观在《资本论》研究中的运用、《资本论》对唯物史观的验证和深化等方面进行拓展解读。来自清华大学、北京师范大学、中央民族大学的专家学者结合研究领域做相关解读。围绕《〈政治经济学批判〉序言》相关问题，与会师生与现场嘉宾讨论交流。活动由中央民族大学马克思主义与民族团结教育协同创新中心、北京高校思想政治理论课“孙英名师工作室”、马克思主义学院马克思主义读书会（经典著作研究会）承办。北京大学、西北工业大学和清华等京内外高校和科研机构100余名思想政治或相关专业和领域教师学生参加读书会。

（刘冰）

高校红色“1+1”示范活动展示评审会

12月21日，市委教工委举办“发挥党员先锋模范作用，服务京津冀协同发展”2016年北京高校红色“1+1”示范活动展示评审会。共有1096个学生党支部参加红色“1+1”共建活动，25个支部参加最终的展示评选会。经视频展示、专家评审等环节，北京建筑大学等10所高校的学生党支部获得一等奖；北京大学等15所高校的学生党支部获得二等奖。入围评审会的各所高校学生党建工作负责人、红色“1+1”项目高校负责教师及学生党支部代表300余人参加活动。

（崔灿）

第三届高校思政课青年教师发展论坛

12月24日至25日，市委教工委举办第三届北京高校思想政治理论课青年教师发展论坛。论坛包括主论坛、大会交流、分论坛研讨三个部分。邀请教育部社科中心主任作题为《学习贯彻全国高校思政工作会议精神》的主题报告，设“原理”“概论”“纲要”“基础”四个分论坛，与会人员分别就“学习全国高校思想政治工作会议精神有什么样的体会”以及“如何在四门课程教学中贯彻落实会议精神”讨论并交流。北京高校思想政治理论课青年教师发展论坛2014年设立，由市委教工委主办，北京师范大学熊晓琳名师工作室每年承办一期。

（刘冰）

高校青年教师社会调研成果评选

12月27日，市委教工委公布2016年北京高校青年教师社会调研成果评选结果。经37名专家6轮评议，共评出一等奖资助作品137项、二等奖资助作品171项，优秀组织工作奖8个。2016年青年教师社会调研的主题和内容与首都经济发展紧密结合，市委教工委经过广泛征询意见，提供110个参考题目，并邀请市委研究室、市哲学社会科学规划办、首都图书馆等专家举办三次集中辅导报告。活动共收到57所高校申报的425篇社会调研成果报告。

（刘娟）

统一战线与群众工作

概述

2016年，北京高校以强化党外知识分子思想政治引导为主线，以加强党外代表人士队伍建设为重点，全面推进民主党派、无党派人士、民族、宗教、港澳台侨工作和工会、妇女工作，积极构建“大统战”工作格局，不断提高高校统一战线和群众工作科学化水平，工作得到中央和市委充分肯定。市委教工委被中央统战部授予2016年党外知识分子建言献策信息工作先进单位，报告《多措并举打造北京高校党外人士教育培养新高地》获2016年度全国统战工作实践创新成果奖。北京高校现共有党外知识分子6.2万人，占知识分子总数的48%；有民主党派基层组织330个，民主党派成员7800人，8个民主党派有2名中央主席、9名中央副主席、5名市主委来自北京高校；现有196名全国和北京市政协委员，党外人士149人；109名全国和北京市人大代表，党外人士75人；40所高校配备43名党外校级领导干部。

（于海　尹传举）

高校民族宗教专题培训班

3月至4月，市委教工委举办第七期北京高校民族与宗教工作专题培训班。培训班通过集中研修学习、异地教学、撰写研修论文等形式，提升北京高校做好校园民族与宗教工作的能力和水平。来自各高校统战、学生、保卫等相关部门90余名学员参加学习。

（于海　尹传举）

高校统战工作会议

4月5日，市委教工委召开北京高校统战工作会议。会议学习中央统战工作会议、第二次全国高校统战工作会议精神，总结过去十年工作，表彰北京高校统战工作特色与创新项目、“心桥工程”先进单位和优秀个人，北京大学、中国农业大学等高校作经验交流发言。会议印发《北京高校统战工作特色和创新项目材料汇编》《北京高校“心桥工程”优秀项目和优秀个人事迹材料》《北京高校党委书记谈统战》，并对高校统战工作作出决策部署。中央统战部、教育部思政司、市委统战部、市委教工委相关人员及各高校党委书记、统战工作主管领导、统战部部长共200人参加会议。

（于海　尹传举）

港澳台教育交流调研

4月至6月，市委教工委组织开展港澳台教育交流情况调研。市委统战部联络处、市委教工委、市教委组成联合调研组，走进东城、朝阳、海淀的中小学，了解京港澳“姊妹校”建设情况和交流情况；走进北京大学、清华大学、北京中医药大学，针对中央统战部港澳台教育交流试点校工作，了解学校在港澳台工作的基本情况和存在的困难。调研组认为，北京市要充分发挥首都统战和教育资源优势，进一步搭建好京港澳三地师生交流平台，加强校际交流合作，促进京港澳三地教育事业发展，加深港澳青少年对祖国内地的认识与了解。

（于海　尹传举）

高校统战工作自查

5月，市委教工委组织开展北京高校统战工作自查。自查主要围绕各高校贯彻落实中央和市委关于统一战线一系列重大决策部署工作，通过高校自查、片组会、座谈、走访等形式开展，主要检查统战工作机制、党外知识分子工作、民族宗教工作、党外代表人士队伍建设、统战工作力量配备等方面情况。市委教工委认为各高校党委高度重视统战工作，认真学习中央统战工作方针政策，贯彻落实中央和市委统战工作部署;不断完善领导体制和工作机制,积极构建“大统战”工作格局，下一步要继续狠抓工作落实，努力开创具有中国特色、首都水平、高校优势的北京高校统一战线工作新局面。市委教工委最终形成《北京高校统战工作自查报告》。

（于海　尹传举）

联合开展党外中青年骨干培训班

5月至6月，北京高校医学类院校、财经语言类院校分别联合开展党外中青年骨干培训班。培训班分为网络学习、理论教学和实践教学三个环节，引导广大高校党外中青年骨干增强中国特色社会主义道路自信、理论自信和制度自信。北京高校党外青年教师200余人参加培训。

（于海　尹传举）

高校统战大讲堂

6月2日,市委教工委在中国人民大学举办北京高校“统战大讲堂”。大讲堂邀请中共中央统战部原常务副部长朱维群作《我国民族宗教工作的坚持与创新》专题报告。报告指出，党和国家关于民族问题和民族工作的基本政策符合中国国情、有利于各民族团结进步，符合时代要求、维护中华民族的整体利益。当前，关于民族问题和民族政策的研究讨论在学术界有多种观点，这将有利于民族问题的研究和探讨，也为国家完善民族政策提供很好的理论参考。各高校主管统战工作的党委副书记及统战、学生、保卫工作相关部门负责人参加学习。

（于海　尹传举）

两家高校统战教学基地揭牌

6月和7月，市委教工委在重庆和江苏省社会主义学院分别建立“北京高校统战理论与实践教学基地”。6月5日，市委教工委在重庆社会主义学院举办北京高校统战工作主管领导培训班开班仪式。仪式上，北京市委常委、统战部部长戴均良和重庆市委常委、统战部部长宋爱荣共同为首家“北京高校统战理论与实践教学基地”揭牌，市委教工委与重庆社会主义学院签署相关培训协议。开班仪式后，举办《重庆与民主党派》专题辅导课。北京各高校统战工作主管领导和市委办公厅、统战部、市委教工委主管处室负责人共50人参加开班仪式。北京高校统战工作主管领导培训班分实践教学和理论教学两个环节，6月5日至8日在重庆开展实践教学环节，6月21日至24日在中央社会主义学院开展理论教学环节。北京各高校统战工作主管领导参加培训班。7月13日，市委教工委在江苏省社会主义学院成立第二家“北京高校统战理论与实践教学基地”，并举办高校统战部长培训班。培训班为期3天，北京各高校统战部长46人参加培训。

6月5日，首家北京高校统战理论与实践教学基地揭牌
（市委教工委相关处室 供）

（于海　尹传举）

高校知联会、留联会工作座谈会

9月13日，市委教工委在北京师范大学举办北京高校知识分子联谊会、留学人员联谊会推进建设工作座谈会。北京师范大学、中央财经大学、首都师范大学等校作交流发言。会议认为加强和改进高校党外知识分子工作，健全党外知识分子工作机制是贯彻落实中央和市委关于统战工作的一系列会议精神和工作要求、进一步加强和改进高校统战工作的需要，对于做好统一战线工作具有十分重要的意义。北京部分高校主管统战工作校领导、统战部长参加会议。

（于海　尹传举）

纪检与监察

概述

2016年，北京高校纪检监察机构共有60个。纪检监察专职干部294人，其中，硕士及以上学历217人，占74%;35岁以下干部62人,占21%;56岁及以上干部23人，占8%；女性干部134人，占46%。

（马维娜）

高校纪检监察信访举报工作会

1月19日，市教育纪工委召开北京高校纪检监察信访举报相关工作会议。会议旨在贯彻落实市纪委聚焦主业工作和增强纪检干部的能力建设的相关要求。会议组织学习新颁布的《中国共产党纪律处分条例》，解析《关于定期报送信访举报形势分析和统计表的通知》要求，以纪检监察信访举报数据报送为契机开展工作培训。北京 60 所高校及市教委监察处负责信访举报的纪检监察干部 63 人参加会议。

（马维娜）

教育系统党风廉政建设工作会议

4 月 8 日，市委教工委召开北京教育系统党风廉政建设工作会议。会议听取题为《落实全面从严治党要求推进党风廉政建设和反腐败工作》的工作报告，总结回顾 2015 年北京教育系统党风廉政建设和反腐败工作，部署 2016 年主要任务。苟仲文参加会议并讲话，他指出，北京教育系统要准确把握当前的形势和任务，深刻领会党风廉政建设和反腐败斗争取得的重大成效，深刻领会党风廉政建设和反腐败斗争依然严峻复杂的形势，深刻领会习近平总书记提出的“两个没有变”和“四个要有足够自信”，持续保持惩治腐败的高压态势；教育系统各级党组织要提高思想认识，进一步增强政治意识、大局意识、核心意识、看齐意识，切实担负起全面从严治党的政治责任。中纪委驻教育部纪检组、市纪委第四纪检监察室、市教育纪工委领导及两委一室各处室、市教委各直属单位，各区委教工委、区教委，各高校相关人员共 400 人参加会议。

（马维娜）

建立健全纪检监察工作制度

5 月，市教育纪工委制定系列文件，建立健全工作制度。市教育纪工委贯彻中央和市委、市纪委有关文件精神，落实全面从严治党要求，集中修订《纪检监察信访举报工作实施细则》等 14 项工作制度；新建《关于落实党风廉政建设监督责任的实施办法》、两委一室《加强干部监督职能部门协调联系制度》《关于两委一室机关和直属单位践行监督执纪四种形态的实施办法（试行）》等制度。

（马维娜）

纪检干部培训

5 月和 12 月，市教育纪工委组织开展教育纪检干部培训。5 月，分两期组织新任高校纪委书记、副书记分别参加中国纪检监察学院举办的纪检监察工作研修班和纪检监察工作业务培训班学习；12 月 7 日至 9 日，教育纪工委举办“北京市教育系统纪检监察业务培训班”，集中学习十八届六中全会精神及纪检监察业务知识。北京高校纪委及各区教育纪工委纪检监察干部近 100 人参加培训。

（马维娜）

从严治党专题学习

6 月 3 日，市教育纪工委组织开展贯彻全面从严治党专题学习。市教育纪工委邀请中央纪委案件审理室专家作题为《贯彻全面从严治党的要求，坚决把纪律和规矩挺在前面》的专题辅导报告，阐释中央关于全面从严治党的新要求，结合工作实际和相关案例，强调推进全面从严治党，必须把加强纪律建设作为治本之策，必须把纪律和规矩挺在前面。要准确把握和运用监督执纪“四种形态”，通过层层设置防线，实现从严治党到底到边，用纪律管住全体党员和各级党组织，永葆党的先进性和纯洁性。两委一室理论中心组成员、各处室正副处长、各直属单位党政负责人参加学习。

（马维娜）

党风廉政建设责任制检查

12 月，市教育纪工委组织开展党风廉政建设责任制检查。按照市反腐倡廉领导小组统一部署，北京 60 所高校开展党风廉政建设责任制自查，在此基础上，市反腐倡廉建设领导小组对北京工商大学、北京电影学院、北京农学院、中国音乐学院、首都体育学院及北京开放大学 6 所高校党风廉政建设情况入校检查。检查组通过听取学校党委汇报、现场检查支撑材料、召开座谈会及群众满意度测评等方式，重点检查高校党委、党委主要负责人及领导班子成员落实党风廉政建设主体责任的情况。

（马维娜）

12 月，市教育纪工委开展党风廉政建设责任制检查

（市委教工委相关处室 供）

专题调查研究

至年底，市教育纪工委开展专题调查研究。市教育纪工委联合北方工业大学纪委、中国传媒大学纪委共同承担市纪委调查研究课题，完成调研报告《全面从严治党背景下北京市党风廉政建设责任制检查考核指标体系研究——以市属高校为例》。完成市纪委专题调研任务，先后形成《北京高校系统违纪案件分析报告》《科研腐败的廉政风险防范与治理——高校科研腐败案探析》两篇分析报告。

（马维娜）

整治和查处侵害群众利益不正之风

至年底，市教育纪工委针对教育领域损害群众利益方面存在的问题进行治理。一是严明招生工作纪律，加强对招生录取工作问题线索的管理。强化问题线索的处置和报告制度，对群众反映强烈的招生录取问题快查、快办，督查、督办，维护广大考生的利益。二是对中小学有偿补课问题的治理。严格落实教育部“严禁有偿补课的六条纪律”，要求各区纪检监察部门要加强监督检查，对所属辖区开展自查自纠工作。三是以信访举报为线索，重点关注举报损害群众利益的不正之风问题，督促各区和高校严格规范教育收费，及时纠正教育乱收费行为。

（张华）

发展规划

概述

2016年，市教委发展规划方面重点完成以下工作。科学编制“十三五”教育规划。编制完成《北京市“十三五”时期教育改革和发展规划》，并于9月正式印发。围绕“十三五”教育规划的实施，两委一室印发分工方案，明确部门分工，强调建立健全规划实施的监测、督查、评估机制，加强日常督促，确保各项任务落到实处。加快优化首都教育布局功能。制定并经市委市政府审议通过《北京市推进部分教育功能疏解促进协同发展工作方案》。积极推进高等院校新校区建设和市属高校疏解项目。加快编制北京城市副中心教育设施专项规划，加大市级教育资源统筹力度。稳妥推进考试招生制度改革。研究编制并经市委市政府审议通过《北京市深化考试招生制度改革的实施方案》，提出到2020年基本建立符合首都教育实际的现代教育考试招生制度，形成分类考试、综合评价、多元录取的考试招生模式。持续优化首都教育规模结构。加强对各级各类教育办学定位、结构布局、教学容量等方面的研究，科学编制中高考、研究生和成人教育招生计划，促进各级各类教育可持续发展。优质高中名额分配比例达到50%左右。扩大贯通培养招生范围和规模，比上年增加3倍。严格控制市属高校和中职学校招生规模，稳定本科招生计划，减少高职招生计划，压缩京外招生计划。适当扩大研究生招生规模，市属高校研究生占总招生规模的比重进一步增加。继续压缩成人教育规模。扎实做好教育事业发展服务保障。做好教育事业相关统计工作。整合优化职业教育资源，推动北京城市建设学校（北京市建设职工大学）整建制并入北京财贸职业学院，同时撤销北京城市建设学校。依法做好民办高等教育机构相关工作。坚持依法监督，规范民办学校办学秩序，促进学校依法办学。妥善处理民办高校部分信访事项，引导学校减少全日制非学历教育学生的招生规模，围绕首都需要调整人才培养方向。

（姚林修）

考试招生制度改革

5月，市教委推进考试招生制度改革，编制完成《北京市深化考试招生制度改革的实施方案》。方案提出到2020年基本建立符合首都教育实际的现代教育考试招生制度，形成分类考试、综合评价、多元录取的考试招生模式。高考改革将改革考试内容，取消录取批次，减少和规范加分，实施新的学业水平考试方案和建立高中学生综合素质评价制度。中考改革将通过考试命题、名额分配、政策倾斜、减少和规范加分等措施，促进义务教育均衡发展，全面实施素质教育。职业教育招生考试将加快推进高职院校分类考试，探索培养高端技术技能人才的新路径。义务教育阶段，以扩大优质资源为基础，坚持免试就近入学制度，破解择校难题。

（姚林修）

控制市属高校招生规模

7月，市教委根据疏解非首都功能的要求，控制市属高校招生规模。下达市属高校普通高等教育计划招生78421人，比上年减少3162人，总规模减少3.9%。其中，本科招生47444人，比上年减少244人；高职招生30977人，比上年减少2918人。

（张桓）

表彰教育事业统计工作先进

9月1日，市教委通报表彰2015年度教育事业统计工作优秀集体和优秀个人。表彰依据2015—2016学年度教育事业统计工作质量评估结果评选，范围包括2015年从事教育事业统计工作的各区教育行政部门、普通高等学校、成人高等学校、普通中等专业学校以及上述单位的统计人员。共有55个优秀集体和55名优秀个人获表彰。

（赵琦　张桓）

“十三五”教育规划印发

9月9日，市教委印发《北京市“十三五”时期教育改革和发展规划》。“十三五”教育规划作为指导全市教育改革与发展的纲领性文件，着重体现首都城市发展的新定位和教育改革发展的新形势新要求，提出到2020年，形成公平、优质、创新、开放的首都教育体系和学习型城市，实现教育现代化的主要目标，明确“十三五”时期首都教育改革发展的主要任务、保障措施和重点项目，并重点突出深化教育领域综合改革在“十三五”时期的重要地位。围绕“十三五”教育规划的实施，两委一室印发分工方案，明确部门分工，强调建立健全规划实施的监测、督查、评估机制，加强日常督促，确保各项任务落到实处。

（孙运科）

学校变更

10月至11月，市教委完成学校调整撤并。10月11日，同意首钢工学院加挂“北京市安全生产管理学院”牌子。10月26日，撤销北京市建设职工大学建制。11月18日，批准北京城市建设学校并入北京财贸职业学院。

（丁建）

编制考试招生计划

至年底，市教委科学编制中高考、研究生和成人教育招生计划。加强市级对优质教育资源的统筹力度，采取优质高中名额分配、市级统筹、校额到校以及支持乡村学校发展计划等方式统筹城乡和区域内优质教育资源的均衡配置，优质高中“名额分配”比例达到 49%。北京市高考升学率继续保持在 80% 以上。市教委同时控制市属高校招生规模，市属高校普通高等教育计划招生比上年总规模减少 3.9%。加快高职院校分类考试招生改革，健全“文化素质＋职业技能”考试招生方式，推进单独招生、高职自主招生等高等职业院校分类考试招生改革。扩大西向城市发展新区和生态涵养发展区农村专项计划，人数从 2015 年的 200 人扩大到 300 人，招生院校扩大至所有市属本科一批招生院校。市属高校研究生招生规模继续保持适度增长，市属高校研究生招生比上年增加 2.7%。市属成人高等教育招生规模比上年减少 17.7%。

（张桓）

财务

概述

2016 年，市教委财务工作紧密围绕两委工作要点和教育领域综合改革要求，创新管理思路，优化结构，简政放权，加强监管，提升资金效益，圆满完成各项工作任务。2016 年全年财政拨款教育经费预算 347.32 亿元，其中，市级预算单位 219.47 亿元，市对区转移支付 127.85 亿元。

（李高远　徐达）

决算工作完成

1 月至 2 月，市教委完成所属预算单位 2015 年决算数据审核、汇总、上报工作。决算数据包括市教委机关事业及所属 59 个事业单位（含 25 所市属高等院校、11 所中等专业学校、23 个直属单位）。数据显示，2015 年决算全年收入 262.99 亿元，其中，财政拨款 218.82 亿元；支出 248.36 亿元。市教委于 8 月印发关于 2015 年度部门决算的批复，批复各预算单位 2015 年度部门决算。

（李奇）

预决算公开

3 月至 8 月，市教委完成相关财务预算决算公开工作。市教委 3 月公开 2016 年部门预算和“三公经费”，8 月公开 2015 年部门决算和“三公经费”。市教委制定相关公开文件，严格把关，加强数据材料审核，确保公开数据真实可靠。

（李高远）

国有资产清查及产权登记

4 月，市教委组织开展国有资产清查及事业单位产权登记工作。参加本次资产清查工作的单位包括市教委及所属事业单位和社会团体共计 96 家，包括市教委本级，25 所市属高校及 23 家下属单位，33 家中专、市教委直属单位及 14 家下属单位。参加产权登记工作的单位共 94 家（不含市教委本级、北京教育考试院）。截至 2015 年 12 月 31 日，市教委及所属事业单位资产总额 62784976267.88 元，负债总额 5266989973.10 元，净资产 57517986294.78 元。盘盈资产 19433637.49 元，其中，无形资产 5.00 元（名义价值）、固定资产 19033632.49 元，长期投资 400000 元。盘亏资产 17497180.99 元，其中，其他应收款 400000 元、存货 222600.32 元、固定资产 15574580.67 元、长期投资 1300000 元。减少负债 470000 元，其中，其他应付款 470000 元。核减资金挂账 370509.28 元。

（时阳）

58 个教育项目绩效评价

4 月至 7 月，市教委完成 58 个教育项目绩效评价工作。其中，市属高校的科研基地建设等项目 25 个；中专直属单位的设备购置、直属单位业务发展等项目 33 个。经过专家考评，共评出市属高校优秀项目 9 个、良好项目 16 个；中专直属单位优秀项目 9 个、良好项目 24 个。

（李高远）

调整西藏中学承担高中教育资源统筹在编在职人员定额标准

9 月，市教委调整北京西藏中学承担高中教育资源统筹在编在职人员定额标准。西藏中学承担高中教育资源统筹在编在职人员定额由 9 万元 / 人・年提高至 14 万元 / 人・年，调整内容主要包括单位承担的社保缴费、住房公积金、住房补贴及福利费、工会会费等。新标准自 2017 年起施行。

（李奇）

预算编制工作

10 月至 12 月，市教委完成所属预算单位及市对区教育补助 2017 年预算的审核、汇总、上报工作。预算数据包括市教委机关事业及所属 58 个事业单位（含 25 所市属高等院校、10 所中等专业学校、23 个直属单位）。市教委 2017 部门预算全年预算收入 317.05 亿元，包括财政拨款 221.85 亿元；全年支出 317.05 亿元。市对区转移支付 127.85 亿元。

（李高远　徐达）

组织预算项目评审

11 月，市教委开展 2017 年预算评审工作。预算评审包括财政评审、市教委评审、单位评审。市教委评审项目 701 个，评审金额 8.1 亿元。

（李高远）

审计

概述

2016 年，北京市教育系统内部审计机构 72 个，包括独立设置机构 34 个；内部审计人员 383 人，包括专职审计人员 151 人。全年完成审计项目 6670 项，其中，财务收支审计 582 项，基本建设项目审计 102 项，修缮项目审计 3046 项，经济责任审计 686 项，经济效益审计 11 项，内部控制审计 9 项，其他项目审计 2234 项。审计资金共计 1041.01 亿元。查出问题资金 18415 万元，其中，财务处理不当资金 14804 万元、损失浪费资金 43 万元、违纪违规资金 3568 万元。促进增收节支 38188 万元。完成审计调查项目 25 项，提交审计调查报告 19 篇。完成科研立项 6 个，撰写论文 31 篇，公开发表论文及通讯、信息 34 篇。

（李新影）

10 名领导干部经济责任审计

1 月至 9 月，市教委完成 10 名领导干部经济责任审计。完成北京市教育技术设备中心、北京市商务科技学校、北京城市建设学校、北京教育综合服务中心（北京市学生资助事务管理中心）、北京教育志编纂委员会办公室、北京市校办产业管理中心、北京电影学院、中国音乐学院、北京开放大学、北京青年政治学院 11 家单位 10 名有关领导干部经济责任审计，并出具审计报告。审计总金额 121.82 亿元，发现问题涉及资金 7.6 亿元，提出审计建议 36 条。

（张未　李新影）

比选确定 12 家社会中介机构

2 月 16 日，市教委召开 2016 年度内部审计项目委托社会中介机构比选会议。5 名外请专家和 2 名市教委内部比选监督员对参加比选的社会中介机构专业资质、审计实施方案制定的科学性、审计人员的配备、事务所的从业经验、审计人员的职业道德和服务报价六个方面进行竞争性比选。经过综合评审打分，确定北京中天恒会计师事务所有限责任公司、北京中育才会计师事务所有限公司、北京中咨新世纪会计师事务所有限公司等 12 家会计师事务所入围。

（李新影）

2 月 16 日，市教委完成委托社会中介机构比选工作

（市教委相关处室 供）

审计工作意见印发

3 月 16 日，市教委印发《北京市教育委员会关于切实加强教育系统内部审计工作的意见》。文件提出加强本市教育系统内部审计工作的五点意见：高度重视，加强组织领导；建立健全内部审计制度，创新工作机制和方式；加强内部审计机构和队伍建设，充实审计力量；推进各项内部审计工作，实现审计全覆盖；狠抓审计问题的整改落实，强化审计结果运用。

（李新影）

经济责任审计布置会

3 月 23 日，市教委召开 2016 年北京市教育系统领导干部经济责任审计工作布置会。会议布置教育系统 9 名领导干部经济责任审计工作。强调被审计单位和领导干部个人要充分认识经济责任审计工作的重要意义；加强协调，实事求是，积极配合；重视审计结果的运用，切实做好整改工作。要求审计人员把握重点、规范操作、严格履职，并从促进党风廉政建设方面，提出工作要求。市委教工委、教育纪工委、市教委领导及相关人员，9 家被审计单位负责人、被审计人，委托社会中介机构项目负责人等 150 余人参加会议。

（李新影）

19 家单位后续审计完成

3 月至 11 月，市教委组织开展 19 家单位后续审计。市教委完成北京西藏中学、北京市环境与艺术学校、首都铁路卫生学校、北京教育老干部活动中心、北京市教育系统人才交流服务中心、北京高校房地产开发总公司、北京教育学院、北京教育考试院、北京工商大学、北京第二外国语学院、北京工业大学 11 家单位经济责任审计后续审计；完成首都师范大学、首都体育学院、北京农学院、北京电子科技职业学院、北方工业大学、北京服装学院、北京建筑大学、北京印刷学院 8 所市属高校 2014 年度预算执行与决算审计后续审计。审计总金额 9650.91 万元，发现问题涉及资金 1066.2 万元，提出审计建议 30 条。

（张未）

教育系统审计工作会

4月1日，市教委召开教育系统审计工作会。会议传达2016年北京市审计工作电视电话会议精神，总结2015年全市教育内部审计工作，布置2016年教育系统内部审计工作。刘宇辉参加会议并讲话，强调一要认清形势，增强做好内审工作的责任感和紧迫感。要求各单位加强组织领导，主要负责人要直接领导内部审计工作，加强内部审计机构建设和审计队伍专业化建设，配足配强专职审计人员，切实维护审计监督的独立性。二要推进各项内部审计工作，实现审计全覆盖。三要狠抓审计发现问题的整改落实，强化审计结果运用。会议同时印发市教委《关于切实加强教育系统内部审计工作的意见》和《关于做好2016年教育审计工作的通知》。各区教委、市属高校、市教委直属单位主要领导和审计机构负责人150余人参加会议。

（李新影）

特约审计员工作办法修订

4月，市教委印发《北京市教育委员会特约审计员管理办法(修订)》。新修订的办法提高特约审计员应具备的条件，强调要“恪守审计职业操守，做到依法审计、文明审计”；提高专业条件门槛，要求“一般具有高级专业技术职称”。在履行的义务方面，特约审计员要保证参加市教委统一安排的审计工作时间，原则上每年不少于3周，并通过参与审计方案的制订、审计底稿的复核、审计问题台账的梳理、审计报告的起草等关键环节，提升审计工作质量，确保审计目标的实现。2016年，经各单位推荐，市教委审核，共聘任特约审计员26人。

（李新影）

11家单位预算执行与决算审计

4月至9月，市教委完成11家单位2015年度预算执行与决算审计。11家单位包括北京市商务科技学校、北京城市建设学校、北京教育综合服务中心、北京市学生资助事务管理中心、北京教育志编纂委员会办公室、北京学校后勤事务中心、北京市校办产业管理中心、北京电影学院、中国音乐学院、北京开放大学、北京青年政治学院。市教委在全面检查各单位2015年预算管理、预算执行与财务决算的基础上，重点检查项目执行情况，“三公经费”和培训费、会议费、差旅费、印刷费使用情况，工资管理情况，年末预算结余结转资金及其管理情况。审计总金额61.53亿元，发现问题涉及资金4.33亿元，提出审计建议38条。

（张未）

经责审计实施办法修订

5月10日，市委教工委、市教委修订并印发《北京市教育委员会直属单位主要领导干部经济责任审计实施办法》。实施办法在2011年《北京市教育委员会直属单位领导干部经济责任审计实施办法》基础上，依据2014年出台的《党政领导干部和国有企业领导人员经济责任审计规定实施细则》进行修订。修订后的实施办法明确，市委教工委和市教委建立经济责任审计工作协调小组，加强对经济责任审计工作的领导。并对适用范围等事项细化，章节由原来六章44条调整为八章42条。主要变化包括：一是增加审计报告一章；审计评价和审计结果运用独立成章。二是审计内容由原来4条调整为13条。三是明确制定经济责任审计年度计划和中长期计划。四是修改出具审计报告主体，由市教委向被审计单位出具，不再出具审计意见书。

（李新影）

经责协调小组议事规则印发

5月11日，市委教工委、市教委修订并印发《经济责任审计工作协调小组议事规则》。议事规则在2006年《领导干部经济责任审计工作联席会议制度》基础上，依据2014年出台的《党政领导干部和国有企业领导人员经济责任审计规定实施细则》、参照《北京市经济责任审计工作领导小组、联席会议议事规则》进行修订。议事规则主要修改内容包括：一是将联席会议制度修改为协调小组制度，市教委主任担任组长，市教育纪工委书记和市委教工委分管领导担任副组长。二是增加财务处、人事处作为成员单位。三是修改成员处室职责等相关内容。

（李新影）

规范教育收费工作实施意见印发

7月25日，市教委、市发展改革委、市财政局、市新闻出版广电局《转发教育部等四部门关于2016年规范教育收费治理教育乱收费工作实施意见的通知》，规范教育收费。通知强调，北京市2016年重点要继续深化中小学有偿补课问题治理、深入推进义务教育阶段择校乱收费和中小学教辅材料散滥问题治理、规范各级各类教育收费行为、规范民办教育办学和收费行为、严肃惩治虚报冒领民生资金问题。通知要求各单位从“进一步认清规范教育收费治理教育乱收费工作的重要意义”“突出工作重点，狠抓工作落实”“严格责任落实，全力抓好规范教育收费治理教育乱收费工作”三方面，做好2016年规范教育收费和治理教育乱收费工作。

（李新影）

教育收费自查

10月至11月，北京市治理教育乱收费联席会议办公室组织开展秋季教育收费自查，并在自查基础上，进行抽查。共计查出问题51个，涉及金额124.39万元，清退资金67.95万元。自查中，各单位发现的共性问题包括收费公示不完整、不规范、更新不及时；其他类问题主要来自举报件和上级转办件，包括“违规收费”“违规补课”“收费票据不规范，收费未及时入账”等。

（李新影）

经济责任审计总结会

11月3日，市教委召开2016年经济责任审计工作总结会。会议通报2016年经济责任审计的工作情况。刘宇辉参加会议并讲话，他指出召开经济责任审计工作总结会目的在于总结经验、对领导干部任期内取得的成绩加以肯定；查找单位还存在的管理漏洞，纠正错误；提醒各单位的领导对财务和审计工作要重视。要求各单位充分认识经济责任审计工作的意义，正视存在的问题，采取积极有效的措施，严格落实审计整改工作。他同时指出，要加强经济责任审计工作，进一步强化责任意识，加强制度的落实，强化审计结果的利用。

（李新影）

试点评价市属高校审计工作

11月，市教委在市属高校开展试点评价工作。市教委以内部审计质量评价为核心，聘请专家组，开展教育单位内部审计工作评价的研究与探索。研究建立评价指标体系，从内部审计管理体制、内部审计机构管理、内部审计业务管理和审计整改及审计结果使用四方面，对单位的内部审计工作进行评价，并在北京建筑大学、北京石油化工学院两所学校开展试点工作。评价结果反映，两所学校内部审计管理体制比较健全，内部审计机构管理比较规范，内部审计业务作业有序，学校能重视审计结果利用，审计整改要求明确，并得到较好的落实。专家组同时指出两所学校在制度建设、队伍建设、质量控制等方面仍存有不足，并有针对性地提出改进建议。

（张未）

治理教育乱收费专项督查

11月至12月，北京市治理教育乱收费联席会议办公室联合开展2016年秋季教育收费专项督查工作。市治理办分别从市发改委、市财政局、市新闻出版广电局等相关委办局抽调人员组成督查组，对8个区的部分各级各类学校开展专项督查。督查围绕中小学有偿补课、巩固义务教育阶段择校乱收费治理成果和严格教辅用书管理、各级各类教育收费行为、规范民办教育办学和收费行为、严肃惩治虚报冒领民生资金问题5个方面开展。督查组发现，一些单位在规范教育收费治理教育乱收费工作中采取新举措、好做法，但也存在一些收费公示不规范、服务性收费未体现自愿原则、超范围收取代收费等问题。针对发现的问题，市治理办强调要强化业务部门在治理工作中的主责意识，加大服务性收费代收费管理，认真梳理单位存在问题，切实做好整改工作。

（李新影）

直属单位审计大会

12月29日，市教委召开2016年直属单位内部审计工作大会。会议通报2016年直属单位内部审计工作，分析审计发现的问题产生原因，对新形势下，如何加强内部审计工作提出严格和明确的工作要求。市教委直属单位领导班子等成员、市教委有关处室负责人以及各有关单位内部审计人员122人参加会议。

12月19日，市教委召开直属单位审计工作大会
（市教委相关处室 供）

（李新影）

市教委项目过程审计

至年底，市教委继续与受托社会中介机构对市教委新建教育系统综合服务中心等项目实施过程审计。确认关于“ZB-024工程进度款”、关于“市教委新建教育系统综合服务中心等项目”“监理费申请函”、关于“市教委新建教育系统综合服务中心等项目”“技术服务合同书第二款（合同登记编号2012合）”等支付条件的审核意见。项目过程审计咨询服务为规范工程管理、防范经济风险、维护单位利益提供保障。

（李新影）

审计基建修缮工程项目3148项

至年底，北京市教育系统完成基建修缮项目审计3148项。项目送审金额共计410379.65万元，审减金额32979.64万元，审减率8%。其中，自审项目送审金额6445.46万元，审减金额407.61万元，审减率6.32%；委托中介机构审计送审金额403934.19万元，审减金额32572.03万元，审减率8.06%。

（李新影）

完成两个重大改革项目审计调查

至年底，市教委完成对部分市属高校“基础设施改造定额项目”和“市属高校参与小学体育美育发展项目”审计调查。其中，“基础设施改造定额项目”抽查25所市属高校310个项目，审计资金7.54亿元，发现4类17个问题，提出建议7条。“市属高校参与小学体育美育发展项目”采用自查和现场审计调查相结合方式，抽查12所市属高校，包括现场审计调查高校5所。现场审计调查中重点关注2015年度项目管理、资金使用情况；延伸审计调查10所对接小学。审计总金额3.84亿元，审计发现3类9个问题，提出审计建议 10 条。

（李新影　李静岩）

基本建设

概述

2016 年，北京市各级各类学校基本建设完成投资 449382 万元。其中，国家投资 434315 万元（中央安排 740 万元，北京市地方安排 327190.2 万元、区安排 106384.8 万元）、自筹资金 15067 万元。全年在施建筑面积 1692106 平方米，包括本年新开工面积 820845 平方米。2016 年竣工建筑面积 738141 平方米，其中，教学及辅助用房 488349 平方米、行政办公用房 56308 平方米、生活服务用房 138126 平方米、其他用房 55358 平方米。2016 年新增固定资产 146929.9 万元。

（黄莹莹）

固定资产投资决算

2 月至 3 月，市教委完成所属预算单位 2016 年度固定资产投资决算数据审核、汇总和上报工作。包括市教委机关事业及所属 58 个事业单位（含基本建设项目单位 32 个、当年购置固定资产项目单位 26 个）。上报项目总计 234 个，其中，工程建设项目 178 个、购置固定资产项目 56 个。按投资来源分类，包括财政性投资项目 219 个、全部自筹资金项目 15 个。按基建程序进度分类，包括在建项目 48 个、停缓建项目 5 个、资产已交付使用但未办理竣工决算项目 120 个、当年已办理竣工决算项目 61 个（含新增固定资产项目 56 个、竣工基建项目 5 个）。

（黄莹莹）

中小学幼儿园塑胶场地安全排查

6 月，市教委组织开展中小学、幼儿园塑胶场地安全排查。市教委组织 16 区及燕山地区教育主管部门，对辖区内中小学、幼儿园（含民办学校）塑胶场地通过技术检测、触感接受、现场踏勘等方式开展全面排查，共排查塑胶场地 2950 块，缓建塑胶场地 323 块。同时，市教委牵头，联合市环保局、市住房城乡建设委、市质监局等部门，委托专业机构开展“北京地区中小学塑胶操场质量控制标准”研究。

（马骏）

两所优质统筹高中改造

8 月，市教委完成两所市级统筹高中校暑期改造工程。两所高中分别为清华大学附属中学将台路校区、中央民族大学附属中学金台路校区。改造工程包括教学楼结构加固、节能改造、更换门窗、装修工程等，其中，将台路校区完成抗震加固 9668 平方米，装修改造 21209 平方米，校园景观 13000 平方米，金台路校区完成抗震加固 22855.33 平方米，基础设施改造 539.28 平方米。两个校区改造累计完成投资 22952.17 万元，实现 9 月 1 日如期开学目标。

（黄莹莹）

启动 25 所中小学新建改扩建工程

至年底，市教委启动全部 25 所中小学建设项目。该中小学建设项目是市政府折子工程和绩效重点，旨在增加义务教育资源供给。市教委通过月报、每月调度协调推进、不定期督查和领导带队现场检查等方式，加强市级统筹，督促并帮助各区加快推进项目进展。25 所中小学建设项目总建筑面积 49 万平方米，总投资 26.7 亿元，预计建成后可产生学位 2.5 万个。

（张逊）

12 月 25 日，北京电影学院怀柔校区开工仪式

（电影学院　供）

通州区教育设施专项规划编制

至年底，市教委编制通州区基础教育设施专项规划。通州区基础教育设施专项规划是北京城市副中心17个专项规划之一。在规划编制过程中，市教委一是坚持先进理念，以建成“公平、优质、创新、开放”与城市副中心相匹配的教育体系为目标。二是突出均衡，立足于人民群众对更优质、更公平教育的期盼，着重处理好四个区域教育均衡的关系。即协调好行政办公区与城市副中心，城市副中心与通州全域，通州全域与河北省北三县教育资源均衡的关系。统筹考虑优质教育资源的均衡分布，确保空间布局合理，就近入学有保障，避免因规划不合理导致出现新的优质教育资源聚集高地。三是坚持高标准规划建设。市教委梳理2017年城市副中心重点项目并加以推进，包括首都师范大学附属中学通州校区、北京景山学校通州校区、北京市第二中学通州校区等项目。

（张逊）

市属高校新校区建设

至年底，市教委推动部分市属高校向远郊区疏解。北京城市学院顺义校区二期工程（宿舍、教学楼）在施，启动三期征地工程；北京电影学院怀柔校区一期工程18万平方米主体开工建设、北京工商大学良乡二期工程13万平方米开展前期手续办理工作、北京信息科技大学昌平校区学生公寓A组团竣工，学生公寓B组团和教学楼组团开展前期手续办理。同时，市教委继续推进沙河、良乡高教园配套建设，入驻高校新校区建设持续加快。北京城市学院、北京建筑大学、北京工商大学共迁出学生1.6万人。

（王虹）

5月3日，两委一室领导深入中小学检查在校就餐工作

（新闻中心 供）

后勤管理

概述

2016年，北京市学校后勤工作围绕首都教育改革发展稳定大局，以构建平安校园为抓手，以提高后勤保障管理能力为目标，着力强化安全管理责任，努力提升服务管理水平，全力做好节能减排环保工作。通过标本兼治，综合施策，全面加强学校日常安全管理和重大活动安全保障，开展校园安全隐患排查整治和校园周边治安综合治理，扎实开展安全活动、安全培训和安全检查；健全完善后勤管理制度体系和食品卫生安全监测网络，大力推进高校学生公寓床上用品质量监管和中小学校服管理；统筹推进绿色校园和节约型学校建设。使后勤管理运行机制进一步优化，后勤服务保障能力进一步提高，为全市广大师生的学习生活提供优质服务，努力实现“十三五”时期学校后勤管理工作的良好开局。

（武怀海）

营养师宣讲团进校园

5月16日，市教委、市卫生计生委联合举行2016年北京市“营”在校园——我做营养小达人暨营养师宣讲团进校园启动仪式。仪式上，市卫生计生委、市教委发布“我做营养小达人”招募令，从5月起至2017年2月，面向全市中小学校学生，以新版《中国居民膳食指南》《儿童少年膳食指南》《北京市中小学生健康膳食指引》为依据，征集原创作品。仪式同时启动以“食育课堂、助力成长”为主题的北京市营养师宣讲团进校园活动。宣讲团成员以首届北京市校园营养师技能大赛获奖的优秀校园营养师为核心组建，共16人。各区教委和学校可以“点餐式”预约宣讲内容和时间，同时组织一所或几所学校的学生及家长参加。至年底，营养师宣讲团进校园共举办30场活动，内容包括16个主题。2014年，市教委、市卫生计生委联合启动“‘营’在校园——北京市平衡膳食校园健康促进行动（2014—2020年）”，历时7年，每年一个宣传主题，旨在通过建立专家队伍和网络宣传平台，对学生、家长、学校和供餐企业实施健康教育、人员培训、膳食指导和管理、主题宣传活动等综合干预措施，引导学生形成健康饮食行为和习惯，改善北京市中小学生营养健康状况。2016年，“营”在

7月8日，北京市召开深入推进中小学幼儿园节俭养德节约行动工作部署会（市教委相关处室 供）

校园行动以“我做营养小达人”和“食育课堂、助力成长”为主题开展活动。

（程增科　常勇）

后勤标准化标准印发

5月26日，市教委印发《北京高校标准化公寓、食堂和物业标准（2016版）》。包括《北京高校标准化学生公寓验收标准（2016版）》《北京高校标准化学生食堂验收标准（2016版）》《北京高校标准化物业验收标准（2016版）》3个标准，市教委强调高校后勤标准化建设要提高认识、加强组织领导、开展达标验收、建立长效机制。

（程增科　常勇）

校园食品安全专项检查

6月，市教委、市卫生计生委、市食品药品监管局联合开展教育系统相关单位食品安全专项检查。检查包括自查和抽查两个阶段。检查组在学校自查基础上，每区分别抽查一所大学、一所中学、一所小学、一所幼儿园和一个供餐企业。检查组通过入校检查的方式，重点检查各单位食品安全管理制度、自查制度及原材料采购、加工制作、人员管理情况。

（程增科　常勇）

节俭养德节约行动工作部署会

7月8日，北京市召开深入推进中小学幼儿园节俭养德节约行动工作部署会。会议要求在全市中小学幼儿园深入推进俭以养德节约行动，掀起全市基础教育系统勤俭节约、反对浪费的新高潮，进一步加强对中小学生勤俭节约的传统美德教育，上好“俭以养德的人生必修课”。会议要求各区教委要切实负起组织领导和统筹管理责任，各中小学幼儿园要切实负起主体责任；学校要改进供餐方式，满足不同学段、不同年龄、不同口味学生的就餐需求；要提高学校食堂供餐比例，加强食堂条件保障；要提高校园餐饮制作水平，提升学生就餐满意度；要充分发挥校园营养师作用，大力开展食育教育；要切实加强对在校就餐工作的监督管理。会上，顺义区教委和海淀区教师进修学校附属实验学校交流工作经验；中国科学院地理科学与资源研究所专家就校园食品浪费问题的研究报告做解读。教育部、市政府有关部门，市区两级教育部门相关负责人，部分中小学、幼儿园校长、教师代表共计300余人参加会议。市教委另于7月4日印发《关于进一步改善校园供给，杜绝在校就餐浪费的通知》，要求各区各校要从国家战略高度和立德树人的根本任务出发，全面落实管理责任，从改善校园餐饮供给，完善在校就餐管理办法，提升学生在校就餐满意度等方面入手，坚决刹住在校就餐食物浪费之风。

（李异军）

致家长一封信

9月，市教委、市卫生计生委印发《致家长一封信》。在新学期开学，呼吁家长关注学生的营养与健康，培养孩子形成健康的饮食行为和勤俭节约的良好习惯。根据中小学新生人数，共发放信件16万封。

（程增科　常勇）

高校学生公寓床上用品质量监管

9月，市教委、市质监局联合开展全市高校学生公寓床上用品质量抽检工作。检查组从94所高校中抽取22所开展入校抽检，共抽取检品30批次，涉及床品企业17家。检查组委托第三方检测机构按照国家标准和相关要求进行质量检验，检查结果显示被抽取检品全部达到国家强制性标准要求。

（程增科　常勇）

校园安全工作大检查

10月至11月，市教委、首都综治办、市公安局、市卫生计生委、市食品药品监管局对各区教育系统校园安全工作开展联合大检查。检查旨在进一步贯彻落实中央和市领导批示精神，全面深入推进全市中小学校节俭养德节约行动。检查组共分成4组，由刘宇辉等市教委主要领导负责人带队，走进各区，重点检查学校安全和校园食品安全工作落实情况，每区抽查一所中学、一所小学、一所幼儿园、一所供餐企业。

（程增科　常勇）

2 所学校通过后勤标准化达标验收

10 月 21 日，市教委对两所学校开展标准化物业校园环境达标验收。市教委组织专家对北京交通大学、北京联合大学进行标准化物业校园环境达标验收。通过现场查阅材料、实地查看、召开师生代表座谈会方式了解学校标准化物业校园环境情况。验收组一致认为，2 所学校校园环境符合新版标准要求，通过达标验收。2 所学校成为通过新标准达标验收的首批学校。

（程增科　常勇）

空气净化设备试点安装

11 月 4 日，市教委、市财政局、市环保局、市卫生计生委、市质监局印发《关于在中小学幼儿园开展安装空气净化设备试点工作的通知》。文件要求各区要根据本区实际情况，按照“以生为本、安全有效，科学设计、经济适用，结合实际、分类施治”的原则组织开展试点工作，区教委统筹负责试点工作，试点工作经费按照市、区两级财政分摊的原则予以保障。各区财政局、环保局、卫生计生委、质量技术监督局要协助做好试点中有关经费管理保障、空气重污染监测预报、室内环境监测、产品质量标准等工作，提供专业的咨询、指导。试点工作要把学生安全放在第一位，积极稳妥组织实施。

（张晓兰）

高校后勤标准化工作部署暨培训会

11 月 14 日至 17 日，市教委组织召开 2016 年北京高校后勤标准化工作部署暨培训会。会议解读《北京高校标准化公寓、食堂和物业标准（2016）》和验收细则，布置下一步工作。全市高校后勤管理部门相关负责人 600 人参加会议。

（程增科　常勇）

市教育系统节能减排工作培训会

11 月 21 日至 22 日，市教委召开 2016 年北京教育系统节能减排工作培训会。会议解读《高校用能定额标准》，培训节能减排应用平台使用方法，通报 2016 年节能减排应用平台运行情况，要求各高校及区教委重视并认真填报数据。会议听取《节约型学校建设与高尚公民的成长》《南水北调情况及合同节水政策》主题报告。报告分别从可持续发展的角度解读节约型学校建设的意义，介绍南水北调的建设情况及使用情况，并着重讲解合同节水政策的内容及具体办法。会议同时对北京市推广应用 LED 节能灯及其他补贴政策、2016 年生态文明青少年使者学生社团建设情况等进行说明。来自 60 余所高校、16 个区教委的 270 余名干部教师参加培训。

（黄灵燕）

校园安全工作

概述

2016 年，市委教工委、市教委和各高校围绕全市工作大局和首都教育改革发展中心任务，认真贯彻落实中央和市委、市政府平安建设工作相关要求，以巩固“十二五”时期创建成效、研究提出“平安校园”建设提升工程为主线，扎实推进校园及周边治安综合治理工作，妥善应对处置各类突发事件和不安定事端，有效维护首都高校持续和谐稳定局面。

（韩婷婷）

“平安单位”创建工作

1 月 12 日至 3 月 15 日，市委教工委、市教委联合首都综治办、市公安局完成 5 家直属单位“平安单位”创建工作检查验收及评审。检查组通过听取各学校创建工作报告、查阅相关资料、实地查看走访、与教职工座谈等方式，完成对北京教育学院、北京教育科学研究院、北京教育考试院、北京开放大学、北京教育音像报刊总社 5 家直属单位的“平安单位”检查验收。专家组总结评审检查验收情况，认为 5 家单位对“平安单位”创建工作普遍高度重视，党政主要领导亲自动员部署，工作推进扎实有力，条件与经费保障充足，同意 5 家单位通过“平安单位”检查验收，其中，北京教育考试院为“平安创建示范单位”。

（韩婷婷）

1 月 27 日，对北京教育考试院开展“平安单位”创建工作验收及评审　（市教委相关处室 供）

学校消防安全标准化

3月24日，市教委、市公安局印发《北京市学校消防安全标准化管理规定》，规范学校消防安全工作。文件包括总则、工作档案标准化、消防设施标准化3章共7条内容，适用于北京所有高校、中小学、幼儿园及经教育部门审批的教育机构。文件要求各学校建立健全日常消防安全管理工作档案，包括学校基本情况档案、人员组织制度档案、消防法律文书档案等8项档案内容。要求各学校把人员密集、传媒及通信、保密要害等11类单位（部位）列为消防安全重点单位（部位），设置防火标志，实行严格消防安全管理。规定自5月1日起施行。

（战先政　房俊焱）

校园周边环境秩序突出问题隐患专项排查

3月，市委教工委组织各高校开展校园周边环境秩序突出问题隐患专项排查工作。共排查出突出问题隐患61处、涉及11个区，建立专项工作台账。市委教工委组织各区专项组对排查出的突出问题隐患开展专项整治，逐一明确稳控、化解、整治工作措施，有效净化校园周边环境氛围。

（韩婷婷）

校园及周边治安综合治理专项组会议

6月24日，“2016首都校园及周边治安综合治理专项组全体（扩大）会议”召开。会议印发《2016年首都校园及周边治安综合治理工作要点》，对2016年全市校园及周边综治工作深入研究并全面部署。首都综治委校园及周边治安综合治理专项组及办公室全体成员、16区校园周边治安综合治理专项组组长、市教委办公室主任60余人参加会议。

（韩婷婷）

12月9日，密云区第二幼儿园开展消防安全宣传周主题教育活动（密云二幼 供）

小学生交通安全帽配发

9月，市教委为全市新入学一年级小学生配发小学生夜光型交通安全帽（小黄帽）。市财政投入资金680万元，共配发安全帽17万套。同时，市教委以小黄帽路队制工作为载体，广泛开展多种形式的交通安全教育，保障小学生道路交通安全。

（战先政　房俊焱）

投保校方责任保险及无过失责任险

9月，市教委2016—2017学年度为中小学学生及幼儿园幼儿投保校方责任保险及附加无过失责任保险共计1274.4万元。其中，为135.56万名公办中小学学生及幼儿园幼儿投保校方责任保险，投入保费约677.8万元；为119.32万名公办中小学学生及幼儿园幼儿投保无过失责任保险，投入保费596.6万元。投保校方责任保险及附加无过失责任险有效转移办学风险，保障学校、家长及学生的合法权益。

（战先政　房俊焱）

安全知识教育资料印发

9月，市委教工委印发安全知识教育资料。资料包括《大学生安全知识手册》和6类安全教育主题宣传海报及宣传单张，共计33.1万份。旨在为各高校深入开展大学生安全教育给予有力支持，切实提高大学生的安全意识和自救、自护、救人的素质及能力。

（韩婷婷）

“校园安全宣传月”活动

11月，市委教工委、市教委、市公安局联合组织开展“校园安全宣传月”活动。活动针对北京及外省市接连发生以在校师生及高校新生为目标的电信诈骗案件，以防恐防爆、防电信诈骗、防网络诈骗、防传销欺诈为重点，旨在全方位开展对在校在园学生及儿童的安全教育与法治宣传，进一步提升在校师生特别是新生对各类涉校违法犯罪活动及火灾等灾害事故的防范能力。各学校通过校园网络、微信公众号、宣传橱窗等宣传渠道与手段广泛宣传安全知识，加大安全教育的宣传力度和覆盖面，切实提高学生的安全防范意识和能力。

（韩婷婷）

离退休干部与关心下一代工作

概述

2016 年，北京市属高校、两委机关及直属单位共有离休干部 893 人，平均年龄 87 岁。其中，中共党员 761 人；第二次国内革命战争时期参加革命工作的 2 人；抗战时期参加革命工作的 132 人；解放战争时期参加革命工作的 759 人。共有退休干部 18094 人，其中，中共党员 10421 人，平均年龄 70.3 岁；有离退休干部分党委 13 个，离退休干部党总支 20 个，离退休干部党支部 451 个；共有老干部活动站（室）73 个，建筑面积 1.93 万平方米。全年，北京高校共举办离退休老同志各类学习班、读书班 612 期，1.43 万人次参加；举办各类情况通报会、报告会 513 场，3.87 万人次参加；组织外出参观 462 批，2.37 万人次参加。全年共走访慰问老同志 3.03 万人次，发放慰问金 1531.27 万元；为 1336 名离休干部和 5438 名退休干部发放困难补助共计 1226.17 万元。

2016 年，北京教育系统关工委有基层单位 102 个，其中，高校关工委 55 个，区教育系统关工委 17 个，高职中专院校关工委 30 个，全市教育系统 17 万离退休人员中，从事关工委工作的老同志 3.4 万人。北京教育系统关工委围绕立德树人的根本任务，以社会主义核心价值观教育为重点，积极配合教育部门和学校，深入开展对青少年的思想道德教育。举办关工委工作骨干培训班，200 余人参加培训。开展“老师您好，我的好老师”主题教育读书活动，全市 20 余万中小学生参与活动。助力京津冀协同发展，开展军训服装捐赠和帮困助学活动，25 所高校共募集军服 1.3 万套。贯彻精准扶贫国家战略，开展“老校长下乡”活动，15 名老校长助力北京密云、河北阜平 10 所农村学校教育。承办“院士回母校”“大国工匠进校园”活动。由近 400 名关工委老同志组成的特邀党建组织员、思政课信息员工作队伍，在高校党建和思想政治工作中发挥重要作用。

（杨旭闫妍）

平谷支教启动仪式

2 月 19 日，北京教育系统关工委、北京老教育工作者总会平谷支教启动仪式在平谷区第五中学举行。启动仪式上，市教育系统关工委、市老教总会、平谷区教委签订《支教协议书》，正式启动支教团对平谷五中为期三年的支教活动。

（闫妍）

教育系统老干部工作会

3 月 16 日，市委教工委召开北京教育系统老干部工作会。会议总结 2015 年教育系统离退休干部工作，部署 2016 年工作，要求认真落实全国老干部局长会议和全市离退休干部工作会议要求，坚持为党的事业增添正能量的价值取向，突出政治引领，注重组织凝聚，加强阵地建设，创新服务管理，抓好自身队伍，充分发挥教育系统老同志优势作用，更好地为首都教育改革发展贡献力量。会议表彰 17 个高校离退休干部工作部门和 45 名离退休干部工作者，命名 8 支“教育系统老党员先锋队”。北京理工大学、北京工业大学、首都经济贸易大学离退休工作处，清华大学老同志精神文化讲师团分别作交流发言。北京各高校离退休工作主管领导、部门负责人、受表彰先进集体和先进个人代表 150 人参加会议。

（杨旭）

关心下一代工作会议召开

4 月 6 日，2016 年北京教育系统关心下一代工作会议召开。会议总结交流 2015 年工作，安排部署 2016 年工作，表彰 24 项“关心下一代优秀调查研究成果”、32 个“信息宣传工作先进单位”、21 个“北京高校军训服装捐赠工作先进集体”。中央民族大学关工委、朝阳区教育系统关工委、北京财贸职业学院党委作大会交流发言。教育部关工委、北京市关工委、市委教工委、北京教育系统关工委领导，北京教育系统关工委委员，各高校、区、高职中专院校主管领导、关工委负责人 200 人参加会议。

（闫妍）

4 月 6 日，2016 年北京教育系统关心下一代工作会议召开
（市委教工委相关处室 供）

苟仲文为离退休干部作专题辅导报告

4 月 14 日，苟仲文为两委一室机关离退休干部作题为《加大首都教育供给侧结构性改革，努力办好人民满意教育》的专题报告。报告分析推进教育供给侧结构改革持续深化的主要思路，围绕北京市中考改革、实施乡村学校支持计划、推动非本市户籍学生享受城镇基本公共教育服务等社会关注、群众关心的教育热点、难点问题，深入阐释加大首都教育供给侧结构性改革的工作思路、方向和重点举措。两委一室离退休干部 120 人参加报告会。

（杨旭）

高校老干部大讲堂

4 月至 5 月，市委教工委分别在北京航空航天大学、中国政法大学、中国地质大学（北京）举办北京高校老干部大讲堂。大讲堂邀请市委党校常务副校长、中国政法大学两名教授、国务院发展与研究中心资源与环境政策研究所副所长分别作《加强意识形态工作的思考》《中国老年人（域内外）财产继承问题》《老年人婚姻、家庭、赡养等领域存在的问题及法律规制》《关于“十三五”的新形势与新任务》专题报告。北京各高校局级离退休干部、离退休干部党支部书记、理论学习骨干共计 800 人参加。

（杨旭）

离退休老同志系列主题活动

5 月至 10 月，市委教工委开展离退休老同志系列主题活动。5 月，在首都体育学院举办“阳光好心态、健身乐晚年”——北京高校老同志健身项目展示，对外经贸大学、联合大学等 24 所高校近千名老同志参加；6 月，举办五场北京老教育工作者文艺演出，51 所高校、16 个县 2000 余名老教育工作者参加；10 月，举办“传承长征精神、赞美伟大时代”——北京教育系统老同志书画作品展，教育系统 56 个单位的 300 余幅作品参展，近千名离退休老同志参观。

（杨旭）

纪念建党 95 周年表彰暨报告会

6 月 15 日，北京教育系统关工委在首都师范大学召开“纪念建党 95 周年表彰暨报告会”。会议表彰 92 名“关心下一代优秀特邀党建组织员”。邀请北京大学教授作《学习党史国史，增强理想信念》专题报告，用翔实的资料和史实讲述近、现代中国的发展历程。市委教工委、北京教育系统关工委领导，受表彰的优秀特邀党建组织员、高校关工委负责人、大学生代表约 300 人参加会议。

（闫妍）

6 月 18 日至 24 日，老干部活动中心举办北京老教育工作者文艺演出（老干部活动中心 供）

建立市属高校退休干部信息库

6 月至 12 月，市委教工委建立市属高校退休干部信息库。市委教工委召开动员部署会、举办培训班、进行审核验收，分三个阶段开展建立市属高校退休干部信息库工作。截至 12 月底，30 所市属高校，市委教工委、市教委机关，市教委各直属单位共完成 18094 名退休干部基本信息的采集、入库，做到退休干部全覆盖，为退休干部服务管理的规范化、信息化、科学化奠定基础。

（杨旭）

“老校长下乡”活动启动

9 月 29 日，“老校长下乡”活动启动仪式在北京市密云区教委举行。启动仪式上，主办方介绍“老校长下乡”活动的背景、目的、意义以及落实进展情况，为老校长和大学生志愿者颁发“助教专家”“老校长助理”聘书，北京教育系统关工委分别与河北、密云签订《“老校长下乡”助教协议书》。根据协议，北京教育系统关工委组织城区 15 名退休校长、书记、教师，到密云区和河北省阜平县开展助教 10 所乡村学校工作。教育部关工委、市委教工委、河北省教育厅、北京教育系统关工委领导，各区教育关工委负责人，东城、西城、海淀区有关负责人及助教老校长，密云区、河北省阜平县受助学校校长以及北京师范大学、首都师范大学学生志愿者近百人参加启动仪式。“老校长下乡”活动由教育部关工委提出，北京先行试点开展，旨在贯彻落实习近平总书记关于“发展教育脱贫一批”相关指示精神和国务院办乡村教师支持计划精神。

（闫妍）

高校局级退休干部读书班

9 月和 11 月，市委教工委在市老干部党校举办北京高校局级退休干部读书班。读书班邀请两委一室相关负责人解读北京市“十三五”时期教育改革和发展规划，通报首都教育督导工作，听取市老干部局、市规划国土委、市国资委相关领导就发挥老同志作用为党和人民事业增添正能量、北京城市副中心建设规划、“十三五”时期市属国有经济发展形势和任务等情况报告。邀请市委党校专家解读习近平总书记系列重要讲话精神。参训人员还围绕如何发挥作用、为党和人民事业增添正能量等主题开展深入研讨。北京工业大学、首都师范大学、北京联合大学等 7 所高校原校领导围绕坚持政治理论学习、关心下一代、加强离退休干部党支部建设等主题作大会交流发言。北京高校局级退休干部110余人参加读书班学习。

（杨旭）

机关党建

概述

2016年，市委教工委市教委机关党的工作落实全面从严治党要求，紧紧围绕首都教育改革与发展，团结带领广大党员、群众，着力在凝聚共识、增强活力、转变作风上下工夫。组织开展纪念建党95周年“七一”主题党日系列活动。开展机关系统党组织书记述职评议考核工作，以评促建，推动机关党建创新发展。签订机关处室和直属单位党政负责人党风廉政建设责任书，进一步完善机关系统党风廉政建设工作机制。全面推进两委和谐机关建设。组织家庭健康讲座、秋季定向越野比赛等，积极发挥兴趣小组作用，不断活跃机关文化气氛。

（王栋）

直属单位年度工作绩效考核

2月24日，市委教工委、市教委召开直属单位2015年度工作绩效考核汇报会。两委一室领导和相关处室负责人担任评委。要求参与考核直属单位主要负责人依次汇报2015年工作业绩和成果、总结经验和特色，分析存在的问题和困难，思考下一步的工作。共有20个直属单位分学校组、非学校组参与考评。经过单位自查、统一汇报、集体打分等环节，6个单位考核成绩优秀、14个单位合格。

（鲜万标）

机关系统2016年党的工作会议

5月6日，市委教工委市教委机关党委召开两委一室机关系统2016年党的工作会议。会议回顾2015年机关系统党的工作，并说明2016年重点工作。会议指出，在2016年的工作中要强化学习教育，引导党员干部坚定理想信念，牢固树立和自觉践行四个意识。会议强调，两委一室机关系统各级党组织和党员干部要把思想和行动统一到中央和市委的决策部署上来，切实落实好中央和市委市政府的决策部署。两委一室机关各处室党支部书记，直属单位党组织、纪检、工会、团组织工作负责人近120人参加会议。

（鲜万标）

新任党支部书记集体谈话

5月6日，市委教工委市教委机关党委组织开展两委一室机关系统新任党支部书记集体谈话。两委一室机关系统2014年7月以来新任的33名党支部书记参加谈话。机关党委要求各党支部书记提高支部工作的能力，有效落实从严治党要求，夯实机关和直属单位党建基础；全面落实好“一岗双责”要求，既负责党务管理，又负责本部门的行政工作；同时要继承优良传统的基础上创新党建工作。

（鲜万标）

“五四”表彰大会

5月11日，市委教工委市教委机关团委在南水北调团城湖管理处明渠广场召开“五四”表彰大会暨主题团日活动。机关团委团员青年在团旗下，重温入团誓词，再次唱响《光荣啊，中国共青团》。机关团委表彰北京铁路电气化学校殷鹏飞等101名共青团员、北京教育综合服务中心赖园园等26名团干部及北京市教工休养院等8家团组织。活动组织参观南水北调工程展室，了解南水北调工程历史沿革及中线工程特别是北京段的建设情况。两委机关团委委员、直属单位团组织负责人及优秀共青团员、团干部代表80余人参加活动。

（邹美凤）

主题党日活动

5月26日和6月23日，市委教工委市教委机关党委组织开展两次主题党日活动。机关党委组织各处室支部书记及直属单位党组织负责人赴通州，考察城市副中心建设及教育配套情况。通州区教委负责人介绍全区教育基本情况，组织参观通州新城建设，考察中国人民大学附属中学通州校区，参观通州区百年老校潞河中学。机关各处室支部书记及直属单位党组织负责人50余人参加活动。机关党委举办纪念中国共产党成立95周年主题党日活动，表彰2014年7月以来机关党委系统88名优秀共产党员、16名优秀党务工作者和15个先进基层党组织。组织新党员入党宣誓仪式，老党员重温入党誓词。活动邀请10名60年以上党龄的老党员参加，并组织新党员向老党员敬献花，老党员向新党员赠送党章。机关党委系统350余名党员及部分党外人士参加活动。

（鲜万标）

6月23日，机关党委举办纪念中国共产党成立九十五周年主题党日活动
（市教委相关处室 供）

“两学一做”学习教育

5月，市委教工委、市教委机关系统“两学一做”学习教育活动启动。活动面向两委一室及直属单位全体党员，以尊崇党章、遵守党规为基本要求，以用习近平总书记系列重要讲话精神武装全党为根本任务，教育引导党员自觉按照党员标准规范言行。学习教育内容包括学党章党规、学习近平系列讲话、做合格党员。要求各党支部及全体党员围绕专题学习讨论、创新方式讲党课、召开党支部专题组织生活会、开展民主评议党员等。

（王栋　鲜万标）

第一书记工作调研

12月20日，市委教工委市教委机关党委调研第一书记工作。机关党委一行5人赴延庆区张山营镇胡家营村，听取区、镇、村相关负责人关于当地基本情况、两委一室机关选派的第一书记陈彦舟工作情况介绍。机关党委领导要求派出干部要珍惜难得的学习锻炼机会，充分发挥机关干部的工作优势，整合资源，设计精准帮扶项目。两委一室尽力加大智力支持，促进胡家营村脱贫致富奔小康，推进新农村建设。按照市委组织部和市直机关工委精准扶贫工作部署，两委一室于2016年10月选派陈彦舟到经济困难地区担任村支部书记，帮助低收入村、户脱贫致富。

（鲜万标）

机关及直属单位党风廉政建设

至年底，市委教工委市教委机关纪委采取系列措施，加强机关及直属单位党风廉政建设。机关纪委分别在春节、中秋放假前组织召开会议强调廉政纪律，加大廉政文化宣传力度，引导党员干部筑牢反腐倡廉的思想防线。12月，开展直属单位党风廉政建设工作专项督查。同时加强两委机关系统领导问题线索的集中管理和规范处置，防止线索失控、失管和案源流失。

（刘晓明）

特色团组织及工会活动

至年底，市委教工委市教委机关团委、机关工会组织开展特色活动。机关团委组织青年志愿者参加“学雷锋交通志愿服务活动周”活动。志愿者在运营压力较大的地铁北京西站进行早高峰文明乘车疏导志愿服务，参与乘客疏导、刷卡闸机使用及出行指引等工作，倡导绿色出行、文明出行。机关工会和机关团委联合举行机关系统“重走长征路”定向越野比赛，纪念红军长征胜利80周年。比赛结合周围环境，设长征重要历史地点和路线，让参与者利用指北针和地图进行定向越野，全程约3公里，模拟完成“瑞金出征”“血战湘江”“遵义会议”等任务。机关处室和直属单位共36支代表队近300名干部职工参加。机关工会举办“快乐工作，健康生活——家庭健康管理系列讲座”第一期，邀请北京协和医院心内科专家以《健康从心开始——心脏病的预防与管理》为题讲解心脏病相关知识。

（刘晓明　邹美凤）

语言文字工作

概述

2016年，北京市语言文字工作依法提高治理和服务语言文字社会应用的能力，着力提升语言文字工作的社会影响力和国家语言文字法规标准的社会知晓度。完善工作格局，召开市语委全委会，出台《北京市语言文字事业“十三五”发展规划》；与市人事行政部门联合表彰2013—2015年度北京市语言文字工作先进集体和先进个人；指导、支持北京语言文字工作协会、北京语言文化建设促进会开展语言文化公益活动；“中小学生语言能力提升”“北京市民语言文化大讲堂”两个专项被列入“十三五”政府购买教育公共服务项目和教育重点投入项目。推进语言文字工作的信息化和政务公开，完成“北京语言文字网”第四次升级改版，提高服务社会、服务公众、服务基层的水平；完成“通用规范汉字听说读写辅助训练系统”项目建设，通过验收鉴定，成为公共学习资源；推进“北京语言文化数字博物馆”项目建设。加强宣传教育，组织第19届全国推广普通话宣传周活动，与光明日报社《教育家》杂志社和人民教师网合作推出纪念市语委成立30周年暨语言文字规范化示范创建工作成果专刊，编辑出版《北京市语言文字工作三十年》和《纪念北京市语委成立三十周年节目展演、书写展示集》；举办语言文字工作培训会和骨干测试员、测试管理人员继续教育培训，促进各区语委办语言文字工作人员以及高校、中小学教师语言文字能力水平提升，选派人员参加国家语委举办的各类培训12期，持续提高专兼职工作人员的业务水平和依法行政能力；指导开展语言文化主题校园建设；市语委机关报《语文导报——语言文字工作专刊》圆满出版100期；积极协调，与教育部语信司和市贸促会协同推进“第一届中国（北京）国际语言产业/语言文化博览会”的筹备。促进工作交流，落实京津冀语言文字工作协同发展战略协议，加强京津冀语言文字工作交流。发起举办“中华成语文化传承与社会主义核心价值观教育京津冀研讨会（邯郸）”，支持举办“老少共圆中国梦——京津冀成语文化龙门阵邀请赛（朝阳）”“京津冀中学生辩论赛（西城）”；参与“京津冀理工类高校魅力汉语大会”“京津冀书法名家进校园滦平活动”“京津冀书法文化教育基地”“京津冀语言传播教育基地”等活动和项目。选派国家级测试员参与香港普通话水平测试工作合作项目。提升科研水平，高水平建设市语委科研基地，推进完成国家语委、市语委立项课题研究，通过国家语委重点委托项目“行业语言服务的理论研究与规范制订”验收鉴定，国家语委重大委托项目“语言产业经济贡献度分析研究”在核心期刊《语言文字应用》推出专栏系列论文，指导开展《中华成语与社会主义核心价值观教育研究》和《中小学生阅读与口语能力培养及评测体系研究》；举办“第七届中国语言经济学论坛·第二届中国语言产业论坛”，支持相关学科发展；发布我国第一部地域版城市版语言生活绿皮书《北京语言生活状况报告 2016》，完成《北京语言文化资源调查报告》；推进《北京市民语言文化阅读书系》的陆续出版，书系入选全国农村书屋计划，有力促进中华优秀语言文化和北京语言文化的大众普及。继续做好语言文字测试工作，推进公务员测试和高校测试开展，全年完成普通话水平测试近 7 万人次。

（邓鸿）

中国汉语智能写作成果发布

5 月 21 日，首都师范大学北京语言智能协同研究院召开汉语智能写作成果发布会。会议发布体育新闻、应用文、高校学术活动总结三项基于大数据的智能写作成果。该成果基于认知和计算的汉语表达模型，构建词项—语句语义网络和语句—语篇语义网络，实现受限语体的机器自动写作，可以完成 NBA 赛事新闻智能写作、运动会开幕式和高校学术活动总结稿件智能写作，填补国内外此研究领域的空白，在中文智能写作领域处于世界领先水平。

（邓鸿）

《北京市语言生活状况报告（2016）》

5 月 31 日，市语委在教育部新闻发布会上发布《北京市语言生活状况报告（2016）》。报告全面梳理北京市语言文字工作发展历程，总结工作成绩，通过若干专题展现北京市若干领域语言生活实况。主要内容包括北京市语言文字工作发展历程、北京市语言文字工作新进展、北京市语言文化资源调查报告、北京核心城区地名文化资源、北京市语委研究基地及社会团体建设状况、北京市语言类非物质文化遗产名录、北京话历史文献资源以及若干方面的语言实态调查报告，反映北京地域语言文字工作和社会语言生活的特点、特色和特质。《北京市语言生活状况报告》是中国第一部地方和城市版的语言生活状况报告。

（邓鸿）

《北京市语言文字工作三十年》

5 月，市语委编辑出版《北京市语言文字工作三十年》。全书收录《北京市语言文字工作三十年纪略（1986 年至 2016 年）》《北京市语言文字工作大事记（1986 年至 2016 年）》《北京市语言文字工作委员会发文目录（1991 年至 2016 年）》，以及北京市语言文字工作有关政策法规、组织结构单位和人员，北京市语言文字规范化示范校及示范街道乡镇名单等内容。该书由首都师范大学出版社出版，共计 16 万字，配有图片 130 余幅。

（邓鸿）

语言文字工作先进集体和先进个人

6 月 13 日，市语委、市人力社保局公布北京市语言文字工作先进集体和先进个人名单。经过各单位推荐、公示等程序，市语委、市人力社保局决定授予东城区教育委员会等 120 个单位“北京市语言文字工作先进集体”荣誉称号，授予郭丽等 200 人“北京市语言文字工作先进个人”荣誉称号。

（邓鸿）

第七届中国语言经济学论坛

10 月 22 日，市语委办举办第七届中国语言经济学论坛·第二届中国语言产业论坛。论坛邀请山东大学、北京语言大学、武汉大学、加拿大渥太华大学和科大讯飞股份有限公司专家学者分别作《反殖民主义与语言通用度变化》《语言规划与经济规划的照应关系》《也谈作为人力资本的语言资本及其效用》《加拿大语言经济研究》（EconomicIssues Related to Languagein Canada）和《人工智能及其在语言产业中的应用》的大会主题报告。在分组报告环节，邀请 20 名学者作学术演讲。论坛由市语委办、首都师范大学北京语言产业研究中心联合举办。教育部语信司、市语委、首都师范大学有关领导分别致辞。来自各地 30 余所高校的学者、语言企业及媒体代表 60 余人参加论坛。

（邓鸿）

语言文字事业“十三五”发展规划

11 月 28 日，市语委、市教委发布《北京市语言文字事业“十三五”发展规划》。规划阐释北京市语言文字工作发展形势，提出“十三五”时期语言文字工作的指导思想和总体目标。强调到 2020 年，要在全市范围内高水平普及国家通用语言文字的社会应用，达到较高的规范化和标准化水平；语言文字法制建设更加健全，语言文字社会应用的监管与服务体系更趋完善；市民的语言文化活动丰富多彩，语言能力持续提升；语言环境优化美化，社会语言生活和谐发展；语言文字应用研究和学科建设继续加强，北京语言文化数字博物馆、通用规范汉字听说读写辅助训练系统成为社会公共资源；语言事业和语言产业繁荣发展，语言文字工作的社会影响力和对于经济社会发展的贡献度显著提升，整体工作居全国前列。文件同时明确主要任务和重点工作，包括加强语言能力建设，加强语言资源建设，加强行业、领域语言文化建设，加强语言文字工作治理体系建设四个方面内容。

（邓鸿）

中小学语言表达能力提升专项工作

12 月 6 日，市语委办印发《关于中小学语言表达能力提升专项 2016—2017 学年度工作安排的通知》，部署专项工作。通知明确该项工作任务内容和绩效目标；要求西城区语委办、朝阳区语委办、通州区语委办分别牵头全市高中、小学、初中，设计安排辩论、诵读、演讲等各类语言文化活动方案，举办全市范围的、跨区的和京津冀交流的语言文化活动。2016—2017 学年度项目须开展的语言文化活动包括“2016—2017 北京市中小学生辩论赛”“京津冀中小学生语言文化夏令营”和“京津冀高中生辩论赛”等 11 项活动。

（邓鸿）

变更北京语言产业研究中心依托单位

12 月 12 日，市语委举行“首都师范大学北京语言产业研究中心”依托首都师范大学文学院揭牌仪式。北京语言产业研究中心原依托首都师范大学语文报刊社，市语委考虑到人员情况的变化，经会商研究，决定变更依托单位为首都师范大学文学院。“首都师范大学北京语言产业研究中心”2010 年 9 月成立，取得一系列研究成果，出版《语言产业导论》，中心研究人员在《语言文字应用》《人民日报》《经济日报》等报刊发表论文 50 余篇，承担国家社科、国家语委及市语委课题 10 余项，成功举办两届“中国语言产业论坛”。

（邓鸿）

中共北京市委教育工作委员会书记、副书记、委员

书　　记　苟仲文（11 月免）　林克庆（12 月任）

常务副书记　张雪

副 书 记　刘宇辉（5 月任）　线联平（5 月免）
　唐立军　郑登文（7 月任）

委　员　叶茂林　李奕（2 月任）　黄侃（9 月任）
　王文生　陈江华

北京市教育委员会主任、副主任、委员

主　任　线联平（5 月免）　刘宇辉（5 月任）

副主任　付志峰（11 月免）　郑登文（7 月免）
　叶茂林　李奕（2 月任）　黄侃（10 月任）

委　员　李奕（2 月免）　黄侃（10 月免）　王文生
　王定东　张永凯　冯洪荣（7 月任）
　葛巨众（11 月任）

中共北京市委教育工作委员会北京市教育委员会处室负责人

市委教育工委（市教委）办公室主任　葛巨众

市教委（市委教育工委）办公室主任　周彤

政策研究与法制工作处处长　王艳霞

机关党委办公室主任　王栋

机关工会专职副主席　刘晓明

离退休工作处处长　刘新军

组织处处长　李丽辉

干部处处长　陈江华（兼）

宣教处处长　王达品

统一战线与群众工作处处长　张健（10 月免）

安全稳定工作处处长　卢向红

发展规划处处长　姚林修

人事处处长　杨江林

财务处处长　李艳春

基本建设处处长　张龙

学前教育处处长　张小红

基础教育一处处长　张凤华

基础教育二处处长　徐建姝

职业教育与成人教育处处长　王东江

高等教育处处长　邵文杰

学生处处长　沈聪伟

科学技术与研究生工作处处长　赵清（4 月免）
　张宪国（4 月任）

体育卫生与艺术教育处处长　王军

国际合作与交流处处长　潘芳芳

学校后勤处处长　武怀海

审计处处长　陶春梅

语言文字工作处处长　贺宏志

北京市监察局驻北京市教育委员会监察处处长　（空缺）

中共北京市教育纪律检查工作委员会书记、副书记

书　记　王文生

副书记　滕继辉　刘刚

（本栏目责任编辑　张晓兰）

4 个区首批通过督学挂牌创新区认定

校园欺凌专项治理

6 个区成为第二批市级责任督学创新区

督学管理暂行办法颁布

260 人受聘第十届督学

督导委员会成立

2017 | 教育督导

EDUCATION SUPERVISION

- 推进教育督导改革
- 健全教育督导体制
- 完成多项教育督导工作
- 教育督导专业化水平提升
- 普通高校评估
- 督导信息化建设
- 系列学校督导标准文件制定
- 开展教育满意度调查
- 督学培训
- 中小学校挂牌督导创新区创建

EDUCATION SUPERVISION
教育督导

综述

推进教育督导改革

2016年，市政府办公厅印发《关于深化教育督导改革的实施意见》。文件贯彻落实国家教育领域综合改革的意见要求，坚持管办评分离原则，强化教育督导职能，明确深化教育督导改革的指导思想、工作目标和重点任务。市政府教育督导室根据意见精神，对各区提出贯彻落实的工作要求，同时制定内部任务分解书，各区、各处室根据任务分解，创新完善教育督导体制机制与模式，建立健全教育督导和评估监测结果使用制度，着力加强教育督导队伍专业化建设，整体推进教育督导改革。实施意见于4月29日颁布。

（赵兴）

健全教育督导体制

2016年，市政府健全教育督导体制。市政府教育督导委员会成立并建立运行机制。6月，市编办印发《北京市机构编制委员会关于设立北京市人民政府教育督导委员会有关事项的批复》，批准成立北京市人民政府教育督导委员会。市政府教育督导委员会成立后，在市政府领导下独立行使教育督导职能，代表政府对各级各类教育进行监督、检查、监测、评估、指导。12月1日，市政府教育督导委员会正式成立。成立后，市政府教育督导委员会第一次全体会议审议通过《北京市人民政府教育督导委员会工作规则》，明确市政府教育督导委员会运行机制；审议通过《北京市教育督导报告发布管理暂行办法》，完善教育督导和评估监测结果使用制度。规范第三方教育评估监测机制运行。市政府教育督导室制定出台《关于委托第三方机构开展教育评估监测工作暂行办法》及《教育评估监测第三方机构库管理办法》《教育督导评估与质量监测专家委员会管理暂行办法》《教育评估监测项目招投标管理办法》《教育督导与评估监测项目竞争性委托管理办法》《教育评估监测委托项目成果验收办法》等相关配套文件，对第三方参与教育督导评估监测的主体、对象、程序和保障机制进行规范，初步形成政府购买第三方教育评估监测服务的机制和相关制度体系。指导推进区校教育督导改革。开展全市各区教育督导机构建设调研，指导各区根据全市教育督导改革意见，参照市级模式制定相应改革方案，按照“两科一中心”（督学科、督政科、督评中心）或“三科一中心”（督学科、督政科、办公室、督评中心）架构，推进教育督导机构职能改革。

（赵兴）

完成多项教育督导工作

2016年，市政府教育督导室完成多项教育督导工作。完成全国义务教育质量监测工作，组织全市10个区（含燕山地区）203所学校的6000余名学生顺利完成测试，市政府教育督导室获教育部基础教育质量监测中心颁发的“组织工作保障奖”，东城区政府教育督导室等5个单位获“区（县）级优秀组织单位”称号。推进全国中小学校责任督学挂牌督导创新区评估认定工作，朝阳区、顺义区、大兴区、怀柔区通过首批全国中小学校责任督学挂牌督导创新区认定。北京市承办全国中小学校责任督学挂牌督导创新县（市、区）工作推进会，与会人员观摩北京市挂牌督导工作。统筹实施职业院校评估工作，先后指导61所普通中专、职业高中及24所高职院校完成评估数据填报和自评报告撰写工作，完成学校数据信息市级审核提交工作，完成《北京市中等职业学校办学能力评估报告》和《北京市高等职业院校适应社会需求能力评估报告》。探索开展普通高等学校评估工作，制定《北京高校本科专业评估试点通用类指标体系（试行）》和《北京高校本科专业评估试点评判标准》，启动针对北京工业大学、首都师范大学等18所市属高校英语、会计学、计算机科学与技术专业的评估试点，形成2016年北京市普通高等学校专业评估试点工作总结报告和试点评价结果分析报告。

（赵兴）

教育督导专业化水平提升

2016年，市政府教育督导室提升专业化水平。组织完成北京市第十届督学换届工作，聘任260名专兼职市级督学。研究制定《北京市督学培训大纲》，编辑完成《北京市责任督学挂牌督导案例分析集》等培训教材。举办3期督学大讲堂，培训督学1000人次。搭建教育督导信息化平台，完成督导室办公自动化OA系统、舆情监测系统模块开发，实现督导室门户网站、信息平台、手机终端的主要功能互通，市区两级教育督导信息管理应用系统有效衔接。签署京津冀教育督导协作机制框架协议，启动相关课题研究，服务国家京津冀协同发展战略实施。教育督导政务服务、宣传工作不断完善，教育督导党建工作进一步加强。扎实推进教育机关领导干部联系中小学校工作，取得良好成效。

（刘转林）

北工大新区学科楼

（北工大 供）

普通高校评估

2016年，市教委、市政府教育督导室开展普通高校本科专业评估和审核评估、新建高校合格评估等工作。普通高校本科专业评估试点，结合北京实际拟制本科专业评估指标体系及评价工具，形成《北京高校本科专业评估试点通用类指标体系（试行）》和《北京高校本科专业评估试点评判标准》。对18所市属高校涉及相关专业开展评估试点并最终形成《北京市专业评估试点工作总结报告》。启动市属高校本科教学工作审核评估，研究制定《北京市普通高等学校本科教学工作审核评估实施方案（征求意见稿）》，组织各市属高校填报"全国高校教学基本状态数据库"数据，全面部署和启动评估工作。完成新建本科院校教学工作合格评估计划申报，确定北京警察学院2018年下半年参加本科教学工作合格评估。形成《北京市"十三五"期间普通高等学校本科教学工作合格评估计划》，并报送国务院教育督导委员会办公室。做好本科教学基本状态数据采集，开展本科教学工作常态监测，要求各高校登录"高等教育质量监测国家数据平台"，上报教学基本状态数据。做好高等学校教育质量年报，形成《北京高等教育质量报告2015（本科）》，全面展示本科教学质量和人才培养状况。

（张晓玲）

北京教育督导信息管理应用平台

（教志办 供）

督导信息化建设

2016年，市政府教育督导室持续推进督导信息化，建设"北京教育督导信息管理应用平台"。5月，信息管理应用平台完成对接市教委业务数据，实现基础数据共享。12月，信息管理平台本科专业评估模块上线使用。至此，平台设有舆情监测模块、督导室OA模块、挂牌督导模块、平台移动端开发四个应用模块。年内，市政府教育督导室分别在东城、丰台、石景山、门头沟、昌平、通州6个试点区开展信息管理应用平台培训试点，介绍平台开发情况，演示平台功能应用，参训督学通过实际上机演练来操作熟悉平台及蓝信应用。这是平台首次成规模组织培训工作，累计培训200人次。

（王兆歆）

系列学校督导标准文件制定

2016年，市政府教育督导室研究制定系列学校督导标准文件。包括《北京市中小学校督导规程》《北京市职业院校督导规程》《北京市属普通高等学校（本科）督导规程》《北京市人民政府教育督导室关于进一步加强中小学校经常性督导工作的意见》《北京市人民政府教育督导室关于进一步加强学校内部督导工作的指导意见》《北京市中小学校培育和践行社会主义核心价值观督导评估方案》等制度文件，健全学校督导工作制度体系，统筹指导规范各级各类学校督导工作，促进学校督导工作的科学化、规范化。

（龙梅）

12月6日，星城小学举行家长开放日活动

（星城学校 供）

开展教育满意度调查

2016年，市政府教育督导室继续开展2016年度北京市区域教育工作满意度调查。2016年度北京区域教育工作满意度调查在往年基础上，拓展调查对象，除学生及家长外，还增加包括人大代表、政协委员，学校干部、教职员，督学，媒体工作者，社区工作者等六类公众群体的教育满意度调查。调查内容主要包括政府职责、学校管理、师资队伍、教育效果四个维度28个二级指标的58个评价要素，同时对往年满意度较低的方面开展原因调查。在数据分析方法上，改变原来的单项分析，综合为公众教育满意度指数分析，并形成调查报告。调查结果显示，公众对北京市区域教育工作，学校安全、学校收费规范、教育信息公开等方面满意度较高；对教育新政实施状况均比较满意；对教育均衡、社会资源用于学生教育、周边环境等政府职责方面的教育工作满意度较低。同时，寒暑假补课、公布学生考试成绩排名等违规现象仍然在一定范围存在。

（徐孟军）

督学培训

2016年，市政府教育督导室组织开展督学培训。举办4期督学大讲堂，累计培训1259人次；委托北京市督学研修中心举办督学骨干研修班、责任督学挂牌督导专题培训班、督导室主任高级研修班及职业教育内部督导班，累计培训218人次。培训内容重点关注国家最新教育方针政策、教育改革热点难点、教育督导重点业务、教育督导工具方法及各省市优秀经验做法，以讲座和面授为主，结合观摩实践、专题研讨等多种形式开展。

（韩宝来）

中小学校挂牌督导创新区创建

2016年，市政府教育督导室组织开展北京市中小学校挂牌督导创新区创建工作。3月，在“全国中小学校责任督学挂牌督导创新县（市、区）”创建工作中，朝阳、顺义、大兴、怀柔4个区通过第一批“全国中小学校责任督学挂牌督导创新县（市、区）”认定；9月，召开2016年北京市中小学校挂牌督导创新区创建工作学习培训会，解读国家级挂牌督导创新区评估认定标准，分析市级创新区评估认定标准；10月，认定6个区为第二批市级中小学校责任督学挂牌督导创新区。

（龙梅）

4个区首批通过督学挂牌创新区认定

3月24日至25日，国务院教育督导委员会办公室“全国中小学校责任督学挂牌督导创新县（市、区）”评估组核查北京挂牌督导创新区。市政府教育督导室组织朝阳、海淀、顺义、大兴和怀柔5个区实地核查。评估专家组随机抽查5个区15所中小学校，经材料审查、实地核查等程序，认定朝阳、顺义、大兴、怀柔4个区通过第一批“全国中小学校责任督学挂牌督导创新县（市、区）”评估。

（龙梅）

3月24日，全国中小学校责任督学挂牌督导创新区实地核查
（新闻中心 供）

督导信息平台对接市教委业务数据

5月4日，市教委同意“北京教育督导信息管理应用平台”对接市教委业务数据。督导信息管理应用平台通过数据交换方式与市教委基础业务数据实现跨平台同步。此举打通教育相关基础数据，实现督导业务与教委数据间高效对接，通过指标体系标准化、数据标准化建设，提升督导数据采集的质量，实现教育督导和教育行政部门的数据口径的统一。督导信息管理应用平台通过数据管理和整合，实现指标的关联分析、横向比较分析、纵向趋势分析，发挥大数据在推动首都教育现代化建设中的重要作用。

（王兆歆）

校园欺凌专项治理

5月至12月，市政府教育督导室、市教委开展校园欺凌专项治理工作。北京市按照国务院教育督导办《关于开展校园欺凌专项治理的通知》要求，对发生在学生之间，蓄意或恶意通过肢体、语言及网络等手段，实施欺负、侮辱造成伤害的校园欺凌进行治理。治理包括两个阶段，第一阶段为从5月10日至7月，主要是各校开展治理；第二阶段为9月至12月，主要是开展专项督查。专项治理中，要求各校开展专题教育，提升师生预防和应对校园欺凌现象的能力和水平；积极建立完善工作制度，规范校园欺凌防控的程序与标准；注重预防在先，及时排查隐患，打造防控校园欺凌的立体网络；兼顾教育与管理，及时追踪、核实、处理校园欺凌事件。12月初，北京市海淀区中关村第二小学一名学生家长《每对母子都是生死之交，我要陪他向校园霸凌说NO》的网文引起社会对校园欺凌问题高度关注，市教委回应“孩子是家庭的未来，也是国家和民族的未来，孩子的身心健康不仅是家长所盼望的，更是教育行政部门工作的重中之重。首都教育系统将认真贯彻落实教育部等九部门印发《关于防治中小学生欺凌和暴力的指导意见》，从一切为了孩子身心健康出发的角度，高度重视，主动工作。发现问题，严肃对待，妥善处理。同时呼吁每一位关心孩子身心健康的成年人，关注事件中每一个孩子的健康，特别是心理健康的疏导，教育好身边的孩子，不做有害他人的事情，懂礼貌、讲文明，为每一个孩子的健康成长共同努力。”12 月 13 日，市教委、市政府教育督导室联合印发《关于在中小学进一步开展防治学生欺凌和暴力教育的通知》，提出要高度重视，进一步提高思想认识；坚持立德树人，切实加强和改进学校德育工作；加强校园管理，进一步健全防治工作制度；加强宣传引导，营造文明和谐的校园环境；加强专项督导检查，确保防治工作落到实处。

（聂荣）

开展市督学培训

6 月 6 日，北京教育学院举办的 2016 年北京市督学培训项目开班。本次培训分为骨干督学班和责任督学班，旨在通过理论授课、分享式讲座、下校实践、分组研讨、课题研究模块，使各区的骨干督学、责任督学掌握最新的宏观教育政策和教育督导改革的前沿动态。培训共 80 学时，于 11 月结束。来自 15 个区的 88 名学员参加培训。

（刘琳）

6 个区成为第二批市级责任督学创新区

10 月 17 日，市政府教育督导室召开 2016 年中小学校责任督学挂牌督导创新区评估认定申报报告陈述会。会议正式启动第二批市级中小学校责任督学挂牌督导创新区评估认定工作。经专家组审核各区申报材料与电子档案、实地核查通过初审的 6 个区的 18 所中小学校，认定东城、西城、石景山、门头沟、通州、昌平为北京市中小学责任督学挂牌督导创新区，并推荐申报全国中小学责任督学挂牌督导创新（市、区）。

（龙梅）

督学管理暂行办法颁布

11 月 7 日，市政府教育督导室印发《北京市督学管理暂行办法》。该办法是在贯彻落实教育部《督学管理暂行办法》基础上，结合北京市教育督导实际情况编制而成的。内容包括总则、资格与聘任、职责与权力、培养与培训、管理与考核、附则 6 章共计 33 条内容。办法自发布之日起实施，同时废止 2008 年 4 月 2 日颁布的《北京市兼职督学聘任管理办法（暂行）》。

（韩宝来）

诊断式督导实践探索研讨会

11 月 18 日，市政府教育督导室召开北京市中小学诊断式督导实践探索研讨会。会议展示朝阳区诊断式督导工作全流程，介绍朝阳区开展诊断式督导的实践经验，中小学校长代表、责任督学代表以及教育专家探讨交流诊断式督导的工作理念与工作模式，引导各区结合实际，创新督导工作方式方法，提高学校督导工作水平。教育部教育督导局、国务院教育督导委员会办公室领导及市委教工委、市教委、市政府教育督导室相关负责人及各区政府教育督导室和相关部门人员，区中小学校长、督学代表等 100 人参加会议。

（龙梅）

260 人受聘第十届督学

12 月 1 日，市政府教育督导室为 260 名第十届督学颁发聘书。经各区和相关委办局推荐、资格审查遴选、市政府教育督导室主任办公会和市教委主任办公会讨论通过并公示，共聘任第十届专兼职督学 260 人。其中，专职督学 66 人、兼职督学 194 人。第十届督学增加高等教育、职业教育、民办教育和基础教育代表，并新设专职督学。

（韩宝来）

12 月 1 日，北京市聘任第十届督学

（新闻中心 供）

督导委员会成立

12 月 1 日，北京市人民政府教育督导委员会成立大会召开。会议宣布成立北京市人民政府教育督导委员会，任命王宁为市政府教育督导委员会主任，尹培彦、刘宇辉、唐立军为副主任。市发展改革委、市教委、市科委、市公安局、市财政局、市人力社保局、市机构编制委、市住房城乡建设委、市卫计委、市审计局、市工商局、市体育局、

12 月 1 日，北京市督导委员会成立大会

（新闻中心 供）

市统计局、市法制办 14 个部门为市政府教育督导委员会成员，相关部门主管领导为市政府教育督导委员会委员。市政府教育督导委员会成立后，在市政府领导下独立行使教育督导职能，代表政府对各级各类教育进行监督、检查、监测、评估、指导。主要职责是：研究制定北京市教育督导的重大政策；审议市教育督导发展规划和重大事项；统筹指导全市教育督导工作；聘任市督学；发布市教育督导报告。市政府教育督导委成员单位领导，各区政府领导，市、区教育两委一室相关领导和处室负责人，市属高校主管领导，市政府特约教育督导员，北京市第十届督学等 300 余人参加会议。

（赵兴）

督导检查

开学专项督导检查

3 月和 9 月，市政府教育督导室、市教委共同开展春、秋季开学专项督导检查。检查组进入各区（校），围绕义务教育均衡发展、规范办学行为、师资队伍、校园安全、国际学生管理工作开展重点督导检查。各区坚持早布置早安排，合理统筹暑假和开学工作；用心设计开学典礼，严格落实“三节三爱”教育要求；全面落实资助帮扶政策，保障特殊学生群体学有所教，努力确保有序开学。

（彭君）

10 月 12 日，昌平区减负提质系列活动走进城关小学
（城关小学 供）

中小学校“减负”专项检查

5 月 16 日至 27 日，市教委、市政府教育督导室对全市中小学“减负”工作情况开展专项检查。检查组在各区“减负”工作自查基础上，走进东城、西城、朝阳、海淀、丰台、顺义、昌平、大兴 8 个区的 16 所中小学，通过听取区教委和学校工作汇报、召开师生座谈会方式开展工作。检查结果显示，各中小学认真落实“减负”文件精神，加强教师队伍建设、校园文化建设和学生综合素质评价，促进学生全面发展。

北京实验学校附属小学举行开学典礼
（实验学校附小 供）

（龙梅　陈德时）

秋季开学及年度重点工作督导

9 月 1 日至 5 日，市政府教育督导室组织挂牌责任督学开展 2016 年秋季开学暨年度重点工作落实情况专项督导检查。全市 600 余名督学走进 16 个区共 1600 余所中小学校，重点围绕开学条件保障、党建和思想政治工作、规范办学行为等内容，通过听汇报、查资料、访谈、问卷调查、实地查看形式开展督导检查，并及时向学校反馈督导过程中发现的问题及整改建议，督促学校认真整改。督导检查结果显示，各区中小学开学准备工作扎实有序，学校教育教学秩序稳定，各项重点工作按计划有序推进。

（聂荣）

空气重污染应急督导

10 月 30 日，市政府教育督导室印发《关于做好空气重污染天气应急督导检查工作的通知》。文件要求各区教育督导部门要切实做好空气重污染天气中小学校应急预案落实情况督导检查，建立督导室一把手负总责，相关部门具体负责落实，具体工作责任到人的空气重污染应急督导长效机制。要求各区在原有管理体系基础上，再明确 1 名空气重污染天气应急督导工作具体责任人。文件印发后，北京市 11 月、12 月共预警 9 次，其中，红色 1 次、橙色 3 次、黄色 1 次、蓝色 4 次。每次接到空气重污染预警指令后，各区挂牌责任督学通过深入学校、电话询问等方式，了解挂牌学校启动空气重污染预警执行情况，市，区督导部门第一时间收集上报情况，保证政令畅通。

（聂荣）

有偿补课专项治理

11 月 10 日至 12 月 31 日，市政府教育督导室、市教委联合开展中小学校和在职中小学教师校外有偿补课专项检查。检查组在各区自查基础上开展重点检查，检查范围包括公办中小学校、教研机构及校外教育机构；公办中小学校、教研机构及校外教育机构在职教师；存在违规行为的校外培训机构。5 个检查组通过召开区教委、中小学校校长及教师座谈会、到校外培训机构实地查看，暗访等方式，了解掌握情况，同时根据举办线索开展重点检查。

（聂荣）

12 月 2 日，延庆区接受市政府教育督导室教育法律法规督导检查（延庆区教委 供）

各区履行法定教育职责检查

11 月 21 日至 12 月 2 日，市政府教育督导室组织开展履行法定教育职责督导检查。市政府教育督导室、市教委、市规划国土委、市财政局、市住房城乡建设委相关工作人员及部分市政府督学组成督导检查组，依据《中华人民共和国义务教育法》及北京市实施办法，开展法定教育职责履行情况督导检查。检查组在各区自查基础上，赴平谷、延庆、房山区实地检查，重点检查新建和改建居民区设置学校情况、义务教育经费“三个增长”要求落实情况、职业教育发展规划制定情况。检查结果显示，各区能够依法履行教育职责，强化依法行政，加强组织领导，明确职责任务，完善工作机制，加强督导检查，相关工作得到基本落实。

（陈琦璐）

市属行业企业履行法定教育职责检查

11 月 28 日、30 日，市政府教育督导室开展市属行业企业履行法定教育职责情况。检查组依据《中华人民共和国职业教育法》以及北京市实施办法，对市公园管理中心、北京金隅集团有限责任公司实地检查，重点检查两个单位落实职工培训教育法定职责情况。经过分组座谈与资料审核，检查结果显示两个单位均高度重视职业教育执法检查工作，成立了自查工作领导小组，根据检查要求，明确责任分工，组织管理中心和所属单位，认真开展了自查自评工作。

（陈琦璐）

高校思政课建设专项督查

11 月至 12 月，市委教工委、市政府教育督导室联合组织第二批北京高校思想政治理论课建设专项督查工作。此次督查成立 4 个督查组，选取 20 所不同层次、不同领域的高校，通过听取专题汇报、审阅材料和实地调研、听课并与师生座谈、督察情况研讨总结四个环节，督查高校的思政课建设情况。督查组认为各高校党委高度重视思政课建设，按照教育部制定的高校思政课建设标准积极推进教学改革，加强条件保障，促进了教学质量提升；同时，个别高校在教师队伍配备、推进中班授课等方面还存在短板，需要进一步加以解决。

（刘冰　张磊）

督导调研

中等职业学校课堂教学质量调研

3 月至 5 月，市教委会同市政府教育督导室、北京教育科学研究院、北京市职业教育学会开展中等职业学校课堂教学质量现状调研。调研以打造“有趣、有用、有效”课堂为目标，来自行政、行业企业、院校、科研等部门的专家组成 9 个调研小组，对 48 所公办中职学校进行随堂听课，开展评教、研教和教学诊断。调研历时 1.5 个月，共下校 80 次，听课 2217 节，覆盖教师 2098 人，约占北京市中职专任教师 40%，20726 名学生参与评教，涌现出 22 节优秀课例，积累大量一线调研数据。调研发现，中等职业学校课堂教学总体情况优良，教学管理基本规范，师生精神面貌良好。

（龙梅　吕轮超）

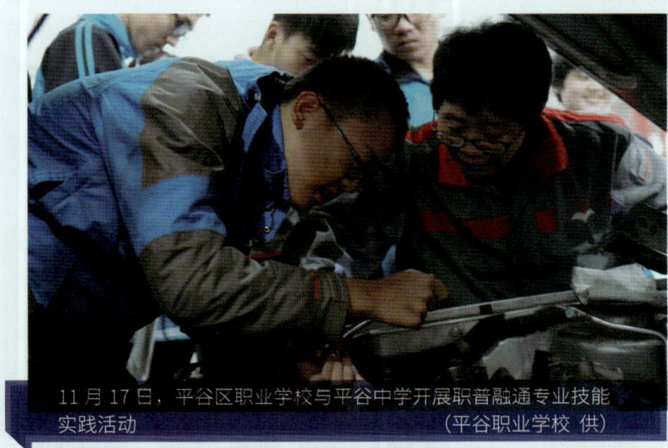

11 月 17 日，平谷区职业学校与平谷中学开展职普融通专业技能实践活动（平谷职业学校 供）

初中实践活动实施情况调查

3 月至 11 月，市政府教育督导室调查初中实践活动实施情况。调查采用问卷形式，面向全市全体初一学生和负责活动组织实施的学校教师和资源单位负责人。调查回收有效问卷共 70638 份，收到学生、学校和资源单位提出意见建议近 29000 条。结果显示，学生对初中实践活动的总体评价较高，开放实践活动管理保障措施总体到位，超八成学生参加实践活动后的实际获得感较强。调查也反映出初中实践活动存在部分活动主题和内容吸引力不强、学校教师管理负担较重等问题。初中开放性科学实践活动和综合社会实践活动自 2015 年 10 月始陆续实施，立足北京市丰富的科技教育资源，构建无边界、跨学科的开放学习服务平台，为全市七、八年级学生提供优质、多元、丰富、生动的合作探究式实践活动，满足学生个性化、多样化的发展需求。

（彭君）

中小学重点领域办学督导调研

4月至6月，市政府教育督导室开展16个区及燕山地区中小学重点领域办学情况督导调研。市政府教育督导室在分析研判全市所有学校生均体育运动场地面积、生均教学用房面积、生均仪器设备值及安全情况等方面数据基础上，每区抽取6所学校实地调研。通过听取汇报、入校查看、座谈访谈、问卷调查、综合分析评价方式，综合研判全市中小学办学中存在的突出矛盾和问题，提出有针对性的政策建议，以供决策参考。市政府教育督导室累计实地查看中小学校106所，召开座谈会139次，发放并回收调查问卷1000余份，访谈学生800余人；形成1个主报告和6个分报告，并向各区反馈督导结果，提出工作建议和限期整改要求。

（张士佐）

高等学校教育教学工作调研

5月，市教委、市政府教育督导室共同开展高校教育教学工作情况调研。调研围绕北京市属高校事业发展基本情况、高等学校“十三五”规划、高水平人才交叉培养、高校综合改革、学科专业建设、创新创业教育主题，走进北京信息科技大学、北京舞蹈学院、北京化工大学，听取校长相关汇报并召开研讨座谈会。调研组认为，上述高校在人才培养模式改革、优化专业结构布局、思政教育等方面推进有力、特色鲜明。

（张晓玲）

10月20日，市政府教育督导室到大兴区特教中心调研
（大兴区教委 供）

特殊教育发展状况专题调研

6月至10月，市政府教育督导室开展特殊教育学校发展状况专题调研。市政府教育督导室相关负责人与北京市特殊教育研究指导中心相关人员组成调研组，走进东城、西城、朝阳等区的20所特殊教育学校，围绕特殊教育学校师资队伍、办学困难、学生发展等问题，与各校负责人深度交流研讨。经过调研，调研组认为特殊教育学校的进一步发展，一是要加强顶层设计，调整学校布局，整合特教资源，扩大综合型特殊教育优质学校辐射范围；二是要进一步提高教师特教津贴水平，增强特殊教育工作的岗位吸引力；三是要为特殊学校师生提供校服补贴，进一步提高学生用餐补贴标准。

（彭君）

中小学教师队伍建设专题座谈会

7月5日至6日，市政府教育督导室组织召开北京市中小学教师队伍建设和办学条件装备情况的专题座谈会。各区分别介绍中小学教师编制、配备、培养、培训和条件装备配置、管理和使用情况，交流汇报工作经验及存在的困难和问题，并就下一阶段做好教师队伍建设和条件装备工作，促进义务教育优质均衡发展提出建议。会议认为要深刻分析各区在中小学师资队伍建设和办学条件装备工作中存在的困难和问题，透过现象精准把握问题存在的深层次原因。要建立健全师资队伍建设及条件装备工作的督导评估体系，加强评价管理，形成长效机制，不断提升师资队伍及条件装备水平。市政府教育督导室、市教委相关处室，市教育技术装备中心及各区相关人员参加座谈会。

（刘中阁）

督学建设及培训需求调研

9月7日和9月12日，市政府教育督导室分别对丰台区、大兴区开展调研督学建设及督学培训需求调研。调研组通过听取各区教育督导室主任汇报、召开专兼职督学代表座谈会等方式，充分了解督学队伍建设整体情况及督学培训需求情况，听取基层意见和建议。调研组肯定各区工作取得的成绩，并表示在今后工作中将充分考虑各区需求，努力提供支持保障，着力解决工作重点难点问题。

（韩宝来）

基础教育综合改革督导调研

11月2日至18日，市政府教育督导室组织开展深化基础教育综合改革督导调研。调研组分别走进东城、西城、朝阳、丰台、石景山5个区，重点调研义务教育阶段入学招生、优质教育资源扩大、实践育人特别是初中开放性科学实践活动、民办教育机构参与中小学学科改革等项目推动落实情况，通过调研组与各区教委和区政府教育督导室相关领导、区教委相关业务部门负责人、相关项目学校校长分组座谈和访谈等方式充分了解了各区基础教育综合改革推进工作的基本情况。调研工作总结各区推进改革的经验和成效，分析存在的困难问题，提出政策建议，助推全市基础教育综合改革。

（刘奇）

中小学社会主义核心价值观督导调研

11月14日至16日，市政府教育督导室组织中小学校培育和践行社会主义核心价值观工作情况专项督导调研。16个区600余名挂牌责任督学对全市所有中小学校培育和践行社会主义核心价值观工作开展督导。同时组成督导调研组，走进顺义、大兴、海淀、通州4个区6所中小学校开展专项督导调研。调研共发放教师问卷100余份、学生问卷200余份，听课50余节，召开120余名干部教师参加的座谈会，并完成专项督导调研报告。督导调研发现，全市各中小学校以课堂教学为主渠道、实践活动为抓手、典型示范为引领、机制建设为保障，培育和践行社会主义核心价值观工作成效明显。

（龙梅）

基础教育部分学科教学改进专项督导调研

11月14日至16日，市政府教育督导室组织基础教育部分学科教学改进工作情况专项督导调研。16个区600余名挂牌责任督学对全市所有中小学校基础教育部分学科教学改进工作情况进行督导。同时组成督导调研组，前往海淀、顺义、大兴、通州4个区的6所中小学校开展专项督导调研。专家组随班听课50余节，召开由区教委相关科室人员和学校干部教师共120余人次参加的座谈会，发放学生调查问卷260余份，并完成专项督导调研报告。督导调研发现，各区在优化课程整体结构等方面积极探索，广大教师教学创新意识进一步增强，课堂教学质量不断提高。

（龙梅）

市属高等学校师德建设督导调研

12月7日至8日，市政府教育督导室联合市委教工委、市教委开展市属高校师德建设状况督导调研。调研组走进北京工业大学、北京工商大学、北京建筑大学、首都师范大学、中国音乐学院、北京电子科技职业学院6所高校，围绕明确责任、创新教育方式等7个方面共35项具体要素，在学校自查基础上，通过听取汇报、教师座谈、档案查阅、学生问卷调查等形式，深入了解学校师德建设情况，并形成专项督导调研报告。调研结果显示，各高校认真落实教育部和北京市师德建设相关文件精神，师德师风良好，教师素质普遍提升。

（张晓玲）

教师专项计划落实情况督导调研

12月12日至21日，市政府教育督导室督导调研中小学教师绩效奖励激励机制和乡村教师支持计划落实情况。督导调研旨在深入了解《关于印发建立我市中小学教师绩效奖励激励机制实施方案及配套文件的通知》《北京市乡村教师支持计划(2015—2020年)实施办法》《北京市乡村教师岗位生活补助发放办法的补充办法》等文件实施情况。督导调研组在16个区自查基础上，分别赴怀柔、密云、门头沟、大兴和海淀5个区实地调研。督导调研组通过听取各区政府工作汇报、召开相关委办局负责人座谈会、进行校长教师座谈访谈、发放教师调查问卷形式，深入了解在推动落实“实施方案”“实施办法”“补充办法”政策过程中取得的经验及存在的突出问题。调研结果显示各区认真研究相关文件精神，加强工作统筹，并结合实际研究制定本区管理办法和实施方案，有效调动了校长和教师工作的积极性，促进了区域教育改革和学校办学质量的提升。同时，各区多措并举加强农村教师队伍建设，促进了农村教师专业发展和教学质量的提高。

（刘奇）

评估与监测

国家义务教育质量监测现场测试

5月26日，市政府教育督导室、市教委组织国家义务教育阶段学生语文、艺术学习质量监测的现场测试。东城、西城、房山等10个区123所小学、80所中学，共计203所（包括民办校7所、打工子弟学校6所、九年一贯制学校23所）学校的6000余名学生参加全国义务教育阶段学生语文、艺术学习质量监测的现场测试。监测结果显示，北京市四年级取得6项第一，其中，语文2项：语文学业成绩、语文教师教学行为；艺术4项：演唱能力—必唱歌曲、美术基础能力、美术知识生活运用能力和绘画创作与表达能力。八年级取得8项第一，其中，语文1项：学生阅读策略运用；艺术7项：音乐听辨能力、音乐作品赏析能力、演唱能力—必唱歌曲、美术基础能力、美术作品赏析能力、美术知识生活运用能力、绘画创作与表达能力。此次义务教育质量监测是国务院教育督导委员会办公室组织开展的第二次全国范围义务教育阶段相关学科领域正式监测，市义务教育质量监测工作领导小组要求各区在组织实施工作中人员到位、条件保障到位、培训到位和应急预案到位。北京市获得“2016年国家义务教育质量监测实施组织工

5月26日，国家义务教育质量监测测试现场

（燕山教委 供）

作保障奖”，东城区、西城区、石景山区、房山区和顺义区获得“区（县）优秀组织单位奖”。

（徐孟军）

第三方教育评估监测机制完善

5月30日，市政府教育督导室印发《关于委托第三方机构开展教育评估监测工作暂行办法》。文件明确第三方机构、教育评估、教育监测等相关概念，包括总则、评估资质认定、委托管理、工作程序、监管和评鉴、附则6章共计29条内容，为完善第三方教育评估监测机制、全面推进教育督导专业化建设和管办评分离奠定基础。

（王家兵）

组织参加全国职业院校评估

6月，市政府教育督导室组织北京市职业院校参加全国中等职业学校办学能力评估和高等职业院校适应社会需求能力评估。市政府教育督导室结合北京实际，研究制定《北京市参加2016年全国职业院校评估工作实施方案》；统筹谋划职业院校评估工作，确立市、区、校三级联动的实施评估工作机制；组织开展职业院校评估工作动员部署会和培训会；对各职业院校数据填报和自评报告撰写进行全面指导；全面完成学校数据信息市级审核提交和市级评估报告的组织撰写及上报工作。

（杨旸）

本科专业评估试点

10月28日，市教委、市政府教育督导室联合召开北京市属高校审核评估和本科专业评估试点工作部署会。会议做评估指标体系、评价工具和评估管理系统解读和培训；印发《北京市普通高等学校本科专业评估试点工作方案》，同步启动对北京工业大学、首都师范大学等18所市属高校英语、会计学、计算机科学与技术专业的评估试点。评估通过专业教学基本状态数据采集、学校自评、市级评估、评估结果使用四个评估环节，形成北京市普通高等学校本科专业评估试点评价结果报告。

（王家兵）

10月28日，市属高校审核评估和本科专业评估试点工作部署会（新闻中心 供）

硕士学位论文抽检

12月28日，市政府教育督导室组织召开北京市2015年硕士学位论文抽检工作总结暨2016年工作部署会，总结通报2015年北京地区硕士学位论文抽检结果，部署2016年北京地区硕士学位论文抽检工作。2014—2015学年度硕士学位论文抽检包括98个学位授予单位的2360篇硕士学位论文（军队系统、涉密除外），抽检率5.17%。抽检结果显示，全市共有106篇论文1名专家意见不合格，占送审论文总数的4.49%；共有15篇论文2名专家意见不合格，占送审论文总数的0.64%。

（王家兵）

学前教育发展情况监测

12月，市政府教育督导室完成2015—2016学年度北京市学前教育发展状况监测并形成《北京市学前教育发展状况监测报告》。市政府教育督导室对各区2015年9月1日至2016年8月31日（其中，教育经费和幼儿园建设的有关数据采集的统计时期为2015年1月1日至12月31日）的幼儿园结构、幼儿园分布、幼儿园建设、适龄儿童入园率、学前教育经费投入、教师队伍结构等情况进行数据监测统计工作，并形成《北京市学前教育发展状况监测报告》。监测数据显示，2015—2016学年度，北京市学前教育规模进一步扩大；幼儿园学位资源分布和优质资源的分布状况有所改善；学前教育师资力量进一步加强；全市学前教育财政性经费投入总额持续增加;同时，存在入园压力持续加大等问题。

（徐孟军）

区教育督导

海淀骨干督学赴法培训交流

3月，海淀区骨干督学赴法国接受学科督导培训和交流。区教育督导室首次选派10名学科骨干督学组成学习交流团赴法学习，为期10天，交流团围绕督导体系、标准、工具、职责等10个研究领域的任务，到访法国教育部、法国教学督学联合会、福莱吉市政府、巴黎大区77省公立小学、国际精英育才学校等，与各级督导机构专家、政府人员进行交流，了解法国教育体制、教学督导体制、学校的支持管理体制等。此次交流成果集结成《一城一事且行且思——海淀区学科督学赴巴黎学习交流报告文集》。

（宋亚甫）

通州综合督导12所小学

4月6日至5月5日，通州区政府教育督导室对12所小学开展全面实施素质教育综合督导评价和《中小学体育工作三年行动计划》的专项督导。此次督导主要包括德育、安全、教育、规划、行政、队伍建设、体育三年行动规划共7个方面。督评人员根据评价指标体系，在学校自查自评的基础上，通过听取工作汇报、召开座谈会、组织师生调查问卷、开展个别访谈、查阅档案材料方式收集信息，督导检查学校发展规划、队伍建设、教育管理、发展绩效、创新与特色等工作。督导组经过集体讨论研究，并与学校沟通后，形成学校督导评价意见，以书面形式反馈给学校。督导组认为各学校发展规划、两支队伍建设、教育教学质量管理等方面逐渐规范化、制度化、科学化，符合素质教育的要求。

（曹海英）

石景山教育工作满意度测评

4月21日至25日，石景山教育督导室委托北京教育科学研究院教育督导与教育质量评价中心对辖区内所有公办中、小、幼、职学校及6所民办学校的教育工作满意度进行问卷调查。调查问卷由区政府教育督导室和北京市教育督导与教育质量评价中心共同设计。评价中心项目组负责从各学校随机抽取25%的学生家长进行测评，并就调查结果进行统计分析，完成全区总调查报告和各学校的调查报告。样本确定采用分层随机抽样方法，普通中小学根据CMIS系统中学生的学籍号随机抽取每所学校各年级、各班的学生样本；幼儿园、职业高中及特殊教育学校随机抽取各校学生。本次共发放问卷9328份，回收有效问卷9225份，总体满意率达到90.1%，比2015年提高1.1个百分点。

（王桂洋）

5月18日，丰台区挂牌责任督学换届暨2016年满意度调查工作布置会 （丰台区教委 供）

丰台挂牌责任督学换届会

5月18日，丰台区政府教育督导室召开丰台区挂牌责任督学换届暨2016年满意度调查工作布置会。会议宣读《丰台区人民政府教育督导室关于聘任丰台区中小学校挂牌责任督学的决定》，为68名专兼职挂牌责任督学颁发聘书和督学证，通报《丰台区人民政府教育督导室丰台区教育委员会关于推进丰台区普通中小学校全面实施素质教育综合督导评价工作的意见》，解读并培训《丰台区中小学教育工作满意度调查项目2016年度工作方案》。区政府教育督导室、区委教工委、区教委领导，相关科室人员、专兼职督学、中小学督导联系人150人参加会议。

（徐晶）

朝阳召开第六届责任督学聘任大会

5月19日，朝阳区政府教育督导室召开新督学责任区成立暨第六届责任督学聘任大会。会议宣布建立中小学、幼儿园、职业高中、校外教育机构及特殊教育单位共计20个责任区并颁牌，聘任112名责任督学，形成全面覆盖、独立运行、协同支撑督导新格局，为构建“五位一体”治理体系，推进“管办评”分离奠定基础。

（王茜）

房山督导民办幼儿园

5月30日至7月1日，房山区政府教育督导室开展民办幼儿园2015—2016学年度督导评价工作。由区政府教育督导室牵头，区教委、区教师进修学校、区妇幼保健院以及部分优质公办幼儿园等多部门联合组成的督评组，对38所民办幼儿园进行综合督导。采取听取工作汇报、巡视园所环境、观看教育活动、查看档案材料等形式开展督导检查。督导检查结果显示各幼儿园对综合督导评价工作都高度重视，对督导评价过程中督评组肯定的成绩都能够发扬光大，对督评组提出的意见和建议能够认真研究，逐项改进，办园逐步规范，办园质量得到显著提升。本次综合督导评价共评出一等奖13个、二等奖18个、三等奖7个。

（许振东）

门头沟督导室成立两个科室

5月，门头沟区政府教育督导室成立督政科和督学管理与信息化科。督政科主要职责包括督导检查贯彻执行教育法律、法规、规章，落实国家教育方针政策，履行发展教育职责情况；建立重大教育问题的专项督导制度；调查研究教育督导中重大问题；督导检查义务教育均衡发展状况；评估教育政策的施行效果并提出报告和建议。督学管理与信息化科主要职责包括督导并评估评价各级各类学校规范办学、教育教学工作情况；监测各级各类教育发展状况和质量；建设中小学督学责任区；督学制度建设和督学聘任、使用、考核、绩效评估等管理。两个科室的成立是区政府教育督导室机构改革的第一步。根据区编办印发的《关于调整区人民政府教育督导室职责、机构编制等有关事项的批复》，督导室调整职责和编制。

（陈菊新）

石景山教育督导与教育质量评估监测中心成立

7月，石景山区教育督导与教育质量评估监测中心成立。该中心经区委教工委研究决定成立，设在北京教育学院石景山分院，负责教育质量的评估监测工作，通过科学研究、评估监测和指导服务，用先进的教育理念，科学的评价指标引导教育发展，促进本区教育质量的提高。核定事业编制5人。

（王桂洋）

大兴综合督导工作启动会

8月26日，大兴区政府教育督导室召开2016年大兴区全面实施素质教育综合督导启动会。会议说明综合督导工作的指导思想、工作原则及评价结果，布置本轮综合督导的时间安排、内容形式及工作流程等，讲解现场督导过程中的技术问题。会议强调本轮综合督导的重要性，坚持督、导并重原则，为学校改进工作提出意见和建议，促进学校健康发展。中、小、幼、职成学校四个督导评价组43人参加会议。

（王建春）

平谷责任督学聘任大会

9月20日，平谷区召开2016年责任督学挂牌督导工作启动暨督学聘任大会。会议宣读聘任24人为平谷区责任督学的决定，宣讲《责任督学管理办法》，按照集团化、学区化的办学思路，将全区各校分为5个督学责任区，分派责任督学进行挂牌督导。同时，从岗前培训、持证上岗、职责要求、考勤考核、表彰奖励、相关待遇等方面做出明确规定。区政府教育督导室、区委教工委、区教委领导出席会议。

（贾小利）

燕山专项治理校园欺凌

9月20日至27日，燕山教育督导室组织开展燕山地区2016年校园欺凌专项治理。督导室组织督学深入学校，实地检查各校关于校园欺凌工作的落实情况。检查结果显示各中小学对校园欺凌工作非常重视，无校园欺凌现象发生。12月16日，督导室到燕山北师大燕化附中、向阳中学、星城中学、星城小学就校园欺凌问题再检查、再部署。

（孙景泉）

密云完成教育工作社会满意度调查

9月，密云区教委、区政府教育督导室完成教育工作社会满意度调查。调查工作委托北京教育科学研究院开展，经学生基础信息和指标样本筛选，学生家长抽样、电话问卷调查，调查数据分析整理等程序，完成密云区教育工作满意度总报告和各学校幼儿园分报告。结果显示，密云区各类学校满意度综合得分为92.7，比上年提高1.4分。

（孙芳莹）

延庆开展三项重点工作专项督导检查

9月至11月，延庆区政府教育督导室开展“社会主义核心价值观教育的落实、基础教育学科教学改进意见的贯彻、学校‘减负’工作的落实”三项重点工作专项督导检查。全区挂牌责任督学22人分别走进42所中小学校，通过听取校长汇报，与学校干部、教师、学生、家长访谈，查阅相关档案资料，听课，实地观察等方式，对照指标体系和相关文件要求，分别完成挂牌学校专项督导报告。区政府教育督导室汇总挂牌责任督学采集的信息，分析总结，撰写三项区级专项督导报告，总结本区中小学校三项工作落实情况。区政府教育督导室把三项重点专项督导工作纳入督学经常性督导范畴，确保学校将三项工作落实到位。

（宋佳　李树敏）

丰台培育和践行社会主义核心价值观专项督导

10月9日，丰台区政府教育督导室召开培育和践行社会主义核心价值观专项督导工作布置会。会议听取题为《全面规范创新》的讲座，培训培育和践行社会主义核心价值观自评报告撰写的方法等。会议系统阐述社会主义核心价值观与核心价值观体系、德育、中国梦、中小学生守则的关系，重点解读培育和践行社会主义核心价值观的评估指标体系，详细解读《丰台区中小学校培育和践行社会主义核心价值观工作专项督导方案》，并就专项督导工作进行布置。会议表彰体育专项督导工作中评出的31项优秀成果。督导室、区教委领导，各中小学校主管干部、学校督导联系人、专兼职督学等200人参加会议。

（徐晶）

昌平督导官网开通

10月10日，昌平教育督导官方网站(cpjydd.chpedu.net)开通。网站具有政务信息公开、通知信息发布、信息资源共享、交流研讨互动等功能，包括政务公开、通知公告、督导动态、督导研究和问卷调查五个一级栏目，公布资讯300余条，图片300余幅。至此，昌平区教育督导工作实现“一网两平台”的工作格局。昌平区政府教育督导室与昌平区教师进修学校信息中心合作，引入第三方网络信息技术公司，共同研究建设“昌平区政府教育督导室门户网”“昌平区政府教育督导室网络问卷调查平台”“昌平区挂牌督导工作平台”，打造“满足工作需求、提高工作效率、促进科学发展”的教育督导信息化渠道。年内，问卷调查网络平台建成以来，对25所中小学幼儿园开展教育工作满意度调查，涵盖干部教师、全体在校学生、学生家长共计2.7万人，实现问卷调查结果的自动统计汇总、调查报告的自动生成，实现问卷调查全员化、远程化、独立性和高效率。

（陈敏）

房山完成素质教育综合督导评价

10月10日至11月17日，房山区政府教育督导室完成中小学、幼儿园、职业学校和教辅单位2015—2016学年度全面实施素质教育综合督导评价。督导工作4个组同时进行，累计督评单位132个。督导组听取工作年度重点工作、工作亮点以及培育和践行社会主义核心价值观等方面的工作汇报，实地察看学校教育活动场所和设施，观摩学生课间操、大课间和特色展示，与师生交流座谈，查阅一年来的档案材料，随机听取教师授课情况，重点查看学校理念落实情况、课改推进情况、队伍建设情况、教学管理情况、班级管理情况、班级文化建设情况和学科德育落实情况等。督评组就各项指标督评情况进行口头反馈，充分肯定各单位工作取得的成绩，并对工作中存在的问题提出建设性意见，指出改进方向和路径。

（许振东）

怀柔开展素质教育综合督导

10月17日至11月20日，怀柔区政府教育督导室对全区中小学、培智学校、职业学校、幼儿园、学生管理中心开展素质教育综合督导。督导共分为幼儿园、小学、中学三个督导组，分别对每所幼儿园、中小学、校外教育机构开展为期一天的素质教育综合督导。根据区督导工作方案，各督导组走进学校，通过听取校长自评工作报告，巡视校园环境，随堂听课，干部、教师、学生座谈访谈，查阅相关资料等方式开展督导评价活动，共完成51所教育机构的督评工作。督导室以素质教育综合督导为契机，强化学校管理，满足学生全面发展和个性化需求，有效促进学生综合素质的提升，彰显学校特色。

（线金秋　昝晨曲）

昌平教育督导与教育质量评价监测中心成立

10月和12月，昌平区政府教育督导室完成机构改革。10月24日，经区编办同意，昌平区教委、区政府教育督导室组建成立“昌平区教育督导与教育质量评价监测中心”，负责开展教育督导与教育质量的评价监测科学研究，引入第三方专业机构研发教育质量评价与监测工具，参与教育督导与教育质量的评价监测工作，管理和维护昌平教育督导与教育质量评价监测数据库等工作。评价监测中心办公地点设在昌平区教师进修学校，纳入教师进修学校内设部门管理，由区政府教育督导室和市教育督导与教育质量评价研究中心业务指导。聘请2名专职工作人员，均为高级职称。12月，区政府教育督导室完成机构改革、职能调整和干部任命工作。在原“督导一科”（督政、课题研究职能为主）、“督导二科”（督学、队伍建设和信息化建设职能为主）内设机构基础上，增设“督导综合科”（政务管理、评价监测职能为主），将区教委工作职责中的评价监测职能划转到区政府教育督导室。通过竞争上岗的方式调整任命督导综合科科长、督导二科科长，建立起督政、督学和评价监测“三位一体”的教育督导工作新的体制机制。昌平区教育督导体制改革“三科一中心”的组织体系已经建立，这是昌平区推进教育管办评分离改革的一个标志。

（钱正秒）

石景山政府教育督导委员会成立

10月，石景山区人民政府教育督导委员会经区政府审议通过成立。督导委主任由区政府主管副区长担任；副主任由区政府办主任、区教委主任、区政府教育督导室主任担任；成员由区发展改革委、教委、财政局、人力社保局、编办等14个相关部门的主要领导组成。督导委代表政府对各级各类教育进行监督、检查、监测、评估、指导。督导委办公室设在区政府教育督导室，主要职责是研究制定区教育督导的重大政策，统筹指导区教育督导工作等。督导委在区政府领导下独立行使教育督导的职能。

（王桂洋）

海淀建立38个学科督学团队

10月，海淀区政府教育督导室建立38个学科督学团队。海淀区教委创新学科督导制度，制定《关于建立海淀区学科总督学制度的实施意见（试行）》，搭建起督导室主管主任统领、督导二科设计管理考核、38个学科总督学带领38个学科督学团队分学段、分学科实施学科督导的管理体系架构。即按照小学、初中、高中教育学科教育体系，在国家级课程中分类设置学科总督学，其结构框架包括：小学学段10个学科团队、初中学段13个学科团队、高中学段15个学科团队。每个学段、学科设置学科总督学1人、学科督学若干。两期已获聘学科（总）督学共68人，均为基础教育阶段2万名教师中的业务骨干，平均年龄48.15岁，市级以上骨干称号（含特级、市级学科带头人，市级骨干教师）达75%，100%大本及以上学历，94.12%为工作在一线的在职教师。

（宋亚甫）

延庆空气重污染天气应急督导检查

10月至12月，延庆区政府教育督导室完成空气重污染天气中小学校应急预案落实情况督导检查工作。制定《关于做好空气重污染天气应急督导检查工作方案》，明确督学职责分工、落实责任。挂牌责任督学根据每次空气重污染天气预警不同级别，通过到学校实地督查、电话督查等方式对挂牌学校进行督导检查，并将督查情况以微信、蓝信、电话、短信、电子邮件等形式报送区政府教育督导室。区政府教育督导室汇总责任督学反馈信息，撰写报告，向市政府教育督导室报告工作落实情况。

（宋佳　李树敏）

延庆建立健全教育督导制度

11月8日和12月2日，延庆区政府教育督导室印发《北京市延庆区督学管理暂行办法》，延庆区教工委、区教委、区政府督导室印发《关于印发〈延庆区中小学校责任督学挂牌督导实施方案〉的通知》。督学管理暂行办法共五章三十一条，明确提出督学的资格与聘任、职责与权力、培养与培训以及管理与考核内容及要求。2011年4月2日延庆县政府教育督导室发布的《延庆县督学聘任管理办法（暂行）》同时废止。责任督学挂牌督导实施方案对督学资格、职责、管理、培训、考核、督导规程、流程、督导结果公示公告等作出规定和要求，明确督学责任，规范教育督导工作。

（宋佳　李树敏）

燕山开展学前教师队伍建设专项督导

11月9日，燕山教育督导室开展学前教育教师队伍专项督导。为全面贯彻落实《燕山地区学前教育三年行动计划》，切实加强学前教师队伍建设，督导室对燕山教委学前中心就干部、教职工队伍建设情况进行专项督导检查。通过听取队伍建设情况的工作汇报、查阅档案资料以及座谈等方式，检查组认为燕山地区有完善的学前教育干部、教师队伍培训规划，在培训中能采用分层、分类和重点项目结合的方式开展，干部、教师队伍的专业化水平和业务素养较高；存在主要问题是燕山地区目前没有市级学科带头人及骨干教师，需要加强培养，满足学前教育优质发展专业人才需求。

（张艳平）

顺义督导中小学教师校外有偿补课

11月22日至24日，顺义区政府教育督导室开展中小学教师校外有偿补课专项督导。督导室组成4个督查组，分别深入东风小学、顺义一中等24所中小学，听取学校工作汇报，组织720名干部教师、840余名学生和720名家长开展问卷调查。调查结果显示全区公办教师中没有出现违规校外有偿补课事件。

（王跃文）

东城开展体质健康部门督导

12月12日至13日，东城区政府教育督导室开展体质健康部门督导。督导室督导区中小学体质健康管理中心、中小学卫生保健所工作，内容涉及依法管理情况、制定实施“十三五”规划情况、落实《东城区青少年“健康·成长”2020工程实施意见》、履行工作职责及运行情况等。督导组成员先期审议单位自查报告，集中听取单位主要领导工作汇报，分别召开干部和职工座谈会，集中查阅相关资料。在对信息进行集中汇总的基础上与单位领导反馈。

（李菊　李银姬）

东城开展督政工作

12月14日至16日，东城区政府教育督导室开展督政工作。督导检查针对区文化委、区卫计委、区食药监局、安定门街道办事处、北新桥街道办事处5个单位落实教育法律法规及实施素质教育职责情况。督导组成员先期审议各单位2015—2016年度自查报告，听取各单位工作汇报，召开各委办局和街道办事处有关人员座谈会，并查阅相关资料。在综合分析督导信息基础上形成督导意见，并向各单位反馈。

（李菊　李银姬）

燕山开展中小学校外有偿补课专项检查

12月15日，燕山教育督导室开展中小学校和中小学教师校外有偿补课专项检查。督导室会同教委相关部门组成联合巡查组，联合检查燕山地区4所民办教育机构任课教师来源。检查结果显示燕山地区中小学重视在教师中进行宣传教育，并制定相应的措施，杜绝教师在民办机构任课的现象发生。

（孙景泉）

密云开展镇、街素质教育督导评价

12月16日，密云区政府教育督导室召开镇、街素质教育综合督导评价汇报会。20个镇政府，街道、地区办事处主管教育副镇长、副主任总结汇报2016年辖区教育工作取得成绩及进展情况。区政府教育督导室组织相关人员对镇、街全面实施素质教育工作开展集中评价，评价结果纳入区政府对镇、街年度绩效考核。区政府教育督导室11月组织开展2016年镇、街素质教育综合督导，要求各镇街按照“全面实施素质教育评价指标体系”认真自查，撰写并提交自评量表、自查报告。

（孙芳莹）

怀柔完成三项专项督导工作

12月，怀柔区政府教育督导室相继完成“基础教育学科教学改进意见贯彻情况”“学校减负情况”“学校培育和践行社会主义核心价值观情况”三项专项督导工作。督导室成立专项督导领导小组，制订专项督导工作方案，由责任区组长牵头，组织各责任督学，对区内中小学校组织实施专项督导工作。通过到各校实地查看、查阅材料、召开师生座谈会、问卷调查等方式开展专项督导。各中小学校认真自查，实事求是撰写自查报告，积极配合区责任督学进行专项督导工作，并按照责任督学提出的意见和建议，制定整改措施。督导室完成专项督导调研报告。

（缐金秋　昝晨曲）

西城全面实施素质教育综合督导

至年底，西城区政府教育督导室全面实施素质教育综合督导。依据《北京市区县政府、教委、学校（教育机构）全面实施素质教育评价方案》以及西城区督导评价指标体系与细则，会同区委教工委、教委有关科室以及相关直属单位对四十三中、五十六中、进步小学、西师附小、北京小学红山分校、宏庙小学、三义里第一幼儿园、西城区青少年科技馆8所中小学校、幼儿园和校外教育机构进行综合督导。

督导后汇总分析收集的信息，肯定各单位近三年工作中取得的主要成绩，同时指出工作中存在的主要问题并针对问题提出具体建议，形成督导评价意见。并分别召开督导反馈会，向被督导单位进行督导回复。

（王锦红）

西城非学历民办教育培训机构督导

至年底，西城区政府教育督导室督导非学历民办教育培训机构。依据《西城区非学历民办教育培训机构综合管理督导评价方案（试行）》，督导室围绕办学方向、办学条件、学校管理、办学绩效和办学特色五个方面，分别对华金金融培训中心、就业培训学校、尚德智业培训学校、万星培训学校进行督导。督导后分别汇总分析收集的信息，形成评价意见，并向被督导单位回复。

（王锦红）

平谷督导年度工作

至年底，平谷区政府教育督导室完成督导年度工作。加强督学责任区和专兼职督学队伍建设，24 人被聘为平谷区责任督学，对全区 5 个督学责任区实行挂牌督导。制定《平谷区 2016 年国家义务教育质量监测工作实施方案》，完成国家级义务教育质量监测工作。修订《平谷区责任督学管理办法》，强化责任督学的工作流程及管理，全面督导教育系统所有单位。聘请第三方评价机构，对学校及校长满意度评价开展调查，满意度较好。至年底，平谷区政府教育督导室有 9 人，设主任 1 人、专职督学 8 人，另聘责任督学 24 人、兼职督学 53 人。

（吴玉仙）

海淀实施责任督学挂牌督导工作新架构

至年底，海淀区教育系统实施责任督学挂牌督导工作新架构。海淀区教委促进区域教育均衡，适应教育改革的发展，开展学区制改革，全区中小学全部纳入 17 个学区管理中心。为满足教育督导工作的需要，与之相应的督学责任区也正式成立，每个学区管理中心为 1 个督学责任区，成立 17 个督学责任区。17 个督学责任区按照地理位置划归到南、北、中三个区域，即成立南、北、中三个督学工作部。责任督学挂牌督导 3 部 17 区，同时，聘任责任督学挂牌督导工作部部长、顾问、副部长、责任区负责人以及兼职责任督学、校外兼职督学。

（宋亚甫）

北京市人民政府教育督导室主任、副主任

主　任　唐立军

副主任　刘莉　关国珍　冯义国

北京市人民政府教育督导室处室负责人

督导室综合处处长　马千里
督政处处长　张士佐
学校督导处处长　龙梅
专项督导处　聂荣
督学管理与信息化处处长　韩宝来
评估与监测处处长　张晓玲

各区人民政府教育督导室主任

东城区　付葵
西城区　牟东棋（4 月免）　赵蓬欣（4 月任）
朝阳区　王世元
丰台区　狄涛（12 月免）　周新春（12 月任）
石景山区　李秀兰
海淀区　王建忠（8 月免）　乔键（8 月任）
门头沟区　杨玉柱
房山区　周靖合（4 月任）
通州区　李少杰
顺义区　李卫国
昌平区　刘淑华
大兴区　李广成（5 月免）　扈岩江（5 月任）
怀柔区　张福利（2 月免）　王恩成（2 月任）
平谷区　王福胜
密云区　王树生
延庆区　王书忠（7 月免）　闫利宽（7 月任）
燕山地区　张凤玲

（本栏责任编辑　张晓兰）

高精尖创新中心建设计划实施

29 项成果获国家科技奖

5 个项目入选年度高校十大科技进展

高校特色教育资源库项目验收完成

中华优秀传统文化课程实验推进研讨会

2017 | 科学研究

SCIENTIFIC RESEARCH

- 科技活动
- 科技产出
- 科技推广
- 社科人员及投入
- 社科活动
- 人文社科研究成果

SCIENTIFIC RESEARCH
科学研究

综述

科技人员及投入

2016 年，北京地区 74 所设有理工农医类高校(含 25 所附属医院)共有教学与科研人员 74265 人，其中，具有教授职称 8195 人，具有高级职称 19248 人(不含教授)；研究与发展人员 36772 人；科技经费投入共 231.10 亿元，其中，政府资金投入 153.31 亿元，企事业单位委托投入 70.56 亿元。市属 44 所设有理工农医类高校(含 16 所附属医院)共有教学与科研人员 32786 人，其中，具有教授职称 1569 人，具有高级职称 7267 人；研究与发展人员 12094 人；科技经费投入共 28.87 亿元，其中，政府资金投入 21.13 亿元，企事业单位委托投入 6.53 亿元。

(刘帅)

科技活动

2016 年，北京地区 74 所设有理工农医类高校(含 25 所附属医院)共有科研活动机构 690 个；开展科技课题 61006 项，其中，研究与发展课题 (R&D)52767 项，R&D 成果应用及科技服务课题 8239 项；派遣进修访问学者 5487 人次，接受进修访问学者 5433 人次；出席国际学术会议 33732 人次，交流论文 16397 篇。44 所市属设有理工农医类高校(含 16 所附属医院)共有科研活动机构 148 个；开展科技课题 10612 项，其中，研究与发展 (R&D) 课题 9962 项，R&D 成果应用及科技服务课题 650 项；派遣进修访问学者 847 人次，接受进修访问学者 724 人次；出席国际学术会议 5882 人次，交流论文 2321 篇。

(刘帅)

科技产出

2016 年，北京地区高校共出版科技专著 595 部，大专院校教科书 452 部，编著 345 部；发表学术论文 87213 篇，其中，在国外学术刊物发表 37706 篇；SCI(科学引文索引)收录论文 29694 篇、EI(工程索引)28538 篇、ISTP(科技会议索引)5651 篇；鉴定成果 201 项，获奖成果 442 项，其中，国家级 64 项，省部级 274 项。市属高校出版科技专著 224 部，大专院校教科书 188 部，编著 120 部；发表学术论文 17344 篇，其中，国外学术刊物发表 4960 篇；SCI(科学引文索引)收录论文 3643 篇、EI(工程索引)2222 篇、ISTP(科技会议索引)759 篇；鉴定成果 22 项，获奖成果 36 项，其中，国家级 3 项，省部级 19 项。

(刘帅)

科技推广

2016 年，北京地区高校共签订技术转让合同 1011 项，总金额 10.51 亿元，实际收入 6.63 亿元；专利出售 745 项，合同金额 8.51 亿元，实际收入 5.19 亿元；申请专利 14948 项，授权 10564 项，其中，申请发明专利 12300 项，授权 8116 项。市属高校签订技术转让合同 226 项，总金额 7.25 亿元，实际收入 5.18 亿元；专利出售 38 项，合同金额 9432 万元，实际收入 8327 万元；申请专利 2746 项，授权 2161 项，其中，申请发明专利 2129 项，授权 1452 项。

(刘帅)

社科人员及投入

2016 年，北京地区 91 所设有人文社科全日制普通本科高校共有人文社会科学活动人员 35919 人，其中，研究与发展 (R&D) 人员 40440 人；53 所市属高校人文社会科学活动人员 13724 人，其中，研究与发展 (R&D) 人员 12314 人。北京地区高校共筹集人文社科研究经费 22.50 亿元，其中，政府资金 13.59 亿元，企事业单位委托经费 6.59 亿元，其他资金经费 2.32 亿元；市属高校当年筹集社科研究经费 4.06 亿元，其中，政府资金 2.96 亿元，企事业单位委托经费 1.02 亿元，其他资金经费 0.08 亿元。

（刘帅）

社科活动

2016 年，北京地区 91 所设有人文社科全日制普通本科高校共有在研人文社科课题 38322 项，当年投入人员折合 7311.8 人 / 年，拨入经费 16.32 亿元；举办学术会议 1682 个，参加学术会议 30769 人次，提交论文 13291 篇；受聘讲学派出 4016 人次，来校受聘讲学 5773 人次。进修学习派出 2504 人次，来校进修学习 2925 人次。合作研究课题 1352 项。市属高校当年在研课题 8749 项，当年投入人员折合 2327.8 人 / 年，拨入经费 2.37 亿元；市属高校当年举办学术会议 185 个，参加学术会议 4519 人次，提交论文 1954 篇。受聘讲学派出 959 人次，来校讲学 1711 人次；进修学习派出 1317 人次，来校进修学习 682 人次；合作研究课题 274 项。

（刘帅）

人文社科研究成果

2016 年，北京地区 91 所设有人文社科全日制普通本科高校共发表学术论文 30980 篇，出版著作 4234 部，获奖成果 79 项。市属高校发表学术论文 7599 篇，出版著作 1193 部，获奖成果 8 项。

（刘帅）

高精尖创新中心建设计划实施

2016 年，市教委实施高精尖创新中心建设计划。推进北京大学未来基因诊断等 8 个高精尖创新中心的宏观论证与领域论证，完成新一批高精尖创新中心的增补工作，高精尖创新中心达 21 个。组织北京林业大学、中央美术学院和北京建筑大学的高精尖创新中心，参与北京城市副中心建设，并与通州区签订全面合作协议。开展调研论证与整体规划，拟定“北京市属高校一流大学、一流学科和一流专业建设”工作方案。推进北京实验室、协同创新中心、北京市重点实验室等科研基地建设，完成首批 15 个北京高校协同创新中心中期评估工作。

（翟昊）

29 项成果获得国家科技奖

1 月 8 日，在 2015 年度国家科学技术奖励大会上，北京高校 29 项成果（通用项目）以第一完成单位（人）获得国家科技奖。其中，4 所高校 7 个项目获得国家自然科学奖二等奖；6 所高校 9 个项目获得国家技术发明奖二等奖；7 所高校 13 个项目获得国家科学技术进步奖二等奖。该奖项由国务院设立，2015 年度评选出自然科学奖一等奖 1 项、二等奖 41 项；技术发明奖一等奖 1 项、二等奖 49 项；科学技术进步奖特等奖 2 项、一等奖 10 项（含创新团队 3 个）、二等奖 129 项。

（邱小培）

2015 年度国家自然科学奖二等奖
（北京高校　第一完成单位）

北京大学
大陆碰撞成矿理论的创建及应用
典型内分泌干扰物质的环境行为与生态毒理效应
复杂耦合动态系统控制与应用
清华大学
石墨烯的电分析化学和生物分析化学研究
可视媒体几何计算的理论与方法
北京师范大学
流域水沙条件对水质的影响过程及机理
中国地质大学（北京）
青藏高原生长的深部过程、岩石圈结构与地表隆升

（邱小培）

2015 年度国家技术发明奖二等奖
（北京高校　第一完成单位）

北京大学
偏振遥感物理机理、关键方法与技术应用
特种液晶材料及调光膜制备技术
清华大学
燃煤烟气选择性催化脱硝关键技术研发及应用
面向社区共享的高可用云存储系统
高能效动态可重构计算及其系统芯片关键技术
中国农业大学

基于高性能生物识别材料的动物性产品中小分子化合物快速检测技术
北京航空航天大学
运动座载设备协调控制关键技术及应用
北京化工大学
节油轮胎用高性能橡胶纳米复合材料的设计及制备关键技术
北京邮电大学
天线多频技术及在多模移动终端的应用

（邱小培）

2015 年度国家科技进步奖二等奖
（北京高校　第一完成单位）

北京大学
基于活性成分中药质量控制新技术及在药材和红花注射液等中的应用
清华大学
3.6 万吨黑色金属垂直挤压机成套装备与工艺技术研发及产业化
普适计算软硬件关键技术与应用
区域大气污染源高分辨率排放清单关键技术与应用
中国农业大学
小麦抗病、优质多样化基因资源的发掘、创新和利用
“农大 3 号”小型蛋鸡配套系培育与应用
畜禽饲料中大豆蛋白源抗营养因子研究与应用
生物靶标导向的农药高效减量使用关键技术与应用
北京航空航天大学
车辆联网感知与智能驾驶服务关键技术及应用
北京科技大学
露天转地下高效转型建设大型数字化地下金属矿山的研究与实践
中国矿业大学（北京）
西部干旱半干旱煤矿区土地复垦的微生物修复技术与应用
北京工业大学
航天器舱体结构变极性等离子弧穿孔立焊关键技术与应用
预应力整体张拉结构关键技术创新与应用

（邱小培）

73 个项目获教育部科技奖

2 月 1 日，教育部公布 2015 年度高等学校科学研究优秀成果奖（科学技术）名单，北京高校（含附属医院）73 个项目以第一完成单位（人）获奖。其中，5 所高校 14 个项目获自然科学奖一等奖、7 所高校 11 个项目获自然科学奖二等奖；4 所高校 7 个项目获技术发明奖一等奖、5 所高校 5 个项目获技术发明奖二等奖；7 所高校 11 个项目获科技进步奖一等奖、12 所高校 23 个项目获科技进步奖二等奖；1 所高校 1 个项目获科普类一等奖、1 所高校 1 个项目获科普类二等奖。3 所高校 4 人获青年科学奖。该评选由教育部主办，共评出自然科学奖一等奖 47 项、二等奖 70 项；技术发明奖一等奖 20 项、二等奖 25 项；科技进步奖特等奖 1 项、一等奖 43 项、二等奖 79 项；专利类二等奖 1 项；推广类一等奖 2 项、二等奖 5 项；科普类一等奖 1 项、二等奖 3 项；青年科学奖 8 人。

（邱小培）

41 个项目获北京市科技奖

2 月 19 日，在 2015 年度北京市科学技术奖励大会上，北京高校（含医学院附属医院）41 个项目以第一完成单位（人）获得北京市科学技术奖。其中，7 所高校 11 个项目获得科学技术奖一等奖、6 所高校 12 个项目获得科学技术奖二等奖、8 所高校 18 个项目获得科学技术奖三等奖。该奖项由市委、市政府主持颁发，共有 188 项成果获奖，其中，一等奖 29 项、二等奖 54 项、三等奖 105 项。

（邱小培）

2015 年度北京市科学技术奖一等奖
（北京高校　第一完成单位）

清华大学
群体智能支撑的互联网搜索技术及其应用
城市面源污染控制与景观水体水质改善成套技术与应用
电动汽车能量回馈式制动系统关键技术及其应用
脑起搏器关键技术、系统与临床应用
中国石油大学（北京）
井下核磁共振探测关键技术与规模化应用
北京建筑大学
重交通条件下的高比例 RAP 沥青路面关键技术研究与应用
中国农业大学

中国荷斯坦牛基因组选择技术平台的建立与应用
北京大学
卵母细胞成熟与胚胎发育的分子机制研究
首都医科大学
帕金森病的发病机制、预警和干预研究
北京协和医学院（中国医学科学院）
我国规范化心血管疾病临床研究评价体系的构建及推广
胰岛素瘤诊治体系的建立及临床应用

（邱小培）

北京政治文明建设研究基地建立

6月13日，北京市哲学社会科学规划办公室与市教委联合发布《关于建立北京政治文明建设研究基地的决定》，依托北京联合大学建立北京政治文明建设研究基地。基地以学校政治文明建设研究中心为核心依托，整合校内外学术资源，围绕人大制度、协商民主和社会治理的重大理论和现实问题开展研究，旨在推出优秀研究成果，为党和政府决策提供学理依据，打造首都新型高端智库。9月28日，基地揭牌仪式暨基地建设研讨会召开。

（王岩）

北京高校8人获何梁何利基金

10月21日，北京高校8人获得2016年度何梁何利基金。分别来自清华大学、北京理工大学、北京航空航天大学、北京大学、北京交通大学、北京科技大学。基金共评选科学与技术成就奖1人、科学与技术进步奖35人、科学与技术创新奖15人。何梁何利基金由香港爱国金融家何善衡、梁銶琚、何添、利国伟于1994年创立，奖励中国杰出科学家，至此，共遴选奖励1198人。

（邱小培）

2016年度何梁何利基金获奖名单
（北京高校）

清华大学	北京大学
施一公　张希　郑纬民	龚旗煌
北京理工大学	北京交通大学
方岱宁	宁滨
北京航空航天大学	北京科技大学
焦宗夏	谢建新

（邱小培）

5个项目入选年度高校十大科技进展

12月29日，教育部公布2016年度“中国高等学校十大科技进展”获奖名单，北京高校5个项目入选。获奖项目分别是北京大学主持的“世界首例真实稳定可控的单分子电子开关器件”“发现原子核手征对称性和空间反射对称性的联立自发破缺”，清华大学主持的“复杂电网自律——协同无功电压自动控制系统关键技术及应用”“植物分枝激素独脚金内酯的感知机制”“肌肉兴奋——收缩偶联的分子机理探索”。该评选由教育部科学技术委员会组织开展，经形式审查、学部初评、项目终审评选专项工作等程序，6所高校主持的10个项目入选。

（邱小培）

吴玉章人文社会科学终身成就奖颁发

12月29日，中国人民大学颁发第五届吴玉章人文社会科学终身成就奖。人民大学陈先达、北京大学厉以宁获第五届吴玉章人文社会科学终身成就奖。吴玉章人文社会科学终身成就奖是吴玉章基金委员会为表彰人文科学、社会科学领域做出卓越贡献的学者设立的专门奖项，于2012年首次颁发。该奖项面向全国，经专家提名、工作小组初选、遴选委员会遴选和基金委员会投票通过，每年表彰2至3名卓有成就的学者，每人奖励100万元奖金。

（万静）

12月29日，第五届吴玉章人文社会科学终身成就奖颁发
（人民大学 供）

科研管理

评估哲学社会科学研究基地建设

3月，市教委联合北京市哲学社会科学规划办公室检查评估15个建设期满的研究基地。经评审，共有马克思主义研究基地（中国人民大学）等6个研究基地被评为“优秀”；新增语言战略与政策研究基地、北京科技创新中心研究基

地和北京市政治文明建设研究中心。截至年底，共批准建立 57 个北京市哲学社会科学研究基地。

（张豫）

第一批教育信息化试点项目验收完成

4 月，市教委组织验收教育部第一批教育信息化试点项目。通过专家评审和实地考察两个环节，28 个北京市第一批教育信息化试点单位全部通过专家验收。试点项目由教育部于 2012 年评审公布，包括区域信息化试点单位、中小学信息化试点单位、职业院校信息化试点单位、本科院校信息化试点单位、专项试点信息化试点单位、国家数字教育资源公共服务平台规模化应用专项试点 6 类，北京市试点单位共 28 个。

（张豫）

高校高精尖创新中心认定和增补

5 月 9 日，市教委认定第二批北京高校高精尖创新中心。在高校申报、事前绩效评估、专家评议的基础上，经市教委主任办公会审议通过，认定北京大学未来基因诊断高精尖创新中心等 6 个高精尖中心为第二批北京高等学校高精尖创新中心。7 月 20 日，市教委增补北京航空航天大学—首都医科大学“大数据精准医疗”和北京电影学院“未来影像”2 个北京高等学校高精尖创新中心。

（翟昊）

第二批北京高校高精尖创新中心

北京大学
未来基因诊断高精尖创新中心
北京航空航天大学
生物医学工程高精尖创新中心
北京建筑大学
未来城市设计高精尖创新中心
北京林业大学
林木分子设计育种高精尖创新中心
北京语言大学
语言资源高精尖创新中心
中国音乐学院
中国乐派高精尖创新中心
北京航空航天大学—首都医科大学
大数据精准医疗高精尖创新中心
北京电影学院
未来影像高精尖创新中心

（翟昊）

高校特色教育资源库项目验收完成

5 月 11 日，市教委完成 2015 年度市属高校特色教育资源库项目验收。高校特色教育资源库建设完成 457 个涵盖服装、电影等 11 个领域的主题资源包，整合图片 212.8 万张、音视频 9.2 万个、文字 6272.5 万字、网页设计 13.9 万个。4 月 22 日，项目作为“高等学校特色专业优质资源共建共享机制探索”教育部教育信息化专项试点内容通过专家验收。市教委召开系列项目研讨会，梳理市属高校特色教育资源库项目建设十年成果，项目在特色资源的内容质量、实施效果、队伍建设与人才培养、组织管理等方面取得标志性成果，对于高校人才培养、科学研究、社会服务、文化传承与创新等事业发展的支撑效果日益显现，提升高校信息资源建设和信息化建设水平。

（张豫）

8 所北京高校新增 13 个国家工程实验室

9 月 21 日，8 所北京高校新增 13 个国家工程实验室。国家工程实验室是依托企业、转制科研机构、科研院所或高校等设立的研究开发实体。2016 年 167 家单位入选国家工程实验室。

（邱小培）

国家工程实验室
（北京高校）

清华大学
抗肿瘤蛋白质药物国家工程实验室
下一代互联网核心网国家工程实验室
神经调控技术国家工程实验室
电子商务交易技术国家工程实验室
北京林业大学
林木育种国家工程实验室
中国农业大学
畜禽育种国家工程实验室
北京交通大学
下一代互联网互联设备国家工程实验室
北京理工大学

电动车辆国家工程实验室
北京大学
数字视频编解码技术国家工程实验室
口腔数字化医疗技术和材料国家工程实验室
北京邮电大学
灾备技术国家工程实验室
移动互联网安全技术国家工程实验室
北京航空航天大学
大型金属构件增材制造国家工程实验室

（邱小培）

市属高校创新能力提升计划项目中期检查

12月21日至22日，市教委对2015年度市属高校创新能力提升计划32个项目开展中期检查工作。检查要求各项目负责人提交《市属高校创新能力提升计划项目进行中期检查报告》。市教委优化中期评估程序，组织专家组直接审阅报告，既减少科研人员负担，又充分依靠客观材料。经过评估32个项目全部通过中期检查，进入下一阶段资助。经检查，专家组认为提升计划项目实施进展良好，项目围绕国家和北京急需开展研究，尤其是为解决京津冀协同发展中的热点和难点问题提供有力的科技支撑和政策支持。

（高飞）

在京高校重大成果转化项目中期检查

12月22日至23日，市教委对2015年度4个中央在京高校重大成果转化项目开展中期检查。检查要求项目承担单位组织项目负责人提交《中央在京高校重大成果转化项目中期检查报告》；带有标注的成果汇编；以重大成果转化项目为基础，新承担的国家重大科研任务的证明材料等。市教委通过组织专家对相关材料进行评估，认定15个项目全部通过中期检查，进入后期资助。经检查，专家组认为中央在京高校重大成果转化项目实施成效显著，多项高校重大科技成果已经实现转移转化，并经产品化开发进入市场。

（高飞）

451个项目入选2017年科研计划项目

至年底，市教委完成2017年科研计划项目评审。经过项目申请、学校初选推荐、市教委评审等程序，共批准来自31所高校的科研项目451个。其中，“科技发展计划”重点项目30个、面上项目234个，“人文社会科学研究计划”重点项目32个、面上项目155个。批准项目资助经费总额6080.2万元，其中，“科技发展计划”项目经费4838.2万元、“人文社会科学研究计划”项目经费1242万元。

（高飞）

科研成果

电弧炉炼钢复合吹炼技术

1月6日，北京科技大学冶金与生态工程学院开发的“电弧炉炼钢复合吹炼技术”入选《世界金属导报》2015年世界钢铁工业十大技术要闻。该项技术发明电弧炉炼钢集束射流供氧技术，研究出集氧气、燃气及粉剂（含碳粉及石灰粉）喷吹为一体的多种形式的集束射流供能模块，实现炉内的高效供能与快速化学反应。该技术推广应用至10家企业，项目整体及相关单元技术覆盖全国30%以上电炉钢产能，吨钢冶炼电耗降低13千瓦时、钢铁料消耗降低15.5千克、余能回收15.8千克标煤、成本降低64.2元。项目成果共获发明专利授权16项、实用新型专利授权10项、软件著作权登记3项，制定冶金行业标准1项，发表论文106篇（SCI/EI收录52篇），专著1部。《世界金属导报》作为国内钢铁行业最具权威性的科技媒体，每年从钢铁生产主流程工序的各项重大技术突破中，经过编辑筛选和行业专家评选，最终确定“世界钢铁工业十大技术要闻”。

（崔帅）

青藏高原生长的深部过程、岩石圈结构与地表隆升

1月8日，中国地质大学（北京）作为第一完成单位的“青藏高原生长的深部过程、岩石圈结构与地表隆升”项目获2015年度国家自然科学奖二等奖。该项目主要创新成果是提出高原中部（羌塘和拉萨地体）率先隆起并在约40Ma已达到现在高度的“原西藏高原”隆升新模式，发现青藏高原巨厚地壳中的物质状态是热的和塑性的和幔源物质在青藏高原南部拉萨地体巨厚地壳形成中发挥重要作用。成果突破国际上关于青藏高原隆升、地壳生长和岩石圈结构的传统认识，提升中国科学家在青藏高原形成演化研究领域的国际影响和地位，为青藏高原找矿重大突破提供科学支撑。

（李媛媛）

流域水沙条件对水质的影响过程及机理

1月8日，北京师范大学作为第一完成单位的“流域水沙条件对水质的影响过程及机理”项目获得2015年度国家自然科学奖二等奖。“流域水沙条件对水质的影响过程及机理”项目针对中国河流高泥沙含量的特点，以河流的主要污染物为研究对象，以黄河、长江、海河等为例，从不同层次阐明坡面和河道水沙动力条件对污染物的源－流－转－

汇过程的影响，从流域角度揭示水沙动力条件对水质的影响过程及机理，构建量化模型，建立高含沙水体水质过程的理论体系，为多泥沙河流污染物环境行为预测、水质评价、水利工程运行调节和水污染控制提供新的理论依据，推动水利工程与其他学科的交叉融合及发展。

（李敏辞）

车辆联网感知与智能驾驶服务关键技术及应用

1月8日，北京航空航天大学作为第一完成单位完成的“车辆联网感知与智能驾驶服务关键技术及应用”项目获2015年度国家技术发明二等奖。该项目面向智能交通领域，发明车辆运行状态智能感知与数据融合方法，开发车载数据采集与交互预警装置，发明分布式群体移动终端动态网络接入模型，开发端—网—云结合的流式时空大数据处理技术，提出网联环境下车辆监控与服务构架，形成安全、生态和综合服务为一体的智能驾驶服务体系。此项技术可以为“路怒症”对症下药，让驾驶员事先知晓周围的危险情况。

（朴悦嘉　陈颖）

露天转地下高效转型建设大型数字化地下金属矿山的研究与实践

1月8日，北京科技大学作为第一完成单位完成的“露天转地下高效转型建设大型数字化地下金属矿山的研究与实践”项目获2015年度国家科学技术进步二等奖。该项研究针对露天转地下开采矿山生产环节多、复杂多变的地压破坏和灾害等难点问题，将现代数字化与自动化技术相结合，实现企业技术开发模式转型。该项成果提出露天转地下一体化开拓系统和回采工艺；建立金属矿露天转地下开采地压控制理论；建成开采设计、生产、控制、安全、信息五大系统平台；自主研发采矿生产过程自动化控制系统；创建基于GIS数据库及空间分析技术的安全管理信息系统。

（倪阳）

航天器舱体结构变极性等离子弧穿孔立焊关键技术与应用

1月8日，北京工业大学作为第一完成单位完成的“航天器舱体结构变极性等离子弧穿孔立焊关键技术与应用”项目获2015年度国家科学技术进步奖二等奖。该成果属于先进制造技术领域的高端装备制造业领域。面向中国载人航天工程，根据长寿命、高可靠大型空间飞行器铝合金密封舱体结构高精度和高可靠制造需求，以变极性等离子弧穿孔焊接技术为攻关目标，开发完成铝合金大型薄壁壳体焊接成套技术解决方案，在设备、工艺、应用上均取得实质性突破，形成授权国家发明专利14项、实用新型18项、软件著作权1项。

（苏雅洁）

预应力整体张拉结构关键技术创新与应用

1月8日，北京工业大学作为第一完成单位完成的“预应力整体张拉结构关键技术创新与应用”项目获2015年度国家科学技术进步奖二等奖。该项成果的创新贡献主要有三个方面：一是以两个实际工程为依托，制作试验模型。通过模型试验，得出预应力整体张拉结构预应力的施加和施工顺序无关的结论，验证该“施工动态仿真技术”的科学性和可靠性，并为实际工程施工提供指导；二是项目基于误差分析理论，提出预应力整体张拉结构的“施工偏差和构件加工误差补偿方法”，将结构的施工偏差和构建的加工误差控制在一个可接受的范围内，使之对结构相应的影响最小；三是提出“地面整体组装、U形整体提升、同步张拉成形”的施工方法。该方法不仅满足预应力整体张拉结构的安装，避免高空作业，保证施工过程中人员安全，而且可减少支撑搭架、大型履带式起重机等辅助措施，降低施工成本。

（苏雅洁）

小麦抗病、优质多样化基因资源的发掘、创新和利用

1月8日，中国农业大学作为第一完成单位完成的“小麦抗病、优质多样化基因资源的发掘、创新和利用”项目获2015年度国家科学技术进步奖二等奖。该项目系统开展小麦多样化抗病优质基因资源鉴定、核心抗病优质基因资源创建和种质创新、抗病优质新基因发掘和分子标记辅助选择体系建立、抗病优质高产新品种选育等工作，共构建265份小麦“核心抗病优质基因资源”，创建小麦多样化抗病优质基因资源创新和加速利用的“滚动式加代回交转育”方法，发掘出20个抗病优质新基因/等位基因并建立分子标记辅助选择技术体系，育成18个高产抗病优质特用小麦新品种。

（孙桂凤）

生物靶标导向的农药高效减量使用关键技术与应用

1月8日，中国农业大学作为第一完成单位完成的“生物靶标导向的农药高效减量使用关键技术与应用”项目获2015年度国家科学技术进步奖二等奖。该项成果以生物靶标对药剂敏感度变异以及抗药性特点为导向，对主要有害生物化学防治的高效减量使用关键技术进行系统的研究，解决抗药性治理分子靶标不清楚的问题、抗药性产生导致的用药量大幅度增加问题和传统的生物测定利用“共毒系数”效率低、准确性差的问题。成果在湖南、河北、河南等9省（市、自治区）大面积示范推广。

（孙桂凤）

畜禽饲料中大豆蛋白源抗营养因子研究与应用

1月8日，中国农业大学作为第一完成单位完成的“畜禽饲料中大豆蛋白源抗营养因子研究与应用”项目获2015年度国家科学技术进步奖二等奖。该项成果系统揭示饲料

中主要大豆主要抗营养因子(ANFs)对畜禽的危害作用，解决其作用机理长期不明的难题；创建并开发大豆ANFs检测技术体系和大豆ANFs钝化降解系列新技术和新方法，解决低抗营养性优质大豆产品的生产工艺关键技术难题；确定大豆ANFs对不同种属和生理阶段畜禽的抗营养阈值，建立大豆蛋白源饲用价值数据库。

（孙桂凤）

“农大3号”小型蛋鸡配套系培育与应用

1月8日，中国农业大学作为第一完成单位完成的“‘农大3号’小型蛋鸡配套系培育与应用”项目获2015年度国家科学技术进步奖二等奖。该项目以“节粮”和“优质”为主要育种目标，采用创新的育种技术，培育出“农大3号”小型蛋鸡配套系。以该品种为基础，建立标准化饲养技术体系和优质鸡蛋加工技术，近3年推广新品种和配套饲养技术新增产值27.89亿元，新增利润7.25亿元，推动蛋鸡全产业链技术体系的发展。

（孙桂凤）

西部干旱半干旱煤矿区土地复垦的微生物修复技术与应用

1月8日，中国矿业大学（北京）作为第一完成单位完成的“西部干旱半干旱煤矿区土地复垦的微生物修复技术与应用”项目获2015年度国家科学技术进步二等奖。该项目立足于西部干旱半干旱煤矿区，针对煤矿土地复垦过程中存在的塌陷地土壤肥力低下、煤矸石废弃地理化性状差、植被根系受损、生态系统脆弱等重大技术难题，利用微生物（主要丛枝菌根真菌）复垦新技术从根本上挖掘土壤中潜在的肥力，改善废弃基质理化性质，修复受损根系，加速养分的生物循环，增加生态系统的多样性、稳定性与可持续性，形成4项煤矿区微生物复垦关键技术，填补国内外空白，并在陕西、内蒙古、宁夏和新疆等西部干旱半干旱矿区全面推广应用。

（朱家骏）

运动座载设备协调控制关键技术及应用

1月8日，北京航空航天大学作为第一完成单位完成的“运动座载设备协调控制关键技术及应用”项目获2015年度国家技术发明二等奖。该项目面向航空航天控制领域，发明的拟线性化抑制解耦轨迹跟踪技术和非全连接分布式多模型定位技术实现机动性和信道容量限制下运动基座的同轨同速，发明的快速自适应视觉测量技术实现变速运动目标位姿的视觉精准测量，发明的鲁棒智能协调控制技术实现运动座载系统多性能约束下的协调控制等。成果已应用于国家的型号研制中，促进空间科学与技术的发展。

（朴悦嘉　陈颖）

2015年度“中国十大学术热点”发布

1月12日，中国人民大学发布2015年度“中国十大学术热点”。入选热点包括“四个全面”战略布局研究、全球治理与中国外交、网络空间法治建设研究、新文化运动百年反思、东方主战场：中国抗日战争在世界反法西斯战争中的地位与作用、“一带一路”：共建开放包容的利益共同体、“互联网+”时代信息技术发展与教育变革、媒体融合与新闻传播业变革、中国人口政策调整及其社会影响和大气环境治理与低碳发展。2003年启动“中国十大学术热点”评选，2016年人文社会科学研究展望论坛同时举办。论坛围绕“2016年人文社会科学研究展望”主题，回顾2015年人文社会科学学术研究发展状态，展望2016年中国人文社会科学领域学术研究的关注点、创新点和总体发展趋势。来自教育部、中国社会科学院、人民大学、清华大学、北京大学等机构的专家学者100人参加会议。

（万静）

1月12日，2015年度“中国十大学术热点”发布

（人民大学 供）

《中国司法文明指数(2015)》发布

1月20日，国家高等学校创新能力提升计划（“2011计划”）司法文明协同创新中心发布《中国司法文明指数报告2015》。该指数是中心开发的一种法治量化评估工具，通过实地调查普通民众和法律职业群体的亲身经历和感受，用项目课题组独立收集的最新调查数据，以分解表和雷达图等直观形式显示各省市自治区司法文明指数排名（强项和弱项），反映人民群众对本地司法文明状况的满意度。司法文明协同创新中心设在中国政法大学。

（陈泉廷）

国家通用盲文标准修订课题结题

1月，北京联合大学特殊教育学院承担的“国家通用盲文标准修订”课题结题。该课题开辟声调省写的新途径，制定现行盲文标调规则系统，解决现行盲文由于标调率低导致猜读且难以实现盲文信息化的问题，实现“读音准确、省时省方、新旧衔接、易读易写”目标。课题成果被纳入中国残联、教育部、国家语委、国家新闻出版广电总局联合发布的《国家手语和盲文规范化行动计划(2016—2020年)》。

(王岩)

中国荷斯坦牛基因组选择技术平台的建立与应用

2月19日，中国农业大学作为第一完成单位完成的“中国荷斯坦牛基因组选择技术平台的建立与应用”项目获2015年度北京市科学技术一等奖。该项目创建具有自主知识产权的中国荷斯坦牛基因组选择技术平台，提出的基因组选择技术被农业部指定为中国荷斯坦青年公牛遗传评估的唯一方法，并入选科技部农业科技成果转化项目。项目成果于2012年起在全国推广使用，评估全国所有种公牛站青年公牛1915头，选择930头优秀青年公牛在全国推广使用，可获得348.75万头优良后代母牛。

(孙桂凤)

超强仿生石墨烯纤维的成功制备

2月，北京航空航天大学化学与环境学院程群峰课题组仿生石墨烯纤维的最新研究进展被2月26日出版的《自然》(Nature)报道关注。论文题目为“Shellss park strong graphene fibre”，第一作者是北航化学与环境学院2013级博士生张媛媛，通讯作者是研究员程群峰。该项研究于2016年2月12日发表在国际材料权威期刊《先进材料》(Advanced Materials)杂志上。

(朴悦嘉 陈颖)

《中国城市创业指数(2015)》发布

3月1日，中国人民大学发布《中国城市创业指数(2015)》。中国城市创业指数评估中国21个城市的创业总体水平、创新水平和创业产业发展水平，反映2015年中国在“大众创新，万众创业”政策下的城市创新创业发展水平。结果显示，北京、广州、深圳名列前三名。

(万静)

揭示体外受精胚胎性别比例失衡的分子机制

3月7日，中国农业大学团队在美国科学院院刊(Proceedings of the National Academy of Sciences,PNAS)在线发表研究成果：揭示体外受精胚胎性别比例失衡的分子机制。研究首次揭示小鼠体外受精(IVF)出生性别比例失衡的内在机制，并且通过针对性地调整IVF培养体系，解决IVF性别失衡问题。

(孙桂凤)

高温气冷堆示范工程首台压力容器吊装就位

3月20日，清华大学研制的高温气冷堆示范工程首台压力容器吊装就位。该容器是全球首座模块式高温气冷堆示范工程(HTR-PM)首台主设备压力容器，由清华核能与新能源技术研究院主持设计，在山东荣成石岛湾核电站吊装就位。吊装的高温堆压力容器直径6.4米、高25米、重700吨，是目前世界上制造难度最大、重量最大的反应堆压力容器。

(许亮)

世界首台6.8万吨多功能压机研制成功

3月，清华大学研制世界首台6.8万吨多功能压机。该成果由机械系重型装备研究团队设计完成，青海康泰锻铸机械有限责任公司制造，是世界上唯一具备模锻和挤压两个功能的最大吨位压机，可挤压生产核电和高参数超超临界火电机组高合金、难变形、大口径厚壁新型管材，可锻造出航空、航天工业等领域大型和特大型钛合金、高温合金、超高强度金属等难变形锻件。目前已生产出世界首根合金钢无缝钢管。钢管长12.8米，直径630毫米，壁厚110毫米。

(许亮)

3月，世界首台6.8万吨多功能压机研制完成

(清华 供)

印刷领域国际标准发布

3月，北京印刷学院研发的国际标准ISO16763《印刷技术—印后加工—装订产品要求》发布。该标准规定装订产品印后生产过程中的质量要求和允差值，适用于需进行工业装订的产品，如书籍、杂志、目录和手册等，由国际标准化组织(ISO)发布。印刷与包装工程学院何晓辉担任项目负责人，来自中国、美国、德国、英国、瑞士、巴西、日本、瑞典、意大利等国家的专家参与制定工作。作为ISO/TC130/WG12组建的提出国及召集人、秘书所在国家，该工作组以中国印后的实际情况为基础，在归纳总结印后领域经验与国家标准的基础上，提出立项国际标准项目，执笔起草各阶段标准草案并组织多个国家专家参与讨论，是中国主导制定的首个国际标准。

(谢丹)

仿生表面重要研究进展刊登在《自然》

4月7日，北京航空航天大学研究成果“猪笼草口缘区表面液膜单方向连续搬运新机制”(Continuous directional water transport on the peristome surface of Nepen the salata) 在线发表在《自然》(Nature)。这是《自然》刊发的中国高校机械工程学科领域的首篇成果。该研究从认知自然、师法自然出发，揭示自然生物原型体表表面单方向液体搬运新现象，开创性地提出无动力自润滑防粘新理念，对解决微创手术器械防粘技术难题具有重要参考价值。北航是该研究的第一完成单位，机械工程及自动化学院仿生与微纳技术研究中心张德远教授是文章的通讯作者，陈华伟教授是文章的第一作者和通讯作者。

（朴悦嘉 陈颖）

中国东部新生代玄武岩研究

4 月 14 日，中国地质大学（北京）科研团队《论中国东部大陆玄武岩中辉石岩贡献的化学标志：源区岩性和玄武岩成因意义》(On the chemical markers of pyroxenite contributions in continental basalts in Eastern China: implications for source lithology and the origin of basalts) 论文发表在《地球科学评论》(Earth-Science Reviews)。论文综合评述目前普遍使用的玄武岩源区岩性识别标志的理论假设基础、适用条件和不确定性，认为中国东部新生代玄武岩主要是辉石岩源区在正常地幔温度下的产物，很多低镁的玄武岩很可能是幔源低镁辉石岩源区的原生岩浆产物。该研究促进玄武岩源区岩性识别和大陆玄武岩成因的认识，为探索玄武岩源区辉石岩或交代橄榄岩的成因及其深部地球动力学过程提供重要的岩石学理论基础。

（李媛媛）

《金融创新税收政策研究报告》发布

4 月 23 日，中央财经大学与《当代金融家》杂志社联合举办“税收与金融发展闭门研讨会暨《金融创新税收政策研究报告》发布会”。会议发布中央财大税务学院研究团队研写的《金融创新税收政策研究报告》，并围绕金融发展对税收的贡献、营改增对金融行业的影响以及金融创新税收政策等主题展开交流。会议分为主题发言与圆桌研讨，主题发言围绕“税收与金融发展及金融风险管理”主题开展研讨。圆桌研讨分为两个板块，分别为“‘营改增’金融行业的机遇与挑战”“金融创新税收政策与管理：现状、问题与对策”。来自金融机构和出版社的负责人及高校师生共 60 人参加会议。

（任婷）

土壤固化剂实现量产

4 月，北京农业职业学院研发的土壤固化剂实现量产。固化剂为 2015 年度院级博士基金课题“SM 剂在北京新型城镇化建设中的应用研究”项目成果，经过室内配合比试验，得出 SM 土壤化剂最佳配比。首批量产 2000 千克固化剂应用于北京某市政工程土方回填，在实际工程中检验应用效果。由课题资助的论文《北京某地铁工程盾构隧道注浆关键施工技术研究》(Research on Key Construction Technology of Shield Tunnel Grouting in A Beijing Metro Project) 被《工程引文索引》(EI) 期刊录用。

（刘诚斌）

国际标准中文罗马字母拼写法修订成果发布

5 月 5 日，北京语言大学召开国际标准 ISO7098：2015《信息与文献——中文罗马字母拼写法》（修订）成果发布座谈会。会议分别从语言研究、汉语国际教育、地名拼写、图书编目、标准化工作等方面展开讨论。修订后增加人名、地名汉语拼音分词连写的规则、提出汉字—拼音计算机自动转换的原则和方法、更新参考文献及普通话音节形式总表。国际标准 ISO7098 最早于 1982 年发布，1991 年微调。

（袁胤婷）

纯电动汽车模拟仿真故障诊断及检测教学系统获专利

6 月 1 日，北京交通运输职业学院“纯电动汽车模拟仿真故障诊断及检测教学系统”获国家知识产权局授权为实用新型专利。专利与天津市敏程科技有限公司共同所有，属于汽车维修教育装备领域，涉及一种纯电动汽车模拟仿真故障诊断及检测教学系统，旨在提供一种针对纯电动汽车进行故障演示、讲解、维修、实训的远程控制故障诊断与排除教学系统。

（苑媛）

《倾听与发现：妇女口述历史丛书》首发

6 月 12 日，中华女子学院举行《倾听与发现：妇女口述历史丛书》首发仪式。丛书是在国家出版基金资助下，由女子学院中国女性图书馆主持完成，由中国妇女出版社出版，包括“女性生命故事访谈”（第 1 ～ 6 卷）、“北京 +20——妇女活动家访谈”（第 7 ～ 9 卷）和“妇女口述资料的分析研究及口述史本土化探究”（第 10 卷）三个部分。丛书是了解新中国女性参与社会发展的重要资料，有重要的史料价值。

（杨莉锋）

世界首个 3D 打印人工椎体植入手术

6 月 12 日，北京大学第三医院成功完成世界首个 3D 打印人工椎体植入手术。手术为骨科脊索瘤患者切除五节段脊椎肿瘤，植入 3D 打印多节段胸腰椎，完成 19 厘米大跨度椎体重建手术。2009 年，北医三院将 3D 打印技术引入骨科领域。经过跨学科、跨领域合作，历经多年研制及临床观察，2016 年 5 月 6 日，全球首发金属 3D 打印人体植入物——人工椎体获国家食品药品监督管理总局注册批准，获得注册的人工椎体产品，属于直接植入人体的三类骨科植入物，为监管等级最高的医疗器械产品。该产品由北大第三医院骨科和北京爱康宜诚医疗器材股份有限公司合作开发。

（胡少诚）

"神威·太湖之光"获世界超算冠军

6月20日，国际超算大会发布超级计算机TOP500榜单，"神威·太湖之光"计算机系统获国际超算大会冠军。该系统由国家并行计算机工程技术研究中心研制，落户清华大学管理运营的国家超级计算无锡中心，拥有每秒12.5亿亿次的峰值计算能力以及每秒9.3亿亿次的持续计算能力。"神威·太湖之光"主要开展天气气候、航空航天、先进制造、生物医药、新材料、新能源等19个方面的课题研究，每天完成7000项计算任务。

（许亮）

6月20日，清华运营的"神威·太湖之光"获世界超算冠军（清华 供）

青藏高原湖泊数据集发布

6月21日，清华大学发布《青藏高原湖泊数据集：1960s，2005和2014》。该成果由学校研究团队和数字地球研究所、南京大学、中国科学院南京地理与湖泊研究所等机构联合完成，发布在《自然·科学数据》，统计青藏高原面积100万平方米以上湖泊在过去60年的变迁数据集。该数据集是迄今国际公开发布的最新、最完整的青藏高原湖泊数据集。

（许亮）

《中华大典·法律典》首发纪实研讨会

6月25日，中国政法大学召开《中华大典·法律典》首发纪实研讨会。《法律典》历时20年编纂完成，分为《法律理论分典》《刑法分典》《民法分典》《行政法分典》《经济法分典》《诉讼法分典》6部分典，共23卷，4000万字。梳理中国的基本法律制度，展示传统中国的法文化原貌，为学术研究提供资料平台和学术基础。该书由法大法律史学研究院、西南师范大学出版社、巴蜀书社联合出版。

（陈泉廷）

首次发现琥珀中的古鸟类

6月29日，中国地质大学（北京）《白垩纪中期缅甸琥珀中的木乃伊化早熟性古鸟翅膀》(Mummified precocial bird wings in mid-Cretaceous Burmese amber)论文发表在《自然》杂志子刊《自然-通讯》(Nature Communications)。该项研究发现有史以来第一批琥珀中保存的古鸟类标本，距今9900万年。标本包括两个鸟类的翅膀和部分软组织，分别命名为"天使之翼"和"罗斯"，"天使之翼"展开后18毫米，"罗斯"12毫米。标本来自缅甸北部克钦邦胡康河谷，属于白垩纪中期诺曼森阶。该发现使得古鸟类的研究进入更微观的层次，让人类第一次看到恐龙时代鸟类的真面目。

（李媛媛）

异步电机牵引技术首次运行

7月7日，北方工业大学研发的异步电机牵引技术首次在西安地铁2号线成功运行。该技术由学校电气工程研究院研发，攻克PWM调制算法、无速度传感器算法及其带速重投等一系列技术难题。其中，无速度传感器控制技术是轨道交通最新牵引控制技术，通过取消速度传感器使牵引系统可靠性得到显著提升，该技术目前仅少数国外牵引系统供应商掌握。该项技术的突破对国内城市地铁发展有很大的推广价值，对高铁电传动系统的应用具有重大意义。

（王波）

7月7日，异步电机牵引技术在西安地铁2号线成功运行（北方工大 供）

绿色产业系列指数发布

7月12日，由中央财经大学主办，绿色经济与区域转型研究中心承办的"中国绿色产业系列指数"首次在北京发布。发布2016中国绿色产业系列报告和中国绿色产业景气指数、中国绿色经理人指数、中国碳市场信心指数。绿色产业景气指数系列报告的研发在国内尚属首次，对中国绿色产业的检测评估、绿色产业的政策参考都具有里程碑式的意义。

（任婷）

自主知识产权的校验台应用于塞斯纳 CE-680 型飞机

7 月 12 日，装有北京航空航天大学与中国民航飞行校验中心联合研制校验台的塞斯纳 CE-680 型飞机，分别对南沙群岛美济礁、渚碧礁新建机场成功实施校验飞行。此次飞行校验飞机上的校验台设备，由北航科研团队与中国民航飞行校验中心联合研制的全自主知识产权的国产设备，共研制 3 套，全部加装。

（朴悦嘉 陈颖）

新型盐碱地改良方法

7 月 19 日，中国农业大学科研团队研发新型盐碱地改良方法。该方法实现在作物耕作层快速脱盐，pH10 重度盐碱地经过 1 年的快速改良，水稻亩产当年可突破 500 千克（鲜重）以上。当年，科研团队在东北通过沟渠配套、单排单灌，设置不同的改良剂及用量、肥料、水稻品种、用水量、栽培方式等处理方法，完成盐碱地改良 66.67 万平方米示范方、33.33 万平方米示范方和 2 个 6.67 万平方米示范方的建设。

（孙桂凤）

春夏季中国报纸十大流行语发布

7 月 20 日，北京语言大学国家语言资源监测与研究平面媒体中心发布“2016 年春夏季中国主流报纸流行语”。“十三五”规划、“两学一做”、知识产权、脱欧、南海、阿尔法狗、熔断、工匠精神、寨卡病毒、暴雨位列综合类十大流行语。该流行语是基于学校动态流通语料库，利用语言信息处理技术提取，流行语的语料来源包括国内 18 家主流报纸 1 月 1 日至 6 月 30 日的全部文本。

（袁胤婷）

轨道交通车站设计教学模型获专利

8 月 3 日，北京交通运输职业学院“一种轨道交通车站设计教学模型”由国家知识产权局授权为国家实用新型专利。专利为学校单独所有，涉及教学模型技术领域，尤其涉及一种轨道交通车站设计教学模型，包括主体建筑模型和设备单体模型，所述主体建筑模型和所述设备单体模型均由磁性材质制作，所述设备单体模型可移动的吸附于所述主体建筑模型上；该实用新型为非静态展示模型，可动态组合、重复无限次使用，学生可根据规定需要自行设计、计算车站设备配置，灵活选用相关微缩设备单体模型与主体建筑模型组合拼接成为一立体车站，也可在该模型上根据车站各项应急预案，设计、制定并标示应急疏散路线，在立体模型的基础上对车站现有客流组织路线和设备配置进行分析和优化，设备单体模型都设计为带有一定的磁性，可吸附到主体建筑模型上，保证搭建出来的模型有很好的稳定性。

（苑媛）

高原捡拾车启用

8 月 9 日，中国农业大学捐赠 56 台自主研发的高原捡拾车。学校工学院教师团队经过多次设计、试验和改进，研制完成针对“高原一宝”牛粪的捡拾车。高原捡拾车改变藏区妇女背篼拾粪，每天 2 小时以上、负重平均超过 20 千克的劳作模式。完成利用机械改善和提高青藏高原藏区牧民的生产生活状况的研发目标。

（孙桂凤）

少红金银木获植物新品种权

8 月，北京农业职业学院园艺系选育的少红金银木被国家林业局授予植物新品种权。这是学校首次报审并通过授权的植物新品种（品种权号：20160066）。少红金银木（Lonicera maackii“Shaohong”）特性为 3 月下旬春芽红色，4 月上中旬新展叶为红色，4 月下旬至 11 月新梢为暗红色，老叶渐变为红绿色、绿色，叶缘有红线，幼枝紫红色；喜光，耐寒、耐旱、耐高温、耐贫瘠，对土壤适应性强，萌芽力强，耐修剪，繁殖容易，栽培管理方便，适生范围广，抗逆性强，观赏价值高，是北京地区乡土彩色树种之一，适合在北京地区栽培推广。该品种于 5 月通过市林木品种审定委员会的良种审定，也是学校首次申报并通过审定的北京市林木良种（编号：京 S-SV-LM-001-2015）。

（刘宪东）

8 月，少红金银木被授予植物新品种权

（农职院 供）

《梅兰芳全集》出版

10 月 10 日，中国戏曲学院召开《梅兰芳全集》发布会。全集由梅葆玖担任名誉主编，学校学术委员会主任傅谨主编，集结以梅兰芳署名的存世文献，共 8 卷 200 万字，另附两卷梅兰芳经典唱片光盘，由中国戏剧出版社和北京出版社合作出版。《梅兰芳全集》是学校申请的“北京市哲学社会科学基金重点项目”，也是国家“十二五”重点图书规划项目。

（张琳）

《世界经济展望报告》发布

10 月 12 日，中国人民大学发布 2016 年《世界经济展望报告》。《报告》由国际货币基金组织（IMF）组织撰写，分析世界宏观经济形势并预测经济前景，每年春季和秋季各发布一次。人民大学国际货币研究所（IMI）作为国际货币基金组织（IMF）的长期稳定合作伙伴，每年定期联合发布该项报告，双方共同致力于国际贸易、汇率改革及货币金融战略等问题的研究和探讨。

（万静）

新一代空管技术发展战略研究

10月13日，北京航空航天大学承担的中国航空工程科技发展战略研究院重点咨询研究项目“我国新一代空管技术发展战略研究”通过中国工程院验收。项目历时两年，完成基于4DT的新一代空管系统通信技术、导航技术、监视技术、航空器机载设备技术的需求分析和发展趋势研究，面对未来空管发展的新需求创新性地提出四项技术，为中国新一代空管系统的发展战略及规划提出三项建议，形成两项院士建议上报党中央国务院，获得国家相关部委支持。

（朴悦嘉　陈颖）

全新广谱肿瘤标志物获准用于临床

10月19日，清华大学研发成果全新广谱肿瘤标志物获准用于临床。全新广谱肿瘤标志物为Hsp90α，并获准应用于临床，用于检测肝癌患者。临床试验由浙江大学医学院附属第一医院牵头，在山东省肿瘤医院和浙江省人民医院等共同参与下完成，采用超常规方法捕获到人体血浆Hsp90α蛋白的稳定状态，总样本量1680例。临床结果显示，三种主要类型的肝癌患者血浆Hsp90α浓度均显著高于健康人和非癌相关疾病患者，且在肝癌的不同发生和发展阶段有良好的区分度。

（许亮）

《中国法治政府评估报告（2016）》发布

10月30日，中国政法大学发布《中国法治政府评估报告（2016）》。“中国法治政府评估”对当年度中国法治政府建设情况进行总体描述，分别就机构职能、组织领导、制度体系、监督与问责等9个一级指标和案例数据分析在法治政府评估中的应用作分报告。该报告展示评估结果、阐释法治政府建设存在的问题、提出针对性建议，指明改进方向。

（陈泉廷）

全景影像三维量测与建模关键技术研究及应用示范

11月1日，首都师范大学承担的“全景影像三维量测与建模关键技术研究及应用示范”项目成果获2016年中国地理信息科技进步奖一等奖。该成果在4个方面取得创新与突破，即在国内率先建立空地、室内外一体化可量测全景数据采集与处理系统，形成系列具有自主知识产权的全景采集系统关键设备和部件；完成球面全景三维测量关键算法设计，包括全景相对定向、密集匹配、基于全景的三维建模等关键算法，国内率先实现基于全景密集匹配的三维量测及按需建模；基于全景量测与建模实现厂区设施参数化建模及数据快速提取、更新，实现数字厂区中设备热点与绝对坐标相互关联；综合运用全景三维量测与建模关键技术，首次构建跨平台的全景+GIS数字厂区管理业务平台。该奖项由国家测绘地理信息局、科技部、国家科学技术奖励工作办公室批准中国地理信息产业协会设立，此次共评出一等奖20个，二等奖65个，每年评选一次。

（邢铖）

《中国高等教育舆情报告（2016）》发布

11月13日，中国传媒大学发布《中国高等教育舆情报告（2016）》。报告由学校高教传播与舆情监测研究中心研制，是对2015年度中国高等教育舆情发展情况的全面展示，是高等教育研究者和管理者研究高等教育舆情的重要参考。同时，发布“全国百所示范性高职院校影响力排行榜”。该榜单是由传媒大学高等教育传播与舆情监测研究中心组建的高职院校媒体传播力课题组，以100所国家示范性高职院校为研究对象，基于各高职院校在传播方面的大数据和科学的指标体系而形成的研究成果。

（刘书峰）

10月19日，清华罗永章团队发现全新广谱肿瘤标志物并获准用于临床　（清华 供）

千万核可扩展大气动力学全隐式模拟

11月17日，清华大学论文《千万核可扩展大气动力学全隐式模拟》(10M-Core Scalable Fully-Implicit Solver for Nonhydrostatic Atmospheric Dynamics) 获“戈登·贝尔”奖。该成果由中科院软件所、清华计算机系、清华地球系统科学研究中心，联合北京师范大学全球变化与地球系统科学研究院、国家并行计算机工程技术研究中心和国家超级计算无锡中心等单位共同完成。研究团队开发一种新的用于大气动力模拟的高可扩展全隐式求解算法和软件，首次在大规模异构众核系统（神威太湖之光）上实现千万核可扩展的高效并行求解，第一次在有效时间尺度完成网格分辨率小于500米的大气模拟。成果在应用与算法两个层面实现重大突破：在应用层面，第一次证明全隐式求解方法是构建未来超高分辨率大气模式一种有竞争力的选择，该大气动力过程的模拟速度较美国下一代大气模拟系统 (GFDL 开发的 AM3 非静力大气模式）的计算效率提升近1个数量级，未来可应用于高分辨率气候模拟和高精细数值天气预报，提升预估、预报精度；在算法层面，实现目前世界上第一个可扩展到千万核、峰值效率超过6%的隐式求解器，未来在航空、地学、能源等领域的挑战性计算问题中有着广阔的应用前景。“戈登·贝尔”奖设立于1987年，被称为“高性能计算领域的诺贝尔奖”，是国际高性能计算应用领域的最高学术奖项，由美国计算机协会与美国电气电子工程师协会联合颁发。

（许亮）

《中国个人信息安全和隐私保护报告》发布

11月21日，中国青年政治学院与封面智库联合发布《中国个人信息安全和隐私保护报告》。报告基于百万问卷调研大数据，通过实证分析，揭示个人信息安全和隐私保护面临的严峻形势，提出“基础法律规范、行业通用标准、企业最佳实践”的治理框架。报告提供翔实、可靠的数据和实证分析，并提出具有创新性的建议，经过众多主流媒体的广泛传播和深入报道，获得社会的高度关注，为个人信息保护的立法和政策制定提供重要的实践数据与方案建议。

（葛丹清）

揭示寨卡病毒对男性生殖系统影响

11月22日，中国农业大学生物学院研究团队与中国科学院微生物研究所研究团队合作在《细胞》(CELL) 杂志发表《寨卡病毒在小鼠模型中可以引起睾丸损伤并最终导致雄性不育》。该论文揭示寨卡病毒感染小鼠雄性生殖系统后的病变过程，为寨卡病毒通过精液传播提供科学依据。

（孙桂凤）

制备复制缺陷的活流感病毒疫苗

12月2日，北京大学《制备复制缺陷的活流感病毒疫苗》(Generation of Influenza A Virusesas Live but Replication-Incompetent Virus Vaccines) 论文在《科学》(Science) 杂志发表。成果由药学院天然药物及仿生药物国家重点实验室课题组完成，是以流感病毒为模型，发明人工控制病毒复制从而将病毒直接转化为疫苗的技术，在预防和治疗病毒性传染病方面取得重要医学价值和社会意义。

（鞠晓）

双上肢协调运动训练和测试设备

12月7日，国家知识产权局公布《关于第18届中国专利奖授奖的决定》，北京体育大学的专利“双上肢协调运动训练和测试设备”(ZL201420673124.1) 被授予中国专利优秀奖。双上肢协调运动训练和测试设备作为一种训练器械，通过对手部精细动作和上肢粗大动作评估与训练，用于提升上肢的关节活动度、肌力、本体感、协调性，有效的为运动幅度受限或肢体功能障碍的患者提供关节活动度和肌力测试训练、功能性运动控制训练、协调训练等，并在训练的同时加入认知整合训练，将运动与认知相结合，通过视频、音频、位置觉、触觉和振动体感等实时有效的生物反馈，帮助练习者对运动技能进行深入感觉和记忆，激发其主动参与训练的兴趣，使之由运动设备的被动参与者转变为主动学习者。

（董健）

《江文也全集》首发

12月9日，中央音乐学院举行《江文也全集》首发式。书中收录近代音乐家江文也的管弦乐、舞剧、室内乐、钢琴、声乐等作品及相关文字资料。该书历时4年编纂，由王次炤主编，中央音乐学院出版社于8月出版发行，共6卷7册。首发式后，中国近代音乐史领域的专家学者作题为《日本音乐界对江文也的关注与评价》《江文也的研究空间——疑惑与思考》《江文也与福建老家》报告，研讨江文也的创作作品，并举办江文也作品室内乐音乐会。江文也 (1910年6月11日－1983年10月24日），原名江文彬，客家人，祖籍福建省永定县，出生于台湾淡水郡（今台北）。1914年迁居厦门，1923年转往日本就学。1929年至1932年就读武藏工业学院电机科，课余进修音乐。1938年被聘为北京师范大学音乐系教授，讲授声乐和作曲，同时研究中国古代民俗音乐。

（陈佳）

2016年度中国媒体十大流行语

12月20日，北京语言大学联合多部门同时发布2016年度中国媒体十大流行语。流行语包括9个类目，分别为：综合类、国内时政类、国际时政类、经济类、文化教育类、科技类、体育娱乐类、社会生活类以及民生专题。2016年度中国媒体综合类十大流行语是：“两学一做”、长征精神、杭州G20峰会、南海、里约奥运会、脱欧、美国大选、亲信干政、天宫二号、阿尔法围棋。“2016年度中国媒体十大流行语”是基于国家语言资源监测语料库，利用语言信息处理技术，结合人工后期处理提取、筛选而获得。

（袁胤婷）

《中资海外投融资的环境和社会风险管理》报告发布

12月23日，中央财经大学发布《中资海外投融资的环境和社会风险管理》研究报告。报告概括中资海外项目资金来源及投融资渠道的主要特征、融资渠道的环境与社会风险管理机制的现状及特征，对2005年至2013年的118宗失败并购交易的失败原因做分类统计，并对一个报告年度内的赤道原则下金融机构审核的全部项目，进行行业、区域和风险等级的分类分析。报告另外综述全球投资中的一些环境与社会风险管理工具和机制实例。

（任婷）

世界首例真实稳定可控的单分子电子开关器件

12月26日，北京大学“世界首例真实稳定可控的单分子电子开关器件”项目入选2016年度中国高等学校十大科技进展。项目原创性地发展以石墨烯为电极、通过共价键连接的稳定单分子器件的关键制备方法，解决单分子器件制备难、稳定性差的难题。在此基础上，通过功能导向的分子工程学克服二芳烯分子与石墨烯电极间强耦合作用的核心挑战性问题，从而突破性地构建一类全可逆的光诱导和电场诱导的双模式单分子光电子器件，研发出世界首例真实稳定可控的单分子电子开关器件，研究成果于6月17日发表在《科学》(Science)杂志上，并申请发明专利。

（冯路）

发现原子核手征对称性和空间反射对称性的联立自发破缺

12月26日，北京大学“发现原子核手征对称性和空间反射对称性的联立自发破缺”项目入选2016年度中国高等学校十大科技进展。项目研究发现目前最轻的手性原子核Br-78，以及手征对称性和空间反射对称性联立自发破缺的证据，深化对原子核复杂结构及其表现形式的认识。研究成果3月发表在《物理评论快报》，并被遴选为封面文章。

（刘语潇）

复杂电网自律—协同无功电压自动控制系统关键技术及应用

12月26日，清华大学“复杂电网自律—协同无功电压自动控制系统关键技术及应用”项目入选2016年度中国高等学校十大科技进展。该项目历经20年，创造性提出“自律+协同”的技术路线，突破AVC从单控制中心到多控制中心、从常规电网到可再生能源电网、从中国电网到北美电网应用中的系列关键难题，研制出自主知识产权AVC系统，已在中国6大区电网、22个省级电网和6个千万千瓦级风光基地应用，控制全国56%的常规机组与37%的风/光机组，在智能电网安全经济运行和大规模可再生能源接纳等方面取得经济社会效益。同时，该项目突破美国三轮信息安全检查，历时3年4个月，解答3000个信息安全问题，控制包括美国首都和东部13个州的PJM电网，实现美国首例AVC，是中国先进电网控制系统首次出口美国。

（邱小培）

植物分枝激素独脚金内酯的感知机制

12月26日，清华大学“植物分枝激素独脚金内酯的感知机制”项目入选2016年度中国高等学校十大科技进展。该项目发现独脚金内酯的活性分子、阐明独脚金内酯的受体、揭示新型的“受体—配体”不可逆识别机制：D14蛋白作为新型激素受体，首先参与合成独脚金内酯活性分子CLIM，然后通过共价键不可逆地结合CLIM、触发信号传导链、调控植物分枝，最终水解CLIM、释放没有活性的分子。研究成果于8月发表在《自然》上。该研究可为作物株型改良和寄生杂草防治提供理论指导，具有潜在应用前景。

（邱小培）

肌肉兴奋—收缩偶联的分子机理探索

12月26日，清华大学“肌肉兴奋—收缩偶联的分子机理探索”项目入选2016年度中国高等学校十大科技进展。研究组利用前沿的单颗粒冷冻电镜技术，在世界上首次解析骨骼肌中RyR1和Cav1.1以及心肌中RyR2的近原子分辨率结构，为理解肌肉兴奋收缩偶联过程提供关键的结构基础。相关成果共发表5篇论文，分别发表在《科学》和《自然》。

（邱小培）

“月宫一号”105天实验结果在空间生物领域知名期刊发表

12月，空间生物领域期刊《ASTROBIOLOGY》以《How to Establish a Bioregenerative Life Support System for Long-Term Crewed Missions to the Moonor Mars》为标题，刊发“月宫一号”105天实验结果，北京航空航天大学生物与医学工程学院教授刘红为此论文通讯作者。生物与医学工程学院5人为论文共同第一作者。论文第一次详细描述中国第一个、世界第三个空间基地生命保障地基综合实验装置“月宫一号”一期的各项实验结果。在105天实验中实现在系统内循环再生100%的氧气和水以及55%的食物，总闭合度达97%。2013年10月，北航“月宫一号”地基综合实验系统成功研制，2014年1月至5月进行中国首次长期高闭合度集成试验，密闭试验持续105天。2014年10月，“月宫一号”成果入选“新中国65年十大引智成果”。2015年，“月宫一号”团队获“2014北京榜样”特别奖。2015年12月，“月宫一号”成果入选“2015中国高校十大科技进展”。

（朴悦嘉　陈颖）

教育科学研究

实验校联盟年会暨学校加速计划发布会

1月9日至10日，北京教育科学研究院召开实验学校联盟年会暨学校加速计划2016(S-A-P2016)发布会。会议介绍“学校加速计划2016”(S-A-P2016)，并对“学校加速计划”进行研讨论证。年会表彰“今天我们这样教学”说课评比活动获奖教师，邀请上海、广东等地的校长介绍当地改革情况，3名特级教师就数学、语文和物理三门学科作培训并以网络直播形式送达相关学校和各区。来自广东、上海、江苏等地校长及北京教育科学研究院实验学校校长和教师代表共400人参加会议。“学校加速计划”是针对新建或基础薄弱的教科院附属学校，采取有效性措施，使学校在低起点上快速发展。

（佟德）

252项课题入选市教育科学规划课题

1月14日，北京市教育科学规划领导小组确定252项课题入选北京市教育科学规划课题。规划领导小组共收到审查合格的申报材料1770项，经评审专家评议、市教育科学规划领导小组审批，最终立项252项课题，其中，重大课题1项、优先关注课题13项、重点课题30项、校本研究专项课题50项、青年专项课题25项、一般课题133项。

（庞立场）

市“十三五”教育科学研究规划纲要发布

1月14日，北京市教育科学规划领导小组办公室发布《北京市“十三五”期间教育科学规划纲要》。纲要部署2020年前北京市教育科学研究事业发展的指导思想、主要目标、基本原则、领域与方向以及组织实施保障，是指导北京市“十三五”期间教育科学研究事业发展的纲领性文件。

（庞立场）

中华优秀传统文化课程实验推进研讨会

1月20日，北京教育科学研究院召开北京市中华优秀传统文化课程实验推进研讨会。会议分三部分，分别为10名教师以《中华优秀传统文化》读本为主，分“同课异构”“主题教学”“学科整合”三大类型展示传统文化课堂；劲松第三小学、顺义区李桥中心小学、劲松第四小学校长分别以《在打造文化课程中引领教师专业成长》《彰显育人特色的传统文化教育》《润人文之礼筑生命之桥》为题发言；北京市课程中心主任作题为《基于文化育人的课程和课堂——中华优秀传统文化课程的路径与实施》的微型讲座，阐释文化课堂实施的方法路径，文化课堂的多种样态，文化课堂向文化课程的转变要素及与三级课程的整合趋势，文化课程实施的有效保障机制等内容。来自北京教科院、朝阳区教委、首都师范大学初等教育学院、各区课题负责人及教师共100人参加会议。

（武泽钰）

开放式专题教育实践路径探索—区—典型经验交流会

4月25日，北京教育科学研究院召开开放式专题教育实践路径探索—区—典型经验交流会。8个区的专题教育实验校代表教师，围绕中小学生核心素养融入专题教育主题，介绍学校在开展专题教育主题式学习过程中的课程设计、课程实施、课程评价与反思等方面的情况，总结上阶段理论和实践探索成果，分享典型经验。来自各区的专题教育领域负责人及教师60人参加会议。

（武泽钰）

儿童数学教育视角下的综合与实践活动

4月27日，北京教育科学研究院举办儿童数学教育视角下的综合与实践活动。活动以“呼中心PDC理念下项目群的构建及实施”为主题，分课堂观摩、项目评估、学生访谈、畅想收获、项目开放、互动体验等环节。来自16个区及燕山地区的数学教研员和骨干教师，以及外省市教师300人参加活动。

（沈俊楠）

北京市生涯课程建设现场会

5月18日，北京教育科学研究院召开2016年北京市生涯课程建设现场会。会议以“实践·创新·共享”为主题，汇集全市课程教材、基础教育领导与专家以及一线教师，阶段性总结北京市生涯课程建设3年工作。会议分为大会交流和分论坛展示两个板块。北京教科院课程中心作题为《全覆盖、全学校、市区校协同——北京市生涯发展课程建设总结》汇报；北京师范大学附属实验中学作题为《自主体验新高考背景下的实验生涯课程建设》生涯课程建设情况介绍，总结生涯教育“十年磨一课”研究与实践；京源学校、牛栏山一中、十二中分别介绍本校生涯课程建设与思考；参会专家对北京市生涯课程建设提出指导意见。会议由西城区教委、北京师范大学附属实验中学承办，全市各区教委领导、专家学者和骨干教师代表以及外省市兄弟学校领导和教师共500人参会。

（陈晨）

中小学生综合素质评价区域交流研讨会

9月26日，北京教育科学研究院召开2016年北京市中小学生综合素质评价区域交流研讨会。会议分小学、初中和高中3组作交流研讨，介绍区域、学校和教师实施学生综合素质评价的经验、遇到的问题困惑及建议。来自16个区（含燕山地区）小学、初中、高中学生综合素质评价的教科所研究人员50人参加会议。

（卢迪）

中小学生学习方式系统变革研讨会

11月17日，北京教育科学研究院召开北京市中小学生学习方式系统变革研讨会。会议分为课堂展示、专家点评、区域报告、学校研究、教师发言、领导讲话6个环节。来自北京教科院、北京市教育和网络信息中心专家，以及各区学习方式变革项目组负责人、实验学校校长、教师代表共300人参加会议。

（武泽钰）

“名著阅读”教学研究论坛

11月26日，北京教育学院举办“名著阅读”教学研究论坛。论坛围绕中小学“名著阅读”的教学现状与问题探究展开研讨，根据名著类型分为4个分会场，即红色经典小说《红岩》、科幻小说《海底两万里》、外国小说《鲁滨逊漂流记》和古典名著《西游记》《三国演义》，分别由4名中小学语文教师介绍各自的教学案例。该院3名教师分别以“名著阅读”课题研究的内容与方案、“名著”教学价值的确定和“名著阅读”教学组织形态的探索为题，介绍各自研究进展和成果。全市400名中小学语文教师参加论坛。

（刘琳）

11月26日，教育学院举办“名著阅读”教学研究论坛
（教育学院　供）

137个“十三五”科研规划校外教育课题立项

至11月，北京市校外教育研究室完成北京市课外、校外教育“十三五”科研规划课题征集、立项评审工作。146项课题申报，通过材料征集、专家评审、公示、指导修改、专家复审等环节同意立项137个。

（侯利伟）

全国首届小学实践课程研讨会

12月1日至2日，北京教育学院举办全国首届小学实践课程研讨会。会议以“基于核心素养的数学实践课程教与学变革”为主题，邀请中国数学课标组组长作《数学核心素养与小学数学教学》专题报告，澳大利亚国家教育评价专家作《学生综合性能力的表现性评价》专题报告，8名特级教师、数学名师及青年骨干教师作数学实践课程课堂教学的示范课。来自北京、天津、河南等21个省市的450名数学教师参加会议。

（刘琳）

208项市教育科学规划课题结题

至年底，北京市教育科学规划领导小组办公室共完成208项规划课题的结题鉴定工作。其中，119项课题采取集中会议鉴定，2项课题采取单独会议鉴定，5项课题免于鉴定，81项“十一五”课题由二级管理单位自行组织鉴定结题。

（庞立场）

教育教学研究

校园足球典型教学课例视频录制及推广

3月，北京教育科学研究院受市教委委托编制完成青少年校园足球教学指南视频光盘。光盘包含足球技术微视频、足球游戏和足球微课3个专题的足球教学资源。其中，足球技术微视频涵盖适合中小学生学习的14个主要技术动作的示范、讲解和教学方法；足球教学游戏根据学生的身心特点以及足球本身的特点，研制开发8类、几百个学生喜闻乐见的游戏；足球教学微视频选择足球项目中有代表性的技术，由一线教师授课录制。光盘由北京出版集团有限责任公司、北京电子音像出版社出版，向北京市青少年校园足球特色学校和普通中小学免费印发，为全市200所校园足球特色学校和普通中小学开展足球教学提供指导。

（张志华　沈俊楠）

4场学科核心素养专题培训

3月至10月，北京教育科学研究院举办4场学科核心素养培训研讨活动。历史学科核心素养专题培训活动邀请专家作《培养学生的历史学科核心素养—历史课程教材改革的新思路》专题培训;中学德育课程培育学生学科核心素养——走进北京第一七一中学教学研讨会，介绍一七一中学基于中学德育课程的课程建设与教学研究工作，分享教研组建设的经验，展示4节研究课例；“新课标背景下思想政治（品德）课程培育学生学科核心素养”教学研讨活动，结合高中新课标的修订为教师分析当前学科教学的新形势和新任务，展示4节研究课例；小学数学发展学生核心素养研讨会暨2016年教学设计总结会，展示课堂教学研究成果，介绍课堂教学分析以及“数学核心素养”。

（沈俊楠）

中等职业学校信息化教学培训会

4月25日，北京教育科学研究院召开北京市中等职业学校信息化教学培训会。会议明确信息化教学的设计、实施和效果内涵。邀请专家作题为《有效设计与实施信息化教学》的培训。来自各区职成教研中心（室）教研员、各中等职业学校的教师共 262 人参加活动。

（马开颜）

小学语文教学研究活动

4 月 27 日，北京教育科学研究院举办北京市小学语文教学研究活动。活动以“读以致用，思以达情”为主题，分别从阅读过程中激发学生阅读兴趣、促使学生乐于表达，引导学生在阅读中抓住典型局部、形成整体认知，在关联阅读中整体把握 3 个层面展示 3 节课外阅读研究课。来自各区的小学语文教研员及骨干教师共 100 人参加活动。

（沈俊楠）

品德与生活（社会）学科现场教学评优与研讨活动

5 月 10 日至 18 日，北京教育科学研究院举办 2016 年北京市品德与生活（社会）学科现场教学评优与研讨活动。活动展示“探访中华老字号——景泰蓝”“生活中还有陋习”和“通信连万家”等 29 节课例，采取现场观摩、网络平台观看、微信群互动研讨等形式，引领各区教师观摩课例、交流心得，发表感悟。活动每天现场观摩 200 人次。

（沈俊楠）

高中英语课堂教学有效性主题活动

5 月 12 日和 6 月 15 日，北京教育科学研究院举办两场北京市高中英语课堂教学有效性主题活动。分别为针对“The Butterfly Effect”文本，展示教师特点不同、文本解读不同、目标设置不同、教学策略迥异、输出形式多样的 4 节课；以“课堂教学有效性实践与思考”为主题，采取同课异构方式展示 4 节阅读课。来自各区教师共 450 人参加活动。

（沈俊楠）

首次校外英语教育教学改革研讨会

5 月 19 日，北京市校外教育研究室召开北京市校外英语教育教学活动改革研讨会。会议以交流、指导、活动展示等形式，分享北京校内英语教学、国际英语教学、英语戏剧教学等方面现状、案例，探讨校外英语教育的定位、国际化和资源整合等问题。全市各级校外教育机构英语教师、教研组负责人 50 人参会。

（刘敏）

生涯课程跨区研讨会

6 月 16 日，通州区、大兴区、东城区、密云区联合召开北京市生涯课程建设跨区研讨会。会议以“积极探索生涯教育，主动适应变革发展”为主题，分为生涯课程展示、生涯社团展示、生涯教育工作经验研讨交流 3 个阶段。来自北京教育科学研究院、通州区教委、北京工商大学等专家及 4 个区骨干教师代表共 170 人参加会议。

（武泽钰）

高校思政课教育教学改革示范点

7 月 19 日，市委教工委公布首批北京高校思想政治理论课教育教学改革示范点。该示范点评选旨在贯彻落实中央和市委关于加强思想政治理论课建设的有关要求，深化课程综合改革。经专家评审和市委教工委审议，北京科技大学等 13 所高校被评为改革示范点，北京信息科技大学等 2 所高校为改革示范点培育项目。

（刘冰）

首届青年教师基本功展示

11 月 26 日至 27 日，北京市首届“京教杯”青年教师基本功展示活动之“说课”阶段展示在北京师范大学附属中学展开。活动现场说课环节通过中国教师研修网面向全国直播，展示青年教师风采和现场盛况，第一天点击率 8 万人次，第二天点击率 10 万人次。同时开设“活动论坛”，供教师在线参与并交流。活动于 4 月启动，采取教学设计评比与现场说课、答辩相结合形式，涵盖中小学所有课程（包括地方与校本课程），邀请课程专家、教学专家和一线教师共同组成专家评审团。来自全市各区 500 名选手参加展示。活动由市委教工委、市教委、北京市教育工会与北京市教育学会共同举办。

（马亚莉）

中小学校园网网络基础知识微课建设

11 月，北京教育网络和信息中心完成校园网基础知识微课建设。项目共计录制网络基础知识微课 400 节，涵盖校园网建设和运行过程中的基础知识，包括服务器的配置、网络安全和存储的基础知识、路由交换的配置等。微课短小精炼，内容切合实际，容易掌握。技术上录制视频以三分屏形式展示，左上角为教师视频，占整个课程的 1/9，展示主讲教师的坐姿授课，音画与另外两部分同步。年内，微课在中小学校园网综合服务平台上发布，为全市中小学网管教师能力提升培训提供内容支持。

（季茂生）

中小学信息技术教师核心课程建设

至年底，北京教育网络和信息中心完成中小学校园网安全教程、通用机器人技术、优质教学课程制作方法和数字科学家 4 门课程的建设工作。每门课程录制 20 小时视频课程，共 80 课时。视频课程在“北京市中小学网管教师服务平台”上发布。每门撰写 40 万字的文字教程，采购 1000 册正式出版的文字教程。整个系列课程组织培训 2000 人。网络直播 20 场，并且制作 80 小时的课堂实录。

（季茂生）

（本栏责任编辑　邱小培）

100 人

入选“长江学者奖励计划”

88 人

入选高等学校教学名师奖

1 人

入选全国教书育人楷模

34 人

入选第十二批海聚工程

36 人

受聘北京高校思想政治理论课特级教授

2017 | 师资建设

TEACHERS CONSTRUCTION

- 乡村教师支持计划
- 推进教育系统职称制度改革
- 师德建设加强
- 调整部分事业单位编制
- 市属高校岗位管理制度改革

TEACHERS CONSTRUCTION 师资建设

综述

乡村教师支持计划

2016 年，北京市采取系列措施开展乡村教师支持计划。1 月 25 日，市政府旨在落实国务院《乡村教师支持计划（2015—2020 年）》，制定并印发《北京市乡村教师支持计划（2015—2020）实施办法》。4 月至 6 月，市教委及其有关部门先后印发配套文件《北京市乡村教师岗位生活补助发放办法》《北京市乡村教师特岗计划（2016—2020 年）》《北京市乡村教师素质提升计划》《北京市支持乡村学校发展若干意见》，全面启动乡村教师支持计划。《北京市乡村教师特岗计划（2016—2020 年）》拓宽补充渠道、吸引优秀人才，让乡村教师“下得去”;《北京市乡村教师岗位生活补助发放办法》，提高教师待遇、改善生活条件，让乡村教师“留得住”，并按照《关于调整北京市普教系统职称结构比例的通知》，职称（职务）评聘和骨干教师评选向乡村学校倾斜，逐步提高乡村教师高级职务的比例；《北京市乡村教师素质提升计划》提升专业能力、加强师德教育，让乡村教师“教得好”。

（崔亚超　张晓兰）

11 月 10 日，北京市乡村园长培训观摩暨生活化幼儿园园本课程开发交流活动 （怀柔三幼 供）

推进教育系统职称制度改革

2016 年，北京市推进教育系统职称制度改革。一是全面落实中小学职称制度改革，强化岗位聘任，印发《北京市深化中小学教师职称制度改革实施方案》《北京市中小学教师专业技术职务评聘工作实施细则》，改革将原来相互独立的中学、小学教师职称系列统一设置为中小学教师职称系列，在中小学（幼儿园）新设正高级教师职称，改革调整职称申报条件和评价标准，将民办教师纳入评价服务范围。二是部署北京市高校、科研机构职称结构比例调整工作，印发《关于完善北京市高等学校教师职务聘任制改革工作有关问题的通知》，坚持科学分类、幅度控制、动态调整、统筹兼顾等原则，对现行的职称结构比例进行调整，增幅达到 10 ～ 20 个百分点，解决高校和科研机构职称结构比例紧张、职称晋升矛盾突出问题；同时完善高等学校职称改革的配套政策和流程，规范职业院校和成人学校职称制度。三是提高乡村学校教师高级职称的比例，乡村小学副高级职称比例不低于 10%，高、中级职称合计不低于 75%；乡村中学副高级职称比例不低于 30%，高、中级职称合计不低于 80%。进一步完善乡村教师职称（职务）评聘办法，切实向乡村教师倾斜，相关区不得挤占乡村学校职称指标。四是积极研究教师职称评审权进一步下放的问题，扩大学校选人、用人的自主权。将市教委负责的高等学校教师“教育管理研究”副高级及以下学术评议工作下放到各高等学校，正高级学术评议工作仍由市教委承担；将高职院校（含北京教育学院、北京开放大学两所成人高校）副高级及以下的学术评议工作下放到各院校，正高级学术评议工作仍由市教委承担；除北京教育学院、北京开放大学以外的其他成人院校副高级及以上的学术评议工作仍由市教委承担。

（刘国庆）

师德建设加强

2016年，市委教工委、市教委加强师德建设、提高教师师德修养。市委教工委、市教委坚持把师德建设放在教师队伍建设首位，加强教师思想政治、职业理想和职业道德教育，增强广大教师教书育人的责任感和使命感，全面提高教师思想政治素质和师德水平。印发《北京市关于建立健全市属高校师德建设长效机制实施办法》《关于建立健全北京市中小学师德建设长效机制实施办法》。督促指导各市属高校、各区教委以及中小学校分层制定师德建设长效机制的实施细则，建立健全各级各类学校师德建设长效机制，全面加强师德建设。同时多措并举，广泛开展师德宣传教育活动。一是市委教工委、市教委、市教育工会联合开展评选表彰“北京市师德榜样（先锋）”等活动；二是采取先进事迹报告会、电视访谈等形式开展学习、宣传2016年全国教书育人楷模（北京市丰台区第二幼儿园园长游向红）活动。三是委托北京教育音像报刊总社组织举办“师爱无尘——做幸福教师”大型公益活动，同时成立“北京教师志愿者服务联盟”，定期组织教师开展公益服务。

（陈静）

9月9日，星城幼儿园开展教师节师德宣讲活动

（星城幼儿园 供）

中小学教师培训

2016年，市教委开展各级层面中小学教师培训工作。继续实施名师发展工程，依托北京师范大学、北京外国语大学、首都师范大学和北京教育学院，通过学术导师和实践导师的双导师制，制定个性化的培养方案。名师发展工程完成第一、第二批学员共计142人（第一批结业68人、第二批结业74人）的培养任务，遴选第三、第四批学员139人（第三批入选77人、第四批入选62人）。实施北京市中小学骨干教师国际研修项目，项目选聘国内外专家学者，组建“双导师”专家工作小组，采取“留学”不出国的模式，开展体验式学习。项目共培训小学英语教师30人、小学英语教研员30人、初中数学教师30人、初中科学（生物、物理、化学）教师以及综合实践教师30人。在全市组织实施北京市中小学教师信息技术应用能力提升工程，通过在线学习方式，累计培训中小学教师153000人次。市教委同时依托北京师范大学开展中华优秀传统文化培训，依托北京师范大学开展理解学生做优秀班主任培训，累计培训500人。

（陈静）

调整部分事业单位编制

2016年，市教委调整部分市教委直属事业单位及部分学校编制。北京教育新闻中心增加编制15个，核增副处级领导职数1个，调整后，教育新闻中心财政补助事业编制35个，处级领导职数由1正1副调整为1正2副。首都师范大学附属中学、首都师范大学附属育新学校、北京工业职业技术学院、北京财贸职业学院、中国音乐学院、北京建筑大学6所学校增加财政补助事业编制505个，所需编制从北京电子科技职业学院、首都师范大学、北京工业大学3所学校调剂。调整后，首师大附中编制增至484个，首师大附属育新学校编制增至265个，北工职院编制增至621个，北财院编制增至643个，国音编制增至564个，建筑大学编制增至1111个。电科职院编制减至1405个，首师大编制减至3209个，北工大编制减至3700个。

（杨伟丽）

市属高校岗位管理制度改革

2016年，市教委推进市属高校岗位管理制度改革。针对高校职称结构比例调整及机构编制变化等情况，组织对高校岗位设置方案重新进行调整报批，进一步优化结构比例、规范日常管理。调整改善工勤岗位设置，按照岗位结构比例的有关要求，调整高校工勤技能岗位设置，调整后事业单位工勤技能岗位统一按照技术工岗位总量的40%设置高级工（三级）及以上等级岗位，其中，高级技师（一级）、技师（二级）岗位占技术工岗位总量的5%，高级技师（一级）与技师（二级）岗位比例1:4，为事业单位公务用车制度改革和司勤人员安置分流奠定基础。推动设置科技成果转化岗工作落实，24所市属高校上报设置科技成果转化岗情况，其中，8所高校正式设置科技成果转化岗60个。

（邓永卫）

机关及事业单位养老保险制度改革

2016年，市教委推动机关及所属事业单位工作人员养老保险制度的改革。组织开展市属高校和直属单位落实养老保险制度改革的专题培训，按时完成6万余人的养老保险入库工作，并在11月份开始发放退休人员养老金。市教育系统各相关单位完成单位承担部分及个人扣缴部分的费用由单位代扣到社保机构的转移，确保养老保险工作的顺利实施。两委一室机关根据国家和北京市做好机关工作人员养老保险制度改革的要求，按时完成机关600余人的养老保险入库、缴费等各项工作。配合公车改革，研究司勤人员分流安置政策。

（刘国庆）

高校教师队伍建设

2016 年，市教委强化高校教师队伍建设。为充分发挥教学名师的示范榜样作用，深化教育教学改革，促进教育质量内涵发展，市教委开展第 12 届北京市高等学校教学名师奖的评选工作，通过组织视频课程公示、现场教学观摩评审等程序，评出北京市教学名师 88 人；组织 2016 年“高创计划”（北京市高层次创新创业支持计划）教学名师评审会，遴选 2016 年“高创计划”教学名师候选人 20 人。为提高基础课程教师教学能力，市教委在英语、数学等基础课程领域开展一系列教师培训，如“北京市大学英语教师专业化能力发展专题研修班”每年每校免费培训 8 人次。

（曾婷）

77 人入选国家“千人计划”

3 月 3 日，中组部海外高层次人才引进工作专项办公室公布国家第 12 批“千人计划”青年人才、创业人才入选人员名单，北京 11 所高校 77 人入选青年人才。经形式审查、通信评审、面试评审、公示等程序，全国共有 558 人入选第 12 批“千人计划”青年人才、57 人入选创业人才。

（纪奇明 张晓兰）

7 家社团成立

3 月 8 日至 12 月 30 日，市教委批准成立 7 家社团。3 月 8 日，市教委同意清华大学附属中学设立“北京清华大学附属中学教育基金会”；5 月 3 日，同意北京建筑大学设立“北京建筑大学校友会”“北京建筑大学教育基金会”；5 月 27 日，同意中国戏曲学院成立“北京市学校中华传统文化促进会”；11 月 17 日，同意北京师范大学附属实验中学成立“北京师范大学附属实验中学教育基金会”“北京师范大学附属实验中学校友会”；12 月 30 日，同意北方工业大学成立“北京北方工业大学教育基金会”。市教委为 7 家新成立社团的业务主管单位。

（邓永卫）

10 月 20 日，清华附中教育基金会启动

（清华附中 供）

乡村教师支持计划动员部署会

3 月 10 日，北京市召开实施乡村教师支持计划动员部署会。会上，线联平通报北京市实施乡村教师支持计划的主要支持政策，围绕“下得去、留得住、教得好”的工作目标，明确提出今后五年加强乡村教师队伍建设的 8 项主要举措，打出“组合拳”，力求多措并举、精准施策、标本兼治，全面加强乡村教师队伍建设。市政府副秘书长马林参加会议并讲话。各相关区政府分管领导，相关委办局、高校、研究机构负责人，市教委相关处室负责人、各相关区教委主任等 60 余人参加会议。

（张晓兰）

优秀班主任评选

3 月至 9 月，市教委组织开展第 29 届“紫禁杯”优秀班主任和第 3 届学生喜爱的班主任评选活动。评选面向全市中小学、职业学校从事班主任工作 3 年以上的现任班主任。经过学校推荐、审核、评选等程序，共评选出“紫禁杯”优秀班主任 400 人、学生喜爱的班主任 200 人。其中，“紫禁杯”优秀班主任特等奖 20 人、一等奖 180 人 、二等奖 200 人。

（王昱人）

100 入选“长江学者奖励计划”

4 月 20 日，教育部公布 2015 年度“长江学者奖励计划”入选名单，北京高校 100 人入选。其中，特聘教授 40 人、青年学者 60 人。经学校推荐、通讯评审、会议答辩、人选公示、评审委员会审定，确定 412 人入选 2015 年度“长江学者奖励计划”，其中，特聘教授 152 人、讲座教授 49 人、青年学者 211 人。

（纪奇明 张晓兰）

2015 年度“长江学者奖励计划”特聘教授入选名单（北京高校）

北京大学	
邓旭亮	口腔临床医学
胡小永	物理电子学
黄铁军	计算机应用技术
焦宁	药物化学
李若	计算数学
吴联生	会计学
辛德勇	中国史
姚洋	国民经济学
余志祥	有机化学

袁毓林	语言学及应用语言学
周黎安	产业经济学
清华大学	
樊健生	结构工程
李俊华	环境科学
廖理	金融学
刘冬生	高分子化学与物理
刘奋荣	逻辑学
刘辛军	机械电子工程
鲁晓波	信息艺术设计
祁海	免疫学
徐心	信息管理与信息系统
俞立	细胞生物学
中国人民大学	
黄兴涛	中国近现代史
金灿荣	外交学
梁涛	中国哲学
严金明	土地资源管理学
张顺明	金融学
北京师范大学	
贺永	认知神经科学
刘宝存	比较教育学
中国农业大学	
张英俊	草业科学
北京邮电大学	
忻向军	电磁场与微波技术
北京林业大学	
许凤	林产化学加工工程
华北电力大学	
王祥科	环境科学
北京航空航天大学	
陈小武	计算机应用技术
郭洪波	材料加工工程
吕广宏	材料学
北京理工大学	
夏元清	控制理论与控制工程
北京协和医学院	
郑哲	外科学（胸心外）
中国科学院大学	
宋延林	材料学
杨超	化学工程
首都师范大学	
晏绍祥	世界古代中世纪史

（张晓兰）

2015 年度“长江学者奖励计划”青年学者入选名单（北京高校）

北京大学	
常鹏翱	民商法学
车浩	刑法学
陈兴	有机化学
程和发	自然地理学
傅宗玫	大气物理学与大气环境
关启安	基础数学
贺桂梅	中国现当代文学
李晟	基础心理学
彭良友	原子与分子物理
渠敬东	社会学
汤新景	药物化学
王兴军	通信与信息系统
徐冬一	生物化学与分子生物学
余淼杰	国际贸易学
张艳锋	材料物理与化学
清华大学	
陈宏伟	物理电子学
陈群	工程热物理
池保勇	微电子学与固体电子学
崔勇	计算机系统结构
何珂	凝聚态物理
李海涛	生物化学与分子生物学
李铁键	水力学及河流动力学
娄智勇	病原生物学

陆新征	防灾减灾工程及防护工程
马丽然	机械设计与理论
沈洋	材料学
史安斌	传播学
王天夫	社会学
肖勇波	管理科学与工程
邢飞	精密仪器及机械
郑思齐	区域经济学
中国人民大学	
季威	凝聚态物理
李勇	数量经济学
仇焕广	农业经济管理学
王晓芳	管理科学与工程
杨东	经济法学
朱冠明	汉语言文字学
北京师范大学	
白军红	水文学及水资源
康震	中国古代文学
罗楚亮	劳动经济学
张荣强	中国古代史
周海涛	高等教育学
中国农业大学	
王军军	动物营养与饲料科学
北京科技大学	
陈骏	冶金物理化学
北京化工大学	
石峰	材料学
宋宇飞	应用化学
北京交通大学	
贾斌	管理科学
北京邮电大学	
彭木根	通信与信息系统
中国地质大学（北京）	
姚艳斌	矿产普查与勘探
中国石油大学（北京）	
郝世杰	材料学
中央财经大学	
陈斌开	国民经济学
对外经济贸易大学	
吴卫星	金融学
北京航空航天大学	
潘兵	固体力学
陶飞	机械制造及其自动化
北京理工大学	
廖华	管理科学与工程
中央民族大学	
游斌	宗教学
中国科学院大学	
付保华	基础数学
胡俊杰	细胞生物学
王江云	生物化学与分子生物学
首都医科大学	
王伊龙	神经病学

（纪奇明　张晓兰）

推进中小学教师绩效奖励激励机制

4月28日，市教委、市人力社保局、市财政局联合印发《北京市中小学教师绩效奖励激励机制项目管理补充办法》。文件明确，北京市根据新增加的教育综合改革项目的需要，增加绩效奖励资金总体额度，鼓励优质教育资源学校和干部教师积极支持参与北京市教育综合改革。新增加的绩效奖励资金主要用于奖励本市优质中小学校跨区承办分校、市级高中统筹项目学校、体验式培训项目学校承担教育教学管理与改革等工作任务的干部教师。要求各项目学校根据参与相关工作的干部教师人数、任务量和取得成效等因素，坚持示范引领和激励导向，体现绩效工资分配的原则和要求，制定分配办法，自行发放。市教委、市人力社保局、市财政局同时印发《关于落实2016年中小学教师绩效奖励激励机制相关工作的通知》，要求各区教委在2014年、2015年两年落实绩效奖励激励机制工作的基础上，做好2016年绩效奖励激励机制相关工作。

（刘国庆）

中小学教师开放型教学实践活动启动

6月1日，市教委、市财政局印发《北京市中小学教师开放型教学实践活动计划（2016—2020年）》。计划通过构建北京市中小学教师开放型教学实践活动管理服务平台，为全市义务教育阶段教师提供个性化、多样化、可选择的教

5 月 25 日，市级骨干教师开放型教学实践活动

（新闻中心 供）

学实践服务。市教委明确组织实施、开放型教学实践活动管理服务平台建设、活动资源建设、活动实施、实施保障方面具体内容，要求全市义务教育阶段一线市级骨干教师、学科教学带头人、特级教师和正高级教师开放自己的课堂或研修活动（每学期开放 2 ～ 4 次），并通过“北京市中小学开放型教学实践活动管理服务平台”进行活动项目申报。全市义务教育阶段教师可通过平台自主选课并到实地参加活动（每次实践活动选课教师为 5 ～ 10 人，每听一节课后授课教师和选课教师共同研修两个小时），其学时将在平台中自动记录并与教师继续教育平台互通。至 12 月 31 日，全市共有来自 568 个学校和机构的 1600 名市级及以上骨干教师组织活动 5306 次，课程选满率 93.86%。24772 名选课教师参加完成活动，共计 47921 人次，包括跨区上课 24612 人次。城六区已完成的活动 2440 次，参与选课教师 21750 人次；远郊区到城区教师 15797 人次，占比城六区开设课程中选课教师总数的 72.6%；远郊区赴城区教师中乡村学校教师 3351 人次，占比远郊区赴城区教师的 21.2%。

（崔亚超）

高校十佳辅导员评选

7 月 10 日，市委教工委召开评选 2015—2016 年度北京高校十佳辅导员评审会。评审会分为个人事迹视频展示和情景模拟专业素质展示两个环节。通过评委团的评审，北京

11 月 22 日，北京高校十佳辅导员优秀事迹首场报告会

（市委教工委相关处室 供）

化工大学王媛、首都师范大学王洵、北京师范大学倪佳琪、北京林业大学张华溢、对外经济贸易大学梁伟、北京工业大学杜娜、北京交通大学张琪、北京理工大学张杨、北京大学贾润东和北京联合大学吴巧慧获得北京高校“十佳辅导员”荣誉称号。北京高校学工部部长、研工部部长、院系党委分管学生工作副书记和辅导员代表 300 余人观摩评审会。市教委另于 11 月 22 日举办北京高校十佳辅导员优秀事迹系列宣讲报告会，来自各高校的辅导员、青年教师及学生代表等 600 余人参加报告会。

（王星星）

88 人入选教学名师奖

7 月 19 日，市教委公布第 12 届北京市高等学校教学名师奖获奖名单。经学校推荐、现场教学观摩课评价、评审专家组评议、评审委员会投票、市教委审核并公示等程序，北京大学乔杰等 88 名教师获得第 12 届北京市高等学校教学名师奖。此次评选面向普通高等学校及独立设置成人高等学校（经教育部正式批准或核准）中承担本科、高职高专教学任务的专任教师，优先考虑长期承担基础课教学任务、教学效果好、学生评价高、同行专家认可的一线教师，特别是为低年级学生授课的优秀教师。评选活动开始于 5 月 4 日。

（曾婷　华蕾）

教育装备行业协会成为市教委机关脱钩试点

8 月，北京教育装备行业协会与市教育技术设备中心脱钩。根据市委办公厅、市政府办公厅《北京市行业协会商会与行政机关脱钩工作方案》通知精神，经北京教育装备行业协会申请，市教委研究，北京教育装备行业协会成为市教委机关脱钩试点单位。市教委机关认为，北京教育装备行业协会业务清晰、管理规范，具备参加脱钩试点的基本条件；其工作性质有一定的代表性，易于发挥引领示范效应；参与脱钩试点态度积极主动，热情较高，确定上报北京教育装备行业协会参加第一批脱钩试点，并展开有关工作。脱钩后，协会回归社会本位，成为依法设立、自主办会、服务为本、治理规范、行为自律的社会主体。

（邓永卫）

加强和改进师范生教育与管理

9 月 1 日，市教委、市编办、市人力社保局、市财政局联合印发《北京市关于加强和改进师范生培养与管理的意见》。文件提出要深化教师教育改革，提高师范生培养质量；完善师范生就业办法，加强就业指导和服务；鼓励教师提升学历，支持教师专业发展；完善免费教育制度，建立健全师范毕业生履约管理机制；健全跨部门工作机制，保障各项工作落到实处。文件明确师范生要与本市教育行政部门签订《师范生免费教育协议书》，包括违约认定条款和终止协议、跨省就业、延长协议、违约解除协议办理流程。意

见自 2016 年 11 月 1 日起施行。

（房卫青）

1 人入选全国教书育人楷模

9 月，北京市丰台区第二幼儿园园长、党支部书记游向红入选 2016 全国教书育人楷模。游向红，女，汉族，1962 年 12 月出生，中共党员，北京市丰台区第二幼儿园园长、党支部书记。从事幼教工作 35 年，不断推动教学科研创新，曾获得北京市“三八”红旗奖章等荣誉。全国教书育人楷模由教育部协助中央媒体组织开展，经各省推荐、媒体展示、公众投票等程序，共推选出全国教书育人楷模 10 人。

（邓永卫）

9 月，游向红入选 2016 全国教书育人楷模（丰台二幼 供）

完成社会组织党建工作摸底

10 月，市教委完成其主管的 197 家社会组织党的建设情况摸底排查工作。经过电话联系、邮件往来、微信沟通、走访了解、发放表格、汇总分析等查找、联系、调查方式，市教委完成其主管 197 家社会组织党的建设情况摸底排查工作。其中，163 家正常运作，6 家未上报相关情况，7 家已停止运作，21 家未取得联系。在 163 家正常工作社会组织中，73 家建立基层党组织，包括功能型党组织 23 家；90 家没有单独建立党组织，其成员主要参加原所在单位的组织生活。

（邓永卫）

高校思政课特级教授、特级教师评聘

11 月 10 日，市委教工委公布首批北京高校思想政治理论课特级教授、特级教师名单。经各高校推荐、专家评审、工委会审议和公示，决定评聘孙蚌珠等 36 名教师为特级教授、李健等 57 名教师为特级教师，聘期 3 年，自名单公布日起计算。市委教工委先期印发《北京高校思想政治理论课特级教授、特级教师评聘管理办法（试行）》，旨在加大对一线专职思政课教师政府激励力度，增强思政课教师岗位吸引力。市委教工委计划评聘思想政治理论课特级教授 100 人、特级教师 200 人。

（刘冰）

首批北京高校思想政治理论课特级教授名单

北京大学	孙蚌珠　孙熙国　程美东　魏波
清华大学	吴潜涛　艾四林　肖贵清　韩冬雪
中国人民大学	王向明　王易　邱吉
北京师范大学	熊晓琳　王树荫
中国农业大学	张晓红
北京科技大学	彭庆红　左鹏
北京邮电大学	王欢
北京化工大学	张明国
北京交通大学	韩振峰
中国地质大学（北京）	杨峻岭
北京林业大学	金鸣娟
北京外国语大学	林建华
中央财经大学	冯秀军
中国政法大学	卫灵
北京航空航天大学	姚小玲
北京理工大学	崔建霞
中央民族大学	孙英
北京工商大学	王鲁娜
北京工业大学	艾国
首都师范大学	李松林
首都医科大学	张艳清
首都经济贸易大学	刘冠军
北京联合大学	韩强
北京经济管理职业学院	陈晓燕
外交学院	余科杰
中共北京市委党校	张耀南

（刘冰）

首批北京高校思想政治理论课特级教师名单

北京大学	李健　张会峰　林锋　李旸　唐文佩
清华大学	李蕉　冯务中　刘震
中国人民大学	耿化敏　宋友文　赵玉兰　董佳

北京师范大学	杨增岽　温静
中国农业大学	张晖　李桂华
北京科技大学	刘丽敏　赵静
北京邮电大学	裴晓军　齐英艳
北京化工大学	高洁
中国传媒大学	赵波　阴军莉
中国地质大学（北京）	刘武根
北京林业大学	杨志华
北京中医药大学	王良滨
北京外国语大学	孙磊
中央财经大学	陈文娟　谢玉进　邢国忠　黄刚
中国政法大学	赵庆杰
北京航空航天大学	高宁　谢惠媛
北京理工大学	刘新刚　张毅翔
北京体育大学	陈世阳
中央民族大学	王晓红　宫玉涛
北方工业大学	李志强
北京工商大学	赵春丽　杜凡
北京石油化工学院	黄小惠
北京信息科技大学	陈建成
北京舞蹈学院	张艳
北京工业大学	阚和庆
首都师范大学	韩华　王洪波　祝志男
北京建筑大学	张华
首都经济贸易大学	刘隽
北京联合大学	张英姣
中华女子学院	李云霞
外交学院	张明霞
中国青年政治学院	秦国伟
中共北京市委党校	童萍　韦磊

（刘冰）

市属高校 34 人入选第 12 批海聚工程

12 月 7 日，市人才工作领导小组办公室公布北京市第 12 批海外高层次人才（海聚工程）入选名单，市属高校 34 人入选。名单包括全职工作类 34 人、青年项目 31 人、短期项目 34 人、外专长期项目 1 人、外专短期项目 6 人、创业类 26 人。市属高校入选全职项目 2 人、青年项目 10 人、短期项目 22 人。

（纪奇明）

北京市第 12 批海外高层次人才（海聚工程）入选名单

全职工作类	
首都师范大学	郭国栋
北京服装学院	车飞
青年项目	
北京工业大学	李昂　王娟　郭现伟　宋天诣　刘波扬　富聿岚　郭金鑫　王聪　薛鹏
首都师范大学	童纪龙
短期项目	
北京工业大学	杨圣祥　魏恒　暴玉萍　王大为　虞诚　逄秀锋　陈子忠　朱浩　徐明　李永会　王连洲　吴涛
北京建筑大学	王思鉴　沈青　赵东叶　房磊　李松年　高扬　宋莉
北方工业大学	李务斌
首都医科大学宣武医院	李德彪
首都医科大学附属北京潞河医院	赵恒

（纪奇明）

追加引进非京生源优秀毕业生

至年底，市人力社保局追加市教委非京生源优秀毕业生进京指标 900 个，解决本市教师来源不足问题。该进京指标主要满足城六区中小学校、市属高校、市教委直属单位和统筹与贯通改革项目学校、北京城市副中心教育配套建设学校补充高水平教师队伍需求。2016 年，市教委实际获得引进非京生源优秀毕业生指标 1400 个，其中，市人力社保局分配市教委指标 500 个，追加指标 900 个。

（房卫青）

接收安置军转干部 65 人

至年底，市教委组织开展教育系统军队转业干部接收工作。经岗位申报、网上审核、组织面试等程序，通过双向选择、指令派遣的方式共接收安置军队转业干部 65 人，包括团职干部 8 人。

（房卫青）

师资管理

市属高校师德建设长效机制实施意见

1月7日，市委教工委、市教委、市政府教育督导室联合印发《关于建立健全市属高校师德建设长效机制的实施意见》。文件要求充分认识建立健全高校师德建设长效机制的重要意义，强调要坚持"价值引领、师德为上、以人为本、改进创新"的原则，创新师德教育，引导教师树立崇高理想；加强师德宣传，培育重德养德良好风尚；健全师德考核，促进教师提高自身修养；强化师德监督，有效防止师德失范行为；注重师德激励，引导教师提升精神境界；严格师德惩处，发挥制度规范约束作用。同时要切实明确高校师德建设工作的责任主体，充分激发高校教师加强师德建设的自觉性，完善师德建设的保障体系。文件要求各高校要根据《高等学校教师职业道德规范》及本实施意见，制订具体的实施细则；每年9月份，集中开展以立德树人、教书育人为核心的师德建设主题宣传教育月活动。意见3月1日起施行。

（纪奇明）

中小学师德建设长效机制实施意见

1月28日，市委教工委、市教委、市政府教育督导室联合印发《关于建立健全北京市中小学师德建设长效机制实施意见》。文件强调要充分认识建立健全中小学师德建设长效机制的重要意义，明确师德建设的总体目标和工作思路。提出要深化师德教育，引导教师树立远大职业理想；加强师德宣传，营造尊师重教社会氛围；严格师德考核，促进教师自觉加强师德修养；突出师德激励，促进形成重德养德良好风气；强化师德监督，有效防止失德行为；规范师德惩处，发挥制度规范约束作用。同时提出要明确师德建设工作责任主体，将师德建设工作落到实处；完善师德建设保障体系，提高师德建设工作水平。文件要求各中小学每年9月要集中开展以立德树人、教书育人为核心的师德建设主题宣传教育月活动，同时定期举办师德论坛，促进师德建设的理论创新、制度创新和管理创新，推动师德建设科学化、制度化、常态化。

（陈静）

9月12日，门头沟区王平村中小举办师德承诺活动
（王平村中小 供）

高校第四届辅导员职业能力大赛

4月1日，市委教工委在北京师范大学举办第四届北京高校辅导员职业能力大赛决赛。共有57名专职辅导员参与比赛，20名辅导员进入决赛。决赛设置主题班会视频评选、案例分析、主题演讲、谈心谈话四个环节，全面考察辅导员的语言表达能力、逻辑思维能力、应急管理能力及深度辅导能力。北京60所高校的学工部负责人和辅导员代表共200余人观摩比赛。在5月25日至26日举办的第四届全国高校辅导员职业能力大赛中，首都师范大学王洵、对外经济贸易大学黄戈林获全国辅导员职业能力大赛二等奖；北京师范大学倪佳琪获三等奖；市委教工委获优秀组织奖第一名。

（王星星）

提高乡村教师待遇

4月28日，市教委、市人力社保局、市财政局联合印发《北京市乡村教师岗位生活补助发放办法》。该办法建立市级财政对乡村教师岗位实施生活补助政策，按照每名乡村教师每月2000元的标准实行差别化的生活补助，提高乡村教师岗位的吸引力，稳定乡村骨干教师队伍。为切实帮助相关区解决落实乡村教师支持计划过程中的困难和问题，提高精准支持的针对性和实效性，结合相关区的实际情况，市教委、市财政局于10月31日联合印发《北京市乡村教师岗位生活补助发放办法的补充办法》，将实施范围拓展到乡村和镇区的中小学及幼儿园教师。至年底，市级财政重点支持290所乡村中小学校和93所山区镇区中小学校（即分布在市农委划分的82个山区乡镇的镇区中小学校）。平原地区的镇区中小学校和乡村及镇区的幼儿园由区级财政支持。实施乡村教师岗位生活补助，市教委加大市级统筹力度，一是根据所有乡村和山区镇区中小学校距离北京城市中心的直线距离远近，把所有乡村和山区镇区学校划分为五大类，制定差别化的乡村和山区镇区教师岗位生活补助标准（分别为每人每月1400元、1800元、2400元、3200元、4000元），调控区域间的平衡；二是要求各相关区以"距离本区公认的城区中心位置远近"为原则（或本区其他公认的差别化原则），研究制定统一的差别化岗位生活补助政策，调控校际间的平衡；三是要求各校要以"岗位和任教年限不同"等为原则，研究制定统一的差别化岗位生活补助政策调控校内平衡。市级财政补助资金下达到各相关区，其中，下半年市级财政补助资金22464万元、2017年67392万元。

（崔亚超　张晓兰）

乡村教师职业能力提升计划

5月16日，市教委印发《北京市乡村教师素质提升计划》。根据市政府关于实施乡村教师支持计划的总体要求，把乡村教师素质提升纳入基本公共服务体系，保障经费投入，确保乡村教师培训时间和质量。进一步完善市、区、校三级管理体制和分类、分层、分岗培训机制，充分整合高等学校、市区两级教师培训机构和中小学校优质资源，优化和健全乡村教师专业发展支持服务体系，到2020年前，对全体乡村教师进行不少于360学时的培训，全面提升乡村教师的综合素质。把乡村教师培训纳入基本公共服务体系，按照高于普通教师20%的标准上浮乡村教师培训经费保障水平，以满足其培训需求。

（崔亚超）

首届首都高校支教论坛

5月21日，北京联合大学发起并举办首届首都高校支教论坛。论坛以“凝聚爱心，共筑梦想”为主题，共享支教经验、共思支教不足、共启支教未来。与会人员介绍建立“支教超市”在教育留守儿童方面的成功经验，7支北京高校的支教团队分享团队支教经历。清华大学、北京邮电大学等16所北京高校的支教团队参加论坛。

（王岩）

博士生（后）、青年教师到机关和事业单位挂职锻炼

5月24日，市委教工委、市教育人才交流中心召开挂职锻炼系统使用培训会暨挂职工作动员会。全市共有179个单位提供360个岗位供挂职人员选报，经双向选择、调剂，共有143人确认参加挂职锻炼，其中，博士生92人、博士后20人、高校青年教师22人、辅导员9人。挂职过程中，市委教工委共召开挂职人员座谈交流会三次，挂职单位组织人事部门代表、高校有关管理部门代表及挂职人员40人参加座谈会，编印挂职锻炼通讯3期。

（刘娟）

6月27日，首都高校博士生（后）、青年教师和辅导员到北京市挂职锻炼动员部署会　（市委教工委相关处室 供）

举办首届北京名师名校长论坛

5月31日，北京教育科学研究院举办首届北京名师名校长论坛。论坛以“挑战与发展”为主题，围绕“核心素养与教师成长”“中高考改革与中小学变革”“办学体制改革与学校发展”展开学术研讨。论坛由北京市中小学名师名校长（名园长）发展工程执行办公室、北京教科院教师研究中心承办，中国教育学会高中教育委员会协办。来自北京、天津、重庆、河南、贵州、广西、湖南7个省市的300余名名校长、名师、教育界专家学者参加论坛。

（赖德信）

推进义务教育学校校长教师交流轮岗

6月8日，市教委印发《关于进一步推进义务教育学校校长教师交流轮岗的指导意见》。文件明确男55周岁、女50周岁以下，在同一所学校任职满6年的正、副校长；男50周岁、女45周岁以下，且在同一所学校连续工作6年及以上的教师，原则上均应进行交流轮岗。文件要求义务教育学校校长教师交流轮岗要坚持“以人为本、政策引导、多元开放、提高质量、因地制宜”的原则，以区教育行政部门均衡配置区域内师资力量为重点，推进校长教师交流轮岗制度化建设，创新交流形式和机制，努力缩小区域、城乡、校际教育发展差距，促进义务教育优质均衡发展。

（崔亚超）

中小学有偿补课和教师违规收受礼品礼金问题自查

8月，市教委组织开展中小学有偿补课和教师违规收受礼品礼金问题自查工作。自查工作以区为单位，为期三个月。要求各区落实领导主体责任和相关部门、相关人员责任，重点开展中小学有偿补课、教师违规收受礼品礼金问题治理。各区坚持以查促建、以查促改、边查边建、边查边改，通过全面自查，建立健全规章制度，完善责任督学日常监督工作机制，推进整改落实。同时紧盯暑假、学生毕业、教师节及学校开学等重要节点，开展有针对性的专项治理。

（陈静）

市师德榜样评选

9月7日，2016年北京市师德榜样（先锋）推荐结果公布。经各单位民主推荐、领导小组审查、现场展示评价以及公示等环节，评出北京市师德榜样20人、北京市师德先锋274人。该评选由市委教工委、市教委、市教育工会联合组织开展，旨在形成师德建设与教职工职业发展相互促进的工作机制，进一步弘扬社会主义核心价值观和优良师德师风。

（纪奇明　于海　尹传举）

2016年北京市师德榜样名单

高校组	
彭永臻	北京工业大学
童坦君	北京大学医学部

黄会林	北京师范大学
陈勇	北京信息科技大学
郝凝辉	中央美术学院
吴潜涛	清华大学
杨宗丽	中央民族大学
李晓刚	北京科技大学
郝素敏	对外经济贸易大学
苏新	中国地质大学（北京）
普教组	
高亚娟	北京市海淀工读学校
田成清	北京市延庆区第二中学
赵鑫	北京市第八中学
丁海华	北京市门头沟区大台中心小学
王超	北京市房山区实验中学
于冉	北京市京源学校
任晓燕	北京市东城区光明幼儿园
张琳	北京市顺义区木林中心小学
刘福春	北京市怀柔区实验小学
周铁民	北京体育大学附属竞技体育学校

（纪奇明　于海　尹传举）

教师管理信息系统采集审核

11月9日，市教委启动北京市教师管理信息系统信息采集工作。采集范围包括由政府、企业事业组织、社会团体、其他社会组织及公民个人依法举办的幼儿园、中小学校、教师研修（培训）机构、校外教育机构、中等职业学校、特殊教育学校、高等学校（不含部委院校）的在编教职工，签订一年以上合同的教师岗位、其他专业技术岗位和管理岗位教职工。截至12月31日，系统共采集录入3068所学校和机构的教师信息共计237509人。北京市教师管理信息系统作为北京市教师信息来源的唯一系统，其任务是实现北京市各级各类教师基础信息的伴随式采集，并在此基础上实现教师基础信息的开放共享，为相关系统提供教师信息数据来源，并通过数据分析及应用为学校和教育行政部门优化教师队伍管理和决策提供支持服务。市教委于10月27日印发《北京市教师管理信息系统部署与启用工作方案》，强调该系统一是采集北京市各级各类教师基础信息，实现联网运行，为每一名教师建立电子档案，确保教师“一人一号”；二是推动教师信息动态更新，确保信息准确有效；三是推进教师系统应用，实现基础信息管理、业务管理与教师工作的深度融合。

（崔亚超）

2016年市优秀人才资助项目

11月9日，市人才工作领导小组办公室公布“2016年度北京市优秀人才培养资助获资助人员（单位）”名单。经申报评审，市委组织部及相关部门确定各类项目获资助人员（单位），其中，青年骨干个人项目获资助人员303人，教育系统及其高校附属医院166人；青年拔尖个人项目获资助人员49人，教育系统及其高校附属医院26人；青年拔尖团队项目获资助团队7个，教育系统5个；人才工作集体项目获资助单位15家，教育系统3家。

（纪奇明　张晓兰　付兴峰）

中学教师开放型在线辅导计划试点启动

11月25日，“北京市中学教师开放型在线辅导计划”试点启动仪式在通州区举行。该计划通过搭建中学教师开放型在线辅导管理服务平台，以“互联网+”和大数据创新教育基本公共服务方式，实现教师服务属性精细化的萃取和在线流转，为中学学生提供精准化、个性化、多样化的在线教育服务供给，从而促进优质教育资源供给侧结构性改革和个性化教育服务模式的创新，保护、发现并发展学生的个性和特长，探索并培养学生在未来教育的开放式学习环境中学习方式的转变和养成，增强全市学生及其家长的实际教育获得感。该项目依托北京师范大学未来教育高精尖创新中心，拟建立一个覆盖全市的教师在线辅导系统，让每名学生可以通过学科知识点的精准在线诊断，智能推荐或自主选择全市优秀学科教师，在校外课余时间获取一对一免费在线实时辅导服务。根据计划，市教委面向全市中学教师招募在线辅导教师，先行在通州区进行试点，为通州区31所学校的初一、初二年级学生提供在线教育服务。至12月31日，全市共有7298名教师完成线上辅导资质申报，覆盖北京市16个区和燕山地区。共有1453名教师完成对3946名学生共计23949次有效在线辅导，累计辅导总时长3913.11小时。

（崔亚超）

特岗计划招聘乡村教师261人

至年底，市教委“北京市乡村教师特岗计划”招聘乡村教师261人。此次招聘面向北京地区全日制普通高等学校、京外“211工程”师范院校和全国24所省属师范院校应届本科及以上学历毕业生。公开招聘的非京生源毕业生引进工作列入专项计划，按照现行引进渠道办理；受聘的毕业生在本学校本岗位服务期不少于5年，具体服务期限由各区教委根据实际情况确定。经过报名、资格审查、笔试、面试等程序，共招聘乡村教师261人。《北京市乡村教师特岗计划（2016—2020年）》旨在落实《北京市乡村教师支持计划（2015—2020年）实施办法》提出的拓展乡村教师补充渠道的要求，帮助全市乡村学校解决教师结构性短缺问题，实施范围包括10个远郊区和朝阳、海淀、丰台的乡村中小学校。计划每年招聘中小学音乐、体育、美术、历史、地理、生物紧缺学科教师 300 人。

（房卫青）

高校人才资助项目结题

至年底，市教委完成 2013 年度北京市属高等学校高层次人才引进与培养及创新团队建设计划结题工作。包括 4 个高层次人才引进项目，29 个创新团队、42 个长城学者培养计划，200 个青年拔尖培育计划。

（纪奇明）

调剂增加优质高中教育资源校教师编制 487 个

至年底，市教委调剂增加优质高中教育资源校教师编制 487 个。市级优质高中资源统筹项目旨在扩大和合理配置优质高中教育资源，提高基础教育优质资源的辐射能力，因部属高校附中的编制无法由北京市下达，其编制采取由北京西藏中学统筹解决的办法解决。2016 年，协调解决清华大学附属中学、北京大学附属中学、北京师范大学第二附属中学等部属高校附属中学“市级统筹优质高中教育资源项目”新招聘教师的编制 487 个。

（杨伟丽）

建立乡村教师荣誉制度

至年底，市教委建立乡村教师荣誉制度。市委、市政府对在乡村学校从教 20 年以上的教师颁发荣誉证书，在“北京市人民教师奖”和北京市优秀教师、优秀教育工作者以及各有关区开展的相应评选表彰工作中，要向乡村教师倾斜。探索建立乡村教师物质奖励机制，鼓励和引导社会力量建立专项基金，对优秀乡村教师给予物质奖励。

（崔亚超）

师资培训

首届中学心理健康教师基本功培训与展示活动

1 月 20 日，市教委、北京教育学院召开首届北京市中学心理健康教师基本功培训与展示活动总结大会。会议总结首届北京市中学心理健康教师基本功培训与展示活动总体情况，与会领导为获奖教师及心理教研员颁发荣誉证书。2 名区心理教研员代表、4 名获奖教师代表分享参加活动经验和体会。各区心理教研员、获奖心理教师等 150 人参加会议。此次培训与展示活动 2015 年 10 月 15 日启动，经过心理课设计与实施标准体系建立、区级全员培训与展示、市级展示三个阶段，共评选出一等奖 10 个、二等奖 20 个、三等奖 32 个、优秀奖 44 个，以及优秀指导教师 44 人。

（刘琳）

高校青年教师中国特色社会主义理论培训班

4 月至 10 月，市委教工委举办第 6 期至第 10 期北京高校青年骨干教师中国特色社会主义理论市级示范培训班。培训围绕中国特色社会主义理论体系，邀请教育部、中央党校、市委办局等相关部门的领导和专家进行授课，采用团体辅导、研讨交流、现场教学、案例教学等丰富培训手段，取得较好效果。培训期间市委教工委坚持学员访谈，共访谈近 170 名专业教师，搜集整理资料 15 万余字。来自北京 60 所高校的 200 名教师，200 名教研室负责人和学科带头人、100 名海归年轻教师共计 500 人参加培训。

（刘娟）

加强和改进美育教学实践活动

5 月 26 日，北京教育科学研究院举办加强和改进学校美育教学实践活动项目培训活动暨 2016 年北京市中学音乐学科“传统吟诵”培训会。会议介绍《吟诵与华夏乐府》和学校建立国学艺术团的方法，交流诗词吟唱实践与探索的经验。来自各区教研员和骨干教师共 200 人参加活动。

（沈俊楠）

召开中小学名师发展工程结业典礼暨启动大会

10 月 11 日，北京教育科学研究院召开北京市中小学名师发展工程第二批结业典礼暨第四批启动大会。会议总结北京市中小学名师发展工程的做法、经验和效果，并结合新形势对下一步发展提出要求。会上，举行第二批学员结业证书颁发仪式和新聘任导师受聘仪式。各区教委人事科科长，名师发展工程各培养基地的学术导师、实践导师、学员以及研究人员等共计 150 余人参加会议。

（赖德信）

市教育干部新任培训（管理）者专题研讨班

11 月 1 日至 2 日，北京教育学院举办北京市教育干部新任培训（管理）者专题研讨班。研讨班面向近两年入职的全市各区主管干部培训的组织部门、干部培训机构的干部和教师，以提升新任干部培训者专业能力为主题，以专业素质提升为主线，帮助新任培训者转换培训角色，适应培训工作。研讨班包括专题讲座、案例教学、研讨互动三个板块内容，要求各区干训工作要以人为本，按需施训；全面覆盖，保质保量；培训内容要体现德才兼备、突出能力。各区干部培训组织部门、干部培训机构干部教师 50 人参加培训。

（刘琳）

“十三五”中小学干部教师培训工作意见

11 月 4 日，市委教工委、市教委印发《关于“十三五”时期中小学干部教师培训工作的意见》。意见提出围绕国家和北京市教育改革与发展的任务，按照干部教师专业发展的规律和需求，北京市坚持“专业引领、实践取向、面向全体、开放多元”的原则，整体规划、统筹管理全市中小学干部教师培训工作。积极推进干部教师培训的供给侧结构性改革，完善分类、分层、分岗的干部教师培训体系；积极探索建立适合干部教师需求的培训制度、培训课程与培训方式；以更加科学的方式、专业的精神和创新的机制，突出师德素养和教育教学实践能力的提升，加大对农村教师、新任教师和基础教育名师的培养力度，努力实现新一轮干部教师培训的科学发展，提高干部教师培训的主动性、针对性和实效性，为服务北京市“四个中心”建设提供优质的基础教育师资保障，促进首都基础教育质量的全面提升。

（陈静）

中小学教师校本培训示范校

11月25日，市教委公布北京市中小学教师校本培训师范学校名单。市教委依据《关于加强中小学教师样本培训工作的意见》和《关于开展中小学教师校本培训示范学校遴选工作的通知》，经学校申报、区级推荐、市级评审，遴选出100所北京市中小学（幼儿园）教师校本培训示范学校，其中，中学44所、小学37所、幼儿园19所。

（崔亚超）

“十二五”教师培训工作总结暨区级培训机构验收

11月，市教委完成“十二五”时期教师培训工作总结及区级培训机构验收工作。市教委要求各区依据《北京市区县教师培训机构建设标准》对本区教师培训机构的建设水平自我评估。在各区自评的基础上，市教委组织专家评议组，通过听取各区汇报、查阅资料、召开座谈会、个别访谈和实地考察等方式，对各区教师培训机构的建设水平现场评估。最终认定北京教育学院朝阳分院、海淀区教师进修学校、西城区教育研修学院、通州区教师研修中心、密云区教师研修学院、东城区教师研修中心6个机构为示范性教育机构；北京教育学院丰台分院、门头沟区教师进修学校、昌平区教师进修学校、大兴区教师进修学校、房山区教师进修学校、顺义区教育研究考试中心、延庆区教育科学研究中心、燕山教研中心8个机构为达标机构；平谷区教育研修中心、怀柔区教科研中心、北京教育学院石景山分院3个机构为基本达标机构。

（崔亚超）

干部教师培训工作会议

12月1日，市委教工委、市教委召开“北京市中小学干部教师培训工作会议”。会议总结“十二五”时期北京市中小学干部和教师培训工作；宣读《关于对“十二五”时期中小学干部教师培训工作成绩突出的集体和个人进行通报表扬的决定》，邀请东城区、朝阳区、通州区、密云区教工委负责人代表先进集体做大会交流发言。市教委相关负责人对“十三五”时期北京市中小学干部教师培训工作做动员部署，明确根据“专业引领、实践取向、面向全体、开放多元”的原则，北京市将主动适应新形势、新要求，落实全面深化教育领域综合改革、全面提高教育质量、全面实现教育现代化等发展目标对首都教育人才队伍提出的新要求。刘宇辉参加会议并发表题为《扎实做好干部教师培训工作，促进干部教师专业发展》的讲话。市教委相关处室和机构负责人，各区教工委、教委主要领导和相关部门负责人，干部教师培训（研修）机构院（校）长、分管领导和部门负责人200人参加会议。此次共通报表扬培训工作成绩突出集体16个，包括优秀集体7个、创新集体7个、规范组织集体2个；干部培训工作成绩突出的个人47人，包括优秀教师29人、优秀管理者18人；干部培训优秀科研成果21项，包括一等奖6项、二等奖7项、三等奖8项；教师培训工作成绩突出的集体14个，包括优秀集体6个、创新集体9个、组织管理集体2个；教师培训工作成绩突出的个人172人，包括优秀教师113人、优秀管理者59人。

（崔亚超）

中小学教育干部培训管理者异地研修

12月3日至10日，市教委、北京教育学院联合组织全市各区中小学教育干部培训管理者赴云南、上海异地研修。研修班以“学习干部培训先进理念、顶层设计和实践经验”为主题。在云南期间，研修人员参观走访昆明滇池度假区实验学校、云南省教育干部培训中心、云南省教育干部培训实践基地；在上海期间，参观走访上海市实验小学、上海市格致中学、黄浦区教育学院。研修团成员与当地干部培训专家探讨学校特色建设、提升干训实效性与针对性的培训模式、校长培训的实践经验等问题。各区委教工委组织部门、市区干部培训机构负责人、骨干教师25人参加研修。

（刘琳）

中小学干部教师专业发展体验式培训

至年底，市教委开展优质教育资源统筹中小学干部教师专业发展体验式培训项目。培训依托北大附小、清华附小、史家胡同小学、实验二小、三帆中学5所学校，培训对象以郊区学校教学负责人、青年骨干教师为主，采用全脱产“一对一跟岗式”学习，共举办2期，每期15～20周，全年累计培训学员200人。

（张琳）

中小学校长专题培训

至年底，市教委组织开展中小学校长专题培训。包括中小学校长领导力卡内基专项训练、境外资源国内引进高端培训、国内名校高级访问研修（京苏粤跨省联合培养）、U-D合作实践取向郊区中小学业务校长专题研修、教育行政干部培训等项目，累计培训2049人次。其中，17期中小学校长领导力卡内基专项训练共培训校长502人；境外资源引进高端培训共培训各区推荐骨干校长 49 人。

（邓永卫）

职称评定与资格认定

组织中小学、幼儿园教师资格考试笔试

3 月 12 日和 11 月 5 日，市教委委托北京教育考试院组织上下半年 2 次北京市 2016 年教师资格国考笔试。3 月 12 日，上半年教师资格国考笔试报名 22517 人、参加考试 17891 人，设考点 15 个、考场 734 个。教师资格证国考笔试通过 8312 人。11 月 5 日，下半年教师资格国考笔试报名 31170 人、参加考试 24239 人，设考点 18 个、考场 895 个。教师资格证国考笔试通过 10258 人。

（陈静）

认定教师资格 14483 人

3 月和 9 月，北京市 14483 人通过教师资格认定。全市各级教师资格认定机构和依法接受委托的普通高等学校共受理教师资格认定申请 14639 人，通过教育教学能力测试等环节，共认定 14483 人。其中，市教委和依法接受委托的普通高等学校共认定 7870 人，包括高级中学教师资格 4454 人、中等职业学校教师资格 238 人、中等职业学校实习指导教师资格 3 人、高等学校教师资格 3175 人；各区教委共认定 6613 人，包括幼儿园教师资格 3259 人、小学教师资格 2689 人、初级中学教师资格 665 人。

（陈静　刘琳）

中小学教师职称制度改革实施方案

4 月 12 日，市教委、市人力社保局联合印发《北京市深化中小学教师职称制度改革实施方案》《北京市中小学教师专业技术职务评聘工作实施细则》。文件明确，要遵循教育发展规律和教师成长规律，按照深化职称制度改革的方向和总体要求，建立以能力和业绩为导向，与事业单位聘用制度和岗位管理制度相衔接、符合教师职业特点、统一的中小学教师职称（职务）制度。根据文件，北京市将建立统一的中小学教师职称（职务）制度。原相互独立的中学教师职务系列与小学教师职务系列统一并入新设置的中小学教师职称（职务）系列。职称（职务）等级分为正高级、副高级、中级、助理级和员级，其对应的职称（职务）名称依次为正高级教师、高级教师、一级教师、二级教师和三级教师。统一后的中小学教师职称（职务），与原中小学教师专业技术职务的对应关系是：原中学高级教师（含在小学中聘任的中学高级教师）对应高级教师；原中学一级教师和小学高级教师对应一级教师；原中学二级教师和小学一级教师对应二级教师；原中学三级教师和小学二级、三级教师对应三级教师。与事业单位专业技术岗位等级对应关系为：正高级教师对应专业技术岗位一至四级，高级教师对应专业技术岗位五至七级，一级教师对应专业技术岗位八至十级，二级教师对应专业技术岗位十一至十二级，三级教师对应专业技术岗位十三级。改革后，中小学教师职称（职务）评聘工作按职称（职务）等级分别进行。二级教师、三级教师职称（职务）由用人单位按条件考核合格后直接聘任；一级教师、高级教师和正高级教师职称（职务）按照个人申报、考核推荐、专家评审、结果验收、学校聘用的基本程序进行评聘。北京市现有在编在岗中小学教师由各区人力社保局会同区教委按照中小学教师原专业技术职称（职务）与统一后的教师职称（职务）对应关系，直接过渡到统一后的职称（职务）体系。文件同时印发《北京市深化中小学职称制度改革工作协调推进小组成员名单》《北京市中小学教师专业技术职务申报条件》《北京市中小学教师专业技术职务评审办法》《北京市深化中小学教师职称制度改革人员过渡办法》。

（张晓兰）

完善高校教师职务聘任制改革

5 月 5 日，市人力社保局、市教委印发《关于完善北京市高等学校教师职务聘任制改革工作有关问题的通知》。文件要求统筹协调好高等学校教师职务和其他专业技术职务之间比例平衡关系；要结合本校重点专业学科、特色专业学科建设，有针对性的予以适度倾斜；对于引进的高端、紧缺人才，以及经市里批准从事科研成果转化、技术推广等工作的人员，可优先使用指标评聘。文件明确，从 2016 年起，各高等学校要根据确定的学科目录清单，建立本校学术评议专家数据库，每个学科专业的入库专家数不低于实际使用数的 3 倍。市教委组建综合学科专业学术评议专家数据库，专家来源为各校专家库入库专家、部属高校相关学科专业专家，为各高等学校提供学术评议专家服务工作。在评聘标准方面，对于基础教学、研究等岗位以学术评价为主，强调研究成果及论文等要求，对于成果转化、技术推广等应用研究和技术开发岗位突出市场评价，弱化论文等要求，强调技术效益与经济效益。评聘标准在坚持科学合理、公平公正的同时，要体现本校专业学科特色，对于业绩突出、成绩优秀的专业技术人员，可破格评聘到相应岗位，具体破格条件须经校内公示确认后方可执行。文件要求各高等学校要严格执行职称结构比例核定与岗位设置及聘任结果备案核准程序，须经上级主管单位确认并报市人力社保局备案核准后执行。

（张晓兰）

特级教师重新认定

7 月 27 日，市教委重新认定 41 人为北京市特级教师。经市特级教师重新认定专家组评议，市教委审核，同意认定杨树滨等 41 人为北京市特级教师，从 2016 年 7 月 1 日起享受北京市特级教师待遇。按市教委、市人力社保局、市财政局《关于印发〈北京市特级教师管理办法（修订）〉的通

知》、市教委《关于印发〈关于外省市调入北京的特级教师重新认定的过渡办法〉的通知》的规定，本次特级教师重新认定是北京市最后一次外省市引进特级教师的重新认定工作，此后特级教师将不再执行重新认定为北京市特级教师的有关政策，所有教师均须参加北京市的特级教师评选，入选后方可享受市特级教师相关待遇。

（崔亚超）

2016 年经市教委同意重新认定的特级教师名单

北京市育英学校 杨树滨 王竹香 王在英 梁吉峰 刘建宇 齐龙新
北京市东方德才学校 宋君
中央民族大学附属中学丰台实验学校 张华珍 许士文
北京亦庄实验中学 杨宏丽
北京实验学校（海淀） 张淑云 马惠玲 常玉如 孟强 田国强
清华大学附属中学朝阳学校 周梅骏
北京师范大学第四附属中学 王双远
北京市第一〇一中学 陈伟东
北京市海淀区教师进修学校 田成良
北京教育学院附属丰台实验学校分校 鲍建中 曲建涛
首都师范大学附属中学 郑丙彦 刘本举
北京市中关村中学 应发宝
对外经济贸易大学附属中学 汤守平 黄道青
清华大学附属小学商务中心实验小学 李晓英
北京市海淀区中关村第三小学 孙敬彬 池昌斌
北京市海淀区中关村第一小学 刘峰
北京亦庄实验小学 孙娜
中国人民大学附属中学朝阳学校 李梅
北方交通大学附属中学 张丽霞
首都师范大学第二附属中学 孙家栋
北京市第十二中学 张青伟
北京工业大学附属中学 侯保成
中国人民大学附属中学朝阳学校 郭红梅
东北师范大学附属中学朝阳学校 李丽莲
北京市第八十中学 岳文成
北京市第十中学 张乃池
北京理工大学附属中学 何拓程

（崔亚超）

政工职称评审

8 月，北京教育系统 41 人通过政工师职称评审。经组织报名、资格评审、专业考试、会议评审、上报备案环节，2016 年全市教育系统共 41 人通过政工师职称评审。其中，高级政工师 24 人、政工师 16 人、助理政工师 1 人。

（孙亚茹）

中专教师 70 人晋升专业技术职务

至年底，北京市中等专业学校 70 人晋升专业技术职务。本年中等专业学校教师共 92 人申报晋升专业技术职称，其中，申报副高级专业技术职务 43 人、中级专业技术职务 33 人、初级专业技术职务 16 人。经中专教师系列高级专业技术职务评委会评审，共 70 人晋升专业技术职称。其中，副高级专业技术职务 29 人、中级专业技术职务 26 人、初级专业技术职务 15 人。

（杨伟丽）

中小学教师 68 人晋升正高级教师

至年底，北京市中小学教师 68 人晋升正高级教师。在中小学教师正高级教师评审试点的基础上，按人力社保部和教育部下达的指标，北京市本年共有 78 名中小学教师申报晋升正高级教师。经中小学教师系列高级（正高级）专业技术职务评委会评审，人力社保部和教育部审定，68 人晋升正高级教师。

（杨伟丽）

2016 年北京市中小学正高级教师评审通过人员名单

北京市第一〇一中学 丁玉山 郭涵
北京市海淀区培智中心学校 于文
北京市大兴区教师进修学校 马希明
北京市东城区史家胡同小学 王欢
北京市十一学校 王春易
北京市房山区第二职业高中 王胜旭
北京市通州区潞州中学 王德华 祁京生 姚新平
北京市顺义区教育研究考试中心 孔凡艳 董晨

北京市燕山前进第二小学　左玉霞
北京市第十二中学　田玉凤　李有毅
北京小学　吉春亚
北京教育学院石景山分院　成学江
北京市第五幼儿园　朱小娟
北京市丰台区丰台第一幼儿园　朱继文
北京中学　任炜东
北京第二实验小学　华应龙
北京市海淀区中关村第三小学　刘可钦
北京市大兴区第一中学　刘丽云　王德山
北京市海淀区中关村第一小学　刘畅
北京市第四中学　刘葵　陈月艳
北京市朝阳区教育研究中心　许美琳　张俊英
北京师范大学良乡附属中学　苏万青　覃遵君
北京市海淀区教师进修学校　苏明义
北京市史家小学通州分校　李文凤
北京市顺义区杨镇第一中学　李永茂
北京市昌平区实验中学　李志刚
北京市第十中学　李媛
北京市陈经纶中学　杨红　张德庆
北京市密云区教师研修学院　杨德伦
北京市第八十中学　吴万辉
北京教育科学研究院　吴正宪
北京市广渠门中学　吴甡
北京市第八中学　汪艳
北京市房山区良乡第三小学　沙晓燕
首都师范大学附属中学　沈杰
北京市八一学校　张亚红
北京汇文中学　张国
北京市大兴区少年宫声乐部　张建云
北京市平谷中学　张荣合
北京市第一〇一中学怀柔分校　欧阳立英
北京市顺义区牛栏山第一中学　欧阳尚昭
北京市海淀区教师进修学校　罗滨　苏明义　张鹤
北京市朝阳区垂杨柳中心小学金都分校　郑丹娜
北京市东城区教师研修中心　郑克强
北京市延庆区第一职业学校　赵子余
北京市延庆区教育科学研究中心　赵方红
首都师范大学附属密云中学　赵向东
北京教育学院朝阳分院　胡凌燕
北京市昌平区城关小学　柏继明
北京市北海幼儿园　柳茹
北京市第二中学　钮小桦
北京景山学校　徐伟念
北京市大峪中学　曹彦彦
北京市顺义区第八中学　梁学军
北京市怀柔区第一中学　彭玉良
北京市昌平区第一中学　董武
北京教育学院丰台分院　管然荣

（杨伟丽）

高校教师 160 人晋升专业技术职务

至年底，北京市高等学校 160 人晋升专业技术职务。按照《关于完善北京市高等学校教师职务聘任制改革工作有关问题的通知》要求，市教委进一步下放高校副高级及以下学术评议工作，高校教师系列专业技术职务申报人数较去年有所下降。本年共有 210 人申报晋升高校教师、科研（含高校教育管理研究）两个系列专业技术职务。经高校教师职务专业学术评议委员会评议审定，共 160 人晋升专业技术职务，其中，晋升正高级专业技术职务 61 人、副高级职务 79 人、中级职务 20 人。

（杨伟丽）

职称评聘向乡村学校倾斜

至年底，市教委职称（职务）评聘和骨干教师评选向乡村学校倾斜。按照《关于调整北京市普教系统职称结构比例的通知》相关要求，逐步提高乡村教师高级职务的比例。乡村小学副高职称比例不低于 10%，高、中级职称合计不低于 75%；乡村中学副高职称比例不低于 30%，高、中级职称合计不低于 80%。相关区不得挤占乡村学校职称指标，实现区内城乡中小学教师职称（职务）和岗位结构比例总体平衡。

（崔亚超　张晓兰）

（本栏责任编辑　张晓兰）

23372 人

高等教育培养毕业生

高校学生转学工作实施意见印发

高校毕业生就业质量年度报告发布

大学生创新创业教育成果展示

2017 | 学生管理

STUDENTS MANAGEMENT

- 学籍学历管理
- 北京高校高质量就业创业计划实施
- 首届北京高校“十大校园励志人物”
- 第一批北京地区高校示范性创业中心
- 学生资助政策落实

STUDENTS MANAGEMENT 学生管理

综述

学籍学历管理

2016年，市教委做好日常学籍管理工作。编发《2015年北京地区高校学生学籍学历与就业情况发展报告》；开展退役大学生士兵免试升本工作；印发《北京市教育委员会关于切实做好普通高等学校学生转学工作的实施意见》，规范北京地区普通高等学校学生转学工作，维护高等教育公平公正和学生合法权益。

（张海涛）

毕业生就业创业

2016年，市教委加强毕业生创新创业教育工作。制定配套政策，为推进大学生就业创业提供保障；构建孵化体系，满足大学生自主创业实际需求；强化创新创业服务，推动北京高校创新创业工作开展；加大创新创业宣传力度，营造良好的创新创业氛围；提升就业工作队伍专业化水平；建设就业市场，为毕业生提供精准就业服务；关注特殊群体，帮扶每名毕业生实现就业。召开北京高等学校创新创业教育改革研讨会，开展深化创新创业教育改革示范校申报评审工作，引导各高校以创新创业教育改革为契机，更新理念、集聚资源、强化实践、办出特色。

（张海涛）

北京高校高质量就业创业计划实施

2016年，市教委实施北京高校高质量就业创业计划。构建"一街三园"大学生创业园孵化体系，"一街三园"（一街：北京高校大学生创新创业服务中心，三园：软件园、良乡园、理工园）建成后，形成"中关村为核心，南北园互补"空间布局。至年底，100家创业团队入驻市级创业园孵化。该项目为2016年政府实事。按照《北京高校示范性创业中心建设标准》，评选首批北京高校示范性创业中心28个，包括市属高校8个，通过政策导向，经费支持，推动高校大学生创业工作向纵深发展。共为北京地区高校的23万名毕业生办理就业手续，按照教育部就业率统计口径，毕业生总体就业率97.2%。

（周彤）

高校学生学籍学历与就业情况发展报告发布

3月1日，市教委发布《北京高校学生学籍学历与就业情况发展报告》。报告分为两部分：北京高校学生学籍学历情况发展报告，包括当年新生、在校生及毕业生按学历层次、学校类型、生源、性别等维度的分布情况和每所高校的具体数据，数据来源于北京地区高等教育学籍学历电子注册数据，包括新生学籍电子注册、在校生学年电子注册和毕业生学历证书电子注册数据，数据采集时间为当年12月31日；北京高校毕业生就业情况发展报告，包括当年毕业生生源、就业去向的总体情况和每所高校的具体数据，数据来源于北京地区高校毕业生就业数据库，数据采集时间为当年10月31日。

（张海涛）

首届"十大校园励志人物"颁奖

4月22日，首届北京高校"十大校园励志人物"颁奖典礼暨励志人物先进事迹报告会召开。会议揭晓"十大校园励志人物"及15名提名奖名单。5名"十大校园励志人物"代表分享励志成长故事。市教委相关处室负责人、各区教委、各市属高校、各市属中职学校的师生代表共600人参会。评选活动由北京市学生资助事务管理中心在市属54所高校中发起，旨在挖掘和宣传家庭经济困难学生成长成才的典型事例，激励更多困难学生励志成才，提升资助育人实效。活动于2015年5月启动，经过各校选拔，推荐76名典型人物参加评选，经评委会评审，25人进入网络投票环节。截

4月22日，首届北京高校“十大校园励志人物”颁奖典礼（综合服务中心 供）

至2015年11月，评委会共收到网络选票26万张，依据选票结果，最终10人入围首届首都高校“十大校园励志人物”，15人获“十大校园励志人物”提名奖。

（罗芳）

首届北京高校“十大校园励志人物”

北京市戏曲艺术职业学院	叶晋材
北京信息科技大学	邹魁
北京邮电大学世纪学院	夏弢
北京工业大学	王远阳
中国戏曲学院	康晓琳
北京工商大学	赵晓萌
北京汇佳职业学院	何芷玲
首都医科大学	梁颖
北京信息职业技术学院	林焰
北京城市学院	杨冬艳

（罗芳）

首批北京地区高校示范性创业中心

8月17日，市教委公布第一批北京地区高校示范性创业中心名单。评选工作于4月启动，共计41所高校申报参评。本着“公平、公正、公开”的原则，通过审阅学校申报材料与集中听取申报学校汇报相结合的方式，经过评审委员会评审，最终评选出第一批北京地区高校示范性创业中心28个。为进一步发挥高校示范引领作用，全面提升北京地区高校大学生创业工作水平，市教委于2014年开始开展北京地区高校示范性创业中心建设工作。2014年至2015年，44所高校被先后确定为示范性创业中心建设校，每校给予资金支持。

（吴静 华蕾）

第一批北京地区高校示范性创业中心

北京大学	北京林业大学
中国人民大学	北京中医药大学
清华大学	首都师范大学
北京交通大学	北京外国语大学
北京工业大学	中国传媒大学
北京航空航天大学	中央财经大学
北京理工大学	首都经济贸易大学
北京科技大学	北京体育大学
北京化工大学	中央美术学院
北京工商大学	中国地质大学（北京）
北京服装学院	北京联合大学
北京邮电大学	北京城市学院
北京建筑大学	中国青年政治学院
中国农业大学	北京财贸职业学院

（吴静 华蕾）

参加中国“互联网+”大学生创新创业大赛

10月15日，北京22支参赛队参加第二届中国“互联网+”大学生创新创业大赛，获金奖7项、银奖6项、铜奖9项。北京大学ofo共享单车项目获季军，北京航空航天大学、清华大学获高校先进集体奖，北京市获优秀组织奖。比赛以“拥抱‘互联网+’时代共筑创新创业梦想”为主题，根据项目发展阶段和投融资情况，参赛项目分为创意组、初创组、成长组，根据行业领域细化为“互联网+”现代农业、制造业、信息技术服务、商务服务、公共服务、公益创业6类。比赛由教育部、国家网信办、国家发展改革委、工业和信息化部、人社部、国家知识产权局、中国科学院、中国工程院、团中央和湖北省政府共同举办。

（曾婷 邱小培）

高校学生转学工作实施意见

11月10日，市教委印发《关于切实做好普通高等学校学生转学工作的实施意见》。意见规范北京地区普通高等学校学生转学工作，维护高等教育公平公正和学生合法权益。意见包括转学条件、转学程序、转学材料、具体要求、其他事项，自2017年1月1日实施。

（张海涛）

高校优秀班集体创建活动

12月20日，市委教工委在北京工业大学举办2016年北京高校“我的班级我的家”优秀班集体创建评选活动。经过学校推荐、网络展示、专家评审和答辩评比四个阶段，53所高校26个班级进入决赛。进入决赛班级通过演讲和视频相结合的方式，回顾班集体成长历程，讲述班级故事，展示班级文化，最终，10个班集体获“十佳示范班集体”称号、16个班集体获“优秀示范班集体”称号、28个班集体获“示范班集体”称号，15所高校获优秀组织奖。

（崔灿）

高校毕业生就业质量年度报告发布

12月，市教委发布《2016年北京地区高校毕业生就业质量年度报告》。报告反映学校毕业生就业的基本情况、主要特点、相关分析、发展趋势以及对教育教学的反馈等。基本情况包括毕业生的规模、结构、就业率、就业流向等；主要特点包括促进毕业生就业的政策措施、指导服务等；相关分析是对毕业生就业状况的数据分析、结论总结等；发展趋势是对毕业生就业的趋势性研判；对教育教学的反馈主要是就业状况对招生、专业设置、人才培养等方面的影响。报告数据来源于北京地区高校毕业生就业信息库（数据统计时间截至10月31日）和2016届北京地区高校毕业生就业状况调查（调查时间为2016年4月25日至6月25日）。

（张海涛）

学籍管理

新生学籍电子注册

4月和11月，市教委完成新生学籍电子注册工作。审核注册77所成人高等教育学校新生63685人，比上年减少14667人。其中，本科38204人，专科25481人；审核注册39所普通中等专业学校新生10866人，其中，北京生源7407人；审核注册89所普通高等教育学校（按教育部国标代码计算）新生152531人，比上年减少4299人。其中，本科124008人、专科（高职）26619人、第二学士学位427人、预科生1477人；审核注册16所高校网络教育学院新生341857人，比上年增加32847人。其中，本科133411人，专科208446人；审核注册140个研究生培养单位新生103240人，比上年增加581人。其中，博士22489人，硕士80751人。

（张道明）

学历证书电子注册

7月，市教委完成学历证书电子注册工作。审核注册92所普通高等教育学校（按教育部国标代码计算）毕业生学历证书155476本，比上年增加1151本。其中，本科118318本、专科（含高职）36168本、第二学士学位990本；审核注册81所成人高等教育学校毕业生学历证书84896本，比上年减少13143本。其中，本科49691本、专科35205本；审核注册17所高校网络教育学院毕业生学历证书216662本，比上年减少1195本。其中，本科89057本、专科127605本；审核注册142个研究生培养单位毕业生学历证书87644本，比上年增加2292本。其中，博士17073本、硕士70571本；审核注册40所普通中等专业学校毕业生学历证书14413本，比上年减少1032本。其中，毕业证书14315本、结业证书98本。

（张海涛）

高校学籍学历管理工作交流会

12月14日，市教委召开2016年北京地区高等教育学生学籍学历管理工作交流会。会议总结2016年北京高校学生学籍学历管理工作，北京化工大学、北京林业大学、北京电子科技职业学院高校代表介绍贯通培养和双培计划的经验，并就如何在新形势下做好学生学籍学历工作提出创新思路和举措。各高校教务处、学生处、研究生院（部）及科研单位主管学生学籍学历工作的负责人和工作人员300人参加会议。

（张道明）

创新创业

34个高校入选示范性校内创新实践基地

1月8日，市教委认定34个基地为2015年北京高等学校示范性校内创新实践基地建设单位。经学校申报、专家评审、答辩考察、市教委审核，认定清华大学互联网创新实践基地等34个基地为2015年北京高等学校示范性校内创新实践基地建设单位。

（邱小培）

高校大学生创新创业服务中心启用

3月21日，市教委启用北京高校大学生创新创业服务中心。中心功能定位包括政策咨询、创新创业辅导、资源整合、展示宣传与研究、联结高校与企业、创业学生的精神家园等。中心由市教委与中关村管委会、海淀区政府共建，位于中关村创业大街，是北京高校“一街三园”大学生创业园孵化体系的组成部分，是市教委面向高校大学生提供创新创业服务的“窗口”和资源整合平台。

（吴静）

学生众筹成立餐厅

3月29日，10所高校学生众筹成立的“后会有期”餐厅开业。餐厅由中国农业大学水利与土木工程学院大三学生潘启农团队提议，由农大、北京林业大学、北京语言大学等10所高校的500名学生共同发起，众筹200万元开设。餐厅位于地铁“六道口”站西南角，60%的“股东”是在校大学生，每名股东最少投入1000元，开启在校大学生自主创业的新模式。

（孙桂凤）

5所高校入选全国首批创新创业典型经验高校

7月18日，教育部公布首批“全国创新创业典型经验高校”入选名单，北京5所高校入选。分别为：北京大学、清华大学、中国人民大学、北京交通大学、北京工业大学。经学校总结、推荐申报、专家初选、社会调查和实地调研等环节，推选产生50所首批全国创新创业典型经验高校。

（吴静）

大学生创新创业教育成果展示

9月24日，市教委举办第三届北京市大学生创新创业教育成果展示与经验交流会。展会集中展示大学生科学研究与创业行动计划、高水平人才交叉培养“实培计划”、大学生学科竞赛。65所北京高校参加，展示交流实物作品322件、创新项目成果237项，开设学生学术及实验室开放论坛4个、成果互动区及校企合作双创展区2个，高校及部分中小学师生代表3000人参观展示会。展示会由北京交通大学承办、北京化工大学、北京理工大学协办。

（曾婷）

高校大学生优秀创业团队评选

12月9日，市教委公布2016年北京地区高校大学生优秀创业团队第二批评选结果。41所高校报送的274个创业团队参加评选，经专家复评，70支团队参加现场答辩，50个优秀创业团队入选，一等奖10个、二等奖15个、三等奖25个，54个创业团队获得潜力奖。获奖团队可优先入驻市级创业园，享受各园区提供的全方位孵化服务。

（吴静）

2016年第二批北京地区高校大学生优秀创业团队一等奖

北京理工大学	
	北京博翼动力新能源汽车科技有限公司
	北京半人科技有限公司
清华大学	
	北京知多星科技有限公司
	北京紫晶立方科技有限公司
华北电力大学	
	hunters
首都经济贸易大学	
	闲嗨旅游
北京大学	
	艺+1艺术品鉴证
	燕园众欣纳米科技（北京）有限公司
北京科技大学	
	魔借—玩乐装备租借共享平台
北京工商大学	
	星创无限

（吴静）

8所高校入选市级深化创新创业教育改革示范校

12月21日，市教委公布首批北京市深化创新创业教育改革示范高校名单。经过学校申报、专家评审、公示等程序，中国人民大学、北京交通大学、北京科技大学、中国农业大学、对外经济贸易大学、北京理工大学、北京服装学院、北京信息科技大学8所高校入选。北京市深化高等学校创新创业教育改革建设内容主要围绕深化教育教学改革、强化实践创新能力、完善创业指导服务三方面开展。建设目标是在2017年形成科学先进、广泛认同、具有北京特色的创新创业教育理念，推动高校形成符合办学定位，各具特色的创新创业人才培养模式。

（曾婷　华蕾）

5所高校入选全国首批创新创业教育改革示范高校

12月21日，教育部公布全国首批深化创新创业教育改革示范高校名单，北京市5所高校入选。分别为北京大学、清华大学、北京工业大学、北京航空航天大学、北京邮电大学。经高校自主申报、省级教育行政部门遴选推荐，专家审核认定，99所高校入选全国首批创新创业教育改革示范高校。

（吴昊）

7所高校入选第二批全国高校实践育人创新创业基地

12月23日，教育部公布第二批“全国高校实践育人创新创业基地”入选名单，北京7所高校入选。分别为北京大学、北京师范大学、北京交通大学、北京邮电大学、中国地质大学（北京）、中国传媒大学、中央美术学院。经各单位推荐、专家组评议，共遴选出学校主导型、政府主导型、企业主导型三类共52家全国高校实践育人创新创业基地。其中，高校 41 所、地方政府 4 个、企业 7 家。

（邱小培）

毕业与就业

高校毕业生就业创业推进会

5 月 27 日，市教委、市人力社保局联合召开北京市高校毕业生就业创业工作推进会。会议总结 2016 年北京地区毕业生就业创业工作进展情况，分析面临的形势和主要问题，部署下一阶段工作重点及任务，确保完成年度工作目标。会议要求各区、各高校、各有关部门从密切协同，扎实推进各项工作；深入开展就业创业服务工作；用人单位要主动吸纳高校毕业生；加强宣传引导，形成良好的就业创业氛围四方面推进高校毕业生就业创业工作。各高校和科研单位毕业生就业工作部门、各区人力社保局、各公共就业和人才服务机构部门、市属各主要用人单位负责人 350 人参加会议。

（张海涛）

5 月 27 日，毕业生就业创业工作推进会

（市教委相关处室　供）

卓越艺术人才培养高校联合毕业季

5 月 31 日，北京卓越艺术人才培养高校联合毕业季启动。联合毕业季以“聚焦卓越人才培养，助推文化繁荣，践行社会主义核心价值观”为主旨，整合北京高校优质资源，通过毕业展演、论坛讲座、公共教育等活动，面向全社会展示教育教学成果，搭建校际交流平台，促进协同育人，助力创新创业教育，推介优秀毕业生。共有 23 所高校参加，覆盖海淀、朝阳、西城等城区，持续推出“艺术地图”之旅、毕业季开放日、联盟论坛、优秀毕业生作品联展四大主题活动，同时，在毕业季期间开通校际巴士，免费为师生导览“艺术地图”。

（曾婷）

高校毕业生就业工作会

6 月 2 日，市教委召开北京地区高校毕业生就业工作会。会议通报当前毕业生就业创业工作进展情况，布置毕业生就业手续办理和毕业生离校工作。各普通高校、科研单位毕业生就业工作负责人和业务骨干 180 人参加会议。

（张海涛）

高校毕业生赴新疆西藏工作

7 月 19 日和 22 日，市委组织部、市教委分别召开北京地区高校毕业生赴新疆、西藏工作欢送会。经选拔，60 名毕业生赴新疆工作、113 名毕业生赴西藏工作。有关高校领导，就业部门负责人，赴新疆、西藏工作的毕业生 450 人参加会议。

（张海涛　吴静）

高等教育培养毕业生 233727 人

至 10 月 31 日，北京地区普通高等学校、研究生培养单位共培养毕业生 233727 人。其中，北京生源毕业生 65452 人，占毕业生总数 28%，就业率 98%。按照毕业去向统计显示，升学 35547 人，出国 18005 人，拟继续升学 787 人，拟出国 457 人，申请暂不就业 28 人。扣除上述各种情况，实际参加就业人数 178903 人，占毕业生总数 76.54%。按教育部统计口径，截至 10 月 31 日，毕业生总体就业率 97.2%，其中，研究生 97.1%、本科生 97.2%、高职（专科）97.92%。北京地区各高校家庭经济困难等特殊困难毕业生约 2 万人，就业率 97.5%，高于整体就业率。北京地区高校毕业生到西部地区就业 1 万人，基层就业 2.3 万人。

（张海涛）

征兵工作

退役大学生专场招聘会

4 月 12 日至 13 日，市教委与市征兵办共同举办退役大学生士兵专场招聘会。共有 2600 个工作岗位面向符合条件的 932 名退役大学生士兵。

（孙世光）

4 月 12 日至 13 日，退役大学生士兵专场招聘会

（市教委相关处室　供）

高校征兵工作动员部署暨业务培训会

4月28日，北京市召开2016年高校大学生征兵工作动员部署暨业务培训会。会议内容包括军地领导动员讲话、部署2016年北京地区高校征兵工作任务、全国征兵报名系统培训、征兵政策解读等内容。92所高校和16个区武装部的100名征兵专武干部参加动员培训。

（孙世光）

夏秋季征兵工作动员会

8月4日，市教委与市征兵办召开2016年夏秋季征兵工作动员大会。会议总结2015年征兵工作情况，部署2016年任务，并表彰上年度征兵工作先进单位，共有20所高校被北京市评为"2015年度高校征兵工作先进单位"。

（孙世光）

4月28日，北京市高校征兵工作动员部署暨业务培训会

（市教委相关处室 供）

奖贷助学

宏志奖学金颁发

5月，市教委完成普通高中宏志奖学金评选工作。评选采取报名推荐、民主评议、材料审核、公示程序；面向普通高中在校生中城乡低保家庭子女、低收入家庭子女、享受生活困难补助家庭子女、享受社会优抚待遇家庭子女、烈士子女、孤儿；要求在校期间品行良好、关心集体、乐于助人、学业成绩及学生综合素质评价优良。年内，共资助2449名学生，每生奖励2000元，免交获奖当年学费。普通高中宏志奖学金评选活动始办于1997年，每年评选一次，至2016年北京市享受宏志奖学金学生共52843人。

（周晓宇）

合作开展社会资助

9月至12月，市学生资助管理中心分别与市残疾人募捐事业工作管理中心和市慈善协会合作开展社会资助活动。与市残疾人募捐事业工作管理中心、市残疾人福利基金会、北京凌盛爱心公益基金会等单位开展北京市残疾人大学生"凌盛阳光天使奖学金"评选活动，计划"十三五"期间每年投入20万元奖励30名品学兼优、热心公益事业的京籍残疾在校大学生。与市慈善协会合作开展"爱心成就未来助学项目"，共募集助学款540万元，资助北京30所高校1800名贫困大学生。

（罗芳）

马克思主义理论专业研究生新生奖学金、学术奖学金

12月30日，市委教工委举办2016年度北京高校马克思主义理论专业研究生新生奖学金、学术奖学金颁发仪式。市教委共表彰新生奖学金获得者98人、学术奖学金获得者63人。马克思主义理论专业研究生新生奖学金、学术奖学金于2016年设立，新生奖学金每人奖励2万元、学术奖学金每人奖励3万元。

（刘冰）

学生资助宣传活动

至年底，市学生资助管理中心开展系列学生资助宣传活动。活动围绕"感恩、励志、诚信"主题，借助媒体宣传，提升资助政策影响力，与《北京青年报》《北京教育》等媒体合作，宣传国家及北京市学生资助政策，传播好声音、传递正能量；通过活动宣传，让资助政策深入人心，邀请北京银行、中国银行、中国工商银行等在全市高校集中开展"银行进校园"助学贷款及金融知识宣传活动；开展直投宣传，实施学生资助政策宣传"进社区、进村镇、进校园"的"三进"工程，印制、张贴学生资助政策宣传海报2万余张，在初三及高三毕业年级中开展"普通高中、中职和高校学生资助政策"主题宣讲活动，编印《北京市学生资助政策实用手册》22万册。

（罗芳）

学生资助政策落实

至年底，北京教育系统各项资助资金及时足额拨付到位。全市从学前到研究生教育的各类奖、助、贷、勤、补、免达20项，全年受助学生（含义务教育"三免两补"）324.53万人次，资金累计13.81亿元。其中，中央财政0.85亿元，市财政9.2亿元，区级财政3.76亿元。

（罗芳）

（本栏责任编辑　邱小培）

40286 人

中招录取

51619 人

参加高考

243420 人

全国网上报名系统报考北京招生单位

72028 人

报考成人高校招生考试

53687 人

报考中小学教师资格考试

3785 人

参加中英合作英语口语等级考试

2017 | 招生与考试

ENROLLING AND TESTING

- 考试招生制度改革的实施方案颁布
- 招生考试安全保障
- 中高考命题改革导向良好
- 高级中等学校招生六项改革
- 成人高考实施系列改革
- 扩大农村地区专项招生

ENROLLING AND TESTING
招生与考试

综述

考试招生制度改革的实施方案颁布

2016年，市教委颁布《北京市深化考试招生制度改革的实施方案》。该方案以稳妥推进考试招生制度改革，到2020年基本建立符合首都教育实际的现代教育考试招生制度，形成分类考试、综合评价、多元录取的考试招生模式，健全促进公平、科学选才、监督有力的体制机制，构建衔接沟通各级各类教育、认可多种学习成果的终身学习“立交桥”为改革目标；坚持育人为本、确保公平公正、体现科学选才、注重统筹推进及立足首都实际的基本原则。此次改革方案的主要任务包括：完善义务教育免试就近入学体系；推进高级中等学校考试招生改革；建立高中学业水平考试制度；完善学生综合素质评价制度；推进高等学校考试招生改革；开展高考综合改革；减少和规范考试招生加分项目；深化职业教育与成人教育考试招生改革。通过加强组织领导、完善配套政策、深化课程教学改革、加强宣传引导保证考试招生制度改革顺利实施。方案于5月24日颁布实施。

（张晓白）

招生考试安全保障

2016年，北京教育考试工作以安全为第一要务，围绕深化考试招生制度改革这条主线，持续推进管理科学化水平，提升服务保障能力。注重统筹协调作用，制定实施考试巡视工作管理办法，发挥市招考委和国家教育考试局际联席会议机制作用，全年协调公安、保密、无线电等部门提供13次保障，组织考试巡视检查15次共51天227人次。国家教育考试局际联席会议成员单位和各区齐心协力，在试卷押运、交通维护、考场安保、舆情监控、服务考生等方面采取强有力措施。首次由公安部门派防暴警察押运试卷，并首次成立由市教委、市网信办、文保总队、网安总队和北京教育考试院组成的高考安保小组，有效保障考试及招生安全。全年顺利组织完成美术类、高水平艺术团、高水平运动队、体育和港澳台等10项单考单招任务。共有6.1万名考生参加全国统一招生考试和单独招生考试，录取5.6万余人，统考录取率为82%，与上年基本持平。

（段绍晖）

市领导实地检查高考

（北京考试院 供）

中高考命题改革导向良好

2016年，北京市高级中等学校招生考试和全国高等学校招生考试命题改革导向良好，特色明显。中高考北京卷落实立德树人的根本任务，将社会主义核心价值观和中华优秀传统文化融入到试题中，将政治认同和社会责任感渗透于整个试卷，强化试题的育人导向。命题改革坚持以“考生为本”，鼓励学生独立思考、创新思维，注重考查学生多年学习的积累，充分发挥考生所长。

（段绍晖）

高级中等学校招生六项改革

2016年，北京市高级中等学校招生完成六项改革。一是进一步提高优质校名额分配比例，二是新增“校额到校”招生方式，三是支持乡村学校发展招生，四是精心实施贯通培养项目招生，五是首次实行考后知分报志愿，六是体育现场考试项目和考试方式调整。3月31日，市教委公布《关于做好2016年高级中等学校考试招生工作的意见》，并部署2016年北京市中考招生工作。

（段绍晖）

成人高考实施系列改革

2016年，北京市成人高等学校招生考试实施系列改革。调整报名志愿，将原有的2个志愿学校4个专业，调整为1个志愿学校2个专业。首次试行考生自行在网上打印准考证，全部考点实现身份验证系统全覆盖。增加首都师范大学“教师二学历免试入学”和北方工业大学“专升本推优免试入学”试点工作。出台备用试卷管理办法。坚持三级巡视体制、调整外埠巡视专家组构成、推广使用人脸识别系统及金属探测器等。学位英语考试通过使用“一题多卷”、粘贴双条码等方式，优化考试工作流程。考生报名5.9万人，参加考试5.8万人，比上年增长2.5%；学士学位英语考生15.6万人，及格率22.9%，评阅试卷28万份。

（段绍晖）

高教自考着眼社会实际需求

2016年，北京市高等教育自学考试着眼社会实际需求，狠抓考试安全管理。通过调整自学考试专业与课程体系，为北京市安监行业职工开考部分专业课程。关闭、调整29个自考专业项目，降低考试管理成本。落实《教育部关于推进高等教育学分认定和转换工作的意见》精神，与北京师范大学和北京理工大学签订学分转换与互认合作协议，进一步搭建自学考试与普通高等教育及网络远程教育之间的立交桥。

（段绍晖）

依法治考

2016年，北京教育考试工作提升依法治考工作水平。协助查处团伙考试作弊案件1起，审核处理违规考生454人。发挥法律顾问和法务专岗作用，解决各类行政诉讼5件、庭审7次、行政复议2个。

（段绍晖）

招考委年度首次会议

3月30日，北京市招生考试委员会2016年第一次会议在市政府召开。会议听取2015年高招工作汇报，审议并通过《北京市2016年普通高校招生工作规定》。会议由市政府秘书长主持，副市长、市招考委主任参加会议并讲话，并对高考工作提出四点要求，一是强化安全责任，确保高考平稳顺利举行；二是深入研究论证，积极稳慎推进高考改革；三是完善监管机制，确保招生阳光公正透明；四是优化招考服务，营造良好社会舆论环境。来自市招考委成员单位相关负责人参加会议。

（卢杰）

完善优质高中“名额分配”招生

3月31日，市教委公布《关于做好2016年高级中等学校考试招生工作的意见》。北京市进一步加强市级对优质教育资源的统筹力度，采取优质高中名额分配、市级统筹、校额到校以及支持乡村学校发展计划等方式统筹城乡和区域内优质教育资源的均衡配置，优质高中“名额分配”比例达到49%。98所优质高中参加“名额分配”招生，招生计划14601人，录取考生12385人。“名额分配”志愿填报从2015年的5所学校调整到8所学校，并首次在名额分配批次设置500分的最低录取分数线。

（姚转珍）

小升初就近入学

4月14日，市教委印发《关于进一步做好2016年小升初就近入学工作的通知》。通知指出，增量推进义务教育就近入学；充分发挥政府对教育资源配置调控作用；确保就近入学学生升入优质高中的机会；切实加大工作组织领导力度。通知中所指的初中、高中均为公办学校。学校密度高、学生总量大的东城、西城、朝阳、海淀、丰台、石景山6个区要严格执行，其他区参照执行。

（张晓白）

考试招生工作电视电话会议

5月16日，北京市召开2016年教育考试招生工作电视电话会议。会议设立市政府主会场、北京教育考试院分会场和各区分会场，副市长、市招考委主任参加会议并讲话。市教委、市公安局、市国家保密局、市无线电管理局、海淀区和北京航空航天大学负责人对全市教育招生考试工作进行动员和布置，并提出工作要求。会议提出要增强招考安全工作的危机感和责任感；综合施策，依法招考，实现平安招考工作目标。来自市招考委的委员、市国家教育考试局际联席会议成员单位的负责人参加主会场会议，各区招考委委员、区教育考试局际联席会议成员单位负责人及在京高校领导和招生办主任共计300人参加分会场会议。

（卢杰）

中考新增科目考试命题方案启动

5月，北京市启动2018年中考新增科目考试命题方案研制工作。北京教育考试院经过调研和研讨，完成思想品德、生物、地理和历史4个科目的考试说明初稿，并提交学科专家组审定。新增科目命题方案遵照北京市近几年的高考和中考改革的原则，考虑在新增科目中加入新题型，并完成两轮试测。

（赵海燕）

高考安全保卫小组成立

6月4日至11日，北京市首次成立高考安全保卫小组。该小组由市委网信办、公安网监、市教委、北京教育考试院联合组成，安排专门人员实行24小时高考舆情信息搜索，及时梳理集点热点问题，实行舆情信息一日一报、重大舆情随时报告制度。

（卢杰）

扩大农村地区专项招生计划

6月，市教委扩大城市发展新区和生态涵养发展区农村专项招生计划。市教委在地方农村专项招生中，计划人数从上年的200人扩大至300人，招生院校扩大至所有市属本科一批招生院校。专项计划调整提高市农村考生升入本科一批比例。

（张桓）

高级中等学校招生

概述

2016年，北京市参加高级中等学校统一招生录取的学校有331所，招生计划53684人，录取考生40286人，完成计划的75.04%。其中，特殊学生招生计划4725人，录取考生3906人，完成计划的82.67%；统招机录招生计划49706，录取考生36380人，完成计划的73.19%。在统招机录中，普通高中招生计划35413人，录取考生32322人，完成计划的91.27%，职技类学校招生计划14293人，录取考生4058人，完成计划的28.39%。全市共有82928人报名中招考试，比上年减少7996人。在报名考生中具有升学资格的考生69497人，比上年减少5756人。其中，本市户籍考生66063人、外省市户籍考生3434人；应届学生68875人，往届学生622人。全市共有2108名随迁子女考生提出报考中等职业院校申请，经市人力社保局、市公安局和市教委等有关部门审核，共有1331名随迁子女符合有关升学条件。全年共有127所学校参加提前招生录取，招生计划19588，实际录取13667人，完成招生计划的69.77%。贯通培养项目是中考改革重点之一，12所院校参与贯通项目试验，招生计划8252人，录取考生4319人，完成招生计划的52.34%。其中，经各初中学校推荐取得学校推荐生资格的1235名考生中有651人参加学校推荐生批次录取，实际录取557人，占参加推荐生志愿批次录取考生的85.56%。除贯通项目以外其他学校提前招生计划11336，录取考生9348人，占招生计划的82.46%。在其他学校提前招生中有21所公办高中举办中外合作办学项目，招生计划1970人，实际录取1538人，完成计划的78%，计划完成率略低于往年。全市共有81所优质高中参加名额分配招生，招生计划9816，录取考生8812人，完成计划的89.8%。参加市级统筹招生学校共30所，招生计划1993人，录取考生1142人，完成计划的57.3%。参加校额到校招生录取的学校共50所，安排招生计划2367人，涉及初中学校212所，录取考生2058人，完成计划的87.0%。全市中考加分资格审核工作结束。全市共有7593名考生获得加分和优先照顾录取资格。

（赵永生）

82928人参加志愿填报

3月25日，北京市完成2016年高级中等学校统一招生报考及志愿填报工作。全市共有82928人报名，在报名考生中具有升学资格的考生69497人，其中，本市户籍考生66063人、外省市户籍考生3434人；应届学生68875人、往届学生622人。共有2108名随迁子女考生提出报考中等职业院校申请，经市人力社保局、公安局和市教委等有关部门审核，共有1331名随迁子女符合有关升学条件。2月23日至3月7日，北京市中招网上报名系统开通，16个区及燕山地区考生均可通过登录北京教育考试院网站的报名系统完成报名信息的核对工作，共核对考生82928人。

（赵永生）

75018人参加中考体育现场考试

5月1日至31日，北京市完成2016年高级中等学校招生体育现场考试。此次考试扩大考试项目选择性，增设“足球运球绕标志物”和“排球垫球”2个项目，并首次使用仪器设备对各项考试项目量评部分进行测量，共有75018名考生参加中考体育现场考试，男生平均分27.17分、女生平均分27.4分；取得满分的男生9418人、女生9450人。

（赵永生　张志华）

5月6日，中考体育进行现场测试

（北京考试院 供）

840人参加中考体育特长生考试

5月14日，北京市完成2016年高级中等学校招生体育特长生现场考试。测试在首都体育学院举行，由北京教育考试院负责组织实施。全市共有 840 名考生参加测试，测试合格考生 795 人，合格率 94.64%。

（赵永生）

726 人交换回户籍报考信息

5 月 24 日，北京市完成 2016 年高级中等学校招生考试回户籍报考考生的基本信息交换工作。共有 726 名学籍与户籍不在同一区的考生申请回户籍报考。回户籍考生到户籍所在区中招办办理确认手续。各区中招办依据考生户口簿再次审核考生回户籍报考资格并向考生讲解中招报考和考试的有关规定和要求。

（赵永生）

76809 人参加中考文化课考试

6 月 24 日至 26 日，北京市完成 2016 年高级中等学校统一招生文化课考试。全市共设 180 个考点，安排 2645 个考场，共有 76809 名考生参加文化课考试。考试期间，北京教育考试院中招办相关负责人到部分考区的考点校进行巡视和检查。6 月 24 日至 28 日，完成该项考试的网上评卷扫描工作，共扫描中考试卷 90 万张。试卷扫描完成后，16 个区及燕山地区进行中考网上阅卷工作。

（赵永生）

首次采用考后知分填报志愿

7 月 5 日至 9 日，北京市完成 2016 年高级中等学校统一招生网上志愿填报工作。首次采用考后知分填报志愿，截至 7 月 9 日 17:00，共有考生 61844 人填报志愿，占有升学资格考生的 90%。

（赵永生）

中招录取 40286 人

7 月 28 日至 30 日，北京市完成 2016 年高级中等学校统一招生录取审批工作。全市参加统一招生学校计划招生 53684 人，实际录取 40286 人。7 月 18 日，招生学校办理“名额分配”录取审批手续。全年名额分配计划 14601 人，录取考生 12385 人。7 月 23 日，129 所具有招收特殊学生资格及任务的普通高中到北京教育考试院办理资格审核手续。共招收特殊学生 3906 人。9 月 2 日，补录学校到北京教育考试院中招办办理录取审批手续，录取死档考生 370 人。

（赵永生）

外省考生审核备案

11 月 10 日，北京市完成外省考生审核备案工作。为经批准的 11 所中专学校招收的 1361 名外省市考生办理审核备案手续。

（赵永生）

外省录取新生户口迁京审核

12 月 2 日，北京教育考试院完成外省考生审核备案工作，并为经批准招收外省市新生的中等专业学校办理外省市新生户口迁京审核手续。经批准，招收外省市新生的 10 所中等专业学校办理外省市新生户口迁京 1180 人，占审核备案新生的 86.7%。

（赵永生）

英语听说机考改革

12 月 26 日至 27 日，北京市举行中考英语听说机考第一次试测。试测在 5 个区 11 个考点的 16 个新建标准化考场举行，1912 人参加考试。

（段绍晖）

新增“校额到校”招生方式

至 12 月，北京市高级中等学校新增“校额到校”招生方式。该招生方式针对 2015 年中招升入优质高中比例低于 30% 的一般公办初中，采用定向分配到校的方式补足名额到 30%。有普通高中升学资格且具有同一学校连续三年学籍，招生考试总分达到 500 分的应届初中毕业生可参加“校额到校”招生。共有 50 所学校参加校额到校录取，这些学校将部分招生计划定向分配给各区 2015 年升入优质高中比例低于 30% 的初中学校，补齐缺口。计划招生 2367 人，涉及初中学校 210 所，共有符合条件考生 4891 人填报志愿，录取考生 2058 人，完成计划的 86.95%。

（段绍晖）

继续做好三类市级统筹招生

至年底，北京市继续做好三类市级统筹招生。部署东城、西城和海淀 3 个区 10 所优质高中跨区招生计划；部分优质高中新建、扩建校区或城乡一体化学校招生计划；部分艺术、体育类高校与普通高中联合培养专业招生计划定向分配到初中。共安排招生计划 1993 个。

（周晓宇）

高中毕业会考

概述

2016 年，北京市参加全市统一高中毕业会考（不含自主会考和替代科目考试）150512 人，共报考 9 个学科 446705 科次。95523 人报名参加春季高中会考，报考 9 个学科 331322 科次，自主会考和替代科目考试学校的 16846 人同期参加 38669 科次的考试；54989 人报名参加夏季高中会考，报考 9 个学科 115383 科次，自主会考及替代科目考试学校的 22572 人同期参加 63727 科次的考试。

（赵永生）

95523 人报名春季高中会考

1 月 6 日至 8 日，2016 年北京市春季高中会考举行。全市 95523 人报名参加 9 个学科的会考。其中，普通高中考生 94315 人、职技类学校考生 1179 人、社会考生 29 人，共报考 331322 科次。全市共设 102 个考点，11474 个考场。

（赵永生）

春夏季会考集中评卷

1 月 14 日至 20 日、7 月 4 日至 10 日，北京市完成春季及夏季高中会考集中评卷工作。春季会考集中评卷共选聘教师 342 人，评阅试卷总量 331322 份；夏季高中会考评卷共选聘评卷教师 142 人，阅评试卷总量 11.5 万份。

（赵永生）

违纪考生处理意见公布

1 月 28 日和 7 月 13 日，北京市公布高中毕业会考违纪考生的处理意见。处理春季高中会考中违规考生 37 人 (41 人次)，其中，违纪考生 7 人 (11 人次) 的单科考试成绩记零分、作弊考生 28 人当次报考的各科考试成绩记零分，考生 2 人因严重作弊给予暂停参加会考考试 1 年 (2 次) 的处理；处理夏季高中会考中违纪考生 11 人，其中，违纪考生 1 人取消其单科考试成绩，作弊考生 7 人取消其本次报考的各科考试成绩、考生 3 人因严重作弊取消其本次报考的各科成绩及暂停参加高中会考考试 1 年。

（赵永生）

自主会考成绩验收

3 月 4 日和 9 月 9 日，北京教育考试院验收 2016 年春季及夏季自主会考和替代科目考试学校的考试成绩。其中，春季会考共接收 30 所学校 14166 名学生的 32652 科次自主会考成绩及 32 所学校 2222 名学生 4392 科次的替代科目成绩；夏季会考共接收 23 所学校 20330 名学生的 60341 科次自主会考成绩及 38 所学校 2242 名学生 3386 科次的替代科目成绩。

（赵永生）

54988 人报名夏季高中会考

6 月 24 日至 26 日，北京市完成 2016 年夏季高中会考考试。全市共设考点 95 个，4023 个考试场次。共有 54988 人报名参加 9 个学科的会考，其中，普通高中在校生 53978 人、职技类考生 991 人、社会考生 19 人，报考 115379 科次。同时，全市 23 所自主会考学校的 20330 名学生参加自主会考考试，共计 60341 科次；38 所替代考试学校的 2242 名学生参加替代科目考试，共计 3386 科次。

（赵永生）

高中会考合格证补发

9 月 23 日，北京教育考试院补发北京市高中会考合格证。全市共补发“北京市高中会考合格证”3730 份。其中，普通高中类合格证 3719 份、职技类 6 份、社会类 5 份。

（赵永生）

91284 人报名 2017 年春季会考

12 月 5 日，北京市完成 2017 年北京市春季会考报名统计工作。全市共设考点 95 个。共有 91284 人报名参加会考，报考 316559 科次。其中，90498 名普高类学生参加 9 个学科的会考，报考 314815 科次；753 名职技类学生及 33 名社会类学生参加会考，报考 1744 科次。另外，全市 21 所自主会考学校的 15662 人进行自行组考，29 所替代科目学校的 1777 人进行替代科目的考试。

（赵永生）

普通高等学校招生

概述

2016 年，全国共有 734 所高等学校在北京招生。全市共有 61222 人报名参加 2016 年普通高等学校招生考试，录取 55689 人，高考升学率稳定在 80% 以上。在统招部分中，报名 55680 人，招生计划 50012 人，实际录取新生 45668 人。其中，文史类考生 18425 人，招生计划 16597 人，录取 14408 人，占录取总数 31.55%；理工类考生 37255 人，招生计划 33415 人，录取 31260 人，占录取总数的 68.45%。在高职单独招生部分中，报名 5542 人，计划招生 920 人，实际录取新生 299 人。全市共有 25 所高职院校实施自主招生改革，计划招生 12505 人，实际录取 9722 人。

（卢杰）

4715 人报考美术类专业统一测试

1 月 3 日，北京市完成 2016 年美术类专业统一测试。考试在北京工业大学、首都师范大学、北京城市学院 3 个考点进行，共有考生 4715 人报名，实际参加考试 4498 人，缺考率 4.60%。1 月 15 日，北京市 2016 年美术类专业统一考试合格成绩要求公布，本科合格要求为三门科目总成绩不低于 190 分，且其中两门科目各不低于 60 分；高职（专科）合格要求为三门科目总成绩不低于 120 分；高职单考单招合格要求为三门科目总成绩不低于 120 分。经评定，2016 年全市共有考生 4365 人取得美术统考合格资格、占报考人数的 92.58%，包括取得本科合格资格考生 3727 人、占取得合格资格考生的 85.38%。

（卢杰）

359 人报考高水平运动队招生统一测试

3 月 26 日，北京市完成 2016 年高校高水平运动队招生全市统一测试。测试在北京体育大学举行，测试内容为田径、篮球、排球、足球、乒乓球、游泳、健美操、武术、羽毛球、跆拳道、网球、棒球、垒球13个项目。共有359人报名参加考试，实际测试270人。经测试，达到合格等级考生252人，合格率93.33%；不合格考生18人，不合格率6.67%；89人自动放弃测试。

（卢杰）

2707名高职生升入本科学习

3月26日，北京市45所高校推荐的高等职业教育（专科层次）优秀应届毕业生4695人（含首次实施的未获得免试专升本资格的退役士兵考生42人）参加“高职升本科”文化课考试。考试在中国劳动关系学院、北京联合大学、北京城市学院和北京工业大学通州分校4个考点举行。全市15所高校参加招生，计划招生2754人，实际录取2707人（含录取实行计划单列的退役士兵考生21人）。此外，经市教委审核批准，录取符合免试专升本的优秀退役士兵考生393人。根据《教育部办公厅关于2016年试点开展大陆专科生赴台接读本科工作的通知》，自2016年起，北京市首次试点开展台湾部分科技大学招收大陆专科（高职）学生赴台攻读二年制学士班工作，共有考生29人报名，考生24人符合条件。

（卢杰）

25所高校完成高职自主招生9722人

3月26日至27日，2016年部分高职院校完成自主招生考试。参加自主招生改革试点的高职院校共25所，计划招生12505人，10737人报名参加考试。4月完成录取工作，共录取考生9722人。

（卢杰）

1189人参加体育专业测试

4月9日，北京市完成2016年普通高等学校体育教育、社会体育、休闲体育专业测试工作。测试在首都体育学院举行，测试项目包括田径、篮球、排球、足球、体操、艺术体操（女）、武术、游泳和乒乓球等。全市共有考生1189人参加考试。经测试，成绩90分（含）以上41人、80分（含）以上194人、70分（含）以上363人、70分以下591人。

（卢杰）

54人参加等级运动员统一测试

4月16日，北京市完成2016年等级运动员统一测试。测试在首都体育学院进行，测试项目为田径、游泳、足球、篮球、排球、乒乓球、羽毛球、武术、跆拳道、健美操10项。全市共有考生82人报名，54人参加测试，缺测28人。经测试，39人合格，合格率72.22%；15人不合格，不合格率27.78%。

（卢杰）

36927人参加外语口试

4月16日至17日，北京市完成2016年普通高校招生外语口试工作。口试在北京外国语大学、北京语言大学、中国传媒大学、对外经济贸易大学、首都师范大学、北京第二外国语学院6个考点进行，共有考生36927人参加外语口试。

（卢杰）

534人参加首次体育单招文化课统一考试

4月23日至24日，北京市首次组织运动训练、武术与民族传统体育专业招生文化课统一考试。考试科目为语文、数学、政治和英语4科，各科试卷满分为150分，总分600分。该项考试在朝阳区陈经纶中学进行，共有534人参加考试。

（卢杰）

184人报考港澳台侨学生联招考试

5月21日至22日，北京市举行2016年普通高校联合招收华侨和港澳台学生入学考试。该项考试在北京科技大学附属中学进行，共有184人参加考试。

（卢杰）

51619人参加高考

6月7日至8日，北京市2016年普通高等学校招生考试在17个考区举行。共设立96个考点1829个考场。51619人参加考试，其中，参加普通高考统考的考生50645人、高职单考考生974人。6月9日至23日，北京市完成2016年高考评卷工作。阅卷工作在北京大学、清华大学、北京师范大学、首都师范大学、北京第二外国语学院和北京工业大学6个评卷点进行，继续采用全科目网上评卷的办法，共计扫描考生答题卡30万余张，累计评阅试卷20.5万余份，参加评卷教师1123人。

（卢杰）

普通高校最低录取控制分数线确定

6月23日，北京市招生考试委员会2016年第二次会议确定北京市普通高校招生各批次录取最低控制分数线。本科一批文科583分、理科548分；本科二批文科532分、理科494分；本科三批文科488分、理科438分；艺术类本科文科346分、理科321分；专科（三科总分）文科150分、理科150分；体育教育、社会体育、休闲体育专业成绩70分，文化课成绩文科350分、理科350分；高职单招分数线150分；艺术高职分数线105分。

（卢杰）

高校招生计划汇总

6月，北京市完成2016年普通高校招生计划汇总工作。全年在京招生高校共734所，计划招生45725人（不含统考艺术类招生计划），高职班及师资班单独招生计划934人。在统考统招计划中，按科类分：文史类计划16597人，占计划总数的33.19%；理工类计划33415人，占计划总数的66.81%。按学历层次分：本科计划38343人，占计划总数的76.67%；专科计划11669人，占计划总数的23.33%。按学校所在地域分：在京院校计划42220人，占计划总数的84.42%，其中在京部委院校计划5144人，占计划总数的10.29%，市属市管院校在京计划37076人，占计划总数的74.13%，外埠院校计划7792人，占计划总数的15.58%。

（卢杰）

高考统一招生录取45668人

7月6日至8月9日，北京市完成2016年普通高等学校招生录取工作。其中，统考统招部分计划招生50012人，实际录取45668人，统考录取率稳定在80%以上。高职单独考试招生部分计划招生920人，实际录取299人。2016年市属高校继续实施“双培计划”和“外培计划”招生。其中，17所高校参加“双培计划”招生，招生计划1621人，实际录取1423人；12所高校参加“外培计划”招生，招生计划357人，实际录取330人。在京参加本科二批录取的院校共有286所，计划招生11243人，实际录取11766人；参加本科三批录取的院校共103所，计划招生4726人，实际录取4728人。6月25日至29日，完成全市考生填报高考志愿工作。北京市高考本科和单考单招志愿填报继续实行考后知分知线知排名、大平行的方式进行。截至6月29日20:00志愿填报结束，全市共有统考考生45068人填报本科志愿，单考考生380人填报志愿。

（卢杰　张恒）

加快高职院校分类考试招生改革

至9月，市教委推进高职院校分类考试招生改革。健全“文化素质+职业技能”考试招生方式，推进单独招生、高职自主招生等高等职业院校分类考试招生改革。推进高等职业院校单独招生，单考单招报名5542人，计划招生920人，实际录取299人。扩大高职自主招生规模，下达招生计划12505人（含招收农村户籍考生5523人），比上年增加1360人（含招收农村户籍考生增加660人），实际录取9722人。高职分类招生录取人数占高职录取总人数的比例到达50%。

（张桓）

60537人报考2017年高考

11月30日，北京市完成2017年普通高等学校招生考试的报名工作。全市共有60537人报名参加2017年高考，比上年减少685人，下降1.12%。其中，全国统考报名54181人，比上年减少1499人，下降2.69%；高职单考单招报名6356人，比上年增加814人，增长14.69%。应届生56739人，占报名人数的93.73%；往届生3798人，占报名人数的6.27%；男生28964人，占报名人数的47.85%，女生31573人，占报名人数的52.15%；城镇考生45503人，占报名人数的75.17%，农村考生15034人，占报名人数的24.83%。在全国统考报名人数中，文史类考生17603人，比上年减少822人，下降4.46%，理工类考生36578人，比上年减少677人，下降1.82%。此外，2017年北京市继续实施进城务工人员随迁子女在京参加高职招生考试政策，全市共有考生391人提出申请，经审核，符合条件并参加高考报名243人。

（卢杰）

4198人参加2017年美术类专业统一测试

12月10日，北京市完成2017年美术类专业统一测试。测试在北京工业大学、首都师范大学、北京城市学院3个考点进行，共有考生4198人报名，实际参加考试4074人，缺考率2.95%。12月29日公布北京市2017年美术类专业统一考试合格成绩要求。本科合格要求为三门科目总成绩不低于180分，且其中两门科目各不低于60分；高职（专科）合格要求为三门科目总成绩不低于120分；高职单考单招合格要求为三门科目总成绩不低于120分。经评定，2017年全市共有考生3991人取得美术统考合格资格，占报考人数的95.07%，包括取得本科合格资格考生人数为3520人，占取得合格资格考生的88.20%。

（卢杰）

1257人报名2017年高校艺术团招生统一测试

12月17日，北京市完成2017年高水平艺术团招生统一测试工作。测试在清华大学举行。测试过程实施全程摄像，共设置声乐、管乐、弦乐、键盘、民乐、舞蹈、戏剧7大类55个小项，1257人报名考试，实际测试1104人，缺考153人。其中，922人取得合格等级成绩，通过率83.51%；不合格考生182人，占实考人数的16.49%。

（卢杰）

研究生招生

概述

2016年，北京市研究生（博士生、硕士生）招生规模为106046人，比上年增加2970人，增长2.88%。硕士研究生招生规模为83539人，比上年增加2408人，增长2.97%，其中学术型规模为46218人、专业学位规模为37321人；博士研究生招生规模为22507人，比上年增加562人，增长2.56%。全国网上报名系统报考北京招生单位的硕士考生243420人、推免服务系统接收的推荐免试硕士考生21932人，共计265352人。北京80家招生单位（不含解放军在京单位）招收博士生，考生报名61124人，比上年减少976

人，下降 1.57%。北京 141 个硕士生单位（不含军队院校）共招收硕士生 82499 人，比上年增加 1700 人，增长 2.10%；招收博士生 22363 人，比上年增加 328 人，增长 1.49%。2016 年，北京同等学力人员申请硕士学位全国统考报考人数 25636 人，比上年减少 1647 人，下降 6.04%；报考 39393 科次，比上年减少 3452 科次，下降 8.06%。

（李青文）

本科毕业生免试攻读研究生

2 月 29 日，北京市完成 2016 年推荐优秀应届本科毕业生免试攻读研究生工作。2016 年教育部下达给北京高校的推荐名额 14719 人。除军队院校外，北京 91 所高等学校、科研机构共接收推免生 25611 人，其中，硕士研究生 21932 人，占 85.64%；直博生 3679 人，占 14.36%。

（李青文）

25636 人报考同等学力申请硕士学位全国统考

5 月 29 日，北京市 2016 年同等学力人员申请硕士学位外国语水平和学科综合水平全国统一考试举行。全市共设 8 个考点，710 个考场。3 月 10 日至 31 日，2016 年同等学力人员申请硕士学位外国语水平和学科综合水平统一考试进行网上报名。北京市共有考生 25636 人报名，比上年减少 1647 人，下降 6.04%；共报考 39393 科次，比上年减少 3452 科次，下降 8.06%。

（李青文）

录取硕士研究生 82499 人

7 月，北京市完成 2016 年硕士研究生录取工作。除军队院校以外，北京 141 所高等学校、科研机构共招收硕士生 82499 人，比上年增加 1700 人，增长 2.10%。其中，招收学术型专业硕士生 44754 人、专业学位硕士生 37745 人。

（李青文）

录取博士生 22363 人

7 月，北京市完成 2016 年博士生录取工作。共有北京高等学校、科研机构（不含解放军在京单位）80 家招生单位，录取博士生 22363 人，比上年增加 328 人，增长 1.49%。教育部下达招生规模 22507 人（含少数民族骨干计划），比上年增加 562 人，增长 2.56%。

（李青文）

硕士研究生招生考试报考点调整

9 月，北京市完成 2017 年硕士研究生招生考试报考点的调整工作。新增北京石油化工学院为考点，撤销中央党校考点，组考工作由国际关系学院承担。北京印刷学院和北京第二外国语学院从 2016 年开始接收报考外地招生单位管理类联考的考生。北京航空航天大学不再接收报考外地招生单位的考生。

（李青文）

市属高校研究生招生适度增长

9 月，北京市属高校完成年度研究生招生录取工作，研究生招生规模继续保持适度增长。市属高校实际录取研究生 12146 人，其中，博士生 863 人、硕士生 11283 人。按照教育部安排，市属高校研究生招生计划 12435 人，其中，博士生招生计划 879 人、硕士生招生计划 11556 人，包括全日制专业学位硕士招生任务 6241 人。市属高校承担“少数民族高层次骨干人才”研究生培养任务，招生规模 166 人，其中，博士研究生 12 人、硕士研究生 154 人。

（卜薇）

106155 人报名 2017 年硕士生入学考试

10 月 10 日至 31 日，2017 年全国硕士研究生招生考试进行网上报名。11 月 10 日至 12 日，北京 57 个报考点组织考生进行现场确认，共确认考生 106155 人在京参加考试，比上年增加 18303 人，增长 20.83%。其中，报考京内 138 个招生单位的考生 98344 人，占在京参加考试考生人数的 92.64%；报考外埠 435 个招生单位的考生 7811 人，占 7.36%。2017 年全国报考北京硕士研究生招生单位的考生 289495 人（不含推免考生），比上年增加 46075 人，增长 18.93%。其中，报考学术型专业的考生为 138399 人，占 47.81%；报考专业学位的考生为 151096 人，占 52.19%。2017 年是统筹全日制、非全日制硕士研究生管理的第一年，报考全日制硕士研究生的考生为 251546 人，占 86.89%；报考非全日制硕士研究生的考生为 37949 人，占 13.11%。

（李青文）

105685 人参加 2017 年硕士研究生招生考试

12 月 24 日至 26 日，北京地区 2017 年全国硕士研究生招生考试举行。北京市共设置 57 个考点，3584 个考场，应试考生 105685 人。

（李青文）

成人高等学校招生

概述

2016 年，在京招生成人高等学校共有 83 所。其中，市属院校 43 所、部（委）及外埠院校 40 所。全市报名确认考生 58766 人，其中，高中起点专科 24467 人比上年增加 1363 人、高中起点本科 5407 人比上年增加 371 人、专科起点升本科 28892 人比上年增加 619 人，免试生 869 人。招生专业 1527 个（含单考单招招生专业 7 个），比上年减少32个，其中，市属高校招生专业636个、部属高校招生专业884个；按专业层次分，高起专专业数887个、高起本专业数153个、专升本专业数480个；按学习形式分，脱产专业数135个、业余专业数1292个、函授专业数93个。北京市招生计划总数为50263人（含单考单招），比上年45460人增加4803人，增长10.57%；其中，高起专计划21372人，占计划总数的42.52%，高起本计划4371人，占计划总数的8.70%；专起本科计划24520人，占计划总数的48.78%。单考单招计划1313人，比上年增加105人，增长8.69%。实考考生52599人，缺考考生5346人；实际录取新生50572人，完成调整计划51199人的98.78%。高起本及专升本共录取新生28024人，其中，高起本录取新生4214人、专升本录取新生23810人；高起专录取新生21247人；单考单招录取新生1301人。北京地区成人本科学士学位英语统一考试上半年61所院校共有75453人报考，实考考生49524人，缺考考生25929人，平均缺考率34.36%，及格率25.62%；下半年考试共有60所院校81031人报考，实考考生51877人，缺考考生29154人，平均缺考率35.98%，及格率20.28%。

（陈进生）

75453人报考上半年成人本科学士学位英语考试

3月18日，北京市完成上半年北京地区成人本科学士学位英语统一考试报名等相关工作。全市共有61所院校的75453人报考，其中，北京考生45449人，占全部考生60.23%；外埠考生30004人，占全部考生的39.77%。成考考生30394人，占40.28%；电大考生21897人，占29.02%；网络学院考生23162人，占30.70%。5月7日，举行上半年北京地区成人本科学士学位英语考试。共设考点86个，考场2557个，其中，本市考点42个、考场1536个，外埠考点44个，考场1021个。实考考生49524人，60分以上12689人，及格率25.62%；缺考考生25929人，缺考率34.36%。共扫描、评阅试卷49524份，其中，北京考点30377份、外埠考点19147份。6月3日起发放考生成绩与合格证书。

（陈进生）

成人高校招生专业汇总

8月18日，北京市完成成人高校招生专业核对汇总工作。共有83所高校在京招生，比上年减少3所。招生专业1520个，比上年减少39个。其中，市属高校招生专业数636个、部属高校招生专业数884个；按学习形式分，脱产专业数135个、业余专业数1292个、函授专业数93个；按专业层次分，高起本专业数153个、高起专专业数887个、专升本专业数480个。总体专业规模中单考单招专业7个。

（陈进生）

72028人报考成人高校招生考试

8月31日至9月7日，北京市完成成人高校招生考试网上报名工作。全市共有72028人报名考试。9月9日至12日进行该项考试的现场确认工作，共确认考生58766人。参加考试57897人，比上年增加1484人，增长2.63%。报考高起专24467人，比上年增加1363人，增长5.90%；报考高起本5407人，比上年增加371人，增长7.37%；报考专升本28892人，比上年增加619人，增长2.19%。免试生869人。京籍考生（持本市身份证号码）18380人，非京籍考生（持外省身份证号码、户籍在京但身份证号码为外省的本市考生、港澳台及军人）40386人。教育部学信平台验证的专升本考生共有27996人，通过验证26993人，占96.42%，未通过验证1003人，占3.58%，未通过的考生确认现场签订《保证书》。

（陈进生）

81031人报考下半年成人本科学士学位英语考试

9月14日，北京市完成下半年北京地区成人本科学士学位英语统一考试报名工作。共有60所学校的81031人报考，其中，北京考生47192人、外埠考生33839人；成考考生31430人、电大考生26076人、网络学院考生23525人。11月5日举行下半年北京地区成人本科学士学位英语考试。考试共设考点85个，考场2742个，其中，本市考点41个、考场1593个;外埠考点44个、考场1149个。应考81031人、实考51877人，及格10516人、缺考考生29154人。其中，北京考点缺考率33.75%、外埠考点缺考率39.13%。共扫描及评阅试卷51865份，其中，北京考点答题卡31266份、外埠考点答题卡20599份。12月1日起发放考生成绩与合格证书。

（陈进生）

成人高校招生统考及阅卷

10月29日至30日，北京市完成成人高校招生全国统一考试。考试共设17个考区，93个考点、2037个考场。实考考生52599人，确认违规考生111人，其中，违纪考生10人、作弊考生101人。10月31日至11月8日，该项考试的评卷工作完成。首都师范大学、北京教育学院和北京开放大学3所高校共评阅19科17.9万份试卷。11月15日，完成成人高考招生计划编制工作。共有83所院校在京招生，招生计划总数为48950人，其中，高中起点专科计划20682人、高中起点本科计划4343人、专科起点升本科计划23925人。单考单招计划1313人。11月18日发布该项考试成绩。

（陈进生）

划定成人高校招生录取最低控制分数线

11月21日，经报请北京市招生考试委员会批准，北京市成人高校招生录取的最低控制分数线为：高中起点专科，文史外语类：106分；艺术类（不含数学）：70分；理工类：95分；体育类：85分。高中起点本科，文史外语类：

145 分；艺术类（不含数学）：135 分；理工类：110 分；体育类：108 分。专科起点升本科，文史中医类：153 分；艺术类：133 分；理工类：98 分；经济管理类：92 分；法学类：160 分；教育学类：132 分；农学类：130 分；医学类：146 分。

（陈进生）

成人高校招生录取 49271 人

12 月 1 日至 17 日，北京市完成成人高校招生考试录取工作。共确认考生 58766 人（含免试生 869 人），实考考生 52599 人。83 所院校在京招生，招生专业 1527 个（含单考单招专业 7 个），招生计划总数 50263 个（单考单招计划 1313 个）。共录取新生 49271 人（不含单考单招 1301 人），本科录取新生 28024 人，比计划 28295 人减少 271 人，其中，高起本录取 4214 人、专升本录取 23810 人；专科录取新生 21247 人，比计划 20682 人增加 565 人。单考单招共录取新生 1301 人。

（陈进生）

市属成人高校招生规模略有下降

12 月，北京市属成人高等教育招生规模较上年有所下降。市属成人高等教育实际招生 21297 人，比上年下降 17.73%，其中，本科（含高中起点本科和专科起点本科）实际招生 10342 人，比上年下降 6.95%；专科（高职）实际招生 10955 人，比上年下降 25.85%。

（卜薇）

高等教育自学考试

概述

2016 年，北京教育考试院共组织高等教育自学考试 4 次，总计报考 136639 人、446936 科次，注册新生 31544 人。23 所主考高校共开考 90 个专业，其中，专科专业 46 个、本科专业 44 个；在全部 90 个专业中，面向社会开考的专业 71 个，行业或部门委托开考的专业 19 个（学历非学历相结合的“双证书”专业 16 个）。非学历证书项目 11 个，各级证书 25 种。毕业 6772 人，其中，本科 3738 人、专科 3034 人，3229 人获得学士学位。

（蒋来）

53972 人参加 4 月自学考试

4 月 16 日至 17 日、23 日至 24 日，北京市组织完成 4 月高等教育自学考试。全市 17 个考区共开考 92 个专业、372 门课程。共有考生 53972 人报考笔试课程 162275 科次，实考 103575 科次，实考率 63.83%。设立考点校 84 个、考场 1291 个，设立特殊考场 48 个（残疾人考场 2 个、监狱考场 46 个）。共有教师 3846 人参加监考工作，评卷学校 22 所，共评阅 372 门课程 103575 份答卷。3 月 1 日至 9 日，完成该项考试的报名工作。全市共有考生 54587 人报考 181208 科次，其中，笔试课程 162278 科次、非笔试课程 18930 科次，注册新生 13150 人。与上年相比，报考人数减少 3895 人，下降 6.67%；报考科次增加 2147 科次，增长 1.20%；注册新生减少 2167 人，下降 14.15%。

（蒋来）

首次采集指纹信息进行身份验证

4 月，北京市首次在高等教育自学考试中采集考生指纹信息验证身份。此次考试通过鉴别身份证及采集指纹对三代身份证中的指纹信息进行提取比对，其余考生则进行指纹信息采集，首次提取身份证照片并依据身份证中的信息自动比对和更正基本信息。考试共提取及采集新生指纹信息 12704 人，提取身份证照片 12916 人。

（蒋来）

高等教育自学考试非学历证书考试

5 月 14 日至 15 日、11 月 19 日至 20 日，北京市完成两次高等教育自学考试非学历证书考试。考试在西城区、朝阳区、海淀区 3 个考区进行。上半年共开考 5 类证书、45 门课程，共有考生 13339 人（含新生 1140 人）报考笔试课程 36471 科次，实考 25941 科次，实考率 71.33%；设立考点校 21 个、考场 361 个，共有 703 名教师参加监考工作；评卷学校 3 所，共评阅答卷 37 科 25941 份。下半年共开考 5 类证书、45 门课程，共有考生 10520 人（含新生 677 人）报考笔试课程 26345 科次，实考 18724 科次，实考率 71.16%。共设立考点校 17 个、考场 267 个，监考员 538 人；评卷学校 3 所，评阅答卷 38 科 18724 份。下半年考试依据北京教育考试院与北京市安全生产监督管理局联合印发的《关于合作开考高等教育自学考试安全工程专业（独立本科段）专业课程的通知》，在北京合作开考安全工程专业（独立本科段）专业课程。

（蒋来）

57600 人参加 10 月自学考试

10 月 15 日至 16 日、22 日至 23 日，北京市完成 10 月高等教育自学考试。此次考试共在全市 17 个考区举办，开考 79 个专业、372 门课程。共有考生 57600 人，报考笔试课程 175556 科次，实考 116995 科次，实考率 66.64%；设立考点校 85 个、考场 1387 个，设立特殊考场 57 个，其中，残疾人考试场 2 个、监狱考场 55 个。共有教师 3988 人参加监考工作。23 所评卷学校评阅答卷 370 科 116995 份。9 月 1 日至 9 日，该项考试完成报考工作。共有考生 58193 人报考 202912 科次，其中，笔试课程 175556 科次、非笔试课程 27356 科次，注册新生 16578 人。本期面向北京市安全生产监督管理行业职工新开考的安全工程(独立本科段)专业报考1018人，报考1981科次。

(蒋来)

社会考试

概述

2016年，北京教育考试院共举办7个社会考试项目，组织考试11次，报考474433人，比上年160346人增长314087人，增长195.88%。北京英语口语证书考试(BOEC)报考11155人，比上年12590人减少1435人，下降11.40%；全国计算机等级考试(NCRE)报考108366人，比上年95053人增加13313人，增长14.01%；全国计算机应用水平考试(NIT)报考1080人，比上年1585人减少505人，下降31.86%；中国书画等级考试(CCPT)报考2497人，比上年1967人增加530人，增长26.94%；北京市国家司法考试报考40952人，比上年32658人增加8294人，增长25.40%；北京市中小学教师资格考试报考53687人；全国大学英语四、六级考试报考256696人。完成8个社会委托考试25个科目69考次，总计308290人的考务组织工作；组织发放各类考试合格证书及成绩单共6119份；组织评阅试卷(含网上评卷)1308809份。全年为21389名考生提供雅思考试服务。社会委托考试由北京教育考试院直属单位北京市教育考试指导中心完成。从2016年下半年开始，全国大学外语四、六级考试由北京教育考试院社考办承办。

(徐卫红　胡泊)

53687人报考中小学教师资格考试

3月12日和11月5日，北京教育考试院举办两次北京市中小学教师资格考试(笔试)。其中，3月12日有22517人报名考试，49824科次，1710场次，实考17891人，笔试合格8312人，通过率46.46%；11月5日有31170人报名考试，68657科次，2338场次，实考24239人，笔试合格10258人，通过率42.32%。

(金辉)

4126人参加全国英语等级考试

3月，北京教育考试院承办北京地区全国英语等级考试(PETS)考务组织工作。共计4126人参加全国英语等级考试。

(胡海)

108366人报考全国计算机等级考试

3月和9月，北京教育考试院举行全国计算机等级考试常规考试。共有108366人报名参加考试。其中，3月报名60719人、9月报名47647人。从报考级别情况看，一级考生人数为36820人，占考生总数的33.98%；二级考生人数为66335人，占考生总数的61.21%；三级考生人数为4436人，占考生总数的4.09%；四级考生人数为775人，占考生总数的0.72%。全市共有41540人取得合格证书，取证率为38.33%。9月份的考试中使用新版考试系统(整合原来的一二级考试系统、三四级考试系统，所有科目均在同一套考试系统上完成)。

(周德松)

2497人报考中国书画等级考试

5月14日至15日和11月19日至20日，北京教育考试院举办两次中国书画等级考试。该考试设书法、硬笔书法、素描、动漫画、色彩、国画人物、国画花鸟和国画山水8个科目，其中，书法、硬笔书法分9个级别，素描、动漫画、色彩、国画人物、国画花鸟和国画山水分6个级别。全市共有2497人报名参加考试，其中，书法1374人、硬笔书法284人、素描178人、色彩288人、动漫画129人、国画山水10人、国画花鸟222人、国画人物12人。

(姜树昕)

11月19日，中国书画等级考试开考

(北京考试院 供)

11155人报考北京英语口语证书考试

5月21日至22日和11月19日至20日，北京教育考试院举办两次北京英语口语证书考试。该考试全程电子化管理，采用考官对考生“一对一”口试形式，分为初、中、高三个级别，考试时间分别为初级5至7分钟，中级8至10分钟，高级12至15分钟。全年共有11155人报名考试，比上年12590人减少1435人，下降11.40%。其中，初级6297人、中级4094人、高级764人。共发放证书5794份，其中，初级3194份、中级2339份、高级261份。全年新增考点一个，培训新考官19人。

(姜树昕)

697人参加国家公派留学人员全国外语水平考试

5月，北京教育考试院承办国家公派留学人员全国外语

水平考试 (WSK) 的考务组织工作。该项考试由教育部考试中心承办，各地教育考试机构组织考试，共计 697 人参加考试。

（胡海）

1080 人报名全国计算机应用水平考试

6 月 18 日，北京教育考试院举办全国计算机应用水平考试。该考试采用系统及题签考试方式，开考文字处理、电子表格和演示文稿制作等 7 个模块。共有 1080 人报名考试，其中，计算机初级应用基础 31 人、文字处理 291 人、电子表格 296 人、演示文稿 183 人、图像处理 79 人、网页制作 29 人、动画设计 171 人。

（金辉）

531017 人参加英语四六级考试

6 月和 12 月，北京教育考试院组织北京地区全国大学英语四、六级考试 (CET) 的考务组织工作。共有 531017 人参加考试。其中，上半年有 274321 人参加考试，包括英语四级考试 123903 人、英语六级考试 148893 人，日语四级 330 人，日语六级 69 人，德语四级 289 人，德语六级 59 人，俄语四级 123 人，俄语六级 61 人，法语四级 594 人。下半年有 256696 人参加考试，其中，英语四级 98482 人、英语六级 158214 人 (下半年四六级考试无小语种)。共设 74 个考点，91 个考试地点。

（胡海　金辉）

40952 人报名北京市国家司法考试

9 月 24 日至 25 日，北京教育考试院举办北京市国家司法考试。此项考试受市司法局委托，分 4 个科目。全市共设 7 个考区，70 个考点、1366 个考场，共有 40952 人报名参加考试。

（姜树昕）

中外合作考试

概述

2016 年，北京教育考试院举办及承办各项中外合作考试共 102 场。共有 7215 名考生参加考试。全年举办中英合作英语口语等级考试 (GESE) 55 场，考生 3785 人；剑桥英语教学能力证书考试 (TKT) 17 场，考生 1767 人。承办鉴定非英语为母语者的英语能力考试 (托福 TOEFL) 考试 27 场，考生 1573 人；美国研究生入学考试资格考试 (GRE) 考试 3 场，考生 90 人。举办剑桥英语教学能力 (TKT) 考前培训及北京地区成人学士学位英语考试考前培训共三期，共有 302 人参加培训。

（姜树昕）

3785 人参加中英合作英语口语等级考试

至 12 月，北京教育考试院组织中英合作英语口语等级考试 (GESE)55 场。考试与英国伦敦三一学院联合举办，全市共有 3785 名考生参加 12 个级别的考试，总体通过率 75.56%。

（姜树昕）

1767 人参加英语剑桥教学能力证书考试

至 12 月，北京教育考试院组织英国剑桥英语教学能力等级考试 (TKT)17 场。全市共有 1767 名考生参加 6 个证书的考试。其中，证书一 502 人、证书二 335 人、证书三 337 人、证书 CLIL500 人、证书 KAL64 人、证书 YL29 人。TKT 考试为证书成绩单一体化，参考考生都会获得一张由剑桥外语考试部印制的证书。考试与剑桥大学外语考试部联合举办。

（姜树昕）

托福及 GRE 考试

至 12 月，北京教育考试院分别承办托福及 GRE 考试。共组织托福考试 27 场，考生 1573 人次；组织 GRE 考试 3 场，考生 90 人次。

（姜树昕）

英语考试考前培训

至 12 月，北京教育考试院分别组织英国剑桥英语教学能力及北京地区成人学士学位英语考试考前的培训。其中，举办英国剑桥英语教学能力 (TKT) 考前培训 1 期，共有 81 人参加；举办北京地区成人学士学位英语考试考前培训共 2 期，通过面授和网络的形式进行培训，共有 221 人参加。

（姜树昕）

（本栏责任编校　张晓白）

21 个

中外合作办学机构

119 个

中外合作办学项目

375 所

接受外国留学生学校

4276 人

在京高校港澳台侨学生

120010 人

在京外国留学生

66 个

完成教育支援协作项目

2017 | 交流与合作

CMMUNICATION AND COOPERATION

- 首都教育对外交往格局优化
- 教育国际合作深化
- 推动来华留学内涵发展
- 加强外籍人员子女学校工作指导
- 服务国家“一带一路”发展战略
- 港澳台教育交流力度提升
- 对口支援与区域合作办公室成立
- 选派干部教师对口支援

COMMUNICATION AND COOPERATION
交流与合作

综述

首都教育对外交往格局优化

2016年，市教委优化教育对外交往格局。根据把北京建设成为国际一流和谐宜居之都的要求，围绕首都友城工作，充分利用友城合作渠道，积极推动双边、多边教育交流与合作。全年共接待来自美国、英国和法国等国家和地区的访问团组78个2005人次，派出因公出国（境）团组62个269人次。通过接待和出访工作，与法国奥尔良图尔学区、白俄罗斯明斯克市政府、秘鲁利马市政府、爱尔兰国立科克大学等8个外国教育部门和高校签署合作备忘录。此外，与北京大学联合举办2016年北京论坛，300余名中外嘉宾学者参加活动。

（吉晓喆）

教育国际合作深化

2016年，市教委围绕首都教育综合改革重点任务，不断深化教育对外开放，拓展合作领域。一是继续配合实施“高校聘请外籍教师支持中小学英语教学项目”，提升北京市中小学校英语教学水平；落实《北京市支持乡村学校发展若干意见》，为乡村学校聘请外籍教师搭建平台、开拓渠道。二是继续搭建高层对外交往平台，积极与海外知名高校、职业院校建立联系，组织团组赴法国、德国、爱尔兰、英国等国家洽谈“外培计划”和“高端技术技能人才贯通培养计划”，接待美国明尼苏达大学、比利时布鲁塞尔自由大学等国外知名高校来访，探索建立输送首都高校、职业院校优秀学生赴外交流学习机制。三是助力校园足球计划，选派人员赴法国、阿根廷、德国等足球强国出访，专题洽谈开展青少年足球交流项目；接待来京访问的阿根廷布宜诺斯艾利斯市政府代表团，共同探讨布宜诺斯艾利斯市推荐大学足球教练或足球教师来京任教事宜。

（吉晓喆）

北京教育国际影响力提升

2016年，市教委在中美、中欧等人文交流机制框架下，创新工作方式，提升北京教育国际影响力。一是在中法高级别人文交流机制第三次会议上与法国驻华大使馆、巴黎学区签署中法中学项目合作协议；与巴黎学区、克雷代伊学区、凡尔赛学区签署合作伙伴关系协议，刘延东见证签约。二是组织北京市师生参加2016年中德青少年交流年开幕式。联合文化部，组织162名首都师生赴澳大利亚、英国、德国、希腊开展文化交流活动，与当地学校对口交流，展示中国传统文化和首都青少年优良风貌。三是举办国际学生北京夏令营、北京—首尔青少年体育交流大会、北京—世宗青少年艺术交流活动等中外学生交流活动。四是加强机制建设，5个区10所中小学入选第三批中美“千校携手”项目；5所中小学获批中美“千校携手”项目示范校；2所中小学获批中德“学校·塑造未来伙伴”项目示范校。

（吉晓喆）

服务首都改革创新发展

2016年，市教委落实首都城市功能定位，推动首都城市工作创新发展。一是作为北京市服务业扩大开放综合试点领导小组成员单位之一，支持6所北京高校与8所国外知名大学申报中外合作办学项目和机构，起草《北京市外籍人员子女学校管理办法》，进一步推动首都教育服务贸易扩大开放的相关工作。二是落实《京津冀系统推进全面创新改革试验工作方案》，与市发展改革委、市公安局联合推动外国留学生在京兼职创业和实习试点工作。开展中外合作、中外合资企业开办自费出国留学中介机构工作调研，探索推动留学中介市场进一步开放机制，推进留学中介审批制度改革。

（吉晓喆）

推动来华留学内涵发展

2016年，市教委推动首都来华留学规模和质量双提升。一是结合实际，明确目标。明确2020年在京就读外国留学生规模达到15万人次的发展目标。二是建立机制，形成合力。与市政府外事办公室、市公安局等相关管理部门紧密配合，建立联席会议制度、定期对话沟通机制和突发事件处理机制。三是统筹管理，创新机制。联合市公安局制定并实施外国留学生在京实习和在中关村兼职创业的相关政策，为在京高校留学生实习、创业创造条件。四是加大投入，提高质量。2016—2017学年新增资金2400万元用来招收“一带一路”沿线国家学生来京留学。配合教育部完成来华留学英语授课品牌课程评选工作，30门课程入选。五是扩大宣传，全面推介。通过市级交往、组织海外教育展、编印《留学北京》《英文授课项目手册》等手段，推介北京留学环境。

（吉晓喆）

外籍人员子女学校工作加强指导

2016年，市教委加强对外籍人员子女学校的工作指导与服务。结合教育部下放外籍人员子女学校审批工作和外籍人员子女减少的形势，进一步加强学校日常管理工作，强化管理手段。正式启动北京市外籍人员子女学校和外国驻华使馆学校管理信息系统，通过智能化、大数据等信息化手段，规范学校招生等工作。协调市编办、市民政局等有关部门，解决困扰北京法国学校等5所学校的法人登记问题。配合市财政局、市地税局研究解决外籍人员子女学校税收问题。年内，北京有17所外籍人员子女学校和4所驻华使馆学校通过年度审核。

（任军）

港澳台教育交流力度提升

2016年，市教委全面推进京港两地以及北京与澳门、台湾青少年教育交流。一是加强官方交流，建立对话机制。8月，市教委与香港教育局就深化两地教育行政部门的官方交流、加强两地青少年交流等内容达成共识。二是加强与业务主管部门之间联席会议制度，与教育部港澳台办公室、市港澳办、市台办、市侨办等部门定期交流，共同研究推进两岸三地教育交流合作。与市台办联合主办第二届京台基础教育校长峰会，评选第三批北京市青少年涉台教育基地，组织首都师范大学赴台开展文化周活动，举办第17届京台青年交流周活动。市教委、市投资促进局、团市委与香港中国商会共同举办京港两地青年创新创业合作交流专题活动，促进在京港澳学生创业就业。与市侨办评选首批华文教育基地学校。三是依托校际交流，提升交流力度。以“京港澳姊妹校”和“京台结对校”为抓手，发挥涉台基地校示范作用，通过新设资金、统筹资源等手段，全面提升两岸三地基础教育交流力度。四是充分发挥民间交流作用，支持北京高校港澳台侨学生教育管理研究会赴台湾开展交流，全方位开展对港澳台交流。

（吉晓喆）

规范出国留学中介审批

2016年，市教委不断规范留学中介审批工作。为48家自费出国留学中介服务机构办理相关资格认定书，审核并批准开展留学中介业务。至此，北京市共有118家自费出国留学中介机构。同时，不断加强对留学中介机构的事中事后监管，通过加大政务公开力度、定期开展走访抽查、查处非法中介机构、妥善处理投诉和纠纷，维护市场秩序，切实保护消费者合法权益。

（任军）

对口支援与区域合作处成立

3月9日，市教委对口支援与区域合作处成立。根据市编办批复，对口支援与区域合作处为市教委内设机构，主要负责研究拟订北京市教育对口支援与区域合作、京津冀教育协同发展工作相关配套措施、项目计划；协调推进北京市与各省区市教育重大合作事项、重大项目和重大活动；对北京市教育对口支援与区域合作项目实施情况进行评估与监测；组织协调北京市教育对口支援与区域合作、京津冀教育协同发展新闻宣传工作。该处包括工作人员4人，新增行政编制2人、市教委内部调剂2人，核增正副处级职数各1人。

（刘国庆）

尼泊尔总理访问人民大学

3月22日，尼泊尔总理卡德加·普拉萨德·夏尔马·奥

3月22日，尼泊尔总理（左一）访问人民大学

（人民大学 供）

利访问中国人民大学并发表题为《共建“一带一路”共创美好未来》演讲。他表示，“一带一路”倡议非常重要，尼方对“一带一路”很有信心，也有很高期望，相信“一带一路”这一重要桥梁可以让尼中两国共同获得发展和成功。

（万静）

首都学生外语展示系列活动

3月至12月，市教委举办第五届首都学生外语展示系列活动。活动面向小学生、初中生和高中生，以原创英文戏剧比赛形式进行。小学组有16个区191所学校参赛，评出一等奖12个、二等奖19个、三等奖24个；初中组有15个区103所学校参赛，评出一等奖5个、二等奖12个、三等奖15个；高中组有14个区59所学校参赛，评出一等奖5个、二等奖5个、三等奖6个。参赛师生共计3500余人。此届活动更加注重考察学生的外语实际应用能力与团队合作能力。

（陈新阳）

G20全球顶尖中学组织校长峰会

4月12日，G20全球顶尖中学组织2016年校长峰会(G20 Principal Summit)在京开幕。会议由中国人民大学附属中学、人大附中联合总校与香港汉基学校联合举办，会期7天，探讨加强国际顶尖中学之间在创新人才教育、创新型学校建设与管理等方面交流与合作等问题。会议邀请教育部副部长郝平、清华大学副校长施一公、市教委主任线联平等专家学者演讲，人大附中联合总校校长作《我心中的完美教育》主题发言。来自全球的22名顶尖中学校长参会。“G20全球精英中学组织”于2006年成立，由国际教育机构评选的全球20所最顶尖基础教育学校组成；2009年，人大附中加入；2013年，人大附中联合学校总校被批准加入该组织。至2016年，该组织有成员学校30所，包括英国惠林顿公学、美国国王学院、瑞士的日内瓦国际学校等知名中学。“G20全球精英中学组织”每年召开一次校长峰会，探讨教育领导者面临的教育热点及国际问题。

（孙江波　杨睿）

新西兰总理访问清华

4月19日，新西兰总理约翰·基访问清华大学。约翰·基发表题为《创新与发展——新西兰和中国合作伙伴关系》演讲，表示亚太地区的发展正在为两国进一步加强合作创造新机遇，新西兰希望新一步拓展深化与中国的合作。

（许亮）

中国—中东欧国家舞蹈文化艺术联盟成立

5月12日，北京舞蹈学院举行《中国—中东欧国家舞蹈文化艺术联盟成立宣言》签字仪式。学校与阿尔巴尼亚、保加利亚、克罗地亚、捷克、爱沙尼亚、匈牙利、拉脱维亚、立陶宛、马其顿、波兰、罗马尼亚、塞尔维亚、斯洛伐克、斯洛文尼亚14个国家18名机构代表共同签署宣言，标志中国—中东欧国家舞蹈文化艺术联盟正式成立。联盟旨在通过搭建中国与中东欧国家舞蹈界之间的合作伙伴关系与交流平台，发挥联盟成员的优长与积极性，整合与共享资源，深化双方在舞蹈领域的交流合作、互学互鉴和共同进步。

5月12日，中国—中东欧国家舞蹈文化艺术联盟成立（舞蹈学院 供）

（段晓萌）

印度总统访问北大并发表演讲

5月26日，印度共和国总统普拉纳布·慕克吉访问北京大学并发表题为《印中关系：加强民间合作的八个步骤》演讲。演讲结束后，慕克吉参加在北大召开的中印大学校长圆桌会议，来自20所中印高校的校长及代表针对“科研：建设世界一流大学和学科”以及“教育：促进创新与创业分论坛”两个议题开展讨论。

（刘语潇　王天天）

5月26日，印度总统（左一）访问北大（北大 供）

多哥总统访问外交学院

5月30日，多哥总统福雷·埃索齐姆纳·纳辛贝访问外交学院。多哥总统作题为《中多双边关系、非洲和平与安全形势》演讲，介绍两国关系发展，分析多哥国情与所处的区域环境，指出通过对话和多边机制推动各国间协作，有助于创造非洲"安全、和平、稳定"环境。

（顾建俊）

德国总理访问国科大

6月12日，德国总理安哥拉默克尔访问中国科学院大学。默克尔在中关村校区发表演讲，围绕中德在科学、法律、经济等领域的合作以及外交政策进行阐述。

（王亭亭 温家林 韩扬眉）

6月12日，德国总理（左一）访问国科大

（国科大 供）

中印高校智库联盟成立

6月25日，中国—印尼高校智库联盟成立大会在北京外国语大学召开。会议介绍联盟成立的背景、意义。联盟共8所成员校，中方学校包括北外、华中师范大学、广东外语外贸大学和河北师范大学，印方学校包括印度尼西亚大学、加查玛达大学、日惹国立大学和北苏门答腊大学。联盟发挥搭建平台、加强双向人才培养、推动科学研究、加强政策对话的职能，为两国高校智库搭建教育信息、学术资源共享和交流合作平台。联盟成立旨在落实习近平访问印度尼西亚期间双方加强两国全面战略伙伴关系的决议以及中印副总理级人文交流机制联合公报精神。

（杜改俊）

中俄新闻教育高校联盟成立

7月9日，中俄新闻教育高校联盟成立大会在中国人民大学召开。联盟首批成员单位包括19所中国大陆高校、2所港澳高校和14所俄罗斯高校。成立大会上，联盟发布《北京宣言》，宣言表示联盟成员高校将互尊互信、和衷共济、互学互鉴、合作共赢，在新闻传播教育领域开展务实合作，共同为推动中俄人文交流合作、促进民心相通做出应有贡献。成员校中北京高校包括中国人民大学、北京大学、清华大学、中国传媒大学、北京外国语大学。

（万静）

白俄罗斯总统访问北大

9月30日，白俄罗斯共和国总统亚历山大·格里戈里耶维奇·卢卡申科访问北京大学并发表演讲。卢卡申科提出，白中两国决定建立相互信任、合作共赢的全面战略伙伴关系，在双边贸易、教育、创新知识科技等方面加强合作，通过"一带一路"建设与欧亚经济联盟建设有效对接，实现优势互补和协同发展。演讲结束后，卢卡申科与北大学生展开讨论，并给予北大学子诚挚祝福。

（刘语潇）

葡萄牙总理访问清华

10月9日，葡萄牙总理安东尼奥·科斯塔访问清华大学。科斯塔做客"海外名师讲堂"，发表题为《葡萄牙语作为政治合作及经济繁荣的跨洲际空间》演讲，重点阐述葡萄牙语在国际舞台上的战略意义。

（许亮）

乌拉圭总统访问清华

10月13日，乌拉圭总统塔瓦雷·巴斯克斯访问清华大学。巴斯克斯发表题为《烟草消费对公众健康的影响》演讲，分享其控烟禁烟理念，介绍烟草的起源及其对人类健康的危害，以及乌拉圭政府在控烟方面的努力和举措。

（许亮）

北京市民讲外语游园会

10月15日至16日，市教委联合市外办举办"2016年北京外语游园会——多国文化秀"活动。活动在北京朝阳公园举行，在多语言文化节目展演基础上，设立英语、法语、西班牙语、德语和韩语5个外语交流互动区，通过展板形式向市民介绍5个语种相关国家的语言、城市、文化等知识，并设置有奖竞答活动，加强与市民互动。共有7所学校500余名师生参与演出及现场互动活动，1万余名市民参加现场互动及竞赛活动。活动由北京市国际教育交流中心和北京市民讲外语活动组委会办公室承办。

（王德文）

一六一中学接待美国高中及学区代表团

10月17日，北京市第一六一中学接待美国林肯(Lincoln)高中及塔科马港市(Tacoma)教育学区代表团一行39人交流访问。双方开展座谈，并讲述2015年9月习近平访问林肯高中后对学校和塔科马港市的积极影响。代表团参观校园及现代化教室，共同体验课堂教学。受习近平邀请，美国林肯高中代表团于10月到中国交流访问。

（刘璐）

几内亚总统访问外交学院

10月31日，几内亚总统阿尔法·孔戴访问外交学院。几内亚总统作题为《中几双边关系、非洲和平与安全形势》演讲，介绍几内亚被殖民的历史和独立过程，回顾中几关系，并对中国给予的帮助表示感谢。

（顾建俊）

第 13 届北京论坛

11 月 4 日，第 13 届北京论坛 (2016) 在北京开幕。300 余名来自世界各地的专家、学者及各界领导围绕“文明的和谐与共同繁荣——互信・合作・共享”主题，共同探讨文明在促进全球互信合作、资源共享中的重要作用。论坛为期 3 天，共设 7 个分论坛和 1 个学生论坛，分别在钓鱼台国宾馆和北京大学校内举行。2016 年北京论坛还走出国门，于 5 月 24 日至 26 日在巴基斯坦举办北京论坛首届海外分论坛“北京论坛 (2016)・伊斯兰堡”，探讨“人类命运共同体中的中国和巴基斯坦”。巴基斯坦总统马姆努恩・侯赛因参加论坛，来自中巴两国的专家学者就政治、经济、文化等领域问题展开对话，共同回顾中巴两国建交以来走过的 65 年辉煌历程，展望人类命运共同体下中巴关系发展的新方向和新契机。北京论坛创办于 2004 年，是由北京大学、市教委和韩国高等教育财团联合主办的国际性学术会议，每年举办一次。

（刘语潇　胡雨）

世界汉学大会

11 月 11 日，由孔子学院总部、国家汉办和中国人民大学共同主办的第五届世界汉学大会在人民大学开幕。会议设主题论坛和两个专题论坛。其中，“比较视野下的汉学：传统与创新”主题论坛围绕“汉学与中国”“汉学与西学”“汉学刊物的百年回顾”“汉学范式的古今之争”4 个议题，探讨多元文化交流背景下汉学发展的多重可能性。专题论坛分别为“孔子新汉学计划”博士生论坛和“中日韩共用汉字辞典编撰论坛”。来自普林斯顿大学、耶鲁大学、牛津大学、巴塞尔大学、延世大学等 16 个国家和地区的近百名中外学者代表参加大会。世界汉学大会自 2007 年起举办。

（万静）

首都教育对外推介力度加大

至年底，市教委加大首都教育对外推介力度。为吸引更多优秀留学生来京学习，市教委组织北京市 43 所大中小学 60 名代表组成的 3 个团组先后赴马来西亚、印度尼西亚、波兰、捷克、西班牙、荷兰举办北京教育说明会。通过参加教育展和举办说明会宣传推介北京教育资源，为境内外院校搭建交流平台，提供合作机会。此外，还专门组织参展院校直接与当地院校进行交流，相互学习借鉴，直接把国内院校招生、奖学金政策等信息带给当地学生。

（王德文）

中小学生多语种进校园活动

至年底，市教委举办“问候全世界”中小学生多语种进校园活动。活动共在 7 个区 31 所学校开设 39 个教学班，开展德语、法语、西班牙语 3 个语种的教学，共有学生 1500 余人次参加学习。

（陈新阳）

选派干部教师对口支援

至年底，市教委完成支援新疆、西藏、青海的干部教师选派工作。完成第八批第三期 45 名援疆教师的选拔派送工作。市教委注重转方式、调结构，努力改善援疆教师供给方式和结构，援疆教师入疆前，组织收集整理部分中小学制度建设汇编，入疆后积极展开有关教材编印、微信在线服务等工作，受到受援地区教育部门高度评价和肯定。市教委另选派援藏干部 5 人，援青干部 5 人。

（邓永卫）

国际交流与合作

中外合作办学

概述

2016 年，市教委支持首都高校与国外知名学校通过多种方式合作办学，报教育部审批本科及以上中外合作办学项目 32 个、机构 2 个。批准 6 个高中项目（含续办）、1 个高中机构（续办）、1 个中外合作办学幼儿园（续办）。北京市有中外合作办学机构 21 个，其中，硕博教育机构 1 个、本硕教育机构 2 个、硕士教育机构 2 个、本科教育机构 1 个、专科教育机构 2 个、中等学历教育机构 5 个、学前教育机构 3 个、非学历高等教育机构 3 个、培训机构 2 个；有中外合作办学项目 119 个，其中，培训项目 5 个、学历项目 114 个（包括博士项目 4 个、硕士项目 34 个、本科项目 33 个、高职项目 14 个、中等学历项目 26 个、职业高中项目 3 个）。

（刘斯）

外籍人员子女学校、驻华使馆人员子女学校管理系统启用

9 月，市教委启用“北京市外籍人员子女学校、驻华使馆人员子女学校管理系统”。系统开发历时 2 年，具备信息录入、信息审核和信息统计等功能，旨在规范、准确、智能、高效提升科学管理水平。

（任军）

规范中外合作办学管理工作

至年底，市教委进一步规范中外合作办学管理工作。一是继续做好本科以上层次机构和项目评估工作，通报并公示 2016 年本科及以上层次中外合作办学评估结果，督促整

改问题项目。二是召开本科以上中外合作办学培训会，传达教育部关于中外合作办学最新精神，交流经验。三是加强分类指导，进一步规范学校办学活动，结合教育部关于本科以上中外合作办学、高职中外合作办学和高中中外合作办学最新要求，研究调整北京市中外合作办学工作指导意见。四是加强对中外合作办学的监管，开展对本科以下中外合作办学机构和项目的抽查工作，发现问题及时要求整改，进一步促进中外合作办学健康发展。

（刘斯）

友好往来

大学生艺术团对外文化交流活动

2月9日至18日、6月20日至27日、8月14日至8月27日，北京大学生艺术团分别赴澳大利亚、德国、希腊，参加“欢乐春节”“法兰克福多元文化节”“莱夫卡斯国际民俗艺术节广场游行及演出”活动。艺术团成员由首都师范大学、北京航空航天大学、北京科技大学和北京舞蹈学院代表组成，受市教委和北京学生活动管理中心委托参加演出。活动是文化部“关于大力推动当代中国文化走出去”重要品牌项目，旨在扩大文化开放水平，推动中华文化走向世界，并展现中国青少年良好精神风貌，促进中国学校艺术教育发展。

（徐春生）

6月，北京大学生艺术团赴德国参加法兰克福多元文化节
（学生活动中心 供）

首届中以大学校长论坛

3月29日，清华大学联合以色列高等教育委员会、中国教育部共同主办首届中以大学校长论坛。论坛由中以7+7研究型大学联盟发起，以“中以文化传承与科技创新”为主题，围绕国际合作、科技创新、文化传承、大学发展面临的挑战等问题展开研讨。清华与特拉维夫大学签署《关于全面深化创新创业教育与研究合作的协议》。中以“7+7”研究型大学联盟成员校包括中国的清华大学、北京大学、南京大学、中国人民大学、山东大学、中国农业大学、西北农林科技大学和以色列的巴伊兰大学、本古里大学、耶路撒冷希伯来大学、以色列理工学院、特拉维夫大学、海法大学和魏茨曼科学研究院。联盟中方秘书处为清华大学XIN中心。

（许亮）

北京—济州道高中生互访交流

6月至7月，市教委与韩国济州道教育厅共同主办的北京—济州道高中生互访交流活动在北京和济州成功举办。来自北京运河中学25名学生与济州外国语高中25名学生开展互访交流，通过共同学习和生活，增进两地青少年彼此了解，加深友谊，促进两国青少年之间理解交流。

（吉晓喆）

中俄高铁研究中心揭牌

7月3日，北京交通大学、圣彼得堡国立交通大学和莫斯科国立交通大学联合成立的中俄高铁研究中心揭牌仪式在俄罗斯圣彼得堡举行。研究中心旨在建成国际一流的高速铁路技术研发、国际化人才培育基地，为中俄两国高铁领域发展提供智力支持，为“一带一路”建设特别是高铁建设提供高层次人才和关键技术支撑。刘延东出席揭牌仪式并发表讲话。活动由中国教育部和俄罗斯联邦运输部主办。

（高杰）

第五届世界和平论坛

7月16日至17日，清华大学举办第五届世界和平论坛。论坛以“共同安全秩序：合作、包容、开放”为主题，设大会、餐会演讲、分组讨论会、新闻发布会4个环节，其中，分组讨论会分24个小组讨论全球性、地区性和专题性3类安全问题。来自法国、日本、巴基斯坦、俄罗斯、欧盟的5名外国前政要，36名外国驻华大使和20个国家的43名智库领导人参加论坛。论坛由清华大学主办、中国外交学会协办，是非官方的高级别国际安全论坛，创建于2012年。

（许亮）

十校入选第三批中美“千校携手”项目学校

7月，北京10所中小学入选第三批中美“千校携手”项目学校。分别是西城区育翔小学、北京市第二中学亦庄学校、西城区三里河第三小学、大兴区第一中学、通州区潞河中学、北京小学翡翠城分校、顺义牛栏山第一中学、北京师范大学大兴附属小学、顺义区牛栏山一中实验学校、首都师范大学附属中学第一分校。中美“千校携手”项目由刘延东与美国国务卿克里于2014年7月在京正式宣布启动，旨在遴选中美1000所具有一定交流基础的中小学共同参与中美人文交流，以“千校携手，热爱自然，绿色生活”为主题，鼓励双方学校通过网络交流平台及实体交流活动，分享双方在绿色校园、环境保护等领域的课程与项目，开展师生交流，鼓励两国中小学参与环境保护活动，倡导环保理念，并付诸行动。项目于 2016 年 4 月启动第三批项目学校申报工作，中方共 177 所学校入选。10 月 20 日，中国教育国际交流协会在京举行中美“千校携手”项目示范校表彰大会，为 31 所示范校颁奖，其中，北京市 5 所，分别是北京第二实验小学、北京景山学校、北京市朝阳区芳草地国际学校、北京市海淀区七一小学、中国人民大学附属中学。

（胡雨　刁文淇）

中国—东盟轨道交通教育培训联盟成立

8 月 1 日，在第九届中国—东盟教育交流周暨第二届中国—东盟教育部长圆桌会议期间，北京交通大学牵头成立的“中国—东盟轨道交通教育培训联盟”揭牌。刘延东与 4 名东盟副总理级政要共同为联盟揭牌。66 所高校和企业代表共同签署《中国—东盟轨道交通教育培训联盟合作意向书》。联盟由中国和东盟国家的企业及学校代表自愿组成，为落实和加强各国政府间、机构间、组织间业已达成的在教育和交通发展等领域的合作；共同努力，加强和深化中国和东盟学校现有关系，促进学校和学校、企业和学校交流；促进联盟学校之间教师交流及学生双向留学；联盟内学校积极根据企业需要，制定培养计划，为企业海外项目培养本地化交通人才。

（高杰　张先睿）

中德青少年文化发现之旅

8 月 2 日至 22 日，“中德青少年文化发现之旅——我眼中的中国和德国”活动开幕。来自中德两国共 30 名中学生在专业导演团队指导下探索、发现彼此眼中的中国和德国，完成独特的电影作品。该项目执行时长 2 年，本年中德各选拔出 15 名中学生相聚北京，在 3 周时间里通过主题互访、小组合作、专家指导等形式共同拍摄制作展示中德文化的电影短片。中德 2 名学生组成一个拍摄小组，用自己的视角去创作，并运用项目培训中学到的影视拍摄、剪辑知识共同完成 15 部微电影，在项目闭幕式暨首映礼上展示。活动由孔子学院总部及国家汉办主办，北京王府学校承办。

（郭艳亭）

金帆艺术团参加爱丁堡艺术节

8 月 14 日至 25 日，市教委派出 2 所中学的金帆艺术团赴英国参加爱丁堡国际艺术节。交流活动受英国伦敦文化教育委员会、爱丁堡边缘艺术节组委会邀请，经文化部同意参演。活动以“一带一路扬起中华韵律”为主题，继承和弘扬具有广泛亲和力与历史感召力的文化符号，体现“一带一路”文化多样性和包容性，传递中华文化和谐统一。昌平区第二中学金帆民乐团、北京舞蹈学院附中丰台实验小学金帆舞蹈团共 44 人参加出访。

（徐春生）

北京—新南威尔士州基础教育教师交流项目

9 月 22 日至 10 月 4 日，市教委举办北京—新南威尔士州基础教育教师交流项目。来自澳大利亚新南威尔士州 5 所学校 16 名小学校长与教师分别深入史家胡同小学、史家小学分校、西中街小学和东四九条小学，参与学校教育教学活动，与学校师生深度交流，并进入课堂听课，为学生讲授澳大利亚课程。

（吉晓喆）

两校入选中德“学校 · 塑造未来伙伴”项目示范校

9 月，北京 2 所中小学入选中德“学校 · 塑造未来伙伴”(PASCH) 项目示范校。分别是中国人民大学附属中学和北京十一学校。该项目是教育部与德国外交部共同在华实施的德语推广项目，旨在增进中学生对德国文化了解和学习，已纳入 2016 中德青少年交流年活动框架。项目示范校评选工作由教育部组织开展，从现有项目学校中遴选出 50 所示范学校并予以奖励，用于巩固已有校际合作平台。

（刁文淇　胡雨）

北京—世宗青少年艺术交流活动

10 月 24 日至 28 日，市教委联合韩国世宗特别自治市教育厅共同主办的第三届北京—世宗青少年艺术交流活动在北京举办。韩国世宗市教育代表团师生一行 49 人赴北京市第九中学和北京市金源学校参观交流，并与中方学生代表进行音乐、舞蹈、武术等方面艺术交流，增进两地青少年对彼此间文化艺术的沟通和了解。

（吉晓喆　郑静慧）

北京—首尔青少年体育友好交流大会

10 月 25 日至 29 日，市教委与韩国首尔特别市教育厅共同举办的第 17 届北京—首尔青少年体育友好交流大会在北京举办。首尔教育厅 38 名师生与北京 31 名师生进行友好交流。北京市东城区广渠门中学初中女子排球队、西城区回民学校高中男子足球队分别与首尔新仓中学、新道林

10 月 27 日，广渠门中学与首尔新仓中学开展体育友好赛
（市教委相关处室　供）

高中开展体育友好赛。该活动自 1996 年开始采用隔年互访形式开展，涵盖教育交流、体育友谊比赛、文化参访等内容，已发展成为市教委与首尔教育厅友好交流传统项目和品牌项目。

（吉晓喆）

中俄文化艺术大学联盟成立

12 月 1 日，第五届圣彼得堡国际文化论坛在俄罗斯圣彼得堡召开，中俄双方正式签署协议成立中俄文化艺术大学联盟。俄方参与院校包括瓦冈诺娃俄罗斯芭蕾学院、阿尔泰国立文化学院和莫斯科国立舞蹈学院等 18 所院校，中方参与院校包括北京语言大学、北京舞蹈学院、河南师范大学、大连外国语大学、郑州大学、中央美术学院、上海戏剧学院和中国音乐学院 8 所院校。联盟主要开展以下工作：通过学费减免、奖学金支持和共同申请科研基金项目，推动中俄语言、文化、艺术类高校在学生交换、学分与学历互认以及教师教学科研方面的校际交流与合作；联合中俄语言、文化、艺术类高校整体发声，推动中俄两国政府和民间对于语言文化类院校的重视和支持；通过联合举办中俄文化节、展览会、论坛以及与语言、文化、艺术相关的公益活动等形式，推动语言、文化、艺术类高校产学研结合并服务两国社会、地方发展等。

（袁胤婷）

与纽约市教育局开展职业教育战略合作

至年底，市教委与纽约市教育局开展职业教育战略合作。分两批派送北京市昌平职业学校 10 余名师生、北京工业职业技术学院 50 名师生赴美访学，这是第一次由北京市政府全额资助职教学生赴美交流。通过与美国友好学校开展技能比赛，展示北京市学生的专业能力和学习能力，同时深入了解和学习美国开放、实用的课堂教学，促进中美职业教育合作发展。

（吕轮超）

一带一路

概述

2016 年，市教委服务国家“一带一路”发展战略，对接教育部《推进共建“一带一路”教育行动计划》，充分发挥北京教育在“一带一路”建设中的基础和支撑作用。制订《北京市对接共建“一带一路”教育行动计划实施方案》，统筹规划北京教育与“一带一路”沿线国家开展教育互联互通、人才培养合作和共建合作机制工作。设立北京市外国留学生“一带一路”奖学金项目，支持北京高校招收“一带一路”沿线国家优秀学生来京学习。研究设立若干个“一带一路”沿线国家人才培养基地。

（吉晓喆）

首体院举办 3 期“一带一路”国家驻华大使体育论坛

4 月 19 日、10 月 19 日和 11 月 17 日，首都体育学院举办 3 期“一带一路”国家驻华大使体育论坛。首期邀请俄罗斯联邦驻华大使作《中国与俄罗斯体育外交》主题演讲；第二期邀请卢旺达驻华大使作《中国与卢旺达体育》主题演讲；第三期邀请奥地利国家奥委会主席作《中国与奥地利在体育领域展开的交流合作》主题演讲。累计参与 350 人次。

（李丹阳）

中青院召开“一带一路”与青年外交学术研讨会

4 月 22 日，中国青年政治学院召开“一带一路”与青年外交学术研讨会。会议围绕“一带一路”国家倡议和青年公共外交，以及学校智库建设等议题畅所欲言。中央对外联络部、日本静冈大学、北京大学台湾研究院、清华大学国家战略研究院、中国人民大学国际关系学院等高校、研究机构共 60 名专家学者参加研讨会。

（葛丹清）

“一带一路”青少年和平友好发展国际联盟启动

5 月 16 日，“一带一路”青少年和平友好发展国际联盟启动仪式暨 2016 年全国科技活动周“一带一路”国家青少年文艺汇演在中国人民大学附属中学举办。来自社会各界领导和专家、北京市部分学校领导、“一带一路”沿线国家青少年参加大会，人大附中学生在会上表演交响乐、舞蹈、小合唱、话剧等文艺节目。“一带一路”青少年和平友好发展国际联盟是中国科学教育促进会倡议成立，由“一带一路”沿线国家大中小学校、政府部门、国际性公益组织、教育企业以及媒体组成的国际性公益组织，致力于推动“一带一路”沿线国家青少年在科技、教育、文化、艺术、体育、经济等领域广泛交流与合作，增进各国青少年间的理解与信任。联盟总部设在北京，并在“一带一路”沿线重要国家设立代表处。联盟秉持“平等合作、开放包容、互学互鉴、共创未来”宗旨，积极推动青少年成为“一带一路”相关国家间友好交流使者，发扬“丝路”精神，推动“一带一路”倡议早日实现。

（刘炜　庄云路）

“国关·润远”学术论坛

5 月 18 日，国际关系学院召开第五届“国关·润远”学术论坛。论坛以“‘一带一路’建设与大国关系发展”为主题，共征集学术论文 126 篇，包括校外论文 53 篇。论坛设政治分论坛“‘一带一路’视野下的新型大国关系与国际安全”、经济分论坛“‘一带一路’建设与全球价值链的延伸与发展”、文化分论坛“多语境视域下的‘一带一路’建设与跨文化交流”、科技分论坛“‘一带一路’建设与网络空间安全合作”4 个分论坛。师生及媒体代表 300 人参加论坛开幕式。

（任婉君）

“一带一路”背景下中国与葡语国家发展战略研讨会

7月17日，国际关系学院召开“‘一带一路’背景下中国与葡语国家发展战略”研讨会。会议围绕“‘一带一路’为中国与葡语国家合作带来的机遇与挑战”“中国与葡语国家的合作现状、面临的问题及前景展望”议题展开讨论。中国社会科学院、澳门大学、巴西利亚大学及葡萄牙科英布拉大学集团等研究机构和高校的学者90人参加研讨会。

（任婉君）

7月17日，“一带一路”背景下中国与葡语国家发展战略研讨会（国关学院 供）

全球大学校长高峰论坛

9月9日，北京交通大学举办2016全球大学校长高峰论坛。论坛以“助力‘一带一路’——大数据时代的高等教育与科技创新”为主题，设2个分论坛。北京交大校长作题为《特色合作 协同 共赢》报告，专家围绕“‘一带一路’背景下的高等教育”“信息时代的人才培养与教育协同”“高校在科技创新和创业中的作用”“高校技术转移与校产地协同创新”“中俄交通领域科研与教育可持续发展合作”5个分议题展开研讨。教育部、中国高等教育学会领导，以及来自美国、英国、法国等国家和地区50所高校及相关国家驻华大使参加论坛。

（高杰）

法大“一带一路”法律研究中心成立

10月23日，中国政法大学成立“一带一路”法律研究中心。中心与隆安律师事务所合作成立，利用双方优势资源，从理论到实务，探索“一带一路”建设相关法律问题，以及法律背后的历史、文化和经济政治问题。同日，学校与四川省企业联合会（四川省企业家协会）、四川省律师协会共同召开法律助力四川实施国家“一带一路”倡议座谈会，研讨法律如何助力四川贯彻落实“一带一路”倡议。来自京蓉地区相关单位、高校、知名企业和律师事务所共60余名专家学者参加研讨会。

（陈泉廷）

外国留学生“一带一路”奖学金

11月18日，市教委、市财政局印发《北京市外国留学生“一带一路”奖学金项目管理办法（试行）》，在市外国留学生奖学金基础上设立“一带一路”奖学金。“一带一路”奖学金是指市政府向“一带一路”沿线国家来京进行本科及以上全日制学历学习的留学生提供的资助，经费主要用于支付外国留学生学费。奖学金采取项目评审方式，项目建设领导小组每年评出32个项目，每个项目资助一个完整学段。入选项目每年资助25万元，直至该项目一个完整学段结束。设立该奖学金是为吸引更多优秀的“一带一路”沿线国家学生来京学习，推动北京市与“一带一路”沿线国家教育交流与合作，服务“一带一路”教育共同体建设，促进互联互通和民心相通，提升北京教育对构建“一带一路”教育共同体的贡献力。12月2日，市教委公布2016年度和2017年度北京市外国留学生“一带一路”奖学金入选项目。共接收2016年度和2017年度申请项目106项，经过专家评审，共64个项目入选。

（胡雨 刁文淇）

首届西部法治与法学教育高峰论坛

11月18日至19日，首届西部法治与法学教育高峰论坛暨“一带一路”倡议与法治保障学术研讨会在中国人民大学举办。论坛以“一带一路”倡议与法治保障为研讨主题，共同探讨“一带一路”倡议中的西部法治、法律服务与法治保障、法学教育与法治人才培养等问题。来自20所西部地区主要法学院校和部分东部地区法学院校专家学者50人参加研讨。论坛由人民大学法学院倡议发起，并联合中央民族大学法学院、新疆财经大学法学院、青海民族大学法学院和西藏民族大学法学院共同举办。

（万静）

“一带一路”建设与中白合作研修班

11月27日至12月10日，中国社会科学院研究生院承办“一带一路”建设与中白合作研修班。研修班邀请白俄罗斯学术界、实业界和政府部门的相关学者、官员、企业家共25人，围绕“一带一路建设和中国经济开发区发展情况”主题，与中国相关部委、协会以及开发区建设领域的权威学者和官员研究讨论。研修班由中国社会科学院主办，社科院国际合作局与研究生院联合承办。

（李安）

“一带一路”沿线区域与国别研究研讨会

12月3日，北京大学召开区域与国别战略合作论坛暨“一带一路”沿线区域与国别研究研讨会。会议由大会和分论坛组成，结合国际格局的变化和中国国际地位的变化，探讨区域与国别研究领域的焦点和热点问题，力求全面了解北京大学在区域与国别研究方面的研究状况。会议邀请专家作《浅论“一带一路”成就及中国政策》《东方学、区域研究、“一带一路”研究》《对区域国别研究的一点思考》等6个主题报告，分论坛围绕“一带一路沿线区域与国别研究”“中东研究”“中亚研究”3个专题展开研讨。来自国内相关领域专家以及在京院校学者共100人参加论坛。

（刘语潇）

“一带一路”音乐交流发展研究中心

12月20日，中央音乐学院成立“一带一路”音乐交流发展研究中心。中心有6名研究人员，主要从事“一带一路”沿线国家音乐和音乐教育研究。

（陈心杰 张乔 许瑞）

12月20日，中央音乐学院“一带一路”音乐交流发展研究中心成立 （中央音乐学院 供）

首届中国“一带一路”博士论坛

12月24日，北京第二外国语学院主办首届中国“一带一路”博士论坛。论坛设人文外交、语言战略、投资与安全3个平行论坛，探讨“一带一路”实施路径，商讨如何更好地服务国家“一带一路”倡议，深化中国“一带一路”规划研究并展现中外博士“一带一路”研究成果。来自国家发改委、奥克兰大学、澳门科技大学、北京大学、中国社会科学院、国家行政学院等国内外80所国家机关、高校、科研机构共200名中外博士参加论坛。

（王薇）

外国学生教育与管理

概述

2016年，在北京市高校和中小学学习的外国留学生共120010人，其中，高校101803人、中小学6587人、外籍人员子女学校11620人，高校学历生比例达40.54%。接受外国留学生学校规模进一步扩大，高校达到91所，中小学达到284所。市教委进一步加大对北京市留学环境推介力度，并深入基层调研，指导高校采取有效措施，加大对北京市外国留学生奖学金项目支持力度，统筹推进来华留学规模和质量发展。

（王德文）

首届来华留学G16高校峰会

5月26日，首届来华留学G16高校峰会在北京语言大学召开。会议围绕高校发展过程中遇到的共同问题进行讨论，内容涉及来华留学生管理工作各个方面。会议宣布成立来华留学G16高校联盟，并发表《来华留学G16高校联盟宣言》。中国来华留学生规模排名前20的部分高校来华留学生主管部门共17人参加会议。16所高校分别是北京大学、北京师范大学、北京语言大学、东华大学、对外经济贸易大学、复旦大学、华东师范大学、华中科技大学、清华大学、山东大学、上海大学、上海交通大学、上海外国语大学、同济大学、厦门大学、浙江大学。

（袁胤婷）

北京外国留学生汉语辩论邀请赛

6月17日，由市教委、天津市教委、河北省教育厅主办的2016北京外国留学生汉语辩论邀请赛决赛在京举办。北京语言大学、北京外国语大学、河北大学、天津大学代表队围绕“恋人之间AA制会不会影响感情”和“高学历女生做全职太太是不是浪费”辩题展开辩论。经过3名评委独立评议，北京语言大学代表队获得冠军，河北大学代表队获得亚军，北京外国语大学代表队和天津大学代表队获得季军。未进入决赛的师生代表以观众和第二评审团的身份出席比赛。比赛由北京市汉语国际推广中心承办，于3月启动，来自京津冀22所高校、40余个国家的500名在京留学生参赛，经过海选、初赛、复赛、半决赛四轮角逐，4所学校选手进入决赛。

（郑静慧 王德文）

国际学生北京夏令营

7月14日至23日，市教委、市外办主办的“2016国际学生北京夏令营”在北京举办。来自美国、德国、印度、

7月18日，2016国际学生北京夏令营昌平职校体验日活动 （昌平职校 供）

俄罗斯等22个国家近600名国内外师生参加夏令营，活动内容包括汉语学习、中华文化体验、专题讲座、中外学生交流、主题活动、文化参观等。开营仪式上，刘宇辉致辞。国家汉办、市委教工委、市公安局、市财政局、朝阳区政府等单位领导参加开营仪式，并为营员代表赠送夏令营营服。活动由北京市国际教育交流中心承办。

（王德文）

北京市中小学外国学生汉语节

11月18日，2016年北京市中小学外国学生汉语节汉语节目展演暨颁奖活动举行。活动为优秀组织学校、辅导教师、作文评选、书画作品等在汉语节活动中表现突出的单位和个人颁奖，5个由外国学生参演的汉语节目登台亮相。活动以“魅力北京”为主题，组织来自不同国家和民族的在京中小学外国学生开展10次中国文化系列体验课程以及作文、书画作品评选活动，让外国学生体验、感受中国文化，深入了解北京，从而达到知京爱京的目的。活动贯穿全年，累计有27所中小学校、30余个国家3000人次外国学生参与活动。汉语节活动自2006年起至今已举办8届。

（郑静慧　胡雨）

11月18日，北京市中小学外国学生汉语节颁奖

（市教委相关处室　供）

30门课程入选来华留学英语授课品牌课程

12月21日，北京地区30门课程入选第二期来华留学英语授课品牌课程。该评审由中国教育国际交流协会受教育部国际合作与交流司委托开展，经高校自评和申报，在省级教育行政部门评审推荐基础上由专家委员会评选出150门品牌课程。市教委推荐40门课程参加全国范围评审，最终30门课程入选。

（王德文）

完善来华留学课程体系建设

至年底，市教委加强对外国学生教育课程的指导和调研，完善来华留学课程体系建设。北京市42所院校开设401个英文授课项目，其中，学历项目369个、非学历项目32个，涉及310个专业。建设英文课程项目，为汉语基础薄弱的外国留学生打通渠道，吸引优秀生源，优化留学生学历生结构。在教育部举办的第二期来华留学英语授课品牌课程评选中，北京市高校共有30门课程入选。

（王德文）

外国留学生奖学金支持力度加大

至年底，北京市投入7000万元奖学金吸引优秀外国学生来京留学，受益留学生5300余人。北京市外国留学生奖学金自2006年设立以来，11年间共投入5.75亿元，共有4.30万余名学生通过奖学金资助到北京高校就读。

（王德文）

107名留学生获中国政府奖学金

至年底，北京高校107名学生获得中国政府全额奖学金—支持地方奖学金。该奖学金根据高校申请，经市教委推荐，国家留学基金委审核同意。获奖留学生分别在北京32所高校75个专业学习，其中，硕士60人、博士47人。

（王德文）

接受外国学生中小学规模扩大

至年底，市教委进一步扩大接受外国学生中小学规模。新认定175所中小学接受外国学生，全市接受外国留学生资质学校达到284所，并将全市接受外国学生的中小学校全部纳入资质管理范围。

（王德文）

实施外国留学生在京实习和在中关村兼职创业相关政策

至年底，市教委联合市公安局制定并实施外国留学生在京实习和在中关村兼职创业的相关政策，为在京高校留学生实习、创业创造条件。北京高校的外国学生在中关村国家自主创新示范区兼职创业，可以按照相关程序，向市公安局申请在学习类居留许可上加注“创业”。

（刁文淇）

国际汉语教育

首都高校学生赴境外教学实习

7月至10月，市教委开展首都高校学生赴境外教学实习项目。组织首都师范大学、北京第二外国语学院和首都经济贸易大学共100名对外汉语相关专业学生分别赴马来西亚中小学以及新加坡、泰国、美国40余所大中小学校和培训机构参加教学实习活动。每名学生实习期3周，内容包括教学实习和中华文化展示等。通过项目实施，使高校汉语国际教育专业学生深入认识各国汉语教育体系、校园特色和课程设置，将所学理论知识和亲身实践相结合，锻炼在非母语环境下的对外汉语教学能力。

（王德文）

驻华使馆官员汉语学习课堂

至12月，市教委联合市外办继续举办驻华使馆官员汉语学习课堂。共有195名使馆官员参加学习，内容包括汉语学习和中国文化体验等。驻华使馆官员汉语学习课堂已连续举办六届，共有101个国家1094名驻华使馆官员参加汉语学习课堂。

（王德文　白阳　郑静慧）

孔子学院及课堂建设

至年底，市教委加大对孔子学院及课堂建设布局的指导和支持力度。指导首都师范大学等4所市属高校开展孔子学院奖学金宣传、招生和材料审核上报工作，共招收孔子学院奖学金生14人，其中，一学年研修生4人、一学期研修生10人。2016年北京高校承办的孔子学院在当地新增设孔子课堂12个。至此，北京地区各院校、机构在全球50余个国家和地区开设131所孔子学院和116个孔子课堂，其中，北京市属学校在9个国家和地区开设21所孔子学院和48个孔子课堂。

（王德文）

汉语教师和志愿者招募及派出

至年底，北京市国际教育交流中心协助国家汉办完成汉语教师招募及志愿者派出项目4个。全年协助招募汉语教师和志愿者268人，派出教师和志愿者近100人。其中，国际教育交流中心派出赴泰国志愿者13人。

（王德文　白阳）

境外汉语教师培训

至年底，市教委举办境外汉语教师培训班。培训为期16天，聘请首都高校一线汉语教学专家担任授课教师，来自巴基斯坦、泰国、马来西亚、南非、埃塞俄比亚、日本、俄罗斯、印度尼西亚等21个国家300余名汉语教师在北京参加汉语教学理论课、实践课等课程培训，并深入北京大中小学、职业学校的汉语课堂了解北京教育环境。

（王德文　白阳　郑静慧）

6月1日，马来西亚中小学校领导北京研修班开班

（国际教育交流中心　供）

对外汉语教学培训

至年底，市教委多次举办首都高校汉语国际教育及相关专业学生对外汉语教学培训。针对语言类专业学生进行对外汉语教学技巧、中华文化培训，帮助学生掌握课堂实际教学技巧，同时组织文化体验活动，通过实地参访学习，加深学生对中华文化的理解。北京10余所高校480余名对外汉语相关专业学生参加培训，并邀请北京语言大学、北京大学、首都师范大学、中央民族大学等高校对外汉语教学专家及中国非物质文化遗产传承人授课，课程内容涵盖汉语本体知识、二语习得教学法、中华文化、现代教育技术等方面内容。

（王德文　白阳）

北京汉语网宣传推广

至年底，市教委完成北京汉语网相关宣传推广工作。北京汉语网发布汉语国际推广新闻、留学生服务一站式服务信息1500余篇，中国文化信息1800余条；组织创作，上传发布完全由北京市一线教师原创的国际汉语教学图文教学课件资料、多媒体教学课件150余个。

（王德文　白阳）

引智培训及因公派出

规范因公出访管理

至年底，市教委严格计划管理，规范因公出访工作。完善因公出国（境）管理制度，切实把好计划核定、任务审批、人员选派、证照保管、经费审核、纪律监督和绩效评价等关键环节；加强教育，执行专办员制度和行前教育制度；加强因公出国（境）政策培训，因公出访规模、经费及党政干部额度严格控制在规定标准内，完成北京市关于2016年因公出国（境）团组数、人数压缩的量化管理任务。全年派出因公出国（境）团组62个269人次，其中，赴境外培训团组2个22人次，包括自组团1个、随教育部团1个，分别为赴英国北京市属高校提升教育治理能力项目和赴法国校园足球培训项目。出访内容以签署合作协议、洽谈合作项目、推介北京教育、参加国际会议或国际比赛、执行汉语国际推广任务和合作交流任务为主，培训涵盖领导力提升、校园足球培训项目等。

（张明）

国家公派出国留学

至年底，北京市教育系统受理国家留学基金公派高级研究学者及访问学者（含博士后）等项目 274 人，录取 120 人。其中，高级研究学者及访问学者（含博士后）项目受理 112 人，录取 41 人；国家建设高水平大学项目受理 67 人，录取 48 人；国家公派硕士研究生项目受理 20 人，录取 7 人；艺术人才特别培养项目受理 21 人，录取 14 人；中国高中生赴日学习项目申请 2 人，录取 1 人；以色列高等教育委员会合作奖学金项目受理 8 人，录取 4 人；匈牙利政府互换奖学金项目受理 10 人，录取 5 人；国际组织实习项目受理 6 人；日本政府文部科学省博士奖学金受理 1 人；上海合作组织大学项目受理 7 人；中美富布莱特项目受理 7 人；俄罗斯互换奖学金项目受理 9 人；韩国互换奖学金项目受理 1 人；莫斯科大学互换奖学金项目受理 2 人；圣彼得堡大学互换奖学金项目受理 1 人。

（任军）

聘请外国文教专家 8477 人次

至年底，北京市聘请外国文教专家 8477 人次，聘请单位达到 991 个。专家主要从事高等教育、中小学英语教学等工作。

（王德文）

港澳台侨交流与合作

概述

2016 年，北京市具有接收港澳台侨学生资质的高校和科研院所共有 55 所，其中，48 所学校招收港澳台侨学生。在京高校就读的港澳台侨学生共 4276 人，其中，香港学生 1600 人、澳门学生 718 人、台湾学生 1923 人、侨生 35 人。来自北京工业大学、首都经济贸易大学等 10 所市属高校共 73 名港澳台侨学生获得教育部奖学金，其中，博士奖学金 2 人、硕士奖学金 6 人、本科奖学金 65 人。

（王德文）

寰宇暑期实习计划

6 月，市教委与香港中文大学合作开展“香港与内地高校师生交流计划项目——首都医科大学临床见习项目”。活动为期 1 个月，40 名香港中文大学学生在首都医科大学进行“临床见习项目”交流。活动以“北京精神”为主线，以“了解社会，认识职业，学习方法，收获成长”为目标，加强香港学生对北京教育、文化和社会生活的了解和认识，促进京港两地学生交流，为促进京港医学教育领域交流与合作搭建平台。

（王德文）

海峡两岸青年学生北京长城夏令营

7 月 16 日至 23 日，2016 海峡两岸青年学生北京长城夏令营在北京举办。100 名台湾师生来京，与北京 100 名师生共同开展交流活动。其间，两地师生进行多种形式的文化、体育、科技互动，实现深入交流，增进友谊。活动由市教委主办，市港澳台教育交流中心承办，是京台教育交流传统项目。

（王德文　郑静慧）

北京—澳门中学生科技合作交流

7 月 18 日至 22 日，市教委联合澳门教育暨青年局、澳门科学馆股份有限公司举办“北京—澳门中学生科技合作交流”活动。活动在澳门举行，来自北京、澳门各 5 所学校共 79 名师生参加交流。活动由北京学生活动管理中心承办，北京教育网络和信息中心提供技术支持，旨在加强京澳两地科技、教育和文化交流。

（王德文）

7 月 19 日，北京—澳门中学生科技合作交流活动合影
（教育信息中心　供）

京港澳学生交流夏令营

7 月 23 日，由市教委、香港特别行政区政府教育局、澳门特别行政区教育暨青年局主办的“2016 青春港澳行——京港澳学生交流夏令营”在香港开营。来自北京 10 个区 10 所中学 197 名师生赴香港、澳门，与香港 90 名师生和澳门 74 名师生共同参与夏令营。师生参观香港回归祖国纪念碑、香港历史博物馆、澳门回归贺礼陈列馆、澳门科学馆等，认识香港和澳门历史与传统文化、建筑及地方特色，并到香港科技大学和澳门大学参观、交流。7 月 28 日在澳门举行闭营仪式，京港澳三地学生代表分别致辞，表演话剧、中国古典传统舞蹈及金曲唱聚等节目。夏令营由北京市港澳台教育交流中心承办，自 2005 年至今已举办 11 届。

（王德文　郑静慧）

23 所中小学入选涉台教育基地校

10 月 11 日，市教委与市台办联合召开第三批北京市青少年涉台教育基地工作会，会上公布第三批市青少年涉台教育基地校名单并颁发匾牌。23 所中小学入选第三批市级青少年涉台教育基地校，至此，北京市青少年涉台教育基地校共 54 所。

（胡雨　刁文淇）

北京高校港澳台侨学生国情讲座

10 月 14 日至 16 日，市教委举办 2016 北京市港澳台侨学生国情讲座暨迎新活动。活动由北京市港澳台侨学生教育管理研究会、北京市港澳教育交流中心承办，旨在帮助港澳台侨学生尽快适应在京大学生活，同时更好地了解中国国情和北京市情。来自北京大学、北京外国语大学、北京电影学院等 29 所北京地区高校共 400 名港澳台侨学生参加国情教育讲座、学生迎新联欢晚会、文化参访等活动。

（王德文）

第二届京台基础教育校长峰会

10 月 18 日至 21 日，市教委、市政府台湾事务办公室、海淀区政府联合举办“2016 · 第二届京台基础教育校长峰会”。会议以“面向未来的基础教育”为主题，设 4 个分论坛，围绕培育学生素养、创造适合学生发展的教育等课题开展交流研讨。峰会旨在深化首届京台基础教育校长峰会的成果，将京台基础教育交流与合作不断引向深入，促进京台两地基础教育共同发展。峰会由北京市国际教育交流中心承办，来自台湾中小学校长 70 余人与北京市各区基教专家 300 人参加会议。

（郑静慧）

第二届中华文化论坛

11 月 22 日，北京大学举办第二届中华文化论坛。论坛以“中华文化的守本与创新”为主题，设“中华文化”与“两岸关系”两个板块，研讨“中华文化本根对现代社会发展与建设的价值”“中华文化创新的方向与路径”“两岸携手推动中华文化的守本与创新”“中华文化与两岸青年体验式交流”问题。中共中央台办、中国国民党以及中华全国台湾同胞联谊会等部门和组织领导、专家学者作专题报告。来自国内政府机关、科研院所和高校专家学者以及港澳台地区思想界、文化艺术界、宗教界、教育界、新闻界学者共计 300 人参加论坛。该论坛首届于 2015 年在北大举办。

（刘语潇）

首批北京华文教育基地学校评选

至年底，市教委与市侨办评选首批北京华文教育基地学校。北京语言大学、中国戏曲学院、首都师范大学和首都体育学院 4 所高校入选首批北京华文教育基地学校。

（王德文）

区域交流与合作

直辖市教育学会签署“北京共识”

1 月 4 日，在京津沪渝教育学会会长联席会上，北京、天津、上海、重庆 4 个直辖市教育学会共同签署“京津沪渝四直辖市教育学会‘北京共识’”。会议研讨当前教育学会现状以及未来发展规划，初步达成共识。“北京共识”主要包括建立“京津沪渝四市教育研究与学术交流战略联盟”，共同研究教育改革中热点难点问题，加强区域合作，建立与港澳台两岸多地的教育交流平台等内容。

（马亚莉）

京苏粤中小学优秀中青年校长高级研修班

4 月 18 日至 28 日，第五期京苏粤中小学优秀中青年校长高级研修班第一阶段研修活动在北京举行。来自北京、江苏和广东三地小学、中学优秀中青年校长 130 人参加，包括初中校长 67 人、小学校长 63 人。该培训是在市教委、江苏省教育厅、广东省教育厅支持下，由三地干部培训机构合作举办。培训以“校长领导力提升与学校管理变革”为研修主题，旨在通过名校访学、专家报告和学校诊断分析等多种培训方式，引导和帮助学员提高自身理论水平和思辨能力。该培训江苏阶段、广东阶段分别于 9 月、11 月在南京和广州举行。

（刘琳）

朝阳特级教师贵阳工作室成立

4 月 19 日，“京筑教育合作·朝阳特级教师贵阳工作室”授牌仪式在北京市润丰学校贵阳分校举行。工作室主要职责是制订周期工作规划和年度推进计划；构建学习型、研究型团队；开展教育教学研究；不定期举办个人教育教学思想研讨会、教学工作沙龙等；指导受培学员在周期内至少完成一项教科研课题，或负责推广一项教育教学及管理的改革试验；建立专题网页，实现优质教育教学资源共享。朝阳区和贵阳市领导为朝阳区 10 名特级教师授牌。朝阳区教委 3 年内支持贵阳教育局 180 万元资金，作为特级教师工作室运行经费。

（李景　王静）

首届京沪教育集团（集群）经验交流会

6 月 17 日，首届京沪教育集团（集群）经验交流会在北京市第十八中学召开。活动由十八中教育集团主办，《上海教育》杂志社承办，活动主题为“组织创新助推集团（集群）发展”。上海市建平中学教育集团、上理工教育集团、北京方庄教育集群负责人分享各自经验。北京教育学院专家从历史逻辑、比较逻辑、法理逻辑、行政逻辑、治理逻辑等 10 个方面对三个集团（集群）的经验分享进行点评。来自北京市高等教育学会、北京教育科学研究院、北京教育学院、中国人民大学教育学院等单位专家学者，以及上海方面代表参加会议。

（王成）

京津沪渝教育集团（集群）峰会

9月23日，丰台区委教工委、丰台区教委、北京市名校长发展工程办公室、北京市名校长发展工程北京教育学院培养基地共同主办北京市第十八中学办学实践研讨会暨京津沪渝教育集团（集群）峰会。会议围绕十八中办学实践经验，探讨集团、集群发展，共话教育如何从管理走向治理；共同聆听京津沪渝四地学校国家课程同课异构，见证京津沪渝教育创新共同体揭牌成立。京津沪渝教育创新共同体将实现资源共享，提升育人质量。会议由十八中、北京教育科学研究院、现代教育报社、上海教育杂志社共同承办，来自北京、上海、天津、重庆四地教育界的领导，70余名专家学者参加会议。十八中教育集团自2010年起在丰台区率先实施教育集群战略，逐步构建“政府主导、学校协同、资源共享、特色衔接、共同发展”的集群发展机制。

（林京秋）

京津沪粤渝鲁高等农业院校第32次协作会

10月12日，北京农学院承办京津沪粤渝鲁高等农业院校第32次协作会。协作会以“落实五大发展理念，促进都市型农业院校内涵发展”为主题，围绕“十三五”时期高等农业教育改革发展议题交流研讨，在加强都市型高等农业院校内涵发展、特色发展、创新发展以及校政、校企协同发展等方面达成共识。会议决定，每年一度的协作会议名称调整为“都市农业高校联盟协作会”；正式吸收昆明学院为协作会成员。

（王磊）

华北地区Pad现场会

11月3日至4日，华北地区Pad及创新教学实践现场会在北京市第十五中学南口学校召开。学校作为会议主会场，对会议开幕式、现场观摩课、交流及研讨会进行全国网络直播，全国各地5000名教师通过网络平台观看。会议分3个阶段，5名教师从不同角度围绕“信息化时代下教与学的融合问题”作主题发言；展示8个学校初高中6个学科10名教师的Pad教学课10节，其中，4节课通过网络进行全国直播，6节Pad教学课进行现场录制；分3个会场进行“教学融合的合力推进”“学校信息化实践智慧”“互联网环境下的教学创新”专题讨论，3个分论坛通过昌平云录播资源管理平台进行全国现场直播。昌平区教委等单位领导和华北地区专家、教师共500人参会。十五中南口学校自2015年开始为学生和教师每人配备Pad，将Pad教学融合于常规教学。

11月3日，华北地区Pad现场会在十五中南口学校召开
（昌平区教委 供）

（施岩）

京津沪冀宁交通职教集团化办学联盟成立

12月9日，在京津沪冀宁交通职业教育集团化办学联盟高峰论坛上，北京、天津、上海、河北、宁夏5省市共同签署《京津沪冀宁交通职业教育集团化办学联盟章程》，正式成立京津沪冀宁交通职业教育集团化办学联盟。论坛以“实施三年行动计划，提高人才培养质量”为主题，共议“交通类优质高职院校建设、产教协同发展、优质资源共享”举措，分享集团化办学助推交通行业快速发展的教育教学改革成果。京津沪冀宁交通职业教育集团化办学联盟前身为成立于2011年10月的京津沪交通职教集团化办学联盟，2014年河北交通职业技术学院即河北省交通职教集团加入联盟。联盟以加快发展现代职业教育、推进集团化办学建设发展为目标，以弘扬专业特色和育人特色为主线，以集团内涵发展为重点，以教师队伍建设为关键，积极探索职业教育特色化、集团化、多元化办学发展道路，充分发挥京津沪冀集团化办学优势，促进京津沪冀交通职业教育工作协调推进与共荣共赢。宁夏交通职教集团的加入使联盟由为京津冀协同发展服务扩展到为“一带一路”倡议服务。

（苑媛）

五省市政策法治工作交流会

12月22日至24日，京津沪渝冀五省市政策法治工作交流会在北京召开。会议形成五点“北京共识”。一是加强定期交流。每年各省市轮值举行一次政策研究与法治工作交流会议，在教育法治区域规划、制度建设、体制机制创新等方面加强沟通与交流。二是开展合作研究。充分利用现有课题研究的阵地资源、专家资源和研究成果，积极开展跨省市的教育法治课题合作研究，加强五省市法治教育典型案例的梳理和总结。三是举办专题比赛。联合开展五省市中小学生教育法治的演讲比赛、辩论赛和征文比赛等区域联赛，密切交流互动。四是组织实践活动。开展跨省市教育法治实践活动，加强五省市青少年法治教育实践基地的共享，共同探索实践教育基地的建设标准。五是联合开展培训。来自教育部政策法规司，北京、天津、上海、重庆市教委和河北省教育厅负责政策研究与法治工作的领导和工作人员以及专家学者共 20 余人参加会议。

（张子琎）

对口支援

物资学院与拉萨市委党校签约合作

1 月 13 日，北京物资学院与中共拉萨市委党校签署战略合作协议。协议规定，两校之间本着优势互补、合作双赢原则，在人才交流、科学研究、部门协作等多个领域展开合作。上年，两校开展联合项目申报、特色专业人才培训、信息化建设、图书馆建设等方面合作，并成立西藏现代物流研究中心。

（胡瑞旺）

怀柔与四子王旗教育对口帮扶合作

1 月 13 日，怀柔区教委与内蒙古四子王旗教育工作对口帮扶合作签约。怀柔区教委与内蒙古四子王旗教体局建立新型教育帮扶合作关系，实现北京市对口帮扶乌兰察布市教育事业工作有效、持续开展，也是贯彻落实怀柔区政府与四子王旗政府战略合作框架协议的重要举措。3 月 18 日至 20 日，怀柔区教委组织名校校长及相关人员组成 9 人援教团赴内蒙古四子王旗送教。

（线金秋 梁立红）

1 月 13 日，怀柔区与内蒙古四子王旗教育对口帮扶签约
（怀柔区教委 供）

学生活动中心对口支援巴东县

1 月 28 日，北京学生活动管理中心赴湖北省恩施土家族苗族自治州巴东县开展对口支援工作。中心选派 1 名教师，历时 2 年开展对口支援。对口支援主要工作包括：组织 5 个批次不同层面的师资培训；为巴东幼儿园捐赠玩、教具 600 套，为官渡口镇水田垭小学捐赠校服 231 套、教师服 20 套及教育图书等教学物资；组织两地青少年交流活动，北京学生 30 人参加；远程接入“北京市中小学数字图书馆”和“北京数字学校”，免费为巴东开放中小学课程资源；开展“一校一梦想”“情系红色老区，大家共筑梦想”“‘新一千零一夜’农村住校生睡前故事”和“图书馆计划”4 项公益活动。

（葛宜科）

北京盲校举办内蒙古盲人计算机培训

3 月 11 日至 30 日，北京市盲人学校举办北京对口支援内蒙古自治区盲人计算机培训班。内蒙古自治区 8 个地区 20 名盲人参加学习，培训内容包括基本操作、盲人读屏软件安装与使用、互联网知识与应用。培训工作由北京市残联盲人按摩指导中心委托北京盲校组织实施，旨在实现北京、内蒙古两地盲人交流合作，促进残疾人就业事业不断发展。

（薛梅）

人民大学对口支援青海民族大学

3 月 17 日，中国人民大学与青海民族大学签署对口支援协议。根据协议，未来五年，人民大学在师资队伍建设、学科专业建设、科学研究、联合招收培养研究生、学校管理制度与运行制度建设、干部锻炼、设立青藏高原科研基地等方面支援青海民族大学，共同推动中西部教育均衡发展。

（万静）

首届“文化援藏与治边稳藏”学术研讨会

5 月 8 日，中央民族大学召开首届“文化援藏与治边稳藏”学术研讨会。西藏自治区党委宣传部副部长、中国社会科学院中国边疆研究所副所长、日喀则市市委副书记、民族大学教授分别作主题发言，从不同角度阐释文化援藏的深刻内涵、重要意义及其与“治边稳藏”之间的关系。会议研讨藏族文化的历史、特色及“文化援藏”相关理论、历史、现状与路径等议题。会议与中国社科院、日喀则市委市政府及吉林省第五批援藏干部中心组共同主办，来自西藏自治区党委宣传部、日喀则市委市政府、中国社科院、中央党校、四川大学、西藏大学、中国藏学研究中心、西藏民族大学等单位 30 名专家学者参加会议。

（周翊兰）

怀柔与卢氏县教体局对口支援签约

6 月 14 日，怀柔区教委与河南省三门峡市卢氏县教体局举行“十三五”时期对口支援签约仪式。协议有效期 5 年，双方在教师培养、校际交流、干部队伍建设、资源共享等诸多方面达成共识。未来两地将通过来怀挂职、送教讲学、主题活动等形式，拓宽工作思路，创新工作方法，提升干部管理能力和教师队伍的教育教学水平，不断推进双方基础教育和职业教育健康优质发展。

（线金秋 梁立红）

新疆和田双语骨干教师培训完成

6月24日，2015新疆和田双语骨干教师培训班结业典礼暨展示活动在北京教育学院举行，至此，历时5年的对口支援培训任务完成。教育学院自2011年在市教委和市对口支援合作办公室指导下，连续5年承担对口支援和田双语骨干教师培训项目，累计培训教师300人。此期培训班共有学员49人，经过1年汉语课、专业课进修和下校教学实习，提升双语教学能力和语文、数学等学科素养。

（刘琳）

6月24日，2015新疆和田双语骨干教师培训班结业

（教育学院 供）

农职院完成西藏职校教师培训

6月，北京农业职业学院完成西藏山南地区职业技术学校14名农林牧专业教师培训。西藏山南地区职业技术学校为国家级重点中等职业技术学校，农林牧专业为重点建设专业，14名教师分园艺、牧医2个教学班，由教务处会同园艺系、畜牧兽医系制订实施培训方案，安排优秀教师专门授课辅导，按需开设课程，单独开班。培训为期1年，两班分别完成“设施蔬菜生产技术”“牛羊病防治技术”等各720学时的专业技术课程培训以及60学时的“信息化教育教学技术”课程培训；培训教师同时参加农职院各种教学、教研活动，综合素质与能力得到全面提高。

（孟利前）

西藏教师在农职院校内实训室学习

（农职院 供）

商业学校首届对口帮扶云南学生毕业

7月5日，北京市商业学校举行2016届云南保山昌宁、隆阳分校学生毕业典礼，这是学校精准扶贫对口帮扶的第一届毕业生。来自物流服务与管理、旅游服务与管理2个专业共50名学生顺利毕业，走上工作岗位。学校于2012年牵头北京现代服务业职业教育集团，与云南省保山市签订帮扶协议，开展深度合作，先后在隆阳、龙陵、施甸、昌宁、腾冲5地建立分校，结合当地产业发展需求，确定物流服务与管理、电子商务、旅游服务与管理、珠宝玉石加工与营销等重点帮扶专业，采用“2+1”或“1+2”模式分段组织教学，累计培养学生712人。

（陈又瑜）

矿大与贵州工程应用技术学院签署对口支援协议

9月19日，中国矿业大学（北京）与贵州工程应用技术学院签署“联合培养专业学位研究生”和“联合科研基金”2项对口支援工作合作协议。矿大发挥在人才培养、科学研究、学科建设等方面优势，助力贵州工程应用技术学院快速发展。

（朱家骏）

《北京教育丛书》作者赴四川什邡讲学

10月18日至21日，北京教育学院组织《北京教育丛书》部分作者及工作人员共9人组成讲学团赴四川什邡讲学并赠书。此举是为更好地发挥《北京教育丛书》作为北京市名、特、优教师经验专著的辐射作用。讲学团成员为什邡市中小学班主任、德育教师、语文和地理学科教师、学前教育教师举办4场专题讲座，并与当地学校干部教师就共同关注的话题进行交流。

（刘琳）

北京教科院赴湖北十堰对口支教

11月20日至22日，北京教育科学研究院开展北京—十堰南水北调对口支教工作。语文、数学、英语等9个高中学科共11名北京市区级教研员、专家教师进入十堰中学课堂，听、评课36节次，示范课1节次，并针对高三以及教学改革等主题作报告。十堰市教研员、各高中学科教研组长及中小学教学管理干部共计800余人听取报告。

（沈俊楠）

完成教育支援协作项目66个

至年底，市教委完成教育支援协作项目66个。其中，新疆11个、西藏3个、青海10个、内蒙古12个、河南6个、湖北6个、河北11个、四川什邡6个、陕西宁陕1个，涉及干部教师培训、挂职交流、支教讲学、结对帮扶、远程资源共享等方面。累计财政拨款1000余万元。

（付浩奎）

培训受援地干部教师 900 余人次

至年底，市教委为受援地区培训干部教师 900 余人次。市教委协调安排北京教育学院、首都师范大学和北京师范大学等单位，举办 20 个班次，累计为新疆、内蒙古、青海玉树、河南、湖北和河北等受援地区培训干部教师 900 余人次。同时协调安排河北、内蒙古、新疆和田、湖北十堰和四川什邡的校长教师 294 人到京挂职锻炼。

（付浩奎）

加大干部教师支教力度

至年底，市教委选派优秀教师和专家团队到对口支援地区开展短期送教讲学和下校指导。市教委通过短期示范讲学的方式，协调安排 120 余名优秀教师共 12 个专家团队赴新疆和田、青海玉树、西藏拉萨、湖北十堰、河南南阳、陕西宁陕、四川什邡、河北邯郸、内蒙古乌兰察布和锡林郭勒盟开展短期送教讲学和下校指导。同时，做好组团式教育人才援藏援疆工作，选派 44 名干部教师赴拉萨北京实验中学支教，选派第 10 批 45 名教师赴新疆和田地区开展支教工作。

（付浩奎）

招收少数民族学生来京就读

至年底，北京和田高中班、玉树高中班和玉树中职班持续招收少数民族学生来京就读。其中，和田高中班连续第六年招收 100 名和田高中学生来京就读，2016 年在校生 400 人；玉树高中班连续第四年招收玉树州高中生来京就读，2015 年在校生 580 人，2016 年在校生 134 人。市教委协调北京市属高校定向新疆和田地区、青海玉树州和湖北十堰市等地安排招生计划近百人，为当地培养高素质适用人才。

（付浩奎）

北京实验学校开办青海玉树藏族内地高中班
（平谷区教委 供）

推进学校结对帮扶工作

至年底，市教委推进北京市各级各类学校与受援地区结对帮扶工作。市教委按照市政府与河北省政府《共同打造曹妃甸协同发展示范区框架协议》要求，筹建北京景山学校曹妃甸分校。该校投资 4.20 亿元，可容纳师生 3000 人左右。一期为小学和高中部，60 个教学班；二期为初中及国际部。学校教学工作由北京景山学校全面托管，小学、初中教材教学方法与总校同质化。分校将按照本校教学和管理方式，与本校实现课堂同步，共享北京优质教育资源。高中在不能实现同城化情况下，参考河北省教育大纲，根据协同发展进展和教育同城化进程适当调整。9 月 1 日，北京景山学校曹妃甸分校小学一年级、高中一年级正式开学。市教委按照《南水北调北京市对口协作十堰工作方案》精神，协调首都师范大学附属中学与湖北省十堰市第一中学签订合作协议，落实南水北调教育对口协作项目。市教委另组织首都 100 余所大中小学和幼儿园与受援地区学校开展校际间“手拉手”结对帮扶工作。

（付浩奎）

受援地多渠道共享首都优质教育资源

至年底，市教委通过多种渠道让受援地共享首都优质教育资源。通过北京教育对口支援与合作网远程共享首都优质课程资源和培训资源，北京中小学 2000 余节视频课程向受援地区开放，并对部分民族地区开设民族语言课程。市教委为湖北十堰、青海玉树、内蒙古乌兰察布、河北唐山和四川什邡等地设立优质教育资源共享校，提供北京数字化优质教育资源共享服务。

（付浩奎）

开展与受援地区交往交流交融活动

至年底，市教委组织开展与受援助地区的交往交流交融活动。市教委组织安排 370 名新疆和田、西藏拉萨和河北邯郸中小学师生到京参加夏令营活动。继续在内地新疆高中班、内地青海玉树班和内地西藏班组织开展“民族一家亲”活动。先后 10 次接待外省市领导干部到京考察洽谈教育援助工作；组织首都教育考察团一行 16 人前往新疆和田考察调研有关工作。

（付浩奎）

5 月 7 日，内地新疆高中班学生在“民族一家亲”活动上演出
（市教委相关处室 供）

（本栏责任编辑　胡雨）

首届京津冀职业学校创新创业大赛

京津冀三地教育督导协作机制框架协议签订

京津冀高校毕业生就业创业协同发展框架协议签订

京津冀红十字青少年中学生交流营

京津冀老年教育与养老服务人才培养论坛

2017 | 京津冀教育协同发展

THE COLLABORATIVE DEVELOPMENT OF EDUCATION IN BEIJING-TIANJIN-HEBEI

- 京津冀教育合作全面开展
- 京津冀职业教育协同发展全方位推进
- 京津冀三区市教育联盟签约
- 京冀干部互派挂职

THE COLLABORATIVE DEVELOPMENT OF EDUCATION IN BEIJING-TIANJIN-HEBEI

京津冀教育协同发展

综述

京津冀教育合作全面开展

2016年，市教委积极推进市、区各级与津冀各地方开展教育合作。全年共签署《京津冀大学生思想政治教育工作协作方案》《教育督导协作机制框架协议》《京津冀高校毕业生就业创业协同发展框架协议》等合作协议21个，推动实施合作项目30余个。组建京津冀地区建筑类高校本科人才培养联盟、高等医学教育协同发展联盟、京津冀轻工类高校协同创新联盟、京津冀金融研究联盟4个高等教育联盟，商贸、外事服务、“互联网+”3个特色职教集团。北京景山学校在曹妃甸协同发展示范区分校于秋季开学，同时积极推进北京市第五中学分校、北京市八一学校等校在廊坊、保定等地建设分校项目。

（孙运科）

京津冀职业教育协同发展全方位推进

2016年，北京市职业与成人教育全方位立体推进京津冀交流合作，使职业教育协同发展进入全面活跃期。行政层面，京冀教育行政部门在河北省张家口市怀来县召开京冀职业教育协同发展战略合作协商会，讨论两地职业教育协同发展战略、合作项目和合作形式；市教委与河北省教育厅签署合作协议，为广泛深入推进两地职业教育交流合作奠定基础。科研层面，三地职成教育研究所签署合作协议，成立京津冀职业教育协同发展研究中心；三地职成教育教学研究部门牵头成立京津冀职业教育教学协同发展联盟，并举

2月，京津冀现代职业教育协同发展工作推进会

（市教委相关处室 供）

办首届论坛。区域层面，北京市朝阳区教委与河北省唐山市教育局签署职业教育战略合作协议，约定在教育教学资源共建共享、产教融合、校企合作、师生交流等方面共同开展实践和研究。院校层面，20余对京冀职业院校签署合作意向书或合作办学（框架）协议，在技能人才培养、教师队伍建设、学生互访、共享实训基地等方面开展交流与合作。此外，三地还以专业为纽带，先后成立交通、卫生、艺术、外事服务、城市建设与管理、“互联网+”、非物质文化遗产保护等各类京津冀职业教育联盟和集团，吸纳三地众多院校参与，通过举办高峰论坛、教学研讨、技能比赛等形式广泛开展交流与合作，成为推动京津冀职业教育协同发展的重要载体。

（吕轮超　巫梅琳）

首届京津冀大学生思想政治教育工作研讨会

1月9日，市委教工委、天津市委教工委和河北省委教工委共同主办首届京津冀大学生思想政治教育工作研讨会。

会议以“协同创新，进一步增强大学生思想政治教育的针对性与实效性”为主题，介绍各地加强大学生思想政治教育工作主要做法和成效，分析当前大学生思想政治教育面临的复杂形势和挑战，也提出交流合作重点和要点。会议就“如何在京津冀协同创新的战略布局下开展好大学生思想政治教育工作”交流研讨。会上，京津冀签署《京津冀大学生思想政治教育工作协作方案》。根据方案要求，三地着力构建定期交流研讨工作机制、大学生思想政治教育资源共享机制、思政课教育教学改革促进机制、工作成果交流推广机制等，协同开展高校辅导员挂职锻炼、思想政治理论课教师研修、社会实践基地建设、重点课题联合调研等工作。论坛由北京大学承办。教育部思政司、京津冀三省市教育相关部门负责人，部分高校学工部部长、马克思主义学院院长共 30 人参加会议。

（王星星）

京津冀中小学教师联合培训工作研讨

1 月 17 日，北京、天津、河北三省市中小学教师培训中心在京联合召开京津冀中小学教师联合培训工作研讨会。会议着重研讨“十三五”期间京津冀中小学教师合作培训方式、内容和时间等问题，并达成合作开展教师培训的共识。北京教育学院在京津冀教师培训合作领域已有相关经验，与天津滨海新区、河北秦皇岛市自 2012 年开展培训合作，分别为两地培训骨干教师 300 人和 600 人，并协助其组建教师培训工作室，承担其赴京实践锻炼挂职培训任务和教学观摩活动。

（刘琳）

京津冀三区市教育联盟签约

1 月 28 日，北京市大兴区、天津市北辰区、河北省廊坊市在京举行京（大兴）津（北辰）冀（廊坊）三区市教育联盟合作协议签约暨“一十百千万”工程启动仪式。京津冀三区市教育联盟成立后，遵循“自愿、协同、共享、共赢”原则，在课题与政策研究、干部教师培训、教育教学研究与课堂教学改进、校际间均衡发展、体育艺术科技教育 5 个方面推进区域合作。联盟实行轮值主席制度，轮值主席由三区市教育行政管理部门主要负责人担任，任期 1 年。活动同时启动“一十百千万”工程，“一”即打造京（大兴）津（北辰）冀（廊坊）三区市教育合作与发展论坛活动品牌，每年研究一个共性问题、召开一次主席团会议、举行一次校长论坛等；“十”即搭建十个学校间协同发展共同体，合力推出三地优质教育品牌；“百”即合作培养百名教育领军人才，包括一百名左右的骨干校长（园长）和一百名左右的名师（含学科教师、教研员、班主任、团队干部等）；“千”即借助教育信息化平台，推出 1000 节优质示范课；“万”即三方资源共享、平台共建、赛事共办，促进三地学生交流达到一万人次。

（周稳）

首届京津冀高校辅导员挂职锻炼启动座谈会

4 月 5 日，第一届京津冀高校辅导员挂职锻炼启动座谈会在中国人民大学举行。来自天津、河北共 13 名参加挂职锻炼的高校辅导员参加座谈会。根据《京津冀大学生思想政治教育工作协同方案》要求，确定 13 名天津、河北高校辅导员分别到北京 10 所高校挂职锻炼，4 名北京高校辅导员分别到天津、河北 4 所高校挂职锻炼，时间 3 个月。

（王星星）

北京教科院成立京津冀教育协同发展研究中心

4 月 6 日，北京教育科学研究院京津冀教育协同发展研究中心揭牌。研究中心职责是坚持协同创新，为促进京津冀教育协同发展提供智力支持。中心承担京津冀教育协同发展战略及规划研究、各级各类教育协同发展政策研究、教育科研数据资源共享机制建设及研究，研制《京津冀教育协同发展研究报告》，不定期研制编发《京津冀教育决策参考》，组织开展京津冀教育协同发展领域的学术交流活动。

（叶莹）

首届京津冀职业学校创新创业大赛

4 月 24 日，首届京津冀职业学校创新创业大赛在北京

4 月 24 日，首届京津冀职业学校创新创业大赛开幕

（北财院 供）

7 月 22 日，京津冀红十字青少年交流营营员参观天津自然博物馆　　（市红十字会 供）

财贸职业学院举办。比赛由团市委、市教委、市科协、市科委、市学联共同主办，由北财院牵头联合京津冀 11 所职业院校共同发起，是京津冀地区唯一由政府主导的“双创竞赛平台”。比赛立足职业教育特色，设立创意设计类、创业计划类、生产工艺革新与工作流程优化类和社会调研论文类 4 个赛项，来自京津冀三地 35 所职业院校 218 件创新创业项目作品参赛，经过初评，105 件作品入围决赛。决赛采用封闭答辩和公开问答方式评审，10 件作品获得大赛特等奖，其中 7 件作品参加大赛路演活动，由企业专家组成路演评审组对展示作品逐一点评，300 余名师生代表应邀观摩。最终 3 个创新创业项目与来自京津冀的企业达成投资意向，签署合作协议，并落户通州区。

（殷红　苑媛　胡雨）

“中华成语文化与社会主义核心价值观教育”京津冀研讨会

5 月 28 日，市语委办、河北省语委办、天津市语委办等单位联合举办的“中华成语文化与社会主义核心价值观教育”京津冀研讨会在河北省邯郸市召开。会议围绕“中华成语文化与社会主义核心价值观教育”主题开展学术研讨交流，旨在落实《京津冀语言文字事业协同发展战略协议》，得到教育部语用司支持。来自中国语文现代化学会等单位 10 名专家学者作会议交流发言；京津冀语委办、邯郸市政协、中国语文现代化学会等单位负责人以及京津冀和苏浙粤等地的语言文化学者 60 余人参加会议，并参观邯郸市博物馆，实地考察邯郸成语典故的发生地。

（邓鸿）

京津冀三地签署教育督导协作机制框架协议

6 月 3 日，京津冀三地在京签署教育督导协作机制框架协议。协作机制主要涵盖 5 个方面内容：一是建立协同发展联席会议制度。每年召开一次督导部门主任联席会，由三地轮流举办，定期会商区域教育督导协同发展重大任务，研究区域教育督导协同开展重点工作，确定教育督导协同、协作工作项目与实施方案，推动各项工作任务落实。二是建立教育督导评估与监测协作研究机制。由教育督导部门统筹、三省市教育督导评价研究机构参加，相关科研院所、院校等为成员单位，围绕推进京津冀教育督导协作发展的重要政策、重大问题开展课题研究，为三省市教育督导协作发展提供决策咨询和参考。三是组建教育督导专家库。由三省市教育督导部门统筹各级各类教育督导评估与质量监测资源，组建教育督导专家库，实现资源共享，为协作开展教育督导评估与质量监测工作提供有力保障。四是建立教育督导评估监测协作机制与督学培训机制。协作开展教育督导评估与质量监测，探索共同组织、协同开展、交叉互动、协作完成区域督导工作，统筹开展督学培训研修。五是广泛组织开展交流活动。定期组织开展多形式、多层级的督导调研、学习考察、督导论坛或研究交流会等交流活动。京津冀三地教育部门和教育督导部门有关负责人参加签字仪式。

（胡雨）

京津冀协同创新对接“中国制造 2025”北京高层次人才论坛

6 月 17 日，京津冀协同创新对接“中国制造 2025”北京高层次人才论坛在北方工业大学召开。论坛以“协同创新、制造先行”为主题，听取题为《“中国制造 2025”与京津冀协同发展》主题报告，研讨“北京制造业转型升级与发展战略”“京津冀集成电路产业链发展的机遇”“先进激光技术与智能制造”“河北省装备制造业现状分析”“钢铁企业服务化转型与深加工发展”5 个议题。《中国制造 2025》起草组专家、京津冀三地制造领域高层次人才以及有关部门负责人共 30 余人参加论坛。论坛汇聚政产学研用各方智慧，共同推动京津冀制造业发展。

（王波）

京津冀红十字青少年中学生交流营

7 月 18 日至 23 日，由京津冀三地红十字会共同举办，天津市红十字会承办的“携手同行、人道追梦”2016 京津冀红十字青少年交流营在天津开营。来自北京、河北和天津共 140 名红十字青少年营员及教师代表参加活动。营员学习“积极倾听”“同理心”“批判性思维”“独立思考”的青春善言行课程和“聚焦儿童兵”“人道行为的实施”“人道行为的选择”的人道法课程；观摩养老院，与老人互动交流并体验敬老孝亲文化；参观周邓纪念馆、天津自然博物馆等。三地红十字会工作人员召开京津冀学校红十字会工作座谈会，探讨和经验交流红十字青少年工作问题。

（李胜华）

京冀干部互派挂职

7月，京冀教育系统互派干部挂职。市委教工委从直属单位和市属高校选派5名干部到河北省挂职锻炼，接收河北省教育部门5名处级干部到市委教工委、市教委机关和市属高校挂职锻炼。

（付兴锋）

京津冀高校毕业生就业创业协同发展框架协议签订

10月21日，市教委、天津市教委和河北省教育厅共同签署《京津冀高校毕业生就业创业协同创新框架协议》。协议就建立定期交流研讨工作机制、实施京津冀联合调查研究、实现京津冀高校毕业生就业创业资源共享、建立高校毕业生就业创业成果交流机制等方面达成框架协议。建立定期交流研讨工作机制。围绕大学生就业创业工作的重点难点热点问题，定期举办京津冀高校毕业生就业创业工作专题研讨会，构建“目标同向、行动同步”的协同发展格局。实施京津冀联合调查研究，结合工作实际需要在三地高校进行联合调研，形成高水平调研报告或其他研究成果。加强对京津冀三地高校毕业生就业状况的分析和研究。实现京津冀高校毕业生就业创业资源共享。三地按照统一建设、业务协同、资源共享的原则，逐步建成一体化的智慧就业平台。建立京津冀高校毕业生就业信息库，实现就业管理和就业服务工作全程信息化，实现各类就业创业信息统一发布。不定期联合举办三地高校毕业生专场或综合性招聘会或网络招聘活动，实现信息共享。建立高校毕业生就业创业成果交流机制。

（侯文磊　华蕾）

10月21日，京津冀高校毕业生就业创业协同发展框架协议签订
（人才交流中心　供）

京津冀教育史志工作座谈会

12月14日，北京教育志编纂委员会办公室举办京津冀教育史志工作座谈会。会议由市教委主办，研讨京津冀地区教育史志、年鉴工作发展历史、相互联系和开展合作等问题，并就联合开展年鉴编纂、史志编修等达成合作共识。来自北京、天津、河北教育部门领导，教育史志、年鉴编修部门负责人15人参加会议。

（张驰）

京津冀老年教育与养老服务人才培养论坛

12月16日，市教委举办京津冀老年教育与养老服务人才培养高端论坛。论坛以“发展、整合、培养、共赢”为主题，研讨老年教育与养老服务人才培养话题，校际间、校企间充分交流，通力合作，共同推进京津冀老年教育事业和养老服务业改革与发展。京津冀三地学者、职教同仁及行业企业代表共150余人参加论坛。

（吕轮超　陈斌）

12月16日，京津冀老年教育与养老服务人才培养高端论坛
（市教委相关处室　供）

学前教育

崇文三幼与石家庄三幼结为姊妹园

11月7日，北京市东城区崇文第三幼儿园接待京津冀对接“姊妹园”河北省石家庄第三幼儿园教师观摩交流。石家庄三幼11名教师到崇文三幼，参观园舍设施，了解课程体系，观摩大、中、小不同班级的区域游戏活动及集体教育活动，交流园所文化建设。崇文三幼教师以教研的形式与来访教师交流互动，使两园教师间形成“同研、共学”研讨氛围，为京津冀学前教育协同发展贡献力量。

（李晶）

密云六幼与邢台五幼对接研讨

11月21日，北京市密云区第六幼儿园赴邢台市第五幼儿园开展研讨。双方针对区域材料的投放、对幼儿的观察评价、科研课题的推进、幼儿园环境的规划进行探讨，并开展合作。

（乔坤）

基础教育

京津冀科普进校园活动

4月6日，市教委、北京学生活动管理中心与北京索尼探梦科技馆联合举办的“携手共筑科技梦，快乐科普进校园”索尼探梦趣味科普走进京津冀地区小学活动在张家口市第十中学启动。启动仪式上，北京市、张家口市的学生代表共同完成静电科学实验，拉开京津冀“科普进校园”活动序幕。索尼探梦科技馆向张家口市中小学校捐赠40套“科普教育资源包”以及科普影片《探梦实验室》，演示互动科普实验。来自张家口市第十中学、张家口市建国路小学的600名学生代表参加仪式。至6月，科普进校园活动陆续走进延庆八达岭中心小学、天津市鞍山道小学等20所京津冀地区中小学。

（卢亭　李蔓）

4月6日，京津冀“快乐科普进校园”活动

（学生活动中心 供）

“京津冀成长联盟”平谷活动

4月15日，第四次京津冀特教发展联盟教学研讨交流活动在北京市平谷区特殊教育中心举办。活动观摩两节培智课，课后进行专家点评和指导性培训，主题为各校如何开展信息技术与学科整合；观看学校13个校本课程展示，展示分为艺术组展示和专业训练；参观学校“足部反射疗法”职业劳动技能基地和欣园学前康复机构。来自京津冀联盟学校的校长、骨干教师共计40人参加活动。“京津冀成长联盟”于2013年在平谷特教中心倡导下成立，旨在为京津冀郊区特殊教育发展做贡献的非营利性组织，成员包括北京、河北、天津三个省市共13所特殊教育学校。

（王红梅）

京津冀协同发展教与学融合创生微课发展大会

5月25日，北京教育科学研究院召开“京津冀协同发展，教与学融合创生”微课发展大会。会议总结展示2015年微课征集与评选成果，进行微课应用经验交流和专家培训，并布置2016年第四届微课征集与评选和市教委委托课题“新考试方案背景下教师在线服务模式的实践研究”工作。来自市、区教研中心教研员、部分学校教学主任和教师，以及各学校获奖教师代表共150余人参加会议。

（沈俊楠）

京津冀三地同讲“文化遗产课”

6月11日，北京市朝阳区三里屯小学与天津市红桥区丁字沽小学、河北省石家庄市实验小学共同举办同讲“文化遗产课”活动。活动邀请青年学者朱起鹏结合课本知识作题为《长城》讲座。活动旨在让文化遗产“活起来”，让文物保护意识融入当代社会和未来发展，落实《京津冀协同发展规划纲要》。活动当日是中国第11个“文化遗产日”。

（侯海涛）

京津冀航海模型竞赛

6月18日，2016年京津冀“联盟杯”科技邀请赛——“我爱祖国海疆”航海模型竞赛在大兴区第七中学举办。来自京津冀三区市620余名师生参赛。比赛设海洋科幻画、“昆明”号导弹驱逐舰模型制作赛、“银河战士”空气动力快艇模型两栖穿越赛、“温州”号导弹护卫舰模型直线赛、中国“海警”船模型直线赛、“自由”号遥控游艇追逐赛和“极光”号遥控双体快艇模型追逐赛等项目。活动由大

6月18日，京津冀航海模型竞赛

（大兴区教委 供）

7 月 15 日，首届河北省中小学生北京夏令营开营

（学生活动中心 供）

兴区教委主办，天津市北辰区教育局、河北省廊坊市教育局协办。

（侯伟）

京津冀班主任共同体第一届交流年会

7 月 15 日，市教委、天津市教委、河北省教育厅联合举办京津冀中小学班主任共同体第一届研讨交流年会。年会围绕“构建班主任工作支持系统、推动班主任队伍建设”主题开展论文征集活动，评出一等奖 30 篇、二等奖 45 篇、三等奖 75 篇。会上，表彰年会论文征集活动获奖单位；分教委（教育厅）、区域和学校 3 个环节进行论坛主题发言，12 名发言人从组织建设、分层培训、交流展示等不同角度阐述在班主任工作支持系统方面的探索；北京教育科学研究院研究员作《班主任工作支持系统》主题报告。教育部、市教委、天津市教委和河北省教育厅等单位相关负责人和专家，京津冀三地校长、班主任代表近 200 人参加会议。会议由北京教科院、天津市中小学德育工作者协会、河北省德育研究中心承办。

（王昱人　曲怀志　孙晓楠）

首届河北中小学生北京夏令营

7 月 15 日至 19 日，市教委、邯郸市教育局联合举办首届河北省中小学生北京夏令营。邯郸市中小学师生 90 人参加活动，观看天安门升旗仪式，参观京城名胜古迹、自然景观，观看科普实验表演。活动由北京学生活动管理中心承办，并赠送 100 套航模教材。

（蒋小建　孙宇）

第二届京津冀中学生辩论赛

12 月 25 日，第二届京津冀中学生辩论赛决赛暨颁奖仪式在北京师范大学附属实验中学举行。经初赛、半决赛，北京中学和沧州市第二中学辩论队以“侠义精神适合／不适合当代社会”为题展开冠军争夺。最终，北京中学获冠军，沧州市第二中学获亚军，北师大实验中学、天津市第二十中学并列季军。冠军获得“东吴杯”全国中学生辩论赛保送晋级资格，冠、亚军获得台湾地区“亚洲杯”国际中学生华语辩论锦标赛、马来西亚精英大学“精英杯”亚洲华语辩论公开赛、新加坡“狮城杯”国际中学生辩论赛保送晋级资格。比赛由北师大实验中学承办，团中央、市教委、市语委相关负责人参加活动并讲话，来自中国青年政治学院、中央电视台、中国经济网评论等单位专家学者担任评委。京津冀三地共 16 所中学学生参赛，其中，北京 11 所、天津 3 所、河北 2 所，参赛师生 150 余人。

（邓鸿）

高等教育

北工大成立京津冀绿色发展研究院

1 月 7 日，北京工业大学成立京津冀绿色发展研究院。研究院将集合京津冀三地高校的力量，力争在大气污染减排、污水处理与水环境恢复等领域突破关键核心技术，为区域绿色发展提供数据和决策咨询。研究院为跨学科协同研究机构，面向国家生态文明建设、首都社会经济转型升级和京津冀绿色发展的重大需求，开展学科交叉和协同创新，突破节能与能源清洁高效利用、大气污染减排与调控、污水处理与水环境恢复、固体废物减量与循环利用等关键核心技术及其系统集成应用，推动形成京津冀区域绿色协同发展机制，切实解决京津冀地区高能耗高排放、“三废”复合污染严重等重大问题。

（苏雅洁）

京津冀新闻出版类专业教改研讨会

1 月 9 日，北京高校新闻出版类专业群主办、北京印刷学院承办的京津冀新闻出版类专业教育教学改革研讨会暨经验交流会召开。会议围绕“新闻出版专业教育教学改革”主题，结合各院校新闻出版类专业教育、教师教学改革创新实践等，研讨教学观念、教学方法、课程设置、人才培养等议题。来自京津冀地区20所高校30名专家学者参加研讨会。北京高校新闻出版类专业群由中国传媒大学和北京印刷学院牵头成立，启动于2013年，汇集北京新闻传播类高校教学科研资源，依托高校在教学科研、人才培养、实习实践等方面优势，打造新闻传播学相关院校科学研究的品牌。

（谢丹）

人民大学成立京津冀协同发展研究院

1月9日，中国人民大学召开京津冀协同发展研究院成立大会暨首届京津冀协同发展论坛。研究院以京津冀协同发展的理论、政策与实践研究为导向，逐步建成国内外具有重要影响的、以京津冀协同发展研究为核心的科学研究基地，区域与城市经济学教学和人才培养基地，以及社会服务基地。研究院对党和国家相关决策建言献策，为国家发展做出贡献。论坛以“京津冀协同发展与非首都功能疏解”为主题，邀请专家作主题报告，阐述京津冀协同发展的现状和问题、理论与实践、对策与建议等。

（万静）

京津冀4所医学院校签订战略合作协议

4月6日，首都医科大学与北京协和医学院、天津医科大学、河北医科大学签订战略合作框架协议。根据协议，4校建立项目合作制度形成有效合作模式；加强学科之间合作与学科平台建设，促进优势学科更好发展；促进各级各类医药卫生人才培养过程中的校际交流与培养；加强科研项目合作，支持校际间开展学术交流；建立管理干部及学科干部相互挂职锻炼的协商机制，提高各类人才队伍建设水平；建立学生工作系统及学生组织的联系机制；研究探索服务于区域医药卫生健康事业的有效社会服务途径；共享各方可以公开的信息资源、图书资源和科研资源等。协议有效期5年。

（王于英　陈飞飞）

京津冀百所高校节能环保大学生演讲大赛

4月9日，首届“凌盛蓝天白云杯”京津冀百所高校节能环保大学生演讲大赛冠军争夺战第一场在北方工业大学举办。10个团队通过巡回演讲赛的形式争夺决赛冠军，观赛师生为参赛团队现场投票，投票结果计入总决赛成绩。比赛自2015年6月5日启动，共有京津冀百所高校参赛，经过初赛、复赛、夏令营和十强赛等环节，10个团队入围巡回演讲赛和总决赛。比赛由市教委、首都精神文明建设委员会办公室、市发改委、市团市委、市环保局、市青年联合会、市学生联合会、北京凌盛集团、北京凌盛爱心公益基金会联合主办。

（王波）

4月19日，首届京津冀高校节能环保大学生演讲大赛冠军争夺战　（北方工大 供）

京津冀体育健身休闲发展协同创新中心在首体院成立

5月26日，京津冀体育健身休闲发展协同创新中心在首都体育学院成立。中心采取协同创新体运行机制，研究设计适合京津冀三地特色的体育健身休闲活动，研发适合京津冀区域特点和文化特色的体育健身休闲节事，建设体育健身休闲数据动态调查平台，培养懂设计、会运营、能指导的新型体育健身休闲产业人才。同时，京津冀三地6校签署成立京津冀体育院校教学联盟合约。依据联盟章程，定期召开教育教学研讨会，通过师生互派、专业建设论坛、讲座、共同承担教育教学研究与改革项目等形式和渠道，取长补短，共同发展，立足京津冀，服务于国家经济社会发展战略。联盟理事长单位实行轮流担任制度。联盟成员包括首都体育学院、北京体育大学、天津体育学院、河北体育学院、北京师范大学体育与运动学院、河北民族师范学院体育系。

（李丹阳）

京津冀建筑大学人才培养协议签订

6月2日，北京建筑大学与天津城建大学、河北建筑工程学院签署本科人才培养合作协议。根据协议，三校共同启动“互联网+建筑”人才培养建设平台，采用互联网技术，以云存储、云计算的方式开展建设，以“人才培养”为主题，探索培养方案共通，建立学分互认机制，共同开展课程建设、教材编写、联合毕业设计、卓越工程师计划建设、教学研究、专家库建设、国际交流资源共享等工作，联合共建实践教学基地，实现优质教学资源的协同开发与共享。

（李文超　曹洪涛）

首师大成立京津冀教育协同发展研究院

6月7日，首都师范大学京津冀教育协同发展研究院成立。研究院由首师大协同天津师范大学、河北大学、河北师范大学等京津冀三地高校与科研机构成立，定位于京津冀教育改革与发展决策智库，以解决京津冀协同发展过程中的教育问题为导向，以推进京津冀区域的教育质量、教育公平和教育创新为宗旨，服务京津冀协同发展进程中的教育发展，完善和创新京津冀区域教育治理结构和发展模式，构建高效畅通的教育协同机制，为京津冀地区实现区域教育的优质均衡贡献力量。

（邱小培）

首届京津冀护理研究生学术论坛

6月17日，首都医科大学主办首届京津冀护理研究生学术论坛。论坛设主题报告、论文交流2个环节。听取北京协和医学院护理学院院长《护理研究生教育概况及研究生科研创新思维的开发》主题报告；论文交流包括循证护理研究和临床护理研究论文2类，经专家组评选，评出一等奖1人、二等奖2人、三等奖4人和优秀论文奖2人。来自北京协和医学院护理学院、北京大学护理学院、北京中医药大学护理学院、天津医科大学护理学院、河北医科大学护理学院、承德医学院护理学院师生100人参加论坛。

（王于英　陈飞飞）

京津冀高校商科类协同创新联盟成立

6月21日，北京工商大学与天津财经大学、河北大学合作成立京津冀高校商科类协同创新联盟，在商科教育的学科建设、人才培养、科学研究与服务京津冀发展等方面建立合作机制。成立大会上，三校联合签署合作协议，并为京津冀高校商科类协同创新联盟揭牌。根据协议，三校面向京津冀协同发展战略，共同探索现代大学办学理念及中国特色现代大学制度建设；开展重点学科专业建设，加快学科交叉融合，聚集和培养拔尖创新领军人才；开展学生跨校交流与培养，选拔培养行业卓越人才。同时围绕京津冀协同发展中重大需求和重大科学问题，共建若干“京津冀协同创新中心”，实现优势科研资源开放共享，并联合建立多学科组成的高端智库和开放式研究机构，联合开展核心理论研究和应用研究;推动产学研合作，加强高校科研成果转化机制模式创新，增强学校服务地方经济社会发展能力。

（杨蓉　杨巧明）

京津冀金融研究联盟成立

9月18日，京津冀金融研究联盟成立仪式暨京津冀金融普惠报告发布会在首都经济贸易大学举行。联盟成员包括中国人民大学、对外经济贸易大学、中央财经大学、河北大学、北京工商大学、首都经济贸易大学、河北经贸大学、北京联合大学、天津财经大学和河北金融学院10所高校。联盟旨在构建开放式研究平台，开展金融协同研究；聚焦京津冀金融协同发展，共同服务社会；推进金融人才培养校级合作，加大教师、学生、教学资源交流；探索建设常态化的联盟交流机制。首经贸和中国家庭金融调查与研究中心联合发布《京津冀金融普惠报告》。报告从京津冀的金融普惠概况、作用、家庭金融行为等方面对金融普惠与京津冀协同发展进行研究，并提出3点建议。

9月18日，京津冀金融研究联盟成立

（首经贸 供）

（刘江霞　杨蓉　杨巧明）

京津冀物流文化协同发展论坛

10月28日，北京物资学院与市商委、京津冀三地贸促会联合举办京津冀物流文化协同发展论坛。论坛以“京津冀物流协同发展＋区域物流创新提升”为主题，研讨京津冀物流行业发展、城市配送智能解决方案等问题。来自商务部流通业发展司、京津冀三地政府主管部门、贸促会、物流专业院校、研究机构、专家学者、物流协会、物流行业及企业等200名代表参加会议。

（胡瑞旺）

京津冀电影教育联盟成立

10月29日至30日，京津冀电影教育联盟成立仪式暨“京津冀一体化战略与电影教育”研讨会在河北大学举行。联盟由北京电影学院、天津师范大学、天津工业大学、河北大学4所高校共同发起，旨在顺应京津冀协同发展战略部署，解决三地教育发展不均衡的现状，提升京津冀地区高校电影教育和艺术素养。联盟发布《京津冀电影教育现状调研报告》，通过报告了解北京、天津、河北三地的电影教育现状，发现三地电影教育存在的差异和问题，提出相应解决对策。研讨会以“京津冀协同发展战略下影视教育的机遇与挑战”为主题,听取《法美电影基础教育的片目与引导比较》和《2011—2015年全国高校影视相关专业录取情况统计报告》等报告。

（程麒台　刘丽音）

京津冀武术和游泳体育论坛

11月18日和12月16日，首都体育学院分别召开京津冀武术节事协同创新发展高层论坛和首届京津冀游泳运动发展论坛。武术节事协同创新发展高层论坛包括“京津冀”武术节事协同创新发展高层论坛、“京津冀”武术人才培养研讨会、“京津冀”武术协同发展论文报告会3部分。首届京津冀游泳运动发展论坛听取《京津冀体育协同创新发展现状及改进措施》《水立方经营管理的变革与发展》等主题报告。累计300人次参加论坛。

（李丹阳）

首届京津冀高校学术期刊高峰论坛

11月29日至12月2日，北京市高等教育学会社会科学学报研究分会与天津市高校文科学报研究会、河北省高等院校学报研究会联合主办首届京津冀高校学术期刊高峰论坛暨

2016 联合学术年会。来自《北京大学学报》、天津财经大学学报《现代财经》、华北理工大学出版管理中心等单位专家作主题报告。京津冀三地高校学术期刊编辑 150 余人参加论坛。

（刘晖）

职业与继续教育

京津冀“互联网 +”职教集团成立

1 月 26 日，由丰台区教委、中国现代职业教育网、中央广播电视大学出版社共同主办，北京市丰台区职业教育中心学校承办的“现代职教论坛 · 京津冀职业教育协同发展暨‘互联网 +’职业教育集团成立大会”在京举行。教育部职业技术教育中心研究所相关领导，北京市、天津市和河北省职业教育相关领导专家，以及来自北京、天津、河北、山西、内蒙古 53 所职业院校、28 个行业企业和科研机构代表共计 300 余人参加。京津冀“互联网 +”职业教育集团由丰台职教中心校牵头发起，由京津冀三地的区县级政府、职业院校、行业企业和科研机构等共计 46 个会员单位组建而成，致力于在“互联网 +”、体制机制创新、资源共建共享、校企合作、人才培养及重大项目等方面开展合作，促进集团各成员单位共同发展。

（芦倩英）

京津冀职业教育协同发展研究中心成立

2 月 24 日，北京教育科学研究院职业教育与成人教育研究所、天津市教育科学研究院职业教育与成人教育研究所、河北省职业技术教育研究所签署合作协议。根据协议，三方成立京津冀职业教育协同发展研究中心。在此框架下，北京教科院依托职业教育骨干研究力量成立京津冀职业教育协同发展研究中心（北京），对外联合天津市和河北省职业教育科研机构、京津冀地区职业院校，协同开展职业教育政策、理论及实践研究，编印京津冀职业教育协同发展简报，创建京津冀职教协同发展研究微信群；对内为市教委提供决策咨询，参与起草相关政策文件，完成市教委委托课题。

（侯兴蜀）

信息职院与河北怀来开展合作

7 月 30 日，北京信息职业技术学院与河北省怀来县职教中心、怀来县高级技工学校签署战略合作协议。根据协议，三方本着相互促进、共同发展、互利双赢原则，在教师培训、专业建设、课程建设、资源共享、质量管理、信息化建设、远程教育、订单培养等各领域开展深入合作，探索在怀来建立分校的可能性。

（李岩）

京津冀地区声乐表演邀请赛

10 月 19 日，2016 年京津冀地区声乐表演邀请赛暨北京市中等职业学校声乐表演技术技能比赛在北京市密云区职业学校举办。比赛由市教委、北京教育科学研究院、北京市职业教育学会联合主办，中国音乐学院附中承办。比赛分为美声唱法、民族唱法及通俗唱法 3 个组别，共有来自京津冀地区 7 所院校 38 名选手同台角逐，最终评选出一等奖 4 人、二等奖 8 人、三等奖 11 人。其中，中国音乐学院附中 2 名高三学生分别获得民族唱法和美声唱法一等奖，另外 4 名参赛选手获得二等奖。

（南秀渊）

京津冀职业教育教学协同发展联盟成立

10 月 26 日，北京教育科学研究院举办京津冀职业教育教学协同发展联盟成立大会暨京津冀职业教育教学协同发展北京论坛。会议主题为“协同、创新、共赢”，京津冀职业教育教学协同发展联盟由北京教科院职业教育与成人教育教学研究中心、天津市教育委员会职业技术教育中心、河北省职业技术教育研究所共同发起，是开展京津冀职业教育教学协同创新与发展的协作组织。市教委、北京教科院、天津市教委、河北省教育厅相关领导参加会议并共同启动“京津冀职业教育教学协同发展联盟”会标，来自京津冀三地职业教育主管部门、教研机构、中职和高职

10 月 19 日，京津冀地区声乐表演邀请赛
（中国音乐学院附中 供）

院校以及相关行业、企业代表近 300 人参加会议。

（霍丽娟　吕轮超）

京津冀成语文化龙门阵邀请赛

10 月 30 日，朝阳区社区教育领导小组办公室、区教委和区语委办在芳草地国际学校举办“老少共圆中国梦——2016 年京津冀成语文化龙门阵邀请赛”。天津市河北区及河北省邯郸市两地 4 支代表队和朝阳区 2 个代表队参赛。竞赛以家庭形式参与，选手中年龄最大的 80 岁，年龄最小的 8 岁。竞赛内容集知识性与趣味性于一体，有必答题和共答题，小学生选手讲述成语故事、成语接龙、猜谜，家长选手进行诗朗诵、书法等才艺展示。

（韩志波）

10 月 30 日，京津冀成语文化龙门阵邀请赛

（朝阳区教委 供）

北戏举办京津冀艺术教学汇报交流演出

10 月至 11 月，北京戏曲艺术职业学院分别在学校少儿戏剧场和长安大戏院举办 2 次京津冀艺术教学汇报交流演出。少儿戏剧场演出历时 15 天，剧目 11 台，演出 12 场，涉及音乐、京剧、评剧、河北梆子 4 个专业方向。演出包括京津冀三地艺术院校合作的红色经典史诗大型声乐套曲《长征组歌》、河北艺术职业学院新编青春版河北梆子《孟姜女》、天津艺术职业学院京剧学生折子戏专场、北戏河北梆子学生折子戏专场等。参加演出师生超过 1000 人次，观众超过 5000 人次，来自兄弟院校的观摩领导教师和研讨会点评专家超过 200 人次和 20 个院校。长安大戏院演出是 2016 京津冀艺术职业教育协调发展联盟举办的“艺术教学成果汇报交流”活动组成部分，持续 5 天。

（杨楠）

京津新型职业农民培育合作签约

11 月 1 日，北京市农广校昌平分校与天津市津南区农广校签订农广教育校校合作协议。根据协议，两校开展新型职业农民培育与农村实用人才培养等方面合作，实现资源共享、师资互动、产业互补，将农民中等学历教育、大专教育引入职业农民培育及农村实用人才培养当中，为农民教育创新探索新模式。

（崔静）

京冀农业人才知识更新计划启动

11 月 1 日至 6 日，河北省基层农技人员知识更新培训在北京农业职业学院举办，标志京冀两地现代农业人才知识更新计划全面启动。培训由农职院与河北省农业厅联合主办，河北省邯郸市所辖 14 个区县 400 名基层农技人员参训。培训组建包括国家级首席专家在内的师资团队，推出“现代农业套餐”并以“理论教学 + 现场教学 + 星光课堂”综合教学模式立体呈现。其中，理论教学涉及现代农业发展趋势、休闲农业与产业融合、现代农业与新型农业经营体系等；现场教学走进金福艺农、国际种业公司等实训基地，透过现代农业的缩影感知现代农业发展脉搏；星光课堂以新颖的叙事方式与学员共同研讨科学技术如何释放现代农业的多功能。

（许璇）

10 月，京津冀艺术教学汇报交流演出

（北戏 供）

（本栏责任编辑　胡雨）

2017 各区教育

DISTRICTS EDUCATION

DISTRICTS EDUCATION
各区教育

东城区

概述

2016年，东城区教委辖属教育单位199个（幼儿园52所、小学63所、中学42所、中等职业学校6所、特殊教育学校2所、工读学校1所、成人教育学校4所、其他法人单位29个）。招生27167人（幼儿园5608人、小学9318人、初中6637人、普通高中5310人、中等职业学校215人、特殊教育学校14人、工读学校65人）；毕业24388人（幼儿园3791人、小学7360人、初中7048人、普通高中4962人、中等职业学校1154人、特殊教育学校33人、工读学校40人）；在校生109238人（幼儿园15628人、小学54585人、初中20021人、普通高中16157人、中等职业学校2516人、特殊教育学校211人、工读学校120人）。教职工总数15072人（小学5121人、普通中学6351人、职业教育597人、幼儿园1681人、特殊教育120人、工读学校55人、成人教育196人、校外教育345人、其他直属单位606人）。北京市特级教师50人、北京市学科教学带头人16人、北京市骨干教师165人。全年教育总投入5561万元。设立学区8个。

2016年，东城区教育系统以配合疏解非首都功能、推动京津冀教育协同发展为主线，以改善民生福祉为宗旨，围绕中国学生发展核心素养框架体系，立德树人，全面育人，卓有成效。

立德树人，学生综合素养整体提升。以培育和践行社会主义核心价值观为主线，以“我的中国梦”主题实践活动、“三节三爱”教育为载体，进一步构建全员、全程、全方位育人机制。开展系列主题教育和展示活动，实现全员参与，带动家长、社会资源单位为未成年人思想道德建设营造氛围。召开“点燃中国梦　舞动青春情”五四表彰会，表彰获得“三好学生”“优秀学生干部”“优秀学生”等19类荣誉称号的2万余名学生。

推进学区制建设和全面优质品牌化建设。召开教育综合改革两周年大会，成立东城区学术委员会。优质教育资源组团发展，形成34对深度联盟学校、10所九年一贯制学校、7条优质教育资源带、7个教育集团、27个初中双优建设项目、2个教研部门支持普通中学项目、12所合作办学实验学校和3个社会机构支持项目。小学就近入学率98.1%、初中就近入学率96.6%，优质资源覆盖率91.9%，教育社会满意率85.9%。

学院制运行机制日臻完善。召开首次青少年学院院长联席会，加强学院管理体系建设；在2个学区开展高中“学院日”课程试点，实现全区小学生在500余门“学院日”课程中自主选课。青少年体质健康学院启动“健康成长2020”工程，推进学生配餐综合服务中心和体育综合项目活动中心工程建设。启动东城区冰雪项目进校园工作，举办各类体育活动，成功举办“品古风雅韵　承国粹生辉　育美德英才”京剧专场演出。加强精品艺术团队建设，23所小学与高校及社会艺术团体展示教育教学成果。青少年科技学院完成新一届东城区青少年科技教育协会换届选举；举办科技节，开展天文、生物等40余项区级科普竞赛，开展科技普及活动770次。青少年国际教育学院组织因公赴境外出访团组131批次3901人次，赴台文化教育交流出访团组17批次师生369人次；接待来自近30个国家和地区的92个政府和教育代表团组，来访人数1433人次；全面推进国际理解教育课程，50余所学校13000名学生参与。

各级各类教育协调发展。学前教育资源供给不断扩大，增加学位1000余个。6所幼儿园半日班试点开园；在北京第一师范学校附属小学、北京市广渠门中学附属花市小学开办幼小衔接班；实施优化教育结构布局项目，北京市汇文第一小学站东校区部分教室改建成东城区大方家回民幼儿园分园，东城区崇文回民幼儿园东八角分园开园；推进东城区第二幼儿园崇文门外分园维修和东城区春江小学改建幼儿园工程。基础教育供给侧改革见实效，围绕青少年学生核心素养，构建生态课堂；27家单位成为“初中开放性科学实践活动基地"；召开区级、学区教学研讨会并承办市级现场活动，开展课改培训专题活动；稳步推进"民办教育机构参与中小学学科教学改进项目""北京市外籍教师支持中小学英语教学改革"项目实验；推荐3所学校参与北京市高中特色发展联盟带动郊区学校特色发展；推进33个单位创新人才培养项目验收工作。拓展职业教育转型路径，在大幅缩减招生计划的同时，制定《东城区职成教育改革发展实施方案》，面向中小学生和社区居民开发职业体验课程。

全面推进人才战略。建立每年5500万元深化教育综合改革奖励保障机制，成立东城区教师发展中心；积极推进干部教师轮岗交流，参加交流干部教师3139人。评选表彰东城区"杰出校长""杰出教师""优秀校长"等共计791人；开展"做'四有'好老师 争当优秀引路人"师德师风建设年主题活动。

（关英 李银姬）

区特殊教育研究中心成立

1月11日，东城区教委举办东城区特殊教育研究中心揭牌仪式。研究中心将发挥研究高地、信息交流平台、咨询服务中心的作用，以"医教结合、科教结合、社教结合"为发展思路，与高校院所、医疗机构、国内外特殊教育研究机构开展合作和交流。研究中心致力于特殊教育教师培训、打造骨干教师队伍；引导特殊教育学生康复训练；整合全区特殊教育资源，推出一批高水平研究成果；落实教育部特殊教育学校课程标准，完善特教课程体系，实施个别化教育；与中学、小学、学前、职业教育教研中心合作，深入开展融合教育研究。

（刘哲 李银姬）

11月，东城区特殊教育研究中心揭牌 （东城区教委 供）

贯通培养实验学校揭牌

2月20日，北京市第十一中学贯通培养实验学校揭牌。第一一四中学—第十一中学初高中六年贯通培养模式是东城区深化基础教育领域综合改革的重要举措，贯通培养即指符合条件的一一四中初三毕业生可直升高中示范校十一中。项目同时延伸至小学，当年进入东城区革新里小学的一年级学生，6年后可直升一一四中，9年后可直升十一中。3所学校形成十二年一贯制培养体系，探索学校文化、课程建设、学生成长等方面的协同发展。

（李银姬）

2月20日，北京市第十一中学贯通融培养实验学校揭牌 （东城区教委 供）

区学生体质健康管理中心成立

3月10日，东城区中小学体质健康管理中心成立。中心为东城区教委直属事业单位，结合东城区综合改革发展趋势，在对原南、北2个中小学卫生保健所全面调研的基础上，梳理和调整保健所工作职能，形成体育、卫生合理并行的工作模式，完成职能调整。中心主要负责开展学生体质健康相关课题研究，宣传普及体育、卫生知识，组织与管理学生体育、卫生相关活动，管理学生营养与食品安全工作，研发体质健康相关课程等。中心有工作人员24人。

（单聪 李银姬）

社区教育工作会召开

3月24日，东城区教委召开东城区社区教育工作会。会议总结2015年社区教育工作，部署2016年工作计划；专家汇报5个社区教育示范项目推进情况，安排相关科研课题申报和区级"学习之星"培育工作。会议宣布"社区教育联盟"正式成立，该联盟以社区学院为龙头，通过"联盟"平台，联系、协调和组织东城区各市民学习基地（中心），共同推进学习型城市建设，落实社区教育示范项目，开展学习型城市建设与终身教育、社区教育课题研究。会议发布《关于建立社区儿童早期教育工作助理队伍的意见》，指出首批东城区社区儿童早期教育工作助理教师由东城区社区文教助理组长兼任，负责配合社区儿童早期教育示范基地做好婴幼儿早教工作。区社区教育协会有关专家，17个街道文教科、各基地和中心领导，市社区儿童早教基地负责人、文教助理组长80人参加会议。

（连莲 李银姬）

"翻转课堂"研讨会

3月25日，东城区教委召开"北京市数字学校混合式学习研究"——北京市第一七一中学初三"翻转课堂"研讨会。会议旨在进一步梳理"互联网+"背景下的课堂教学质量模式，探索加强数字学习落地支撑课堂教学实效性；现场展示初三年级语文、数学、英语、物理和化学5节研究课，通过“北京数字学校”混合式学习研究，学生的学习方式发生改变，课堂的学习内容翻转至课前，延展至课后，5节课既是一七一中“翻转课堂”实践探索阶段性成果的展示，也是常态教学的体现；一七一中作题为《北京一七一中学“翻转课堂”的思考》的发言。会议指出一七一中“五个教出来”是课堂内能教出来，考试中能考出来的，初三毕业年级的课堂教学仍然是翻转的、讨论的，其他学校的非毕业年级更应该贯彻落实改革要求，看到更多教师的创造性。市教委、区教委、区教师研修中心有关领导，各区教研员、教学领导和一线教师，全区中学教师干部和外省市教师代表，培训机构、在线教育创业企业研究者等300余人参加会议。

（杨学银　李银姬）

讲长征故事大赛

4月16日，东城区教委主办“纪念长征胜利80周年——我讲长征故事”大赛。比赛是国防教育精品系列活动之一，由学校自主推荐小学四年级至六年级和初中选手参赛，围绕“弘扬长征精神”主题，讲述与红军长征相关的故事。最终评出一等奖32人、二等奖46人、三等奖35人。比赛由区少年宫承办，60所中小学的113名学生参加比赛。

（伊传锦　李银姬）

推进职业教育发展

4月23日，东城区教委举办第二届北京市职业教育宣传月活动分会场启动仪式。活动展示全区职业教育转型升级成果，并通过互联网在市级主会场直播活动现场情况。活动邀请和平里学区部分中小学生和市民参与职业体验，在姜波工作室，“蜜供姜”第五代传人姜波与中小学生分享他的成长经历，讲解北京小吃的制作技艺；在烹饪专业实训基地，中学生现场学习制作“凤尾虾”，市民学习熟食切配装盘艺术，小学生与家长共同学习制作西点“松茸巧克力”，职高学生与社区市民现场实践抻面、蓑衣花刀和面塑技艺。

4月23日，第二届北京市职业教育宣传月东城区分会场活动
（东城区教委　供）

至年底，东城区职业教育加快改革步伐，加强职业教育与普通教育、社区教育融通，推动职业学校相继成为东城区青少年学院分院、东城区中小学职业体验中心、东城区社区市民职业体验中心，并先后推出68门中小学职业体验课程、110余门青少年学院小学“学院日”课程、70余门社区市民学习课程以及近20门初中开放性科学实践活动课程，供学生、市民学习。

（覃玉玲　李银姬）

学生田径运动会

4月23日至24日，东城区教委、区体育局共同主办阳光体育2016年东城区中小学生田径运动会。开幕式上，运动员、裁判员代表分别宣誓；景山—东华门、龙潭—体育馆路、和平里、安定门—交道口、东四—朝阳门—建国门、东花市—崇文门—前门、天坛—永定门外、北新桥—东直门8个学区依次进行入场式和团体操表演。比赛由东城区田径运动协会组赛，设8个组别12个田径项目。经过角逐，北京第一师范学校附属小学获小学组团体总分第一名，北京汇文中学获初中组、高中组团体总分第一名。教育部、国家体育总局、北京奥运城市发展促进中心有关领导和专家参加开幕式，全区近3000名中小学生参与、观看比赛。

（单聪　李银姬）

和平里学区“课堂·技术”教学研讨

5月18日，东城区教委举办以“课堂·技术”为主题的和平里学区教学研讨会。会议旨在主动适应“互联网+”时代发展趋势，加快和平里学区教育现代化进程，探索在移动互联技术支持下学生个性化学习方式、教师教学方式、构建生态课堂等内容。研讨会分为课堂展示、研讨交流环节。北京宏志中学、北京市第一七一中学、北京市第五十四中学呈现6节生生互动、师生互动、人机互动生态课堂展示课。北京教育科学研究院、区教委、区研修部门有关领导专家，社会资源单位和相关高校专家，全区各中学教学干部、相关学科教师100余人参加会议。

（杨学银　李银姬）

创客嘉年华活动

5月27日，东城区青少年科学技术学院、崇文青少年科技馆共同举办“创意制汇　创新未来”——庆“六一”少年创客嘉年华（第二季）活动。学生在科技馆教师和多家创客资源单位的带领下，把自己的创意构想通过团队合作和技术支持变成现实。活动现场，Scratch趣味编程——体感互动游戏课程，让学生不用任何控制器，通过肢体动作控制游戏里的角色；三维打印体验活动、3D笔绘画，让学生体验从设计到成品的全过程。北京市科技教育促进会、乐博趣机器人教育集团、丰模世界、北京科乐博特公司作为活动的支持单位参与创客展示。来自龙潭—体育馆路学区、东花市—崇文门—前门学区、天坛—永定门外学区14所小学的近 300 名学生参与活动。

（周末　李银姬）

景山学校教育集团成立

5 月 27 日，北京景山学校教育集团成立。成立仪式上，东城区教委任命原景山学校校长范禄燕为集团理事长，参会领导和专家为集团成员校授牌。景山学校在石景山、大兴、朝阳、门头沟，以及河北唐山、河北香河、四川广安等地先后成立 9 所九年一贯制学校，实现一体化办学。分校办学模式完全复制本校，包括学制、课程、教材、管理模式等。景山学校教育集团由三种模式组成，一是由 9 所景山教育集团成员校组成；二是由全国近百所使用景山学校教材的学校组成；三是由全国近千所加盟景山网络联盟的学校组成。

（马亚莉）

首届中小学生传统文化节

5 月 28 日，东城区教委举办东城区首届中小学生民族民间传统文化节。文化节融“参与”“体验”“互动”“趣味”为一体，在传统文化展示表演、传统文化交流互动、师生书画展览 3 个板块活动中，来自 50 余所学校的学生展示京剧、曲艺、腰鼓和民间手工创意等民族民间传统艺术项目，充分展现各校开展民族民间传统文化教育教学的丰硕成果。著名书法家、中国书法家协会会员赵普参加活动，宣布成立“赵普先生书法工作室”，部分骨干书法教师成为工作室首届学员。活动由区少年宫承办，全区部分中小学师生、家长及社会各界代表近 500 人参加活动。

（周末　李银姬）

5 月 28 日，东城区首届中小学生民族民间传统文化节

（东城区教委　供）

中职青年教师培训班结业

7 月 6 日，东城区中等职业学校青年教师培训班结业。该培训为期 1 年，内容包括青年教师职业素养、教学基本功、信息技术教学工具使用 3 个模块，共计 180 学时，采取理论学习研讨和展示交流实践相结合的培训方式。培训班由区教委、区教师研修中心与北京教育学院合作举办。

（覃玉玲　李银姬）

半日制学前教育模式试点

9 月 1 日，北京市东城区大方家回民幼儿园探索半日班教育教学实践模式成功，扩大半日班招生。该园在本部、小牌坊分部、春松分部和站东分部共开办 8 个半日班，招生 150 余人，旨在缓解建国门地区、朝阳门地区适龄幼儿入园难问题。至年底，东城区教委积极试点探索半日制学前教育模式，旨在有效利用资源、扩大学位供给，满足多元需求，利用有限空间最大限度增收幼儿。区教委在北京市第二幼儿园、北京市东城区东四五条幼儿园、大方家回民幼儿园、北京市东城区第二幼儿园、北京市东城区永定门幼儿园、北京市东城区安乐幼儿园 6 所幼儿园开展半日班试点工作，开办半日班 17 个，收托幼儿 385 人。

（王娟　李银姬）

中小学民族团结教育周活动启动

9 月 27 日，东城区教委举办“民族文化浸润心田　多彩课堂魅力绽放”东城区第十届中小学民族团结教育周主题活动启动仪式。活动强调，进一步发挥市级民族团结教育示范校在学区、教育集团中的引领、辐射作用，通过强化“资源集成”，融通校际资源，优化和共享学区民族教育成果；在深化“多学科跨校授课”的联动模式下，坚持以基础类课程为主体，开创探索拓展类、实践类课程。区人大、区政府、区政协有关领导，全区各中小学民族团结教育工作主管干部和学生代表 300 人参加启动仪式。活动周围绕“促进民族团结　传承民族文化　增强民族自信”主题，开展主题诗歌征集活动。各校利用各类资源开展“三个一”主题活动，即结合升旗仪式、班队会等开展一次全校民族团结教育主题活动，组织一次民族体育交流比赛活动，组织学生积极参与一次民族团结教育主题实践活动。

（刘哲　李银姬）

9 月 27 日，东城区第十届中小学生民族团结教育周活动

（东城区教委 供）

艺术素质测评工作启动

10 月 20 日，东城区艺术素质测评工作启动。东城区作为北京市首批试点区编印完成《北京市东城区中、小学生艺术素质测评标准（试行）》和《北京市东城区中、小学生艺术素质测评办法》，测评标准编写历时 14 个月，共 121 页。

东城区计划于2017年开始开展艺术素质测评，东城区革新里小学、东城区东四九条小学、北京景山学校等13所中小学作为首批试点学校，学生自愿自主申报音乐、美术、戏剧、舞蹈、书法等艺术项目的素质测评，成绩折算计入北京市中小学生艺术素质测评成绩。

（周末　李银姬）

全民终身学习活动周

10月28日至11月11日，东城区教委、区建设学习型城区工作领导小组共同主办"学习完善自我，创新成就梦想"2016年东城区全民终身学习活动周。活动周表彰17名区级市民学习之星、40名优秀市民学习指导教师；宣布"北京·东城·学网"微信移动端上线。市教委、区政府、区人大、区文明办、区教委、故宫博物院有关领导和专家，东城社区学院院长、书记，17个街道办事处、市民学习基地、市民学习中心负责人，教师代表、获奖人员和市民代表200人参加开幕式。活动周期间，东城区先后举办第12届市民棋类比赛、第7届"清风墨韵"市民书画展、第7届中老年市民计算机应用能力竞赛、第4届市民厨艺大赛、首届市民花艺大讲堂插花比赛及社区早教基地亲子活动展示6项大型市民学习成果交流活动；开展北大国子监大讲堂流动课堂活动和职业学校市民学习体验课程进社区活动。东城社区学院，市民学习基地，市民学习中心，各街道、社区同时开展各类学习培训和展示活动。参与活动市民40300人次。

（连莲　李银姬）

第36届学生科技节

11月2日，东城区教委举办东城区第36届学生科技节开幕式。开幕式上，区学生科技节办公室总结东城区第35届学生科技节相关工作情况，参会领导为"科技教育先进集体""科技教育园丁奖"获奖代表颁奖；航天科技国际交流中心文创科教总师、科普卫星工程总师兼项目办副主任张刚博士作《航天"大科普"助力基础教育跨越式发展》微讲座。中小学校科技主管干部、学生代表近300人参加开幕式。科技节主题为"知识伴我成长，科技放飞梦想"，主打航天教育，统合南、北两个科技馆工作资源，在全区范围内利用1年时间开展41项科技项目竞赛及科普活动，分为工程制作、论文报告、思维益智、展示表演和综合实践5类，为学生搭建科普竞技成长平台。

（周末　李银姬）

中小学生京剧专场演出

12月28日，东城区教委主办"品古风雅韵　承国粹生辉　育美德英才"中小学生京剧专场演出。180余名中小学师生与北京京剧院演员同台表演，演绎《定军山》《穆桂英挂帅》《文昭关》等传统经典京剧唱段。活动中，戏曲研究专家向部分学校赠送京剧实验教材，宣布成立东城区中小学"中华优秀传统文化教育专家顾问团"，并为9名艺术家颁发聘书。市教委、区委、区政府有关领导，区政府相关委、办、局负责人，全区各中小学、直属单位负责人和中小学生、家长代表300人观看演出。东城区积极探索在小学开展京剧文化教育试点，东城区史家小学分校、东城区板厂小学、北京市第一零九中学小学部等10余所学校与中国戏曲学院、中国京剧院、中央戏剧学院等院校和专业团体合作建立"传、帮、带"京剧文化教育基地。该区共建立学生京剧艺术社团38个，京剧兴趣小组80余个。

（张婧　李银姬）

12月28日，东城区教委举办中小学生京剧专场演出
（东城区教委　供）

西城区

概述

2016年，西城区教委辖属教育单位212个（幼儿园69所、小学60所、中学43所、中等职业学校4所、特殊教育学校3所、工读学校1所、其他法人单位32个）。招生35470人（幼儿园6475人、小学13455人、初中8325人、普通高中6603人、中等职业学校547人、特殊教育学校42人、工读学校23人）；毕业29951人（幼儿园4414人、小学8552人、初中8418人、普通高中7032人、中等职业学校1438人、特殊教育学校74人、工读学校23人）；在校生138054人（幼儿园17483人、小学73803人、初中23748人、普通高中20366人、中等职业学校2214人、特殊教育学校371人、工读学校69人）。教职工总数17675人（幼儿园3233人、中小学13358人、中等职业学校827人、特殊教育218人、工读学校39人）。北京市特级教师59人、北京市学科教学带头人25人、北京市骨干教师190人。全年教育总投入80.60亿元。中小学固定资产总值34.05亿元，中等职业学校固定资产总值2.64亿元。驻区高等学校5所、社区市民学校261所、培训机构218个。年内新建幼儿园2所。设立学区11个。

2016年，西城区教委以"推动管理转型，提升教育品质"

为主线，深化教育综合改革，优化教育资源配置，积极推进人才队伍建设，稳步提高教育教学质量。

提高教育管理科学化水平。出台《推进师生阅读工作计划》《校园欺凌专项治理指导意见》等管理意见，组织召开“阅读·成长·精彩”师生阅读计划研讨交流会、“务实协同机制　凝聚育人合力”家校工作研讨会等推进重点工作；印发《提升附小直升学校教育质量指导意见》，推动附小直升校管理工作。

教育集团建设及学区制改革。通过完善教育集团组织制度，引导教育集团在发展过程中明确重点建设方向；通过完善教育集团资源共享保障措施和运行机制，搭建工作交流研讨平台；扩大集团内统一职称评定工作试行范围，完善教育集团建设激励机制；通过完善集团内部资金统筹管理，提高经费使用效益。启动学区管理运行机制，实现学区制由招生机制向属地教育资源统筹调配、有序运行迈进。

变革评价方式。实施一、二、三年级语文、数学、英语学科不进行期末终结性考试评价，指导学校形成校级学生学业评价方案；研究中考成绩反馈小学的数据分析及使用策略在改进教学中的作用；修订区初中课程方案，印发指导意见；推进初中开放性科学实践活动和综合社会实践活动。

人才队伍建设。完善人才管理机制及名师、骨干教师管理机制；完成区级学科带头人和区级骨干教师（区统筹）年度考核及在职特级教师履职考核，推荐 7 名教师参加正高级教师评定；完成 2016 年岗位设置、专技岗位内部滚动晋级工作，义务教育学校 1110 人晋级、非义务教育单位 292 人晋级，为 65 个单位调整编制；完成职称评审、评委会换届及选聘 2016 年职称评审专家工作，制定《北京市西城区深化中小学教师职称制度改革实施方案》。加大培训力度，组织新教师岗前培训，开设“新任德育干部培训班”。促进人才流动，优化人才队伍结构，建立高校优秀教师培养基地，设立“优秀人才引进奖”，补充工作人员 845 人。

各级各类教育协调发展。学前教育增量提质，落实《西城区第二期学前教育三年行动计划》，完成 5 所幼儿园新建、改扩建和 2 所幼儿园扩班建设，新审批 1 所民办幼儿园，增加学位 1000 个；试点半日制幼儿园和学区学前教育中心建设；以示范园“手拉手”街道幼儿园方式推进街办园质量提升。推进职业教育改革，完成职业学校校址腾退任务；推进职业教育专业调整，申请通过 7 个“3+2”中高衔接试点专业；发挥职业教育优质资源优势，面向普教学生开展职业教育体验活动。提升成人教育管理水平，结合区域发展要求及成人教育实际，起草成人教育改革方案，优化成人教育资源配置；推进市民终身学习认证制度，新建学习认证点 8 个。

教育服务保障体系建设。邀请专家采取多种形式调研附小直升校、教育集团和优质特色校，制定个性化方案，提出发展建议；完成学校课程计划备案工作，发挥行政统筹作用。

基础建设项目及校园安全工作。结合全区教育改革工作，重点建设基建项目 11 个，前期推进基建项目 9 个；安排各级各类学校实施修缮项目 269 个，总投资 2.01 亿元。根据餐饮服务食品安全监督量化分级管理工作规定，配合食药监部门完成食堂升级改造；做好全区学校传染病疫情监控和指导管理工作，依据《学校突发公共卫生事件应急预案》处理学校突发事件；强化人防、物防、技防三位一体校园安防体系；全年下发安全文件 23 个，8 类责任书 1900 份。

教育信息化统筹发展。研究制定规划、要点、信息化建设指南，统筹和部署全年重点工作；开展全系统信息化项目初审，统筹云计算中心、区教育城域网等一批通用性、基础性项目建设；发布《西城区教委系统网站安全管理规定》，完善网站建设，开展各单位网站安全漏洞扫描和整改工作。

（杨海蓉）

4 所学校成为“1+3”培养试验校

2016 年，西城区 4 所学校成为“1+3”培养试验校。根据市教委在初中校实施“1+3”培养试验要求，区教委推选北京市月坛中学、北京市鲁迅中学、北京师范大学实验华夏女子中学和北京市徐悲鸿中学 4 所学校参加培养试验工作，研究制定试验年级课程方案、教学计划和招生工作安排。其中，北师大实验华夏女中、徐悲鸿中学为市级统筹类学校，计划面向城六区一般公办初中，但计划不分配到校（报名学生不受推荐比例限制，需总量控制）；月坛中学、鲁迅中学属于区级普通类学校，计划面向西城区。5 月，区教委对全区普通初中、完中布置“1+3”培养试验工作，组织各初中、完中完成学生自愿报名、生源校推荐以及试验校面试招生等各项内容，顺利开展试验工作。2016 年，市教委启动“1+3”培养试验工作。学生在初二年级结束后进入试验校，在试验校连续完成初三及高中共 4 年学习。

（王贞荼　孙晓楠）

义务教育阶段招生

2016 年，西城区教委确保义务教育阶段入学工作平稳、有效推进。小学入学继续实行学区制，以街道行政区划为基础，设立学区 11 个；采取寄宿学校入学、登记入学、政策保障入学、随机分配入学和民办学校入学 5 种入学方式；入学新生 13545 人（本市户籍 11816 人、非本市户籍 1729 人）。初中入学实行多种招生方式与随机派位方式相结合；采取九年一贯制直升入学、小学对口直升入学、有条件派位入学、特长生入学、特色校入学、政策保障入学、就近登记入学、学区派位入学、民办学校入学 9 种入学方式；入学新生 8026 人（本市户籍 6302 人、非本市户籍 1724 人），包括学区派位入学生 5388 人，约占升学人数的 67.13%。

（袁伟）

教育综合改革

2016 年，西城区开展教育综合改革。西城区培智中心学校和北京市宣武培智学校合并，组建新的西城区培智中心学校，属于公办完全中学，是十五年一贯制特教学校。西城区西四北四条小学更名为北京师范大学京师附小。完善小学升初中学区资源配置，将 5 所优质高中名额直接分配到普通中学初一年级；调整北京市月坛中学、北京市徐悲鸿中学招生范围；新增西城区中华路小学、西城区四根柏小学为北京市第三十五中学直升校；调整北京市回民学校和北京市宣武回民小学招生政策；小学入学新增学位 5017 个。

（方光志）

规范整治未经教委审批幼儿园

2016 年，西城区教委规范整治未经教委审批幼儿园。核查并规范全区 34 所手续不全幼儿园办学资质、办学场地、教师队伍、幼儿数量及户籍等情况。关闭无证幼儿园 14 所、规范无证幼儿园 6 所，待规范无证幼儿园 14 所。区教委协调相关单位（区民政局、区工商局、区人力社保局等），调研辖区内无证办园情况，完善各部门工作职责，明确各自工作任务，加大治理力度，清理整治剩余的无证办园单位，规范和稳定辖区内学前教育秩序。

（王竞艳）

社会主义核心价值观教育

2016 年，西城区教委积极开展社会主义核心价值观教育。以“勿忘国耻、圆梦中华”为主题开展小学和初中“开学第一课”教育活动，以“价值的传承”为主题开展高中“开学一课”教育活动。推进“四个一”活动，组织全体初一师生观看天安门广场升旗仪式，初二师生参观首都博物馆、抗日战争纪念馆。组织 11 所中学 3500 名师生走进中国人民革命军事博物馆，参观纪念长征胜利 80 周年主题展览。整理、收集社会主义核心价值观教育优秀成果、案例近 30 件，举办“心怀天下　脚踏实地　践行核心价值观”2016 年西城区中学生论坛。

（杨海蓉）

校长助理项目

1 月 12 日，西城区教委召开“西城区校长助理项目”启动会。会议宣读校长助理任职名单，向校长助理代表颁发聘书。区教委、北京师范大学、各相关中学领导及 33 名校长助理共 70 余人参加会议。7 月，区教委和北师大召开第一期“西城区中学校长助理”项目总结会，总结和回顾一学期的项目工作进展情况和收获，并对后期项目运行提出设想。校长助理项目由区教委和北师大合作开展，由北师大选派优秀在校硕士、博士研究生到西城区各中学担任校长助理，挂职学生主要负责各校学校章程建设和课程体系梳理工作，并根据学校需求，参与行政会议、项目研讨、课题调研、方案制定、校本课程、学科教学以及学生实践活动等校内工作。

（王贞荼　孙晓楠）

高校支持小学发展项目中期推进会

1 月 14 日，西城区教委召开“高校支持西城区小学发展”项目中期推进会。会议围绕项目推进成效和工作设想，参会高校及项目学校表示将进一步借助专家资源，科学制订学校“十三五”时期发展规划，完善现代学校制度建设，做好区级委托课题，深化学校课程建设，形成以师生成长为核心的课堂文化和教师文化。北京师范大学、首都师范大学 、北京教育学院相关专家，12 所项目校负责人参加会议。

（曹琼）

青少年科技创新大赛成绩优异

3 月 27 日，第 36 届北京青少年科技创新大赛落幕，西城区成绩优异。区教委、区科协、区青少年科学技术馆组织 58 名师生参加比赛，获学生优秀科技项目一等奖 33 项、二等奖 35 项、三等奖 33 项，科教基金英才奖等专项奖 15 项，ISEF 联席赛事奖项 12 项，创意项目一等奖 3 项、二等奖 3 项、三等奖 4 项，科技辅导员项目一等奖 6 项、二等奖 8 项、三等奖 3 项，科技实践活动北京市一等奖 4 项、二等奖 2 项、三等奖 2 项，科学幻想绘画项目一等奖 11 项、二等奖 16 项、三等奖 16 项；3 名学生获第 14 届“北京青少年科技创新市长奖”，1 名教师获“十佳科技辅导员”称号，2 名教师获“优秀科技辅导员”称号。

（马志红）

首都少年先锋岗

4 月 1 日至 21 日，西城区团教工委组织学生参加站“首都少年先锋岗”活动。活动前，所有站岗少先队员接受培训，学习英雄事迹，了解五星红旗、人民英雄纪念碑的含义。活动中，少先队员代表每组 6 人，其中，2 名旗手执大队旗、4 名护旗手敬队礼，在人民英雄纪念碑基座北侧，面向天安门城楼站岗。站岗后，少先队员代表撰写站岗体会，深化活动教育效果。参加站岗的少先队员代表参观毛主席纪念堂和天安门城楼，接受爱国主义和革命传统文化教育。25 所学校初一年级学生 375 人参加活动。

（罗李立）

市民教育工作会议

4 月 8 日，西城区学习型城区创建领导小组召开西城区 2016 年建设学习型城市示范区暨市民教育工作会议。会议听取区政府领导工作报告，宣读《关于 2015 年西城区学习型城区建设工作、文明市民教育工作先进集体和先进个人的决定》，印发《西城区建设学习型城区工作“十三五”规划》。区委、区政府、区政协领导，各委办局、街道办事处、教育系统部分单位相关负责人 150 人参加会议。

（王珍）

初中生学农实践

4 月至 6 月和 9 月至 11 月，西城区教委分 2 个阶段 17 个批次开展“学农教育实践”活动。活动采取线上选课方式，8000余名初二师生前往北京农业职业学院，每批次近700名学生按照选课情况跨区、跨学校重组班级。区教委先后制定“学农教育实践”活动方案、安全预案，多次带领实验校干部进行实地考察，并逐步形成项目推进流程，指导学校结合学生实际，在原有学农课程套餐基础上，开展跨学科集体备课及校本学农课程整合与开发，提升教育实效。

（王冉冉）

三帆中学初二师生在农职院进行“农业与生产”课程实践

（三帆中学 供）

颜凤岑校长办学思想研讨会

5月13日，西城区委教工委、区教委共同举办颜凤岑校长办学思想研讨会。会议观看北京第一实验小学“生活教人、文化育人”办学思想宣传片《逐梦》；中国社会科学院、北京教育学院2名专家及6名校长代表与颜凤岑围绕“‘生活教人、文化育人’办学思想的形成与实践”“课程建设与实施”“教育改革发展与深化”3个小专题展开互动交流与研讨。市教委、市政府教育督导室、区人大、区委教工委、区教委、区政府教育督导室等单位领导及相关负责人参加研讨会。颜凤岑为实验一小校长。

（曹琼）

“城宫计划”推进

5月20日，西城区教委举办2016年“城宫计划”推进暨学生课外活动成果展示会。会议为第二批45所“西城区城市学校少年宫”颁牌，至此，西城区“城宫计划”实现小学阶段全覆盖。会上，400余名师生展示“城宫计划”活动成果，包括中国鼓、京剧等4大类20余个节目展演和毛猴、风筝、剪纸等传统文化类学生工作坊展示；西城区白纸坊小学、北京市第四中学分别介绍学校推进“城宫计划”工作经验与做法；区教委总结“城宫计划”工作，并指出工作将推进至初中阶段。作为西城区义务教育重点领域综合改革的一部分，区教委于2014年开始实施“城市学校少年宫计划”，即“城宫计划”，将校外教育资源引入校内，使学生不出校门便可在校内免费享受优质教育资源。两年来，“城宫计划”为学生开设艺术、科技、体育和传统类课程101门，组建兴趣小组、学生社团3700余个。

（兰静）

高级中等学校招生录取工作

6月24日至26日，西城区教委组织学生参加北京市高级中等学校招生统一升学考试。全区报考总计8315人，其中，具有升学资格考生7701人、借考考生614人。中考共设考点21个，考场279个。在录取工作中，西城区被提前招生学校录取新生1247人，其中，示范高中452人、一般高中86人、职技类709人；名额分配实际录取1158人，其中，优质高中所属初中组591人、一般高中所属初中组567人；市级统筹实际录取41人；校额到校实际录取165人；统一招生录取4694人，其中，普通高中4433人（示范高中2258人、一般高中2175人），职技类261人。录取总计7305人，升学率94.85%。未录取考生396人。

（贾维）

初中课程方案修订

6月，西城区教委修订西城区初中课程方案。结合北京市新中考方案，新修订的初中课程方案对部分学科课时安排进行微调，并对初三年级课程安排、学生选课、师资及资源统筹给出指导意见。区教委结合新中考改革，分组组织全区初中、完中教学干部开展新课程方案专题研讨活动4次，交流和沟通课程方案实施、评价等情况。

（王贞茶）

高等学校招生考试录取工作

至6月，西城区教委完成2016年普通高等学校招生考试录取工作。西城区普通高考报名7176人，其中，文科2703人（含3科72人）、理科4473人（含3科71人）；参加25所高职自主招生并被提前录取291人、参加普通高考6876人（参加全科考试6847人，实考考生6651人，本科上线5705人，上线率85.78%；参加高会统招29人，实考考生22人）。中学应届实考考生5217人，本科上线4991人，上线率95.67%，专科上线率100%。其中，文科应届实考考生1423人，本科上线1312人，上线率92.20%；理科应届实考考生3794人，本科上线3679人，上线率96.97%。截至10月底，普通高考共计录取6433人，录取率96.40%。高职单考单招报名568人，包括参加25所高职自主招生并被提前录取420人；参加师资班、高职班单独招生考试136人，实考59人，录取51人。高职班单独招生共计录取471人，录取率98.33%。

（马华）

全国青少年科技创新大赛中再获佳绩

8月14日至18日，西城区共有10个学生项目、5个教师项目参加第31届全国青少年科技创新大赛终评。10个学生参评项目获一等奖6项、二等奖4项；教师项目获辅导员项目一等奖2项、二等奖2项。西城区厂桥小学参展作品获创意之星奖，北京小学等9所学校参展作品获优秀创意奖，西城区黄城根小学等3所小学参展作品获少年儿童科学幻想画一等奖，北京市育才学校获“十佳科技教育创新学校之星”称号。比赛由中国科协、教育部等部门联合主办，来自全国31个省、市、自治区、直辖市以及香港特别行政区、澳门特别行政区和新疆生产建设兵团的34支代表队参加比赛，参评项目4601个。

（马志红）

小学德育工作交流会

10月26日，西城区教委召开“务实协同机制　凝聚育人合力”西城区小学德育工作交流会。会议表彰第29届北京市“紫禁杯”优秀班主任和2016年北京市“学生喜爱的班主任”，并为担任班主任工作30年的教师颁发纪念牌。北京小学、北京第二实验小学等7所学校的干部、班主任分享家校合作方面的思考与实践经验。全区小学、特教学校德育干部、获奖教师及骨干班主任代表150人参加会议。

（谢歆）

民间舞蹈传习与展示

10月，西城区教委开展“东西方艺术教育碰撞——中国民间舞蹈传习与国际青少年舞蹈训练体系展示活动”。活动邀请中美知名舞蹈专家，开展舞蹈训练体系传习、研究、展示等活动。指导教师通过舞蹈教学法、艺术教育心理学、舞蹈运动解剖学等教育教学方式，让参与者达到最佳艺术素养学习效果。西城区学生900人参与活动。西城区计划启动“艺术教育名师孵化器”教研工程，将舞蹈实践与理论结合、科学与艺术结合，整体提升艺术教学实力。

（芦炳杉）

中小学生社会大课堂现场会

11月3日，西城区教委召开西城区中小学生社会大课堂现场会。老舍茶馆介绍基本情况、企业发展历史、大课堂学习计划；老舍茶馆合作学校北京市第一六一中学代表中小学发言。区教委表示将继续推广优质资源单位为中小学生素质教育提供服务，让大课堂活动内容更加多元化，希望更多学校走出校门组织课程学习并参加资源单位活动，把专项资金统筹好、使用好。全区中小学校主管领导、区级社会大课堂资源单位负责人100人参加现场会。

（傅晓月）

校外教育“三个一”活动启动会

11月16日，西城区教委召开校外教育“三个一”（“培育一批创新项目，建设一批特色项目，发展一批精品项目”）活动启动暨培训会。会议解读北京市校外教育机构开展“三个一”活动工作方案及年度工作计划。首都师范大学教授作《特色与创新——开发精品校外教育活动项目的若干思考》专题报告。会议表彰“十二五”期间北京市第五届校外教育活动资料评选中西城区29个获奖项目；为成功立项北京市课外、校外教育“十三五”科研规划课题的15个项目课题组颁发立项通知书（包括5项重点课题）。首师大、市校外教研室等单位领导，区校外教育机构相关负责人，市、区、校级学科带头人及骨干教师、专业教师代表180人参加会议。

（兰静）

中学班主任工作研讨会

11月18日，西城区召开2016年中学班主任工作研讨会。会议主题为“不忘初心　创新前行——中高考改革背景下班主任工作的创新实践与研究”。会议宣布2016年中学市、区级优秀班主任评选表彰结果，表彰88名从事班主任工作20年及以上现任中学班主任，为147名加入班主任智慧库的教师颁发证书。北京师范大学第二附属中学、北京教育学院附属中学、北京市育才学校分别从主管领导、年级组长和班主任角度，就中高考改革背景下，班主任工作如何适应新的教育形式，学校如何形成全员育人教育模式交流经验。首都师范大学教授以《代际价值观转型与学校德育的回应》为题，阐述基于调查显示的当代学生价值观念，以及学校德育工作该如何关注、回馈学生发展性需要。

（王冉冉）

市民学习周开幕

11月22日，西城区学习型城区建设领导小组办公室举办2016年西城区市民学习周开幕式。学习周主题为“做学习达人，享美丽人生”。开幕式上，西城区居民现场展演学习成果，带来融合歌舞、太极和书法等表演元素的复合型节目；表彰在西城区学习型城区建设中表现突出的先进集体和先进个人；陶然亭天桥地区社区教育学校教师作为2016年“首都学习之星”代表、北京天文馆副馆长作为2016年全国“特别受百姓喜爱的终身学习品牌项目”代表分别发言。开幕式同时举办西城区社区教育成果展，西城区社区学院与15所社区教育学校以照片、文字、实物展示及现场互动体验等形式展示社区教育成果。市教委、区政府等单位领导，西城区相关委办局、15个街道办事处、教育系统相关单位代表100余人参加活动。

（王珍　孙晓楠）

足球裁判进校园活动启动

11月29日，西城区教委、区体育局、区足球专业委员会共同举办西城区足球裁判进校园活动启动仪式。活动为学员发放学习材料和裁判员执法装备及服装。市教委相关处室负责人，区体育局等单位领导及3所首批试点学校教师及学员参加启动仪式。足球裁判进校园活动从试点校中选拔学员，通过培训理论知识，培养运用规则的能力，使其胜任班级、年级等校园足球比赛裁判工作，成为校园足球“绿茵小法官”。首批启动3所试点校，分别为北京市第一六一中学、西城外国语学校和北京市宣武回民小学。

（马越　孙晓楠）

中学生论坛

12月5日，西城区教委举办2016年西城区中学生论坛。论坛主题为“心怀天下、躬身实践、践行社会主义核心价值观”，现场播放北京市第十五中学、北京市第一六一中学、北京市铁路第二中学学生的时事脱口秀，6名学生代表分别以《体验、感悟、担当》等为题作社会实践汇报，3名教师代表分享经验并提出意见和建议。论坛收集学生时事评论文章及时事评论脱口秀作品200余件、综合实践作品109篇，内容涉及环境保护、志愿服务、职业体验等方面。全区各中学德育干部及师生代表300人参加论坛。

（王冉冉）

朝阳区

概述

2016年，朝阳区托幼园所236所，入园幼儿29985人、离园幼儿16320人、在园幼儿72166人；教职工13259人，专任教师7042人；新建幼儿园22所、改扩建幼儿园6所，增加学位5648个。小学87所，在校生136820人；教职工7419人，专任教师6977人。中学91所（初中20所、高中1所、完全中学13所、九年一贯制学校32所、十二年一贯制学校25所），在校生49345人（初中35771人、高中13574人）；教职工12969人，专任教师10627人。工读学校1所，在校生34人。特殊教育学校1所，在校生287人；教职工72人。校外教育机构1个，教职工116人。中小学高级专业技术职务教师2624人（小学522人、初高中2102人）。职业高中5所，招生575人、毕业942人、在校生7140人；教职工936人（专任教师741人、教辅人员195人）；开设专业44个。成人学校1所。教育部门办学校占地面积441.38万平方米、建筑面积286.92万平方米。全年教育总投入128.92亿元。民办学校425所，其中，民办中小学27所（完小7所、完中1所、九年一贯制学校6所、十二年一贯制学校12所、职业高中1所）；民办幼儿园141所，在园幼儿40597人；民办培训学校257所。无办学许可证学校340所（自办学校11所、自办托幼场所329所），在校生35621人。

2016年，朝阳区教育系统坚持以办人民满意教育为目标，深化改革创新、力促内涵发展。编制“十三五”教育专项规划，总结“十二五”时期规划实施情况，围绕“大力推进教育强区建设”战略部署，明确“一化四区二体系”发展目标和重点任务。

深化改革，推进教育治理能力建设。推进义务教育学区化综合改革，指导各学区制订学区发展理事会章程，成立学区发展理事会，编印《朝阳区义务教育学区化建设研究与实践（工作动态）》。编制并公示区教委权力清单、责任清单和权力事项流程图、行政处罚裁量基准；进一步健全规范办学管理体系，建立民办教育网上预审电子模块、民办学校依法办学日常管理工作台账；研究制定《朝阳区教育系统法治宣传教育第七个五年规划(2016—2020年)》。职业高中新增8个专业开展“3+2”中高职衔接办学，撤并2个专业，压缩学位250个；与天津市武清区，河北省承德市、唐山市、张家口市等地签订职业教育战略合作协议。加强对非法办学的清理整顿力度，全区未批自办学校在校生人数同比减少14.8%，自办托幼机构在园人数同比减少12.7%。

多措并举，提升优质均衡发展水平。通过与高校合作、推动资源整合升级、支持优质资源学校办学等方式扩充教育资源供给；服务居民终身学习，打造网站、移动客户端、微信、电视节目“四位一体”社区教育数字化服务体系，服务使用者超过10万人；利用朝阳区老年大学资源建立6所老年大学分校。落实学前教育第二期三年行动计划，研究修订《朝阳区普惠性幼儿园委托管理办法》，明确普惠性幼儿园认定、扶持和奖励办法，全年5所民办园转为普惠园；采取在资源紧张地区以租代建、规范自办托幼园所、鼓励民办园增设普惠班等措施，扩充学前资源供给，在12个局部学位紧张地区扩充学位1880个。完善和落实免试就近入学政策，完善非本市户籍适龄儿童入学“五证”联审程序，严控特长生招生计划，特长生招生比例由10%压缩到5%。制定《朝阳区资源教室检查评估细则》，开展特殊教育筛查统计及分析，建设融合教育支持保障体系。加强民族教育组织机构建设，改选朝阳区民族教育研究会，指导各学校积极开展民族教育工作。

坚持内涵发展。落实培育和践行社会主义核心价值观教育，开展“学科德育”工作和“社会主义核心价值观微电影和短视频”征集活动；开展文明校园创建、校园欺凌专项治理工作；完善社会大课堂工作机制，落实好“四个一”工程。制定《朝阳区义务教育阶段学校课程设置方案评审标准》，开展学校课程规划评审；建立义务教育阶段低、中、高3个学段监控和评价体系，完善中小学各年级教学质量监控数据库；高中质量监控实现年级全覆盖，启动STEM课题研究，141所“外教口语项目”学校英语口语课程全面铺开；启动中小学校长课程领导力1年专题培训班，提高校长全面规划、科学构建学校课程体系的能力；开展中小衔接、学段贯通九年一贯课程体系探索实践，承办九年一贯制学校课程建设现场会。出台《关于进一步加强学校文化建设的工作意见》等文件，聘请资深学者成立学校文化建设与发展研究会，加强文化建设顶层设计和全面统筹。

优化教育人才队伍。通过完善干部网上学习平台、新任校长学习共同体、学员导师等多种方式，推动实施专家型校长导师制培养计划；与英国剑桥大学教育学院、宁波诺丁汉大学等深化合作，开展对比研究、人才培训培养等，充实“1+1”海外培训基地库；推进中小学教师职称制度改革、养老保险改革，落实教师绩效奖励激励机制。

（郝晋　李景）

承接远郊区学生游学

2016年，朝阳区教委推进远郊区学生到城区学校游学项目。中国人民大学附属中学朝阳学校和中国科学院附属实验学校分别承接密云区不老屯中学等 9 所学校 10 批 25 个班 634 名学生到校上课学习 1 周，学生同学习、同实践、同体验，共分享、共快乐、共成长。

（张丽娟）

规范学生装管理

2016 年，朝阳区教委规范学生装管理。区国资中心按照规定，推荐学生装定点企业 11 家，与各企业签订《学生装质量保证责任书》，对出现严重质量问题企业给予除名处理，自动解除合同，并追究企业相关责任。全年各中小学征订学生装 159217 套，其中，体育装 122412 套、制式装 27082 套、其他款式 9723 套，特困生费用减免 33 人。

（徐庚会）

校方险投保及出险工作完成

2016 年，朝阳区完成校方险投保及出险工作。区公办校投保校方责任险 183430 人、无过失责任险 171533 人，保险费合计 1774815 元；区民办校投保校方责任险 76228 人、无过失责任险 23620 人，保险费合计 499240 元。全年保险出险 122 所学校，其中，公办校 75 所、赔付金额 416085 元；民办校 47 所、赔付金额 84082 元。

（徐庚会）

提升教育信息化应用水平

2016 年，朝阳区继续提升教育信息化应用水平。区教委为全区 115 所中小学配备电子书包 35819 台，完善并新建 117 所学校无线网络系统，初步建设以北京中学智慧教育云为代表的朝阳区学生自助学习平台及覆盖 113 所学校的智慧校园服务器承载网络。在 2 个教育城域网核心机房进一步扩充朝阳教育城域网“云服务”虚拟化服务器资源池，实现朝阳教育网络视频平台、自主学校平台 2 套系统同时服务全区 20 万名中小学生的支撑能力。

（周力）

学生资助资金拨付工作

2016 年，朝阳区教委做好学生资助资金拨付工作。全年资助学生 328966 人次，总金额 3552 万元。其中，资助学前教育阶段幼儿 43 人次，总金额 27.63 万元；资助义务教育阶段公办校学生 308487 人次，总金额 2687.82 万元；资助义务教育阶段民办校学生 18444 人次，总金额 549.78 万元；资助普通高中阶段学生 137 人次，总金额 40.50 万元；资助职业高中教育阶段学生 1855 人次，总金额 246.27 万元。

（马恬静）

自办学校（托幼场所）安全监管

2016 年，朝阳区教委加强对自办学校（托幼场所）安全监管。把未批自办学校（托幼场所）纳入属地安全监管重点，加大安全隐患排查力度；会同相关街乡推进自办园清理整治工作，对隐患严重的自办学校（托幼场所）通过约谈、联合执法、责令限期停止办学等方式消除隐患。至年底，自办园数量从上年的 360 所下降到 343 所，在园幼儿数量由 33479 人下降到 29548 人。

（邢凯）

校园欺凌专项治理

2016 年，朝阳区教委集中开展以校园欺凌为主题的专项教育工作。区教委倡导学校采取多种形式集中对学生开展以校园欺凌为主题的“四个一”专项教育：一次思想品德教育、一次心理健康教育、一次安全预防教育、一次心理咨询和疏导工作。各校制定完善校园欺凌现象预防和处理制度、措施，建立校园欺凌事件应急处置预案，构建学生心理健康问题预警机制，明确相关岗位教职工预防和处理职责，组织校内心理健康教育活动，培养学生“阳光心态”。

（乔春江）

落实民生实事工程

2016 年，朝阳区教委着力落实民生实事工程。主要工程项目有，解决北京市第八十中学初中部等 30 所学校食堂改造及设备配备，项目投资 5600 万元，改造项目于暑假期间全部完成；完善 16 所学校操场改造工程，项目投资 1900 万元，重点项目为东北师范大学附属朝阳学校操场改造工程，其他学校以改造操场面层项目为主；实施 19 所学校电力增容工程，项目投资 6955 万元，解决学校用电量不足和可能带来安全隐患的问题。

（亢鹏宇）

特级教师进校重新匹配工作

1 月 8 日，朝阳区人才分中心完成特级教师进校重新匹配工作。区人才分中心按照新划分的 15 个义务教育学区，通过中心、学区、特级教师三方协商，签订三方协议，完成匹配，全区 129 名中小学特级教师被分配到 81 所学校指导工作。

（王栗超）

推进义务教育学区化管理

1 月 12 日至 20 日，朝阳区 15 个义务教育学区分别召开学区发展理事会成立大会。会议通过《学区发展理事会章程》和《学区发展理事会选举办法》，选举产生第一届理事长、副理事长，构建以“共商共治”为核心的义务教育学区治理新体系。学区发展理事会由区教委联系学区领导、科室负责人及学区内各中小学校校长组成，还吸纳人大代表、政协委员、街乡代表、社区居民、家长、知名人士等人员参加。3 月 16 日，区教研中心首次召开义务教育学区化管理之后学校内涵式发展研讨会，就培养科研型教师，建设研究型学校，促学校内涵式发展等问题展开研讨，推动学区化背景下学校联动、均衡发展。15个义务教育学区80名科管干部参加会议。5月18日，区教研中心在幸福村义务教育学区召开首个“教研共同体”启动会，针对15个义务教育学区实际情况，从发挥学术引领推动教研转型等方面展开探索。利用“教研共同体”形式，推动区域内学校教研合作与交流，为教师专业成长搭建平台，为其他学区提供借鉴。幸福村学区校长、教学干部、部分教师40人参加研讨交流。

（张清军　何爱英）

首届小学生冰上趣味运动会

1月19日，朝阳区教委举办2016年朝阳区首届小学生冰上趣味运动会。运动会设置30米双脚绕标往返接力、春播秋收、20米往返携冰球绕标竞速和冰球射门4项比赛。7所学校9支球队参加比赛，北京市陈经纶中学小学部获第一名。该运动会是区教育系统“畅想2022，我与冬奥同行”冰雪项目运动系列活动之一。

（张弛）

1月19日，朝阳区首届小学生冰上趣味运动会
（朝阳区教委 供）

民办机构参与中小学教学改革交流会

1月20日，朝阳区教委召开“民办教育培训机构参与中小学学科教学改革项目”交流会。会上，北京教育学院朝阳分院附属学校等15所学校分别汇报项目推进情况及效果；英孚教育集团和精诚文化学校2家民办教育机构交流配合学校推进工作落实情况。区级项目负责人和项目学校校长、项目负责人30人参加会议。

（苏宏杰）

“阳光少年”评选

4月至5月，朝阳区教委开展“阳光少年”评选活动。活动以“托起我的中国梦，争做阳光少年”为主题，由专家评出朝阳区“十佳中学生”“十佳小学生”各10人，“十佳中学生”提名奖、“十佳小学生”提名奖各15人。全区中小学积极参与，各学校初步评选后，上报“道德之星”206人，小学上报“美德少年”17107人，中学上报“文明礼仪标兵”5650名。“十佳中小学生”在学校上报的“百名道德之星”基础上选出。活动旨在树立身边道德榜样，提升中小学生遵守日常行为规范的自觉性。

（乔春江　孙晓楠）

全员运动会展示“高参小”成果

5月13日，北京师范大学“高参小”项目组在北京市朝阳区八里庄中心小学举办首届“精彩教育　幸福绽放”全员运动会，以展示北师大“高参小”项目开展半年来体育、艺术教学及班主任育人项目融合的阶段性成果。运动会打破“极少数人跑，大多数人晒太阳”等传统运动会模式，改为全员参与运动模式，以班为单位，打破年级界限，跨年级同班编号，按照日常学生体质监测训练项目设置50米快速跑、投篮入筐、旋风跑等15个运动项目。运动会共4个环节，分红、黄、蓝、绿、紫5个队，1100名师生和400名家长共同完成项目。八里庄中心小学是北师大“高参小”项目校之一，全员运动会是北师大“高参小”项目体育组首席专家毛振明教授带领的全国学校体育联盟（教学改革）的“10+1学校体育促进工程”中的一项重要工程。

（张育红　孙晓楠）

民办机构参与中小学教学改革展示

5月17日至19日，“民办机构参与中小学学科教学改革项目”展示交流活动分别在北京市第八十中学枣营分校和朝阳区垂杨柳中心小学举办。活动主题为“借助社会资源助力教学改革　达到互融多赢”，通过舞台剧、配音、英语剧表演以及播放课堂教学视频、教师教研活动汇报项目推进情况。项目推进过程贯彻“三个坚持”，即坚持教师队伍建设、坚持授课方式多样、坚持学生能力提升；突出“三个相结合”，即与学区化综合改革相结合、与学科建设相结合、与提升学生能力相结合。

（苏宏杰）

教育传播联盟启动会

5月25日，朝阳区委教工委、区教委召开朝阳教育传播联盟启动会暨首批成员单位工作会。联盟首批成员单位41家，包括区域内部分公办学校、部分民办学校、高校及社会媒体。根据总体工作目标，传播联盟主要工作在2016年至2019年期间分3个阶段逐步实施，推动微信、微博资源互融共享；推进校园网站、手机APP资源使用；促进校刊、校报等传统宣传载体整合利用。联盟成立旨在整合区域内各级各类教育宣传载体和平台资源，实现信息沟通、资源共享、管理聚合功能，打造朝阳区教育传播共同体。市委教工委、区政府教育督导室领导等80人参加会议。

（井洪伟）

第五届心理关爱月开放日

6月15日，朝阳区教委在北京中学举办朝阳区第五届心理关爱月中学开放日活动，活动主题为“信任·支持·幸福成长”。北京中学从运用心理测试数据指导学习、北京中学领袖种子项目、学生生涯故事3个方面展示心理健康教育特色，介绍学校心理健康教育工作情况，3名学生分别以《我的北中》《环境的力量》和《关爱文化》为题分享心理教育感受。活动与北京教育学院朝阳分院共同主办。

（刘海巍　孙晓楠）

两所学校撤并

7月，朝阳区机构编制委员会批准两所学校撤并。北京市朝阳外国语学校分校并入北京市朝阳外国语学校，北京教育科学研究院附属实验中学并入首都师范大学附属实验学校。整合后，朝阳外国语学校分校校址作为朝阳外国语学校分部继续办学，北京教科院附属实验中学校址作为首师大附属实验学校分部继续办学。两所学校人员编制纳入新学校统一协调使用，新学校办学性质不做调整。

（张志达　赵影）

第二批中职专业创新团队建设评比

9月，朝阳区教委举办第二批朝阳区中职专业“创新团队建设”评比。评比活动依据《中职第二批专业创新团队建设与评比工作方案》开展，5所职业高中7个专业团队申报。经过论证与评审，北京市劲松职业高中计算机动漫与游戏制作专业、北京市电气工程学校电气运行与控制专业、北京市求实职业学校金融事务专业和学前教育专业4个专业团队被评为第二批朝阳区中职专业创新团队。

（何爱英）

接收2所中学校址和3所幼儿园园址

9月，朝阳区新接收2所中学校址和3所幼儿园园址，分别为北京市第八十中学睿德分校（完全中学）和北京市陈经纶中学嘉铭分校欧陆经典校区（九年一贯制学校），以及北京市朝阳区朝花幼儿园福润四季园、北京市朝阳区朝花幼儿园万象新天园和北京市朝阳区满天星太阳宫园。八十中睿德分校为区教委所属事业单位，产权归区教委所有，经费形式为财政补助，学校正职执行六级职员工资标准，招收初一教学班6个；陈经纶中学嘉铭分校欧陆经典校区为大屯地区欧陆经典小区配套学校，由陈经纶中学嘉铭分校承办，规模27个班，新增学位1080个；3所幼儿园总计新增教学班36个，新增学位1080个。

（张志达　赵影）

七十一中改扩建工程完成

9月，北京市第七十一中学在原址基础上改扩建工程完成并投入使用。改扩建后，该校转为完全中学建制，学校占地面积30089平方米、建筑面积30360平方米，规模36个班，学位1440个。该工程开始于2012年12月，总投入17137.07万元，资金来源为区级和市级拨款；改扩建内容包括教学楼、实验楼、风雨操场、学生宿舍、食堂和设备用房等。

（赵影）

送教上门工作

9月至10月，朝阳区教委和区残联联合开展适龄未入学重度及多重残疾儿童少年送教上门入户调研工作，调研43个街乡，149名学生。在此基础上，区教委组建由普通学校、特教学校、康复机构工作人员及退休教师组成的专兼职送教团队，34名送教教师为适龄未入学重度及多重残疾儿童少年提供送教课程12240学时。

（桐娇）

首届社区老年学习成果展示活动

10月22日，朝阳区教委、区文化委联合举办“朝阳映晚霞　银发致青春”2016年朝阳区首届社区老年学习成果展示活动。活动通过汇报演出、图文展示和互动交流等多种形式展现老年人学习风采，汇报演出包括歌舞、快板、时装秀、太极扇等节目，图文展示以静态图文展板形式介绍各街乡及教育机构老年学习成果。展示活动专门开辟互动交流区，由“传·承”和“休·养”2个主题组成，开展老年教育招生咨询、“朝阳e学习”宣传、图书赠阅等活动。同时通过北京宫廷补绣、彩绘京剧脸谱等8个非遗项目以及北京市劲松职业高中、北京市电气工程学校相关专业现场教学展示老年学习项目。市教委、区政府、区委教工委、区教委、区文化委等单位领导，43个街乡相关工作人员，以及朝阳区老年骨干志愿者代表600人参加活动。

（高健　孙晓楠）

10月22日，朝阳区首届社区老年学习成果展示活动
（朝阳区教委　供）

首次组织教学质量月活动

11月3日至12月12日，朝阳区教委首次组织15个义务教育学区开展教学质量月活动。活动中，全区义务教育学段267名中小学教学干部听课2069节，198个校区展示学科教研组活动并作质量分析报告，185个校区作开展10%学科实践活动情况汇报，16所学校展示“精品课堂”，

3 所学校作评课汇报，5 所学校开展课题研究和课程建设交流。活动为学校之间互帮互学开辟通道，为制订教学管理工作改进对策提供依据。

（汪烨）

北京中学成为国际学校联盟会员

11 月，北京中学获国际学校联盟 (CIS) 会员资格。加入联盟后，学校可享受国际学校联盟优秀教育资源，在世界范围内招聘优秀教师，有机会与世界各地国际教育工作者交流并开展合作。该校为全国第一所申请成功的公办学校。该联盟作为全球非营利会员组织，致力于提高教育质量，为中小学、高等教育机构和外籍教师提供服务。

（夏文钦）

应对空气重污染红色预警

12 月 16 日至 21 日，北京市启动空气重污染红色预警。朝阳区教委召开视频会，部署红色预警期间“停课不停学”工作。小学停课，初中实施弹性教学方式，开通“在线教学平台”，包括朝阳直播课程、朝阳智慧课堂和北京数字学校 3 个板块，组织中小学生在家自主学习，部分学校组织家中无人看管学生在校学习。小学 673176 人次通过“在线教学平台”在家自主学习，4030 人在校学习；中学 172858 人次通过“在线教学平台”在家自主学习，5997 人在校学习。

（果春平）

学生健康监测任务完成

12 月，朝阳区保健所完成 278 所学校 190556 名学生健康监测工作。监测结果显示，内科阳性体征反馈 183 人，追访 145 人；先心病未手术者 66 人，心脏生理性杂音 3 级以上追访者 130 人，心律失常 52 人、待进一步诊断者 16 人，心肌炎 4 人；腹部包块待诊断者 1 人。

（车凤鸣）

接收 9 所教育配套学校

至年底，朝阳区教委接收 9 所教育配套学校。学校分别位于大屯、东坝、豆各庄、三间房、崔各庄、常营、高碑店和小红门地区。9 所学校总占地面积 82297 平方米、建筑面积 51536.75 平方米，开设教学班 144 个，新增学位 4950 个。

（赵影）

丰台区

概述

2016 年，丰台区教委辖属教育单位 277 个（幼儿园 143 所、小学 77 所、一贯制学校 17 所、中学 31 所、中等职业学校 5 所、其他法人单位 4 个）。招生 32945 人（幼儿园 14382 人、小学 10390 人、初中 5194 人、普通高中 2428 人、中等职业学校 551 人）；毕业 28091 人（幼儿园 10211 人、小学 9377 人、初中 5108 人、普通高中 2318 人、中等职业学校 1077 人）；在校生 138209 人（幼儿园 43421 人、小学 67455 人、初中 17377 人、普通高中 7561 人、中等职业学校 2395 人）。教职工总数 17448 人（幼儿园 6891 人、中小学 10186 人、中等职业学校 337 人、特殊教育 34 人）。北京市特级教师 68 人、北京市学科教学带头人 14 人、北京市骨干教师 143 人。全年教育总投入 45.43 亿元。中小学固定资产总值 25.37 亿元，中等职业学校固定资产总值 2.46 亿元。

2016 年，丰台区委教工委、区教委积极进取、深化改革，开拓丰台教育发展新局面。区教委颁布实施《丰台区“十三五”时期教育事业发展规划》，编制完成教育专项规划 24 个，发布《关于提升教育质量，努力建设高水平有特色的丰台教育的若干意见》，部署教育综合改革工作。

丰富教育资源供给。重点项目建设稳步推进，丰台区丰台第二中学改扩建工程以及中国人民大学附属中学丰台学校、北京市第十二中学东校区、北京市第十中学槐树岭校区和晓月苑校区、丰台区长辛店铁路中学、北京教育学院附属丰台实验学校高中部建设项目顺利进行；完成大成郡配套中学等配套教育产权接收工作。继续实施“内升外引”工程，加快与引进学校在教科研、师资培训、课程建设等方面的共享互通；深化教育集团、集群建设，形成 8 个教育集群、16 个教育集团格局，印发《关于全面深化丰台区教育集团化办学和教育集群发展的意见（试行）》和《丰台区教育集群建设与发展的指导意见（试行）》。

加强教师队伍建设。深化教师职称制度和绩效工资改革，进一步提高中高级教师评选比例，实施首次正高级教师职称评定。出台绩效工资改革试点实施方案，不断完善教师待遇保障和绩效激励机制。加大优秀教师队伍建设力度，全区共有特级教师 68 人、区级及以上骨干教师 2073 人，占专任教师总数的 22%。

深化教育综合改革。深化招生制度改革，完善“街乡镇主体、委办局联审”制度。推进课改实验和新课程计划落实，开展社会大课堂建设，推动开放性科学实践和综合社会实践活动课程开展。启动中小学文明校园创建工作，26 所学校被评为北京市文明学校。开展学校文化建设，投入 3500 万元支持 69 所学校提升办学品质，17 所学校被评为北京市文化建设示范校。举办第五届中学校园心理剧大赛，十二中被评为全国中小学心理健康教育特色校。

高中教育多样化发展。实施创新人才培养、课程实施与管理等项目，推进“1+3”培养、特色实验班、职普融通工作，促进高中差异化发展。加强精品课程建设，开展百门精品校本课程评选，评出原创课程资源 126 项、精品校本课程 106 门。组织教师参与教育部网络课评选，176 节课获评国家优质课。高考成绩稳步提升，总成绩 600 分以上人数占比 29.2%，高于全市整体情况 6.41 个百分点；理科一本上线率 52.54%、本科上线率 91.52%，文科一本上线率 35.84%、本科上线率 74.09%。

职成融合成果丰硕。完成职成教育集团组建，实现职成一体化发展。按照非首都功能疏解和京津冀协同发展要求，与河北保定、邯郸、张家口开展职业教育合作，建立沽源分校、阜平分校。支持湖北十堰、贵州黔西南职教发展，实施跨区域人才培养。推进丰台区学习型城区建设，建立各委办局共同参与的工作机制，建设第二批市民学习中心 11 个，通过“课程进社区”活动，促进全民学习。

国际教育助力发展。建立“政府主导、科研引领、学校特色、社会参与”交流格局。因公出国（境）访问、学术交流、研修、培训干部教师 159 人次、学生 713 人次；选派 6 名教师赴国外教学、10 名校长参加国际研讨会；引进外籍专家 18 人。

体育、艺术、科技教育。举办中小学生体质健康测试赛，5 万余名学生参加，全区合格率较上年提高 1.05 个百分点。十二中被认定为国家体育传统项目学校，十中等 13 所中小学被认定为北京市体育传统项目学校，新增丰台区草桥小学等 6 所国家级校园足球特色校。与中国戏曲学院等院团合作开展“戏曲进校园”活动，5 所戏曲基地校学生参加 2017 年新年戏曲晚会演出，与国家大剧院合作的“高雅艺术进校园”项目惠及 41 所学校。举办丰台区第 19 届学生艺术节，选送的 23 个节目在市级展演中获得 13 金 10 银。强化钱学森青少年航天科学院建设，十二中、北京市第十八中学、北京市航天中学 3 所学校学生参与研制的“丰台少年一号暨少年梦想一号”小卫星，于 11 月 10 日，在酒泉卫星发射基地，由长征 11 号运载火箭搭载发射升空。

（陶慧贤　孙峰）

两期校长培训班结业

1 月 13 日和 14 日，丰台区教育科研究院主办的“十二五”新任校长培训班和“十二五”青年校长工作站分别结业。新任校长培训时间为 2015 年 5 月 20 日至 12 月 16 日，学员 25 人，均为“十二五”期间中小学、幼儿园、直属单位及校外教育单位新任行政正职，学习模块课程 4 个。青年校长工作站是区委教工委“十二五”期间干部培训计划重点项目，2014 年 6 月 30 日启动，2015 年 12 月 25 日结束，学员为 13 名 45 岁以下，任正职 8 年以下的青年校长。

（史雨淋）

“丽泽大讲堂”文化教育品牌活动

2 月，丰台区学习型城区建设工作领导小组办公室启动丰台区“丽泽大讲堂”文化教育品牌活动。丰台学习型城区建设网“丽泽大讲堂”专栏、丰台有线、丰台教育信息网等信息平台定期发布大讲堂开讲信息，居民通过电话或登陆丰台区学习网提前预约参与学习活动。至年底，活动举办区级“丽泽大讲堂”8 场，内容涉及 3D 打印、阳光心态、太极与养生、读懂孩子、航天技术、南海形势、中医养生、老龄与养老 8 个方面，累计参与 1862 人次，单场次最多参与 450 人。

（林京秋）

小学心理辅导室建设现场会

3 月 24 日，丰台区小学心理辅导室建设指导现场会在丰台区丰台第一小学举办。活动参观丰台一小心育场所，包括办公接待室、个体咨询室、团体辅导室、沙盘游戏室等。丰台一小专、兼职心理教师介绍该校心理辅导室的建设过程，各功能分区以及所配备的心理学设备和具体设施，分享建设和使用经验。丰台区青少年心理健康教育中心 2 名教研员分别从时间空间的变化、学生健康成长的必然选择 2 个方面阐释现场会的重要性及必要性，说明辅导室建设分批安排、建设经费、评估检查事宜，解读辅导室建设的功能定位和使用说明。近 50 名心理教师参加活动。

（程忠智）

送教上门工作

3 月 25 日，2016 年丰台区送教上门工作启动仪式在丰台区培智中心学校举行。启动仪式总结送教上门工作的前期试行情况，并明确送教上门工作的服务对象、服务时间等。北京市特殊教育支持中心、区教委、区残联的相关领导，参与送教上门工作的志愿者和部分送教学生家长 60 人参加活动。12 月 13 日，2016 年丰台区送教上门工作总结表彰会暨 2017 年送教上门工作动员会召开。会议总结 2016 年丰台区整体送教上门工作情况，表彰送教上门工作先进个人 1 人、优秀志愿者 5 人、优秀家长 6 人。区教委、区残联、区特教中心领导，全区送教上门工作志愿者和部分送教学生家长 60 余人参加会议。

（卢均峰）

3 月 25 日，丰台区送教上门工作启动仪式在丰台培智中心校举行
（丰台培智中心校 供）

京港地铁“安全训练营”启动

3 月 28 日，丰台区教委与北京京港地铁有限公司共同举办京港地铁“安全训练营”启动仪式暨丰台区社会大课堂资源单位授牌仪式。京港地铁公司向丰台区中小学生赠送系列乘客教育宣传连环画《菜鸟铁事》500 套；区教委授予京港地铁公司“丰台区中小学生社会大课堂资源单位”铜牌。启动仪式结束后，来自丰台区师范学校附属小学的学生接受地铁工作人员专业岗前培训后，协助工作人员进

行引导乘客配合安检、有序上下车和安全搭乘自动扶梯等工作。京港地铁积极开发自身教育资源，设置京港地铁安全课堂、地铁职业体验、主题活动3种活动形式。市交通委、区教委、京港地铁有限公司领导，以及小学生代表30余人参加活动。

（刘建）

区教育系统首届“青年偶像”评选活动

3月至4月，丰台区教委开展教育系统首届“青年偶像”评选活动，经过基层单位推荐、领导小组办公室审核、评委初审、复审投票等环节，10人获“青年标兵”荣誉称号、100人获“青年榜样”荣誉称号、43人获“优秀青年”荣誉称号。4月29日，“桃李芬芳　青春绽放”丰台区教育系统纪念“五四”运动97周年暨首届“青年偶像”颁奖礼在丰台区青少年剧场举行。活动表彰“青年偶像”评选活动获奖者。团中央、团市委、团区委、区委教工委等单位领导及首届“青年偶像”获奖青年，第十六期丰台区中学生业余党校学员，第五期丰台区少年先锋团校学员，各基层单位党支部（总支）、青年教师班、团组织负责人500余人参加活动。

（黄菊）

4月29日，丰台区教育系统首届“青年偶像”评选活动颁奖
（丰台区教委 供）

开展“师先行”活动

4月14日，丰台区中小学生社会大课堂办公室组织区内部分中小学开展“师先行”活动。活动分别走进星美影视城青少年活动基地及活的3D博物馆，组织教师实地考察资源单位，直观感受资源单位的硬件条件、活动设计等情况。资源单位与学校进行面对面交流，研讨课程化开发资源、从学生的角度进行教育设施的设计等内容，学校社会大课堂工作负责人31人参加活动。丰台区于2012年起开展“师先行”系列活动，组织教师前期走进社会大课堂资源单位考察交流。

（刘建）

培育和践行社会主义核心价值观研讨会

5月31日，丰台区教委、丰台区教育科学研究院共同举办丰台区中小学培育和践行社会主义核心价值观研讨会。会议主题为“知书达礼　明辨笃行”，分为课程展示、学科实践活动展示、主题汇报3个环节。会上，丰台区东铁匠营第二中学校长作《知书达礼明辨笃行，为精彩人生奠基》主题发言；参会人员通过微信墙、微信互动的形式对活动进行点评和讨论；北京教育科学研究院等专家分别点评。最后，通过微信抽奖的方式，8名参与微信互动的教师获得由东铁匠营二中学生亲手制作的礼物。区教委领导，全区各中学德育工作负责人，以及英国教育同仁100余人参加会议。

（简作军）

国学教育培训结业

6月21日，北京教育学院丰台分院举办“音声相序，雅义相承”丰台区国学教育培训项目结业式。参训学员汇报学习国学，思索教学，开拓传统文化继承新领域情况，以及在学校内组建国学社团和开展国学课堂教学实践情况；每组学员抽签选出1名代表吟唱经典古诗。随后举办幼小衔接国学教育论坛，首都师范大学培训导师回顾国学教育培训过程。国学教育培训项目由丰台区教委与首师大中国国学教育学院合作举办，于4月至6月组织全区71个单位120人参加学习。

（刘勇霞）

区教育工作会

9月9日，丰台区委、区政府召开丰台区教育工作会议。会议总结丰台区“十二五”期间教育工作主要成绩和经验，安排部署“十三五”时期该区教育改革发展的新目标、新任务和新要求；宣读关于向全国教育楷模游向红等教育战线先进个人学习的通知，号召全区广大教育工作者以先进典型为榜样；颁布《丰台区“十三五”时期教育事业发展规划》和区委、区政府《关于提升教育质量努力建设高水平有特色的丰台教育的若干意见》。区委、区政府、区人大、区政协主要领导，各委办局、街乡镇党政领导，区教委机关干部，教育系统各基层单位党政领导，民办学校干部代表，特级教师和学科带头人代表，驻区高校、企事业单位代表，部分区人大代表、区政协委员400人参加会议。

（樊凌）

少年军校成立30周年

10月14日，丰台区委教工委、区少工委共同举办“军魂塑童心　军校伴成长”丰台区少年军校成立30周年纪念暨表彰展示活动。活动总结丰台区少年军校30年建设成果，表彰10所丰台区少年军校示范校。丰台区五爱屯小学少年军校、海淀区实验小学丰台分校少年警校、北京舞蹈学院附中丰台实验小学少年军校等少年军校示范校展示军乐、交通指挥操、军艺舞蹈表演等成果。团中央、团市委、区委、区政府、区人大、区政协、共和国礼炮部队等单位领导，各中小学党支部（总支）书记、主管德育副校长，各中学团委（总支）书记，各小学大队辅导员，少年军校学员代表700人参加活动。1986年，丰台区与共和国礼炮部队合作共建，成立丰台区少年军校，是全市第一所少年军校。

（李晓季　孙晓楠）

10月14日，丰台区举办少年军校成立30周年纪念暨表彰展示活动　（丰台区教委 供）

第12届全民终身学习活动周开幕

11月3日，丰台区第12届全民终身学习活动周开幕。活动周主题为“精益求精育工匠，创新创业圆梦想”，表彰在各行各业建设中涌现出的学习典范、职业高中创新创业优秀学生及2016年丰台区“市民学习中心”评选获奖单位。开幕式上，丰台区职业教育中心学校组建的中职生“创新、创效、创业”教育实践基地揭牌。丰台区相关领导及各街乡镇代表、部分中小学生家长等150人参加活动。

（林京秋）

第11届“京城杯”小学课堂交流活动

11月15日至17日，北京市六城区第11届“京城杯”小学课堂教学交流活动在丰台区丰台第一小学举办，活动研究主题为“优化教学活动，培育核心素养”。活动3天分设数学、英语、语文3个研讨专场；每天由来自4个城区的教师讲授4节公开课，课后邀请学科专家面对面点评与指导。丰台区派出2名教师讲授公开课，分别是丰台一小教师的数学课《等量代换》和首都师范大学附属云岗小学教师的英语课《Go shopping》。来自东城、西城、朝阳、海淀、丰台、石景山六城区的280余名教师及学生代表参加活动。活动由丰台区教委承办，六城区合作组织。

（柳志英　陈力强　孙晓楠）

初中综合实践活动走进西汉墓博物馆

11月22日，北京教育学院丰台分院与大葆台西汉墓博物馆联合举办“丰台区初中综合实践活动·走进大葆台西汉墓博物馆现场会”。活动整合博物馆资源和初中相关学科课程内容，充分考虑学生兴趣、需求、知识结构和心理特点，关注学生的参与性和趣味性。活动现场，学生们通过参与模拟考古、书写竹简、汉代投壶礼仪、雕版和活字印刷等一系列实践活动，锻炼发现和解决问题的能力、培养团队精神和综合实践能力。同时，博物馆工作人员和学校教师由知识传授者转变为实践活动的引导者、组织者、参与者、管理者、协调者。通过活动，拓宽学生主动学习的空间环境，引导教师创造更多体验和探究的教学过程，师生200人参加活动。

（柳志英）

第二期学前教育三年行动计划颁布

12月14日，丰台区政府颁布实施《丰台区第二期学前教育三年行动计划（2015—2017年）》。计划指出，丰台区学前教育事业发展将坚持“政府主导、社会参与、保证基本、公益普惠”的原则，以解决区内适龄儿童“入园难”问题为重点，在继续扩充资源基础上，继续发展公办园，大力支持普惠性民办园发展，形成“以优质园为引领，公办园与普惠性民办园为主体，公办民办共同发展”的学前教育体系。

（吴文静）

新增两所一级一类幼儿园

12月16日，市教委认定丰台区明悦峰景双语幼儿园和丰台区大地美域双语幼儿园为北京市一级一类幼儿园。经专家组审核，两所幼儿园园所管理、教育质量、卫生保健等各方面情况均达到市一级一类园标准，顺利通过验收。至此，丰台区共有北京市一级一类幼儿园51所。

（吴文静）

教育机构调整

至年底，丰台区完成部分教育机构调整工作。经区教委研究决定，报区编办批准，丰台区设立张郭庄幼儿园（集体办幼儿园）、赵辛店幼儿园（集体办幼儿园）、丰台区幸福泉阳光花园幼儿园（民办幼儿园）、丰台区大成幼儿园（民办幼儿园）、丰台区高娃钢琴艺术幼儿园（民办幼儿园）、丰台区艾德森幼儿园（民办幼儿园）、北京十一学校中堂实验学校（县级教育部门办初级中学）、中国人民大学附属中学丰台学校（县级教育部门办十二年一贯制学校）；撤销丰台区西局博雅双语幼儿园、北京市南厢物资经营公司托儿所、北京小学丰台万年花城分校附设学前班、北京市赵登禹学校附设学前班；丰台区白盆窑小学撤并到丰台区四合庄小学、丰台区高立庄小学撤并到丰台区阳春小学；丰台区友爱谷潜能开发双语幼儿园更名为丰台区嘉恒小哈佛友爱谷幼儿园、丰台区右安门第一小学更名为首都医科大学附属小学、北京第一实验小学彩虹分校更名为北京市第十八中学嘉泰丰台学校；丰台区人民政府机关幼儿园变更举办者为丰台区教委。

（樊玲）

石景山区

概述

2016年，石景山区教委辖属教育单位126个（幼儿园54所、小学30所、中学27所、中等职业学校2所、特殊教育学校1所、成人教育学校1所、其他法人单位11个）。招生13544人（幼儿园5509人、小学3610人、初中2442人、普通高中1409人、中等职业学校567人、特殊教育学校7人）；毕业11082人（幼儿园2914人、小学3234人、初中2644人、普通高中1486人、中等职业学校791人、特殊教育学校13人）；在校生53127人（幼儿园15238人、小学23452人、初中7500人、普通高中4503人、中等职业学校2352人、特殊教育学校82人）。教职工总数6746人（幼儿园2325人、中小学4188人、中等职业学校200人、特殊教育33人）。专任教师4826人，包括北京市特级教师11人、北京市学科教学带头人6人、北京市骨干教师55人。设立学区4个。

2016年，石景山区教委以区委“全面深度转型、高端绿色发展”重大部署为统领，围绕提升教育质量战略主题，认真谋划教育事业发展，持续优化4个学区横向交接、8个集团纵向引领的教育集群化空间格局，继续深化教育合作共同体和教育协作区实践，在教育资源共享、师资交流、中小学有机衔接等领域创设交流平台，推进横向与纵向教育改革实践。坚持立德树人，社会主义核心价值观教育成效显著；注重素质教育，各级各类教育协调发展；课程教学及艺术、体育、科技、校外教育全面推进，学生综合素质不断提升。

所获荣誉。石景山区金顶街第二小学获评北京市课程建设先进单位，3所学校获评北京市综合素质评价先进单位，9所学校成为第三批北京市学校文化建设示范校；13个教学设计、15个原创课程资源获市级一等奖，市级规划办立项课题17项，9人获“京教杯”一等奖。中小学生获评“北京市三好学生”281人（小学140人、中学141人），获评“北京市优秀学生干部”13人。高考各科平均成绩超过市平均分；本科上线率97.9%，比上年提高4.5个百分点；文史类一本上线率59.1%、理科一本上线率68.6%。

（马健）

学前教育年度考核

2016年，石景山区教委开展学前教育年度考核工作，对14所一级一类幼儿园采取观摩研讨式考核，31所非一级一类幼儿园采取片区式互查考核。一级一类园考核中，区教委组织800余名教师和园长对园所文化建设、区域游戏、集体教学活动、特色课程、阳光体育活动等方面情况进行观摩评价，并依照《年度评价标准》评价打分。考核结果显示，一级一类园全部合格。非一级一类园考核中，区教委从该园所处片区一级一类以上园所抽调园长、业务园长及保健医组成考核小组，通过查看园所环境、区域游戏、集体教育活动、卫生保健工作情况及档案资料，听取园长年度工作汇报，集中反馈交流等流程，帮助被考核园梳理日常管理工作，规范办园行为。

（黎铮）

承接远郊区学生到城区游学

2016年，石景山区教委落实远郊区学生到城区游学项目工作，由北京市京源学校对接门头沟区4所学校。3月至4月，承接门头沟区京师实验中学2批次114名学生到校游学；11月至12月，承接门头沟区妙峰山民族学校、门头沟区潭柘寺中学、北京市王平中学3批次130名学生到校游学。游学学生分别进行为期1周的学习体验：上午为学校课程体验，包括学习管理、京剧、定格动画等校本课程；下午为实践活动课，包括定向越野、科学公园（莲石湖科学探索）等京源学校特色学科实践活动。

（薛强）

“双学籍”工作总结会召开

1月6日，石景山区教委召开2015—2016学年度第一学期“双学籍”工作总结会。会议听取区特教中心《全校参与、多元推进融合教育》主题报告，汇报“双学籍”工作开展情况，并阐述融合教育理念；6所“双学籍”工作参与学校汇报交流学校融合教育前期准备、实施过程、学生成长、存在问题及下一步计划；家长交流环节探讨普通学校接纳、教师关心、学生欢迎及学生自身变化和对参与普通学校学习活动的向往等内容。会议对各学校工作提出要求。区教委领导，各融合教育参与学校（北京教育科学研究院附属石景山实验学校、石景山区实验小学、石景山区古城第二小学、石景山区金顶街第二小学、石景山区银河小学、石景山区实验中学）主管领导及“双学籍”学生家长代表参加会议。

（周冬）

与中科院行政管理局合作

1月13日，石景山区教委与中国科学院行政管理局签订科技教育合作框架协议。根据协议，双方构建合作开展中小学科技教育长效机制，在科教融合、师资培训、实验室建设、竞赛辅导、科技协作校5个领域开展合作。北京市第九中学、石景山区第二实验小学、北京市京源学校被授牌“科学实践教育协作校”。区委、区政府领导，中科院行政管理局领导及相关负责人，区委教工委、区教委主要领导及3所协作校校长参加签约仪式。

（金清苗）

课程建设先进单位和优秀成果评选

3月至4月，石景山区教委举办基础教育课程建设先进单位和优秀成果评选活动。石景山区金顶街第二小学等10所学校申报先进单位，其中，金顶街二小经过区级评选后申报市级评选，被北京教育科学研究院评为北京市基础教育课程建设先进单位，其他 9 所学校被评为区级课程建设先进单位。24 所中小学提交课程建设成果 73 项，评出区级优秀成果一等奖 11 项、二等奖 13 项、三等奖 16 项。

（王贤鑫）

第十届教育教学研讨月

4 月 6 日，石景山区教委召开第十届教育教学研讨月活动启动仪式暨石景山区实验小学“构建扬长教育文化　打造特色教育品牌”学校文化建设现场会。石景山区实验小学展示科学、语文等学科教学课 7 节。区教委、区教育分院相关部门负责人，中小学校长、教师 150 余人参加活动。研讨月推出各级各类活动 229 次，其中，区校活动 110 次、带题授课 52 次、德育心理展示 16 次、教研活动 51 次，活动覆盖全区中小学校，采用培训、做课、说课、展示、研讨、竞赛等多种形式，涉及思想道德教育、课程体系建设、学校特色建设、学科课堂教学、心理健康教育等领域。

（薛强）

“十二五”教育科研大会

4 月 13 日，石景山区教委召开“十二五”教育科研大会暨教育科研成果推广会。科研大会总结石景山区“十二五”教育科研工作，表彰推广“十二五”教育科研成果，宣布启动“十三五”教育科研工作；表彰石景山区第五届教育科研优秀创新成果一等奖 15 项、二等奖 27 项，教育科研先进单位 10 个，优秀学校科研室主任 9 人。教育科研成果推广会设中学、小学、幼儿园 3 个分论坛，推广科研成果 14 项。区教育科学规划领导小组成员，各学校及幼儿园校（园）长、主管教育教学副校（园）长、科研室负责人，获奖代表等 150 人参加会议。

（施爽）

学生参加学农教育活动

5 月 7 日至 21 日，石景山区实验中学、北京市京源学校、北京市第九中学 3 所学校初二年级学生 1006 人参加学农教育活动，学农地点为北京农业职业学院。学生通过蔬菜种植、果树田间管理等课程体验田间劳动；通过蜜蜂养殖、桑蚕世界等课程了解现代农业技术发展；通过营养配餐、西点制作等课程体会东西方饮食文化差异；通过插画压花、盆景制作等课程培养审美能力和创新意识。

（荆林）

师德建设工作会

5 月 10 日，石景山区教委召开师德建设工作会。会议宣读《石景山区进一步完善中小学师德建设长效机制的实施意见》《关于表彰 2015 年教育系统师德先进单位、师德标兵的决定》，表彰北京市高井中学等 10 所师德建设先进单位、15 名师德标兵及 69 名师德优秀教师。师德先进单位、师德标兵代表分别作典型发言。

（于文芳）

社会主义核心价值观教育推进会

5 月 13 日，石景山区教委召开 2016 年石景山区中小学社会主义核心价值观教育工作现场推进会。推进会以“弘扬爱国精神，践行社会主义核心价值观”为主题，通过主题班会、入团第一课等 6 节课程，展示石景山区中小学生社会主义核心价值观教育成果；表彰 2016 年度共青团工作先进集体和个人、社会主义核心价值观优秀教育成果。

（荣晖）

传统文化教育成果展示活动

5 月 27 日，石景山区教委联合区委宣传部和区文委共同举办“书香石景山，文化校园行”传统文化教育成果展示活动。活动综合展示石景山区武术、诵读、四联展、墨香书法等特色教育活动成果，促进传统文化传承。活动现场，30 所小学 200 余名学生展示剪纸、拓片、茶艺、书法等特色教育成果，展演武术、京剧和京西太平鼓等中国传统艺术节目。

（王贤鑫）

5 月 27 日，石景山区举办“书香石景山，文化校园行”传统文化教育成果展　（石景山区教委　供）

融合教育工作会

6 月 21 日，石景山区教委召开融合教育工作会。会议听取区特殊支持教育中心、石景山区培智中心学校的总结汇报，以及石景山区实验小学和北京市高井中学针对“双学籍”工作和资源教室工作的交流发言；总结“融合·发展”随班就读校本教研活动、巡回指导工作、“双学籍”、资源教室等工作内容。会议印发《石景山区特殊教育学生“双学籍”资料汇编》，将学校现有有效运行机制加以固化，总结宣传经验，保障“双学籍”制度更好实施。4 月 14 日，区教委召开“融合·发展”随班就读校本教研活动暨西黄村小学随班就读现场会。指导各随班就读学校以“融合·发展”为主题组织开展学校随班就读校本教研活动。

（周冬）

教育教学培训与展示活动

9月至10月，石景山区教委举办第14届教育教学设计和课堂教学培训与展示活动。活动分德育类展示和学科类展示两类，针对中小学一级教师，以“基于学生学习”为主题，采取随堂听课的形式进行评审。活动收到参赛课程600节（含迁安58节），实际展示595节（小学362节、中学233节）。评出教学设计一等奖127人、二等奖182人、三等奖187人；课堂教学一等奖128人、二等奖180人、三等奖188人。

（薛强）

社区学院成为中医药健康养生教育基地

10月10日，石景山区社区学院成为中医药健康养生教育基地。在市中医管理局与区政府联合举办的2016北京·西山中医药文化季开幕式上，区社区学院被授牌“石景山区中医药健康养生教育基地”。区社区学院将在全市范围内率先开展“中医养生进社区”试点工作，推动全区中医药事业发展，为中医药养老服务工作提供保障与支持。

（姜玮）

纪念长征胜利80周年系列教育活动

11月至12月，石景山区教委组织全区中小学开展纪念长征胜利80周年“少年说”系列教育活动。活动分4个板块：面向小学阶段，开展“长征·记忆”——学生故事会，以长征时期人物事迹或历史事件为题材，以讲故事的形式进行介绍；面向义务教育阶段，开展“长征·情怀”——学生朗诵会，以长征精神为主要题材，朗诵诗歌或短篇散文；面向中学阶段，开展“长征·理想”——学生演讲会，以弘扬长征精神为主基调，演说原创议论文章；面向高中阶段，开展“长征·未来”——学生辩论会，结合中国国情、发展历程和国际形势，让学生审思以史为鉴、光耀未来的迢迢新程。

（谭春林）

11月至12月，石景山区教委组织各中小学开展纪念长征胜利80周年“少年说”系列教育活动 （石景山区教委 供）

民办教育机构参与中小学学科教学改革

12月15日，石景山区教委召开民办教育机构参与中小学学科教学改革项目联席会。会议总结2014—2016年度项目进展情况，解读新出台的市级项目工作管理办法，部署之后3年的工作。10所项目学校介绍项目进展情况，探讨工作计划。2016年，民办教育机构参与中小学学科教学改革项目产生课程11332节（小学6832节、中学4500节）。

（薛强）

境外资源境内引进培训

12月19日，石景山区中小学校长及青年骨干管理者境外资源境内引进高端培训班开班。培训由加拿大皇桥教育集团及加拿大高贵林教育局合作设计，是可满足石景山区教育需求的“领导力提升”项目，旨在为参训学员提供中小学管理专业知识、技能和策略，通过实践帮助学员了解自身优势，掌握一定的领导技能。培训为期1周，参训对象为中小学副校长和青年骨干管理者。

（贾光辉）

首期优秀校长（园长）工作室总结会

12月28日，石景山区委教工委召开第一期优秀校长（园长）工作室总结会。5名工作室主持人分别从培养目标、培养特色、培养成果等方面作总结汇报，并对优秀校长（园长）工作室的研修方式、评价标准等提出建议。5名培养对象代表分别汇报在办学思想、课题研究、教育情怀等方面的成长与反思。参会领导和工作室主持人为16名培养对象颁发结业证书。

（丁荣利）

海淀区

概述

2016年，海淀区托幼园所163所（教育部门办园15所、地方企业办园2所、事业单位办园25所、部队办园36所、集体办园23所、民办园44所、其他部门办园18所），入园幼儿21821人、离园幼儿15547人、在园幼儿62569人，包括非本市户籍幼儿11193人；教职工10528人，专任教师5224人；占地面积91.90万平方米、校舍建筑面积61.21万平方米（含租借面积12.84万平方米）。小学107所（区属公办校85所、其他部门办校9所、民办校13所），招生27369人、毕业20444人、在校生161322人，包括非本市户籍学生51730人；教职工7951人，专任教师7411人。中学76所（区属公办校55所、其他部门办校2所、民办校19所），其中，完中42所、初中8所、高中3所、九年一贯制学校7所、十二年一贯制学校16所；招生32219人（初中19058人、高中13161人），毕业30421人（初中17434人、高中12987人），在校生95422人（初中55822人、高中39600人），包括非本市户籍学生19569人（初中16065人、高中3504人）；教职工13727人，专任教师10694人。特殊教育学校2所，结业137人、招生73

人、在校生 1127 人（特殊教育学校 525 人、义务教育阶段随班就读学生 602 人），包括非本市户籍学生 167 人；教职工 307 人，专任教师 226 人。工读学校 1 所，离校 118 人、入校 118 人、在校生 315 人；教职工 80 人，专任教师 70 人。全区中小学校占地面积 529 万平方米、建筑面积 352.50 万平方米；固定资产总值 113.36 亿元，包括仪器设备资产值 37.68 亿元。校外教育机构 587 个，在校生 31018 人；教职工 332 人，专任辅导员（教师）247 人。中等职业学校 11 所，其中，中等技术学校 6 所、成人中等学校 3 所、职业高中 2 所，其他附设中职班学校 7 所（不计校数）；中等职业教育在校生 8670 人，其中，中等技术学校 3865 人、成人中等学校 353 人、职业高中 2627 人、其他学校附设中职班 1825 人。各类民办教育培训机构 430 个，招生 93.10 万人、结业 88.32 万人；教职工 30459 人，专任教师 10143 人。另有 1 所社区学院、10 个挂牌成立的社区教育中心、654 所市民学校；社区教育志愿者 4409 人，全年累计培训 103 万人次。特级教师 176 人，其中，小学 22 人、中学 151 人、职业高中 1 人、幼儿园 2 人。高级专业技术职务教师 3296 人，其中，小学 238 人、初中 1395 人、高中 1663 人。全年教育总投入 108.58 亿元。

2016 年，海淀区教育系统落实管党治党主体责任，全面深化海淀教育综合改革，优化学校布局，开启“十三五”时期海淀教育改革发展新局面。

优质项目助推发展。启动“中国好老师”“新优质学校”和“新品牌学校”项目，从师资水平、义务教育质量、高中教育品牌 3 个方面扩大优质教育资源总量。面向义务教育学校全面启动“新优质学校”建设项目，该项目与普通高中阶段“新品牌学校”建设项目一起，是海淀区“十三五”时期十大重点工程之“校校优质工程”的重要内容。启动智慧教育“政府与社会资本合作（PPP）”建设模式。

深化课程改革。深入开展小学自主排课实验、初中开放性科学实践活动和综合社会实践活动及综合素质评价。落实课程设置和作息时间备案制度，深入推进作业、课程和考试减负。制定高中课改工作方案，举办各类活动，推进“1+3”培养模式试验。认定首批 15 所学校，21 个高中学科的教研基地建设，推进 8 所高中跨校选修平台建设。推进高中特色项目建设，选定 3 所高中参加北京市跨区域学校发展联盟。

深化招生和考试制度改革。首次实施小学入学“六年一学位”政策，采取非京籍“五证”线上、线下联审制度，规范集体户口适龄儿童、持有“北京市工作居住证”人员子女、港澳籍适龄儿童小学入学管理办法。初中入学增加“就近登记入学”方式，将优质高中名额分配比例提高至 50%。丰富“5+2”高端技术技能人才贯通培养实验项目。探索合作办学新模式，在 3 对中小学建立九年一贯对口招生机制。

人才管理改革。推进校长职级制改革，制定《海淀区中小学校长职级管理的实施办法（草案）》。探索编外人员“区聘校用”模式，建立高端教育人才储备库。推进职称制度改革，首次评出 11 名正高级教师。

扩大义务教育优质资源。委托中国人民大学附属小学、北京大学附属小学分别承办海淀区亮甲店小学和海淀区肖家河小学，将海淀区丰联小学并入清华大学附属中学永丰学校，纳入集团化管理。建立“首都师范大学海淀教育研究中心”和“中国教育科学研究院海淀教育研究中心”。海淀区民族小学加挂“中国教育科学研究院附属小学”牌、海淀区玉泉小学加挂“中国科学院附属玉泉小学”牌，海淀区今典小学更名为“北京邮电大学附属小学”、海淀区二里沟中心小学更名为“首都师范大学实验小学”。与中国教育学会合作成立“教师专业发展研究中心”。

改善办学条件。学前教育二期三年行动计划收官，完成三年新增 7000 个学位的目标。新增 6 所市一级一类幼儿园、1 所区级示范园。5 个校址竣工并交付使用，新增学位 2400 个。启动北京市育英中学整体改扩建等 4 个项目建设。将北京信息管理学校 2 个校区用于义务教育办学，通过回租回购出租房、合建房，购买产权房等方式，增加学位 1840 个。推进英语听说考试机考考场建设。

加强未成年人思想道德教育。以落实习总书记在八一学校调研时的重要讲话、给八一学校小卫星发射团队回信精神为契机，加强青少年社会主义核心价值观教育。聚焦课堂主渠道，开展文明礼仪教育、品德教育、养成教育、优秀传统文化教育。推进心理教育地方教材实验，加强生命教育。推进“七五”普法工作，加强未成年人法制教育和防治校园欺凌教育。推进校园文化和文明校园建设，举办家庭教育大讲堂，形成家校育人合力。

体育和健康教育。中小学冰雪运动、足球运动跨越式发展，举办中小学生冰球联赛，编印全国第一本冰雪运动学生读物《海淀区中小学冰雪运动知识读本》。被评为全国校园足球试点区，17 所中小学被评为“全国校园足球特色学校”。完成全区中小学生体质健康数据采集，参测率 100%，优良率 61.9%。

（尹涛　宋亚甫）

与国外教育部门及学校开展合作

2016 年，海淀区教委与国外教育部门及学校合作，签订 3 个合作协议。区教委与芬兰萨翁林纳市教育和文化发展部签订教育合作意向书，协议有效期 3 年。根据协议，区教委在萨翁林纳市教育和文化发展部协助下，在该市建立教育培训交流基地，交流教育管理、教育与教学改革、教育督导经验，共享研究成果；双方还将在基础教育领域建立多种交流机制，鼓励并支持所辖地区学校开展校际合作交流。与英国剑桥大学教育学院签订教育合作意向书。根据协议，双方教育工作者将在基础教育领域开展合作交流，丰富彼此教育理念、教育方法、教育成果。与加拿大高贵林市签订教育合作意向书。根据协议，双方将在合作办学、干部教师“浸入式”培训、外籍教师选派等方面开展合作。

（宋亚甫）

提高乡村教师福利待遇

2016 年，海淀区教委着力提高乡村教师福利待遇。相关举措包括，为北部地区学校单独增发乡村教师生活补助，凡乡村学校教师人均每月可获 3300 元补助；统筹区政府公租房资源作为教育人才公寓，优先解决乡村学校引进人才和新参加工作的无房青年教师住房问题，单身、无房者可在任期内免费使用公租房，北部地区北京市第四十七中学等 20 余所学校 1200 余名教师享受此项“福利”。4 月，北京市启动乡村教师支持计划，海淀区出台《海淀区乡村教师队伍建设实施细则（试行）》和《海淀区乡村教师生活补助实施细则（试行）》，旨在加强乡村学校师资配备。

（宋亚甫）

新增 3000 个入园学位

2016 年，海淀区教委推进学校教育二期三年行动计划，新增入园学位 3000 个。通过新建、改扩建等方式，对 16 所公办园进行改造扩班，新增学位 500 余个。创新多元办园模式，推进以租代建项目，租用海淀区伊斯兰教协会场地建成海淀区民族幼儿园，开设教学班 5 个，新增学位 140 余个。与北京实创环保发展有限公司合作，扩大海淀区立新幼儿园环保园分园办园规模，新增教学班 6 个，新增学位 140 余个。利用闲置校舍资源开办海淀区上庄中心小学附属艺鸣实验幼儿园，新增学位 180 余个。完成枫丹丽舍小区配套幼儿园的收回及幼儿分流工作，由海淀区富力桃园幼儿园承办，新增学位 120 个。推进北京市第九十九中学原址新建幼儿园项目，重点启动六里屯配套幼儿园、上庄镇 C02 配套幼儿园、前沙涧配套幼儿园项目。

（宋亚甫）

12 月 13 日，海淀区上庄中心小学附属艺鸣实验幼儿园开园

（海淀区教委　供）

承办全国一贯制办学模式创新研讨会

1 月 8 日至 9 日，海淀区教委承办全国“基础教育一贯制办学模式创新研讨会”。会议主题为“办好基础教育一贯制学校，促进中小学优质均衡发展”，旨在探索一贯制学校管理模式创新，总结学校管理和育人模式研究成果，实现中小学管理思想、模式、体系和评价一体化。北京市育英学校介绍该校自 2012 年起进行管理体制整体变革，探索一体化学校发展路径及取得的办学成效。会议平行举办“一贯制学校管理体制与机制创新”“一贯制学校德育与育人模式创新”“一贯制学校课程与教学实施创新”“一贯制教师队伍建设与管理创新”4 个分论坛，海淀区 7 所学校，以及四川、重庆、青岛、天津、武汉等地的一贯制学校代表分享办学实践经验。教育部相关司局、中国教育学会、北京市、海淀区有关领导，以及来自全国各地的教育行政部门领导、校长、教师、教育研究人员 400 余人参加会议。会议与区教育学会共同承办，由中国教育学会主办。研讨会上，海淀区编写的《九年一贯制办学模式创新》一书首发，该书总结海淀区 40 余所一贯制学校和对口直升机制学校的办学经验和成果。

（宋亚甫）

15 个学区委员会及管理中心成立

3 月 16 日至 4 月 8 日，海淀区 15 个学区委员会成立大会相继召开，15 个学区管理中心同时揭牌成立。成立大会审议通过第一届委员会成员名单及各学区委员会章程，并向委员颁发聘书。学区委员会和学区管理中心成立后，可整合区域内学校课程、师资、设施等资源，为学校和学生提供更多更好的教育资源，为学校精细化、个性化发展提供支持。2015 年 11 月，区教委正式公布 17 个学区及所属学校划分情况，并于当年先行在 2 个学区成立学区委员会及管理中心。截至 2016 年 4 月 8 日，海淀区 17 个学区全部成立学区委员会及学区管理中心。

（宋亚甫　袁胤婷　孙晓楠）

教育综合改革重点项目启动

3 月 25 日，海淀区委教工委、区教委召开教育综合改革重点项目启动会。启动海淀区“中国好老师”行动计划、海淀区“新优质学校”建设工程、海淀区“新品牌学校”建设工程 3 个重点项目，旨在通过项目引领海淀教育集群发展。会议解读 3 个项目的实施目标、实施内容、推进策略等。“中国好老师”行动计划以习近平提出的“四有好老师”为目标引领，通过“从我做起、互通互助、素养提升、记录传承、尊师爱师”五大行动，构建海淀“中国好老师”行动计划项目实施模式，聚焦海淀教师发展核心素养，开展素养提升专项研究，建立海淀区“中国好老师”行动计划区域项目基地。“新优质学校”建设工程，拟选择 20 所左右义务教育学校，通过 2～3 年时间，助力学校全方位提升。“新品牌学校”建设工程，着力打造 20 所左右品牌彰显、办有特色、家长满意、社会认可的“新品牌学校”。6 月 17 日，区教委召开“中国好老师”行动计划项目首次工作会。会议解读“中国好老师”行动计划项目的背景、意义以及实施方案，为 53 所行动计划基地校及项目校颁牌。区教委领导及项目校负责人 150 人参加会议。该项目为期 3 年，确定基地校 11 所、项目校 42 所。

（宋亚甫）

推动中小学冰雪运动开展

3 月 26 日，海淀区教委举办第一届海淀区中小学冰球联赛开幕式。比赛设小学 A 组（四年级至六年级）、小学 B

组（一年级至三年级）、中学组3个组别，比赛47场，历时1个月，15所中小学22支冰球队参赛。市教委、市体育局、区教委、区体育局领导及海淀区中小学师生300余人参加开幕式。同日，《海淀区中小学冰雪运动知识读本》正式发布。读本由冰雪运动专家、教育教学专家和专业人员共同编写，内容涵盖冬奥会15个大项，98个小项，介绍冬奥会的历程、运动项目知识、优秀运动员成就和观赛注意事项等，全书123页，彩色印刷。区教委向全区186所中小学257个校址发放读本，平均每个校址50册，并要求各校开设读本课程，做到循环使用。海淀区有3所中小学拥有校园冰场，其中，海淀区东北旺中心小学移动冰场为真冰，北京市第一〇一中学和海淀区中关村第二小学百旺校区冰场均为仿真冰场；有20余所中小学开设“旱冰课”“旱雪课”，10余所中小学开设“真冰课”。区教委将拨出专项资金540万元用于支持各学校开展冰雪运动，通过购买社会服务，组织学生到周边雪场、冰馆进行学习、体验和训练。

（宋亚甫）

3月26日，首届海淀区中小学冰球联赛

（海淀区教委　供）

海淀教科院成立

3月30日，北京市海淀区教育科学研究院正式成立。海淀教科院将承担区域教育教学前沿性科学研究、区域教育领域综合改革政策研究及现代教育技术在教学工作中的运用研究，并将配合有关部门开展教育质量综合评价研究工作。海淀教科院拥有科研部门2所5中心（教育科研管理研究所、教育历史研究所和德育心理研究中心、教育政策演技中心、课程建设研究中心、质量评价研究中心、现代教育技术研究中心），行政部门，以及敬德书院、海淀区教育学会2个挂靠部门。同时成立海淀教科院学术委员会，聘请国内外教育学者20余人为委员会成员。北京师范大学和首都师范大学分别在海淀教科院建立研究中心。海淀教科院前身为1984年成立的海淀区教育科学研究所。

（宋亚甫）

3月30日，北京市海淀区教育科学研究院成立

（海淀区教委　供）

首次召开幼儿园食品安全工作会

4月12日，海淀区教委首次召开幼儿园食品安全工作暨园长食品安全法规培训会。会议听取学校食品安全科开展幼儿园食品安全工作前期调研情况的汇报，区食药监局餐饮服务管理科作园长食品安全法规培训。会议强调要从思想上高度重视幼儿园食品安全工作，建立健全规章制度、贯彻落实岗位责任制，开展分级培训，提升从业人员管理水平和职业操作技能，加大监督检查力度，确保幼儿食品安全。市教委、区教委、区食药监局领导，全区幼儿园园长及食品安全主管领导300余人参加会议。

（宋亚甫）

表彰市民学习品牌和学习之星

4月13日，海淀区教委表彰市民学习品牌和学习之星。表彰活动由区建设学习型城区领导小组办公室、区教委共同主办，采取个人自荐、社会举荐、组织推荐等形式。20个培训项目获评“海淀区市民学习品牌”，100人获评“海淀学习之星”，其中，4人获评“首都市民学习之星”。3名代表分享获奖感言，表示将在工作中主动学习、注重交流，为单位和社会服务，打造社区学习的典范。

（宋亚甫）

运用信息系统完成招生工作

4月20日，海淀区教委升级优化后的海淀区幼儿园适龄儿童信息采集服务系统正式启用。区教委运用信息采集服务系统完成秋季招生工作，家长可利用系统查询距离自己家最近的幼儿园，可根据实际情况网上填报最多10个入园意向，减少往返幼儿园现场咨询时间；系统还提供审核、录取状态查询功能，家长可以实时了解幼儿园招录进程和结果。年内，26500余名适龄儿童通过系统平台完成信息采集和入园意向选择，被录取幼儿17123人，包括海淀户籍幼儿11900人（占比69.5%），3岁以上幼儿12340人（占比72%）。

（宋亚甫）

公布义务教育阶段入学政策

4月21日，海淀区教委公布2016年海淀区义务教育阶段入学政策。实施“六年一学位”政策，完善非京籍适龄儿童入学审核流程，进一步规范华侨等人员子女小学入学管理。自2016年起，海淀区对适龄儿童入学登记地址、就读学校实施记录管理，自该套住房地址用于登记入学之年起，原则上六年内只提供一个入学学位（符合国家生育政策的除外）；在非本市户籍适龄儿童少年在海淀区接受义务教育证明证件材料审核流程上，增加线上初审，由海淀公安分局、区人力社保局对申请人的在京暂住证、社保证明信息进行网上初审；按照市教委要求，进一步规范华侨、港澳同胞、外籍华人子女，持有“北京市工作居住证”，海淀区单位集体户口的人员子女小学入学管理。初中入学政策按照市教委统一要求，基本保持连续性和稳定性，并继续压缩特长生比例，比例控制在初中招生总人数的5%以内，单个学校特长生招生计划控制在本校招生总计划的10%以内。年内，海淀区小学入学需求约为2.90万人，小学毕业生2万人，学位缺口近9000人。

（宋亚甫）

与首师大签订教育战略合作协议

4月26日，海淀区教委与首都师范大学签订教育战略合作协议。根据协议，双方本着“协同创新、优势互补、合作共赢、共同发展”原则，以双方的教育资源为基础，建立教师教育研究共同体，在教师本硕博一体化联合培养、高等教育与海淀教育的互融互动、高校与地方合作办学等方面开展研究，合作建设“首都师范大学海淀教育研究中心”。区教委将借助首师大高校资源优势，进一步推动海淀基础教育的创新、协调、绿色、开放、共享发展，同时为首师大高等教育的发展提供教育研究基地。5月31日，海淀区二里沟中心小学更名为首都师范大学实验小学，并揭牌。首师大在该校成立海淀教育研究中心小学教育分中心。二里沟中心小学于1955年由对外贸易部创办；1966年改称东方红小学；1968年学校移交区文教局管理；1972年更名为甘家口第二小学；1984年被区教育局确定为北京市海淀区二里沟中心小学。2016年，学校占地面积1.61万平方米、建筑面积1.57万平方米，在校生近2000人，教职工97人。

（宋亚甫）

33所学校开展“非遗”进校园活动

5月17日至21日，“弘扬传统文化绽放非遗之花”京津冀非遗进校园交流会暨海淀区非遗进校园成果汇报展在北京医科大学附属小学举办。活动由区教委、区文化委、花园路街道办事处联合主办，现场表演抖空竹、传统武术、京剧等非物质文化遗产项目，展示面塑、风筝、京剧脸谱等传统手工技艺，开展互动教学。至5月，海淀区33所学校开展“非遗”进校园活动。30余个区级以上“非遗”项目近50名传承人应邀走进33所中小学，开展教学和传承展示展演。2007年，区教委首次开展“非遗”进校园活动。

（宋亚甫）

与北京双高人才发展中心签约合作

5月27日，海淀区教委与北京双高人才发展中心签订教育人才管理与开发战略合作协议。协议旨在满足海淀区“十三五”时期教育领域综合改革发展的人才资源需求。根据协议，海淀区将依托双高中心在人力资源管理方面的专业优势，推进海淀区教育人才储备库项目工作，探索人力资源管理新模式，优化教育领域人才队伍建设，实现海淀区教育人才合理化配置。

（宋亚甫）

联合首师大打造七校联盟共同体

6月20日，海淀区教委与首都师范大学联合打造七校联盟教育共同体。在合作建设交流会上，双方就合作进行深入研讨，了解7所联盟校实际需求和合作意向，达成首师大附中、首师大附中一分校、首师大二附中、首师大附属育新学校、首师大附属玉泉学校、首师大附小、首师大实验小学7所学校结盟意向。七校教育联盟将在首师大引领下，发挥办学特色，协同发展，共同开展教育科学研究，打造项目式教师培养、研究、发展模式。

（宋亚甫）

西苑小学加挂一〇一中实验小学校牌

6月22日，经海淀区教委研究决定，海淀区西苑小学加挂“北京市第一〇一中学实验小学”校牌，两校开展合作办学。合作办学后，西苑小学保持独立建制，区属公办小学性质不变，承担区教委划定招生范围内义务教育任务。一〇一中与西苑小学建立对口招生机制，西苑小学2016年入学的一年级新生，六年后毕业时按照30%比例直升一〇一中。一〇一中将发挥优质校带动作用，以合作办学为载体，进一步探索人才贯通培养模式改革，加强两校在资源统筹、干部教师交流、课程共建等方面的一体化管理，逐步探索健全教育集团化办学的体制机制。

（张欣　宋亚甫）

体育骨干教师足球教学技能培训

7月10日至16日，海淀区教委举办中小学体育骨干教师足球教学技能培训。培训与区教师进修学校联合举办，旨在借鉴国外先进青少年足球教学经验，提高教师足球专项技能和教学水平，提升中小学足球教学质量。培训由区教师进修学校整体设计并组织实施，2名西班牙青少年足球培训专家担任教练，研修活动聚焦“体育教师足球教学实践能力的提升”，采用专题讲授、现场示范与指导、案例剖析等方式，对足球知识与技能，学生学习足球的特点，足球教学技能，足球教学设计、实施、评价与改进，以及体育教师专业发展5个课程内容模块进行系统研修。全区30名中小学足球骨干教师参加培训。

（宋亚甫）

刘静嘉获国际化学奥赛金牌

8月1日，北京市育英学校学生刘静嘉获第48届国际化学奥林匹克竞赛金牌。共有76个代表队的264名选手参加比赛，中国代表队由4名高中生组成，获得4枚金牌及团体总分第一名，其中，刘静嘉获理论成绩第一、总分第二的成绩。

（宋亚甫）

中学教育工作会召开

9月21日至22日，海淀区教委召开中学教育工作会。会议听取《挑战·创新·突破》主题报告，总结分析2015—2016学年中学教育工作取得的成绩和经验以及存在的问题和挑战，布置2016—2017学年中学教育工作任务。市教委领导、华东师范大学教授、上海市曹杨第二中学校长作培训报告，参会代表分5个专题研讨交流，专家作研讨点评。会议首次组织校长论坛，70余名校长聚焦教育综合改革与学校特色发展进行交流研讨，海淀区4名校长结合学校发展经验作典型发言，区教师进修学校梳理全区初、高中教学工作。全区各中学、各学区及教育系统相关单位代表480人参加会议。

（宋亚甫）

首家公办民族幼儿园开园

9月23日，北京市海淀区民族幼儿园开园。该园是海淀区首家公办民族幼儿园，园所位于马甸地区，以招收少数民族家庭子女为主，由区教委通过“以租代建”方式，租用海淀区伊斯兰教协会场地建成，场地租期10年。园所占地面积1146.90平方米、建筑面积1599.93平方米，可开设教学班6个，可容纳幼儿180人。首批开设教学班5个，招收6个民族140余名幼儿，少数民族幼儿占38%。幼儿园聘任海淀区伊斯兰教协会、马甸清真寺寺管会主任及管片派出所警官分别担任民族团结教育指导顾问和法制教育名誉副园长。

（宋亚甫）

9月23日，海淀民族幼儿园开园

（海淀区教委 供）

开展“双挂职”工作10年

9月27日，海淀区委教工委召开教育系统2016年度机关与学校干部双向挂职工作会。会议印发《海淀区教育系统机关和学校双向挂职锻炼管理办法》，宣布2016—2017学年度双向挂职决定：3名小学副校长、3名中学副校长到机关挂职，区教委机关干部4人赴学校挂职。区委教工委2006年启动双向挂职工作，成为区委教工委培养后备干部的重要举措和考察过程，10年中，先后有39名学校干部、24名机关干部参加“双挂职”锻炼。

（宋亚甫）

校园食品安全专项整治

9月，海淀区教委与区食药监局联合开展中小学、幼儿园秋季食品安全专项整治工作。先后检查北京明天幼稚集团第七幼儿园、北京市育英学校、北京市二十一世纪国际学校、首都师范大学附属小学（柳明校区）和北京农业大学附属中学5所学校（幼儿园）。现场查阅食堂各项食品安全制度、记录，询问伙食状况，检查食堂设备设施运转情况；指导食品操作工艺流程，规范食品安全规章制度、学生餐（外送）操作流程等工作。检查组肯定5所学校（幼儿园）的食品安全工作，要求各学校通过自查厘清思路、总结经验、固化成果、强化管理，做好校园食品安全管理工作。

（宋亚甫）

男女足球队双获全国中学生锦标赛冠军

10月19日，海淀区男子、女子足球队参加2016年“江汉杯”中国中学生足球锦标赛双获冠军。比赛由中国中学生体育协会主办，来自全国15个省、市、地区的16支男队、8支女队参赛，均为2015年中国中学生足球锦标赛前八名和中国中学生足球协会杯前八名的队伍。中国人民大学附属中学男子足球队、北京市八一学校男子足球队和北京市清华育才实验学校女子足球队代表北京市参加比赛。最终，人大附中男队、清华育才实验学校女队分获男子组和女子组冠军，八一学校男队获男子组第七名。人大附中男队同时获得最佳教练、最佳门将和最佳运动员奖项。

（宋亚甫）

4项成果获全国教科研优秀成果奖

11月2日，海淀区教委4项成果参加第五届全国教育科学研究优秀成果评审获奖。其中，北京市十一学校校长著《新学校十讲》获一等奖，海淀区中关村第三小学校长著《教育其实很美》获二等奖，北京师范大学专家等著《教学的稳与变》和海淀区中关村第一小学校长等著《陪伴儿童成长》获三等奖。评审活动由教育部组织，经专家评审、面向社会公示和评奖委员会审核3个环节，298项成果获奖，其中，一等奖23项、二等奖85项、三等奖190项。该评审为全国教育科研系统最高级别奖项，每5年开展1次。

（宋亚甫）

与中国教科院签约合作

11月4日，海淀区教委与中国教育科学研究院签订战略合作协议。双方本着“优势互补、资源共享、合作共赢、共同发展”原则，决定建立“中国教育科学研究院海淀教育综合改革实验区”。根据协议，双方将在区域教育现代化建设、教育改革实验项目、学校治理体系建设等教育综合改革领域开展深入研究，密切合作，促进共同发展；海淀教育系统将借助中国教科院科研优势、资源优势和平台优势，进一步推动海淀教育“十三五”期间的发展，同时为中国教科院提供优良的教育研究基地和土壤。

（宋亚甫）

152名教师进入教育人才储备库

至12月12日，海淀区教育系统5批152名优秀教师进入海淀区高端教育人才储备库。152人经区教委人才服务中心联合各业务科室、名师工作站、进修学校组成的专家考评小组考核评价后被批准入库，其中，101人完成签约，并根据学校需求和个人意愿，被分配到区内各中小学、幼儿园任教，年薪15万～25万元。高端教育人才储备库为海淀区绩效管理创新创优专项工作，区教委面向全国招聘特级教师、省级学科带头人、省级骨干教师，以及其他特殊专业教师、优秀博士、优秀硕士等高端教育人才，实行区级统筹、动态管理运行机制，采取“区聘校用”管理模式，率先在全国建立非编制管理的教育人才储备库。招聘条件包括符合《海淀区教育系统人才引进暂行管理办法》规定的人才引进条件和政策，具有一定影响力，并获得全国优秀教师、特级教师、学科带头人和骨干教师等荣誉称号；已达退休年龄，但在本省（自治区、直辖市）具有一定影响力；具有国家承认的国民教育序列硕士研究生及以上学历；满足教育改革需求的其他专业人才。

（宋亚甫）

上庄中心小学附属艺鸣实验幼儿园开园

12月13日，海淀区上庄中心小学附属艺鸣实验幼儿园正式开园。为解决近年上庄地区适龄儿童入园需求激增的问题，区教委与上庄镇政府合作，改造上庄二小闲置校舍，建设上庄中心小学附属艺鸣实验幼儿园，区教委投资1100万元。该园位于海淀翠湖湿地东侧，占地面积4000余平方米、建筑面积3300平方米，计划开设教学班9个，提供学位270余个，主要招收海淀区上庄镇居民子女；首批入园幼儿60人，设小班3个，教职工15人。

（宋亚甫）

中小学名班主任工作站成立

12月16日，海淀区教委成立中小学名班主任工作站。工作站以“整合资源、高端培养、构建优秀班主任专业成长的服务平台，促进学校的可持续发展”为宗旨，通过开展德育实践、德育科研、德育研修等具体工作，提升全区中小学优秀班主任队伍中高端发展人才的专业素养和研究能力，发挥研究、引领、服务、辐射的作用。首批学员39人，均为全区各级各类学校的优秀在职班主任。工作站设立顾问组和导师组，导师组在顾问组及区教委德育科引导下，指导学员开展具体工作。工作站以3年为1个周期，采取双轨导师负责制，为每名学员分配理论导师和实践导师各1人。

（宋亚甫）

区特殊教育学校教师培训展示活动

12月21日至22日，北京市盲人学校承办2016年海淀区特殊教育学校学科带头人、骨干教师培训展示活动。来自北京市健翔学校（含聋和培智）和北京市盲人学校（盲）的19名区学科带头人和区骨干教师代表参加说课比赛，评出一等奖2人、二等奖1人。

（李艳梅）

门头沟区

概述

2016年，门头沟区教委辖属教育单位86个（幼儿园32所、小学22所、高级中学4所、初级中学9所、一贯制学校3所、中等职业学校1所、特殊教育学校2所、其他法人单位13个）。招生6868人（幼儿园2546人、小学1970人、初中1430人、普通高中787人、中等职业学校135人）；毕业4947人（幼儿园1385人、小学1615人、初中1412人、普通高中516人、中等职业学校19人）；在校生25325人（幼儿园6302人、小学11926人、初中4433人、普通高中2339人、中等职业学校325人）。教职工总数3578人（幼儿园1014人、中小学2406人、中等职业学校130人、特殊教育28人）。北京市特级教师18人、北京市学科教学带头人2人、北京市骨干教师54人。全年教育总投入15.99亿元。中小学固定资产总值6.42亿元，中等职业学校固定资产总值0.69亿元。市民学校123所、乡镇成人学校187所、培训机构14个。

2016年，门头沟区教委采取多种措施促进学生学习方式变革。引进STEAM课程，组织全区13所初中近2000名师生分7个批次参与该课程，提升学生科学素养；针对新中考物理、化学、生物等学科加强动手实验考查的特点，引进“科学盒子”课程，为学生提供“科学盒子”课程533套，用于开展科学实验探究。开展游学活动，组织10所中学993名学生分19个批次，分别前往成都等15个城市开展游学活动，引导学生进行人文、科技项目研究。

提升家庭教育水平。区教委举办全区幼儿园家长讲座12场，惠及家长1万余人；家教专家深入幼儿园及中小学开展亲子活动，指导家长转变观念，提升育儿水平；开展家校共育项目，走进12所实验校开设教师与家长培训课程及沙龙8次，惠及家长2500余人；开展家校共育工作展示交流暨优秀班级家长会表彰活动。

利用信息化手段实现现代教育教学与管理。开展 Pad 项目研究、中高年段信息技术手段改变教学方式提升课堂效率相关培训，以及语文精读加略读课例展示及研讨活动。拓展在线课程资源，9 所学校 24 名教师参与使用在线课程资源 110 节，点击率 25645 次；试点使用学业数据采集与分析系统，8 所学校 21 名教师、近 800 名学生参与试点使用。

推进社区教育工程。组织新型职业农民培训，在 8 个镇组织厨艺、盆栽蔬菜种养殖技术等 36 个培训班，培训 1642 人次。推进新市民素质提升工程，开设书法等 12 个班次，培训 518 人；开展涉及心理健康等市民培训班 35 个，培训 1535 人。进社区、下农村开展文艺演出 20 场，启动助推驻村帮扶工程，结对帮扶妙峰山镇炭厂村，实施低收入村乡村旅游实用人才精准培养项目，并确立“一桌泉饼宴，一个农家院，一个旅游村”“三个一”帮扶目标。

（张楠）

组织社会大课堂活动

2016 年，门头沟区教委分别组织主题为“博物馆之春”和“走进高雅艺术”的中小学生社会大课堂活动。区社会大课堂办公室不断规范中小学社会大课堂活动申报流程，制定申请报告、实施方案、安全预案、教育计划书模板等材料，学生分年级、分批次走进市级社会大课堂资源单位开展活动 3 万人次。

（李乾）

教师招聘工作

2016 年，门头沟区教委开展教师招聘 3 次。招聘新教师 133 人，包括博士 1 人、硕士 42 人、本科 42 人，本科及以上学历教师占招聘总数的 64%，为历年招聘比例最高。6 月，区教委开展校际岗位竞聘工作，发布校际需求岗位 58 个，报名 39 人，流动教师 38 人。

（范兵）

人才租赁住房配租工作

2016 年，门头沟区完成 2 批人才租赁住房配租工作。区教委会同区住建委按照工作方案对教育系统内参与申报的 68 名教职工进行分数和条件审核，申报条件包括工龄情况、工作年限、职级情况、学历情况、日常考核、获奖情况、加分情况等。经审核，25 名教师办理相关手续后入住。

（吕婕）

校园足球冬训营活动

1 月 25 日至 31 日，门头沟区育园小学、门头沟区新桥路中学 22 名有足球特长的学生和来自区内 13 所学校的足球专业教师赴广州恒大足球学校开展校园足球冬训营活动。冬训营授课教师来自西班牙皇家马德里足球俱乐部和恒大足球学校，学生接受足球训练课程和国外足球文化学习及培训；教师接受学生足球专项训练和校园足球文化培训。

（王曦）

门头沟区参加校园足球冬训营的学生在广州恒大足球学校接受外籍教练指导 （门头沟区教委 供）

实验二小永定分校与北方昆曲剧院合作

3 月 4 日，北京第二实验小学永定分校与北方昆曲剧院签订“高参小”特色发展项目合作协议。根据协议，双方在学校文化建设、学科课程教学、学生社团发展、教师培养培训、理论实践研究 5 个方面开展合作。2014 年，市教委启动北京高校、社会力量参与小学体育美育发展工作，整合北京高校和社会力量资源优势，重点从文化建设、学科教学、社团发展、教师培养、理论研究等方面，帮助各中小学全方位、多样化、深层次开展体育美育工作。

（王燕）

中小学生篮球比赛

3 月 14 日至 25 日，门头沟区教委举办 2016 年门头沟区中小学生篮球比赛。比赛在赛制上创新设置决赛阶段主客场三局两胜制，参赛学校组织师生啦啦队在每节比赛结束后上场表演。最终，北京市育园中学、门头沟区新桥路中学、北京市第二实验小学永定分校分获高中、初中、小学男子组冠军；育园中学、北京市大峪中学分校、门头沟区大峪第一小学分获高中、初中、小学女子组冠军。

（王曦）

机构变更

3 月 17 日和 7 月 13 日，门头沟区教委变更部分机构。3 月，区教委决定成立门头沟区特殊支持教育中心，在区特殊教育学校加挂牌子，机构规格、人员编制和经费形式不变。中心负责组织全区融合教育教师的培训、教研、科研及评比工作；为有特殊教育需求的儿童及家长提供教育咨询、康复指导；管理和指导各级各类学校融合教育工作等。中心成立仪式于 10 月 24 日在区特殊教育学校举行。7 月，区教委所属“北京市门头沟区幼儿园”更名为“北京市门头沟区第一幼儿园”、“北京市门头沟区城子幼儿园”更名为“北京市门头沟区第二幼儿园”、“北京市门头沟区东辛房幼儿园”更名为“北京市门头沟区第三幼儿园”。

（肖新　李执）

清水中心小学附属幼儿园开园

3月17日，清水中心小学附属幼儿园正式开园。园所占地面积7863平方米、建筑面积1522平方米，可提供学位120个；教职工10人，其中，本科学历5人、专科学历5人，每班至少配备1名学前专业教师，师资水平基本满足清水地区幼儿发展需求；开设教学班3个，大、中、小班各1个；环境优美，配套设施及专用教室齐全，距离门头沟城区约100公里，是门头沟区西北端最偏远的幼儿园。该园开园标志门头沟区实现山区学前教育全覆盖。

（冯艳飞）

中小学生足球比赛

3月28日至4月15日，门头沟区教委举办2016年门头沟区中小学生足球比赛。门头沟区军庄中心小学获小学男子甲组冠军、北京市第二实验小学永定分校获小学男子乙组冠军、门头沟区大峪第一小学获小学女子组冠军、门头沟区新桥路中学获初中男子组冠军、北京市大峪中学分校获初中女子组冠军、北京市大峪中学获高中男子组冠军。600余名中小学生参赛。近年来，门头沟区推进校园足球运动开展，8所市足球特色学校（大峪中学、首都师范大学附属中学永定分校、新桥路中学、大峪中学分校、大峪一小、门头沟区大峪第二小学、实验二小永定分校、门头沟区育园小学）开设足球课程。

（王曦）

山区优秀中学生表彰

4月28日，门头沟区教委举办“闪光的青春”山区优秀中学生表彰暨青春风采展示活动，表彰2015—2016学年度优秀中学生及单项标兵。门头沟区清水中学、北京市王平中学等学校分别表演合唱、街舞等节目，北京市大峪中学学生代表分享成长故事。此次活动旨在为学校搭建展示学生风采和育人成果的舞台，培育和践行社会主义核心价值观。斋堂镇、区教委领导及相关负责人，全区14所中学校长、德育主任、师生及家长代表200余人参加活动。

（王艳　孙晓楠）

一级一类园所展示风采

6月15日，门头沟区教委、区教师进修学校共同举办“门头沟区走进一级一类幼儿园展示研讨活动”。活动组织参观门头沟区龙泉大地幼儿园园所环境，观摩幼儿大、中、小班游戏活动课，并针对3节游戏活动课以及前勤后勤一体化4个方面内容进行分组研讨交流。3名学前研修员及龙泉大地幼儿园园长分别作为4个分会场指导专家，组织参会人员开展专题讨论。区教委、区教师进修学校相关负责人，29所幼儿园管理干部等90余人参加活动。

（冯艳飞）

区骨干教师及班主任评审认定

6月至8月，门头沟区教委评审认定区级骨干教师、区级骨干班主任。经过专业知识测试及综合量化考核，认定区级骨干教师278人（含山区骨干教师11人）、区级骨干班主任79人；直接认定区级骨干教师148人（含山区骨干教师2人）。任期自2016年9月1日至2019年8月31日。

（吕婕）

暑期游学活动

7月至8月，门头沟区教委在各中学开展暑期游学活动。区教委利用市教育引导性资金，落实北京教育改革中关于初中教育“宽”的基本要求，10所中学参与游学活动（占全区中学总数的三分之二），分为19个批次，在市内或前往成都、延安、绍兴、青岛等14个城市游学。教师154人、学生1320人参与活动，其中，在京游学师生468人、出京游学师生1006人。

（裴军）

5所学校基建工程完工

8月至12月，门头沟区5所学校基建工程完工。门头沟区大峪第二小学改建工程完工，教学楼、食堂及风雨操场交付使用，工程新建建筑面积1.10万平方米、改造面积0.51万平方米，改建后学校总用地面积2.05万平方米，较之前扩大1.40万平方米，规模由24个班增加至36个班。大峪二小附属幼儿园完工并交付使用，工程为黑山棚改安置房小区配建幼儿园，开设教学班12个。门头沟中等职业学校饭店与旅游管理专业实习实训基地客房楼装修改造工程完工并交付使用，工程改善基地原有1号楼、2号楼住宿条件。新建北京市第八中学门头沟校区工程高中部、初中部交付使用，工程分为高中部及初中部2个部分，54个班（初中24个、高中30个），占地面积7.33万平方米、建筑面积6.40万平方米。北京市三家店铁路中学翻建工程完工并交付使用，工程拆除原建筑面积0.47万平方米、新建建筑面积1.23万平方米、改造建筑面积0.74万平方米。

（张晓巍　王娜）

中小学生冰雪运动启动

10月12日，门头沟区教委和区体育局共同举办“门头沟区中小学生冰雪运动启动仪式暨2016年中小学生田径运动会开幕式”。活动现场播放门头沟区校园冰雪运动实施方案宣传片，启动“世界的冬奥·我们的冰雪”门头沟区校园冰雪运动，通过舞动门城、体教结合、民族体育、高地特色、大球风采5个篇章展示门头沟区阳光体育运动和课外活动实施成果。市冰雪进校园形象大使带领学生进行花样滑冰和冰球表演，并向区教委赠送国家队队旗。冬奥组委、教育部、市教委、区委、区政府、区人大、区政协、区教委、区体育局及 38 所中小学校相关领导，全区 20 余所学校近 1500 名中小学生参加启动仪式。

（王曦）

10 月 12 日，门头沟区中小学生冰雪运动启动
（门头沟区教委　供）

全民终身学习及学习型城市建设工作

10 月 28 日，门头沟第 12 届全民终身学习活动周启动仪式暨 2016 年学习型城市建设工作会召开。会议表彰 2015 年度门头沟区学习之星和学习型组织示范单位；宣读《门头沟区第十二届全民终身学习周活动方案》，并要求各成员单位在活动周期间开放校园、开放企业、开放服务。会议宣布马仲良名师工作室成立，参会领导为马仲良颁发聘书并为工作室揭牌，马仲良作《学〈大学〉，明明德》培训，该工作室是北京市第一个以学习型城市建设首席专家为工作室主持人，以研究学习型城市建设和社区教育工作为主要任务的名师工作室。

（常广瑛　孙晓楠）

中小学生健康体检和体质健康监测

10 月至 11 月，门头沟区教委开展中小学生健康体检和体质健康监测工作。监测工作以“政府购买社会服务”形式开展，覆盖全区 39 所中小学，近 1.90 万名中小学生；借助专业师资和力量，科学测试评估全区学生健康状况，建立区学生健康管理数据平台；开展区域学生健康教育、测试、干预、评估综合管理，提高师生健康意识，提升学生体质健康水平。监测结果显示学生体质健康水平稳步提升。

（王曦）

新增 2 所民办幼儿园及 1 个培训机构

11 月 16 日，门头沟区教委审批设立北京市门头沟区红黄蓝幼儿园，园所位于龙兴南二路 9 号，占地面积 5500 平方米、建筑面积 3500 平方米，普通教室 12 个、专用教室 3 个，教职工 60 人，可解决幼儿学位 360 个。12 月 2 日，区教委审批设立门头沟区幼师实验幼儿园，园所位于门头沟区三家店华北路 12 号，占地面积 4063 平方米、建筑面积 2060 平方米，普通教室 10 个，教职工 42 人，可解决幼儿学位 300 个。12 月 2 日，区教委审批设立门头沟区筝鸣艺术培训学校，学校办学内容为艺术类培训。

（王冬冬）

城乡学校联动

11 月 16 日至 17 日，门头沟区教委举办城乡学校联动活动。深山区门头沟区军响中心小学、门头沟区付家台中心小学与城镇地区北京第二实验小学永定分校、门头沟区京师实验小学参与活动。实验二小永定分校 3 名老教师与军响小学 3 名青年教师签订“师带徒”协议，京师实验小学 2 名教师为付家台中心小学教师讲授语文课和数学课各 1 节。

（陈菊新）

基础教育课程改革总结交流会

12 月 16 日，门头沟区教委召开“落实新课程方案　提升课程育人品质”2015—2016 学年度基础教育课程改革总结交流会。会议表彰 2015—2016 学年度基础教育课程改革实验中获奖的单位和个人。会上，区教师进修学校作年度总结，3 所学校分享新课程方案的设计与实施经验，2 所学校分别代表中小学学科实践活动课程开发创新实验共同体汇报研究情况，北京教育科学研究院专家点评门头沟区课程改革工作。区委教工委、区教委、区教师进修学校领导及相关负责人，全区中小学校长、副校长、教学和课程领导 120 人参加会议。

（邵华　孙晓楠）

学前队伍素养提升项目总结大会

12 月 29 日，门头沟区教委召开门头沟区学前教育队伍素养提升项目总结大会。会议通过主题诗朗诵、优秀学员代表发言、工作总结汇报等形式，回顾并展示学前教育管理研修站、青年教师研修站三年工作成果。会议表彰 32 名优秀学员及 10 名市、区级优秀指导教师，并向学员发放项目成果集。区教委、区教师进修学校领导及相关负责人，学前教育专家，学前教育管理研修站、青年教师研修站学员，全区幼儿园园长、保教主任 120 余人参加会议。2013 年 6 月，区教委启动学前教育队伍素养提升项目。

（冯艳飞　孙晓楠）

岗位设置

12 月，门头沟区教委按照岗位设置相关工作要求，完成基层学校岗位设置工作。通过召开专题会布置、学校核定岗位数、上报审批等流程，决定设置岗位 3613 个，其中，管理岗位 138 个、专业技术岗位 3388 个、工勤技能岗位 87 个。所有岗位将采用公开招聘形式进行人员补充。

（范兵）

房山区

概述

2016年，房山区托幼园所105所，其中，教育部门办园36所、集体办园5所、其他部门办园3所、社会办园61所；入园幼儿8948人、离园幼儿6388人、在园幼儿25475人；教职工3872人，专任教师2311人；占地面积51.74万平方米、园舍建筑面积28.92万平方米。小学101所，招生7579人、毕业5766人、在校生45662人；教职工3500人，专任教师3051人；占地面积141.41万平方米、校舍建筑面积48.80万平方米。中学42所，招生6942人、毕业6750人、在校生21410人（初中13536人、高中7874人）；教职工3936人，专任教师2691人；占地面积167.41万平方米、建筑面积75.02万平方米。职业高中3所，其中，教育部门办校2所、民办校1所；招生134人、毕业229人、在校生655人；教职工338人，专任教师241人；占地面积13.01万平方米、建筑面积6.96万平方米。

2016年，房山区教委围绕“推进、开放、整合”的年度主题，推进教育综合改革持续深入，教育发展成果显著。

学前教育。推进“房山区幼儿园园长工作室”建设，开展“提升园长综合素质”系列培训活动，干部教师综合素质进一步提升。出台《房山区幼儿园家长学校建设管理办法（试行）》等规范性文件，在全市范围内率先成立幼儿园真爱家长学校。房山区长阳第二幼儿园、房山区良乡第四幼儿园、房山区良乡镇官道中心幼儿园和房山区南窖乡中心幼儿园4所幼儿园通过级类晋升。至年底，全区共有市级示范园3所、一级一类园19所、一级二类园16所。

中小学办学品质提升。成为全市首个成功承办北京市第三批中小学学校文化建设示范校创建展示交流会的郊区。17所学校被评为北京市中小学学校文化建设示范校，至此，全区共有北京市中小学学校文化建设示范校43所。18所中小学被评为首批市级文明校园示范校。

高考上线率攀升。2267人参加普通高校招生统一考试，本科上线人数1822人，本科上线率首次突破80%，达到80.37%，比上年提高2.03个百分点。

职成教育发展。校企进一步融合，新增校企合作单位14家，完成企业员工培训280人次。发挥实训基地优势，开发印刷、面点、根石艺等11个中小学生实践体验活动项目。完成乡镇成校双向视频录播系统和计算机房更新项目，实现校际资源共享和互联互通。通过全国农村职成示范区复审和职成示范区平台验收审核，成为首批国家级农村职业教育和成人教育示范区。

推进学习型房山建设。打造10个具备体验感受、技能学习等功能的终身学习基地，进一步丰富市民学习场所。评选认定区级学习之星86人，其中，2人获市级学习之星称号。全面启动学习型组织先进单位评选和示范点建设，全年共认定学习型组织先进单位和家庭172个。成功举办房山区第12届全民终身学习活动周和学习型房山建设成果展示及经验交流活动，首次体验网络直播，进一步推广房山区学习型建设的典型经验及做法。

民族教育新突破。采用借助社会力量、利用家长资源、整合社会资源等形式，以大教育观引领中小学民族团结教育发展，以大发展观指导中小学民族团结教育，以大资源观推进中小学民族团结教育。房山区良乡镇官道中心小学、房山区良乡第五中学、北京师范大学良乡附属中学被评为“北京市民族团结教育示范学校”。

（许振东）

推进村办幼儿园建设

2016年，房山区委、区政府、区教委采取多种措施推进村办幼儿园建设。明确划分区、乡政府办学及管学责任，将各乡镇政府推动乡镇中心园建设情况纳入区委、区政府对各乡镇的考核评价之中；区相关部门统筹协调，简化流程，优先确保幼儿园项目建设有序推进；深入调研，合理布点，确保幼儿上下学距离不超过10公里；新建村办幼儿园8所，新增学位2550个，实现农村地区公办园全覆盖；实施园所级类管理，加强干部教师培训，提高幼儿园整体办学水平。

（许振东）

推进山区教育优质发展研讨会

1月20日，房山区教委召开推进山区教育优质发展研讨会。会议围绕“什么是好的教育，如何办好山区教育”开展交流研讨。区委教工委、区教委感谢山区乡镇党委政府给予教育的大力支持，对为山区教育发展倾注心血、贡献力量的干部教师及各界人士致以敬意。区教委、霞云岭乡政府领导，8个山区乡镇教育助理和小学校长，房山区霞云岭乡霞云岭中心小学部分干部、教师和家长代表66人参加会议。

（许振东）

与察右中旗教育局协同发展签约

2月3日，房山区教委与察哈尔右翼中旗教育局举办协同发展签约仪式，房山区房山第二中学与察右中旗第二中学签订合作协议。根据协议，双方将通过开展干部培训和相互挂职等形式，提升两地干部工作能力；通过开展教师支教、跟岗学习等形式，促进两地教师专业化发展；通过中小学生“手拉手”等活动，推动两地学生交流。察右中旗旗委、旗政府、旗教育局领导及相关负责人，区教委领导及相关负责人，房山二中校长参加签约仪式。察右中旗位于内蒙古乌兰察布市中部，旗政府所在地科布尔镇距北京450公里。

（许振东）

中小学体育卫生艺术科技工作会

3月4日，房山区教委召开中小学体育卫生艺术科技工作会。区教委部署2016年艺术、科技、体育、社会大课堂、课外活动等工作，强调将以“改革、创新、优质”为主题，重点抓好中小学生科技节、“七彩房山”艺术展和区域教育资源圈育人框架体系建设，探索校内外融和育人机制，打造房山校外教育品牌，要求各学校从关注学生终身发展、深化教育领域综合改革和推进房山教育转型发展3个层面，认识落实会议安排的各项工作任务。区教委领导、各学校校长及相关工作负责人等500余人参加会议。

（许振东）

小学德育工作培训交流会

3月4日，房山区教委召开小学德育工作培训交流会。9名主管校长通过交流、访谈的形式，分别交流德育特色建设、班主任队伍建设、三结合教育、德育活动设计、升旗仪式规范、三好生评选流程6项日常德育管理工作经验。会议要求德育干部要有大格局、高站位、勤学善思；德育工作要有活力、有特色、狠抓规范。区教委相关科室负责人及全区各小学近60名德育干部参加会议。

（许振东）

2016年科技节

3月21日至27日，房山区教委、区科委（区知识产权局）和区科协联合主办房山区2016年科技节。科技节以“创新成就梦想，科技引领未来”为主题，通过青少年科技创新动员大会、百名小发明家成果展示、课外科技活动展示、高新科技企业产品展示体验、科技教师论坛交流等板块，展示房山区青少年科技创新教育成果。开幕式现场举行青少年科技成果转化签约仪式，中细软移动互联科技有限公司董事长与3名具有科技成果转化潜力的专利持有学生签约，每名学生获得1万元的知识产权成果转化基金。

（许振东　孙晓楠）

3月21日，房山区2016年科技节开幕

（房山区教委 供）

与广渠门中学教育集团签约合作

3月23日，房山区教委与广渠门中学教育集团举办教育合作签约仪式。根据协议，广渠门中学教育集团正式托管房山石楼学区，指导石楼学区各教育单位开展现代学校制度建设；加强干部、教师队伍及家长学校建设；对石楼学区各教育单位进行教育教学业务指导与管理。协议为期6年。

（许振东　孙晓楠）

中小学体育教师大会

3月28日，房山区教委召开2016年房山区中小学体育教师大会。会议听取区教委题为《树立以人为本、健康第一的思想，努力推动全区学校体育工作再上新台阶》的工作报告，总结体育工作取得的成绩，部署下一阶段学校体育重点工作。学校代表和教师代表作交流发言。区教委领导及相关科室负责人，各中小学相关负责人及体育教师500余人参加会议。

（许振东）

与首师大签约合作

4月12日，房山区教委与首都师范大学签订教育合作协议。根据协议，双方计划将“北京市房山区良乡第五小学”更名为“首都师范大学附属房山小学”，建设成为房山区优质小学和首师大教师教育实践基地；区教委将依托首师大教育资源优势，共同探讨实现区域基础教育优质均衡发展过程中的理论和实践问题，推动首师大附属房山中学、小学建设；首师大将指导附属房山中学、小学制订发展规划，促进两所学校办学理念和教育观念更新，通过选派干部、教师组成专家指导组，定期指导和评估两所学校工作。9月5日，首都师范大学附属房山小学挂牌。良乡五小前身为北京送变电公司子弟学校，属企业办学，始建于1953年；2001年3月，学校冠名为“首都师范大学附属良乡实验学校”，为十二年一贯制“企助民办”学校；2007年8月，学校正式划转为地方政府办学，纳入区教委管理；2009年7月，学校经区教委调整合并为区直属公办小学；2012年5月21日，学校更名为“北京市房山区良乡第五小学”。

（许振东）

9月5日，首都师范大学附属房山小学挂牌

（房山区教委 供）

与北京教科院签约合作

4月15日，房山区教委与北京教育科学研究院签订教育合作协议，北京教育科学研究院周口店中学揭牌。根据协议，周口店中学将充分利用北京教科院教育科研、人才培养和附校建设等方面的优势，进一步提升办学水平。北京教科院将成立“教科院实验学校专家指导委员会”支持周口店中学自主办学，并根据需要指导学校教育教学及管理工作；选派教育教学管理科研人员，指导该校制订发展规划、干部教师培训方案及学校特色发展自我评价和发展性评价方案，建立科学的学校管理机制，推进学校内部治理结构改革；安排该校教师参加北京教科院组织的市级干部教师培训项目及业务进修活动，参与并指导该校及区域学校开展教育教学课题研究，在该校开展教育科学实践和研究。北京教科院、区委、区政府、区教师进修学校、周口店镇政府领导及相关负责人，周口店中学领导、师生及家长代表参加签约仪式。

（许振东）

4 月 15 日，房山区教委与北京教科院举办合作签约仪式
（房山区教委 供）

校园足球联赛

4 月 16 日至 5 月 22 日，房山区教委、区体育局联合举办 2016 年房山区校园足球联赛。联赛设高中男子、初中男子、初中女子及小学混合甲、乙、丙 6 个组别，45 所中小学 76 支队伍 1000 余名运动员参赛，参赛队伍分 8 个赛区比赛 177 场。房山区良乡中学、房山区良乡第四中学、房山区窦店中学、房山区青龙湖镇坨里中心小学、房山区大宁学校、房山区长阳镇长阳中心小学分获各组别冠军。

（许振东）

加强乡镇中心幼儿园管理推进会

4 月 28 日，房山区教委召开加强乡镇中心园管理工作推进会。会上，房山区大石窝镇中心幼儿园介绍园所基本情况、工作思路、主要做法和成效，大石窝镇政府领导介绍该镇教育发展情况。区教委、区政府教育督导室、区教师进修学校等领导及相关负责人，各乡镇教育助理及全区公办园园长、分园负责人 100 余人参加会议。区教委于 2014 年颁布《关于加强乡镇中心幼儿园管理的意见》，为乡镇幼儿园发展提供指导性依据。至 2016 年，房山区实现乡镇区域内公办学前教育全覆盖。

（许振东）

完小文化建设现场会召开

6 月 17 日，房山区教委召开“让学校文化扎根、生长、延伸”完小文化建设现场会。会议设完小文化建设展示及交流研讨两个环节。交流研讨环节，参会人员观看“房山区完小文化建设掠影”，房山区房山长育中心小学、房山区城关镇马各庄完全小学教师和家长代表分享在学校书香文化建设中的思考和实践，房山区良乡镇官道中心小学和房山区周口店地区瓦井完全小学分别介绍完小在中心校文化理念下的特色发展。区教委、城关街道办事处领导及相关负责人，全区各中心校校长及主管校长等 130 余人参加会议。

（许振东）

首届青少年国际象棋比赛

6 月 26 日，房山区教委、区体育局联合主办 2016 年房山区首届青少年国际象棋比赛。比赛采取瑞士制电脑编排 5 轮赛制，设男子甲、乙、丙和女子甲、乙、丙 6 个组别，354 名选手参赛。房山区城关第四小学、房山区城关第二小学、房山区良乡第二小学、房山区长阳镇葫芦垡中心小学分获团体冠、亚、并列季军；另有 4 所小学获最佳组织奖。

（许振东）

与教育学院签约合作

6 月 29 日，房山区教委与北京教育学院签订合作协议，北京教育学院房山实验学校揭牌。根据协议，教育学院将采取多种措施对教育学院房山实验学校予以支持：成立“北京教育学院房山区实验学校专家指导委员会”，选派挂职管理干部或学科专家驻校指导，支持学校自主办学，构建小学、初中、高中一体化教育办学模式，协助打造学校品牌、制订学校发展规划、完善学校文化建设，设计一体化课程体系并指导教育教学管理工作；选派主要科研人员参与美丽乡村教育研究中心建设研究，指导学校制订干部教师培训方案，指导并参与学校教育教学课题研究；安排该校教师参加教育学院组织的市级干部教师培训项目及业务进修活动。

（许振东）

农村优秀教师表彰大会

9 月 6 日，房山区教委召开农村优秀教师表彰大会。会议表彰在较为边远地区学校中选出的 100 名长期坚守在教学一线的优秀教师。中华爱心基金会与区教委签订捐赠协议，捐赠奖励金 20 万元。区教委领导及相关科室负责人、优秀乡村教师 130 人参加会议。为进一步提升乡村教师待遇，稳定和吸引优秀教师到乡村学校从教，让每名乡村学生享受到公平、优质的教育，区教委根据市、区相关政策，研究制定“支持计划”配套政策，积极协调各有关部门，确保乡村教师待遇进一步提高。

（许振东）

教育大厦启用

9月13日，房山区举办房山教育大厦启用仪式。房山教育大厦位于良乡拱辰街道学园路北街11号，占地面积3.33万平方米、建筑面积4.03万平方米；建有可容纳800人参会的报告厅，以及可容纳300人就餐的餐厅；教学楼内有音乐、体育、美术等专用教室12个，培训教室9个；综合办公楼内有学科研修教室14个，并按层分设图书馆、阅览室、会议区、名师工作室等区域。计划入驻区教师进修学校、区教育信息中心及区考试中心3家单位。

（许振东）

开展防空警报试鸣疏散掩蔽演练

9月17日，房山区民防局、区教委联合开展防空警报试鸣暨疏散掩蔽演练。15:00，市民防局发布警报试鸣命令，警报控制分中心工作人员按照指令启动警报鸣响系统，全区包括燕山地区警报全部鸣响，依次试鸣预先警报、空袭警报、解除警报，每种警报鸣放时间3分钟、间隔7分钟，15:23，试鸣结束，用时23分钟，全区警报鸣响率100%。警报试鸣期间，房山区良乡第四小学师生300余人进行疏散掩蔽演练。15:00，防空预先警报鸣响，师生有序向附近人防工程转移；15:10，空袭警报鸣响，关闭防护密闭门，开启通风设施，区民防局工作人员在人防工程内向师生讲解人防工程使用方法和空袭防护常识；15:20，空袭解除警报鸣响，师生有序撤离掩蔽场所，安全返回教室。

（许振东　孙晓楠）

“教育实践研究基地”签约授牌

9月21日，首都师范大学初等教育学院与西城区黄城根小学房山分校举办“教育实践研究基地”签约授牌仪式。根据协议，首师大初等教育学院负责为黄城根小学房山分校提供教育教学、教学研究、教师培训等方面的帮助和支持；黄城根小学房山分校负责为首师大初等教育学院教师的教育研究工作及学生的大学生科研实践活动提供帮助和支持。区教委领导及相关负责人、首师大专家以及黄城根小学房山分校全体师生参加活动。

（许振东）

9月21日，首师大初等教育学院与黄城根小学房山分校举办“教育实践研究基地”签约揭牌仪式　（房山区教委　供）

中小学生田径运动会

9月28日至30日，房山区教委、区体育局联合举办2016年房山区中小学生田径运动会。运动会设高中、初中A、初中B、小学A、小学B和山区小学6个组别。首都师范大学附属房山中学、房山区良乡第二中学、房山区北洛中学、房山区良乡镇良乡中心小学、房山区琉璃河水泥厂学校、房山区十渡中心小学分获各组别第一名，18所学校获精神文明奖，5人刷新5项赛会纪录。94支队伍1006人参加运动会。

（许振东　孙晓楠）

第14届“十佳中学生”表彰

11月11日，房山区教委举办第14届“十佳中学生”表彰活动。活动以“继承弘扬长征精神龙乡学子在行动”为主题，为11名区“十佳中学生”和22名区“优秀中学生”颁奖。区教育纪工委、区教委领导，40余所中学主管德育副校长、优秀学生代表200人参加活动。

（许振东　孙晓楠）

2场学习型城市建设活动

11月24日，房山区举办“终身学习·筑梦三农”房山区第12届全民终身学习活动周开幕式和学习型城市建设成果展示及经验交流2场活动。学习活动周开幕式上，区农工委部署活动周实施方案；参会领导为学习之星颁奖，为创建学习型组织先进单位和市民终身学习服务基地授牌；启用“房山农事通”APP。活动由学习型房山建设工作领导小组办公室和房山区学习型组织创建工作指导中心共同主办。建设成果展示及经验交流活动首先组织参会人员参加第12届全民终身学习活动周开幕式。开幕式结束后，考察团一行先后到3所学校和房山教育大厦，实地考察和现场体验房山区城乡教育一体化建设、新型市民文明教育体系建设和大阅读项目建设情况。随后的座谈会上，区教委总结学习型房山建设情况和主要项目的进展情况，展示学习型房山建设历程、策略、方法及成果经验。市教委相关科室负责人，北京学习型城市专家指导组组长和专家组成员以及部分区代表参加活动。

（许振东　孙晓楠）

通州区

概述

2016年，通州区教委辖属教育单位289个（幼儿园141所、小学82所、一贯制学校14所、中学41所、职业高中3所、其他法人单位8个）。招生31919人（幼儿园11173人、小学11064人、初中5840人、普通高中3000

人、中等职业学校 842 人）；毕业 22130 人（幼儿园 6864 人、小学 8021 人、初中 4803 人、普通高中 2191 人、中等职业学校 251 人）；在校生 119310 人（幼儿园 30371 人、小学 63568 人、初中 16639 人、普通高中 8377 人、职业高中 355 人）。教职工总数 13790 人（幼儿园 4599 人、中小学 8957 人、职业高中 170 人、特殊教育 64 人）。北京市特级教师 26 人、北京市学科教学带头人 9 人、北京市骨干教师 137 人。全年教育总投入 37.94 亿元。中小学固定资产总值 28.11 亿元，职业高中固定资产总值 0.93 亿元。乡镇成人学校 11 所、培训机构 41 个。

2016 年，通州区委教工委、区教委以创新发展为主线，深化教育综合改革，优化布局，促进教育优质均衡发展。

硬件设施建设。改扩建幼儿园 3 所，新增学位 271 个；接收政府委托普惠性民办幼儿园 7 所，新增学位 2520 个；新增村办幼儿园 5 所，新增学位 720 个。北京教育科学研究院通州区第一实验小学改扩建工程、通州区运河中学高中部新建工程竣工并投入使用；推进通州区运河小学改扩建工程等 5 个工程建设；分批次、分阶段申报通州区杨庄小学新建工程等 8 个工程项目；办理通州区青少年活动中心、北京景山学校通州校区、首都师范大学附属中学（通州校区）、通州区杨坨小学 4 个新建工程前期手续。

各级各类教育。学前教育实施《通州区第二期学前教育三年规划》，5 所幼儿园通过一级一类验收。小学教育坚持优质均衡发展理念，推进 4 个学校发展共同体建设，开展活动 110 余次，参与教师 1500 人次，10 所学校被评为北京市第三批学校文化建设示范校。中学教育实施整体推进、资源共享策略，优化教育布局，首师大附中（通州校区）等 4 所名校通州校区挂牌，运河中学、通州区潞河中学、通州区永乐店中学 3 所示范高中校成立 3 个教育联盟。职业教育、社区教育取得新突破，成立北京新城职业教育集团，加强与外省职业教育机构的合作与交流，通州区被教育部确定为“全国社区教育实验区”。

队伍建设。区教委举办幼儿园园长高级研修班，组织幼教专题培训，组织小学领导干部专业能力提升培训；深入推进实施“通州区名师培养工程”和“通州区教育高端引领工程”，启动实施“北京市中小学教师开放型教学实践活动”，“北京市中学教师开放型在线辅导试点工作”在通州试行，全区 31 所中学的初一、初二年级学生首先受益；树立班主任工作典型，与北京教育学院开展“协同创新学校计划”项目，实施“面向未来”中小学青年校长能力提升计划，促进中小学教育教学水平进一步提升。

核心价值观教育。区教委组织全区中小学开展“童心向党”歌咏活动和“传承中华美德弘扬核心价值观”新童谣征集推广活动；根据中央文明办等五部门《深入开展“我的中国梦”主题教育实践活动通知》要求，印发《关于开展“我的中国梦——争做美德少年”主题教育实践活动的通知》；新增 2 所北京市百年学校，出版《通州百年老校》一书；举办多项体育、科技、艺术活动，促进学生健康成长。

（闵树明）

成人培训多样化

2016 年，通州区开展多种形式的成人教育培训。张家湾成人学校开办立体剪纸培训班，聘请立体剪纸非物质文化遗产传承人段海燕担任主讲，让学员掌握初级立体剪纸技术，学成后的作品由张家湾镇服务中心联系企业收购。于家务成人文化技术学校与于家务乡社保所联合举办美容美发培训班和家政服务员培训班，美容美发培训班由通州区美丽潮流美容美发培训学校专业教师授课，教授美发化学用品常识、晚妆发型操作技巧、发型修剪技巧等多项实用技能，学期 20 天，全乡妇女 70 余人参加培训；家政服务员培训班聘请通州区北工职业技能培训学校专业教师授课，教授急救、老人护理、婴儿护理等内容，总计 200 学时。9 月 19 日至 21 日，漷县成人文化技术学校开办 2016 年家庭实用技能系列培训——军屯村培训班，课程内容有《以菜养菜》《家庭防火知识》和《家庭生活小妙招》，村民 165 人参加培训。

（荣娜　王欢　张泉）

9 月 19 日至 21 日，通州区漷县成人文化技术学校开办家庭实用技能培训班　（通州区教委 供）

培育践行核心价值观工作推进会

1 月 20 日，通州区教委召开通州区教育系统培育和践行社会主义核心价值观工作推进会。会议总结和部署深入推进培育和践行社会主义核心价值观工作。会上，通州区芙蓉小学和通州区潞河中学分别作工作经验交流；播放《培育和践行社会主义核心价值观是社会的共同责任》短片；通州区教育、医疗、公安等多个领域工作人员向学生讲解社会主

1 月 20 日，通州区教委召开培育和践行核心价值观工作推进会　（通州区教委 供）

义核心价值观的深刻含义；芙蓉小学学生表演合唱《二十四字歌》，并向全区中小学生发出践行社会主义核心价值观倡议。区委、区委教工委等领导以及全区中小学师生代表近500人参加会议。

（闵树明）

郎府幼儿园开园

2月23日，北京市通州区西集镇郎府幼儿园开园。该园位于郎东村，占地面积6000平方米、建筑面积3000平方米；各教室配备数字高清触摸屏电视，另设有音体室、创意坊2个专用教室；面向西集镇郎府片区的23个自然村招生，最大招生规模9个班，可招收幼儿270人。首批招生6个班（小班、中班各3个），入园幼儿70人；教职工30人。

（张志强）

青少年机器人竞赛

2月28日，通州区教委、区科协共同举办2016通州区青少年机器人竞赛。活动围绕“探索创新，快乐成长”主题，设机器人创意比赛、ASC机器人能力挑战赛、机器人综合技能比赛、FLL机器人工程挑战赛、VEX能力挑战赛和机器人足球对抗赛6个项目。经过竞赛角逐，评出11支冠军队。比赛由通州区潞河中学承办，全区30余所中小学200余名选手参赛。

（王艳霞）

2月28日，通州区青少年机器人竞赛现场
（通州区教委　供）

职成教师培训项目启动

4月1日，通州区教委召开2016年通州区“职成教师成长工作室”培训项目启动会。会议强调以项目为依托，继续在课题研究、课程开发、教材编写等方面开展教师培养工作。区教委及全区各成人学校领导，该工作室教师代表近30人参加会议。该项目是落实区教委“提升教师素质，加快职成融合”工作要求的具体行动，培训目标为“全面＋优秀”，培养对象为“全员＋重点(N+10)”，运行方式为“培训＋竞赛”“课程＋教材”，培训形式为“线上＋线下”，培训内容为“通识＋专题”，考核标准为“成绩＋成果”。在组织层面，经过推荐、研讨、筛选，成立领导小组、市级专家组、工作组和核心组4个小组。

（王蕾）

视频监控指挥平台升级改造完成

4月，通州区教委视频监控系统指挥平台升级改造工程完成。新平台覆盖全区公办中小学、幼儿园和职业学校，集记忆储存、远程监控视频调阅、远程控制、电子地图、历史图像回放、报警联动等功能于一体，通过连接各校级图像，以电视墙形式进行显示，对全区各校进行实时动态管理。此次改造工程更新前端硬盘录像机159台，现有设备总数231台，视频图像上传2500路。此外，新平台还可与公安内保等平台对接，形成部门联动共管局面。

（刘永辉）

网选“我心中的最美校园”

5月9日至20日，通州区教委开展微信平台评选“我心中的最美校园”活动。评选范围为全区79所中学、小学和幼儿园，参评学校通过网上申报，被分为中、小、幼3组，每组得票数前五名的学校获“我心中的最美校园”称号和证书。12天内共有1435488人参与投票，平均每日投票数为102534票。16所学校获“我心中的最美校园”称号。

（刘永辉　孙晓楠）

学前教育表彰会

5月20日，通州区教委召开通州区幼儿园2016年升级升类工作中期总结表彰会。会议宣读《北京市通州区2016年通过级类验收园所名单及获得荣誉证书的幼儿园园长名单》，并为获奖单位和个人颁奖。会议作《通州区2016年升级升类验收中期工作总结》，园长代表就幼儿园管理工作进行交流发言。市、区政府领导，各乡镇街道相关负责人，各幼儿园领导及部分一线教师代表300余人参加会议。至此，通州区共有市级示范园1所、一级一类园14所、一级二类园10所。

（闵树明）

冰雪项目进校园

7月8日，通州区教委、区体育局联合启动冰雪项目进校园活动。启动仪式上，参会领导分别为通州区梨园镇中心小学、北京第二实验小学通州分校、北京小学通州分校授牌“通州区冰雪项目基地校”，同时，为东奥冰尚俱乐部授牌“冰雪项目训练基地”；第一批冰雪项目基地校学生进行冰上表演，150名小运动员在教练的带领下进行冰上活动体验。区教委强调，在“十三五”期间，中小学冰雪项目基地校要达到15所以上，要保证基地校的在校生每周从事冰雪运动、冰雪项目的时间不少于2个小时。

（闵树明）

区政府与北京教科院签约合作

8 月 31 日，通州区政府与北京教育科学研究院签订教育事业发展合作框架协议。根据协议，通州区将发挥在资源、政策、创新发展等方面的优势，北京教科院将发挥在教科研、人才培养等方面的优势，双方在加强教科研引领、提升基础教育教学质量、扩大合作办学、深入队伍建设 4 个方面开展合作。

（闵树明）

运河中学高中部校区投入使用

8 月，通州区运河中学高中部校区投入使用。该校区位于梨园镇大方居小区西侧，占地面积 7.91 万平方米，包括建设用地 6.01 万平方米；建筑面积 5.15 万平方米，建筑布置由南至北依次是教学区、运动区、生活区，通过连廊将综合楼、教学楼、风雨操场、食堂、宿舍楼连通；普通教室按年级独立设置，办学规模为 60 个教学班，可招收学生 2700 人。工程于 2014 年 10 月开工建设，总投资 2.89 亿元。

（闵树明）

新增两所幼儿园

9 月 1 日，北京市通州区漷县镇漷县中心幼儿园及其分园——黄厂铺分园正式开园。漷县中心园为日托制公办园，占地面积 10626 平方米，办园规模 15 个班，年内招生 3 个班 77 人。黄厂铺分园为日托制公办园，占地面积 6599 平方米，办园规模 9 个班，年内招生 2 个班 40 人。

（杨海燕）

知识产权教育进入中小学

9 月 6 日，通州区教委举办通州区知识产权教育课程全面进入中小学启动仪式暨知识产权专题培训。启动仪式公布 2016 年通州区中小学知识产权教育试点学校名单，10 所学校入选；中国社科院法学研究所研究员作知识产权专题培训。市、区知识产权局领导，区政府、区人大、区政协等领导，各试点校校长，各中小学相关负责人，通州区潞河中学师生 400 人参加会议。通州区作为全市首个知识产权教育课程先行先试区，在小学四年级和初中二年级教学计划中安排知识产权教育课程；采取学科间相结合的授课方式，小学四年级每学年需完成不少于 4 学时的教学任务、初中二年级每学年需完成不少于 6 学时的教学任务，计划 5 年内培育一批能带动全区中小学知识产权教育工作的示范学校。区知识产权局为全区中小学统一提供知识产权教材，并联合区教委对知识产权教育师资队伍进行集中培训。

（闵树明）

区内 5 所学校与 5 所加拿大学校结为友好校

10 月 20 日，通州区教委与加拿大不列颠哥伦比亚省高贵林市教育局举办友好学校合作意向书签约仪式，两地的 10 所学校签约结为 5 对友好学校。5 对友好学校分别为：通州区运河中学与派趣中学 (Pinetree Secondary School)；通州区永乐店中学与满地宝中学 (Port Moody Secondary School)；通州区玉桥中学与百年纪念中学 (Centennial Secondary School)；通州区贡院小学与沃尔顿小学 (Walton Elementary School)；通州区芙蓉小学与公园小学 (Parkland Elementary School)。根据协议，结对学校将从教育教学、学校管理、两地师生互访等 5 个方面开展合作交流。5 月，区教委与高贵林市教育局签订教育合作意向书，旨在充分发挥各自在教育、教学、管理等方面的经验和优势，帮助和推动双方教育发展。

（闵树明　孙晓楠）

教育云平台启动

11 月 10 日，通州区教委举办通州教育云平台启动暨“互联网 +”通州教育助力城市副中心建设主题论坛。活动宣布通州教育云平台启动。主论坛上，中央电化教育馆作《贯彻落实教育信息化十三五规划，推进教育资源云服务》主题发言，北京师范大学教授作《“互联网 +”时代的未来学校》主题发言。分论坛围绕“资源建设与应用、网络研修”“区域信息化建设与应用”“STEAM、创客课程建设与实践”“智慧课堂教学实践”4 个主题展开。市、区有关领导及专家，全区各学校代表近 500 人参加活动。6 月，通州教育云平台建成并投入试运行，平台包括数字校园区域平台、优质资源公共服务平台、教师研修网、OA 办公系统等。

（王蕾）

成为中学教师在线辅导计划试点

11 月 25 日，通州区教委举办“互联网 +”助力通州区教育全面深化综合改革暨北京市中学教师开放型在线辅导计划试点启动仪式。活动听取北京师范大学未来教育高精尖创新中心汇报“互联网 +”助力通州区全面深化教育综合改革项目工作思路和进展；宣布“北京市中学教师开放型在线辅导计划”率先在通州区试行，未来将在全市逐步推开。根据计划，项目面向全市中学教师招募在线辅导教师，为通州区 31 所学校的初一、初二年级学生提供在线教育服务。12 月，通州区学生全面试用。

（闵树明）

顺义区

概述

2016 年，顺义区教委辖属教育单位 198 个，其中，幼儿园 97 所（教育部门办园 54 所、集体办园 27 所、事业单位办园 1 所、部队办园 1 所、民办园 14 所）；小学 48 所（教育部门办校 45 所、民办校 3 所，不包括 2 所九年一贯制学校及 6 所十二年一贯制学校小学部）；初中 20 所（教育部门办校 19 所、民办校 1 所，包括 2 所九年一贯制学校，不包括 1 所完中及 6 所十二年一贯学校初中部）；高中 12 所（教育部门办校 6 所、民办十二年一贯制学校 6 所，包括 1 所完中）；中等职业学校 5 所（教育部门办校 2 所、民办校 3 所，不包括 2 所学校附设中职班）；特殊教育学校 2 所（教育部门办校 1 所、其他部门办校 1 所）；其他法人单位 14 个。招生 25606 人（幼儿园 8616 人、小学 7876 人、初中 5408 人、普通高中 3611 人、特殊教育学校 14 人、中等职业学校 81 人）；毕业 21554 人（幼儿园 6343 人、小学 5950 人、初中 5204 人、普通高中 3697 人、特殊教育学校 18 人、中等职业学校 342 人）；在校生 96801 人（幼儿园 25246 人、小学 44518 人、初中 15247 人、普通高中 10870 人、特殊教育学校 193 人、中等职业学校 727 人）。教职工总数 11181 人（幼儿园 2538 人、小学 3472 人、初中 1864 人、高中 3006 人、特殊教育 133 人、中等职业学校 168 人），其中，正高级职称 5 人。北京市特级教师 27 人、北京市学科教学带头人 22 人、北京市骨干教师 110 人。全年教育总投入 31.90 亿元。中小学固定资产总值 39.05 亿元，中等职业学校固定资产总值 1 亿元。驻区高等学校 6 所、成人学历学校 4 所、社区学校 6 所、农村成人教育学校（乡校及村校）445 所、乡镇成人学校 486 所、培训机构 65 个。新建幼儿园 2 所、撤并幼儿园 2 所，新建中小学 3 所、撤销九年一贯制学校 1 所。

2016 年，顺义区教育综合改革不断推进，区委、区政府联合印发《关于进一步推进顺义教育综合改革的意见》，教育行政“小机关、大中心”管理框架结构更加清晰。干部管理体制改革逐渐深入，制定《顺义区教育系统干部以干代训管理办法》，起草《顺义区关于推行校长职级制工作的实施意见（草案）》，为推行校长职级制奠定基础。课程和课堂教学改革不断深化，全年累计下校视导、考核验收校（园）726 次，听课 7608 节，组织各种研究课 592 节。

各级各类教育。学前教育发展迅速，全年新增学位 3090 个，成立建南幼教集团和幸福幼教集团，完成 3 所幼儿园一级一类验收、4 所幼儿园一级二类验收工作，推进村办园建设，2 所村办园投入使用。义务教育发展均衡优质，区政府制定《顺义区关于进一步完善城乡义务教育经费保障机制实施方案》，首都师范大学附属顺义实验小学挂牌成立，顺义区双兴小学与顺义区小店中心小学校组建成立双兴小学教育集团，创新 1 个法人管理 2 所学校的办学模式。高中教育特色更加鲜明，区教委、顺义区杨镇第一中学与北京外国语大学深入合作。家长教育初见成效，开展家长教育大讲堂系列讲座，5500 余人次受益，面向全区在校生家庭推广“伴随成长，每周一信”微信公众号。学习型顺义建设持续推进，10 家单位被评为首批顺义区市民终身学习示范基地，顺义学习网拥有注册用户 6.30 万人，点击量突破 1000 万次。

师资队伍建设。教师队伍结构不断优化，全年公开招聘中小学教师 153 人、学前教师 247 人，全年组织教师交流 230 余人，有效缓解部分学校教师结构性缺编局面。选派 52 名教研业务骨干到中小学培训指导及授课；2 个名园长工作室启动，21 个第三期名师工作室结业，10 个工作室出版成果丛书，23 个第四期名师工作室培训稳步推进，顺义区教育系统劳模工作室挂牌成立。

保障优质办学。资源管理和配置更加科学，全年累计完成固定资产投资近 5 亿元，接收配套教育设施 6 所（小学 1 所、幼儿园 5 所），增加学位近 3000 个，完成 449 个修缮项目及 800 余个采购项目，实现校园食堂营养师 100% 配备。信息化服务设施更加完善，实现学校千兆接入，骨干万兆互联，完成教育直属单位无线网络建设及 7 所学校“开放课堂”试点建设。

（朱志敏）

开展教师交流

2016 年，顺义区教委开展教师交流工作。根据小区配套标准及教育资源均衡利用原则，区教委新设立 3 所幼儿园分园，结合系统内各校师资状况，积极协调做好系统内部人员调整工作，充实分园师资，采取教师申报、单位推荐与教委选派相结合等多种方式开展教师交流工作，交流期限 2 年，覆盖全区教师 230 余人，旨在缓解区域内教育系统结构性缺编局面。

（刘京）

公车改革完成

2016 年，顺义区教育系统完成公车改革。全系统公办单位 152 家，共有教职工 9618 人。车改前司勤人员 179 人，公车 335 辆，年费用 2873.39 万元；车改后公车 316 辆，削减 19 辆，年费用 2822.09 元，节省 51.30 万元，节约支出率 1.79%，改革采取实报实销的模式进行。

（王德伦）

与首师大签约合作办学

4 月 28 日，顺义区教委与首都师范大学签约共建首都师范大学附属顺义实验小学。根据协议，区教委给予该小学特色发展项目相应的经费支持，并在招生等方面给予宽松政策；首师大选派主要学科骨干到该小学承担教学指导工作。区教委作为教育行政主管部门，首师大作为合作办学方，共同对该小学办学进行管理、指导和监督，保证双方合作健康、快速、可持续发展。

（李楠）

首届中学生主持人风采大赛

5 月 5 日，顺义区教委举办第一届“春蕾杯”中学生主持人风采大赛决赛。决赛包括指定散文朗诵、连词成话和才艺展示 2 个环节。比赛邀请首都师范大学科德学院教授点评并示范朗诵。24 名选手进入决赛，比赛设初中、高中 2 个组别，各组分别评出 4 个一等奖。比赛由顺义区第九中学和顺义区春蕾文化艺术培训学校承办。区教委、首师大科德学院有关领导，各中学教师及学生代表300人现场观赛。

（刘之海　吕雄伟）

4个事业单位挂牌运行

6月12日和17日，顺义区4个区教委所属正科级事业单位成为独立法人单位并分别挂牌运行。4个单位分别是顺义区教育宣传中心、顺义区教育考试中心、顺义区评价中心和顺义区学生活动管理中心。宣教中心负责教育宣传、协助监测教育舆情、应对突发教育新闻事件、编辑出版内部教育刊物、指导区内各教育单位的宣传工作，于2011年1月20日由区编委批准成立。教育考试中心负责幼儿园入学、义务教育阶段入学、学籍管理和教行统计工作，高级中等学校招生考试、普通高等学校招生考试、成人高等学校招生考试、高等教育自学考试以及面向社会的非学历证书考试的组织、管理和研究工作，于4月14日由区编委批准成立。评价中心承担区域教育发展整体状况评估及中小学、幼儿园办学质量评价等业务工作，于4月14日由区编委批准成立。学生活动管理中心负责区内中小学生体育、艺术、科技等活动的组织管理和指导服务工作，于5月23日由区编委批准成立。

（周君姝　杨海红）

与北外签约共建杨镇一中

6月22日，顺义区教委与北京外国语大学签约共建顺义区杨镇第一中学。根据协议，区教委、杨镇一中通过与北外深入合作，借力北外专家资源、设施资源，从办学理念、办学质量等方面，推进杨镇一中办学水平提高，进一步提升区域教育总体水平，特别是外语教学水平。

（郝景强）

禁毒教育科普体验展基地挂牌

6月24日，青少年毒品预防教育活动暨顺义区禁毒教育科普体验展基地揭牌仪式在顺义区南法信中学举行。顺义区政府、区教委有关领导，各学校相关负责人及南法信中学师生200余人参加活动。该基地设在南法信中学，全区中小学每年将定期组织学生到基地接受教育，提升识毒、防毒能力，让学生真正做到“远离毒品、珍爱生命”。区领导提出，顺义区力争通过三年努力，构建完善的青少年毒品预防教育工作体系，实现预防教育工作落实到每所学校、每个社区；增强青少年识毒、拒毒、防毒意识和能力，减少新增青少年吸毒人数。

（秦晓晋）

骨干教师人才培养项目启动

6月30日，顺义区教委骨干教师人才培养项目启动。该项目与北京市教育学会合作开展，旨在通过师徒结对的形式，拓宽学员视野，搭建成长平台，提升学员综合素质和课程领导力。区教育学会在中小学范围内遴选30名骨干教师作为培养对象，由22名学科专家作为导师，导师发挥自身资源优势，向学员传授教学经验和方法，帮助学员解决相关问题。项目要求7月15日前，导师指导学员制订未来发展方向和目标；9月1日前，导师完成对学员的基本情况分析；区教委每学期根据发展需求，与市教育学会共同组织2次通识培训；每名学员每学期完成1篇收获小结，每年至少向《北京教育研究》编辑部提交1篇研究论文。

（李建生　孙晓楠）

两个幼教集团成立

7月14日和18日，顺义区分别成立建南幼教集团和幸福幼教集团。建南幼教集团由顺义区建南幼儿园和鲁能幼儿园组成，两园拥有同一法人，固定资产总值463.70万元，通过教育教学研讨、项目培训、园际联动等形式，开展课题研究、五大领域七学科教学研究、教师专业技能提升等活动。建南幼儿园建于1987年，为北京市示范园，教职工59人，在园幼儿391人。鲁能幼儿园建于2016年，教职工23人，在园幼儿129人。幸福幼教集团由顺义区幸福幼儿园和中晟馨苑幼儿园组成，通过示范园带动新建园形式开展教育教学工作。幸福幼儿园建于1998年，为北京市示范园，教职工38人，在园幼儿346人，固定资产总值339.70万元。中晟馨苑幼儿园建于2016年，教职工20人，在园幼儿166人，固定资产总值282.30万元。

（周君姝　杨海红　耿波）

区内首个城乡教育集团成立

7月25日，顺义区双兴小学和顺义区小店中心小学校组建成立双兴小学教育集团。该集团为区内首个城乡教育集团，其中，双兴小学为城区学校、小店中小为农村学校。集团坚持2个校区共同开展活动；每月全体班子成员召开1次工作总结会，教研组组织1次教研活动；同时使用《读国学诵经典》国学校本课程教材与德育《践行弟子规修身指导手册》。9月1日起，双兴校区委派5名干部、3名教师每周1天到小店校区上课；另有2名教师调配到小店校区上课，为期1年；其他教师陆续轮岗以解决小店校区师资紧缺问题。集团学校法人、校长、书记由双兴小学校长担任。双兴小学始建于1996年，为区教委直属小学，教职工83人，在校生993人，固定资产总值1174.20万元。小店中小始建于1946年，校名为小店小学，1978年恢复中心小学建制，截至2010年，小店中小下辖村完小全部撤销，教职工31人，在校生299人，固定资产总值706.40万元。

（周君姝　杨海红）

高中教育现状与未来发展研讨会

7月31日，顺义区教委在顺义区第一中学召开高中教育现状与未来发展研讨会。会议指出，在京津冀协同发展和顺义区经济社会发展转型升级的新形势下，顺义教育人要积极面对当下顺义教育发展的实际问题，认真思考迎接未来教育发展的新途径、新方法；各学校要多从主观层面，充分利用大数据分析提炼面对的真问题，把握教育教学规律，以自我否定、自我批判的精神构想工作新思路、新举措；各高中示范校要立足自身特色，解放思想，切实解决好最后一公里问题；区教育考试中心要加强中、高考大数据研究，尤其是拔尖创新人才的培养；全区要通力合作，为顺义教育二次创业期的新发展做出贡献。区委教工委书记、区教委主任，区教委、区政府教育督导室相关负责人，各高中校长、副校长及部分初中校长40余人参加会议。

（李建生）

实施教育二次创业

8月25日至26日，顺义区教委召开顺义区教育系统2016年暑期教育培训大会。区委教工委书记、区教委主任作《立足转型升级，助力二次创业，为顺义教育腾飞，我们再出发》主题报告并明确提出教育二次创业。9月至11月，顺义区教委多举措推进教育二次创业。具体内容有，中、小、幼学期工作会明确各学段教育二次创业目标；开展教育系统“二次创业大家谈”征文评比活动，校长、教师献言献策；通过“顺义教委”微信公众号、“顺义教育”微信企业号、官方微博等渠道宣传和解读教育二次创业。

（周君姝　杨海红）

化学实验室排风专项检查

10月10日至12月23日，顺义区教育资产管理服务中心启动全区化学实验室排风专项检查。中心组织专业人员成立联合检查组，对全区24所学校60个化学实验室的桌排风、药品柜排风以及通风橱排风进行检查。检查分5个阶段进行，分别为全面部署阶段、学校自查阶段、联合检查组入校初查阶段、检查反馈及整改阶段、联合检查组复查阶段。检查旨在汇聚专业力量，切实做到“以查促建、以查促管、以查促改、以查促防”，保障全区化学实验室安全稳定运行。

（刘铁英　马骏）

顺义区化学实验室排风专项检查组入校检查桌排风设施

（顺义区教委 供）

10家单位获评首批市民终身学习示范基地

10月18日，顺义区10家单位被评为首批顺义区市民终身学习示范基地。区学习办根据《顺义区市民终身学习示范基地评选工作的通知》要求和各单位提交的申报材料，经过严格审核、实地考察，最终确定入选单位并为其颁发示范基地铜牌。

（李丽丽）

秋季收费检查

10月18日至20日，顺义区教委完成2016年秋季教育收费检查工作。在基层单位100%自查的基础上，区教委会同区财政局等治理教育乱收费联席会议小组成员单位，通过审查账目、学生座谈、学生问卷和实地检查等形式，对14所幼儿园、16所中小学开展重点抽查。检查涉及义务教育阶段收费情况、食堂管理情况、执行教育收费公示制度等内容。检查结果显示，30家单位全部合格，没有乱收费现象存在。

（张智力）

中小学生冰雪项目启动

11月22日，顺义区教委举办2016北京中小学生冰雪运动普及与推广活动暨顺义区中小学生冰雪项目启动仪式。启动仪式上，区委教工委书记、区教委主任为学生代表授旗，女子自由式滑雪世锦赛冠军程爽参加活动并讲话。活动要求，以推进冰雪项目进校园为契机，力争通过3年时间实现全区学生全部参与冰雪体验活动，与区体育局合作共同培养冰雪指导员500人，举办区级冰雪趣味运动会，打造10所冰雪项目特色校，并成立冰雪运动队。活动中，区花样滑冰队、顺义区西辛小学、顺义区北务中心小学校学生展示特色项目；活动参与人员观看旱地冰球赛及冬奥会明星教学等现场展示。区教委、区体育局领导及相关负责人，中小学生代表300余人参加活动。

（李广文　于田）

全国班主任高峰论坛

12月15日，顺义区教委举办全国班主任高峰论坛暨第五届“杨镇一中杯”中小学班主任论坛。论坛主题为“班级管理创新”，设开幕式、主题报告、主题沙龙3个板块；讨论涉及探索班级管理模式、人才培养模式、教育教学方式、巩固“研究—培训—行动”一体化核心理念等内容。来自山东、江苏、浙江的4名教师分别作《学校管理》《班主任工作支持系统的创建与运作》《“选课走班”模式下的管理创新》《七个直戳心灵的案例》主题报告。顺义区及兄弟省市的数名优秀班主任代表在主题沙龙环节交流分享班级管理经验。区教委领导、兄弟省市专家以及区内各中小学德育干部、班主任代表500人参加论坛。

（王晨）

昌平区

概述

2016 年，昌平区独立法人托幼园所 132 所（教委所属 27 所、企业办园 3 所、事业单位办园 3 所、部队办园 8 所、集体办园 33 所、民办园 58 所），入园幼儿 10065 人、离园幼儿 8321 人、在园幼儿 29707 人；教职工 5413 人，专任教师 2835 人；占地面积 49.40 万平方米、园舍建筑面积 29.19 万平方米。小学 92 所，其中，民办校 17 所、教委所属 75 所（独立小学 16 所、中心校 23 所、中心校下设村完小 36 所）；招生 7930 人、毕业 7841 人、在校生 52794 人。中学 53 所，其中，民办校 11 所、教委所属 42 所（初级中学 16 所、完全中学 10 所、九年一贯制学校 11 所、十二年一贯制学校 5 所）；初中招生 5583 人、毕业 4966 人、在校生 15529 人；高中招生 1904 人、毕业 2437 人、在校生 5797 人。中小学教职工总数 9728 人，专任教师 7564 人；占地面积 333.67 万平方米、校舍建筑面积 135.56 万平方米；固定资产总值 16.99 亿元，包括仪器设备资产值 6.90 亿元。职业高中 3 所、中等专业学校 3 所，招生 2870 人、毕业 3582 人、在校生 12886 人；教职工 992 人，专任教师 698 人；占地面积 64.44 万平方米、校舍建筑面积 55.39 万平方米；固定资产总值 6.06 亿元，包括教学、实习仪器设备资产值 2.45 亿元。区教委所属其他法人单位 11 个。

2016 年，昌平区各级各类教育实现新发展。

各级各类教育。3 所幼儿园通过一级一类验收。区教委针对义务教育阶段学生开展三级课程一体化建设，开辟《昌平课改动态》电子板块。高中开展跨学段一体化大教研活动，培训教师 2000 人次，举办市级教学现场会 9 次。“联想工程师学院”落户北京市昌平职业学校，昌平职校成立中德职业教育创新学习联盟。昌平区被教育部认定为第六批全国社区教育实验区。5 万余名中小学生参加社会实践活动，19 所学校被评为北京市文明校园，395 人当选市级三好学生，354 名学生参加国际学习交流。支持高校参与中小学发展，高校与附中附小合作开展活动 30 余次。

干部教师队伍建设。开展干部高端培训，与北京市教育学会合作举办名校长培养和干部领导力提升 2 个培训项目；组织 170 人次赴上海、杭州等地名校学习，选拔 49 名校长参加 6 项市级培训，选派 10 名干部到清华大学附属小学等名校挂职锻炼；举办 3 个特色建设研讨会。提高教师专业素养，区教委投入 507 万元，与北京师范大学、北京教育科学研究院、市教育学会合作，开设培训班 15 个；组织 43 名干部教师赴美国、德国等国家培训交流。1 名教师被评为北京市三八红旗手，2 名教师获得首都劳动奖章。

新举措应对热难点。昌平区小学学位缺口 8700 余个，为应对小学入学高峰，区政府制定入学工作意见，继续实行“五证”联审工作机制，教育系统多措并举，增加学位，妥善解决入学难问题。区教委取缔未经审批幼儿园 34 所，压减人口 3934 人；3 年累计取缔未经审批幼儿园 268 所，压减人口 25586 人。

教育信息化建设。昌平区投入资金 1.15 亿元，开展信息化建设项目 13 个；初步建成“四个中心、两个平台、一个门户”教育信息化架构；举办 2016 年华北数字化学习试点校联盟年度大会；推进“虚拟学校”建设项目，完成项目一期示范班级选择、配套软硬件和网络环境建设，22 个示范学校，31 个班级开始教学应用。

安全稳定工作。区教委启动昌平区“消防安全教育进课堂”，为全区 6 万名学生配备消防安全专业教材；发放毒品预防知识宣传页 5000 张，征集禁毒教育先进经验成果 10 个、优秀课例 10 个、征文 300 余篇;为新生发放小黄帽 1.20 万套，向中小学发放交通安全宣传标语牌 400 余套。

（张翠珍）

《昌平教育年鉴》改版

2016 年，《昌平教育年鉴》2016 卷改版。改版后，取消封套、章首页，改为通栏排，分目标题由通栏改为占一栏、正文由 2 栏改为 3 栏、随文图片 2 栏通排、目录由通栏排改为 2 栏排，字号由 5 号字改为小 5 号字，作者署名由右对齐占行改为文末不占行，行间距由 22 磅改为 20 磅；提高版面利用率，在页数不变的情况下收录文字由 56 万字提高到 84 万字；装帧设计颜色更明晰，使用纸张由铜版纸改为纯质纸，重量更轻，使用更方便。

（韩玉霞）

学生健康体检

2016 年，昌平区中小学卫生保健站完成 2015—2016 学年度学生健康监测工作，并为接受体检的全区 38661 名中小学生建立学生健康档案，建档率 100%。监测结果显示：学生视力不良检出率 59.69%，比上一学年度上升 1.6 个百分点，其中，小学生视力不良检出率上升 3.25 个百分点、初中生视力不良检出率下降 0.3 个百分点，高中生视力不良检出率上升 1.34 个百分点；学生肥胖检出率 19.31%，比上一学年度上升 1.4 个百分点，小学生、初中生、高中生肥胖检出率分别上升 1.79 个、0.2 个和 0.57 个百分点；学生贫血检出率 3.23%，比上一学年度下降 1.91 个百分点，小学生、初中生、高中生贫血检出率分别下降 1.22、2.77 和 4.33 个百分点；学生沙眼检出率 0.03%，比上一学年度下降 0.02 个百分点；学生恒牙龋齿患病率 10.54%，与上一学年度相比，小学生、初中生、高中生龋患率分别下降 0.45 个、2.39 个和 3.55 个百分点。

（李媛媛）

教师资格认定工作完成

2016 年，昌平区完成教师资格认定工作。春季认定工作中，北京汇佳职业学院和北京市昌平职业学校学前教育专业应届毕业生 638 人属于师范院校集体办理，直接认定幼儿园教师资格；社会人员网报申请 104 人，现场确认阶段实际受理申请 101 人，认定总人数 101 人（幼儿园 13 人、小学 81 人、初中 7 人）；另有 3 人申请补办或换发。秋季认定工作中，社会人员网报申请 177 人，现场确认阶段实际受理申请 166 人，认定总人数 166 人（幼儿园 30 人、小学 109 人、初中 27 人）；另有 5 人申请补办。

（任蓉）

昌平农广校录制蔬菜病虫害防治慕课

1 月 6 日，北京市农业广播电视学校昌平分校录制蔬菜病虫害防治慕课，内容包括番茄叶霉病、小地老虎、菜粉蝶的有机防治等 9 个蔬菜病虫害课题。昌平农广校 6 名教师在昌平区蔬菜推广中心 3 名农艺专家和北京教育科学研究院专家指导下完成录制。此项工作是昌平农广校承担的北京教科院课题项目之一，是承担新型职业农民培育工作自编教材《蔬菜病虫害防治》的配套工作。“慕课”(MOOC)，“M”代表“大规模”(Massive)，一门慕课学生最多达 10 余万人；“O”代表“开放”(Open)，以兴趣导向，凡是想学习的，只需一个邮箱，就可注册参与；“O”代表“在线”(Online)，学习在线上完成；“C”代表“课程”(Course)。

（张玉娥）

空气重污染红色预警响应方案培训会

1 月 8 日，昌平区教委召开空气重污染红色预警响应方案培训会。会议解读昌平区教育网络和信息中心空气重污染红色预警响应方案并进行工作部署，介绍区级互动教学平台开展“翻转学习”和区级远程培训平台开展直播教学的情况，讲解北京数字学校支持区域和学校开展混合式学习的做法，组织全区网络管理人员在线使用体验北京数字学校。各学校根据培训所学，选择适合本校情况的软件平台应对在空气重污染红色预警期间“停课不停学”的要求。各学校教学主管领导和网络管理员 200 人参加会议。

（朱向彤）

学前教育“手拉手”工作总结表彰会

1 月 26 日，昌平区教委召开“手拉手”工作总结表彰暨学前工作计划会。会议为昌平区教育“手拉手”先进单位颁发获奖证书，先进单位代表作交流发言；2 名区教师进修学校相关科室负责人分别从教研和行政等方面总结 2015 年工作，并部署 2016 年工作；区教委领导从确保幼儿安全、把握正确办园方向、打造园所特色等方面对参会干部提出具体要求。全区各级各类幼儿园园长、业务园长、保教主任 200 余人参加会议。

（刘冬梅）

中小学德育协作组汇报交流

3 月 9 日至 23 日，昌平区教委分别在 7 所学校举办昌平区小学德育协作组汇报交流活动。7 所学校分别为昌平区天通苑小学、昌平区阳坊中心小学、昌平区城北中心小学、首都师范大学附属育新学校、昌平区回龙观中学、昌平区百善学校和昌平区第四中学。活动围绕学校养成教育主要成果、学校德育工作特色或亮点开展交流。全区小学德育干部 70 人参加活动。

（安凯杰）

高校创办附中附小工作座谈会

3 月 11 日，昌平区教委召开高校创办附中附小工作座谈会。参会中小学代表介绍新学期工作计划，将继续在教师培训、外教进课堂、课程建设等方面和高校深度合作；高校表示将调动更多优质资源支持附中、附小建设，华北电力大学将此项工作纳入学校整体发展规划；区教委领导对学校提出的问题给予解答，表示区教委将继续做好协调、组织工作，帮助合作双方解决工作困难。区教委相关负责人、参与项目的 6 所中小学和 4 所对口高校代表 22 人参加会议。

（赵存冀）

三级课程一体化建设专项视导

3 月 22 日至 12 月 6 日，昌平区教委开展三级课程一体化建设专项视导，调研、检查《昌平区义务教育三级课程整体建设一体化课程方案》实施情况。视导组由基层学校主管领导、中小学教研员和课程室教研员构成，分为中学组和小学组；视导采取听取学校工作汇报、查看学校课程建设工作材料、深入课堂听课等方式，重点关注学校课程顶层设计、三级课程一体化实施和综合实践活动课程（含 10% 学科实践活动课程）规划与实施情况；累计视导中小学 23 所，听课 71 节。视导组认为各校领导重视课程建设工作，认识到课程是学校育人载体；各校有较强的课改行动力，能够从实际出发，在综合实践活动课程（包括 10% 学科实践活动课程）和课程整合、学科整合的实施方面进行尝试；各校整合各方资源，在课程供给方面满足学生需求，过程性材料管理规范；学科教师能把新课改理念落实到课堂教学行为之中，突出实践性、探究性和开放性，注重学生学习世界与生活世界的关联等。视导组针对各校实际问题提出具体建议。

（安琪）

第五届园本研训工作展示月

4 月 12 日至 5 月 13 日，昌平区教委开展昌平区幼儿园第五届园本研训工作展示月系列活动。活动展示各幼儿园教育教学成果、教研成果、继教成果和级类验收成果。开展 8 个专题活动，包括“课程建设助推教师专业腾飞”幼儿园教师教育评优成果交流活动；昌平区教工幼儿园“通过开放式区域游戏发展幼儿的语言能力”专题活动；昌平区阳坊镇中心幼儿园“镇中心园创意剪纸教研成果展示”活动；北京市昌房幼儿园“民办园区域游戏教研成果展示”活动；昌平区工业幼儿园“十二五”继续教育成果展示交流活动；

昌平区回龙观镇中心幼儿园“乡土课程资源开发与利用研训成果展示”活动；北京市昌平实验幼儿园、昌平区兴寿镇中心幼儿园、昌平区南口镇中心幼儿园分别开展北京市一级一类幼儿园验收成果展示活动；昌平区滨河幼儿园示范园验收成果展示活动。区教委领导及相关负责人，全区各级各类幼儿园园长、业务园长600人次参加活动。

（王玉华　崔云松　张春艳）

承办非物质文化遗产传承教学研讨会

4月19日，昌平区教师进修学校承办2016年北京市中学非物质文化遗产传承教学研讨会。会上，“非遗”传承人与昌平区流村中学龙鼓舞乐学生社团共同表演流村漆园龙鼓节目，昌平区小汤山中心小学花钹大鼓特色表演队、昌平区小汤山中学花钹大鼓“非遗”传承社团、“非遗”传承人等共同表演小汤山后牛坊花钹大鼓节目，昌平区第二中学舞蹈团表演“非遗”艺术作品“梦絮曼舞花钹情”；流村中学、昌平区流村中心小学、昌平区流村镇中心幼儿园、小汤山中心小学、小汤山中学、北京市昌平实验中学、昌平二中7个“非遗”项目团队汇报工作成果；2名教师讲授“非遗”入课堂现场课，分别为音乐课和舞蹈课。北京市教育学会、区教委、各区中学音乐教研员和骨干教师、全区中小学音乐教师200人参加会议。研讨会由北京教育科学研究院主办。

（段亮亮）

中小学美术教育成果展

4月20日至5月12日，昌平区教师进修学校举办“丹青溢彩　润物无声”昌平区中小学美术、书法教师专项培训班培训成果展暨昌平区中小学艺术特色学校美术教育成果展。展览分昌平区中小学美术教师中国画一期培训班、美术教师粉画一期培训班、书法教师三期培训班和中小学艺术特色学校美术教育成果展示4个板块，共展出3个教师培训班的中国画、粉画、书法作品100余幅；同时展出16所中小学美术特色教学成果，其中，中学6所、小学10所，特色项目涵盖中国画、书法、陶艺等领域。市美术教育专家，区委教工委、区教委、区体育局等领导以及昌平区美术、书法教师200人参加开幕式并参观展览。

（刘铁城）

联合视导11所学校教育教学

4月和11月，昌平区教委、区教师进修学校对11所学校进行教育教学联合视导。11所学校分别为昌平区流村中学、昌平区沙河中学、昌平区阳坊中学、昌平区南口职业学校、昌平区阳坊中心小学、昌平区上苑中心小学、昌平区崔村中心小学、昌平区十三陵中心小学、昌平区燕丹学校、昌平区黑山寨学校和昌平区前锋学校。视导组分别听取11所学校校长汇报，听课365节，访谈一线教师68人，针对学校发展进行诊断，提炼优势、发现问题，撰写3万余字的反馈报告。视导工作加强对一线教师课堂教学的指导力度，注重对重点工作的引领，推动课堂教学改革和三级课程整体实施。

（孙元伟）

丰志奎阅读指导经验交流活动

5月6日，昌平区教委举办“潜心引读万卷书，翰墨点亮人生路”丰志奎阅读指导经验展示交流活动。活动分3个板块：以背诵古诗、表演古诗、吟诵自创诗词、现场点将等形式展示丰志奎所教班级学生诗词掌握情况；观看丰志奎教育故事纪实短片，展示6年中的课内外阅读指导、读书活动、班级活动及游学活动；丰志奎阅读指导经验主题论坛，通过现场访谈，展示丰志奎教育理念及引导学生阅读的具体方法。市委教工委、市政府教育督导室、区教委相关领导，全区各学校校长、教学干部以及昌平区昌盛园小学部分学生、家长220人参加活动。

（孙元伟　王洪燕　金东明）

5月6日，昌平区教委举办丰志奎阅读指导经验展示交流活动

（昌盛园小学 供）

中小学生航模比赛

6月7日，昌平区教委举办2016年昌平区中小学生航模比赛。比赛设甲组（小学一年级至三年级）、乙组（小学四年级至六年级）、丙组（初中一年级至三年级）3个组别以及伞降直升机航模、探月号双翼滑翔机航模、天行者橡筋航模、红雀仿真飞机航模、海鸥电动飞机航模5个类别。评出甲组一等奖43人、二等奖67人、三等奖141人；乙组一等奖59人、二等奖90人、三等奖148人；丙组一等奖24人、二等奖40人、三等奖67人。经各学校初赛选拔，37所中小学720名学生参加现场航模比赛。

（刘洋）

班级文化建设现场会

6月17日，昌平区班级文化建设现场会在昌平区回龙观第二小学举办。现场会围绕“聚焦核心素养、构建内涵式发展的班级文化”主题，在“我说校园文化”课程小解说员引领下参观校园。班级文化建设课堂展示中，回龙观二小展示“与竹同行”“我与绿萝共成长”和“绿萝又笑了”，昌平区回龙观中心小学展示“中华萌娃传统文化行走记”，昌平区回龙观中学展示“浸润书香　快乐成长”。集中交流与点评环节，区教师进修学校作《聚焦核心素养，构建内涵式发展的班级文化》主题报告；昌平区马池口中学、回龙观二小、回龙观中心小学分别作《生态教育，绿色发展》《洒满阳光的生态教育》《用绿色的爱装点孩子的内心世界》主题汇报。北京教育科学研究院、区教委等领导，各中小学德育干部、优秀班主任代表193人参加活动。

（李云耘）

6月17日，昌平区班级文化建设现场会活动中，回龙观二小学生展示“与竹同行”文化课堂　（回龙观二小 供）

3所幼儿园通过一级一类验收

7月11日至12日，昌平区为明幼儿园、昌平区北大学园幼儿园、北京昌平天一宝贝幼儿园通过北京市一级一类幼儿园验收。市教委验收小组通过听取园长汇报、查看园所硬件设施、深入班级观摩、查阅档案资料等形式分别从办园条件、队伍建设、教育教学、卫生保健等方面对3所幼儿园进行全面检查。至此，昌平区一级一类幼儿园总数达31所。

（刘冬梅）

烟盒警示套设计评比活动

9月12日，昌平区教委、区卫生计生委共同开展“我要健康成长·我爱无烟环境”烟盒警示套设计大赛征集和评审工作。比赛征集烟盒警示套设计作品291幅，其中，小学组214幅、中学组77幅。市、区有关领导和专家8人担任评委，根据作品主题、形象、创意等方面的情况进行评选。评出获奖作品53幅，其中，小学组一等奖5幅、二等奖10幅、三等奖20幅；中学组一等奖3幅、二等奖5幅、三等奖10幅。全区54所中小学的学生参加比赛。

（李媛媛）

学生供餐工作现场会

9月27日，昌平区教委召开昌平区学生供餐工作现场会。现场会分为学校介绍、领导讲话和实地参观考察3个部分。昌平区燕丹学校以“‘光盘行动’在燕丹”为主题，从5个方面介绍该校学生在校用餐管理经验，介绍教师食堂管理、食品安全保障及阳光厨房工程；区教委、区教育工会领导肯定此次会议的重要性并对学校供餐工作提出4点希望；参会人员到燕丹学校学生餐厅实地考察。区教委、区教育工会、区保健站领导，全区各学校学生在校就餐工作主管领导、食堂管理员110人参加活动。

（谢静）

中小学班主任主题教育活动评优活动

9月至12月，昌平区教委举办昌平区中小学班主任主题教育活动评优活动。活动注重德育工作的针对性和实效性，参评作品内容涉及集体主义教育、爱国主义教育、安全教育等，采取观看光盘形式评审。评选分小学组和中学组，最终评出小学组一等奖22节、二等奖31节；中学组一等奖7节、二等奖9节。活动以学生为主体，选题做到“三贴近”，即贴近社会、贴近现实、贴近学生实际。参评作品形式多样，生动活泼，符合学生年段特点，包括小组讨论、抢答、配乐朗诵等。经校级初评按符合规定班主任总数30%比例上报区级评优名单，班主任总数较少、比例不足1人的学校，可按1人上报；全区38所中小学131名班主任参加区级评优。

（安凯杰）

减负提质系列活动

10月12日，昌平区教委举办“建设益智课堂　关注学生实际获得——昌平区减负提质系列活动”。活动组织参与人员观摩展示课10节，分5个交流环节。交流环节包括学生“益智”活动展示、学校益智课堂建设工作汇报、特级教师点评学校研究活动等。区教委领导对昌平区课程与教学两大基础工作提出要求。全区小学校长、教学干部、骨干教师代表200人参加活动。

（王凤云）

小学体育美育教学工作现场会

10月26日，昌平区教委、区教师进修学校共同举办“阳光体育铸风采，绚丽艺术绘童年”昌平区小学体育美育教学工作现场会。现场会由课堂教学展示、社团活动展示和交流总结3个环节组成，分别在体育、音乐、美术3个分会场展示体育、艺术教学课13节。主会场交流总结中，昌平区城北中心小学介绍学校体育美育工作经验和成效，北京教育科学研究院和北京教育学院专家点评，区教委作《立足课程建设，推进素质教育》主题发言。北京教科院、教育学院、区教委、区教师进修学校领导专家以及全区中小学校长、体育美育主管领导、学科教师313人参加活动。

（孙海燕）

全民终身学习周活动

11月18日至24日，昌平区教委举办全民终身学习周活动。活动围绕“树终身学习理念，创智慧精彩人生”主题，表彰10所2016年学习型学校先进单位及10所2011年学习型学校先进单位（复审学校），为 11 个单位颁发社区教育培训优秀组织奖。活动展示 11 个社区选送的社区教育培训成果，结合昌平区社区教育大讲堂培训内容和学习周主题，在培训的镇街和社区总结居民学习成果，提炼居民培训精华，形成包括广场舞、评剧、乐器合奏、拉面表演、太极拳等内容的文体展示活动。全区部分镇（街道）、社区居委会、培训站校领导以及社区居民 300 人参加活动。

（王颖）

德育工作会

12 月 22 日，昌平区教委召开昌平区中小学德育工作会。会议围绕“立德树人，提升素养，全面培育和践行社会主义核心价值观”主题，听取区教委领导主题报告，总结 3 年来德育工作，梳理昌平中小学德育有效经验，部署之后 5 年德育工作。会议表彰昌平区德育工作先进单位、优秀干部、优秀教师；围绕学校文化、德育队伍、养成教育、心理健康教育、德育课程 5 个方面内容，以主题论坛形式交流展示。市教委、区教委、区政府教育督导室等领导，全区中小学校长、德育干部、教学干部、优秀班主任代表 340 人参加会议。

（刘庆文）

首届昌平区青少年机器人普及赛

12 月 24 日，昌平区教委、区科协联合主办第一届昌平区青少年机器人 ASC 普及赛。比赛设小学、初中和高中 3 个组别。北京市第十五中学南口学校获初中组冠、亚军和高中组冠、亚、季军，并取得代表昌平区参加北京市第 17 届青少年机器人竞赛 ASC 项目的资格，昌平区巩华中心小学获小学组冠军。比赛由十五中南口学校承办，全区 59 支代表队 118 名学生参赛。

（张杨）

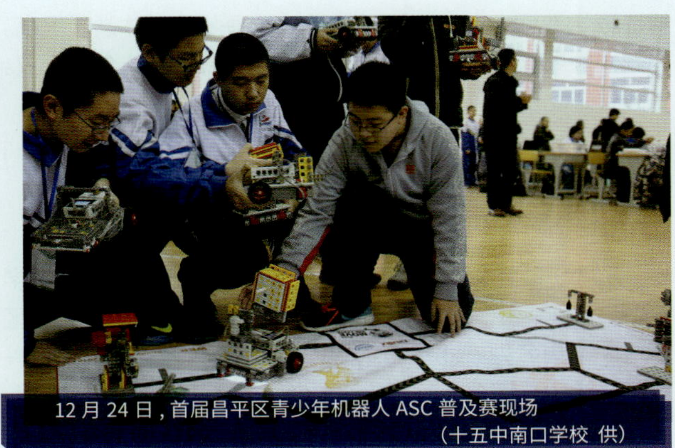

12 月 24 日，首届昌平区青少年机器人 ASC 普及赛现场
（十五中南口学校 供）

虚拟学校项目启动

12 月 28 日，昌平区政府召开“虚拟学校”项目启动大会。会议发布昌平区“虚拟学校”标识 (Logo)，为 22 所项目示范学校颁发证书。启动会由区教委承办。区政府等领导，全区中小学校长、教学负责人、项目负责人、骨干教师以及合作企业代表 200 余人参加会议。“虚拟学校”项目将覆盖全区 8 万名学生，近百所学校；在本地化运营服务方面，将重点服务 6000 余名教师和 1.70 万名新生，打造 31 个示范班级，开展 3 年 1 届的项目运营服务。

（彭博）

大兴区

概述

2016 年，大兴区教委辖属教育单位 197 个（幼儿园 41 所、小学 86 所、九年一贯制学校 5 所、十二年一贯制学校 4 所、中学 30 所、中等职业学校 2 所、其他法人单位 29 个）。招生 25218 人（幼儿园 7944 人、小学 8865 人、初中 5272 人、普通高中 2291 人、中等职业学校 846 人）；毕业 19712 人（幼儿园 5333 人、小学 6425 人、初中 5388 人、普通高中 2296 人、中等职业学校 270 人）；在校生 93028 人（幼儿园 20676 人、小学 49120 人、初中 15091 人、普通高中 7056 人、中等职业学校 1085 人）。教职工总数 10454 人（幼儿园 1539 人、中小学 8443 人、中等职业学校 439 人、特殊教育 33 人）。北京市特级教师 31 人、北京市学科教学带头人 23 人、北京市骨干教师 148 人。全年教育总投入 41.94 亿元。中小学固定资产总值 28.53 亿元，中等职业学校固定资产总值 4.04 亿元。乡镇成人学校 14 所、培训机构 77 个，未经批准民办幼儿园、中小学 238 所。新建中小学 2 所、引进教育资源校 4 所。设立学区 8 个。

2016 年，大兴新区教育系统坚持“创新、协调、绿色、开放、共享”发展理念，深化教育领域综合改革，全面提升新区教育事业发展水平。

不断深化改革，努力实现创新发展。推动《新区第二期学前教育三年行动计划 (2015—2017 年)》实施，制定《关于推进新区学前教育体制机制改革的意见》及规范园所管理的配套指导性文件 6 个，进一步完善学前教育管理制度体系，被确定为全国首批学前教育改革发展试点区县。职业教育加大校企合作力度，建设特色专业，与北京电子科技职业学院等 4 所高校合作开展“3+2”办学模式试点工作。职业学校招生人数扩大 2 倍，成人中专招生人数扩大 4 倍。

均衡配置资源，合理补充教育资源。推进实施 49 个中小学、幼儿园新建及改扩建项目，竣工接收北京市大兴区第五中学新校区等 11 个工程项目，新增学位 1.20 万个；投资 3581 万元，完成 6 所幼儿园 7 个园址抗震加固项目建设；投资 2.01 亿元，修缮 81 所（个）学校（单位）；投资 1.56 亿元，对 62 所中小学、幼儿园进行煤改清洁能源建设。促进学段衔接，深入开展学段衔接策略与方法研究，落实区教委《关于做好小学初中学段衔接工作的实施方案》，推进幼小、小中有机衔接，开展小中衔接专题视导、幼小衔接观摩、研讨交流及衔接课程设计征集活动，使学段衔接理念深入学校教育教学实践中。

关注内涵建设，努力实现绿色发展。25 所中小学被市教委、市文明办认定为北京市文明校园示范校。加大农村地区中小学、幼儿园教师补充力度，分 5 批招聘教师 521 人，引进双高人才 6 人，包括特级教师 3 人、省级教学能手 1 人、省级学科教学带头人 1 人，全部直接投入教育教学一线。不断深化“名师工作室”建设，创建各类工作室 35 个；利用东北师范大学、西南师范大学、美国波士顿常青藤教育机构等京外、境外资源，实施高端培训，全年实施培训项目 54 个，培训教师 3600 人次。

加强对外合作，进一步引进优质资源。与北京建筑大学、中国教育科学研究院合作开办附属学校。大兴教育系统因公赴 11 个国家地区出访团组 21 批，教师 88 人次、学生 266 人次。主动对接京津冀协同发展战略，倡议并牵头与天津市北辰区、河北省廊坊市组建“京津冀三区市教育联盟”。

全面提升教育信息化服务水平。实现 86 所中小学数字校园云平台、无线网建设的普及，为教育教学、教师成长、学生自主学习提供一站式应用服务。

（李金艳）

4 月 8 日，学生在大兴二职生物制药专业特色实践课堂学习（大兴区教委　供）

3 所幼儿园迁址或投入使用

3 月、4 月和 9 月，大兴区瀛海镇第二中心幼儿园迁入新址，大兴区庞各庄镇中心幼儿园童话时光分园和大兴区第七幼儿园分园春天园投入使用。3 月，瀛海中心二幼由瀛海镇瑞合一村迁至经济技术开发区四合路 4 号院 1 号、2 号楼（南海家园三里），新建园占地面积 7102 平方米、室内面积 6700.67 平方米；专用教室 5 个、普通教室 21 个，可容纳幼儿 630 人;教室内设有表演区、建筑区、美工区、教学区等;教职工 23 人，包括专任教师 12 人、保健员 1 人、保育员 2 人，均为专科及以上学历；开设教学班 2 个。4 月，庞各庄镇中心园童话时光分园投入使用，该园为全日制公办幼儿园，园所位于庞各庄镇团结路 19 号院 1 号楼；占地面积 4261.70 平方米、园舍建筑面积 3410 平方米;教职工 29 人(带班教师 10 人、保育员 5 人、后勤 4 人、厨房 10 人)，包括在编教师 4 人，二级教师 4 人;开设教学班 5 个（小班 3 个、中班 2 个）。9 月，大兴七幼分园春天园投入使用，该园为日托制公办幼儿园，园所位于天宫院街道思邈路 1 号院；占地面积 4000 平方米、园舍建筑面积 3200 平方米；普通教室 12 个，室内有投影仪、电脑、电视等教学设施；教职工 27 人，包括专任教师 13 人（全部为专科及以上学历，中级职称 3 人），保健员 2 人（专科及以上学历 1 人，中级职称 1 人）；开设教学班 4 个（小班 3 个、中班 1 个）；入园幼儿 138 人。

（张静）

中俄青少年文化艺术交流节

4 月 3 日，大兴区少年宫举办第七届“飞舞的凤凰”中俄青少年国际文化艺术交流节，俄罗斯伊尔库茨克市青少年宫交流访问团 140 人来访。大兴区第十小学等 4 所学校为访问团展示空竹、舞龙舞狮、武吵子等民俗特色项目。俄罗斯青少年表演舞蹈、杂技、歌曲等节目，区少年宫学员表演民乐、武术、舞蹈、表演唱等节目。演出后，俄罗斯青少年体验国学动漫、民族工艺、软笔书法等特色项目。

（刘秀梅）

62 所学校煤改清洁能源工作完成

4 月至 10 月，大兴区教委完成 62 所学校煤改清洁能源工作。其中，对大兴区庞各庄中学等 58 所学校燃煤锅炉进行“煤改电”工程建设，总投资 1.27 亿元；对大兴区孙村中学等 4 所学校燃煤锅炉进行“煤改气”工程建设，总投资 957 万元。建设经费由市级财政承担。

（张伟）

王燕春数学特级教师工作室启动

5 月 3 日，大兴区教师进修学校召开王燕春特级教师工作室启动会。会议解读工作室成员选拔标准、流程及工作室规程，宣读工作室成员名单并为工作室授牌。大兴区兴华中学、大兴区第五中学教师代表发言。工作室旨在研究探索解决数学教学中存在的问题，带动教师队伍整体素质提高。区教委领导，工作室成员及其所在学校校长 18 人参加会议。王燕春是北京教育科学研究院数学特级教师。

（逯秀滨）

2 所小学撤销 2 所中学更名

5 月 9 日至 9 月 1 日，大兴区 2 所小学撤销、2 所中学更名。5 月 9 日，根据区机构编办批复决定，北京市大兴区第八中学更名为“北京市第八中学大兴分校”。8 月，大兴区黄村镇大庄完全小学和大兴区榆垡镇石垡小学一并撤销。黄村镇大庄完小隶属于大兴区黄村镇第一中心小学，始建于 1949 年，位于大兴区黄村镇西芦村；榆垡镇石垡小学隶属于大兴区榆垡镇第一中心小学，始建于 1915 年，位于大兴区榆垡镇石垡村。9 月 1 日，北京市大兴区第五中学举办更名揭牌仪式暨 2016—2017 学年度开学典礼，宣布大兴五中更名为“北京建筑大学附属中学”并揭牌。

（张静）

职业教育名师工作室启动

6月1日，大兴区教委召开职业教育名师工作室启动会。会议宣读工作室成员名单，解读工作室工作方案要点，强调工作室指导思想与工作目标，向特邀专家北京教育学院信息技术与职业教育学院院长吴安民颁发聘书。职业教育名师工作室旨在通过专家引领、同伴互助、聚焦课堂、实践反思、课题研究等方式，打造名师队伍，促进全区职教系统优秀教师合作研究和专业成长。教育学院、区教委等领导，大兴区第一职业学校和大兴区第二职业学校教学主管领导及工作室全体教师 26 人参加启动会。

（王宁）

幼儿园年度考核

6月2日至21日，大兴区教委对 26 所镇中心园和 7 所小学附属园进行年度考核。区教委、区教师进修学校、区妇幼保健院专家、教师 6 人，分成 2 组开展考核工作。考核采取自评与他评相结合、检查与指导相结合的形式。经考核，33 所幼儿园全部达到合格标准。12 月 12 日至 30 日，区教委对 43 所民办园进行年度考核。区教委、区教师进修学校、区妇幼保健院组成 12 人考核小组。经考核，43 所民办园全部达到合格标准 (7 所首次参加考核，不确定考核等次)。幼儿园年度考核具体方式为，听取园长汇报、查看室内外环境及活动、查看档案资料、考核组讨论并反馈意见等。

（徐敏）

教育科研名师工作室启动

6月12日，大兴区教师进修学校举办教育科研名师工作室启动及首次培训交流活动。活动分为启动仪式、建组交流、开题研讨 3 个阶段。活动介绍工作室核心组构成情况，解读《科研名师工作室工作方案》。现场组成以核心组成员为指导教师、以其他成员为组员的 5 个研究小组，围绕区级重点课题“农村中小学校科研工作推进策略研究”进行开题论证与研讨。区教育科研名师工作室成员 18 人参加活动。

（魏希芬）

幼儿园业务干部现场听评课考核

6月22日至24日，大兴区教师进修学校开展幼儿园业务干部大练兵现场听评课考核活动。活动分设大兴区第七幼儿园、大兴区第五幼儿园和大兴区第八幼儿园 3 个考场。参赛教师分为 3 组，以抽签顺序比赛。活动评委为区教师进修学校学前研修室全体教研员。3 所考场所在园的教师分别做中班科学领域教育活动《取杏仁》、大班语言领域《我们的辩论赛》和小班绘本故事《鼠小弟和大象哥哥》3 节教育活动课。观摩集体活动后，参赛教师从教育目标、重难点的把握、教师方法策略等方面进行阐述，评委专家进行引导。评出一等奖 18 人、二等奖 30 人、三等奖 31 人。区公办幼儿园业务干部 80 人参加活动。

（刘玉华）

2 所学校挂牌

9月1日，北京亦庄实验中学和北京市育才学校大兴分校正式挂牌。亦庄实验中学是北京市十一学校与大兴区政府共同创办的完全中学，经市教委批准为综合教育改革实验校；学校占地面积 10 万平方米、建筑面积 12 万平方米，体育馆面积 0.44 万平方米；教职工 90 人，专任教师 69 人，包括特级教师 4 人；开设初中教学班 12 个；在校生 267 人，包括寄宿生 129 人。育才学校大兴分校位于大兴区纪百户街 9 号，是区教委所属六年制公办小学；学校占地面积 1.33 万平方米、建筑面积 1.40 万平方米，运动场馆面积 0.28 万平方米，食堂可供 300 人同时用餐；可开设教学班 24 个，提供学位 960 个；开学初，小学阶段在校生 80 人，教职工 13 人。

（张静）

全民学习活动周

10月24日至11月11日，大兴区创建学习型城区领导小组办公室举办第 12 届全民终身学习活动周。活动周主题为“育精益求精工匠，圆创新创业梦想”。活动在 14 个镇和 8 个街道设立分会场，展示学习型成果作品 655 件，发放学习教材、宣传册 5.50 万册，举办培训讲座等活动 214 次，参与活动周市民 70300 人次。

（宋薇）

大兴区第 12 届全民学习活动周期间，市民排队领取学习材料

（大兴区教委 供）

园所开放周暨区本课程交流展示活动

10月31日至11月4日，大兴区教委开展北京市示范园、一级一类园开放周暨区本课程交流展示活动。区内 5 所示范园和 16 所一级一类园面向各类型幼儿园开放。各开放园所以申报的幼儿自主发展区本课程项目，即“主题课程促进幼儿自主发展的研究”或“区域课程促进幼儿自主发展的研究”为展示内容。展示分为现场观摩、专题汇报、交流研讨、专家点评 4 个环节。专家团队对各园所在课程建设上取得的成绩给予肯定，针对课程框架梳理、课程实施等方面提出意见和建议。

（徐敏）

幼儿教师基本功达标考核

11月5日，大兴区教师进修学校开展大兴区幼儿教师第四批基本功达标考核（笔试）。笔试主要内容为《幼儿园教育指导纲要》《3～6岁儿童学习与发展指南》的核心价值及重要知识点。11月16日至18日，区教师进修学校开展大兴区第四批幼儿教师教学基本功达标考核（说课、答辩）。说课环节以“幼儿园里的秋天”为主题，教师围绕教学内容，从设计意图、教材分析、目标定位等方面进行解说；答辩环节，评委与教师就笔试中视频部分进行互动研讨。全区幼儿园教师240余人参加考核。

（刘玉华）

新版大兴教育门户网站上线

12月1日，新版大兴教育门户网站正式上线。新版网站使用HTML5技术，页面设计简洁，使用方便，在文章发布、视频管理等方面实现技术更新。新版网站的后台管理与大兴区数字校园云平台整合，以云平台独立系统应用形式，实现单点登录和统一授权。网站建设项目于2015年6月启动，由区教委组织宣传科和区教委办公室联合牵头，区教师进修学校信息中心具体实施。

（甄春芳）

第二届冰雪嘉年华启动

12月10日，大兴区第二届冰雪嘉年华启动。启动仪式上，大兴区庞各庄镇第二中心小学学生20人进行滑雪表演。区委、区政府、区委教工委等领导，自由式滑雪世界冠军、北京申冬奥形象大使李妮娜，全区中小学相关工作主管领导及200余名师生代表参加启动仪式。嘉年华活动时间为2016年12月至2017年3月，活动由区委宣传部、区体育局、区旅游委、区教委、庞各庄镇政府联合主办。

（李晶）

12月10日，大兴区第二届冰雪嘉年华活动启动
（大兴区教委 供）

“十三五”教育科研工作大会

12月22日，大兴区教委召开大兴区“十三五”教育科研工作大会。会议表彰先进单位和个人，听取科研先进单位、个人代表经验介绍，总结“十二五”教科研工作取得的成绩。“十二五”期间，区内10所园校获评北京市基础教育科研先进单位，25所园校获评大兴区教育科研先进单位，9所园校获2016年教育科研成果推广组织奖；评出大兴区“十二五”教育科学研究优秀成果一等奖12项、二等奖28项、三等奖39项。区委教工委、区教委、北京教育科学研究院等领导，全区中小幼职单位相关负责人，部分获奖单位和教师代表250人参加会议。

（王芳）

怀柔区

概述

2016年，怀柔区教委辖属教育单位126个（幼儿园66所、小学25所、初中18所、高中5所、中等职业学校2所、特殊教育学校1所、其他法人单位9个）。招生9848人（幼儿园3606人、小学2751人、初中1969人、普通高中1249人、中等职业学校264人、特殊教育学校9人）；毕业8579人（幼儿园2966人、小学2345人、初中1844人、普通高中923人、中等职业学校494人、特殊教育学校7人）；在校生38295人（幼儿园10125人、小学17032人、初中5789人、普通高中3970人、中等职业学校1309人、特殊教育学校70人）。教职工总数5847人（幼儿园1462人、中小学3915人、中等职业学校436人、特殊教育34人），其中，正高级职称2人、高级专业技术职务教师1336人。北京市特级教师6人、北京市学科教学带头人8人、北京市骨干教师55人。全年教育总投入17.81亿元。固定资产总值19.78亿元。各级各类成人教育学校320所（镇乡成人文化技术培训学校14所、村级成人文化技术培训学校284所、社区街道培训学校22所），社会力量办学培训机构82个。设立学区11个（中学5个、小学6个），成立学前教育联盟5个。驻区高等学校3所（中国科学院大学、北京京北职业技术学院、中国人民解放军装备学院）。

2016年，怀柔区委教工委、区教委坚持“创新、协调、绿色、开放、共享”五大发展理念，服务怀柔文明城区创建。

推进综合改革，教育质量显著提升。完成“十三五”时期教育规划编制，制订17个教育专项子规划。合理统筹区内优质资源，部分学校实现小学、初中、高中对口直升。制定《怀柔区2016年义务教育阶段入学工作意见》和《怀柔区非本市户籍适龄儿童少年接受义务教育证明证件材料审核工作办法》，适龄儿童100%免试就近入学。贯彻落实北京市“新课程计划”，依托校长工作室、骨干教师发展工作室，开展专家解读、课程改革论坛等活动。组织300余名中小学生和一线教师赴美学习交流。引进优质学前教育机构1个，即怀柔区二十一世纪实验幼儿园；新建村级公办幼儿园1所，即怀柔区怀柔镇红螺镇村幼儿园；新建小学1所，即北京第二实验小学怀柔分校。

优化教育结构，各类教育健康发展。落实《怀柔区第二期学前教育三年行动计划》，成立5个学前教育联盟，以城区优质园辐射带动镇乡中心园、村办园、民办园共同发展。完成10所幼儿园级类验收工作，至年底，全区有市示范性幼儿园2所、市一级一类园8所、市社区儿童早期教育示范基地7个。职业教育对接区域发展，实行“双轨并行，分层推进”模式，培养“双师型”教师。深化校企合作，探索推进“3+2”成长立交桥模式，深化中高职教育衔接，高职考升学率连续2年达到100%。依托社区教育平台营造“全民学习，终身学习”氛围；以服务新农村经济社会建设为导向，开设农民培训班80余期，涉及174个村，受众1万余人次。严格年度考核，查办处理存在隐患的民办教育机构27个。加强资源教室建设，推动融合教育发展。

培育学生核心素养，素质教育成果显著。开展未成年人心理健康教育、禁毒教育等活动，优化健康成长环境。加强“三大球”网点校建设，发展特色运动项目，完成学生体质健康测试。利用市学生军训基地资源优势完成4所高中校学生军训工作。开展天文观测等活动，提升学生创新实践能力和科学素养。8所学校获评国家级示范校，17所学校获评市级示范校或特色校。

加强队伍建设，师资水平稳步提升。开展师德培训，深化师德建设，在市级评选活动中，1人获师德榜样称号、3人获师德先锋称号。坚持每月开展1次中小学校长、幼儿园园长工作室活动，启动“书记发展工作室”。推进中小学教师职称制度改革，484名教师实现岗位晋升；推进乡村教师支持计划，开展教师培训32项，将语言文字能力纳入教学基本功训练；启动开放型教学实践活动，教师参与率47.9%。

强化发展保障，服务能力稳步提高。完成区政府折子工程、拟办民生实事和重点项目建设任务。推进“三通两平台”“优质资源班班通”项目建设，34所中小学基本实现教育教学区域无线覆盖。教育资金向山区校、薄弱校、新建校、合作办学校、学区制牵头校倾斜。落实联校包园、公车改革等规章制度。推进对口支援和帮扶工作，落实京津冀协同发展战略，与河北省滦平县、丰宁县25所学校实现对接；根据《南水北调对口协作框架协议》，对河南省卢氏县开展送教及教师培训；与内蒙古自治区四子王旗开展教育交流，远程教育援助130万元。依托资源项目，持续开展对怀柔镇卧龙岗村的“精准帮扶”工作。

推进依法治教，持续优化教育环境。制定《2016年依法行政工作要点》和《怀柔区教委依法行政考核实施细则》，制定教育系统“七五”普法规划，开展“12·4”宪法日和“法治教育进课堂”等系列宣传活动。升级改造学校室外技防监控设备，安装升降路障。成立校园护校志愿者队伍68个，修订各项应急预案780余份，开展各种演练活动340余次，组织安全知识讲座、培训1100余次。召开全区民办学校工会联合会成立大会，民办校100%建会，实现工会组织建设全覆盖；推动学校民主管理，推出“怀柔区教育工会”手机APP，增加普惠性职工活动；落实“三会两制一课”，加强对团员的教育与管理。

（绒金秋）

两所小学与中国舞蹈家协会签约合作

1月19日，怀柔区杨宋镇中心小学、怀柔区北房镇中心小学与中国舞蹈家协会签订美育发展项目合作协议。根据协议，中国舞蹈家协会将在两校设立中国舞蹈素质教育实践基地，以民族民间舞蹈的传播和推广为核心，从教师专业指导、学科教学实施、特色课程研发与实施等方面开展工作，从小学一年级开始开设舞蹈课，协助两校提升艺术教育品质，协议有效期5年半。

（绒金秋　张丽丽）

开展冰壶特色运动

2月12日至21日，怀柔区第五中学初三(1)班韩雨获第二届冬季青年奥林匹克运动会冰壶项目跨国混合双打比赛银牌。2015年12月，韩雨入选国家青年冰壶队，是北京市唯一入选选手。怀柔区是全国首个将冰壶引进校园的区，区教委积极筹措，充分发挥区位优势，整合区内冰雪项目资源，将冰壶项目引入中小学生课外活动中，形成怀柔特色教育品牌。至年底，全区共有12所直属中小学上千名学生参加过冰壶专业训练，通过国家体育总局冬季运动管理中心注册的正式队员累计143人次，有效注册队员55人，随时能够参加国家级冰壶比赛，初步形成冰壶项目小学、初中、高中梯队。日常通过基本功与竞赛相结合的培训方式，提高队员竞技水平。

（绒金秋　崔文磊）

新型职业农民走进大学课堂

3月9日至11日，怀柔区职业学校、北京市农业广播电视学校怀柔分校组织新型职业农民走进大学课堂体验大学生活。怀柔农广校联系市农广校和北京农业职业学院，安排3天的培训计划。培训采取现场教学、专家讲授、走进课堂交流、小组讨论等方式。现场教学课程组织学员参观房山区窦店芦西园，现代农业的发展新趋势让学员感到自身经营单一；电子商务课堂，为学员展示大学生利用互联网模拟订货、下单、支付资金等销售环节。怀柔区种养殖、民俗旅游、农产品销售等产业新型职业农民30人参加培训。

（绒金秋　于占香）

学前教育工作会

3月18日，怀柔区教委召开2016年学前教育工作会。会议听取怀柔区北房镇中心幼儿园、怀柔区第一幼儿园、怀柔区第二幼儿园、区学前教研室围绕园所管理、专业发展所作的典型性发言；总结2015年学前教育工作，解读2016年学前教育工作计划。区教委综合分析全区“十二五”时期学前教育工作取得的成果、经验，指出问题，并部署2016年及“十三五”时期学前教育发展工作。区教委领导及全区各级各类幼儿园园长、业务园长、教师代表等90人参加会议。

（绒金秋　黄楚婷）

融合教育培训会及部署会

4月15日和9月22日，怀柔区教委分别召开融合教育培训会和工作部署会。培训会上，区特教中心教研员作《随班就读学生的个案管理》和《身心障碍学生行为功能介入方案》培训，重点讲解随班就读学生个案管理、个别化教育计划实施、个别化教育计划管理及身心障碍学生的行为功能介入方案。会议要求各校要落实教育部、市特殊教育相关部门部署安排，落实《北京市中小学融合教育行动计划》和《关于进一步加强随班就读工作的意见》，推进融合教育发展，提升普通学校融合能力建设。全区各校主管融合教育的负责人和资源教师、随班就读教师24人参加会议。工作部署会解读区特教中心工作计划并部署相应工作。会议要求提高思想认识，高度重视融合教育工作；架构各校融合教育组织机构，建立融合教育教师团队；提高责任意识，做好资源教室的使用和管理。全区各中小学、幼儿园等45个单位代表参加会议。

（綟金秋　孙荣菊）

协办全国中学生舞龙舞狮锦标赛

5月2日至4日，怀柔区教委协办2016·第四届中国中学生舞龙舞狮锦标赛，比赛主题为“舞中华龙　圆中国梦”。比赛初次引入小学代表队参赛，并增加舞狮项目，融高中、初中和小学于一体，多种竞技形式并存。比赛设初、高中男子组，初、高中女子组，小学组5个组别，教学双龙、舞龙规定套路、舞龙自选套路等15个项目，共进行29场比赛。来自全国各地的20支代表队，365名队员参加比赛。怀柔区北房中学获得初中女子自选套路第一名、初中男子北狮自选套路第二名。全国舞龙舞狮锦标赛首次在北方举办，此次锦标赛由中国中学生体育协会主办，怀柔区北房中学承办。比赛期间，怀柔区同时开展“龙狮文化”主题艺术作品展，各地参赛学校展出特色龙狮书法、绘画、摄影等艺术作品。

（綟金秋　宁天宝）

5月2日至4日，怀柔区教委协办的第四届全国中学生舞龙舞狮锦标赛现场　（怀柔区教委　供）

中小学生足球比赛

5月21日至22日和27日至29日，怀柔区教委举办2016年怀柔区中小学生足球比赛。比赛分设怀柔区第一中学、怀柔区实验小学和怀柔区喇叭沟门满族乡中心小学3个比赛场地，设区直高中、区直平原初中、区直平原小学、山区中学和山区小学5个组别；竞赛项目为男子7人制足球比赛，每场比赛时间为中学60分钟、小学40分钟，采取上、下半场赛制。全区39所学校足球队比赛76场。首都师范大学附属红螺寺中学、怀柔区第四中学、怀柔区怀柔镇中心小学、怀柔区宝山中学、怀柔区喇叭沟门满族乡中心小学分获各组别冠军。

（綟金秋　崔文磊　孙晓楠）

首届在线直播课堂课例评比

5月25日，怀柔区电教馆依托怀柔区教科研中心办公云平台“直播课堂”栏目，举办首届在线直播课堂课例评比活动。比赛设学前、小学、初中、高中4个学段，同时开展课堂教学直播活动，所有参赛教师在规定时间内完成授课，并将授课全过程存入平台系统，形成可以点播的资源，过时无效。比赛采取上课、评选分步进行，课后看录像评选的方式。聘请专家评委12人，按照教学设计10分、教学过程40分、信息技术运用25分、教学素质15分、视频技术10分的课堂评价标准评审。全区9所幼儿园、7所小学、8所初中、2所高中报名，参评课程47节，其中，幼儿园21节、小学11节、初中11节、高中4节。最终，评出一等奖9节、二等奖13节、三等奖25节。区教委、区教科研中心领导在直播活动观摩与技术支持中心现场体验观摩。

（綟金秋　刘振林）

推进中小学课程改革

5月26日，怀柔区教委召开“落实供给侧改革，推进教育深综改”课程改革现场会。会上，怀柔区北房中学做学科实践类活动课14节，涉及所有初中学科；部分市学科教研员作微讲座，北京教育科学研究院领导点评；北房中学介绍该校为何进行课程改革及课程顶层设计与实践的经验；区教委领导作总结发言，并对全区课改推进工作提出新要求。北京教科院、区教委领导，市、区教研部门领导及相关学科教研员，全区各中学教学副校长、教务主任、教师等180人参加会议。6月7日，怀柔区教委召开小学课程改革推进会。会议主题为“构建科学课程体系，培育学生幸福童年”。参会人员参观怀柔区长哨营满族乡中心小学特色课程实践基地，观摩7节教学改革研究课。小学第四学区各校分别展示学校特色课程，3名校长分别介绍学校在课程改革方面的具体措施。北京教科院领导及参会专家充分肯定第四学区在课程改革方面的工作。北京教科院、中国好老师行动计划综合办公室、区教委等单位领导及全区各中小学主管领导100人参加会议。

（綟金秋　刘煜）

中小学生无线电测向赛

5月28日，怀柔区教委、区体育局、区科协联合主办2016年怀柔区中小学生无线电测向赛。比赛按照学段设小学、初中、高中3个组别，根据无线电频段设短80米、长80米、短2米3个大项。全区8所学校11支代表队124名运动员参赛。最终，怀柔区第一小学1队、怀柔区庙城学校2队、怀柔区第二中学1队分获短80米波段小学、初中、高中组团体总分第一名；怀柔一小1队、庙城学校1队、怀柔二中1队分获短2米波段小学、初中、高中组团体总分第一名；庙城学校1队、怀柔一中2队分获长80米波段初中、高中组团体总分第一名，小学组未设置长80米波段比赛。该比赛由区学生活动管理中心承办，区无线电和定向协会协办。

（线金秋　张丽丽）

初中体育艺术特长生招生测试完成

5月，怀柔区完成初中体育艺术特长生招生测试工作，全区共招收体育艺术特长生24人。怀柔区第三中学、怀柔区第四中学和怀柔区第五中学面向全区招生，怀柔三中（器乐和声乐）、怀柔五中（管乐及西洋打击乐）分别计划招收艺术特长生10人，怀柔四中（田径）计划招收体育特长生10人。21日，3所学校分别进行体育艺术特长生测试，体育特长生测试项目为50米和立定跳远任选一项、1千克后抛实心球、田径专项4项；艺术特长生器乐测试视奏、演奏、旋律模仿3个项目，声乐测试演唱、视唱、模唱3个项目。学生抽签决定测试顺序，专家评委组现场打分、综合考评，按照测试成绩确定录取学生名单。

（线金秋　张丽丽）

爱眼日专题培训

6月6日，怀柔区中小学生保健所举办爱眼日专题培训。市疾控中心学校卫生所负责人以《如何上好一节健康教育课》为题开展培训。区教委要求全区中小学认真开展爱眼护眼“五个一”宣传教育活动，即一次主题班会、一期主题板报、一次主题讲座、一篇主题作文、一场眼保健操评比，宣传普及科学用眼、预防近视等眼睛保健知识。现场发放护眼课件光盘191张、护眼挂钟40个、护眼挂图160册、班级护眼海报845册、护眼手册17442册、护眼书皮20000个、护眼提醒闹钟1000个、护眼卡包2000个。全区各中小学校医、健康教育教师40余人参加培训。

（线金秋　郑京晶）

实施对口直升贯通分段培养

6月17日和7月8日，怀柔区2016年第7次区长办公会议和区委专题会分别审议通过《怀柔区中小学对口直升贯通分段培养工作方案》。区教委推进教育综合改革，结合教育发展实际，探索“对口直升贯通分段培养”改革，建立小学、初中、高中对口直升贯通分段培养机制。小学阶段将城区部分生源引导到北京第二实验小学怀柔分校就读，小学毕业后直接升入北京市第一〇一中学怀柔分校。2016年招收的81名六年级学生次年对口直升一〇一中怀柔分校。中学阶段在一〇一中怀柔分校初三年级增设“1+3”初高中贯通培养创新实验班”，从全区各中学每年招录160人（4个班），实验班学生初三毕业后免试直升北京市怀柔区第一中学。9月1日，159名实验班学生正式上课，一〇一中总校选派特级教师和高级教师任教。高中阶段，怀柔一中与一〇一中总校签订合作协议，成为一〇一中学教育集团成员校，在办学理念、课程建设、师资培训等方面与集团保持一致，开展挂职培训、同步教研、共同质量分析、游学等教学活动，促进怀柔一中教育教学质量提升。

（线金秋　孙天钰　韩晓阔）

教育资源布局调整

6月24日和7月7日，怀柔区政府2016年第10次常务会和区委2016年第16次常委会分别审议通过《怀柔区北部山区中学及桥梓镇学校布局调整方案》。7月29日，市教委听取怀柔区关于教育资源布局调整的工作汇报，建议由区政府统筹做好学校布局调整工作，并确保社会发展及教育的和谐稳定。区教委针对北部山区和桥梓镇地区存在的教育布局不合理、教育资源利用率不高等问题，决定将怀柔区宝山中学、怀柔区长哨营满族中学、怀柔区喇叭沟门满族中学合并到怀柔区汤河口中学，实行集约化办学，形成1所寄宿制中学，将撤并的3所中学校址改建为镇乡成人教育学校，由区教委和镇乡政府共同管理；将怀柔区茶坞铁路中学中学部合并到怀柔区桥梓中学，在镇域内只保留1所中学。合并后的汤河口中学共有教职工126人，领导班子成员12人（校级5人、主任级7人），借调教委6人，转二线2人，支教教师4人，教学人员（含兼课教师）83人，在校生369人，教学班18个。合并后的桥梓中学共有教职工86人，人员编制52人，岗位设置50个，校级干部职数2个，主任级干部职数5个，在校生238人，教学班10个。

（线金秋　申建勋）

培训“乡土专家”

7月7日，怀柔区教科研中心、北京农业广播电视学校怀柔分校共同举办的怀柔区“乡土专家”师资建设培训项目开班。北京农业职业学院教授讲授第一课，指出“乡土专家”能榜样示范、能登上讲台、能指导生产的三能作用。“乡土专家”培训时间为7月至12月，共培训7次56课时。培训内容包括教师基本功、沟通技巧和现场教学等。怀柔农广校、区教科研中心共同为考核合格学员颁发“成人教育兼职教师”聘书，之后每年，区教科研中心组织合格人员参加教师继续教育。首批“乡土专家”师资班学员40人。“乡土专家”师资培训在全国尚属首例，利用“乡土专家”的实践经验进行培训可以避免农民走弯路。

（线金秋　彭海芳）

实验二小怀柔分校开学

9月5日，北京第二实验小学怀柔分校举行落成仪式暨开学典礼。该校是市中小学三年行动计划建设项目，为寄宿制学校，位于雁栖经济开发区雁栖大街7号。学校占地面积37315平方米、建筑面积25572平方米，其中，地上19261.61平方米、地下6310.39平方米，建筑投资9800.92万元，全部为国家拨款。专用教室11个，拥有先进的教学和信息化设备，实现校园网络化和教学班班通，建有露天塑胶操场、足球场、篮球场、排球场、游泳馆、风雨操场、室内篮球馆和地下停车场等。学生床位600个、教师床位100个，24小时提供热水。可满足30个教学班、1200名学生的寄宿制需求。配备管理和教育教学人员61人，包括骨干教师18人。开设教学班14个，招生520人。

（綫金秋　曹海洋　彭卫华）

北京第二实验小学怀柔分校操场全貌

（怀柔区教委　供）

教育帮扶培训项目启动

9月27日，怀柔区社区教育中心启动“教育帮扶怀柔镇卧龙岗”培训项目。社区教育中心经过多次调研、筹划，根据卧龙岗村地理位置和居家妇女老人多的特点，开展手工编织培训。项目聘请“巧媳妇合作社”培训师指导穿珠、编线技术，村民可赚取加工费，通过培训，学员掌握10余种手工艺品的制作方法，培训5天，39人参加培训。

（綫金秋　王成福）

承办普通高中特色发展联盟系列活动

10月26日，怀柔区教委承办“北京市跨区域普通高中特色发展联盟系列活动”。上午，中央工艺美术学院附属中学校长作关于工美附中特色发展与实践的专题报告。北京教育科学研究院项目负责人、工美附中校长、《北京教育》杂志社主编，朝阳、丰台、密云等区项目校领导及怀柔区相关学校项目负责人50人参加活动。下午，“推进普通高中多样化发展”项目组专家及相关单位领导参观首都师范大学附属红螺寺中学美术教室，并现场指导该校学生作画；该校校长以《以人为本，特色发展》为题汇报工作，工美附中教师作关于美术专业教学方面的讲座；项目组负责人要求工美附中与红螺寺中学友好合作、相互借鉴、优势互补、共享资源、共同发展。项目组、区教委领导以及红螺寺中学干部20人参加活动。“高中特色建设”项目于2010年启动，首师大附属红螺寺中学是全市70所项目学校之一。

（綫金秋　邓福善　代淑芬）

学前教育联盟成立

10月，怀柔区教委印发《关于成立学前教育联盟的工作意见》，建立学前教育联盟。区教委以怀柔区第一幼儿园、怀柔区第二幼儿园、怀柔区第三幼儿园、怀柔区第四幼儿园、怀柔区怀柔镇中心幼儿园为龙头园，以镇乡中心园、部门办园、民办园、村办园为成员组建5个联盟。联盟属非行政性组织，不具备法人资格，各成员隶属关系不变、法人不变、编制独立。联盟建立联盟园长联席会议制度；建立联盟教学研究与管理中心、文化研究与管理中心、设施设备资源与服务中心；建立联盟内交流联动小组。园长联席会议为联盟管理的领导机构，园长联席会议成员由联盟内幼儿园园长、书记组成。联盟主任由龙头园园长担任，每届任期两年。联盟成员单位实行动态管理，根据具体工作情况定期调整。学前教育联盟以提升幼儿园办园质量，实现园际整体优化为总目标。11月，5个学前教育联盟成立，各联盟制定具体可行的活动方案。

（綫金秋　黄楚婷）

“新型职业农民实用人才”联合培训

11月2日至5日，北京农业广播电视学校怀柔分校与承德市滦平县职业教育中心联合举办“新型职业农民实用人才”培训。培训邀请滦平县农牧局农业推广专家讲解农产品安全、中草药种植与栽培、山区果树的经营和管理等内容。怀柔“乡土专家”师资建设培训班学员及滦平县新型职业农民等100余人参加培训。培训选在滦平兴春和生态循环农业示范区、金沟屯镇中草药种植基地等实训场地进行现场教学，以便学员和专家就相关技术细节进行探讨和交流。

（綫金秋　于占香）

创新教学方式展示评优活动表彰会

12月6日，怀柔区教委召开第五届小学教师教学特点研讨会暨创新教学方式展示评优活动总结表彰会。会议分2个会场：第一会场，怀柔区实验小学、怀柔区雁栖学校获奖教师分别进行语文课堂教学展示、说课展示及教学特点介绍；第二会场，怀柔区第六小学数学学科、怀柔区第一小学英语学科、怀柔区长哨营满族乡中心小学信息技术学科获奖教师分别进行说课展示及教学特点介绍，参会领导为全区57名一、二、三等奖获奖教师颁发证书。会议强调教育要基于学生的发展未来;塑造学生个性，允许个性差异;丰富生态课堂的内涵，开阔学生的语言及思维视野；培养特色教师，全方位为教师成长服务。区教委等领导，各小学相关领导、骨干教师200余人参加会议。

（綫金秋　杨海芹）

平谷区

概述

2016年，平谷区教委辖属教育单位134个，其中，幼儿园62所（教育部门办园5所、集体办园34所、民办园23所），小学43所（教育部门办校42所、民办校1所），初中14所（初级中学12所、九年一贯制学校2所），高中5所（公办完全中学4所、民办高级中学1所），职业高中1所，特殊教育学校1所，其他法人单位8个。招生9916人（幼儿园3449人、小学3034人、初中1869人、普通高中1503人、中等职业学校61人）；毕业8973人（幼儿园2724人、小学2347人、初中2133人、高中1692人、中等职业学校77人）；在校生38848人（幼儿园10235人、小学17828人、初中5661人、普通高中4714人、职业高中195人、特殊教育学校215人）。教职工总数6787人（幼儿园1445人、小学2145人、中学2965人、职业高中165人、特殊教育67人），其中，正高级专业技术职务教师1人（中学），高级专业技术职务教师1441人（学前14人、小学112人、中学1134人、教委直属单位181人）。北京市特级教师7人（小学2人、中学5人），北京市学科教学带头人6人（小学2人、中学4人），北京市骨干教师59人（学前2人、小学20人、中学37人）。全年教育总投入22.24亿元。中小学固定资产总值13.21亿元。

2016年，平谷区委教工委、区教委将“问题导向、目标引领、质量优先、适度均衡”作为基本原则，推出一系列改革措施。区教委制定《振兴教育事业三年行动计划》，依托“六项工程”、完成“六大任务”、实现“六个目标”，力争通过3年时间实现区教育综合实力达到生态涵养区一流水平。

深化体制机制改革。区教委完成33名中小学校长公开选拔任务和224名行政副职选聘工作，加大重点学科、紧缺学科师资培训力度。深化办学体制改革，实施集团化、学区化办学，促进学校抱团发展，制定《关于促进教育优质均衡发展推进集团化学区化办学的实施意见》，将全区中小学校划分为在优质特色高中引领下的4个教育集团和以乡镇为管理单元的9个学区，初步实现“三个统筹”。扩大学校办学自主权，在校级副职选聘中，采取“学校提名，区委教工委把关”的方式公开选聘，学校提名的校级副职人选90%得到任用；在教师绩效工资分配中，将骨干教师责任奖、班主任责任奖、学年奖由原来区教委按标准分配调整为由学校按评价及管理办法自主分配。引进优质教育资源，借力发展，合作开办北京第一师范学校附属小学平谷分校、北京第二实验小学平谷分校和北京第二外国语学院附属学校3所学校；与北京市广渠门教育集团合作，成立以北京市平谷中学、平谷区第三中学、平谷区第一小学、平谷区第三小学为成员的平谷中学教育集团，并将该集团纳入广渠门教育集团统一管理，全区15所学校实现合作办学。

围绕中高考抓改革，着力提升教育教学质量。在全市范围内选聘9名特级教师，成立高中备课组；聘请28名市区名校退休教师，帮扶指导平谷区第五中学教师；恢复平谷中学初中部；实施英语、语文学科提升计划，开设英语、语文阅读课程；加强各学段教学质量监控力度。高考本科上线率86.07%，同比增长8.1个百分点。

推进基础设施建设。完成北京师范大学附属中学夏各庄校区新建工程、平谷区刘家河中学新建工程、平谷区东高村学校（初中部）改扩建工程、平谷区第十小学新建工程、平谷区东交民巷小学马坊分校地下餐厅及体育馆新建工程5个项目建设；启动平谷区金海湖学校初中部建设工程等4个项目建设。

（吴玉仙）

高中德育工作总结交流及工作部署会

1月8日，平谷区教委召开高中德育工作总结交流及工作部署会。各高中校交流分享2015年德育重点、亮点工作，区教委整体部署2016年高中德育工作。具体内容有，以培育和践行社会主义核心价值观为内涵，坚持立德树人，形成“136”德育课程体系，即1个目标（培养健全人格的高中生）、3个年级、6个学段，将德育目标分解到各个学段，形成螺旋上升的德育培养体系，将德育教育课程化，推进育人方式改革创新。计划开展“绿谷之星”优秀高中生评选活动及高中生生涯规划教育；加强成人仪式教育，并将成人仪式与高考誓师相结合，提升学生的责任意识和进取精神；成立“学通社”平谷分社。区教委领导及相关负责人，4所高中德育主任15人参加会议。

（张东安　吴玉仙）

青少年创新人才培养项目成果展示交流会

1月18日，平谷区教委举办平谷区青少年创新人才培养项目成果展示交流会。会议围绕“与科学家同行”长白山科学考察创新人才培养项目及“生物多样性与生态环境保护”和“创客秀”2个主题进行展示。展品包括植物标本、动物标本、叶脉标本等学生作品，参展单位有北京市平谷中学、平谷区第五中学、平谷区黄松峪中学、平谷区刘家河联办中学和北京师范大学附属中学平谷第一分校。会议由北师大附中平谷第一分校承办。市青少年科技创新学院、区教委、中国石化石油勘探开发研究院等单位领导和专家，各相关学校领导、教师及学生200余人参加会议。

（刘玉林）

小学语文特色培训项目完成

2月25日和3月22日，平谷区教委与华师教育研究院小学课程研究中心联合举办小学语文特色培训项目系列活动——“文本解读”和“基于学生思维发展的文体阅读教学实践”。两次活动分别邀请特级教师赵景瑞以“教师与教材对话当好五个角色”为主题，以四年级第8册15课《六个馒头》为例，带领教师进行文本解读；北京教育学院教授以四年级课文《捅马蜂窝》为例，展示小学课堂上散文的教学策略和对学生思维发展的关注方法，阐释基于学生思维发展的文体阅读教学实践。各中心小学、直属小学业务干部及全体语文教师400余人参加培训。11月22日，区教委举办小学语文教师特色培训项目总结会。2名参训教师分别展示课堂教学，参会专家现场点评并围绕语文学科核心素养作报告。区教委、华师教育研究院领导，区教育研修中心相关人员，各小学业务干部及全区小学语文骨干教师200人参加会议。平谷区小学语文教师特色培训项目于2015年5月启动。

（张东安　吴玉仙）

“高参小”项目打造足球特色校

3月8日，平谷区教委召开“高参小”项目暨平谷区足球特色校专题会议，部署市级足球冠军联赛和区级7所小学足球特色校联赛相关事宜。5所“高参小”项目学校和3所市级足球特色校分别汇报学校足球工作开展现状及遇到的困难。8所足球特色校校长、主管领导，国安俱乐部平谷区负责人及区教委相关人员30余人参加会议。3月25日，区教委和北京金龙足球俱乐部联合举办平谷区“高参小”项目暨平谷区足球特色校足球联赛。比赛采用主客场7人赛制，全场比赛时间50分钟，上、下半场各25分钟，持续14周，每周五下午比赛。来自平谷区第二小学、平谷区第八小学、北京第二实验小学平谷分校、平谷区靠山集中心小学、平谷区南独乐河中心小学、平谷区大兴庄中心小学、平谷区山东庄中心小学7所学校的140名二年级学生参赛。

（张东安　吴玉仙）

平谷中学教育集团成立

3月25日，北京市平谷中学教育集团成立。平谷中学教育集团隶属广渠门教育集团，集团以北京市示范高中平谷中学为引领，联盟平谷区第三中学、平谷区第一小学、平谷区第三小学3所学校，互通资源，统筹发展，以“办人民满意教育”为宗旨，推动集团可持续健康发展。成立仪式上，区教委主任介绍集团成立背景、过程及意义，广渠门教育集团总负责人和4所集团校校长共同启动象征集团成立的水晶球，区政府、区委教工委、区教委领导为4所学校授牌。

（张东安　吴玉仙）

特殊教育工作大会召开

3月31日，平谷区召开特殊教育工作大会。会议听取区教委《平谷区特殊教育工作报告》，从健全组织机构、发挥特教中心职能，加强专业引领、加大普特融合，完善教育网络3个方面总结全区特教工作情况。会议表彰10个特殊教育先进集体、10名特殊教育先进工作者、27名特殊教育优秀教师及91名特殊教育优秀案例论文获奖教师。平谷特教中心、平谷区大华山中心小学、平谷区第一小学、平谷区第五中学、平谷区马坊中心小学分别作典型发言。市教委相关负责人介绍北京市特殊教育现状。会议邀请原市特教中心主任作信息技术服务课堂教学，弥补特殊教育劣势的专题培训。区教委领导，区特教中心、各中小学相关领导及教师代表100余人参加会议。

（张东安　吴玉仙）

中小学校长公开选拔工作

3月，平谷区委教工委、区教委启动中学校长公开选拔工作。选拔面向全市设置中学校长职位13个，公开选拔公告发布在《北京晚报》、北京教育人才网等媒体上，由市双高人才发展中心操作执行。选拔工作依据《平谷区中学校长公开选拔工作方案》开展，包括领导特质测试、履历评价、笔试面试等环节。直接进入面试15人，按岗位及分数要求通过笔试进入面试78人，共计93人；118人参加笔试，最高分77分、最低分52分，不及格28人（含缺考4人）。5月10日，区委教工委、区教委召开小学校长公开选拔工作动员会。选拔设置小学校长岗位20个，236人参加网上报名，231人通过网上初审，217人通过现场资格审查进入笔试。

（张东安　吴玉仙）

中小学生田径运动会

4月23日至24日，平谷区教委举办阳光体育2016年平谷区中小学生春季田径运动会。比赛设80个项目，北京市平谷中学、平谷区第三中学、平谷区第二小学分获高中、初中、小学组团体总分第一名，2人打破2项赛会纪录。51所学校1155名运动员参加运动会。

（张东安　吴玉仙）

第一届读书节展示观摩活动

4月26日，平谷区教委举办第一届“书香为伴，快乐成长”读书节展示观摩活动。活动分为以阅读为主的班级活动观摩、绘本故事展演、园长教师汇报交流、绘本专题教研展示4个板块。活动阐释早期阅读重要性、阅读题材丰富性、阅读形式多样性，如何充分利用各种教育资源为学生营造阅读氛围、搭建表达展示平台，以及园所、教师、家长等不同教育角色该如何激发幼儿阅读的兴趣。活动旨在培养幼儿良好的阅读习惯，帮助幼儿真正走进图书世界，让幼儿喜欢读书。区教委领导及相关负责人，各市立园、乡镇中心园、民办园负责人及骨干教师160余人参加活动。

（张东安　吴玉仙）

职业教育宣传月

4月28日，平谷区教委启动“2016年平谷区职业教育宣传月”系列活动。活动历时1个月，围绕“修一技之长，养优秀品行”主题，全面展示职业学校办学特色。启动仪式在平谷区职业学校举行，以优秀毕业生表演和专业实物展台、展板的形式展示教学成果。在平谷职校“校园开放日”

活动中，初、高中学生和家长进校体验烹饪、汽车运动与维修、美术、计算机等专业实践，参观各实训室展出的学生优秀作品和各专业教学成果。各专业骨干教师走进社区，开展烹饪、绘画等技能培训活动。活动由平谷职校承办，区教委相关负责人、退休教师代表、学生及家长等 1100 余人次参与活动。

（张东安　吴玉仙　李震生）

微课技能培训

5 月 10 日至 12 日，平谷区职成教微课技能培训活动在平谷区职业学校举办。培训内容包括手机和 DV 摄影机拍摄技巧，视频的后期剪辑、特效、配音与合成。考核方式为每人上交 1 份与自己专业相关的微课作品，参加区级评比。培训共分 2 期，来自各社教办、农广校等 10 余个单位的 60 余人参加培训。其中，10 名教师参加北京市社区教育与农村成人教育微课评选活动，分获二、三等奖。

（李翠敏）

5 月 10 日至 12 日，平谷区职成教微课技能培训活动
（平谷职校 供）

特长生招生完成

5 月 22 日，平谷区完成初中入学体育、艺术、科技特长生招生工作。特长生入学测试工作为期 2 天，本着“加强领导、精心组织、严格程序、严肃纪律、公平公正”原则。艺术、科技特长生测试由各学校依据《平谷区教委初中入学艺术、科技特长生考查标准》自主安排；体育特长生需参加区级统一测试，包括素质测试和专项测试。最终，市田径、足球项目传统校招生 15 人，区体育局招生 49 人，艺术、科技类招生 41 人。

（张东安　吴玉仙）

教师足球专业技能比赛

5 月 26 日，平谷区教委、区教育研修中心共同举办 2016 平谷区中小学体育教师足球专业技能比赛。比赛设高中、初中、小学 3 个组别，内容包括足球综合技术和球性练习比赛，评出一等奖 24 人、二等奖 48 人。全区各中小学中青年体育教师 161 人参加比赛。

（张东安　吴玉仙）

校长培训班

8 月 20 日至 25 日，平谷区举办教育系统 2016—2017 学年度校长、副校长培训班。培训班聘请 8 名知名专家、一线校长，以理论与实践相结合、专题学习与案例研讨相结合、专家引领与学员参与相结合原则，围绕学校管理、中高考命题改革、校长专业发展等内容开展讲座。培训班采取分组汇报的考核方式，参训人员全部通过考核，准予结业。全区中小学、幼儿园新聘任校长（园长）、副校长（副园长）260 人参加培训。

（张东安　吴玉仙）

平谷与二外合作办学

8 月 28 日，平谷区教委与北京第二外国语学院举办教育合作签约暨北京第二外国语学院平谷校区、北京第二外国语学院平谷附属学校揭牌仪式。根据协议，区教委将北京市平谷区东高村学校（含所属大旺务小学、东高村幼儿园）更名为“北京第二外国语学院平谷附属学校”，委托二外统一管理，办学体制为学前、小学、初中、高中一体化学校，合作期限为 2016 年 8 月至 2026 年 8 月，其中，普通高中于 2017 年 9 月 1 日开始招生。2015 年，区政府与二外签订《平谷区人民政府与北京第二外国语学院合作办学框架协议》，合作期限为 2015 年 9 月 1 日至 2025 年 8 月 31 日。合作内容有，合作期间开展英语师资培训，共建二外平谷外国语学校和二外平谷校区，共建二外平谷培训中心。

（张东安　吴玉仙）

青海玉树藏族内高班开办

9 月 1 日，北京实验学校开办平谷区首个青海玉树藏族内地高中班。首届招生 85 人，从青海省玉树藏族自治州所辖市、县初中毕业生中通过考试选拔；内高班学生在平谷完成 3 年高中学业，在市教委注册高中学籍，参加北京市普通高中学业水平考试，合格后取得“北京市普通高中会考合格证”，高中毕业后回青海省参加高考；学生单独编班，依据青海省高考考试类别和科目分为英语班和藏语班；玉树州选派生活教师和藏文教师到内高班工作。2 日，学校举办开学典礼，平谷区教委和玉树州教育局领导共同为北京实验学校民族教育研究中心揭牌。

（郭峰亭　俞岚）

首届软式棒垒球锦标赛

9 月 24 日，平谷区教委举办首届“詹天佑”杯软式棒垒球锦标赛。比赛采用小组循环预赛、四强交叉决赛制，区教育工会主席为比赛开球。平谷区大兴庄中心小学获冠军、北京第二实验小学平谷分校获亚军、平谷区峪口中心小学获季军，平谷区靠山集中心小学等 6 所学校获优胜奖。10 所小学 150 余名学生参加比赛。

（张东安　吴玉仙）

承办北京市名园长发展工程研讨会

9月26日，平谷区委教工委、区教委承办北京市名园长发展工程（第一期）马永彬教育理念与管理经验研讨会。会议听取平谷区第一幼儿园园长马永彬题为《凝心聚智，办“健体·启智·养成”的儿童乐园》的教育理念与管理经验分享报告；观摩平谷一幼幼儿区域活动、户外体操表演。会议由北京市中小学名师名校长（园长）发展工程办公室、北京市名园长发展工程北京教育学院培养基地主办。区委教工委、区教委等领导，北京市名园长发展工程（第一期）项目团队及学员，“校长国培计划”2016年农村校长助力工程北京教育学院幼儿园园长班学员，平谷区各中小学、幼儿园校长（园长）、业务副校长（副园长）300人参加研讨会。

（于海清）

集团化学区化管理

9月，平谷区教委实施集团化、学区化管理促进教育优质均衡发展。全区中小学被划分为在优质特色高中引领下的4个教育集团和以乡镇为管理单元的9个学区，教育集团、学区内各学校保持原法人及编制不变。各教育集团、学区成立管理委员会，设主任1人。各教育集团、学区工作职责有，统筹人力资源，管委会主任对成员校干部有调配建议权，对成员校教师有调配使用权；统筹设施设备资源，各学校共享硬件资源，管委会主任对教育教学设施设备有调配权；统筹教育教学资源，统筹开展不同学段教育教学工作，建立教育教学资源共享机制，统筹开展各类活动。

（张东安　吴玉仙）

教育集团及成员校名单

平谷中学教育集团
北京市平谷中学、北京市平谷区第三中学、北京市平谷区第一小学、北京市平谷区第三小学
平谷五中教育集团
北京市平谷区第五中学、北京市平谷区第六小学、北京市平谷区第八小学
北京实验学校教育集团
北京实验学校、北京实验学校附属中学、北京实验学校附属小学、北京实验学校附属幼儿园
北师大附中平谷第一分校教育集团
北京师范大学附属中学平谷第一分校、北京市平谷区夏各庄中学、北京市平谷区夏各庄中心小学、北京市平谷区马坊中心小学、北京市平谷区门楼庄中心小学

（张东安　吴玉仙）

学区及成员校名单

城关学区
北京市平谷区第四中学、北京市平谷区第二小学、北京市平谷区第五小学、北京市平谷区第七小学
北京一师附小平谷分校学区
北京第一师范学校附属小学平谷分校、北京市平谷区大兴庄中心小学
王辛庄学区
北京市平谷区第七中学、北京市平谷区放光中心小学
峪口学区
北京市平谷区峪口中学、北京市平谷区峪口中心小学、北京市平谷区北杨桥中心小学、北京市平谷区刘家店中心小学
大华山学区
北京市平谷区大华山中学、北京市平谷区大华山中心小学、北京市平谷区镇罗营中心小学、北京市平谷区熊儿寨中心小学
马昌营学区
北京市平谷区马昌营中学、北京市平谷区马昌营中心小学
南独乐河学区
北京市平谷区刘家河联办中学、北京市平谷区南独乐河中心小学
山东庄学区
北京市平谷区山东庄中学、北京市平谷区山东庄中心小学
黄松峪学区
北京市平谷区黄松峪中学、北京市平谷区黄松峪中心小学、北京市平谷区金海湖学校、北京市平谷区靠山集中心小学

（张东安　吴玉仙）

第20届学生艺术节表演类个人赛

11月8日，平谷区第20届学生艺术节表演类个人项目比赛落幕。比赛设小学、初中、高中3个组别，声乐、民乐、西乐、舞蹈、朗诵、曲艺、京昆7个比赛项目。区青少年活动中心聘请21名专业评委评审。各项目、各组别获奖比例分别为一等奖20%、二等奖20%、三等奖30%。来自50所中小学的590名学生参加比赛。

（张东安　吴玉仙）

平谷中学与小香玉学校合作

11月14日，北京市平谷中学与北京绿谷小香玉艺术学校签订深度联盟合作协议。根据协议，联盟合作主要内容包括联合招生、联合培养，小香玉学校艺术教育资源和平谷中学文化教育资源双方共享。区教委领导要求两校强强联合，打造平谷区教育航母，使平谷中学成为平谷教育名片；平谷中学教育集团要成为绿色教育集团试点，促进平谷区教育发展。

（张东安 吴玉仙）

密云区

概述

2016年，密云区教委辖属教育单位134个（幼儿园71所、小学38所、初级中学16所、九年一贯制学校2所、高级中学3所、完全中学2所、中等职业学校1所、特殊教育学校1所）。招生11887人（幼儿园3761人、小学3493人、初中2927人、普通高中1626人、中等职业学校80人）；毕业11520人（幼儿园3361人、小学3082人、初中2829人、普通高中1726人、中等职业学校522人）；在校生48381人（幼儿园11762人、小学22342人、初中8246人、普通高中5435人、中等职业学校596人）。教职工总数7209人（幼儿园1950人、中小学4991人、中等职业学校222人、特殊教育46人）。北京市特级教师14人、北京市学科教学带头人11人、北京市骨干教师93人。全年教育总投入22.32亿元。中小学固定资产总值11.23亿元，中等职业学校固定资产总值2.70亿元。驻区高等学校1所、市民学校38所、乡镇成人学校338所、培训机构1个。重新划分学区，设立学区4个。

2016年，密云区教委各项工作稳步推进。

均衡改善办学条件，提升现代化教育水平。实施续建工程7项，建筑面积15.40万平方米。新开工建设工程3项，建筑面积2.60万平方米。完成涉及52个单位110个修缮项目，总投资1.40亿元。落实北京市清洁空气行动。

推进师资培养，队伍建设成效显著。通过民主推荐、竞聘上岗、轮岗交流等形式，调整校级干部52人；招聘教师231人，224人参与轮岗交流，优化师资配置；制定并落实《干部教师培训工作管理办法》《干部教师培训项目及经费使用管理办法（试行）》，培训质量不断提高。

改革创新日益深入，办学质量稳步提高。以"立德树人，全面提高教育教学质量"为核心，完善"区级、校级、年级"三级德育课程体系。以立德树人为根本任务，培育和践行社会主义核心价值观，传承中华优秀传统文化。以"六大工程"为抓手，推进各项教育教学改革，完善区级、校级课程建设，推行"知行合一"课堂和"生动课堂"，培育学生核心素养，关注学生实际获得，促进学生全面发展。

办优质化基础教育。全面落实北京市新修订的义务教育课程计划，加大地方课程、校本课程、特色课程建设力度，完善课程体系，培育学生核心素养。深入推进习惯培养深化、阅读表达提升、书法文化传承、科学素养培育、幼小中衔接，以及市、区两级牵手"六大工程"，实现课堂课程边界穿越、课堂边界穿越、资源边界穿越"三个穿越"和课程与生活沟通、课上与课下沟通、校内与校外沟通"三个沟通"，增强育人实效。推进城乡教育共同体和学区制建设，坚持开展每学年一个研究专题、一次干部教师集中培训、一次学生展演活动"三个一"活动。启动"123项目"，每学期组织1次阶段性检测、开展2次校级领导班子交流活动、组织3次主题明确的教育教学研究活动，促进城乡教育优质均衡发展。继续实行专家引领、教委推动、研修指导、学校落实"四位一体"管理机制，坚持"计划先行、环节落实、检查跟进、总结改进"，做好中高考备考工作，组织教师深入学习中高考改革精神以及在教学中的应对策略，稳步提升中高考成绩。

（黄维国）

学前教育三年行动计划目标任务完成

2016年，密云区完成《北京市学前教育三年行动计划（2011—2013年）》目标任务。2011年以来，密云区扩充教育资源，增加幼儿园13所（公办园9所），全面满足户籍儿童入园学位需求；提升整体师资水平，教职工全部达到北京市规定任职资格，增加市、区级骨干教师46人；全面普及学前教育，全区3～6岁儿童入园率98.5%，0～3岁儿童家庭早期教育指导率95.7%；提升办园水平，新增市级示范园3所、一级一类园16所、社区儿童早期教育示范基地9个，优质园比例居生态涵养区首位，郊区第二位。着力满足广大人民群众子女接受良好学前教育的愿望，幼儿在家门口就能上优质幼儿园，学前教育满意度逐年提升。

（黄维国）

推进各级各类教育优质协调发展

2016年，密云区教委积极推进各级各类教育优质协调发展。构建覆盖区内所有社区学前教育的公共服务网络，发挥优质园保教示范、教研辐射、培训基地作用，提高学前教育普及互惠水平。完善城乡教师岗位交流、义务教育一体化发展机制，推进名校办分校、优质管理输出等办学体制改革，提升城乡教育优质均衡发展水平。优化普通高中布局，计划"十三五"期间完成农村地区高中向城区集中工作。推进课程建设、分层教学、走班制、学分制改革，探索建立高中和高校合作机制，促进普通高中多样化特色发展。研制校企合作办学激励政策，实现校企一体化育人，支持职业学校与普通学校互相开放学习资源，统筹职业教育与普通教育发展。加强区、镇、村三级成人教育网络建设，抓好成人学历教育，构建满足市民学习需求的终身教育服务体系，推进学习型密云建设。

（黄维国）

推进校园足球工作

2016 年，密云区教委推进中小学校园足球工作。创建 10 所校园足球特色校，把校园足球作为阳光体育活动重点推荐项目。提高足球普及水平，要求足球特色校将足球教学纳入体育课程教学体系，多渠道引导学生体验足球运动。建立三级联赛机制，定期组织各级足球联赛，提升学生足球运动水平。完善人才培养机制，组建区足球队，通过长期训练和参加足球项目竞赛锻炼、选拔优秀人才。提升足球师资水平，与市校园足球运动协会、首都体育学院、职业足球俱乐部等机构合作，利用西班牙外籍教练专业优势，对全区 300 名中小学体育教师开展足球专业知识培训。充分发挥校园足球专项经费使用效益，为校园足球运动提供经费保障。5 月 5 日，区教委召开校园足球工作交流汇报会，10 所区级校园足球特色推进校体育工作主管领导从足球教学课程管理、学校各级足球队建设、校园足球文化宣传等方面，分别汇报学校校园足球工作进展。参会人员针对校园足球工作推进过程中遇到的问题开展交流研讨。区教委相关负责人从提高工作认识、打造学校特色、完善专业师资配备、推进教学课程管理、加强运动安全防护、合理使用专项经费 6 个方面提出具体要求。

（黄维国）

“五项原则”抓干部教师培训工作

2016 年，密云区教委按“五项原则”抓好干部教师培训工作。一是全面性原则，覆盖城乡、辐射民办、分层推进、分类实施，整体提高干部教师水平。二是需求性原则，结合当前教育改革新要求、密云区教育发展实际，以及干部教师工作需求，将课程领导力、执行力建设纳入研修员、校长和教师培训内容。三是系统性原则，深入总结“校长研究工作室”项目，加强校级干部培养，开设教学干部培训班，提升中层干部综合素质，开展骨干教师晒课、献课等活动，将培训与日常教学工作、资源建设相结合，实施青年教师“新手入职”等专项培训，助力青年教师专业成长。四是实效性原则，拓宽培训思路，精选培训内容，保证有一线干部教师可学、可用的有效实践经验。五是开放性原则，通过北京国际学校聘请 10 名外籍教师，推动英语教学改革。

（黄维国）

推进数字密云教育建设

2016 年，密云区教委多措并举推进数字密云教育建设。加快教育信息网升级换代步伐，加强现代远程教育网络和数字校园建设，形成覆盖城乡、满足需求的教育信息基础设施体系。初步建成信息化教育管理、教师专业发展、网络视频教学、资源互动共享、教育信息互动五大平台，形成专业化管理网络。建成网络教研系统、视频点播系统、通用教学资源库、同步达标检测题库、集群式学科专题网站，实现资源共享。创新网络化学习模式，使学生学会运用信息技术自主学习，打造现代数字密云教育，服务智慧密云建设。

（黄维国）

组建中学小学男子足球队

1 月 26 日，密云区教委组建区中学、小学男子足球队。足球队队员通过选拔测试产生，测试项目有 50 米跑、立定跳远、定位球踢准、运球过杆射门、守门员专项技术、实战比赛 6 项，考查学生身体素质、专项技能以及整体技能素质。各中小学推荐近 140 名学生参加测试，教练组选出初中、小学各 25 人组建区中学、小学男子足球队，队员利用课余时间参加训练和比赛。

（黄维国）

网络直播课堂项目

1 月 28 日，密云区教委启动“互联网 + 教与学方式变革”暨网络“直播课堂”项目。区教委为提高学生周末、寒暑假及极端恶劣天气期间的学习效率，拓宽与家长沟通的渠道，每周安排区级以上骨干教师，分年级、分学科对初一至高三年级学生、教师、家长开展中高考改革、家庭教育、学科知识等讲座，涵盖语文、英语、数学、物理、历史 5 个学科。区教委每周统计在线学习数据，各学校每周根据课程内容进行拓展、检测，保证收视率及学习效果。全年播出课程 200 余节，400 余名骨干教师参与直播，累计参与学生 13682 人次，学生平均在线时长 62 小时。

（黄维国）

中学库北学区初中数理化工作室启动

3 月 12 日，密云区教委举办 2016 年北京教育学院“协同创新学校计划”密云区“中学库北学区”初中数理化工作室启动仪式。工作室聘请北京教育学院 2 名专家任指导教师；密云区太师庄中学、密云区高岭中学、密云区不老屯中学、密云区北庄中学、密云区古北口中学、密云区新城子中学 6 所库北学区学校的数学、物理、化学教师参加研修。工作室坚持重点突出、实践取向、统筹兼顾、动态调整的原则，以基于学情分析的理科教学能力提升为主题，依托工作室，通过为期 1 年的研修，努力提升 6 所学校数理化教师的核心素养和专业化水平，促进学科课堂教学的改进，服务学生成长与发展。

（黄维国）

幼儿园骨干教师专业能力提升项目开班

3 月 30 日，密云区教委幼儿园骨干教师专业能力提升项目开班。开班第一课由北京教育科学研究院早期教育专家从社会领域的关键经验、策略和实施过程中需要注意的问题等方面，指导和点评实践活动的组织开展，强化骨干教师对社会领域教学研究的认识，辐射、引领全区幼儿教师科学实施社会领域教育研究。区教委、区教师研修学院相关科室人员以及项目组成员 86 人参加活动。

（黄维国）

境外知名专家系列讲座

5月10日至13日，密云区教委举办2016境外知名教育专家系列讲座活动。活动围绕“构建开放性的教与学模式，课外学习和研究活动的认识与实践”主题，邀请美国印第安纳州魏斯理大学学习与创新中心学院丰富化事务主任布拉德·加纳博士、美国英锐教育辩论学术总监克里斯汀·切斯曼博士、中国台湾地区桃园市立大园国际高中创校校长钟鼎国就教学中的参与、传授与转化，学校本位国际教育课程理念与实践，辩论课程的开展进行讲座。活动期间，主讲专家走访密云区第三小学、密云区巨各庄中心小学、北京交通大学附属中学密云分校，就学校办学理念、课程建设、校园文化建设等展开交流。全区各中小学、职业学校、直属单位领导及教育教学干部205人参加活动。

（黄维国）

首届“水墨童心”校园艺术展

5月18日，密云区特殊教育学校与密云区新城子中心小学、密云区河南寨中心小学、密云区第九幼儿园及中港汇晟行为矫正中心联合举办第一届“水墨童心”校园艺术展。艺术展以“最好的帮助是欣赏”为主题，展出特教学校学生书画作品168幅，其他2所小学、1所幼儿园学生书画作品200幅。展出同时进行特教学校学生作品义卖活动，所有作品全部售出，义卖所得款项被发放给学生本人。

（黄维国）

语文特级教师张立军密云工作站成立

5月20日，密云区教委举办“北京语文特级教师张立军密云工作站”成立仪式。张立军提出工作站发展方向和基本思路，工作站将围绕“立德树人”根本任务，构建以低年级体验式阅读和中高年级资源整合阅读为主要内容的小学语文育人课程，紧密结合密云区教师和教学实际，开展专家引领、实践体验、外出学习、反思交流等系列培训活动。区教委相关人员，16所核心组成员校校长及相关教师，语文学科各级骨干教师、学科带头人100余人参加启动仪式。

（黄维国）

中小学体育教师足球技能培训

5月21日至22日，密云区教委组织开展中小学体育教师足球技能培训活动。活动聘请西班牙拉科鲁尼亚足球俱乐部青训教练讲解示范西班牙青少年足球训练的内容与方法，首都体育学院教授讲解足球竞赛规则与裁判法；参加培训的中学体育教师研讨与交流中考体育足球测试项目训练与指导方法。全区各中小学体育教师51人参加培训。

（黄维国）

艺术教育发展状况调查工作布置会

5月25日，密云区教委召开2016年北京市中小学艺术教育发展状况调查工作布置会。会议介绍中小学艺术教育发展状况调查工作的目标任务、工作背景，解读工作内容，就时间安排、具体组织等工作提出明确要求。区教委相关科室、各中小学主管领导86人参加会议。中小学艺术教育发展状况调查工作自2016年开始作为常规工作每年开展。工作面向中小学校、艺术教师和学生3个层面，旨在通过在线问卷和填写调查表2种方式采集中小学艺术教育动态数据，建立中小学艺术教育发展状况调查监测体系，建设中小学艺术教育发展状况数据库，分析研判数据，形成并发布《北京市中小学艺术教育白皮书》和《北京市中小学艺术教育发展状况调研报告》。

（黄维国）

艺术教育成果展示暨艺术节闭幕式

6月17日，密云区教委举办密云区艺术教育实验县系列成果展示暨第19届学生艺术节闭幕式。闭幕式上，参会领导宣读艺术节“优秀组织奖”获奖名单并为获奖的19所中小学颁奖；演出节目14个，整合艺术节中器乐、舞蹈、京剧、非遗、合唱、行进管乐、朗诵比赛中的优秀节目，从普及、提高、精品3个方面综合展示各校年度艺术教育成果。区委教工委、区教委等领导，各校校长、艺术教育主管领导、艺术教师等参加活动。活动展示“课外计划”实施以来，古筝项目在全区小学阶段的普及和发展，自“舞蹈杨敏工作室”落户密云以来密云区北庄小学、密云区第二小学、北京交通大学附属中学密云分校的舞蹈特色，密云区第六中学、密云区第一小学、密云二小器乐项目的初步发展以及自“孟大鹏合唱工作室”落户密云以来密云区第三中学、密云二小合唱项目的发展。第19届学生艺术节于2015年12月25日开幕，设置比赛21项，52所学校1万余名学生参赛。

（黄维国　孙晓楠）

6月17日，密云第19届学生艺术节闭幕式百人古筝表演

（密云区教委 供）

EQ教育理论和微课制作培训

7月16日至19日，密云区教委开展EQ教育理论培训和微课制作培训活动。培训旨在强化班主任教育理论学习，提高教师情绪管理水平；通过理论学习、情景辨析、模拟演出等方式，培养教师对情绪管理理论基本知识和班级管理中情绪管理理论的运用，以及教师的微课制作能力。全

区部分小学班主任、德育干部 57 人参加培训。

（黄维国）

中小学及公办幼儿园建成一键报警系统

8 月，密云区所有中小学、公办幼儿园建成一键报警系统。各学校视频监控系统实现与公安机关、教育部门、综治部门实时联网传输，校园门卫室设置一键报警设备，报警时同步实现清晰准确的语音报警提示，电子地图准确显示报警位置与视频等相关情况。一键报警系统建设项目由区公安局组织实施，区财政局拨专款 579.55 万元。下一步，区教委将为 17 所民办幼儿园建设一键报警系统。

（黄维国）

纪念长征胜利 80 周年系列活动

9 月至 10 月，密云区教委开展纪念红军长征胜利 80 周年系列教育活动。活动以“忆光辉岁月　悟长征精神”为主题，意在深入落实和践行社会主义核心价值观，培育具有国家意识的美丽少年。全区各小学举办开学典礼、开学第一课 27 场次，邀请区关工委、区教委关工委宣讲团成员为师生讲述长征、抗战历史故事 40 场次；10300 名小学生参加区级、校级讲长征故事展示活动，127 名学生在区级“重走长征路”手抄报评选中获奖，2 万名小学生参与阅读长征故事书籍、观看长征题材影片、学唱红色歌曲、朗诵长征诗词等活动。

（黄维国）

9 月 12 日，太师屯中心小学举办“忆长征岁月　悟长征精神”主题宣讲活动　（密云区教委　供）

小学生课本剧展示

9 月至 10 月，密云区教委开展“学榜样人物，做美丽少年”小学生课本剧展示活动。各小学结合学校“阅读与表达工程”整体规划，在日常教学过程中开展课本剧创作与演出练习，培养学生能读会演、能写会画、能讲善思、能言善辩的综合能力。在班级、校级展示的基础上，各小学共推荐中、英文课本剧各 27 个参加区级展示。评出一等奖 22 个、二等奖 32 个。

（黄维国）

主题队日活动

10 月 11 日，密云区教委开展“在参与中感受快乐　在体验中收获成长”主题队日活动。区教委带领队员参观国家气象局公共服务中心节目部演播室和观测场；听气象台工作人员讲解气象观测和天气预报流程，以及各种气候的形成、雷电的产生、如何科学防范气象灾害等知识；参观观测降水、日照、地温等气象要素的仪器，了解地面气象要素观测、记录、采集、发报的全过程。活动聘请联合国儿童基金会专家作儿童保护培训，组织学生到未来网第二演播室进行节目录制体验和实践活动。中小学生 108 人参加活动。

（黄维国）

“煤改电”改造现场会

10 月 14 日，密云区教委召开教委系统燃煤锅炉“煤改电”改造现场会。区教委组织燃煤锅炉改造工程施工、监理单位实地参观密云区职业学校西校区配电室建设和电锅炉供暖改造工程进展情况，各项目施工单位负责人分别汇报工程进度，全区“煤改电”项目进展顺利，项目完成过半。7 月起，密云区教委推进“煤改电”工作，边远山区 10 月底前、平原地区 11 月 10 日前投入供暖使用。

（黄维国）

惜粮节粮教育实践活动

10 月 16 日，密云区各小学开展惜粮节粮教育实践活动。活动贯彻落实区教委《关于进一步加强中小学生惜粮节粮教育工作的意见》精神，以“零粒米，光盘行动”为主题向全体学生和家长发起“吃多少做多少、吃多少盛多少”的倡议，组织学生用摄影作品讲述家庭节粮故事，并结合“阅读和表达工程”叙述自己的节粮故事。开展“晒晒我的光盘”节粮照征集、讲述节粮故事、“光盘行动”家庭养成记录等活动，并通过国旗下讲话号召师生节约粮食，抵制“舌尖上的浪费”。

（黄维国）

“密云灵动”创客空间启用

10 月，“密云灵动”创客空间在密云区职业学校统军庄校区正式启用。该创客空间由密云区教委统一布局，经过近 1 年谋划，历时 1 个月施工完成，设有人工智能、梦想教室、开源硬件和 3D 打印 4 个项目，为密云区中学生提供创客教育课程，让学生了解 3D、4D、人工智能等创新科技，体验生活中的传感器应用，拓展创新思路。创客空间是指社区化运营的工作空间，对电脑、机械、技术、科学、数字艺术或电子技术有共同兴趣的人们在这里可以聚会、社交、展开合作。

（陆洋林）

中小学艺术教育特色学校评选

11月1日至2日，密云区教委举办中小学艺术教育特色学校评选现场汇报会。评选分为资料评审、现场陈述两部分，参评校上交包括组织管理、支持保障、实施途径、成绩与效果、辐射示范作用5个方面情况的资料，参评校校长利用PPT进行20分钟的现场汇报，全区24所中小学参评。区教委、区教师研修学院、区青少年宫相关负责人组成评审小组现场打分，各参评校艺术教育主管领导互评打分，评出区级艺术教育特色学校16所，并择优推荐9所学校申报市级艺术教育特色学校。

（黄维国）

小学心理健康教育推进会

11月29日，密云区教委召开2016年小学心理健康教育推进会。活动组织参观季庄小学心理健康教育展板、心理设备室、心理咨询室，体验学生心理测试软件，观摩密云区季庄小学、密云区古北口镇中心小学2名教师心理健康教育课。密云区河南寨中心小学、密云区十里堡镇中心小学、季庄小学3名教师分别从心理个案辅导、团体辅导、学校心理教育规划与管理3个方面介绍经验。区教委负责人分别对小学心理健康教师、心理健康教育工作者及学校提出要求。全区各小学、九年一贯制学校心理健康教育工作主管领导及教师87人参加活动。

（黄维国）

4所幼儿园晋升一级一类园

12月18日，密云区宁静之都德慧幼儿园、密云区檀营蓝天幼儿园、密云区嘉士博实验幼儿园、密云区经济开发区幼儿园4所幼儿园被批准为北京市一级一类幼儿园。11月28日至29日和12月5日至6日，市教委组织级类园验收评估专家组进行4所幼儿园一级一类园评估验收工作。专家组按照北京市级类园验收标准，通过听园长汇报、看半日活动、转园所环境等方式，综合评定幼儿园管理、保教、卫生保健等工作，在充分肯定成绩的同时，针对园所存在的不足给予具体指导，并提出改进意见。

（黄维国）

考核非教育部门办园

12月19日至26日，密云区教委、区卫计委联合对城区18所非教育部门办园进行年度考核。考核小组通过听园长汇报、看班级活动、转园所环境等形式，依据《密云区幼儿园2016年度考核指标体系》，综合评定幼儿园管理、保教、卫生保健等工作，18所幼儿园全部通过考核。2016年，区教委对非教育部门办园年度考核实行分层管理，城区地方企业办园、集体办园、民办园，由区教委、区卫计委共同组织实施考核工作；镇区地方企业办园、集体办园、民办园由园所所在镇中心小学依据区级安排实施考核。年度考核结果作为规范幼儿园办园水平的重要依据。

（黄维国）

预防校园欺凌和暴力专项部署会

12月21日，密云区教委召开预防校园欺凌和暴力工作专项部署会。会议要求各单位高度重视预防校园欺凌和暴力工作，成立专项工作小组，制订实施方案、预案，建立长效机制；开展全覆盖、全方位排查工作；加强学生思想品德教育、法制教育和心理健康教育，充分发挥心理咨询室疏导作用，认真开展专题教育活动，严格日常管理；加强校园周边环境综合治理，做到查隐患、早预警、早控制、早处理，为促进学生身心健康、保障校园安全、维护校园稳定、推进平安校园及和谐校园建设创造良好环境。区教委领导、全区各中小学相关负责人109人参加会议。

（黄维国）

延庆区

概述

2016年，延庆区托幼园所54所（教育部门办园35所、集体办园2所、民办园17所），入园幼儿2159人（本市户籍2010人）、离园幼儿1679人（本市户籍1557人）、在园幼儿5551人（本市户籍5131人）。小学28所（中心校24所、完小4所），一贯制学校小学部4个；招生1834人、毕业1679人、在校生12188人（含借读生2095人）。普通中学21所，其中，教育部门办校20所（初级中学12所、完全中学2所、高级中学2所、一贯制学校4所），民办校1所；招生2843人（初中1627人、普通高中1216人），毕业3380人（初中2165人、普通高中1215人），在校生8962人（初中5119人、普通高中3843人）。中等职业学校1所，招生470人、毕业831人、在校生1394人，包括全日制生900人。特殊教育中心1个，招生10人、毕业13人、在校生73人，包括借读生6人。其他直属单位16个。教职工总数4998人（幼儿园721人、小学1339人、普通中学2115人、中等职业学校254人、特殊教育33人、其他直属单位536人），专任教师3558人（幼儿园544人、小学1304人、普通中学1235人、中等职业学校186人、特殊教育27人、其他直属单位262人）。北京市特级教师8人、北京市学科教学带头人7人、北京市骨干教师82人。中小学固定资产总值2.44亿元，中等职业学校固定资产总值1.51亿元。驻区高等学校5所（公办2所、民办3所），乡镇成人学校6所，培训机构21个。

2016年，延庆区教育围绕“优质、均衡、开放、特色”发展理念，聚焦北京深化基础教育领域综合改革热点问题，着眼于学生核心素养培养，通过加强“多彩课程”建设、深化智慧生态课程构建等方式转变教育方式和育人方式，完成各项常规工作和重点工作。

推进教育优质均衡发展。区教委推进优质教育资源共享改革，实施中小学幼儿园“一三五四”学区制管理，即1个高中教育联盟、3个初中学区、5个小学学区、4个幼儿园学区。每个协作区由城区直属优质学校作牵头学校，采取“1+X”捆绑式发展、课改协作片、教学质量监测区域片等合作形式。健全义务教育优质均衡发展保障机制，区委、区政府联合印发《关于推进义务教育均衡发展的实施意见》，建立完善“党委领导、政府主导、部门联动、社会支持”推进机制，区教委配套制定实施方案并有序推进落实。

深化开放办学，促进资源共享。研究制定“十三五”时期深化开放办学指导意见，引进特级教师、知名校长担任延庆区第一中学校长；开拓域外师资培训基地，与美国、加拿大等地教育机构合作，选派干部学习培训；加大政府购买服务力度，购买新东方教育集团等 7 家教育机构服务，培训师生 1.70 万人次。推进城乡一体化建设和“名校办分校”工作，扩大北京市育英学校优质教育资源效益，带动延庆一中和延庆高中教育集团发展；推进延庆区第二小学与东城区史家小学城乡一体化建设；深化区内城乡学校“手拉手”活动，实现延庆城内每所小学至少拉手 1 所市区名校，川山区每所小学至少拉手 1 所市区优质学校。

各级各类教育全面发展。2 所幼儿园通过一级一类验收。义务教育阶段坚持免试就近入学政策，市级示范高中招生名额分配到初中校比例由上年 37.9% 提高至 50%。加强传统文化教育及社会实践教育，开展国学讲座和经典诵读等活动；10 万人次参加社会大课堂实践活动，2 万人次参与学农实践活动，192 人参加游学活动。职业教育毕业生就业率 98%，延庆区第一职业学校在通过国家中等职业教育改革发展示范校省部级验收基础上，又配合区政府完成引进北京第二外国语学院贯培学院入驻延庆工作。成人教育多种形式开展农民培训，启动园林、社会文化艺术、社会体育项目、阳台经济与园艺入户、民俗旅游与休闲农业、家政服务、“互联网 +”、绿色发展八大发展项目；新招农民中专班学员 800 人，培训农民 11002 人。

持续深化课程教学改革。落实中小学部分学科教学改进意见和义务教育课程计划，构建智慧生态课堂，将中小学各学科平均 10% 课时用于开展课内外综合实践活动，1500 名初一学生分别参加 5 次科学实践和 5 次综合社会实践活动，完成率 90.84%。

加强干部教师队伍建设。制定《延庆区教育系统基层单位中层干部任（聘）免工作办法》，完善干部交流制度，加大干部培训力度，优化干部队伍结构；引进知名校长 1 人，调整校级干部 124 人（提拔 48 人、交流及任免职务 76 人）。完成第一期青年人才班培训 44 人，完成 20 名校长东城挂职培训，启动 10 名校长（园长）为期 2 年的名校长（园长）培养工程等。新招聘、调入教师 121 人，组织干部教师参加市、区级培训项目 44 项，参训教师 4400 人次。125 名城区优秀教师到川山区学校支教，89 名乡村教师到城区学校顶岗学习。

推进亮点工作。区教委着力打造校园足球“延庆模式”，完成教育部“专家结对子”工作，成立延庆区青少年校园足球联盟，开展第三期足球教练暑期培训，举办第二届校园足球联赛、延庆区幼儿园“KT 足球”比赛。继续开展“冰雪项目进校园”活动，培养 7000 名中小学生基本掌握冰雪技能，组建区级青少年业余滑雪队。推进“园艺世园知识进校园”活动，推广普及《世博　世园　园艺中小学生知识读本》。推进“奥运知识进校园”活动，推广《奥运知识读本》，组织开展系列征文、竞赛、绘画等活动，全区中小学生奥运知识普及率和主题活动参与率均为 100%。

（李晶华　赵文新）

教师职称改革和评定工作

2016 年，延庆区教委开展教师职称改革和评定工作，制定《延庆区深化中小学教师职称制度改革实施方案》。实施方案内容有，成立区改革工作领导小组，由区人力社保局、区教委共同担任组长;统一中小学教师职称（职务）制度（包括首次可以申报正高级教师职称）；完善申报条件，申报中、高级职称现职教师必须有 2 年以上城乡交流任教经历，特别优秀教师经批准可破格申报等；改革和创新评价办法，采取教案审核、讲课考查、面试答辩等多种评价方式；按职称（职务）等级分别进行评聘工作，统一办理中小学教师职称制度改革人员过渡手续等。区教委从市职称评审专家库中随机抽取该区评议组成员 34 人并组织专项培训。全区参加职称评定教师 207 人，其中，申报正高级 4 人、高级 60 人、中级 43 人、初级 100 人。通过评审、评定或晋升职称教师 202 人，其中，正高级 2 人、高级 57 人、中级 43 人、初级 100 人。

（张美丽）

成立青少年校园足球队

2016 年，延庆区教委成立延庆区青少年校园足球队。区教委和区体育局参考各校足球成绩并结合地理位置选拔 120 人，组建 U10 男、女足球队，U12 男、女足球队和 U14 男、女足球队。采取专业足球教练训练、辅导教师协助管理的方式，通过组织课外训练及冬、夏令营的方式开展活动。延庆区第二小学、延庆区第四小学、延庆区十一学校初中部为足球队训练基地校。组织方邀请国内优秀教练员加盟金志扬工作室，定期指导延庆青少年校园足球工作。延庆区于 2014 年 5 月全面启动校园足球工作，承办教育部“全国青少年校园足球工作行政管理人员和校长培训班”；2015 年被教育部认定为“全国青少年校园足球试点区”。至年底，延庆区 7 所学校被认定为“全国青少年校园足球特色学校”，青少年校园足球工作“延庆模式”形成。

（赵文新）

各项减免政策落实

2016 年，延庆区继续落实九年义务教育阶段各项减免政策。落实资金 1015.38 万元，惠及学生 49448 人次，其中，落实义务教育阶段“两免一补”减免资金 834.34 万元，惠及 47700 人次；发放高中国家助学金 31.61 万元，惠及 635 人次；发放高中宏志奖学金 21.80 万元，惠及 109 人次；发放中等职业学校国家助学金 11.25 万元，惠及 111 人次；发放中等职业学校政府奖学金 5.80 万元，惠及 29 人次；中等职业学校免学费 98.38 万元，惠及 793 人次；学前教育资助 12.20 万元，惠及 71 人次。

（赵文新）

投资 2533.13 万元改善办学条件

2016 年，延庆区教育系统投资 2533.13 万元完成改善办学条件设施设备配备。其中，教育网维护投资 131.98 万元；中小学课桌椅更新和录课室桌椅购置投资 206.72 万元；中小学信息化设备购置、幼儿园信息化设备购置等 7 个项目设备购置投资 705.39 万元；中小学幼儿园燃气报警设备购置、6 所中小学图书购置、4 所中小学实验室改造等 11 个项目投资 347.91 万元；其他项目投资 1141.13 万元。

（赵文新）

教育经费实现三个增长

2016 年，延庆区实现教育经费三个增长。延庆区财政经常性收入 314000 万元，比上年 285910 万元增加 28090 万元，增长 9.82%；教育经费收入 175443 万元，比上年 157861.60 万元增加 17581.40 万元，增长 11.14%；公共财政教育支出 156537.10 万元，比上年 138646.50 万元增加 17890.60 万元，增长 12.9%，高于财政经常性收入增长幅度。同时，全区各类生均公共财政教育事业费和生均公用教育事业费继续增长。

（赵文新）

推进义务教育均衡发展总结会

1 月 18 日，延庆区教委召开推进义务教育均衡发展总结会。会议播放《延庆义务教育均衡发展纪实》专题片，宣读《关于表彰推进义务教育均衡发展工作先进单位的决定》。延庆区第三中学等 20 个单位获“延庆区推进义务教育均衡发展突出贡献先进单位”称号，延庆区第二中学等 25 个单位获“延庆区义务教育均衡发展争创优秀先进单位”称号。延庆区第四中学等 6 个先进单位分别交流发言推进义务教育均衡发展工作经验。延庆区在此次义务教育基本均衡发展国家级验收中，通过调整优化教育布局、推进学校标准化建设、均衡配置优秀师资等措施，小学、初中综合差异系数分别为 0.53 和 0.42，通过国家级验收认定。区政府、区教委领导，中小学、幼儿园及直属单位干部 200 人参加会议。

（高天学）

全民阅读主题活动

4 月 19 日，延庆区举办“倡导全民阅读，共建书香延庆”主题活动。活动宣读《北京市延庆区建设学习型党组织工作示范点表彰通报》，并为香水园街道新兴东社区党委等 22 个“延庆区建设学习型党组织工作示范点”授牌。光明日报社代表为农村宣传文化组织员、学校教师代表赠送书籍。专家作《经典的命运》主题报告，突出“回归经典，共建书香延庆”阅读理念。相关单位代表 200 人参加活动。

（吴铁华）

首届融合教育系列评优活动

4 月 19 日至 20 日，延庆区教委与延庆特教中心共同组织延庆区第一届融合教育课堂教学系列评优活动。活动分同班就读课堂和融合教育课堂，分别对课堂教学和教学设计进行评优。特教中心干部和部分优秀融合教育学校管理干部担任评委，负责评定课堂教学、教学设计，检查和指导各校融合教育工作及个别化教育计划制订与实施。活动评出同班就读课堂教学一等奖 7 人、二等奖 11 人；同班就读教学设计一等奖 5 人、二等奖 7 人、三等奖 6 人；融合教育课堂教学一等奖 4 人、二等奖 7 人；融合教育教学设计一等奖 3 人、二等奖 4 人、三等奖 4 人。全区 20 所小学 30 名教师参加评比，其中，同班就读课堂教学 18 人、融合教育课堂教学 12 人，参评学科为语文或数学。

（周英杰）

桂彩丽获全国五一劳动奖章

5 月，延庆区教育科学研究中心教师桂彩丽被中华全国总工会授予全国“五一劳动奖章”。北京市共 27 人入选，包括教育系统 3 人。桂彩丽，女，1963 年 6 月出生，曾被评为北京市优秀教师、首都市民学习之星、北京市学科教学带头人、北京市特级教师，3 次创造延庆区高考语文成绩纪录，指导一线教师发表文章 23 篇，指导教师 12 人次获北京市课例一等奖等。桂彩丽作为专职研训教师，每学年在一线上课 60 课时以上，参与教材教参编写，指导教师参加各级各类比赛。

（张美丽　王尊利）

“KT 足球”比赛

6 月 15 日，延庆区教委举办校园足球联盟幼儿园“KT 足球”比赛。比赛设 3 个项目，分别为“1V1”（每队 1 人）、“2V2”（每队 2 人）、“3V3”（每队 3 人）。每所幼儿园选派 6 名幼儿分别参加 3 项比赛，每项比赛选报 1 名替补队员。比赛采取 3 轮淘汰赛方式，通过抽签确定对手。每场比赛

6 月 15 日，延庆区校园足球联盟幼儿园“KT 足球”比赛“2V2”比赛　（延庆区教委 供）

时间为 3 分钟，根据“KT 足球”比赛计分方式决定胜负。经过比赛，延庆区永宁幼儿园、延庆区第四幼儿园、延庆区第三幼儿园分获“1V1”“2V2”“3V3”项目冠军。全区 8 所公办幼儿园 72 名幼儿参加比赛。

（高天学）

全国首个农民休闲体育服务与管理中专班开班

6 月 22 日，延庆区井庄镇柳沟村开办全国首个农民休闲体育服务与管理中专班。学习内容为“民族传统体育”“体育健康与救助”“运动心理学”等 10 个专业课程，以及球类、文艺、棋类等 10 个选修课程；学制 3 年，合格学员可取得由北京市农业广播电视学校颁发的中专毕业证书。

（吴铁华）

6 个特级教师工作室成立

6 月 29 日，延庆区教委成立 6 个特级教师工作室。工作室分别以特级教师桂彩丽、孟宜安、田毅敏、赵方红、赵子余、赵春青的名字命名，并由他们主持工作。每个工作室选拔有发展潜力的教师 10 ～ 15 人作为成员，全区中青年教师 77 人入选。特级教师工作室周期为 1 年，工作室主持人所在学校为工作室开展科研活动提供场地保障和必要支持；每个工作室需撰写一定数量论文或专著，通过讲座、公开课、研讨会等形式在全区或更大范围内介绍并推广工作成果；工作室主持人负责制订工作计划，每年至少开展或完成 1 项市级以上研究课题；工作室成员需主动参与活动并完成相关任务。区教委每年组织专家通过现场听课、查阅资料、调查访谈等形式，对工作室进行评价考核，对成绩突出工作室予以奖励。

（张美丽）

整合延庆十一学校与延庆七中

7 月，延庆区教委整合北京市延庆区十一学校与北京市延庆区第七中学。整合后，校名为“北京市延庆区十一学校”。延庆七中和延庆十一学校初中部整合为延庆十一学校初中部，迁入原延庆七中校址办学，延庆十一学校小学部校址不变，形成一校两址的办学格局。延庆七中 2006 年 7 月成立，2008 年 9 月招生，先后撤并千家店中学、赵庄中学、西屯中学、太平庄中学、靳家堡中学 5 所学校成立；整合时学校占地面积 4.22 万平方米、建筑面积 2.05 万平方米，固定资产总值 6818.95 万元，教职工 98 人，在校学生 342 人，共培养毕业生 1409 人。

（赵文新）

首届空军及民航类高中特色班开班

8 月 7 日，延庆区在延庆区第五中学开办首届空军及民航类高中特色班。延庆五中和昌平区京师文化培训学校合作办班并共同管理，招收高一新生 34 人。特色班学习时间 3 年，学员接受军事化管理，除完成高中教学大纲全部课程外，还需进行航空体育、航空概论、无人机技术等专业类课程学习。完成学习后，身体条件达到飞行员标准的学员获中国民航局从业人员体检合格证书，并被保送至对口航校享受全公费培养；不能满足飞行员体检要求学员进入航空类院校空管、安全、雷达、无人机等专业继续学习。

（赵文新）

足球技能竞赛系列活动

9 月 28 日和 11 月 11 日，延庆区教委举办中小学生足球技能竞赛系列活动。比赛设中学、小学 2 个组别，“一分钟颠球”“绕杆射门”“长传球传准”“球门射准”4 个项目。延庆区第一职业学校、延庆区第五中学、延庆区第二中学、延庆区康庄中心小学分获“一分钟颠球”项目各组别第一名；延庆五中、延庆区十一学校、延庆区第二小学、康庄中心小学分获“绕杆射门”项目各组别第一名；延庆一职、延庆五中、康庄中学、延庆区香营学校、延庆十一学校、延庆区八里庄中心小学、康庄中心小学分获“长传球传准”项目各组别第一名；延庆一职、延庆五中、延庆十一学校、延庆区第四小学、康庄中心小学、延庆区旧县中心小学分获“球门射准”项目各组别第一名。全区 38 所中小学 1430 人次参加比赛。

（赵文新）

冬奥进校园系列活动

9 月至 12 月，延庆区教委开展“冬奥进校园”系列活动。活动组织中小学新生到区文化馆参观“冬奥知识展览”，并向各学校赠送奥林匹克运动书籍；组织 14 所学校 3000 名学生参加滑雪技能培训，其中，5 所学校成立校级滑雪队；组织 7 所学校 5500 名学生体验滑冰活动。

（赵文新）

第 12 届全民学习周活动启动

10 月 19 日，延庆区启动第 12 届全民学习周活动。活动以“创建学习型城市示范区，助力区域生态文明建设”为主题；开通延庆终身学习网站，网站设置“新闻资讯”“政

10 月 19 日，延庆区举行第 12 届全民学习周启动仪式

（延庆区教委 供）

策文件”“学习型组织”“社区教育”“资源中心”“通知公告”“妫川文化”7个栏目，有34类3800节微课程供市民注册学习、积分、记录并评估。启动仪式上，市级学习型城市专家作专题讲座。创建学习型延庆43个成员单位、13个终身学习服务基地、6个学习型城区示范区迎评工作示范单位主管领导及具体工作负责人，区级学习型组织理论指导教师164人参加启动仪式。

（宋佳）

第一轮校长任期责任目标启动会

10月27日，延庆区教委召开第一轮学校内部管理体制改革暨校长任期责任目标启动会。会议说明第一轮任期目标，为延庆区第四中学校长等8名法定代表人颁发聘书，延庆区第一中学和延庆区第一小学校长、延庆区第一幼儿园园长作为法人代表与区教委签订目标责任书，延庆区十一学校、延庆区沈家营中心小学校长分别作工作经验交流和表态发言。区委教工委、区教委领导，各中小幼职单位法人代表等280人参加会议。第一轮学校（单位）内部管理体制改革及任期责任目标自2016年1月1日开始实施，至2020年12月31日结束，设4级指标。考核验收分为年度考核（每年）、中期考核（3年）、期满考核（5年），考核评价结果作为对单位和干部进行奖惩及干部任免、调整、交流的重要依据。1985年延庆县开始第一轮责任目标，至2015年底共进行7轮，此次责任目标为2015年底延庆撤县设区后第一轮。

（张美丽）

空气重污染预警应急工作

11月16日和12月16日，延庆区教委空气重污染应急办公室向全区72个基层单位印发通知启动空气重污染应急预案并部署相关应急工作。空气重污染橙色预警期间，各学校、幼儿园和校外教育机构停止户外活动；空气重污染红色预警期间，小学、幼儿园和青少年活动中心等校外教育机构停课，中学（含初中、高中、中等职业学校）实施弹性教学方式，由区教委根据本地空气实际污染情况灵活掌握。主要采取3种应急方式，学校不停文化课，缩短学生在校时间；学校实施半日制上课模式，利用周六或周日安排调休；学校停课，停课期间，中小学、幼儿园按照“停课不停学”原则，通过网络、通讯等途径与家长和学生保持联系，指导学生充分利用北京数字学校网络平台和数字化资源开展自主学习，并提示家长在家对学生进行生活和安全教育。对于家中无照看条件，需送到学校、园所的学生，学校、园所必须无条件接收，并妥善安排到校学生的学习、生活，确保有人监管。区教委强调各单位要责任到人，严格履行职责，认真学习应急预案，确保学校工作正常运转。12个督查组指导和监督学校（幼儿园）落实应急预案情况，并定时向区教委空气重污染应急办公室反馈。

11月16日和12月16日，延庆区教委部署空气重污染预警应急工作 （延庆区教委 供）

（宋佳）

农村园长高研班培训

11月29日，延庆区教委举办农村园长高研班培训活动。农村园长高研班成员走进延庆区第五幼儿园，观摩幼儿区域游戏和集体教学活动，并围绕“在艺术领域教学活动中，哪些内容适宜运用集体教学活动的形式组织开展”进行研讨交流。北京教育科学研究院教研员阐述与解读挖掘集体教学活动的价值。农村园长高研培训班于3月启动，学员由学前研训员、直属园业务干部和中心园园长组成，共50人，培训期1年半，每月开展活动1次，培训形式为举办讲座、走进幼儿园等，全年走进7所幼儿园进行实践研讨。

（高天学）

11月29日，延庆区农村园长高研班学员到延庆五幼观摩 （延庆区教委 供）

创办冰上项目实践基地

12月9日，延庆区珍珠泉中心小学创办珍珠山水珍珠泉小学冰上项目实践基地。该基地在延庆区珍珠泉乡珍珠泉村西菜食河上游，冰场总面积1500平方米，南北30米、东西50米，是延庆区首个投入使用的自然水域冰上运动场。基地聘请区体育局滑冰教练讲授滑冰课，全校学生60人参加滑冰练习。至年底，全区确定冰雪项目运动学校11所，年均滑雪人数3000人。延庆区是2022年冬奥会三大主办地之一，是高山滑雪和雪车雪橇项目比赛的主要场地。

（赵文新）

冰雪体验活动

12月27日，延庆区政府、区教委、区体育局联合主办冰雪体验活动，活动主题为“冰雪延庆，邀约冬奥”。延庆区第二小学学生代表以“纯洁的冰雪　激情的约会”为主题倡议全国青少年参与冰雪运动，该校学生在可拆装200平方米“仿真冰场”“仿真滑雪场”上进行体验。区体育局负责对配套设备进行安全性能和技术性能检测；区教委负责使用统筹并拟定开展活动学校时间表。此次冰雪体验活动周期为2016年至2022年，每所学校活动时间为2周，采取“两周训练、一次测评、数据全记录”模式，全程动态跟踪学生冰雪运动技能掌握情况。

（赵文新）

12月27日，延庆二小学生在“仿真冰场”开展滑冰体验
（延庆区教委　供）

教师培训

至年底，延庆区教委完成各类教师培训工作（包括与其他机构合作完成）。区教委组织教师11人参加“国培计划”培训，81人赴华东师范大学参加新课改与有效教研专项研修培训，42人参加与北京教育学院合作举办的学前教育本科班，31人参加与北京第二外国语学院合作举办的在职英语硕士研究生班日语和法语辅导班，专任教师3470人完成市“十二五”继续教育培训，154人参加市级信息技术应用能力提升工程培训。区教委配合教育学院深入12所学校开展“协同创新”培训，与首都师范大学合作开展第四期延庆区骨干教师科研能力提升培训班（学员39人），与首师大合作组织全体初中历史、地理、政治、生物学科教师160人进行专业基础知识技能培训等市级培训。新教师94人参加上岗培训，幼儿教师538人和非教学岗位教师803人完成岗位继续教育培训，骨干教师20人参加延庆区市级名师培养工程等区级培训。

（张美丽）

干部培训

至年底，延庆区教委组织各类干部培训。区教委组织25人参加北京市“十三五”时期教育发展规划学习培训，30人参加北京市卡内基专项培训，4人参加“北京市中小学党组织书记‘两学一做’学习教育活动示范培训班”，中小学校级干部各10人到东城区参加挂职培训，167人赴河南参加党性教育异地培训等各类市级培训活动。组织各类区级培训活动有，启动名校长培养工程（首批遴选10人），中小学、幼儿园副校级以上干部“中小学校长领导力提升”卡内基专项培训（学员30人），青年人才培训班培训活动（学员64人），外籍知名教育专家讲座(170人参加)，干部理论大讲堂活动（副校级以上干部1300人次参加）等。

（张美丽）

燕山地区

概述

2016年，燕山地区托幼园所7所，收托幼儿1806人；市立园教职工187人，包括专任教师116人。小学7所，招生582人、毕业646人、在校生3245人;教职工283人，包括专任教师250人。中学5所（初中4所、高中1所），招生1022人（初中618人、高中404人），毕业885人（初中552人、高中333人），在校生3194人（初中2101人、高中1093人）；教职工417人，包括专任教师368人。特教班2个，在校生38人。校外教育机构1个，教职工26人，包括专任教师12人。中小学校占地面积20.42万平方米、建筑面积10.21万平方米，固定资产总值2.72亿元。

2016年，燕山教委教育教学工作取得新成果。以立德树人为根本任务，以推进社会主义核心价值观教育为德育工作主旋律。开展“三爱三节”“中华优秀传统文化”等教育活动；重视实践体验，开展“四个一”社会大课堂活动，启动燕山中小学生雏鹰行动；坚持榜样示范，开展“燕山地区美德青少年评选活动”等评选活动。教研引领，不断提升教学质量。重点支持和加强教研室建设，探索“绿色教研”模式，实现地区教学质量稳步提升。推进信息化建设，提高教育现代化水平。优化网络基础支撑环境，全面推进“宽带网络校校通”；进一步优化教育网骨干结构，核心设备升级万兆；加强网络基础设施环境的承载力与稳定性，统筹做好学校网络维护，切实保障信息安全管理。

学前教育蓬勃发展。落实《燕山地区第二期学前教育三年行动计划》发展目标，实施园所优质发展、队伍专业发展、资源区域共享3个重点工程。燕山向阳幼儿园晋升北京市一级一类幼儿园。

基础教育稳步发展。中小学生实践基地各项工作全面开展，完成培训任务60期，累计接待教学班91个，学生3103人。北台基地启动中小学游学项目，接待教学班24个，学生1056人。实践基地与燕化公司教学培训中心合作，累计完成培训任务58期，学生2871人参与团队拓展训练等体验活动。

职业教育开拓发展。劳务派遣和社会培训工作管理模式日臻完善，全年向社会培训5000余人，就业安置率40%

以上，就业巩固率超过 50%。

成人教育活力发展。拓展成人教育空间，在充分发挥成教中心的学历教育、社区教育、短期培训职能基础上，重点办好燕山开放大学、培训学校、老年大学、家长学校、新型市民文明学校 5 所学校。新型市民文明学校成立；老年大学在原有的 11 个专业基础上，推出计算机提高、英语口语提高、拉丁舞提高和摄影 4 门精品课程。家长学校举办讲座、活动、拓展训练 15 次；建立全国范围师资库，培训家教指导师 10 人；建成家教咨询室。

校外教育深入发展。以艺术节、民族艺术进校园、科技节为载体，搭建平台，提高学生综合素质。组织艺术、科技比赛 39 场，3270 余人次参加，1870 余人次在地区和北京市比赛中获奖。组织北京专业艺术团走进校园和剧院进行 4 次专场演出，学生 3450 余人与艺术家零距离接触。开展“传承长征精神”庆祝长征胜利 80 周年系列主题教育活动。

（韩巍）

新型市民文明教育体系启动

3 月 8 日，燕山地区召开新型市民文明教育体系启动会。会议听取燕山地区新型市民文明学校工作思路汇报，为燕山地区新型市民文明学校总校、中心校、分校授牌，并为教师志愿者代表颁发聘书。市民文明学校中心校、分校领导代表，教师志愿者代表和居民代表分别就如何开展市民教育活动作交流发言。房山区委、燕山工委相关领导，房山区新型市民文明学校及燕山地区新型市民文明学校领导、工作人员等 100 余人参加会议。市民文明学校由燕山工委宣传部创办，设立迎风、星城、东风和向阳 4 个中心校，面向社区民众，开展教育活动。至年底，4 个中心校和 31 个分校开设常规课 140 次，参与听课学员 5300 余人次。燕山地区新型市民文明教育体系于 2015 年筹建。

（齐晓文　孙晓楠）

春秋两季综合视导

3 月 15 日至 22 日和 9 月 20 日至 27 日，燕山教委分别开展 2016 年春秋两季综合视导工作。春季视导围绕“落实北京市教育领域综合改革各项举措，探索构建绿色生态的课堂教学新模式”主题；采取听取学校教学计划、听推门课、听取教学反馈、查看教案及作业等形式；重点关注初四毕业年级备考情况、北京市教育领域综合改革各项举措具体落实情况、2018 届新中考年级的教育教学实施情况、各校分层走班教学工作的实践情况；走进 9 所中小学，听课 376 节，一级反馈率 95%、二级反馈率 100%。秋季视导围绕“探索实现绿色、生态课堂有效路径，促进教育领域深综改落地生根”主题；深入课堂了解推进北京深化基础教育领域综合改革系列举措在教学中的落实情况，以及在改革过程中遇到的困难；走进燕山 9 所中小学，听课 378 节次，一、二级反馈率均为 100%。

（元丽平　谢冰）

学生艺术节

4 月 1 日至 10 月 26 日，燕山教委举办燕山地区第 19 届学生艺术节。4 月 1 日，艺术节集体项目合唱展演专场举行，8 所中小学及北京师范大学燕化附属中学合唱队参加比赛，燕山向阳小学、燕山东风中学分获小学组和中学组一等奖。10 月 18 日，“传承民族艺术”非遗项目展演举行，7 所中小学及北师大燕化附中表演队参加活动，表演中国鼓、舞龙、吟诵等节目。燕山羊耳峪小学鼓乐表演《中国龙》、东风中学舞龙表演《腾飞中国龙》分获小学组和中学组一等奖。10 月 26 日，艺术节校园剧、室内乐展演举行，10 所中小学及北师大燕化附中 140 名演员参加 2 个项目展演。向阳小学《夏夜多美》和东风中学《永远跟党走》获校园剧展演一等奖；北师大燕化附中木管重奏获室内乐展演一等奖。

（靳卫华）

足球运动进校园

4 月 6 日，燕山教委举办 2016 年足球运动进校园活动启动仪式暨 2016 年中小学生足球联赛开幕仪式。活动主题为“追逐足球乐趣，梦想从足下起航”。活动中，燕山足球特色示范校燕山东风小学和燕山前进中学分别进行足球训练展示；2 名原八一足球队队员分别加入燕山东风中学、燕山向阳中学足球队组成临时球队，进行小型对抗赛 1 场，通过比赛给队员传授足球技巧。团中央阳光体育青少年促进中心、燕山办事处、燕山体育中心相关领导，以及 15 支中小学足球代表队队员 400 余人参加活动。

（加素娟）

职业教育宣传推介

5 月 10 日，燕山教委举办燕山地区职业教育宣传推介活动。活动听取燕山职业学校《为地区经济建设和基础教育服务，努力打造燕山职业教育新天地》专题报告，燕山职业学校教师、培训学员、中小学实践基地学生代表分别发言。燕山教委、燕山成教中心、燕山人社局、燕山办事处、燕山地区各中小学及直属单位领导，中小学实践基地教师、学生代表参加会议。会议结束后，参会人员参观燕山职业学校专业教室，观摩中小学实践活动课和失业人员计算机培训课程。

（李蕾）

幼儿健康拓展基地投入使用

6 月 3 日，燕山教委举办燕山地区幼儿健康拓展基地暨阳光欢乐谷颁牌仪式。健康拓展基地占地面积 800 平方米，集户外挑战游戏、科学探索、艺术创作、角色游戏、生活实践等多种功能于一体，可同时容纳 300 名幼儿共同游戏，为燕山地区的幼儿提供游戏资源共享场所。燕山地区幼儿园办园条件达标后，打造出燕山地区早期阅读和健康拓展 2 个资源共享基地，以基地建设为平台，促进资源优势共享。

（李艳瑛　孙晓楠）

张立军燕山工作室揭牌

9月2日，燕山教委召开北京市小学语文特级教师张立军燕山工作室揭牌仪式暨培训会。会议宣读《张立军小学语文特级教师燕山工作室实施方案》，为工作室揭牌，并为工作室核心成员颁发证书。揭牌仪式后，张立军作《阅读思维在语文教学中的应用》专题讲座。燕山教委等单位领导和相关处室负责人，各学校相关人员100人参加会议。张立军，1969年出生，就职于北京教育科学研究院，2014年被评为北京市特级教师。

（杜蓉）

教育工作大会

9月8日，燕山地区召开2016年教育工作大会。会议以“甘守三尺讲台，争做‘四有’老师”为主题，听取燕山教委教育工作报告，回顾两年以来燕山地区教育工作的成绩和经验，剖析燕山地区教育发展面临的机遇和挑战，全面部署未来两年工作任务。会议表彰优秀校长、优秀班主任和优秀教师。燕山工委、燕山办事处领导，各委办局、街道主要负责人及燕山教委干部教师代表800人参加会议。

（韩巍）

第24届中小学生田径运动会

9月29日至30日，燕山教委举办第24届燕山地区中小学生田径运动会。运动会设4个组别，43个项目，576人次参赛。燕山东风中学、燕山前进中学分获中学组团体总分前两名；燕山向阳小学、燕山星城小学、燕山前进第二小学分获小学组团体总分前三名。

（王小利）

向阳中学迁入新址

10月12日，北京市燕山向阳中学搬入新址。新址位于燕房路附近，毗邻凤凰亭社区、宏塔社区、富燕新村等多个社区，可以满足周边适龄学生上学需求。教学楼为框架建筑结构，建筑面积1万平方米，地上4层（局部5层）建筑，层高3.90米，总高20.25米，包括阅览室、实验室、阶梯教室等功能教室，可容纳师生640人，办学规模16个中学班。工程于2015年6月19日开工，总投资1944.66万元。向阳中学于1972年建校，旧址位于房山区燕山工体街。

（孙晓楠）

学前教育优质内涵发展推进会

10月27日，燕山教委举办学前教育优质内涵发展推进会暨示范性幼儿园颁牌仪式。会议听取燕山地区学前教育发展情况介绍；为燕山星城幼儿园、燕山阳光幼儿园、燕山小天使幼儿园3所燕山地区示范园颁牌；表彰燕山地区第三届“阳光杯”幼儿园教师基本功展示活动获奖个人及单位。参会领导观摩3所区级示范园幼儿活动场所及园所文化环境，包括阅读基地、木工坊、健康教育基地、联合游戏等。2016年上半年，燕山教委聘请北京市幼儿园分级分类验收组专家，采用第三方评价方式，评选出3所燕山地区示范性幼儿园。

（孙晓楠）

科技节暨科技创意体验活动

11月8日，燕山教委举办燕山地区中小学生第34届科技节暨科技创意体验活动。活动围绕“创意灯具”命题，选手根据主办方提供的材料自行设计制作照明灯具。经过专家现场评定，燕山星城小学和燕山星城中学分获“创客币”科技创意体验活动小学组和中学组团体第一名。9所中小学37个参赛队168名学生参与活动。

（靳卫华）

11月8日，燕山教委举办中小学生第34届科技节

（燕山教委 供）

与燕山法庭法制共建签约

12月2日，燕山教委与燕山法庭共同召开法制共建签约仪式暨法制主题教育月活动启动大会。协议内容有，燕山法院作为各学校法制教育基地，为学校提供多种形式的法律服务；利用法院开放日开展多种形式的普法教育；实行案件通报制度，与学校形成教育合力；与学校共建“无诉讼”校园等。签约仪式后，燕山教委宣读“燕山教委法治主题教育月”活动方案并提出明确要求。燕山教委领导、燕山法庭负责人、法官助理及燕山各中小学校校级领导20余人参加会议。

（周文明　孙晓楠）

教育信息化工作会

12月22日，燕山教委召开燕山教委教育信息化工作会。会议听取《“集约、融合、共享、开放”实现燕山地区基础教育信息化内涵发展》主题发言，燕山前进第二小学和燕山前进中学分别代表先进集体和先进个人作交流发言。会议为“十二五”期间教育信息化工作表现突出的4个燕山教育信息化先进单位、21名先进个人和31个燕山教育信息化优课颁奖。会议部署燕山教委“十三五”信息技术能力提升项目。燕山教委领导，燕山地区各中小学、幼儿园及相关直属单位负责人，部分骨干教师代表90人参加会议。

（冯立洁）

各区委教工委、区教委领导名单

中共东城区委教工委

书　　记　冯洪荣(7月免)

　　　　　刘藻(7月任)

东城区教育委员会

主　　任　周玉玲

中共西城区委教工委

书　　记　韩星桥(9月免)

西城区教育委员会

主　　任　丁大伟

中共朝阳区委教工委

书　　记　周炜

朝阳区教育委员会

主　　任　肖汶

中共丰台区委教工委

书　　记　薛红(5月任)

　　　　　狄涛(5月免)

丰台区教育委员会

主　　任　张洋

中共石景山区委教工委

书　　记　叶向红

石景山区教育委员会

主　　任　郝显军

中共海淀区委教工委

书　　记　尹丽君

海淀区教育委员会

主　　任　陆云泉

中共门头沟区委教工委

书　　记　李永生

门头沟区教育委员会

主　　任　李永生

中共房山区委教工委

书　　记　杜成喜

房山区教育委员会

主　　任　顾成强

中共通州区委教工委

书　　记　张立芳

通州区教育委员会

主　　任　张绍武

中共顺义区委教工委

书　　记　刘克祥

顺义区教育委员会

主　　任　刘克祥

中共昌平区委教工委

书　　记　隋彦玲

昌平区教育委员会

主　　任　李成旺

中共大兴区委教工委

书　　记　荣俊艳(11月免)

　　　　　王学军(11月任)

大兴区教育委员会

主　　任　荣俊艳

中共怀柔区委教工委

书　　记　张福利

怀柔区教育委员会

主　　任　李连鑫

中共平谷区委教工委

书　　记　李正(8月免)

　　　　　崔东辉(8月任)

平谷区教育委员会

主　　任　李学东

中共密云区委教工委

书　　记　张文亮

密云区教育委员会

主　　任　杨华利

中共延庆区委教工委

书　　记　王建军

延庆区教育委员会

主　　任　魏旭斌

房山区燕山教育委员会

党委书记　李守业(4月免)

　　　　　王迪(4月任)

主　　任　曾辉

（本栏责任编辑　孙晓楠）

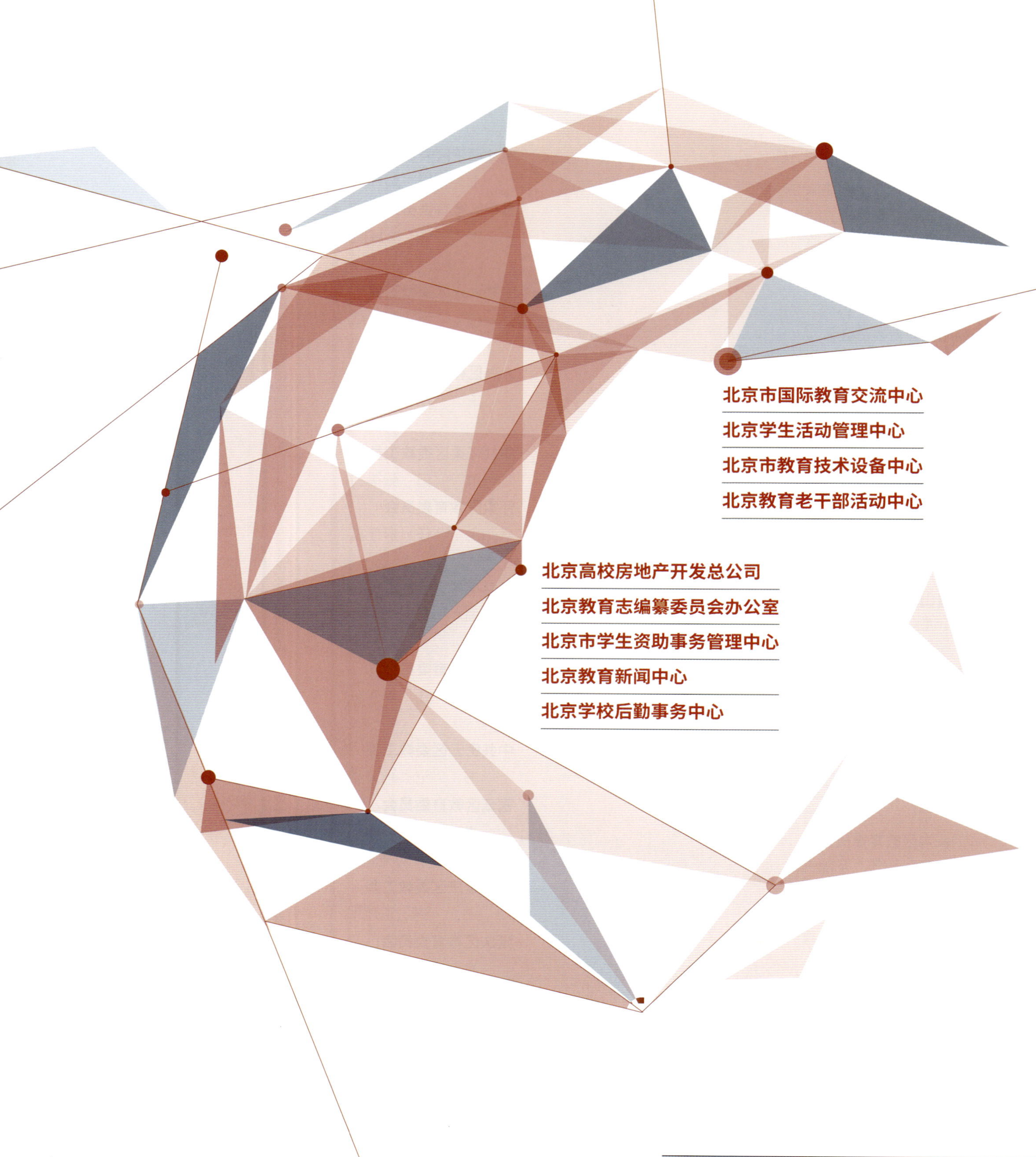

2017 | 市教委直属单位

INSTITUTIONS DIRECTLY UNDER BEIJING MUNICIPAL EDUCATION COMMISSION

INSTITUTIONS DIRECTLY UNDER BEIJING MUNICIPAL EDUCATION COMMISSION

市教委直属单位

北京教育科学研究院

概述

2016 年，北京教育科学研究院设有研究机构 16 个，行政处室 10 个。在职职工 386 人，包括高级专业技术职务 187 人、中级 105 人；具有本科以上学历 368 人，包括博士 67 人、硕士 167 人；入选北京市 2014 年国家“百千万人才工程”并被授予“有突出贡献中青年专家”称号 1 人、享受政府特殊津贴专家 2 人、全国模范教师 2 人、全国优秀教师 2 人、“北京市人民教师”称号获得者 1 人、北京市先进工作者 1 人、首都劳动奖章获得者 1 人、北京市“五四”奖章获得者 1 人、北京市有突出贡献的科学技术管理人才 1 人、北京市特级教师 13 人、北京市中小学中青年学科教学带头人 20 人、北京市中小学骨干教师 11 人。全年主要开展教育宏观决策研究、教育教学研究、教育理论研究；加强对教育科学、教学研究的领导和管理；为政府教育行政部门宏观决策以及学校管理提供服务，为提高学校的教育教学质量提供服务。共承担 231 项重要课题和项目的研究任务，包括各级各类规划课题 70 项、国家部委委托项目 14 项、两委委托项目 22 项、市教委下达任务 79 项、区、学校等横向委托项目（课题）46 项；承担教育部、市教委等上级部门临时性委托任务 233 项；获全国教科研优秀成果奖 3 项、市哲社优秀成果奖 1 项、市优秀调查研究成果奖 1 项；承办北京数字学校，为中小学学生提供在线学习服务。截至 12 月 21 日 24 时，100.6 万人次用户访问北京数字学校。数字学校访问量累计 633.8 万次，包括云课堂浏览量达到 217.6 万次，36.1 万师生在线开展教学活动；歌华有线电视“数字学校”专栏访问量达到 416.2 万次，64.5 万人次点播学习课程。全年指导各区、学校及教师教学情况 6270 课时 3496 人次，指导北京市教师参加全国比赛获奖（课、论文）144 人次。网址：www.bjesr.cn。

（吴震）

组织参加多项全国比赛

4 月 25 日至 11 月 11 日，北京教科院组织教师参加多项全国比赛。其中，4 月 25 日选送教师参加第十届全国初中英语教师基本功大赛，并获得一等奖及最佳语音语调奖；4 月 26 日至 28 日选送教师参加“DFRobot 杯”第四届全国中小学机器人教学展评暨首届校园创客作品展，获校园创客作品一、二等奖；5 月报送 1778 分案例参加第 11 届全国信息技术课程教学案例大赛，413 份教案获优秀奖；9 月 26 日至 29 日选送教师 96 人参加 2016 年度全国物理名师课堂教学展示活动，40 人获奖；10 月 17 日至 20 日选送教师 29 人参加全国岳麓版初中历史教材培训暨高中课堂教学大赛，12 人获奖；10 月 25 日至 29 日选送教师 5 人参加“萝卜圈”杯第五届全国高中信息技术优质课展评活动，4 人获奖；11 月 19 日至 22 日选送教师 1 人参加创课我能行—首届全国初中英语学科信息化高校课堂优质课大赛，并获一等奖；11 月 24 日参加全国人教版初中地理微格教学评比活动；11 月 8 日至 11 日参加中国教育学会 2016 年度课堂教学展示与观摩（培训）系列活动—第五届“中语杯”中青年教师课堂教学观摩活动，并获一等奖。

（沈俊楠）

2016 年学术年会

5 月 5 日至 6 日，北京教科院召开 2016 年学术年会。会议以“落实发展新理念，推进教育领域综合改革”为主题，按照学科领域和论文类型在主会场和 8 个分会场汇报交流 103 篇获奖论文，并邀请来自国家教育发展研究中心、中国教育科学研究院、中国人民大学等单位的专家学者 16 人参与研讨和点评。教科院相关人员 300 余人参加会议。

（姜继军）

学校影响力 2016 大会

11 月 4 日至 5 日，北京教科院召开学校影响力 2016 大会。会议分为学校发展及专业与创新、创新人才培养与教育创新发展、创新人才培养与学校改进三个主题。来自全市各区教委、实验学校、各项目组的学校代表 300 余人参加会议。

（佟德）

“互联网 +”时代班级日常生活创新研讨会

11 月 19 日至 20 日，北京教科院召开“互联网 +”时代班级日常生活创新研讨会暨第七届全国班主任工作研究室年会。会议宣读年会征文获奖教师名单和《关于为新成立的班主任工作研究室授牌的决定》，为获奖教师代表颁发证书和新成立的班主任工作研究室进行授牌，并分为专家报告、全国优秀班主任讲坛、专题发言、主题沙龙四个环节进行交流研讨。共有来自全国 11 个省市的领导、专家、班主任等相关人员 400 余人参加。

（曲怀志）

《班主任》杂志编印 12 期

至年底，北京教科院编印《班主任》杂志 12 期。全年共刊发稿件 459 篇，包括“我该怎么办”专题 12 组、“封面人物”12 篇、“特别关注”4 组、专栏文章 29 篇。同时杂志被中国人民大学复印报刊资料《中小学学校管理》复印资料《中小学学校管理》全文转载 6 篇，索引 102 篇，转载排名第八，期发行量达 84000 份。同时，中国班主任网——《班主任》官方网站改版成功，《班主任》微信公众号粉丝数超过 48000 人。

（曲怀志）

《教育科学研究》杂志出版 12 期

至年底，北京教科院出版《教育科学研究》杂志 12 期。全年共刊发稿件 161 篇，刊发“专题”11 组 38 篇稿件，其中“专稿”2 篇、“专题研究”4 组 20 篇、“特别关注”5 组 16 篇。《教育科学研究》被中国人民大学复印报刊资料复印资料转载全文 37 篇，索引 123 篇，在《复印资料——中小学学校管理》转载排名中居第五，在《复印资料——中小学教育》转载排名中居第六。

（张蕾）

《教育快报》22 期

至年底，北京教科院《教育快报》教育决策参考版共编发 22 期。内容收录京津冀教育协同发展、北京城市副中心教育资源配置、北京市农村教师队伍建设、“十三五”教育规划、北京市雾霾红色预警中小学停课引发的舆论焦点、北京市中小学教育满意度等首都教育发展中的重点、热点和难点问题等。《教育快报》国际教育动态版出刊 38 期，其中，动态 23 期、专刊 15 期，收录世界主要城市、重要国际组织、主要发达国家的教育发展动态，对一些重大的政策、报告或会议进行持续追踪和深度挖掘。

（李震英）

入选“复印报刊资料重要转载来源机构”

至年底，北京教科院入选 2015 年度“复印报刊资料重要转载来源机构”。该机构的评选工作以中国人民大学人文社会科学学术成果评价研究中心和书报资料中心联合研制的《复印报刊资料重要转载来源机构（2015 年版）》为依据，选取 2013—2014 年度复印报刊资料的论文转载数据，同时按学科划分，在“教育学”学科领域内的重要转载来源机构排名中，北京教育科学研究院转载综合指数居第 20 名，在同时入选的全国各级各类教育科研机构中居第二名。

（姜继军）

北京教育科学研究院
院长、副院长
党委书记、副书记

院　　长　方中雄
副 院 长　吴晓川　桑锦龙　褚宏启　张军　刘占军
党委书记　马谊平
党委副书记　熊红

北京教育考试院

概述

2016 年，北京教育考试院占地面积 1.43 万平方米、建筑面积 3.25 万平方米。设有 20 个部门，其中，综合处室 5 个、综合业务处室 5 个、业务处室 6 个以及直属单位 4 个，包括北京市教育考试指导中心、北京高等学校教育科技发展中心、北京市教育考试招生服务中心、北京考试报社。全额拨款在职人员 166 人，专业技术人员 69 人。高级职称 22 人，中级职称 40 人。全年教育考试院共组织命制各类试题 796 套，印制试卷 251.2 万份，答题卡 265 万张。组织各类考试 202 次，涉及考生 178.8 万人次，阅卷 325.6 万份，发放各类证书 10.3 万份，组织各级各类招生单位录取新生 27.8 万人。与城市管理广播合作，组织 100 余所高校走进“教育面对面”高考直播节目等，及时让考生、家长了解各类信息。北京教育考试报拓宽服务领域，改进服务方式，主报发行 96 期、413 万份，覆盖全体高考生，专门出版招生专刊 20 期、149 万份，对考生进行全方位宣传服务和政策指导。考试院外网点击 3.8 亿次，40 万名考生完成网上报名报考，发布 31 万名考生成绩和录取结果。网址：http://www.bjeea.cn。

（段绍晖）

招生考试咨询活动

1 月 1 日至 7 月 2 日，北京考试院举办系列招生考试咨询活动。其中，联合市教委、北京城市广播、北京考试报社，分别于 1 月 1 日至 13 日联合开播“2016 年北京高招——艺考面对面”特别节目，每天播出 1 个半小时，共有来自 26 所京内及京外的艺术类院校参加节目；3 月 9 日至 17 日联合开播“教育面对面——2016 北京高招咨询”“高校自主招生、高职自主招生”专题节目，每天播出 1.5 小时，28 所自主招生高校负责人参加节目录制；4 月 1 日至 30 日、6 月 11 日至 28 日和 7 月 6 日至 17 日，分两个阶段举办高考招生本科、专科院校广播电台咨询系列活动，通过“教育面对面”栏目每天播出 1.5 个小时，70 余所本科高校、30 余所高职院校以及市体检中心、部分区考试中心高招办负责人参加节目录制。6 月 16 日和 7 月 2 日，北京考试院组织在京招生的本科及专科院校开展 2016 年高招网上咨询活动，通过北京考试院网站举办，考生可登录网站提出问题，各学校招生人员及时给予回答，共有 122 所本及专科招生院校参加咨询活动。咨询期间，网站点击数 27.8 万余次，提出问题 3145 个，回答问题 3056 个，问题回复率 97.17%。6 月 18 日，举办 2016 年北京市高级中等学校招生网上咨询活动，主会场设在北京考试院，分会场设在各区中招办、各网上咨询学校，共收到问题 7020 个，问题回答率 88%，处理率 90%，页面浏览量 55 万余次。

（卢杰　赵永生）

全国高考命题工作会议

4 月 6 日，2016 年全国高考命题工作会议在北京教育考试院召开。会议要求各有关省市教育考试机构重点围绕“一点四面”推进高考考试内容改革，切实加强命题管理，确保命题质量和试题安全。部分省市要继续做好由分省命题向使用全国卷的过渡工作。教育部考试中心主任致辞，北京教育考试院副院长及相关人员参加会议。

（赵海燕）

高级中等学校招生简章编印完成

4 月 12 日至 30 日，北京考试院完成《北京市高级中等学校招生简章（2016 年）》的编印工作。2016 年北京市共有 360 所高级中等学校招生，招生计划 84372 人，比上年减少 2177 人。其中，示范（重点）高中招生计划 29560 人，一般高中招生计划 25376 人，贯通培养项目招生计划 7852 人，中专、技校、职业高中和五年高职等职技类学校招生计划 21584 人。参加提前招生学校 125 所，招生计划 17938 人；参加名额分配批次录取的学校 98 所，招生计划 14167 人；参加统一招生学校 322 所，招生计划 52267 人。

（赵永生）

中高考数据分析服务

8 月至 10 月，北京考试院完成对 16 个区和 4 所中学的高考数据分析以及 14 个区的中考数据分析。考试院组织 60 余名评价专家为 10 个区进行分学科的高考数据解读和培训、为 9 个区进行高考整体数据分析、为 8 个区进行分学科的中考数据解读和培训、为 7 个区进行中考整体数据分析。并在数据解读过程中结合中高考改革特别是考试内容改革，对各区学情进行诊断分析。

（刘泓）

中考英语听说机考考试内容改革启动

9 月，北京考试院启动中考英语听说机考考试内容改革。项目组组织专家队伍，研制中考听说机考考试说明，研究评分标准和试卷等值问题。经过调研和研讨，确定北京市中高考英语听说机考的命题制卷子系统、计算机考试子系统、考务管理子系统和试卷评分子系统，同时，按照市教委《关于做好中、高考英语听说计算机考试考点建设的通知》要求，开展听说机考考场建设标准的拟定、组考工作以及与组考相关的软件开发和政策研究。项目组最终完成两套试测卷的命制。12 月 26 日至 27 日，北京市举行中考英语听说机考第一次试测。

（段绍晖）

普高及职技类学校座谈会

10 月 20 日至 21 日，北京考试院分别召开区中招办、普通高中学校和职技类学校座谈会。会议探讨进一步贯彻落实教育部《关于进一步推进高中阶段学校考试招生制度改革的指导意见》精神，做好 2017 年北京市高级中等学校考试招生工作。北京考试院介绍 2016 年招生工作的情况与改革要点，与会负责人结合工作实际，就改进和完善中考中招有关工作，做好 2018 年新中考组考等方面提出意见和建议。市教委相关部门负责人、各区考试中心主管主任和中招办主任、部分普通高中学校、职技类学校主管招生工作的校长和招办主任参加会议。

（赵永生）

体育特长生统测工作研讨会

12 月 8 日，北京考试院召开 2016 年体育特长生统一测试工作研讨会。会议总结近年体育特长生统一测试工作，听取各项目考务长对特长生测试项目、测试标准的意见和建议，市体育局、市教委的相关领导对意见和建议进行分析和指导，以确保做好 2017 年全市体育特长生统一测试工作。市体育局、市教委体卫艺处有关负责人，考试院中招办领导、特长生测试总考务长和各项目考务长参加会议。

（赵永生）

高校招生工作总结研讨会

12 月 21 日至 22 日，2016 年北京市普通高校招生工作总结研讨会召开。会议总结 2016 年普通高校招生工作，表彰 2016 年北京市普通高校招生考试目标管理奖的 17 个考区、146 名优秀评卷教师、12 名先进工作者以及获得高考工作特殊贡献奖的 19 所院校，研讨 2017 年普通高校考试招生工作。会议听取教育部新闻发言人题为《教育舆情事件案例分析与应对》的专题报告。市教委、北京考试院领导，各区考试中心主任、高招办主任，各高等学校招生办主任 150 人参加会议。

（卢杰）

中、高考等全样本数据分析

至 12 月，北京考试院完成中考、高考、高中会考共 23 个学科全样本数据分析，形成数据分析报告 404 份。组织评价专家组在定量基础上进行定性研究，先后完成高考、中考和会考各学科试题评价研究报告、考生水平评价报告 38 篇，总计 80 余万字，并在此基础上形成《评价报告（简缩版）》25 篇。

（刘泓）

北京教育考试院
院长、副院长
党委书记、副书记

院　　长	钱军
副 院 长	臧铁军　李鸿江　许晓革（11 月任） 袁槐莲（5 月任）
党委书记	钱军
党委副书记	张泉利

北京教育音像报刊总社

概述

2016 年，北京教育音像报刊总社下辖北京高教电子音像出版社有限责任公司和北京健康咨询报社有限责任公司 2 个法人企业，1 个事业单位法人《现代教育报》社，《学前教育》杂志社、《北京教育》杂志社、《中小学信息技术教育》杂志社、中小学数学教学报社 4 个出版内设机构，内设 7 个管理部门，在职职工 202 人，包括高级专业技术职务 21 人、中级 43 人。《中国教育报》北京记者站挂靠总社。全年总社立足于“三报三刊”专业化发展，“聚焦首都教育改革中心工作”，探索公益服务，发行量与经营收入稳中有升；完成《北京教育新地图》《身边的好学校》“名师在线”“现代教育大讲堂”“教育系统普法宣传项目”等市教委委托的项目；举办多场教育讲座、活动、论坛和研讨会；完成《现代教育报》《北京教育》《学前教育》《中小学信息技术教育》报刊出版许可证年度核验工作。网址：www.yxbk.com。新浪及腾讯官方微博：北京教育播报。官方微信公众平台订阅号：bjedu-news。App 客户端：教育 e 点通。

（孙文欢）

庆祝教师节公益活动

9 月 10 日至 11 日，音像报刊总社举办 2016 年北京市教师节庆祝活动。活动主题为“师爱无尘——做幸福教师”，目的在于提升教师的职业幸福感也传递给学生“幸福”，同时表达社会各界对教师的敬意和祝福，让他们获得职业的“幸福”。活动从 2012 年开始已连续举办五年，此次活动现场在延续往年名师咨询、现代教育大讲堂讲座和教师健康咨询等环节基础上，特别增设名师沙龙、非物质文化遗产专区、学校社团展演等互动性环节。全市数万名市民参与活动。中央电视台《新闻直播间》、北京电视台《北京新闻》《特别关注》、中国教育电视台《中国教育报道》，以及北京市各大都市报刊媒体、各大互联网媒体均对教师节活动进行报道。

（郝彬）

记者节交流会

11 月 8 日，音像报刊总社召开 2016 年记者节交流会。会议以“坚守与传承”为主题，开展“最有纪念意义地采写编辑作品”“最难忘地一次采编经历”的征集征文活动，并在现场展示征集到的 22 件作品，同时征文获奖者代表分享采编经历。总社各单位及各部门新入职的编辑记者 12 人分享职业感言。市教委、总社领导，总社采编 120 余人参会。

（辛晓磊）

高校普法微视频作品征集评审

至 11 月，音像报刊总社开展第四届北京高校普法微视频作品征集及评审。活动共收到 28 所学校提交的 130 部作品，其中，微电影作品 90 部、公益视频作品 40 部，作品数量与质量均有较大提升。其中，8 部作品获微电组一等奖，5 部作品获公益视频组一等奖 ;20 部作品获微电影组二等奖，7 部作品获公益视频组二等奖 ;30 部作品获微电影组三等奖，10 部作品获公益视频类三等奖。该项活动自 2013 年开始连续举办四年，总社受市委教育工委、市教委的委托通过优秀法治短剧征集评选表彰的方式开展北京高校优秀普法微视频征集展映活动，旨在提升首都大学生的法治观念和法律素养，构建尊重法律权威、崇尚法律精神的高校校园文化。

（解淑平）

11 场现代教育大讲堂

至年底，音像报刊总社举办 11 场现代教育大讲堂家庭教育系列公益讲座。讲座涵盖国家级非物质文化遗产、高考升学规划和学科素养等方面内容，邀请国家级非物质文化遗产传承人牛玉亮、高考升学规划专家、八十中数学特级教师、育民小学校长等专家讲解与互动指导，同时宣传中国优秀传统文化以及科学的家庭教育知识。中小学、幼儿园学生及家长参加活动。

（张秋颖）

《身边的好学校》节目持续播出

至年底，音像报刊总社受市教委委托联合北京广播电视台拍摄 45 所学校播出 52 周《身边的好学校》栏目。该栏目利用媒体资源展示北京市优秀中小学的特色和面貌，自 2014 年 5 月 5 日起在北京市公交、地铁电视中播出，每周推荐一所学校，展示北京市中小学及幼儿园的办学理念、办学特色、学校风采，让更多的家长了解学区内身边的好学校。2016 年，《身边的好学校》专题页在腾讯网上线，充分展示已播出的学校风采。栏目每期片长 3 分钟，在每天的上下班高峰时段播出，每周总计播出 80 余次。自开播至 2016 年年底，音像报刊总社播出《身边的好学校》栏目 129 周，共拍摄 16 个区的 105 所学校（幼儿园）。

（郝彬）

北京教育音像报刊总社
党委书记、社长

党委书记 李开发
社　　长 李开发

北京市教工休养院

概述

2016 年，北京市教工休养院有员工 265 人，包括在职事业编制 75 人。占地面积 13.36 万平方米，建筑面积 4.52 万平方米，绿地面积 7.72 万平方米，绿化覆盖率 70%，树种 200 余种。设有客房 241 间、568 张床位，分为三人间、标准间、单人间、家庭套间、豪华套间、残疾人房间；有大中小餐厅 15 个，能容纳 1000 人就餐；康体包含游泳、羽毛球和保龄球等 17 个项目，接待不同规格人数会议室共计 20 个，有能容纳 600 人培训的计算机教室。全年接待总人数 9.6 万人次，包括接待教师休养 4 万人次，全年完成经营收入 3999.3 万元。网址：www.jiaogong.com; 微信公众号：bjyxybg。

（王彦彦）

"图书进客房"活动

3 月 7 日，教工休养院开展"图书进客房"活动。与平谷区图书馆签订《平谷区图书馆为基层图书室送书协议书》，图书馆共为休养院提供图书 2000 册，杂志 400 本，分别在各客房建立"读书吧"供客人阅读，提升客服的品质。

（王彦彦）

3 月 7 日，教工休养院开展图书进客房活动
（教工休养院 供）

"煤改气"供热

6 至 11 月，教工休养院全面实施"煤改气"的供热方式。为响应国家治理环境政策，休养院总投资 391 万元购置 2 台蒸汽锅炉和 2 台水暖锅炉，完成燃煤供热锅炉改用天然气项目。

（王彦彦）

6 月至 11 月，教工休养院全面实施煤改气供热
（教工休养院 供）

建院 30 周年

10 月 16 日，教工休养院召开建院 30 周年建设发展总结会。会议听取院领导题为《以三十年丰硕成果为新起点描绘休养院更加壮美的图画》的主题报告，回顾总结休养院 30 年建设发展的经验成果，分析当前经营发展形势，提出未来发展目标和要求。庆祝建院 30 周年系列活动包括：5 月 4 日至 7 月 30 日，在院内文化长廊举办老照片展览；9 月 18 日，编辑出版《无微不至 30 载，美丽教工

育新苑》建院30周年纪念画册。画册分为教师之家、春华秋实、锦瑟年华、如歌岁月四部分，19个章节共192页，全面展现教工休养院30年各阶段建设及接待服务成果和发展轨迹。

（王彦彦）

投资870.23万元改善院区环境

至12月，教工休养院投资870.23万元改善院区环境建设。共完成牡丹园、竹林七贤、高山流水等自然景观，淘气堡、小木屋、青少年活动中心等儿童设施的建设以及四合院家具、客楼棉织品的更换，会议室、浴室、北院墙改造和外墙粉刷、屋面防水等10余项工程。

（王彦彦）

教工休养院更换四合院家具

（教工休养院 供）

北京市校办产业管理中心

概述

2016年，北京市校办产业管理中心设办公室、国资企管部、科技成果推广部、综合事务部4个部门，在编12人。至年底，北京地区有52所高校参加普通高校校办产业统计。其中，教育部直属高校25所、其他中央部委属高校8所、市属市管高校19所。参加统计的52所高校所投资企业共1853家。其中，大型企业63家、中型企业358家、小型企业1090家、微型企业342家。年末资产总计5030.60亿元，流动资产合计3259.54亿元，非流动资产合计1771.06亿元；年末负债总计3580.53亿元，流动负债合计1849.41亿元，非流动负债合计1731.12亿元；所有者权益总计1450.06亿元，实收资本（股本）84.94亿元，未分配利润131.72亿元，归属于学校方股东的所有者权益466.34亿元。营业收入1735.37亿元，包括主营业务收入1733.44亿元；营业成本1591.29亿元，包括主营业务成本1428.47亿元；销售费用77.83亿元，管理费用120.29亿元，财务费用98.75亿元；利润总额128.51亿元，净利润99.04亿元，包括归属于学校方股东的净利润30.22亿元。现金净流量416.98亿元，包括经营活动现金净流量6.32亿元，筹资活动现金净流量599.43亿元。财政补贴收入559.12亿元；国有资本经营预算金74.47亿元；文化产业专项资金0.62亿元；科技创新资金30.32亿元；上交国有资本收益1.96亿元；企业实际缴纳税金总额82.48亿元，其中增值税15.91亿元、营业税14.37亿元、企业所得税33.05亿元、其他19.15亿元；当年上交学校利润金额15.91亿元。获授权的专利数1113项，登记的计算机软件及集成电路版权228项，获省市部委、国家级的奖项330项。接纳学生实习8831人次，学生累计实习229万小时，全年累计在培硕士研究生771人，全年累计在培博士研究生103人。年末职工总人数120923人，包括接受高等教育学历的人员59284人、研究开发人员16998人、专职管理人员14106人；已参加社保人数96827人。实际发放和支付的劳动工资总额283.06亿元，包括支付社会保险（含住房公积金）177.86亿元。职工年教育培训经费1.00亿元。具有学校事业编制的员工人数1841人。全年中心根据市教委要求和中心未来发展方向，拟将所属企业无偿划转给北京高教音像报刊总社。编印《北京校办产业发展文集》，收录北京校办产业发展历程回顾、高校资产公司简介、历史图片以及数十篇校办产业发展论文。

（宋慧宇）

内控体系建设

至年底，校产中心完成内部控制体系建设。中心组织各部门进行内部控制风险评估和工作流程梳理工作，建立环境控制、活动控制、信息沟通与交流、风险评估、内部监督机制，形成完整的内部控制体系。并结合事业单位内部控制规范实施的各项要求，制定《北京市校办产业管理中心内部控制规范》。规范共有五章，涵盖49项内容，7.8万字，同时收纳相应的关键环节控制流程图。

（宋慧宇）

校办企业国有资产监管自查

至年底，校产中心完成校办企业国有资产监管自查工作。该项自查工作自2015年下半年开展以来，共涉及单位60家，其中部委高校27家，市属市管高校19家，市教委直属单位14家。全部单位均报送自查报告，多数单位附有国有资产处置案例。中心向市教委报送自查工作情况报告，同时根据自查的工作情况，结合2016年工作实际进行整改，并推进各单位校办产业“十三五”规划的制定与落实，进一步完善国资产监管机制。

（宋慧宇）

“国企改革与校企发展”课题结题

至年底，校产中心与首都经济贸易大学合作的“国企改革与校企发展”课题结题。课题通过召开研讨会、调查问卷、调研走访部分京内外高校等，对国有企业改革和产业发展问题进行专题研究，课题组形成《国企改革与校企发展课题研究报告》。课题针对高校科技成果转化的基本流程、模式与现状，重点针对技术转让、技术合作、共建经济实体、自建经济实体、自建大学科技园模式进行分析，总结北京高校企业现行的科技成果转化典型模式，剖析北京高校科技成果转化存在的问题，提出北京高校企业促进科技成果转化的对策建议。同时，为进一步落实有关国有企业改革要求，中心对高校校办产业系统的薪酬等情况进行问卷摸底。

（宋慧宇）

运维科技成果数据库

至年底，校产中心完成2016年科技成果数据库的收集、整理、分类、编辑和入库工作。北京地区高校共收集科技成果156项，最终整理114项。其中，生物医药8项、电子通信28项、机械设备29项、化学化工27项、其他22项。114项科技成果全部完成数据录入和网上发布。同时，中心精选众筹联盟推介项目以及科技成果转化数据库新增项目编印《智库2017》，并附有最新的科技成果转化与产业化政策和支持文件、众筹联盟简介与联盟共享的检验检测机构等内容，为下一阶段的成果推介、项目路演与交流打下基础。

（宋慧宇）

北京教育网络和信息中心

概述

2016年，北京教育网络和信息中心设有研究指导部、网络与电子政务部和系统管理部等10个部门。在职职工68人，包括高级专业技术职称15人、中级15人、初级14人。全年中心加强网络基础设施运维管理，实现北京教育信息网市级万兆链路的稳定运行，互联网出口、骨干节点、汇聚节点可用性分别达到99.84%、99.90%和99.81%；维护两处数据中心，各类IT基础设施近千台；维护光缆568.44公里；着力构建信息安全体系，教育部、北京市通过加密隧道实现互联；做好信息技术服务工作，提供“7×24”小时技术支持与网络维护；推进网站整合及网站群建设；实现市教委与16个区视频联通；完成行政副中心信息化需求调研；组织各教育单位开展信息化项目申报工作；配合开展多项行业网络信息安全检查和培训。推进教育管理信息化应用，完成义务教育入学服务平台建设；中小学电子学籍管理云平台运行稳定；建设完成初中综合实践活动综合管理平台，为培养学生创新、实践能力提供有效途径；完成北京市教育督导整体应用规划和整合，有效提升首都教育督导水平；省级数据中心建设稳步推进；完成北京市中小学学生卡管理与应用服务一级平台升级改造，发放学生证件卡40.3万张、学生学籍卡27.8万张。推动教育资源共建共享，做好北京教育资源网日常管理维护，发放资源卡3.2亿点，更新资源7364条；继续推进数字校园实验工作，依托北京市云平台各项服务，为实验校提供优质共性服务，推进实验校数字校园建设；深入推进数字化资源共享交换平台工作，建立共享规范，形成全市数字资源台账，共享格局初步形成，年度访问量突破260万人次。提高师生信息素养，开展电教、网管培训，培训网管教师1400余人；组织实施远程教育交流活动；广泛普及教育信息技术，组织全市1710所学校18309名教师参与“一师一优课一课一名师”活动，网上晒课12286节，其中1294节获得国家级优课，开展评比活动7次。增强课题科研创新能力，申报课题62个，立项46个；“数字化校园建设与应用的实践研究”180余个子课题已结题。全年中心完成特殊时期及各节假日期间，市教委网站、网络值班值守工作；完成寒暑假期间教委机关电子政务支持；完成G20峰会、中共十八届六中全会期间网络信息安全保障工作，确保重点时期零事故；形成《网络与信息系统安全检查工作总结报告》，保密及正版化检查共检查计算机206台，完成机关办公设备涉密、非涉密载体保密自查工作，确保机关办公设备符合正版化工作的要求，资产、台账清晰；借助市教委政务外网资源，服务教育系统各高校、民办学校等多家单位，组织配合2016年追加项目、2017年度信息化项目经信委申报工作，涉及项目350余个；12个网络和电子政务项目通过审批，并依照项目管理要求实施完毕。

（姚景涛）

骨干光纤及信息安全运维

至10月，信息中心完成北京教育系统骨干光纤维护管理及信息安全运行维护工作。中心共维护北京教育信息网及校城域网光缆568.444千米、接续盒504个，巡视光缆13872.012千米、接续盒11118个，抢修及排除故障34次，布放光缆4.9千米，增加接续盒23个，熔接芯数450芯；维护相关路段光缆架空、管道线路、架空线路租杆，配合市政工程及机房调测等项目进行线路运行监控。同时，中心开展信息安全巡检，对安全设备进行检查。在义教入学等重要系统上线运行期间，每周向各部门发送漏洞扫描情况报告，梳理中心系统等保定级情况。

（陈昊）

市教委门户网站运维管理

至11月，信息中心完成对市教委门户网站的运维管理工作。全年网站可利用率100%，网站页面响应时间平均小于25毫秒，页面浏览量总计8700余万次，访问者IP数178万余次。中心编发各类信息共计992条，其中，政府信息公开类247条、市教委网站新闻444条、督导室及各处室子网站新闻信息289条、特殊天气预警信息12条；建设完成11个专题栏目；向首都之窗政府门户网站报送信息76条；配合市教委多次召开网站改版工作会议，重新设计对门户

新版北京市教育委员会门户网站

（信息中心 供）

网站，开通无障碍功能。

（陈昊）

数据中心 IT 及基础设施运维

至 12 月，信息中心完成数据中心 IT 及市教委教育信息网基础设施维护管理工作。运维设施包括核心电信级大型路由设备 25 台，汇聚层网络设备 55 台，各类接入层网络设备 120 台，各类网络安全设备系统 49 台（套），网络上线运行的万兆、千兆等通信端口近千个；直接维护各类机架式和刀片式服务器 740 余台，存储系统 4 套，虚拟化平台 3 套；大型精密空调 15 组，大型 UPS7 台，新风系统 2 套，机房整体配电系统 4 套，机房专业消防系统 2 套。更换备品备件、消除隐患近 300 件次，增配内存 140 余条。针对机房电力容量紧张问题，目前正在调整方案，优化机房部署。

（陈昊）

教育信息网科研网出口运维

至 12 月，信息中心对教育信息网、互联网及科研网的出口进行运维。网站工作时间平均下载带宽 2.1Gbps，平均上传带宽 1.1Gbps; 厂桥办公区至互联网工作时间平均下载带宽 0.5Gbps，平均上传带宽 0.3Gbps。互联网出口平均可用性 99.84%;4 个骨干节点的平均可用性 99.90%;20 个汇聚节点的平均可用性 99.81%;DNS 可用性 100%; 邮件系统可用性 100%; 网络设备全年安全无事故。网络出口割接 3 次、大型网络调整 7 次、网络机房及各区等小型网络调整 118 次。

（陈昊）

网络基础设施运维

至年底，信息中心对网络基础设施进行运行维护等相关工作。全年工作运维内容包括：梳理网络基础设施服务，提供三大类 26 项标准化服务，受理本中心业务部门的变更申请单近 300 张并均已完成实施；制定《数据中心 IT 服务协议》模板，为外单位提供各类基础设施服务，签订服务协议 3 次，为清华附中、北京教科院课程中心、软件外包服务公司提供相关资源及服务器接入等服务；在两地数据中心服务器区前接入防 DDOS 设备，将 82 网段上联链路扩展为双链路，增加防火墙、防毒墙、WAF 等安全设备；调整和平门电子政务系统网络拓扑及安全防护配置；建设完成朝阳机房异地数据备份系统，并投入使用。

（陈昊）

各区及市属高校网络系统运维

至年底，信息中心完成各区及市属高校系统网络的排查和运维保障工作。主要工作包括：协助各区排查解决网络故障，及时通知并督促有关区、学校及高校用户处理基于教育网 IP 的各类攻击事件 1300 余条；协调 16 个区信息中心完成 2016 年高考远程电子巡查系统网络保障工作，共监控考点 101 个、考场 4277 个；协助北京教育考试院完成中考、会考、成考、自考、社考、司法及研究生招生等考试工作；运维市属 25 所高校资产系统和财务接口，收到并解决问题 89 个，解决率 100%，并两次主动巡检，发现并解决 99 笔数据错误和一个接口功能异常。

（陈昊）

电子政务系统及日常技术支持

至年底，信息中心完成市教委机关电子政务系统支撑服务及日常技术支持工作。全年为市教委综合管理平台(OA)、档案管理系统、教育信息文件传输系统、视频会议系统、电子政务邮箱系统提供系统监控维护、账号管理、技术支持等服务。综合管理平台实现各类公文流转 1059 次。档案系统收录 1996 年至 2015 年档案条目 78436 条，2016 年新录入 2777 条，合计 81213 条。开通及重置政务邮箱 62 人次；无线网络应用情况良好，为用户 489 人提供无线服务，开通及重置 96 人次；完善北京市视频会议系统建设及服务，实现市教委与 16 个区及燕山地区视频联通，全年召开视频会议 6 次，建立日常联调测试机制，每月与各单位进行一次测试，确保会议系统畅通。电子政务系统全年未出现重大事故，及时响应和处置各种突发事件；承担市教委机关日常 IT 运维管理工作，全年 7×24 小时提供技术支持、网络维护服务。共提供各类服务 622 次，桌面支持 547 次，电子政务系统 49 次，受理率 100%，一次解决率 98%; 支撑教育部、市政府、应急等各类视频会议 82 次，重要电子政务服务器可用性保持 99%。

（陈昊）

行业信息安全等级保护工作

至年底，信息中心推进行业信息安全及等级保护工作。中心落实市公安局要求，完成市教委及信息中心的网络安全自查工作，同时面向 16 个区及燕山地区、25 所市属高校及 25 家直属单位开展网络安全检查工作；落实市委网信办要求，完成市教委及信息中心关键信息基础设施网络安全自查工作，面向全市教育行业开展关键信息基础设施网络安全检查；配合两委，参与教育行业网络安全管理专项整治工作；协调及处置教育部、市公安局、市经信委安全通报上百次，面向市属高校印发《关于进一步做好高校网络安全工作的通知》；做好 G20 峰会期间市教委网络安全保障工作，制定《2016 年“G20 会议”技术保障方案》，确保首都教育行业网络安全；开展国家网络安全宣传周、首都网络安全日教育行业的活动。

（陈昊）

北京教育资源网运营与服务

至年底，信息中心完成北京教育资源网运营与服务。北京教育资源稳步提升，延续“教师先选择，政府后服务”的成熟模式，采用电子货币机制，为全市中小学教师提供数字化教育资源服务。截至 12 月，累计更新资源 8831 条，下架过时资源 2 万余条，共发放电子货币 3.2 亿点，累计消费合计 198.5 万元。同时，本年度资源网采购包含电子期刊、文献检索、智能组卷、英语口语训练等多项与教育教学相关的资源服务，降低教师使用的复杂度，深受一线教师欢迎，使用率显著提升。

（顾忆岚　宋洁）

市级数字资源共享交换平台的全面推广

至年底，信息中心对基础教育资源元数据及数字资源共享平台进行运维。全年中心参照中央电化教育馆 2016 年更新的《国家基础教育资源元数据》，结合北京地区资源特点编制《北京基础教育资源元数据应用规范》(2016 年版)；完成市级数字资源共享交换平台与全市 16 个区的对接，实现市级资源全覆盖，并通过调研，梳理各区资源对接后的各项数据，了解各区的应用情况并做好配套服务；通过走访调研及培训推广，80 余所学校均提出对接申请。

（顾忆岚　宋洁）

教师在线服务

至年底，信息中心继续向北京市 11 个区（含燕山）和石景山区 3 万中小学教师提供教师在线服务。主要工作内容是由教师在线专业的服务团队，通过互联网远程桌面、热线电话、视频培训、微信等服务方式，面向郊区中小学教师，提供个性化全天候的信息化教学支持服务、信息化教学应用技能提升服务、IT 基础维护服务，及时解决一线教师在教学过程中遇到的技术问题，帮助教师运用信息技术手段提升教育质量，促进教育公平。项目共发放 3.2 万个服务账号，解决一线教师在教育教学过程中遇到的技术问题，账号激活率 67.79%。截至 11 月，共为教师提供 65352 单服务，首次解决率 99% 以上，教师满意度 98% 以上，平均服务时常小于 25 分钟。

教师在线服务应用培训会

（信息中心　供）

（季茂生）

北京教育综合服务中心

概述

2016 年，北京教育综合服务中心设有机构 4 个，职工 28 人，全部在编。全年完成北京市教育系统专业技术人员职称评审、高等院校及科研院所学位授予信息管理、市教委政府信息公开和教育行政审批窗口服务、首都教育咨询服务热线 (96391) 等各项工作。同时，承担北京市人民教育基金会常务理事会办公室日常管理工作。

（罗芳）

专业技术人员职称评审

至年底，综合服务中心承担专业技术人员职称评审工作。评审工作针对 2016 年职称评审工作中出现的部分评审权下放、增加高校学术评议副高级答辩环节等各种新形势新变化，采取进一步细化工作流程，增强业务培训，强调责任分工等措施，使评审答辩的组织工作更加人性化，规范化。全年中等专业学校教师中高级专业技术职务评审 92 人，通过 70 人，通过率 76.09%; 高等学校教师专业技术职务学术评议 210 人，通过 160 人，通过率 76.19%。2016 年综合服务中心首次承担中小学正高级教师职称评审组织工作，评审中小学正高级教师专业技术职务 78 人，通过 68 人，通过率 87.18%。

（罗芳）

承担教育热线和政务公开工作

至年底，综合服务中心受市教委委托承担政府信息公开和行政许可事务性工作、首都教育咨询服务热线(96391)工作。全年教育热线共解答工作咨询54667件，其中，接听群众来电49272件、网上在线问答回复问题3039件、市非紧急救助服务中心(12345)网络派单2356件。整理收集市教委政府信息公开文件923件，信息公开月报10期，机关交换机要文件2万余件。

（罗芳）

北京地区高校大学生优秀创业团队评选现场　（人才交流中心 供）

学位授予信息管理

至年底，综合服务中心完成北京地区学位授予单位学位授予信息管理工作。北京地区共有学位授予单位148个，2015/2016学年度总计审核上报电子数据279142条（含光盘报送数据），受理申请修改数据567条，申请补报数据693条，添加学士学位专业授权137个。

（罗芳）

行政审批窗口服务

至年底，综合服务中心受市教委委托承担行政审批窗口服务工作。市教委在北京市政务服务中心设置窗口2个，进驻人员4人，服务中心3人，主要承担市教委行政审批服务事项的咨询、受理等工作。全年共受理“行政许可”事项8102件，接待行政审批事项及其他教育咨询约300余次。

（罗芳）

2016年职称备案

至年底，综合服务中心完成2016年市教委直属单位的职称评审结果备案工作。中心对北京教育科学研究院、北京教育网络和信息中心、北京学生活动管理中心、西藏中学及市属中专学校等10个市教委直属单位进行职称评审备案工作，备案人数共计105人，核发证书84人。

（罗芳）

北京市教育系统人才交流服务中心 北京高校毕业生就业指导中心

概述

2016年，北京市教育系统人才交流服务中心（北京高校毕业生就业指导中心）在职职工63人，在编33人。中心设办公室、学籍与就业事务部、人事代理部、市场发展部、宣传推广部、培训交流部、研究室、创业服务部、人事业务部9个部门。全年中心协助市教委学生处推进“一街三园”大学生创业孵化体系建设，初步建成北京高校大学生创新创业服务中心（位于中关村创业大街）、北京高校大学生创业园（软件园）、北京高校大学生创业园（良乡园）及北京高校大学生创业园（理工园）在内的“一街三园”孵化体系，形成“以中关村为核心，南北园互为补充”的创业孵化空间布局，评选出100支北京地区高校大学生优秀创业团队和54支“潜力奖”创业团队；编制《2016年北京地区高校毕业生就业质量年度报告》；举办各类双选会115场，服务用人单位10621家次，服务参会毕业生14.1万人次，与津冀地区高校毕业生就业部门签署《京津冀高校毕业生就业创业协同发展框架协议》；完成东城、西城、朝阳、海淀、丰台、石景山城六区教委的27954份人事档案返还工作；组织北京市100余所高校和科研单位的1371名就业创业指导教师开展培训20次；完成市教委直属事业单位和中专学校、各区教委以及市属高校人事干部的专业化培训2期；协助市教委完成92所高校和88个科研院所的23万余名2016届毕业生就业手续办理工作，出具报到证近20万张；协助市教委完成直属事业单位40名和区教委中小学235名教师岗位的公开招聘工作，组织市教委直属事业单位和中专学校、市属高校、区教委340名人事干部开展3期人事干部专业化培训。协助教工委宣教处完成2016年135名博士生、博士后挂职锻炼的管理服务工作；协助教育部受理学历认证申请15150份，出具学历报告14406份。北京高校毕业生就业信息网：www.bjbys.net.cn; 北京教育人才网：www.jyrc.com.cn。

（侯文磊）

大学生创业优秀团队评审

至10月，人才交流中心完成北京地区高校大学生创业优秀团队评审工作。评审工作经高校初审、专家评审、现场答辩等评选环节，从470个参与评选的大学生创业团队中评选出100支北京地区高校大学生优秀创业团队和54支创业团队获得“潜力奖”，获奖团队将有资格入驻各创业园区，享受各园区提供的孵化服务。

（侯文磊）

毕业生就业质量年度报告编制

至年底，人才交流中心协助市教委完成《2016 年北京地区高校毕业生就业质量年度报告》的编制印发工作。全年中心开展毕业生就业状况调查研究工作，为突出调研重点，重新修订调查问卷结构，设定有效样本比例，提升数据使用效率，确保方法科学、过程严谨、数据翔实、结果真实，实现问卷主要功能由配合就业率核查向高校教育教学和人才培养反馈方向的转移。此外，中心还完成《2016 届北京地区高校毕业生就业状况调查报告》和《2016 年北京地区高校毕业生用人单位调查报告》的编制工作，并为 30 所高校编制就业质量报告提供指导服务。

（侯文磊）

建设“一街三园”创业孵化体系

至年底，人才交流中心协助市教委推进“一街三园”大学生创业孵化体系建设工作。初步建设完成北京高校大学生创新创业服务中心（位于中关村创业大街）、北京高校大学生创业园（软件园）、北京高校大学生创业园（良乡园）及北京高校大学生创业园（理工园）在内的“一街三园”孵化体系，形成“以中关村为核心，南北园互为补充”的创业孵化空间布局，为在京高校大学生创新创业提供包括场地、信息、培训指导、投融资、财税政策咨询等全方位的孵化服务。此外，中心还将 4 所高校创业园纳入北京高校大学生创业园孵化体系，推动建设园外孵化基地，逐渐形成布局全面、政策统一、市校两级互动互补的创业园孵化架构。

（侯文磊）

中关村创业大街北京高校大学生创新创业服务中心
（人才交流中心 供）

多种毕业生就业服务开展

至年底，人才交流中心开展多种毕业生就业服务工作。举办各类双选会 115 场，服务用人单位 10621 家次，服务参会毕业生 14.1 万人次。全年中心推动“京津冀毕业生就业市场一体化”建设，与津冀两地高校毕业生就业部门签署《京津冀高校毕业生就业创业协同发展框架协议》，联合举办京津冀学前教育协同发展峰会暨第二届京津冀学前教育类高校毕业生专场招聘活动、第七届中国 · 河北（承德）海内外高层次人才洽谈会、京津冀地区面向 2017 届高校毕业生网上双选月等活动。

北京高校毕业生就业指导中心联合双选会
（人才交流中心 供）

（侯文磊）

信息化建设加强

至年底，人才交流中心加强信息化建设提升工作效率和宣传效果。推进集毕业生就业服务管理、就业市场建设、就业数据调研分析、在线就业创业指导课程等功能为一体的“北京地区高校毕业生智能综合服务平台”的建设和运营工作。同时，通过“成功就业”订阅号和“就业信息网”服务号两个微信公众号向 8.5 万用户推送就业资讯、职场认知及就业创业政策指导类资讯 251 期，编发院校间就业创业资讯 120 余条。

（侯文磊）

城六区教委 27954 份人事档案返还

至年底，人才交流中心完成城六区教委的人事档案返还工作。中心按照市教委关于档案返还的工作要求，对城六区教委人事档案进行标准化装订，共完成 27954 份人事档案的返还，其中，东城区教委 4983 份、西城区教委 4348 份、朝阳区教委 7841 份、海淀区教委 5073 份、丰台区教委 4129 份、石景山区教委 1580 份。服务存档单位 26 家，管理人事档案总量 8256 份。

（侯文磊）

毕业生就业手续办理及学籍审核

至年底，人才交流中心协助市教委完成毕业生就业手续办理及学籍审核工作。完成 92 所高校和 88 个科研院所的 23 万余名毕业生就业手续办理工作，打印报到证 20 万余张，办理改派手续 9 千余人次，办理户口恢复手续 1500 余人次；完成各层次新生学籍注册数据 66 万余人，学年注册数据 230 万余人，毕业生注册数据 54 万余条，各类学籍变动数据 2 万余条；打印优秀毕业生证书 11026 份，发放支援西部证书 8000 份，村官证书 2000 份；核查退役大学生士兵资格数据学历信息 2046 条；核查中外合作办学学生学籍资格信息 530 人次。

（侯文磊）

直属单位及农村中小学公开招聘

至年底，人才交流中心协助市教委完成直属事业单位及农村中小学公开招聘工作。中心协助市教委和朝阳、海淀、丰台、石景山、密云、门头沟区教委完成 7 项公开招聘工作，安排各类公招考试 13 次，组织安排考试 5525 人。为市教委 15 家直属事业单位完成 40 人的公开招聘工作，根据 12 个区教委乡村教师需求情况，完成 261 人的北京市乡村教师岗位公开招聘工作。

（侯文磊）

创业工作人员及教育系统人事干部培训

至年底，人才交流中心开展高校就业创业工作人员培训和教育系统人事干部培训。全年中心共组织 100 余所高校和科研单位的就业创业工作人员 1371 人参与培训交流活动 20 次，协助市教委组织人事干部 340 余人举办以中小学职称改革、事业单位养老保险制度改革等内容为主体的 3 次人事干部专业化培训活动。培训活动旨在促进高校就业创业工作教师和教育系统人事干部的工作队伍建设。

（侯文磊）

博士生（后）挂职管理

至年底，人才交流中心协助市教委完成 2016 年首都高校博士生（后）的挂职锻炼管理服务工作。共管理服务 135 人，编印挂职锻炼通讯 5 期，并在总结以往工作案例的基础上制作《激扬青春——首都高校博士生（后）、青年教师和辅导员挂职锻炼风采》纪录片。

（侯文磊）

北京市国际教育交流中心 北京市汉语国际推广中心

概述

2016 年，北京市国际教育交流中心（北京市汉语国际推广中心、北京市港澳台教育交流中心）有教职工 27 人。全年组织市委教工委、市教委及直属单位因公出国（境）49 个团组，出访国家和地区 33 个，服务 256 人次；先后配合教育部、民政部、国家汉办、市政协等中央和北京市单位完成接待任务 23 项，接待 1398 人次。全年共举办 3 个团组境外教育说明会，全市 31 所大、中、小学的 60 人参加。全年累计开展 3 大类 10 项境内外师生交流活动，参与活动的对象覆盖 16 个区的 266 所大、中学校的师生 1101 人，涉及 23 个国家及港澳台地区的师生 1050 人。全年为大、中、小学在京外籍学生 3500 人组织两大类比赛及交流活动。全年开展汉语及中国文化培训，来自 49 个国家的官员 267 人参加学习；组织 200 名首都高校汉语国际教育专业学生境内外教学实习；组织 21 个国家的 300 余名汉语教师来京研修；全年派出 14 名赴泰汉语志愿者；协助国家汉办完成孔子学院志愿者、外派教师、美国大学理事会等多个项目的招募工作。网址：www.biee.bjedu.cn。

（郑静慧）

4 场境外知名教育专家系列讲座

5 月 11 日、12 日和 5 月 17 日、18 日，国际教育交流中心举办 4 场 2016 境外知名教育专家系列讲座。讲座邀请来自美国、加拿大和中国台湾地区的教育专家 8 人探讨开放性“教与学模式”的构建和多样化教学方式的运用等问题，为区级教育主管、基础教育教师提供思想交流和务实对话的平台。共有来自通州区、平谷区、密云区和延庆区 4 个区的相关领导及教师参加。

（郑静慧）

境内外知名教育专家系列讲座

（国际教育交流中心 供）

汉语国际教育专业学生对外汉语教学培训

5 月至 12 月，国际教育交流中心组织首都高校汉语国际教育专业的学生进行教学实习活动。首都师范大学、北京第二外国语学院的汉语国际教育专业的学生 100 人赴北京市 10 所大、中、小学国际部开展为期 2 ～ 3 周的教学实习活动。通过实习，了解并体验汉语教学的全过程，旨在为今后从事对外汉语教学和传播中国文化打下基础。

（郑静慧）

承办 3 次交流夏令营

7 月 14 日至 23 日、15 日至 21 日、23 日至 29 日，国际教育交流中心承办三次交流夏令营活动。其中，第五届国际学生北京夏令营，共有来自 4 大洲 21 个国家的国际师生632人参加，同时新增丹麦、以色列两个国家；“2016海峡两岸青年学生北京长城夏令营”，共有北京及台湾师生200人参加活动；“2016青春港澳行——京港澳学生交流夏令营”，共有北京师生197人、港澳师生164人参加活动。

（郑静慧）

中华文化小使者交流活动

7月20日至8月21日，国际教育交流中心组织开展“2016中华文化小使者”交流项目。14个区33所中学的师生242人分8个团分别赴美国、加拿大、英国和俄罗斯开展“2016中华文化小使者”交流项目。通过在境外参加营地活动、学校上课、住宿家庭等形式接触当地师生，体验当地校园文化、深入了解当地社会，在互动过程中，向他们宣传展示中华文化、展示北京学生风采、宣传北京教育成果，使外国师生在体验、理解中国文化的同时，提升北京学生对中华民族文化的认知度，自发地产生民族自豪感，激发团队协作精神，提高国际交往和跨文化理解能力，从而促进汉语国际教育工作在境外深入开展。

（郑静慧）

境外教学实习

7月至10月，国际教育交流中心组织4次首都高校对外汉语专业学生赴境外开展教学实习活动。共有来自首都师范大学、北京第二外国语学院和首都经济贸易大学的对外汉语相关专业学生100人分别于7月赴马来西亚，8月赴新加坡、泰国，10月赴美国40余所大中小学校和培训机构参加教学实习活动。

（郑静慧）

承办3次友好交流活动

10月24日至28日、25日至29日和12月，国际教育交流中心承办三次“好友”交流活动。其中，承办第三届“北京—世宗青少年艺术交流活动”，韩国世宗市教育代表团师生49人分别赴北京市京源学校和北京九中进行参观和交流；承办第17届“北京—首尔青少年体育友好交流大会”，来自首尔新仓中学、新道林高级中学的师生38人与来自北京市广渠门中学、回民学校的学生参加排球和足球的友谊赛；承办第二届“体验北京——香港学生北京访学计划”来自香港的师生58人来京参加活动。

（郑静慧）

驻华使馆官员汉语学习课堂

至年底，国际教育交流中心协助市教委举办驻华使馆官员汉语学习课堂。此次课堂共有来自49个国家、地区及世界组织的官员267人参加。驻华使馆官员汉语学习课堂从2011年开始，已连续举办六届，在为使馆官员提供语言和文化体验课堂程的同时，安排使馆官员走进北京普通百姓的家庭，开展“做一天北京人儿”活动。此项目已成为增进北京与各国交往与友谊、推动合作与发展的新平台。

（郑静慧）

境外教育说明会

至年底，国际教育交流中心受市教委委托组织3个团组赴境外举办北京教育说明会。31所大、中、小学60名代表，先后赴马来西亚、印度尼西亚、波兰、捷克、西班牙、荷兰举办相关活动。出访11个城市、举办13场说明会，总咨询人数有3000余人次，发放5000余份咨询材料。说明会期间对各使馆、政府教育部分、孔子学院及高校进行15场公务活动。共有来自相关处室及高校的负责人参加教育说明会。通过教育说明会宣传推介北京教育资源，为境内外院校搭建交流平台，提供合作交流的机会。

（郑静慧）

3次汉语教师及志愿者外派

至年底，国际教育交流中心协助国家汉办完成3个汉语教师招募及志愿者派出项目。项目包括孔子学院志愿者、外派教师、美国大学理事会等多个项目的招募工作，共派出汉语教师和志愿者91人，主要在当地进行汉语教学和中国文化推广活动，此次汉语教师及志愿者来自北京第二外国语学院、首都师范大学等市属高校及中小学。同时中心派出赴泰志愿者14人，主要在当地进行语言教学及文化推广工作。

（郑静慧）

京港澳学生交流夏令营　　（国际教育交流中心 供）

12 期境外汉语教师培训

至年底，国际教育交流中心组织 12 期境外汉语教师培训班。培训以首都高校为依托，邀请高校专家及中小学一线优秀教师授课，为每个为期 16 天的培训团组均开展汉语教学理论、实地教学观摩和中国文化体验三部分的培训。全年共有来自巴基斯坦、泰国、马来西亚、南非、埃塞俄比亚、日本、俄罗斯、印度尼西亚等 21 个国家的汉语教师 300 人参加。

（郑静慧）

北京汉语网

至年底，国际教育交流中心运行维护北京汉语网。全年上传原创新闻稿件 1500 篇，中国文化类稿件 1750 篇以及 700 篇留学北京相关信息；组织 100 次针对留学生的线下中国文化推广活动。同时中心上传汉语教学课件 150 个，以及《留学北京指南》《北京高校英文授课专业及特色项目介绍》等资料，帮助汉语学习、中国文化学习及北京教育宣传。北京汉语网网址：www.bjchinese.bjedu.cn。

（郑静慧）

“2016 国际语言环境建设”项目

至年底，国际教育交流中心组织实施“2016 国际语言环境建设”项目。内容包括组织“问候全世界”中小学生多语种培训项目，7 个区 31 所学校开设 39 个教学班，开展德语、法语、西班牙语 3 个语种的教学，参加授课的学生 1500 余人次；组织首都学生外语展示系列活动，通过英语戏剧比赛形式进行，191 所小学、162 所中学的 3000 余名学生参与；承办 2016 年北京外语游园会“多国文化秀”活动，设置英语、法语、西班牙语、德语与韩语的交流互动区，通过展板形式向市民介绍 5 个语种相关国家的语言、城市、文化等知识，并设有奖竞答活动；组织暑期英语夏令营，于 8 月 14 日至 28 日分别在通州区、昌平区、平谷区、密云区和延庆区 5 个营地举行，邀请 60 名外籍教师为 5 个区的 1200 名师生举办全封闭英语夏令营。

（郑静慧）

北京学生活动管理中心 北京市少年宫

概述

2016 年，北京学生活动管理中心（北京市少年宫、北京市青少年科技馆、北京教学植物园）占地面积 14.42 万平方米，建筑面积 4.92 万平方米。中心内设部门和机构 21 个，有教职工 188 人，包括专业教师 151 人，博士、硕士研究生学历 38 人，高级职称 47 人，特级教师 1 人，市级骨干教师 2 人。建有市级阳光少年舞蹈团、管乐团和手风琴团、金鹏科技团，绿色科技俱乐部；设有艺术、科技、体育类等学生校外兴趣活动小组项目 47 个，兴趣小组 400 余个，招生 1.6 万余人次，常年在学学员 7500 余人。全年中心承办市委教工委市教委组织的大型活动 49 项，受益学生 100 余万人；主办全市性大型活动 9 项，直接参与学生 6770 余人；开展“四个一”等社会主义核心价值观教育活动，参与学生 32 万余人；承办团中央、中国青少年宫协会、中华社会救助基金会、首都绿化委员会办公室、市文明办、市科委、市科协、市文化局、市体育局、团市委、市妇联等其他部门大型学生活动 10 项，直接参与学生 4200 余人；开展各类大型实践、体验、演出、竞赛、展览活动 87 项，直接参与学生 3 万余人；开展现场植物教学，累计接待中小学生、大学生、教师 10463 人；接待国内教育单位、机构和社会团体 42 次 644 人参观交流。全年获全国科普工作先进集体，《全民科学素质行动计划纲要》“十二五”实施工作先进集体，第十一届北京阳光少年活动“优秀组织奖”及“模拟联合国儿童互联网大会”活动“优秀组织工作奖”等称号；首次派教师赴拉萨开展教研指导和业务帮带活动。引进宿根草本植物 150 种，木本植物 50 种，收集引种露地栽培木本、水生、草本植物，热带亚热带等活体标本植物 2017 种；为 457 所中小学教学、绿化提供服务；为 15 所学校 1000 余人提供劳技材料 9000 余份，为城近郊区 20 余所学校提供生物实验材料 1.2 万份。“北京学生活动管理中心”微信公众号开通。全年通过公众号图文的形式发布重大活动及工作开展情况，共发布微信 35 期，粉丝量超过 2000 人。

（李蔓　贾祎）

市少年宫成立 60 周年

1 月 1 日，市少年宫成立 60 周年。市少年宫始建于 1956 年，位于景山公园寿皇殿，前身为 1952 年在北海北岸的阐福寺成立的北京市少年之家。成立目的在于配合学校对少年儿童进行共产主义教育，培养少年儿童优良道德品质，丰富少年儿童文化生活，发展少年儿童兴趣和才能。2000 年，市少年宫和北京市青少年科技馆（1957 年成立）合并，成立北京学生活动管理中心;2007 年 10 月，新址落于东城区左安门西街 11 号;2013 年 4 月，在整合北京学生活动管理中心和北京教学植物园的基础上，重新组建北京学生活动管理中心，保留北京市少年宫、北京市青少年科技馆、北京教学植物园的牌子，同时设有北京市校外教研室、北京市中小学生社会大课堂管理办公室等机构。2013 年 5 月，市少年宫新址建成交付使用，11 月完成迁址。

（李蔓）

承办 7 次夏令营活动

1 月至 8 月，学生活动中心共承办 7 次夏令营活动。其中，1 月 23 日至 25 日，举办“冬日的自然之旅”冬令营，设“冬天里的植物”“植物扮靓家居”“水仙雕刻”等活动，学生 100 人参加;1 月 25 日至 29 日，举办 2016 年北京市少年宫航天冬令营，组织营员赴海南文昌发射基地、三亚卫星遥感中心参观，开展科普讲座等活动，学生 23 人参加;7 月 15

日至 19 日，举办首届河北省中小学生北京夏令营，组织观看天安门升旗仪式，参观京城名胜古迹、自然景观，观看科普实验表演活动，并赠送 100 套航模教材，来自邯郸的中小学师生 90 人参加；7 月至 8 月，共举办新疆和田、西藏拉萨中小学生夏令营、新疆和田中小学生民族团结夏令营及第六届拉萨中小学生夏令营活动，共有师生 500 余人参加活动；8 月 6 日至 7 日，举办两期“夜游植物园，探访夜精灵”夏令营活动，设虫虫总动员、探秘标本馆、夜游植物园等项目，学生 70 人参加。

（马凯　霍颖欣　蒋小建）

承办 15 项市级体育活动

1 月至 11 月，学生活动中心承办市级学生体育比赛 15 项。其中，1 月 25 日至 29 日，承办 2016—2017 学年度北京市百万青少年“迎冬奥”系列活动——冬奥小使者冰雪嘉年华活动，全市 9 个区小学生 1500 余人参加；1 月 25 日至 2 月 3 日，承办首届北京市青少年校园足球后备人才梯队建设足球冬训营活动，全市 16 个区 106 名中小学生参加，女生占 40%；2 月 27 日至 3 月 13 日，承办阳光体育 2016 年北京市中小学生乒乓球冠军赛，全市 13 个区 135 所中小学校的学生 497 人参加；4 月 10 日，承办北京市学生体育舞蹈比赛，全市 11 个区 48 所学校的学生 1350 人参加；6 月 11 日至 12 日，承办 2016 年北京市中小学生啦啦操比赛，全市 141 所中小学校的学生 3053 人参加；6 月 17 日，承办 2016 年北京市中小学生校际冰球联赛，全市 46 所学校 57 支球队的学生 800 人参加；7 月 12 日至 15 日，承办北京市校园足球五人制比赛暨小足球比赛，全市 16 个区 161 支队伍 1500 余人参加，女子运动员比例占 12.8%；7 月 17 日至 22 日，承办 2016 年北京市青少年体育文化节活动，全市 16 个区 17 所小学的师生 215 人参加，活动包括冬季运动体验日、拓展训练营、毽球争霸赛等 11 项活动，新增马术、高尔夫等项目；9 月 16 日、17 日、24 日，承办北京市第十届“和谐杯”乒乓球比赛暨北京市中小学生乒乓球联赛，全市 11 个区 70 所学校的学生 600 人参加；9 月 16 日至 17 日，承办北京市中小学生网球比赛，比赛设硬地网球和短式网球 2 个项目，全市 8 个区 73 所学校的学生 281 人参加；9 月至 12 月，承办“冰雪初体验欢乐校园行”北京市中小学生冰雪运动普及与推广活动，全市 16 个区师生 2.5 万余人参加；10 月，承办北京市中小学生足球联赛，全市 16 个区 350 所中小学的学生 6000 人参加；10 月 28 日至 30 日，承办 2016 年第 54 届北京市中学生田径运动会暨北京市中学生田径冠军赛，全市 16 个区中学生 1000 人参加；11 月 12 日，承办 2016 年北京市中小学生竞技健美操比赛，全市 6 个区 50 所中小学校的学生 367 人参加；11 月 26 日，承办 2016—2017 中国初高中篮球联赛（北京赛区）比赛，全市 7 个区 30 支代表队 450 人参加。

（郭跃　董默轩　傅玥）

6 月 17 日，2016 年北京市中小学生校际冰球联赛
（学生活动中心　供）

承办 7 项国际交流活动

2 月至 12 月，学生活动中心共组织 7 项国际交流活动。其中，2 月 9 日至 18 日，组织北京大学生艺术团赴澳大利亚参加“欢乐春节”活动；4 月 29 日至 5 月 5 日，组织北京市八一学校教师 3 人、学生代表 16 人赴日本东京都参加 2016 年东京“国际青少年足球赛 (U-14)”；6 月 20 日至 27 日，组织北京大学生艺术团赴德国参加法兰克福多元文化节；7 月 18 日至 22 日，组织北京市 5 所学校师生赴澳门参加第八届“北京－澳门中学生科技合作交流”活动；8 月 14 日至 25 日，以“一带一路扬起中华韵律”为主题，组织金帆民乐团和舞蹈团小学生赴英国参加 2016 年爱丁堡国际艺术节和相关交流活动；8 月 14 日至 27 日，组织北京大学生艺术团赴希腊参加第 53 届莱夫卡斯国际民俗艺术节广场游行及演出活动；12 月 15 日至 24 日，组织学生赴西班牙皇家马德里俱乐部足球训练基地参加 2016 年北京市中小学校园足球系列竞赛活动——国际青少年足球训练营，并与当地学生进行足球教学比赛。

（吴文　刘弦　池飞龙）

5 次主题教育活动

3 月至 6 月，市少年宫举办 5 次主题教育活动。其中，3 月 20 日，开展“我的未来我的梦”首都少年儿童图文大赛活动，2000 余人参加；4 月 8 日，开展“宫娃在行动——一起游戏”主题活动，300 人参加；5 月 8 日，开展“宫娃

5 月 8 日，开展“宫娃在行动——夏满童趣”主题活动
（学生活动中心　供）

在行动——夏满童趣”主题活动，学生300人参加;5月31日至6月1日，开展“瞻仰革命圣地珍惜美好童年”主题活动，包括瞻仰革命圣地、传统手工艺体验、植物探秘之旅、观看爱国影片4项内容，700余人参加;6月5日，开展“宫娃在行动——‘粽’情端午”主题活动，400人参加。

（乔超新 刘毅 刘美丽）

主办10项市级体育比赛

3月至12月，学生活动中心主办市级学生体育比赛10项。共主办阳光体育中小学生踢毽比赛、跳绳比赛、花样跳绳比赛、长跑比赛、跳皮筋比赛、棒球比赛、毽球比赛7项，5025人参加;3月19日，主办2016年北京市第一届天坛杯中小学生象棋、围棋比赛，1350人参加;4月2日，主办阳光体育北京市学生街舞比赛，全市11个区63所学校的学生734人参加;6月19日，主办2016年北京市中小学生轮滑比赛，60所中小学399人参加。

（郭跃 徐颖 池飞龙）

实践体验活动

3月至12月，学生活动中心举办多项实践体验活动。3月至11月，与波音公司联合开展第八届波音航空科普系列教育活动，17000人参加;4月至12月，与索尼探梦科学馆联合主办“爱心助学——科普下乡”大型互动科学实验表演，12000人参加；至12月，举办3项科技实践体验活动，中小学生29000人参加。全年市少年宫开展半日课程体验活动50次，全市8个区30所学校12160人参加，活动包括素质拓展、定向越野、无线电测向、传统手工艺、安全自护技能体验、科技活动体验等内容，每周三、五面向全市中小学生开放;开展亲子动手体验活动80次，活动包括亲子游戏、亲子绘本、传统手艺制作等内容，400个家庭参加。

（蒋小建 乔超新 刘美丽）

11项科技类校外教育活动

4月至11月，学生活动中心组织11项市级科技类校外教育活动。其中，承办“携手共筑科技梦，快乐科普进校园”科普活动，张家口市第十中学、张家口市建国路小学600余人参赛；承办北京市中小学生应急通讯演练挑战赛，包括测向机制作比赛和室外测向比赛，半步桥小学、燕山地区师生1700人参赛；承办北京市中小学生航空航天模型比赛，800人参赛；承办第五届北京市学生机器人智能大赛，全市16个区250所学校及校外教育机构450支队伍1900余人参赛；承办第二届北京市中小学生科技创客秀，全市100所中小学校1500人参赛；承办北京学生科技文化（内蒙古）夏令营，组织北京市学生金鹏科技团天文、地球与环境、生命科学等分团的100名团员赴内蒙古进行植物考察；承办第八届“科学建议奖”评选活动，征集学生建议1054项，1200人参加；承办北京学生特色科技活动展示暨第34届北京学生科技节闭幕式，活动设300个科技互动体验项目，3000余人参加；开展“探索绿色科技，畅享植物魅力”科普基地与科技示范校科普对接活动，师生480余人参与；开展“谁的糖分最高”“探秘水生植物王国”探究实验，“我是环境监测员”“快乐识五谷”“适者生存”等自然体验项目；开展绿色科技俱乐部活动39期，中小学生2270人参加。

（王涛 张峥）

7次植物主题科普活动

至11月，学生活动中心举办7次植物主题科普活动。其中，1月17日，举办“迎新春，花事2016”活动，活动设“花卉知识大比拼”“节日贺卡制作”两个板块，30人参加;3月20日，举办“赏鸟入门”活动，活动设“观鸟礼仪、望远镜使用”“观鸟记录”“参观珍稀濒危鸟类”3个板块，15人参加;4月5日，举办首都植树日“播种绿色拥抱春天”活动,设“一起来种树”“植物幼儿园”“认识身边的树木”“开心种植”4个板块，200人参加;4月24日，举办“牡丹的曼妙之约”活动，活动设“溯牡丹之史”“赏牡丹之美”“探牡丹花色之谜”3个板块,30余人参加;5月31日,开展“自然体验”绿色科普游园活动,设“植物与环境”“暗箱摸果”“植物的馈赠”“创意书签制作”“阳台种菜”等10余项自然体验活动,500人参加;5月8日,开展“月季培育”活动,设“认识月季”“解剖月季”“品种培育”3个项目，45人参加;11月27日,举办“可怕的天气——气候变化教育第一课”活动，设测量气温、“北京气候变了吗？”“我是预言家”“应该拯救谁？”4项内容，30人参加。

（马凯）

部门设置调整

12月9日，学生活动中心调整部门设置。此次部门调整将美术教学活动教研组更名为美术教学教研组，体育教学活动教研组更名为体育教学教研组，科技教学活动教研组更名为科技教学教研组，场馆部更名为剧场部；合并艺术团队管理教研组和艺术教学活动教研组，成立艺术教学教研组。

（李蔓）

承办6项艺术类活动

至12月，学生活动中心承办6项艺术类活动。其中，3月至12月，承办2016年北京大学生音乐节，开展声乐、器乐类展演活动，组织活动42场，全市62所高校的师生13000人参加，观众40000余人;4月至9月，承办第19届北京学生艺术节活动，开展个人、集体项目展演，戏剧专题讲座，艺术作品网络征集，冬奥主题诗词征集评选等活动，16个区及燕山地区1600余所中小学校近130万学生参加;8月12日至14日，承办2016全国青少年优秀美术作品展，从2016全国青少年美术作品展赛的300幅获奖作品中选出150幅进行展览，3万人参观;10月24日至30日，承办第四届北京国际青少年艺术周，举办活动27场，10个国家

6 支国外青少年管乐团队、18 支北京大中小学生管乐团队 2000 余人参演，观众 2.5 万人;11 月 30 日，承办“春华秋实・艺苑芳菲”2016 北京艺术院校成果展示活动，展演中央音乐学院、中央戏剧学院、中央民族大学、北京舞蹈学院、中国音乐学院、中国戏曲学院、首都师范大学、解放军艺术学院、中国传媒大学 9 所院校的优秀节目 17 个；至年底，承办 2016 年高雅艺术、民族艺术进校园活动，共组织演出 614 场，来自全市的大中小学生近 35 万人观看演出。

（吴文　刘弦　林清）

“中华美德少年行”家风故事宣讲系列活动

至 12 月，学生活动中心举办“中华美德少年行”家风故事宣讲系列活动。宣讲形式包括情景剧表演、配乐诗朗诵、茶艺表演、讲故事等，共有学生 800 余人、观众 1600 余人参加。5 月 22 日，举办家风故事宣讲活动，学生 100 余人、观众 100 余人参加;9 月 24 日至 25 日，举办 5 场“中华美德少年行——家风故事宣讲活动”，学生 200 余人、观众 500 余人参加;11 月 27 日，举办“中华美德少年行——家风故事展示活动”怀柔专场演出，学生 200 余人、观众 500 余人参加;12 月 11 日，举办“中华美德少年行——家风故事宣讲活动”朝阳专场演出，学生 200 余人、观众 500 余人参加。

（王鹏）

艺术小组教学实践 7 次

至 12 月，市少年宫组织艺术小组教学实践 7 次。其中，1 月 2 日，举办“歌海情缘——市少年宫合唱团成立 60 周年”新年音乐会，学员 200 余人参演，观众 1400 人观看;1 月 29 日，举办管乐团 2016 新年音乐会，学员 120 人参演;2 月 1 日至 3 日，参演“2016 我爱北京——市民新春联欢会”，市少年宫原创舞蹈作品《小麻拐》《过猴山》参演，学员 100 人参演;4 月 2 日，举办“春天里的浪漫和友情”美国希尔格罗夫高中乐团与市少年宫管乐团交流演出，中美学生 300 人参演，观众 600 人次观看;7 月 27 日，赴延庆区开展合唱训练营活动，市少年宫合唱团和延庆少年宫合唱团学员 90 人参加;9 月 4 日，市少年宫学员舞蹈《我和钢琴有个约会》参加长城森林艺术节演出，50 人参演;10 月 29 日，举办北京市少年宫管乐团与波兰克拉科夫维涅瓦青年管乐团交流音乐会，6 支国外青少年管乐团及 18 支北京大中小学生管乐团 500 人参演。

（徐家辉　王春妹）

北京市教育技术设备中心

概述

2016 年，北京市教育技术设备中心建筑面积 3144 平方米，其中，标准教学设备展示厅 300 平方米、办公场所 2144 平方米、库房 700 平方米。设有办公室、发展规划科、管理科、技术科、采购科，职工 38 人。中心受市教委委托行使对教育技术装备的管理和对实践教学研究的职能，负责北京市中小学校实验室（专用教室）和教学仪器设备的建设、配备、管理、质量检测及技术服务。全年开展“两学一做”学习教育活动；接受市委巡视组和市委教工委、市政府教育督导室、市教委党风廉政建设专项督导检查；召开全市教育装备工作会两次；组织完成《北京市义务教育阶段办学条件标准细则（修订稿）》的修订阶段性工作任务；开展第三届北京市高中学生物理研究性学习实践活动；参加市政府教育督导室义务教育学校办学条件情况督导调研；协助主管部门开展“初中开放性科学实践活动”的安全与督导工作；举办第六届书香燕京阅读指导活动。根据市委办公厅、市政府办公厅印发的关于《北京市行业协会商会与行政机关脱钩工作方案》的通知，北京教育装备行业协会与北京市教育技术设备中心脱钩。

（赵文强）

基础教育自制教具展评

3 月 30 日至 31 日，设备中心举办北京市基础教育自制教具展评活动。来自 19 个单位 254 名教师和 33 名学生 (27 名指导教师）申报作品 177 件，最终评选出市级自制教具一等奖 34 个、二等奖 50 个、三等奖 93 个，同时推选 20 件作品 (17 件教师作品和 3 件学生作品）参加第九届全国优秀自制教具展评活动，均获得“全国优秀自制教具”奖项。2 名教师获得“全国自制教具能手”称号，设备中心获得“第九届全国优秀自制教具展评活动组织奖”。

（赵文强）

义务教育阶段办学条件标准细则修订

3 月至 12 月，设备中心修订《北京市义务教育阶段办学条件标准细则》。修订针对义务教育阶段各学科的课程标准、教材、教学活动进行分析，梳理出所有教学活动所需的仪器设备、材料与耗材，整理仪器设备的名称、种类、规格和技术参数，形成既满足实际教学又富有弹性的《北京市义务教育阶段办学条件标准细则（修订稿)》。

（赵文强）

安全生产专家进学校服务活动

5 月 3 日至 31 日，设备中心受市教委委托联合市安监系统专家对全市中学开展“百名安全专家走进实验室”活动。活动邀请来自北京市安全生产技术研究院、北京市疾病预防控制中心及北京市劳动保护科学研究所的专家 181 人，重点服务中学实验室危险药品使用及贮存情况，涵盖化学、物理、生物及通用技术实验室 200 余间，化学品存放场所 120 余个。来自 16 个区及燕山地区共 50 所学校参加活动。

（赵文强）

教育产品质量检测

5月至12月，设备中心两次对涉及学生身体健康和实验安全的教育装备产品开展质量检测。5月至10月，对8家企业的黑板、12家企业的升降课桌椅进行质量检测;10月至12月，对6个区24所学校的化学实验室进行玻璃仪器(加热型试管)抽样，并送至国家轻工业玻璃产品检测中心进行检测。两次检测中，都存在涉及安全性的指标不合格现象，建议相关的生产企业在生产过程中严格把控质量关，相关采购单位要做好采购验收工作，保证实验教学顺利开展和学生安全。

(赵文强)

危险化学品柜教育教学适用性评估

6月至12月，设备中心对危险化学品柜教育教学适用性进行安全评估。此次评估组织高校、检测机构、装备系统专家和学科教研员、一线实验员10余人入校进行评估检查。通过召开专家研讨会、中小学实验室危险化学品柜产品介绍会，研究提出符合北京市中小学实验室需求的技术质量保障、服务性和经济性等方面指标。

(赵文强)

中小学教育装备安全与质量调研

10月24日至11月3日，设备中心开展2016年度北京市中小学教育装备安全与质量调研。此次调研以实验室用电安全和化学实验室通风换气有效性为主要内容，以市级调研培训带动各区和学校自查为目的。通过检测仪器使用培训、实地专业检测、调查问卷等形式，完成对6个区24所学校近100间实验室的现场调研与测试。16个区及燕山地区均选派技术骨干参与调研、熟悉调研流程和方法、掌握测试仪器使用。在所测试的24间套实验室中，安装有机械通风，符合通风换气标准要求的教室有14间；低于通风换气标准要求的教室有5间；无机械通风或通风系统损坏无法正常使用的教室有5间，其换气次数小于1次/小时，远远低于标准要求。

(赵文强)

北京教育老干部活动中心

概述

2016年，北京教育老干部活动中心有正式职工17人，内设办公室、活动部、生活服务部、宣传教育科4个部门，同时挂北京教育老干部大学和北京教育老干部党校两块牌子，建筑面积5174.4平方米，分为办公区(北楼三层)、文体娱乐区(北楼一、二层，东楼三层)、教学区(东楼一、二层)。设有图书阅览、书画、棋牌、台球、乒乓球、茶艺、舞美、卡拉OK、手工制作、健身房、计算机房、多媒体、音乐欣赏等厅室(教室)；文体娱乐区供北京教育系统离退休老同志开展各种文体活动；教学区供北京教育老干部大学面向北京市教育系统离退休人员开设非学历教育课程。全年老干部大学开设摄影、外语、中医、书法、国画、音乐、国学、健康与修养、古典诗词赏析与习作、计算机、电子相册、软件PS，共12个专业，在校班36个，总人数1115人，大讲堂180人，共计1295人。中心共有直接管理的时装、舞蹈、摄影等老同志兴趣队18支，400余名老同志文体骨干。全年中心共投资12万元进行锅炉安全更新及院内设施安全改造。

(王黎黎)

老教育工作者门球赛

4月25日至26日，老干部活动中心在地坛公园门球场举办2016年北京老教育工作者门球赛。比赛以“展示阳光心态，体验美好生活，畅谈发展变化”为主题，采取预赛、复赛、决赛赛制，来自高校、区教委的24支代表队200余名老同志参加比赛。最终西城区教委、北京语言大学、房山区教委获得前三名。清华大学、首都师范大学获得道德风尚奖。

(王黎黎)

高校老同志健身项目展示

5月19日，老干部活动中心举办北京高校老同志健身项目展示。活动以“阳光好心态，健身乐晚年”为主题，设置柔力球和太极为主要类别的老年综合健身集体项目。共有来自北京体育大学、北京师范大学等24所高校的近千名老同志参加。经过首都体育学院专业评委的评定，最终，13所高校获得阳光风采奖、11所高校获得康乐展示奖。

(张勉)

5月19日，北京高校老同志健身风采展示

(老干部活动中心 供)

举办北京老教育工作者文艺演出

6月18日至24日，老干部活动中心举办北京老教育工作者文艺演出。演出以纪念建党95周年和长征胜利80周年为主题，分别在朝阳区、平谷区、北京物资学院、中国地质大学、北京舞蹈学院演出五场，节目形式包括歌曲、舞蹈和朗诵等。来自51所高校、16个区以及老教总会育新分会的2000余名老教育工作者参加演出。

（王黎黎）

教育系统老同志书画作品展

10月20日至11月15日，老干部活动中心举办北京教育系统老同志书画作品展。展览以“传承长征精神、赞美伟大时代”为主题，共收到56个单位的300余幅作品，布展面积1500余平方米，涵盖书法、绘画、篆刻等项目，作者中80岁以上的占到22%，最大年龄94岁。来自28所高校、4个区的2000余名老同志参观展览。

（王黎黎）

健康咨询义诊活动

11月16日，老干部活动中心在北京师范大学举办健康咨询义诊活动。活动以“珍爱生命，关注健康”为主题，邀请北京积水潭医院、同仁医院、北京中医药大学等多名专家，为200余名老同志进行骨伤科、脑神经内科、心内科、心外科、眼科、中医、运动医学等方面的诊疗和养生保健指导，同时发放养生保健手册300余册。

（张勉）

高校离退休工作人员运动会

11月25日，老干部活动中心在首都体育学院举办第六届北京高校离退休工作人员运动会。运动会设有集体跳绳、不倒森林两个集体项目，根据年龄设置青年组、中年组两个竞赛组别，设有1分钟跳绳、15米篮球折返跑和飞镖掷准等个人项目。最终，北京航空航天大学、清华大学、北京理工大学获得团体总分前三名。43所高校的近300名离退休工作人员参加运动会。

（张勉）

北京高校房地产开发总公司

概述

2016年，北京高校房地产开发总公司总部有正式员工40人，包括具有高级职称员工4人、中级职称13人。公司内部机构设有办公室、党办（贯标办）、财务部、工程部、合同预算部、资产经营部、市场开发部、房改办，有下属北京育新物业管理公司等多家子公司。公司具有GB/T19001:2008版质量管理体系认证资格，下属北京育新物业管理公司为国家一级资质物业服务企业，下属北京育新实验幼儿园为北京市“市级示范园”。

（高晋峰　谭栩）

接管两个物业服务项目

1月1日和9月1日，高校房地产总公司下属北京育新物业管理公司分别接管首都博物馆和北京教育老干部活动中心物业服务项目。首都博物馆服务项目包括为首都博物馆提供安全及秩序的管理、会议礼宾服务、保洁服务、绿化服务、客服中心服务等项目。管理面积6.49万平方米。与老干部活动中心签署物业服务委托合同有效期限自2016年9月1日至2017年8月31日，主要内容包括提供水暖电维修、公共秩序维护、清洁卫生、多媒体系统网络及电话巡视检查、供暖、食堂管理及餐饮安全等物业服务。老干部活动中心位于北京市新街口外大街14号院，建筑面积5174.4平方米。

（范帆　谭栩）

政府采购物业服务项目再次中标

1月19日，高校房地产总公司下属北京育新物业管理公司再次成功中标政府采购物业服务项目。北京市政府采购中心发布《北京市市级行政事业单位2016—2017年度物业服务定点政府采购项目中标公告》，育新物业管理公司成功中标。这是自取得2013年度及2014—2015年度物业服务定点政府采购项目后，再次中标政府采购项目。另外，育新物业管理公司中标北京学生活动管理中心物业服务项目，协议约定服务期3年。

（范帆　谭栩）

黄山教育研究中心产权划转

5月5日，高校房地产总公司根据市教委2016年第一次主任办公会决议及《北京市教育委员会关于北京市黄山教育研究中心划归北京高校房地产开发总公司的通知》要求，完成北京市黄山教育研究中心产权变更登记和工商变更登记工作。划转变更后，总公司在实地考察、法律尽职调查、财务尽职调查，以及与教工休养院和当地政府部门沟通协商的基础上，完成人员接收、土地税退税、办公场所改造等工作，加强中心内部管理，确保国有资产安全。

（高晋峰　谭栩）

3个小区物业改造项目完成

5月至10月，高校房地产总公司完成3个小区的物业改造项目。改造内容包括更换及新装育新花园小区一期及静淑苑小区部分老旧路灯，整体工程造价15.40万元；改造静淑苑小区配电室及部分老旧电缆，工程造价38.40万元；改造育新花园二期1号楼和2号楼的配电室，工程总造价414.03万元。

（彭洪涛　胡继革　谭栩）

高房工程项目管理有限公司注销

8月19日，高校房地产公司完成对下属高房（北京）工程项目管理有限公司的营业执照的注销工作。根据股东会决议，公司被注销。

（王京洋 谭栩）

北京教育志编纂委员会办公室

概述

2016年，北京教育志编纂委员会办公室设有编辑一室、编辑二室和综合办公室，职工15人、在编11人，包括高级专业技术职务3人、中级专业技术职务4人。全年《北京教育年鉴》获得中国地方志指导小组举办的第二届全国地方志（年鉴类）专业年鉴综合质量评比一等奖；编辑《北京教育年鉴》(2016)；承办“中国高校年鉴发展与现状论坛暨纪念中国新编高校年鉴30年研讨会”；开展年鉴的数字化、网络化工作；继续开展北京教育系统第二轮修志工作，并编纂《北京教育志丛书(1991—2010)》；启用新的文物库房，将室藏文物分类，对室藏文物进行彻底清查盘点，全部文物资料分类编号；出版《薪火相传　历久弥新——第二批北京市“百年学校”史略》和《北京市教育委员会文件选编》(2015)，编印《北京教育史志丛刊》3期（含一期合刊）、《北京市教育委员会政报》6期；完成“故学巡礼”专题片、7集“京师撷录”专题片3集和《北京教育纪事2015》视频资料集。

（王永刚）

3部教育类年鉴获全国奖

7月11日，中国地方志指导小组公布全国地方志优秀成果（年鉴类）通报表扬名单，北京教育系统3部年鉴获奖。其中，《北京教育年鉴》获得专业年鉴评比一等奖、《首都经济贸易大学年鉴》和《北京理工大学年鉴》分别获得三等奖。此次评选分为省级综合年鉴、地市级综合年鉴、县区级综合年鉴、专业年鉴、军事年鉴、武警年鉴6个系统开展评审，评出专业年鉴特等奖5部、一等奖11个、二等奖17部、三等奖19部。

（华蕾）

第二批“百年学校”史略出版

7月，《薪火相传 历久弥新——第二批北京市“百年学校”史略》由华艺出版社出版。该书由校园简史和图志两部分组成，包括19所第二批北京市“百年学校”的校史和历史图片。

（王永刚）

中国高校年鉴发展与现状论坛暨纪念中国新编高校年鉴30年研讨会

12月14日至16日，教志办举办中国高校年鉴发展与现状论坛暨纪念中国新编高校年鉴30年研讨会。研讨会由

中国高校年鉴发展与现状论坛开幕式

（教志办 供）

市教委、中国地方志指导小组办公室、北京大学、北京地方志编纂委员会办公室主办，教志办和北京大学校长办公室承办，以“以史为鉴、继往开来”为主题，由大会学术报告和分论坛组成，研讨高校定位与发展、高校年鉴体例、高校年鉴编纂实务等问题。活动收到学术论文30篇。来自北京大学、中国人民大学、北京师范大学等24所在京高校和复旦大学、浙江大学、西安交通大学等26所京外高校参加论坛。

（张驰）

年鉴在线编纂系统试运行

12月，“北京教育年鉴在线编纂系统”试运行。编纂系统整合组稿、编辑、审稿、返稿等年鉴编纂环节，通过即时提醒、数据分析、排重比对和稿件合拢等功能，利用互联网实现年鉴编纂的现代化。在线编纂系统是教志办实现年鉴网络化、现代化的初步尝试。

（华蕾）

12月，“北京教育年鉴在线编纂系统”试运行

（教志办 供）

2016卷教育年鉴编纂完成

12月，教志办完成《北京教育年鉴》(2016) 编纂工作。共收到206个一级组稿单位稿件，包括文字稿400余万字，自查资料150余万字。按照年鉴编纂科学化管理的工作模式，经过甄选、核定内容、规范文字等环节完成编纂工作。2016卷年鉴共设置25个一级目，新增“京津冀教育协同发展”“2016北京教育新地图”两个一级栏目和“年度关注”

一个二级栏目，收录文字150万字，图片1000幅。年鉴由方志出版社出版发行，大16开本，全书彩色印刷，出版形式为纸质图书和光盘版。《北京教育年鉴》自1997年开始编纂，至今共出版20卷。

（华蕾）

北京市学生资助事务管理中心

概述

2016年，北京市学生资助事务管理中心设有两个部门。有职工7人，在编2人。全年北京市学生资助工作以“资助管理年”为切入点，以提升学生资助工作水平和育人成效为目标，以抓管理、促精准为主攻方向，推进资助政策落实，创新资助育人途径和方法，学生资助工作成效显著。全年中心开展资助育人活动；加快基础数据库建设，加强信息化管理；开展专业化培训，启动课题研究，合作开展社会资助项目，拓宽资助渠道。2016年，北京市在教育部全国学生资助管理中心2015年度绩效考核中，各学段均进入前十名，总排名全国第二。

（罗芳）

诚信教育活动月

5月，资助中心举办“诚信教育活动月”系列活动。中心指导区、校通过开展青春励志报告会、“百名自强之星”评选、“诚信人生，从我做起”等活动，促使广大学生诚实守信、自强自立。

（罗芳）

国家奖学金市级评审会

10月21日，北京市召开2015至2016学年普通高校本专科生国家奖学金市级评审会。各评审委员从主体资格、评选程序、材料规范性三方面分组审阅北京市属57所高校上报的385份国家奖学金参评材料。经评审委员会集体评议、评审领导小组会议审议，北京市申请国家奖学金385名学生均符合财政部、教育部《普通本科高校、高等职业学校国家奖学金管理暂行办法》的要求，并通过市级审核，同意将全部申请材料上报教育部全国国家奖学金评审委员会审批。市委教育工委副书记参加会议并讲话，市委教工委、市教委相关处室负责人以及北京市普通高校本专科生国家奖学金评审委员会委员、市学生资助事务管理中心有关工作人员参加会议。

（罗芳）

首次举办学生资助队伍市级专业培训

11月23日至25日、12月15日至16日，资助中心首次举办学生资助队伍市级专业化培训。培训以解读资助工作形势与任务、资助政策，对家庭经济困难学生进行心理帮扶等为培训重点。共举办两期业务培训班，区、校学生资助管理部门负责人及工作人员350余人次参加学习。

（罗芳）

微故事征文活动

至11月，资助中心举办“学生资助在我身边”的微故事征文活动。活动通过作者的个人视角和亲身感受，讲述发生在自己身边的资助故事。共收到作品166篇，通过专家评选，共评出一等奖5名、二等奖13名、三等奖22名、优秀组织奖6名。并在全市范围内遴选中职受助学生优秀事迹典型案例70余篇，择优推荐上报参评全国优秀典型案例8篇，最终3名学生获选全国优秀典型。12月，市中职资助工作经验入围教育部全国学生资助管理中心典型案例，并在大会作经验介绍。

（罗芳）

北京教育新闻中心

概述

2016年，北京教育新闻中心设有办公室、策划部、舆情部、网络视频部4个职能科室，职工20人，全部在编。全年中心以服务首都教育深化综合改革为宗旨，把握新闻舆论工作“时度效”，为首都教育改革发展营造良好舆论氛围；构建起全媒体、立体化的首都教育舆论引导平台，微博、微信、客户端宣传矩阵影响力显著提升；围绕重点工作或时间节点，主动策划六大宣传“战役”，实现创新传播、广泛传播、持续传播；加大先进典型宣传力度，组织媒体记者到教育教学一线开展走基层采访活动。中心及时回应社会关切，妥善处置负面舆情，增强对教育舆情的敏感性，采取有针对性措施，有效引导社会舆论。

（周也青）

推出数字电视平台宣传新模式

至年底，新闻中心正式在歌华有线数字电视平台推出“首都教育”视频栏目。该栏目共覆盖460余万户家庭。空气重污染红色预警期间，围绕“停课不停学，关爱学生身体健康”主题进行全面宣传报道，其间总访问数量超过3916万次。

（周也青）

优化网络评论团队结构

至年底，新闻中心优化网络发言评论团队结构。该项工作旨在用网言网语对混淆视听的错误和煽动性言论进行驳斥和批判，引导正确理性地网络舆论走向。全系统共有网评员128人参与网络发言工作，落实网评指令26条，在各大门户网站，博客、论坛、微博等阵地撰写引导文章、回帖等6016篇。同时组织系统外专业网评团队参与撰写网络舆论引导文章180余篇，在重大政策发布和敏感舆情应对工作中有效引导网络舆论走向。

（周也青）

策划六个宣传“战役”

至年底，新闻中心推出六个宣传“战役”。组织策划“国家级中小学责任督学挂牌督导创新区县评估认定暨全国推进会”“中高考舆论引导”“开学及教师节主题宣传”“重点教育改革项目暑期专项宣传”“空气重污染主题宣传”“年底及两会期间教育改革成果宣传”六大主题宣传“战役”，累计原创报道900余篇。中央电视台《新闻联播》等栏目共计播出北京教育对口援助玉树相关报道8条，33分钟的报道创单项主题宣传时长的历史之最；《人民教育》杂志首次用专刊的形式全面展示首都教育综合改革成果。

（周也青）

“命题式”系列采访报道

至年底，新闻中心开展“命题式”系列采访报道。组织“行政副中心教育规划与布局”“扩大优质教育资源”“家庭教育”“教育督导改革”等10余个系列主题宣传。全年配合业务处室组织集体采访报道188次，与各区联合组织“首都教育改革发展”专题宣传10余次，与高校联合推出“师德楷模”“青春榜样”等人物典型50余个，形成相关宣传报道万余篇。同时，通过向中央电视台、北京电视台等重点媒体提供“一对一”精准服务，运用专家咨询委员会机制发表专家访谈和特稿等形式，进一步发挥权威解读的影响力，有效放大首都教育正面声音。

（周也青）

与媒体合作拓展全媒体宣传平台

至年底，新闻中心与媒体合作拓展全媒体宣传平台。与《中国教育报》《北京日报》、北京电视台等14家媒体建立长期合作机制，开设各类栏目及宣传平台17个，实现市属新闻媒体合作全覆盖。全年共刊发专栏稿件190篇，制作播出电视节目62期、广播节目300余期。两委一室相关领导及处长15人参加20余期电台、电视台节目的录制工作。本年新闻中心获由新浪教育盛典等社会评价机构评定的“2016年中国教育影响力全媒体奖”。

（周也青）

搭建微视频宣传板块

至年底，新闻中心借助“首都教育”微信平台，搭建“微视频”特别板块。全年共推送精、优、短视频66条，市委教工委、市教委、市政府教育督导室处长访谈14期。推出着眼于师生及家长需求的自主“微视频”品牌《师说》栏目，全年播出27期，平均阅读量突破2000余次；制作教师节主题动漫微视频，在“首都教育”平台广泛传播，单条阅读量突破10万余次。

（周也青）

北京学校后勤事务中心

概述

2016年，北京学校后勤事务中心设有办公室、高等教育科、基础教育科和综合科，职工15人全部在编。全年中心组织16个区及燕山地区共120人进行校服新国标培训，并按新标准对各区推荐的34家生产企业的106个产品进行抽检；在北京服装学院举行以“缤纷校园”为主题的校服研发成果展示会，推出新校服共8个系列近70套；与朝阳区教委完成《北京市中小学生午餐带量食谱》研发；组织编写印制食育教育系列宣传挂图和食育教育宣传手册；完成中小学在校就餐24000份问卷调查；启动“十三五”北京市中小学校（园）长校园安全培训计划，组织两期全市中小学校长培训共630人，同期培训区教委主管主任和安全干部50余人；在12所学校开展安全体验进校园活动，受益学生12960人；会同中国农业大学中心检测室对65家单位入校检查；组织教育系统380名工作人员分别进行管理和技术的年度培训；收集食品安全监测数据17.2万余个，同比增长65.9%，启动预警397次，同比下降31.6%，并编制工作月报9份；对部分高校平抑资金使用情况延伸审计，对13所高校约谈整改，2016至2017学年度1.28亿元平抑资金如期拨付到位；北京学校基地直供平台上线试运行，试运行期间共76所高校参加采购，日均交易量133吨，成为北京高校食堂公益性的重要保障渠道；组织3场494人参加的新版高校后勤标准宣贯会；组织落实高校学生公寓床上用品入校抽检工作；组织专家依据《北京高校标准化公寓、食堂和物业标准（2016版）》对北京交通大学和北京联合大学进行校园环境专项评估验收；组织194人参加教育系统节能减排工作培训会、启动学校节能环保社团建设工作、编制《2016青少年节能环保成果作品集》。全年中心广泛听取服务对象意见，共发放各类调查问卷40990份，收集意见300余条。

（张楠）

校服管理工作

3月至12月，学校后勤事务中心开展多项措施加强校服管理。中心召开北京市校服工作会议部署2016年校服工作；组织专家组对各区提名校服生产企业进行资质审核和现场考察，围绕提高校服质量的工作重点，根据《北京市学生装管理办法》和《北京市学生装生产企业管理办法》，报请市学装领导小组批准推荐37家校服生产企业；联合市质监局召开校服工作培训会，聘请国家标准GB/T31888—2015

《中小学生校服》和 GB31701—2015《婴幼儿及儿童纺织产品安全技术规范》的主要起草人解读相关标准，参加培训 120 余人；依据校服国家标准及北京市校服工作管理规定，抽检校服成品，同时检查学校征订、验收校服工作，了解各区校服工作情况。全年北京市共征订校服 99.9 万件（套），其中，体育装 83.51 万件（套）、制式装 10.63 万件（套）、其他款 5.76 万件（套），共减免 1125 件（套）。

（陈娜）

推动节能减排活动

4 月至 11 月，学校后勤事务中心举办多项推进和宣传节能减排与管理的活动。中心召开 2016 年北京市教育系统节能减排工作培训会，各单位节能环保负责人 190 余人参加会议；结合节能环保主题，分别在东城区、石景山区部分学校开展“创客达人”系列培训，传播节能环保相关知识，进一步提高广大师生的节能环保意识；配合发改委节能中心开展北京市节能领跑者教育（中等教育）系统评选活动，共有 153 所学校申报；协助市教委组织“2016 年青少年节能环保社团建设与节能环保成果征集活动”，以“践行绿色发展理念，节水护水、清洁空气、新能源开发利用”为主题，宣传普及节约能源资源、绿化生态环境等节能环保和可持续发展相关知识技能；编制出版《2016 青少年节能环保成果作品集》。

（郭迎庆）

节能减排—创客达人系列培训现场

（学校后勤事务中心 供）

北京高校后勤标准化建设推进

5 月至 11 月，学校后勤事务中心组织开展多项工作推进北京高校后勤标准化建设。5 月，召开 2016 年北京高校学生公寓床上用品质量监管工作部署会，培训学生公寓床上用品抽检知识，76 所高校的后勤处、后勤集团学生公寓主管领导、部分高校学生处学生公寓主管领导、学生公寓床上用品采购部门负责人共 130 余人参会。以入选企业全覆盖为原则，中心及第三方检验机构从 94 所高校中抽取 22 所入校抽检，17 家床品企业共抽取检品 30 批次，按照国家标准和相关要求进行质量检验。根据检测结果，被抽检的 22 所高校 17 家床品企业国家强制性标准全部合格。10 月 21 日，市教委组织专家组分别对北京交通大学和北京联合大学进行标准化校园环境评估验收。11 月，召开 2016 年北京高校后勤标准化工作培训会，来自全市高校后勤管理部门分管食堂、公寓物业相关领导及中心主任 600 人参加培训。

（郭迎庆　刘文杰　崔莲莲）

中小学生在校就餐情况调研

5 月至 12 月，学校后勤事务中心多次调研中小学生在校就餐情况。5 月，中心发放调查问卷 24000 份，调研对象涉及 16 个区及燕山地区教委主管科室、食堂、供餐企业、学生及家长等，调研内容涉及在校就餐总体情况、学校节俭养德教育开展情况、各区在学生就餐工作中的主要措施、成功经验、存在的问题、面临的困难及建议和改进方案等;7 月，中心组织部分区教育行政部门相关工作负责人赴宁夏、陕西两省的营养改善试点地区调研学习中小学校学生集体就餐管理等方面的经验;10 月和 12 月，中心开展两期校园营养师培训，累计培训 388 人次，培训内容包括对食品安全法相关条目、各类食物的营养成分及不同年龄阶段的学生成长所需营养素摄入量、平衡健康的膳食和健康烹饪、针对儿童青少年的配餐方法等进行解读分析。全年中心组织相关专家开展北京市中小学校学生食育教育研究工作，并编写印发食育教育系列宣传挂图。

（王佳）

教育系统食品安全监测系统建设

5 月至 12 月，学校后勤事务中心加强对北京市教育系统食品安全监测系统的建设及运维工作。中心联合中国农业大学检测室对 65 个单位（包括高校、区教委和市教委直属单位）食堂食品安全监测工作情况开展入校检查；召开北京市教育系统食品安全监测工作培训会，内容涉及教育系统食品安全形势、如何利用快检仪做好食品安全防范工作等，各区教委、高校、有关直属单位主管食品安全工作领导及食品检测技术人员 380 人参训；新配发监测设备 20 台、配发 98 台 B 型设备和 125 台 D 型设备。全年中心共收集来自 163 个监测终端上传数据 167326 个，启动预警 397 次，并编制工作月报 9 份，其中，高等学校上传数据 141799 个，包括 85 所高校的 120 个监测终端；基础教育学校上传数据 25527 个，包括 16 个区及燕山地区教委和 9 个直属学校的 41 个监测终端。

（刘文杰）

食堂价格平抑资金调查统计及拨付

6 月至 12 月，学校后勤事务中心完成北京高校学生食堂价格平抑资金 2015 至 2016 学年度管理使用情况的调查统计工作及 2016 至 2017 学年度平抑资金的拨付工作。根据此次统计结果，2015 至 2016 学年度平抑资金补贴覆盖中央在京高校、市属高校以及民办高校共 94 所，惠及在校学生 85.36 万人。94 所高校财政拨款部分总金额 1.28 亿元，学校自筹部分总金额 1.48 亿元，平抑资金总金额共 2.76 亿元。本年中心进一步优化资金拨付程序，对使用规范的 81 所高校予以先行拨付，并根据剩余 13 所高校的统计及自查结果，并于 11 月拨付；继续加大监督检查力度，在学校后勤处、审计处的帮助下对部分高校平抑资金使用情况进行延伸审计，对 13 所高校进行约谈整改，并结合审计、绩效考核意见，要求各高校针对平抑资金使用情况展开全面自查，并设立平抑资金专项审计项目来完善平抑资金监管体系。

（崔莲莲）

“北京学校基地直供平台”运行

9 月 9 日，“北京学校基地直供”平台正式上线运行。平台是为市教委事业单位量身定做的电子商务平台，可在台式机、平板电脑、手机三种终端上运行，可实现购货、财务结算和监管 3 个功能。该平台于 6 月公开招标，经各高校共同参与供货商的遴选、定价、调价，同时财政补贴实现数字化监管、即时公示；在售商品实现全批次抽检、统一配送。试运行期间，系统共交易 114 个自然日，总交易量 15205 吨，参与采购高校 76 所，日均交易数量 133 吨，成为北京高校食堂公益性的重要保障渠道。全年共邀请 33 所高校专家 51 人次，参与基地直供工作 11 个重大事项的论证和决策，保证各校享受同质同价服务和平等参与权。北京学校基地直供是市政府为落实《教育部办公厅、农业部办公厅、商务部办公厅关于高校食堂农产品采购开展“农校对接”试点工作的通知》自 2011 年开始建立、开展的一项北京学校食堂原材料集中采购的政府公益性项目，旨在为学校和农产品生产企业提供优质、免费的农校对接服务，建立学校食堂价格调控长效机制。该项目严格按照财政资金的相关管理要求，通过公开招标运营商向高校、企业提供大宗农产品无差价交易服务，设立专项物流补贴降低成本，实施多维度的食品安全监管，是北京学校食堂大宗农产品原材料采购的“绿色通道”。

（刘文杰）

中小学生校服研发成果展示会

10 月 29 日，学校后勤事务中心在北京服装学院举行中小学生校服研发成果展示会。此次展示会以“缤纷校园”为主题，校服展示分为律动时尚、奔跑少年、中国红、如海、传承经典、东方文化等 8 个系列近 70 套运动系列和常服系列。此项工作自 2015 年 12 月市教委依托北京服装学院设立北京市中小学校服研发中心以来，中心与服装学院、部分区教委、中小学校、专家团队、各协作单位紧密配合，从策划统筹、设计构思、样衣试制等方面反复研发，最终形成 8 个系列的运动系列和常服系列。

（陈娜）

强化内控制度及自身能力建设

至年底，学校后勤事务中心加强内控制度和自身能力建设。中心坚持“以规矩意识做好学校后勤保障”的基本原则，严格依法依规办事，结合单位特点和管理需要建立健全各项制度，不断强化中心内控制度和自身能力建设，并主动申请市教委审计以查漏补缺。全年新制定《党风廉政建设若干规定（试行）》《法律顾问工作制度（试行）》《财政专项资金管理办法》《培训会议和考察活动控制指标菜单》等制度 7 项，修订《领导干部廉洁从业若干规定》《中心职工行为规范》等制度 8 项。

（张楠）

中小学生午餐食谱研究

至年底，学校后勤事务中心联合朝阳区教委共同开展北京市中小学生午餐带量食谱课题研究项目。该项目的课题组由营养学专家、学生餐制作经验丰富的厨师、教育行政部门学生就餐相关工作负责人等组成，根据中小学生的身体特点、学生对营养的需求和北京地域特点，多次深入学校、农副产品市场实地调研，本着营养健康等原则编写食谱。食谱包含食材的种类、重量和食物可提供的营养素含量、烹饪方法，对每份学生餐的价钱也做估算。通过 3000 名学生试吃、召开专家论证会做进一步完善，最终形成 2 周 (10 个工作日) 的《北京市中小学生午餐推荐带量食谱》。此次研究工作贯彻《北京市教育委员会关于进一步改善校园餐饮供给杜绝在校就餐浪费的通知》的精神，加强校园餐饮管理，推进校园餐饮改革，做好学生餐供应保障工作，促进学生健康成长。

（王佳）

加强校园安全管理

至年底，学校后勤事务中心开展多项措施加强校园安全管理工作。9 月，中心配合市教委为新入学的小学生配发小学生交通安全帽（小黄帽）17 万余套。9 至 11 月，中心到 12 所学校开展安全体验进校园实验活动和调研，对 1.3 万名学生实施课程实践并进行问卷调研，进一步提高学生安全意识和应急处置能力。至 11 月，中心完成 2016 至 2017 学年度校方责任保险及无过失附加责任保险投保工作，校方责任保险投保人数 135.56 万人，附加无过失保险投保人数约 119.32 万人，37 所中专院校 5.2 万人完成校方责任险的投保工作。12 月，启动“十三五”北京市中小学校（园）长校园安全培训计划，共培训中小学校长和幼儿园园长 630 余人；召开教育系统安全联合大检查总结暨培训会。至 12 月，中心配合市教委开展全市学校食品安全专项检查、教育系统校园安全联合大检查及市教育系统危险化学品检查。

（陈娜　陈鼎琪）

（本栏责任编辑　张晓白）

北京老教育工作者总会

北京校外教育协会

北京高校国防教育协会

北京教育装备行业协会

北京市红十字会

2017 | 社会团体

SOCIAL GROUPS

- 北京市教育学会
- 北京市高等教育学会
- 北京市职业技术教育学会
- 北京民办教育协会
- 北京市民族教育学会
- 北京市学前儿童保教工作者协会

SOCIAL GROUPS
社会团体

北京市教育学会

概述

2016 年，北京市教育学会设办公室、财务室和《北京教育教学研究》编辑部。有常务理事 31 人、理事 147 人、学术委员会委员 67 人。下设 17 个区教育学会（含燕山）和 78 个学科专业研究会，共有会员 7.50 万人。学会及所属专业研究会开展各类学术活动 100 场次，共 4.50 万人次参加；科普活动 122 场次，覆盖中小学生 86013 人；面向北京和外省市培训交流活动 131 场次，参加人数 853136 人。组织会员撰写论文 1600 篇，开展论文评选活动 11 次，评出一等奖论文 160 篇。编辑出版专著和在报刊上发表论文 30 篇。年初发布“十三五”时期课题指南，各区学会、研究会上报课题 2173 项，经专家评审立项 1770 项。网址：www.edubj.org。

（马亚莉）

首届中华运河文化教育高峰论坛

4 月 14 日至 16 日，由市教育学会主办、通州区教委和区教育学会承办的第一届中华运河文化教育高峰论坛在通州区潞河中学召开。论坛主题是“核心素养与考试评价改革”，剖析中国当前教育现状特别是北京市课程改革，听取题为《学生核心素养与基础教育课程改革》《核心素养体系建构与北京实践》和《新高考背景下学生选择权的落实》报告。论坛安排 3 个主题分论坛，包括以核心素养为目标的学校课程设计、以核心素养为目标的学科课程、以核心素养为目标的学生综合素质评价改革。北京、浙江、上海的知名校长和教师在分论坛上作主题发言。北京师范大学教授针对主题和各分论坛发言进行点评，界定运河文化概念的两个核心内涵和基本特征，指明中华运河文化教育的探索方向，梳理首届高峰论坛取得的若干认识成果，并进行学校课程顶层设计的针对性培训。来自北京、天津、河北、山东、江苏、浙江各省市的教育学会会长、秘书长、专家、行政领导、校长、教师以及媒体约 600 人参会。4 月 13 日，市教育学会牵头与河北、天津、山东、江苏、浙江 5 个省市教育学会达成共识，签署协议决定每年在运河流经地举办一次高峰论坛，下一届论坛定在天津召开。

4 月，第一届中华运河文化教育高峰论坛

（市教育学会 供）

（马亚莉）

探索家校协作新模式

5 月 26 日，市教育学会在北京小学举办“探索家校协作新模式，共建育人新生态”主题研讨活动。北京小学通过专题片、实践报告、现场访谈、微课堂展示等形式，呈现学校多年来在家校协同教育方面所做的研究和实践成果，从理念先行、搭设平台、机制保障、展望发展等角度生动阐释学校对家校协同教育的认识和思考。学校校长作专题报告，阐述学校“建设学校良好教育生态”理念。学生家长上台与班主任以访谈形式展示北京小学的家校协作。活动听取题为《家校协同教育与公约文化》的家校协同专题报告，北京教育学院和北京大学专家对活动进行点评。来自各区教育学会和研究会领导、“全国伴随成长公益项目”基地校项目负责人、成都等地校长和骨干教师、西城区各小学干部教师及北京小学家长、教师代表共 400 余人参加活动。

（马亚莉）

探索一贯制教育新模式

5 月 27 日，市教育学会在北京景山学校举办“探索一贯制教育新模式，创新育人新生态”主题研讨活动。景山学校呈现 17 节研究课，涉及语文、数学和英语等众多学科，纵贯小初高三个学段，体现小初高衔接贯通的特色、借力互联网实现远程同步课堂教学的特色、“一带一路”教学的特色、开放性学科实践活动课程的特色、关联学科世界和学生生活实际的特色等，全面展示景山学校整体育人、推进素质教育的不懈追求与探索。活动还听取小学语文、小学数学、初中语文、初中数学 4 名教材主编分别介绍景山实验教材的设计思路和基本教材特色，以及北京开放大学副校长作《利用技术增强我们教学的力量——地平线报告 2016》主题报告。来自四川、重庆、河北等省、直辖市以及北京市各区教育学会、研究会领导和会员，部分中小学校领导和教师代表共 400 余人参加活动。

（马亚莉）

中芬知名高中校长论坛

8 月 15 日，市教育学会联合中国联合国教科文组织全国委员会、北京圣陶教育发展与创新研究院等单位在芬兰首都赫尔辛基罗素高中举办 2016 年中芬知名高中校长论坛。论坛以“变革中的当代高中教育”为主题，旨在促进中国的高中教育国际交流，提升中国与北欧高中教育合作水平。近 50 名中国知名高中校长在暑假期间到芬兰考察及研讨，借鉴芬兰先进的教育理念和经验，探讨建设适应未来世界发展变化、相对理想的高中教育，进一步明确教育改革方向及目标。之后，北京金帆艺术团在赫尔辛基萨沃伊剧院献上一场汇集管乐、室内乐、京剧荟萃、童声合唱及舞蹈等内容的演出，与芬兰学生及家长进行艺术交流。

（马亚莉）

快乐教育实践研究 30 年研讨活动

12 月 27 日，市教育学会在北京第一师范学校附属小学召开“快乐成长奠基快乐人生——快乐教育 30 年研讨会”。会议听取北京一师附小校长作《不忘初心、快乐前行》主题报告，讲述快乐教育的提出与理念、探索与成效、心得与体会。全国快乐教育共同体学校的校长围绕教师队伍建设、课程体系建构、学校文化传承等最新实践与思考进行分享与交流。北京师范大学教授顾明远等专家结合校长论坛点评。一师附小开放 30 节课，涉及“道德与法制”“语言与人文”“数学与科技”“艺术与健康”和“传统文化与国际理解”五大领域。活动还安排课程汇报与展示，综合展现一师附小学生的课程学习成果和综合素质。来自上海、天津、广东、内蒙古、四川、贵州、湖北等省、直辖市 20 余所学校代表，北京市各区教育学会干部教师代表，以及东城区各小学教学干部教师代表参加活动。

（马亚莉）

北京市高等教育学会

概述

2016 年，北京市高等教育学会有团体会员单位 86 个，其中，普通本科院校 59 所、高职院校 18 所、独立学院 5 所、教育管理科研院所 1 所、其他单位 3 个；所属研究会 65 个。全年举办各类学术年会、研讨会、展示会、成果学术报告会、学术论坛 50 余场次。组织完成各类竞赛 10 余场次。网址：www.bjgjxh.org.cn。

（刘晖）

5 个研究分会召开学术年会

1 月 10 日至 12 月 3 日，市高教学会 5 个研究分会分别召开学术年会。其中，形势与政策教育研究分会召开学术年会，听取供给侧结构改革、南海问题等方面内容报告，北京高校 160 余名一线教师、管理人员参加会议。师资管理研究分会召开学术年会，清华大学、中国农业大学、北京交通大学、北京工业大学、北京科技大学 5 所高校围绕人事制度改革、人才引育、实验技术队伍建设、薪酬保险制度、人事制度改革作主题发言。实验室工作研究分会学术年会围绕《实验室危险化学品安全管理规范》(DB11)、加强实验技术队伍建设、行政事业单位国有资产清查要点三个方面议题进行讲解与交流。国际政治研究分会年会在外交学院举办，来自京内外 20 余所高校数十名学者专家围绕“中国外交与全球治理”中心议题交流研讨。电子线路研究分会学术年会在北京工业大学召开，来自 27 个理事单位的电子线路一线教师、国内外知名元器件厂商、教学仪器厂商代表等 135 人围绕电子电路系列课程及相关实验教学中的重点和热点问题展开交流和讨论。

（刘晖）

外国留学生工作研究分会成立 30 周年

4 月至 12 月，市高教学会外国留学生工作研究分会开展庆祝成立 30 周年系列活动。活动包括举办北京高校外国留学生管理干部大步走比赛；收集、整理分会珍贵历史资料，编辑印制分会 30 周年纪念册，系统梳理分会 30 年发展历史及工作成果；谱写传唱分会 30 周年纪念之歌《留管之歌——我们永远正茂风华》。12 月 16 日，召开分会成立 30 周年庆祝大会暨 2016 年年会，55 所理事院校 330 余名在职留管干部、30 余名离退休老留管干部以及近 20 名来自上海、天津、广东等外地留管学会和高校特邀嘉宾参加。教育部国际司、中国教育国际交流协会、国家留学基金管理委员会、教育部留学服务中心、市外办、市公安局出入境管理局、市教委等有关方面负责人出席会议。

（刘晖）

科学研究优秀成果评选

5 月 20 日至 9 月 10 日，市高教学会开展第九次高等教育科学研究优秀成果评选。活动共收到申报成果 94 个，其中，学术著作类 29 个、研究报告类 27 个、学术论文类 37 个、文献翻译工具类 1 个。经专家评审，共评出一等奖 7 个、二等奖 12 个、三等奖 42 个，并从中挑选 5 个一等奖成果报送中国高等教育学会参加中国高等教育学会第九次高等教育优秀科研成果评选，获得二等奖 1 个、三等奖 3 个。

（刘晖）

北京高校信息化工作论坛

6 月 24 日至 25 日，市高教学会信息化工作研究分会与中国高等教育学会教育信息化分会联合举办 2016 北京高校信息化工作论坛。论坛就新时期、新形势下高校信息化工作的发展趋势、信息中心主任工作面临的挑战与应对策略、高校信息化工作的经验与问题等进行深入交流与研讨。会议采用大会报告和分论坛圆桌讨论形式，互相学习、互相借鉴，有效促进北京高校信息化工作同行交流与协作。

（刘晖）

北京高校机械原理课程教学暨学术研讨会

10 月 14 日至 16 日，市高教学会机械原理研究分会在北京航空航天大学召开 2016 年北京高校机械原理课程教学暨学术研讨会。会议围绕国家级精品资源共享课、机械原理翻转课堂教学方法探索、2016 美国 ASME 国际会议、青年教师培养、北京市教学名师示范课以及 Adams 软件应用等主题进行研讨和培训；总结报告首都高校第八届机械创新设计大赛情况；传达华北地区机械原理教学研讨会暑期会议精神。来自北京地区 21 所高校、机械工业出版社和相关企业的教师、编审及工程师参加会议。

（刘晖）

高校实验室安全管理培训班

10 月 23 日，市高教学会实验室工作研究分会在北京化工大学举办高校实验室安全管理培训班。培训邀请市安监局、北京理工大学、北京大学、华东理工大学、大连理工大学、浙江大学专家就实验室安全管理形势及政策、实验室安全责任体系建设、化学安全与管理、境内外高校实验室安全管理对比、辐射安全管理、实验室安全检查指标等方面内容作大会报告，旨在促进北京地区高等学校实验室安全管理人员的责任意识和专业化管理水平。清华大学、北京大学和北京交通大学等北京地区高校实验室负责人、实验室安全管理人员近 400 人参加培训。

（刘晖）

首届全国高校“形势与政策”课巡回教学展示

10 月 29 日，由市高教学会高校形势与政策教育研究分会主办、北京科技大学马克思主义学院承办的首届全国高校“形势与政策”课巡回教学展示活动北京赛区选拔赛在北京科技大学举行。来自北京科技大学、北京师范大学、北京理工大学、首都师范大学、北京第二外国语学院 5 所高校 9 名“形势与政策”课教师参加比赛。选手分别以习近平“七一”重要讲话精神，红军长征胜利的伟大意义和宝贵经验，成功举办 G20 杭州峰会对于中国和世界的深远意义，南海问题的由来、实质及应对之策等为主题进行教学展示。经过学生打分、专家评议等环节，评出前两名，获得北京赛区推送资格。

（刘晖）

青年留学生管理干部业务技能大赛

11 月 18 日至 12 月 16 日，市高教学会外国留学生工作研究分会在北京语言大学举办第二届北京高校青年留学生管理干部业务技能大赛。比赛旨在全面考察参赛人员专业能力和综合素质，为高校国际学生管理骨干提供学习和交流平台，提高来华留学工作水平。预赛分为笔试和面试两个环节，考试内容包括来华留学管理政策、大政方针、外事纪律与外事礼仪、突发事件、日常管理、办公技能等方面。最终来自北京大学、北京交通大学、中央美术学院 3 名教师获得一等奖，来自北京航空航天大学等高校 7 名教师获得二等奖。

（刘晖）

第十次会员代表大会

12 月 30 日，市高教学会召开第十次会员代表大会。会议审议通过第九届理事会工作报告、监事会工作报告、财务收支报告、学会章程及会费管理办法等文件。选举产生第十届理事会及领导机构，线联平当选理事会会长，并产生理事会副会长、秘书长、常务理事、理事以及监事会会长和监事。

（刘晖）

3 个研究分会换届选举

至 12 月，市高教学会所属 3 个研究（分）会完成换届选举。分别是教育技术研究分会、研究生教育研究分会、高教保卫研究分会。研究分会通过召开理事大会形式进行换届选举。

（刘晖）

北京市职业技术教育学会

概述

2016 年，北京市职业技术教育学会设有秘书处（办公室、学术部、编辑部、财务部）和 31 个分支机构（专业委员会、学科研究会），有团体会员 109 个，其中，高职院校 19 个、中专学校 19 个、职业高中 35 个、技工学校 18 个，市、区科研与服务机构 18 个。有常务理事 49 人、理事 161 人、个人会员 400 人。网址：www.bjszjxh.org。

（胡以伦）

合作开展职教项目研究

5 月至 12 月，市职教学会与朝阳区教委及北京教育学院朝阳分院合作开展职业教育相关项目研究。5 月，三方合作开展中职学校德育品牌建设项目研究，旨在进一步加强和改进朝阳区中等职业学校德育工作，培育具有北京特色的中职德育品牌，营造“人人皆可成才、人人尽展其才”良好环境，培养德能兼备的高素质技术技能人才。经过 8 个月研究，项目于年底结题并完成题为《中职学校德育品牌创建与思考》研究报告。7 月，三方合作开展职教集团工作机制研究，共同就职教集团工作机制研究项目的宗旨、目标、内容、组织管理、进度安排、实施要求等进行专题研究，制定项目工作方案。项目于 12 月结题并完成题为《职教集团工作机制建设研究与探索》研究报告。

（胡以伦）

中职学校微课评选

7 月至 12 月，市职教学会与北京教育科学研究院职成教研中心共同举办北京市中等职业学校公共基础课程微课比赛。比赛共收到微课作品 316 件，经专家评审，评选出一等奖 25 件、二等奖 57 件、三等奖 97 件。朝阳区教委等 5 个单位获得优秀组织奖。

（胡以伦）

国际教育交流项目合作签约

9 月，市职教学会与加拿大国际文化教育交流中心就国际教育交流项目合作事宜签订合作协议。根据协议，双方共同组织北京市职业院校学生赴加拿大职业教育留学项目；共同举办北京市职教学生参加由加拿大蒙特利尔皮尔逊教育局组织的短期职业教育交流活动。3 月，学会受该中心邀请，组团赴加拿大开展职业教育考察活动，就开展职业教育培训、教师交流互访及短期培训、学生短期国际教育交流、职业院校间对口合作等诸多事宜进行会谈，并参观当地多所职业院校。

（胡以伦）

职业教育优秀科研成果评选

9 月至 12 月，市职教学会举办第十届科（教）研成果评选活动。评选遵循“广泛参与、坚持标准、严格程序、公平公正、保证质量”原则，共收到申报参评成果 182 份，其中，有效参评成果 180 份。学会聘请专家组成评审委员会，经过初评、复评、领导小组审定、公示和领导小组最后审议决定，确定获奖成果 99 项，其中，一等奖 18 项、二等奖 35 项、三等奖 46 项。

（胡以伦）

北京民办教育协会

概述

2016 年，北京民办教育协会有团体会员单位 610 个，基础教育分会、农民工子女教育分会、互联网教育分会和汉语国际推广分会 4 个分支机构。全年共编辑印发《北京民办教育信息》16 期，发至会员单位、相关民办教育机构及其他省市民办教育行业组织等 500 家。组织专家完成 81 所民办高等教育机构办学状况年度检查工作；完成 52 所民办高校招生简章和广告备案；组织各类活动 16 次。

（王蕾）

组织 6 次民办学校管理人员出国考察

1 月 20 日至 10 月 27 日，民教协会组织 6 次民办学校管理人员出国调研考察。分别为 1 月 20 日至 2 月 3 日，组织北京、山东、福建、河南、湖北、吉林、河北、江苏共 26 名主管教学教务的校级领导及管理干部赴美国旧金山州立大学进行高等教育管理培训学习；5 月 29 日至 6 月 9 日，

民教协会组织民办学校管理人员出国考察

（民教协会 供）

组织全国 13 个省份 24 所民办高校 40 余名校领导赴德国、荷兰参观访问；9 月，组织全国 14 个省份 22 所民办高校近 50 名校领导赴加拿大考察应用技术教育发展状况；9 月至 10 月组织两期全国中小学校长赴芬兰、瑞典和丹麦三国考察基础教育发展经验；10 月 16 日至 27 日，组织全国幼儿园园长赴芬兰、瑞典、丹麦和爱沙尼亚四国考察学前教育发展经验，学习北欧的教育理念、运行机制、教学方法、课程设置、师资培养和学生管理等方法、经验与模式。

（王蕾）

民办高校创新创业教育干部培训

2 月至 12 月，民教协会分别在广东、陕西、福建、广西举办 6 期高校创新创业教育培训班。来自全国 23 个省、直辖市 186 所学校共计 470 人次参加培训。培训涉及大学生创业政策解读及综合运用、高校创业环境与体系的构建、大学生创业知识教育、大学生创业项目实施规划和大学生创业项目融资引导体系等内容。2015 年 7 月，民教协会与中国民办教育协会高等教育专业委员会、万学教育集团达成战略合作协议，为全国民办高校创新创业教育提供管理咨询、师资培训、课程设计、项目指导和资源引进等模块的支持和服务。

（王蕾）

组织大学生赴美国社会实践

6 月至 9 月，民教协会与美国国际教育交流协会合作组织暑期大学生赴美社会实践活动。活动通过英语能力测试和培训、与雇主见面定岗、办理签证等流程，组织进校讲座共计 21 场次，提供各类免费语言文化培训总计时长 32 课时。初试报名 300 人，最终 158 人获得赴美实习工作邀请，分配到美国 13 个州 52 家知名企业，开展 12 周社会实践学习活动。该活动已连续举办 10 届。

（王蕾）

民教协会组织大学生赴美国社会实践

（民教协会 供）

理事会换届

9 月，民教协会召开第三次会员代表大会。会议总结协会第二届理事会工作，研究部署下一阶段任务，选举产生新一届领导机构。新一届理事会成员 141 人、监事会成员 5 人，会长 1 人、执行会长 1 人、副会长 24 人、秘书长 1 人、常务理事 21 人。

（王蕾）

“社会组织公益行”系列活动

至年底，民教协会组织开展“社会组织公益行”系列活动。共协调开展“让环保在生命中流淌”“走进社区关注空巢老人”“蓝蚂蚁行动爱心家庭公益行”“关注贫困家庭，圆梦寒门学子”和“红丝带”宣讲等 94 项活动。活动内容以群众需求为导向，以服务百姓为目的，包含扶老助残、心理疏导、支教助学、就业帮扶、生态环保、社会救助等公益活动，举办各种活动场次过百，服务人群超过 60 万人次。

（王蕾）

申报政府购买服务项目

至年底，民教协会组织申报北京市 2016 年政府购买社会组织服务项目。“汇聚行业力量，照亮儿童中国梦——弱势群体儿童帮扶红烛行动”等 21 个服务项目获批。

（王蕾）

北京市学前儿童保教工作者协会

概述

2016 年，北京市学前儿童保教工作者协会有单位会员 269 个，从业保教工作者 10686 人；个人会员 160 人，理事 65 人。年内研究制定《北京市学前儿童保教工作者协会发展规划框架（2016—2019）》；召开北京市学前儿童保教工作者协会座谈会；完成 2016 年北京市大兴区直属幼儿园年度考核工作；举办北京市第二届“童康杯”幼儿园食堂营养餐烹饪技能大赛；开展国内外交流活动；开展“家园共育促成长、争做今日好孩子”儿童主题教育活动；举办“中国舞蹈考级”师资培训班；创建并开通北京市学前儿童保教工作者协会网站；组织开展幼儿教师专业技能培训等。2000 余人次保教工作者参加上述活动。

（楚晓娟）

幼儿园食堂营养餐烹饪技能大赛

5 月 7 日至 21 日，保教协会与北京烹饪协会、北京保护健康协会共同主办北京市第二届“童康杯”幼儿园食堂营养餐烹饪技能大赛。145 所幼儿园 447 名厨师参加面点制作和炒菜两个项目比赛，经过 8 个场次实操比赛，参赛选手依据幼儿饮食特点在规定时间内完成作品，最后从口感、质感、观感、营养卫生 4 个方面评判，评出面点组特等奖 3 人、一等奖 66 人、二等奖 96 人、三等奖 37 人，炒菜组特等奖 3 人、一等奖 71 人、二等奖 127 人、三等奖 38 人；84 所幼儿园获得组织奖。

（楚晓娟）

首次承接政府购买服务

5 月，保教协会受大兴区教委委托，完成 14 所直属幼儿园的年度考核工作。这是协会首次承接区政府购买的专项服务。协会按照大兴区教委要求，组建考核专家组，分 2 组对 14 所幼儿园逐一进行实地考核评价。考核组坚持考核与视导相结合原则，在听取园长汇报、查阅档案资料和查看班级半日活动基础上，形成考评意见，并分别与幼儿园相关负责人、区教研及行政管理人员进行面对面交流与指导，达到通过考核促进园所保教质量提高的目的。

（楚晓娟）

家园共育儿童主题教育活动

6 月 1 日，保教协会推出的“家园共育促成长、争做今日好孩子”儿童主题教育活动在东城区前门幼儿园启动。这是一项持续性的公益活动，目的是帮助会员单位更好地开展家园共育工作，让更多家庭和孩子受益。启动当日有来自 13 个区 10 余所幼儿园主动报名参加。8 月，活动在协会网站上陆续推出暑期线上活动。截至 12 月 10 日，共 31 家园所参与活动。

（楚晓娟）

协会网站开通

8 月，保教协会网站正式创建并上线试运行。主页包含协会介绍、政策法规、保教动态、家园共育、专业培训、会员天地、活动之窗、服务驿站共 8 个栏目，为广大会员单位、保教工作者和社会各方面相关人士搭建学习、宣传、交流与分享的信息平台。网站开通 30 天内浏览量 1746 次、访客数 752 人次。截至 12 月 30 日，网站内容总上传量 358 条，包括 17 条协会活动新闻、21 项政策法规、89 条育儿知识、20 条家园活动新闻、21 条亲子活动新闻、100 条园所特色活动新闻、18 个教学视频、50 条会员单位信息等。网址：www.bjbjgzzxh.com。

（楚晓娟）

幼儿园骨干教师培训

10 月，保教协会与北京教育学院培训中心联合举办幼儿园骨干教师培训。培训围绕“促进幼儿教师专业成长”主题，邀请北京教科院早教所研究员、协会常务理事以及资深园长作专题讲座，内容包括有效提升幼儿教师的职业幸福感、幼儿教师专业发展需要具备的能力、如何以课程促进教师专业发展、如何以教研促进教师专业发展等。同时还组织学员实地参观西城区三教寺幼儿园和丰台区第一幼儿园 2 所市级示范园，并聆听 2 名园长的办园思想报告。共 100 余名保教工作者参加培训。

（楚晓娟）

北京老教育工作者总会

概述

2016 年，北京老教育工作者总会有团体会员单位 44 个，比上年增加 1 个，即北京第二外国语学院。共有会员 118525 人，比上年增加 3373 人。围绕建设学习型、服务型和创新型“三型社团”，推进学习工程、健康工程、有为工程和关爱工程“四项工程”，实现组织起来、活动起来、健康起来、快乐起来和作用发挥起来“五个起来”为老教育工作者服务的目标工作。举办老教育工作者现场会、敬老文明模范学校表彰大会、会长座谈会等活动；建立《京华烛心》刊物微信群，加强宣传引领。

（陈继霞）

老教育工作者现场会

5 月 19 日，老教总会在中关村中学召开“联手拉老手，健康和谐向前走”老教育工作者现场会。来自中关村中学老教协、北京信息科技大学老教协等单位的 5 名老教育工作者介绍帮扶有困难老同志志愿者工作等方面经验。各区、高校老教协会会长、基层分会负责人 100 人参加会议。

（陈继霞）

敬老文明模范学校表彰会

12 月 8 日，老教总会召开 2014—2016 年度敬老文明模范学校表彰会。授予 205 所学校“敬老文明模范学校”称号，并向学校颁发铜牌和光荣册。北京四中、昌平区下庄学校和通州区宋庄镇中心小学代表分别发言，分享交流在学校开展尊老、敬老和争创敬老文明模范校工作以及做好新形势下老教协工作的好经验和好做法。

（陈继霞）

12 月 8 日，2014—2016 年度敬老文明模范学校表彰会

（老教总会 供）

北京校外教育协会

概述

2016 年，北京校外教育协会有会员单位 221 个，包括校外教育机构 72 个、场馆 49 个、社会企事业单位 41 个、学校及乡镇校外活动站 59 个；有常务理事单位 33 个，理事单位 80 个。组织开展第 11 届北京阳光少年系列活动。全年组织 125 个会员单位开展专项培训和交流活动 4020 项，共有学生 248 万人次参加活动。

（王媛媛）

承办多项校外教育活动

2 月至 10 月，校外教育协会承办多项市级校外教育活动。其中，2 月至 5 月，与北京自然博物馆承办“2016 环球自然日——青少年自然科学知识挑战赛”，235 支团队参加初选，经过现场展示和专家问辩，77 支团队分获北京地区一、二、三等奖。3 月至 6 月，与市环境保护宣传中心等单位联合举办北京市 2016 年度中小学生环保主题演讲比赛，围绕“共建共享一片蓝天”主题，各区组织 140 个学校近 1000 名中小学生参加比赛。4 月至 9 月，承办第 11 届 (2016) 北京阳光少年微电影比赛，以“我的校外课外生活”为主题，征集到微电影作品 121 部。经评选，共 50 部作品获奖，其中，一等奖 11 部、二等奖 16 部、三等奖 23 部。协会还承办全国校外系统青少年微电影比赛北京赛区活动，并将阳光少年活动所征集的 121 部微电影报送参加全国比赛，57 部作品获得全国奖项。

（王媛媛）

校外教育理论与实践研讨

3 月至 11 月，校外教育协会与市青少年学生校外教育联席会议办公室联合举办第六届北京校外教育理论与实践研究论文 / 活动案例评选暨研讨活动。全市 34 家校外教育机构、9 家校外教育场馆、10 所学校参与活动，共报送 394 篇论文和 260 篇活动案例。经评审委员会初评、复评、终评三轮评选，共 253 篇征文 (151 篇论文、102 篇案例) 获奖，其中，一等奖论文 26 篇、二等奖论文 46 篇、三等奖论文 79 篇，一等奖案例 20 篇、二等奖案例 32 篇、三等奖案例 50 篇。评委会针对研讨活动提出 3 点建议：一是各校外教育机构和场所要积极开展针对全市校外教育的调查研究，通过调研掌握全市校外教育发展态势；二是完善课外校外活动征文标准体系与评选方法，加强对校外教师在课程开发、评价方面的培训和指导；三是鼓励教师研究教育实践工作中的创新问题，包括关注制度、体制、机制的创新等。

（安彦臻）

承办阳光少年系列活动

4 月至年底，校外教育协会受市教委委托承办第 11 届 (2016) 北京阳光少年系列活动。4 月 28 日，北京阳光少年活动暨阳光少年文化科普进校园活动启动，以郊区中小学校为主要服务对象，整合全市教育、科技、文化、文物、体育、环保等各方面的校外活动场馆资源，开展丰富的文化、科普活动。至年底，活动走进门头沟、怀柔、延庆等区 40 余所中小学校。协会承办系列比赛活动，以“我的课外校外生活”为主题，比赛项目包括绘画、书法、摄影、电脑漫画、微电影等。为总结经验，表彰先进，协会评选出 2016 年北京阳光少年活动优秀组织奖 70 个。协会还编印《2016 年北京阳光少年活动指南》，免费发放至各区，为学校和学生自主选择参加校外活动提供帮助。

北京阳光少年活动现场

（校外教育协会 供）

（王媛媛）

校外教育相关培训

6 月和 10 月，校外教育协会开展多项校外教育相关培训。举办 2016 年北京校外教育培训微电影创作活动专题讲座，邀请中国儿童少年电影学会专家作《2016 年全国青少年微电影展评活动解读》讲座，中国儿童电影制片厂厂长作《对微电影的认识与理解》讲座，北京电影学院教师作《微电影剪辑基础》主题讲座。各区教委、校外教育机构、中小学、博物馆、科技馆等单位 100 余名教师参加活动。举办北京校外教育理论研究培训会，结合第六届北京校外教育理论与实践研究论文 / 活动案例征集评选活动，邀请首都师范大学教授分别以《在校外教育实践中做研究》和《写作教育论文》为题作专题报告，国家博物馆专家作《校外场馆开展教育实践与理论研究的案例分享》主题讲座。来自会员单位 70 名教师参加培训。举办校外教育理论与实践研究论文 / 活动案例写作指导培训会，以提高征文写作质量。29 家单位 40 名教师参加培训。

（王媛媛　安彦臻　卢亭）

北京高校国防教育协会

概述

2016 年，北京高校国防教育协会有本、专科院校会员单位 77 个，军训基地及相关企业会员单位 18 个。全年举办国防教育活动 11 项，参加学生共计 1.50 万人次。完成起草《北京市中小学国防教育示范校标准》任务。

（肖娜）

“铸剑杯”与“北斗杯”定向越野比赛设立

3 月，国防教育协会推进“育体”工程，将秋季定向越野赛设为“铸剑杯”定向越野普及赛，将春季定向越野赛设为“北斗杯”定向运动锦标赛。协会自 2000 年开始，每年组织会员单位在秋季开展定向越野普及赛，在春季进行定向越野锦标赛。4 月，首届“北斗杯”定向运动锦标赛在圆明园举行，由北京科技大学与乐嘉体育承办，来自 36 所学校 56 个代表队 1020 名学生参赛。10 月，首届“铸剑杯”定向越野普及赛在东坝公园举行，由北京电子科技职业学院与乐嘉体育承办，来自 32 所学校 49 个代表队 756 名学生参赛。

（肖娜）

首届学生国防类社团交流与评比

4 月至 11 月，国防教育协会策划和组织首届北京高校学生国防类社团交流与评比活动。5 月 7 日，举办首届北京高校国防教育类学生社团展示交流会。活动由首都师范大学承办，主题为“怀家国天下心，弘青春报国志”，共有 27 所高校 41 个社团 100 余名学生参加活动，评选出一等奖 2 个、二等奖 4 个、三等奖 6 个。11 月，举办北京高校首届学生国防类社团评比。活动由北京化工大学承办，共有 31 所学校 43 个社团参加评比。北京科技大学、北京化工大学和北京航空航天大学的学生国防类社团获得一等奖。

（肖娜）

国旗文化教育系列活动

5 月至 9 月，国防教育协会组织国旗文化教育相关系列活动。活动结合纪念红军长征胜利 80 周年、全民国防教育日等契机举办。5 月，举办第三届北京高校国旗论坛，由北京师范大学承办，邀请新中国第一面国旗监制人宋树信之女宋如芬，以及北京航空航天大学学生处、中华女子学院国防教育办公室负责人，全国高校升旗培训总教官、清华大学国旗仪仗队队长等，围绕国旗历史、国旗文化、国旗教育发展、国防品牌建设等方面内容交流分享。9 月，举办第七届北京高校国旗仪仗队检阅式，由中国农业大学和北京新风旗帜文化传播中心承办，共有 30 所学校 30 支国旗护卫队参加。北京航空航天大学、北京化工大学获得特等奖。

9 月，第七届北京高校国旗仪仗队检阅式

（国防教育协会 供）

（肖娜）

北京教育装备行业协会

概述

2016 年，北京教育装备行业协会有会员单位 232 家，其中，新增 25 家。举办第 27 届北京教育装备展示会；组织北京企业参加第 70 届和第 71 届中国教育装备展示会。

（赵文强）

组织参加中国教育装备展示会

5 月 6 日至 10 日、11 月 17 日至 21 日，教育装备行业协会组织部分企业分别赴辽宁沈阳和广西南宁参加第 70 届和第 71 届中国教育装备展示会。两届展会分别展示新时期教育所需的教学仪器设备、教具、模型、计算机、教学软件、数字化实验系统、体音美器材、信息化技术产品、教学用图书、挂图、教育教学资源材料、学校体育装备、学校后勤设备、平安校园设备和校办产业产品等。协会组织北京 75 家企业参加第 70 届展示会，展位总数 600 个，其中，标展 167 个、特展 433 个；组织 48 家企业参加第 71 届展示会，展位总数 466 个，其中，标展 92 个、特展 374 个。

（赵文强）

北京市红十字会

概述

2016 年，北京市红十字会有学校红十字会基层组织 1586 个，其中，高等院校 89 所、中等专业学校 27 所、中小学 1470 所。红十字青少年会员 77.36 万人，包括教职工会员 3.50 万人，12 个区建会率 100%。“首都紧急救援志愿服务站”全年新建成 75 个（包括学校 20 个），配置价值 390 万元的自动体外除颤器（AED）、心肺复苏模拟人等各类急救和教学设备，使全市服务站总数达到 118 个，初步建成覆盖全市的人道应急维稳救援网络。首都 40 余所高校 6000 余人参与“人道追梦、共筑小康——首都红十字组织学雷锋志愿服务在行动”系列活动。探索人道法项目学校增至 12 个区 52 所，首都高校红十字会探索人道法同伴教育项目学校增至 32 所。向密云区第二中学“新疆内高班”拨发 400 个背包、帽子。截至 12 月底，北京分库成功捐献造血干细胞 37 例，其中，首都高校学生 8 例，包括北京化工大学 3 例，中国政法大学、首都经济贸易大学、中国戏曲学院、北京理工大学、北京中医药大学各 1 例。

（李胜华）

红十字菁英汇成立

3 月 12 日，市红十字会菁英汇正式成立。菁英汇是首都高校红十字青年核心骨干组织，由部分首都高校红十字新老骨干组成，在市红十字会学校工作委员会指导下开展工作，旨在汇聚智慧、集中力量、总结经验、引领工作，打造更多更响亮的红十字青少年工作品牌，培养红十字青年优秀骨干，为首都红十字事业发展储备优秀人才。菁英汇第一批成员由 22 所学校红十字会学生分会 27 名新老骨干组成，经投票选举首届轮值学校红十字会为清华大学、北京大学、北京航空航天大学、首都医科大学、中央民族大学 5 所高校红十字会，每届任期一年，负责建设机制和制定全市红十字青少年工作手册。

（李胜华）

海淀区教育系统百名急救师资取证

5 月 9 日，海淀区红十字会学校工作委员会主办的北京市（海淀区）首批红十字教师急救师资取证培训班开班。来自 50 所中小学 50 名在职骨干教师、德育和团少干部全职参加为期 5 天的取证培训，经过理论知识、技能讲解与实际操作、教案编写、小组试讲等训练，完成固定、包扎、搬运等急救师资所需掌握的教学内容。经市红十字会应急救护指导中心考核专家组严格考核，首批培训班学员试讲全部通过考核。11 月 7 日，海淀区第二批红十字教师急救师资取证培训班开班。来自幼儿园、中小学的教师、保健医生、大队辅导员等 53 名学员经过 5 天培训，全部获得市红十字会初级急救员证书。至此，海淀区教育系统有急救师资 103 人，本系统培训任务基本自给，标志海淀区学校系统急救能力整体步入全国学校系统先进行列。

（刘惠宇　阙洁）

第五届首都高校红十字知识竞赛

5 月 15 日，由市红十字会和北京航空航天大学红十字会联合主办第五届首都高校红十字知识竞赛决赛。竞赛以“人道追梦、共筑小康——人道、博爱、奉献”为主题，旨在传播普及红十字运动知识，提高大学生应急互救、预防艾滋等方面综合能力，同时为大学生提供校际交流与活动探索平台。竞赛历时 1 个月，5 个赛区 25 所学校代表队参加初赛，8 所高校代表队进入决赛，经过有问必答、眼疾手快、争分夺秒、巅峰对决和救护实际操作 5 个环节激烈角逐，北京航空航天大学、北京建筑大学、中央财经大学代表队分别获得冠亚季军。30 余所高校 200 名红十字会代表到决赛现场观摩比赛。

（陈希）

首都高校红十字会高峰论坛

5 月 29 日，市红十字会与北京城市学院红十字会举办第 13 届首都高校红十字会高峰论坛。清华大学、中央民族大学、北京城市学院红十字会学生分会现任会长和校企公社负责人先后就首都高校红十字青年核心骨干团队“菁英汇”骨干建设、首都高校红十字青年手册撰写、红十字青少年联合会建设、首都高校红十字青年网络信息管理平台建设等内容进行主题发言。论坛启动“首都高校红十字青年网络信息管理平台”。论坛在 5 个分会场同时举办“组织发展与价值科学化传播”主题分论坛，高校代表就红十字组织建设困境与应对措施、学校红十字青年组织定位与作用发挥、学校红十字青年组织健康发展等议题展开研讨。北京 44 所高校红十字会学生分会代表 200 余人参加论坛。

（李胜华　张芳）

首都高校手语歌大赛

11 月 20 日，市红十字会主办的第四届首都高校手语歌大赛决赛在北京林业大学闭幕。比赛分 3 个初赛赛区，19 所高校红十字会学生分会代表队参赛，最终 6 支队伍晋级决赛。决赛分手语展示和手语故事两轮进行，经过角逐，北京体育大学代表队获得一等奖，北京科技大学代表队、北京林业大学代表队获得二等奖，中央财经大学代表队、中国地质大学代表队、首都医科大学代表队分别获得三等奖。初赛赛区承办学校中央财经大学、北京体育大学、北方工业大学获得活动组织奖。

（李庆发　林金丹）

世界艾滋病日主题宣传活动

11 月 27 日，首都高校红十字会“12・1”世界艾滋病日活动在北京交通大学举行。活动主题为“珍爱生命 科学防艾”，包括防治艾滋病知识竞赛、预防艾滋病演讲获奖者展演、青春寄语和预防艾滋病宣传经验介绍等内容。22 所高校参加“防艾”知识竞赛预赛，9 支队伍 27 名选手进入决赛，经过必答题、抢答题和情景模拟题三轮角逐，最终北京联合大学获一等奖，北京科技大学、北京理工大学获二等

世界艾滋病日系列主题宣传活动

（市红十字会 供）

奖，首都医科大学、北京中医药大学、北京交通大学获三等奖。北京交通职业技术学院红十字会秘书长介绍自己参加预防艾滋病宣传16年的志愿服务经历和经验。20余所首都高校红十字会学生分会代表200余人在明信片上写下寄语，表达与艾滋病防治人员、艾滋病感染者及患者共同行动的决心。活动由中国计生协会、市红十字会、北京计生协会共同主办，北京交通大学、中央财经大学、北京中医药大学和首都师范大学红十字会学生分会承办。

（李胜华　康俊）

高校“同伴教育”活动

12月，中央财经大学和首都师范大学红十字会举办“同伴教育”相关活动。中央财大红十字会开展“同伴教育伴我行”活动，包括校内、校外两部分，在校内开展“防艾”健步走宣传、“微艾”电影放映、“防艾”公益挑战赛以及“防艾”宣传展台4项活动；校外邀请中国人民公安大学、中央民族大学、北京语言大学、北京交通大学学生以及学校红十字会会员与社会公共群体，向参与者和游人普及艾滋病知识，号召社会各界共同关注艾滋病。同伴教育是该校红十字会特色项目，全年共开办普通班25个、特色班1个，其中，特色班到中国政法大学开展“青春善言行（YABC）”活动，总受众400余人。首师大红十字会到首师大附中开展“同伴教育进校园”活动，旨在发挥师范大学特色，将“防艾”知识带入中学课堂。至年底，项目共进入20余所中学。该项目获批“中国红十字青少年社会实践项目”，入选北京市“小微项目”支持计划。

（叶诗文　白爽）

北京市民族教育学会

概述

2016年，北京市民族教育学会有单位会员142个，其中，小学73所，中学52所，大学2所，幼儿园、特殊教育学校11所，校外单位4个；个人会员200人；常务理事95人。全年开展各种活动30次，1.20万人次参加。

（王振清）

《学校民族团结教育指导纲要》培训

5月12日和18日，市民族教育学会与密云区和延庆区合作，分别在密云古北口镇中心小学和延庆区太平庄中心小学举办贯彻《学校民族团结教育指导纲要》培训暨经验交流会。市民族教育学会专家解读《指导纲要》；北京市宣武回民小学、海淀区双榆树小学、房山区窦店中心小学、怀柔区杨宋镇中心小学和张家湾镇中心小学分别介绍学校开展民族团结教育的经验；与会人员听取现场课堂教学观摩课，参观校园文化和活动展示。市教委、市民委、各区教委、区政府民宗侨办和小学校长、主管干部、任课教师共120人参加培训。年内，市民族教育学会领导、专家还先后到石景山区实验小学、延庆区永宁学校、通州区民族小学等22所中小学校对教师开展《指导纲要》和民族政策培训，受教育面达3000人以上。

（王振清　陆小红）

两次民族问题专题研修

7月6日至7日、12月27日至29日，市民族教育学会举办两次民族问题专题研修。7月，与中央民族干部学院共同举办北京市学校“民族团结教育进课堂”专题研修班，北京市中小学96名市级特级教师、骨干教师、学科带头人和教研员学习党的民族政策，研讨民族团结教育进课堂相关工作，分学科讨论研制评价标准；听取《科学有效地推进学校民族团结教育》和《北京市学校开展民族团结教育的做法和经验》等专题报告。12月，与市教委、市民委联合举办北京市中小学管理干部民族政策专题研修班，聆听《深刻领会习总书记重要讲话精神，进一步做好新形势下的民族工作》《解决民族问题：在国际比较中坚定自信》《构筑各民族共有精神家园》《多民族国情与民族团结教育》和《以问题为导向，以五大发展理念为指导，推动我市民族团结教育更加广泛深入开展》5个专题讲座。来自16个区及燕山地区教委主管民族教育工作的主任、科长，各区民宗办主管主任，内地民族班学校校长、主管校长，民族中小学校长，普通中小学校长代表共200余人参加培训。

（王振清　陆小红）

7月，民族政策专题研修班

（市民族教育学会 供）

全国民族教育研究课题结题

12月27日，市民族教育学会承担的“提高学校民族团结教育针对性和实效性研究”课题通过专家鉴定结题。课题是教育部民族教育发展中心批准立项的2014年度全国民族教育研究课题，共有10个子课题，通过学校民族团结教育开展中存在“不尽如人意”现象，从理论上提出解决问题的6个观点，以北京中小学为例，从实践中总结、提炼开展民族团结教育的经验和方法，有效推动学校民族团结教育进一步开展。项目完成一本课题论文集和一篇经验总结。

（王振清）

（本栏责任编辑　胡雨）

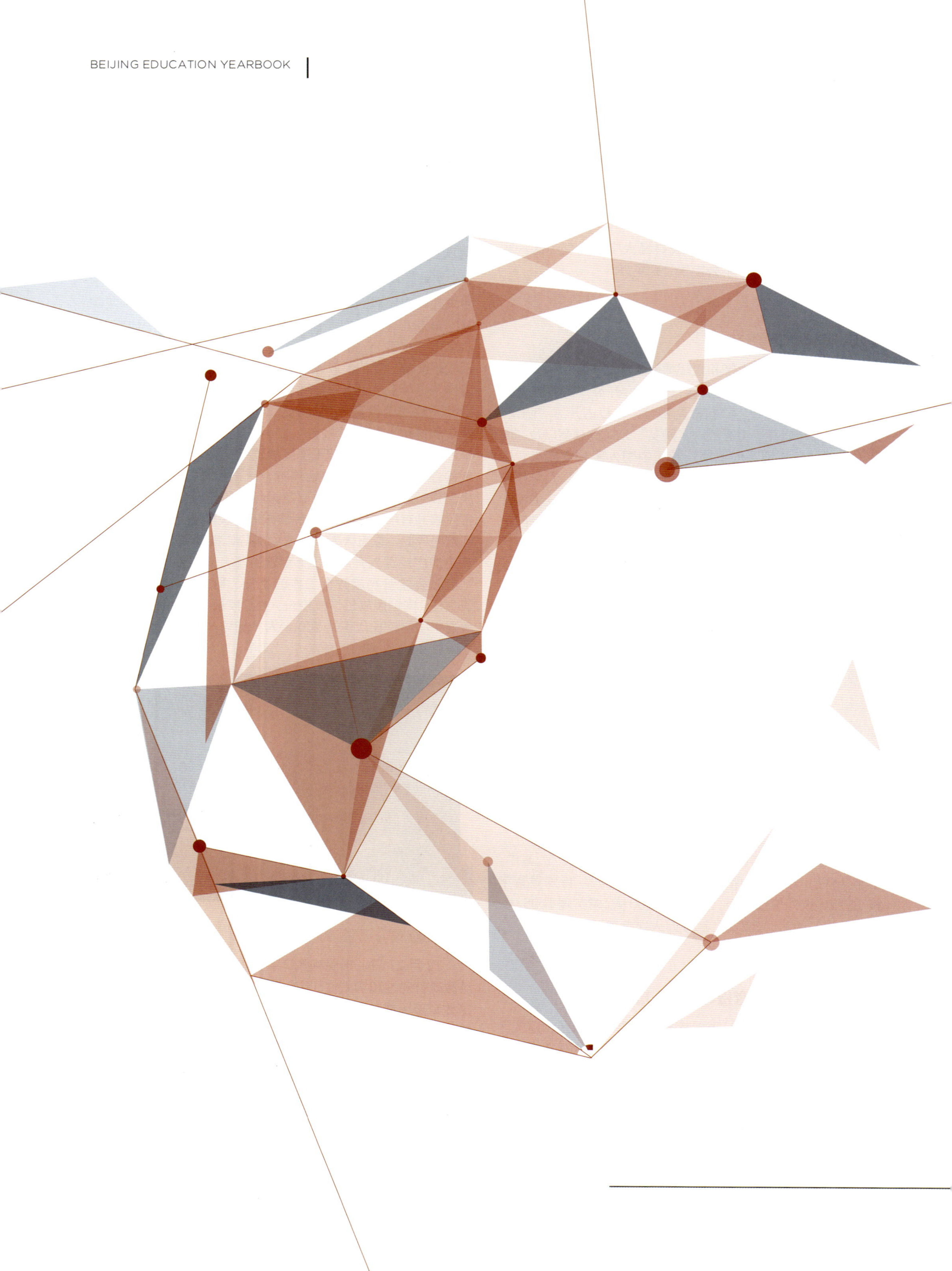

2017 | 文献

REFERENCE

北京市乡村教师支持计划（2015—2020 年）实施办法

为贯彻落实《国务院办公厅关于印发乡村教师支持计划(2015—2020 年)的通知》(国办发〔2015〕43 号)精神，采取切实有效措施加强本市中小学乡村教师队伍建设，进一步缩小城乡师资水平差距，让每名乡村孩子都能接受公平、有质量的教育，结合本市实际，制定如下实施办法。

一、总体要求

深入贯彻落实党的十八大和十八届三中、四中、五中全会精神，深入学习贯彻习近平总书记系列重要讲话和对北京工作的重要指示精神，围绕促进教育公平、提高教育质量，遵循教育规律和教师成长发展规律，全面提高乡村教师思想政治素质和师德水平，合理优化乡村教师队伍结构，努力提高乡村教师待遇，着力提升乡村教师社会地位，全面加强乡村教师队伍建设，努力造就一支素质优良、结构合理、甘于奉献的乡村教师队伍，为率先实现首都教育现代化提供坚强有力的师资保障。

二、全面提高乡村教师思想政治素质和师德水平

(一)提高乡村教师思想政治素质。积极培育和践行社会主义核心价值观，进一步建立健全乡村教师政治理论学习制度，创新学习方式和载体，增强思想政治工作的针对性和实效性，不断提高教师的理论素养和思想政治素质。切实加强乡村教师队伍党建工作，基层党组织要充分发挥政治核心作用，进一步关心教育乡村教师，加大发展党员力度。

(二)提高乡村教师师德水平。建立健全教育、宣传、考核、监督与奖惩相结合的师德建设长效机制。坚持立德树人，开展多种形式的师德教育，把教师职业理想、职业道德、法治教育、心理健康教育等融入职前培养、准入、职后培训和管理的全过程。加大师德先进典型宣传力度，促进形成重德养德的良好风气。完善乡村教师师德考评制度和方式，把师德建设作为对乡村学校工作考核和办学质量评估的重要指标，把师德表现作为教师资格定期注册、业绩考核、职称评审、岗位聘用、评优奖励的首要内容。完善学生、家长和社会参与的师德监督机制；对有严重失德行为、影响恶劣者，按有关规定予以严肃处理直至撤销教师资格。

三、合理优化乡村教师队伍结构

(一)创新乡村教师编制管理。乡村中小学教职工编制按照城市标准统一核定，其中村小学、教学点编制按照生师比和班师比相结合的方式核定。实行城乡中小学教职工编制区域统筹和动态管理，盘活师资存量，提高使用效益。有关区教育部门在核定的教职工编制总额和岗位总量基础上，按照班额、生源等情况统筹分配乡村学校教职工编制和岗位数量；通过逐年核销工勤和教辅人员编制、分类推进经营类事业单位转企改制、事业编制跨行业调剂、加大政府购买服务力度等途径，腾出编制优先用于乡村教师的统筹调配使用，并报同级机构编制、人力社保、财政部门备案。通过调剂编制、加强人员配备等方式进一步向人口稀少的教学点、村小学倾斜，重点解决教师全覆盖问题，确保乡村学校开足开齐国家规定课程。寄宿制乡村学校要按寄宿学生规模配备生活指导教师，目前尚未配备的，应合理计算

教师兼任生活指导教师的工作量并相应增加绩效工资总量。严禁在有合格教师来源的情况下“有编不补”、长期使用临时聘用人员，严禁任何部门和单位以任何理由、任何形式占用或变相占用乡村中小学教职工编制。

（二）拓展乡村教师补充渠道。建立乡村学校师资缺口与师范院校招生计划联动机制，在总体控制市属高校招生规模的基础上，统筹调整招生计划结构，引导市属师范院校及相关学校增加师范生培养数量。结合乡村学校的特点和需求，创新乡村教师培养模式，构建政府、师范院校、中小学校协作培养体系，并进一步完善课程体系，确保每名师范生毕业前至少有半年时间到优质中小学校进行教育教学实践。根据本市乡村教育实际需求加强本土化培养，探索通过师范院校招生指标定向到区，相关师范生享受免费师范教育和乡村师范生年度奖学金，就业 3 至 5 年后可定向免费直读教育硕士学位等多种措施，定向培养“一专多能”的乡村教师；同时，探索通过增设高等学校两年制教育硕士专业，定向培养乡村教师。对综合性院校毕业生和师范院校非师范生取得教师资格并到乡村学校任教的，满 5 年后给予 4 万元一次性补助。采取有效措施鼓励城镇退休教师到乡村学校支教讲学。

（三）推动城镇优秀教师向乡村学校流动。全面推进义务教育教师队伍“区管校聘”管理体制改革，完善激励机制，不断健全绩效工资、职称评定、职务晋升等方面的倾斜政策，为推动城镇优秀教师到乡村学校任教提供制度保障。采取挂职交流、跨校竞聘、学区化管理、学校联盟、城乡一体化管理、对口支援、乡镇中心学校教师走教等途径和方式，重点引导优秀校长和骨干教师向乡村学校合理流动，并逐步实现制度化和常态化。区范围内重点推动城区学校教师到乡村学校交流轮岗，乡镇范围内重点推动乡镇中心学校教师到村小学、教学点交流轮岗。探索建立优秀教师跨校兼职制度，鼓励教师多劳多得、优绩优酬。

四、大力提升乡村教师能力素质

实施“乡村教师素质提升计划”，在 2020 年前，对全市乡村教师校长进行 360 学时的培训。把乡村教师培训纳入基本公共服务体系，保障经费投入。完善分层、分类、分岗培训机制，整合高等学校、市级教师培训机构、区教师研修机构和中小学校优质资源，建立乡村教师校长专业发展支持服务体系，并搭建教师网络研修服务云平台。全面提升乡村教师信息技术应用能力，积极利用远程教学、数字化课程等信息技术手段，破解乡村优质教学资源不足的难题。按照乡村教师的实际需求改进培训方式，采取跟岗研修、网络研修、送教下乡、专家指导、校本研修等多种形式，增强培训的针对性和实效性。按照高于普通教师 20% 的标准上浮乡村教师培训经费保障水平，以满足其培训需求。鼓励乡村教师在职学习深造，提高学历层次。

五、积极完善乡村教师激励机制

（一）职称（职务）评聘和骨干教师评选向乡村学校倾斜。全面落实中小学教师职称制度改革，逐步提高乡村教师高级职称（职务）的比例，实现区内城乡中小学教师职称（职务）和岗位结构比例总体平衡。进一步完善乡村教师职称（职务）评聘办法，切实向乡村教师倾斜；乡村教师评聘职称（职务）对外语成绩（外语教师除外）、发表论文等不作刚性要求，坚持育人为本、德育为先，注重师德素养，注重教育教学工作业绩，注重教育教学方法，注重教育教学一线实践经历。本市特级教师、学科教学带头人和骨干教师评选向乡村教师倾斜，以鼓励优秀教师从事乡村教育工作，提高乡村基础教育水平。中小学校教师晋升高级教师职称（职务），应有在乡村学校或一般学校任教 1 年以上的经历。

（二）提高乡村教师生活待遇。进一步提高乡村教师待遇，建立市级财政对乡村教师岗位实施生活补助政策，各有关区依据不同乡村学校实际情况、教师不同岗位和任教年限实行差别化的补助标准，提高乡村教师岗位的吸引力，稳定乡村骨干教师队伍。市住房城乡建设委、市国土局、市规划委、市发展改革委等部门要统筹研究，积极支持在合适地点集中建设乡村教师周转宿舍。合理提高乡村教师伙食补贴，妥善解决山区乡村教师往返学校的交通问题，改善乡村教师生活，确保教师安全方便出行。各有关区要依法为乡村教师缴纳住房公积金和养老保险、医疗保险等各项社会保险费，并按照每人每年不低于 800 元的标准保障乡村教师享受一次免费常规体检，同时做好乡村教师重大疾病救助工作。

（三）建立乡村教师荣誉制度。大力倡导尊师重教的社会风气，努力提高乡村教师的社会地位。市委、市政府对在乡村学校从教 20 年以上的教师颁发荣誉证书；各有关区对在乡村学校从教 10 年以上的教师建立相应的荣誉制度，并建立乡村教师子女享受本区优质教育的相关政策。在“北京市人民教师奖”和北京市优秀教师、先进工作者以及各有关区开展的相应评选表彰工作中，要向乡村教师倾斜。鼓励和引导社会力量建立专项基金，对长期在乡村学校任教的优秀教师给予物质奖励。广泛宣传乡村教师坚守岗位、默默奉献的崇高精神，在全社会大力营造关心支持乡村教师和乡村教育的浓厚氛围。

六、切实做好组织实施工作

（一）加强组织领导。建立本市乡村教师队伍建设协调机制，由主管市领导牵头，市教委、市发展改革委、市财政局、市编办、市人力社保局、市国土局、市规划委、市住房城乡建设委、市农委等相关部门参加，定期研究乡村教师队伍建设的重大事项，及时协调解决工作中遇到的重点难点问题。各有关区政府要进一步加强组织领导，把本办法实施工作列入重要议事日程，实行一把手负责制，细化任务分工，明确责任，切实把各项工作落到实处。市有关部门、有关区政府要加强乡村教师遴选、表彰和待遇落实工作的信息公开，主动接受社会监督，提高教育公共政策的透明度。

（二）加强经费保障。市、区财政要积极调整支出结构，加大投入力度，大力支持乡村教师队伍建设。要把资金用在乡村教师队伍建设最薄弱、最迫切需要的领域，提高资金使用效益，促进教育资源均衡配置。要制定严格的经费监管制度，规范经费使用，加强经费管理，强化监督检查，坚决杜绝截留、克扣、虚报、冒领等违法违规行为的发生。

（三）加强监督检查。将实施乡村教师支持计划情况纳入市政府相关部门和区政府工作考核指标体系，加强考核和监督。市政府教育督导室要会同有关部门每年组织开展对乡村教师支持计划实施情况的专项督导检查，及时通报督导情况并适时公布。

各有关区政府要按照本实施办法并结合实际，进一步健全工作机制，制定乡村教师队伍建设实施细则，并于2016年6月底前报市教委备案，同时向社会公布，接受社会监督。

（《北京市乡村教师支持计划（2015—2020年）实施办法》由北京市人民政府办公厅于2016年1月25日颁布）

关于深化教育督导改革的实施意见

各区人民政府，市政府各类有关委、办、局，各有关市属机构：

为认真贯彻落实国务院《教育督导条例》和《国家中长期教育改革和发展规划纲要（2010—2020）》精神，根据国务院教育督导委员会办公室《关于深化教育督导改革转变教育管理方式的意见》有关要求，经市政府同意，现就深化本市教育督导改革工作提出如下实施意见。

一、总体思路和工作目标

（一）总体思路

深入贯彻落实党的十八大和十八届三中、四中、五中全会精神，深入学习贯彻习近平总书记系列重要讲话和对北京工作的重要指示精神，紧紧围绕立德树人的根本任务，按照政府统筹、强化职能、多元参与、权威高效的要求，坚持教育决策、执行、监督既相互协调又相互制约的原则，深入推进管办评分离，加强教育督导法制化、专业化和现代化建设，创新教育督导体制机制与模式，构建督政、督学、评估监测三位的现代教育督导体系，不断提升教育督导工作水平和效能，为办好人民满意的首都教育提供有力支撑。

（二）工作目标

督政。建立健全市政府相关部门和区政府及其相关部门依法履行教育职责督导评价制度，督促政府及其相关部门切实履行教育职责，提高教育公共服务能力和水平。

督学。建立健全各级各类学校（含民办，下同）教育教学工作督导评价制度，监督、指导、促进学校依法自主办学，规范办学行为，全面实施素质教育，努力提高教育质量。

评估监测。建立健全政府教育督导部门归口管理、专业机构提供服务、社会组织多方面参与的竞争性、专业化第三方评估监测机制，全面提升对全市和区域教育发展状况、各级各类学校办学及教育教学质量的评估监测水平。

二、主要任务

（一）创新完善教育督导体制机制与模式

1. 健全完善教育督导体制机制。落实国务院《教育督导条例》，加快推进本市教育督导立法调研。按照管办评分离原则，强化政府教育督导。统筹实施教育监督、检查、评估与监测，有效履行政府教育监督监管职能。加强政府教育督导机构建设，成立市、区两级政府教育督导委员会及办事机构，合理划分市、区教育督导职责权限，强化区级教育督导部门职能；同时，加强学校内部督导机制建设，形成市、区、校统筹协调的教育督导工作体系，分层次开展各级各类教育督导评估工作。

2. 建立实施更加科学高效的教育督导模式。根据教育督导内容和工作需要，以经常性督导为基础，以专项督导为重点，以教育质量监测信息数据为依据，由市、区两级 督导部门统筹，组织实施3至5年为周期的综合督导。同时，创新开展诊断式督导等工作，加强学校内部督导与自我评价，不断丰富教育督导方式和手段。

3. 建立第三方教育评估监测机制和社会力量参与监督机制。制定实施第三方教育评估监测办法，依托高等学校、教育科研机构、教育学术团体和其他符合条件的社会组织，通过政府购买服务的方式开展教育评估监测工作，构建专业化教育督导评估和监测评价体系。聘请人大代表、政协委员等作为政府特约教育督导员，充分发挥新闻媒体等社会力量监督作用，形成多元参与教育监督评价的局面。

（二）全面开展政府履行教育职责督导

1. 开展对市政府相关部门和区政府及其相关部门履行教育职责情况的综合督导。市级教育督导部门负责组织实施对市政府相关部门、市属行业企业履行教育有关职责情况的督导检查；负责组织开展对区政府履行教育职责情况的综合督导。重点开展推动义务教育优质均衡发展、高中教育多样化特色化发展等方面的综合督导。区级教育督导部门负责组织实施对区政府相关部门及下级政府落实教育法律、法规、规章和国家教育方针、政策的督导。

2. 开展对区政府履行教育职责情况的专项督导。市级教育督导部门负责组织开展对政府统筹各级各类教育协调发展和教育改革发展有关重大问题、重点工作的专项督导，重点组织开展对区域学前教育、特殊教育、民族教育等方面的专项督导；组织开展对教委及督导部门履职情况的督导。建立应对教育突发事件专项督导制度，有效开展应急督导。

3. 开展对市政府相关部门、市属行业企业和区政府、区政府相关部门及乡镇政府等单位执行教育领域法律法规情况的督导检查，由市级教育督导部门统筹，市、区两级教育督导部门分工负责。

（三）有效开展学校教育教学工作督导

1. 开展对学校教育教学工作的综合督导。市级教育督导部门负责统筹组织开展对市属各级各类学校的综合督导，重点开展对高等学校师德建设、学风建设、思想政治理论课教学、创业就业能力培养和职业院校职业技能人才培养等情况的综合督导。区级教育督导部门负责实施对所属中等及以下各级各类学校全面实施素质教育情况的综合督导。

2. 开展对各级各类学校的专项督导。市级教育督导部门负责依法组织实施对高等学校办学管理、贯彻执行教育领域法律法规等情况的专项督导。区级教育督导部门负责实施对所属中等及以下各级各类学校办学管理、教育教学、贯彻执行教育领域法律法规等情况的专项督导。

3. 开展经常性督导。市级教育督导部门研究制定进一步加强经常性督导工作的意见，推动各区创新督学责任区建设，构建覆盖中等及以下各级各类学校的责任督学挂牌督导工作体系，健全完善经常性督导工作机制。各区结合实际建立健全经常性督导的制度与运行保障体系，落实工作责任，努力争创国家责任督学挂牌督导工作创新区。建立民办高校经常性督导检查制度，聘请督导专员，切实加强经常性督导和工作指导。

4. 开展各级各类学校内部督导。市级教育督导部门研究制定进一步加强学校内部督导工作的意见，指导学校加强内部督导制度、机制与队伍建设，充分发挥学校自主办学、自我评价的主题作用，加强学校教育教学工作的内部管理与评价。市、区教育督导部门负责对学校内部督导建设工作加强检查指导和督促落实。

（四）科学开展教育发展水平和教育质量评估监测

1. 开展对全市教育发展状况和质量的评估监测。市级教育督导部门负责统筹组织开展对全市、区域义务教育优质均衡发展、高中教育普及化发展、职业教育创新发展、高等教育内涵式发展等方面的评估监测；区级教育督导部门可直接组织或委托第三方开展区域教育发展状况和质量的评估监测，认真组织国家级教育质量监测项目，积极参与国际组织教育质量监测项目，构建开放型教育评估监测体系。

2. 开展对各级各类学校办学状况、教育教学质量的评估监测。市、区教育督导们统筹组织开展对中等及以下各级各类学校办学管理、教育教学质量的评估监测；探索开展中小学生综合素质与非智力因素影响评价、学业水平增值性评价、课业负担动态监测等监测评价工作。市级教育督导部门根据国家教育督导部门部署，组织高等学校相关评估工作，以及高等学校研究生学位论文抽检工作，探索开展研究生培养方面的评估监测。建立完善高等校教育质量年报制度，探索建立高等教育质量监测体系。组织开展对民办高等学校办学状况与质量和职业院校职业技能人才培养质量的评估监测。

（五）建立健全教育督导和评估监测结果使用制度

1. 建立健全教育督导和评估监测结果报告及问责机制。市、区教育督导部门要及时向同级政府报告重要教育督导和评估监测结果。强化教育督导和评估监测结果使用，健全奖励、问责和综合运用机制，切实提高教育督导评估和监测结果的使用效能。

2. 建立健全教育督导和评估监测报告发布相关制度。坚持“谁组织、谁发布、谁负责”的原则，明确载体，规范流程，由市、区教育督导部门分级发布教育督导评估监测报告，接受社会公众监督。建立健全教育督导和评估监测工作的公示、供稿、反馈、约谈、预警、限期整改和复评复查等制度，及时发现问题，督促整改落实。

（六）着力加强教育督导队伍专业化建设

1. 强化督学队伍的选配、选聘与管理。研究制定进一步加强督学队伍的实施意见，按照数量充足、结构合理、责任心强、业务精湛的要求，逐步建立以专职为主、专兼职结合的专业化督学队伍。科学规划和设置市、区两级教育督导部门的人员编制，配齐配强专职督学队伍；按照任职条件要求选聘具有相关经验的教学科研骨干、学科带头人等作为兼职督学，建好兼职督学队伍。强化督学队伍聘任与管理，探索实施督学职级制，建立健全督学资格准入、持证履职、聘任考核、聘期管理、奖惩问责等相关制度和机制。

2. 建立教育督导评估专家委员会和专家库制度。依托教育社会团体选聘相关领域专家，成立基础教育、职业教育、高等教育、民办教育等不同类别的教育督导评估专家委员会，开展教育督导评估有关工作。建立教育督导评估专家库，实现动态管理。

3. 强化教育督导队伍的教育培训。完善教育督导队伍教育培训制度，健全市区两级培训体系，围绕提升队伍综合素质、履职能力和专业化水平，创新教育培训方式方法，通过督导论坛、督学大讲堂等形式，重分运用现代技术手段，提升教育督导培训的系统性、针对性、实效性。

三、保障措施

（一）加强组织领导

深入贯彻落实国家教育领域综合改革部署和教育督导改革工作要求，将教育督导改革纳入全市教育领域综合改革工作统筹推进。市教育督导委员会要组织有关部门定期研究教育督导改革重大事项，及时解决改革中遇到的困难和问题；市级教育督导部门要结合实际，不断研究完善本市教育督导制度体系，并加强对各区教育督导改革的指导和协调；各区要加强组织领导，研究制定具体实施方案，推动各项任务落实。

（二）强化基础保障

建立健全教育督导经费和条件保障机制，有效支持和保障教育督导工作开展。加强北京市教育督导与教育质量评价研究中心，北京市督学研修中心等专业机构建设，切实提升教育督导专业支撑能力。加强教育督导信息化建设，以数据资源整合与共享为基础，构建高水平的教育督导信息管理应用系统。

（三）加大宣传力度

充分利用报刊、电视、互联网等媒体，广泛宣传国家及本市有关教育改革及教育督导改革的法律法规和政策，积极开展政策解读，回应社会关切，努力营造全社会关心支持教育督导改革发展的良好氛围。

（《关于深化教育督导改革的实施意见》由北京市人民政府办公厅于 2016 年 4 月 29 日颁布）

关于加强学校美育工作的实施意见

各区人民政府，市政府各委、办、局，各市属机构：

为认真贯彻落实《国务院办公厅关于全面加强和改进学校美育工作的意见》(国办发〔2015〕71 号)，进一步强化美育育人功能，推进学校美育改革发展，经市政府同意，现提出如下实施意见。

一、总体要求

(一)指导思想

全面贯彻党的教育方针，落实中央文艺工作座谈会精神，以立德树人为根本任务，围绕实现首都教育现代化的目标，把培育和践行社会主义核心价值观、传承和弘扬中华优秀传统文化融入学校美育全过程，培养造就眼界开阔、情趣高雅、文化自信、富有民族情怀和创新精神的德智体美全面发展的社会主义建设者和接班人。

(二)基本原则

坚持育人为本，面向全体。遵循美育特点和学生成长规律，以美育人、以文化人，进一步夯实学校美育工作基础，加快促进美育均衡发展，注重加强全员美育，充分保障每个学生都享有美育的权利。

坚持改革创新，协同推进。加强美育综合改革，统筹学校美育发展，促进德智体美有机融合。利用北京丰富的美育资源，构建学校、家庭、社会互联互动的美育机制，形成全社会关心支持美育发展和学生全面成长的良好氛围。

坚持问题导向，科学发展。聚焦学校美育工作相对薄弱的环节，有针对性地提出措施，强化课程、师资等要素在学校美育工作中的基础性作用，推动学校美育工作可持续发展。

坚持精益求精，优质引领。充分发挥艺术特色学校、精品课程、品牌活动和高水平社团的引领作用，建立结对帮扶机制，带动学校美育工作水平整体提升。

(三)总体目标

通过不断完善美育体系，进一步丰富教学内容、改进教学方式、加强师资建设、统筹社会资源，以艺术教育为主线建设一批特色学校，改善一批薄弱学校，推出一批精品课程，编制一批校本教材，培养一批优秀教师，打造一批品牌活动和社团，凝聚一批社会力量。到 2018 年，实现美育资源配置逐步优化，管理机制进一步完善，各级各类学校开齐开足上好美育课程；到 2020 年，形成学校美育内涵有效提升、区域美育均衡发展、大中小幼美育相互衔接、学校美育和社会家庭美育相互联系的具有首都特色的现代化美育体系。

二、完善学校美育课程体系

(一)拓宽美育课堂主渠道

丰富以艺术课程为主的美育课程体系，在加强音乐、美术课程建设的基础上，开设好舞蹈、戏剧、戏曲、书法等课程，逐步完善美育课程体系，鼓励有条件的学校将舞蹈、戏剧优先纳入课程。全面推进义务教育阶段学校艺术学科地方课程和校本课程建设、普通高中艺术课模块化教学及职业院校拓展美育课程建设。全面加强中华优秀传统文化的传承和弘扬，鼓励各级各类学校开设具有民族特色或地域特色的丰富多彩的艺术课程。挖掘不同学科所蕴含的丰富美育资源，推进艺术学科与其他学科相融合，促进艺术学科之间相互渗透、各学段相互衔接，切实把美育融入学校教育教学全过程。

(二)确保艺术课程课时

义务教育阶段学校逐步实现按照教育部义务教育课程设置方案总课时数的 11% 开设艺术课程，初中阶段艺术课程课时不低于义务教育阶段艺术课程总课时的 20%。普通高中按照《普通高中课程方案(实验)》的规定，保证 6 学分用于艺术类必修课程。中等职业学校按照《中等职业学校公共艺术课程教学大纲》要求，将艺术课程纳入公共基础必修课，并确保 72 学时。普通高校按照《全国普通高等学校公共艺术课程指导方案》要求，面向全体学生开设艺术课程，并纳入学分管理。

(三)拓展美育实践活动项目

在继续推广和普及教育部体育艺术“2+1”项目的基础上，以班级为基础广泛开展合唱、校园集体舞、儿童歌舞剧等群体性活动，因地制宜开展戏剧、戏曲、民间艺术以及视觉艺术等实践活动，实现学生每学年至少参加一项艺术活动，在校期间培养一至两项艺术技能的目标。发挥艺术院校、文化艺术团体等社会单位和少年宫等校外教育机构艺术教师专业化、活动多样化的优势，为中小学生参加丰富多彩的艺术实践活动提供服务。充分利用重要纪念日、民族传统节日等时间节点，开展主题鲜明、形式多样的美育实践活动。完善中小学生艺术素质测评内容和评价体系，逐步建立中小学生艺术素养档案，满足学生个性发展和全面成才的需要。

三、深化美育教育教学改革

（一）促进美育均衡发展

围绕公平普及、全面育人的目标，挖掘潜力，结合教育资源布局调整，合理配置美育资源，促进美育科学、均衡、协调发展。通过政府购买服务等方式，支持农村地区学校艺术教育发展。积极落实农村艺术教育计划，推进顺义、平谷、密云、延庆等区农村学校艺术教育综合改革实验有关工作，向农村地区学校输送优质课程，每年组织农村地区中小学生观看高水平演出，不断提升农村地区中小学艺术学科教学质量。各级各类学校要充分利用信息化手段，统筹整合学校现有资源，联合社会单位建立开放、灵活的美育资源共享平台及网络学习平台，扩大优质美育资源覆盖面。

（二）加强美育教研科研工作

加强美育教研科研，研究制定《北京市加强中小学艺术学科教学指导意见》。在全市教育科学规划课题和相关研究项目中设立美育专题。设立北京市学校美育研究中心，加强学校美育工作的理论和实践研究，注重成果转化，为学校美育工作发展提供决策咨询和智力支撑。加强艺术学科教研员队伍建设和管理，实行教研员准入制度，严格考核要求，充分发挥学科带头人和骨干教师在美育教学研究上的引领作用，促进美育教学质量稳步提升。利用北京资源优势，联合或委托国内外专业院校、科研院所、文化艺术团体和机构开展学校美育教研科研工作。

（三）发挥优质美育资源的典型引领作用

打造北京学生艺术节、北京国际青少年艺术周等品牌学生活动，并着重为农村地区学校、学生提供更多的艺术实践机会。充分发挥北京市学生金帆艺术团、北京大学生艺术团的示范和引领作用，鼓励和支持各级各类学校广泛发展学生艺术社团，满足学生艺术实践需要。引导艺术教育特色学校和优质社团承办学校与艺术教育薄弱学校建立结对帮扶机制，带动其不断提升美育教育教学质量。开展多种形式的国际交流与合作，多渠道搭建青少年对外文化交流平台，鼓励各级各类学校根据自身条件和特点积极参与中外人文交流。

（四）注重校园文化环境的育人作用

各级各类学校要充分利用广播、电视、网络、教室、走廊、宣传栏、微博、微信、移动客户端等媒介和载体，营造格调清新、优美高雅、充满活力的校园文化环境，以美感人、以景育人。要让社会主义核心价值观、中华优秀传统文化基因通过校园文化环境浸润学生心田，引导学生发现自然之美、生活之美和心灵之美。抓好艺术教育特色学校、中华优秀文化传承学校、非物质文化遗产传承学校建设，培育一批体现正确育人导向、具有丰富文化内涵的美育环境示范学校。

四、加强美育师资队伍建设

（一）着力配齐美育教师

要把师资队伍建设作为美育工作的重中之重，努力建设一支师德高尚、业务精湛、结构合理、充满活力的高素质美育教师队伍。配齐中小学音乐、美术教师，有条件的学校配备舞蹈、戏剧等教师。通过区域交流、社会兼职、网络授课等方式，缓解农村地区美育师资短缺问题。普通高校要根据美育课程开设需要，加快公共艺术教师队伍建设。在本市教育系统评优中，加大对艺术教育先进单位和个人的表彰力度，鼓励优秀人才投身学校美育事业。

（二）推进美育教师职业化建设

完善艺术教师的准入标准和培训体系，将加强职业道德建设与提升教学能力并重，不断提升艺术教师队伍职业化水平。对相关学科教师开展美育能力拓展培训，切实推进美育融入各学科教育教学全过程。完善中小学教师职称评定政策，将舞蹈、书法等艺术学科教师职称评定纳入单独序列范围。在职称评聘、奖励等方面，确保艺术教师与其他学科教师同等待遇，艺术教师承担学校安排的课外活动辅导等相关工作计入教师工作量。

（三）加强美育教师培训交流

搭建不同层次的美育课堂教学交流、技能培训、理论研究平台，积极支持教师参加国内外培训交流，培养更多能够胜任艺术学科教学任务的复合型教师。启动农村学校艺术学科教师专项培训计划，切实提高农村学校美育师资水平。依托高等院校、科研院所、文化艺术团体和机构等社会资源，创新和改进艺术教师专业培训工作。

五、健全美育协同育人机制

（一）推动社会力量全方位支持学校美育发展

积极推动高等学校和社会力量参与本市小学美育发展工作，通过高质量实施义务教育阶段中小学生课外活动计划，不断提高美育工作水平。支持高等院校、科研院所、校外教育机构、文化艺术团体和机构、社团组织等采取对口衔接、结对帮扶等方式建立中小学艺术教育基地，参与艺术教育薄弱学校的教育教学。推动艺术家进校园工作，支持创建艺术家校园工作室。高质量开展民族艺术进校园、高雅艺术进校园、非物质文化遗产进校园等艺术教育活动。根据学校美育教学的实际需要，通过政府购买服务的方式，广泛征集适合青少年特点的优秀艺术作品及教学课程。

（二）促进专业艺术教育发展和美育普及相结合

鼓励和支持艺术类高校和开设艺术专业的高校充分发挥人才培养和社会服务职能，通过结对帮扶等方式促进中小学美育发展。艺术类高校和开设艺术专业的高校要积极推动美育内涵发展，突出办学特色，紧密结合本市经济社会文化发展需要，努力建设专业领域内的一流学校和一流学科，培养品学兼优、素质全面的艺术专门人才，为学校美育发展提供优质师资来源。鼓励和引导高校艺术专业教师、艺术院团专家和社会艺术教育专业人士到中小学校担任兼职艺术教师，开展“结对子、种文化”活动。

（三）营造美育协同育人氛围

建立教育与宣传、文化等部门合力育人的长效工作机制，共同营造立德树人、崇德向善、以美育人、清新高雅的氛围。宣传、文化等部门要统筹整合各类美育资源，加强对社会美育的引导，强化社会文化环境治理，营造有利于青少年健康成长的社会文化环境。各级各类学校要积极发挥家庭美育在少年儿童成长过程中的重要作用，吸纳学生家长参与学校艺术教育的志愿服务、活动组织和相关决策，促进学生健康成长和全面发展。

六、保障学校美育健康发展

（一）加强组织领导

各区要将美育作为实现首都教育现代化的一项重要任务纳入政府议事日程，加强组织领导，结合实际制定具体实施方案，明确工作部署，切实抓紧抓好。建立健全教育部门牵头负责、有关部门协同配合、学校积极落实、全社会广泛参与的美育工作机制，按照职责分工，落实好推进学校美育改革发展的各项任务。

（二）加大经费投入和资源共享

各区政府、市有关部门、各级各类学校要通过多种方式筹措资金，完善经费管理制度，提高资金使用效益，保障美育发展基本需求。鼓励个人、企业和其他社会组织通过捐赠方式支持学校美育发展。各区政府要把义务教育阶段美育教学设施设备建设优先纳入推进义务教育均衡发展规划，新增文化项目建设优先布点在学校，同时充分利用学校场馆等设施设备，促进学校和社会美育资源共建共享。

（三）探索建立学校美育评价制度

研究制定北京市中小学生艺术素养评价标准，不断探索和完善本市中小学生艺术学科学业水平考查有关工作。实施中小学校美育工作自评制度，学校每学年要进行一次美育工作自评，自评工作实行校长负责制，纳入校长考核内容，并通过教育部门官方网站向社会公示自评结果。建立学校美育发展年度报告制度，市、区教育部门每年要编制本地区各级各类学校美育工作年度报告。

（四）建立健全美育质量督导制度

将中小学校美育课程开课率作为对学校评价、考核的重要指标，纳入教育督导评价指标体系。市、区教育督导部门要定期对学校美育工作开展情况进行专项督导，加大对各级各类学校执行国家课程标准、开齐开足艺术课程情况的检查力度，坚决杜绝挤占艺术课程现象。

（《关于加强学校美育工作的实施意见》由北京市人民政府办公厅于 2016 年 6 月 8 日颁布）

北京市深化考试招生制度改革的实施方案

为贯彻落实《国务院关于深化考试招生制度改革的实施意见》（国发〔2014〕35 号）及教育部等部委相关配套文件精神，深化考试招生制度改革，借鉴试点省市经验，结合我市实际，制定本实施方案。

一、指导思想

全面贯彻落实党的十八大、十八届三中、四中、五中全会和习近平总书记系列重要讲话精神，贯彻落实中央“四个全面”战略布局和党的教育方针，主动适应首都城市战略定位和国际一流和谐宜居之都建设对多样化高素质人才的需求，遵循教育规律，坚持立德树人，从有利于促进学生健康发展、维护社会公平和科学选拔各类人才出发，认真总结经验，突出问题导向，深化考试招生制度改革，努力办好人民满意的教育，让教育为每个人的终身发展与美好人生奠定坚实基础。

二、基本原则

（一）坚持育人为本。把促进学生健康成长成才作为改革的出发点和落脚点，扭转片面应试教育倾向，坚持正确育人导向，深入推进素质教育，培养德智体美全面发展的社会主义建设者和接班人。

（二）确保公平公正。把促进公平公正作为改革的基本价值取向，健全体制机制，完善规章制度，切实保障考试招生机会公平、程序公开、结果公正。

（三）体现科学选才。提升人才选拔水平，增加学生选择权，促进全面发展；完善政府监管机制，确保考试招生工作高效有序实施。

（四）注重统筹推进。加强对基础教育到高等教育考试招生制度改革的整体设计，促进普通教育、职业教育、继续教育之间的衔接沟通。统筹实施考试、招生和管理制度综合改革，分步实施，稳妥推进。

（五）立足首都实际。主动适应首都教育综合改革面临的新形势、新要求，坚持以人为本，勇于创新，以首善标准推进考试招生制度改革，不断提升人民群众对改革成果的获得感。

三、改革目标

全面贯彻落实国务院和教育部等部委有关精神，坚持能改早改，积极稳妥推进考试招生制度改革，到 2020 年基本建立符合首都教育实际的现代教育考试招生制度，形成分类考试、综合评价、多元录取的考试招生模式，健全促进公平、科学选才、监督有力的体制机制，构建衔接沟通各级各类教育、认可多种学习成果的终身学习“立交桥”，全面推进素质教育，促进学生健康成长、全面发展。

四、主要任务和措施

（一）完善义务教育免试就近入学体系

1. 坚持义务教育免试就近入学制度。落实义务教育法和北京市实施办法，整体设计小学入学、小学升初中办法，保证政策的稳定性和协调性。积极推行学区制和九年一贯对口招生。推广热点小学、初中多校划片，合理确定片区范围。规范特长生招生，逐步实现义务教育阶段全面取消特长招生。落实“两为主”“两纳入”政策，根据国务院关于严格控制特大城市人口规模的要求，坚持和规范入学资格审核，做好符合条件的随迁子女接受义务教育工作。规范和加强学生学籍管理，提高管理信息化水平，充分利用入学服务系统和全国中小学生学籍信息管理系统组织实施义务教育免试就近入学工作。

2. 着力推动义务教育优质均衡发展。全面深化基础教育综合改革，落实《中共北京市委北京市人民政府关于推进义务教育优质均衡发展的意见》（京发〔2015〕5号），在实现区域内义务教育发展基本均衡的基础上，不断扩大优质教育资源，为落实义务教育免试就近入学制度奠定坚实基础。优化首都教育总体布局，发挥教育对推动京津冀协同发展的重要保障作用。

（二）推进高级中等学校考试招生改革

1. 推进考试科目和分值改革。坚持以学生为本，全面推进素质教育，尊重学生的兴趣多元化，为学生提供多种选择，促进学生德智体美全面发展。

从2018年起，考试科目和分值调整为：语文、数学、外语、历史、地理、思想品德、物理、生物（化学）、体育九门课程。

中考满分为580分（不含加减分）。

语文试卷总分值为100分；数学试卷总分值为100分；外语试卷总分值为100分，其中，60分为卷面考试成绩，40分为听力、口语考试，与统考笔试分离，学生有两次考试机会。

物理（含开放性科学实践活动10分）、生物（化学）（含开放性科学实践活动10分）、历史（含综合社会实践活动10分）、地理（含综合社会实践活动10分）、思想品德（含综合社会实践活动10分）五门考试科目原始分满分均为100分。学生可以选择其中三个科目参加考试（物理、生物（化学）须至少选择一门），所选三科成绩，由高到低分别按照100%、80%、60%的系数折算为实际分数，即：三科折算后实际满分分别为100分、80分和60分。

体育成绩为40分，其中现场考试30分，过程性考核10分。

2. 推进考试内容与形式改革。严格按照义务教育各学科课程标准确定考试内容，注重考查学生9年义务教育的积累，注重对学生掌握基础知识、基本技能、基本思想和基本能力的考查。重视发挥考试的教育功能，在各科目考试内容中融入对社会主义核心价值观和中国传统文化内容的考查。扩大选材范围，突出首都特色，贴近生活，注重实践。推进中考体育考试改革，逐步增强考试项目的选择性，加强仪器设备在量评项目测试中的应用。探索建立初中学业水平考试和综合素质评价制度，研究出台实施办法。

3. 完善普通高中招生计划分配方式。加大市级优质教育资源统筹力度，坚持和完善优质高中校部分招生计划分配到初中校制度，2016年达到不低于招生计划50%的目标。招生政策向优质高中教育资源比较短缺的区和一般初中学校倾斜，引导全市义务教育均衡发展。

（三）建立高中学业水平考试制度

1. 考试科目设置。自2017年秋季起，从普通高中起始年级开始实施高中学业水平考试。《普通高中课程方案（实验）》所设定的科目均列入高中学业水平考试范围，设置语文、数学、外语、思想政治、历史、地理、物理、化学、生物、体育与健康、艺术、信息技术、通用技术13门科目，引导考生认真学习每门课程。

2. 实行合格性考试与等级性考试。合格性考试内容以普通高中课程标准中的必修学习要求为依据，等级性考试内容以普通高中课程标准中的必修和选修Ⅰ学习要求为依据。学业水平考试成绩合格作为高中学生毕业以及高中同等学力认定的主要依据。考试成绩作为高中学生升学的重要依据，所有科目成绩提供给招生高校使用。

思想政治、历史、地理、物理、化学、生物6门科目设合格性和等级性考试。高中学生在完成必修学习的基础上，可根据自身特长和兴趣，选择其中3门科目参加相应的等级性考试。上述6门科目的合格性和等级性考试，由全市统一命题、统一组织考试、统一阅卷，确保考试安全有序、成绩真实可信。

语文、数学、外语3门科目仅设合格性考试，参加统一高考的学生，可以用统一高考科目考试成绩作为相应科目合格性认定的依据。

体育与健康、艺术、信息技术、通用技术4门科目仅设合格性考试，各区根据课程标准、教学要求和学生平时表现，综合测评并确定其合格性成绩。市教委通过专项督导和社会监督，依托学生综合素质评价信息平台，动态监控教学过程和结果。

3. 考试组织实施。普通高中在校学生均须参加高中学业水平考试。高中阶段其他学校在校生和社会人员也可报名参加，成绩合格者可申请普通高中同等学历资格认定。

4. 考试成绩呈现方式。合格性考试科目考试成绩以“合格／不合格”呈现。等级性考试科目考试成绩以等级呈现。

（四）完善学生综合素质评价制度

1. 科学确定评价内容。综合素质评价是深入推进素质教育的一项重要制度，是发现和培育学生良好品行、促进学生健康成长的重要手段。综合素质评价要记录学生各方面发展状况，主要包括学生的思想道德、学业成就、身心健康、艺术素养、志愿服务、社会实践和个性发展等方面的实际情况，客观记录学生的成长过程，整体反映学生德智体美全面发展情况和个性特长，引导学生培育和践行社会主义核心价值观，增强社会责任感，培养创新精神和实践能力。综合素质评价是学生毕业和升学的重要参考。

2. 完善评价手段和程序。进一步完善以电子平台为载体的学生综合素质电子档案，在学生成长过程中，观察、收集反映学生综合素质发展主要表现的相关事实材料，注重学生志愿服务的记录，高级中等学校以描述性语言方式对学生的突出表现进行评价，注重写实性，以电子平台为载体及时记录和储存评价信息，每学期结束时及时做好材料的遴选、公示、审核、监督。学生毕业时，提取经过审核、公示的相关资料形成学生综合素质档案，为高等学校选拔学生提供参考。

3. 科学合理使用评价信息。学生综合素质评价结果为学校改进教育教学、家长有针对性地引导帮助学生提高综合素质提供参考信息，为学生和家长选择适宜于学生发展的学校以及在高一级学校更好地学习提供参考，同时也为高一级学校招生及新生入学后开展有针对性的教育提供参考。从 2020 年起，综合素质评价作为高等学校招生录取的参考，在使用过程中，坚持“谁用谁评”的原则，招生学校应提前公布具体使用办法，使用情况必须规范、公开。

（五）推进高等学校考试招生改革

1. 推进考试内容与形式改革。体现立德树人根本要求，加强情感、态度、价值观的引领。科学设计试卷结构和命题内容，贴近社会实际，贴近课程教学改革实际和学生生活实际，突出考试的能力导向。继续保持和增强北京试卷注重基础、综合、灵活的特色，增强试题的选择性和开放性，给学生创设更大的思考空间和展示个性才华的平台，着重考查学生独立思考和运用所学知识分析问题、解决问题的能力，引导教学摒弃“死记硬背”“题海战术”，促进素质教育深入实施和学生全面而有个性地发展。

2. 改革高考志愿填报时间和投档方式。继续推行高考本科志愿和单考单招志愿填报时间从考前填报调整为考后知分填报，并将本科一、二、三批次志愿设置从平行志愿组方式调整为大平行方式，按照“分数优先、遵循志愿”的原则进行投档。从 2017 年起，将本科二批与本科三批合并为本科二批。待条件成熟，将本科一批与本科二批合并为本科普通批。

3. 完善和规范自主招生等特殊类型招生录取。继续推行高校自主招生、高水平艺术团和高水平运动队等特殊类型招生将单独设置志愿，安排在本科提前批次录取结束后本科一批录取开始前进行。相关高校要公开自主招生等特殊类型招生办法、考核程序和录取结果，确保公平公正。从 2020 年起，在市属高校探索开展综合评价招生改革试点，在市属高校中设立学业水平考试成绩、统一考试成绩、综合素质评价多维度综合评价招生方式。

4. 完善高校招生选拔机制。高校要将涉及考试招生的相关事项，包括标准、条件和程序等内容，在招生章程中详细列明并提前向社会公布。加强学校招生委员会建设，在制定学校招生计划、确定招生政策和规则、决定招生重大事项等方面充分发挥招生委员会作用。高校可通过聘请社会监督员巡视学校测试、录取现场等方式，对招生工作实施第三方监督。建立考试录取申诉机制，及时回应处理各种问题。建立招生问责制，由校长签发录取通知书，对录取结果负责。

5. 改进本科招生计划分配方式。在市属本科一批院校设立农村专项招生计划，面向在城市发展新区和生态涵养区就读的农村户口考生招生。在北京高校开展“高水平人才交叉培养计划”人才培养模式改革，市属高校与在京中央高校、海外境外知名高校联合培养学生，招生计划向远郊区倾斜。

（六）开展高考综合改革

1. 深化统一高考考试科目改革。从 2020 年起，北京市统一高考科目调整为语文、数学、外语 3 门，不分文理科，每门科目满分 150 分，总分 450 分。

2. 从 2017 年起，英语听力分值 30 分，采用计算机化考试，与统考笔试分离，一年两次考试，取听力最高成绩与笔试成绩一同组成英语科目成绩计入高考总分。从 2021 年起，英语增加口语考试，口语加听力考试共计 50 分，英语科目总分值不变。

3. 改革普通本科院校招生录取模式。探索普通高等院校基于统一高考和高中学业水平考试成绩、参考综合素质评价的多元录取机制。从 2020 年起，参加本科院校招生录取的考生的高考成绩由语文、数学、外语 3 门统一高考成绩和考生选考的 3 门普通高中学业水平考试等级性考试科目成绩构成。选考每门科目满分 100 分，总分满分值为 750 分，作为高等院校录取的基本依据。

高等院校可根据办学特色和定位，以及不同学科专业人才培养需要，从思想政治、历史、地理、物理、化学、生物 6 门普通高中学业水平等级性考试科目中，分专业（类）自主提出选考科目范围，但最多不超过 3 门，提前向社会公布。考生满足选考科目其中任何 1 门，即符合报考条件。对于没有提出选考科目要求的高等院校，考生在报考该校时无科目限制。

（七）减少和规范考试招生加分项目

根据国家统一部署，大幅减少、严格控制高考加分项目。从 2015 年起，取消体育、艺术等特长生、市三好学生、市优秀学生干部加分项目。2016 年少数民族考生加 5 分投档，仅适用于北京市属高校招生录取。从 2017 年起，少数民族考生加分范围调整为“从边疆、山区、牧区、少数民族聚居地区在高中教育阶段转学到本市的少数民族考生”，加分分值为 5 分，仅适用于北京市属高校招生录取。高级中等学校考试加分项目和分值，参照高考加分项目调整原则进行规范和调整。

（八）深化职业教育与成人教育考试招生改革

1. 推进高等职业院校分类考试招生改革。健全“文化素质 + 职业技能”考试招生方式，推进单独招生、高职自主招生、综合评价招生和技能拔尖人才免试等考试招生方式改革。注重对学生职业技能的考查，将学生参加市级以上职业院校技术技能大赛成绩作为升入高一级学校的重要依据之一。逐步提高通过分类考试录取考生占高职院校招生的比例，2017 年分类考试成为高职院校招生主渠道，达到 70% 以上。

2. 探索职业院校招收初中毕业生改革实验。按照教育部要求，完善五年制高职招生、“3+2”中高职衔接招生试点。开展高端技术技能人才贯通培养实验，继续支持部分示范职业院校与示范高中、本科院校、国内外大企业合作，选择对接产业发展、适合贯通培养的优势专业招收初中应届毕业生，完成高中阶段基础文化课学习和专科高等职业教育后，通过专升本考试（测试）进入本科高校学习。

3. 推进成人高考改革试点。在不断总结经验基础上，继续扩大我市成人高校招生考试改革试点的范围，进一步完善英语专业英语口语等级考试替代英语科目考试、探索校企合作人才培养模式，实行统考与职业技能测试相结合入学方式的改革试点方案。

4. 构建终身学习立交桥。倡导终身学习理念，加快发展继续教育，为社会成员接受多样化高质量教育提供更多机会，为残疾人等特殊群体参加考试提供高水平服务。探索学历学位证书和资格证书“双证书”制度，推动职业教育学历学位证书体系、专业学位研究生教育与职业资格证书体系的有机衔接，探索建立各级职业教育与普通教育相衔接的机制。推进成人高考、自学考试和社会考试“三考联动”，建立终身学习成果认证中心，探索建立多种形式学习成果的积累认定转换制度，逐步实现不同类型学习成果的互认和衔接，促进各级各类教育纵向衔接、横向沟通。

（九）强化监督管理

深入实施招生“阳光工程”，健全招生政策、招生计划、实施过程和录取结果等信息公开制度，严格考试招生管理，构建更加公开透明、更加公平公正的招生工作管理体系。加强学生诚信教育，健全个人、学校考试招生诚信档案。加强考试招生安全管理，构建科学、规范、严密的考试招生安全体系。完善监督制约机制，加强廉政风险防控，对考试招生全程进行监督，确保规范操作和廉洁运作。严肃查处违法违规行为，严格追究当事人及相关人员责任，及时公布查处结果。构成犯罪的，由司法机关依法追究刑事责任。

五、保障措施

（一）加强组织领导。成立北京市深化考试招生制度改革领导小组，由市委常委、教工委书记和市政府主管领导任组长，市教委主任任副组长，成员由市教委、市人力社保局、北京教育考试院、北京教育科学研究院等单位的负责同志组成。领导小组要加强对考试招生制度改革的顶层设计和统筹协调，及时研究解决改革中遇到的新情况新问题，确保积极稳妥推进。成员单位要各负其责、分工协作，形成推进考试招生制度改革的整体合力。各区和各级各类学校要高度重视考试招生制度改革，认真落实好各项改革举措。

（二）完善配套政策。根据国家考试招生制度改革的进展和要求，及时制定完善我市初中和高中学业水平考试、学生综合素质评价、高等职业教育分类考试、普通高校考试招生、随迁子女在京接受义务教育后升学等方面的具体实施办法，形成系统完备的考试招生制度体系，给考生和社会明确、稳定的预期，保证各项改革的稳步实施。

（三）深化课程教学改革。适应考试招生制度改革要求，结合国家课程方案和课程标准的调整，进一步完善课程计划，改革基础教育教学内容，丰富教学形式与方法，坚持因材施教，推进走班制，满足学生成长发展需求。加强中学生学业规划指导，培养学生自主选择能力。保障学校教室、设施设备等教学资源配置，加强师资队伍培养和培训，提升教师的教学能力和水平，强化课程教学改革的条件保障。

（四）加强宣传引导。加强对各项改革举措的宣传力度，积极回应社会关切，主动、及时、全面、准确地发布信息，组织专家做好政策解读，统一思想、凝聚共识，营造良好改革氛围。创新招生咨询服务形式，提高咨询服务质量。

（《北京市深化考试招生制度改革实施方案》经市政府同意，由北京市教育委员会于2016年5月24日颁布）

北京市“十三五”时期教育改革和发展规划（2016—2020年）

“十三五”时期是首都实现教育现代化的决胜阶段。根据《国家教育事业发展第十三个五年规划》和《北京市国民经济和社会发展第十三个五年规划纲要》精神，为进一步明确2016—2020年首都教育改革发展的主要目标和任务，特制定本规划。

一、发展基础与形势要求

（一）发展基础

“十二五”时期，首都教育坚持优先发展、统筹协调、优质育人、改革创新，全面深化教育领域综合改革，在一系列重点领域和关键环节取得突破，顺利完成了“十二五”规划确定的主要目标和任务，进一步提高了首都教育现代化水平。

教育普及水平进一步提升。0～3岁婴幼儿家庭教育指导网络进一步健全，学前三年毛入园率达到95%，义务教育毛入学率超过100%，高中阶段教育毛入学率达到99%，高等教育毛入学率达到60%。就业人员受教育程度为大专及以上的比例超过50%。从业人员继续教育年参与率超过60%。

教育公平取得新突破。优质均衡的“北京教育新地图”初步形成，人民群众教育的实际获得感明显提升。2015年小学就近入学比例达到94.1%，初中就近入学比例达到90.6%。16个区全部通过国家义务教育发展基本均衡县评估。覆盖全市基础教育阶段全学科的信息资源库建成，“北京数字学校”提供全天候在线服务。优质教育资源的覆盖面不断扩大。

教育质量持续提高。坚持以社会主义核心价值观为引领，素质教育持续深化。中小学生减负工作取得明显进展，基层创新经验不断涌现。创新创业人才培养机制在探索中推进，技术技能型人才和创新型人才培养能力显著提升。

课程和教材建设持续推进，教育教学模式不断创新优化。教育质量保障体系和监测评估机制更加健全。学生全面发展和个性发展需求进一步得到满足，综合素养不断提高。

教育综合改革向纵深发展。改革招生计划分配方式和考试录取方式，统筹拓展基础教育优质资源，推进职业教育高端技术技能人才贯通培养，实施高等学校高水平人才交叉培养、高质量就业创业和高精尖创新中心建设等计划。调整市政府教育督导室机构编制和职能，推进建立督政、督学和评估监测三位一体的教育督导体系，教育治理体系和治理能力现代化水平得到有效提升。

教育保障能力全面提升。教育系统党建和思想政治工作不断加强，教育督导职能有效发挥，学校章程建设取得进展。教育投入显著增长，新建改扩建幼儿园 843 所，新建改扩建中小学校 200 所，增建城乡一体化学校 65 所。教师遴选、引进、管理和发展服务体系进一步完善。教育信息化基础环境与运行机制更加健全，形成了以中小学生学籍信息管理系统为代表的新型信息化教育管理服务模式。

教育开放和辐射影响力不断扩大。首都教育培养高素质、国际化人才的能力不断增强，与国际优质教育资源交流合作的平台进一步拓展。国际学生教育体系持续优化，2015 年在京国际学生规模近 12 万人次。以孔子学院（课堂）建设和北京教育国际宣传为依托，教育对外影响力持续扩大。京港、京澳、京台教育交流日益频繁，京津冀教育协同发展稳步推进，教育对口帮扶任务高质量完成。

“十二五”时期首都教育改革与发展取得的成就，为满足人民群众日益增长的教育需求，推进首都经济社会持续健康发展奠定了坚实基础。首都教育现代化建设站在了新的历史起点上。

（二）形势要求

“十三五”时期是北京市深入贯彻“四个全面”战略布局，落实首都城市战略定位，推进京津冀协同发展，率先全面建成小康社会，建设国际一流的和谐宜居之都的关键时期。首都教育要主动适应新形势、新要求，全面加强教育系统党的建设，全面深化教育领域综合改革，全面推进依法治教，全面提高服务经济社会发展能力。

要主动服务国家重大发展战略，加强统筹协调，为全面建成小康社会强基固本。以习近平为总书记的中央领导集体提出了“四个全面”战略布局，推进实施创新驱动发展、“一带一路”建设、京津冀协同发展、世界一流大学和一流学科建设等重大战略部署。北京作为全国科技创新中心、京津冀协同发展核心、高等学校聚集地，教育需要发挥更加积极的作用。要加强资源统筹和政策协调，稳步推进部分教育功能疏解，优化调整教育结构布局，大力创新高等学校发展机制，成为区域教育协同发展的领头羊、国家战略发展的助推器、国际教育竞争的主力军，为全面建成小康社会、实现中华民族伟大复兴做出新贡献。

要精准立足首都城市战略定位，服务核心功能，更好发挥教育基础性、先导性、全局性作用。中央明确了首都北京“四个中心”的城市战略定位。紧密结合首都产业、就业、人口等布局调整，积极适应经济发展新常态，是首都教育改革与发展的新课题。要从强化首都核心功能出发，主动把握，精准定位，在各类人才培养和国际人才聚集、思想价值引领和文化传承弘扬、全国教育示范和国际教育合作、科技自主创新和科技成果转化等方面取得新进展，为建设国际一流的和谐宜居之都做出新贡献。

要积极回应人民群众教育期待，深化综合改革，全面推进实现教育现代化。随着首都经济社会快速发展和人民生活水平日益提升，人民群众的教育需求呈现出多层次、多样化、个性化、高质量等特点。满足人民群众教育需求，解决教育热点难点问题，是首都教育改革发展的重要方向。始终以办人民满意教育为宗旨，坚持问题导向，深化综合改革，强化内涵发展，维护稳定环境，全面推进实现教育现代化，不断增强人民群众对教育改革成果的实际获得感，提高人民群众对首都教育的满意度。

要更好顺应国际教育发展潮流，创新发展方式，不断提升首都教育的内涵和水平。当前世界各国和国际组织都将教育作为促进智慧增长、可持续增长与包容性增长的基石，强调从“全民教育”向“全民学习”转变，更加突出教育公平与卓越，更加突出教育国际化和竞争力。“互联网+”深刻影响着教育资源的配置和整合，放大了优质教育资源的作用，为实现教育公平与卓越创造了有利条件。要以新的理念、新的策略，更好顺应时代潮流，积极推动信息技术与教育教学的全面深度融合，不断提升首都教育发展水平，切实打造首都教育的好形象与好品牌。

面对新形势、新要求，必须清醒认识到首都教育还存在一些问题，包括：教育资源供给还不适应学龄人口总量快速增长带来的新需求；教育资源配置还不能跟上城市人口分布的新变化；科学的育人观、人才观、用人观还未普遍树立；人才培养模式还不能完全适应国家和首都创新驱动发展的需要；教师队伍建设还不能满足全面提升教育质量的要求；教育对外开放与区域合作还不适应新的首都城市战略定位；教育管办评分离改革还不适应教育治理体系和治理能力现代化的需要。

二、指导思想和主要目标

（一）指导思想

深入贯彻党的十八大、十八届三中、四中、五中全会和习近平总书记系列重要讲话精神，按照“四个全面”战略布局，牢固树立和贯彻落实创新、协调、绿色、开放、共享的发展理念，牢牢把握首都城市战略定位，巩固教育优先发展地位，坚持立德树人，紧紧围绕提高教育质量这一战略主题，以促进学生健康成长和全面发展为根本，以加强党的领导为坚强保证，深化教育综合改革，全面推进首都教育事业科学发展和京津冀教育协同发展，不断提高人民群众的教育满意度和获得感，为建设国际一流的和谐宜居之都提供强有力的人才支持、智力支持和创新支持。

（二）主要目标

到 2020 年，建成公平、优质、创新、开放的首都教育和先进的学习型城市，全面完成《北京市中长期教育改革和发展规划纲要（2010—2020年）》确定的各项任务，实现教育现代化。

——教育事业发展全国领先。学前三年毛入园率巩固在95%，义务教育毛入学率不低于100%，高中阶段教育毛入学率超过99%，高等教育毛入学率超过60%，新增劳动力平均受教育年限超过15年，主要劳动年龄人口受过高等教育的比例超过48%，从业人员继续教育年参与率达到80%。

——基本公共教育服务更加公平。公共教育资源配置更加均衡，区域、校际差距进一步缩小，受教育权利依法平等享有。按照确保公平和就近入学原则，科学划定每所义务教育学校片区范围，100%公办学校实现就近入学。逐步实施12年免费基础教育。城乡教育一体化发展格局形成，家庭经济困难群体资助全覆盖制度更加完善，残疾儿童接受义务教育的需求全面满足，来京务工人员随迁子女接受义务教育的保障机制更加健全。

——优质教育供给显著增加。坚持立德树人，强化理想信念教育，素质教育全面实施。教师的数量、结构和专业化水平进一步优化，义务教育专任教师中本科及以上学历人员比例超过95%，职业教育“双师型”教师比例超过80%。高等学校优势特色学科建设进一步增强。政府向社会力量购买教育服务的工作稳步推进，优质、特色教育资源的覆盖面进一步扩大，教育的可选择性更加丰富，优质教育、个性教育的需求得到较好满足。北京教育新地图进一步完善。

——人才培养模式灵活多样。基础教育课程改革全面深化，职业教育与普通教育相互渗透，高等学校实现分类发展。不同类型学习成果的互认与衔接机制和转换认定制度更加完善。终身学习条件更加完备，灵活开放、选择多样的人才培养“立交桥”建成，可持续发展教育理念深入人心。崇尚专业的教育氛围更加浓厚，新时期工匠精神广泛弘扬。学生的社会责任感、法治意识、创新精神和实践能力显著增强，应用型人才和创新型人才培养能力进一步提高。

——教育治理体系规范高效。教育领域中政府、学校、社会的新型关系基本形成，市级政府教育统筹力度得到加强，学校依法自主办学权利得到更好保障，社会广泛参与支持教育的机制、渠道更加完善。依法治校机制形成，教育行政权力更加公开透明。学校章程和制度建设得到加强，学校内部治理结构更加完善。机制健全、职能完善、方法科学、手段先进、权威高效的现代教育督导体系初步形成，教育督导的法制化、专业化、现代化水平进一步提高。教育财政保障体系更加健全，公共财政教育支出占公共财政支出的比例保持在17%左右。

——教育辐射影响力持续提高。教育的开放程度和国际竞争力显著增强，教育在吸引和聚集国际化高端人才中的作用更加突出。2020年在京国际学生规模达到15万人次，质量和层次明显提高。部分教育功能疏解取得明显成效，京津冀区域教育协同发展机制逐步完善，首都教育的辐射带动作用明显提升。信息化助推教育现代化的能力增强，中小学建网学校比例达到100%，建成与“智慧北京”相适应的，功能齐全、服务高效的智能化教育服务体系，数字教育资源更加开放与共享。

专栏：教育事业发展与人力资源开发主要指标

<table>
<tr><th></th><th colspan="2">指标</th><th>2015年</th><th>2020年</th></tr>
<tr><td>1</td><td colspan="2">学前三年毛入园率（%）</td><td>95</td><td>95</td></tr>
<tr><td>2</td><td colspan="2">义务教育毛入学率（%）</td><td>＞100</td><td>≥100</td></tr>
<tr><td>3</td><td colspan="2">高中阶段教育毛入学率（%）</td><td>99</td><td>＞99</td></tr>
<tr><td>4</td><td colspan="2">高等教育毛入学率（%）</td><td>60</td><td>＞60</td></tr>
<tr><td>5</td><td colspan="2">新增劳动力平均受教育年限（年）</td><td>15</td><td>＞15</td></tr>
<tr><td>6</td><td colspan="2">主要劳动年龄人口受过高等教育的比例（%）</td><td>40</td><td>＞48</td></tr>
<tr><td>7</td><td colspan="2">从业人员继续教育年参与率（%）</td><td>＞60</td><td>80</td></tr>
<tr><td>8</td><td colspan="2">义务教育专任教师中本科及以上学历人员比例（%）</td><td>91.4</td><td>＞95</td></tr>
<tr><td rowspan="2">9</td><td rowspan="2">职业教育“双师型”教师比例（%）</td><td>中等职业教育</td><td>57</td><td>＞80</td></tr>
<tr><td>高等职业教育</td><td>65</td><td>＞80</td></tr>
<tr><td>10</td><td colspan="2">公共财政教育支出占公共财政支出比例（%）</td><td>16.8</td><td>17</td></tr>
<tr><td>11</td><td colspan="2">在京国际学生规模（万人次）</td><td>12</td><td>15</td></tr>
<tr><td>12</td><td colspan="2">中小学建网学校比例（%）</td><td>95.4</td><td>100</td></tr>
</table>

三、主要任务

（一）全面深入实施素质教育，提高学生综合素养

以社会主义核心价值观落细落小落实为指针，把德育贯穿到育人的全过程，树立和倡导科学的教育观、学习观和成才观，营造有利于学生全面成长和个体最优发展的育人环境，着力提升学生的综合素养，为每一位学生的成长、成人、成功奠定良好基础。

加强中小学生社会主义核心价值观教育。将社会主义核心价值观的育人目标和内容融入到学科教学中，强化课堂教学主渠道育人，提升综合育人效果。继续实施中小学生培育和践行社会主义核心价值观“一十百千”工程。开展中小学文明校园创建活动，实施中小学中华优秀传统文化素养提升工程，推进中华优秀传统文化特色校建设，强化青少年学生文化认同和文化自信。深化“中国梦”主题教育，开展感恩励志教育。实施“七五”普法规划，贯彻《青少年法治教育大纲》，在中小学设立法治知识课程，着力推动法

治教育基地和支持体系建设。深入推进民族团结进步教育，充分发挥民族团结教育示范学校的典型示范作用。

加强和改进大学生思想政治教育。以理想信念教育为核心，以“勤学、修德、明辨、笃实”为方向，不断提升大学生思想政治教育质量。推进思想政治理论课教育教学综合改革，成立高等学校思想政治理论课程资源共享联盟，打造高质量教学资源库，切实提高教学质量。深入实施新生引航工程，构建大学生服务保障体系，深入开展深度辅导和学业辅导，建设学业辅导示范中心，提高大学生心理素质教育和危机干预的水平。进一步加强和改进高等学校辅导员队伍建设，实施专业素养提升计划，评选建设一批辅导员工作室，凝练推广优秀成果。发挥关工委在培育和践行社会主义核心价值观、加强高等学校意识形态领域工作中的配合补充作用。

加强体育美育工作。坚持面向全体、全面普惠，以完善人格、增强体质、提升技能、培养兴趣为目标，强化体育教学和课外锻炼。全力推广校园足球和冰雪运动，深入推进体育后备人才培养。坚决遏制中小学生视力不良检出率和肥胖检出率的增长趋势。开展平衡膳食校园健康促进行动。完善美育机制，改进美育教学，提高学生的审美情趣和人文素养。完善科技教育体系，注重培养学生的科学思想、科学精神、创新能力与合作探究能力。大力开展体育节、艺术节、科技节、高雅艺术进校园等品牌活动。充分调动高等学校和社会力量持续支持中小学体育、美育优质均衡发展。深入推进义务教育阶段课外活动计划，实现义务教育阶段学生基本掌握 2 项运动技能和 1 项艺术爱好的目标。

完善实践育人体系。树立广义的校外教育观，加强教育资源统筹，促进校外教育发展。持续推进社会大课堂建设和常态化应用，深化资源单位课程开发，丰富资源类型。继续实施初中开放性科学实践活动，为学生提供丰富、多元、优质、创新的科学实践活动课程。继续推进初中综合社会实践活动，完善组织管理和评价机制。完善大中小学生志愿服务长效机制，进一步拓展少先队活动教育阵地。加强中小学劳动教育，在中小学普遍开展学农实践体验活动，组织郊区学生到城区学校游学活动。扎实开展学校军训，进一步提升国防教育水平。加强可持续发展教育，推进可持续教育发展示范区建设，建设可持续发展学校和可持续发展教育基地，培育学生可持续发展素养。

（二）拓展基础教育优质资源，办好百姓身边学校

立足人民群众期盼有更好、更公平教育的需求，持续巩固义务教育均衡发展成效，不断扩大优质教育资源供给，努力办好每一所中小学校和幼儿园，全面提升育人质量。

提升学前教育服务保障能力。扎实推进第二期学前教育三年行动计划及后续行动。多种形式扩大学前教育资源，构建以公办幼儿园和普惠性民办园为主体、公办民办并举的学前教育服务网络。做好 0～3 岁社区早期教育指导工作，提供多种形式的学前教育指导服务，建设一批学前教育社区办园点。不断完善学前教育保障机制，鼓励支持社会力量多形式办园，农村地区实施以财政为主的投入方式，落实好保育教育费减免政策，资助家庭困难儿童及残疾儿童接受教育。推进幼儿园内涵发展，坚决防止“小学化”倾向，加强对各级各类幼儿园的监督管理，加强学前教育师资培养，确保幼儿园相关人员配足配齐。

推进义务教育优质均衡发展。初步建立涵盖学校办学条件标准、校长发展专业标准、教师教学基本功标准、学生核心素养体系、教育教学质量标准等内容的义务教育基本公共服务标准体系，推进义务教育基本公共服务均等化。加大教育资源整合力度，支持推进集团化办学、学区制改革、教育集群发展和九年一贯制办学探索，形成有效的配套管理机制。加强城乡教育资源统筹，精准支持乡村学校发展。加强课程教材建设，进一步给予区、学校课程自主权，构建符合现代教育理念、具有北京特色的义务教育课程体系。落实北京市义务教育部分学科教学改进意见的精神，提升学科教学质量。做好符合条件的来京务工人员随迁子女义务教育工作，加强自办学校分类治理。

促进普通高中多样化特色发展。加大学校办学自主权，支持学校特色发展，为不同潜质的学生提供更多选择空间。深入推进课程改革，加强高中与初中、高等学校的衔接，探索多样化人才培养模式和贯通途径。完善市级优质高中教育资源统筹工作机制，加大对经费、编制、教育用地、招生等工作的统筹力度，进一步扩大优质高中教育资源，惠及更广大学生。促进办学体制多样化，鼓励城区公办优质高中寄宿部、国际部外迁，探索民办机制。全力做好内地民族班的教育管理服务工作，提升内高班的教育水平。

保障特殊人群受教育权利。实施特殊教育提升计划，提升特殊教育普及水平、教育质量和保障条件。推进全纳教育和特殊教育学校个别化教育，满足各类残疾学生的特殊教育需求。加强对孤独症儿童有针对性的教育训练研究与资源开发。完善融合教育支持保障体系，发挥特殊教育支持中心的功能，研究与开发符合通用学习设计理念的融通课程，提升融合教育质量。

（三）完善现代职业教育体系，畅通学生成才通道

坚持资源统筹、协同创新、高端培养、服务发展的原则，形成适应首都城市功能定位和经济社会发展需要，产教深度融合、中职高职衔接、职业教育与普通教育相互沟通、学历教育与职业培训有机结合的现代职业教育体系，不断提高技术技能人才培养水平。

完善职业教育体系。逐步压缩中等职业教育规模，稳定专科层次高等职业教育规模，积极发展本科层次职业教育，稳步扩大以职业需求为导向、以能力培养为重点、以产学结合为途径的专业学位研究生教育。引导职业学校按照首都功能定位进行转型，结合京津冀产业布局调整相关专业。推动中等职业学校、高等职业院校、成人高等学校及本科院校资源整合，实施中高职一体化办学。继续做好“3+2”中高职衔接改革工作，深化“五年一贯制”高职改革。开展中、高职与本科教育贯通培养、联合培养改革试点，探索推进高端技术技能人才贯通培养项目。建立灵活多样的职业教育学制，发展职业培训。

深化办学模式改革。坚持政府推动、市场导向、学校主体、企业参与、骨干带动，以产业或专业（群）为纽带，

加快建设一批服务新兴产业和主导产业的职业教育集团，促进产教深度融合。推动政府、学校、行业、企业联动，合作共建研发中心，共享实习实训基地和技术技能大师工作室。

提高教育教学质量。推动人才培养方案与产业人才需求标准相衔接、人才培养链和产业链相融合。探索现代学徒制试点，开展订单培养、工学交替、顶岗实习、校企合作等培养模式改革。改革专业课程体系，建设一批与生产一线真实应用和最新发展紧密结合的优质品牌课程。加强职业院校与职业技能鉴定机构、行业企业的合作，积极推行“双证书”制度。加强和改进公共基础课教学，注重培养学生的人文素质、科学素养、综合职业能力和可持续发展能力，着力培养爱岗敬业、精益求精、重视传承、敢于创业的工匠精神。

（四）强化高等教育内涵发展，提升办学综合实力

按照统筹资源、改革创新、提高质量、彰显特色、服务发展的原则，引导高等学校分类发展，在各自类型和层次上办出特色，争创一流，更好地发挥人才培养、科技创新、社会服务和文化传承的作用。

整体提升学校办学水平。加强统筹协调，进一步优化北京高等教育结构和布局，促进高等学校科学定位、强化优势、突出特色。支持世界一流大学和一流学科建设，鼓励高等学校瞄准“世界一流”优化学科结构，凝练发展方向，吸引重点领域领军人才主导学科建设，积极发展新兴学科和交叉学科，打造更多优势特色学科。深化市属高等学校与国内外知名高等学校、科研院所、行业企业的合作交流，汇聚优势资源，紧密结合首都发展需求，强化特色学科专业建设。引导部分市属本科高等学校向应用型转变，重点培养服务城市建设的应用型、复合型、技能型人才。统筹首都高等教育资源，深化在京中央高等学校与市属高等学校合作共建机制。

全面提高人才培养质量。健全人才培养体系，鼓励高等学校结合实际分层次培养国际化拔尖创新人才、复合型行业领军人才和应用型专业技术人才。加强人才培养模式创新，引导高等学校结合经济社会发展需求，大力推动国内外、产学研联合培养基地建设。以一流专业建设为抓手，进一步深化本科教育教学改革，促进优质教育资源开放共享，完善高校协同育人机制，推动科教产教融合，深入实施“高水平人才交叉培养计划”，着力打造一流本科教育。深化研究生教育综合改革，促进学术学位与专业学位研究生教育协调发展。开展学位授权点动态调整。

大力增强科技创新能力。服务于建设全国科技创新中心和构建高精尖经济结构，加强基础研究，在战略性、全局性、前瞻性问题研究上取得一批标志性成果，着力提升解决重大问题能力和原始创新能力，以基础性突破带动全局性创新。集中力量建设一批高精尖创新中心，实施一批高精尖创新项目。继续加强北京实验室、协同创新中心、北京市重点实验室等科研基地建设，完善成果转化和技术转移机制。支持高校探索建立基于互联网的科研组织模式，开展跨学校、跨学科、跨领域、跨国界的协同创新。完善高等学校科研人员成果转化收益分配机制，探索科技创新评价机制改革。加强新型高等学校智库建设，推进以问题为导向的研究体系、学术话语体系和科研组织管理体系创新，推动高等学校积极建设具有中国特色、中国风格、中国气派的哲学社会科学。

促进高质量就业创业。落实“高质量就业创业计划”，完善多形式、立体化就业创业服务体系。完善大学生创业园孵化体系，形成“中关村大学生创业一条街”与中关村、沙河、良乡三个大学生创业园为代表的市校两级创新创业服务基地。深化大学生职业发展教育改革，积极营造大众创业、万众创新的良好氛围，把创新创业教育融入人才培养全过程，加强创新创业课程和队伍建设，切实提高指导水平。发挥大学生就业创业专项资金引导作用，建设一批高等学校示范性创业中心，鼓励大学生创新创意实践，支持初创优秀团队建设，不断提升大学生就业创业能力。

（五）健全终身教育服务体系，提供便捷学习平台

倡导终身学习理念，完善灵活开放、衔接互通的终身教育体系，推动学习型组织建设实践创新，加强学习型城市建设，满足人民群众更新知识、提高能力和全面发展的需要。

完善终身教育体系。建立不同类型学习成果的互认与衔接机制和转换认定制度，构建市民终身学习“立交桥”。探索试行普通高等学校、高等职业院校、成人高等学校之间学分转换，建立“学分银行”“市民终身学习卡”等终身学习制度，拓宽终身学习通道。制定非学历教育资格标准，依托学分银行平台，打通学历、非学历、职业资格证书之间的转换通道，实现学分互认。加强语言文化建设，不断提高

8月，西城三义里小学“十三五”规划启动
（西城三义里小学 供）

语言文字社会应用规范化的治理与服务能力。加强市民语言能力和母语素养的培养，传承与弘扬中华优秀语言文化。建设北京市语言文字工作委员会科研基地。

建设终身学习服务平台。整合教育、文化、科技、体育等现有优质资源，建成覆盖全市的终身学习网络和区域性学习中心，为市民提供丰富多样的学习交流平台，注重为老年人、残疾人等特殊需求群体提供学习服务。建设一批有特色、受社区群众欢迎的“市民终身学习示范基地”，发挥其核心辐射作用。依托北京开放大学建好终身学习系统——京学网。

（六）依法促进民办教育发展，满足多样教育选择

依法依规加强民办教育分类管理和分类指导，按照扶需扶特、促优促强的原则，鼓励引导民办教育适应首都城市战略定位，把握发展方向，寻找发展空间，转变发展方式，提升发展内涵，为人民群众提供丰富多样的教育选择。

加强分类指导。以教育需求为导向，针对不同学段、不同类型民办教育加强顶层设计，制定差异化扶持与规范管理的配套措施。大力支持举办普惠性幼儿园，鼓励举办特色高端幼儿园，加大学前教育资源供给，就近满足社区居民多样化托幼需求。鼓励民办中小学在教育理念、学校文化、特色课程、人才培养等方面探索创新，为学生提供优质教育选择。鼓励民办高等教育适应首都产业转型升级需要，向特色化、精品化、高水平方向发展，支持3～5所民办应用型大学建设。支持民办教育培训机构品牌化、集团化发展，充分发挥其在共建教育资源、满足教育需求、推动中小学教育教学改革方面的积极作用。

完善建设机制。畅通社会资金和优质资源进入渠道，鼓励发展适应需求的民办教育，建立健全民办教育准入、预警和退出机制。进一步健全政府补贴、购买服务、助学贷款、基金奖励和捐资激励制度，加大对非营利性民办学校的支持力度。坚持加强外部监督与健全内控制度相结合，完善民办教育公共财政扶持和资金使用政策。推进落实民办学校法人财产权，依法健全资产与财务管理制度，进一步规范和完善民办学校法人治理结构。加强民办学校师资队伍建设，建立保障其教师地位和专业发展机会的长效机制。加强民办学校办学活动监管，完善相关行政执法机制，探索市级审批、区级监管的民办教育管理体系。积极发挥行业协会在行业自律、交流合作、协同创新、履行社会责任等方面的作用。

（七）有序疏解部分教育功能，促进区域协同发展

落实京津冀协同发展战略，服务首都城市战略定位，以控制总量、限制增量、优化存量为原则，完善教育协同发展工作机制，形成目标同向、政策协调、优势互补、合作共赢的教育格局，引导教育资源布局不断优化，整体提升区域教育发展水平。

有序疏解部分教育功能。控制在京高等学校办学规模，逐步压缩中等职业教育和成人教育规模。推动在京部分普通高等学校本科教育有序迁出，老校区向研究生培养基地、研发创新基地和重要智库转型。支持有条件的北京普通高等学校、中等职业学校通过部分院系搬迁、办分校、联合办学等方式由中心城区向外疏解。引导东城区、西城区中等职业学校向郊区疏解。

服务保障首都核心功能。适应城市内部功能重组和城乡区域协调发展的需要，推动城六区教育布局优化提升，加大平原地区新城和山区新城的公共教育保障力度。服务北京城市副中心建设，通过重点扶持、联合办学、加强培训等方式，增加优质教育资源供给，提升教育配套保障水平。

推动教育合作发展。完善区域教育合作机制，积极发挥优质教育资源辐射带动作用。支持在京高等学校在京津冀区域内合作办学、学科共建，成立学校联盟，促进优质教学科研资源共建共享。支持职业学校合作办学、组建联盟等，实现京津冀职业教育统筹发展。推进优质基础教育资源向郊区和周边地区辐射，实现一体化学校、集团学校、联盟学校在课程教学、文化建设、师资队伍等方面共建共享。加强教育对口支援新疆、西藏、青海和南水北调水源区等地工作，建好北京教育对口支援与合作网，落实教育精准扶贫。

（八）积极扩大对外交流合作，提升教育国际影响

进一步做好教育对外开放工作，形成全方位、多层次、宽领域、高水平、有影响的首都教育对外交流与合作新格局。以体质增效为重点，充分发挥教育在吸引国际高端人才、弘扬中华优秀传统文化等方面的作用，服务首都“国际交往中心”建设。

加大教育交流合作力度。探索中外合作办学新机制和新模式，引导中外合作办学向高质量、规范化方向发展。支持高等学校加强与国外院校在教育、教学、科研等方面的深层次交流与合作，加强学生、教师、管理队伍的国际化视野培养。鼓励支持高校与世界一流大学和学科开展高水平人才联合培养和科研攻关，促进国际协同创新。支持职业教育借鉴和引进国际权威的职业资格证书体系、办学模式和考核标准，推进国际化应用技能型人才培养。鼓励中小学开展多种形式的对外交流。加强与港澳台地区交流合作。

提升国际化人才培养水平。重点抓好拔尖创新人才、非通用语种人才、国际组织人才、国别和区域研究人才、来华青年杰出人才等五类人才的培养。学习借鉴国外素质教育和均衡发展的办学理念和模式，加强中小学国际理解教育和多元文化教育，提升跨文化沟通能力。积极与海外知名高等学校、职业院校建立联系，为“外培计划”和“高端技术技能人才贯通培养计划”搭建平台。服务2022年冬奥会，在各级各类学校开展形式多样的奥林匹克文化教育活动，加强冬奥会后备人才的培养。

大力推进双向留学工作。研究探索在境外设立教育合作联络、教师培训、学生交流基地，提高汇聚和整合优质境外资源、推进务实合作交流的能力。深入推进“留学北京行动计划”，更加注重国际学生质量，提高学历生和研究生层次学生比例。完善国际学生服务体系和教育培养质量保证体系，设立“一带一路”沿线国家留学生奖学金。提高北京学生赴境外学习、交流、研修的规模和质量，面向全球引进高层次人才参与高校教学管理。稳妥开展汉语国际教育，进一步统筹首都院校孔子学院（课堂）建设布局，扩大教师和志愿者境外任教规模。

四、深化教育领域综合改革

（一）深化管理体制改革，提升教育治理能力

持续推进简政放权，明确政府管理权限和职责，优化管理流程，提高管理效能，形成政事分开、权责明确、统筹协调、规范有序的管理体制，提升政府教育治理能力。

加强市级政府统筹。落实中央关于扩大省级政府教育统筹权的精神，加强市级政府教育统筹力度，完善市政府统筹推进、教育管理部门牵头、相关职能部门协作、各区政府联动的教育统筹工作机制，建立部市联席会议制度和年度会商机制，统筹教育改革发展稳定，统筹推进首都教育现代化。

建立清单管理制度。切实转变政府教育管理职能，依法细化市、区两级政府发展教育的职责权力，明晰各政府部门的教育职责，建立权力清单和责任清单，规范权力运行程序，确保教育责任履行到位，发挥政府保障教育事业优先发展、科学发展的主导作用。探索实施负面清单管理制度，更有效地激发各教育主体的积极性、主动性、创造性，提升市场配置教育资源的有效性。

提升教育治理能力。创新政府教育管理和服务方式，综合运用法律、标准、规划、拨款、信息服务、政策指导等方式，拓宽家长、社会组织等主体参与教育管理、评价和服务的渠道，完善多元参与、平等协商、合作共治机制。改变直接管理学校的单一方式，减少行政干预，加强公共服务，提高管理和服务绩效。坚持以公开为常态、不公开为例外原则，全面推进教育领域信息公开。加强与社会各界、新闻媒体的沟通协调，引导形成支持教育改革创新的良好氛围。

（二）深化办学体制改革，激发学校发展活力

创新政府服务方式，依法落实和保障学校办学自主权，以学校章程建设为核心，推进学校各项制度建设，完善学校治理结构，形成依法办学、自主管理、民主监督、社会参与的现代学校制度，促进学校提升质量、办出特色。

落实学校办学主体地位。推进学校章程建设，依法确立和落实学校办学主体地位，保障学校依章程自主办学。加强政府对学校办学的支持和服务，减少政府对学校的检查评估。简除烦苛，切实落实和扩大学校办学自主权。深化校务公开，确保学校办学自主权在阳光下运行。

完善学校内部治理结构。坚持和完善普通中小学和中等职业学校校长负责制，建立健全校务委员会、教职工大会和家长委员会等制度，进一步推进学校内部精细化管理。坚持和完善公办高等学校党委领导下的校长负责制，建立健全学术委员会、理事会制度，加强教职工代表大会和学生代表大会建设。完善大学校长选拔任用办法，推进高等学校行政管理人员职员职级制改革。建立完善各级各类学校内部督导制度。依法健全民办学校和中外合作办学机构议事决策机制。建立健全学校法律顾问制度。

推动公办学校办学机制改革。完善面向社会开放办学的机制，积极探索利用社会资源促进学校特色发展，促进教育资源和社会资源融通共享，激发学校办学活力。扩大政府购买教育服务的范围和规模，深化委托办学、合作办学等试点，继续推动在京高等学校、教学研究与教育科研部门、社会机构参与和支持中小学发展。

（三）深化教育督导改革，促进教育科学发展

加强统筹协调，强化政府教育督导，着力推进体系、体制、机制建设，为促进教育改革政策落实和教育事业科学发展提供坚强保障。

建立现代教育督导体系。按照“政府统筹、强化职能、多元参与、权威高效”的总体思路，坚持教育决策、执行、监督既相互协调又相互制约，统筹有力的原则，深化管办评分离，创新教育督导体制机制与模式，建立与首都教育治理体系和治理能力现代化相适应的现代教育督导体系，全面提升教育督导的法制化、专业化和现代化水平，不断增强支持保障首都教育事业科学发展的能力。

全面推进督政、督学、评估监测三位一体的督导工作。建立健全市级政府相关部门、区级政府及其相关部门依法履行教育职责的督导评价制度，督促切实履行教育职责，提高教育公共服务能力和水平。建立健全各级各类学校（机构）教育教学工作督导评价制度，监督、指导、促进学校依法自主办学，规范办学行为，全面实施素质教育，努力提高教育质量。建立健全政府、学校、专业机构和社会组织等多元参与的督导评估与质量监测体系，强化政府教育督导部门归口管理和统筹组织实施的职能，建立第三方教育评估监测机制，全面提升教育评估监测水平。

着力加强教育督导保障。将教育督导改革纳入全市教育领域综合改革统筹深入推进，充分发挥市、区两级教育督导委员会作用，协调指导政府有关部门及时研究解决教育督导改革发展中遇到的困难和问题，切实推动各项改革任务落实。加快教育督导政策、规划、标准、工具、规程研制和教育督导理论研究，推动区域交流合作，建立充分合作、高效开放的跨区域教育督导体系和工作机制。

（四）深化考试招生改革，引导学生健康发展

认真落实《北京市深化考试招生制度改革的实施方案》，稳妥推进考试招生制度改革，到 2020 年基本建立符合首都实际的现代教育考试招生制度，形成分类考试、综合评价、多元录取的考试招生模式。

深化制度改革。义务教育阶段坚持免试就近入学，积极推行学区制和九年一贯对口招生。完善优质高中招生名额统筹分配办法，推动实现每所初中校学生升入优质高中的机会基本均等。调整中考科目和分值，改革考试内容与形式，加大招生政策向高中资源比较短缺的区域和一般初中倾斜。实施高中学业水平考试，完善综合素质评价办法，探索普通高等院校基于统一高考和高中学业水平考试成绩、参考综合素质评价的多元录取机制。调整统一高考科目，改革考试内容与形式，改进招生计划分配方式，扩大本科农村专项招生计划，稳步调整高考录取批次，不断完善高校招生选拔机制，减少和规范招生加分项目。加快推进高职分类考试，逐步提高通过分类考试录取考生占高职院校招生的比例。探索职业院校招收初中毕业生改革试验。推进成人高考改革试点。

完善配套措施。及时制定完善全市初中和高中学业水平考试、学生综合素质评价、高等职业教育分类考试、普通高等学校考试招生、来京务工人员随迁子女在京接受义务教

育后升学等方面的具体实施办法和年度工作方案，给考生和社会明确、稳定的预期。加快完善中学课程计划，改革教学内容，丰富教学形式和方法，逐步推广走班制。加强中学生学业规划指导，增强学生自主选择考试科目和升学目标的能力。保障学校教学、实验等资源配置，加强教师和教学管理队伍配备和培训。完善考试招生技术设备配备，做好命题中心和标准化考点建设。

（五）深化人事制度改革，提升教师综合素质

坚持以德为先、能力为主，健全教师队伍建设长效机制，全面提升教师综合素质，打造一支有理想信念、有道德情操、有扎实学识、有仁爱之心的高素质专业化教师队伍。

全面加强师德建设。坚持把师德建设摆在教师队伍建设的首位，加强教师职业理想、职业道德、法治和心理健康教育，增强广大教师教书育人的责任感和使命感，全面提高师德水平。健全教师职业道德教育、宣传、考核、监督与奖惩相结合的师德建设长效机制，将师德教育列为教师教育的必修内容，将师德表现作为教师资格认定、定期注册、业绩考核、职称评审、岗位聘用、评优奖励的首要内容，并接受学生、家长和社会的监督和评议。

加强高素质专业化师资队伍建设。深化师范生教育改革，扩大师范生培养规模，健全师范生管理机制，全面提高师范生教育质量。实施中小学干部教师培训计划，完善分层分类培训体系，整合培训资源，优化培训内容，创新培训模式，强化教师培训的针对性和实效性。重点实施“首都名师、名校长（园长）、教育家培养计划”“乡村教师素质提升计划”和“中小学教师开放型教学实践活动计划”，大力提升中小幼教师素质。探索名校长培养机制，完善校长选拔任用制度和任期目标责任制度。继续实施“职业院校教师素质提升计划”，加快“双师型”教师队伍建设。深化高层次人才引进、长城学者培养、青年拔尖人才培育、创新团队建设与提升等项目，推进高等学校高层次人才培养。

保障教师地位和待遇。完善教师绩效工资，探索按岗位、任务、业绩确定报酬的公平合理的收入分配制度，调整绩效工资结构，提高绩效工资的激励作用。完善职称（职务）评聘、骨干教师评选向乡村学校倾斜政策，建立乡村教师岗位生活补助制度，切实提高乡村教师的社会地位和待遇。建立教育人才生活需求调查制度，以养老保险、医疗和住房等保障为重点，优化教育人才发展的生活环境。将符合条件的教师纳入住房保障范围，支持乡村学校建设周转宿舍，帮助乡村教师解决工作和生活困难。探索建立乡村教师荣誉制度，鼓励优秀教师到乡村从教。继续做好“北京市人民教师奖”和北京市优秀教师、先进工作者表彰工作。

健全教育人事管理制度。逐步实行城乡统一的中小学教职工编制标准，对乡村学校实行倾斜政策。实施幼儿园教师配备标准，探索推进高等学校教师不再纳入编制管理。探索教育系统编制统筹管理新机制，完善学校编制管理办法，实现编制动态管理、盘活编制资源，提高使用效益，切实解决中小学校缺编问题。全面实施教师资格“国考”和定期注册制度，完善教师的考评体系和退出机制。推进教师校长的交流轮岗，增强教师队伍活力。推进教育系统职称制度改革，完善高等学校职称改革的配套政策和流程，规范职业院校和成人学校职称制度，全面实施中小学职称制度改革，强化岗位聘任，探索灵活多样的弹性用人机制。

五、保障措施

（一）落实从严治党责任，提高党建工作水平

深入贯彻落实习近平总书记系列重要讲话精神和中央、市委重要会议精神，坚持从严从实，坚持首善标准，紧密围绕首都教育改革发展大局和立德树人根本任务，进一步加强和改进教育系统党建和思想政治工作，保持党的先进性和纯洁性，切实为全面深化首都教育综合改革、落实“十三五”规划任务提供坚强保证。

加强思想理论建设。深入开展中国特色社会主义理论和中国梦学习教育，推进习近平总书记系列重要讲话精神“进教材、进课堂、进头脑”，不断坚定党员干部和师生员工中国特色社会主义道路自信、理论自信、制度自信、文化自信。坚持以马克思主义为指导，推动高校哲学社会科学繁荣发展。完善党委理论中心组和党支部理论学习制度，提高理论学习质量。创新理论学习形式和载体，善于运用新媒体开展理论宣传教育，不断增强理论学习的吸引力和实效性。加强宣传理论阵地建设和管理，落实意识形态工作责任制，健全舆情研判、信息通报、事件处置、督查指导工作机制，牢牢把握党对高校意识形态工作的领导权。建立一批中国特色社会主义理论研究协同创新中心，努力打造一流理论研究高地、决策咨询智库和人才培养基地。开展“中国特色社会主义 50 问”系列重大课题研究，透彻回答师生思想理论困惑。加强马克思主义理论青年骨干、学科带头人和专家名师的培养，创办高水平理论刊物，资助出版“北京高校马克思主义理论研究文库”。

加强领导班子和干部队伍建设。贯彻执行《党政领导干部选拔任用工作条例》《事业单位领导人员管理暂行规定》等文件精神，不断加强教育系统领导班子和干部队伍建设。贯彻落实《2014—2018 年全国党政领导班子建设规划纲要》，突出以德修身、以德立威、以德服众，做到人岗相适，严格条件程序、严守纪律要求，选优配强各级领导班子特别是一把手。按照重德才、重实绩、重基层的用人导向，加强优秀年轻干部、后备干部以及各年龄段干部的培养使用。健全干部教育培训工作体系，坚守“三严三实”，加快知识更新，加强实践锻炼。强化干部管理监督，健全完善考核评价机制，强化干部问责，研究建立干部能上能下的工作机制。全面做好离退休干部工作。

加强基层党组织建设。统筹学习型、服务型、创新型党组织建设，实施高校党建难点项目支持计划、学生党员先锋工程，强化基层党组织的政治属性和服务功能，完善院（系）党组织和党支部发挥作用机制，增强基层党组织生机活力和战斗力。加强党员队伍建设，完善发展党员质量保证体系，落实党员教育培训规划，加强党内政治生活，突出政治性、时代性、原则性、战斗性，从严管理党员，充分发挥党员先锋模范作用。健全党建责任体系，完善党建工作述职评议考核制度。健全基层党建经费保障制度和基

层党务干部激励机制。加强中小学党的建设，提高党建工作针对性和实效性。加强民办学校党的建设，探索民办学校党组织发挥作用的途径和方法。

加强党风廉政建设。坚持全面从严治党、依纪依规治党，严明党的政治纪律和政治规矩，加强纪律建设。贯彻执行《中国共产党廉洁自律准则》和《中国共产党纪律处分条例》，切实把纪律和规矩挺在前面，实践好“四种形态”。严格落实党风廉政建设责任制，层层明确责任传导压力，建立和完善考核结果运用制度，按照《中国共产党问责条例》，强化责任追究，落实党风廉政建设党委主体责任和纪委监督责任。加强惩治和预防腐败体系建设，深化廉政风险防控，加强对重点领域和关键环节的监督，规范权力运行，加强监督执纪问责，持续保持遏制腐败的高压态势，努力构建起“不敢腐、不能腐、不想腐”的有效机制。驰而不息落实中央八项规定精神，防止“四风”反弹，做到真管真严、敢管敢严、长管长严。加强廉政教育和廉政文化建设，进一步增强党员干部廉洁自律意识，树立良好政风行风，坚决整治和查处侵害群众利益的不正之风和腐败问题，切实加强基层党风廉政建设，培育清廉、阳光、公正的廉洁环境。

维护教育系统安全稳定。完善基本标准，推广特色成果，实施高校“平安校园”建设提升工程，推进中小学校“平安校园”建设。加大校园安全物防、技防建设力度，完善校园安防基础设施设备，推动技防系统整合，建设信息化管理平台。推动建设“课堂教育、日常宣传、专题活动、实践体验”四位一体的学生安全教育体系，提高安全教育整体水平与效果。完善高校网格化、等级化安全管理模式，进一步提升校园安全管理与防范的规范化、精细化水平。完善队伍培训机制，健全高校安全稳定处级干部培训、新任干部培训和专项业务培训三者结合的培训体系。加大校园及周边综合治理力度，营造良好校园及周边育人环境。

全面加强统一战线与群众工作。完善高校党委统一领导、统战部牵头协调，相关部门和院（系）基层各负其责、协调配合的大统战工作格局。制定实施《关于加强新形势下北京高校统战工作的意见》。深入推进“123”工程、“心桥工程”“三个 10%”计划，加强党外代表人士队伍建设，分层分类加强党外知识分子思想政治引导。加强对民主党派基层组织的政治领导。落实党的民族宗教政策，加强民族团结进步教育，抵御和防范校园传教渗透。做好港澳台侨学生工作。加强党对群众工作的领导，发挥群团组织在学校民主管理、民主监督中的作用。

（二）全面推进依法治教，提高教育法治水平

贯彻落实《依法治教实施纲要（2016—2020 年）》，着力提升教育系统法治观念，大力推进首都教育法治体系建设，形成系统完备、层次合理、科学规范、运行有效的首都教育法规体系，构建政府依法行政、学校依法治校、教师依法执教、社会依法参与和监督评价教育发展的教育法治实施机制和法治监督保障体系。

健全教育法规体系。积极推进地方性法规和规章的修订工作，不断完善首都教育法规体系。推进《北京市教育督导条例》和《北京市终身学习促进条例》的立法工作。积极跟进《民办教育促进法》《职业教育法》《学前教育法》等国家教育法律法规制定修订工作，适时修订北京市实施办法。定期清理、修订规范性文件，增强制度体系的一致性和规范性。

完善重大教育决策制度。建立公众参与、专家论证、风险评估、合法性审查和集体讨论决定的重大决策程序，确保决策制度科学、程序正当、过程公开、责任明确。加强重大决策跟踪反馈和责任追究。加强和改进教育系统调查研究工作，提升科学、民主、依法决策能力和水平。重视教育科学研究，不断完善科研体制机制，加强教育科研机构、学会组织和科研队伍建设，建设中国特色、北京特点的新型教育智库。完善群众利益表达和建言献策平台，切实保障人民群众对教育的知情权、参与权、表达权和监督权。

切实严格依法行政。深化教育行政审批制度改革，强化事中事后监管，提高教育行政监管效能。推动建立教育法律事务中心，着力加强执法队伍和能力建设，推进教育行政综合执法，依法建立规范教育秩序的长效常态管理机制。强化行政程序规范，健全教育纠纷处理机制，依法通过行政诉讼、行政复议、行政调解、教师申诉、学生申诉、信访等途径妥善处理各类教育纠纷。充分发挥教育系统法律顾问在推进依法行政中的作用。

全面推进依法治校。构建完善依法治校制度体系，明确依法治校责任，建立学校、师生权益保护机制，推行依法治校评价指标体系和达标考核办法，加大依法治校能力培训，推动法治教师培训基地和依法治教研究基地建设，全面开展依法治校示范校创建活动和督导，增强学校厉行法治的积极性和主动性。

（三）保障教育经费投入，提高管理使用效益

加强教育经费保障，完善教育公共财政管理体制机制，确保教育投入总量与教育事业发展的实际需求相适应、教育投入结构与教育布局结构变化及教育发展规律相适应、经费使用效益与实现首都教育现代化目标需求相适应。

完善多渠道筹措教育经费机制。依法增加政府投入，各类学生生均公共财政预算教育事业费支出、生均公共财政预算公用经费支出逐步增长。完善转移支付制度，增强市级教育经费统筹能力。增量经费主要向财力薄弱区、人口导入区域、薄弱学校倾斜。完善税收减免、金融扶持和政府奖励等政策，鼓励和引导社会力量捐资、出资办学。发挥政府资金的引导作用，鼓励社会积极捐赠，提高高等学校积极争取社会捐赠的意识和能力。

提高教育经费管理使用效益。坚持依法理财，严格执行国家财政资金管理法律制度和财经纪律。探索创新经费投入方式，进一步提升经费投入政策的科学性和资金使用的效益。加强预算管理规划性，根据重大项目规划建立教育经费中期财政规划。加强预算编制质量管理，提高预算编制质量和水平，提高预算执行效率。完善教育财政咨询制度，增强经费分配的科学性。建立健全学校内部财务管理制度，强化内部控制建设，规范学校经济行为，防范财务风险。在高等学校试行设立总会计师职务，提升经费使用和资产管理专业化水平。完善内部审计制度。完善经费

和资产管理使用效益的绩效评价体系。完善绩效拨款制度，强化绩效导向的经费分配和管理制度。实施学校“阳光财务”工程，建立财务信息公开制度，继续推行收费规范公示制度。落实和完善各级各类教育资助政策，精准帮扶家庭经济困难学生完成学业。

（四）优化教育空间布局，提高资源配置效益

统筹中心城与新城、城市与农村、市域与区域教育发展，通过教育资源空间布局调整，支撑城市功能优化提升和引导人口合理分布。

基础教育均衡配置。适应首都城市空间布局和学龄人口变化趋势，在重点区域、重点阶段有步骤地扩大基础教育办学规模，切实满足适龄学生接受教育的需要。加强城乡公办幼儿园建设，引导民办幼儿园合理布局。加强新建小区早期教育基地和幼儿园建设。强化市、区政府科学统筹配置力度，促进中小学教育资源在区域内和区域间均衡配置。继续推进名校办分校，在平原地区新城和山区新城新建改建一批办学条件好、教育质量高的学校。严格执行办学条件标准，确保城市新建小区配套中小学建设达标。

职业教育协调配置。促进职业学校布局与产业布局相协调，推进职业学校与行业、企业合作。加强职业教育实训基地建设。

高等教育优化配置。形成与京津冀区域空间布局相协调，与产业结构相适应，与首都城市发展需求相结合的首都高等教育资源空间布局。推进北京城市学院、北京建筑大学、北京工商大学、北京信息科技大学、北京电影学院等市属高等学校新校区建设。推进部分中专学校与市属高等学校、部分市属高等学校与在京中央高等学校的资源整合。加快推进沙河和良乡高教园区建设。

（五）构建互联网＋教育，提高融合创新能力

强化数据资源统筹管理、采集和共享，优化教育管理水平，强化应用能力建设，创新教育教学模式，建立开放、多元的在线教育管理与公共服务体系，促进教育与互联网深入融合，培育“互联网＋教育”新型发展形态。

提升教育管理服务的信息化水平。持续优化首都教育信息化基础网络环境，实现无线教育网络全覆盖，加强信息安全保障能力。整合优化已有业务系统，建成贯通市区，衔接各级各类教育机构，集政务公开、在线互动、资源服务等多种功能于一体的首都教育信息公共服务平台，提升首都教育信息管理与服务水平。加强和改进教育统计，建设教育大数据体系，强化数据资源共建共享，为教育研究和决策提供强有力的数据支撑。

推进信息技术与教育教学融合创新。持续推进北京数字学校、数字化资源共享交换平台建设，继续整合中小学名校名师资源、电子教材及各类企业优质资源，进一步丰富完善市级数字教育资源供给体系。鼓励企业和其他社会力量开发数字教育资源，培育社会化的资源服务市场。全面构建数字化教育资源的融通供给与常态化应用新模式，推动优质资源快速便捷地向外扩散，服务学校特色发展。引导支持各级教育教师应用信息技术改进教学实践。支持各级各类学校建设智慧校园，综合利用互联网、大数据、人工智能和虚拟现实技术探索未来教育新模式。

六、重大项目

结合首都教育改革和发展中的重大问题，实施一系列重大项目。

（一）学前教育服务保障项目。通过新建改扩建、以租代建等方式建设一批公办幼儿园或普惠性民办园。在入园压力大、土地资源紧张的中心城区及城乡结合部地区，建设一批学前教育社区办园点。

（二）义务教育优质资源扩大整合项目。通过市级扩优改革项目带动，进一步整合教育资源，优化义务教育优质资源布局。持续推进高等学校、教科研部门、民办教育机构及其他社会力量支持中小学发展，引进外籍教师参与中小学英语教学改革。支持推进集团化办学、学区制改革、教育集群发展和九年一贯制办学探索。

（三）高中多样化特色化发展项目。鼓励学校自主探索多样化办学模式，构建优质多样、特色鲜明、资源共享的普通高中课程体系，完善综合素质评价体系。

（四）市级统筹优质教育资源项目。完善市级优质高中教育资源统筹机制，新建 10 所市级统筹优质高中，发挥优质高中的带动作用，扩大优质教育资源数量和覆盖范围。继续安排部分优质高中招生计划跨区分配到校。

（五）高端技术技能人才贯通培养项目。支持部分职业院校与示范高中、本科院校、国内外大企业合作，选择契合首都产业转型和发展需求的优势专业招收初中毕业生，完成高中阶段基础文化课学习后，接受高等职业教育和本科专业教育。

（六）高等学校高水平人才交叉培养项目。强化在京高等学校之间、在京高等学校与海（境）外名校之间、在京高等学校与科研院所和企事业单位之间的合作，实现专业学科的交叉融合和优质教育资源的充分共享，深化在京高等学校人才培养机制改革，推进实施“双培计划”“外培计划”和“实培计划”。

（七）一流学科和特色学科建设项目。加大世界一流大学建设的支持力度。重点建设一批国内领先、国际一流的优势学科和领域。支持市属高等学校特色学科发展。

（八）高等学校高精尖创新中心建设项目。深化科研管理改革，优化科研组织模式，创新科技人才激励机制，完善科技评价体系和开放评价机制，建设一批高精尖创新中心，实施一批高精尖创新项目。

（九）高等学校高质量就业创业项目。构建以“一街三园”为载体的北京高等学校大学生创业园孵化体系，力争入孵 500 个左右大学生创新创业实践项目和优秀创业团队。

（十）大学生教育服务项目。深化思想政治理论课教育教学改革，构建大学生学业、心理、就业等服务保障体系。加强高校辅导员队伍建设。完善大学生资助体系。加强高校后勤标准化建设。

（十一）民办学校支持鼓励项目。支持举办非营利性民办学校。支持普惠性民办幼儿园发展，支持建设优质民办中小学，支持高水平应用型大学建设。加强民办学校师资

队伍建设。

（十二）终身教育特色实践基地与平台建设项目。加大开发与整合适应社会需求的终身教育课程体系，探索宽进严出、自主学习的开放教育制度，建立学习成果认证体系和“学分银行”制度。建成京学网。

（十三）社会主义核心价值观引领项目。开展中小学生“四个一”活动，优秀影片、连环画进校园，经典诵读，非物质文化进校园，中华优秀传统文化特色学校建设等。强化可持续发展教育，建设示范区和学习创新基地，深入开展节能减排和节约型校园建设。建设实践育人体系。全面开展初中开放性科学实践活动。推进青少年法治教育基地建设。

（十四）学校体育美育工作改进项目。实施北京市青少年校园足球计划、冬季校园冰雪项目计划，在小学阶段推广“小球计划”。研究实施体育技能提升计划。深入推进高等学校和社会力量支持中小学体育、美育发展，高质量开展义务教育阶段课外活动，实施校外教育公益行动计划。

（十五）教师队伍建设和综合素质提升项目。多种方式扩大师范生培养规模，加强和改进师范生教育和管理。重点实施“乡村教师素质提升计划”。推进高等学校高层次人才培养，在市属高等学校中遴选一批创新团队，增强其竞争国家级创新团队的能力。

（十六）扩大教育国际交流与合作项目。支持高等学校引进优质教育资源和人才，支持职业学校引进国际权威的职业资格证书体系，推动高水平中外合作办学发展。深入推进“留学北京行动计划”，设立“一带一路”沿线国家留学生奖学金。完善教育国际交流服务体系。

（十七）教育督导与评价专业化建设项目。充实教育督导专职队伍，完善教育督导队伍的培训制度。完善教育督导和监测评估结果使用制度。

（十八）京津冀教育协同发展项目。有序疏解部分教育功能，加快向外疏解的市属高等学校新校区建设。完善区域教育合作机制，推动高等学校联盟建设、职业教育集团发展、基础教育优质资源共享共建。

（十九）北京城市副中心教育配套建设项目。通过重点扶持、联合办学、加强培训等方式，拓展优质教育资源，服务北京城市副中心建设，提升教育配套保障水平。

（二十）数字化教育资源建设与服务项目。推进北京教育信息网的升级换代与优化整合，建成教育信息化安全保障体系，建设教育云与教育大数据支撑与服务体系。推进中小学数字校园示范建设工程。利用信息技术，促进中小学校实施多模式的开放式学习、混合式学习，构建极端天气应对及日常教育教学在线教育服务与分享体系。

规划实施

《北京市“十三五”时期教育改革和发展规划》是指导全市教育改革与发展的纲领性文件，必须周密部署、精心组织、落实责任、强化监督，确保规划内容落到实处。各区、各部门、各级各类学校要从实际出发，制订本区、本部门、本学校实施规划的具体方案、年度计划和政策措施，分阶段、分步骤组织实施。各区、各部门要把规划作为项目审批和安排资金的重要依据。

《北京市“十三五”时期教育改革和发展规划》确定的各项指标要纳入市政府，以及各部门、各区的综合评价和绩效考核体系。市教委对《北京市“十三五”时期教育改革和发展规划》实施年度监测，发布年度监测报告。市政府教育督导部门定期开展《北京市“十三五”时期教育改革和发展规划》重大任务实施情况的督导，并向社会公布督导检查报告。

配合市人大、政协定期开展《北京市“十三五”时期教育改革和发展规划》实施情况的监督检查。要建立法定程序和渠道，使社会公众能够有效参与对《北京市“十三五”时期教育改革和发展规划》实施情况的监督。

（《北京市“十三五”时期教育改革和发展规划（2016—2020年）》由北京市教育委员会、北京市发展和改革委员会于2016年9月9日颁布）

（本栏责任编辑　华蕾）

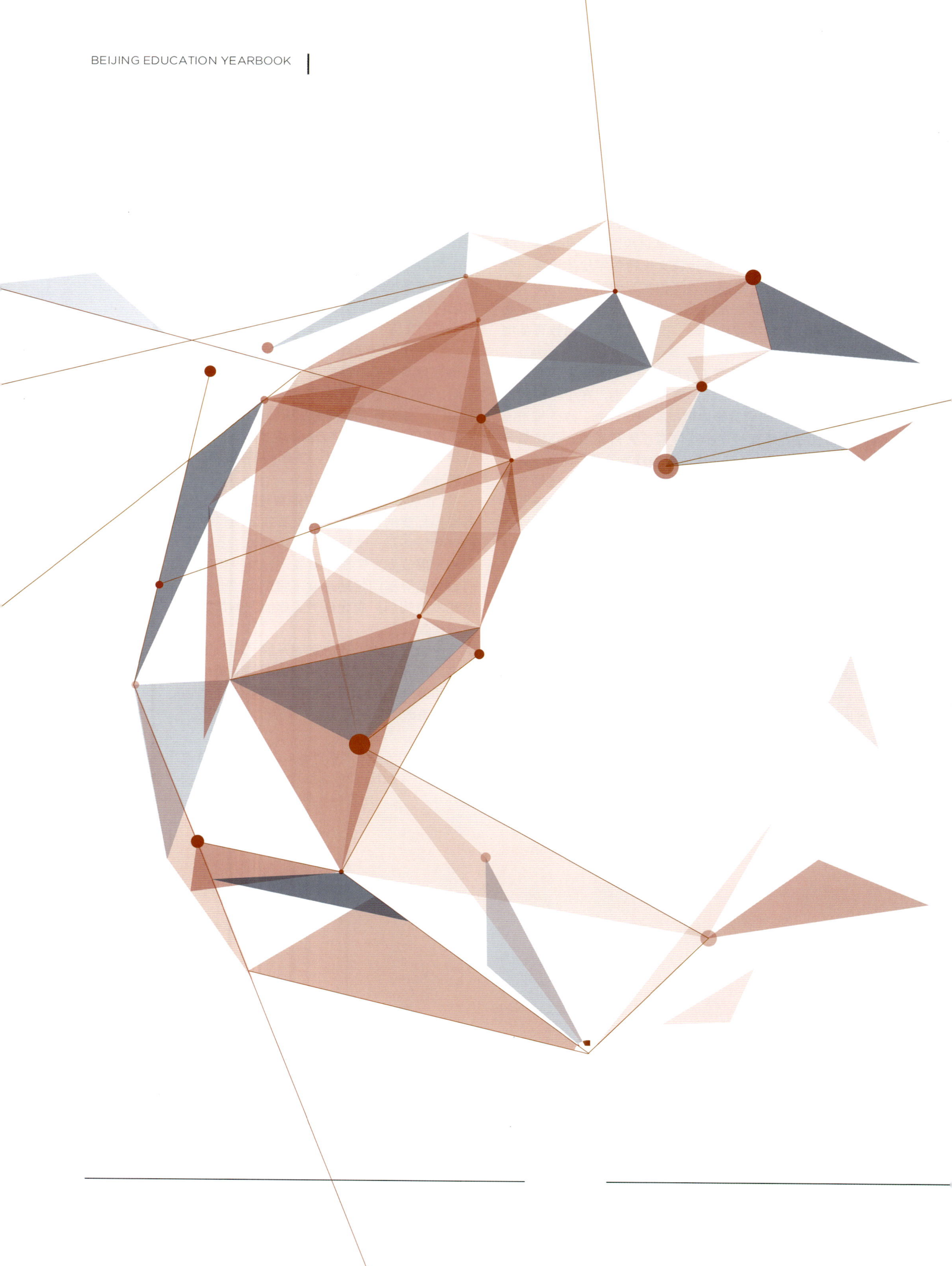

2017 | 专文与纪实

SPECIALIZED ARTICLES AND RECORDS

SPECIALIZED ARTICLES AND RECORDS
专文与纪实

以教育民生观引领首都基础教育综合改革

习近平总书记用人民的“十个期盼”，生动地描述中华民族对于全面小康的强烈期盼和美好憧憬。“十个期盼”的首位是“更好的教育”，这既是全面小康的群众心声，也是全面小康的首要呈现，集中体现总书记的教育民生思想。放眼世界，这种教育民生观也符合世界各国以人为本的教育改革发展理念和普遍提升基本公共教育服务水平、全面提升国民素质的国际发展趋势。

北京在推进基础教育综合改革过程中，始终坚持以新常态下的教育民生观为引领。认识新常态、适应新常态、引领新常态，是教育改革发展的大逻辑。因此，首都基础教育综合改革的核心在于解放思想，关键在于攻克体制机制上的顽疾，通过全链条的改革，突破利益固化的藩篱，以“以学生为本”的先进教育理念最大限度地激发潜力，以“更多获得感”的教育制度红利最大限度地汇聚合力，以“更加现代化”的教育治理创新最大限度地激发活力，让改革成果更多更公平地惠及广大群众。

教育综合改革的基础是“读懂孩子”

现代化转型正在倒逼教育公共服务升级。以往追求成绩、追求统一、强调苦学、强调“服从”的教育理念由于不符合教育规律和不适应新的情况而被广泛诟病，取而代之的是追求质量、追求个性、强调幸福和尊严的教育理念。新时代，破解教育公平难题也需要个性化的服务新思路，以学生为中心，真正“读懂孩子”，真正从学生的需求出发来发展教育，建立有利于学生健康、快乐、有尊严地成长的“绿色”环境，是构建良好教育新生态的价值取向。针对不同学段在学生成长链条中扮演的不同角色和任务，“玩”“慢”“宽”“活”成为首都基础教育综合改革的关键词。

深化学前教育改革，要让孩子们“玩”起来。玩的关键是尊重孩子的天性。对人的终身发展来说，学前教育是终身学习的开端，最主要的作用是启蒙。学前期是孩子的性格、情绪、情感、行为习惯、社会性和认知等发展的最重要和关键时期，如果孩子能够在这个时期得到合理、科学的启蒙，将对孩子的一生有很大的影响。学龄前儿童的大脑处于发育的关键期，科学的启蒙就是要尊重孩子的天性，让孩子“玩起来”。玩的过程就是促进大脑发育、形成智慧的过程，就像蜘蛛织网一样，玩得越多，大脑神经元的触点就越多，蜂窝状的神经网络就越发达，孩子就越聪明。因此，我们要尊重学龄前儿童“玩”的天性，在各种游戏活动中让孩子们“玩中学”“学中玩”。

深化小学教育改革，总体要求是“慢”下来。慢的关键在于回归小学教育的基础性。基础教育是为人的终身发展打基础的阶段，小学更是基础教育的基础，是使儿童成长为合格社会公民的奠基工程。小学教育就是要一点一滴地打牢学生全面发展的基础。“慢”并非单纯的降低发展速度、降低发展要求，而是追求有质量的发展。小学的“慢”是教育规律和学生成长规律地客观需要，是儿童的生理、心理基础决定的，不能揠苗助长。

深化初中教育改革，总体要求是“宽”一些。宽的关键是增强初中教育的拓展性。如果小学阶段是基础，那么初中阶段就是学生厚积的阶段，为学生的选择、发展积蓄能量。初中是从小学教育到高中教育承上启下的关键阶段，学生的自主意识、个性倾向、选择的意识逐步增强。但这个时候，学生发展又还有很多不确定性，是学生的迷茫期，也是学习产生分化的时期。因此初中教育的任务就是要尽可能拓宽教育资源，丰富供给，拓宽学生的视野，培养广泛的兴趣爱好，使学生在众多选择当中，根据自己的个性特长，找到适合自己的，为未来发展进行初步规划和定位。

深化高中教育改革，总体要求是“活”一点。“活”的关键是促进高中教育的多样性。高中教育阶段承载着提高国民素质、为升学和就业作准备等多重使命。高中阶段仍然是基础教育的组成部分，也是大学教育的预备教育，同时具有基础性和预备性。以往过度强化对高等教育的预备，忽略高中在基础教育中的独特价值，死板的“题海战术”让学生失去生机与灵性。高中阶段也是学生从未成年走向成年的过渡时期。经过初中阶段的积累，高中是学生“薄发”的阶段，学生个性形成、发展倾向显现，高中阶段就是提供多样的、个性化、适合的教育供给，满足不同的发展需求，为学生成人、成才做好准备。

教育综合改革要处理好几个关系

教育综合改革不是独善其身的，是牵一发而动全身的改革，是综合性的、全局性的、整体性的改革工程，需要处理好几个关系。

一是教育与经济社会发展的关系。习近平总书记在《摆脱贫困》一书中提出以适应需求为导向的新型教育观，“它不再是过去那种就教育论教育，而是把教育问题同经济、社会的发展联系起来，看这个地方的教育是不是适应并且促进本地区经济、社会的发展”。总书记在视察北京时做的重要讲话中明确北京是全国政治中心、文化中心、国际交往中心、科技创新中心的城市战略定位，提出把北京建设成为国际一流和谐宜居之都的目标，做出京津冀协同发展的战略部署，这是做好首都各项工作的基本遵循。因此，首都基础教育综合改革也要紧紧围绕造就更多适应首都产业升级需要的高素质人才，推动首都加快进入以教育和人才培养为优势的现代化国际城市行列的目标，把推动教育内涵发展与首都建设科技创新中心有机结合起来，围绕加快转变经济发展方式、破解经济发展深层次矛盾和问题，不断提升首都教育质量，培育和催生首都经济社会发展的内生动力。

二是教育公平和质量的关系。公平优先还是质量优先，体现改革的不同价值取向，也是改革处在不同时期的不同选择。“起跑线情结”下，人们对优质教育资源的渴求无比强烈，而教育资源分布不均几乎是所有大城市的通病。中国基础教育最大的不公是资源不均衡的问题。“热点学校”和“非热点学校”资源不均衡，是就近入学执行难的首要背景。当下，坚持教育公平，均衡配置资源是首要任务。扩大优质教育资源不能以牺牲教育质量为代价，首都教育坚持用“双增量”改革实现优质教育资源总量的增加和基础教育质量的总体提升，努力兜“底线”、补“短板”、填“洼地”。

三是改革节奏快和慢的关系。习近平总书记强调，改革要“蹄疾而步稳”。对于改革，既要有时不我待的干劲，也要有静水深流的稳劲，才能为发展赢得空间、为稳定夯实根基。改革进入深水区之后，改革成效绝不是一次会议、一个文件就能实现的，不可能毕其功于一役，更不会立竿见影。很多改革措施特别是深化素质教育是一个春风化雨、潜移默化的过程，需要持续不断地加以熏陶。只要方向正确，励精图治、久久为功，效果自会逐步显现。

四是改革创新与巩固持久的关系。首都教育综合改革实施以来，在一些重点领域和考试招生制度等关键环节都进行改革，力度大，效果明显。“十三五”期间，必须保持改革政策的稳定性，不能拉抽屉，更不能开倒车，并且要进一步调动区县和学校的积极性，继续鼓励各区县进行差别化探索（如在扩大基础教育优质资源方面，各区县结合实际，分别采取教育集团、联盟、学区制、九年一贯等多种形式），发挥基层首创精神，抓好改革举措落地生根。

五是均衡配置资源与尊重教育规律的关系。尊重教育规律和人才成长规律就是构建良好的教育新生态，让大树、灌木和小草相依相伴，接受同样的阳光雨露，各得其所、健康成长。所以，一定要以清醒的头脑权衡利益调整，树立正确的利益观。为大多数学生的利益，为学生的长远利益，要舍得放弃自身的部分利益、一时的利益以及习惯性的做法。引导资源过于集中的学校来扶持资源薄弱的学校，进而实现教育资源的合理配置，使教育工作回归到符合教育事业发展规律、符合人才培养规律的轨道上来。

教育综合改革的关键是优化供给

在推进首都基础教育综合改革的过程中，部分群众有质疑和担忧，这是可以理解的。充分了解他们的需求，积极回应他们的疑惑，引导公众理性认识改革、积极支持改革、主动参与改革，同时，通过深化教育供给侧结构性改革，提高改革成效的满意度，就是实实在在的落实教育民生观。

在当前教育领域综合改革进入攻坚期的关键时刻，无论是十八届三中全会提出的“深入推进教育管办评分离”改革思想，还是四中全会传达的“全面推进依法治教”精神，或是五中全会强调的“创新、协调、绿色、开放、共享”五大发展理念，都要求破解发展难题，厚植发展优势，在教育领域开展以提高教育供给体系质量和效率为重点的供给侧结构性改革。因此，在对前期改革经验总结的基础上，首都教育综合改革接下来的重点任务就是要深化教育供给侧结构性改革，将五大发展理念深植首都教育体系，使首都教育在空间布局结构上与首都功能区建设、人口分布和京津冀协同发展相协调；在类型层次和规模数量上与有序疏解非首都功能、优化提升首都核心功能和人民群众的选择相适应；在学科专业结构上与“高精尖”产业结构相匹配；在供给内容和方式上与学生认知规律和生活环境相适合，从而实现教育供给体系在结构和质量上与经济社会发展和人民群众需求的高位适切。

一是坚持供给结构和质量双提升。当教育综合改革进入攻坚阶段，回过头再看存在的难点和焦点问题，更深层次的原因都是结构问题。接下来，要通过优化教育供给结构，去除无效或多余供给，培育和增加优质供给，保证教育创新要素的生长、栖息和流动。在优化结构的同时，继续把提升教育质量作为教育改革发展的战略主题，进一步做好教育存量的转型或调整，做活做优教育增量。抓教育质量就要“读懂孩子”，坚持“以学生为本”，把学生放到中心地位，促进学生全面个性发展；要着眼于培育学生终身从业、生活的核心素养；优质教育必须是适合学生的教育。

二是坚持时间和空间供给调整双兼顾。教育供给侧结构性改革不是要素改革，而是经纬交织的顶层设计，目的是提供更丰富多元、优质高端的教育供给。横向上，在空间布局上扩大优质教育资源的辐射作用，统筹优质校和普通校、统筹中心城区和郊区、统筹京津冀地区城市群，重新整合优化现有教育资源，挖掘潜在教育资源，尤其是京津冀地区的特有优势资源，以实现教育供给潜能的最大化，促进教育发展更加公平、均衡。例如，以“学区制下的区域教育供给”替代和优化“单一学校教育供给”。纵向上，遵循儿童成长规律和教育发展规律，在学段考核上更加灵活和有弹性，在培养方式上更加多元和丰富，给个性更多一些成长空间、给创新更多一些宽松氛围、给孩子更多一些现实选择。例如，以“9 年、12 年一贯制和普及高中教育”替代和优化“对学生分段加工层层选拔”。

三是坚持供给与需求之间双转化。教育供给侧改革，其重心在供给端，包括供给的数量是否充分，供给的结构是否合理，供给的效率是否高效，是否实现教育资源的最优化配置。其动力在于需求，包括需求是否被满足，需求满足的程度如何，是勉强实现，还是达到“人民满意”。供给应当是满足需求的供给。实际上，学校的成功不应体现在掐尖基础上的高升学率上，而应体现在“因材施教”基础上的“加工能力”上。这对学校和教师给学生的教育供给提出新的挑战:是否真正以“为每一名学生的全面发展”为本？是否让不同家庭背景、不同天赋秉性、不同潜能的学生得到充分的发展？是否满足充分赋予他们个性化、自主成长的权利和尊严？“优质学校”更应该关注孩子 15 年后的成功，而不是现在某一科目的成绩。所以，应当对学校的人才培养情况进行增值性评价。

四是实施优质资源和优质机会的精准双供给。教育供给侧结构性改革不是要“撒胡椒面”，而是要“定点投放”，实现更精细化的教育资源管理和更精准的教育供给。在细化管理方面，需要进一步明确供给主体职责和扩大供给主体范围。促进和保障教育公平的主要责任在政府，政府从法律法规、资源配置、组织实施上，强化教育基本公共服务均等化的责任，保证宏观层面的机会公平、规则公平和程序公平,努力实现微观层面的过程公平和结果公平。同时，发挥市场与社会力量的作用，增强多层次供给能力，最大限度发挥学校实现个性化教育的主体作用，以形成不断提升有质量教育公平的多重合力和有效机制。在供给内容方面，不仅要持续扩大优质教育资源，还要通过改革招生入学办法和人才培养模式，给学生提供更多接受优质教育的选择机会。当然教育供给一定要有教育质量监测的科学依据，是基于数据、基于事实的精准供给。

首都教育综合改革依然在路上，对于新常态下如何以教育民生观引领改革纵深发展、为首都人民提供更优质多样的教育供给的探索也还在进行。教育供给侧结构性改革，涉及供给体制、供给内容、供给方式等全方位的系统改革，说到底就是消除体制性障碍的改革。优化教育供给结构，提高教育供给体系质量和效率，教育改革才能够主动适应人民群众教育需求新变化，才能够让人民群众具有较高满意度和获得感。因此，适应经济新常态，推进教育供给体系的腾笼换鸟、转型升级，是满足人民对教育的热切期盼，进而实现教育现代化的必由之路。

（中共北京市委教育工作委员　会北京市教育委员会）

基础教育综合改革的“北京理念”

继 1993 年北京市在全国率先实现“两基”攻坚任务后，2010 年北京又率先基本实现教育现代化。2015 年，北京市 16 个区一次性通过全国义务教育均衡发展督导评估验收，全市义务教育发展由此进入一个新阶段。目前北京教育正朝着全面实现教育现代化、建成“公平、优质、创新、开放”的首都教育体系的目标扎实迈进。

立足百姓“实际获得”的“北京理念”

长期以来，尽管北京基础教育一直在高位、优质水平上持续、快速发展，但我们也十分清醒地意识到，义务教育在区域、城乡和学校之间仍存在着较大差距，义务教育阶段“择校热”一度成为困扰这个城市的一大难题。

在一个人口超过 2100 万人的特大城市，面对人民享受优质教育资源的普遍需求，我们能否实现义务教育优质均衡发展？在过去较长一段时间内，许多人认为在北京破解义务教育阶段“择校热”简直就是一个无解的命题。

党的十八大以来，在中央全面深化改革的大背景下，北京市以党的十八大精神为指导，积极贯彻落实中央和市委市政府关于全面深化改革的决策部署。我们结合首都城市发展战略定位，积极服务首都“四个中心”建设，将创新、协调、绿色、开放、共享的发展理念深植首都教育体系，将义务教育优质均衡发展作为统筹城乡发展、缩小区域之间发展差距、保障和改善民生的重要抓手。一方面，我们以优质教育资源的重组和扩大为杠杆，撬动公平和均衡目标的实现；另一方面，以招生和考试评价制度改革为杠杆，撬动“减负”和素质教育目标的实现。

我们坚定地启动本市基础教育领域的这场深度综合改革。在近三年里，紧紧围绕推进公平和提升质量这条主线，立足于“办好人民满意的教育”，让学生在家门口上好学的“实际获得”，打造教育新地图，出台一系列促进基础教育优质均衡发展的政策。由此形成促进义务教育优质、均衡发展的“北京路径”和具有鲜明首都特色的教育综合改革“北京理念”。

基础教育领域深综改的“北京理念”，其实质就是基础教育基本公共服务模式的转型升级，是消费观引导下的广义教育资源供给即“供给侧”的结构性改革。它不仅是对学校管理体制机制、考试招生录取、课程方案调整、教师培养等多领域的改革，更是校准人才培养价值取向的改革，最终目标是实现基础教育有质量的发展。

打造教育新地图，拓展优质资源布局

我们在进行深入的理论思考，又基于对现实的深刻剖析基础上，对基础教育领域的深综改进行顶层框架制度设计。要从根本上缓解北京市在一定范围内存在的义务教育阶段择校热，除在入学制度安排上进一步完善、规范外，很大程度上还在于优质教育资源的实质性扩大。

为此，我们立足深化基础教育领域综合改革，着力打造北京教育新地图。总体思路是进一步加强市级对广义教育资源的统筹力度，促进优质教育资源实质性扩大，满足广大人民群众对优质教育资源的迫切需求；同时要求各区制定关于本区域优质资源扩大重组明确的时间表和路线图，做到 2014 年形成改革的突破局面，到 2020 年全市的优质教育资源整体上达到一个较高水平。

为实现教育资源的高位优质均衡，从 2012 年起，我们连续两年以“市政府实事”形式推进城乡新区一体化学校建设，在全市布局 65 个优质教育资源的支撑点和新的生长点。城乡一体化学校建设实现优质教育资源的实质性增长，辐射带动周边教育实现迅速发展。

2014 年北京市从横、纵两个维度实现优质资源“存量盘活，增量推进”的策略。在横向上主要通过实施学区联盟、教育集团、教育集群制，积极扩展优质学校服务半径，提高优质教育资源供给总量；在纵向上主要通过打通学段、建设一体化的九年一贯制学校和推进九年一贯对口直升改革。北京还整合高校和社会力量等优质资源参与小学体育、美育，大面积推进高校建设附属中学、小学，帮助薄弱中小学形成特色，提升质量。

在北京市统一部署下，各区立足义务教育公益、普惠、均等的法律责任，重整结构顶层设计、外引内联盘活资源，通过学区制、九年一贯、名校办分校、集团化办学、集群制和深度联盟校等形式，快速提高优质教育资源供给，让普通百姓的孩子在家门口就能上好学校。

系列“组合拳”从根本缓解义务教育“择校热”

以市、区优质教育资源的重组和实质性扩大为切入点，我们基于这种重组和整合打出一套深化“立德树人”、提高教育质量、促进干部教师流动、优化选拔考试机制的“组合拳”，从而实现教育公平从机会均衡向实际获得的均衡迈出实质性步伐，从根本上缓解本市在一定范围内长期存在的义务教育择校矛盾。

从 2014 年起，我们取消义务教育阶段“共建”入学方式，进一步规范特长生入学工作。我们实行计划管理，首次启用全市统一的小学入学服务系统和初中入学服务系统，教育行政部门依据权限进行查询和监控，各区公布学校的服务片区，做到每一个孩子和每一所学校公开透明；同时加强学籍管理，依据入学服务系统建立新生学籍，杜绝入学过程中的二次流动；制定下发 15 条禁令，教育管理部门领导干部带头遵守，乱收费、占坑班、点招生等违反就近免试入学原则的利益链被斩断。

从 2014 年起，我们对各种义务教育入学方式进行监控，形成二维表、柱状图，同时选取城区 20 所热点小学、31 所热点初中进行重点监控，形成热力图（编者注：热力图根据学生住址等信息生成，越红的地方，表示入学学生数越多）。

北京第二实验小学热力图

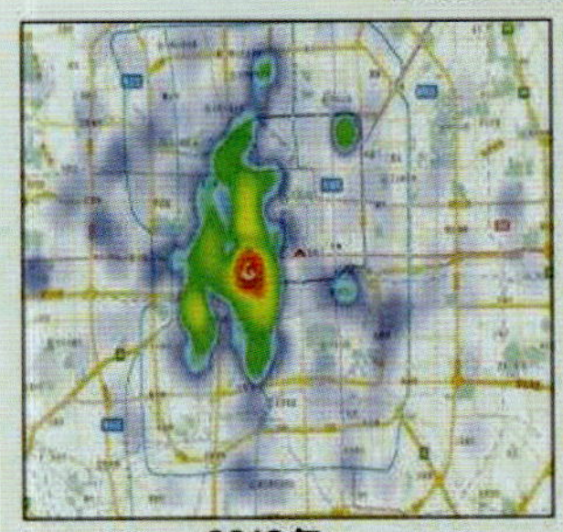

2013年

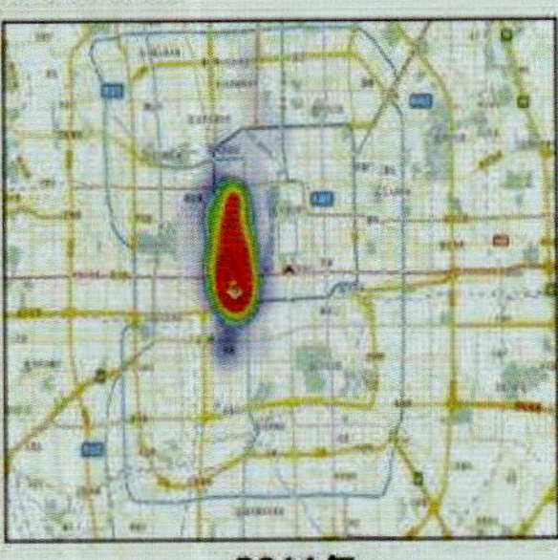

2014年

热力图即以学校点位为中心，以该校当年实际入学学生户籍（实际居住地）为基本数据，由系统直接抓取，自动标绘在地图上，密度最大区域为红色，其次为黄色和蓝色，以此显示该校入学学生户籍（实际居住地）的空间分布。

图：热力图中该校生源以学校为中心，向外逐渐递减，说明实现就近入学

从入学结果统计数据看，2014 年本市小学、初中就近入学比例比上年都有所提高。2015 年本市义务教育阶段就近入学率再次被刷新，小学就近入学比例为 94.06%，初中就近入学比例为 90.6%。

教育综合改革实施 5 年后，北京推出的一系列改革举措让百姓切身感受到改革的成效，享受到教育综合改革带来的红利，也感受到政府以公平和质量为导向，坚定地推进改革的决心和魄力。2015 年 4 月，北京市 16 个区一次性通过全国义务教育均衡发展督导评估验收。

正如《人民日报》2014 年 7 月在报道北京市义务教育就近入学工作时指出：“北京通过学区制、九年一贯制、深度联盟校等方式，不是让学生就近就‘拉倒’，还得就近上好学校，接受真正优质的好教育；不是简单地堵和禁，而是从增加优质教育资源的数量入手。这是好办法，也是根本之道。”

系统推进，深化考试招生制度改革

和以往历次教育改革显著不同的是，我们正在深入推进的这场基础教育深综改更加强调系统性、整体性和持续性。2014 年以来，我们围绕践行社会主义核心价值观、中高考改革，整体出台包括中小学部分学科教学改进意见、《北京市实施教育部〈义务教育课程设置实验方案〉的课程计划（修订）》（以下简称新课程改革方案）和中高考改革方案，

形成一个以中高考考试和招生录取为龙头、以教育供给侧优化升级推动教育对象现实需求和潜在需求满足的环环相扣的改革链条。

我们制定囊括中考综合改革、高考综合改革、相关配套政策改革、深化职业教育与成人教育考试招生改革等内容的北京市深化考试招生制度改革实施方案（以下简称“实施方案”），该方案于 2016 年 4 月正式发布。

事实上，北京市从 2014 年起已开始稳步推进中高考内容改革和招生录取方式改革。我们重新审视考试评价在未来中学阶段教育教学中的价值和作用，更加强调考试评价承担的促进学生个性化、差异性发展的功能，考试命题内容也相应地从考出学生的合格性、等级性的限定中跳出来，力求考试能够兼顾有利于让学生发挥爱好特长、服务于学生的优势展现，同时兼顾题目的开放性、延展性、时代性和基础性。

我们不断深化中考命题改革，以义务教育阶段“课程标准”为命题依据，积极贯彻北京市基础教育部分学科教学改进意见和课程改革、考试改革的有关精神，降低难度，弱化中考的选拔功能，助推学生自信心的树立和学校间生源均衡，从而引导义务教育阶段教学改革深入推进。

根据“实施方案”，北京新中考将于 2018 年“大变脸”。该方案在考试科目和分值设置上均进行大胆改革，由过去的语、数、外、理、化五科必考调整为实施“3+3”方案，即语、数、外三科必考，再从理、化（生）、史、地、政中选考三科，其中物理和化学（生物）必选一科，而选考科目的赋分则按照考生成绩由高到低分别按照 100%、80% 和 60% 的比例折算，从而使中考由过去的“补短”教育变成一种实实在在的“扬长”教育，从而促进考生德智体美全面发展。

根据“实施方案”，新高考将从 2020 年起实行“3+3”新模式，取消文理科；增设高中学业水平考试，从 2017 年起高一学生将开始实施普通高中学业水平考试；从 2020 年起，综合素质评价将纳入高校录取参考。

调整招生入学杠杆，出台“资源优质”和“机会优质”政策供给

从优化升级教育供给端入手，我们将义务教育初中入学、中招和高招纳入统一的政策链条中统筹推进落实。

我们通过“资源优质”和“机会优质”等供给侧改革的“组合拳”，破解“小升初”择校热、优质教育资源不均衡等诸多难题，进一步规范特长生入学招生工作，明确规定 2016 年各区招收特长生比例总体要降到各区初中招生总人数的 5%以内。

在中招中，我们提高优质高中名额分配比例，名额分配比例由 2014 年的 30% 增加到 2015 年 40% 左右。2016 年优质高中名额分配比例进一步提高到 50%，且进一步向一般初中倾斜。按照规定，2016 年“名额分配”新增的 10%招生比例主要用于一般初中毕业生，从而确保 2016 年北京市一般初中毕业生有 30%以上的机会进入优质高中。

值得一提的是，从 2016 年起，在“小升初”时，每位家长都能清晰地看到三年后自己孩子所在这所初中校升入优质高中的机会有多大。具体而言，通过在优质高中学位资源教育供给侧加大市、区统筹力度，三年后将确保每所初中校学生升入优质高中机会基本均等，比例不低于该校当年参加中招人数的 50%。三年后，北京市中招学生升入优质高中将实现“校额均等”和“机会均等”。

主打“资源优质”和“机会优质”政策供给的“组合拳”，将是北京从 2016 年起彻底破解“小升初”难题的发力点和突破口。通过区域优质初中教育资源的扩大和赋予一般初中校优质“初升高”的机会，会直接影响 2016 年“小升初”甚至“幼升小”家长的观念和对学校的认同。

为促进义务教育优质均衡发展，引导家长和学生转变择校观念，促进小升初就近入学，使“择校热”的缓解在政策上得到保障，从 2015 年起，我们新增三类“市级统筹”招生方式，远郊区和一般学校初中毕业生考上城区优质高中的机会明显增加。从 2016 年起，我们在城六区开展“1+3”培养试验，在城六区一般校初二年级结束后，提前给予当年就近入学学生一次升入优质高中的选择机会，即学生在初二年级结束后进入实验学校，在实验学校连续完成初三及高中共四年学习。

系列中招新政通过创新机制，强化统筹，大幅增加初中毕业生的升学通道，为不同特点的学生提供多元、适合的选择途径，让学生体验到更多的实际获得感，以此引导学生更多关注和选择家门口的普通学校，在本地完成九年义务教育。

在高招中，我们改进招生计划分配方式，扩大城市发展新区和生态涵养区本科农村专项招生计划，从 2014 年的 30 个扩大到 2015 年的 200 个左右，从 3 所市属高校扩大至所有市属本科一批招生院校，进一步提高我市农村考生升入本科一批比例；调整高考志愿填报时间和方式，从考前填报调整为考后知分填报，并将本科一、二、三批次志愿设置从平行志愿组方式调整为大平行方式，按照“分数优先、遵循志愿”的原则进行投档；同时减少和规范高考加分，建立高中学生综合素质评价制度。

实施人事制度改革，促进义务教育优质均衡发展

围绕着“培养什么人，怎样培养人”的价值目标导向，我们从教育供给端启动实施系列人事制度改革，将提升教师队伍综合素质作为政策出发点和落脚点。

我们启动全市中小学教师职称改革。从 2016 年起，本市中小学、幼儿园等 17 万教师都可以参评正高级职称，民办校、编外教师等也首次纳入评价范围，并且取消外语、计算机这两项职称申报“门槛”。此次改革将原来相互独立的中学、小学教师职称系列“合二为一”，统一设置为中小学教师职称系列。

以缩小区域、城乡、校际教育发展差距、促进义务教育优质均衡发展为目标，以着力加强供给侧结构性改革、促进区教育行政部门均衡配置区域内师资力量为重点，我们出台《关于进一步推进义务教育学校校长教师交流轮岗的指导意见》，创新交流形式和机制，加强政策支持和保障，推动义务教育校长教师在区域、城乡、校际间合理有序流动，

统筹实施校长教师交流轮岗、义务教育学校标准化建设、义务教育免试就近入学等改革举措，形成整体推进义务教育优质均衡发展的合力。

为采取切实有效措施加强本市中小学乡村教师队伍建设，进一步缩小城乡师资水平差距，2016 年我们还出台《北京市乡村教师支持计划 (2015—2020 年) 实施办法》。该办法创新乡村教师编制管理，乡村中小学教职工编制按照城市标准统一核定，其中村小学、教学点编制按照生师比和班师比相结合的方式核定，合理优化乡村教师队伍结构；建立乡村学校师资缺口与师范院校招生计划联动机制，拓展乡村教师补充渠道；全面推进义务教育教师队伍“区管校聘”管理体制改革，完善激励机制，不断健全绩效工资、职称评定、职务晋升等方面的倾斜政策；建立乡村教师荣誉制度，为推动城镇优秀教师到乡村学校任教提供制度保障。

（北京市教育委员会）

把学生放在正中央

——北京教育综合改革的价值观

■ 陶西平

教育改革和发展，要以育人为本、“把学生放在正中央”作为核心理念，让人民群众有实实在在的获得感。

北京市近年来不断深化基础教育领域综合改革，紧紧围绕促进公平和提升质量这条主线，立足于“办好人民满意的首都教育”，让学生在家门口上好学，打造“教育新地图”，推出一系列促进基础教育优质均衡发展的组合拳，由此形成具有鲜明首都特色的教育综合改革“北京理念”和促进义务教育优质、均衡发展的“北京路径”。其核心价值取向，正是“把学生放在正中央”。

维护切身利益，改革引导学生的“指挥棒”

“把学生放在正中央”既是对以往教育改革“以人为本”的延续和升华，更是党的群众路线在全面深化教育综合改革中的具体体现。它坚持问题导向，从解决学生和家长最关心、最直接、最现实的利益问题入手，积极回应人民群众对“更好的教育”的现实期待，抓住考试招生制度改革这个“牛鼻子”，通过对考试形式和内容、招生计划分配方式、招生录取机制等全过程、全方位的改革，扭转指挥棒，带动基础教育综合改革的全面深化。

党的十八大以来，北京市在考试招生方面不断加大改革力度，目的就是以学生的实际利益为中心，让学生在入学过程中享有更大公平和更多接受优质教育的机会。从最初的取消“共建”、计划入学、严格监管，努力维护学生入学机会公平，到九年一贯对口直升、优质高中名额分配比例逐年递增到 50% 且一般初中校提前 3 年“校额到校”，通过招生杠杆引导义务教育资源均衡的方式方法纵横交错、全面打通，“机会均等”正在推进，学生入学结果公平不断扩大。

特别值得一提的是，为让远郊区农村学生拥有更多进入优质高中的机会，2015 年北京市中考招生新增三类市级统筹招生方式，以此提升教育薄弱区初中生进入优质高中校的机会；2016 年，北京市又推出“乡村学校支持计划”，进一步确保远郊乡村学生中考成绩在 530 分以上者全部进入优质高中校，中考 500 分以上者半数有机会升入优质高中。招生计划分配方式的不断创新，不仅明显缓解城区小升初“择校热”等顽症痼疾，城乡教育一体化也取得新的进展。

考试形式和内容的改革也是北京考试招生制度改革的一个亮点，甚至更具有根本性的意义。北京的中高考改革都采取“选考”的模式，照顾到各个层面学生的需求和发展，

4 月 6 日，延庆十一学校开展学农教育活动

（延庆区教委 供）

真正体现“以学生为本”的教改理念。支持考生按特长选择多种组合，充分尊重考生的个性化发展，科目可选择（尊重学生发展的多元）、赋分可选择（尊重学生学习的强项）、考题可选择（尊重学生学习的特点）、教学可选择（走出校园，理论与实践相结合），均给予每个考生展示自身优势的机会。

新的考试招生制度改革方案，表面上是考试科目和分值的变化，本质上是一场人才培养模式的深刻变革。方案的核心价值取向是力求真正“把学生放在正中央”，促进学生全面并有个性地发展。

尊重成长规律，提升学生的实际获得感

学生是教育基本公共服务的最终体验者。教育改革要取得成效，要将“把学生放在正中央”落到实处，就要使各项改革举措既要符合学生的成长规律和认知习惯，又能不断提升学生的实际获得感。

在北京这一轮深化基础教育综合改革当中，不断提升学生的实际获得是改革的基本要求，也是改革的最终落脚点。“把学生放在正中央”是从读懂学生、给学生松绑开始的。北京教育深综改，最先改变的就是教育评价的绩效观，以是否促进每一名学生的全面发展，是否让不同家庭背景、不同天赋秉性、不同潜能的学生得到充分的发展，是否满足、充分赋予他们个性化、自主成长的权利和尊严为标准，全面推动首都基础教育优质均衡发展。针对不同学段学生在成长中的不同角色和任务，实施有针对性的教育教学改革。学前教育改革让学生“玩”起来，小学教育改革让学生“慢”下来，初中教育改革让学生“宽”起来，高中教育改革让学生“活”起来。

比如，北京市新推出“1+3”培养模式改革实验。从2016年起，凡城六区一般初中校就近入学的学生，都有机会在初二学年结束后得到优质高中校定量分配的学位数，到优质高中连续完成初三及高中共4年的学习。“1+3”培养模式旨在进一步深化促进“资源优质”与“机会优质”组合分配，使学生获得更实在的“优质均衡”和“机会公平”。

2014年以来，北京还陆续推出一系列中小学生课外活动，包括中小学生课外活动计划、初中综合社会实践活动、学农教育、开放性科学实践活动，等等。两年多来，各项课外活动依据学生对学习资源的“消费习惯、消费偏好”而提供的广泛教育资源供给，使得北京市中小学的教育生态环境发生很大的变化，在打破学科壁垒、资源边界的同时，带给学生沉甸甸的获得感，为学生播下发展的种子。

聚焦核心素养，服务学生的终身发展

教育的根本任务是立德树人。教育基本公共服务面对的学生是不断变化成长的，其中影响学生一生发展的是核心素养。所有的教育改革项目，都应指向学生核心素养的养成及其一生的发展。从这个意义上讲，北京在全面深化基础教育综合改革的过程中，坚持“把学生放在正中央”，也就是把学生核心素养的培育放在正中央。

无论是考试招生改革、课堂教学改革，还是人才培养模式改革，把学生核心素养的培育放在正中央在北京教育改革的方方面面都有体现。

我感触较深的是北京几个在全国都有一定影响的品牌项目。比如，在培育和践行社会主义核心价值观方面，北京实施“一十百千工程”，学生在社会大课堂中记住要求、心有榜样、从小做起、接受帮助。比如在创新精神和实践能力的培养上，北京实施开放性科学实践活动，让学生的学习“不再止于书本和补习班”，旨在促进孩子动手的能力，保护学生探究的欲望。一方面，它是教学在课堂外的延伸；另一方面也是教学内容的实践化，鼓励学生采取观察实验、合作探究等方式学习，提高学生的学习兴趣，满足不同层次学生个性化、多样化的学习与发展需求。再如，在初中学生中开展的学农活动，更是击中当下一代独生子女学生的软肋。他们大部分是第一次这么长时间离开父母，第一次体验寄宿生活，第一次走到田间地头劳动，不仅感悟劳动的艰辛和快乐，更增强独立生活和自主管理能力，真可谓“一周学农影响一生”。

“把学生放在正中央”的改革价值取向，正是让教育回归育人本原的应有之义。

（本文作者系国家教育咨询委员会委员、北京市社会科学界联合会名誉主席）

特大城市义务教育均衡发展的成功探索

■ 钟秉林

《教育规划纲要》实施近6年来，我国教育改革发展取得显著成效。免费义务教育全面实施，学前教育和高中阶段教育加快普及，职业教育大力发展，高等教育进入大众化发展阶段。同时也应看到，当前和今后一个时期，人民群众对优质教育资源的选择性需求越来越旺盛，经济结构调整和转型升级对人力资源的需求越来越多样，日趋激烈的国际竞争对提升教育质量的要求越来越迫切，迈向教育强国和人力资源强国任重而道远。

北京作为首都，集聚丰富的科技、文化创新资源和人才资源，创新能力优势明显。但随着城市竞争力、影响力不断增强，北京的人口资源环境矛盾也日益突出，出现人口过多、交通拥堵、房价高涨、环境污染等“大城市病”症状，其中教育领域的“择校”问题更是根深蒂固、难以破解。目前，北京市常住人口超过2100万人，其中常住外来人口超过810万人，学前教育在园幼儿超过 36 万，义务教育阶段在校生超过 112 万。

义务教育阶段适龄人口的增量压力，教育公共服务特别是义务教育优质资源供给的不足，社会、家庭、个人对教育均衡的理解、对教育需求多样化的选择之间存在的差异，使北京市义务教育均衡发展面临的老问题与新挑战相互叠加、不断凸显。“有学上”和“上好学”的问题并存，教育改革社会关注度极高，解决择校问题的压力和难度比以往任何时候都要大。推动义务教育优质资源均衡发展，让每一个孩子都能在家门口上好学，既是北京建设国际一流的和谐宜居之都的需要，也是探索经验引领全国义务教育均衡发展的需要。

近年来，北京市落实中央“建首善、创一流”的要求，提出“公平、优质、创新、开放”的教育发展目标，坚持深化基础教育综合改革，注重统筹规划、标准引领、优质共享、综合改革和品质提升，着力破除体制机制障碍，着力加大优质教育资源整合重组力度，在促进义务教育公平发展和质量提升上取得显著成效，探索出一条适合特大城市义务教育均衡发展的新道路。

在本人参与国家督导评估认定的过程中，接触到一组组有说服力的数据和一个个真实可靠的事例，充分展示北京市对解决义务教育难点问题的决心和取得的丰硕成果与成功经验。

创新理念：面向首都功能定位，树立科学的教育质量均衡观

北京是全国政治、文化、国际交往和科技创新中心，产业结构和人口结构具有一定的特殊性，对义务教育优质均衡提出的要求更高。在义务教育均衡发展方面，北京走在全国前列。1993 年，北京率先实现“两基”目标，在全国发挥示范引领作用；2015 年，北京市所辖区县一次性全部通过国家义务教育发展基本均衡县督导评估认定，为全国其他地区提供有益借鉴。

理念创新是义务教育优质均衡发展的重要先导。北京市坚持“有水平的发展才是真正的发展、有质量的均衡才是真正的均衡”的教育发展理念，大力推动教育均衡观的转变，始终把提升教育质量作为教育改革发展的主题，调整优化教育存量，做精做优教育增量。坚持进行教育全链条的改革，在学校间、城乡间、区域间三个层面同时推进，攻克体制机制上的顽疾，突破利益固化的藩篱。优化首都教育资源配置的难点在于资源分属于不同所有制、不同隶属、不同区县、不同级别的部门，难以充分发挥整体优势，这也是导致教育资源分配不公的重要原因。改革就是要在先进教育理念的指导下，打破现有的资源配置格局，积极强化市级政府的教育统筹力度，将义务教育均衡发展作为统筹城乡发展、缩小区域之间发展差距、保障和改善民生的重要抓手。

创新举措：以优质教育资源的重组和整合为杠杆，经纬交织地推进工作

北京市不断创新改革举措，全方位地调整优化教育资源配置，充分发挥优质学校的辐射带动作用，通过横向联合、纵向贯通、统筹拓展、数字共享等改革措施，扩大优质教育资源覆盖面，在很大程度上满足首都人民对优质教育资源的迫切需求。

一是横向联手增加优质资源。通过整合区域教育资源，采取“学区制”“协作区”“教育集团”“教育集群”“联盟组团”“一校多址”“名校办分校”“城乡学校一体化”等方式，实现增量推进、存量盘活，推进区域优质教育资源广泛覆盖。二是纵向贯通培育优质资源。通过新建九年一贯制学校、九年一贯对口直升、提高优质高中名额分配比例等方式，提速普通校成长为新优质校的进程。三是统筹协调拓展优质资源。高校办附中附小、教科研部门支持中小学发展、民办教育机构参与中小学学科教学改革、引进外教参与中小学英语教学改革等项目持续推进，优质资源覆盖面进一步实质性扩大。四是数字学校共享优质资源。加强北京数字学校（BDS）平台优化升级，开展名师在线学业辅导、作文辅导、学业水平诊断测试和语数外学科信息推送，推动“教师走网”。

这些举措使优质学位大幅增加，有的家长感慨：“过去是挖空心思找好学校，如今是在家门口‘等’来好学校。”

创新发展：加强政策保障与综合改革，让改革成果惠及群众

深入推进义务教育均衡发展不是一朝一夕、一蹴而就的事情，不能急功近利、急于求成，需要总体规划，分类指导，抓好后续管理和服务。只有这样，推进义务教育均衡发展的目标才会更加坚定，行动才会更加有力，改革发展成果才会更好地惠及群众。

一是加强政策保障。围绕北京市委、市政府发布的《关于推进义务教育优质均衡发展的意见》，建立健全相关制度。同时，要求各区县都有关于本区域优质资源扩大重组的明确的时间表和路线图，做到在 2014 年形成改革的突破局面，到 2020 年全市的优质教育资源整体达到一个较高水平。二是深化综合改革。从人事、经费、资产、招生改革等方面进行系统研究和顶层设计，加强统筹规划和协同创新，促进办学条件的均衡、教师资源的均衡和生源的均衡。三是增强精准施策。在政策制定时突出“三个倾斜”，即向薄弱学校倾斜，切实缩小校际差距；向薄弱区县倾斜，努力缩小区域差距；向农村倾斜，加快缩小城乡差距。

多年来，北京市坚持将有质量的公平作为首都教育最本质的特征，着力推进基本公共教育服务均等化，重视保障各类群体平等接受优质教育的权益和机会，在推进义务教育优质均衡发展方面成绩卓然，在全国范围内发挥引领和示范作用。义务教育均衡发展是一项长期的战略任务，作为有中国特色的新型特大城市，作为一个现代化国际大都市，我相信并祝愿北京市在不断总结经验的基础上，一定会将义务教育优质均衡发展逐步在更大范围内高效推进，推动北京市和国家教育现代化的全面实现。

（本文作者系北京师范大学教育学部教授、中国教育学会会长）

（本栏责任编辑　华蕾）

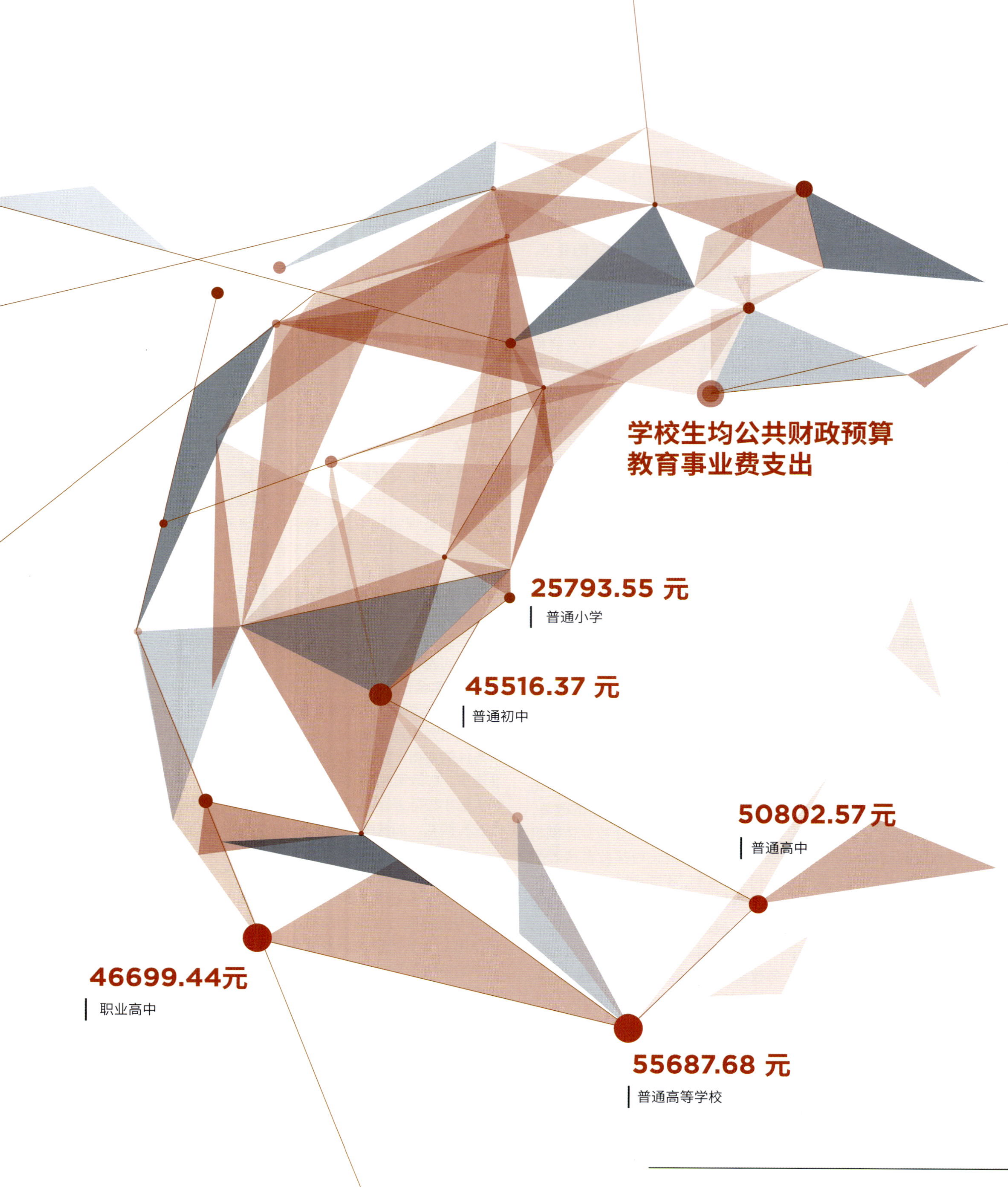
学校生均公共财政预算
教育事业费支出
25793.55 元
普通小学
45516.37 元
普通初中
50802.57元
普通高中
46699.44元
职业高中
55687.68 元
普通高等学校

2017 | 调研报告

RESEARCH REPORT

关于北京市 2016 年教育经费执行情况的公告

《中华人民共和国教育法》第五十五条规定："全国各级财政支出总额中教育经费所占比例应当随着国民经济的发展逐步提高"，第五十六条规定："各级人民政府教育财政拨款的增长应当高于财政经常性收入的增长，并使按在校学生人数平均的教育费用逐步增长，保证教师工资和学生人均公用经费逐步增长"。现将 2016 年北京市教育经费执行情况公告如下：

一、教育经费执行总体情况

本市地方各级政府公共财政教育经费（包括教育事业费、基建经费、教育费附加）882.29 亿元，比上年增长 4.11%。财政部于 2004 年 1 月印发了《关于统一界定地方经常性收入口径的意见》，对财政经常性收入口径做出了界定，按此口径调整 2016 年财政经常性收入 4321.87 亿元，比上年增长 12.70%，公共财政教育经费增长比例低于财政经常性收入增长比例 8.59 个百分点。

2016 年本市公共财政支出 6406.77 亿元，公共财政教育经费占公共财政支出的比例为 13.77%，比上年下降了 1 个百分点。

二、各级教育生均公共财政预算教育事业费支出增长情况

2016 年全市普通小学、普通初中、普通高中、职业高中、普通高等学校、中等职业学校生均公共财政预算教育事业费支出情况是：

（一）全市普通小学为 25793.55 元，比上年的 23757.49 元增长 8.57%。

（二）全市普通初中为 45516.37 元，比上年的 40443.73 元增长 12.54%。

（三）全市普通高中为 50802.57 元，比上年的 42192.74 元增长 20.41%。

（四）全市职业高中为 46699.44 元，比上年的 36599.25 元增长 27.60%。

（五）全市普通高等学校为 55687.68 元，比上年的 61343.96 元降低 9.22%。主要因为 2016 年高校退休人员养老金不再由教育支出列支。

（六）全市中等职业学校为 38661.50 元，比上年的 34433.36 元增长 12.28%。

三、各级教育生均公共财政预算公用经费支出增长情况

2016 年全市普通小学、普通初中、普通高中、职业高中、普通高等学校、中等职业学校生均公共财政预算公用经费支出情况是：

（一）全市普通小学为 10308.69 元，比上年的 9753.38 元增长 5.69%。

（二）全市普通初中为 16707.86 元，比上年的 15945.08 元增长 4.78%。

（三）全市普通高中为 18425.09 元，比上年的 14807.38 元增长 24.43%。

（四）全市职业高中为 12854.09 元，比上年的 9808.04 元增长 31.06%。

（五）全市普通高等学校为 29346.33 元，比上年的 32147.32 元下降 8.71%。主要因为 2016 年安排的高校新校区建设专项资金未实际形成支出。

（六）全市中等职业学校为 15587.33 元，比上年的 14945.67 元增长 4.29%。

特此公告。

北京市教育委员会
北京市财政局
北京市统计局
北京市发展和改革委员会
北京市科学技术委员会

2016 年北京市教育经费执行情况统计表

表一　公共财政教育经费增长情况

地区	公共财政教育经费（亿元）	公共财政教育经费占公共财政支出比例（%）	公共财政教育经费本年比上年增长（%）	财政经常性收入本年比上年增长（%）	公共财政教育经费与财政经常性收入增长幅度比较（百分点）
东城区	49.78	20.95	13.77	13.33	0.44
西城区	54.95	12.90	24.80	24.00	0.80
朝阳区	88.57	19.55	4.67	4.00	0.67
丰台区	31.00	15.97	-21.30	-0.10	-21.20
石景山区	16.72	17.07	-4.05	14.85	-18.90
海淀区	100.73	17.45	7.34	2.52	4.82
门头沟区	14.48	16.54	9.60	5.56	4.04
房山区	34.26	15.28	6.93	6.25	0.68
通州区	29.67	8.77	10.90	9.98	0.92
顺义区	31.90	13.34	10.12	9.80	0.32
昌平区	31.58	19.70	-3.81	-2.12	-1.69
大兴区	32.73	13.67	1.68	9.55	-7.87
怀柔区	16.74	15.58	-2.17	3.08	-5.25
平谷区	19.69	16.25	-6.94	0.36	-7.30
密云区	18.75	16.52	2.08	2.00	0.08
延庆区	15.65	16.93	12.90	9.82	3.08

表二（1）　各级教育生均公共财政预算教育事业费增长情况

单位：元

地区	普通小学	普通初中	普通高中	职业高中	普通高等学校	中等职业学校
东城区	30564.25	47001.45	56133.96	56938.13		56986.70
西城区	19386.09	33972.45	45681.37	68343.71		68343.71
朝阳区	28799.46	44960.24	55663.22	47236.01		47236.01
丰台区	19139.59	35448.44	48168.08	23174.29		22876.69
石景山区	26140.89	51175.58	43136.03	20241.36		20241.36

续表

地区	普通小学	普通初中	普通高中	职业高中	普通高等学校	中等职业学校
海淀区	26277.36	42293.97	47390.57	55702.05		45446.26
门头沟区	42242.87	73602.51	62279.79	137316.15		137316.15
房山区	22256.62	43947.32	38523.04	36044.59	25535.05	37940.68
通州区	17591.20	33166.70	54127.90	43496.48	24581.88	43496.48
顺义区	33179.37	72092.56	69704.34	20665.80		60291.94
昌平区	25975.64	47813.04	53402.65	27888.01	19502.54	22310.75
大兴区	21202.03	40328.76	42423.68	72729.49		72729.49
怀柔区	28056.88	51126.75	44236.44	38189.93	19596.72	35908.97
平谷区	42181.54	86503.31	48999.30	273593.42		303792.51
密云区	20830.51	41950.96	33716.07	38037.52	17233.83	38037.52
延庆区	30946.24	48209.85	42523.75	39062.27		39062.27

表二（2） 各级教育生均公共财政预算公用经费增长情况

单位：元

地区	普通小学	普通初中	普通高中	职业高中	普通高等学校	中等职业学校
东城区	11638.60	16373.88	16119.65	16956.50		16966.32
西城区	5730.16	8898.87	13528.73	16748.54		16748.54
朝阳区	14760.15	19912.70	27287.22	17391.38		17391.38
丰台区	6694.88	11761.90	20571.36	4547.34		4488.94
石景山区	8771.45	20429.44	10847.06	3813.30		3813.30
海淀区	12485.93	17832.55	18841.02	16039.66		13965.62
门头沟区	22648.04	41416.29	35033.23	25609.19		25609.19
房山区	6358.13	13195.62	8322.45	5194.34	4576.03	5194.34
通州区	6792.23	12702.48	27648.19	12306.44	5269.72	12306.44
顺义区	8124.83	17551.22	18303.83	11550.29		15230.26
昌平区	8269.54	16396.81	21746.55	7734.62	11599.77	5870.27
大兴区	7476.24	12765.77	11923.81	14725.62		14725.62
怀柔区	8293.80	13523.45	11241.13	7723.05	3573.85	7209.34
平谷区	16486.31	33847.73	14355.91	157443.41		159368.77
密云区	6834.17	14636.00	9040.71	7877.53	400.54	7877.53
延庆区	7965.93	12721.78	12131.06	3807.19		3807.19

北京市小学德育课程学习与小学公民素养情况调查报告（品德与社会）

一、调查目的

为改进品德与社会课的教学，加强良好品德教育和公民素质培养的针对性和实效性，培养适应现代社会的新时期合格公民，并为教育行政部门提供教育决策依据，亟须了解和客观分析北京市小学生思想道德、公民素养状况以及北京市课改实验以来的德育课程取得的成绩和存在的问题。

二、调查方法和调查对象

（一）调查方法

自制问卷网上调查，调查之前，由市级教研员对各区教研员进行培训，各区教研员对各区教师进行培训。

（二）调查对象

本次调研在区域覆盖的基础上采取抽样方式，抽取7个区，每个区按照“办学条件较好校、一般校、较差校”三个类别，每个类别抽取2所学校（共6所学校），每个学校抽取中高年段各一个自然班的学生参与调研，此次共对北京市小学生2913人进行调查。

三、调查内容

学生问卷的调查内容主要是关于学生的基本信息；学校课程的设置情况；学生对品德与社会课程的认识；影响学习品德与社会课程的因素；学生公民素养和自我评价等。

四、调查结果与分析

（一）学生学习态度的分析

调查表明，95%以上的学生对品德与社会课的学习态度积极、有兴趣，在品德与社会课上“感到轻松愉悦”“收获很大”，八成以上的学生学习品德与社会课压力不大。（见图1—1）

图1—1 学生对品德与社会课的学习态度统计情况

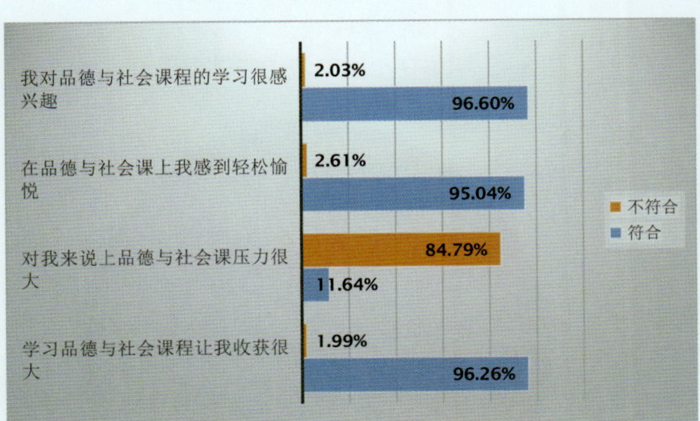

在对品德与社会学习内容的认识分析中，93.79%的学生喜欢、认可现在使用的教材，85%以上的学生认为品德与社会学习内容对自己的成长和其他学科的学习有帮助，具有实用性；但也有12.64%的学生认为学习内容离自己的生活太远，实用性不大。（见图1—2）

图1—2 学生对品德与社会学习内容的认识统计情况

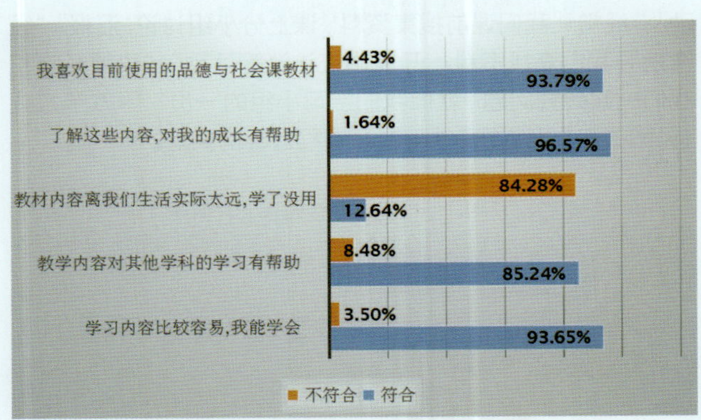

（二）学生学习品德与社会课程的效果分析

调查表明，小学生在学习品德与社会课程后，学生在综合能力、学习能力以及学生视野方面都有很大的收获。

表2—1 学生对品德与社会课学习效果评价

题目\选项	不符合	符合
1. 辨别是非的能力显著提高	1.82%	95.27%
2. 懂得要做一个遵规守法的公民	0.99%	98.42%
3. 懂得珍爱生命，热爱生活	1.17%	98.11%
4. 掌握调整自己情绪和行为的方法	1.89%	95.23%
5. 进一步理解责任问题，勇于承担责任	1.89%	95.26%
6. 与父母、老师、同伴沟通得更顺畅	1.99%	95.16%
7. 了解祖国的历史和文化，热爱祖国	1.34%	96.91%
8. 养成文明礼貌、爱护环境等行为习惯	1.10%	97.53%
9. 知道要以平等的态度对待不同的文化和习俗	1.58%	96.30%
10. 运用所学内容发现、解决生活中问题的能力提高	1.68%	95.37%
11. 学会多角度、全面地分析问题	2.26%	93.75%
12. 提高搜集信息、处理信息的能力	2.19%	94.64%
13. 能与小组成员有效合作	2.13%	95.22%
14. 更加了解社会，拓宽视野	1.89%	95.99%

注：从上表可以看出，通过品德与社会课的学习，学生的综合能力得到很大提高（见表 2—1 的 1 ～ 9）；学习能力得到改善（见表 2—1 的 10 ～ 13）；学生的社会视野通过品德与社会课程的学习也得到拓展（见表 2—1 14）。

学生在综合能力、学习能力以及视野方面的提升和改善，除学习内容贴近学生实际之外，新课程改革推进过程中品德与社会教师也通过研究教学方式来实现学习目标，提高学生的能力和素养。在关于教师课堂教学方式的数据调查中，大部分学生认同教师“经常通过角色扮演、情景模拟等活动让我们学习”“经常开展与内容相关的外出实践活动”“经常让我们课前搜集资料，课上分小组讨论、汇报”“经常指导我们查找资料、开展调查访谈等活动”“教师经常和我们一起研究问题，就像我们学习小组的一员”等教学方式（见图 2—2），促进品德与社会课程目标的实现。

图 2—2 学生对教师教学策略的评价分析

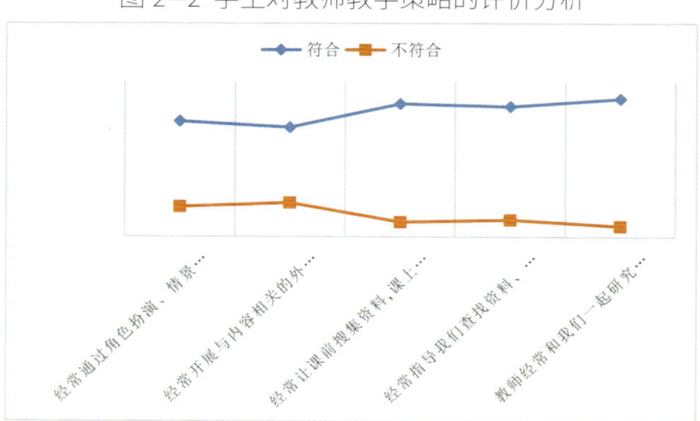

（三）对影响品德与社会课学习因素的反馈分析

影响学生学习品德与社会课的因素主要包括：资源的收集与利用、学生的交流能力、学生的课堂参与，课堂教学氛围、教师的问题设计、教师的教学评价等方面。

1. 从学生收集资料的主要途径看：学生在品德与社会课学习中获取资料的途径主要集中在网络（87.3%）、查找书籍（79.61%），这二者比较符合小学生获取信息的特点（见表 3—1）。

表 3—1 学生在学习中获取资料的主要途径

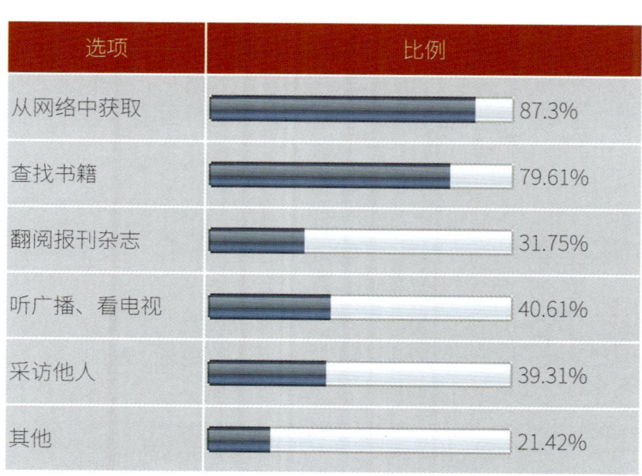

选项	比例
从网络中获取	87.3%
查找书籍	79.61%
翻阅报刊杂志	31.75%
听广播、看电视	40.61%
采访他人	39.31%
其他	21.42%

学生反馈教师在课堂教学中经常使用的资料主要有教材、图片、音频、视频、文字资料等（表 3—2），呈现教学资源的多样性、丰富性。

表 3—2 学生对教师在课堂上经常使用的资料反馈分析

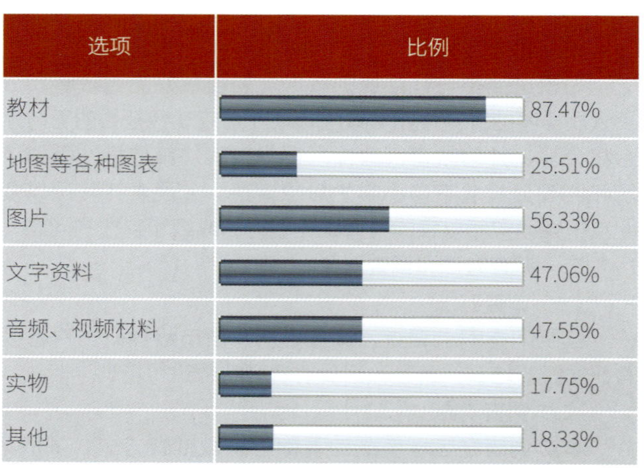

选项	比例
教材	87.47%
地图等各种图表	25.51%
图片	56.33%
文字资料	47.06%
音频、视频材料	47.55%
实物	17.75%
其他	18.33%

2. 小组学习交流是品德与社会课主要教学活动之一。从小组交流的有效性看，学生的调查结果显示，有六成的学生在小组交流时，能够积极发言（见图 3—3）；而对不发言成员的原因进行调查，有 63% 的学生认为是因为表达能力不够，不敢发言（图 3—4）。由此可见，学生的交流能力还有待提高。

3. 从学生的课堂参与来看，有七成以上的学生在品德与社会课堂上，从不开小差的（73.63%），不与周围同学说话（70.55%），能完成老师课前布置的任务（75.63%）；有近六成的学生积极参与教学活动。数据显示，在课堂上根据老师要求经常参加表演、展示等活动（58.22%），经常主动将课前准备好的资料在课上与大家分享（58.29%），有 38.45% 的学生对老师的讲解有疑问时，经常会主动提出质疑。同时也有二成左右的学生从不或只是偶尔参与教学活动，三成以上的学生对老师讲解有疑问，从不或只是偶尔提出质疑，说明学生部分学生主动参与教学的意识较差。（见表 3—5）

图 3—3 学生在小组交流中的表现评价

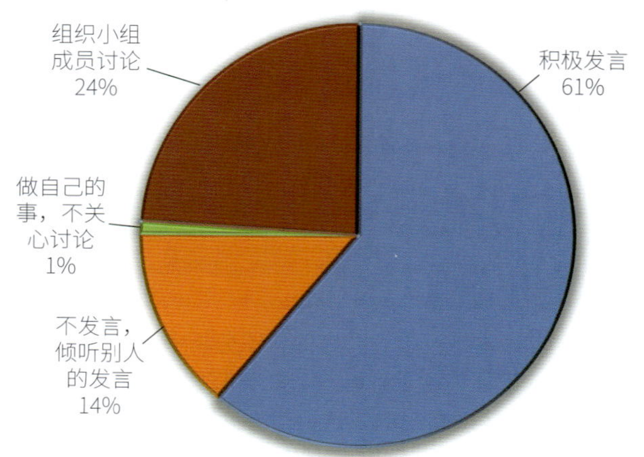

图 3—4 学生认为在小组交流中有成员不发言的原因

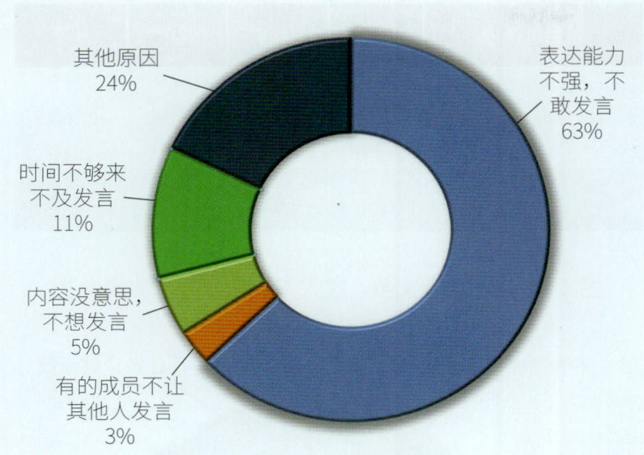

表 3—5 学生参与课堂学习情况的分析

题目 \ 选项	经常	有时	偶尔	从不
对老师的讲解有疑问时，我会主动提出质疑。	38.45%	28.39%	22.66%	10.5%
课堂上，我经常主动举手发言。	55.37%	25.54%	15.28%	3.81%
课上我经常会开小差，想与课堂无关的事。	5.63%	5.73%	15.28%	73.36%
课堂上，老师要求同学进行表演、展示等活动时，我会积极主动要求参加。	58.22%	20.8%	13.7%	7.28%
我会主动将课前准备好的资料在课上与大家分享。	58.29%	20.39%	14.8%	6.52%
老师课前布置的任务，我通常不会去做。	8.44%	5.01%	10.92%	75.63%
在课堂上，我经常会与周围同学讲话。	8.72%	4.26%	16.48%	70.55%

学生参与课堂教学与教师提出的问题密切相关，而在品德与社会课的学习中，有三分之一的学生更喜欢老师提出的问题指向有不同思路或解决方法（见图 3—6）。其中有近三成的学生反映教师提出的问题“不需要看书，能直接回答”“能够找到具体答案”，欠缺思考价值。

4. 从学生对教师在课堂上的评价策略来看，多数学生认为教师能够与学生进行积极有效的交流，构建和谐的师生关系。主要包括教师及时的赞扬、平等的交流、积极的应答。数据显示（图 3—7）：92.62% 学生认为老师在课堂上能对学生的发言及时评价；88.3% 的学生反馈老师同时也关注小组活动的评价；84.24% 学生认为老师的评价是多种方式的，其中笔试检查学习情况占六成；有八成学生认为老师在课前能用问卷、谈话等方式对学习情况进行了解。

图 3—6 教师提问对学生学习品德与社会课影响的分析

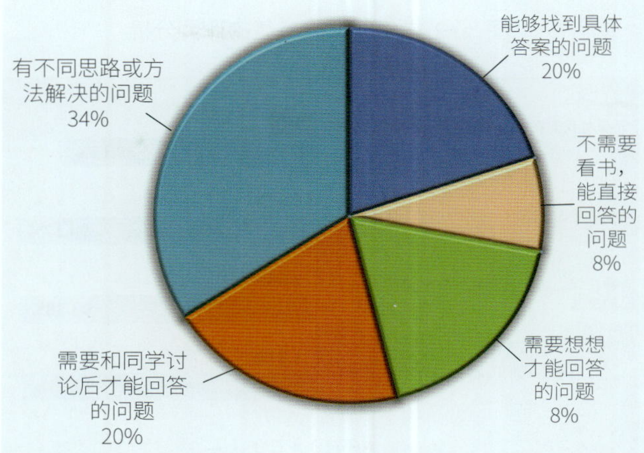

作业设计是教师评价学生学业的方式之一。不同的作业形式会产生不同的效果。数据显示，44.42% 的学生最喜欢调查、访谈等外出实践性活动作业（见图 3—8）。

图 3—7 评价方式对学生学习品德与社会课影响的分析

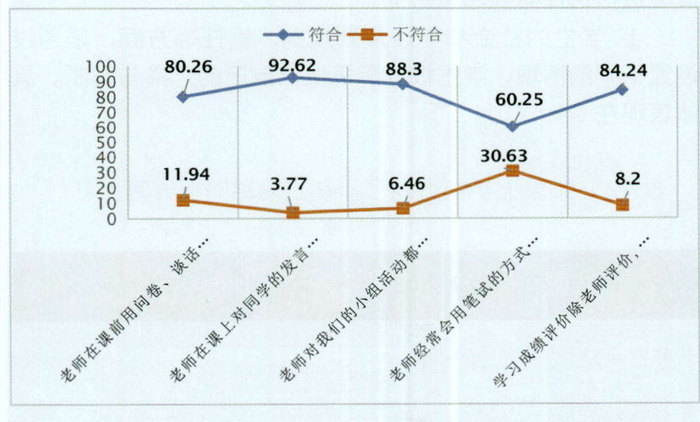

图 3—8 作业形式对学生学习品德与社会课的分析

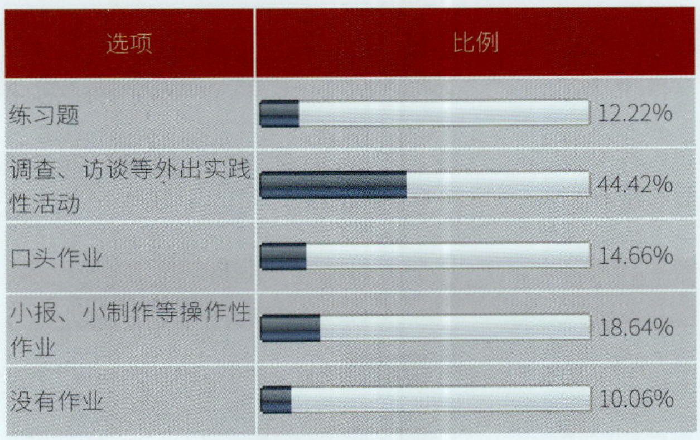

选项	比例
练习题	12.22%
调查、访谈等外出实践性活动	44.42%
口头作业	14.66%
小报、小制作等操作性作业	18.64%
没有作业	10.06%

5. 从学生感受到的课堂氛围来看，九成以上的学生认可教师尊重学生，能鼓励学生主动提出问题，说出自己的想法；当学生有进步时，能得到老师的表扬，有近八成的学生表示，老师对学生在课堂上所犯的失误和错误能宽容对待，

创设良好的教学氛围（见图 3—9）。

图 3—9 学生对课堂气氛的评价分析

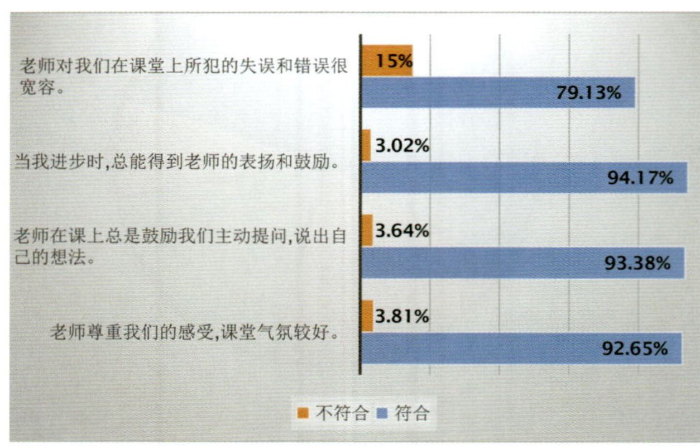

（四）学生对应具有的公民素养进行的评价

品德与社会课程目标是促进学生的社会性发展，为成为具有爱心、责任心、良好的行为习惯和个性品质的公民奠定基础。公民素养的自我评价是通过设置情境，学生根据情境进行选择与判断进行的。

1. 学生的社会参与涉及到规则、责任等方面，是通过设置不同的情境，学生根据情境做出自己的选择与判断。具体表现在：

表 4—1 如果上学快迟到了，在过马路时正好赶上红灯

选项	比例
赶紧过马路	1.58%
车辆少了，就小心地穿过马路	5.77%
旁边有人过就跟着过	1.82%
站在原地等待绿灯亮时再过马路	90.83%

表 4—2 马上就要上课了，你发现黑板还没擦，你会采取的做法

选项	比例
马上提醒值日的同学	25.78%
直接去擦黑板	70.44%
什么也不做	2.51%
和其他同学谈论这件事	1.27%

表 4—3 你在生活中会有的行为情况

题目 \ 选项	经常	有时	偶尔	从不
1. 上公交车时，看到别人不排队，我也不排队。	5.84%	2.61%	6.21%	85.34%
2. 在家里主动做家务活。	69.65%	20.49%	7.42%	2.44%

图 4—4 当你想做家务，家人不让你做时，你的做法

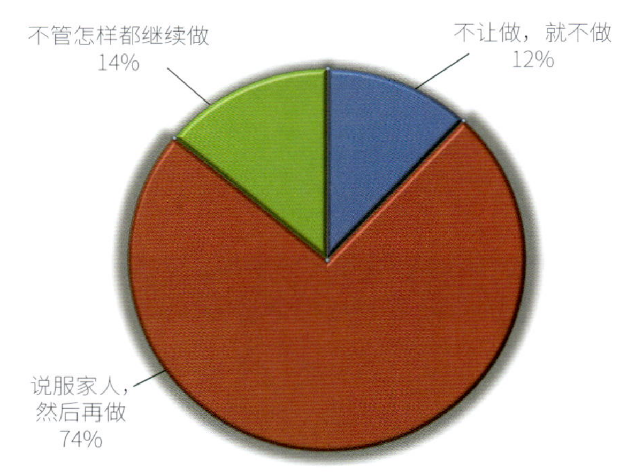

表 4—5 当你看到校园有纸屑，你通常采取的做法

选项	比例
不是我丢的，我才不捡	2.27%
当作没看见	1.54%
告诉负责值日的同学	4.09%
捡起来，放进垃圾桶	92.1%

从上面的数据可以看出，在家庭生活中有近七成的学生经常主动承担家务（见表 4—3 的 2），当家人不让自己做家务时，有 74% 的学生说服家人，然后再做（见图 4—4），说明学生具有一定的家庭责任感和与家人主动沟通的意识。

在学校里，“马上就要上课了，你发现黑板还没擦”，有七成学生的是“直接去擦黑板”（见表 4—2），“当你看到校园有纸屑”，有 92.1% 的学生通常采取的做法是“捡起来，放进垃圾桶”（见表 4—5），可以看出学生有担当意识，具有主人翁的责任感。

社会生活中，“如果上学快迟到了，在过马路时正好赶上红灯”，九成以上的学生能够做到“站在原地等待绿

灯亮时再过马路”（见表 4—1），“上公交车时，看到别人不排队，我也不排队”，85.34% 的学生表示自己从来没有这种行为（见表 4—3 的 1），表明多数学生能够遵守社会秩序和规则。

2. 学生的人格品质主要涉及到诚实守信、文明礼貌、待人态度等方面。具体的情境设置以及学生的调查结果：

图 4—6 学生对承诺看法的分析

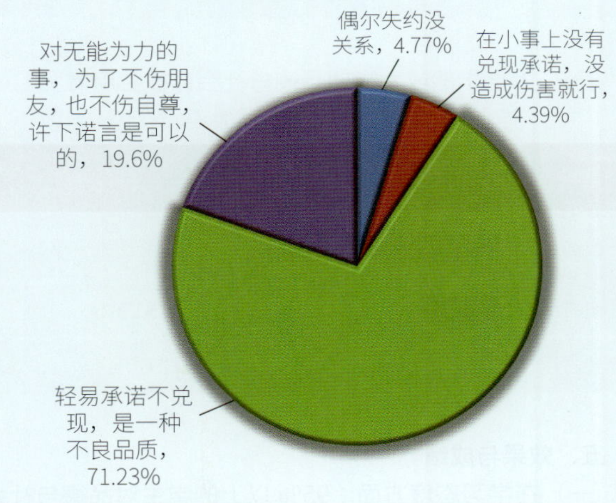

图 4—7 如果老师在你的试卷上多判了分

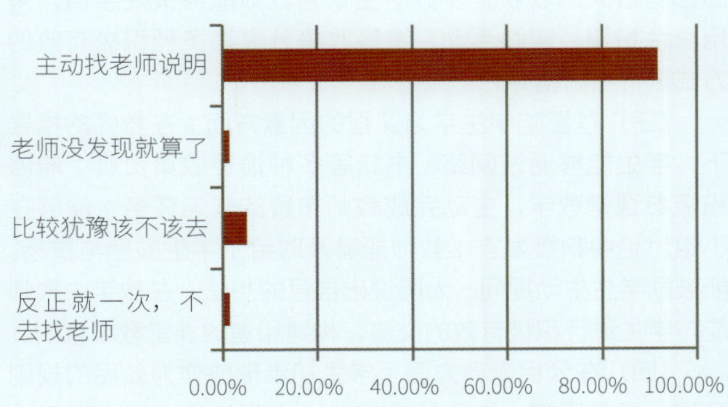

图 4—8 假如考试时老师临时出去一会儿，有同学开始翻书、交流答案

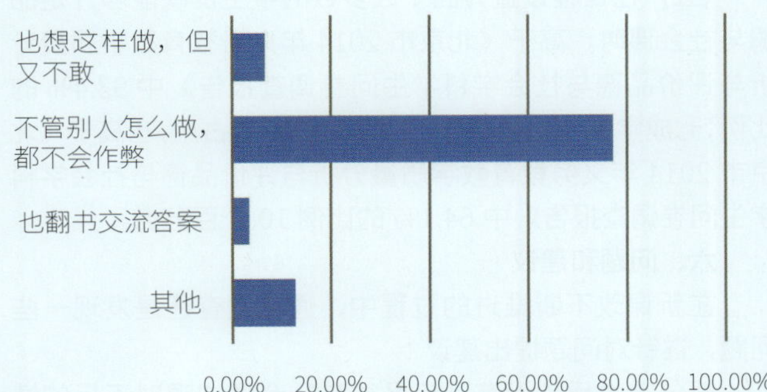

表 4—9 在生活中学生会有的行为的分析

题目 \ 选项	经常	有时	偶尔	从不
1 抄别人作业或将作业借给别人抄	3.98%	3.81%	15.93%	76.28%
2 家中有好吃的东西，会留一部分给家人分享	85.58%	9.92%	2.71%	1.79%
3 在公共场合使用礼貌用语	88.53%	7.38%	1.72%	2.37%
4 生气时会说脏话	6.01%	5.97%	18.98%	69.04%
5 在学校遇到老师，会主动问好	85.79%	9.3%	3.54%	1.37%
6 在大家面前表达自己的观点或想法	62.44%	19.7%	14.21%	3.64%

图 4—10 学校组织活动时，有的同学迟到了，学生表现出的态度

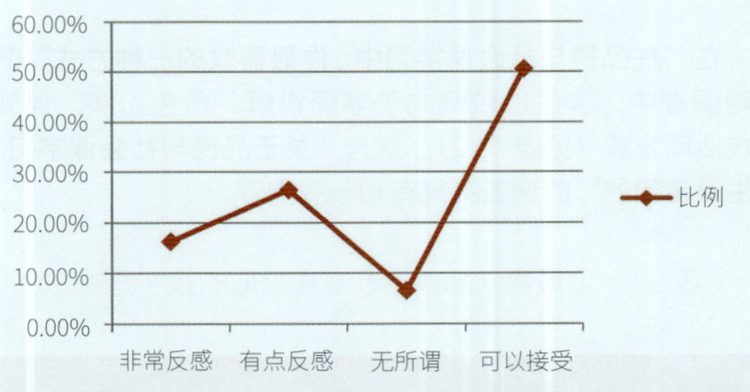

以上的数据显示，七成以上的学生能够理解承诺的含义（见图 4—6），“如果老师在你的试卷上多判了分”，九成以上的学生表示“主动找老师说明”（见图 4—7），“假如考试时老师临时出去一会儿，有同学开始翻书、交流答案”，有 77.14% 的学生坚持“不管别人怎么做，都不会作弊”（见图 4—8），76.28% 的学生从来没有“抄别人作业或将作业借给别人抄”的行为（表 4—9 的 1），说明多数学生对诚实守信有正确的认识，有基本的是非观念。

八成以上的学生，在公共场合、见到老师能够讲文明懂礼貌，有近七成学生在生气时也从不说脏话（见表 4—9，3—5）。

对待他人的表现上，85.58% 的学生经常做到“家中有好吃的东西，会留一部分给家人分享”（见表 4—9 的 2），对待同学的错误，五成以上的学生表示“可以接受”（图 4—10）。

62.44% 的学生愿意“在大家面前表达自己的观点或想法”（见表 4—9 的 6）。

（五）学生对思想品德课的期待与要求分析

在“关于品德与社会课学习，你最希望的”问题调查中，涉及与课程相关的实践活动、专用教室、保证课时、提高认识参与社会等方面，学生都有所要求和期待。44.42% 的学生希望“外出进行与品德与社会内容相关的社会实践活动”（见表 5—1）

表 5—1 关于品德与社会课学习，你最希望的要求

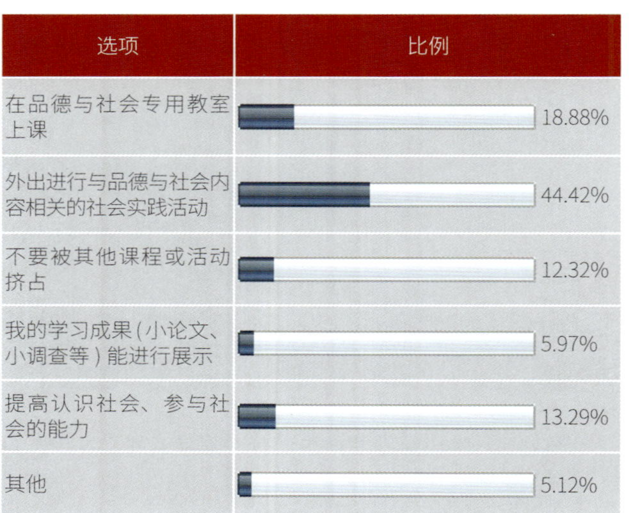

选项	比例
在品德与社会专用教室上课	18.88%
外出进行与品德与社会内容相关的社会实践活动	44.42%
不要被其他课程或活动挤占	12.32%
我的学习成果（小论文、小调查等）能进行展示	5.97%
提高认识社会、参与社会的能力	13.29%
其他	5.12%

在“在品德与社会课学习中，你最喜欢的一种方式”的问题调查中，学生比较倾向于老师讲解、角色扮演、课外实践活动方式（见表 5—2）。这与“关于品德与社会课学习，学生最希望的”的调查结果有相一致内容。

表 5—2 你最喜欢品德与社会课采取的教学方式

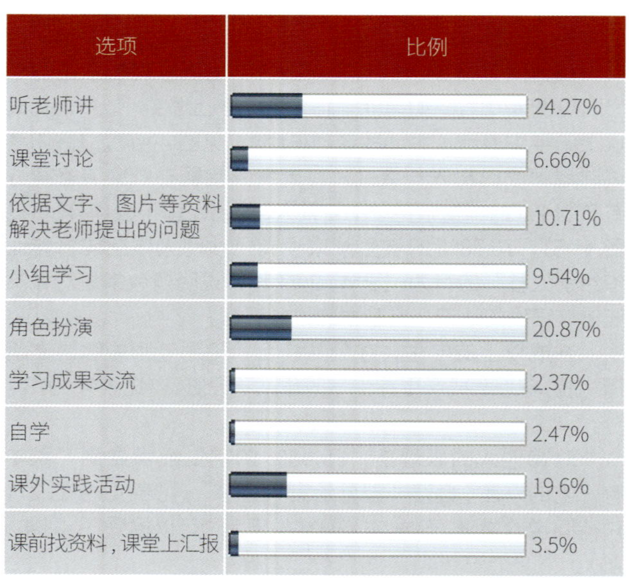

选项	比例
听老师讲	24.27%
课堂讨论	6.66%
依据文字、图片等资料解决老师提出的问题	10.71%
小组学习	9.54%
角色扮演	20.87%
学习成果交流	2.37%
自学	2.47%
课外实践活动	19.6%
课前找资料，课堂上汇报	3.5%

（六）课程设置方面

调查数据显示，大多数学校能够根据规定保证品德与社会课每周 2 课时（见表 6—1），74.25% 的学生表示他们的品德与社会课从不被占用（见表 6—2）。

表 6—1 本年级每周品德与社会课时

选项	比例
2 节	96.26%
1 节	3.43%
0 节	0.31%

表 6—2 上学期或本学期品德与社会课被占用情况

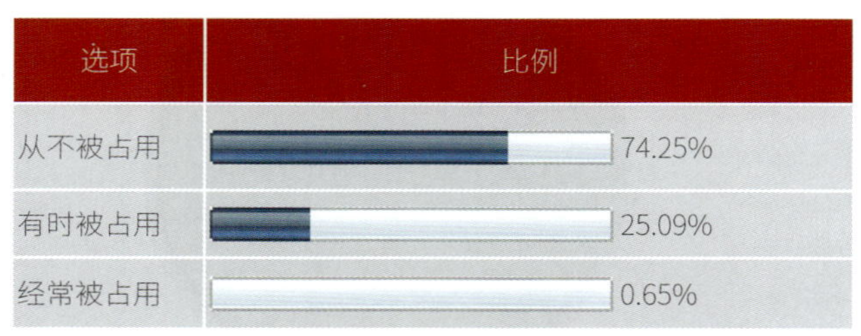

选项	比例
从不被占用	74.25%
有时被占用	25.09%
经常被占用	0.65%

五、效果与成绩

（一）在学习态度方面：95% 以上的学生对品德与社会学科的学习态度积极，对品德与社会课学习兴趣浓厚。

（二）在学习收获及教学方式方面：大多数学生在学习品德与社会课程后，在综合能力、学习能力以及学生视野方面都有很大的收获。多数学生认为教师能够关注学情，采用角色扮演、实践活动、资料收集分享等多种积极有效的方式进行学习指导。

（三）在影响学生学习课程的因素方面：在教师的指导下，学生能够通过网络、书籍等多种途径收集资料；能够积极参课堂教学，主动完成教师布置的学习任务；能够在小组讨论中积极发言；教师能够及时给予学生鼓励与赞扬，能鼓励学生主动提问、大胆说出自己的想法。在教学中教师能与学生进行积极有效的交流，构建和谐的课堂教学氛围。

（四）在公民素养方面：学生初步形成作为公民的规则意识、责任意识，以及诚实守信、文明礼貌、与人为善的个性品质，符合《品德与社会课程标准》（2011 年版）》中“成为具有爱心、责任心、良好的行为习惯和个性品质的公民奠定基础”的课程要求。

（五）在课程设置方面：大多数的学生反映能够开足品德与社会课时，高于《北京市 2014 年义务教育教学质量分析与评价品德与社会学科学生问卷调查报告》中 93.4% 的比例；七成学生表明品德与社会课从没有被占用，也高于《北京市 2014 年义务教育教学质量分析与评价品德与社会学科学生问卷调查报告》中 64.1% 的比例 10 个百分点。

六、问题和建议

在新课改不断推进的过程中，通过调查还是发现一些问题，遂针对问题提出建议：

部分学生反映没有开设品德与社会课或课时不足的情

况，四分之一的学生认为品德与社会课经常或有时被占用。学校要加强教学管理，开足开齐课时，保证品德与社会课堂教学的正常开展。

从小组讨论的有效性看，有四成的学生在小组内没有做到积极发言，而有六成以上的学生认为因表达能力不强，不敢发言。建议教师加强小组活动中方法的指导，设计好学习任务，给每个小组成员发言的机会，锻炼表达能力和胆量，提高小组学习活动的实效。

有近三成的学生认为教师提出的问题“不需要看书，能直接回答”、“能够找到具体答案”，欠缺思考价值。教师应进一步加强对学生、对教学的研究，深入理解课程、教材，可以从提问与理答的环节入手，进行钻研和琢磨，激发学生的探究热情，引发学生的思考，促进学生思维的发展。

学生学习品德与社会课的主动性还有待增强。有近两成的学生在品德与社会课堂上从不参与教学活动，三成的学生有疑问很少主动提出质疑。教师应进一步鼓励学生学习的主动性，培养学生的自主探究能力。教师可以通过设计多样、学生喜闻乐见的教学活动，激发学生的学习热情，并适时进行积极评价，提高学生学习的主动性。

部分学生存在着在规则、责任、诚信问题上的模糊认知。应积极发挥学校教育主渠道和课堂教学主阵地作用，加强学生正义感和责任感的培养，以问题探究、观点辨析、社会实践、寻找榜样、展示交流等多种形式来培养学生的正义感、责任感，同时争取家庭、社会等各个方面支持，充分运用多种教育手段和载体，形成教育合力实现目标。

在对品德与社会课程的期待和要求方面，学生更希望“外出进行与品德与社会内容相关的社会实践活动”，针对这些情况，教师做好学情调查与分析，区县和学校应立足校本研究与实践，通过积极开发地方课程和校本课程来实现。

（承担单位：市教委基础教育一处　执笔人：顾瑾玉　刘静）

推进北京高校大学生创业的长效机制研究

“大众创业、万众创新”是中国重要的发展战略，推进“大众创业、万众创新”也成为经济社会发展的动力之源。当前，在全国范围内掀起一股创新创业的风潮，大学生作为掌握一定专业技术知识的群体，无疑将成为创新创业的主力军。做好大学生就业创业工作，将为“大众创业、万众创新”奠定良好的基础，也是高校培养创新型高素质人才的重要环节。北京地区高校聚集，类型多样，特色鲜明，推进高校创新创业相关工作，实现北京高校大学生创业的长效发展，将是首都高等教育推进综合改革的重要突破口。

大学生就业创业工作是教育领域重要的民生工程，近年来，党中央、国务院高度重视大学生就业创业工作，先后出台一系列鼓励政策和措施。习近平总书记和李克强总理也多次到高校考察大学生就业创业，并对做好大学生就业创业工作做出明确指示。市委市政府也高度重视大学生就业创业工作，郭金龙书记多次到中关村和高校调研创新创业工作，要求有关部门加大对高校大学生创业的支持力度，努力营造良好的创业环境，工作要有新突破。为切实推动首都高校大学生创新创业工作取得新成效，从 2014 年起，市委教工委、市教委加大创新创业工作投入。2015 年 3 月，市教委结合北京高校实际，经多方研究，制定并实施《北京高校高质量就业创业计划》，这项计划是促进首都高校大学生更高质量就业创业的重要举措，也是首都高等教育综合改革的重点项目之一。随着《北京高校高质量就业创业计划》文件的出台，各高校对大学生创业的软硬件平台愈发重视，在组织架构、教学体系、创业师资，以及场所提供、资金投入上都有较大的提升，但大学生创业也面临政策资源能效发挥不够、创业项目不成规模、创业教育滞后等问题，还需要进一步探究推进北京高校大学生创业的长效机制。

本研究以北京地区高校 551 名在校大学生为调查对象，开展问卷调查和实地访谈，对北京地区 66 所本科院校进行网络官方网站访问、数据统计。从创业兴趣、创业意愿、创业动机等方面进行调查分析，试图从宏观和微观的角度对目前大学生创业提出对策，构建北京高校大学生创业的长效机制。

一、北京高校大学生创业的现状

（一）各级各部门出台系列扶持大学生创业的政策

为做好北京高校大学生就业创业工作的政策保障，各级政府相关职能部门均出台一系列政策，支持大学生创业，“政策扶持”成为大学生创业的重要助力之一。国家层面，《国务院关于进一步做好新形势下就业创业工作的意见》《国务院办公厅关于深化高等学校创新创业教育改革的实施意见》《国务院办公厅关于发展众创空间推进大众创新创业的指导意见》等文件相继出台，促进高校大学生就业创业。市级层面，研究并制定《加快推进高等学校科技成果转化和科技协同创新若干意见（试行）》《北京高校高质量就业创业计划》《北京高校示范性创业中心建设标准》《北京高校大学生就业创业项目管理办法》等相关政策文件，提出通过 5 年建设实现北京高校毕业生就业创业意识和能力进一步提升，就业创业环境更加公平、公正、规范，大学生创业政策制度和服务体系更加完善，创业人数持续增长，创业质量不断提高的目标和任务。进一步明确示范性创业中心建设要求和建设标准，切实提升工作针对性和创业中心服务水平。进一步推进创业项目科学化、规范化管理，提高资金使用效益，确保资金使用安全。近年来，北京市遴选、支持 44 所北京地区高校示范性创业中心校建设，按照《北京高校示范性创业中心建设标准》的要求先行先试，全面开展建设工作。2016 年，评选出北京地区高校示范性创业中心 28 个。

（二）北京高校大学生创业园孵化体系初具规模

北京市打造以“一街三园”为载体的北京高校大学生创业园孵化体系，为高校大学生创业项目提供体系化的孵化服务。“一街三园”的孵化体系中，“一街”主要指市教委与中关村管委会、海淀区在“中关村创业大街”共建“北京高校大学生创新创业服务中心”，为学生创业提供咨询、辅导、培训、交流等服务；“三园”是指在中关村核心区、良乡高教园区及中关村软件园等地分别建设三个市级“大学生创业园”，为创业大学生提供免费场地支持和项目孵化服务，并基于此带动高校创业园建设，形成市校两级互动互补的创业园孵化体系。

目前，“三园”中的良乡高教园、中关村软件园已具备创业团队入驻的条件，并有团队正式进驻创业园区。中关村核心区的创业园——理工园，已进入全面建设阶段，2017 年正式投入使用。同时，位于中关村创业大街的“北京高校大学生创新创业服务中心”已启用，功能定位主要包括政策咨询、创新创业辅导、资源整合、展示宣传与研究、联结高校与企业、创业学生的精神家园等。

（三）北京各高校对大学生的创新创业投入力度不断加大

北京各高校也加大创新创业的投入力度，通过设立专项经费、设立大学生创业基金、推动创业孵化基地建设、组建创业专家队伍、加强创业教育教师培训等举措，充分发挥高校在大学生创业中的主阵地作用。同时，部分高校发挥自身资源优势，依托大学科技园、创业园开展大学生创业孵化基地建设，在校内为大学生创新创业实践活动提供场地，各项配套措施不断优化升级。目前，大部分高校都成立创业指导服务机构，这些机构多以原有的就业指导中心、团委等职能部门为基础，增加创业指导服务职能，少数高校在原有的创业园基础上成立创业中心，部分高校联合就业指导中心、团委、创业园、教务处等部门成立创业学院。通过对北京 60 所本科高校的网络调研，发现 45 所高校的就业指导部门均增设创业指导的职能，特别是 2015 年 7 月以后，更多的学校开始成立创业学院，或对原有的就业指导中心、团委等部门增设创业指导服务的职能。

（四）北京高校大学生创新创业意识明显增强

随着各项工作的深入开展，北京高校创新创业氛围日益浓厚，大学生的创新精神和创业意识明显增强，涌现出一批大学生创业者和创业团队。越来越多的大学生主动向学校创业工作部门寻求政策咨询和创业指导，一批创客俱乐部和创业社团不断涌现，各类型的创新创业实践活动、大赛得到大学生们的热情参与。2014 年，共评选出高校大学生优秀创业团队 103 个，2015 年共评选出 100 个大学生优秀创业团队及 400 个创意团队，2016 年，从近 500 个参与评选的大学生创业团队中评选出 100 支大学生优秀创业团队（一等奖 20 个，二等奖 30 个，三等奖 50 个）和 54 支潜力创业团队。在各类全国性的创业大赛中，如中国“互联网 +”大学生创新创业大赛等，北京高校也有多支团队进入国家级决赛并获奖。

通过对北京 60 所本科高校的网络调研，发现其中 36 所高校存在学生创业协会或俱乐部，学生创业协会或俱乐部多归属学校团委管理，随着高校大学生创业氛围的不断浓厚，校内的学生会、职业发展协会等也开始设置专门的部门，负责组织学生创新创业相关的校园活动或竞赛；45 所高校均举办过具有自身特色的创业主题赛事，其中部分的创业主题赛事甚至是跨学校、跨国进行的。同时，问卷调查结果显示，“如果学生创业协会或俱乐部组织相关创业活动，学生是否愿意参加？”，36.84% 的学生表示“非常愿意参加”，37.02% 的学生表示“选择如果不影响学习的话愿意参与”，16.52% 的学生表示“如果有创业项目的话参与”，9.62% 的学生表示“没兴趣参加”。由此可见，学生参与创新创业活动或社团组织的积极性相对较高。

二、北京高校大学生创业存在的问题分析

（一）还需进一步优化大学生的创业环境

大学生创业就业工作是一项复杂的系统工程，需要政府、社会和高校的通力合作。就目前而言，由于社会传统文化惯性给大学毕业生在创业的人际环境上带来门槛磕绊，社会各界对创业就业的认识有限，对创业的态度又未形成支持、鼓励的良好氛围，致使对特别需要协作精神和创新精神的大学毕业生在面对创业就业时往往存在一定的思想包袱。政府政策制定层面也存在一些困难与问题，目前创业扶持政策处于相对割裂的状态，各级政府各部门有各自的政策执行途径和方法，缺乏统一衔接，一些扶持政策申请门槛又比较高，加之信息沟通不畅，致使许多创业者无法享受创业支持政策带来的优惠，相应政策所带来的效应未得到充分发挥。在多方面的政策扶持中，亟须对国家以及地方支持创业创新的政策进行梳理，有针对性地对创业者给予指导和引导，保障相关政策的针对性和实效性。

（二）还需进一步统筹学校创业教育工作

高校是就业创业工作相关政策落实的“最后一公里”，直接影响大学生就业创业工作。中国的大学生创业工作起步较晚，基础比较薄弱，创业就业工作目前仍处于“单打独斗”的独立运作格局，大学生创业教育仍停留在学生工作层面，部分学校缺乏负责统筹全校的创业教育的协调机制和专门的办事机构。目前高校的教务、科研、学生工作、科技园和校产等部门，均有扶持大学生创业的工作，需要进一步明确职责，形成多部门协同配合的工作机制，统筹协调开展创业教育工作。无论从学校负责创业教育的工作部门，还是从创新创业教育情况来看，创新创业教育在高校人才培养体系中的定位还不够明确，还没有真正纳入高等教育体系。在组织支持方面，课余活动多，战略支持少，在创业教育学科课程方面，创业教育纳入教学课程体系还需一定时间；在师资方面，目前高校的创业专业教师大多是从事“两课”教师、就业办公室教师、学生管理人员等兼任，大多缺乏创业经验，师资配备匮乏，实践环节缺失，一定程度上制约创业教育的发展。目前的创业教育尚处于一种为大学生就业找出路、创造就业岗位的阶段，无论是从经验模式还是从理论构建来看，仍处于初级发展阶段。创业教育及创业活动的开展流于形式，为活动而活动，为大赛而大赛，没有相应的培育大学生创业的具体措施，给予大学生的实践机会和发展空间较少，创业教育体系的不完善也是大学生尚未具备自主创业的创业技能和创业素质的重要原因。

随着时代发展，高等学校的综合职能正在发生着重大的转化，从原来纯粹的教学开始走向育人为本，教学、科研和社会服务协调发展，然而，其根本任务仍然是培养人才。学校的一切工作都是为学生的成长和发展。所以，高校创业就业工作的定位不应该只局限于解决大学生的就业问题，而应当着眼于培养符合社会需求的创新创业型人才，高校创业就业工作的根本目标就是加强创业就业能力为核心的人才培养工作。高校是人才培养的基地，但不是毕业就是人才，要能就业、创业才能成为人才，并且有能力创造出较多的社会财富。高等学校必须树立市场经济体制条件下的新型人才培养模式与人才观，科学定位高校创业就业工作，并将其纳入人才培养的整体方案。

（三）还需进一步探索大学生创业的规律与管理模式

近年来社会上出现创客空间、创业咖啡、创新工场、孵化器等多种新型创业孵化模式，大学生创业园作为新事物，即是大学生的创业实践基地，又具有孵化器功能，同时还是为学生提供创业服务的平台，既要重视社会效益，又不能落下经济效益，还需探索适合的管理运营模式，需要整合创投基金、创业教育、产业对接、创业孵化等资源，打造适宜的创新模式，服务大学生创业。

国家提出“以创业促就业”工作针对的是包括大学生在内的所有就业群体，还囊括返乡农民工和城镇下岗职工等其他社会群体。但是大学生作为接受过高等教育的知识分子，其思想特征和成才特点有别于其他社会群体，其创业就业工作也具有自身的独特规律。大学生年纪轻、思想活，容易接受新生事物，创业工作往往具有专业性或倾向于高科技行业，但同时阅历浅、经验少，缺乏创业所需的实践技能和稳定的创业心理，因此大学生群体的整体就业能力和就业方式是不同于其他社会群体的，还需根据大学生成长成才特点和高等教育发展规律，进一步探索促进大学生创业的管理模式。

三、构建北京高校大学生创业的长效机制

为构建北京高校大学生创业的长效机制，可以从扶持体系、创业教育、学生素质等方面进行创新，有效促进大学生创业。

（一）强化政府的主导地位，建立“三位一体”的大学生创业就业扶持体系

政府在大学生创业就业工作方面扮演倡导者和扶植者的角色，调查显示，在对“国家有哪些对大学生创业的政策支持”的了解上，关于“免费风险评估”“免费政策培训”“无偿贷款担保”“部分税费减免”等方面均有超过半数的学生表示关注。这种现象说明必须充分发挥政府引导和市场配置资源的作用，逐步形成“政府引导、高校参与、部门联动、社会支持、市场导向”的大学生创业就业工作机制，营造创业就业的良好氛围，建立政策、培训和服务“三位一体”的创业就业扶持体系。

1. 完善政策支持体系，优化自主创业环境

大学生创业就业要可持续发展，必须营造宽松的政策环境、完善的服务环境和全社会共同理解和支持创业的良好氛围。政府应在现有政策的基础上，加大开放力度，逐步放宽相关政策的限制条件，尽可能简化相关行政审批程序，降低创业门槛。设立大学生创业基金和创业担保基金，不断拓宽融资渠道，同时改革人事制度，推广人事代理制，为大学生创业营造良好的政策环境，释放和激发大学生的创业热情。紧密结合实际，联合有关部门研究出台和落实新的促进大学生创业的法律法规，优化创业的法制环境。建立创业风险化解机制，在大学生遭遇创业失败后给予一定的生活保障和就业援助，为创业者构筑可靠的缓冲带，减少大学生创业的后顾之忧。

2. 健全创业培训体系，提升自主创业能力

加强大学生创业培训的目的在于增强创业主动性、积极性和提升创业技能，减少创业的盲目性并提高创业的成功率。一要拓宽培训范围，将有创业愿望和培训需求的大学生全部纳入创业培训的对象范围，由主要对有意创业者培训向包括已走上创业之路的创业者延伸，由主要进行创业前知识培训向创业后知识更新培训延伸；二是创新培训方式，开办小班次、互动式、一对一创业培训，积极建立完善创业培训、项目推荐咨询、创业指导、政策扶持、跟踪服务一体化的服务模式；三是提高培训质量，整合各类培训资源，加强各类培训资金的统一管理、统一使用，通过规范培训标准、提高师资水平、完善培训模式、加强培训监管等措施，增强创业培训的针对性和实效性。

3. 构建创业服务体系，整合自主创业平台

创业服务与创业成功率息息相关，必须为创业活动搭建好服务平台，完善扶持创业就业的服务体系。首先，要健全服务组织。充分利用好中小企业服务机构、高校毕业生就业指导机构和各类创业咨询服务机构等载体，以及由企业家、创业成功人士、专家学者与政府工作人员组成的创业服务专家团队，有组织地推动创业咨询及指导工作的开展。其次，要完善服务内容。组织开展项目开发、方案设计、风险评估、开业指导、融资服务、跟踪扶持等“一条龙”创业服务；开通创业热线，为创业者提供免费咨询和指导服务；搭建创业项目服务平台，建立创业项目库；建立创业信息、政策发布平台，实现信息资源共享。再次，要加强平台建设。政府要通过整合现有的各类创业平台，吸引有实力的企业和具备条件的地方性高校设立以在校大学生为主的创业孵化平台，引导有创业愿望和创业能力的大学生创业。

（二）调动企业的市场作用，建设“三位一体”的大学

生创业运行机制

企业作为市场经济的微观主体，本身源自于创业，大部分企业都经历创业过程。从这个意义上来说，企业的经验、资源等对于大学生创业具有重要的指导意义。

1. 建设企业与大学生创业者的互动机制

鼓励引导龙头骨干企业与青年大学生创业者进行投资互动、资源互动、经验互动、产品互动、市场互动等多元互动，打造企业与青年大学生互动创业、共同创业的新业态。围绕“大众创业、万众创新”的主题和业界关注热点，如创业者的个人素质、哪类创业项目更受投资人青睐等议题，搭建大学生创业者与企业家、投资人之间搭建交流合作的平台，助力大学生创新创业。建立企业家与大学生创业者“一对一”帮扶合作机制，聘请优秀企业家作为大学生的创业导师，向大学生传授创业经验，在企业家支持下开展暑期创业实训并进行路演展示。

2. 建设企业与创业孵化基地的互动机制

鼓励引导企业特别是民营企业积极参加大学生创业孵化基地建设，吸纳更多有创业意愿、有创业能力的高校毕业生创业。鼓励骨干企业建立或者与创业孵化机构合作建立投资基金，特别是天使投资基金。企业也可以将大项目分解成若干子项目或将非核心工作、临时性项目发包给青年大学生创业团体，以合作研发的形式扶持青年大学生创业。企业还拥有丰富的社会资源，比如已有客户、机构平台、品牌等等，可以帮助大学生创业者拓展业务，并以此推动自身业务和模式转型升级。

3. 建设企业与高校的合作机制

进一步推动学校学生和企业的良性互动，着力为广大高校毕业生提供个性化的就业创业服务。首先是企业可以帮助高校开展创业模拟培训，如理论培训、实地观摩、校企互动等，进一步引导在校大学生认知企业、感受创业、规划未来职业，激发学生的就业创业热情，其次，以地方龙头骨干企业为基础，高校院所积极参与形成产业创新生态群落，为在支持和服务青年大学生创业起到重要作用。

（三）凸显高校的培育作用，构建“三位一体”的大学生创业教育模式

高校作为“创业者的熔炉”，应该充分立足地方，立足自身办学定位，积极开展创业教育。高校应该在培养大学生的创业意识和创新能力的基础上，进一步提高大学生的综合素质和就业能力，逐步使他们由“就业的一代”变为“创业的一代”，从而有效改善大学生择业难、就业难的局面。

1. 建设“平台 + 教育”的创业教育课程模式

创业型人才需要跨学科、综合性、个性化的知识能力储备，因此要结合自身学科和专业特点设计课程体系，既要考虑和突出专业知识和技能，又要兼顾创业知识、技能的学习与实践，课程与课程有交叉，专业学习与创业教育互相促进，根据创业教育的目标和内容来构建“平台 + 模块”的课程体系。平台课程是通过课堂教学向学生传授创业知识和技能，主要设置 KAB 创业课程、中小企业管理学、创业心理学、市场营销学和企业法律法规等课程。模块课程是通过创业实验与实践等间接方式激发学生创业热情和培养学生创业精神，包括创业实践课程、创业活动课程和创业环境课程。平台与模块并非是简单叠加，而是相互渗透与有机融合。平台课程是为引导学生入门，模块课程则是为学生打开创业的多彩世界，两者有效组合，使创业教育课程发挥出应有的作用。

2. 完善“实践 + 模拟”的大学生创业训练模式

开展创业教育，实践活动是不可缺少的环节，实践活动也是课程学习的延伸和深化。“创业实践”包括校内实践和校外实践，前者包括参与创业社团、举办创业论坛、参与创业大赛等实践活动，后者包括社会调查、挂职锻炼和社会实践等活动，通过校内外创业实践培养学生创业意识并激发学生创业欲望。同时高校要利用自身的人才优势及科研优势，探索校企联合培养创业人才的模式，在企业中建立大学生创业教育实践基地，强化实践教学环节，培养学生的创新创业实践能力。另外，为积累创业经验降低学生初次创业心理压力，学校积极创造条件鼓励学生参加“模拟创业”，包括开展营销模拟大赛、成立模拟创业公司等，通过模仿创业或尝试创业的学习、体验与参与过程，提高学生的实践动手能力和创业综合素质。

3. 打造“专职 + 兼职”的创业教育师资模式

师资是创业教育课程教学的关键，为有效解决有创业经验者不在教学岗位上，在教学一线的教师又缺乏创业经历和经验的矛盾，学校通过各种途径建立一支勇于创新和实践、年龄结构、学历结构、职称结构合理的“双师型”师资队伍。一方面，在校内招聘一批以各专业教授和中青年学科技术能手为核心的骨干教师，组成创业教育专职教学师资团队，定期培训、鼓励和选派教师从事创业实践，进行创业教育的案例示范教学或举办研讨会，从而有效提高教师创业教育的水平；另一方面学校聘请一批国内创业教育专家、政府部门主管企业的官员、知名企业的 CEO 或管理者以及一些创业成功人士或投资家，作为兼职教师承担部分教学任务，建立创业导师制，通过创业导师定期为大学生开设讲座与指导实习、单独指导、“会诊”指导、授课指导、“陪伴”指导等方式，帮助大学生在创业道路上少走弯路，提高成功率。

（四）突出学生的主体身份，形成“三位一体”的大学生创业素质结构

大学生是开展创业就业工作的主体，只有具备创业意识、创业能力和创业方法“三位一体”的创业就业素质结构，才有可能在创业的道路上走得稳走得远，不仅解决个人的就业问题，也能为他人创造就业岗位。

1. 加强自主创业观念，牢固树立创新意识

要把培养大学生的创业观念和创新意识放在突出的位置，要强调大学生要加强自主创业观念和牢固树立创新意识，特别强调的是创业大学生要有勇气，有胆略，有信心，敢于艰苦奋斗，他们的价值才易于被市场认可，要强调以创新带动创业，以创业带动就业，形成创业与就业的良性互动。大学生在加强自主创业观念的同时，更要牢固树立不断创新的意识：一是要有创新的勇气，创新是一个破旧

5月28日，在首都大学生创业大赛上，首经贸团队讲解儿童智能手环的构想 （首经贸 供）

立新、推陈出新的过程，肯定会有阻力和风险，也可能遭遇挫折失败，因此要根除那种“怕”字当头，想创怕难、想变怕乱的作风，要与时俱进，敢为人先，不断创造新经验，探索新途径，开创新局面。二是要有吃苦的精神，创业本身是一个长期而艰苦的过程，大学生一定要学会吃苦，并在艰苦的创业环境中学会坚持，不能轻易退却和放弃。目前，不少大学生比较浮躁，好高骛远，一谈创业就想开公司，不能从现实出发。所以说创业之初一定要从现实出发，脚踏实地做事很重要，因为这在一定程度上决定着创业的成败与否。

2. 强化专业知识技能，提高综合创业能力

大学生综合创业能力指的是一种核心能力，它对个人在各种工作领域激发创造力和创新能力是至关重要的。在校期间，大学生应尽早根据自己的个性、特长和爱好合理设计职业规划，注重个性发展，发挥自身优势，并要加强学习，既要善于向书本学习，还要经常深入实际调查研究，注重向实践学习，向创业模范典型学习，向先进的经验和做法学习，通过学习借鉴，博采众长，不断提升创新水平，提高综合素质和创业能力，变循规蹈矩为开拓创新，变翘首观望为积极进取，将被动的就业观念转变为主动的创业观念。同时，综合创业能力的养成不仅要求人具有广博的科学文化知识，还需要一个人在某一领域具有独到的见解、深入的研究和长期的实践。高校学生专业社团的形成正是因为社团成员具有相同的兴趣、爱好、特长或理想、志向，通过社团活动使社团成员对某一领域的兴趣因社团活动更加牢固，其特长也会因社团实践活动得到进一步的培养提高，从而体现专业社团在学生创业能力培养中的特殊作用。

3. 掌握自主创业方法，强化创业项目实践

大学生在校期间，要不断学习如何开展创业工作，要善于思考、分析、总结，不断拓宽创业视野，掌握自主创业的方法。“创业实践”包括校内实践和校外实践，前者包括参与创业社团、举办创业论坛、参与创业大赛等实践活动，通过校内外创业实践培养学生创业意识并激发学生创业欲望。同时高校要利用自身的人才优势及科研优势，探索走校企联合培养创业人才的模式，在企业中建立大学生创业教育实践基地，强化实践教学环节，培养学生的创新创业实践能力。另外，为积累创业经验降低学生初次创业心理压力，学校积极创造条件鼓励学生参加“模拟创业”，包括开展营销模拟大赛、成立模拟创业公司等，通过模仿创业或尝试创业的学习、体验与参与过程，提高学生的实践动手能力和创业综合素质。高校必须通过各种教育唤醒、启发、诱导、挖掘大学生的创业潜能，帮助大学生树立“大就业”观念，鼓励大学生开拓创新。

创业是一个复杂而艰巨的过程，对创业者的综合素质要求很高。创业者不仅必须具备健康的体魄和良好的创业心理素质，还要有合理的知识结构和知识储备，还必须培养一些独特的创业素质，比如协调沟通和开拓创新的创业技能，以及乐观上进、坚忍不拔的创业精神等，是创业意识、创业能力与创业方法“三位一体”的综合素质结构。

（承担单位：市教委学生处 执笔人：兰建华 吴静）

（本栏责任编辑 华蕾 张晓兰）

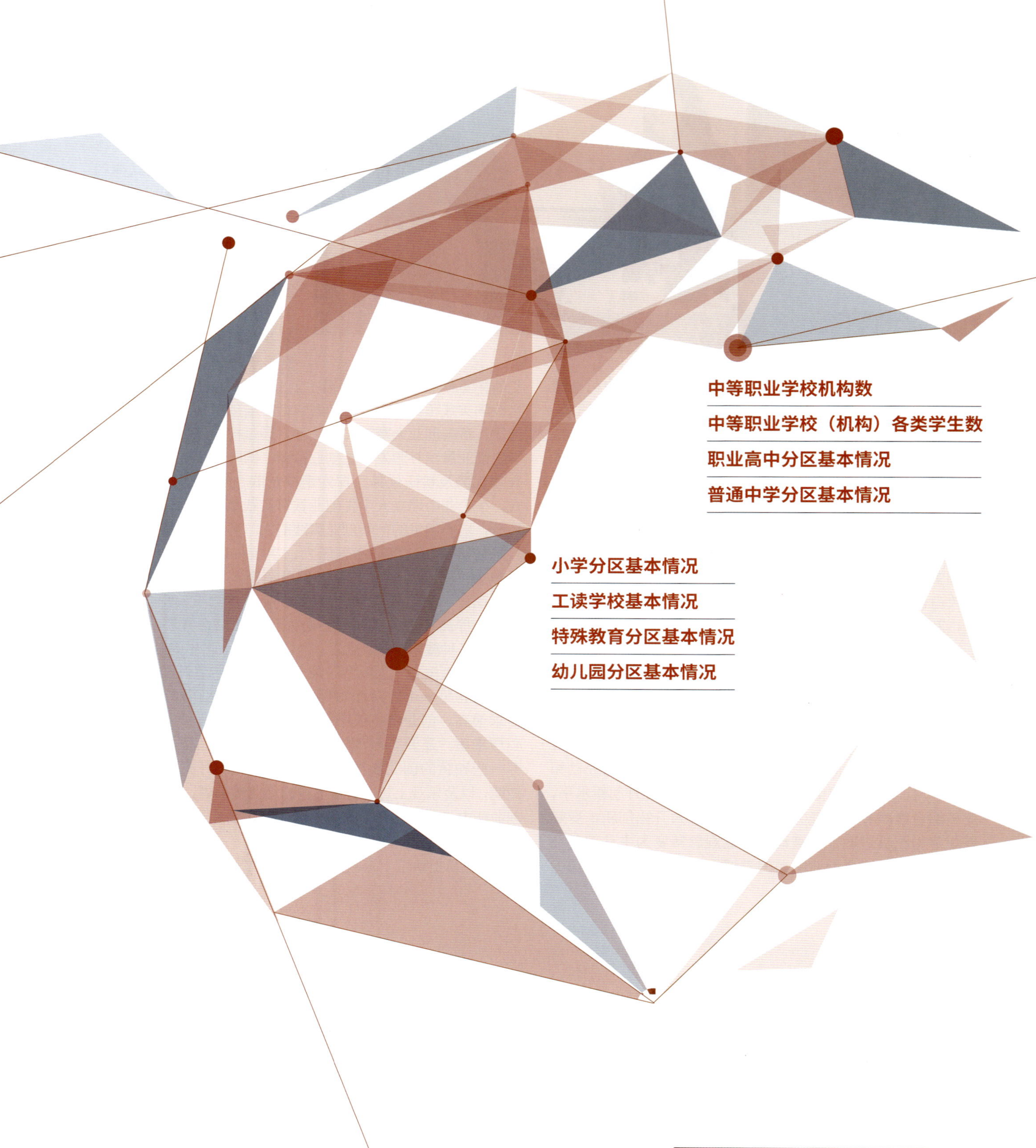

2017 | 统计表

STATISTICAL LIST

- 各级各类学校校数、教职工、专任教师情况
- 各级各类学历教育学生情况
- 各级民办教育基本情况
- 各级各类非学历教育学生情况
- 普通高校分学科研究生数
- 普通本科、专科学生数（分类型、性质类别）
- 高等学校教职工情况

STATISTICAL LIST

统计表

2016—2017 学年度北京市教育事业统计资料

一、综合

1—1 各级各类学校校数、教职工、专任教师情况

单位：人

	校数（所）	教职工数	
		计	其中：专任教师
总计	3524	372328	231251
一、高等教育	175	146082	69374
（一）研究生培养机构	(139)		(57161)
1. 普通高校	(58)		(46975)
2. 科研机构	(81)		(10186)
（二）普通高等学校	91	138544	66149
1. 中央部委属高校	37	99130	44125
2. 市属高校	54	39234	22024
其中：公办高校	38	33205	18922
民办高校	16	6029	3102
（三）成人高等学校	19	3211	1510
（四）民办的其他高等教育机构	65	4327	1715
二、中等教育	767	99117	72784
（一）高中阶段教育	426	99117	51093
1. 普通高中	305	85352	42858
2. 中等职业教育	121	13765	8235
普通中专	31	3401	1940
成人中专	11	596	328
职业高中	50	6455	4413
技工学校	29	3313	1554
（二）初中阶段教育	341		21691
三、小学教育	984	59716	51787
四、工读学校	6	273	199
五、特殊教育	22	1334	1036
六、学前教育	1570	65806	36071

注：
1. “（）”内数据未包含在总计中。
2. 因完全中学中的高中、初中教职工不易区分统计，故普通高中教职工数包含普通初中教职工数。

1—2 各级各类学历教育学生情况

单位：人

	毕业生数	招生数	在校生数	预计毕业生数
总计	**924267**	**1115515**	**3733544**	**662084**
一、高等教育	**528800**	**635415**	**1888112**	**351423**
（一）研究生	82625	97449	291778	109416
1. 高等学校	77465	91426	273066	102082
2. 科研机构	5160	6023	18712	7334
（二）普通本专科	153005	154715	588389	160222
1. 中央部委属高校	74110	79733	313313	78621
2. 市属高校	78895	74982	275076	81601
其中：公办高校	58662	58006	211743	62189
民办高校	20233	16976	63333	19412
（三）成人本专科	82494	61052	171790	81785
1. 成人高等学校	7795	5192	14379	7628
2. 普通高等学校	74699	55860	157411	74157
（四）在职人员攻读硕士学位		17523	78117	
（五）网络本专科生	210676	304676	758038	
二、中等教育	**182511**	**180881**	**552468**	**181436**
（一）高中阶段教育	96068	89027	284195	91623
1. 普通高中	52841	53544	163130	53574
其中：本市户籍	47423	49069	151163	49957
2. 中等职业教育	43227	35483	121065	38049
普通中专	13618	11486	43895	13901
成人中专	9687	8550	27042	5950
职业高中	6532	3373	14843	5678
技工学校	13390	12074	35285	12520
（二）初中阶段教育	86443	91854	268273	89813
其中：本市户籍	65713	60356	182957	65827
三、小学教育	**111481**	**145274**	**868417**	**129225**
其中：本市户籍	59987	99411	536327	74537
四、工读学校	**261**	**260**	**638**	
五、特殊教育	**1588**	**916**	**6927**	
六、学前教育	**99626**	**152769**	**416982**	

补充资料：外国留学生在校学生数为 39141 人。
注：高等教育小计中未包含自学考试的学生数。

1—3 各级民办教育基本情况

	校数（所）	毕业生数	招生数
总计	893	77613	91262
一、高等教育	81	20233	16976
民办普通高校	16	20233	16976
民办高等教育机构	65		
二、中等教育	116	13710	10817
（一）高中阶段教育	91	6248	3061
1. 民办普通高中	69	5393	2173
2. 民办中等职业教育	22	855	888
（二）初中阶段教育	25	7462	7756
三、民办小学	61	10889	6866
四、民办幼儿园	635	32781	56603
另有：民办职业技术培训机构	1134	1181268	

1-4 各级各类非学历教育学生情况

单位：人、人次

	毕（结）业生数	在校（注册）生数
总计	3830763	3604002
一、高等教育	903442	781674
（一）研究生课程进修班	8342	10122
（二）自考助学班	273	555
（三）普通预科生		1171
（四）进修及培训	894827	769826
其中：资格证书培训	47522	40811
岗位证书培训	175919	114487
二、中等教育	2927321	2822328
其中：资格证书培训	265758	249540
岗位证书培训	274016	224592
（一）中等职业教育	54157	38269
其中：资格证书培训	16237	10652
岗位证书培训	23029	18061
（二）职业技术培训机构	2873164	2784059
其中：资格证书培训	249521	238888
岗位证书培训	250987	206531

单位：人

在校生数	教职工数		兼任教师
	计	其中：专任教师	
307785	**53268**	**27802**	**3879**
63333	**10356**	**4817**	**3425**
63333	6029	3102	1916
	4327	1715	1509
33723	**12263**	**7376**	**354**
10341	12263	7376	354
8122	11308	6897	102
2219	955	479	252
23382			
59788	**2510**	**1928**	**2**
150941	**28139**	**13681**	**98**
1259312	33100	11103	7905

注：民办培训机构毕业生数为结业人次数，在校生数为注册学生数。

二、高等教育

2-1 普通高校分学科研究生数

		毕业生数		
		合计	硕士	博士
总计		77465	64452	13013
其中：女		39145	34022	5123
学术型学位	小计	47824	35595	12229
	哲　学	518	372	146
	经济学	3231	2697	534
	法　学	4412	3643	769
	教育学	1543	1248	295
	文　学	3485	2943	542
	历史学	423	337	86
	理　学	6858	3779	3079
	工　学	18409	13808	4601
	农　学	1106	747	359
	医　学	2167	1407	760
	军事学	20	11	9
	管理学	4223	3422	801
	艺术学	1429	1181	248
专业学位	小计	29641	28857	784
	哲　学			
	经济学	2458	2458	
	法　学	2570	2570	
	教育学	1685	1669	16
	文　学	1311	1311	
	历史学	101	101	
	理　学			
	工　学	10298	10288	10
	农　学	756	756	
	医　学	2124	1366	758
	军事学			
	管理学	6982	6982	
	艺术学	1356	1356	

单位：人

	招生数			在校生数		
	合计	硕士	博士	合计	硕士	博士
	91426	**73799**	**17627**	**273066**	**196564**	**76502**
	47275	39940	7335	133162	103290	29872
	55661	**38869**	**16792**	**182626**	**108888**	**73738**
	595	409	186	2133	1237	896
	3062	2353	709	9386	6094	3292
	4654	3707	947	14378	9919	4459
	1703	1332	371	5591	4033	1558
	3597	2920	677	11317	8340	2977
	579	402	177	2047	1184	863
	9525	5309	4216	31634	14540	17094
	22219	15486	6733	74656	44078	30578
	1376	891	485	4204	2175	2029
	2474	1545	929	7442	4390	3052
	11	8	3	67	39	28
	4501	3429	1072	15220	9386	5834
	1365	1078	287	4551	3473	1078
	36765	**34930**	**835**	**90440**	**87676**	**2764**
	3177	3177		6469	6469	
	2960	2960		7619	7619	
	2120	2077	43	5143	4846	297
	1723	1723		3523	3523	
	102	102		236	236	
	11988	11929	59	32444	32115	329
	900	900		1804	1804	
	3007	2274	733	8387	6249	2138
	7979	7979		19993	19993	
	1809	1809		4822	4822	

2-2 普通本科、专科学生数（分类型、性质类别）

		学校数（所）		毕业生数		
		计	其中：中央	合计	专科	本科
总计		91	37	153005	35320	117685
按类型分	本科院校	66	37	127965	10280	117685
	其中：独立学院	5		6106		6106
	专科院校	25		23624	23624	
	其中：高等职业学校	24		22402	22402	
	其他机构（不计校数）	4	1	1416	1416	
按性质类别分	综合大学	5	3	19995	3422	16573
	理工院校	31	12	62432	14846	47586
	农业院校	3	1	6062	1781	4281
	林业院校	1	1	3211		3211
	医药院校	4	2	3324	1283	2041
	师范院校	2	1	4914	295	4619
	语文院校	9	5	11481	3150	8331
	财经院校	16	2	22161	7475	14686
	政法院校	8	5	10455	2720	7735
	体育院校	3	1	2885	56	2829
	艺术院校	8	3	3319	292	3027
	民族院校	1	1	2766		2766
按举办者分	1. 中央部门	37	37	74110	2548	71562
	教育部	25	25	53899	995	52904
	其他部门	12	12	20211	1553	18658
	2. 地方	38		58662	23204	35458
	教育部门	24		45084	9984	35100
	其他部门	14		13578	13220	358
	3. 民办	16		20233	9568	10665

单位：人

招生数			在校生数		
合计	专科	本科	合计	专科	本科
154715	**26960**	**127755**	**588389**	**87434**	**500955**
133305	5550	127755	522059	21104	500955
5516		5516	22769		22769
20513	20513		63020	63020	
19324	19324		59442	59442	
897	897		3310	3310	
19299	1388	17911	73274	5632	67642
62993	10532	52461	242265	35776	206489
6154	1604	4550	22756	4895	17861
3306		3306	13271		13271
4489	1539	2950	16050	4576	11474
5540	284	5256	21828	761	21067
11333	2454	8879	42285	7719	34566
20149	5410	14739	77973	18596	59377
12033	3500	8533	41113	8781	32332
3134	92	3042	12097	176	11921
3519	157	3362	14207	522	13685
2766		2766	11270		11270
79733	1480	78253	313313	5401	307912
58154	201	57953	230140	1596	228544
21579	1279	20300	83173	3805	79368
58006	19830	38176	211743	62488	149255
44117	6412	37705	171099	23761	147338
13889	13418	471	40644	38727	1917
16976	5650	11326	63333	19545	43788

2-3 高等学校教职工情况

	教职工数		
	合计	校本部	
		计	专任教师
一、普通高校	**138544**	**119980**	**66149**
其中：女	70231	60201	30566
分类型 本科院校	128581	110144	60773
其中：独立学院	2044	2044	1222
专科院校	9322	9195	5000
其中：高等职业学校	8970	8856	4749
其他机构	641	641	376
分性质类别 综合大学	23226	21184	10508
理工院校	53140	46639	26722
农业院校	4770	4454	2530
林业院校	1875	1782	1193
医药院校	17928	9524	3642
师范院校	5626	5483	3554
语文院校	7108	6622	4083
财经院校	10825	10725	6458
政法院校	6601	6467	3031
体育院校	1671	1601	1057
艺术院校	3801	3661	2153
民族院校	1973	1838	1218
分举办者 1. 中央部门	99310	81565	44125
教育部	66508	58011	31190
其他部门	32802	23554	12935
2. 地方	33205	32386	18922
教育部门	26878	26143	15414
其他部门	6327	6243	3508
3. 民办	6029	6029	3102
二、成人高校	**3211**	**3175**	**1510**
其中：女	1948	1927	999

单位：人

教职工数					
教职工			科研机构人员	校办企业职工	敷设机构人员
行政人员	教辅人员	工勤人员			
23271	**17876**	**12684**	**7546**	**1131**	**9887**
13306	11536	4793	3309	281	6440
20927	16757	11687	7509	1091	9837
323	129	370			
2241	989	965	37	40	50
2195	953	959	25	40	49
103	130	32			
3591	3809	3276	1258	154	630
9092	5376	5449	3841	638	2022
1010	471	443	14	45	257
309	221	59		55	38
1383	3999	500	2080	12	6312
917	737	275	27	116	
1460	658	421	173	26	287
2242	1065	960		54	46
1542	867	1027	27	2	105
360	91	93		12	58
961	437	110	68	17	55
404	145	71	58		77
15420	13367	8653	7337	894	9514
11660	8520	6641	4847	744	2906
3760	4847	2012	2490	150	6608
6707	4120	2637	209	237	373
5129	3414	2186	163	211	361
1578	706	451	46	26	12
1144	389	1394			
864	**637**	**164**	**16**	**2**	**18**
527	380	21	10	2	9

三、中等职业教育

3-1 中等职业学校机构数

	毕业生数	
	合计	中央部门
总计	**92**	**7**
普通中等专业学校	31	6
成人中等专业学校	11	1
职业高中学校	50	
附设中职班（不计校数）	27	1

3-2 中等职业学校（机构）各类学生数

	毕业生数	
	计	其中：获得职业资格证书
一、中职学生计	**29837**	**21150**
其中：中职全日制学生	25596	20380
中职非全日制学生	4241	770
普通中专学生	13618	9895
成人中专学生	9687	5471
其中：全日制学生	5446	4701
非全日制学生	4241	770
职业高中学生	6532	5784
二、培训学生	**54157**	
三、外国留学生	**53**	

单位：所

地方				民办
计	教育部门	其他部门	地方企业	
63	**39**	**19**	**5**	**22**
25	8	15	2	
9	2	4	3	1
29	29			21
24	15	9		2

注：中等职业学校中不包含技工学校数。

单位：所

招生数				在校生数
计	其中：应届毕业生		其中：五年制高职 / 中职段	
	计	其中：初中毕业		
23409	**20491**	**19849**	**5786**	**85780**
20795	20294	19652	5786	76200
2614	197	197		9580
11486	11224	10637	4407	43895
8550	5956	5904		27042
5936	5759	5707		17462
2614	197	197		9580
3373	3311	3308	1379	14843
				38269
				116

3-3 职业高中分区县基本情况

	校数（所）	毕业生数	招生数
总计	**50**	**6532**	**3373**
首都功能核心区			
东城区	5	823	198
西城区	4	738	547
城市功能拓展区			
朝阳区	5	942	575
丰台区	5	381	203
石景山区	3	59	88
海淀区	2	768	620
城市发展新区			
房山区	4	229	134
其中：房山	3	229	134
燕山	1		
通州区	3	105	103
顺义区	5	311	76
昌平区	3	459	360
大兴区	5	86	132
生态涵养发展区			
门头沟区	1	19	49
怀柔区	2	419	35
平谷区	1	77	61
密云区	1	522	80
延庆区	1	594	112

单位：人

	在校生数	教职工数	专任教师
	14843	**6455**	**4413**
	1793	620	328
	1784	827	640
	1976	936	741
	740	477	272
	405	200	132
	2162	595	441
	655	365	263
	655	338	241
		27	22
	355	170	148
	727	168	80
	1358	357	286
	309	533	336
	120	130	87
	768	436	251
	195	165	76
	596	222	146
	900	254	186

四、普通中学

4-1 普通中学分区基本情况

	校数(所)		班数(个)			毕业生数	
	合计	其中：高中及完中	合计	初中	高中	初中	高中
总计	**646**	**305**	**14604**	**9227**	**5377**	**86443**	**52841**
首都功能核心区							
东城区	43	34	1191	657	534	7048	4962
西城区	43	40	1380	729	651	8418	7032
城市功能拓展区							
朝阳区	91	39	2023	1469	554	9713	4308
丰台区	48	20	853	588	265	5108	2318
石景山区	27	10	430	274	156	2644	1436
海淀区	76	61	3089	1730	1359	17434	12987
城市发展新区							
房山区	47	11	812	557	255	5107	2528
其中：房山	42	10	718	492	226	4555	2195
燕山	5	1	94	65	29	552	333
通州区	41	14	791	535	256	4803	2191
顺义区	32	12	758	456	302	5112	3419
昌平区	52	25	815	584	231	4966	2437
大兴区	44	15	772	550	222	5702	3101
生态涵养发展区							
门头沟区	16	5	238	156	82	1412	516
怀柔区	23	5	379	261	118	1844	923
平谷区	19	5	324	192	132	2133	1692
密云区	23	5	434	284	150	2829	1726
延庆区	21	4	315	205	110	2170	1215

单位：人

	招生数			在校生数		教职工数	
	初中	高中	合计	初中	高中	合计	其中：专任教师
	91854	**53544**	**431403**	**268273**	**163130**	**85352**	**64549**
	6637	5310	36178	20021	16157	6560	4745
	8325	6603	44114	23748	20366	7897	6192
	12910	4537	48990	35579	13411	12969	10627
	5194	2428	24938	17377	7561	5394	4177
	2442	1409	12003	7500	4503	2645	2055
	19058	13161	95422	55822	39600	13727	10694
	5098	2866	24604	15637	8967	4353	3284
	4480	2462	21410	13536	7874	3936	2916
	618	404	3194	2101	1093	417	368
	5840	3000	25016	16639	8377	4795	3620
	5406	3607	26117	15247	10870	4870	3550
	5583	1904	21326	15529	5797	5862	4223
	5539	2338	23146	15926	7220	5089	4036
	1430	787	6772	4433	2339	1271	931
	1969	1249	9759	5789	3970	2386	1664
	1869	1503	10375	5661	4714	2965	1575
	2927	1626	13681	8246	5435	2431	1742
	1627	1216	8962	5119	3843	2138	1434

五、小学

5-1 小学分区基本情况

	校数(所)	班数(个)	毕业生数
总计	984	25839	111481
首都功能核心区			
东城区	63	1583	7360
西城区	60	2063	8552
城市功能拓展区			
朝阳区	87	4472	15392
丰台区	77	2000	9377
石景山区	30	752	3234
海淀区	84	4361	20444
城市发展新区			
房山区	108	1551	6412
其中：房山	101	1460	5766
燕山	7	91	646
通州区	82	1747	8021
顺义区	48	1285	5928
昌平区	92	1719	7841
大兴区	97	1766	7813
生态涵养发展区			
门头沟区	22	381	1615
怀柔区	25	491	2345
平谷区	43	582	2347
密云区	38	637	3082
延庆区	28	449	1718

六、工读学校

6-1 工读学校基本情况

	校数(所)	班数(个)	离校人数
合计	6	33	261
其中：女			46

单位：人

	招生数	在校生数	教职工数	
			合计	其中：专任教师
	145274	**868417**	**59716**	**51787**
	9318	54585	4964	4080
	13455	73803	5461	5034
	22093	135739	7419	6977
	10390	67455	4792	4200
	3610	23452	1543	1365
	27369	161322	7951	7411
	8161	48907	3783	3076
	7579	45662	3500	2826
	582	3245	283	250
	11064	63568	4162	3704
	7872	44518	3472	2775
	7930	52794	3866	3341
	10929	60850	4169	3609
	1970	11926	1135	883
	2751	17032	1529	1182
	3034	17828	2145	1498
	3493	22342	1986	1530
	1835	12296	1339	1122

单位：人

	入校人数	在校生数	教职工数	
			计	其中：专任教师
	260	**638**	**273**	**199**
	60	124	110	87

七、特殊教育

7-1 特殊教育分区基本情况

	校数(所)	班数(个)	毕业生数
总计	**22**	**321**	**1588**
首都功能核心区			
东城区	2	28	103
西城区	3	43	146
城市功能拓展区			
朝阳区	1	37	402
丰台区	1	13	87
石景山区	1	11	32
海淀区	2	66	312
城市发展新区			
房山区	1	8	70
其中：房山	1	6	65
燕山		2	5
通州区	1	18	39
顺义区	2	21	40
昌平区	2	18	62
大兴区	1	8	74
生态涵养发展区			
门头沟区	1	9	25
怀柔区	1	6	25
平谷区	1	14	45
密云区	1	12	91
延庆区	1	9	35

单位：人

	招生数	在校生数	教职工数	
			合计	其中：专任教师
	916	**6927**	**1334**	**1036**
	46	452	120	96
	87	612	218	186
	204	1627	72	59
	44	388	34	32
	20	176	33	29
	189	1127	371	291
	60	409		
	58	371		
	2	38		
	36	238	64	59
	29	339	133	84
	62	359	48	30
	31	338	33	23
	17	122	28	22
	14	110	34	29
	17	215	67	37
	43	269	46	32
	17	146	33	27

八、幼儿教育

8-1 幼儿园分区基本情况

	园数（所）	班数（个）	离园（班）人数
总计	**1570**	**14913**	**99626**
首都功能核心区			
东城区	52	505	3791
西城区	69	609	4414
城市功能拓展区			
朝阳区	236	2832	16320
丰台区	143	1543	10211
石景山区	54	559	2914
海淀区	163	2052	15547
城市发展新区			
房山区	112	1007	6777
其中：房山	105	953	6388
燕山	7	54	389
通州区	141	1111	6864
顺义区	97	753	5683
昌平区	132	1124	6804
大兴区	86	1104	7697
生态涵养发展区			
门头沟区	32	232	1478
怀柔区	66	365	2966
平谷区	62	400	2724
密云区	71	452	3361
延庆区	54	265	2075

单位：人

	入园（班）人数	在园（班）人数	教职工数	
			合计	其中：专任教师
	152769	**416982**	**65806**	**36071**
	5608	15628	2605	1590
	6475	17483	3233	1888
	29985	72166	13259	7042
	14382	43421	6891	3713
	5509	15238	2325	1245
	21821	62569	10528	5224
	9590	27281	4059	2427
	8948	25475	3872	2311
	642	1806	187	116
	11173	30371	4599	2618
	9557	25246	2538	1416
	10065	29707	5413	2835
	12268	32082	3533	2050
	2546	6302	1014	599
	3606	10125	1462	909
	3449	10235	1445	711
	3761	11762	1950	1137
	2974	7366	952	667

20条

首都游学路线

10个

2016年北京市中小学生科学建议提名奖

34个

2015年北京高等学校示范性校内创新实践基地建设单位

2017 | 附录

APPENDIX

- 北京市民族团结教育师范学校
- 第 29 届北京市中小学生银帆奖
- 第 12 届北京市高等学校教学名
- 师奖获奖名单
- 部分单位全称简称对照表

APPENDIX 附录

基础教育

北京市民族团结教育示范学校

北京市民族团结教育示范学校
中央工艺美院附中艺美小学
北京市东城区天坛东里小学
北京景山学校
北京市文汇中学
北京市西城区师范学校附属小学
北京市西城区宏庙小学
北京市第七中学
北京市朝阳区万子营民族小学
北京第二外国语学院附属中学
北京工业大学附属中学
首都师范大学附属小学
北京市海淀区五一小学
北京市海淀区第二实验小学
中央民族大学附属中学
北京市丰台区新发地小学
北京市第十中学
北京市石景山区实验小学
北京市门头沟区妙峰山民族学校
北京市大峪中学
北京市房山区良乡镇官道中心小学
北京市房山区房山第五中学
北京师范大学良乡附属中学
北京市通州区民族小学
北京市顺义区后沙峪中心小学校
北京市昌平区城北中心小学
北京市昌平区十三陵中心小学
北京市昌平区西贯市回民小学
北京市大兴区庞各庄镇第一中心小学
北京市平谷区第二小学
北京市怀柔区长哨营满族乡中心小学
北京市怀柔区杨宋镇中心小学
北京市密云区古北口镇中心小学
北京市密云区第二中学
北京市延庆区太平庄中心小学
北京市延庆区永宁学校
北京师范大学燕化附属中学

（孙晓楠）

20 条首都游学路线

20 条首都游学路线
丰台区—大兴区
路线 1：世界花卉大观园（上午）、中国影视大乐园（下午）
路线 2：汽车博物馆（上午）、航天科普教育基地（下午）
路线 3：南海子麋鹿苑博物馆（上午）、呀路古热带植物园（下午）
路线 4：中国园林博物馆（上午）、园博园（下午）
朝阳区
路线 5：中国电影博物馆（上午）、中国铁道博物馆（东郊馆、下午）
顺义区
路线 6：汉石桥湿地（上午）、乔波滑雪馆（下午）
路线 7：七彩蝶文化园（上午）、北京国际鲜花港（下午）
通州区—大兴区

路线 8：运河瓷画艺术馆（上午）、第五季生态园（下午）
路线 9：北京国际都市农业科技园（上午）、北京市黄垡苗圃（下午）
怀柔区
路线 10：黄花城水长城（上午）、鹿世界主题公园（下午）
海淀区—昌平区
路线 11：太平洋海底世界（上午）、北京西山国家森林公园（下午）
路线 12：翠湖国家城市湿地公园（上午）、亲农耕农业体验园（下午）
路线 13：中国航空博物馆（上午）、大东流苗圃（下午）
延庆区
路线 14：中国长城博物馆、詹天佑纪念馆（上午）；八达岭国家森林公园（下午）
路线 15：北京八达岭世界葡萄博览中心（上午）、太阳能热利用科技园（下午）
房山区
路线 16：西周燕都遗址博物馆（上午）、云居寺石经博物馆（下午）
路线 17：周口店北京人遗址博物馆（上午）、房山世界地质公园博物馆（下午）
密云区
路线 18：蔡家洼学生实践体验基地（上午）、爱斐堡庄园（下午）
路线 19："绿之旅"三烧饮食文化与科技教育基地（上午）首云矿山公园博物馆（下午）
石景山区
路线 20：北京市永定河休闲森林公园（上午）、中国第四纪冰川遗迹陈列馆（下午）

（冯雪 孙晓楠）

2016 年北京市中小学生科学建议提名奖

谢一鹤 北京市陈经纶中学
关于改善户外环卫工人工作条件的建议
汪羽莹 北京市陈经纶中学
关于在公共场所增设并完善公益性母婴哺乳室的建议
张维钧 北京市海淀区中关村第二小学
关于北京市采用小球节水方案的建议
白思邈 北京第二实验小学
关于推广使用可食用冰棍棒替代木质冰棍棒的建议
杨智涵 北京市朝阳外国语学校
关于以社区为单位开展环境保护宣传教育与公众参与的建议
唐梓杰 北京市第二中学亦庄学校
关于学校开展《中草药》选修课，传承中医药文化方面的建议
李新洋 北京师范大学附属中学
关于合理使用快递信封的建议
赵麟通 北京市海淀区中关村第二小学
关于在北京推广"互联网 +"形式的"地铁一日票"的建议
张廷睿 北京市朝阳区星河实验小学
让阅读遍布京津两地的建议
秦艺宁 北京市平谷区第二小学
给故障的公共自行车的锁车桩途上醒目的颜色

（卢亭 孙晓楠）

第 29 届北京市中小学生银帆奖

北京市第二中学 张博雅
北京市第二中学分校 王安然
北京汇文中学 刘卓楷
北京景山学校 郝钢 何晋宇
北京市东城区汇文第一小学 曾昭华
北京市第四中学 李雪莱 刘梦琪
北京师范大学附属中学 王月林
北京市第八中学 师悦
北京师范大学附属实验中学 侯雨杉
北京市西城区黄城根小学 潘旻佳
北京市陈经纶中学 崔佳玉 邓佳丽 李今琪 吴丹彤 余浩洋
北京工业大学附属中学 王昕怡
北京中学 谈世堃
北京市第八十中学 王方 谭镇枢 魏泽昊
北京市朝阳区田华小学 耿嘉仪
北京市八一学校 黄嘉伟 李建坤
北京市第一〇一中学 杨若涛 鲜于子越 陈浩然 赵星 洪深 张及晨 常婧琦 刘璟璇 林子轩 崔紫玉 郭彬然 周昊然
北方交通大学附属中学 王兆卿 石皓元 潘子秋 姜兆菲璠
北京市育英学校 刘静嘉
中国人民大学附属中学 赵晟宇 李昂 吴凯达 李思民 刘亦辰 隋媛 白津菁 宁潇函 丁子斐 宋梦梦 芦青山 曹毅 李宇萌 郭丰源 张瀚兴 罗逸敏
北京市清河中学 孔艺璇 宋睿
清华大学附属中学永丰学校 宋美仪
北京航空航天大学附属中学 曹嘉睿 戴智博
北京市十一学校 白瑞涵

清华大学附属中学　白若冰　马振宇　胡欣枚　史超文　牟城磊　曹家祺　张殿梁　荣丹罗娜

人大附中西山学校　朱猛

北京市第五十七中学　陈歆甜　何艺霏　王滨瑶　王悦　田烨楠　凌梦婷　张若琳　李金洋

北京理工大学附属中学　王信森　刘依依　杨傅实　王啸远　吴岑霖

北京实验学校　高鸿薇　王一晨　于腾凯　马云奎

北京市海淀区实验小学　淮兰芷　熊芷琦　于志琦

中国人民大学附属小学　亓矛矛　陈紫钰

北京市海淀区中关村第一小学　李依维　孟祥桐

北京市海淀区中关村第三小学　刘家祺

北京市海淀区今典小学　陶欣迪

北京医科大学附属小学　廉彬

北京市第十二中学　刘梦泽　霍雨佳

北京市第十二中学科丰校区　陈思航　杨晨铭　邱煦洋　臧美琦　孙瑞涵　董林　刘泽龙

北京市丰台区东高地第三小学　杨宇帆

北京市石景山区古城第二小学　岑成

北京市大兴区第一中学　万芳　周状状　龚年　伊梦雨

北京市第二中学亦庄学校　贾一超　王岩　代骉喆　黄伟

北京市通州区潞河中学　贾玉菲

北京市顺义牛栏山第一中学　刘浩然　程子超

北京戏曲艺术职业学院　刘孟千一　王韧

北京市昌平职业学校　谢景辉

中国戏曲学院附属中等戏曲学校　陆嘉澍

中国音乐学院附属中等音乐专科学校　张佳昕

（孙晓楠）

高等教育

2015 年北京高等学校示范性校内创新实践基地建设单位

清华大学
　互联网创新实践基地

中国人民大学
　商科创新创业教育基地

中国农业大学
　涉农工程类大学生创新实践基地

北京航空航天大学
　先进航空发动机校内创新实践基地

北京科技大学
　信息工程创新实践基地

北京交通大学
　电气工程创新实践基地

北京理工大学
　大学生软件科技创新创业基地

北京中医药大学
　开放性中医临床前人才培养创新实践基地

北京林业大学
　农林经济管理类人才培养校内创新实践基地

华北电力大学
　电力经济管理人才培养创新实践基地

中国传媒大学
　传媒艺术人才培养创新实践基地

中国地质大学（北京）
　宝石学创新实践基地

中国矿业大学（北京）
　机械创新实践基地

北京化工大学
　“高分子材料与工程人才培养”校内创新实践基地

北京邮电大学
　数字媒体创新实践基地

中国人民公安大学
　校内创新警务实践基地

中央音乐学院
　现代音乐创作与表演联合培训与发展创新基地

中央财经大学
　龙驹传播校内创新实践基地

北京工业大学
　土建类校内创新实践基地

首都经济贸易大学
　特大城市智慧管理人才培养创新实践基地

首都医科大学
　医学化学与药学校内创新实践基地

北方工业大学
　电子电气类校内创新实践基地

北京建筑大学
　建筑类专业设计创新实践基地

北京工商大学
　食品类人才培养创新实践基地

北京联合大学
　艺术类校内创新实践基地

北京石油化工学院
　机械工程综合创新教育实践基地

北京物资学院
　商务运作管理创新实践基地

北京农学院

食品类专业校内创新实践基地	
中国音乐学院	
中国民族音乐实践教学	
北京舞蹈学院	
舞蹈教学创新实践基地	
北京电影学院	
动画创新实践基地	
北京印刷学院	
印刷包装综合创新实践基地	
北京第二外国语学院	
"外语+"复合型人才培养创新实践基地	
北京邮电大学世纪学院	
机电与信息融合应用创新实践基地	

（邱小培）

2015 年度北京民办高等学校及其他民办高等教育机构办学状况年度检查考核结果

民办普通高校及独立学院（16 所）	年检结论
北京城市学院	通过
北京吉利学院	通过
首都师范大学科德学院	通过
北京工商大学嘉华学院	通过
北京邮电大学世纪学院	通过
北京工业大学耿丹学院	通过
北京第二外国语学院中瑞酒店管理学院	通过
北京北大方正软件技术学院	通过
北京汇佳职业学院	通过
北京经济技术职业学院	通过
北京经贸职业学院	通过
北京科技职业学院	通过
北京培黎职业学院	通过
北京艺术传媒职业学院	通过
北京科技经营管理学院	不通过
北京网络职业学院（原中国信息大学）	通过
全日制民办非学历高等教育机构（34 所）	**年检结论**
北京八维研修学院	通过
北京北大资源研修学院	通过
北京东方大学	通过
北京工商管理专修学院	通过
北京国际标准舞研修学院	通过
北京国际经贸研修学院	通过
北京航空旅游专修学院	通过
北京华嘉专修学院	通过
北京华夏管理学院	通过
北京民族大学	通过
北京文理研修学院	通过
北京现代音乐研修学院	通过
现代管理大学	通过
北京财经专修学院	基本通过
北京翻译研修学院	基本通过
北京国际商务学院	基本通过
北京瀚林职业研修学院	基本通过
北京经济研修学院	基本通过
北京建设大学	基本通过
北京明园大学	基本通过
北京涉外经济专修学院	基本通过
北京世华管理专修学院	基本通过
北京新亚研修学院	基本通过
北京演艺专修学院	基本通过
北京应用技术大学	基本通过
北京影视研修学院	基本通过
北京珠宝首饰研修学院	基本通过
东方文化艺术学院	基本通过
北京企业管理研修学院	基本通过
北京美国英语语言学院	暂缓通过
北京人文大学	暂缓通过
北京高等秘书研修学院	暂缓通过
北京黄埔大学	不通过
北京兴华大学	不通过
非全日制民办非学历高等教育机构（31 所）	**年检结论**
北京彼得·德鲁克管理研修学院	通过
北京长城研修学院	通过
北京当代艺术研修学院	通过
北京东方妇女老年大学	通过
北京东方研修学院	通过
北京高等珠宝研修学院	通过
北京国际汉语学院	通过
北京国际青年研修学院	通过
北京汉语国际推广中心	通过
北京韩红艺术研修学院（原北京职业资格专修学院）	通过
北京华大研修学院	通过
北京机械工程师进修学院	通过
北京计算机专修学院	通过
北京金融学院	通过
北京京海研修学院	通过
北京经济技术研修学院	通过
北京军地专修学院	通过
北京礼仪专修学院	通过
北京民生财富研修学院	通过

北京摄影函授学院	通过
北京盛唐研修学院	通过
北京心理学函授学院	通过
北京中国驻颜美容学院	通过
蒙代尔国际企业家大学	通过
中关村创新研修学院	通过
中国管理软件学院	通过
中国教育国际交流研修学院	通过
中国逻辑与语言函授大学	通过
中国农民大学	通过
中国现代教育研修中心	通过
北京社会函授大学	暂缓通过

（崔晶　王蕾　李明海）

第12届北京市高等学校教学名师奖获奖名单

北京大学	乔杰　刘凯湘　苏彦捷
中国人民大学	龚群
清华大学	彭刚　于歆杰
北京交通大学	张晓冬　胡健
北京科技大学	夏德宏　申亚男
北京化工大学	王淑慧　张丽丹
北京邮电大学	刘培植　郭莉
中国农业大学	张宾　王建华
北京林业大学	翁强
北京中医药大学	贺娟
北京师范大学	张润枝　张雁云　保继光
北京外国语大学	李英桃
中国传媒大学	周涌　曾志华
中央财经大学	许飞琼
对外经济贸易大学	吴革　江春
中国政法大学	李居迁　邰丽华
国际关系学院	梁晓晖
中央音乐学院	郭伟国
中央美术学院	乔晓光
中央戏剧学院	郝戎
华北电力大学	李彦斌
中国矿业大学（北京）	童磊
中国石油大学（北京）	杨胜来　赵秀凤
中国地质大学（北京）	褚宝增　程捷
北京电子科技学院	孙宝云
北京航空航天大学	曹庆华　杨超　王之栎
北京理工大学	郝群　彭熙伟　刘莉
中央民族大学	周宜君
中国人民公安大学	毛欣娟
北京协和医学院	李汉忠
北京体育大学	武冬
中国劳动关系学院	乔健
中国青年政治学院	李伟
中华女子学院	刘明辉
北京工业大学	冯士维　范周田
北方工业大学	曲洪权
北京工商大学	祝钧
首都医科大学	刘慧荣
首都师范大学	黄延敏　刘丽珍
首都经济贸易大学	谢海霞　蔡秀云
北京联合大学	鲍新中　李伟
北京服装学院	安佳
北京农学院	李瑞芬
中国音乐学院	范建明
中国戏曲学院	马路
北京电影学院	张辉
北京舞蹈学院	万素
北京信息科技大学	陈昕
北京城市学院	赵记同
北京青年政治学院	张红琴
北京政法职业学院	颜九红
北京社会管理职业学院	杨根来
北京京北职业技术学院	刘琼
北京信息职业技术学院	林广梅
北京电子科技职业学院	王晓杰
北京农业职业学院	张红
北京卫生职业学院	蒋爱品
北京戏曲艺术职业学院	祝真伟
北京汇佳职业学院	张惜萍
北京工业职业技术学院	冯素芬
北京经济管理职业学院	宋磊
北京体育职业学院	鹿国晖
北京医药集团职工大学	梁丽芝
北京市东城区职工业余大学	金琰
北京市崇文区职工大学	郭汝惠

（华蕾）

部分单位全称简称对照表

由于篇幅有限，年鉴中出现的国务院和北京市部分机构名称原则上使用规范简称。学校、市教委直属单位和社会团体等单位名称在本单位栏目内使用简称。以下为部分单位全称简称对照表。

国务院部分机构全称简称对照表

全称	简称
中华人民共和国外交部	外交部
中华人民共和国国家发展和改革委员会	国家发展改革委
中华人民共和国教育部	教育部
中华人民共和国科学技术部	科技部
中华人民共和国工业和信息化部	工业和信息化部
中华人民共和国国家民族事务委员会	国家民委
中华人民共和国公安部	公安部
中华人民共和国民政部	民政部
中华人民共和国司法部	司法部
中华人民共和国财政部	财政部
中华人民共和国人力资源和社会保障部	人社部
中华人民共和国国土资源部	国土资源部
中华人民共和国环境保护部	环境保护部
中华人民共和国住房和城乡建设部	住房城乡建设部
中华人民共和国交通运输部	交通运输部
中华人民共和国水利部	水利部
中华人民共和国农业部	农业部
中华人民共和国商务部	商务部
中华人民共和国文化部	文化部
中华人民共和国国家卫生和计划生育委员会	国家卫生计生委
中华人民共和国海关总署	海关总署
国家税务总局	国家税务总局
国家工商行政管理总局	国家工商总局
国家质量监督检验检疫总局	国家质检总局
国家新闻出版广电总局	国家广电总局
国家体育总局	国家体育总局
国家安全生产监督管理总局	国家安全监管总局
国家食品药品监督管理局	国家食品药品监管总局
国家统计局	国家统计局
国家林业局	国家林业局
国家知识产权局	国家知识产权局
国家旅游局	国家旅游局
国家宗教事务局	国家宗教局
国务院国有资产监督管理委员会	国资委

（华蕾　孙晓楠）

北京市部分机构全称简称对照表

全称	简称
中共北京市委员会	市委
北京市人民政府	市政府
中共北京市委教育工作委员会	市委教工委
北京市教育委员会	市教委
北京市人民政府教育督导室	市政府教育督导室
中共北京市委教育工作委员会、北京市教育委员会和北京市人民政府教育督导室	两委一室
北京市发展和改革委员会	市发展改革委
北京市科学技术委员会	市科委
北京市经济和信息化委员会	市经济信息化委
北京市民族事务委员会	市民委
北京市公安局	市公安局
北京市民政局	市民政局
北京市司法局	市司法局
北京市财政局	市财政局
北京市人力资源和社会保障局	市人力社保局
北京市规划和国土资源管理委员会	市规划国土委
北京市环境保护局	市环保局
北京市住房和城乡建设委员会	市住房城乡建设委
北京市城市管理管理委员会	市城市管理委
北京市交通委员会	市交通委
北京市农村工作委员会	市农委
北京市水务局	市水务局
北京市商务委员会	市商务委
北京市旅游发展委员会	市旅游委
北京市文化局	市文化局
北京市卫生和计划生育委员会	市卫生计生委
北京市审计局	市审计局
北京市人民政府外事办公室	市政府外办
北京市社会建设工作办公室	市社会办
北京市人民政府国有资产监督管理委员会	市国资委
北京市地方税务局	市地税局
北京市工商行政管理局	市工商局
北京市质量技术监督局	市质监局
北京市安全生产监督管理局	市安全监管局
北京市新闻出版广电局	市新闻出版广电局
北京市文物局	市文物局
北京市体育局	市体育局
北京市统计局	市统计局
北京市园林绿化局	市园林绿化局
北京市金融工作局	市金融局
北京市知识产权局	市知识产权局
北京市民防局	市民防局

（华蕾）

部分学校全称简称对照表

全称	简称
普通高等学校	
北京大学	北大
中国人民大学	人民大学
清华大学	清华

学校名称	简称
北京交通大学	北京交大
北京工业大学	北工大
北京航空航天大学	北航
北京理工大学	北理工
北京科技大学	北科大
北方工业大学	北方工大
北京化工大学	化大
北京工商大学	工商大学
北京服装学院	服装学院
北京邮电大学	北邮
北京印刷学院	印刷学院
北京建筑大学	建筑大学
北京石油化工学院	石化学院
北京电子科技学院	电科院
中国农业大学	农大
北京农学院	农学院
北京林业大学	北林大
北京协和医学院	协和医学院
首都医科大学	首医大
北京中医药大学	中医药大学
北京师范大学	北师大
首都师范大学	首师大
首都体育学院	首体院
北京外国语大学	北外
北京第二外国语学院	二外
北京语言大学	北语
中国传媒大学	传媒大学
中央财经大学	中央财大
对外经济贸易大学	外经贸大
北京物资学院	物资学院
首都经济贸易大学	首经贸
外交学院	外交学院
中国人民公安大学	公安大学
国际关系学院	国关学院
北京体育大学	北体大
中央音乐学院	中央音乐学院
中国音乐学院	中国音乐学院
中央美术学院	中央美院
中央戏剧学院	戏剧学院
中国戏曲学院	戏曲学院
北京电影学院	电影学院
北京舞蹈学院	舞蹈学院
中央民族大学	民大
中国政法大学	法大
华北电力大学	电力大学
中华女子学院	女子学院
北京信息科技大学	信息科大
中国矿业大学（北京）	矿大
中国石油大学（北京）	石油大学
中国地质大学（北京）	地大
北京联合大学	联合大学
中国青年政治学院	中青院
首钢工学院	首钢工学院
中国劳动关系学院	劳关学院
中国科学院大学	国科大
中国社会科学院研究生院	社科院研究生院
中国农业科学院研究生院	农科院研究生院
高等职业学校	
北京工业职业技术学院	北工职院
北京信息职业技术学院	信息职院
北京电子科技职业学院	电科职院
北京京北职业技术学院	京北职院
北京交通职业技术学院	交通职院
北京青年政治学院	北青院
北京农业职业学院	农职院
北京政法职业学院	政法职院
北京财贸职业学院	北财院
北京戏曲艺术职业学院	北戏
北京经济管理职业学院	经管职院
北京劳动保障职业学院	京劳职院
北京社会管理职业学院	社职院
北京体育职业学院	北京体职院
北京交通运输职业学院	交通运输职院
北京卫生职业学院	卫生职院
成人高等学校	
国家开放大学	国开大
北京教育学院	教育学院
北京开放大学	北开大
北京宣武红旗业余大学	红旗大学
北京市总工会职工大学	市总职大
北京市西城经济科学大学	西城经科大
国家重点中等职业学校	
中央音乐学院附属中等音乐学校	中央音乐学院附中
北京市什刹海体育运动学校	什刹海体校
北京市商务科技学校	商务科技学校
北京水利水电学校	水电学校
北京城市建设学校	城建学校
北京市自动化工程学校	自动化学校
北京金隅科技学校	金隅学校
北京市园林学校	园林学校
北京市商业学校	商业学校
北京铁路电气化学校	京铁电校

北京商贸学校　商贸学校
北京市供销学校　供销学校
中国音乐学院附属中等音乐专科学校　中国音乐学院附中
北京国际职业教育学校　北京国职
北京现代职业学校　现代职校
北京市外事学校　外事学校
北京市实美职业学校　实美学校
北京市财会学校　财会学校
北京市实验职业学校　实验职校
北京市求实职业学校　求实学校
北京市劲松职业高中　劲松职高
北京市电气工程学校　电气工程学校
北京市丰台区职业教育中心学校　丰台职教中心校
北京市黄庄职业高中　黄庄职高
北京市昌平职业学校　昌平职校
北京市大兴区第一职业学校　大兴一职
北京市怀柔区职业学校　怀柔职校
北京市平谷区职业学校　平谷职校
北京市密云区职业学校　密云职校
延庆县第一职业学校（北京市延庆区第一职业学校）　延庆一职

民办高等学校及高等教育机构

北京城市学院　城市学院
北京北大方正软件技术学院　北大方正软件学院
北京经贸职业学院　经贸职院
北京经济技术职业学院　经济职院
北京汇佳职业学院　汇佳职院
北京吉利学院　吉利学院
北京科技职业学院　北科院
北京培黎职业学院　培黎职院
北京艺术传媒职业学院　艺术传媒职院
首都师范大学科德学院　科德学院
北京工商大学嘉华学院　嘉华学院
北京邮电大学世纪学院　世纪学院
北京工业大学耿丹学院　耿丹学院
北京第二外国语学院中瑞酒店管理学院　中瑞学院
北京网络职业学院　网络职院
北京人文大学　人文大学
北京工商管理专修学院　北工商
现代管理大学　现代管理大学
北京八维研修学院　八维研修学院
北京现代音乐研修学院　北音

（邱小培　胡雨）

市教委直属单位全称简称对照表

北京教育科学研究院　北京教科院
北京教育考试院　北京考试院
北京教育音像报刊总社　音像报刊总社
北京市教工休养院　教工休养院
北京市校办产业管理中心　校产中心
北京教育网络和信息中心　信息中心
北京教育综合服务中心　综合服务中心
北京市教育系统人才交流服务中心　人才交流中心
北京市国际教育交流中心　国际教育交流中心
北京学生活动管理中心　学生活动中心
北京市教育技术设备中心　设备中心
北京教育老干部活动中心　老干部活动中心
北京高校房地产开发总公司　高校房地产总公司
北京市学生资助事务管理中心　资助中心
北京教育志编纂委员会办公室　教志办
北京教育新闻中心　新闻中心
北京学校后勤事务中心　学校后勤事务中心

（张晓白）

社会团体全称简称对照表

北京市教育学会　市教育学会
北京市高等教育学会　市高教学会
北京市职业技术教育学会　市职教学会
北京民办教育协会　民教协会
北京市学前儿童保教工作者协会　保教协会
北京老教育工作者总会　老教总会
北京校外教育协会　校外教育协会
北京高校国防教育协会　国防教育协会
北京教育装备行业协会　教育装备行业协会
北京市红十字会　市红十字会
北京市民族教育学会　市民族教育学会

（胡雨）

（本栏责任编辑　华蕾）

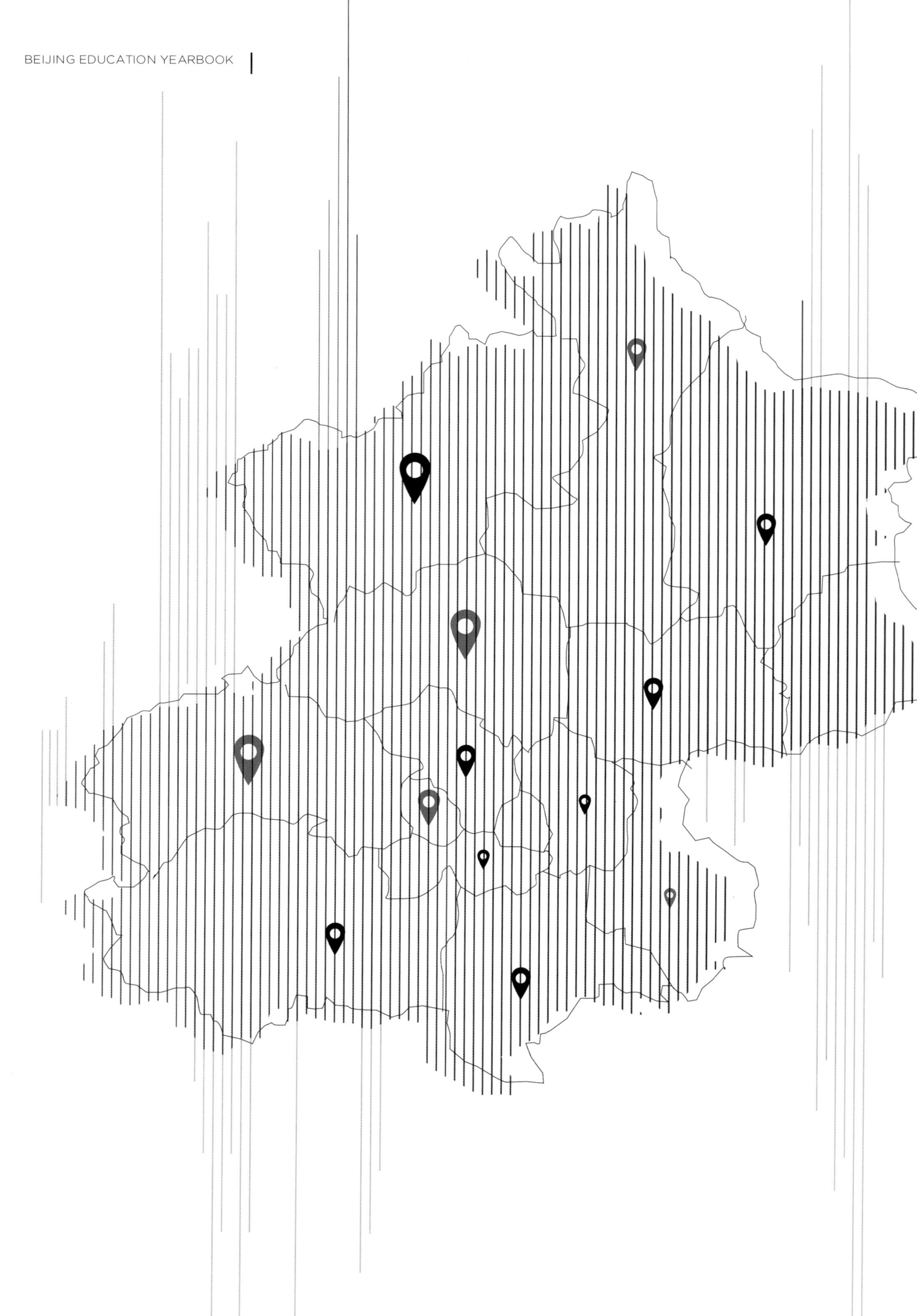

北京教育新地图

BEIJING EDUCATION NEW MAPS

2017

2016年综合改革成果

北京教育新地图课题组 编制
星球地图出版社

FOREWORD
前言

2016 年，在市委、市政府领导下，全市教育领域深化综合改革，穿越多种边界束缚，深化优质资源共享，扩大消费观引导下的广义教育资源供给与服务，持续发力于教育供给侧的转型升级和机构性改革，建立了服务于学生成长的统一战线。

2016 年也是北京教育的丰收年，16 个区更详细、更深入地描绘区域教育综合改革的新地图：有更多的优质学校落户郊区，有更多的中小学结成联盟校；“共建”的入学方式被取消，特长生入学被进一步规范；九年一贯对口直升范围在扩大，优质高中招生名额分配比例在增加；越来越多的高校支持中小学建设，越来越多的民办教育机构参与公立中小学教学改革。一幅优质、公平、均衡的北京教育新地图在我们面前徐徐展现。

2016 年，北京全面推进京津冀三地协同发展，教育作为公共服务的重要内容，走在协同发展的前列，并已启动实施诸如三地合作交流、干部异地挂职、优质资源对口协作、搭建区域教育交流平台等系列举措，三地交流互动呈现出良好的发展态势。

2016 年，市教委继续委托北京教育音像报刊总社开展课题研究，对各区教育综合改革深入调研，搜集大量一手资料，包括各中小学地理信息、各区综合改革的新变化、新成果等，经由各区复核，研制出版《北京教育新地图》图册 2017 版。该图册以地图的直观形式，集中呈现 2016 年首都基础教育深综改的新变化、新成果，面向教育内外及广大读者传播首都基础教育公共服务的新信息。

CONTENTS
北京教育新地图 目录

LEGEND
图例

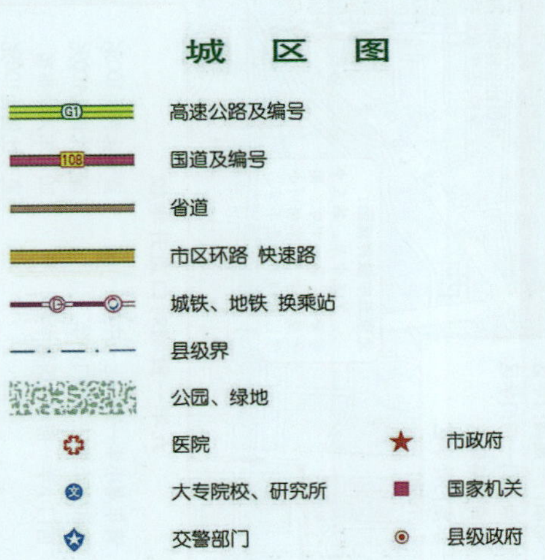

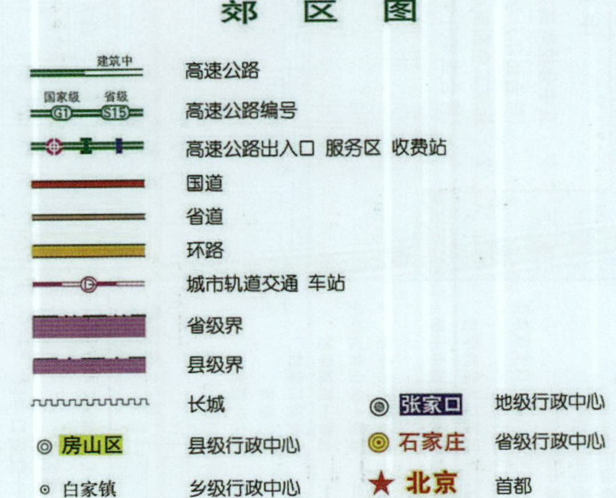

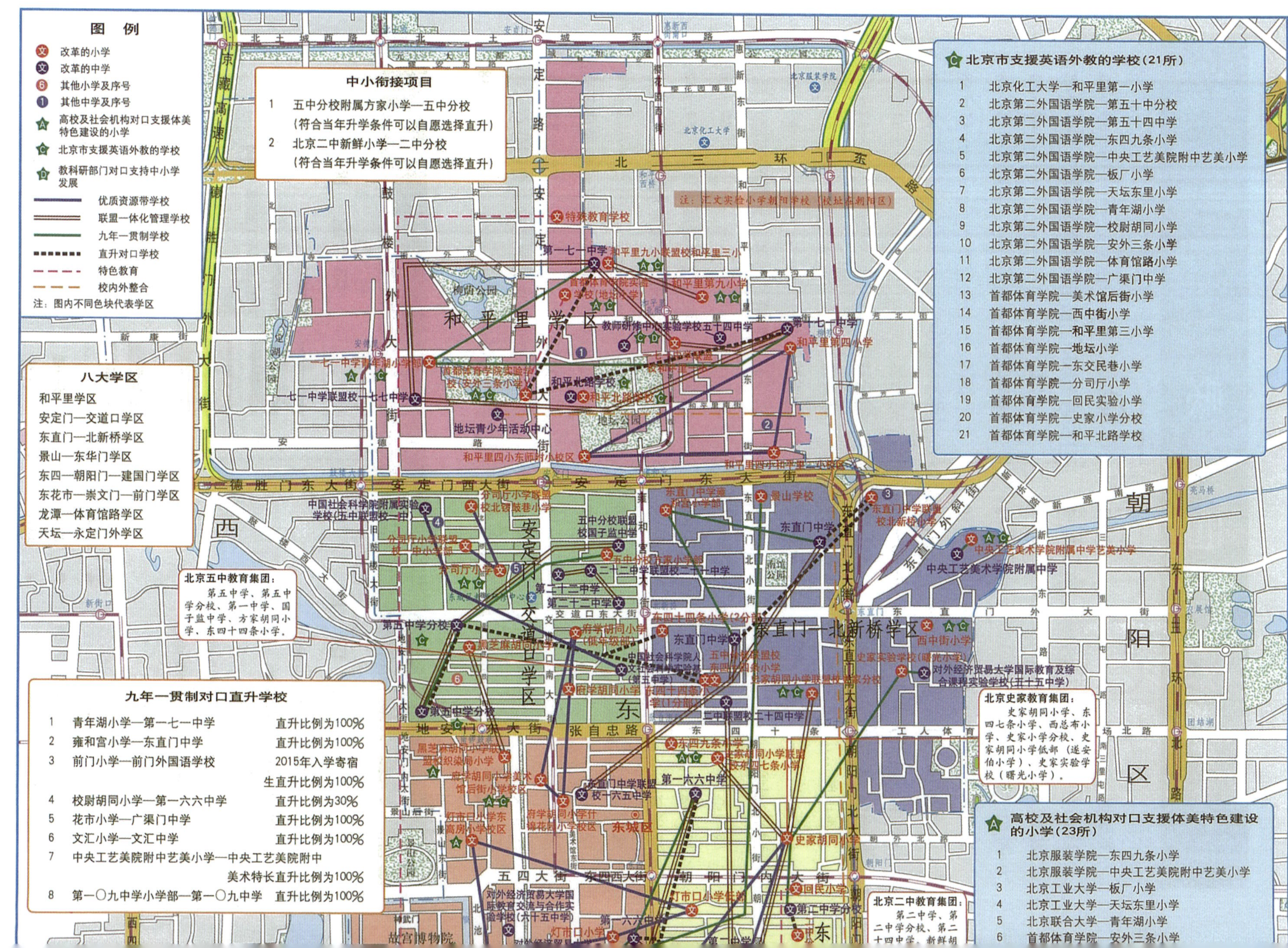
图 例
改革的小学
改革的中学
其他小学及序号
其他中学及序号
高校及社会机构对口支援体美特色建设的小学
北京市支援英语外教的学校
教科研部门对口支持中小学发展
优质资源带学校
联盟一体化管理学校
九年一贯制学校
直升对口学校
特色教育
校内外整合
注：图内不同色块代表学区
中小衔接项目
1 五中分校附属方家小学—五中分校
（符合当年升学条件可以自愿选择直升）
2 北京二中新鲜小学—二中分校
（符合当年升学条件可以自愿选择直升）
八大学区
和平里学区
安定门—交道口学区
东直门—北新桥学区
景山—东华门学区
东四—朝阳门—建国门学区
东花市—崇文门—前门学区
龙潭—体育馆路学区
天坛—永定门外学区
北京五中教育集团：
第五中学、第五中学分校、第一中学、国子监中学、方家胡同小学、东四十四条小学。
九年一贯制对口直升学校
1 青年湖小学—第一七一中学 直升比例为100%
2 雍和宫小学—东直门中学 直升比例为100%
3 前门小学—前门外国语学校 2015年入学寄宿生直升比例为100%
4 校尉胡同小学—第一六六中学 直升比例为30%
5 花市小学—广渠门中学 直升比例为100%
6 文汇小学—文汇中学 直升比例为100%
7 中央工艺美院附中艺美小学—中央工艺美院附中美术特长直升比例为100%
8 第一〇九中学小学部—第一〇九中学 直升比例为100%
北京市支援英语外教的学校（21所）
1 北京化工大学—和平里第一小学
2 北京第二外国语学院—第五十中分校
3 北京第二外国语学院—第五十四中学
4 北京第二外国语学院—东四九条小学
5 北京第二外国语学院—中央工艺美院附中艺美小学
6 北京第二外国语学院—板厂小学
7 北京第二外国语学院—天坛东里小学
8 北京第二外国语学院—青年湖小学
9 北京第二外国语学院—校尉胡同小学
10 北京第二外国语学院—安外三条小学
11 北京第二外国语学院—体育馆路小学
12 北京第二外国语学院—广渠门中学
13 首都体育学院—美术馆后街小学
14 首都体育学院—西中街小学
15 首都体育学院—和平里第三小学
16 首都体育学院—地坛小学
17 首都体育学院—东交民巷小学
18 首都体育学院—分司厅小学
19 首都体育学院—回民实验小学
20 首都体育学院—史家小学分校
21 首都体育学院—和平北路学校
北京史家教育集团：
史家胡同小学、东四七条小学、西总布小学、史家小学分校、史家胡同小学低部（遂安伯小学）、史家实验学校（曙光小学）。
高校及社会机构对口支援体美特色建设的小学（23所）
1 北京服装学院—东四九条小学
2 北京服装学院—中央工艺美院附中艺美小学
3 北京工业大学—板厂小学
4 北京工业大学—天坛东里小学
5 北京联合大学—青年湖小学
6 首都体育学院—安外三条小学
北京二中教育集团：
第二中学、第二中学分校、第二十四中学、新鲜胡
注：汇文实验小学朝阳学校（校址在朝阳区）
和平里学区
安定门—交道口学区
东直门—北新桥学区
朝阳区
西城区
东城区
北二环路
安定门东大街
安定门西大街
德胜门东大街
地安门东大街
张自忠路
东四十条
工人体育场北路
朝阳门内大街
五四大街
东四西大街
地坛公园
柳荫公园
故宫博物院
第一七一中学
和平里第四小学
特殊教育学校
地坛青少年活动中心
东直门中学
景山学校
五中分校联盟校国子监中学
第二十二中学
东四十四条小学
中央工艺美术学院附属中学
北京化工大学
北京服装学院
和平里第九小学
府学胡同小学
史家胡同小学
第一六六中学
灯市口小学
第五中学分校
第一七一中学联盟校—七十七中学
北京史家教育集团
二中联盟校二十四中学
东四九条小学
西中街小学
对外经济贸易大学国际教育及综合课程实验学校（五十五中学）
中国社会科学院附属实验学校（五中联盟校一中）
回民小学
第二中学分校

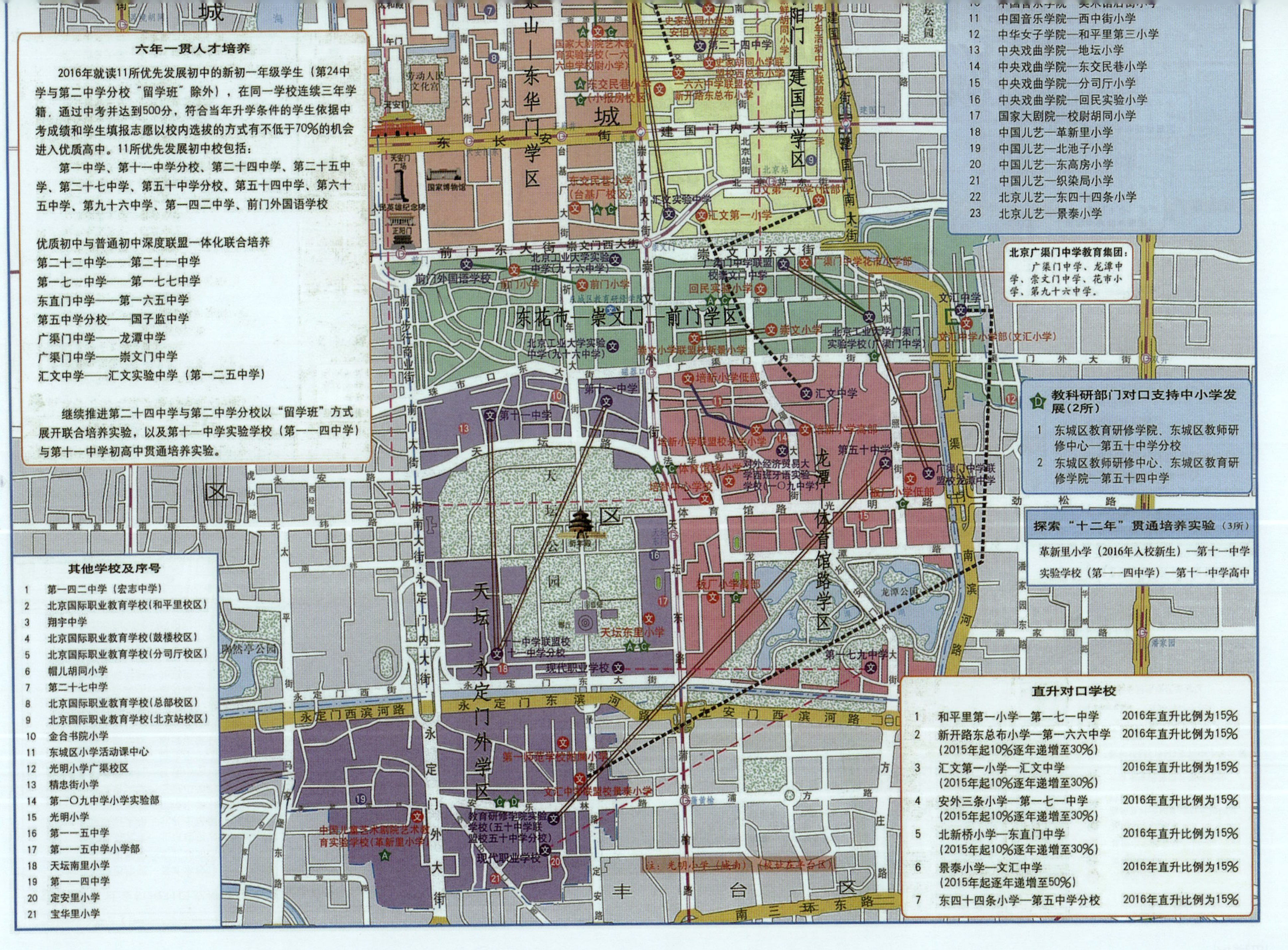
六年一贯人才培养
2016年就读11所优先发展初中的新初一年级学生（第24中学与第二中学分校"留学班"除外），在同一学校连续三年学籍，通过中考并达到500分，符合当年升学条件的学生依据中考成绩和学生填报志愿以校内选拔的方式有不低于70%的机会进入优质高中。11所优先发展初中校包括：
第一中学、第十一中学分校、第二十四中学、第二十五中学、第二十七中学、第五十中学分校、第五十四中学、第六十五中学、第九十六中学、第一四二中学、前门外国语学校
优质初中与普通初中深度联盟一体化联合培养
第二十二中学——第二十一中学
第一七一中学——第一七七中学
东直门中学——第一六五中学
第五中学分校——国子监中学
广渠门中学——龙潭中学
广渠门中学——崇文门中学
汇文中学——汇文实验中学（第一二五中学）
继续推进第二十四中学与第二中学分校以"留学班"方式展开联合培养实验，以及第十一中学实验学校（第一一四中学）与第十一中学初高中贯通培养实验。
11 中国音乐学院—西中街小学
12 中华女子学院—和平里第三小学
13 中央戏曲学院—地坛小学
14 中央戏曲学院—东交民巷小学
15 中央戏曲学院—分司厅小学
16 中央戏曲学院—回民实验小学
17 国家大剧院—校尉胡同小学
18 中国儿艺—革新里小学
19 中国儿艺—北池子小学
20 中国儿艺—东高房小学
21 中国儿艺—织染局小学
22 北京儿艺—东四十四条小学
23 北京儿艺—景泰小学
北京广渠门中学教育集团：
广渠门中学、龙潭中学、崇文门中学、花市小学、第九十六中学。
教科研部门对口支持中小学发展（2所）
1 东城区教育研修学院、东城区教师研修中心—第五十中学分校
2 东城区教师研修中心、东城区教育研修学院—第五十四中学
探索"十二年"贯通培养实验（3所）
革新里小学（2016年入校新生）—第十一中学
实验学校（第一一四中学）—第十一中学高中
其他学校及序号
1 第一四二中学（宏志中学）
2 北京国际职业教育学校（和平里校区）
3 翔宇中学
4 北京国际职业教育学校（鼓楼校区）
5 北京国际职业教育学校（分司厅校区）
6 帽儿胡同小学
7 第二十七中学
8 北京国际职业教育学校（总部校区）
9 北京国际职业教育学校（北京站校区）
10 金台书院小学
11 东城区小学活动课中心
12 光明小学广渠校区
13 精忠街小学
14 第一〇九中学小学实验部
15 光明小学
16 第一一五中学
17 第一一五中学小学部
18 天坛南里小学
19 第一一四中学
20 定安里小学
21 宝华里小学
直升对口学校
1 和平里第一小学—第一七一中学 2016年直升比例为15%
2 新开路东总布小学—第一六六中学 2016年直升比例为15%（2015年起10%逐年递增至30%）
3 汇文第一小学—汇文中学 2016年直升比例为15%（2015年起10%逐年递增至30%）
4 安外三条小学—第一七一中学 2016年直升比例为15%（2015年起10%逐年递增至30%）
5 北新桥小学—东直门中学 2016年直升比例为15%（2015年起10%逐年递增至30%）
6 景泰小学—文汇中学 2016年直升比例为15%（2015年起逐年递增至50%）
7 东四十四条小学—第五中学分校 2016年直升比例为15%
景山—东华门学区
朝阳门—建国门学区
东花市—崇文门—前门学区
天坛—永定门外学区
龙潭—体育馆路学区
丰台区
注：光明小学（城南）（校址在丰台区）

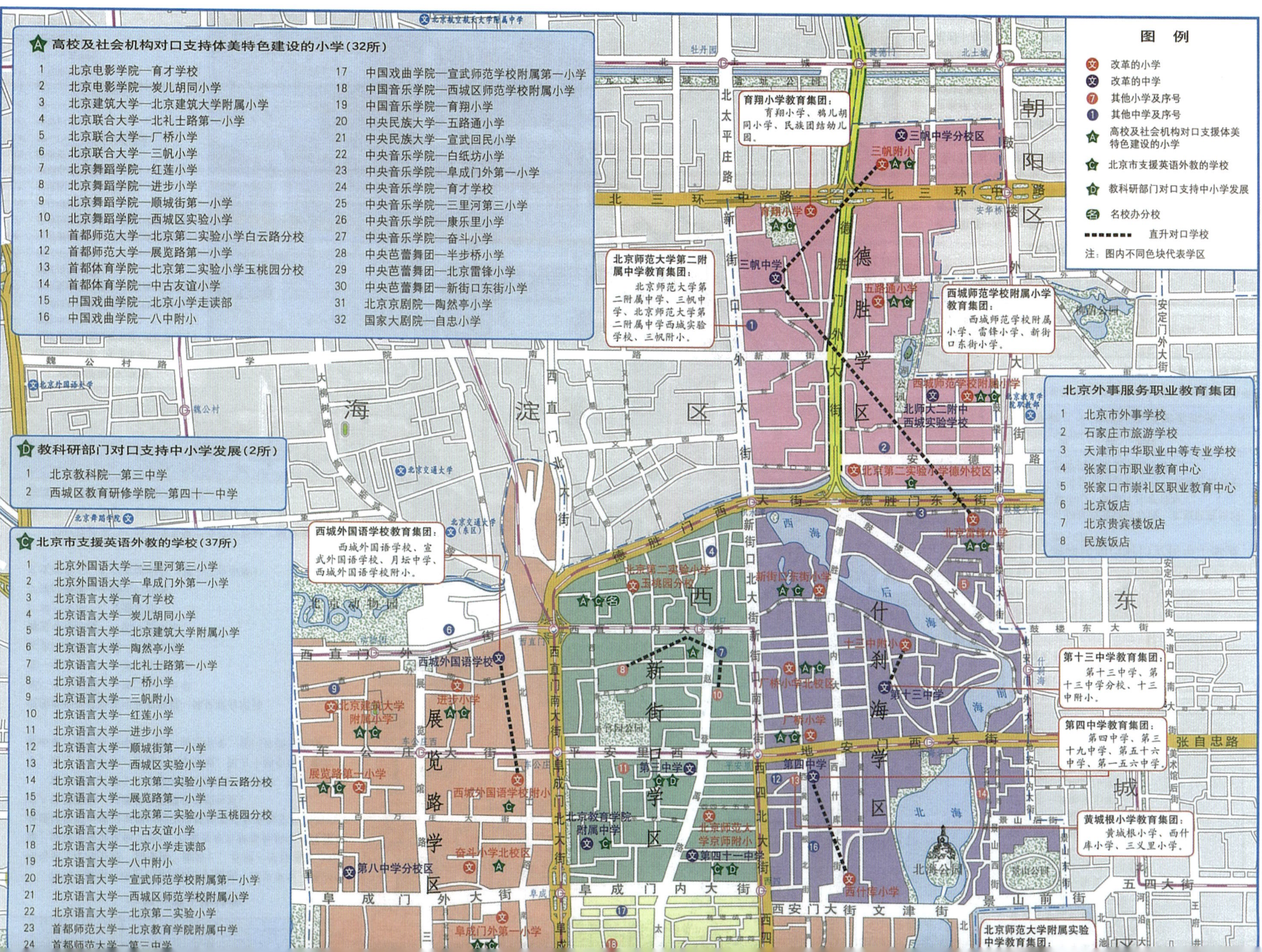

图 例
改革的小学
改革的中学
其他小学及序号
其他中学及序号
高校及社会机构对口支援体美特色建设的小学
北京市支援英语外教的学校
教科研部门对口支持中小学发展
名校办分校
直升对口学校
注：图内不同色块代表学区
A 高校及社会机构对口支持体美特色建设的小学（32所）
1 北京电影学院—育才学校
2 北京电影学院—炭儿胡同小学
3 北京建筑大学—北京建筑大学附属小学
4 北京联合大学—北礼士路第一小学
5 北京联合大学—厂桥小学
6 北京联合大学—三帆小学
7 北京舞蹈学院—红莲小学
8 北京舞蹈学院—进步小学
9 北京舞蹈学院—顺城街第一小学
10 北京舞蹈学院—西城区实验小学
11 首都师范大学—北京第二实验小学白云路分校
12 首都师范大学—展览路第一小学
13 首都体育学院—北京第二实验小学玉桃园分校
14 首都体育学院—中古友谊小学
15 中国戏曲学院—北京小学走读部
16 中国戏曲学院—八中附小
17 中国戏曲学院—宣武师范学校附属第一小学
18 中国音乐学院—西城区师范学校附属小学
19 中国音乐学院—育翔小学
20 中央民族大学—五路通小学
21 中央民族大学—宣武回民小学
22 中央音乐学院—白纸坊小学
23 中央音乐学院—阜成门外第一小学
24 中央音乐学院—育才学校
25 中央音乐学院—三里河第三小学
26 中央音乐学院—康乐里小学
27 中央音乐学院—奋斗小学
28 中央芭蕾舞团—半步桥小学
29 中央芭蕾舞团—北京雷锋小学
30 中央芭蕾舞团—新街口东街小学
31 北京京剧院—陶然亭小学
32 国家大剧院—自忠小学
D 教科研部门对口支持中小学发展（2所）
1 北京教科院—第三中学
2 西城区教育研修学院—第四十一中学
C 北京市支援英语外教的学校（37所）
1 北京外国语大学—三里河第三小学
2 北京外国语大学—阜成门外第一小学
3 北京语言大学—育才学校
4 北京语言大学—炭儿胡同小学
5 北京语言大学—北京建筑大学附属小学
6 北京语言大学—陶然亭小学
7 北京语言大学—北礼士路第一小学
8 北京语言大学—厂桥小学
9 北京语言大学—三帆附小
10 北京语言大学—红莲小学
11 北京语言大学—进步小学
12 北京语言大学—顺城街第一小学
13 北京语言大学—西城区实验小学
14 北京语言大学—北京第二实验小学白云路分校
15 北京语言大学—展览路第一小学
16 北京语言大学—北京第二实验小学玉桃园分校
17 北京语言大学—中古友谊小学
18 北京语言大学—北京小学走读部
19 北京语言大学—八中附小
20 北京语言大学—宣武师范学校附属第一小学
21 北京语言大学—西城区师范学校附属小学
22 北京语言大学—北京第二实验小学
23 首都师范大学—北京教育学院附属中学
24 首都师范大学—第三中学
北京外事服务职业教育集团
1 北京市外事学校
2 石家庄市旅游学校
3 天津市中华职业中等专业学校
4 张家口市职业教育中心
5 张家口市崇礼区职业教育中心
6 北京饭店
7 北京贵宾楼饭店
8 民族饭店
育翔小学教育集团：
育翔小学、鸦儿胡同小学、民族团结幼儿园。
北京师范大学第二附属中学教育集团：
北京师范大学第二附属中学、三帆中学、北京师范大学第二附属中学西城实验学校、三帆附小。
西城师范学校附属小学教育集团：
西城师范学校附属小学、雷锋小学、新街口东街小学。
西城外国语学校教育集团：
西城外国语学校、宣武外国语学校、月坛中学、西城外国语学校附小。
第十三中学教育集团：
第十三中学、第十三中学分校、十三中附小。
第四中学教育集团：
第四中学、第三十九中学、第五十六中学、第一五六中学。
黄城根小学教育集团：
黄城根小学、西什库小学、三义里小学。
北京师范大学附属实验中学教育集团：
朝阳区
海淀区
东城区
德胜学区
什刹海学区
新街口学区
展览路学区
三帆中学分校区
三帆附小
育翔小学
三帆中学
五路通小学
西城师范学校附属小学
北师大二附中西城实验学校
北京第二实验小学德外校区
北京雷锋小学
北京第二实验小学玉桃园分校
新街口东街小学
十三中附小
第十三中学
厂桥小学北校区
厂桥小学
第四中学
西什库小学
北京教育学院附属中学
北京师范大学学京师附小
第四十一中学
第三中学
西城外国语学校
西城外国语学校附小
进步小学
北京建筑大学附属小学
展览路第一小学
奋斗小学北校区
第八中学分校区
阜成门外第一小学
北三环中路
新街口外大街
德胜门东大街
德胜门西大街
西直门内大街
西直门外大街
西直门北大街
西直门南大街
车公庄大街
平安里西大街
地安门西大街
阜成门内大街
阜成门外大街
西安门大街
文津街
景山前街
五四大街
张自忠路
鼓楼东大街
安定门外大街
北太平庄路
魏公村路
展览馆路
北京动物园
北海公园
景山公园
北京外国语大学
北京交通大学
北京舞蹈学院

27 首都师范大学—育翔小学
28 首都师范大学—半步桥小学
29 首都师范大学—北京雷锋小学
30 首都师范大学—新街口东街小学
31 首都师范大学—五路通小学
32 首都师范大学—宣武回民小学
33 首都师范大学—白纸坊小学
34 首都师范大学—第八中学
35 首都师范大学—第十四中学
36 首都经济贸易大学—康乐里小学
37 首都经济贸易大学—奋斗小学
第一六一中学教育集团：
第一六一中学、第四十一中学、第二一四中学、一六一中附小。
育民小学教育集团：
育民小学、进步小学。
第八中学教育集团：
第八中学、第七中学、第四十四中学、鲁迅中学、八中附小。
北京小学教育集团：
北京小学、北京小学走读部、北京小学红山分校、北京小学天宁寺分校、红山幼儿园。
北京第二实验小学教育集团：
北京第二实验小学、北京第二实验小学白云路分校、北京第二实验小学涭水河分校、北京第二实验小学玉桃园分校、北京第二实验小学广外分校。
西长安街学区
德胜街学区
月坛学区
广安门内—牛街学区
大栅栏—椿树—天桥学区
陶然亭—白纸坊学区
广安门外学区
丰台区
九年一贯制学校
1 北京师范大学亚太实验学校
2 北京市育才学校
直升对口学校
1 三帆附小、北京雷锋小学—三帆中学
2 十三中附小—第十三中学
3 西什库小学—第四中学
4 一六一中附小—第一六一中学
5 北京第一实验小学前门分校、陶然亭小学—北京师范大学附属中学
6 八中附小、椿树馆小学—第八中学
7 宏庙小学、西单小学—北京师范大学附属实验中学
8 西城外国语学校附小—西城外国语学校
9 四根柏小学、中华路小学—第三十五中学
宣武师范学校附属第一小学教育集团：
宣武师范学校附属第一小学、椿树馆小学、半步桥小学、青年湖小学。
北京第一实验小学教育集团：
北京第一实验小学、炭儿胡同小学、西城区实验学校、西城区实验幼儿园。
北京育才学校教育集团：
北京育才学校、香厂路小学、新世纪实验小学。
北京师范大学附属中学教育集团：
北京师范大学附属中学、第四十三中学、北京师范大学附属中学分校、第四中学广外校区、第一实验小学前门分校、陶然亭小学。
其他学校及序号
1 北京师范大学第二附属中学
2 第七中学
3 第十三中学分校
4 启喑实验学校
5 鸦儿胡同小学
6 西城区培智中心学校
7 第三十五中学
8 中华路小学
9 第五十六中学
10 四根柏小学
11 黄城根小学（官园校区）
12 第一五六中学
13 黄城根小学
14 什刹海小学
15 育才学校分校区
16 第三十九中学
17 第一五九中学
18 华嘉小学
19 第二一四中学
20 第四十四中学
21 铁路第二中学
22 北京师范大学附属实验中学分校
23 月坛中学
24 北京师范大学实验二龙路中学
25 力学小学
26 复兴门外第一小学
27 育民小学
28 第三十一中学
29 鲁迅中学
30 北京第一实验小学
31 北京小学
32 北京小学红山分校
33 北京小学天宁寺分校
34 第四十三中学
35 北京第一实验小学虎坊桥校区
36 回民学校
37 登莱小学
38 香厂路小学
39 三义里小学
40 宣武培智学校
41 第六十六中学
42 北纬路小学
43 育才学校太平街校区
44 北京第一实验小学广外分校
45 新世纪实验小学
46 青年湖小学
47 宣武外国语实验学校
48 第十五中学
49 徐悲鸿中学

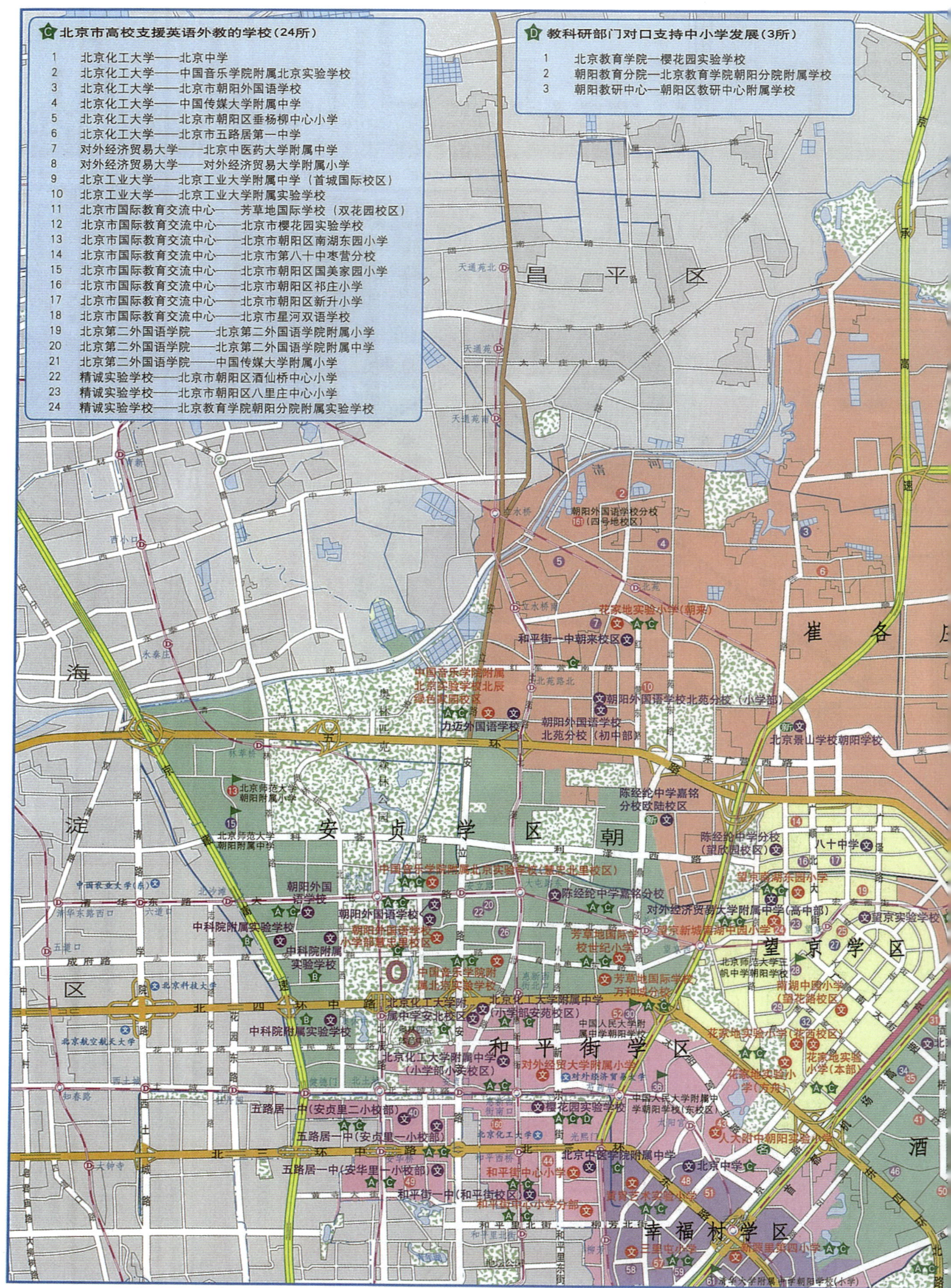
C 北京市高校支援英语外教的学校（24所）
1 北京化工大学——北京中学
2 北京化工大学——中国音乐学院附属北京实验学校
3 北京化工大学——北京市朝阳外国语学校
4 北京化工大学——中国传媒大学附属中学
5 北京化工大学——北京市朝阳区垂杨柳中心小学
6 北京化工大学——北京市五路居第一中学
7 对外经济贸易大学——北京中医药大学附属中学
8 对外经济贸易大学——对外经济贸易大学附属小学
9 北京工业大学——北京工业大学附属中学（首城国际校区）
10 北京工业大学——北京工业大学附属实验学校
11 北京市国际教育交流中心——芳草地国际学校（双花园校区）
12 北京市国际教育交流中心——北京市樱花园实验学校
13 北京市国际教育交流中心——北京市朝阳区南湖东园小学
14 北京市国际教育交流中心——北京市第八十中枣营分校
15 北京市国际教育交流中心——北京市朝阳区国美家园小学
16 北京市国际教育交流中心——北京市朝阳区祁庄小学
17 北京市国际教育交流中心——北京市朝阳区新升小学
18 北京市国际教育交流中心——北京市星河双语学校
19 北京第二外国语学院——北京第二外国语学院附属小学
20 北京第二外国语学院——北京第二外国语学院附属中学
21 北京第二外国语学院——中国传媒大学附属小学
22 精诚实验学校——北京市朝阳区酒仙桥中心小学
23 精诚实验学校——北京市朝阳区八里庄中心小学
24 精诚实验学校——北京教育学院朝阳分院附属实验学校
D 教科研部门对口支持中小学发展（3所）
1 北京教育学院—樱花园实验学校
2 朝阳教育分院—北京教育学院朝阳分院附属学校
3 朝阳教研中心—朝阳区教研中心附属学校
昌平区
海淀区
崔各庄
安贞学区
朝
望京学区
和平街学区
幸福村学区
酒

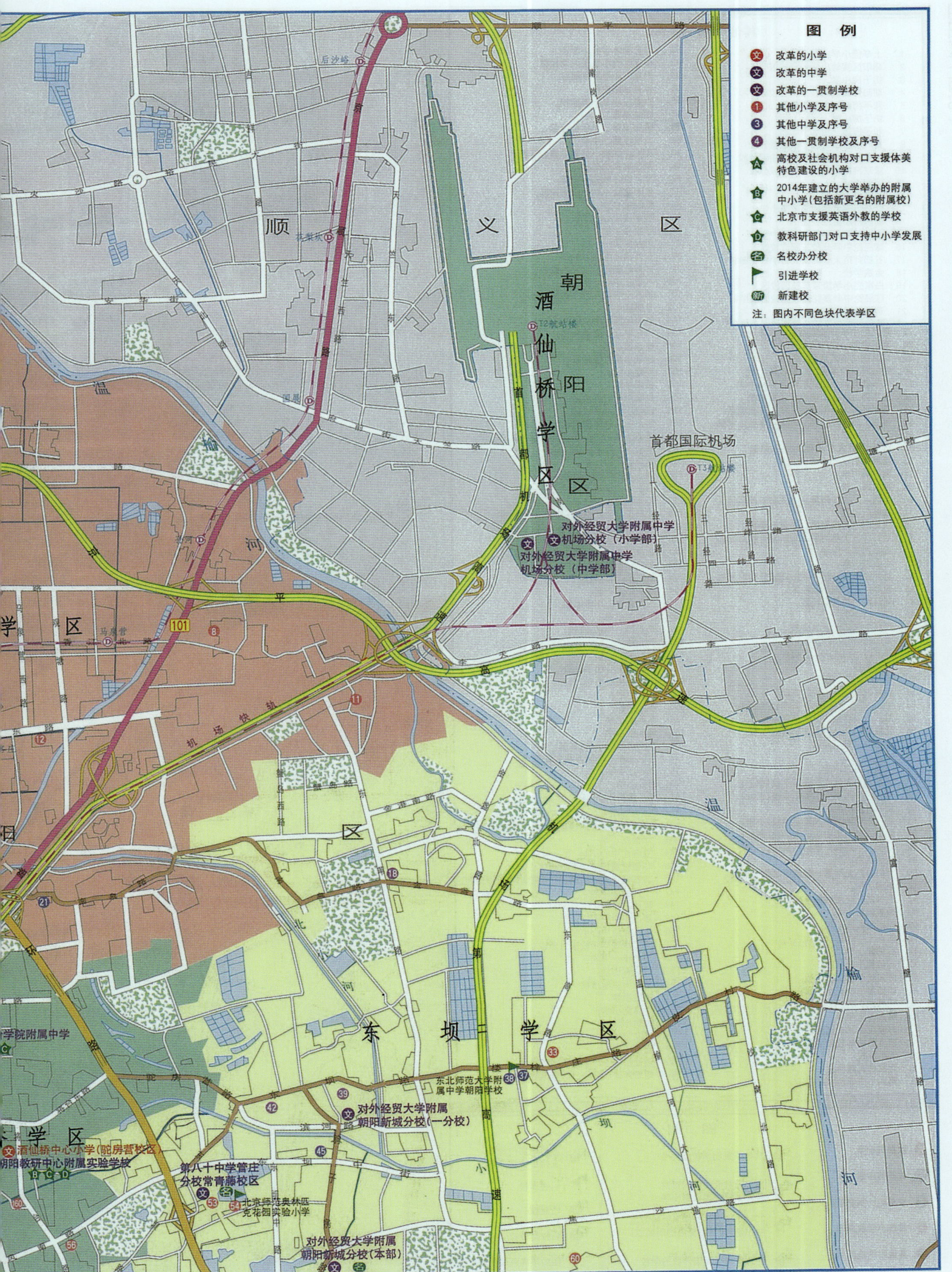
图 例
改革的小学
改革的中学
改革的一贯制学校
其他小学及序号
其他中学及序号
其他一贯制学校及序号
高校及社会机构对口支援体美特色建设的小学
2014年建立的大学举办的附属中小学(包括新更名的附属校)
北京市支援英语外教的学校
教科研部门对口支持中小学发展
名校办分校
引进学校
新建校
注：图内不同色块代表学区
顺 义 区
朝阳
酒仙桥学区
首都国际机场
对外经贸大学附属中学机场分校（小学部）
对外经贸大学附属中学机场分校（中学部）
东 坝 学 区
东北师范大学附属中学朝阳学校
对外经贸大学附属朝阳新城分校（一分校）
酒仙桥中心小学（驼房营校区）
朝阳教研中心附属实验学校
第八十中学管庄分校常营校区
北京师范奥林匹克花园实验小学
对外经贸大学附属朝阳新城分校（本部）

其他学校及序号
1 上辛堡小学
2 朝阳区实验小学润泽校区
3 奶子房中学
4 朝阳外国语学校来广营校区
5 和平街第一中学中学部
6 奶子房小学
7 和平街第一中学小学部
8 第八十中学实验学校康营分校
9 第八十中学实验学校温榆河分校
10 望京南湖东园小学青年城分校
11 苇沟小学
12 北皋中心小学
13 北京师范大学朝阳附属小学
14 朝师附小望京校区
15 北京师范大学朝阳附属中学
16 陈经纶中学分校东湖湾校区
17 首都师范大学附属实验学校花园校区
18 金盏学校
19 白家庄小学望京科技园校区
20 陈经纶中学嘉铭分校西校区初中部
21 草场地中学
22 陈经纶中学嘉铭分校西校区小学住宿
23 陈经纶中学分校南湖东园校区
24 南湖中园小学知语城分校
25 白家庄小学望京新城校区
26 陈经纶中学嘉铭分校西校区小学
27 北京教育科学研究院附属实验中学
28 北京师范大学三帆中学朝阳附属学校
29 首都师范大学附属实验学校花西校区
30 中国人民大学附属中学朝阳学校小学部
31 大山子第二小学
32 对外经贸大学附属中学初中部
33 楼梓庄小学
34 高家园中学
35 高家园小学
36 中国人民大学附属中学朝阳学校东校区
37 楼梓庄中学
38 东北师范大学附属中学朝阳学校
39 对外经贸大学附中朝阳新城分校二分部
40 五路居第一中学
41 将台路小学
42 对外经贸大学附中朝阳新城分校三分部
43 朝师附小太阳星城校区
44 朝师附小和平街校区
45 第十六中学
46 日坛中学阳光上东分校
47 酒仙桥中心小学酒仙桥校区
48 朝师附小西坝河校区低部
49 安华学校
50 酒仙桥第二小学
51 朝师附小西坝河校区高部
52 中国人民大学附中朝阳学校西校区
53 第八十中学管庄分校常青藤校区
54 北京师范奥林匹克花园实验小学
55 日坛中学东润分校
56 将台洼小学
57 左家庄第二小学
58 清华大学附属中学朝阳学校（柳芳）
59 清华大学附属中学朝阳学校（三元）
60 北马各庄小学
61 清华大学附属中学朝阳学校（小学）
62 清华大学附属中学朝阳学校（西校）
63 清华大学附属中学朝阳学校（小学）
64 新源西里小学
65 华中师范大学第一附属中学朝阳学校
66 平房小学
67 府学胡同小学朝阳学校
68 国美家园小学
69 朝阳区实验小学
70 第八十中学体育运动学校
71 石佛营小学本部
72 石佛营小学分部
73 陈经纶中学保利分校
74 团结湖小学丽水嘉园校区
75 团结湖小学
76 第九十七中学
77 白家庄小学本部北校
78 东方德才学校初中部
79 润丰学校
80 北京市民族学校
81 第八十中学白家庄校区
82 东方德才学校小学部
83 星河实验小学星河湾校区
84 白家庄小学朝外校区
85 体育场路中学
86 白家庄小学本部南校
87 团结湖第二小学
88 团结湖第三中学初中部
89 八里庄第三中学
90 朝阳区实验小学罗马嘉园分校
91 新教育实验学校
92 东方德才学校小学部
93 星河实验小学天鹅湾校区
94 陈经纶中学
95 呼家楼中心小学
96 呼家楼中学
97 定福庄第一小学
98 东方德才学校国际部
99 芳草地国际学校民族校区
100 八里庄中心小学本部
101 第八十中管庄分校管庄校区
102 甘露园小学
103 芳草地国际学校远洋分校
104 日坛中学甘露园分校
105 康乐园小学
106 日坛小学东恒校区
107 兴隆小学
108 日坛中学
109 日坛中学四惠校区
110 日坛小学四惠校区
111 第十七中学陶家湾校区
112 清华大学附属小学商务中心区实验小学
113 第十七中学高碑店校区
114 高碑店中心小学
115 第十七中学赛洛城校区
116 第十七中学百子湾校区
117 芳草地国际学校双花园校区
118 北京工业大学附属中学富力城校区
119 北京第二实验小学朝阳学校
120 北京工业大学附属中学双桥分校
121 北京工业大学附属中学垂杨柳校区
122 半壁店小学
123 朝阳区工读学校
124 双桥第二小学
125 王四营中心小学本部
126 于家围小学
127 劲松第一中学（西校）
128 劲松第一中学（东校）
129 劲松第三小学
130 王四营中心小学分校
131 南磨房中心小学（低部）
132 田华小学
133 柏阳学校
134 定辛庄小学
135 垂杨柳中学
136 南磨房中心小学（高部）
137 呼家楼中心小学万科青青分校
138 豆各庄中学
139 新升小学
140 万子营民族小学
141 孛罗营小学
142 首都师范大学附属朝阳实验小学翠城北校区
143 小武基小学
144 豆各庄中心小学
145 华侨城黄冈中学翠城校区
146 首都师范大学附属朝阳实验小学翠城南校区
147 十八里店中学
148 黑庄户中学
149 黑庄户中心小学
150 十八里店中心小学
151 芳草地国际学校富力分校
152 第七十一中学
153 西直河小学
154 第八十中学南校
155 祁庄小学
156 老君堂小学
157 牌坊小学
158 张家店小学
159 官庄小学
160 酒仙桥中心小学梵谷水郡校区
161 朝阳外国语分校（四号地校区）
东城区
丰台区
大兴
幸福村学区
呼家楼学区
劲松学区
垂杨柳学区
三里屯第一中学幸福村校区
三里屯中学
府学胡同小学
芳草地国际学校
呼家楼中心小学（东校区）（南校区）
北京教育学院朝阳分院附属学校
中央商务区实验学校（小学部）
日坛中学（初中部）
清华大学附属小学商务中心区实验小学
清华大学附属小学商务中心区实验小学（二校区）
中央商务区实验学校（初中部）
三里屯第一中学百子园校区
垂杨柳中心小学杨柳校区（高部）
北京工业大学附属中学首城校区
垂杨柳中心小学杨柳校区（低部）
劲松第四小学北区
北京工业大学附属实验学校（北校区）
劲松第四小学
劲松第四小学
北京工业大学附属实验学校（南校区）
垂杨柳中心小学（本部）
牌坊小学（南校区）
八十中学睿德分校
朝阳区实验小学南校
图例
改革的小学
改革的中学
改革的一贯制学校
其他小学及序号
其他中学及序号
其他一贯制学校及序号
高校及社会机构对口支援体美特色建设的小学
2014年建立的大学举办的附属中小学（包括新更名的附属校）
北京市支援英语外教的学校
教科研部门对口支持中小学发展
引进学校
新建校
名校办分校
注：图内不同色块代表学区

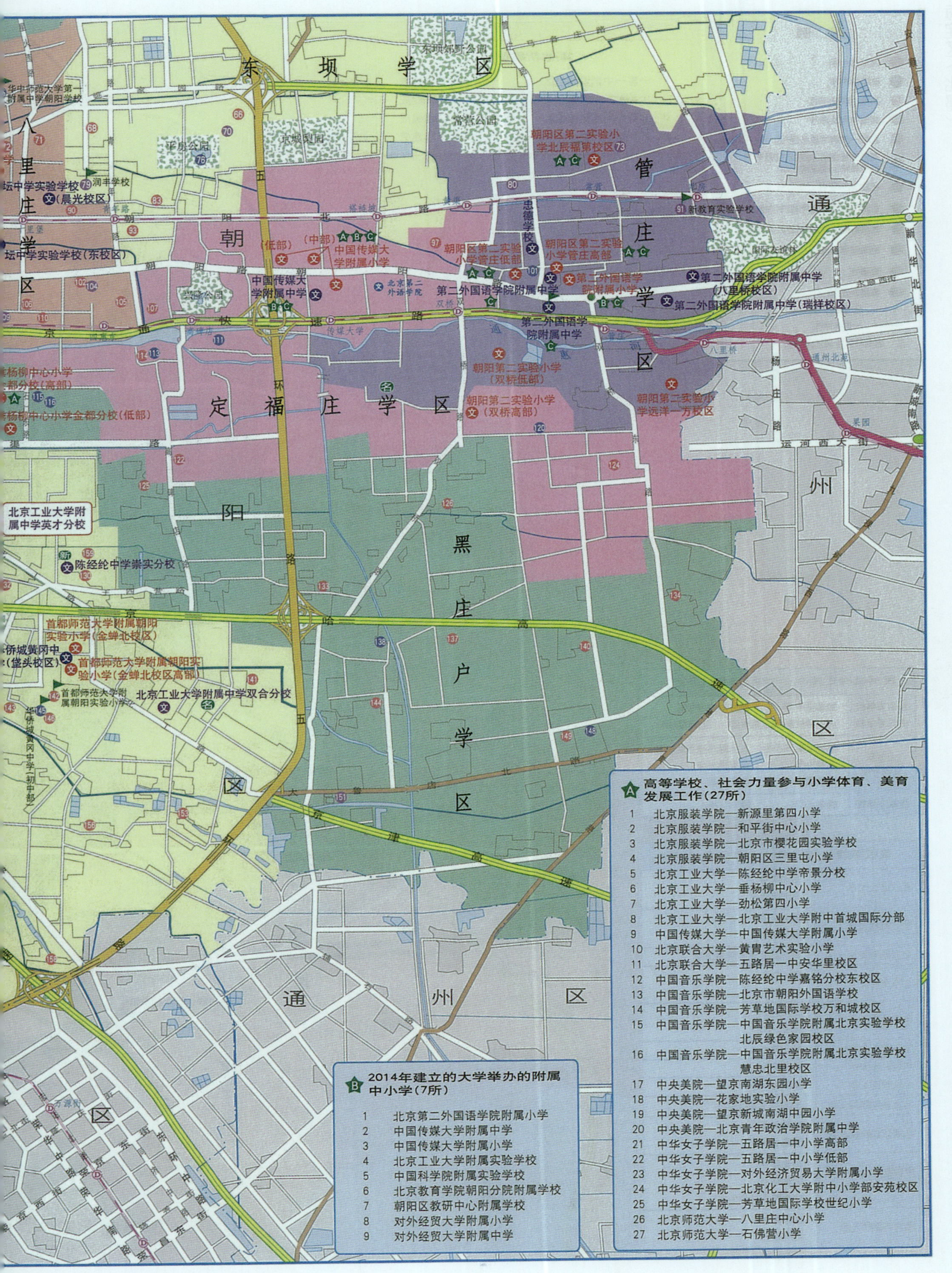

东坝学区
管庄学区
朝阳北路
定福庄学区
黑庄户学区
八里庄学区
通州区
第二外国语学院附属中学
第二外国语学院附属中学（瑞祥校区）
第二外国语学院附属中学（八里桥校区）
中国传媒大学附属中学
中国传媒大学附属小学
朝阳区第二实验小学北辰福第校区
朝阳区第二实验小学管庄低部
朝阳区第二实验小学管庄高部
朝阳第二实验小学（双桥低部）
朝阳第二实验小学（双桥高部）
朝阳第二实验小学远洋一方校区
北京工业大学附属中学英才分校
陈经纶中学崇实分校
首都师范大学附属朝阳实验小学（金蝉北校区）
首都师范大学附属朝阳实验小学（金蝉北校区高部）
北京工业大学附属中学双合分校
首都师范大学附属朝阳实验小学
新教育实验学校
润丰学校
A 高等学校、社会力量参与小学体育、美育发展工作（27所）
1 北京服装学院—新源里第四小学
2 北京服装学院—和平街中心小学
3 北京服装学院—北京市樱花园实验学校
4 北京服装学院—朝阳区三里屯小学
5 北京工业大学—陈经纶中学帝景分校
6 北京工业大学—垂杨柳中心小学
7 北京工业大学—劲松第四小学
8 北京工业大学—北京工业大学附中首城国际分部
9 中国传媒大学—中国传媒大学附属小学
10 北京联合大学—黄胄艺术实验小学
11 北京联合大学—五路居一中安华里校区
12 中国音乐学院—陈经纶中学嘉铭分校东校区
13 中国音乐学院—北京市朝阳外国语学校
14 中国音乐学院—芳草地国际学校万和城校区
15 中国音乐学院—中国音乐学院附属北京实验学校北辰绿色家园校区
16 中国音乐学院—中国音乐学院附属北京实验学校慧忠北里校区
17 中央美院—望京南湖东园小学
18 中央美院—花家地实验小学
19 中央美院—望京新城南湖中园小学
20 中央美院—北京青年政治学院附属中学
21 中华女子学院—五路居一中小学高部
22 中华女子学院—五路居一中小学低部
23 中华女子学院—对外经济贸易大学附属小学
24 中华女子学院—北京化工大学附中小学部安苑校区
25 中华女子学院—芳草地国际学校世纪小学
26 北京师范大学—八里庄中心小学
27 北京师范大学—石佛营小学
B 2014年建立的大学举办的附属中小学（7所）
1 北京第二外国语学院附属小学
2 中国传媒大学附属中学
3 中国传媒大学附属小学
4 北京工业大学附属实验学校
5 中国科学院附属实验学校
6 北京教育学院朝阳分院附属学校
7 朝阳区教研中心附属学校
8 对外经贸大学附属小学
9 对外经贸大学附属中学

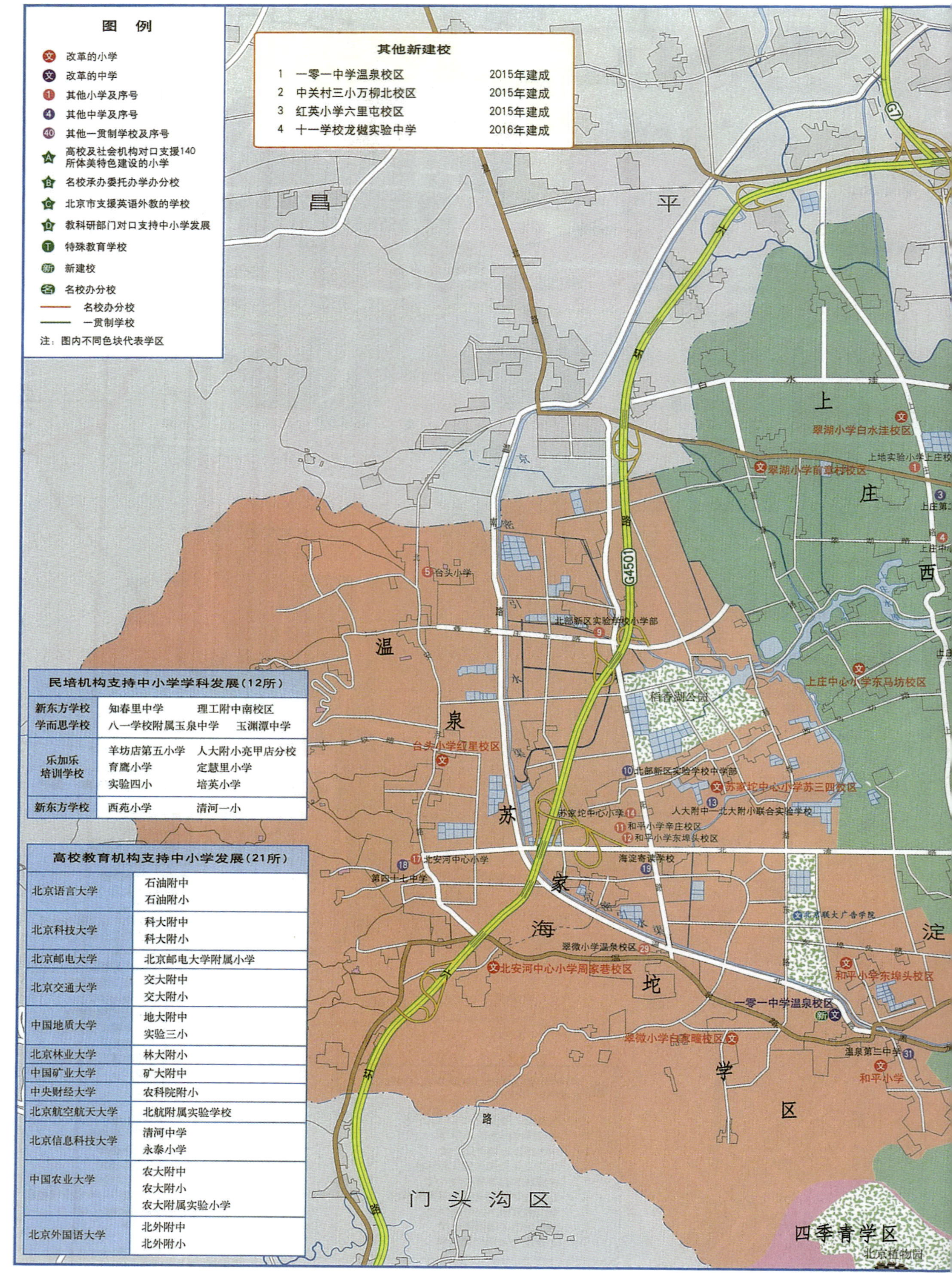

其他新建校		
1	一零一中学温泉校区	2015年建成
2	中关村三小万柳北校区	2015年建成
3	红英小学六里屯校区	2015年建成
4	十一学校龙樾实验中学	2016年建成

民培机构支持中小学学科发展（12所）		
新东方学校 学而思学校	知春里中学	理工附中南校区
	八一学校附属玉泉中学	玉渊潭中学
乐加乐培训学校	羊坊店第五小学	人大附小亮甲店分校
	育鹰小学	定慧里小学
	实验四小	培英小学
新东方学校	西苑小学	清河一小

高校教育机构支持中小学发展（21所）	
北京语言大学	石油附中 石油附小
北京科技大学	科大附中 科大附小
北京邮电大学	北京邮电大学附属小学
北京交通大学	交大附中 交大附小
中国地质大学	地大附中 实验三小
北京林业大学	林大附小
中国矿业大学	矿大附中
中央财经大学	农科院附小
北京航空航天大学	北航附属实验学校
北京信息科技大学	清河中学 永泰小学
中国农业大学	农大附中 农大附小 农大附属实验小学
北京外国语大学	北外附中 北外附小

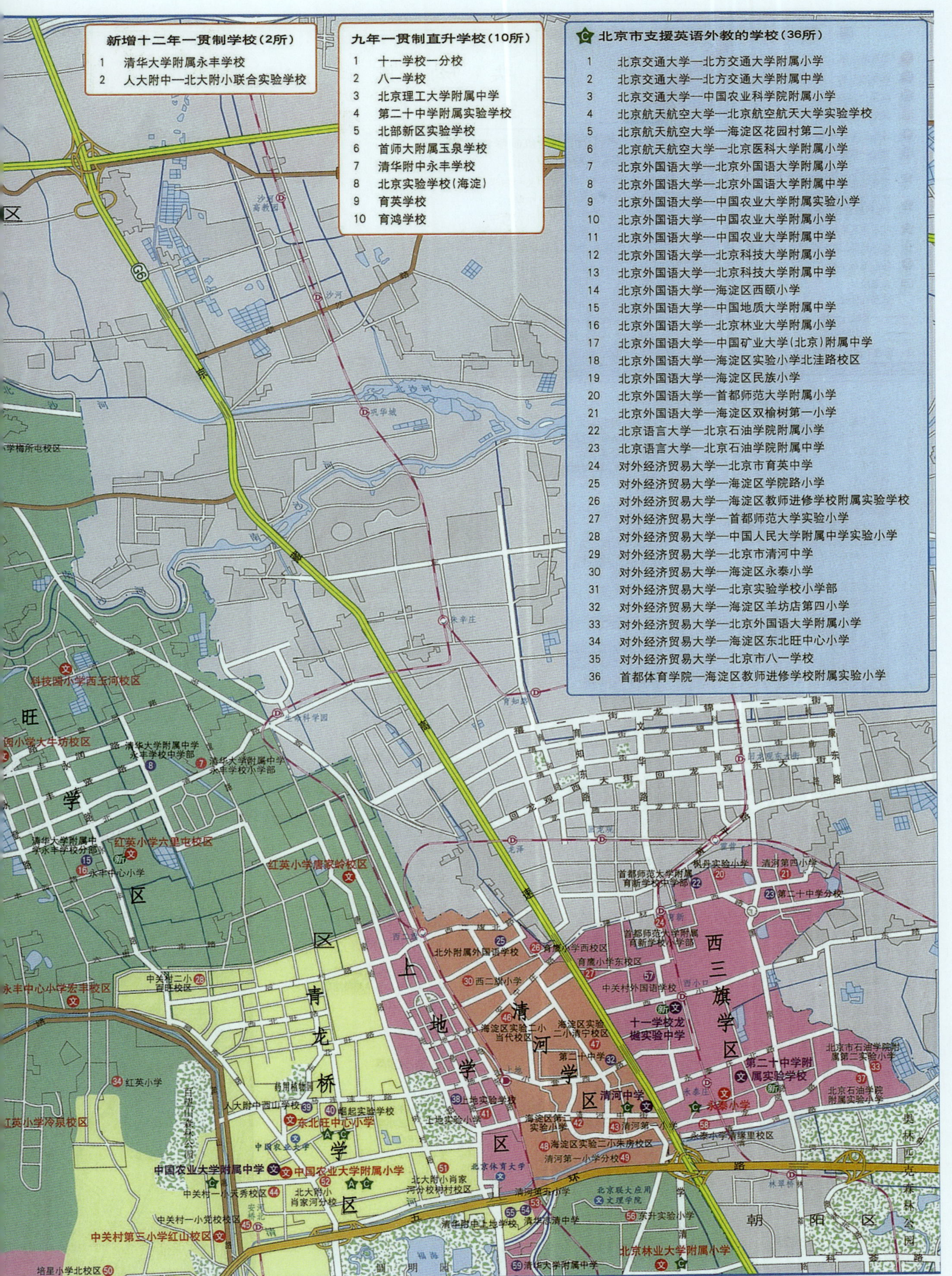
新增十二年一贯制学校（2所）
1 清华大学附属永丰学校
2 人大附中—北大附小联合实验学校
九年一贯制直升学校（10所）
1 十一学校一分校
2 八一学校
3 北京理工大学附属中学
4 第二十中学附属实验学校
5 北部新区实验学校
6 首师大附属玉泉学校
7 清华附中永丰学校
8 北京实验学校（海淀）
9 育英学校
10 育鸿学校
北京市支援英语外教的学校（36所）
1 北京交通大学—北方交通大学附属小学
2 北京交通大学—北方交通大学附属中学
3 北京交通大学—中国农业科学院附属小学
4 北京航天航空大学—北京航空航天大学实验学校
5 北京航天航空大学—海淀区花园村第二小学
6 北京航天航空大学—北京医科大学附属小学
7 北京外国语大学—北京外国语大学附属小学
8 北京外国语大学—北京外国语大学附属中学
9 北京外国语大学—中国农业大学附属实验小学
10 北京外国语大学—中国农业大学附属小学
11 北京外国语大学—中国农业大学附属中学
12 北京外国语大学—北京科技大学附属小学
13 北京外国语大学—北京科技大学附属中学
14 北京外国语大学—海淀区西颐小学
15 北京外国语大学—中国地质大学附属中学
16 北京外国语大学—北京林业大学附属小学
17 北京外国语大学—中国矿业大学（北京）附属中学
18 北京外国语大学—海淀区实验小学北洼路校区
19 北京外国语大学—海淀区民族小学
20 北京外国语大学—首都师范大学附属小学
21 北京外国语大学—海淀区双榆树第一小学
22 北京语言大学—北京石油学院附属小学
23 北京语言大学—北京石油学院附属中学
24 对外经济贸易大学—北京市育英中学
25 对外经济贸易大学—海淀区学院路小学
26 对外经济贸易大学—海淀区教师进修学校附属实验学校
27 对外经济贸易大学—首都师范大学实验小学
28 对外经济贸易大学—中国人民大学附属中学实验小学
29 对外经济贸易大学—北京市清河中学
30 对外经济贸易大学—海淀区永泰小学
31 对外经济贸易大学—北京实验学校小学部
32 对外经济贸易大学—海淀区羊坊店第四小学
33 对外经济贸易大学—北京外国语大学附属小学
34 对外经济贸易大学—海淀区东北旺中心小学
35 对外经济贸易大学—北京市八一学校
36 首都体育学院—海淀区教师进修学校附属实验小学
东北旺学区
青龙桥学区
上地学区
清河学区
西三旗学区
朝阳区

图 例
改革的小学
改革的中学
改革一贯制学校
其他小学及序号
其他中学及序号
其他一贯制学校及序号
高校及社会机构对口支援140所体美特色建设的小学
大学举办的附属中小学（包括新更名的附属校）
北京市支援英语外教的学校
教科研部门对口支持中小学发展
特殊教育学校
新建校
名校办分校
名校办分校
一贯制学校
注：图内不同色块代表学区
九年一贯对口招生机制学校（12对）
1 民族小学和交大附中
2 双榆树一小和中关村中学
3 培英小学和育英中学
4 八里庄小学和首师大附中
5 和平小学和一零一中学温泉校区
6 北医附小和北医附中
7 万泉小学和理工附中
8 九一小学和北医附中
9 西苑小学和一零一中学
10 花园村二小和海淀实验中学
11 太平路小学和十一学校
12 理工附小和理工附中
其他学校及序号
1 上地实验小学上庄校区
2 振兴小学梅所屯校区
3 上庄第二中学
4 上庄中心小学
5 台头小学
6 上庄中学
7 清华大学附属中学永丰学校小学部
8 清华大学附属中学永丰学校中学部
9 北部新区实验学校小学部
10 和平小学辛庄校区
11 和平小学东埠头校区
12 北部新区实验学校中学部
13 科迪实验中学
14 苏家坨中心小学
15 清华大学附属中学永丰学校分部
16 永丰中心小学
17 北安河中心小学
18 第四十七中学
19 海淀寄读学校
20 枫丹实验小学
21 清河第四小学
22 首都师范大学附属育新学校中学部
23 第二十中学分校
24 首都师范大学附属育新学校小学部
25 北京外国语大学附属外国语学校
26 育鹰小学西校区
27 育鹰小学东校区
28 中关村二小百旺校区
29 翠微小学温泉校区
30 西二旗小学
31 温泉第二中学
32 第二十中学
33 石油附属第二实验小学
34 红英小学
35 中关村中学清华园校区
36 七一小学
37 石油附属实验小学
38 上地实验学校
39 人大附中西山学校
40 崛起实验学校
41 上地实验小学
42 海淀区第二实验小学
43 清河第一小学
44 中关村一小天秀校区
45 中关村一小党校校区
46 海淀区实验二小当代校区
47 海淀区实验二小清宁校区
48 海淀区实验二小朱房校区
49 清河第一小学分校
50 培星小学北校区
51 北大附小肖家河分校树村校区
52 北大附小肖家河分校
53 清河第五小学
54 清华志清中学
55 清华大学附属中学上地学校
56 东升实验小学
57 中关村外国语学校
58 永泰小学清缘里校区
59 清华大学附属中学
60 清华大学附属实验学校
61 培星小学
62 一零一中学
63 清华东路小学
64 四王府小学
65 北京大学附属小学
66 清华大学附属小学
67 中关村中学
68 北达资源中学
69 西苑小学
70 北京大学附属中学香山学校
71 香山小学
72 六郎庄小学西苑校区
73 石油附小二里庄校区
74 石油附小志新校区
75 九一小学西校区
76 万泉河小学
77 中关村第二小学华清校区
78 中关村第二小学本校
79 六郎庄小学
80 中关村第一小学
81 北京医学院附属中学
82 北京市健翔学校花园路校区
83 中科启元学校
84 九一小学
85 八一学校小学部
86 北京大学附属中学
87 中国人民大学附属中学
88 知春里中学
89 前进小学
90 中关村中学分校
91 海淀区第四实验小学
92 清华育才实验学校
93 中关村中学双榆树校区
94 师达中学
95 万泉小学
96 双榆树中心小学
97 尚丽外国语学校
98 第十九中学
99 一零一中学初中部
100 一零一中学实验学校
101 中关村第四小学
102 中国人民大学附属中学第二分校
103 中国人民大学附属中学分校
104 北京师范大学第三附属中学
105 中国人民大学附属小学
106 北京师范大学第三附中南校区
107 育英中学
108 人大附小银燕校区
109 万泉小学曙光校区
110 北京师范大学实验小学
111 北京理工大学附属小学
112 星火小学
113 中央民族大学附属中学
114 海淀外国语实验学校
115 海淀实验中学
116 首都师范大学第二附属中学曙光校区
117 行知实验学校双槐树校区
118 北京市健翔学校人大校区
119 北京教育学院附属海淀实验小学
120 人大附小亮甲分校
121 二十一世纪国际学校
122 六一小学
123 首都师范大学附属中学
124 八里庄小学
125 首都师范大学附属中学第一分校
126 海淀区实验小学
127 首都师范大学第二附属中学花园村校区
128 海淀实验中学中学部
129 北京实验学校
130 理工附中南校区
131 定慧里小学
132 五一小学晋庄元校区
133 首师大附小柳明校区
134 育英学校航天校区
135 育英学校西翠路校区
136 育英学校
137 育英学校小学部紫金校区
138 海淀区实验小学阜成路校区
139 图强第二小学
140 翠微小学
141 玉渊潭中学
142 太平路小学
143 太平路小学分校
144 十一学校
145 五一小学
146 建华实验学校
147 羊坊店第五小学
148 羊坊店中心小学
149 羊坊店中心小学分校
150 第五十七中学
151 培英小学
152 玉泉小学
153 育鸿学校
门 头 沟 区
香山公园
八大处公园
石
景
山
区
丰
苹果园
古城

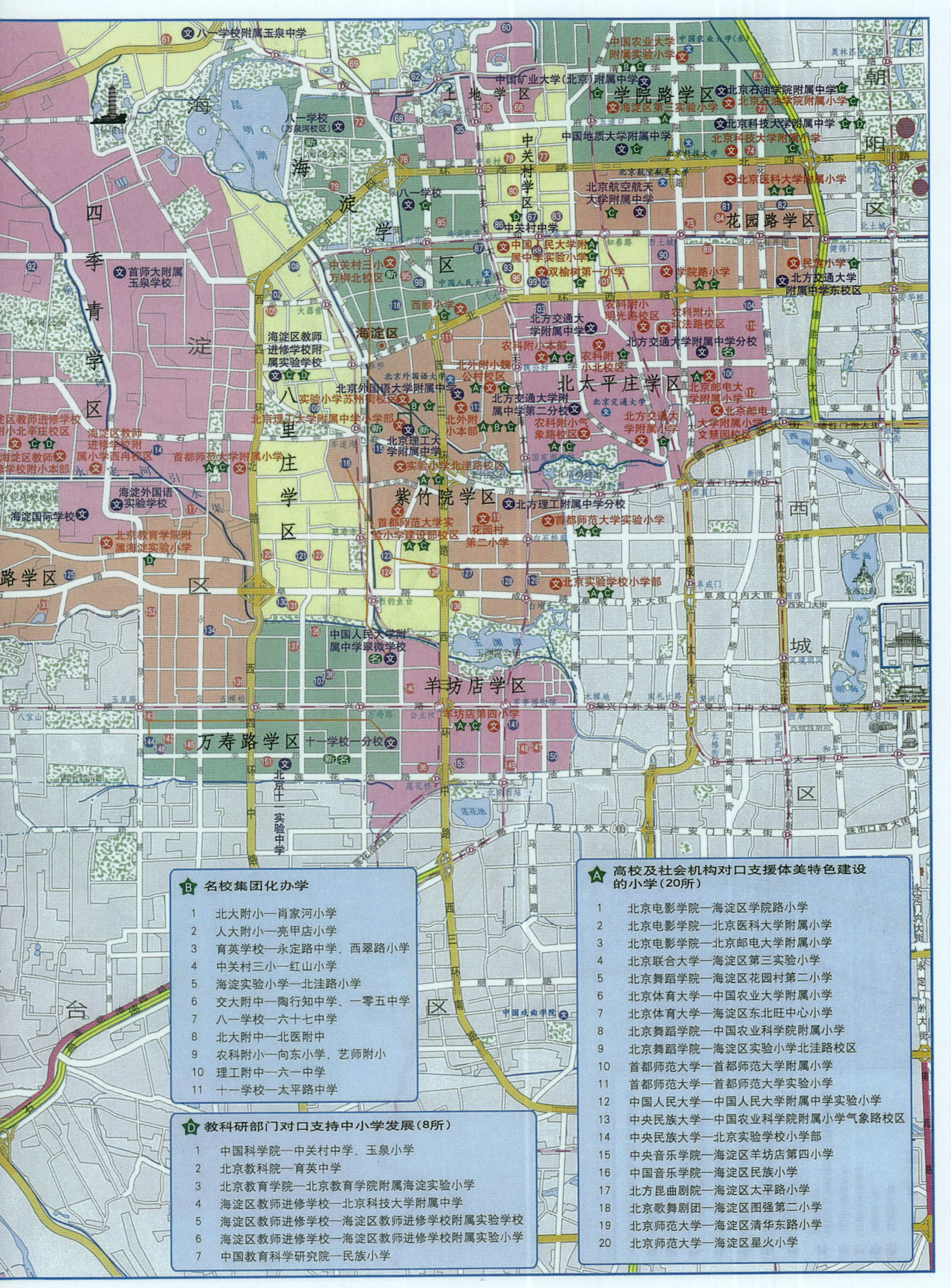

海淀学区
四季青学区
上地学区
学院路学区
中关村学区
花园路学区
北太平庄学区
八里庄学区
紫竹院学区
羊坊店学区
万寿路学区
朝阳区
西城区
丰台区
海淀区
B 名校集团化办学
1 北大附小—肖家河小学
2 人大附小—亮甲店小学
3 育英学校—永定路中学、西翠路小学
4 中关村三小—红山小学
5 海淀实验小学—北洼路小学
6 交大附中—陶行知中学、一零五中学
7 八一学校—六十七中学
8 北大附中—北医附中
9 农科附小—向东小学、艺师附小
10 理工附中—六一中学
11 十一学校—太平路中学
D 教科研部门对口支持中小学发展（8所）
1 中国科学院—中关村中学、玉泉小学
2 北京教科院—育英中学
3 北京教育学院—北京教育学院附属海淀实验小学
4 海淀区教师进修学校—北京科技大学附属中学
5 海淀区教师进修学校—海淀区教师进修学校附属实验学校
6 海淀区教师进修学校—海淀区教师进修学校附属实验小学
7 中国教育科学研究院—民族小学
A 高校及社会机构对口支援体美特色建设的小学（20所）
1 北京电影学院—海淀区学院路小学
2 北京电影学院—北京医科大学附属小学
3 北京电影学院—北京邮电大学附属小学
4 北京联合大学—海淀区第三实验小学
5 北京舞蹈学院—海淀区花园村第二小学
6 北京体育大学—中国农业大学附属小学
7 北京体育大学—海淀区东北旺中心小学
8 北京舞蹈学院—中国农业科学院附属小学
9 北京舞蹈学院—海淀区实验小学北洼路校区
10 首都师范大学—首都师范大学附属小学
11 首都师范大学—首都师范大学实验小学
12 中国人民大学—中国人民大学附属中学实验小学
13 中央民族大学—中国农业科学院附属小学气象路校区
14 中央民族大学—北京实验学校小学部
15 中央音乐学院—海淀区羊坊店第四小学
16 中国音乐学院—海淀区民族小学
17 北方昆曲剧院—海淀区太平路小学
18 北京歌舞剧团—海淀区图强第二小学
19 北京师范大学—海淀区清华东路小学
20 北京师范大学—海淀区星火小学

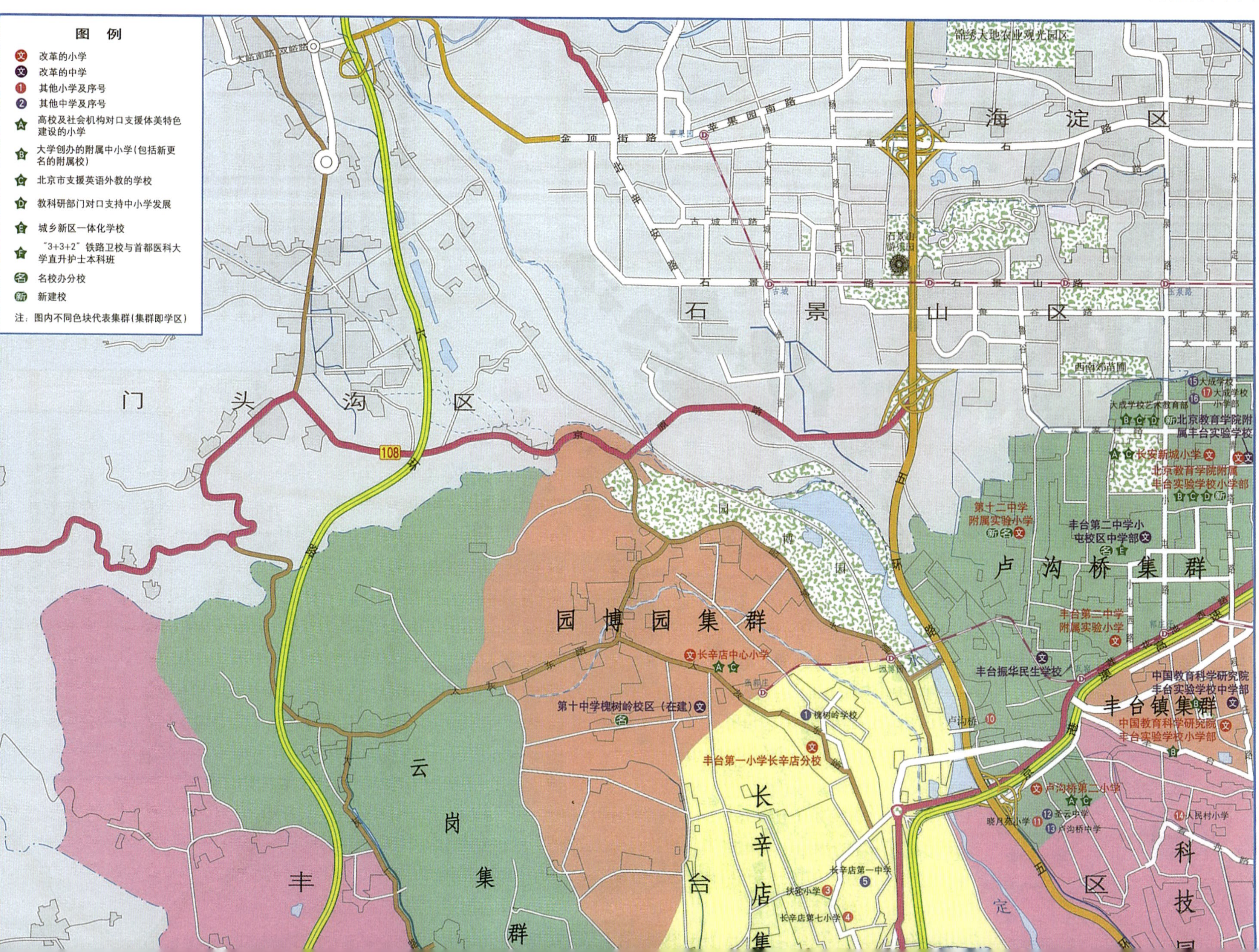
图 例
改革的小学
改革的中学
其他小学及序号
其他中学及序号
高校及社会机构对口支援体美特色建设的小学
大学创办的附属中小学（包括新更名的附属校）
北京市支援英语外教的学校
教科研部门对口支持中小学发展
城乡新区一体化学校
“3+3+2”铁路卫校与首都医科大学直升护士本科班
名校办分校
新建校
注：图内不同色块代表集群（集群即学区）
海淀区
石景山区
门头沟区
丰台区
卢沟桥集群
园博园集群
长辛店集群
云岗集群
丰台镇集群
科技园区
第十二中学附属实验小学
丰台第二中学小屯校区中学部
丰台第二中学附属实验小学
丰台振华民生学校
中国教育科学研究院丰台实验学校中学部
中国教育科学研究院丰台实验学校小学部
长安新城小学
北京教育学院附属丰台实验学校
北京教育学院附属丰台实验学校小学部
卢沟桥第二小学
长辛店中心小学
第十中学槐树岭校区（在建）
丰台第一小学长辛店分校
槐树岭学校
长辛店第一中学
长辛店第七小学
扶轮小学
人民村小学
晓月苑小学
丰台中学
卢沟桥中学
大成学校
西山森林公园
北京国际雕塑公园

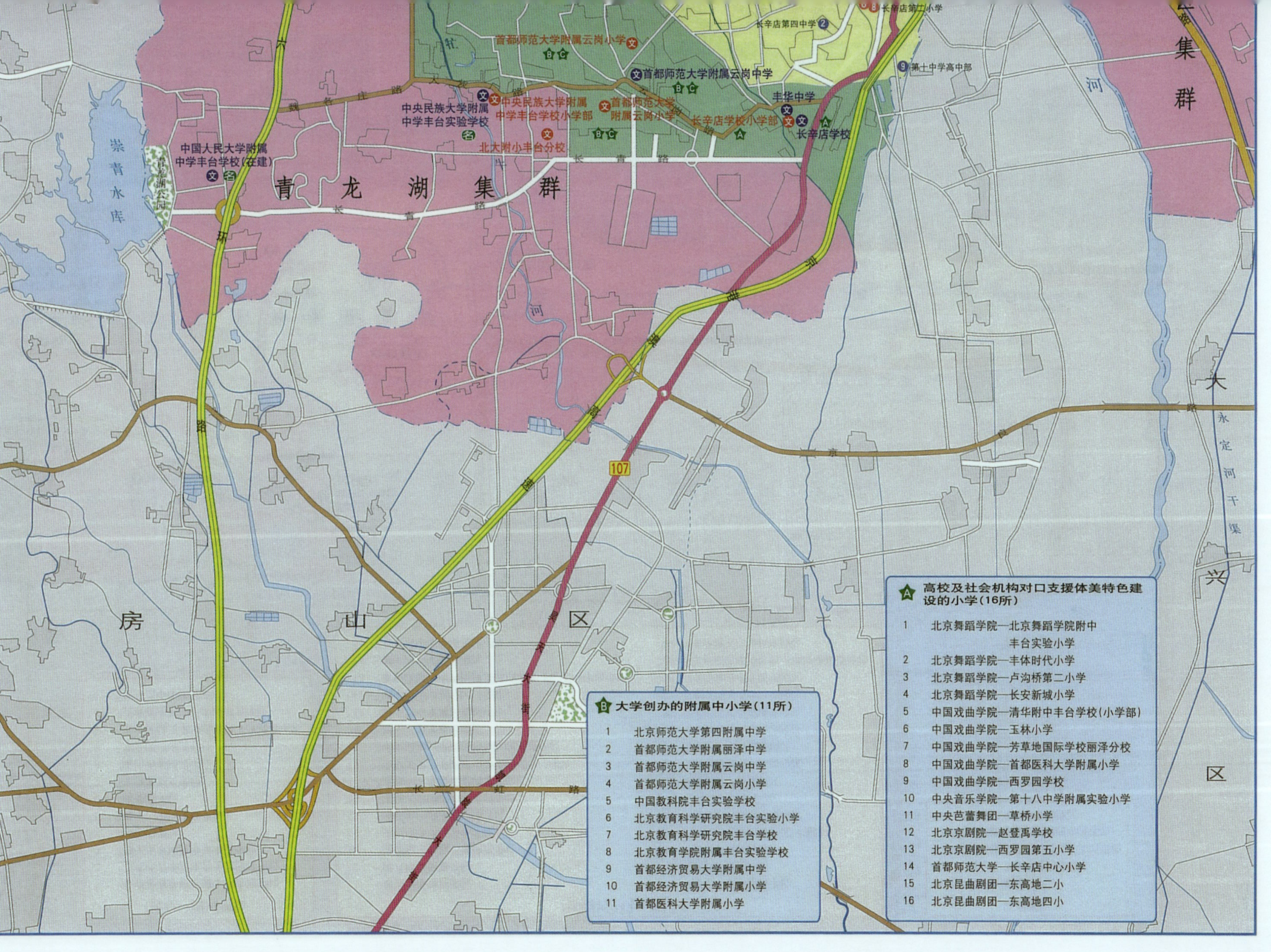

中国人民大学附属中学丰台学校(在建)
中央民族大学附属中学丰台实验学校
中央民族大学附属中学丰台学校小学部
首都师范大学附属云岗小学
首都师范大学附属云岗中学
首都师范大学附属云岗小学
北大附小丰台分校
长辛店学校小学部
丰华中学
长辛店学校
长辛店第四中学
第十中学高中部
崇青水库
青龙湖集群
集群
房山区
大兴区
永定河干渠
107
B 大学创办的附属中小学(11所)
1 北京师范大学第四附属中学
2 首都师范大学附属丽泽中学
3 首都师范大学附属云岗中学
4 首都师范大学附属云岗小学
5 中国教科院丰台实验学校
6 北京教育科学研究院丰台实验小学
7 北京教育科学研究院丰台学校
8 北京教育学院附属丰台实验学校
9 首都经济贸易大学附属中学
10 首都经济贸易大学附属小学
11 首都医科大学附属小学
A 高校及社会机构对口支援体美特色建设的小学(16所)
1 北京舞蹈学院—北京舞蹈学院附中丰台实验小学
2 北京舞蹈学院—丰体时代小学
3 北京舞蹈学院—卢沟桥第二小学
4 北京舞蹈学院—长安新城小学
5 中国戏曲学院—清华附中丰台学校(小学部)
6 中国戏曲学院—王林小学
7 中国戏曲学院—芳草地国际学校丽泽分校
8 中国戏曲学院—首都医科大学附属小学
9 中国戏曲学院—西罗园学校
10 中央音乐学院—第十八中学附属实验小学
11 中央芭蕾舞团—草桥小学
12 北京京剧院—赵登禹学校
13 北京京剧院—西罗园第五小学
14 首都师范大学—长辛店中心小学
15 北京昆曲剧团—东高地二小
16 北京昆曲剧团—东高地四小

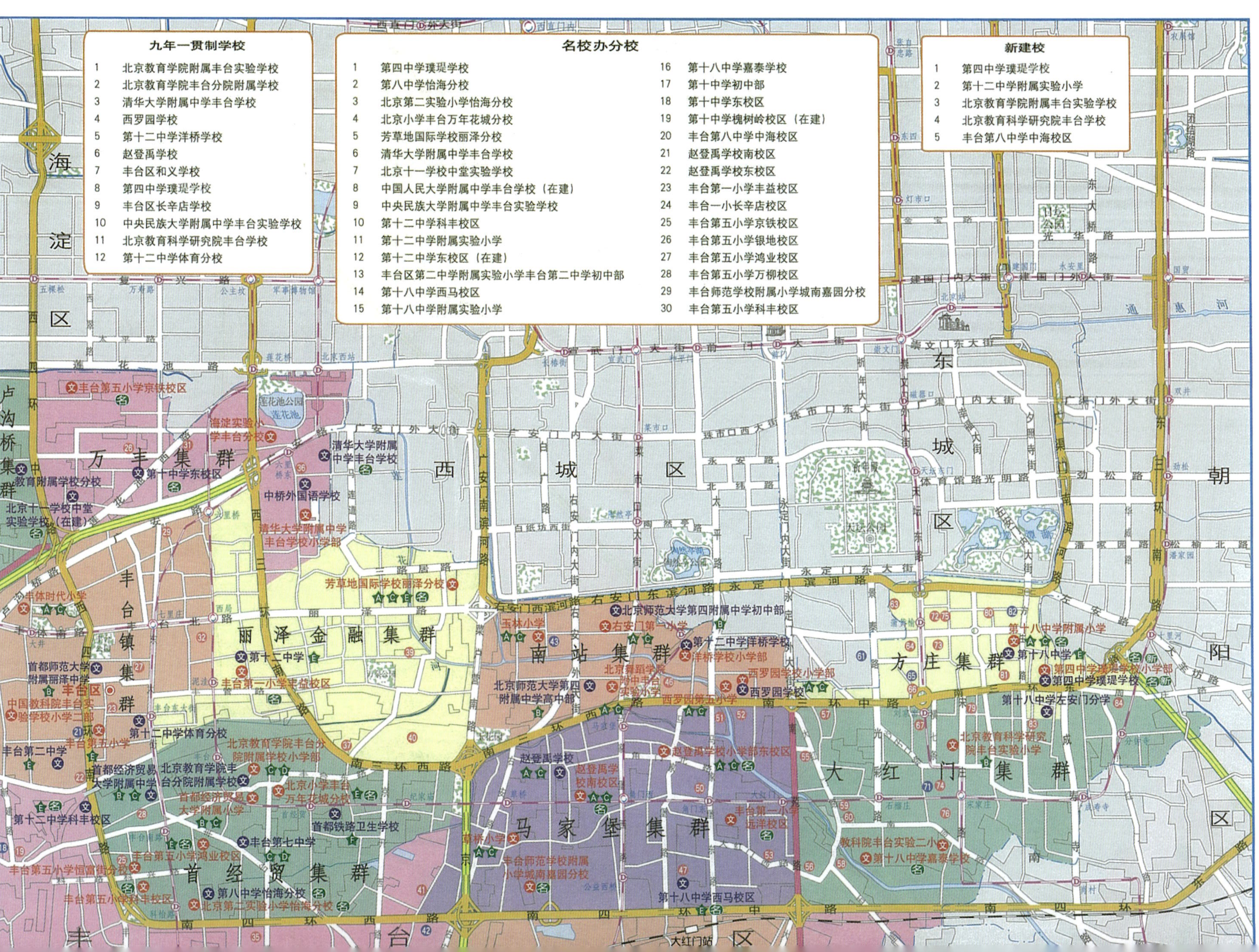

九年一贯制学校

1. 北京教育学院附属丰台实验学校
2. 北京教育学院丰台分院附属学校
3. 清华大学附属中学丰台学校
4. 西罗园学校
5. 第十二中学洋桥学校
6. 赵登禹学校
7. 丰台区和义学校
8. 第四中学璞瑅学校
9. 丰台区长辛店学校
10. 中央民族大学附属中学丰台实验学校
11. 北京教育科学研究院丰台学校
12. 第十二中学体育分校

名校办分校

1. 第四中学璞瑅学校
2. 第八中学怡海分校
3. 北京第二实验小学怡海分校
4. 北京小学丰台万年花城分校
5. 芳草地国际学校丽泽分校
6. 清华大学附属中学丰台学校
7. 北京十一学校中堂实验学校
8. 中国人民大学附属中学丰台学校（在建）
9. 中央民族大学附属中学丰台实验学校
10. 第十二中学科丰校区
11. 第十二中学附属实验小学
12. 第十二中学东校区（在建）
13. 丰台区第二中学附属实验小学丰台第二中学初中部
14. 第十八中学西马校区
15. 第十八中学附属实验小学
16. 第十八中学嘉泰学校
17. 第十中学初中部
18. 第十中学东校区
19. 第十中学槐树岭校区（在建）
20. 丰台第八中学中海校区
21. 赵登禹学校南校区
22. 赵登禹学校东校区
23. 丰台第一小学丰益校区
24. 丰台一小长辛店校区
25. 丰台第五小学京铁校区
26. 丰台第五小学银地校区
27. 丰台第五小学鸿业校区
28. 丰台第五小学万柳校区
29. 丰台师范学校附属小学城南嘉园分校
30. 丰台第五小学科丰校区

新建校

1. 第四中学璞瑅学校
2. 第十二中学附属实验小学
3. 北京教育学院附属丰台实验学校
4. 北京教育科学研究院丰台学校
5. 丰台第八中学中海校区

丰台第八中学中海校区
科技园区集群
世界公园
花乡公园
南苑集群
和义学校
和义学校小学部
南苑公园
东高地集群
南苑东路
大红门路
第十二中学东校区（在建）
北京教育科学研究院丰台学校
西红门
五环路
高米店北
高米店南
枣园
京开高速
南海子公园
大兴区
十二年制学校
1 北京市大成学校
2 中国教育科学研究院丰台实验学校
3 北京市第十二中学
4 北京市第十八中学
5 北京市丰台区丰台第二中学
D 教科研部门对口支持中小学发展（3所）
1 北京教育学院—北京教育学院附属丰台实验学校
2 丰台教育分院—北京教育学院丰台分院附属学校
3 丰台教育分院—丰台第七中学
C 北京市支援英语外教的学校（19所）
1 首都师范大学—首都师范大学附属云岗中学
2 首都师范大学—北京教育学院附属丰台实验学校
3 首都师范大学—北京教育学院丰台分院附属学校
4 首都师范大学—丰台第七中学
5 首都师范大学—赵登禹学校
6 首都师范大学—西罗园第五小学
7 首都师范大学—北京舞蹈学院附中丰台实验小学
8 首都经济贸易大学—首都经贸大学附属小学
9 首都经济贸易大学—首都经贸大学附属中学
10 首都经济贸易大学—丰体时代小学
11 首都经济贸易大学—卢沟桥第二小学
12 首都经济贸易大学—长安新城小学
13 首都经济贸易大学—长辛店中心小学
14 首都经济贸易大学—清华附中丰台学校
15 首都经济贸易大学—玉林小学
16 首都经济贸易大学—芳草地国际学校丽泽分校
17 首都经济贸易大学—首都医科大学附属小学
18 首都经济贸易大学—西罗园学校
19 首都经济贸易大学—草桥小学
图例
改革的小学
改革的中学
其他小学及序号
其他中学及序号
高校及社会机构对口支援体美特色建设的小学
大学创办的附属中小学（包括新更名的附属校）
北京市支援英语外教的学校
教科研部门对口支持中小学发展
城乡新区一体化学校
"3+3+2"铁路卫校与首都医科大学直升护士本科班
名校办分校
新建校
注：图内不同色块代表集群（集群即学区）
其他学校及序号
1 槐树岭学校
2 长辛店第四中学
3 扶轮小学
4 长辛店第七小学
5 长辛店第一中学
6 长辛店第二小学分校
7 长辛店第一小学
8 长辛店第二小学
9 第十中学高中部
10 卢沟桥第一小学
11 晓月苑小学
12 圣云中学
13 卢沟桥中学
14 人民村小学
15 大成学校
16 大成学校艺术教育部
17 大成学校小学部
18 看丹中学
19 看丹小学
20 丰台八中附小
21 丰台第八中学
22 丰台第一小学
23 丰台师范学校附属小学
24 北京铁路分局北京铁路职工子弟第十一小学
25 丰台第八小学
26 靛厂小学
27 丰台第六小学
28 丰台第二小学
29 小井小学
30 北京大学附属实验学校
31 海淀实验小学丰台分校莲香园分校
32 丰台第七小学
33 阳春小学
34 高立庄小学
35 四合庄小学
36 太平桥第二小学校
37 纪家庙小学
38 新发地小学
39 万泉寺小学
40 丰台五小万柳分校
41 黄土岗小学
42 黄土岗中学
43 右安门外国语学校
44 槐房小学
45 五爱屯小学
46 西罗园第五小学分校
47 西马金润小学
48 南苑中学
49 蓝天丰苑学校
50 角门小学
51 西罗园小学
52 西罗园第六小学
53 大红门第一小学分校
54 南苑镇第一小学
55 苏家坡小学
56 大红门第一小学
57 东罗园小学
58 大红门第二小学
59 康华小学
60 东高地三小南校区
61 东铁匠营一中高中部
62 南苑第四小学
63 蒲黄榆第一小学
64 芳古园小学西校区
65 东铁匠营一中
66 东铁匠营第一小学
67 东铁匠营第二小学
68 东高地第三小学
69 航天中学
70 东高地第一小学
71 东铁匠营第二中学
72 芳古园小学
73 芳群园第一小学
74 时光小学
75 芳古园小学东校区
76 东铁匠营第一小学分校
77 东高地第二小学
78 东高地第四小学
79 培智中心学校
80 芳城园小学
81 芳星园第二小学
82 芳星园中学
83 成寿寺小学
84 分钟寺小学

石景山区学区、教育集团划分一览表

学区	教育集团	高中	初中	小学（幼儿园）
西部	九中教育集团	北京九中	北京九中初中部、佳汇中学、石景山中学	金顶街第二小学、金顶街第四小学、石景山小学、北辛安小学
	北师大附中京西分校教育集团	北师大附中京西分校	高井中学	五里坨小学、红旗小学、炮厂小学、广宁村小学、麻峪小学、电厂路小学、中杉学校
中部	古城教育集团	古城中学	北京教科院附属石景山实验学校	古城第二小学、古城第二小学分校
	实验教育集团		实验中学、实验中学分校、北方工业大学附属学校	实验小学、实验小学分校、实验二小、实验幼儿园
北部	苹果园教育集团	首师大附属苹果园中学	苹果园中学分校、蓝天一中	外语实验小学、苹果园二学、海特花园小学、西黄村小学、石景山区第三幼儿园、北师大附属石景山幼儿园
	北大附中、附小教育集团	北大附中石景山学校		北大附小石景山学校、外语实验小学分校、先锋小学
东南部	景山远洋教育集团	景山学校远洋分校	同文中学	师范附属小学、师范附属幼儿园、银河小学、向阳小学
	京源教育集团	京源学校	京源莲石湖分校	爱乐实验小学、水泥厂小学

九年一贯制学校(5所)

1 北方工业大学附属学校
2 北京市京源学校莲石湖分校
3 北京教育科学研究院附属石景山实验学校
4 首都师范大学附属苹果园中学
5 北京市石景山区石景山学校

十二年一贯制学校(3所)

1 北京市京源学校
2 北京景山学校远洋分校
3 北京师范大学附属中学京西分校

图例

- 改革的小学
- 改革的中学
- 改革的一贯制学校
- 其他小学及序号
- 其他中学及序号
- 其他一贯制学校序号
- 高校及社会机构对口支援体美特色建设的小学
- 大学举办的附属中小学（包括新更名的附属校）
- 北京市支援英语外教的学校
- 教科研部门对口支持中小学发展
- 城乡一体化学校
- 名校办分校
- 新建校
- 教育集团

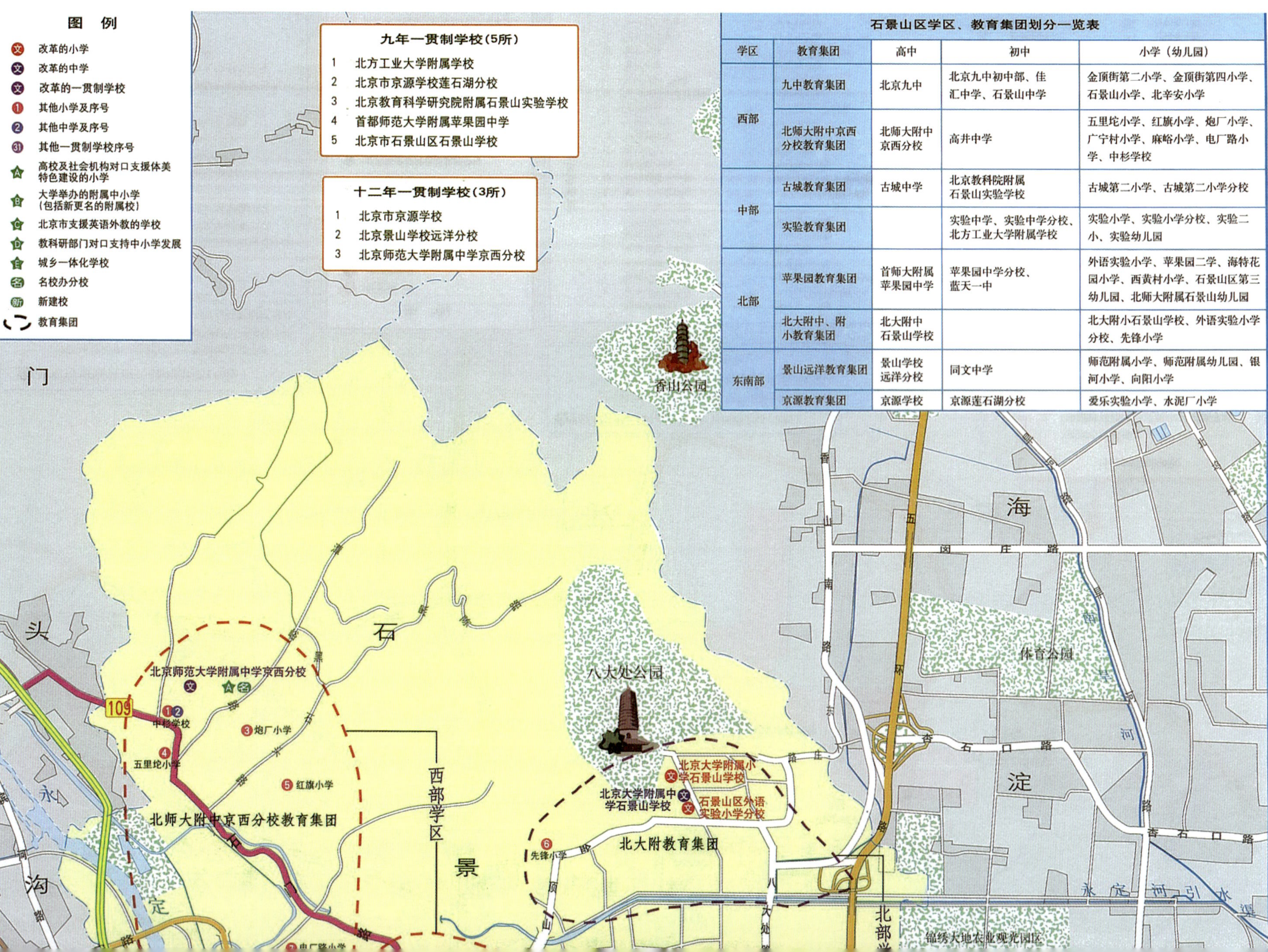

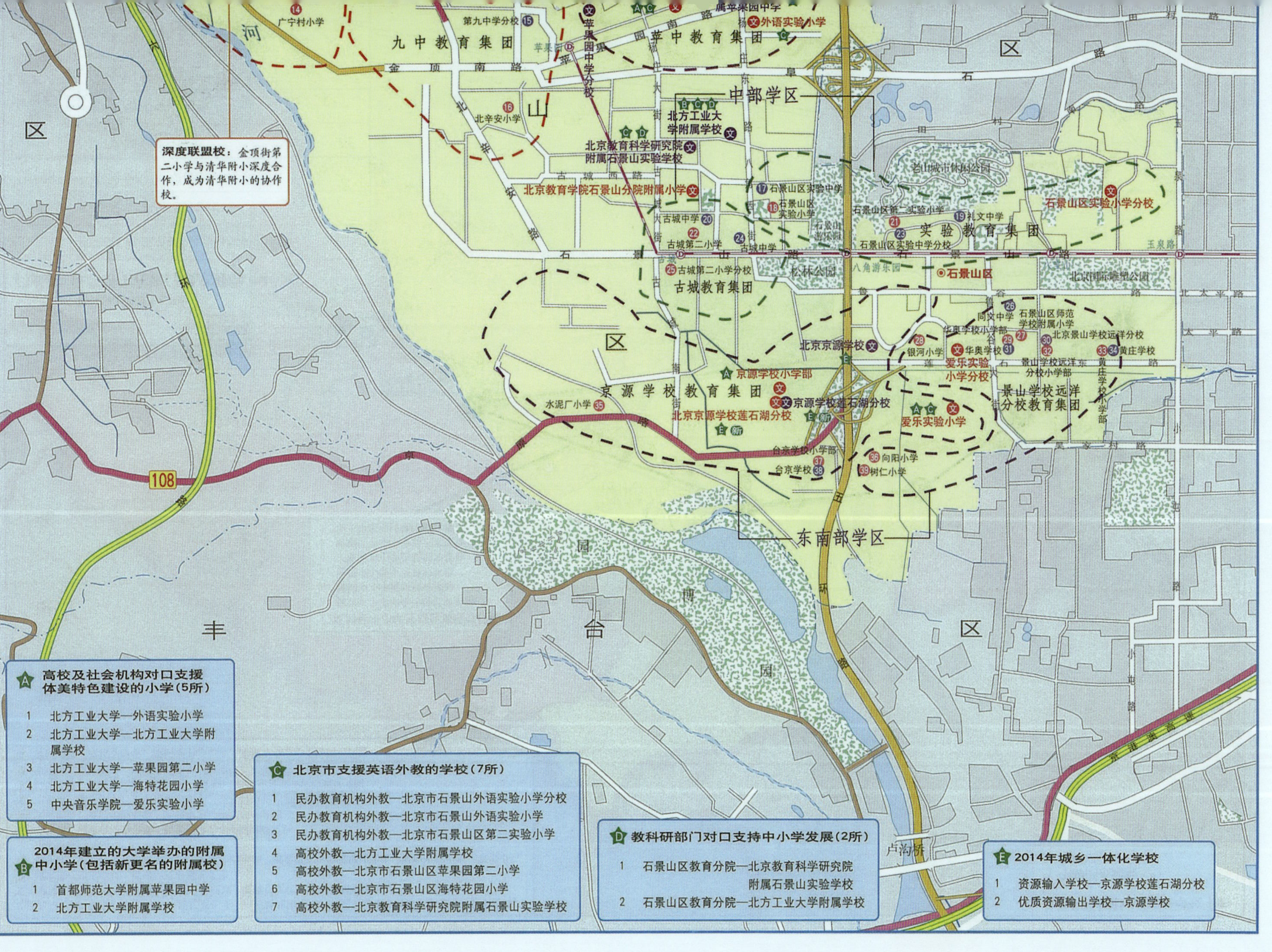
九中教育集团
苹中教育集团
中部学区
北方工业大学附属学校
北京教育科学研究院附属石景山实验学校
北京教育学院石景山分院附属小学
外语实验小学
实验教育集团
石景山区实验小学分校
石景山区
古城教育集团
京源学校教育集团
北京京源学校
京源学校小学部
京源学校莲石湖分校
北京京源学校莲石湖分校
爱乐实验小学分校
爱乐实验小学
景山学校远洋分校教育集团
东南部学区
深度联盟校：金顶街第二小学与清华附小深度合作，成为清华附小的协作校。
高校及社会机构对口支援体美特色建设的小学(5所)
1 北方工业大学—外语实验小学
2 北方工业大学—北方工业大学附属学校
3 北方工业大学—苹果园第二小学
4 北方工业大学—海特花园小学
5 中央音乐学院—爱乐实验小学
2014年建立的大学举办的附属中小学(包括新更名的附属校)
1 首都师范大学附属苹果园中学
2 北方工业大学附属学校
北京市支援英语外教的学校(7所)
1 民办教育机构外教—北京市石景山外语实验小学分校
2 民办教育机构外教—北京市石景山外语实验小学
3 民办教育机构外教—北京市石景山区第二实验小学
4 高校外教—北方工业大学附属学校
5 高校外教—北京市石景山区苹果园第二小学
6 高校外教—北京市石景山区海特花园小学
7 高校外教—北京教育科学研究院附属石景山实验学校
教科研部门对口支持中小学发展(2所)
1 石景山区教育分院—北京教育科学研究院附属石景山实验学校
2 石景山区教育分院—北方工业大学附属学校
2014年城乡一体化学校
1 资源输入学校—京源学校莲石湖分校
2 优质资源输出学校—京源学校

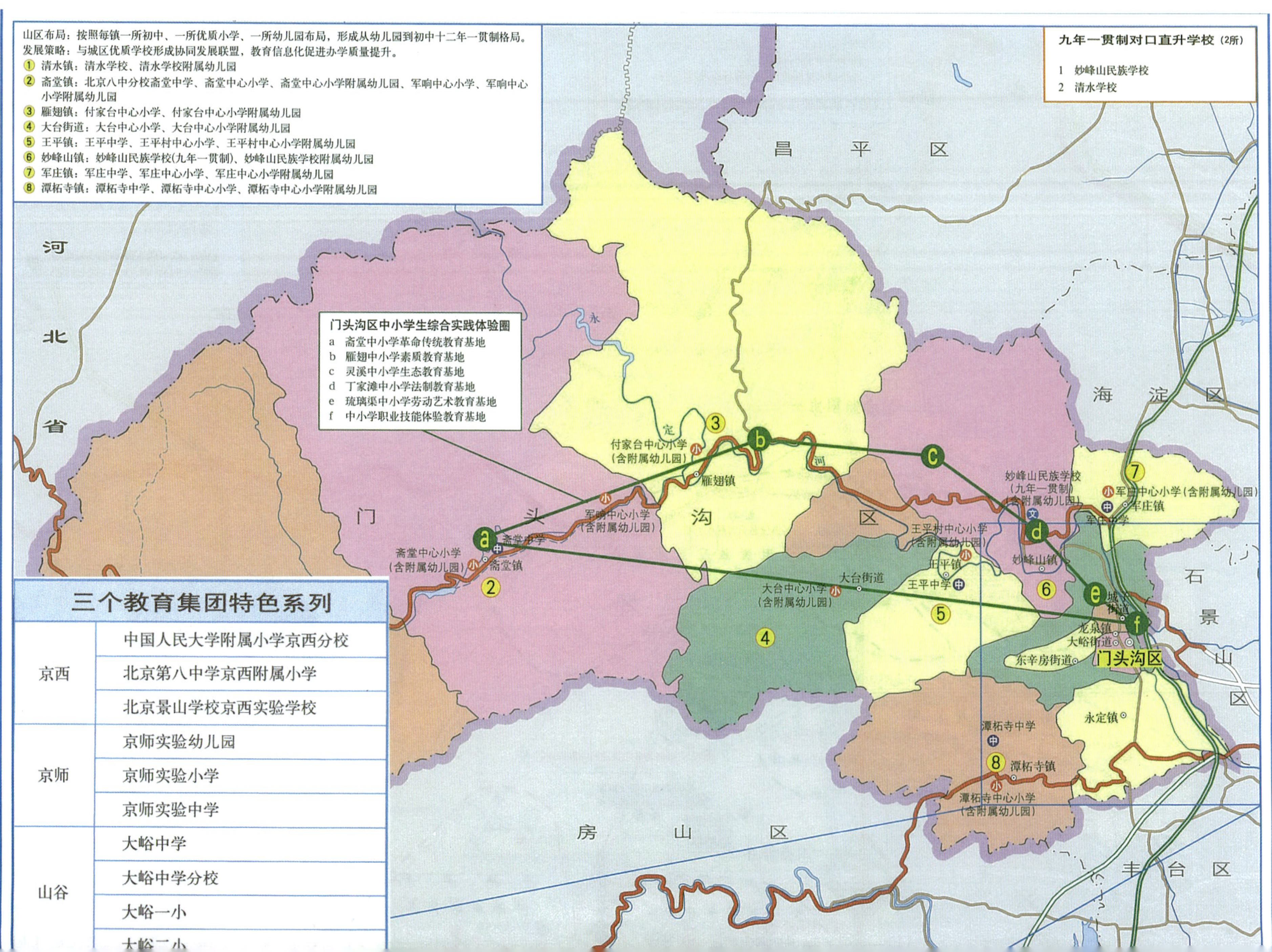

三个教育集团特色系列

京西	中国人民大学附属小学京西分校
	北京第八中学京西附属小学
	北京景山学校京西实验学校
京师	京师实验幼儿园
	京师实验小学
	京师实验中学
山谷	大峪中学
	大峪中学分校
	大峪一小
	大峪二小

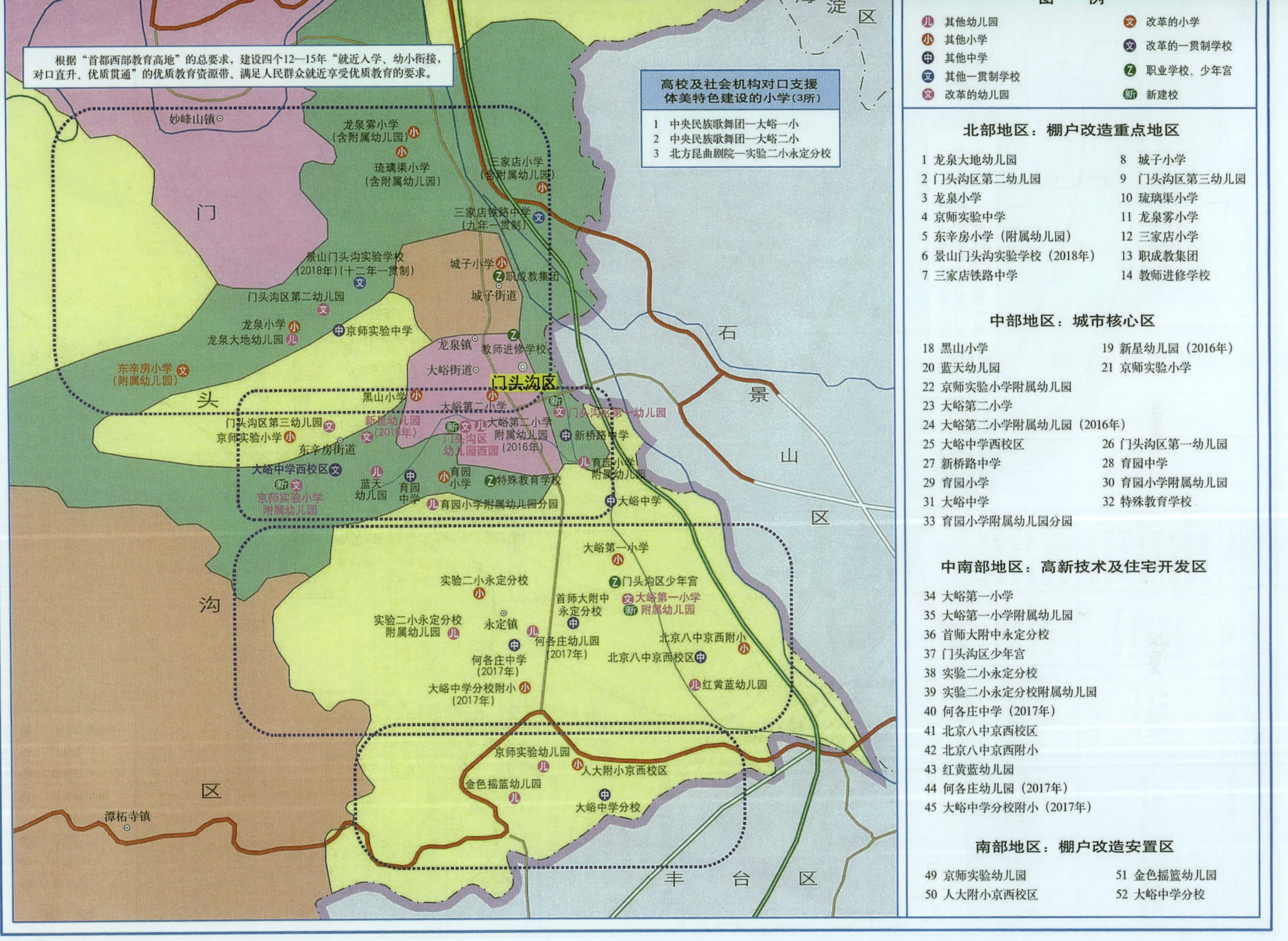
根据“首都西部教育高地”的总要求，建设四个12—15年“就近入学、幼小衔接，对口直升、优质贯通”的优质教育资源带，满足人民群众就近享受优质教育的要求。
高校及社会机构对口支援体美特色建设的小学（3所）
1 中央民族歌舞团—大峪一小
2 中央民族歌舞团—大峪二小
3 北方昆曲剧院—实验二小永定分校
其他幼儿园
其他小学
其他中学
其他一贯制学校
改革的幼儿园
改革的小学
改革的一贯制学校
职业学校、少年宫
新建校
北部地区：棚户改造重点地区
1 龙泉大地幼儿园
2 门头沟区第二幼儿园
3 龙泉小学
4 京师实验中学
5 东辛房小学（附属幼儿园）
6 景山门头沟实验学校（2018年）
7 三家店铁路中学
8 城子小学
9 门头沟区第三幼儿园
10 琉璃渠小学
11 龙泉雾小学
12 三家店小学
13 职成教集团
14 教师进修学校
中部地区：城市核心区
18 黑山小学
19 新星幼儿园（2016年）
20 蓝天幼儿园
21 京师实验小学
22 京师实验小学附属幼儿园
23 大峪第二小学
24 大峪第二小学附属幼儿园（2016年）
25 大峪中学西校区
26 门头沟区第一幼儿园
27 新桥路中学
28 育园中学
29 育园小学
30 育园小学附属幼儿园
31 大峪中学
32 特殊教育学校
33 育园小学附属幼儿园分园
中南部地区：高新技术及住宅开发区
34 大峪第一小学
35 大峪第一小学附属幼儿园
36 首师大附中永定分校
37 门头沟区少年宫
38 实验二小永定分校
39 实验二小永定分校附属幼儿园
40 何各庄中学（2017年）
41 北京八中京西校区
42 北京八中京西附小
43 红黄蓝幼儿园
44 何各庄幼儿园（2017年）
45 大峪中学分校附小（2017年）
南部地区：棚户改造安置区
49 京师实验幼儿园
50 人大附小京西校区
51 金色摇篮幼儿园
52 大峪中学分校
门头沟区
门
头
沟
区
海淀区
石景山区
丰台区
妙峰山镇
龙泉镇
大峪街道
城子街道
东辛房街道
永定镇
潭柘寺镇
龙泉雾小学（含附属幼儿园）
琉璃渠小学（含附属幼儿园）
三家店小学（含附属幼儿园）
三家店铁路中学（九年一贯制）
景山门头沟实验学校（2018年）（十二年一贯制）
城子小学
职成教集团
门头沟区第二幼儿园
龙泉小学
龙泉大地幼儿园
京师实验中学
教师进修学校
东辛房小学（附属幼儿园）
黑山小学
大峪第二小学
门头沟区第一幼儿园
门头沟区第三幼儿园
新星幼儿园（2018年）
京师实验小学
大峪第二小学附属幼儿园（2016年）
门头沟区幼儿园西园
新桥路中学
大峪中学西校区
京师实验小学附属幼儿园
蓝天幼儿园
育园中学
育园小学
特殊教育学校
育园小学附属幼儿园
育园小学附属幼儿园分园
大峪中学
大峪第一小学
门头沟区少年宫
实验二小永定分校
首师大附中永定分校
大峪第一小学附属幼儿园
实验二小永定分校附属幼儿园
何各庄幼儿园（2017年）
何各庄中学（2017年）
北京八中京西附小
北京八中京西校区
大峪中学分校附小（2017年）
红黄蓝幼儿园
京师实验幼儿园
人大附小京西校区
金色摇篮幼儿园
大峪中学分校

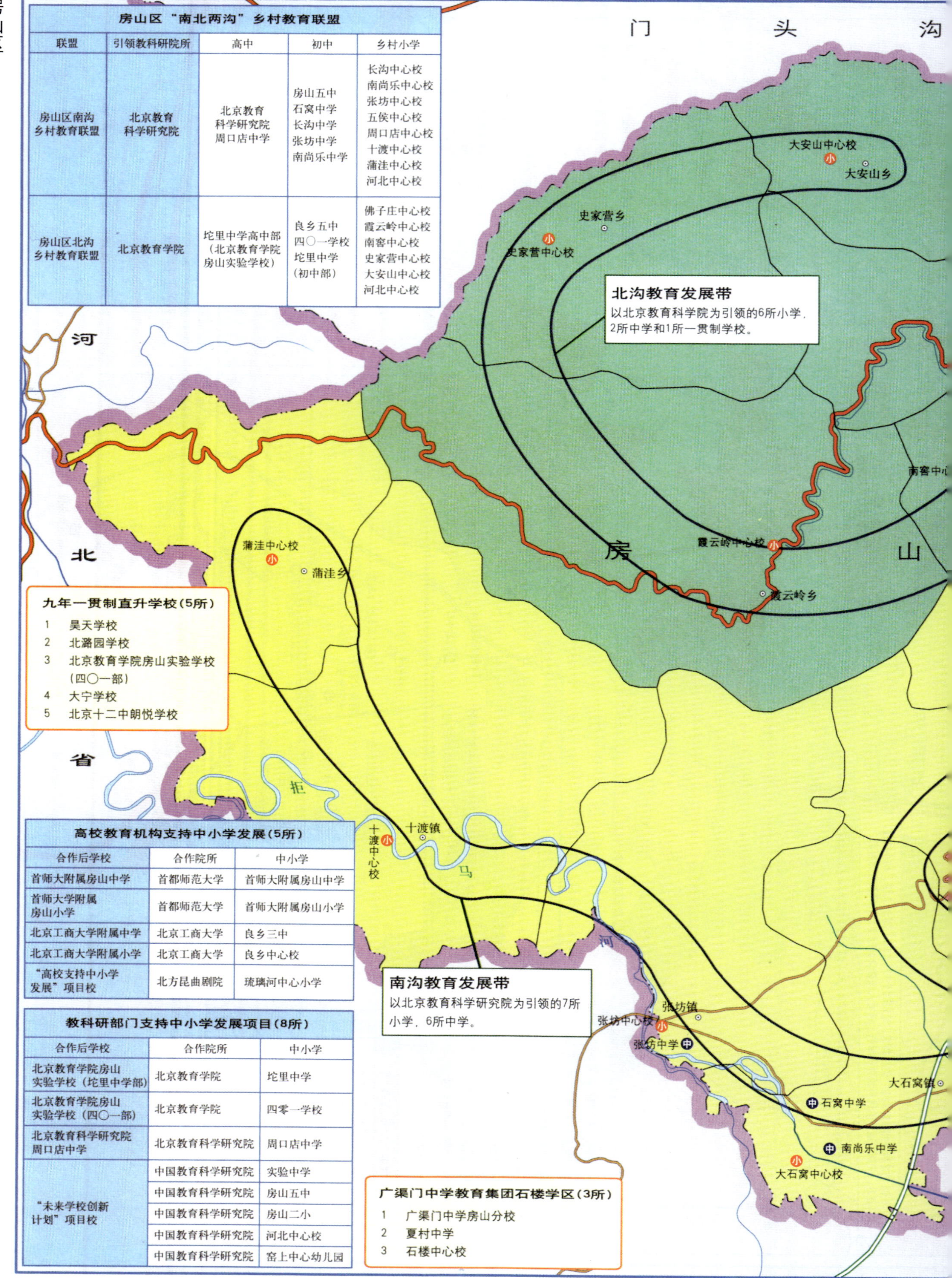

房山区"南北两沟"乡村教育联盟

联盟	引领教科研研究所	高中	初中	乡村小学
房山区南沟乡村教育联盟	北京教育科学研究院	北京教育科学研究院周口店中学	房山五中 石窝中学 长沟中学 张坊中学 南尚乐中学	长沟中心校 南尚乐中心校 张坊中心校 五侯中心校 周口店中心校 十渡中心校 蒲洼中心校 河北中心校
房山区北沟乡村教育联盟	北京教育学院	坨里中学高中部（北京教育学院房山实验学校）	良乡五中 四〇一学校 坨里中学（初中部）	佛子庄中心校 霞云岭中心校 南窖中心校 史家营中心校 大安山中心校 河北中心校

九年一贯制直升学校（5所）

1 昊天学校
2 北潞园学校
3 北京教育学院房山实验学校（四〇一部）
4 大宁学校
5 北京十二中朗悦学校

高校教育机构支持中小学发展（5所）

合作后学校	合作院所	中小学
首师大附属房山中学	首都师范大学	首师大附属房山中学
首师大学附属房山小学	首都师范大学	首师大附属房山小学
北京工商大学附属中学	北京工商大学	良乡三中
北京工商大学附属小学	北京工商大学	良乡中心校
"高校支持中小学发展"项目校	北方昆曲剧院	琉璃河中心小学

教科研部门支持中小学发展项目（8所）

合作后学校	合作院所	中小学
北京教育学院房山实验学校（坨里中学部）	北京教育学院	坨里中学
北京教育学院房山实验学校（四〇一部）	北京教育学院	四零一学校
北京教育科学研究院周口店中学	北京教育科学研究院	周口店中学
"未来学校创新计划"项目校	中国教育科学研究院	实验中学
	中国教育科学研究院	房山五中
	中国教育科学研究院	房山二小
	中国教育科学研究院	河北中心校
	中国教育科学研究院	窑上中心幼儿园

广渠门中学教育集团石楼学区（3所）

1 广渠门中学房山分校
2 夏村中学
3 石楼中心校

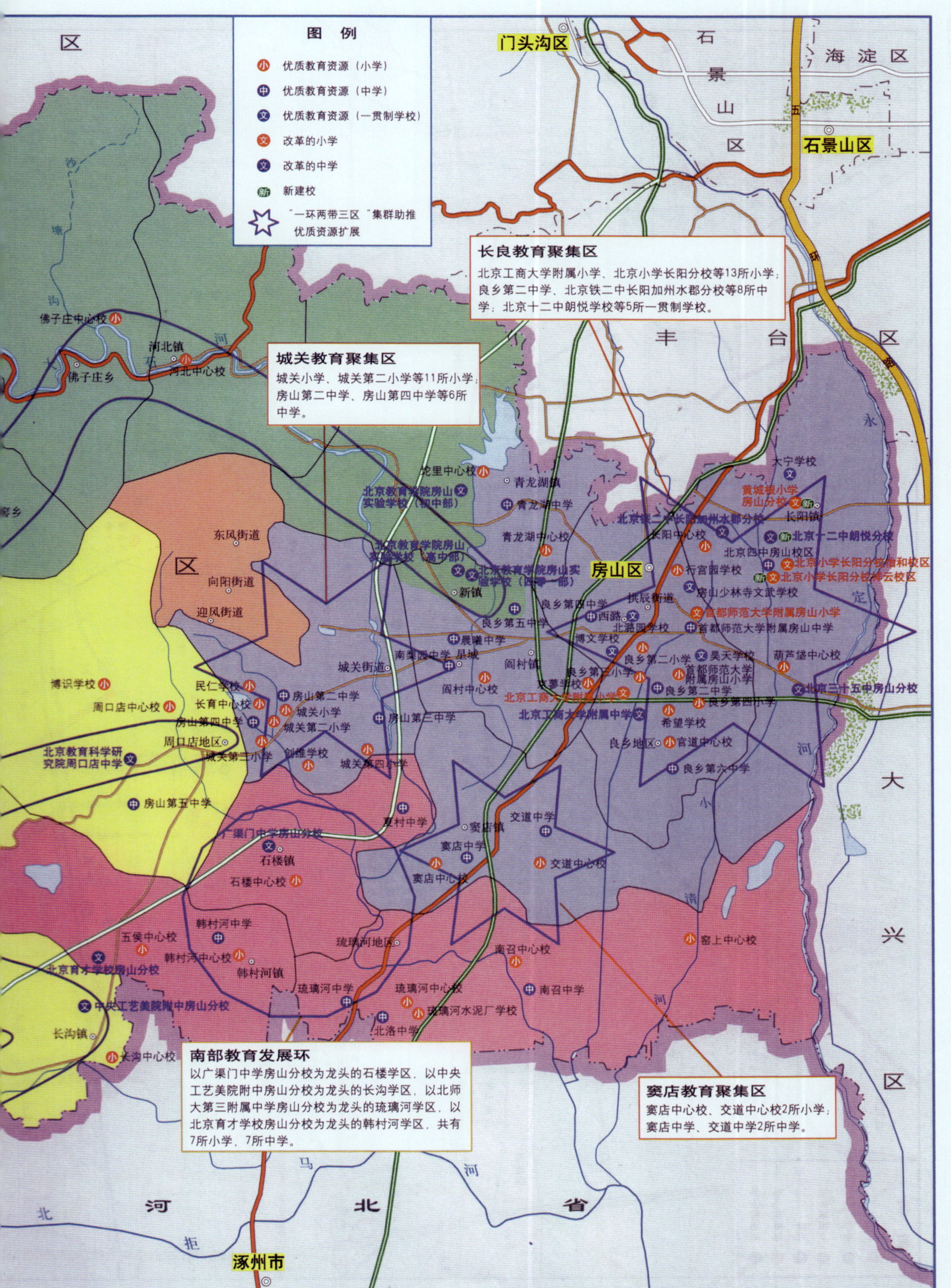
图 例
优质教育资源（小学）
优质教育资源（中学）
优质教育资源（一贯制学校）
改革的小学
改革的中学
新建校
"一环两带三区"集群助推优质资源扩展
门头沟区
石景山区
海淀区
丰台区
房山区
大兴区
河北省
涿州市
长良教育聚集区
北京工商大学附属小学、北京小学长阳分校等13所小学；良乡第二中学、北京铁二中长阳加州水郡分校等8所中学；北京十二中朗悦学校等5所一贯制学校。
城关教育聚集区
城关小学、城关第二小学等11所小学；房山第二中学、房山第四中学等6所中学。
南部教育发展环
以广渠门中学房山分校为龙头的石楼学区，以中央工艺美院附中房山分校为龙头的长沟学区，以北师大第三附属中学房山分校为龙头的琉璃河学区，以北京育才学校房山分校为龙头的韩村河学区，共有7所小学，7所中学。
窦店教育聚集区
窦店中心校、交道中心校2所小学；窦店中学、交道中学2所中学。
佛子庄中心校
佛子庄乡
河北镇
河北中心校
东风街道
向阳街道
迎风街道
城关街道
博识学校
周口店中心校
民仁学校
长育中心校
房山第四中学
周口店地区
北京教育科学研究院周口店中学
房山第五中学
城关第三小学
创维学校
城关第四小学
房山第二中学
城关小学
城关第二小学
房山第三中学
南梨园中学
星城
阎村中心校
阎村镇
晨曦中学
坨里中心校
青龙湖镇
青龙湖中学
青龙湖中心校
新镇
良乡第五中学
良乡第四中学
西潞
北潞园学校
博文学校
拱辰街道
北京工商大学附属小学
北京工商大学附属中学
良乡第二小学
良乡第二中学
良乡地区
官道中心校
良乡第六中学
希望学校
良乡第四小学
昊天学校
首都师范大学附属房山中学
首都师范大学附属房山小学
葫芦垡中心校
北京三十五中房山分校
房山少林寺文武学校
行宫园学校
长阳中心校
长阳镇
大宁学校
黄城根小学房山分校
北京十二中朗悦学校
北京四中房山校区
北京小学长阳分校
夏村中学
广渠门中学房山分校
石楼镇
石楼中心校
窦店镇
窦店中学
窦店中心校
交道中学
交道中心校
韩村河中学
五侯中心校
韩村河中心校
韩村河镇
北京育才学校房山分校
中央工艺美院附中房山分校
长沟镇
长沟中心校
琉璃河地区
琉璃河中学
琉璃河中心校
琉璃河水泥厂学校
北洛中学
南召中心校
南召中学
窑上中心校

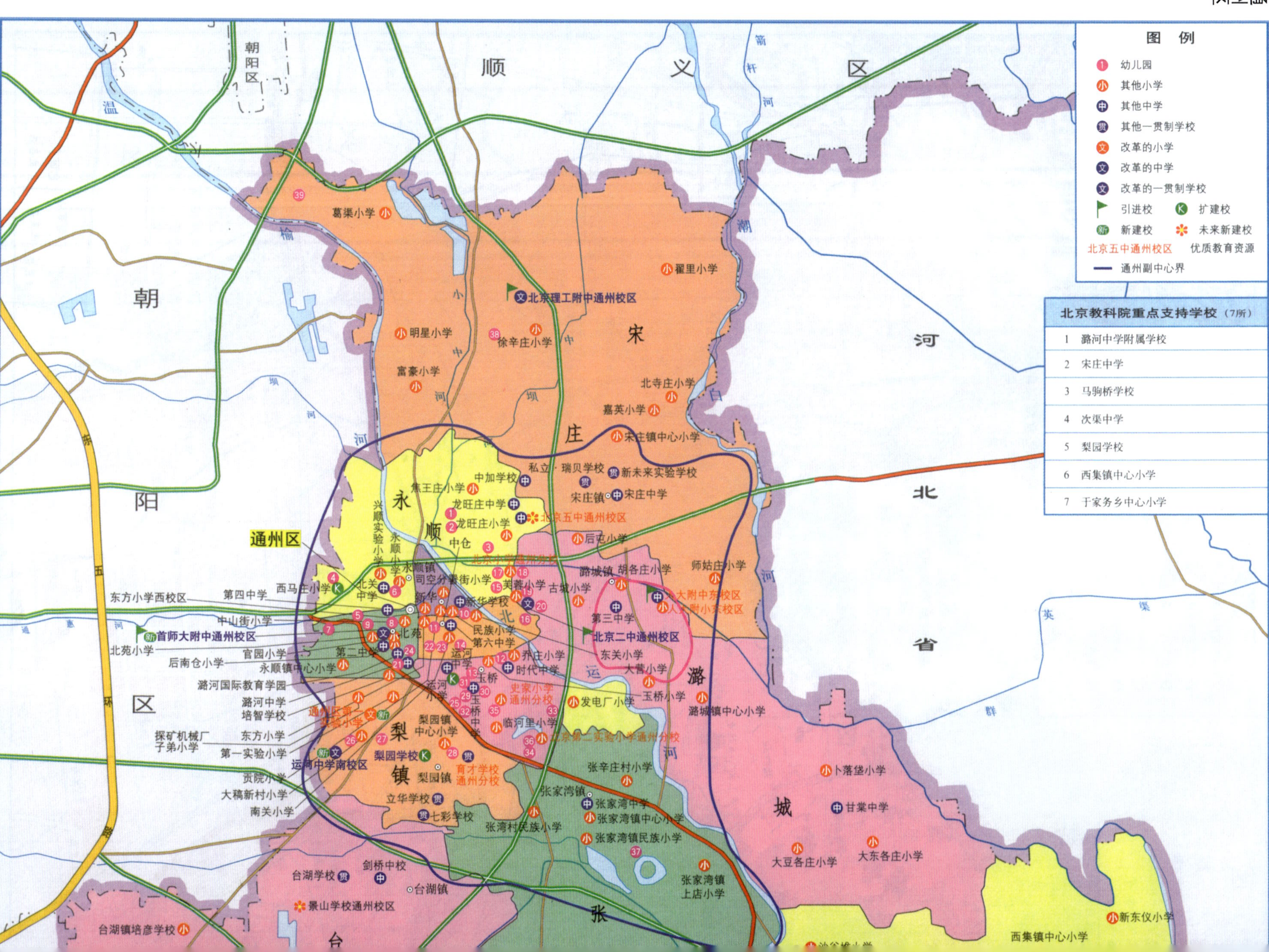
图 例
幼儿园
其他小学
其他中学
其他一贯制学校
改革的小学
改革的中学
改革的一贯制学校
引进校
扩建校
新建校
未来新建校
北京五中通州校区 优质教育资源
通州副中心界
北京教科院重点支持学校（7所）
1 潞河中学附属学校
2 宋庄中学
3 马驹桥学校
4 次渠中学
5 梨园学校
6 西集镇中心小学
7 于家务乡中心小学
顺
义
区
朝阳区
朝
阳
区
河
北
省
宋
庄
永
顺
潞
城
梨
镇
通州区
葛渠小学
翟里小学
北京理工附中通州校区
明星小学
徐辛庄小学
富豪小学
北寺庄小学
嘉英小学
宋庄镇中心小学
私立 · 瑞贝学校
新未来实验学校
宋庄镇
宋庄中学
中加学校
焦王庄小学
龙旺庄中学
龙旺庄小学
北京五中通州校区
后屯小学
中仓
兴顺实验小学
永顺小学
永顺镇
司空分署街小学
北关中学
芙蓉小学
古城小学
潞城镇
胡各庄小学
师姑庄小学
人大附中东校区
人大附小东校区
第三中学
北京二中通州校区
东关小学
大营小学
新华学校
民族小学
第六中学
乔庄小学
时代中学
北苑
玉桥
史家小学通州分校
发电厂小学
玉桥小学
潞城镇中心小学
临河里小学
北京第二实验小学通州分校
梨园镇中心小学
梨园学校
梨园镇
育才学校通州分校
立华学校
七彩学校
张辛庄村小学
张家湾镇
张家湾中学
张家湾镇中心小学
张湾村民族小学
张家湾镇民族小学
张家湾镇上店小学
卜落垡小学
甘棠中学
大豆各庄小学
大东各庄小学
新东仪小学
西集镇中心小学
台湖学校
剑桥中校
台湖镇
景山学校通州校区
台湖镇培彦学校
东方小学西校区
第四中学
西马庄小学
中山街小学
首师大附中通州校区
北苑小学
官园小学
后南仓小学
永顺镇中心小学
第二中学
潞河国际教育学园
潞河中学
培智学校
通州区第一实验小学
东方小学
探矿机械厂子弟小学
第一实验小学
运河中学南校区
贡院小学
大稿新村小学
南关小学
张
台
温
榆
河
运
河
潮
白
河
箭
杆
河
坝
河
小
中
河
凉
水
河
英
渠
群
五
环
路
东

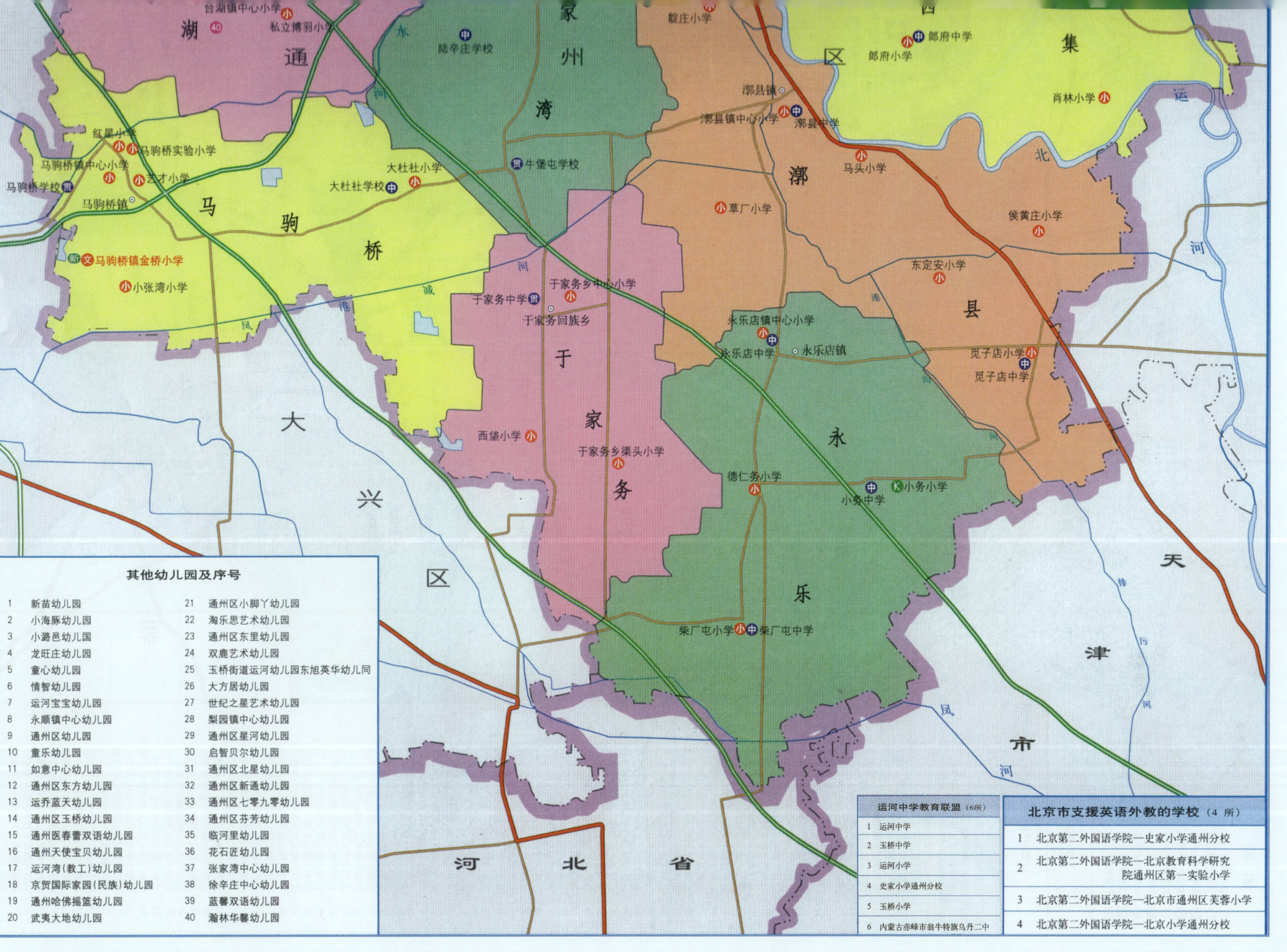

其他幼儿园及序号

1	新苗幼儿园	21	通州区小脚丫幼儿园
2	小海豚幼儿园	22	淘乐思艺术幼儿园
3	小潞邑幼儿园	23	通州区东里幼儿园
4	龙旺庄幼儿园	24	双鹿艺术幼儿园
5	童心幼儿园	25	玉桥街道运河幼儿园东旭英华幼儿园
6	情智幼儿园	26	大方居幼儿园
7	运河宝宝幼儿园	27	世纪之星艺术幼儿园
8	永顺镇中心幼儿园	28	梨园镇中心幼儿园
9	通州区幼儿园	29	通州区星河幼儿园
10	童乐幼儿园	30	启智贝尔幼儿园
11	如意中心幼儿园	31	通州区北星幼儿园
12	通州区东方幼儿园	32	通州区新通幼儿园
13	运乔蓝天幼儿园	33	通州区七零九零幼儿园
14	通州区玉桥幼儿园	34	通州区芬芳幼儿园
15	通州医春蕾双语幼儿园	35	临河里幼儿园
16	通州天使宝贝幼儿园	36	花石匠幼儿园
17	运河湾(教工)幼儿园	37	张家湾中心幼儿园
18	京贸国际家园(民族)幼儿园	38	徐辛庄中心幼儿园
19	通州哈佛摇篮幼儿园	39	蓝馨双语幼儿园
20	武夷大地幼儿园	40	瀚林华馨幼儿园

运河中学教育联盟（6所）

1	运河中学
2	玉桥中学
3	运河小学
4	史家小学通州分校
5	玉桥小学
6	内蒙古赤峰市翁牛特旗乌丹二中

北京市支援英语外教的学校（4所）

1	北京第二外国语学院—史家小学通州分校
2	北京第二外国语学院—北京教育科学研究院通州区第一实验小学
3	北京第二外国语学院—北京市通州区芙蓉小学
4	北京第二外国语学院—北京小学通州分校

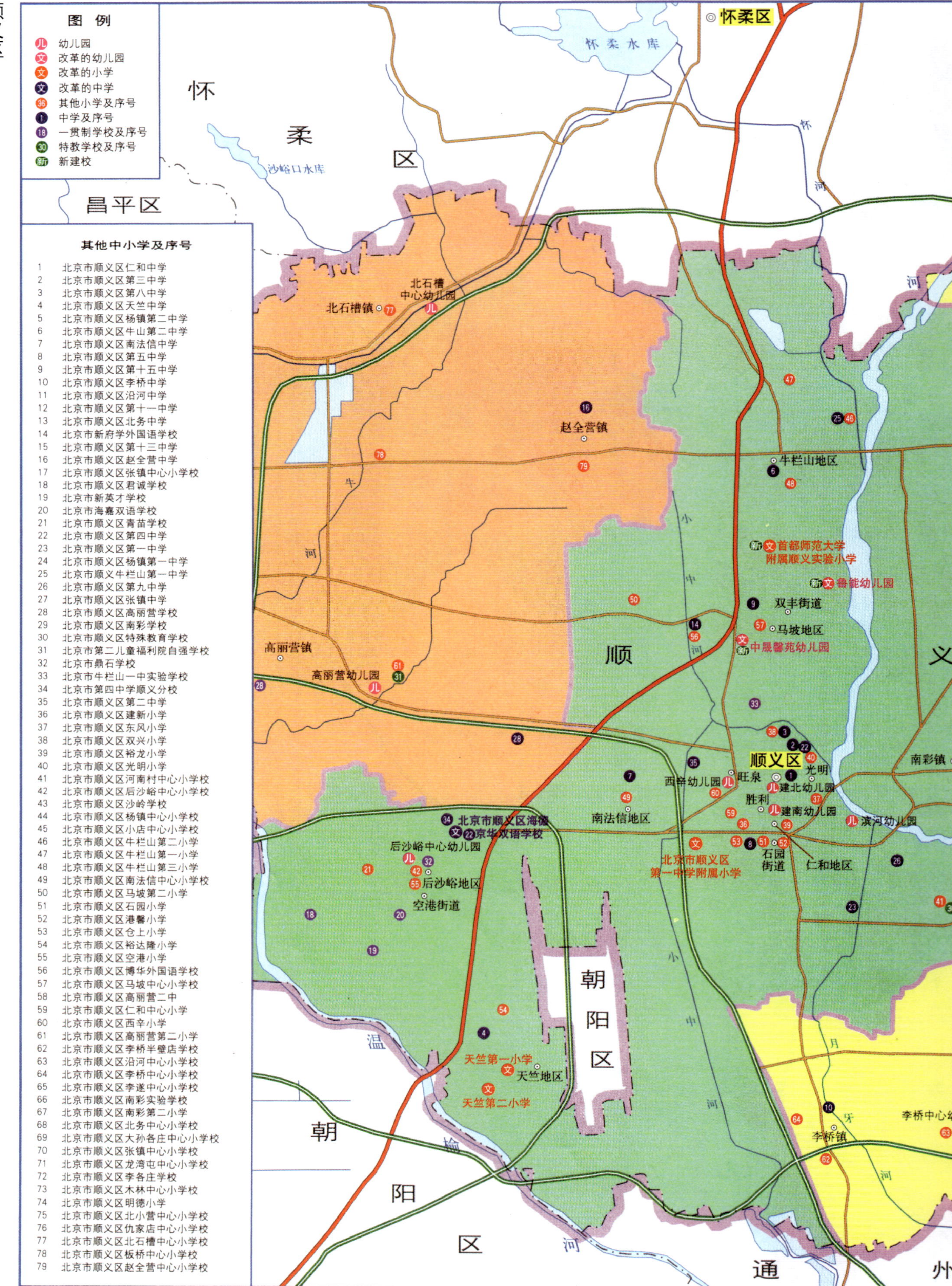

图例
幼儿园
改革的幼儿园
改革的小学
改革的中学
其他小学及序号
中学及序号
一贯制学校及序号
特教学校及序号
新建校
其他中小学及序号
1 北京市顺义区仁和中学
2 北京市顺义区第三中学
3 北京市顺义区第八中学
4 北京市顺义区天竺中学
5 北京市顺义区杨镇第二中学
6 北京市顺义区牛山第二中学
7 北京市顺义区南法信中学
8 北京市顺义区第五中学
9 北京市顺义区第十五中学
10 北京市顺义区李桥中学
11 北京市顺义区沿河中学
12 北京市顺义区第十一中学
13 北京市顺义区北务中学
14 北京市新府学外国语学校
15 北京市顺义区第十三中学
16 北京市顺义区赵全营中学
17 北京市顺义区张镇中心小学校
18 北京市顺义区君诚学校
19 北京市新英才学校
20 北京市海嘉双语学校
21 北京市顺义区青苗学校
22 北京市顺义区第四中学
23 北京市顺义区第一中学
24 北京市顺义区杨镇第一中学
25 北京市顺义牛栏山第一中学
26 北京市顺义区第九中学
27 北京市顺义区张镇中学
28 北京市顺义区高丽营学校
29 北京市顺义区南彩学校
30 北京市顺义区特殊教育学校
31 北京市第二儿童福利院自强学校
32 北京市鼎石学校
33 北京市牛栏山一中实验学校
34 北京市第四中学顺义分校
35 北京市顺义区第二中学
36 北京市顺义区建新小学
37 北京市顺义区东风小学
38 北京市顺义区双兴小学
39 北京市顺义区裕龙小学
40 北京市顺义区光明小学
41 北京市顺义区河南村中心小学校
42 北京市顺义区后沙峪中心小学校
43 北京市顺义区沙岭学校
44 北京市顺义区杨镇中心小学校
45 北京市顺义区小店中心小学校
46 北京市顺义区牛栏山第二小学
47 北京市顺义区牛栏山第一小学
48 北京市顺义区牛栏山第三小学
49 北京市顺义区南法信中心小学校
50 北京市顺义区马坡第二小学
51 北京市顺义区石园小学
52 北京市顺义区港馨小学
53 北京市顺义区仓上小学
54 北京市顺义区裕达隆小学
55 北京市顺义区空港小学
56 北京市顺义区博华外国语学校
57 北京市顺义区马坡中心小学校
58 北京市顺义区高丽营二中
59 北京市顺义区仁和中心小学
60 北京市顺义区西辛小学
61 北京市顺义区高丽营第二小学
62 北京市顺义区李桥半壁店学校
63 北京市顺义区沿河中心小学校
64 北京市顺义区李桥中心小学校
65 北京市顺义区李遂中心小学校
66 北京市顺义区南彩实验学校
67 北京市顺义区南彩第二小学
68 北京市顺义区北务中心小学校
69 北京市顺义区大孙各庄中心小学校
70 北京市顺义区张镇中心小学校
71 北京市顺义区龙湾屯中心小学校
72 北京市顺义区李各庄学校
73 北京市顺义区木林中心小学校
74 北京市顺义区明德小学
75 北京市顺义区北小营中心小学校
76 北京市顺义区仇家店中心小学校
77 北京市顺义区北石槽中心小学校
78 北京市顺义区板桥中心小学校
79 北京市顺义区赵全营中心小学校
怀柔区
怀柔水库
怀柔区
沙峪口水库
昌平区
北石槽中心幼儿园
北石槽镇
赵全营镇
牛栏山地区
首都师范大学附属顺义实验小学
鲁能幼儿园
双丰街道
马坡地区
中晟馨苑幼儿园
高丽营镇
高丽营幼儿园
顺义
顺义区
光明
旺泉
西辛幼儿园
建北幼儿园
胜利
建南幼儿园
南彩镇
南法信地区
北京市顺义区海德京华双语学校
后沙峪中心幼儿园
后沙峪地区
空港街道
北京市顺义区第一中学附属小学
石园街道
仁和地区
滨河幼儿园
朝阳区
天竺第一小学
天竺地区
天竺第二小学
李桥中心幼
李桥镇
朝阳区
通州

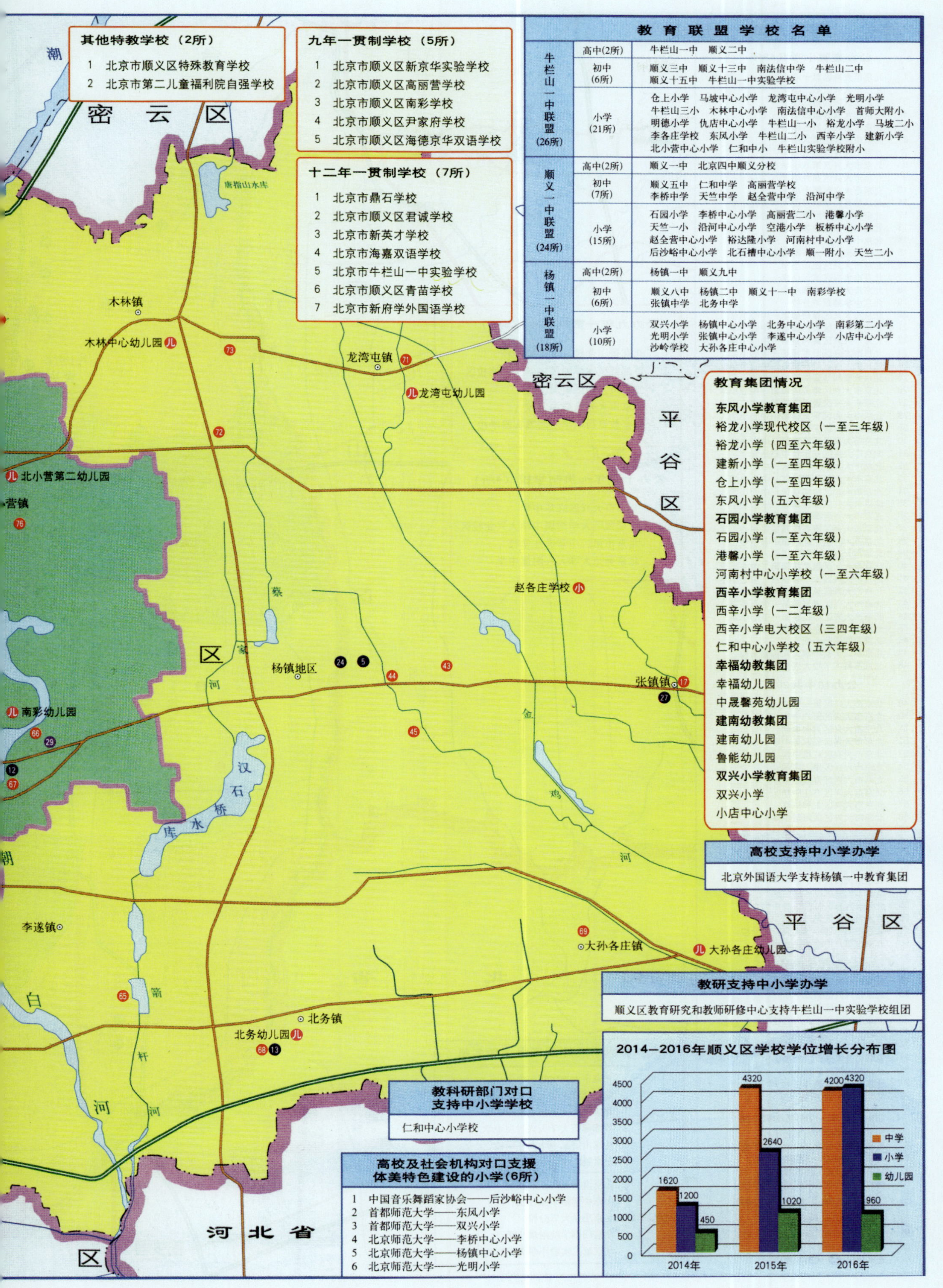

教育联盟学校名单

牛栏山一中联盟（26所）	高中(2所)	牛栏山一中 顺义二中
	初中(6所)	顺义三中 顺义十三中 南法信中学 牛栏山二中 顺义十五中 牛栏山一中实验学校
	小学(21所)	仓上小学 马坡中心小学 龙湾屯中心小学 光明小学 牛栏山三小 木林中心小学 南法信中心小学 首师大附小 明德小学 仇店中心小学 牛栏山一小 裕龙小学 马坡二小 李各庄学校 东风小学 牛栏山二小 西辛小学 建新小学 北小营中心小学 仁和中小 牛栏山实验学校附小
顺义一中联盟（24所）	高中(2所)	顺义一中 北京四中顺义分校
	初中(7所)	顺义五中 仁和中学 高丽营学校 李桥中学 天竺中学 赵全营中学 沿河中学
	小学(15所)	石园小学 李桥中心小学 高丽营二小 港馨小学 天竺一小 沿河中心小学 空港小学 板桥中心小学 赵全营中心小学 裕达隆小学 河南村中心小学 后沙峪中心小学 北石槽中心小学 顺一附小 天竺二小
杨镇一中联盟（18所）	高中(2所)	杨镇一中 顺义九中
	初中(6所)	顺义八中 杨镇二中 顺义十一中 南彩学校 张镇中学 北务中学
	小学(10所)	双兴小学 杨镇中心小学 北务中心小学 南彩第二小学 光明小学 张镇中心小学 李遂中心小学 小店中心小学 沙岭学校 大孙各庄中心小学

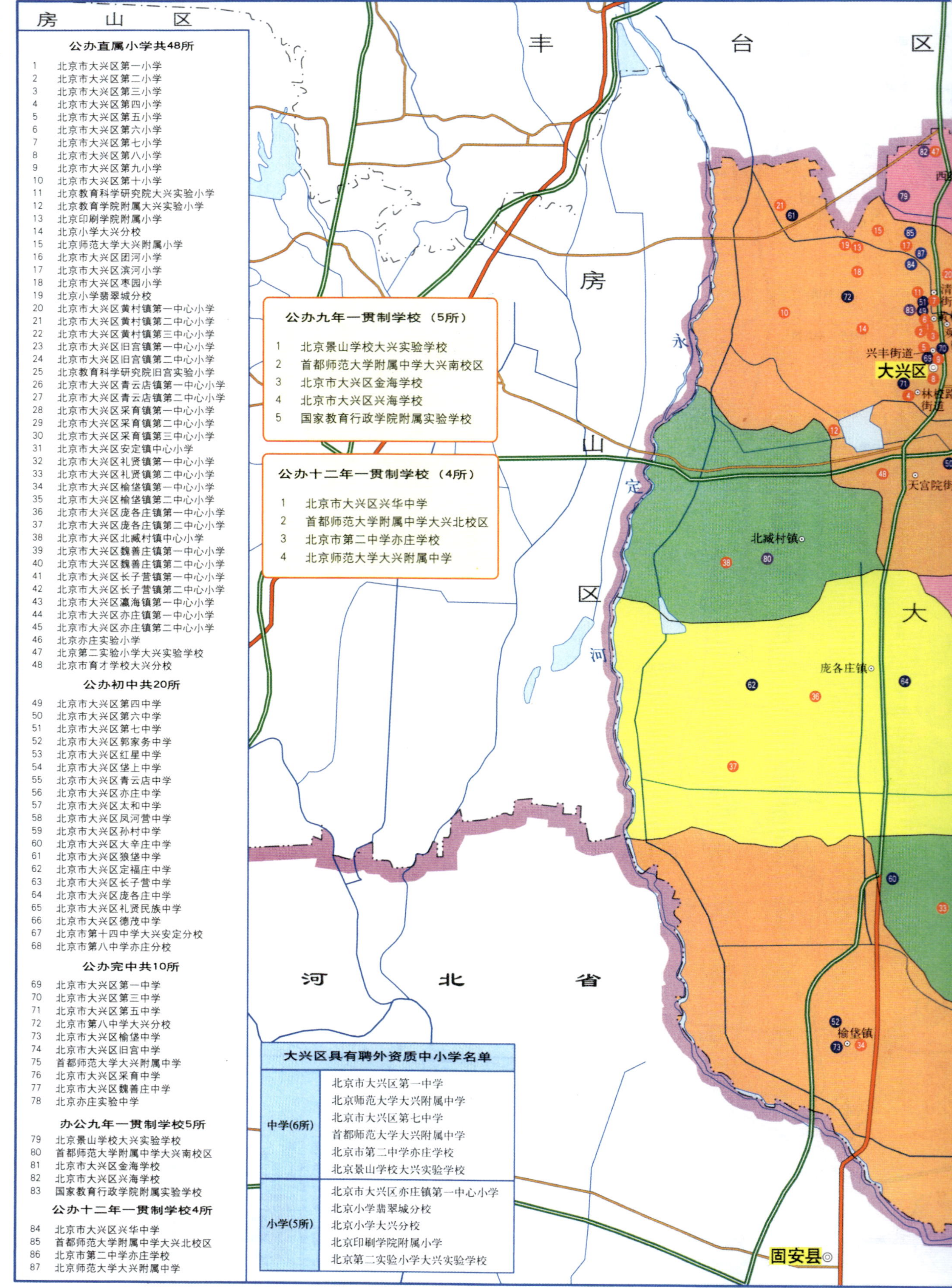
房山区
丰台区
房山区
永定河
河北省
大兴区
兴丰街道
林校路街道
天宫院街
北臧村镇
庞各庄镇
榆垡镇
固安县
公办直属小学共48所
1 北京市大兴区第一小学
2 北京市大兴区第二小学
3 北京市大兴区第三小学
4 北京市大兴区第四小学
5 北京市大兴区第五小学
6 北京市大兴区第六小学
7 北京市大兴区第七小学
8 北京市大兴区第八小学
9 北京市大兴区第九小学
10 北京市大兴区第十小学
11 北京教育科学研究院大兴实验小学
12 北京教育学院附属大兴实验小学
13 北京印刷学院附属小学
14 北京小学大兴分校
15 北京师范大学大兴附属小学
16 北京市大兴区团河小学
17 北京市大兴区滨河小学
18 北京市大兴区枣园小学
19 北京小学翡翠城分校
20 北京市大兴区黄村镇第一中心小学
21 北京市大兴区黄村镇第二中心小学
22 北京市大兴区黄村镇第三中心小学
23 北京市大兴区旧宫镇第一中心小学
24 北京市大兴区旧宫镇第二中心小学
25 北京教育科学研究院旧宫实验小学
26 北京市大兴区青云店镇第一中心小学
27 北京市大兴区青云店镇第二中心小学
28 北京市大兴区采育镇第一中心小学
29 北京市大兴区采育镇第二中心小学
30 北京市大兴区采育镇第三中心小学
31 北京市大兴区安定镇中心小学
32 北京市大兴区礼贤镇第一中心小学
33 北京市大兴区礼贤镇第二中心小学
34 北京市大兴区榆垡镇第一中心小学
35 北京市大兴区榆垡镇第二中心小学
36 北京市大兴区庞各庄镇第一中心小学
37 北京市大兴区庞各庄镇第二中心小学
38 北京市大兴区北臧村镇中心小学
39 北京市大兴区魏善庄镇第一中心小学
40 北京市大兴区魏善庄镇第二中心小学
41 北京市大兴区长子营镇第一中心小学
42 北京市大兴区长子营镇第二中心小学
43 北京市大兴区瀛海镇第一中心小学
44 北京市大兴区亦庄镇第一中心小学
45 北京市大兴区亦庄镇第二中心小学
46 北京亦庄实验小学
47 北京第二实验小学大兴实验学校
48 北京市育才学校大兴分校
公办初中共20所
49 北京市大兴区第四中学
50 北京市大兴区第六中学
51 北京市大兴区第七中学
52 北京市大兴区郭家务中学
53 北京市大兴区红星中学
54 北京市大兴区垡上中学
55 北京市大兴区青云店中学
56 北京市大兴区亦庄中学
57 北京市大兴区太和中学
58 北京市大兴区凤河营中学
59 北京市大兴区孙村中学
60 北京市大兴区大辛庄中学
61 北京市大兴区狼垡中学
62 北京市大兴区定福庄中学
63 北京市大兴区长子营中学
64 北京市大兴区庞各庄中学
65 北京市大兴区礼贤民族中学
66 北京市大兴区德茂中学
67 北京市第十四中学大兴安定分校
68 北京市第八中学亦庄分校
公办完中共10所
69 北京市大兴区第一中学
70 北京市大兴区第三中学
71 北京市大兴区第五中学
72 北京市第八中学大兴分校
73 北京市大兴区榆垡中学
74 北京市大兴区旧宫中学
75 首都师范大学大兴附属中学
76 北京市大兴区采育中学
77 北京市大兴区魏善庄中学
78 北京亦庄实验中学
办公九年一贯制学校5所
79 北京景山学校大兴实验学校
80 首都师范大学附属中学大兴南校区
81 北京市大兴区金海学校
82 北京市大兴区兴海学校
83 国家教育行政学院附属实验学校
公办十二年一贯制学校4所
84 北京市大兴区兴华中学
85 首都师范大学附属中学大兴北校区
86 北京市第二中学亦庄学校
87 北京师范大学大兴附属中学
公办九年一贯制学校（5所）
1 北京景山学校大兴实验学校
2 首都师范大学附属中学大兴南校区
3 北京市大兴区金海学校
4 北京市大兴区兴海学校
5 国家教育行政学院附属实验学校
公办十二年一贯制学校（4所）
1 北京市大兴区兴华中学
2 首都师范大学附属中学大兴北校区
3 北京市第二中学亦庄学校
4 北京师范大学大兴附属中学
大兴区具有聘外资质中小学名单
中学(6所)
北京市大兴区第一中学
北京师范大学大兴附属中学
北京市大兴区第七中学
首都师范大学大兴附属中学
北京市第二中学亦庄学校
北京景山学校大兴实验学校
小学(5所)
北京市大兴区亦庄镇第一中心小学
北京小学翡翠城分校
北京小学大兴分校
北京印刷学院附属小学
北京第二实验小学大兴实验学校

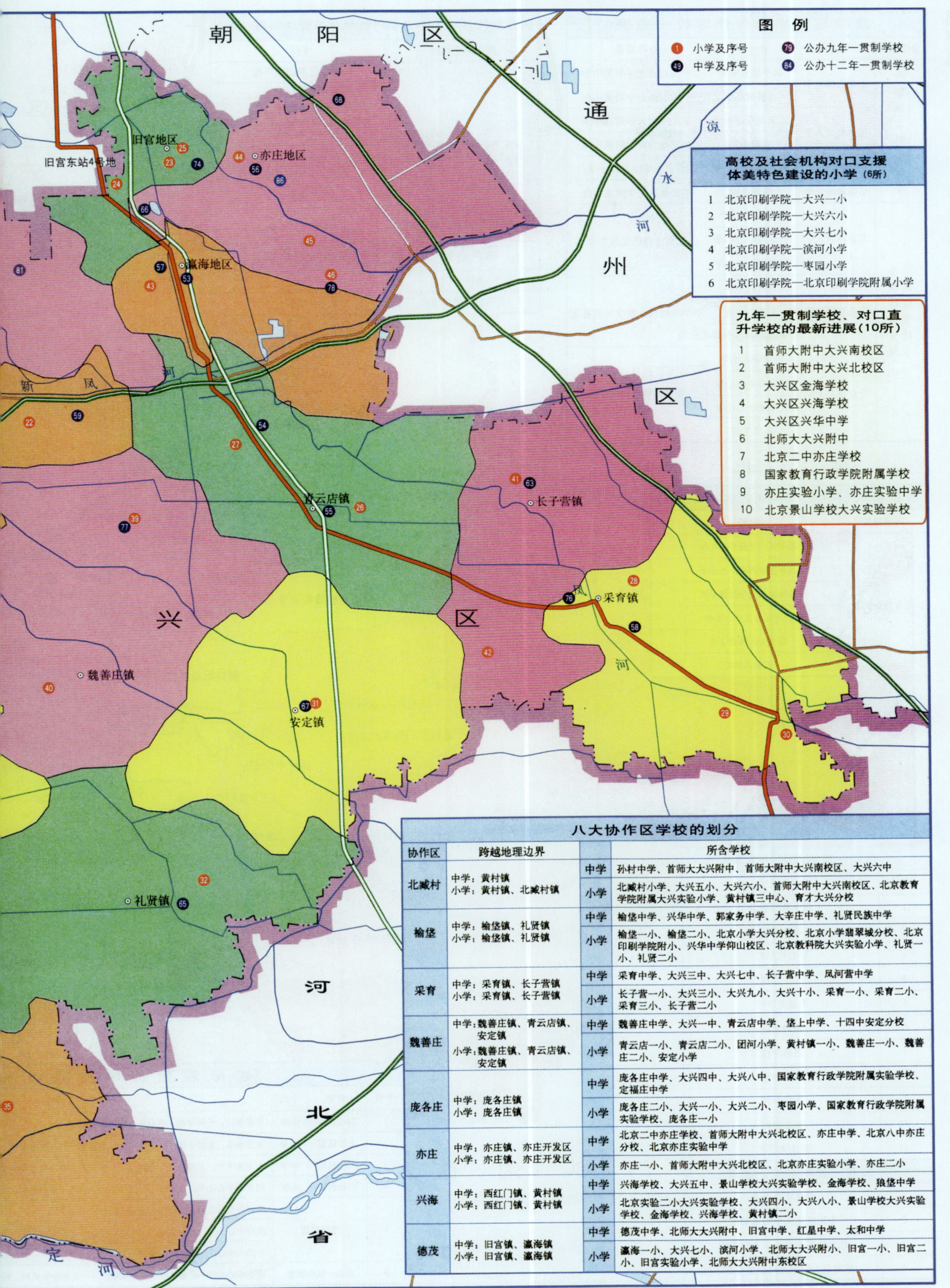

八大协作区学校的划分

协作区	跨越地理边界		所含学校
北臧村	中学：黄村镇 小学：黄村镇、北臧村镇	中学	孙村中学、首师大大兴附中、首师大附中大兴南校区、大兴六中
		小学	北臧村小学、大兴五小、大兴六小、首师大附中大兴南校区、北京教育学院附属大兴实验小学、黄村镇三中心、育才大兴分校
榆垡	中学：榆垡镇、礼贤镇 小学：榆垡镇、礼贤镇	中学	榆垡中学、兴华中学、郭家务中学、大辛庄中学、礼贤民族中学
		小学	榆垡一小、榆垡二小、北京小学大兴分校、北京小学翡翠城分校、北京印刷学院附小、兴华中学仰山校区、北京教科院大兴实验小学、礼贤一小、礼贤二小
采育	中学：采育镇、长子营镇 小学：采育镇、长子营镇	中学	采育中学、大兴三中、大兴七中、长子营中学、凤河营中学
		小学	长子营一小、大兴三小、大兴九小、大兴十小、采育一小、采育二小、采育三小、长子营二小
魏善庄	中学：魏善庄镇、青云店镇、安定镇 小学：魏善庄镇、青云店镇、安定镇	中学	魏善庄中学、大兴一中、青云店中学、垡上中学、十四中安定分校
		小学	青云店一小、青云店二小、团河小学、黄村镇一小、魏善庄一小、魏善庄二小、安定小学
庞各庄	中学：庞各庄镇 小学：庞各庄镇	中学	庞各庄中学、大兴四中、大兴八中、国家教育行政学院附属实验学校、定福庄中学
		小学	庞各庄二小、大兴一小、大兴二小、枣园小学、国家教育行政学院附属实验学校、庞各庄一小
亦庄	中学：亦庄镇、亦庄开发区 小学：亦庄镇、亦庄开发区	中学	北京二中亦庄学校、首师大附中大兴北校区、亦庄中学、北京八中亦庄分校、北京亦庄实验中学
		小学	亦庄一小、首师大附中大兴北校区、北京亦庄实验小学、亦庄二小
兴海	中学：西红门镇、黄村镇 小学：西红门镇、黄村镇	中学	兴海学校、大兴五中、景山学校大兴实验学校、金海学校、狼垡中学
		小学	北京实验二小大兴实验学校、大兴四小、大兴八小、景山学校大兴实验学校、金海学校、兴海学校、黄村镇二小
德茂	中学：旧宫镇、瀛海镇 小学：旧宫镇、瀛海镇	中学	德茂中学、北师大大兴附中、旧宫中学、红星中学、太和中学
		小学	瀛海一小、大兴七小、滨河小学、北师大大兴附小、旧宫一小、旧宫二小、旧宫实验小学、北师大大兴附中东校区

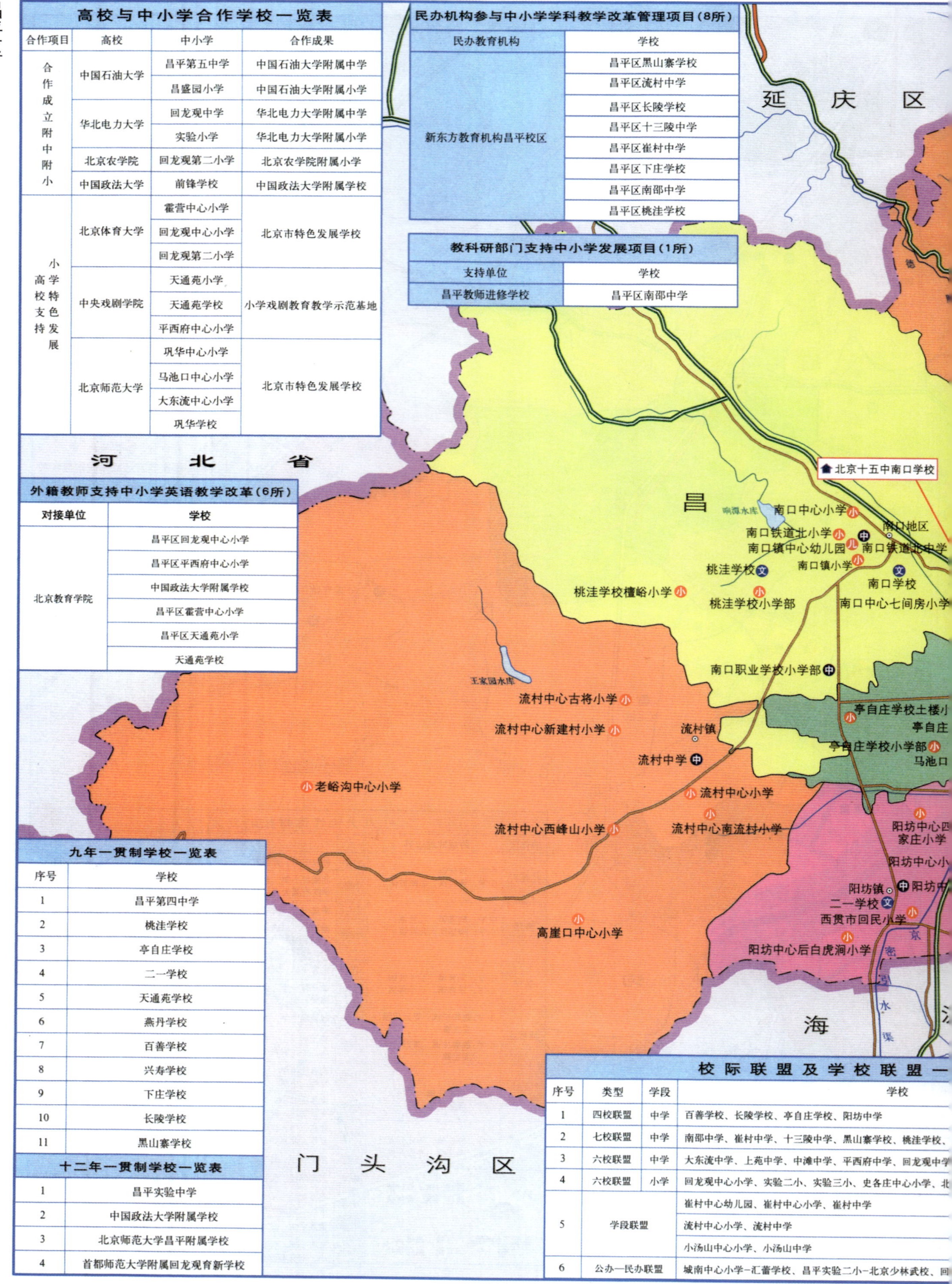

高校与中小学合作学校一览表

合作项目	高校	中小学	合作成果
合作成立附中附小	中国石油大学	昌平第五中学	中国石油大学附属中学
		昌盛园小学	中国石油大学附属小学
	华北电力大学	回龙观中学	华北电力大学附属中学
		实验小学	华北电力大学附属小学
	北京农学院	回龙观第二小学	北京农学院附属小学
	中国政法大学	前锋学校	中国政法大学附属学校
高校支持小学特色发展	北京体育大学	霍营中心小学	北京市特色发展学校
		回龙观中心小学	
		回龙观第二小学	
	中央戏剧学院	天通苑小学	小学戏剧教育教学示范基地
		天通苑学校	
		平西府中心小学	
	北京师范大学	巩华中心小学	北京市特色发展学校
		马池口中心小学	
		大东流中心小学	
		巩华学校	

民办机构参与中小学学科教学改革管理项目（8所）

民办教育机构	学校
新东方教育机构昌平校区	昌平区黑山寨学校
	昌平区流村中学
	昌平区长陵学校
	昌平区十三陵中学
	昌平区崔村中学
	昌平区下庄学校
	昌平区南邵中学
	昌平区桃洼学校

教科研部门支持中小学发展项目（1所）

支持单位	学校
昌平教师进修学校	昌平区南邵中学

外籍教师支持中小学英语教学改革（6所）

对接单位	学校
北京教育学院	昌平区回龙观中心小学
	昌平区平西府中心小学
	中国政法大学附属学校
	昌平区霍营中心小学
	昌平区天通苑小学
	天通苑学校

九年一贯制学校一览表

序号	学校
1	昌平第四中学
2	桃洼学校
3	亭自庄学校
4	二一学校
5	天通苑学校
6	燕丹学校
7	百善学校
8	兴寿学校
9	下庄学校
10	长陵学校
11	黑山寨学校

十二年一贯制学校一览表

序号	学校
1	昌平实验中学
2	中国政法大学附属学校
3	北京师范大学昌平附属学校
4	首都师范大学附属回龙观育新学校

校际联盟及学校联盟一

序号	类型	学段	学校
1	四校联盟	中学	百善学校、长陵学校、亭自庄学校、阳坊中学
2	七校联盟	中学	南邵中学、崔村中学、十三陵中学、黑山寨学校、桃洼学校、
3	六校联盟	中学	大东流中学、上苑中学、中滩中学、平西府中学、回龙观中学
4	六校联盟	小学	回龙观中心小学、实验二小、实验三小、史各庄中心小学、北
5	学段联盟		崔村中心幼儿园、崔村中心小学、崔村中学
			流村中心小学、流村中学
			小汤山中心小学、小汤山中学
6	公办—民办联盟		城南中心小学–汇蕾学校、昌平实验二小–北京少林武校、回

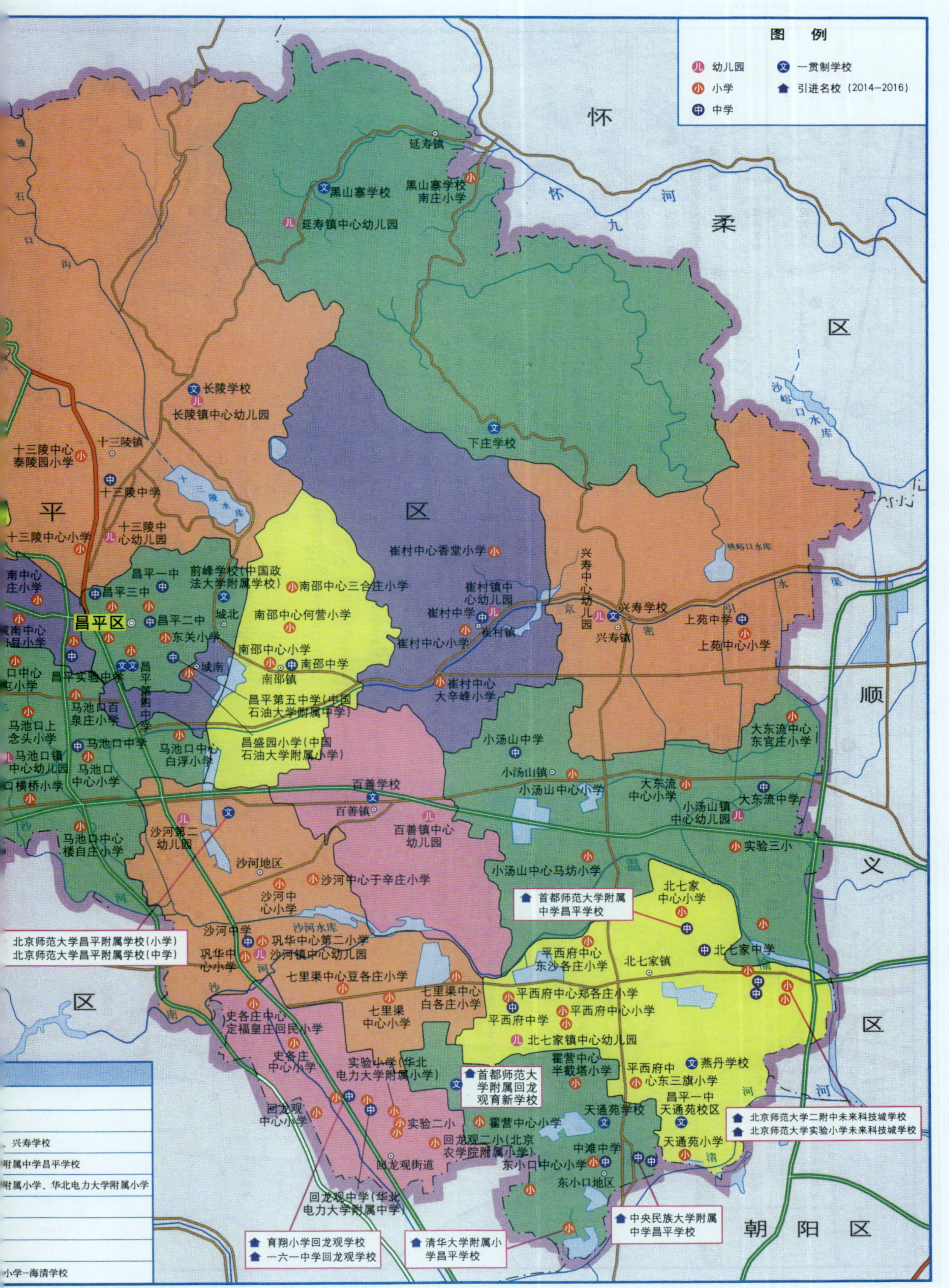

图 例
幼儿园
小学
中学
一贯制学校
引进名校（2014—2016）
怀柔区
平
区
顺义区
朝阳区
延寿镇
黑山寨学校
黑山寨学校南庄小学
延寿镇中心幼儿园
怀九河
沙峪口水库
长陵学校
长陵镇中心幼儿园
十三陵镇
十三陵中心泰陵园小学
十三陵中学
十三陵水库
十三陵中心小学
十三陵中心幼儿园
下庄学校
崔村中心香堂小学
崔村镇中心幼儿园
崔村中学
崔村镇
崔村中心小学
崔村中心大辛峰小学
兴寿中心幼儿园
兴寿学校
兴寿镇
桃峪口水库
上苑中学
上苑中心小学
昌平一中
前峰学校(中国政法大学附属学校)
昌平三中
南邵中心三合庄小学
昌平区
昌平二中
东关小学
城北
南邵中心何营小学
南邵中心小学
南邵中学
南邵镇
城南
昌平实验中学
昌平第四中学
昌平第五中学(中国石油大学附属中学)
昌盛园小学(中国石油大学附属小学)
马池口百泉庄小学
马池口上念头小学
马池口中学
马池口中心白浮小学
马池口镇中心幼儿园
马池口中心小学
马池口横桥小学
马池口中心楼自庄小学
百善学校
百善镇
百善镇中心幼儿园
沙河第二幼儿园
沙河地区
沙河中心于辛庄小学
沙河中心小学
沙河水库
沙河中学
巩华中心第二小学
巩华中心小学
沙河镇中心幼儿园
北京师范大学昌平附属学校(小学)
北京师范大学昌平附属学校(中学)
七里渠中心豆各庄小学
七里渠中心白各庄小学
七里渠中心小学
史各庄中心定福皇庄回民小学
史各庄中心小学
实验小学(华北电力大学附属小学)
首都师范大学附属回龙观育新学校
回龙观中心小学
实验二小
霍营中心小学
回龙观二小(北京农学院附属小学)
回龙观街道
回龙观中学(华北电力大学附属中学)
育翔小学回龙观学校
一六一中学回龙观学校
清华大学附属小学昌平学校
小汤山中学
小汤山镇
小汤山中心小学
大东流中心小学
大东流中心东官庄小学
大东流中学
小汤山镇中心幼儿园
实验三小
小汤山中心马坊小学
首都师范大学附属中学昌平学校
北七家中心小学
北七家中学
平西府中心东沙各庄小学
北七家镇
平西府中心郑各庄小学
平西府中学
平西府中心小学
北七家镇中心幼儿园
霍营中心半截塔小学
平西府中心东三旗小学
燕丹学校
昌平一中天通苑校区
天通苑学校
天通苑小学
中滩中学
东小口中心小学
东小口地区
北京师范大学二附中未来科技城学校
北京师范大学实验小学未来科技城学校
中央民族大学附属中学昌平学校
兴寿学校
附属中学昌平学校
附属小学、华北电力大学附属小学
小学-海淀学校

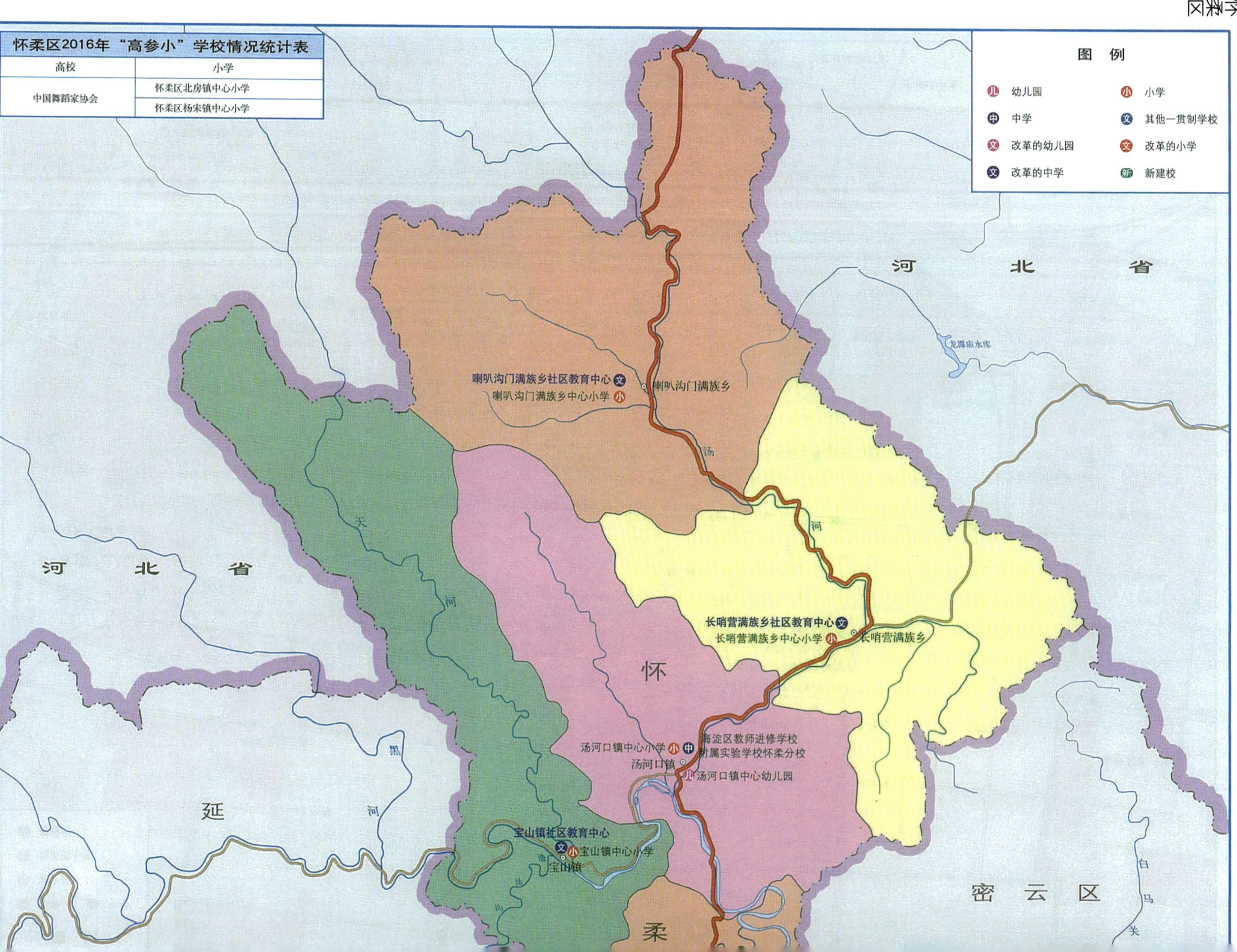

怀柔区2016年"高参小"学校情况统计表

高校	小学
中国舞蹈家协会	怀柔区北房镇中心小学
	怀柔区杨宋镇中心小学

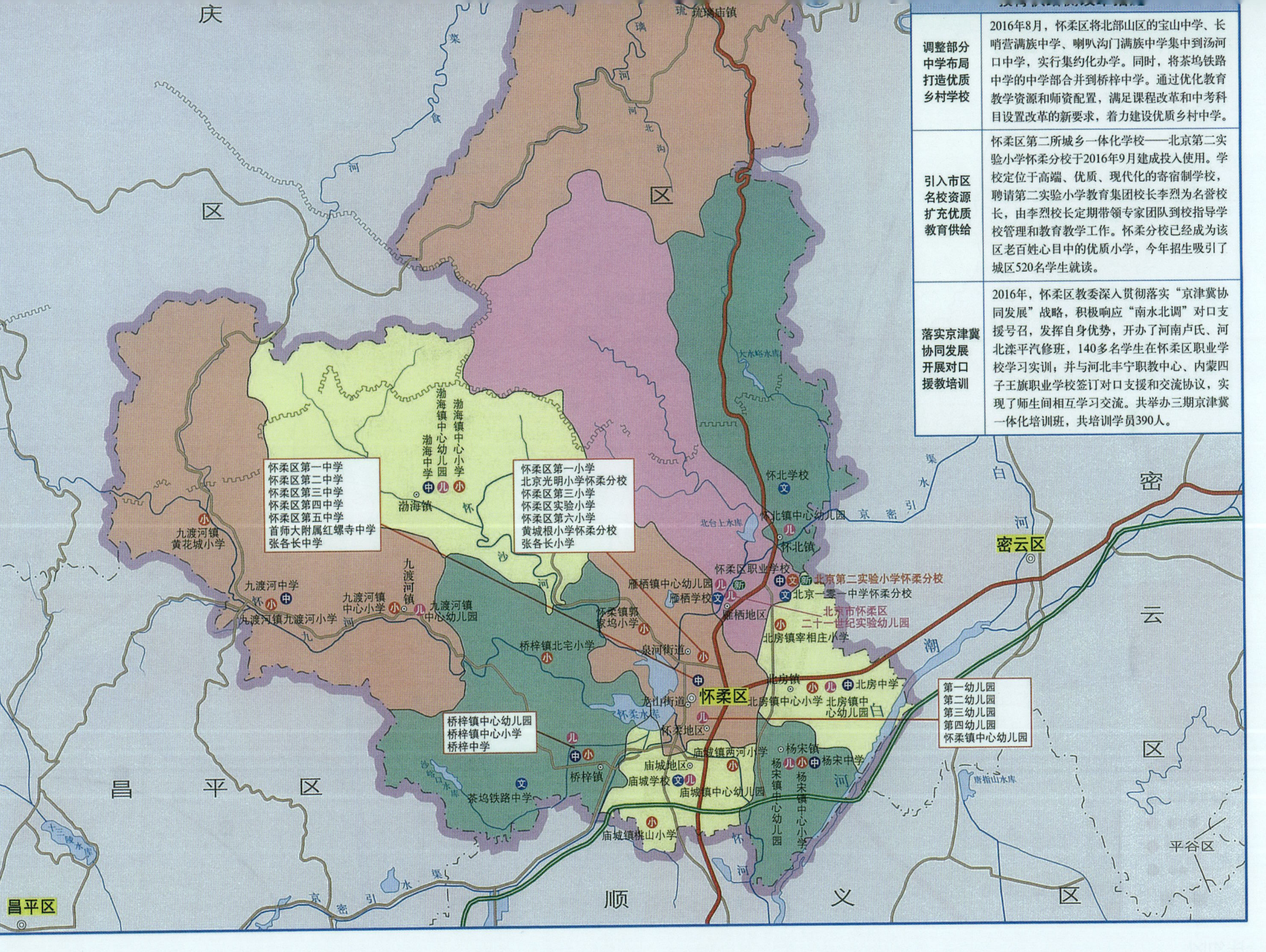

调整部分中学布局 打造优质乡村学校	2016年8月，怀柔区将北部山区的宝山中学、长哨营满族中学、喇叭沟门满族中学集中到汤河口中学，实行集约化办学。同时，将茶坞铁路中学的中学部合并到桥梓中学。通过优化教育教学资源和师资配置，满足课程改革和中考科目设置改革的新要求，着力建设优质乡村中学。
引入市区名校资源 扩充优质教育供给	怀柔区第二所城乡一体化学校——北京第二实验小学怀柔分校于2016年9月建成投入使用。学校定位于高端、优质、现代化的寄宿制学校，聘请第二实验小学教育集团校长李烈为名誉校长，由李烈校长定期带领专家团队到校指导学校管理和教育教学工作。怀柔分校已经成为该区老百姓心目中的优质小学，今年招生吸引了城区520名学生就读。
落实京津冀协同发展 开展对口援教培训	2016年，怀柔区教委深入贯彻落实"京津冀协同发展"战略，积极响应"南水北调"对口支援号召，发挥自身优势，开办了河南卢氏、河北滦平汽修班，140多名学生在怀柔区职业学校学习实训；并与河北丰宁职教中心、内蒙四子王旗职业学校签订对口支援和交流协议，实现了师生间相互学习交流。共举办三期京津冀一体化培训班，共培训学员390人。

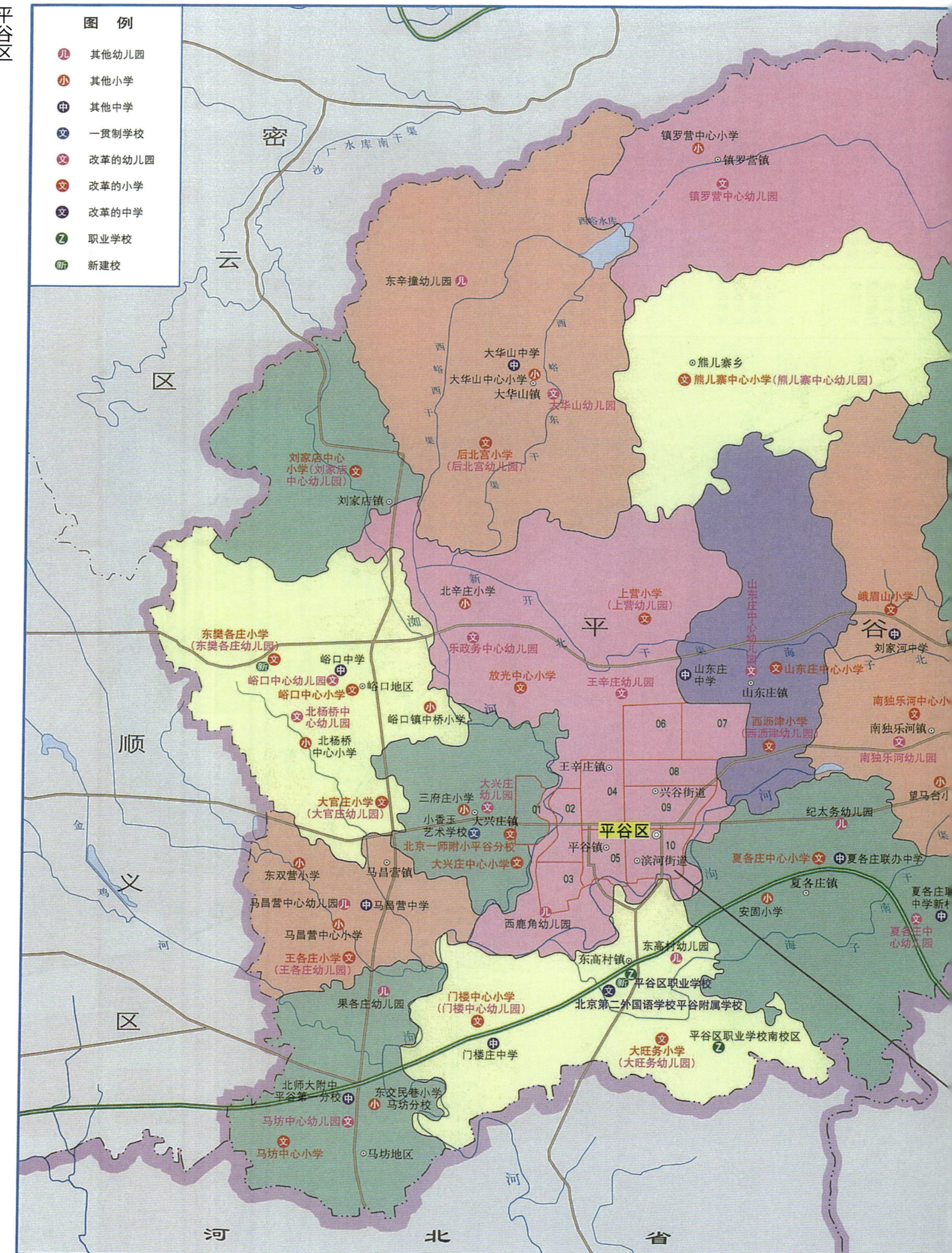
图 例
其他幼儿园
其他小学
其他中学
一贯制学校
改革的幼儿园
改革的小学
改革的中学
职业学校
新建校
密 云 区
沙厂水库南干渠
镇罗营中心小学
镇罗营镇
镇罗营中心幼儿园
西峪水库
东辛撞幼儿园
大华山中学
大华山中心小学
大华山镇
大华山幼儿园
西峪西干渠
西峪东干渠
后北宫小学（后北宫幼儿园）
熊儿寨乡
熊儿寨中心小学（熊儿寨中心幼儿园）
刘家店中心小学（刘家店中心幼儿园）
刘家店镇
北辛庄小学
新开北干渠
平 谷
上营小学（上营幼儿园）
山东庄中心幼儿园
峨眉山小学
刘家河中学
东樊各庄小学（东樊各庄幼儿园）
峪口中学
峪口中心幼儿园
峪口地区
峪口中心小学
北杨桥中心幼儿园
北杨桥中心小学
峪口镇中桥小学
乐政务中心幼儿园
放光中心小学
王辛庄幼儿园
山东庄中学
山东庄镇
山东庄中心小学
南独乐河中心小
南独乐河镇
南独乐河幼儿园
西沥津小学（西沥津幼儿园）
顺 义 区
大官庄小学（大官庄幼儿园）
三府庄小学
大兴庄幼儿园
小香玉艺术学校
大兴庄镇
北京一师附小平谷分校
大兴庄中心小学
王辛庄镇
兴谷街道
平谷区
平谷镇
滨河街道
06
07
08
04
09
01
02
10
05
03
纪太务幼儿园
望马台
夏各庄中心小学
夏各庄联办中学
夏各庄镇
安固小学
夏各庄中学新村
夏各庄中心幼儿园
东双营小学
马昌营镇
马昌营中心幼儿园
马昌营中学
马昌营中心小学
王各庄小学（王各庄幼儿园）
西鹿角幼儿园
东高村镇
东高村幼儿园
平谷区职业学校
北京第二外国语学校平谷附属学校
果各庄幼儿园
门楼中心小学（门楼中心幼儿园）
门楼庄中学
大旺务小学（大旺务幼儿园）
平谷区职业学校南校区
北师大附中平谷第一分校
东交民巷小学马坊分校
马坊中心幼儿园
马坊中心小学
马坊地区
金鸡河
洳河
泃河
海子
河 北 省

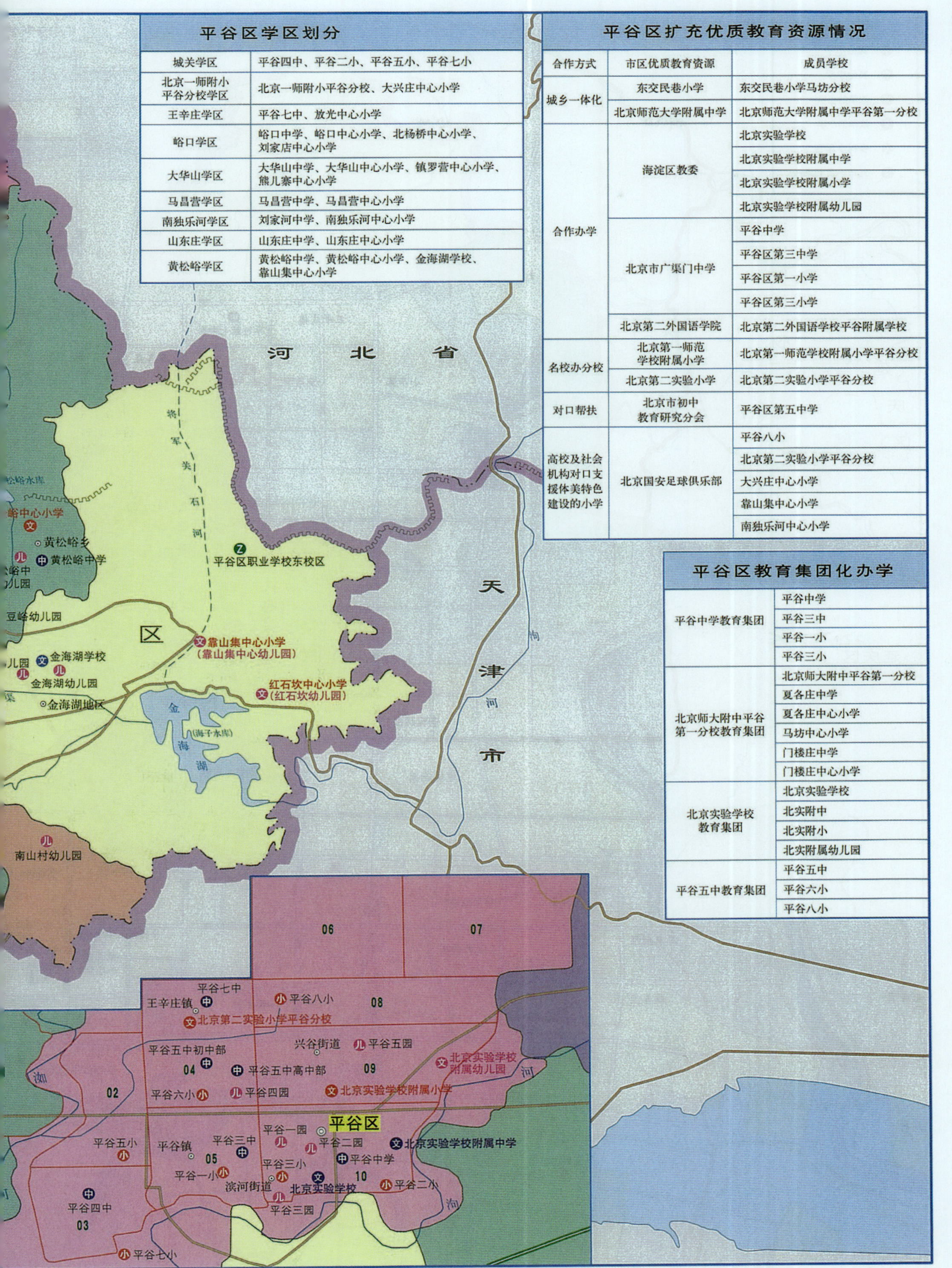

平谷区学区划分

学区	学校
城关学区	平谷四中、平谷二小、平谷五小、平谷七小
北京一师附小平谷分校学区	北京一师附小平谷分校、大兴庄中心小学
王辛庄学区	平谷七中、放光中心小学
峪口学区	峪口中学、峪口中心小学、北杨桥中心小学、刘家店中心小学
大华山学区	大华山中学、大华山中心小学、镇罗营中心小学、熊儿寨中心小学
马昌营学区	马昌营中学、马昌营中心小学
南独乐河学区	刘家河中学、南独乐河中心小学
山东庄学区	山东庄中学、山东庄中心小学
黄松峪学区	黄松峪中学、黄松峪中心小学、金海湖学校、靠山集中心小学

平谷区扩充优质教育资源情况

合作方式	市区优质教育资源	成员学校
城乡一体化	东交民巷小学	东交民巷小学马坊分校
	北京师范大学附属中学	北京师范大学附属中学平谷第一分校
合作办学	海淀区教委	北京实验学校
		北京实验学校附属中学
		北京实验学校附属小学
		北京实验学校附属幼儿园
	北京市广渠门中学	平谷中学
		平谷区第三中学
		平谷区第一小学
		平谷区第三小学
	北京第二外国语学院	北京第二外国语学校平谷附属学校
名校办分校	北京第一师范学校附属小学	北京第一师范学校附属小学平谷分校
	北京第二实验小学	北京第二实验小学平谷分校
对口帮扶	北京市初中教育研究分会	平谷区第五中学
高校及社会机构对口支援体美特色建设的小学	北京国安足球俱乐部	平谷八小
		北京第二实验小学平谷分校
		大兴庄中心小学
		靠山集中心小学
		南独乐河中心小学

平谷区教育集团化办学

教育集团	成员学校
平谷中学教育集团	平谷中学
	平谷三中
	平谷一小
	平谷三小
北京师大附中平谷第一分校教育集团	北京师大附中平谷第一分校
	夏各庄中学
	夏各庄中心小学
	马坊中心小学
	门楼庄中学
	门楼庄中心小学
北京实验学校教育集团	北京实验学校
	北实附中
	北实附小
	北实附属幼儿园
平谷五中教育集团	平谷五中
	平谷六小
	平谷八小

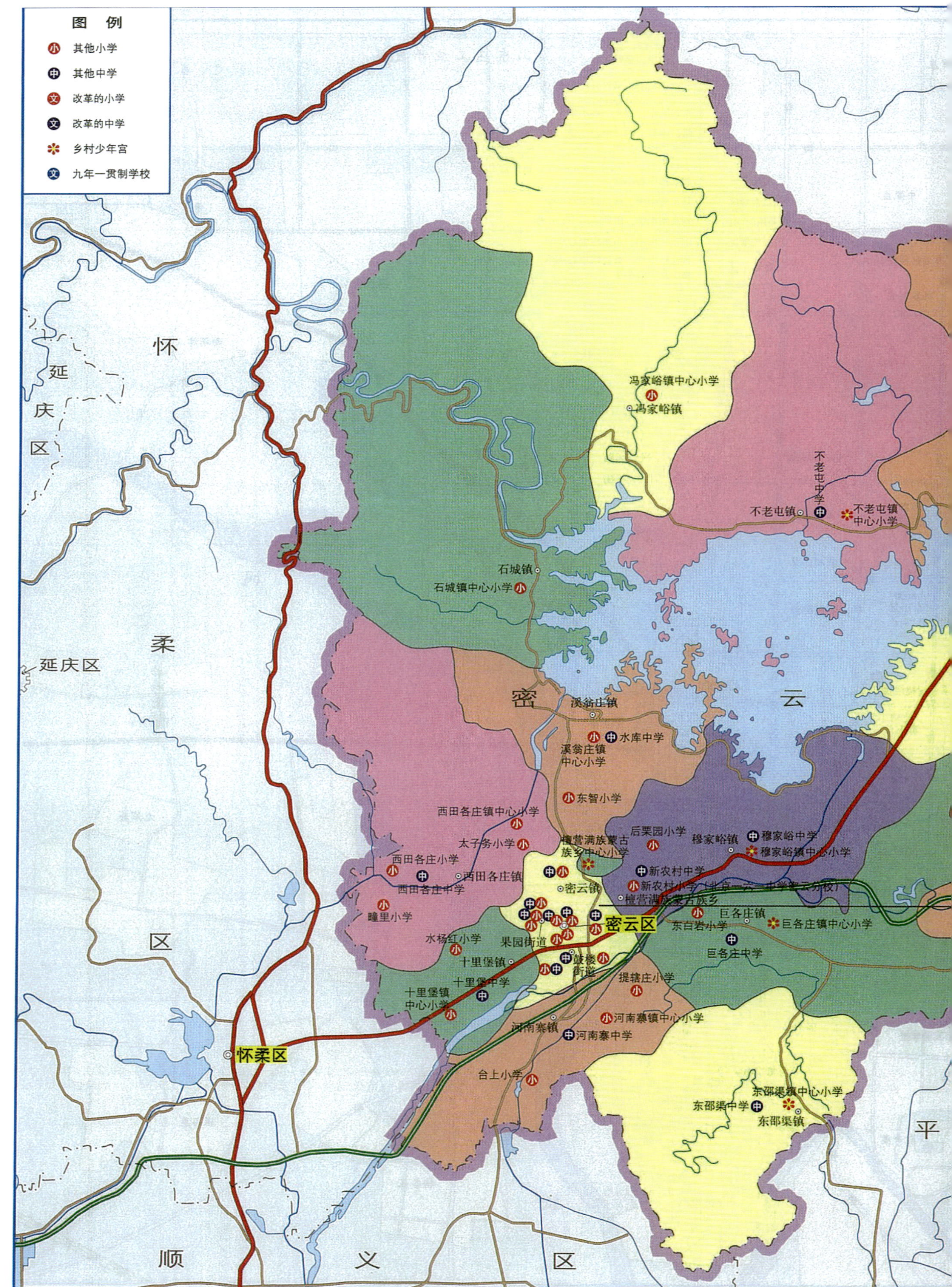
图 例
其他小学
其他中学
改革的小学
改革的中学
乡村少年宫
九年一贯制学校
冯家峪镇中心小学
冯家峪镇
不老屯中学
不老屯镇
不老屯镇中心小学
石城镇
石城镇中心小学
怀
柔
区
延庆区
延
庆
区
密
云
溪翁庄镇
水库中学
溪翁庄镇中心小学
东智小学
西田各庄镇中心小学
太子务小学
后栗园小学
穆家峪镇
穆家峪中学
穆家峪镇中心小学
檀营满族蒙古族乡中心小学
新农村中学
新农村小学（北京一六一中学密云分校）
檀营满族蒙古族乡
西田各庄小学
西田各庄镇
西田各庄中学
密云镇
瞳里小学
密云区
巨各庄镇
东白岩小学
巨各庄镇中心小学
巨各庄中学
水杨红小学
果园街道
十里堡镇
鼓楼街道
十里堡中学
十里堡镇中心小学
提辖庄小学
河南寨镇中心小学
河南寨镇
河南寨中学
怀柔区
台上小学
东邵渠镇中心小学
东邵渠中学
东邵渠镇
平
顺
义
区

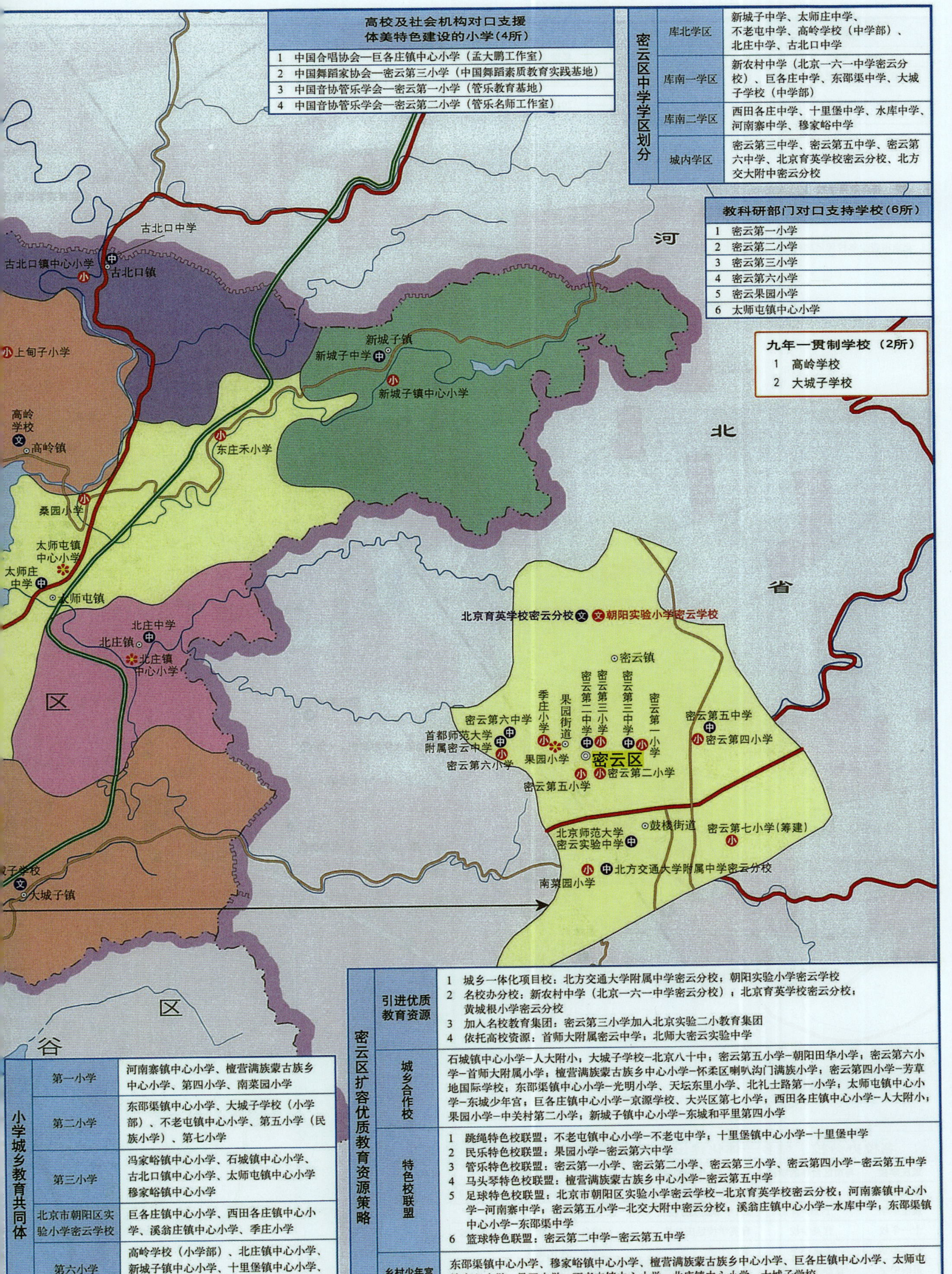

高校及社会机构对口支援体美特色建设的小学（4所）

1	中国合唱协会—巨各庄镇中心小学（孟大鹏工作室）
2	中国舞蹈家协会—密云第三小学（中国舞蹈素质教育实践基地）
3	中国音协管乐学会—密云第一小学（管乐教育基地）
4	中国音协管乐学会—密云第二小学（管乐名师工作室）

密云区中学学区划分

学区	学校
库北学区	新城子中学、太师庄中学、不老屯中学、高岭学校（中学部）、北庄中学、古北口中学
库南一学区	新农村中学（北京一六一中学密云分校）、巨各庄中学、东邵渠中学、大城子学校（中学部）
库南二学区	西田各庄中学、十里堡中学、水库中学、河南寨中学、穆家峪中学
城内学区	密云第三中学、密云第五中学、密云第六中学、北京育英学校密云分校、北方交大附中密云分校

教科研部门对口支持学校（6所）

1	密云第一小学
2	密云第二小学
3	密云第三小学
4	密云第六小学
5	密云果园小学
6	太师屯镇中心小学

九年一贯制学校（2所）

1 高岭学校
2 大城子学校

密云区扩容优质教育资源策略

引进优质教育资源	1 城乡一体化项目校：北方交通大学附属中学密云分校；朝阳实验小学密云学校 2 名校办分校：新农村中学（北京一六一中学密云分校）；北京育英学校密云分校；黄城根小学密云分校 3 加入名校教育集团：密云第三小学加入北京实验二小教育集团 4 依托高校资源：首师大附属密云中学；北师大密云实验中学
城乡合作校	石城镇中心小学–人大附小；大城子学校–北京八十中；密云第五小学–朝阳田华小学；密云第六小学–首师大附属小学；檀营满族蒙古族乡中心小学–怀柔区喇叭沟门满族小学；密云第四小学–芳草地国际学校；东邵渠镇中心小学–光明小学、天坛东里小学、北礼士路第一小学；太师屯镇中心小学–东城少年宫；巨各庄镇中心小学–京源学校、大兴区第七小学；西田各庄镇中心小学–人大附小；果园小学–中关村第二小学；新城子镇中心小学–东城和平里第四小学
特色校联盟	1 跳绳特色校联盟：不老屯镇中心小学–不老屯中学；十里堡镇中心小学–十里堡中学 2 民乐特色校联盟：果园小学–密云第六中学 3 管乐特色校联盟：密云第一小学、密云第二小学、密云第三小学、密云第四小学–密云第五中学 4 马头琴特色校联盟：檀营满族蒙古族乡中心小学–密云第五中学 5 足球特色校联盟：北京市朝阳区实验小学密云学校–北京育英学校密云分校；河南寨镇中心小学–河南寨中学；密云第五小学–北交大附中密云分校；溪翁庄镇中心小学–水库中学；东邵渠镇中心小学–东邵渠中学 6 篮球特色联盟：密云第二中学–密云第五中学
乡村少年宫	东邵渠镇中心小学、穆家峪镇中心小学、檀营满族蒙古族乡中心小学、巨各庄镇中心小学、太师屯镇中心小学、果园小学、不老屯镇中心小学、北庄镇中心小学、大城子学校

小学城乡教育共同体

牵头学校	成员学校
第一小学	河南寨镇中心小学、檀营满族蒙古族乡中心小学、第四小学、南菜园小学
第二小学	东邵渠镇中心小学、大城子学校（小学部）、不老屯镇中心小学、第五小学（民族小学）、第七小学
第三小学	冯家峪镇中心小学、石城镇中心小学、古北口镇中心小学、太师屯镇中心小学穆家峪镇中心小学
北京市朝阳区实验小学密云学校	巨各庄镇中心小学、西田各庄镇中心小学、溪翁庄镇中心小学、季庄小学
第六小学	高岭学校（小学部）、北庄镇中心小学、新城子镇中心小学、十里堡镇中心小学、果园小学

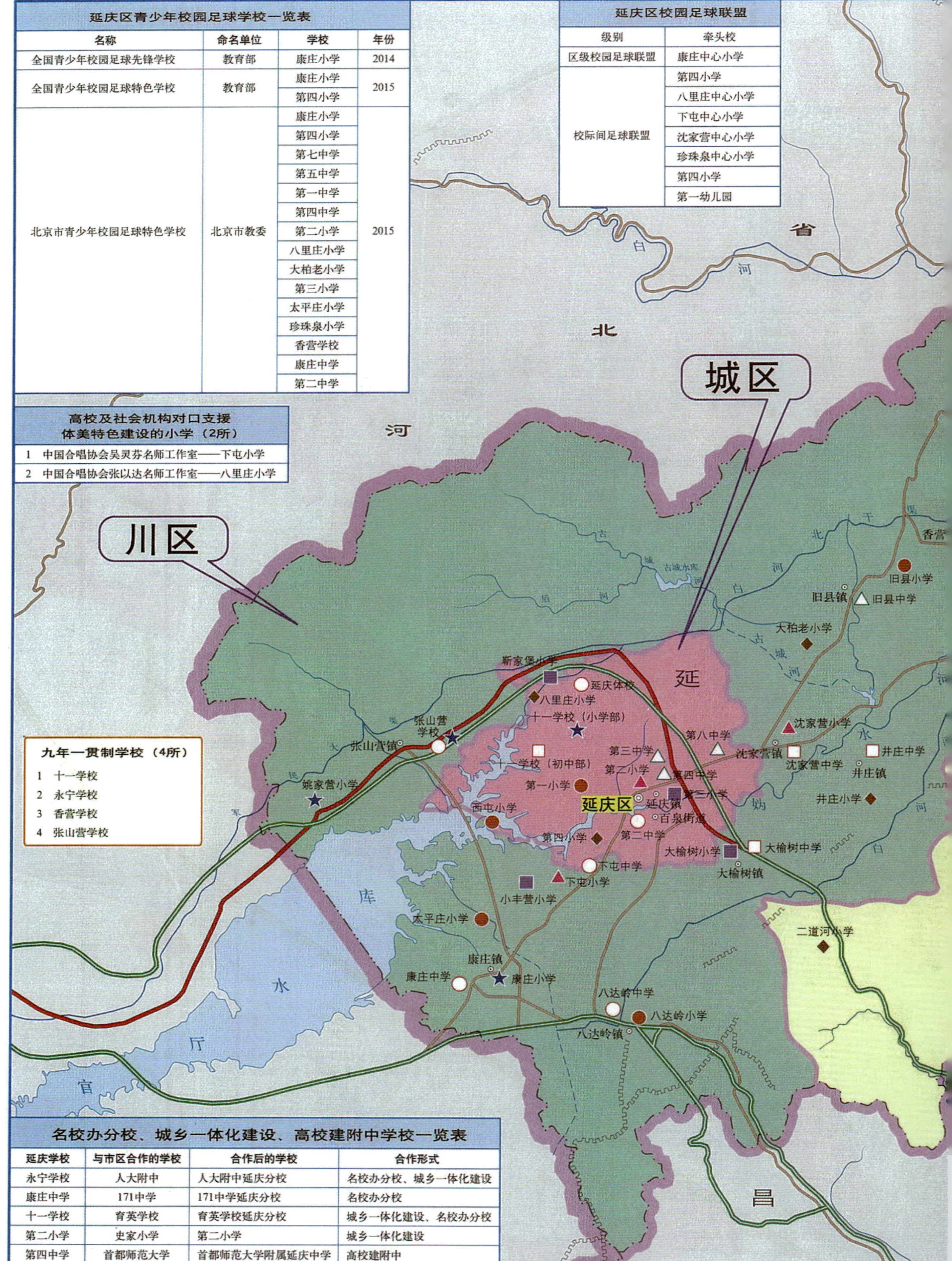

延庆区青少年校园足球学校一览表

名称	命名单位	学校	年份
全国青少年校园足球先锋学校	教育部	康庄小学	2014
全国青少年校园足球特色学校	教育部	康庄小学	2015
		第四小学	
北京市青少年校园足球特色学校	北京市教委	康庄小学	2015
		第四小学	
		第七中学	
		第五中学	
		第一中学	
		第四中学	
		第二小学	
		八里庄小学	
		大柏老小学	
		第三小学	
		太平庄小学	
		珍珠泉小学	
		香营学校	
		康庄中学	
		第二中学	

延庆区校园足球联盟

级别	牵头校
区级校园足球联盟	康庄中心小学
校际间足球联盟	第四小学
	八里庄中心小学
	下屯中心小学
	沈家营中心小学
	珍珠泉中心小学
	第四小学
	第一幼儿园

高校及社会机构对口支援体美特色建设的小学（2所）

1	中国合唱协会吴灵芬名师工作室——下屯小学
2	中国合唱协会张以达名师工作室——八里庄小学

九年一贯制学校（4所）

1 十一学校
2 永宁学校
3 香营学校
4 张山营学校

名校办分校、城乡一体化建设、高校建附中学校一览表

延庆学校	与市区合作的学校	合作后的学校	合作形式
永宁学校	人大附中	人大附中延庆分校	名校办分校、城乡一体化建设
康庄中学	171中学	171中学延庆分校	名校办分校
十一学校	育英学校	育英学校延庆分校	城乡一体化建设、名校办分校
第二小学	史家小学	第二小学	城乡一体化建设
第四中学	首都师范大学	首都师范大学附属延庆中学	高校建附中

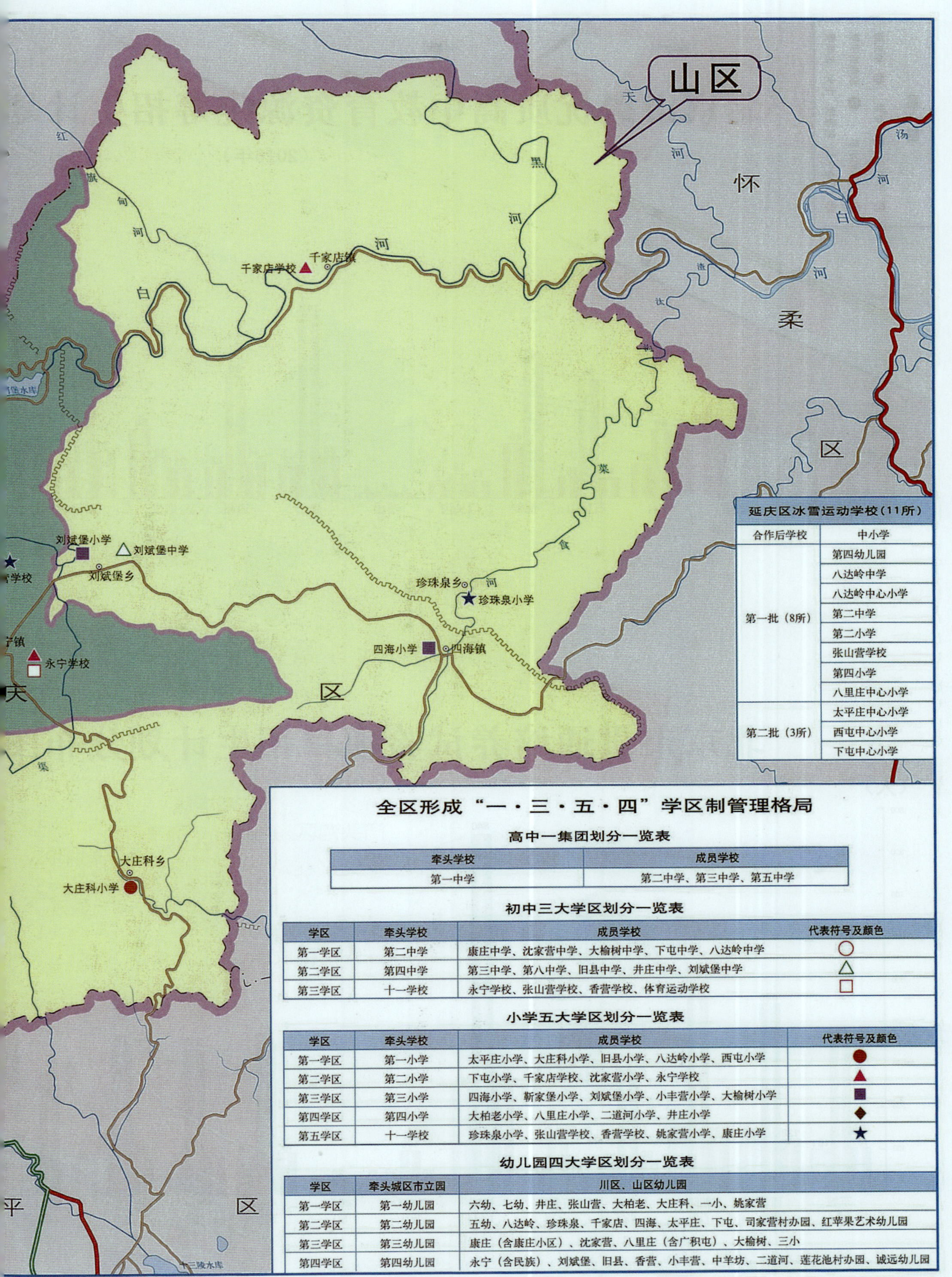

延庆区冰雪运动学校（11所）	
合作后学校	中小学
第一批（8所）	第四幼儿园
	八达岭中学
	八达岭中心小学
	第二中学
	第二小学
	张山营学校
	第四小学
	八里庄中心小学
第二批（3所）	太平庄中心小学
	西屯中心小学
	下屯中心小学

全区形成“一·三·五·四”学区制管理格局

高中一集团划分一览表

牵头学校	成员学校
第一中学	第二中学、第三中学、第五中学

初中三大学区划分一览表

学区	牵头学校	成员学校	代表符号及颜色
第一学区	第二中学	康庄中学、沈家营中学、大榆树中学、下屯中学、八达岭中学	○
第二学区	第四中学	第三中学、第八中学、旧县中学、井庄中学、刘斌堡中学	△
第三学区	十一学校	永宁学校、张山营学校、香营学校、体育运动学校	□

小学五大学区划分一览表

学区	牵头学校	成员学校	代表符号及颜色
第一学区	第一小学	太平庄小学、大庄科小学、旧县小学、八达岭小学、西屯小学	●
第二学区	第二小学	下屯小学、千家店学校、沈家营小学、永宁学校	▲
第三学区	第三小学	四海小学、靳家堡小学、刘斌堡小学、小丰营小学、大榆树小学	■
第四学区	第四小学	大柏老小学、八里庄小学、二道河小学、井庄小学	◆
第五学区	十一学校	珍珠泉小学、张山营学校、香营学校、姚家营小学、康庄小学	★

幼儿园四大学区划分一览表

学区	牵头城区市立园	川区、山区幼儿园
第一学区	第一幼儿园	六幼、七幼、井庄、张山营、大柏老、大庄科、一小、姚家营
第二学区	第二幼儿园	五幼、八达岭、珍珠泉、千家店、四海、太平庄、下屯、司家营村办园、红苹果艺术幼儿园
第三学区	第三幼儿园	康庄（含康庄小区）、沈家营、八里庄（含广积屯）、大榆树、三小
第四学区	第四幼儿园	永宁（含民族）、刘斌堡、旧县、香营、小丰营、中羊坊、二道河、莲花池村办园、诚远幼儿园

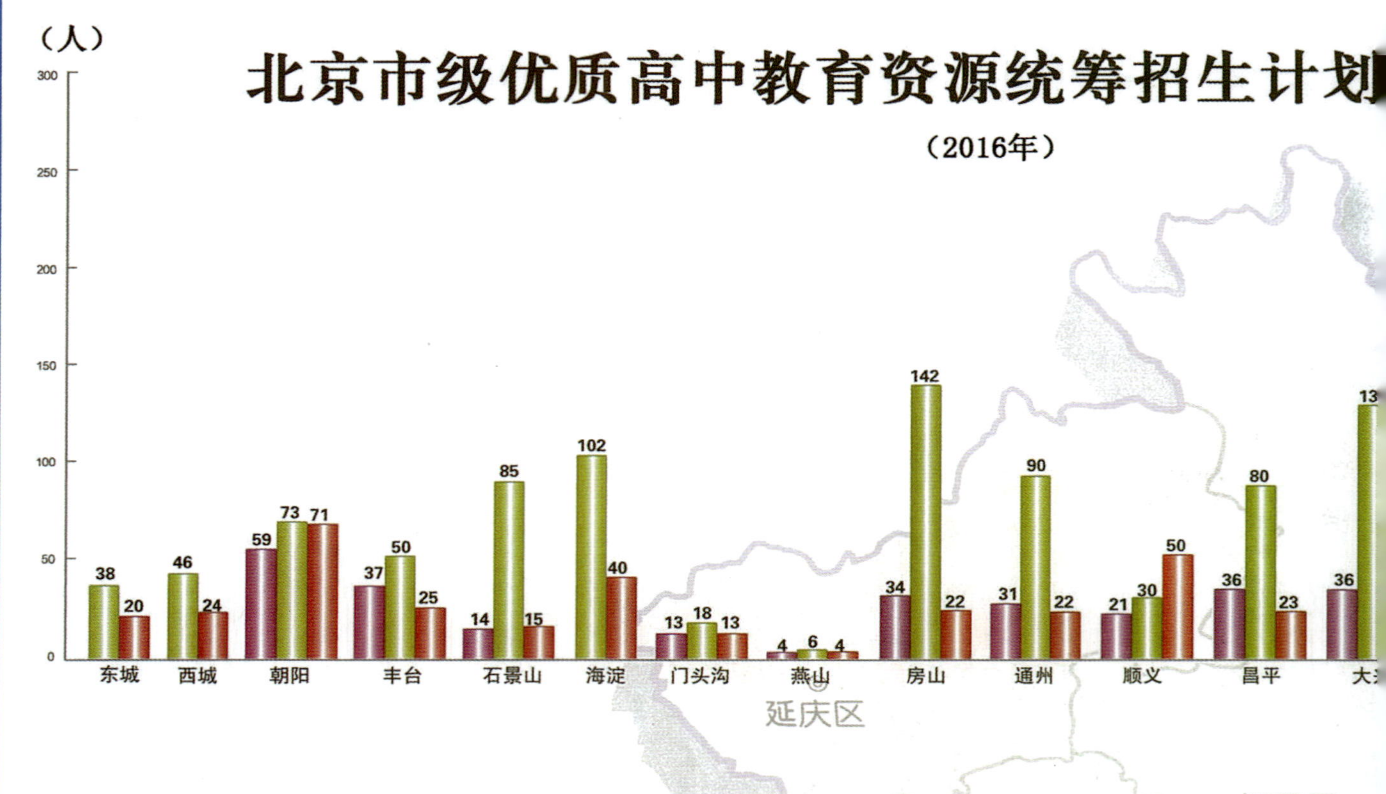

北京市级优质高中教育资源统筹招生计划
（2016年）
（人）
300
250
200
150
100
50
0
38 20
46 24
59 73 71
37 50 25
14 85 15
102 40
13 18 13
4 6 4
34 142 22
31 90 22
21 30 50
36 80 23
36
东城
西城
朝阳
丰台
石景山
海淀
门头沟
燕山
房山
通州
顺义
昌平
延庆区
怀柔区
昌平区
顺义区

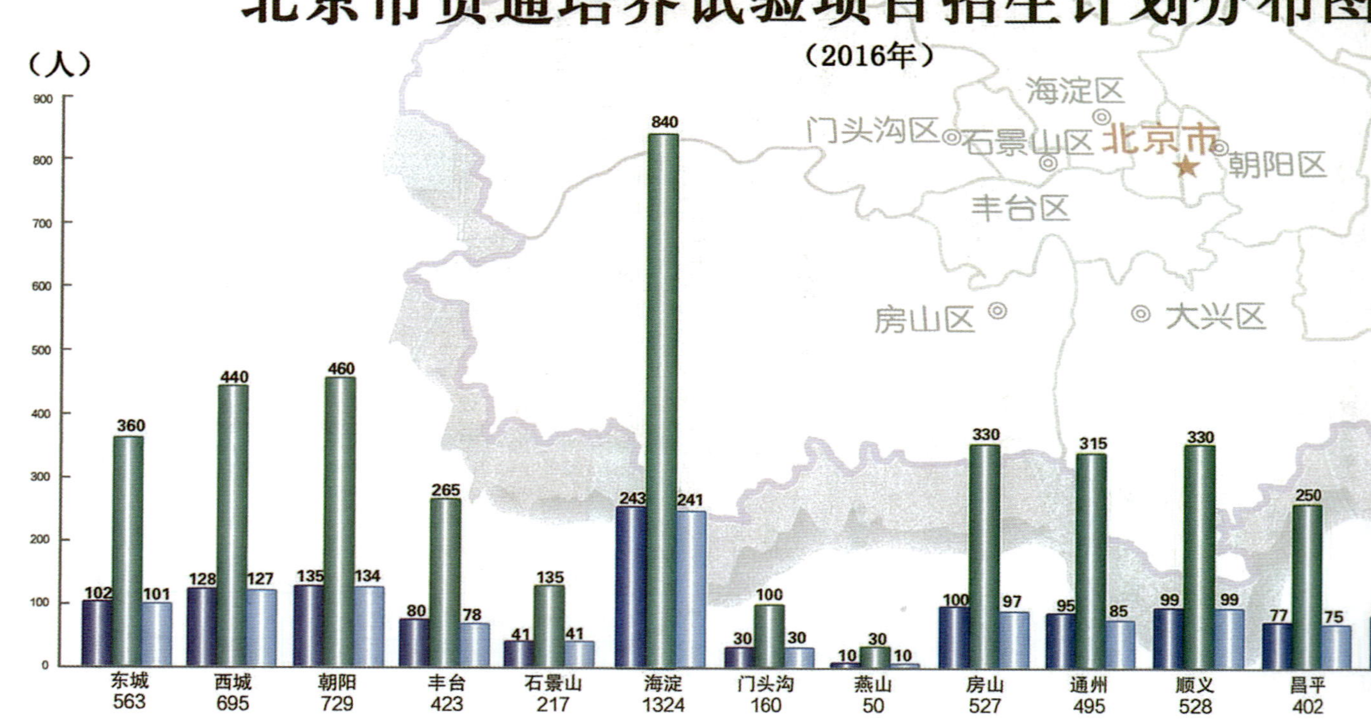

北京市贯通培养试验项目招生计划分布图
（2016年）
（人）
900
800
700
600
500
400
300
200
100
0
102 360 101
128 440 127
135 460 134
80 265 78
41 135 41
243 840 241
30 100 30
10 30 10
100 330 97
95 315 85
99 330 99
77 250 75
东城 563
西城 695
朝阳 729
丰台 423
石景山 217
海淀 1324
门头沟 160
燕山 50
房山 527
通州 495
顺义 528
昌平 402
海淀区
门头沟区
石景山区
北京市
朝阳区
丰台区
房山区
大兴区

分布图（单位：人）

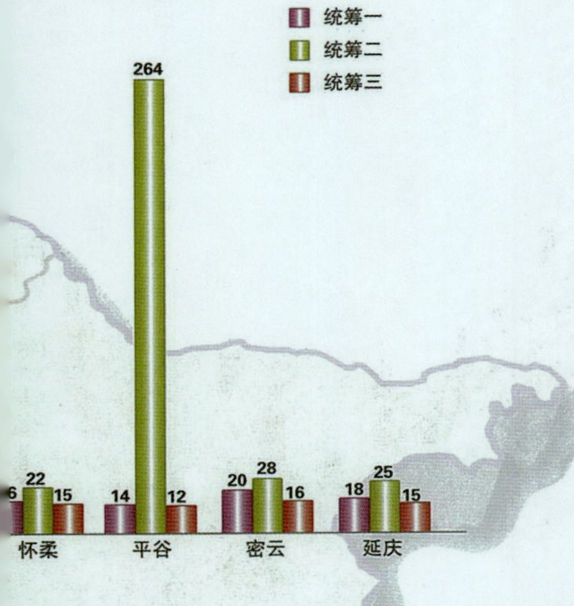

北京市外培计划各区名额比例分布图（单位：%）

（2016年）

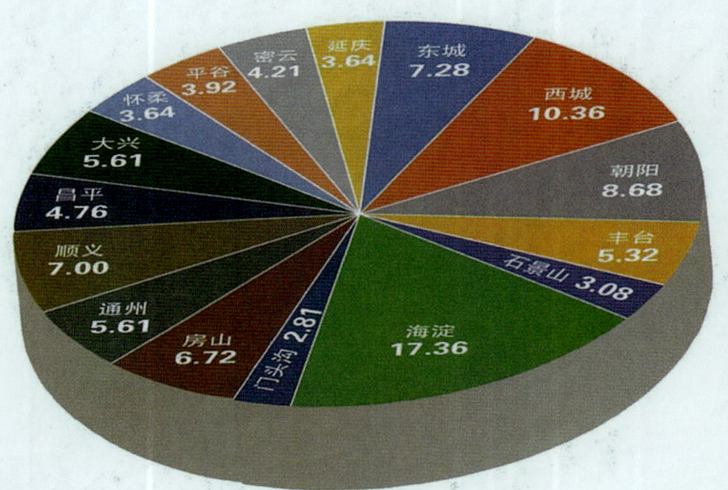

（根据各区报名人数确定比例，同时向远郊区倾斜）

（单位：人）

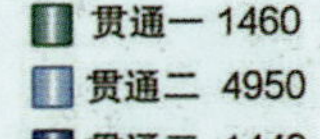

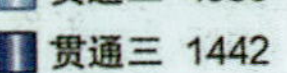

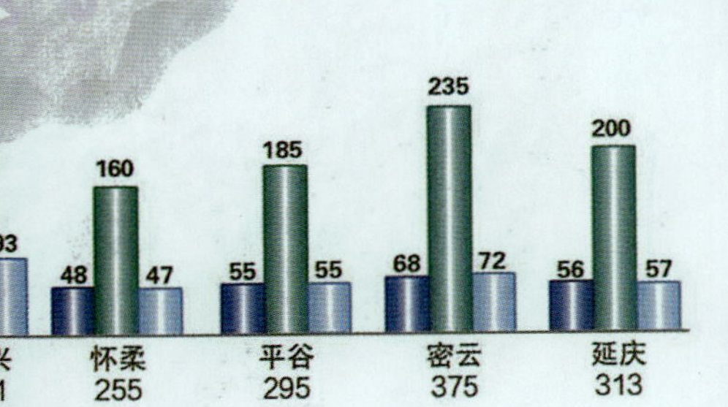

北京市双培计划各区名额比例分布图（单位：%）

（2016年）

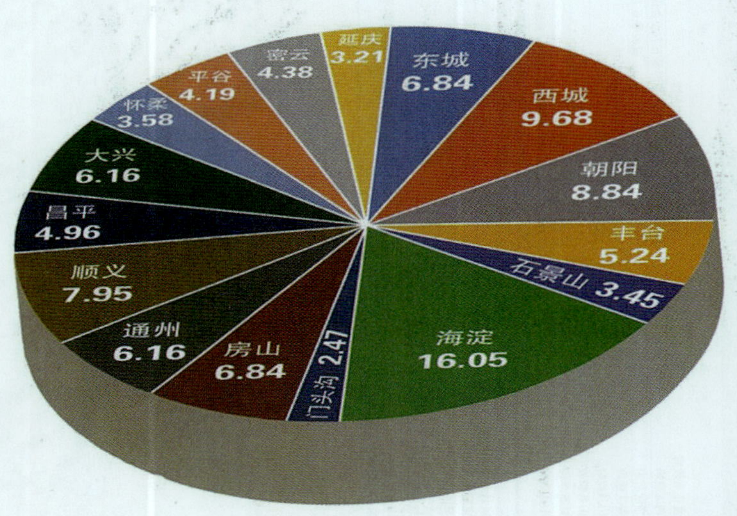

（根据各区报名人数确定比例，同时向远郊区倾斜）

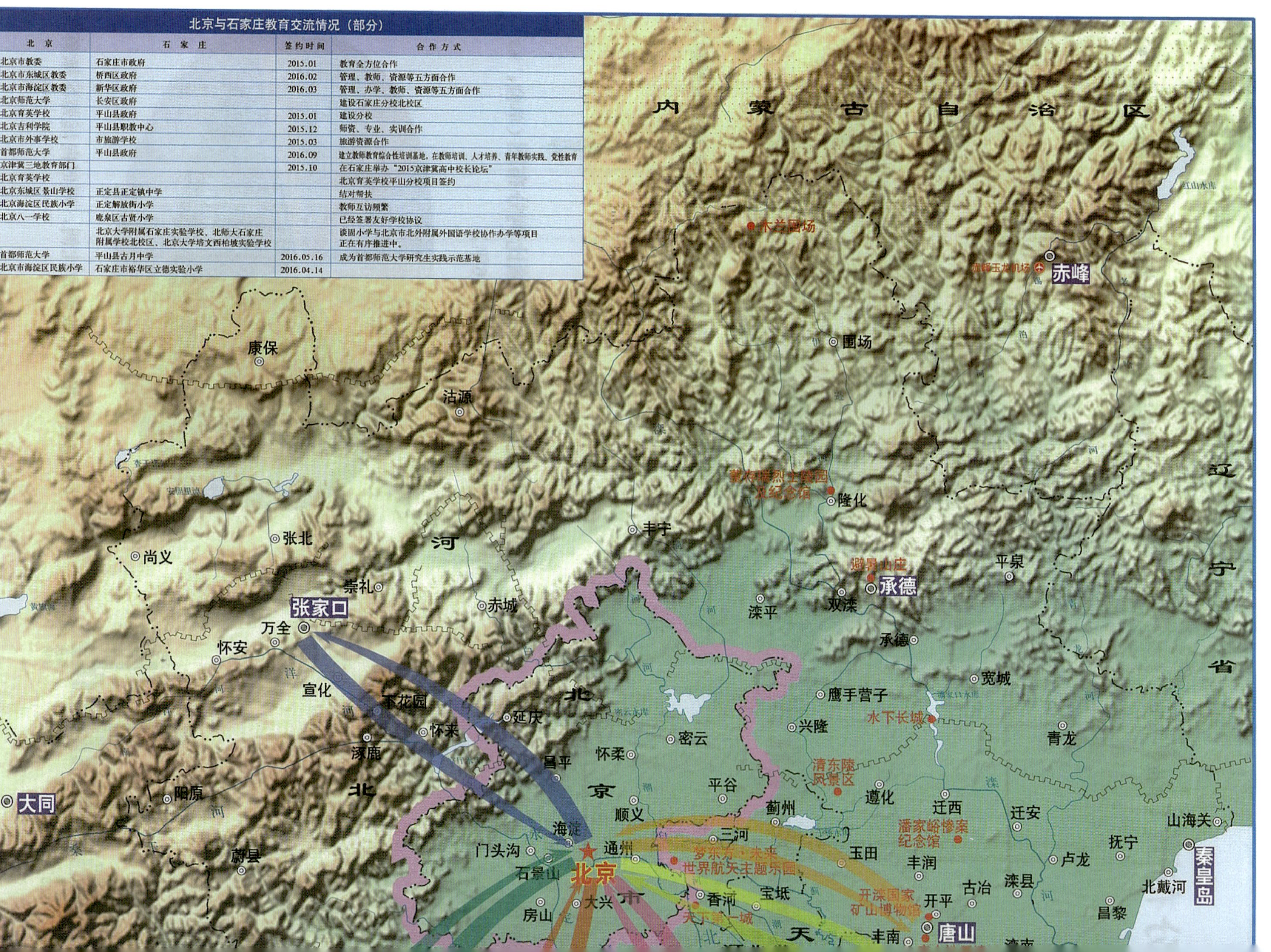

北京与石家庄教育交流情况（部分）

北京	石家庄	签约时间	合作方式
北京市教委	石家庄市政府	2015.01	教育全方位合作
北京市东城区教委	桥西区政府	2016.02	管理、教师、资源等五方面合作
北京市海淀区教委	新华区政府	2016.03	管理、办学、教师、资源等五方面合作
北京师范大学	长安区政府		建设石家庄分校北校区
北京育英学校	平山县政府	2015.01	建设分校
北京吉利学院	平山县职教中心	2015.12	师资、专业、实训合作
北京市外事学校	市旅游学校	2015.03	旅游资源合作
首都师范大学	平山县政府	2016.09	建立教师教育综合性培训基地，在教师培训、人才培养、青年教师实践、党性教育
京津冀三地教育部门		2015.10	在石家庄举办“2015京津冀高中校长论坛”
北京育英学校			北京育英学校平山分校项目签约
北京东城区景山学校	正定县正定镇中学		结对帮扶
北京海淀区民族小学	正定解放街小学		教师互访频繁
北京八一学校	鹿泉区古贤小学		已经签署友好学校协议
	北京大学附属石家庄实验学校、北师大石家庄附属学校北校区、北京大学培文西柏坡实验学校		谈固小学与北京市北外附属外国语学校协作办学等项目正在有序推进中。
首都师范大学	平山县古月中学	2016.05.16	成为首都师范大学研究生实践示范基地
北京市海淀区民族小学	石家庄市裕华区立德实验小学	2016.04.14	

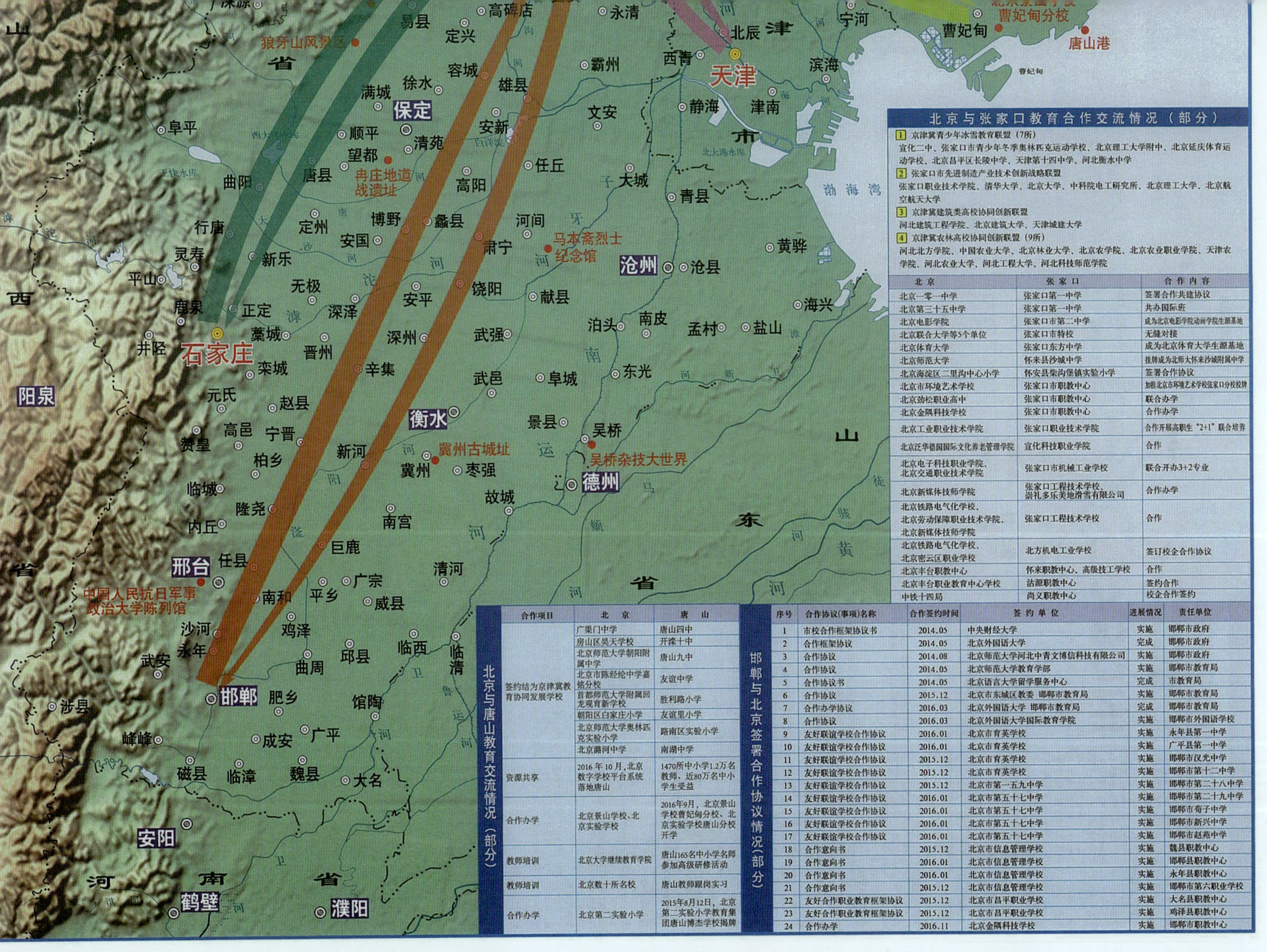

北京与张家口教育合作交流情况（部分）

1 京津冀青少年冰雪教育联盟（7所）
宣化二中、张家口市青少年冬季奥林匹克运动学校、北京理工大学附中、北京延庆体育运动学校、北京昌平区长陵中学、天津第十四中学、河北衡水中学

2 张家口市先进制造产业技术创新战略联盟
张家口职业技术学院、清华大学、北京大学、中科院电工研究所、北京理工大学、北京航空航天大学

3 京津冀建筑类高校协同创新联盟
河北建筑工程学院、北京建筑大学、天津城建大学

4 京津冀农林高校协同创新联盟（9所）
河北北方学院、中国农业大学、北京林业大学、北京农学院、北京农业职业学院、天津农学院、河北农业大学、河北工程大学、河北科技师范学院

北京	张家口	合作内容
北京一零一中学	张家口第一中学	签署合作共建协议
北京第二十五中学	张家口第一中学	共办国际班
北京电影学院	张家口第二中学	成为北京电影学院动画学院生源基地
北京联合大学等5个单位	张家口市特校	无缝对接
北京体育大学	张家口东方中学	成为北京体育大学生源基地
北京师范大学	怀来县沙城中学	挂牌成为北师大怀来沙城附属中学
北京海淀区二里沟中心小学	怀安县柴沟堡镇实验小学	签署合作协议
北京市环境艺术学校	张家口市职教中心	加挂北京市环境艺术学校张家口分校校牌
北京劲松职业高中	张家口市职教中心	联合办学
北京金隅科技学校	张家口市职教中心	合作办学
北京工业职业技术学院	张家口职业技术学院	合作开展高职生"2+1"联合培养
北京汪学德国国际文化养老管理学院	宣化科技职业学院	合作
北京电子科技职业学院、北京交通职业技术学院	张家口市机械工业学校	联合开办3+2专业
北京新媒体技师学院	张家口工程技术学校、崇礼县乐美地滑雪有限公司	合作办学
北京铁路电气化学校、北京劳动保障职业技术学院、北京新媒体技师学院	张家口工程技术学校	合作
北京铁路电气化学校、北京密云区职业学校	北方机电工业学校	签订校企合作协议
北京丰台职教中心	怀来职教中心、高级技工学校	合作
北京丰台职业教育中心学校	沽源职教中心	签约合作
中铁十四局	尚义职教中心	校企合作签约

北京与唐山教育交流情况（部分）

合作项目	北京	唐山
签约结为京津冀教育协同发展学校	广渠门中学	唐山四中
	房山区昊天学校	开滦十中
	北京师范大学朝阳附属中学	唐山九中
	北京市陈经纶中学嘉铭分校	友谊中学
	首都师范大学附属回龙观育新学校	胜利路小学
	朝阳区白家庄小学	友谊里小学
	北京师范大学奥林匹克实验小学	路南区实验小学
	北京潞河中学	南湖中学
资源共享	2016年10月，北京数字学校平台系统落地唐山	1470所中小学1.2万名教师、近80万名中小学生受益
合作办学	北京景山学校、北京实验学校	2016年9月，北京景山学校曹妃甸分校、北京实验学校唐山分校开学
教师培训	北京大学继续教育学院	唐山165名中小学名师参加高级研修活动
教师培训	北京数十所名校	唐山教师跟岗实习
合作办学	北京第二实验小学	2015年8月12日，北京第二实验小学教育集团唐山博杰学校揭牌

邯郸与北京签署合作协议情况（部分）

序号	合作协议(事项)名称	合作签约时间	签约单位	进展情况	责任单位
1	市校合作框架协议书	2014.05	中央财经大学	实施	邯郸市政府
2	合作框架协议	2014.05	北京外国语大学	完成	邯郸市政府
3	合作协议	2014.08	北京师范大学河北中青文博信科技有限公司	实施	邯郸市政府
4	合作协议	2014.05	北京师范大学教育学部	实施	邯郸市教育局
5	合作协议书	2014.05	北京语言大学留学服务中心	完成	市教育局
6	合作协议	2015.12	北京市东城区教委 邯郸市教育局	实施	邯郸市教育局
7	合作办学协议	2016.03	北京外国语大学 邯郸市教育局	完成	邯郸市教育局
8	合作协议	2016.03	北京外国语大学国际教育学院	实施	邯郸市外国语学校
9	友好联谊学校合作协议	2016.01	北京市育英学校	实施	永年县第一中学
10	友好联谊学校合作协议	2016.01	北京市育英学校	实施	广平县第一中学
11	友好联谊学校合作协议	2015.12	北京市育英学校	实施	邯郸市汉光中学
12	友好联谊学校合作协议	2015.12	北京市育英学校	实施	邯郸市第十二中学
13	友好联谊学校合作协议	2015.12	北京市第一五九中学	实施	邯郸市第二十八中学
14	友好联谊学校合作协议	2016.01	北京市第五十七中学	实施	邯郸市第二十九中学
15	友好联谊学校合作协议	2016.01	北京市第五十七中学	实施	邯郸市荀子中学
16	友好联谊学校合作协议	2016.01	北京市第五十七中学	实施	邯郸市新兴中学
17	友好联谊学校合作协议	2016.01	北京市第五十七中学	实施	邯郸市赵苑中学
18	合作意向书	2015.12	北京市信息管理学校	实施	魏县职教中心
19	合作意向书	2016.01	北京市信息管理学校	实施	邯郸县职教中心
20	合作意向书	2016.01	北京市信息管理学校	实施	永年县职教中心
21	合作意向书	2015.12	北京市信息管理学校	实施	邯郸市第六职业学校
22	友好合作职业教育框架协议	2015.12	北京市昌平职业学校	实施	大名县职教中心
23	友好合作职业教育框架协议	2015.12	北京市昌平职业学校	实施	鸡泽县职教中心
24	合作办学	2016.11	北京金隅科技学校	实施	邯郸市职教中心

INDEX
索 引

说 明：

一、本索引由主题词、单位名称和人名三部分组成。

二、索引词条均以汉语拼音顺序排列，第一字相同的，按第二字顺序排列，余类推。

三、本索引数码标记依次为：页码、栏序、本栏自上而下条目所处位置，三部分均用“ / ”隔开。如：安全教育33/ 左 /4，则表示在 33 页左栏第 4 个条目内容涉及“安全教育”。

四、本索引检索范围包括全书各级各类教育的主体部分，特载、文献、调研报告等文章体的内容以及表格、名单均不在检索范围。

五、主题词索引以教育教学为中心，选取出现频次较高、社会关注度较高以及体现新事物、新情况、新发展的词语作为主题词，检索内容涉及该主题词表述主旨。

六、单位名称索引检索到单位名称标题栏以及除本栏以外的具有检索意义的内容。中小学幼儿园不单独设单位名称索引，相关内容在所辖区索引内。

七、人名索引不含外国人（外籍华人除外）。

主题词索引

A

B

C

K

L

M

N

P

Q

Z

单位名索引

B

G

H

M

P

Q

S

T

W

X

Y

Z

人名索引

（本栏责任编辑 华蕾 张驰 张晓兰）

CORRIGENDUM
勘 误

勘误表

2012卷

索引/提示	误	正
正文部分		
65/左/47/错1字	位于城乡结合部的学校	位于城乡接合部的学校
113/右/1/15/衍1字	50人人参加会议	50人参加会议
156/右/1/8/错1句	来自世界各个国家10名骑手、中国30名骑手	来自外国10名骑手、中国30名骑手
191/右/3/14/衍1字	冯燕瑛获、孙敏获优秀	冯燕瑛、孙敏获优秀
207/左/1/9/错1字	阳光少年篮球队	阳光少年篮球社
370/左/2/13/脱1字	突破1千亿	突破1千亿元
461/中/3/11/脱1字	该活动是2011首届世界智力	该活动是2011年首届世界智力
475/左/1/15/脱1空格	IEEEFellow	IEEE Fellow

2013 卷

索引 / 提示	误	正
正文部分		
27/ 左 /29/ 脱 2 字	组织学生社会实践活动	组织学生开展社会实践活动
53/ 左 /38/ 脱 1 字	阶段性评价 40%	阶段性评价占 40%
80/ 中 /1/8/ 脱 1 字	获大赛优秀组织	获大赛优秀组织奖
84/ 右 /1/9/ 脱 2 字	随迁子女入学等	随迁子女入学等问题
120/ 右 /2/2/ 脱 2 字	成为耶鲁大学中	成为美国耶鲁大学中
182/ 左 /2/10/ 脱 1 字	鼓励学生养浩然之气	鼓励学生培养浩然之气
193/ 左 /3/6/ 错 2 字	航天中心为二十中学生	训练中心为二十中学生
208/ 中 /1/2/ 错 1 标点	“1.2 爱心基金”	“1•2 爱心基金”
208/ 中 /1/10/ 错 1 标点	“1.2 爱心基金”	“1•2 爱心基金”
210/ 左 /3/14/ 脱 1 字	数学课教学中表现比较高	数学课教学中表现出比较高
241/ 右 /2/1/ 错 1 字	“211 工期”	“211 工程”
241/ 右 /2/3/ 错 1 字	“211 工期”	“211 工程”
301/ 左 /2/2/ 错 2 字	诺贝尔奖得主专题讲座	诺贝尔奖评委专题讲座
382/ 右 /1/15/ 错 4 字	由北京广播电视大学承办	由北京开放大学承办
385/ 左 /3/15/ 错 1 字	聘请国内及香港	聘请内地及香港
403/ 左 /1/5/ 错 1 字	建慢镜头和极具冲击力的视觉效果	渐慢镜头和极具冲击力的视觉效果
406/ 左 /4/6/ 错 1 字	由 100 兆升级至 130 兆	由 100 兆升级至 120 兆
410/ 右 /4/8/ 错 2 字	将 6 个学院升级为 3 个学院	将 6 个学院合并为 3 个学院
434/ 中 /2/ 错 1 图片	篮球图片放在了足球比赛的条目里	
443/ 左 /3/6/ 衍 1 字	活动启动仪式系暨	活动启动仪式暨
444/ 左 /1/20/ 衍 2 字	今后每 3 年举办一次	每 3 年举办一次
457/ 左 /1/9/ 脱 3 字	“非典”（SARS）	“非典型肺炎”（SARS）
487/ 中 /38/ 衍 2 字	目前 5 个标准化评卷	5 个标准化评卷
579/ 中 /1/1/ 脱 1 标点	扎实推进三名工程	扎实推进“三名”工程

2014 卷

索引 / 提示	误	正
目录部分		
9/ 右 /47/ 错 1 字	培训班主任基本功（144）	培训班主任基本功（145）
17/ 左 /10/ 错 1 字	成立北京学院（221）	成立北京学院（220）
17/ 左 /47/ 错 1 字	（北京地区不含民办）（226）	（北京地区不含民办）（225）
36/ 左 /88/ 错 1 字	第一完成单位）（438）	第一完成单位）（437）
正文部分		
12/ 左 /35/ 脱 1 字	听取上级点	听取上级点评
43/ 左 /21/ 错 1 字	即重视培育学生	既重视培育学生
74/ 右 /4/8/ 错 1 字	市财政部	市财政局
114/ 中 /1/4/ 错 1 字	突显废旧材料	凸显废旧材料
162/ 中 /1/20/ 错 1 字	各案分析	个案分析
176/ 右 /2/11/ 脱 3 字	凡高于 90% 的金牌，处于 78% 至 90% 之间的银牌，处于 65% 至 78% 之间的铜牌	凡高于 90% 的获金牌，处于 78% 至 90% 之间的获银牌，处于 65% 至 78% 之间的获铜牌
185/ 左 /2/5/ 错 1 字	上下联通	上下连通
215/ 右 /1/19/ 错 2 字	聋生人 12	聋生 12 人
219/ 右 /36/ 衍 1 字	研究生培生养单位	研究生培养单位
223/ 左 /1/4/ 衍 1 字	论坛由由主论坛	论坛由主论坛
243/ 左 /2/5/ 脱 1 字	出资 400 万	出资 400 万元
245/ 右 /1/7/ 脱 1 字	中国工程院士	中国工程院院士
262/ 右 /2/12/ 错 1 标点	80 人参加论坛.	80 人参加论坛。
268/ 左 /2/9/ 衍 2 字	面积 27755（511 表）平方米	面积 27755 平方米
279/ 右 /1/5/ 衍 1 字	美国那加州	美国南加州
279/ 右 /2/11/ 脱 3 字	加拿大、香港多所	加拿大和中国香港多所
290/ 中 /3/7/ 错 1 字	新民族主义革命	新民主主义革命

索引 / 提示	误	正
297/ 左 /1/7/ 衍 1 字	加强调身体对外	加强身体对外
299/ 中 /1/15/ 错 1 字	致以于发展法学	致力于发展法学
303/ 中 /1/7/ 脱 2 字	与中国妇女儿童博物馆署实习基地协议，为该校思想政治理论教学提供实践服务。与北京松堂关怀医院署实习基地协议	与中国妇女儿童博物馆签署实习基地协议，为该校思想政治理论教学提供实践服务。与北京松堂关怀医院签署实习基地协议
352/ 中 /1/11/ 脱 1 字	经费投入 320 元	经费投入 320 万元
352/ 右 /3/15/ 衍 1 标点	事务、与管理和食品	事务与管理和食品
354/ 右 /1/9/ 错 1 字	最佳男声配音奖	最佳男生配音奖
356/ 右 /4/16/ 脱 1 字	电子与信息技等	电子与信息技术等
384/ 左 /3/10/ 衍 1 字	2050 万平方米	2050 平方米
387/ 左 /1/6/ 脱 1 字	10 取得副教授	10 人取得副教授
400/ 中 /1/14/ 脱 2 字	日本、香港以及	日本、中国香港以及
408/ 左 /2/2/ 衍 1 标点	“中国教育实践	中国教育实践
425/ 左 /2/9/ 错 1 字	首度大学生心理	首都大学生心理
435/ 右 /2/ 错 1 字	资金经费 0.19 万元	资金经费 0.19 亿元
490/ 左 /1/1/ 脱 5 字	澳大利亚教育部	澳大利亚维多利亚州教育部
491/ 左 /4/1/ 错 1 字	访问陈经伦中学	访问陈经纶中学
531/ 中 /1/17/ 脱 1 空格	魏丽曹艳玲	魏丽 曹艳玲
570/ 中 /6/5/ 脱 2 字	聘请区医院	聘请区医院医生
578/ 左 /2/1/ 脱 1 标点	主动防科学管	主动防、科学管
583/ 左 /1/7/ 脱 1 字	三个不同年段教师	三个不同年龄段教师
607/ 左 /2/16/ 脱 1 空格	赵文新李雪军	赵文新 李雪军
633/ 右 /2/28/ 衍 1 标点	法制晚报、等多家	法制晚报等多家
648/ 右 /1/11/ 脱 1 字	第三届理会单位	第三届理事会单位

2015 卷

索引 / 提示	误	正
正文部分		
11/ 右 /24/ 衍 1 字	荣誉一级教授家周诚	荣誉一级教授周诚
14/ 右 /35/ 脱 2 字	十二届全国常委会	十二届全国人大常委会
31/ 左 /2/8 脱 2 字	十二届全国常委会	十二届全国人大常委会
81/ 左 /2/2 错 1 标点	“庆六一”	庆“六一”
81/ 左 /2/9 错 1 标点	“庆六一”	庆“六一”
103/ 中 /1/11 错 1 标点	北京市五 / 八年级	北京市五、八年级
106/ 左 /4/9 衍 3 字	全部为国家拨款 6058.27 万元	全部为国家拨款（与上句重复数字，删）
149/ 右 /1/3 脱 2 字	该中心由市教委和市财政共同批准的北京市重点实验室建设项目	该中心是由市教委和市财政局共同批准的北京市重点实验室建设项目
151/ 左 /2/7 衍 3 字	全部升入本科及以上高等院校	全部升入本科高等院校
178/ 右 /3/1 脱标点	召开十二五课题会	召开“十二五”课题会
203/ 中 /1/9 衍 5 字	培养目标为培养目标为	培养目标为
207/ 中 /2/2 脱 1 字	北大国际医院正开业	北大国际医院正式开业
220/ 左 /3/12 衍 1 标点	重要依据和有效抓手。。	重要依据和有效抓手。
224/ 中 /1/4 衍 1 空格	皇家科学院院士 (Andrew G.Ewing)	皇家科学院院士 (Andrew G.Ewing)
224/ 中 /1/18 衍 1 标点	《无机纳米超结构的构建和应用”》	《无机纳米超结构的构建和应用》
238/ 中 /1/2/ 错 1 字	北林大签订 7 分产学研合作	北林大签订 7 份产学研合作
265/ 中 /1/11 衍 1 字	研讨会举行行罗忠铭	研讨会举行罗忠铭
272/ 中 /4/2 脱 1 字	学校章程通过教育核准发布	学校章程通过教育部核准发布
285/ 中 /3/9 脱 1 字	完成 13 年教育部	完成 2013 年教育部
285/ 中 /3/11 脱 1 字	14 年创新创业项目	2014 年创新创业项目
285/ 右 /2/3/ 脱 1 字	研究所组成。泉	研究所组成。玉泉
384/ 右 /1/6/ 衍 1 字	高中男子甲组	高中男子组
404/ 中 /2/ 错 4 字	《2013 年度法治政府蓝皮书》	《中国法治政府蓝皮书（2013）》

索引 / 提示	误	正
438/ 右 /1/4/ 错 1 字	为经批准招收	未经批准招收
507/ 右 /2/4/ 衍 1 符号	17 个百分点 %。	17 个百分点。
507/ 右 /2/6/ 衍 1 符号	16.8 个百分点 %。	16.8 个百分点。
620/ 右 /48/ 错 1 标点、衍 1 字	学生的双基的掌握情况 .	学生的双基掌握情况，
621/ 左 /2/ 脱 1 标点	让不同层次的学生都获得成功的体验对学生的评价注重过程性	让不同层次的学生都获得成功的体验，对学生的评价注重过程性
628/ 左 /29/ 衍 1 字	社会服务子方面	社会服务方面

2016 卷

索引 / 提示	误	正
正文部分		
261/ 左 /33 衍 2 字	党委书记 邓勇	党委书记
262/ 中 /29 错 3 字	院　长 张政文	院　长 黄晓勇
262/ 中 /30 错 3 字	党委书记 黄晓勇	党委书记 张政文
275/ 右 /2/3/ 脱 4 字	与德、英、法签署合作	与德、英、法等国大学签署合作
313/ 左 /1/10/ 脱 2 字	102 名学员	102 名学员参加
584/ 右 /2/50/ 脱 1 字	结合教委各业务处室	结合市教委各业务处室
585/ 中 /2/12/ 脱 1 字	对教委门户网站	对市教委门户网站
599/ 左 /1/7/ 脱 1 字	微信公号	微信公众号
645/ 标题 / 错 2 数字	2014—2015 学年度	2015—2016 学年度

版 权 声 明

编辑部地址：北京市东城区夕照寺街东玖大厦 B 座 802 室

邮 政 编 码：100061

电　　　话：87194371

传　　　真：87194370

电 子 信 箱：szb@bjedu.gov.cn

（本书如有印刷、装订等质量问题，请与编辑部联系调换）